Aeronaves Militares Brasileiras

1916 - 2015

Aeronaves Militares Brasileiras

1916 - 2015

Autor
Jackson Flores Jr.

Ilustrador
Pete West

Editor
Carlos Lorch

Patrocínio

Action Editora

Introdução

Ao longo de sua riquíssima história aeronáutica, iniciada em 1906, com o primeiro voo de uma aeronave mais pesada do que o ar, o Brasil utilizou um enorme número de máquinas voadoras. Suas Forças Armadas, responsáveis pela defesa do espaço aéreo nacional, mas cuja atuação virtualmente desbravou e integrou o vasto e selvagem território interior, utilizaram mais de três centenas de tipos diferentes de aeronave até hoje.

Voadas por militares das três forças em missões de defesa aérea, patrulha marítima, transporte, misericórdia, vigilância, reconhecimento e mapeamento ou realizando outras tarefas de igual importância, esses aviões e helicópteros ajudaram a escrever uma importante parte da própria história do Brasil moderno.

São aeronaves que chegaram ao país, ou aqui foram concebidas e fabricadas, cumpriram suas missões e, na maioria dos casos, se foram para voar em outros cantos ou virar sucata. Algumas foram preservadas e hoje encantam os aficionados e curiosos nas poucas, mas excelentes, coleções que dedicados historiadores mantêm com grande sacrifício, abnegação e visão de futuro no Museu Aeroespacial do Campo dos Afonsos, no Rio de Janeiro (RJ); no Museu Asas de um Sonho, em São Carlos (SP); e no Museu da Aviação Naval, em São Pedro da Aldeia (RJ), entre outros menores.

Por sorte, no hoje longínquo ano de 1984, o visionário entusiasta da aviação Francisco Cândido Pereira – o Chico Pereira, como era conhecido e admirado –, incentivado por um seleto punhado de oficiais da Força Aérea Brasileira e civis, igualmente vibradores, lançou um pequeno livro intitulado Aviação Militar Brasileira – 1916-1984. De conceito simples, nada mais era do que uma coletânea de boas fotografias em preto e branco de todas as aeronaves que voaram nas mãos dos pilotos da Aviação do Exército, da Aviação Naval e da Força Aérea Brasileira e uma bem montada ficha técnica de cada uma delas. No entanto, para os pesquisadores, historiadores, aeromodelistas e fãs da aviação interessados pelos meios que permitiram o crescimento do Brasil pelos céus, ele se constituiu na mais importante referência sobre o assunto. Para realizar a singela, porém importantíssima obra, o autor conseguiu reunir o que havia de melhor no acervo fotográfico do então Serviço de Documentação da Marinha e do MUSAL, como já era chamado o Museu Aeroespacial do Campo dos Afonsos, repositório não só das aeronaves militares brasileiras que sobreviveram ao tempo, mas da própria história da aviação do país. Somem-se a elas excelentes instantâneos não só do autor, ótimo fotógrafo, mas de uma legião de colaboradores que se juntaram a ele para viabilizar o importante projeto. Quando finalmente saiu, após anos de trabalho duro, Aviação Militar Brasileira – 1916-1984, publicado pela Editora Revista da Aeronáutica, se tornou não só a primeira, mas a principal e, por que não dizer, única coletânea que reunia todas as aeronaves voadas no Brasil desde que o Tenente Marcos Evangelista da Costa Vilella Junior construiu o seu Aribú, a primeira aeronave pertencente ao acervo do Exército Brasileiro.

A pequena tiragem que se conseguiu fazer com os limitados recursos disponíveis para esse tipo de empreitada na época, se esgotou rapidamente. Exemplares que porventura apareciam à venda eram disputados quase que "a tapa". Não fosse aquele livro, a história da Aviação Militar Brasileira contada através de seus aviões ficaria difícil de recuperar. Porque muitos daqueles que os voaram já não estavam vivos e os que detinham memórias dos primórdios também já não eram muitos.

Para organizar as detalhadas fichas técnicas que acompanhavam as fotografias, o autor convocou um jovem aficionado pela história da Aviação Mundial que havia sido identificado pelo Major José Maria Monteiro, então diretor do Museu Aeroespacial do Campo dos Afonsos, como um talento fora do comum no seu campo de atuação. Visionário, Monteiro levou-o para o museu, onde, para o bem da história da Aviação Brasileira, se tornou pesquisador. Jackson Flores Jr. chegou ao Museu Aeroespacial para ajudar a organizá-lo, e seu inacreditável conhecimento aeronáutico, aliado a uma memória única para fatos e feitos da aviação, em muito deu àquela hoje venerável instituição sua personalidade. Encantado com a oportunidade de estar no meio das coisas que mais o fascinavam – asas, hélices, motores, radares, metralhadoras e outros elementos que compõem os aviões de todos os tipos –, o jovem brasileiro, nascido em Nova York, Estados Unidos, pôde perscrutar cada canto da nova unidade cultural da Força Aérea na qual passou a trabalhar. Dos arquivos à reserva técnica e das oficinas ao interior das aeronaves em exposição, nada lhe fugia à vista. Com domínio absoluto dos idiomas inglês e espanhol e cultura invejável, Jackson Flores Jr. tornou-se um dos maiores especialistas na história da Aviação Brasileira.

Além de pesquisador e arqueólogo aeronáutico, com curso na Holanda, para onde fora enviado pela FAB, Jackson Flores Jr. foi o autor de diversos livros sobre o assunto, entre os quais: "Aviação Naval Brasileira", "VARIG, Uma Estrela Brasileira", "Aviação Brasileira, Sua História Através da Arte" e diversos outros. Publicou uma quantidade infindável de artigos e reportagens, algumas das quais lhe conferiram o prestigioso Prêmio Santos Dumont de Jornalismo, que escolhe anualmente o melhor artigo sobre o assunto no País. Entre suas reportagens memoráveis, destacam-se a primeira cobertura detalhada da guerra aérea na Revolução Constitucionalista de 1932. Trabalhou na Revista Força Aérea desde o seu começo e ainda arrumou tempo para ser o primeiro colaborador brasileiro da prestigiosa revista britânica Flight. Além de se destacar no campo jornalístico, atuou como tradutor de textos técnicos para as mais importantes empresas aeronáuticas do mercado.

Em 2003, a Action Editora Ltda., especializada na publicação de livros sobre temas brasileiros, com especial ênfase na área aeronáutica, investigou a possibilidade de aprofundar o trabalho pioneiro de "Chico Pereira". Para realizar o projeto, nada mais natural do que confiá-lo ao profissional mais preparado que conhecíamos. Entusiasmado, Jackson imediatamente definiu uma lista de aeronaves que constariam do livro, utilizando o seguinte critério para que cada uma delas fosse incluída na obra: deveriam obrigatoriamente ter entrado em carga[*] na respectiva força, mesmo não tendo recebido matrícula ou designação.

Ficou decidido que o livro seria composto de textos históricos que relatassem a origem e o desenvolvimento de cada projeto no exterior e sua adoção e operação no Brasil; de fichas técnicas detalhadas de cada aeronave, porém de fácil visualização; de fotos que ilustrassem a variedade de empregos, versões e configurações das aeronaves e de perfis coloridos que mostrassem os diversos padrões de pintura utilizados. Para produzir estes, Jackson contou com o talento do artista britânico Pete West, da Revista Força Aérea, um verdadeiro mestre na técnica de criar perfis com base em fotografias nem sempre na posição ideal. Insumos foram pesquisados e fornecidos ao artista. Em alguns poucos casos, a escassez de dados não permitiu que o autor transmitisse as cores de algumas aeronaves com 100% de certeza. Nesses casos, optou-se por uma de duas vias: não realizar os perfis desejados quando as informações eram por demais

---

[*]*Esse critério só não é observado no caso do Grumman C-1A Trader da Aviação Naval, do Embraer KC-390 e do Saab Gripen NG, da FAB, todos possuindo contrato em vigor em abril de 2015, data de congelamento desta edição.*

duvidosas ou produzir perfis que se aproximassem ao máximo da realidade, nos casos em que as informações seguiam relatos ou insumos de baixa qualidade.

Em nível organizacional, os aviões estão listados da seguinte forma: após um breve capítulo sobre a história da Aviação Militar Brasileira, são três módulos independentes, cada um dedicado a uma das três forças singulares. Ao todo, 312 aeronaves aparecem de forma cronológica, levando-se em conta sua entrada em serviço na respectiva força. Em 1941, quando da criação do Ministério da Aeronáutica, em que as Aviações Naval e Militar deixaram de existir, dando origem ao que então se chamou de Forças Aéreas Nacionais e, posteriormente, de Força Aérea Brasileira, o inventário que totalizava todas as aeronaves das duas forças migrou para a nova instituição. Por essa razão, diversos aviões que aparecem nos blocos sobre as Aviações Naval e Militar voltam a aparecer no bloco que trata da Força Aérea Brasileira, porém, ali, somente a partir de sua entrada em serviço na nova força, em 1941.

Uma vez definido o caminho a percorrer, Jackson Flores Jr. pôs mãos à obra. E, ao longo de 10 anos de trabalho, consultou arquivos, documentos oficiais, anotações, livros e periódicos brasileiros e estrangeiros, desvendando cada segredo da vida operacional das aeronaves que compõem esta publicação. É importante dizer que esses estudos se somaram à pesquisa e ao enorme conhecimento adquirido ao longo de uma vida inteira e que faziam do autor uma verdadeira enciclopédia viva sobre o assunto.

Infelizmente e sem que ninguém esperasse, no dia 29 de junho de 2013, Jackson Flores Jr., acometido de complicações cardíacas repentinas, veio subitamente a falecer. Além do choque por sua morte prematura e da tristeza pela perda de um companheiro e amigo, o trabalho em andamento foi paralisado. Cerca de dois terços da obra encontravam-se prontos, mas ainda faltava terminar um bom número de aeronaves. Era um trabalho importante demais para que não fosse finalizado e divulgado, mesmo sem a presença de seu autor. Na verdade, o que se iniciara como um projeto editorial tornou-se, para todos os que nele trabalhavam, uma missão. Porque, por mais que não pudesse mais ver sua obra pronta, Jackson Flores Jr. estava deixando, com ela, importantíssimo legado para a Aviação Militar Brasileira. E foi naquele espírito que a editora recomeçou o trabalho. As aeronaves de história mais difícil, principalmente aquelas mais antigas, que serviram às Aviações Militar e Naval no início do século XX, já haviam sido pesquisadas, o que foi fundamental, porque, além de Jackson Flores Jr., não conseguíamos identificar, entre especialistas, alguém que fosse capaz de reunir tantos dados e com tamanha precisão sobre as aeronaves dos anos 1916 a 1930.

Para levantar o histórico das aeronaves mais modernas, do período que vai do nascimento da Força Aérea Brasileira até os dias atuais, portanto, a partir de 1941, existem dados mais completos que permitem uma pesquisa com maiores insumos. Para completar o trabalho de Jackson, um profissional apenas não seria suficiente. Somente uma equipe poderia reunir tanta informação. E assim foi que tentamos substituir o insubstituível para finalizar seu gigantesco trabalho. Porque não eram somente os dados sobre as aeronaves que teriam que ser levantados. O estilo do texto resultante teria que possuir um ritmo o mais próximo possível do que já estava finalizado pelo autor, para permitir uma leitura fluida do início do livro ao seu final.

Com o falecimento de Jackson, precisamos de ajuda. Inicialmente, o peso maior do trabalho recaiu sobre dois pesquisadores que se familiarizaram com o propósito, o estilo e a linha editorial proposta pelo autor original. Centenas de textos produzidos por Jackson Flores Jr. foram analisados minuciosamente por Gilberto Evandro M. Vieira e José Leandro P. Casella, ambos excelentes colaboradores da Revista Força Aérea. Uma vez familiarizados com a obra, passaram a completá-la. Em seguida, aos poucos, e de todas as partes do país, às vezes em grandes doses, em outras com pequenos, mas fundamentais, detalhes, os mais conceituados e respeitados pesquisadores da área responderam ao nosso chamamento e vieram apoiar o projeto e, assim fazendo, homenagear a memória do autor, muito querido por todos. Não fosse pela adesão destes especialistas e de diversos aficionados, certamente não chegaríamos ao final desta obra. Um a um, eles apoiaram o trabalho, abrindo seus arquivos e suas coleções, trazendo opiniões e revendo trechos importantes nos quais existiam dúvidas. Foram tão importantes que convém tentar nomeá-los todos aqui: Anastácio Katsanos; Antônio Guilherme Telles Ribeiro; Antônio Ricieri Biasus; Aparecido Camazano Alamino; Carlos E. Dufriche; Diego Tichetti; Eduardo Baruffi Valente; Euro Campos Duncan; Gilberto Pacheco Filho; Giulia Bins Peixe Lima; Hermanno Vianna; Hermes Moreira; João Carlos Boscardin; João José de Souza Lima; Joseph Kovacs; José de Alvarenga; Lauro Ney Menezes; Luís Fernando Nolf Ventura; Luís Martini Thiesen; Marcelo R. P. Magalhães; Márcia Prestes; Márcio Behring; Mário Roberto Vaz Carneiro; Mário Vinagre; Mauro Lins e Barros; Ozires Silva; Paulo Fernando Laux; Paulo José Pinto; Ricardo Herbmüller; Roberto Pereira de Andrade; Rudnei Dias da Cunha; Sérgio Roxo; Thiago Sabino; Vito Alexandre Cedrini e Wilmar Terroso Freitas. Na esperança sincera de não termos esquecido nenhum nome daqueles que nos ajudaram.

A cada um deles, agradecemos. As três Forças Armadas singulares apoiaram incondicionalmente este projeto, abrindo as portas de diversas unidades para pesquisa e obtenção de subsídios, em particular o Museu Aeroespacial do Campo dos Afonsos, o CENDOC (Centro de Documentação da Aeronáutica), a Diretoria do Patrimônio Histórico e Documentação da Marinha (DPHDM), o Museu da Aviação Naval, a Diretoria de Aeronáutica da Marinha, a Base Aérea e Naval de São Pedro da Aldeia, o Museu da Aviação do Exército e o Departamento Histórico e Cultural do Exército.

Aeronaves Militares Brasileiras não é, nem tem a pretensão de ser, a obra definitiva sobre as aeronaves que serviram às Forças Armadas brasileiras. Deseja, sim, seguir o caminho iniciado por Francisco Cândido Pereira e seus abnegados colaboradores há 30 anos e buscar novas revelações no futuro. Por mais que tenhamos nos esforçado ao máximo para garantir a exatidão da totalidade das informações contidas neste livro, não há dúvida para nós que, numa obra desse tamanho, dificilmente não tenhamos incorrido em erros. Identificá-los e corrigi-los faz parte do processo histórico e esperamos que isso ocorra sempre que necessário. Sabemos que este não será o último livro sobre o assunto. E, por essa razão, agradecemos de antemão qualquer informação ou correção que possa melhorar uma edição posterior, bem como outras que a utilizarão para aprofundar ainda mais o conhecimento coletivo sobre as fascinantes máquinas voadoras que fizeram história nos céus do Brasil!

O Editor

Uma Breve História da Aviação Militar Brasileira

Aviadores navais observam uma exibição aérea nos primórdios do voo militar no Brasil. Escolas de aviação foram criadas tanto pela Marinha quanto pelo Exército para formar pilotos para as recém-criadas armas. Foto DPHDM.

Antes mesmo da chegada do avião, as Forças Armadas brasileiras já identificavam a terceira dimensão como essencial para suas operações militares. Na Guerra do Paraguai, ocorrida entre 1864 e 1870, o Exército Brasileiro (EB) utilizou dois balões a hidrogênio norte-americanos para colocar observadores a uma altura de 140 metros sobre o terreno plano e pantanoso, desprovido de quaisquer elevações e assim planejar o movimento de suas tropas para melhor se posicionar e obter vantagens sobre o inimigo.

Alberto Santos Dumont, o genial inventor que, pela primeira vez, voou um aparelho mais pesado do que o ar, em Bagatelle, um campo parisiense, em 23 de outubro de 1906, já imaginara a utilização de aviões para perseguir e destruir submarinos, outra das invenções tecnológicas que prometiam revolucionar o mundo no início do século XX.

Pensadores estratégicos nos principais exércitos do mundo começavam a explorar e a experimentar aeronaves, para usá-las para se beneficiarem no campo de batalha. Em 1910, a Marinha Americana chegou a realizar com sucesso o lançamento da aeronave Curtiss Model D do convés do cruzador USS Birmingham e, no ano seguinte, o mesmo piloto que realizou o voo, Eugene Ely, um civil, logrou organizar um pouso a bordo do USS Pennsylvania, fundeado na Baía de São Francisco. No mesmo ano de 1911, o Capitão Carlo Piazza, do Exército Italiano, envolvido na Guerra Ítalo-Turca na antiga Cirenaica, parte da atual Líbia, realizou a primeira missão militar de reconhecimento com um monoplano Etrich Taube fabricado na Áustria. No mesmo conflito, o Subtenente Giulio Gavotti utilizou pela primeira vez uma aeronave mais pesada do que o ar como arma, ao lançar, do mesmo avião usado por Piazza e a 200 metros de altura, três granadas

Oficiais do Exército Brasileiro deslocados para a região da Guerra do Contestado, membros da Polícia Militar do Paraná e civis envolvidos na manutenção das aeronaves enviadas para aquele conflito, ocorrido entre 1912 e 1916, posam diante de um monoplano Blériot. Aparecem na foto o General Setembrino de Carvalho, comandante-em-chefe das operações do Exército no conflito (ao centro com a mão na cintura), e, à sua direita, o Tenente Ricardo Kirk, primeiro oficial aviador do Exército que perdeu tragicamente a vida numa operação aérea durante aquela campanha. Foto Arquivo Action Editora Ltda.

Flagrante da Ilha das Enxadas, na Baía de Guanabara, no Rio de Janeiro, durante a década de 1920. Diversos hangares e uma rampa eram empregados pelos hidroaviões que serviam à Escola de Aviação Naval como esses Macchi M.9, em primeiro plano. Foto DPHDM.

de dois quilos cada sobre o Oasis de Tagiura e outra no Campo Militar de Ain Zara sem, no entanto, causar danos ao inimigo, porém pegando as tropas turcas de surpresa. No mesmo conflito, realizou também o primeiro reconhecimento noturno sobre as linhas inimigas. No ano seguinte, o Comandante Charles Samson, da Marinha Britânica, a bordo de um biplano Short S.27, decolou pela primeira vez de um navio em movimento, o HMS Hibernia, que navegava a 10,5 nós na Baía de Weymouth. Na França, Rússia, Alemanha e em outros países com tradições militares, experimentos com aeronaves ocorriam em rápida sucessão, deixando claro que sua utilização no campo militar era inexorável.

No Brasil, diversos militares da Marinha e do Exército, bem informados sobre o que ocorria ao redor do mundo, já entendiam a importância de dotar suas forças com capacidade aérea. Não foi à toa que, ainda em 1911, a Marinha do Brasil (MB) enviou à França o Tenente Jorge Henrique Moller, então um oficial engenheiro responsável pela seção de máquinas da Diretoria de Máquinas do Arsenal de Marinha, para obter na Escola Farman de Aviação o que seria o primeiro brevê de piloto do país.

No ano seguinte, o tenente do Exército Ricardo Kirk também foi enviado à frente de uma comissão de jovens aspirantes a aviador para a França, onde, na École Blériot d'Aviation d'Etampes, foi brevetado em 22 de outubro.

Ainda em 1911, tentou se formar, no Brasil, a primeira instituição nacional voltada para a atividade de aviação. Era o Aeroclube Brasileiro, fundado em 14 de outubro e composto de entusiastas civis e militares. Seu primeiro presidente (de honra) foi Alberto Santos Dumont e como diretor-presidente, o Almirante José Carlos de Carvalho. O Aeroclube foi formado na antiga Fazenda dos Afonsos distante cerca de 25 quilômetros em linha reta da Praça Mauá, ponto central do Rio de Janeiro. A presença de aviadores estrangeiros no país, entre os quais os franceses Roland Garros e Edmond Plauchut e os italianos Ernesto Darioli e Gian Felice Gino, este último tendo trazido consigo um monoplano Blériot, acelerou a montagem de uma estrutura de ensino tanto para civis quanto para militares. No entanto, as demandas de material e treinamento logo se provaram complicadas demais e a empreitada não avançou. Mas não sem antes deixar a base de estruturas que se seguiriam naquele local. Em 1913, foi sucedida pela Escola Brasileira de Aviação e suas aeronaves foram adquiridas pelo Exército Brasileiro.

No entanto, no ano seguinte, uma revolta de camponeses sem-terra caboclos que ficou conhecida como a Guerra do Contestado irrompeu na fronteira entre os estados do Paraná e de Santa Catarina. O Exército enviou para aquele conflito quatro aeronaves de seu acervo, com dois pilotos para operá-los, o Tenente Ricardo Kirk e o civil italiano contratado Ernesto Darioli. As aeronaves anteriormente pertencentes ao Aeroclube Brasileiro eram três Morane Saulnier – um Tipo A, um Tipo G e um Parasol Tipo L –, além de um Blériot. O evento marcou a primeira vez em que foram utilizadas aeronaves em ações militares no continente sul-americano. O Tenente Kirk era o comandante do primeiro destacamento aéreo militar do país, baseado na pequena localidade paranaense de União da Vitória. Após algumas missões de reconhecimento, uma pane causada pelo voo em mau tempo sobre uma estrada no município de General Carneiro acabou derrubando o avião no qual voava o jovem tenente, que se tornou, assim, o primeiro aviador brasileiro morto em combate.

A segunda escola de aviação do país, com instrutores italianos contratados pelo Exército e na qual foram matriculados 35 oficiais do Exército e 25 da Marinha, tampouco deu certo não somente pelas dificuldades materiais, mas pelo advento da Primeira Guerra Mundial na Europa, o que impossibilitava a aquisição de material aeronáutico.

A Marinha do Brasil não precisou esperar o fim da Primeira Guerra Mundial para iniciar suas atividades aéreas. Em 1916, formou a Escola de Aviação Naval, na Ilha das Enxadas, na Baía de Guanabara, no Rio de Janeiro. Tradicionalmente ligada às Marinhas Britânica e Norte-Americana, a MB optou por importar aeronaves desses países para compor seu acervo.

Um biplano Breguet 14 A2 recebe manutenção nas oficinas da Escola de Aviação Militar, no Campo dos Afonsos, no Rio de Janeiro. A chegada de uma Missão Militar Francesa ao Brasil, em 1919, inaugurou uma época na qual a maior parte das aeronaves usadas pela aviação militar era composta de tipos que haviam sido utilizados por aquele país europeu durante a Primeira Guerra Mundial. Foto Museu Aeroespacial do Campo dos Afonsos.

Vista panorâmica da Escola de Aviação Militar, no Campo dos Afonsos, durante os anos 1920. Na foto predominam os monoplanos Morane Saulnier de vários tipos. Foto Arquivo Action Editora Ltda.

Em 1917, durante o penúltimo ano da Primeira Guerra Mundial, um pequeno grupo composto de oficiais aviadores navais e de um jovem tenente do Exército foi enviado para a Inglaterra, onde recebeu instrução na Marinha Britânica, além de realizar missões de patrulha sobre a costa daquele país. Foi a primeira grande experiência de aviadores militares brasileiros em terras estrangeiras, e os ensinamentos que trouxeram em muito ajudaram a avançar o conhecimento no Brasil sobre o uso de aeronaves numa situação de guerra.

Logo após o término da Primeira Guerra Mundial, o Exército Brasileiro não perdeu tempo e criou, em 1919, ainda no mesmo Campo do Afonsos, a Escola de Formação de Aviadores Militares, mais tarde Escola de Aviação Militar, que seria, durante muito tempo, o ponto focal da aviação do EB no país. Com a paz retornando à Europa, passaram a existir, em profusão, as chamadas sobras de guerra, e, tão logo os combates foram substituídos pelo comércio, grande quantidade de material aeronáutico começou a aparecer no Brasil. Ao contrário da Marinha, o Exército Brasileiro era influenciado pela França, que, naquele momento, era uma das potências vencedoras do recém-terminado conflito. Assim, o acervo da nova escola de aviação da força terrestre foi totalmente composto de aeronaves de fabricação francesa, das mais diversas origens e nas mais variadas quantidades.

Pouco depois das aeronaves chegaram também ao país experientes oficiais franceses para comporem uma Missão Militar que continha, entre outras especialidades, instrutores aéreos. As turmas de jovens pilotos se sucederam e logo o Exército expandia os alcances de sua aviação para além do Campo dos Afonsos, através da criação, em 1921, de esquadrilhas de aviação desdobradas na área da 3ª Região Militar, mais precisamente nas localidades de Santa Maria (RS), para onde foram enviados quatro bombardeiros Breguet 14A-2, nove caças SPAD S.VIIC-1 e uma unidade de apoio, e de Alegrete (RS), para onde foram enviados outros seis Breguet 14.

A Escola de Aviação Naval também vinha crescendo apesar de enfrentar sérios problemas de material. Por causa de seu espaço limitado, a Ilha das Enxadas deu lugar à Ponta do Galeão, na Ilha do Governador, como sede da escola e, sempre que possível, os jovens aviadores navais realizavam reides e viagens para expandir a cobertura da Aviação Naval para onde a Esquadra porventura estivesse operando. Em 1919, a fim de ligar o Rio de Janeiro, onde se baseava a Esquadra brasileira, e a localidade de Angra dos Reis, onde se encontrava operando, foi criado o Correio Aéreo da Esquadra, que utilizava aerobotes da aviação naval, no que foi possivelmente o primeiro serviço do tipo no continente.

Em 1922 eclodiu, no Rio de Janeiro, mais precisamente no Forte de Copacabana, na ponta sul da praia do mesmo nome, o que viria a ser a primeira de diversas revoltas militares organizadas por alguns de seus mais jovens oficiais que buscavam implementar mudanças profundas na vida política do país. Ao longo de um único dia, um punhado de tenentes do Exército ocupou a fortaleza que defendia a entrada da Barra do Rio de Janeiro, chegando a disparar com os seus poderosos canhões de 305 mm contra alvos militares no centro da cidade. Tropas legalistas por sua vez alvejaram o forte não somente com os canhões dos encouraçados São Paulo e Minas Geraes, mas com bombas lançadas por dois hidroaviões Curtiss HS-2L da Aviação Naval.

Dois anos mais tarde, outra revolta eclodiu, sendo seu centro focal a cidade de São Paulo. Dessa vez a aviação não se limitou a rápidas ações táticas como em Copacabana. A Revolução de 1924 testemunhou a primeira campanha aérea protelada ocorrida no país, em que ambos os lados usavam aeronaves para agredir o inimigo. O Governo Central destacou seus bombardeiros Breguet 14A-2, dois Nieuport 24bisE-1 e dois treinadores SPAD-Herbemont S.54Ep-2 para a pequena localidade de Mogi das Cruzes, a cerca de 50 quilômetros da capital

Linha de voo na Escola de Aviação Naval, na Ponta do Galeão, anos 1930, sem dúvida alguma num dia de festa. Além de hidroaviões Martin PM e Savoia Marchetti SM-55, apoitados dentro d'água, aparecem, em terra, aeronaves Vought V-66 Corsair entre outros tipos. Foto Arquivo Jackson Flores Jr. / Action Editora Ltda.

Depois da era das escolas de aviação, que formaram a base do pessoal de aviação militar, tanto na Marinha como no Exército, floresceu no Brasil o período dos Correios Aéreos, tanto o Militar quanto o Naval. Visando desenvolver o interior do país – no caso do Exército – e de integrar o litoral, no que diz respeito à Marinha, essa fase ficou caracterizada pelo voo de pequenas aeronaves desbravando os sertões brasileiros. Realizadas, em sua maioria por aviões WACO de diversos tipos, como este EGC-7, as rotas dos Correios Aéreos fortaleceram a presença do Estado brasileiro em regiões outrora inacessíveis. Foto Arquivo Action Editora Ltda.

paulista. Junto com os aviões foram 11 pilotos – seis oficiais e cinco graduados – da 1ª Esquadrilha de Aperfeiçoamento, três oficiais observadores, além de pessoal de apoio da 1ª Companhia de Parque de Aviação, ambas as unidades sediadas no Campo dos Afonsos. Do lado paulista, aeronaves de todos os tipos foram agrupadas em uma unidade montada às pressas e que tinham como pilotos oficiais revoltosos, pilotos civis que haviam aderido à causa e até mercenários estrangeiros. A Marinha também participou do conflito, que durou cerca de 23 dias, bloqueando com dois hidroaviões Curtiss F-5L, dois Curtiss HS-2L e dois Curtiss MF os portos de Itaipu, Conceição de Itanhaém, São Vicente e Bertioga. Os legalistas realizaram missões de bombardeio contra a cidade, bem como de reconhecimento e de guerra psicológica, lançando panfletos.

Já os revoltosos, que usavam predominantemente biplanos Curtiss Oriole, fustigaram as tropas do governo, chegando a lançar folhetos de propaganda sobre o Encouraçado Minas Geraes e a bombardear o Palácio Presidencial no Catete, Rio de Janeiro. Após pesados bombardeios do céu e pela artilharia, em terra, e de um aviso que ordenava a população da cidade a deixá-la para não ser morta em massa, cerca de 200 mil pessoas deixaram a capital revoltosa, que capitulou logo a seguir.

No norte do país, dois aerobotes Curtiss MF que operavam com a Flotilha do Amazonas apoiaram tropas do Exército para esmagar outro foco da revolução em Belém. Essas aeronaves chegaram a bombardear o Forte de Óbidos, que caíra nas mãos de forças rebeldes, sendo fundamentais para desalojá-los, dando fim à revolta. O conflito ainda se estendeu por cerca de dois anos de escaramuças, fugas e perseguições, até que os revoltosos, esgotados, finalmente se renderam.

O uso de aeronaves num conflito interno teve grande impacto na Aviação Militar e Naval, pois o esforço de guerra prolongado praticamente acabou com o acervo das duas armas – as aeronaves da época não eram resistentes para uso tão exigente. Seguiram-se mais três anos de estagnação para as aviações militares no país. Mas, em 1927, foi aprovada a criação da Arma de Aviação do Exército, bem como a liberação de verba para sua reconstrução. Para a Aviação Naval, a Revolução de 1924 também trouxe a penúria e, por mais de cinco anos, seu funcionamento exigiu um esforço sobre-humano de seus integrantes para colocar em voo missões esporádicas. No entanto, no início da década de 1930, logo após mais uma revolução no país, a força conseguiu meios mais modernos e aportes que permitiram uma retomada das atividades.

Em 1931, quebrando uma barreira psicológica imposta por seus instrutores franceses, jovens pilotos da Aviação do Exército deram início ao Correio Aéreo Militar, que, juntamente com seu par da Aviação Naval, enviaria, nos anos seguintes, aeronaves para os mais diversos pontos do território nacional, iniciando um processo que resultaria na criação de uma impressionante malha de aeródromos que, por sua existência, acabaria por permitir a integração do país após anos de operação.

Pouco tempo depois, em 1932, eclodia, mais uma vez no estado de São Paulo, uma revolta, esta de grande porte. Tratava-se da Revolução Constitucionalista, iniciada em 9 de julho de 1932. Depois de reagirem à declaração de conflito aberto e ao fechamento das fronteiras estaduais pelos paulistas, unidades da Aviação

Em janeiro de 1941, as Aviações Naval e Militar foram desativadas e seus efetivos e equipamentos transferidos para a nascente Força Aérea Brasileira. Pouco tempo depois, em agosto de 1942, devido a torpedeamentos de navios brasileiros por submarinos alemães e italianos o país declarou guerra ao Eixo e, em julho de 1944, enviou para a Europa uma Força Expedicionária Brasileira, composta de 25 mil homens. A Força Aérea Brasileira enviou para a frente de combate o 1º Grupo de Aviação de Caça, equipado com caças-bombardeiros Republic P-47 Thunderbolt e a 1ª Esquadrilha de Ligação e Observação, dotada de aviões leves Piper L-4H Grasshopper. Na costa brasileira, a Força Aérea combateu submarinos inimigos que atacavam mercantes no Atlântico Sul. Foto Arquivo Action Editora Ltda.

Militar e da Aviação Naval destacaram aeronaves para combater os rebeldes. A composição das duas forças ainda demonstrava uma mistura de tipos de origens diferentes, algumas adquiridas de ocasião, quando, porventura, alguma força estrangeira aqui aportava com suas aeronaves – caso de 11 hidroaviões Savoia Marchetti italianos trocados por sacas de café – ou trazidas por negociadores de armas que promoviam seus produtos sempre que possível.

A Aviação do Exército possuía uma frota predominantemente francesa, fruto do estreito relacionamento com a Missão Militar daquele país e que moldava a maneira de combater da Força Terrestre. No período entre o fim da Revolução de 1924 e pouco antes de irromper o conflito de 1932, chegaram ao país 111 aeronaves de procedência francesa para a Aviação Militar. Além disso, o período de bonança, que permitiu que aquela força se reequipasse, trouxe outra importante contribuição. Com meios ao seu dispor e um orçamento que permitia sua operação de forma completa, aquela arma possuía, antes do conflito, cerca de 150 pilotos, ou três para cada aeronave do acervo! A Aviação Naval, além dos 11 hidroaviões italianos, também recebera reforços na forma de aeronaves norte-americanas e britânicas dos mais diversos tipos.

Logo que irrompeu a revolução, a aviação legalista deslocou seu componente aéreo para a cidade de Resende, no sul fluminense, de onde suas aeronaves poderiam maximizar seu alcance operacional para atingir alvos paulistas. As outras frentes de combate se desenvolveram na divisa de São Paulo com os estados do Paraná e de Minas Gerais. Já a Aviação Naval passou a operar de Vila Bela, na Ilha de São Sebastião, não longe da capital, e, mais importante, de onde se localizava a Esquadra, e da frente de combate litorânea que se desenvolvia próximo às vilas de Parati, Cunha, Lagoinha e Bananal.

Do lado constitucionalista, como os revolucionários vieram a ser chamados, a capacidade aérea veio inicialmente com a chegada de um Potez 25T T.O.E e de

Depois da Segunda Guerra, a Força Aérea Brasileira foi, por algum tempo, uma das armas aéreas melhor equipadas do planeta, com uma ordem de batalha numerosa composta de tipos norte-americanos que participaram do conflito. Essa linha de voo foi flagrada durante um Curso de Tática Aérea, na Base de Cumbica, atual Aeroporto Internacional Franco Montoro, em São Paulo. Na foto aparece grande número de caças Curtiss P-40 Warhawk, bombardeiros North American B-25 Mitchell e um Lockheed C-60 Lodestar além de várias aeronaves de ligação. Foto Arquivo Jackson Flores Jr. / Action Editora Ltda.

A grande disponibilidade de aeronaves de transporte deixada no país pelos norte-americanos após a guerra permitiu que a FAB solidificasse o seu braço de transporte aéreo o que aumentaria exponencialmente a capacidade do Estado no desenvolvimento e integração do interior do país. O Douglas C-47 Skytrain, como este, decolando do Parque Nacional do Xingu, nos anos 1960, juntamente com o Consolidated PBY-5A Catalina, foi o principal vetor que permitiu esse crescimento. Foto Arquivo Action Editora Ltda.

três Morane Saulnier M.S.130Et2 levados por jovens tenentes da Aviação Militar que resolveram aderir à revolução. Um dos primeiros atos desta, por sinal, foi a tomada do Campo de Marte, o principal aeródromo da capital paulista, no qual havia cinco aeronaves militares – dois Potez 25 T.O.E. e três WACO CSO –, além de cerca de uma dezena de aeronaves civis de vários tipos que foram imediatamente requisitadas. Nas primeiras semanas do conflito, um WACO CSO e um Nieuport Delage NiD-72C.1 também foram levados do Campo dos Afonsos para São Paulo. Durante o conflito, nove biplanos de ataque Curtiss D-12 Falcon foram comprados diretamente da fábrica através de uma representação em Santiago no Chile. Destes, apenas dois chegaram a São Paulo a tempo de tomar parte na revolução; outros dois só chegariam após o término do conflito.

As principais missões de ambos os lados foram de reconhecimento, observação, lançamento de panfletos, ataque contra tropas no solo, bombardeio de campos de pouso e posições de artilharia e, no caso dos paulistas, contra navios da Esquadra que bloqueavam o Porto de Santos para impedir que o estado rebelde recebesse suprimentos por via marítima.

Outra modalidade de ataque também marcou esse conflito que, de fato, inaugurou o uso da aviação como arma preponderante no pensamento militar brasileiro. Durante três dias consecutivos, aeronaves da Marinha, amalgamadas em uma força-tarefa, tentaram destruir a principal central elétrica da capital paulista. Apesar de não lograr êxito nessa missão por diversas razões, ela foi importante, uma vez que marca a primeira utilização da arma aérea em operações estratégicas, o que até então jamais havia sido tentado no continente.

Ocorreu ainda, no conflito, outro episódio marcante para os anais da história da Aviação Militar do continente sul-americano quando, em 8 de agosto, durante um encontro de dois biplanos Potez 25T T.O.E. sobre a localidade paulista de Buri, a aeronave constitucionalista, pilotada pelo tenente revoltoso Lysias Rodrigues e tendo como artilheiro o Tenente Abílio Pereira de Almeida, posicionou-se abaixo do avião legalista, derrubando-o e, assim, conquistando a primeira vitória em combate aéreo de um piloto sul-americano.

Além do Campo de Marte, a aviação Constitucionalista deslocou parte de seu componente aéreo para o Campo de Itapetininga para defender o setor sul do estado. Dali lançou diversas missões de ataque que efetivamente causaram danos militares e morais nas tropas do governo. Com o avanço das forças governistas sobre São Paulo, novos aeródromos foram sendo requisitados e, junto com as tropas no solo, avançava a capacidade aérea.

Do lado paulista, a mudança de aeródromos também ocorria toda vez que sua aviação precisava bloquear o avanço do inimigo numa localidade chave.

O impacto militar e psicológico que a aviação teve no conflito de 1932 foi marcante para seu futuro na composição das Forças Armadas brasileiras. Em 2 de outubro, a Revolução Constitucionalista finalmente chegou ao fim, tendo durado 87 dias e marcado profundamente o país.

Para as aviações Militar e Naval significou, além das enormes lições aprendidas, a chegada de mais de 200 aeronaves novas e decididamente de uso militar, a maioria de procedência norte-americana, incluindo-se aí diversos tipos de avião das fábricas Waco e Vought, e os moderníssimos caças Boeing 256, entre outros. Logo após o término do conflito, 20 novos biplanos Fairey Gordon britânicos foram entregues para a Marinha. Era a confirmação de que a "era" francesa da Aviação Militar havia definitivamente chegado ao fim.

A dimensão da Revolução de 1932 fez com que o governo repensasse o perigo da secessão num país de enorme território e no qual o estado estava perigosamente ausente de diversas de suas regiões mais distantes do litoral. Assim, utilizando o avião o governo federal partiu, sem demora, para a integração

Em 1952, a Marinha do Brasil reativou a sua aviação inaugurando a Segunda Fase da Aviação Naval e, em dezembro de 1960, foi incorporado à Armada o Navio Aeródromo Ligeiro Minas Gerais, assim passando a operar um vetor verdadeiramente aeronaval. Foto DPHDM.

Em 1950, após décadas de dependência externa no campo do material aeronáutico, o Brasil fundou o CTA (Centro Tecnológico da Aeronáutica) e o Instituto Tecnológico da Aeronáutica (ITA) que acabaram dando vazão à Embraer, hoje uma das mais importantes fabricantes de aeronaves do planeta. Essa busca pela independência tecnológica simbolizada pelo transporte leve EMB-110 Bandeirante, como o da foto, vem sendo incrementada a ponto de permitir que a maior parte das aeronaves militares brasileiras seja fabricada ou montada no país. Foto Carlos Lorch / Action Editora Ltda.

do interior. No ano seguinte à revolução, foram criadas três zonas militares aéreas para as quais foram deslocadas diversas unidades aéreas compostas de aviação, aeroestação e artilharia antiaérea. As parcelas munidas de aviões eram os regimentos de aviação. De repente, havia bases ancoradas em Porto Alegre, Belo Horizonte, Curitiba, Recife e Belém, além dos regimentos baseados no Rio de Janeiro e em São Paulo. Núcleos também foram criados para permitir a presença de unidades aéreas em Fortaleza e em Campo Grande.

Por outro lado, o recém-formado Correio Aéreo Militar, bem como seu par na Marinha, expandiu suas rotas para os mais remotos pontos do mapa brasileiro. Os novos WACO de diversos tipos mostraram ser excelentes para aquela missão, que ajudou a espalhar a presença do estado brasileiro por todas as suas regiões. Com o tempo, outras aeronaves viriam realizar aquele trabalho que, de tão importante para o desenvolvimento do interior do país, existe até hoje.

Em 20 de janeiro de 1941, um decreto presidencial criou o Ministério da Aeronáutica, que ganhava como seu braço armado as Forças Aéreas Nacionais logo rebatizadas de Força Aérea Brasileira (FAB). O mesmo decreto extinguia as Aviações Militar e Naval, amalgamando todas as aeronaves e meios daquelas armas na nova Força que estava criando. Aos oficiais aviadores das duas armas foram dadas duas opções de carreira: migrar para a nova arma, para compor seu pessoal aeronavegante, ou permanecer em sua força de origem, porém em uma função que não seria de aviação.

De repente, 428 aviões dos mais variados tipos foram reunidos na nova Força, que precisou de um trabalho hercúleo para definir como seria organizada e com que meios. O foco inicial era treinar equipagens de voo e continuar realizando as linhas do Correio, que, após a formação da Força Aérea Brasileira,

O caça-bombardeiro Embraer/Alenia/Aermacchi AMX, ou A-1 na FAB, é mais um exemplo da importância da indústria nacional para a Força Aérea Brasileira. Essa aeronave introduziu a capacidade estratégica na FAB e serviu de importante passo para a aquisição de conhecimentos tecnológicos que desembocaram em novas aeronaves brasileiras. Foto Carlos Lorch / Action Editora Ltda.

viu ocorrer a fusão do Correio Aéreo Militar com o Correio Aéreo Naval, o que criou o Correio Aéreo Nacional, o CAN, e que, naquela época, já realizava voos em linhas que demandavam países vizinhos.

Mal havia nascido e a Força Aérea Brasileira se viu diante do que viria a ser o maior conflito da história, a Segunda Guerra Mundial. Em agosto de 1942, reagindo a afundamentos de navios brasileiros por submarinos alemães e italianos que rondavam o litoral do país, o Brasil declarou guerra ao Eixo. Imediatamente, um acordo de empréstimo e arrendamento, o Lend-Lease, foi firmado com os Estados Unidos para a recém-formada Força Aérea Brasileira. Isso significou a vinda de mais de 1.288 aeronaves militares modernas das mais diversas especialidades.

A FAB participou do conflito em duas frentes de combate, no litoral do País e sobre o Atlântico Sul, onde patrulhas antissubmarino eram realizadas pela Marinha e pela Força Aérea do Exército Americano (USAAF), e na Península Italiana, para onde foram deslocadas, em 1943, duas unidades de combate: o 1º Grupo de Aviação de Caça, equipado com o caça-bombardeiro Republic P-47D Thunderbolt, e a Primeira Esquadrilha de Observação e Ligação 1ª ELO, que, adjunta do componente de terra brasileiro enviado ao front, realizou missões de reconhecimento, observação, ligação e espotagem de artilharia com pequenos monomotores Piper L-4 Cub.

A experiência brasileira na Segunda Guerra Mundial não somente aproximou as Forças Armadas do país às dos Estados Unidos, mas iniciou um longo período no qual a indústria daquele país, ao utilizar a venda governo-a-governo, forneceu ao Brasil a quase totalidade das aeronaves militares aqui utilizadas. A partir da segunda metade dos anos 1940, a Força Aérea Brasileira era uma das mais bem equipadas do mundo, contando com aeronaves modernas e das mais diversas, e a indústria americana dominou o fornecimento de aeronaves, armas e sensores para o Brasil até a década de 1970, quando a aviação militar no país já tomara novos rumos.

Desde sua criação, no início do século XX, a aviação militar no Brasil já apresentava um surpreendente número de inventores e empreendedores voltados para a fabricação de aeronaves. Isso mesmo num país essencialmente agrícola e pouco mecanizado. Logo nos primeiros anos do Campo dos Afonsos, Marcos Evangelista da Costa Vilella Junior, um jovem oficial que se apaixonara pela aviação, já construíra e voara duas aeronaves que fabricara artesanalmente: o Aribu e o Alagoas. Mais tarde, diversas empreitadas civis e militares buscaram dar uma capacidade nacional à aviação brasileira. Em geral, aviões de treinamento ou de transporte leve apareceram em números modestos, equipando pequenas frações das armas aéreas brasileiras. Mais tarde, a fabricação de aeronaves estrangeiras sob licença no Brasil supriram importantes áreas de necessidade, caso dos bombardeiros e treinadores Focke-Wulf alemães, pouco antes da guerra, dos North American AT-6 e dos treinadores PT-19, depois do conflito, e de treinadores Fokker, originalmente holandeses, nos anos 1950 e 1960. No entanto, foi somente com a criação de um polo tecnológico voltado especificamente para a formação de engenheiros aeronáuticos, pesquisa e capacidade fabril instalada no país que o Brasil viu chegar a Embraer, em 1969.

Mas antes de essa capacidade render frutos, muitos outros eventos dignos de nota ocorreram para moldar a aviação militar brasileira.

Logo após a Segunda Guerra Mundial e com a vasta percepção de que as armas navais, por excelência, haviam deixado de ser as belonaves encouraçadas substituídas nas sangrentas batalhas da Campanha do Pacífico pelo poder aéreo embarcado, a Marinha do Brasil (MB) voltou a demandar uma aviação orgânica. Assim, em 1952, foi novamente criada a Aviação Naval – no que é chamado de Segundo Período. Quatro anos mais tarde, a Marinha do Brasil recebia seu primeiro porta-aviões, o Navio Aeródromo Ligeiro Minas Gerais. No entanto, sérios conflitos políticos entre aquela força e a FAB resultaram numa nova divisão de meios e de um novo decreto presidencial que resultou na passagem

Um helicóptero AS365 Pantera e um EC550 Esquilo da Aviação do Exército voam juntos sobre o interior paulista. Apoiadas por um braço brasileiro da empresa europeia Eurocopter, depois Airbus Helicopters, essas aeronaves são montadas, mantidas ou modernizadas no Brasil. Foto Wagner Ziegelmeyer / Action Editora Ltda.

de todas as aeronaves de asa fixa em uso pela Marinha para a Força Aérea e a determinação de que todos os voos embarcados, salvo aqueles realizados com helicóptero, seriam feitos por aeronaves da Força Aérea Brasileira. Por sua vez, os helicópteros de uso naval utilizados a bordo de navios só poderiam ser operados pela Marinha do Brasil. Até o início dos anos 1970, a quase totalidade das aeronaves da Força Aérea Brasileira era de procedência norte-americana. O sistema Lend-Lease deu lugar ao Foreign Military Sales (FMS), que se tornou o método mais comum de aquisição de aeronaves. Na Marinha, a grande maioria dos helicópteros era norte-americana ou britânica.

No entanto, no início dos anos 1970, desavenças quanto ao nível de tecnologia que o Departamento de Defesa dos Estados Unidos estava disposto a passar para seus aliados brasileiros abriram uma brecha na preponderância norte-americana como principal fornecedora de aeronaves e, mais uma vez, produtos de origem francesa, como caças Dassault Mirage IIIEBR/DBR, helicópteros Aerospatiale SA 330 Puma e outros, começaram a criar um mercado um pouco mais dividido. Com a Embraer crescendo tecnologicamente a passos largos naquele momento, parcerias com empresas italianas também ajudaram a trazer para a FAB uma face mais europeia. A ousada criação, em 1978, de uma fábrica especializada em montar helicópteros no país trouxe também o domínio do mercado à Helibras, subsidiária da então Eurocopter, inicialmente franco-alemã e hoje parte do conglomerado pan-europeu Airbus Defence and Space.

Já no início dos anos 1980, sentia-se a veloz substituição de uma frota predominantemente estrangeira na FAB por outra nacional ou ao menos montada no país. Somente tipos que não possuíam similar no Brasil ou interesse comercial para a indústria brasileira continuavam vindo do exterior. Uma porcentagem marcante da frota das Forças Armadas brasileiras era, pela primeira vez, feita no próprio país.

Com o fim do governo militar de 1964-1985, o Brasil passou por um longo período de paralisia no reequipamento do poder aéreo. Foi somente com o advento dos governos federais de Fernando Henrique Cardoso, entre 1995 e 2003, e os que se seguiram que as Forças Armadas começaram novamente a diminuir o espaçamento tecnológico que as separava de seus pares do Primeiro Mundo. Inicialmente através

Símbolo do avanço da indústria aeroespacial brasileira nos anos 1990, o Embraer EMB-314 Super Tucano é um sucesso no campo do treinamento de pilotos de combate e nas missões de contrainsurgência e ataque leve. Foto Carlos Lorch / Action Editora Ltda.

O transporte tático Embraer KC-390 foi desenvolvido no Brasil para substituir o Lockheed Martin C/KC-130 Hercules, uma aeronave que se mostrou essencial no esforço de transporte da Força Aérea Brasileira. Impulsionado por motores a jato, possui aviônica e equipamentos de última geração. Foto Embraer.

da modernização de meios que o permitissem fazê-lo e em seguida pela aquisição de vetores realmente modernos. A indústria brasileira, encabeçada pela Embraer, lançou também, a partir desse período, novos programas visando cada vez mais à nacionalização do maior percentual possível das frotas de combate do Brasil.

Em 1996, a Marinha do Brasil deu início à busca de uma aeronave de interceptação e ataque embarcada capaz de operar inicialmente do NAeL Minas Gerais e posteriormente de um novo porta-aviões. Por causa do reduzido tamanho do convés de voo do porta-aviões brasileiro, não havia um número significativo de vetores à venda capaz de bem servir à Esquadra. Assim, foram adquiridos, dois anos mais tarde, 23 caças McDonnell Douglas A-4KU Skyhawk do Kuwait, revivendo a aviação de asa fixa embarcada na Marinha do Brasil. Em 2000, o Minas Gerais foi substituído pelo Navio Aeródromo São Paulo, na verdade, o desativado porta-aviões francês Foch, revitalizado para uso pelo Brasil.

Entre 1986 e 1988, o Exército também voltou a voar com o renascimento da Aviação do Exército, inicialmente na cidade paulista de Taubaté e depois com bases na Amazônia e no Centro-Oeste do país. Equipado com aeronaves de origem europeia montadas no país pela Helibras, ou importadas, e helicópteros norte-americanos, a Aviação do Exército chegou a possuir quase 100 aeronaves de asas rotativas, o que garante a mobilidade e a capacidade de combate autônomo de que precisa.

Fruto dos mais diversos obstáculos, a aviação militar brasileira se consolidou em meio a guerras internas, com o desafio de integrar o enorme território brasileiro. Diante de um cenário cada vez menos previsível e tecnologicamente exigente, os diversos braços que compõem a aviação militar brasileira atingiram, na atualidade, a maturidade que permite que acompanhem as doutrinas militares vigentes ao redor do mundo e que é capaz de facultar-lhes a capacidade de defender com eficiência a soberania do país nos céus.

Aviação Naval Brasileira

1916 - 2015

Curtiss F, mod 1914

Nascido na cidade de Hammondsport (Nova York – EUA) no dia 21 de maio de 1878, Glenn H. Curtiss é considerado um dos principais pioneiros da história aeronáutica norte-americana e mundial. Fabricante de motores de motocicletas, Curtiss aprendeu a voar em maio de 1908 e, dois meses mais tarde, construiu e voou sua primeira aeronave. Estabeleceu recordes e conquistou prêmios nos Estados Unidos e na Europa. Em 1909, criou, em sociedade, uma empresa de construção aeronáutica que teve vida efêmera, mas foi no mês de dezembro de 1911 que Curtiss organizou uma empresa que estaria presente na lista das principais do mundo por mais de duas décadas, a Curtiss Aeroplane and Motor Co.

Conhecido nos Estados Unidos como Pai da Aviação Naval em vista do seu trabalho na formação dos primeiros aviadores navais da United States Navy (USN), Glenn H. Curtiss concentrou consideráveis esforços no desenvolvimento e na produção de hidroaviões. Isso resultou em uma extensa e complexa linhagem de aeronaves que exerceram uma enorme influência nos anos pioneiros da aviação.

Empregando um sistema alfabético para designar muitas das aeronaves projetadas e produzidas nas instalações de sua fábrica, durante o ano de 1914, Curtiss desenvolveu o aerobote Curtiss F, que se destinaria às tarefas de instrução de voo com a USN e o United States Army. Aproximadamente 200 desses aerobotes foram produzidos, sendo que 154 exemplares foram adquiridos pela USN, cinco foram comprados pelo US Army e seis exportados para a Rússia, os demais foram vendidos para particulares ou então exportados. Ademais, alguns poucos Curtiss F chegaram a ser produzidos por outras empresas nos Estados Unidos e no exterior, como foi o caso da Rússia, que produziu localmente alguns exemplares.

Apesar dos pequenos mas frequentes acidentes que resultavam em sua indisponibilização para voo, os Curtiss F mod 1914 eram regularmente vistos longe de sua sede, na Ilha das Enxadas (RJ), consequência das surtidas de adestramento dos pilotos já diplomados como aviadores navais. Foto DPHDM.

Um Curtiss F sobre as águas da Baía de Guanabara no litoral do Rio de Janeiro. Quatro dessas aeronaves operaram na EAvN entre 1916 e 1923. Foto DPHDM.

O Curtiss F, mod 1914 na Aviação Naval

Na esteira do decreto, datado de 23 de agosto de 1916, que determinava a criação de uma escola de aviação para a Marinha do Brasil, foi dada a partida às providências que visavam à concretização daquela determinação. Entre outras necessidades, havia a importação de material destinado à instrução de voo na Escola de Aviação Naval (EAvN). A passagem pelo Brasil dos aviadores David M. McCulloch e Francis E. Wildman na primeira metade de 1913, período em que demonstraram um hidroavião produzido pela Curtiss, serviu como ponto de partida para a compra das aeronaves destinadas àquele estabelecimento de ensino aeronáutico.

Através do Consulado Geral do Brasil em Nova York (EUA), foram iniciadas as gestões para a aquisição de aeronaves e peças de reposição da Curtiss Aeroplane and Motor Co. Com a exígua verba disponível, foram adquiridos três aerobotes Curtiss F, mod. 1914 – o contrato previa ainda a vinda de um mecânico-piloto para supervisionar a montagem dos três hidroaviões e posterior ensaio de cada aeronave.

Em 12 de julho de 1916, os três hidroaviões chegaram ao Rio de Janeiro a bordo do transporte de guerra Sargento Albuquerque e foram levados à Carreira

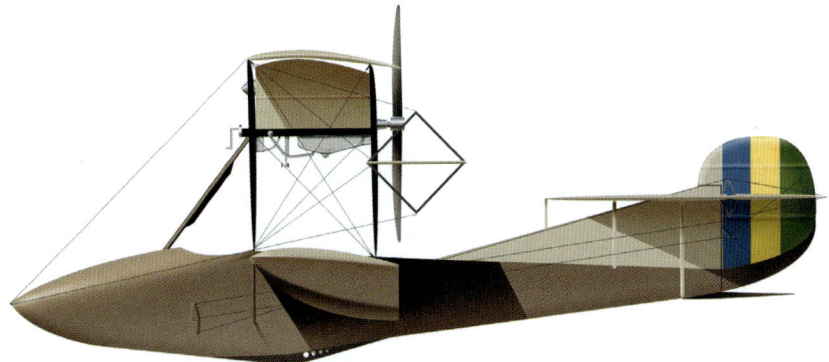

Os Curtiss F mod 1914 passaram boa parte de sua vida útil desprovidos de marcas ou insígnias nacionais.

Até que fosse baixada uma norma que proibisse o voo por baixo da antiga ponte Alexandrino Alencar, que ligava o 1º Distrito Naval à Ilha das Cobras, no Rio de Janeiro, os Curtiss F eram periodicamente vistos realizando tal manobra. Foto DPHDM.

Tamandaré – próximo à Praça Mauá – para lá serem montados. O primeiro foi dado como pronto no mês de agosto daquele ano, sendo seguido, no mês de outubro, pelos outros dois. Mas mal iniciara a instrução de voo para a primeira turma da EAvN, um desses Curtiss F executou o primeiro reide aéreo da Aviação Naval no dia 12 de outubro daquele ano. Naquela ocasião, o Curtiss F C2 fez uma viagem de ida e volta entre a EAvN e as antigas instalações da Escola Naval, na Enseada Batista das Neves (Angra dos Reis – RJ).

Ao ser a primeira organização aeronáutica militar do Brasil, a EAvN foi objeto de grande atenção e não foram poucos os visitantes de vulto às suas instalações. Visto que eram aeronaves bipostos, os Curtiss F, mod 1914, frequentemente eram convocados a realizar voos em benefício de visitas ilustres como Alberto Santos Dumont e o Presidente Wenceslau Braz. Esse último realizou dois voos no ano de 1917, o primeiro no dia 24 de fevereiro e o outro no dia 2 de abril; esses eventos constituiram-se a primeira ocasião em que um presidente da República voou em uma aeronave de bandeira brasileira e com tripulação brasileira.

Frágeis como todas as aeronaves daquela época, o intensivo uso desses três hidroaviões muitas vezes prejudicava o fluido andamento da instrução dos alunos da EAvN. Não foram raras as ocasiões em que os três Curtiss F encontraram-se indisponíveis para voo no transcorrer de 1917, esse quadro só sendo amenizado com a chegada de novas aeronaves. Apesar desses contratempos, foi possível dar conclusão à formação da primeira e da segunda turmas de aviadores navais.

No ano seguinte, além da chegada de novas aeronaves de instrução, foi executada ainda a construção de um quarto Curtiss F, mod 1914, trabalho esse realizado por pessoal da própria EAvN. Recebendo a matrícula nº 9, aquela aeronave passou a ser conhecida entre alunos e pessoal da EAvN como Carioca.

Mesmo assim, as dificuldades materiais em manter esses hidroaviões em condições de voo fizeram com que seu uso fosse gradativamente reduzido. Finalmente, no transcurso de 1923, foram descarregados os Curtiss F, mod 1914, apesar de existir indicações de que já não voavam mais desde fins de 1919.

Curtiss F, mod 1914	
Período de Utilização	De 1916 até 1923
Fabricante	Curtiss Aeroplane and Motor Co., Hammondsport (Nova York – EUA)
Emprego	Treinamento
Características Técnicas	
Motor	Curtiss OX-2 de 90 hp
Envergadura	12,69 m
Comprimento	8,33 m
Altura	3,31 m
Área Alar	35,95 m^2
Peso Máximo	798 kg
Armamento	Não dispunha de armamento
Desempenho	
Velocidade Máxima	88 km/h
Razão de Subida	51 m/s
Autonomia	4 h
Comentários	
Total Adquirido	4 exemplares
Unidades Aéreas	Escola de Aviação Naval
Designações	Não recebeu designação
Matrícula	C1, C2, C3 e 9

Borel

Desenvolvido e construído em 1911, o hidroavião Borel foi uma das primeiras aeronaves a serem empregadas pelo recém-organizado serviço de aviação naval da Aeronautique Militaire. Distribuído aos centros de instrução em La Vidamee e Buc, o Borel foi empregado principalmente como aeronave de treinamento. Ao eclodir a Primeira Guerra Mundial, já

O único exemplar do hidroavião de origem francesa Borel na Aviação Naval foi empregado entre 1917 e 1918 para instrução dos alunos da EAvN. Foto DPHDM.

O hidroavião Borel foi, aparentemente, a primeira aeronave militar brasileira a ostentar insígnias nacionais, com a constelação do Cruzeiro do Sul ao centro do cocar.

não existiam mais muitos hidroaviões Borel em uso na Aeronautique Militaire, a quase totalidade já tendo sido alienada. Por sua vez, alguns dos oito exemplares exportados para a Inglaterra para uso no Royal Naval Air Service continuaram a ser utilizados em tarefas de instrução até o fim do primeiro ano daquele conflito.

O Borel na Aviação Naval

Mesmo com a guerra na Europa, chegou ao Brasil um punhado de aeronaves destinadas a particulares. Entre estas encontrava-se um hidroavião Borel, que passou a ser de propriedade do sr. Isidoro Kohn. Montada nas instalações da Escola de Aviação Naval (EAvN), no dia 27 de maio de 1917, a aeronave foi ensaiada nas instalações daquele estabelecimento de ensino aeronáutico, localizado na Ilha das Enxadas.

Posteriormente, em novembro de 1917, a EAvN acabou adquirindo a aeronave e a empregou, sobretudo, nas tarefas de instrução dos alunos lá matriculados. No entanto, durante o transcorrer de 1918, o motor daquele hidroavião sofreu algum tipo de avaria que fez com que fosse desmontado

Recolher os hidroaviões após o fim de cada voo exigia considerável trabalho braçal, como ilustrado nesta foto do Borel subindo a rampa da Ilha do Rijo. Foto DPHDM.

Após operar na EAvN, o Borel foi entregue em 1919 à Força Militar do Paraná, para constituir a Escola Paranaense de Aviação. Foto DPHDM.

no fim do ano. Sem perspectivas de dar solução imediata ao problema ocorrido com o grupo motopropulsor, a Marinha do Brasil autorizou a EAvN a fazer a doação da aeronave à Força Militar do Paraná no ano de 1919, indo o Borel juntar-se a outra aeronave do mesmo tipo a fim de constituir a dotação da Escola Paranaense de Aviação. Eventos diversos fizeram com que esse projeto fracassasse e os dois Borel fossem destruídos anos mais tarde, durante um incêndio ocorrido no hangar que os abrigava.

Borel	
Período de Utilização	De 1917 até 1918
Fabricante	Sociétè Anonyme e Etablissements Borel, (França)
Emprego	Instrução
Características Técnicas	
Motor	Luct de 80 hp
Envergadura	11,65 m
Comprimento	8,35 m
Altura	2,50 m
Área Alar	20 m²
Peso Vazio	270 kg
Peso Máximo	570 kg
Armamento	Não dispunha de armamento
Desempenho	
Velocidade Máxima	90 km/h

Continua

Comentários	
Total Adquirido	1 exemplar
Unidades Aéreas	Escola de Aviação Naval
Designações	Não recebeu designação
Matrículas	4

Standard JH

Fundada em 1916 por Charles Healy Day, um engenheiro formado pelo Polytechnic Institute de Troy (Nova York), a Standard Aero Corporation foi uma de dezenas de pequenas e pouco conhecidas empresas de construção aeronáutica organizadas nos Estados Unidos nas primeiras duas décadas do século XX. Trabalhando como engenheiro-chefe na Glenn L. Martin Company e na Sloane Airplane Company antes de montar a própria empresa na cidade de Plainfield, Nova Jersey, Day dedicou seus esforços ao desenvolvimento de biplanos de instrução destinados principalmente ao United States Army Air Service, o Serviço Aéreo do Exército.

O modelo de maior sucesso da Standard foi seguramente o que resultou na família de biplanos de instrução J-1 e SJ-1, este sendo o mais numeroso, com 1.601 exemplares produzidos pela Standard, Dayton-Wright, Fisher Body Works e Wright-Martin. A exemplo do que frequentemente ocorria naquela época, a Standard desenvolveu versões e subversões do modelo básico para, assim, atender distintos requisitos operacionais. Por meio de diferentes grupos motopropulsores e de maior ou menor quantidade de modificações à célula, a fábrica gerou uma profusão de versões do J-1 e do SJ-1. Entre essas encontrava-se a versão JH, um hidroavião dotado de flutuador central destinado às tarefas de instrução.

O Standard JH na Aviação Naval

Apesar dos poucos recursos financeiros à disposição, a Marinha do Brasil tratou de, na medida do possível, ampliar a dotação de material aeronáutico

Um dos dois Standard JH empregados pela EAvN é visto prestes a decolar das águas da Baía de Guanabara. Foto DPHDM.

Um Standard JH da Aviação Naval prestes a ser lançado ao mar. Esse foi um modelo pouco usado na EAvN, sendo preterido para a instrução pelos Curtiss F. Foto DPHDM.

da Escola de Aviação Naval (EAvN). Apesar de a Primeira Guerra Mundial ainda estar em curso, o que dificultava sobremaneira a compra de aeronaves, as autoridades navais lograram adquirir dois exemplares do hidroavião Standard JH. Fora o fato de haverem sido obtidos nos Estados Unidos, se desconhece a exata origem ou forma empregada para a compra dessas aeronaves. Porém, é lícito presumir que a aquisição dos dois Standard JH deu-se com o auxílio da Missão Naval Norte-Americana, com sede no Rio de Janeiro (RJ).

Existem indicações de que o primeiro exemplar chegou ao Brasil nos derradeiros dias de dezembro de 1917, sendo montado e dado como pronto em meados de janeiro de 1918. Por sua vez, o segundo Standard JH foi desembarcado no Porto do Rio de Janeiro na última semana daquele mês, assim elevando para seis o total de aeronaves pertencentes à EAvN. Contudo, um desses hidroaviões sofreu um pequeno acidente que o tornou indisponível para voo, visto que há registros de que, no transcorrer de 1918, foi realizada a construção de um flutuador e uma asa inferior direita para o Standard JH nº 5.

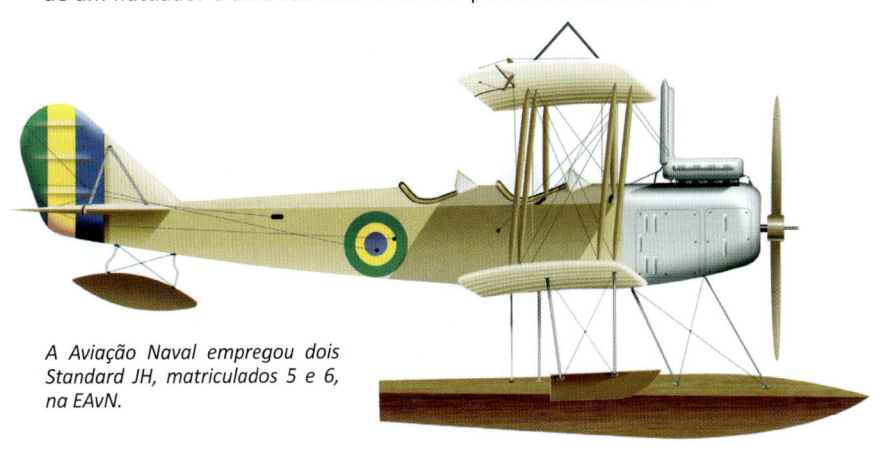

A Aviação Naval empregou dois Standard JH, matriculados 5 e 6, na EAvN.

As dificuldades materiais e outras deficiências que acossaram a EAvN no transcurso de 1918 aparentemente afetaram a utilização dos Standard JH, em face da existência de exíguos registros de voo com qualquer um dos dois hidroaviões. As poucas informações daquela época indicam que estava sendo dada preferência à instrução nos Curtiss F – primeiro com o que restara do trio original recebido em 1916 e, já no final de 1919, com os primeiros Curtiss F mod 1916 montados na Ilha das Enxadas (RJ). Essa situação permaneceu inalterada no ano seguinte, mesmo com o maciço reforço na dotação de material aeronáutico disponível para a Escola de Aviação Naval.

A partir de janeiro de 1920 não há mais registros de voo com qualquer um dos dois Standard JH, que, presumivelmente, foram desmontados e recolhidos ao depósito da EAvN. Finalmente, em 9 de julho de 1923, foi lavrado um termo de exame para os dois Standard JH. Considerados inúteis para qualquer tarefa, esses dois hidroaviões foram excluídos da carga da EAvN em 4 de setembro daquele ano.

Standard JH	
Período de Utilização	De 1918 até 1923
Fabricante	Standard Aero Corporation, Plainfield (Nova Jersey – EUA)
Emprego	Instrução
Características Técnicas	
Motor	Hall-Scott A-5 de 125 hp
Envergadura	13,36 m
Comprimento	8,10 m
Altura	3,30 m
Área Alar	39,85 m²
Peso Vazio	753 kg
Peso Máximo	1.000 kg
Armamento	Não dispunha de armamento
Desempenho	
Velocidade Máxima	111 km/h
Razão de Subida	21,35 m/min
Teto Operacional	1.767 m
Alcance	590 km
Comentários	
Total Adquirido	2 exemplares
Unidades Aéreas	Escola de Aviação Naval
Designações	Não recebeu designação
Matrículas	Inicialmente SE-1 e SE-2, alteradas, em 1918, para 5 e 6

F.B.A. Type B

Fundada pelo francês Louis Schreck, com capital inglês e com sede em Argenteuil (França), a Franco British Aviation Co. deu início ao desenvolvimento de uma aeronave no mesmo ano em que foi organizada, 1913. A aeronave era um hidroavião biplano, consideravelmente influenciado pela família de hidroaviões Donner-Lévêque. Recebeu a designação Type A, e 42 exemplares foram produzidos para o Royal Naval Air Service e mais três destinados ao serviço de aviação naval da Áustria-Hungria.

O F.B.A. Type B número 8 é visto hangarado na Escola de Aviação Naval. Os dois exemplares empregados pela Marinha eram ex-Royal Naval Air Service. Foto DPHDM.

    Dando sequência ao desenvolvimento daquela aeronave, Schreck mandou instalar um motor de maior potência no Type A, a fim de alcançar desejadas características de desempenho. Depois de receberem a designação Type B, 150 desses hidroaviões foram produzidos nas instalações da F.B.A. localizadas na França e na Inglaterra, na fábrica da Gosport Aviation Co.

    Os 40 hidroaviões F.B.A. Type B utilizados pela Marinha Francesa foram empregados basicamente em tarefas de reconhecimento naval ao longo do litoral belga, mas muitos foram destruídos ou capturados. Por sua vez, o Royal Naval Air Service utilizou esses hidroaviões como aeronaves de treinamento, bem como para missões de patrulha litorânea. Além de franceses e ingleses, a Rússia fez uso de 30 aeronaves F.B.A. Type B, enquanto Portugal recebeu três exemplares e a Itália recebeu uma quantidade indeterminada desses hidroaviões.

O F.B.A. Type B na Aviação Naval

Com os principais centros da indústria aeronáutica mundial completamente engajados em fornecer aeronaves aos países combatentes, a aquisição de novo

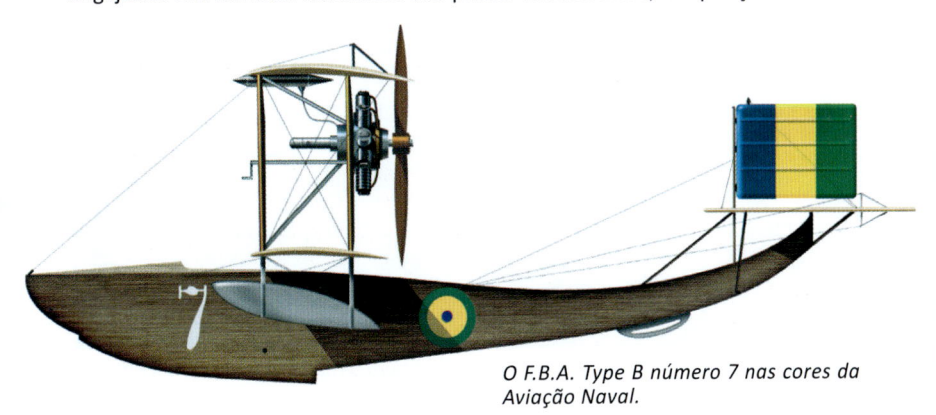

O F.B.A. Type B número 7 nas cores da Aviação Naval.

material aeronáutico para a Escola de Aviação Naval (EAvN) foi bastante dificultada durante os anos de guerra. Agravada pela carência de recursos financeiros, aquela unidade teve que se contentar com o que pôde ser obtido.

No segundo trimestre de 1918, a EAvN recebeu dois hidroaviões F.B.A. Type B oriundos da Inglaterra, ambos originalmente pertencentes ao Royal Naval Air Service. O primeiro foi montado no mês de junho daquele ano, e três meses mais tarde o outro exemplar ficou pronto.

Esses dois hidroaviões destinavam-se à instrução de voo dos alunos matriculados na EAvN. Contudo, não eram aeronaves novas, e um relatório daquela época indicava que ambas haviam sido usadas intensivamente antes de chegarem ao Brasil.

Aliado à falta de meios materiais à disposição da EAvN, isso ditou o pouco emprego dos F.B.A. Type B no Brasil. Os F.B.A. Type B foram usados irregularmente durante todo o ano de 1919, e o ano seguinte não trouxe melhorias. De fato, no relatório referente ao ano de 1920, o comandante da EAvN sugere a baixa daqueles dois hidroaviões, os quais deveriam ser queimados a fim de propiciar mais espaço no hangar às demais aeronaves daquele estabelecimento de ensino aeronáutico.

Mesmo assim, ao menos o F.B.A. Type B 7 continuou voando na EAvN, embora o outro exemplar tenha se acidentado, com perda total, na primeira metade de 1921. Mas ao chegar o terceiro trimestre daquele ano, um relatório da EAvN referente ao material aeronáutico daquela unidade não indicava mais a presença do último desses hidroaviões no mapa de aeronaves disponíveis. Mas em direta contradição àquele documento, relatórios de voo de janeiro e fevereiro de 1923 dão conta de que o F.B.A. Type B 7 registrou alguns voos antes de ser definitivamente desativado. Sem registrar qualquer feito mais importante além de colaborar na formação das primeiras turmas de aviadores navais, encerrava-se assim a carreira dos F.B.A. Type B no Brasil.

Um dos F.B.A. Type B da Aviação Naval é preparado para o voo. Essa aeronave foi utilizada para a instrução dos alunos da EAvN. Foto DPHDM.

F.B.A. Type B

Período de Utilização	De 1918 até 1923
Fabricante	Gosport Aviation Co., Hampshire (Reino Unido), sob licença da Franco British Aviation Co.
Emprego	Instrução
Características Técnicas	
Motor	Gnome Monosoupape de 100 hp
Envergadura	13,71 m
Comprimento	8,78 m
Altura	3,40 m
Área Alar	30,31 m^2
Peso Vazio	640 kg
Peso Máximo	940 kg
Armamento	Não dispunha de armamento
Desempenho	
Velocidade Máxima	109 km/h
Razão de Subida	87 m/min
Autonomia	4 h
Comentários	
Total Adquirido	2 exemplares
Unidades Aéreas	Escola de Aviação Naval
Designações	Não recebeu designação
Matrículas	7 e 8

Curtiss HS-2L

No segundo trimestre de 1917, Glenn Curtiss decidiu lançar-se no desenvolvimento de um aerobote que contasse com maior potência que a que caracterizara os hidroaviões que projetara anteriormente. Designada como HS-1, a nova aeronave contaria com um motor Curtiss V2 de 200 hp. O primeiro protótipo voou pela primeira vez no Rio Niágara, no final de junho daquele ano. Os ensaios transcorreram sem maiores percalços e a entrada dos Estados Unidos na Primeira Guerra Mundial, no dia 6 de abril de 1917, serviu para acelerar o período de desenvolvimento do HS-1.

A necessidade de se dotar a United States Navy (USN) com aeronaves de patrulha capazes de inibir a ação de submarinos alemães encontrou no HS-1 a resposta para o problema da USN. Recebendo o recém-desenvolvido motor Liberty 12N de 360 hp e sofrendo significativas alterações, a aeronave aceita pela USN foi designada como HS-1L. O primeiro protótipo desse hidroavião foi entregue à USN no mês de janeiro de 1918, seguido pelos primeiros exemplares de produção a partir de março.

Mal iniciara a produção do HS-1L quando os primeiros relatórios vindos da Europa davam conta de que as cargas de profundidade de 180 lb (82 kg) não surtiam o efeito desejado contra os submarinos alemães, sendo então recomendado o emprego de cargas de 230 lb (104 kg). Como o HS-1L só era capaz de transportar duas cargas de profundidade de 180 lb, a USN solicitou a Curtiss que verificasse a possibilidade de alterar a célula para permitir o uso de cargas de profundidade mais pesadas. A resposta veio na forma de um HS-1L com maior envergadura e redimensionada empenagem vertical. Junto com outras modificações,

O Curtiss HS-2L foi a primeira aeronave da Marinha a ter real capacidade de emprego de armamento, podendo levar uma metralhadora flexível Lewis .303 e bombas de 104 kg. Foto DPHDM.

o novo hidroavião que resultou desses trabalhos passou a ser designado como HS-2L. Paralelamente, muitos HS-1L que já haviam sido entregues à USN foram convertidos para a versão HS-2L.

Os Curtiss HS-1L e HS-2L participaram ativamente da Primeira Guerra Mundial, quer ao longo do litoral oriental dos Estados Unidos ou na Europa. Nada menos que 235 desses hidroaviões foram enviados à França, onde equiparam unidades aéreas distribuídas entre oito estações aeronavais. Apesar de não haver nenhum registro confirmado de que os HS-1L e HS-2L afundaram algum submarino alemão, as 4.314 missões de patrulha que realizaram durante o conflito resultou em 25 ataques que avariaram 12 submarinos.

Ao encerrar a produção do HS-2L no mês de janeiro de 1924, um total de 637 desses hidroaviões haviam sido construídos pela Curtiss e outras quatro empresas de construção aeronáutica – além de aeronaves montadas pela USN, com base em componentes sobressalentes. Por sua vez, 581 hidroaviões HS-1L foram produzidos entre janeiro de 1918 e fevereiro de 1919. Durante e após a Primeira Guerra Mundial, muitos HS-1L e HS-2L foram exportados para diversos operadores, incluindo Argentina, Canadá, China, Filipinas e Peru.

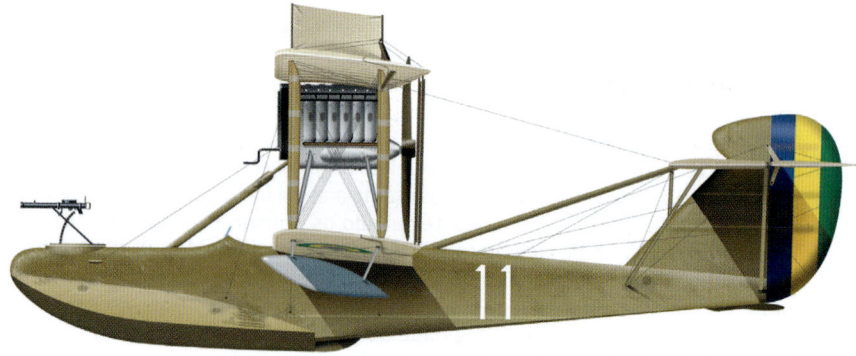

O Curtiss HS-2L número 11 da Aviação Naval. Essas aeronaves foram empregadas pela EAvN e pela Flotilha de Aviões de Guerra.

O Curtiss HS-2L na Aviação Naval

Em 1918, a chegada da Missão Militar Americana trouxe mudanças à Escola de Aviação Naval (EAvN). Não somente pela chegada de dois instrutores que aplicariam modificações ao currículo de instrução teórica e de voo até então ministrado naquele estabelecimento de ensino aeronáutico, bem como à chegada de novas aeronaves. Entre essas se encontrava um lote de seis hidroaviões Curtiss HS-2L presenteados ao governo brasileiro no dia 24 de julho de 1918. Inteiramente novos e pertencentes ao primeiro grupo de 30 hidroaviões HS-2L de produção, aqueles foram enviados por via marítima ao Brasil, desde a fábrica da Curtiss Aeroplane and Motor Co. Não se sabe ao certo a data de chegada ao Rio de Janeiro dos caixotes com as seis aeronaves, mas sabe-se que os primeiros três HS-2L foram montados na Ilha das Enxadas no transcorrer de novembro, o primeiro sendo dado como pronto no dia 13. A absoluta falta de espaço nas instalações da EAvN fez com que os outros três HS-2L fossem montados muito mais tarde.

Após o período necessário para a aprendizagem, quando melhor conheceriam as características de desempenho desse novo hidroavião, os aviadores navais brasileiros planejaram e executaram um dos primeiros marcos de grande relevância na história da aviação militar brasileira. No dia 15 de agosto de 1919, dois HS-2L partiram do Rio de Janeiro para estabelecer uma ligação postal com a Esquadra, cujos navios encontravam-se em manobras nas vizinhanças da Ilha Grande (RJ). Apesar da meteorologia desfavorável, os dois hidroaviões decolaram no fim da manhã daquele dia para realizar um trajeto de, aproximadamente, 105 km. No entanto, no través da Pedra da Gávea, o HS-2L 10 sofreu uma pane no motor, obrigando-o a amerrisar para sanar o problema. Mesmo tendo resolvido o problema inicial, a tripulação daquele HS-2L teve que lidar com explosão do motor e incêndio logo após a segunda decolagem, quando já se encontrava no través de Guaratiba. Impossibilitado de realizar uma nova decolagem, o HS-2L 10 ficou à deriva até que surgisse um barco pesqueiro, que o rebocou em direção ao Rio de Janeiro. Mas até mesmo esse socorro provincial foi insuficiente para anular a má sorte daquela aeronave. Com a chegada da noite – que tornava perigoso o reboque daquele hidroavião –, o pesqueiro foi obrigado a alijar o HS-2L 10 nas proximidades da Praia do Arpoador, o hidroavião vindo a destroçar-se nos rochedos que margeiam o Forte de Imbuí.

Um HS-2L brasileiro em seu ambiente operacional. Projetado para ações navais de observação e bombardeio, os HS-2L foram empregados por seis anos pela Aviação Naval. Foto Arquivo Jackson Flores Jr. / Action Editora Ltda.

Melhor sorte teve o HS-2L 11, que, em 85 minutos, chegou ao destino. Cerca de uma hora mais tarde, aquela aeronave decolou rumo ao Rio de Janeiro e chegou à Ilha das Enxadas, trazendo consigo correspondência e documentos. Setembro assinalou a saída dos HS-2L da dotação da EAvN, os quais passaram a fazer parte da Flotilha de Aviões de Guerra – uma unidade que passou a reunir os meios de combate da Aviação Naval.

A perda de um HS-2L fez com que um dos outros que se encontrava encaixotado nas Ilhas das Enxadas fosse montado durante o mês de outubro de 1919. Esse hidroavião, o HS-2L 13, executou, naquele mesmo mês, a primeira ligação aérea entre o Rio de Janeiro e Santos, uma viagem que consumiu 4h20m de voo e percorreu uma distância de aproximadamente 240 km – um trajeto nada pequeno para os padrões da aviação daquela época. Tanto a perna de ida como a de volta foram executadas sem maiores problemas, apesar do mau tempo encontrado no regresso.

A inauguração do Correio Aéreo da Esquadra e o reide até Santos não só demonstraram claramente a elevada capacidade alcançada pelos aviadores navais brasileiros como marcaram ainda um auspicioso início da carreira dos HS-2L no Brasil. No ano seguinte, apesar das dificuldades materiais e orçamentárias, a Flotilha de Aviões de Guerra continuou desenvolvendo as suas atividades. entre elas encontravam-se a periódica utilização dos HS-2L no aprimoramento dos alunos egressos da EAvN e o adestramento dos aviadores navais já formados. Essa rotina permaneceu inalterada durante o ano de 1921, mas registrou a perda em acidente do HS-2L 12 e a montagem dos últimos dois exemplares desse hidroavião, os quais foram dados como prontos nos meses de março e abril daquele ano.

A fragilidade do material conspirava contra a manutenção de um elevado índice de disponibilidade diária entre os últimos quatro HS-2L. A colisão, na água, entre o HS-2L 14 e um Aeromarine 40, no dia 9 de fevereiro de 1922, não contribuiu favoravelmente à média diária de disponibilidade desses hidroaviões fabricados

Um HS-2L da Marinha serve de pano de fundo para a foto de autoridades junto a *Alberto Santos Dumont*, visto ao centro da imagem com seu tradicional chapéu. Foto DPHDM.

Em uma foto de família, podemos ver o HS-2L 14 da Flotilha de Aviões de Guerra, a primeira unidade de emprego da Aviação Naval. Foto DPHDM.

pela Curtiss. Mas naquele ano, duas dessas aeronaves desempenhariam um pequeno – mas importante – papel em um evento histórico que passou a ser conhecido como 18 do Forte. Na esteira do movimento revolucionário do dia 5 de julho, um grupo de militares rebeldes tomou o Forte de Copacabana, no Rio de Janeiro. Em resposta, a Marinha do Brasil enviou três navios de guerra para bombardear o forte, e a empreitada foi reforçada por dois hidroaviões HS-2L. Estes executaram passagens de bombardeio contra o Forte de Copacabana, mas as bombas caíram n'água sem causar danos às instalações daquele quartel.

O restante do ano de 1922 foi igualmente agitado para os HS-2L, efetivamente marcando o ápice da carreira dessas aeronaves no Brasil. Pouco antes do episódio 18 do Forte, essas aeronaves periodicamente realizavam exercícios de lançamento de bombas – uma atividade executada com frequência no transcorrer daquele ano. Ademais, três desses aviões empreenderam um deslocamento em esquadrilha até Santos, em outubro, lá participando dos festejos relacionados ao lançamento da pedra fundamental da Base de Aviação Naval de Santos e realizando diversos voos na região durante a última metade daquele mês. Ao chegar dezembro, dois HS-2L foram deslocados durante 15 dias para a região da Baía Batista das Neves (Angra dos Reis – RJ), um marco pioneiro para a Aviação Naval que terminou no mês seguinte.

Acidentes e dificuldades materiais fizeram com que a frota original de hidroaviões HS-2L ficasse reduzida a três aeronaves durante 1923, enquanto outra se encontrava recolhida às oficinas. Mesmo assim, essas aeronaves se mantiveram bastante ativas durante o primeiro semestre de 1923. Porém, a chegada de novos hidroaviões de bombardeio ditou a desativação dos HS-2L, o último exemplar nominalmente sendo descarregado no quarto trimestre de 1923.

Porém, a revolução deu um efêmero sopro de vida aos HS-2L, que ainda se encontravam montados. Ao se determinar que os cabides de bombas destes fossem instalados nos recém-chegados hidroaviões Curtiss F-5L, foram emitidas ordens para que dois HS-2L fossem aprontados a fim de fazer parte do destacamento de aeronaves da Aviação Naval que iria operar em Santos em apoio aos navios que realizavam o bloqueio daquele porto. No entanto, não foram encontrados registros que indiquem a ida de, ao menos, um desses hidroaviões até Santos. Independentemente disso, sabe-se que as células existentes foram excluídas da carga da Aviação Naval e alienadas na última metade de 1924.

Curtiss HS-2L

Período de Utilização	De 1918 até 1924
Fabricante	Curtiss Aeroplane and Motor Co., Hammondsport (Nova York – EUA)
Emprego	Observação e bombardeio
Características Técnicas	
Motor	Liberty 12N de 360 hp
Envergadura	22,58 m
Comprimento	11,88 m
Altura	4,44 m
Área Alar	74,59 m^2
Peso Vazio	1.950 kg
Peso Máximo	2.917 kg
Armamento	1 metralhadora flexível Lewis .303 2 Bombas de 104 kg
Desempenho	
Velocidade Máxima	136 km/h
Razão de Subida	70 m/s
Teto Operacional	1.585 m
Autonomia	4 a 5 h
Comentários	
Total Adquirido	6 exemplares
Unidades Aéreas	Escola de Aviação Naval Flotilha de Aviões de Guerra
Designações	Não recebeu designação
Matrícula	10 a 15

Curtiss F, mod 1916

Com vistas a realçar as características e o desempenho de voo do seu hidroavião Curtiss F, Glenn Curtiss decidiu incorporar algumas alterações à célula daquela aeronave. Pequenas em número mas substanciais em natureza, essas mudanças incluíam, principalmente, a instalação de um motor de maior potência e o aumento da área alar no novo hidroavião.

Com o aumento da quantidade de combustível, a nova aeronave sofreu um considerável ganho em termos de autonomia e alcance. Visto que esse hidroavião guardou a maioria das características do qual era derivado, acabou recebendo a designação Curtiss F, mod 1916, enquanto a aeronave original passou a ser conhecida como Curtiss F, mod 1914. Porém, muitos dos Curtiss F, mod 1914, entregues à United States Navy – que os empregou como aeronaves de instrução primária durante todo o período da Primeira Guerra

Mundial – foram modernizados para a versão mod 1916, o mesmo ocorrendo com muitos exemplares vendidos a particulares.

O Curtiss F, mod 1916, na Aviação Naval

Para incrementar a dotação original da Escola de Aviação Naval (EAvN), a Marinha do Brasil providenciou a aquisição de mais aeronaves de treinamento. Entre as aeronaves adquiridas, encontravam-se quatro exemplares do hidroavião Curtiss F, mod 1916. As informações disponíveis indicam de que essas aeronaves chegaram ao Rio de Janeiro por via marítima no início do quarto trimestre de 1918, três delas sendo quase que imediatamente montadas nas instalações da EAvN, na Ilha das Enxadas. Recebendo as matrículas 16, 17, 18 e 19, o primeiro (16) foi dado como pronto no mês de novembro daquele ano, seguido pelo nº 17 no mês seguinte.

Apesar do último (19) ter sido montado somente em abril 1919, os Curtiss F, mod 1916, que já se encontravam prontos foram imediatamente postos em uso na instrução dos alunos matriculados na EAvN. Esse período assistiu ainda à chegada ao Brasil dos Lieutenant (j.g.) Philip Alain Cusachs e Oliver B. James, ambos da Missão Militar Americana. Esses dois instrutores, o primeiro dedicado à instrução teórica e o outro, ao segmento de voo, exerceriam profunda influência na formação das futuras gerações de aviadores navais ao reorganizarem o currículo de atividades da EAvN. Como resultado, a utilização da dotação de material aeronáutico da EAvN – e nela estavam incluídos os Curtiss F – foi significativamente alterada.

Mesmo com a reformulação do currículo das atividades aéreas de instrução, a fragilidade do material, aliada à intensa atividade diária, cobrou seu preço entre a pequena frota de aviões Curtiss F, mod 1916. Pequenos acidentes e incidentes, regularmente, indisponibilizavam para voo uma significativa percentagem das células existentes. Muitas vezes esses eventos eram provocados pela própria precariedade

O Custiss F modelo 1916 matrícula 16 da EAvN visto em voo. Recebidos no final de 1918, essas aeronaves foram matriculadas de 16 a 19 na Aviação Naval. Foto DPHDM.

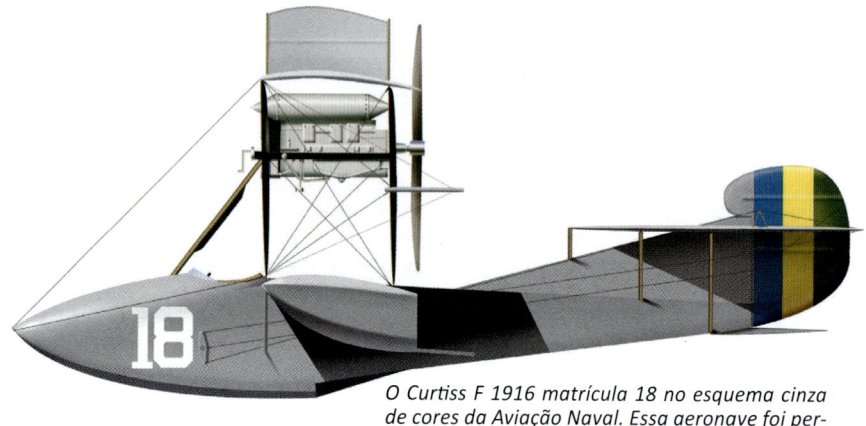

O Curtiss F 1916 matrícula 18 no esquema cinza de cores da Aviação Naval. Essa aeronave foi perdida em um acidente em 27 de janeiro de 1920.

do material, mas, em outras ocasiões, a imperícia do piloto era o fator principal. Assim foi com o único acidente de maiores proporções ocorrido entre os Curtiss F, mod 1916, quando um dos alunos da EAvN, inadvertidamente, entrou em parafuso com o nº 18 no dia 27 de janeiro de 1920. Conquanto o piloto sobreviveu ao acidente com alguns ferimentos, a aeronave sofreu perda total. Mais tarde, em setembro daquele ano, foi a vez de o nº 19 acidentar-se com perda total – mas, felizmente, sem que fosse registrada perda de pessoal.

Os dois Curtiss F, mod 1916, ainda existentes na EAvN continuaram suas atividades durante os anos de 1920 e 1921, porém, não simultaneamente, visto que um ou outro se encontrava recolhido às oficinas para revisão geral. No mês de novembro de 1921, voou um Curtiss F denominado Garoto, mas não está claro se era um exemplar que havia encerrado os trabalhos de revisão geral ou se era um reconstruído a partir de outras células. Seja como for, após o acidente ocorrido com o Curtiss F, mod 1916, 17 em janeiro de 1922, não há mais registros de voo com esse tipo de aeronave. Em 1923, os últimos Curtiss F mod 1916 foram descarregados e incinerados.

Taxiando sobre as ondas, vemos um Curtiss F modelo 1916 da Aviação Naval nos idos de 1920. Essa aeronave foi empregada na instrução dos alunos da EAvN. Foto DPHDM.

A partir de 1920, com a perda dos Curtiss F modelo 1916, matrículas 18 e 19, apenas dois exemplares continuaram voando, com muita dificuldade, até serem desativados em 1922 e descarregados no ano seguinte. Foto DPHDM.

Curtiss F, mod 1916

Período de Utilização	De 1918 até 1923
Fabricante	Curtiss Aeroplane and Motor Co., Hammondsport (Nova York – EUA)
Emprego	Treinamento
Características Técnicas	
Motor	Curtiss OXX-3 de 100 hp
Envergadura	13,75 m
Comprimento	8,47 m
Altura	3,42 m
Área Alar	35,95 m^2
Peso Vazio	843 kg
Peso Máximo	1.115 kg
Armamento	Não dispunha de armamento
Desempenho	
Velocidade Máxima	111 km/h
Razão de Subida	70 m/s
Teto Operacional	1.372 m
Autonomia	5 h 30 m
Comentários	
Total Adquirido	4 exemplares
Unidades Aéreas	Escola de Aviação Naval
Matrícula	16, 17, 18 e 19

Farman F.41

Nascido na cidade de Paris, em 1874, filho de um jornalista inglês e formado pela renomada École des Beaux Artes, Henry Farman teve a sua primeira paixão pelo ciclismo, e não pela área das artes plásticas. Na última década do século 19, Farman tornou-se um afamado ciclista de competição e construtor de bicicletas. Porém, na virada do século, ele foi seduzido por uma nova modalidade de desporto – o automobilismo. Por

Um Farman F.41 sobrevoa a Baía de Guanabara próximo à sua base operacional na Ilha das Enxadas. Foto DPHDM.

O F.41 20 da Aviação Naval. Duas aeronaves foram recebidas em 1919. Porém, tiveram uma vida operacional curta.

dispor de um raro talento para máquinas, a transição de Henry Farman para aquela área foi rápida e muito bem-sucedida. Ao conquistar ótimas colocações em corridas internacionais e estabelecer recordes de velocidade, a sua carreira automobilística – no que tange a corridas – foi abruptamente suspensa em decorrência de um sério acidente.

Depois de abandonar definitivamente as corridas, Farman dedicou-se à produção de automóveis, mas a sua fascinação por máquinas e tecnologia ganhou novo impulso ao tomar contato com as primeiras máquinas mais pesadas do que o ar. Comprou um biplano Voisin em 1907 e, no final de setembro daquele ano, ele já havia solado e no mês seguinte ganhou um prêmio ao realizar um voo de 771 metros. Depois de conquistar prêmios e estabelecer recordes aeronáuticos nos anos seguintes, Henry Farman associou-se ao irmão mais novo, Maurice. Juntos projetaram diversos tipos de avião e, em 1912, reuniram os recursos industriais de que cada um dispunha para formar a empresa Societé Henry et Maurice Farman.

O início das hostilidades, em 1914, encontrou os irmãos Farman industrialmente bem posicionados para satisfazer muitas necessidades da aviação militar francesa. Ao produzir principalmente aviões de observação e de reconhecimento, a empresa Farman não somente forneceu aeronaves para a Aviation Militaire, mas para o Royal Flying Corps, o Royal Naval Air Service e outros países europeus.

O hidroavião Farman F.41 deriva diretamente do avião de reconhecimento F.40, que entrou em serviço na Aviation Militaire em agosto de 1915. Por apresentar sérias deficiências estruturais, de montagem e até mesmo quanto ao material empregado em sua construção, essa aeronave não gozou de boa acolhida na aviação militar francesa. Mesmo após sofrer múltiplas modificações e retificações – um processo que consumiu uma considerável quantidade de tempo –, o Farman F.40 já estava obsoleto em relação aos seus pares. Mesmo assim, foram produzidas centenas de exemplares do F.40 e sua versão marítima, os quais foram empregados por diversos países aliados e fabricados sob licença na Itália.

O Farman F.41 na Aviação Naval

Entre as muitas aeronaves adquiridas pela Marinha do Brasil logo após o término da Primeira Guerra Mundial, com vistas a reforçar e modernizar a dotação de material aeronáutico da Escola de Aviação Naval (EAvN), encontravam-se dois exemplares do hidroavião Farman F.41.

Ao chegar às instalações da EAvN em janeiro de 1919 e apresentar pequenas avarias, os caixotes com as duas aeronaves foram armazenados até que aquela escola dispusesse de espaço suficiente para abrigá-las adequadamente, uma vez montadas.

No ano seguinte, a EAvN passou a contar com mais espaço de hangar, o que permitiu a montagem de mais aeronaves, incluindo um dos hidroaviões Farman. Nos primeiros dias de abril de 1920, o pessoal técnico da EAvN deu início à montagem de um dos F.41, e esse foi dado como pronto e ensaiado no dia 11 daquele mês.

Passando a integrar a frota de aeronaves de instrução da EAvN, aquele F.41 aparentemente não causou boa impressão entre os instrutores daquela escola, haja vista que, no transcorrer dos oito meses restantes de 1920, somente 14 voos foram realizados. Essa possibilidade ganha sustentação no fato de que a outra célula de Farman F.41 jamais foi montada, permanecendo encaixotada no depósito da EAvN.

Apesar de a EAvN designar, em abril de 1921, um oficial para ficar encarregado daquele hidroavião, o Farman F.41 não apresentava serventia na formação dos futuros pilotos da Aviação Naval, tampouco era útil no adestramento dos oficiais já formados. De fato, até o final de abril, foram registradas dez surtidas com esse hidroavião, a última tendo ocorrido no dia 28 de abril.

Agravado pela dificuldade de dispor de peças de reposição, esse quadro fez com que fosse recomendada a baixa daquele Farman. Consequentemente, a direção da EAvN decidiu descarregar o Farman F.41 que se encontrava montado e o exemplar que ainda se encontrava encaixotado.

Possivelmente, a exemplo de casos semelhantes ocorridos na EAvN até aquele momento, os dois Farman F.41 foram incinerados após a remoção de todo o material aproveitável, assim, dando espaço às outras aeronaves que estavam sendo incorporadas naquele período.

Farman F.41	
Período de Utilização	De 1919 até 1921
Fabricante	Société Henry et Maurice Farman, Boulougne-sur-Seine (França)
Emprego	Instrução
Características Técnicas	
Motor	Renault 8B de 80 hp
Envergadura	16,32 m
Comprimento	9,15 m
Altura	3,75 m
Área Alar	49,50 m²
Peso Vazio	605 kg
Peso Máximo	930 kg
Armamento	Não dispunha de armamento
Desempenho	
Velocidade Máxima	126 km/h
Razão de Subida	120 m/min
Alcance	340 km
Comentários	
Total Adquirido	2 exemplares
Designações	Não recebeu designação
Matrículas	20 e 21

Curtiss N-9H

Versão com flutuadores do clássico avião de treinamento primário Curtiss JN-4 empregado pelo United States Army Air Service (USAAS) e pela Marinha, o Curtiss N-9 veio atender a um requisito desta, que solicitava uma aeronave de treinamento primário capaz de propiciar a transição necessária aos pilotos iniciantes em hidroaviões.

Alterar a célula do Curtiss JN-4 exigiu considerável trabalho, fazendo com que os engenheiros da Curtiss adaptassem um flutuador central e pequenos outros nas extremidades das asas. Somente a instalação desses itens exigiu extensas alterações para que fossem solucionados os problemas resultantes com o controle da estabilidade e do peso da aeronave. Como consequência, foi necessário aumentar significativamente a envergadura das asas, alongar a fuselagem e aumentar a superfície das empenagens horizontal e vertical.

Conquanto o motor do JN-4 fosse satisfatório para dotar uma aeronave de treinamento primário, ficou claro que um motor de maior potência seria necessário para permitir a instrução de tiro e bombardeio. Consequentemente, foi adotado o motor Hispano-Suiza A, de 150 hp, que veio a equipar praticamente todos os aviões N-9, como passou a ser designado esse hidroavião de instrução.

Um total de 610 Curtiss N-9 foi produzido, quase todos durante a Primeira Guerra Mundial. Curiosamente, somente 100 foram fabricados pela Curtiss Aeroplane and Motor Co., os demais sendo construídos pela Burgess Company durante a guerra ou pela própria Marinha na Estação Aérea Naval de Pensacola, esses últimos já no período pós-guerra.

Além de dar instrução a mais de 2.500 futuros aviadores navais americanos durante a Primeira Guerra Mundial, o Curtiss N-9 foi exaustivamente usado para desenvolver táticas de emprego para aeronaves embarcadas, um trabalho realizado nos anos de 1916 e 1917 a bordo de cruzadores dotados de catapultas.

O Curtiss N-9H na Aviação Naval

Com vistas a aprimorar o funcionamento da Escola de Aviação Naval (EAvN) e modernizar o currículo ministrado aos alunos matriculados no Curso de Pilotos

Um dos Custiss N-9H da Aviação Naval é visto em voo, durante uma surtida de treinamento da EAvN. Os primeiros exemplares de um total de nove chegaram ao Brasil em 1919. Foto DPHDM.

O 23 é visto estacionado com a ajuda de suportes. Durante alguns anos, o Curtiss N-9H foi a base do Curso de Pilotos Aviadores da Escola de Aviação Naval (EAvN). Foto DPHDM.

Aviadores, foi acertada, com a Missão Naval Norte-Americana, a vinda de dois instrutores do corpo de aviação da USN. Também foi acordada a transferência de aeronaves de treinamento mais modernas que aquelas à disposição da EAvN.

Como consequência, na primeira metade de 1919, a EAvN recebeu os primeiros exemplares de um total de nove hidroaviões Curtiss N-9H. Os quatro iniciais foram todos montados até junho daquele ano, sendo imediatamente inseridos na instrução de voo dos oito oficiais alunos do Curso de Pilotos Aviadores de 1919, cujas aulas haviam começado em maio. Apesar de outras aeronaves de instrução fazerem parte de sua dotação, os N-9H rapidamente passaram a ser o principal instrumento da EAvN para formar os aviadores navais brasileiros.

Para os N-9H, os meses iniciais de 1920 foram dedicados ao adestramento do pessoal já formado pela EAvN, bem como dos instrutores daquela unidade. Foi nesse período que se firmou a confiança depositada nas qualidades de voo e na robustez dessa aeronave de treinamento.

Com muitos aviadores com dúvidas quanto à possibilidade de um hidroavião realizar um looping, o Ten Fileto da Silva Santos empregou um N-9H no dia 20 de abril para executar uma sucessão dessa manobra acrobática.

Quando foi iniciada a instrução dos alunos do Curso de Piloto Aviador da EAvN de 1920, o número de hidroaviões N-9H disponíveis para voo oscilava entre três e quatro células prontas para uso. No entanto, ao chegar o mês de setembro, um desses foi recolhido para trabalho de manutenção mais prolongado, assim determinando a montagem, em novembro, de um N-9H que se encontrava armazenado na EAvN junto com outras quatro células. A montagem de outros três N-9H ocorreria no transcorrer de 1921, enquanto o último só seria montado em dezembro de 1922.

Com cada uma dessas aeronaves registrando, em média, quatro surtidas durante os dias de instrução de voo, a intensidade com que estavam sendo usadas fez com que os períodos entre revisões ficassem cada vez mais breves – natural consequência da fragilidade material das aeronaves daquela época. Aliado a esse fato, os pequenos acidentes que, temporariamente, indisponibilizavam as células dos aviões, nos anos 1920 e 1921, fizeram com que a EAvN raramente dispusesse de quatro hidroaviões Curtiss N-9H prontos para voo simultaneamente, apesar

O Custiss N-9H 25 com as marcas da Aviação Naval. Esse foi o único esquema de cores empregado por estes aviões.

de possuir oito dessas aeronaves montadas. De fato, a partir do final de 1921, a EAvN passou a empregar quase que exclusivamente os Curtiss N-9H que haviam sido montados entre novembro de 1920 e junho de 1921, pois os quatro primeiros haviam sido recolhidos às oficinas para lá ficarem até 1922.

Mesmo reforçada pela montagem do último exemplar, no fim de 1922, a frota de hidroaviões Curtiss N-9H disponível para voo para o ano de instrução de 1923 ficou reduzida a dois desses hidroaviões. Porém, com a chegada ao Brasil de outras aeronaves de treinamento destinadas à EAvN, as atividades de instrução aérea não foram significativamente prejudicadas. Inclusive o início de 1923 assistiu a um dos N-9H sendo empregado em uma série de voos de ensaio com um engenho denominado Turbina Aérea, nada mais que um ducted fan instalado diretamente atrás da nacele traseira. Com vistas a reduzir a corrida de decolagem e de pouso, o equipamento foi instalado e dado como pronto na segunda semana de janeiro de 1923, cabendo ao Ten Fileto Ferreira da Silva Santos realizar os voos de teste. No dia 16, esse oficial realizou um voo de 33 minutos com aquele dispositivo, a surtida sendo seguida por outras oito até o final do mês – quase todas realizadas

Hangarado na EAvN, o N-9H 23 exibe a elegância de um dos mais belos biplanos já fabricados. Em novembro de 1924, uma dessas aeronaves foi destruída durante a Revolução daquele ano em ações contra o Encouraçado São Paulo. Foto DPHDM.

O N-9H 38 é visto a caminho da decolagem para uma missão de instrução da EAvN. A falta de suprimento, aliada à ocorrência de acidentes, reduziu a frota, fazendo com que o N-9 fosse desativado oficialmente em 23 de julho de 1926. Foto DPHDM.

pelo mesmo oficial. Apesar de se desconhecerem os resultados obtidos ao longo de 5h e 35m de testes, esses não devem ter sido suficientemente promissores de modo a justificar a continuidade do desenvolvimento da Turbina Aérea, pois aquele N-9H, após o encerramento dos testes, voltou à sua condição original no mês seguinte. Ao chegar o fim de 1923, somente um N-9H encontrava-se disponível para voo.

Consideravelmente desgastados, esses hidroaviões foram objeto de extenso trabalho de recuperação e revisão por parte do pessoal técnico da EAvN, que lançou mão das sete células que ainda existiam e com elas montou quatro hidroaviões. O primeiro dos N-9H assim reconstruídos ficou pronto em julho de 1924, as quatro aeronaves passando a compor a 2ª Esquadrilha da Flotilha de Instrução da EAvN. Porém, esse esforço não surtiu o efeito desejado. Por maiores que fossem o cuidado e o esmero dispensados em sua manutenção, os motores Hispano-Suiza dos N-9H já haviam chegado ao limite de sua vida útil. Seguidamente, surtidas de instrução eram interrompidas devido a pane de motor, assim retardando o trabalho de adestramento e treinamento.

O primeiro dos quatro N-9H reconstruídos ficou pronto em setembro de 1924, no entanto, foi perdido no dia 4 de novembro na esteira dos eventos do episódio conhecido como A Revolta do Encouraçado São Paulo. Ao aderir à causa dos revoltosos, o Sargento Braulio Gouvêia decolou com um Curtiss N-9H do Galeão, amerrisando próximo ao Encouraçado São Paulo, quando esse já empreendia sua fuga. Levando a reboque aquela aeronave, o navio começou a rumar para o sul, quando os canhões de 305 mm da Fortaleza de Santa Cruz abriram fogo contra ele. Em seguida, foi a vez da artilharia de 150 mm do Forte de Copacabana atirar contra o encouraçado em fuga, tendo os primeiros disparos atingido e afundado o N-9H que vinha a reboque.

Com a frota de hidroaviões reduzida para três Curtiss N-9H, a disponibilidade dessas aeronaves foi progressivamente piorando no ano seguinte, fato este agravado devido a dois acidentes ocorridos em fevereiro e abril. Com a perda de mais uma célula, restaram duas disponíveis para voo durante 1925.

Contudo, os últimos dois Curtiss N-9H seguiram teimosamente voando e, ao chegar 1926, a frota ficou reduzida a um exemplar que voou intermitentemente. Finalmente, no dia 23 de julho de 1926, ocorreu o último voo registrado com um N-9H, apropriadamente uma surtida de instrução.

Curtiss N-9H	
Período de Utilização	De 1919 até 1926
Fabricante	Curtiss Aeroplane and Motor Co., Hammondsport (Nova York – EUA)
Emprego	Treinamento
Características Técnicas	
Motor	Hispano-Suiza A de 150 hp
Envergadura	16,25 m
Comprimento	9,39 m
Altura	3,32 m
Área Alar	46,70 m^2
Peso Vazio	971 kg
Peso Máximo	1.247 kg
Armamento	Não dispunha de armamento
Desempenho	
Velocidade Máxima	128 km/h
Razão de Subida	98,70 m/min
Teto Operacional	2.012 m
Alcance	287 km
Comentários	
Total Adquirido	9 exemplares
Unidades Aéreas	Escola de Aviação Naval
Designações	Não recebeu designação
Matrículas	22 a 25, 38 a 41 e 47. Em agosto de 1924, quatro células reconstruídas receberam as matrículas 411 a 414

Ansaldo ISVA

Plenamente engajada na Primeira Guerra Mundial e carente de aviões de combate produzidos localmente, a Itália buscou fontes de suprimento além de suas fronteiras para satisfazer as necessidades naquele conflito. Além disso, as poucas empresas italianas de construção aeronáutica obtiveram licença de produção para fabricar um leque relativamente amplo de aeronaves. No entanto, onde foi possível, a Aeronautica Militare estimulou o desenvolvimento de projetos nacionais sob a supervisão da diretoria técnica daquela organização militar.

Em meados de 1916, os engenheiros Umberto Savoia e Rudolfo Verduzio – junto com Celestino Rosatelli, da Direzione Tecnica de l'Aeronautica Militare, – deram início ao desenvolvimento de um caça monoposto que empregasse o grupo motopropulsor SPA 6A, um motor de seis cilindros e refrigerado a líquido de comprovada eficiência.

O projeto evoluiu sob a batuta da Societá Ansaldo, tendo o primeiro protótipo realizado seu voo inaugural no dia 19 de março de 1917. Designada SVA (Savoia, Verduzio e Ansaldo), a aeronave mostrou ser veloz e dotada de grande autonomia mas pequena manobrabilidade. Consequentemente, o Corpo Aeronautico Militare

O Ansaldo ISVA número 26 que serviu na Aviação Naval, mais precisamente na EAvN, é visto na corrida para a decolagem. Foto DPHDM.

optou por usar o Ansaldo SVA como avião de reconhecimento, apesar de ter sido projetado como caça.

Após a entrada em serviço do SVA-2, a versão inicial de produção do Ansaldo SVA, a Societá Ansaldo desenvolveu uma versão dotada de flutuadores a fim de ser utilizada como caça naval. Construída em La Spezia no ano de 1918, a nova aeronave foi designada como ISVA (Idrovolanti – Hidroavião), e 50 desses aparelhos foram produzidos e empregados em missões de reconhecimento costeiro e defesa aérea de bases navais durante a Primeira Guerra Mundial.

O Ansaldo ISVA na Aviação Naval

O término da Primeira Guerra Mundial proporcionou à recém-formada Aviação Naval uma ótima oportunidade para reforçar a dotação de material aeronáutico da Escola de Aviação Naval (EAvN). Contudo, graças aos parcos recursos que se encontravam à sua disposição, não foi possível, àquela instituição, comprar aeronaves novas, mas usadas, que eram excedentes das armas aéreas que originalmente as haviam utilizado. Entre os anos de 1918 e 1919, foram incorporadas 29 aeronaves de nove tipos diferentes, o que tampouco proporcionou um desejado nível de padronização.

Entre essas aeronaves se encontravam dois exemplares do Ansaldo ISVA, o primeiro sendo montado em agosto de 1919 e o segundo, de acordo com algumas

O ISVA número 26 da Aviação Naval. Apesar de ser um avião de caça, no Brasil essa aeronave foi empregada na instrução avançada.

fontes, até o fim do mesmo ano. Destinados ao treinamento avançado dos alunos matriculados no Curso de Aviador Naval da EAvN, os dois Ansaldo ISVA não apresentavam características de controle e de desempenho que conquistassem a confiança dos alunos ou dos instrutores. Essa possibilidade foi reforçada na esteira de um acidente ocorrido no transcorrer de 1920 com um dos Ansaldo ISVA, cujos restos foram recolhidos às oficinas da EAvN. Um relatório gerado por aquela escola sugeriu a transformação do Ansaldo ISVA restante em avião terrestre, visto que não oferecia bom desempenho como hidroavião. Contudo, essa sugestão não foi adiante, possivelmente porque a EAvN não dispunha, naquela ocasião, de um campo de pouso que permitisse a operação de aviões terrestres.

O Ansaldo ISVA que ainda se encontrava em condições de voo registrou alguns poucos voos durante 1920, enquanto o seu par permaneceu desmontado nas oficinas da EAvN e jamais voltou a voar. Ao chegar o ano de 1921, face às dificuldades encontradas em sua operação, a EAvN decidiu dar baixa nos dois Ansaldo ISVA, assim encerrando a carreira no Brasil desses hidroaviões.

Ansaldo ISVA	
Período de Utilização	De 1919 até 1921
Fabricante	Societá Giovanni Ansaldo & Cia., Itália
Emprego	Treinamento avançado
Características Técnicas	
Motor	SPA 6A de 205 hp
Envergadura	9,18 m
Comprimento	8,13 m
Altura	2,80 m
Área Alar	26,90 m^2
Peso Vazio	665 kg
Peso Máximo	975 kg
Armamento	Não dispunha de armamento
Desempenho	
Velocidade Máxima	228 km/h
Razão de Subida	375 m/min
Teto Operacional	5.000 m
Autonomia	3 a 4 h
Comentários	
Total Adquirido	2 exemplares
Unidades Aéreas	Escola de Aviação Naval
Designações	Não recebeu designação
Matrículas	26 e 27

Macchi M.9

Seguindo a linha de desenvolvimento do Macchi M.7 e do Macchi M.8, o Macchi M.9 foi igualmente projetado pelo engenheiro Alessandro Tonini, da casa SpA Nieuport-Macchi. Destinado a realizar missões de reconhecimento de longo alcance e de bombardeio, o Macchi M.9 manteve a consagrada configuração geral dos modelos que o antecederam. No entanto, o M.9 era um hidroavião significativamente maior que o M.7, com dimensões semelhantes às do Macchi M.8. Ademais, o Macchi M.9 dispunha de um grupo motopropulsor cuja potência era significativamente superior à encontrada no M.7 e no M.9.

O voo inaugural do Macchi M.9 ocorreu em meados de 1918 e, até o final da Primeira Guerra Mundial, um total de 16 desses hidroaviões foi construído pela Nieuport-Macchi. Sua produção, na Itália, continuou além do término daquele conflito, encerrando-se após a entrega de exatos 50 exemplares. Além do Corpo Aeronautica Militare, países como Argentina, Paraguai e Rússia empregaram o Macchi M.9 em diversas funções.

O Macchi M.9 na Aviação Naval

O término da Primeira Guerra Mundial disponibilizou, no mercado mundial, uma grande quantidade e variedade de aviões e hidroaviões por valores relativamente baixos. Isso proporcionou uma ótima oportunidade para formar ou incrementar o corpo de aviação das forças armadas de diversos países. Mesmo dispondo de escassos recursos financeiros, a Marinha do Brasil tratou de reforçar a dotação de material aeronáutico à disposição da recém-criada Aviação Naval.

Entre as aeronaves adquiridas no transcorrer de 1919, encontravam-se cinco exemplares do Macchi M.9. Conquanto esses hidroaviões fossem originalmente destinados à execução de tarefas de reconhecimento, com limitada capacidade para efetuar missões de bombardeio, não existem indícios de que a Marinha do Brasil pretendia formar uma unidade de emprego. A absoluta falta de pessoal adequadamente treinado e a ausência de meios materiais para apoiar

Dois aviadores navais junto a um Macchi M.9 em seus primeiros dias na Aviação Naval. É possível ver o número de construção aplicado no nariz da aeronave.
Foto Arquivo Jackson Flores Jr. / Action Editora Ltda.

Um M.9 da EAvN aguarda sua próxima missão. Essa aeronave, assim como muitas outras de seu tempo, tiveram vida efêmera na Aviação Naval. Operaram pouco menos de quatro anos. Foto Arquivo Jackson Flores Jr. / Action Editora Ltda.

as atividades de uma unidade aérea inibiam essa possibilidade. De fato, não existem registros que atestem que tenha sido adquirido material bélico para armar esses hidroaviões, tampouco há indicações de que esses tenham sido armados em algum momento de sua breve carreira na Aviação Naval.

O primeiro Macchi M.9 foi montado no mês de outubro de 1919, nas instalações da Escola de Aviação Naval (EAvN), então instalada na Ilha das Enxadas (RJ). No mês de fevereiro, mais outro Macchi M.9 foi colocado em serviço, seguido de um terceiro no mês de junho de 1920. No transcorrer daquele ano, os dois últimos Macchi M.9 foram montados, sendo esses cinco hidroaviões distribuídos à EAvN. Lá essas aeronaves foram empregadas em voos de adestramento do pessoal já diplomado pela EAvN ou dos instrutores daquele estabelecimento militar de ensino aeronáutico. Nominalmente uma tarefa que carecia de maiores exigências, os voos de adestramento cobravam

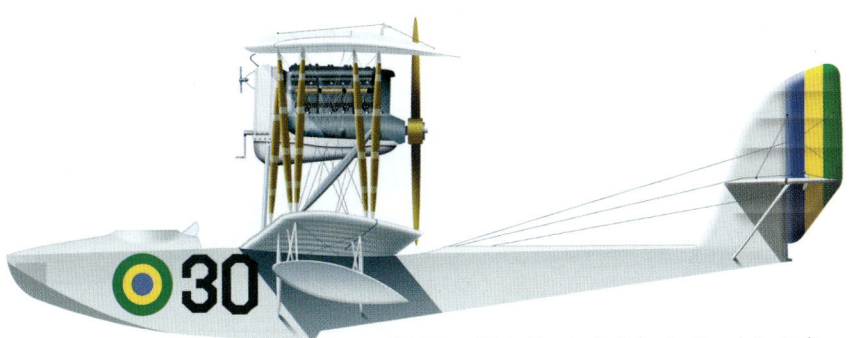

O M.9 no 30 da Escola de Aviação Naval. Ao todo, a Aviação Naval empregou cinco M.9.

seu preço, visto que, frequentemente, dois e até três desses hidroaviões se encontravam recolhidos às oficinas para ser submetidos a pequenos reparos. Ao chegar o mês de novembro de 1920, um dos Macchi M.9 protagonizou um acidente na Baía de Guanabara que resultou na perda total do material e de pessoal – o primeiro acidente fatal ocorrido com uma aeronave da Aviação Naval.

Reduzida a quatro aviões Macchi M.9, a EAvN continuou empregando esses hidroaviões nas tarefas de adestramento do pessoal lotado naquela unidade. Vale registrar que um Macchi M.9bis pertencente à Societá Italiana di Transport Aerei mas tripulado por um aviador naval e um suboficial brasileiros tentou realizar um reide entre o Rio de Janeiro e Buenos Aires. Iniciado em 6 de outubro, o voo daquele hidroavião sofreu toda sorte de problemas, vindo a terminar no dia 30 daquele mesmo mês, quando a aeronave despencou do guindaste que a estava içando para depositá-la em um cais. Apesar dessa fracassada tentativa, a Societá Italiana di Transport Aerei reconheceu o empenho do Capitão-Tenente Virginius Brito de Lamare, doando àquele oficial um hidroavião Macchi M.7 pertencente à empresa. Ato contínuo, esse aviador naval doou aquele Macchi M.7 à EAvN.

Apesar da dedicação e do esforço do pessoal de manutenção da EAvN, o ano de 1921 assistiu ao recolhimento de 50% da frota existente de hidroaviões Macchi M.9 às oficinas, a fim de sofrerem extensos trabalhos de revisão geral e reparos. No transcorrer daquele ano, a EAvN raramente logrou disponibilizar para voo os outros dois M.9, uma situação que se manteve durante o ano seguinte. Com a chegada do ano de 1923, esse cenário foi agravado pela perda de um dos Macchi M.9. No entanto, em vista da chegada dos Curtiss MF, a crescente indisponibilidade daqueles hidroaviões italianos não mais representou um óbice maior às atividades da EAvN. Finalmente, no dia 4 de setembro de 1923, foi dada a baixa em todas as células de Macchi M.9 existentes na EAvN.

Vista da Ilha das Enxadas, no Rio de Janeiro, onde estava instalada a EAvN. Entre alguns M.9 vemos, em primeiro plano, o nº 29. Foto Arquivo Jackson Flores Jr. / Action Editora Ltda.

Belíssima imagem do M.9 nº 30 com o seu piloto ostentando o emblema do pirata. O M.9 foi empregado em missões de adestramento do pessoal já diplomado pela EAvN. Foto Arquivo Jackson Flores Jr. / Action Editora Ltda.

Macchi M.9	
Período de Utilização	De 1919 até 1923
Fabricante	SpA Nieuport Macchi, Varese (Itália)
Emprego	Reconhecimento e bombardeio
Características Técnicas	
Motor	Fiat A.12bis de 280 hp
Envergadura	15,40 m
Comprimento	9,50 m
Altura	3,30 m
Área Alar	48,50 m^2
Peso Vazio	1.250 kg
Peso Máximo	1.800 kg
Armamento	Não dispunha de armamento
Desempenho	
Velocidade Máxima	187 km/h
Razão de Subida	140 m/min
Teto Operacional	5.500 m
Autonomia	4 h
Comentários	
Total Adquirido	5 exemplares
Unidades Aéreas	Escola de Aviação Naval
Designações	Não recebeu designação
Matrículas	28 a 32

Macchi M.7

Ao eclodir a Primeira Guerra Mundial, a ainda incipiente indústria aeronáutica italiana se viu abruptamente sobrecarregada para satisfazer as múltiplas necessidades de sua aviação militar – o Corpo Aeronautica Militare. Incapazes de, a curto ou médio prazo, fabricarem aeronaves de caça, bombardeio ou de reconhecimento nas quantidades e prazos que as circunstâncias exigiam, foi necessário, aos italianos, recorrer à importação ou produção sob licença dos aviões que lhes faziam falta.

Esse quadro era especialmente crítico no que dizia respeito às aeronaves destinadas à realização de tarefas no âmbito naval. A solução, ao menos no que dizia respeito a hidroaviões de pequeno e médio portes, deu-se de forma pouco convencional. Depois que forças italianas capturaram um hidroavião inimigo, um Lohner L.40 austríaco, a empresa Nieuport Macchi lançou-se na difícil empreitada de copiar aquela aeronave através da engenharia em reverso. O resultado final foi o Macchi L1, que pouco diferia do original austríaco. Sob a supervisão do engenheiro Alessandro Tonini, aquela aeronave serviu de base para a criação de uma família de hidroaviões que, em pouco tempo, passaram a ser conhecidos como os melhores de sua categoria.

Em 1918, com o Macchi M.5 como ponto de partida, a empresa, sediada em Varese, terminou o desenvolvimento do M.7. O resultado foi um hidroavião leve e versátil que fazia uso de um motor significativamente mais potente e mostrava diversos refinamentos aerodinâmicos que o tornavam um hidroavião de caça capaz de combater, em pé de igualdade, com os seus pares terrestres.

Até o fim do conflito, aproximadamente 15 hidroaviões Macchi M.7 foram construídos. A produção foi encerrada após a fabricação de 110 unidades. Apesar dessa modesta produção, o Macchi M.7 conquistou o seu lugar na história da aeronáutica ao vencer a Schneider Cup de 1921, uma corrida realizada entre hidroaviões de diversos países, os quais representavam literalmente o que havia de mais moderno no meio aeronáutico.

A Aviação Naval adquiriu um exemplar do M.7. Outros dois foram doados à Marinha, um pelo governo italiano e o outro pelo Capitão-Tenente Virginius Brito de Lamare, que havia sido presenteado com um exemplar pela fábrica Macchi.
Foto Arquivo Jackson Flores Jr. / Action Editora Ltda.

Um M.7 da EAvN na Ilha das Enxadas. Um aerobote desta tipo tornou-se o vencedor da Schneider Cup de 1921, uma corrida realizada na época entre os melhores hidroaviões de diversos países. Foto Arquivo Jackson Flores Jr. / Action Editora Ltda.

O Macchi M.7 na Aviação Naval

Desde que iniciou suas atividades, em 1916, a Escola de Aviação Naval (EAvN) vivia uma carência crônica de recursos financeiros e materiais. Apesar do recebimento de um punhado de hidroaviões nos anos 1917 e 1918, a fragilidade material dessas aeronaves resultava na baixíssima disponibilidade desse meio. Numa época em que a vida útil de uma aeronave militar era medida em meses, a EAvN operava pequenos milagres para manter um número mínimo de hidroaviões disponíveis para a formação dos alunos matriculados naquela escola de aviação.

O fim da Primeira Guerra Mundial possibilitou a aquisição de mais aeronaves para reforçar a dotação da EAvN e, no transcurso de 1919, a escola recebeu cinco tipos diferentes de hidroavião. Entre esses se encontrava um exemplar do Macchi M.7, o qual foi montado no mês de novembro de 1919 e imediatamente entregue à EAvN. Apesar de ser originalmente um hidroavião de caça e reconhecimento, foi empregado exclusivamente no treinamento dos alunos e no adestramento dos instrutores lotados na EAvN.

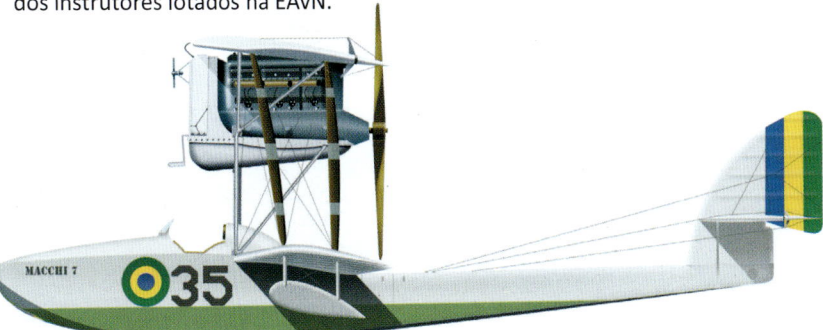

O M.7 nº 35 no padrão de pintura com que operou na Aviação Naval. Somente três exemplares voaram com a Marinha entre 1919 e 1923.

63

Em 1919, a Societá Italiana di Transport Aerei tentou organizar, no Brasil, um serviço de transporte aéreo, e para tal trouxe três aeronaves que chegaram ao Rio de Janeiro no mês de novembro daquele ano. O fracasso daquela empreitada levou seus organizadores a doar, através do governo italiano, aqueles aviões às organizações militares brasileiras. O Macchi M.7 foi entregue à EavN, que o recebeu no mês de fevereiro de 1920.

À semelhança do primeiro Macchi M.7 recebido pela Marinha, esse foi igualmente utilizado em missões de adestramento e treinamento. A frota desses hidroaviões foi novamente reforçada quando o Capitão-Tenente Virginius Brito de Lamare, aviador naval diplomado pela EAvN, fez a doação de um Macchi M.7, elevando, assim, para três a quantidade desses hidroaviões na dotação da Aviação Naval. O Capitão-Tenente de Lamare havia recebido da Societá Italiana di Transport Aerei um M.7 em reconhecimento ao seu esforço em realizar o reide Rio de Janeiro-Buenos Aires, em outubro de 1920, com um Macchi M.9 pertencente àquela empresa – uma tentativa que fracassou quando a aeronave já se encontrava no Rio Grande (RS).

Fora as periódicas participações em desfiles aéreos ou eventos oficiais no Rio de Janeiro, o trio de hidroaviões Macchi M.7 continuou desempenhando as tarefas de instrução e adestramento. Como outras aeronaves daquela época, a fragilidade do material fez com que esses hidroaviões fossem recolhidos para revisão geral, cada vez com maior frequência. O período de uso intensivo – pouco mais de três anos – cobrou seu preço, pois em 1923, duas dessas aeronaves encontravam-se recolhidas para reparo e revisão geral. Por sua vez, o terceiro acidentou-se, com perda total, no dia 13 de abril de 1923, quando estava sendo pilotado por um representante da Curtiss Aeroplane Export Company.

O M.7 nº 35 visto em voo. O Macchi era um hidroavião biplano que foi empregado em missões de treinamento e adestramento. Foto DPHDM.

A chegada de novas aeronaves terrestres e hidroaviões de instrução, no transcorrer de 1922 e 1923, apenas acelerou o processo de desativação do Macchi M.7, considerado obsoleto quando comparado ao Curtiss MF, que o substituiria. Assim, após serem inspecionados no dia 5 de julho de 1923, os dois Macchi M.7, juntamente com o terceiro que se acidentara meses antes, foram excluídos da carga da EAvN no dia 4 de setembro de 1923. É desconhecido o destino final das duas células que, nominalmente, encontravam-se inteiras mas em mau estado, porém, as indicações existentes são de que foram alienadas e reduzidas à matéria-prima.

Macchi M.7	
Período de Utilização	De 1919 até 1923
Fabricante	Aeronautica Macchi S.p.A, Varese (Itália)
Emprego	Treinamento
Características Técnicas	
Motor	Isotta Fraschini V.6B de 250 hp
Envergadura	9,90 m
Comprimento	8,10 m
Altura	3 m
Área Alar	26 m^2
Peso Vazio	775 kg
Peso Máximo	1.080 kg
Armamento	Não dispunha de armamento
Desempenho	
Velocidade Máxima	210 km/h
Razão de Subida	217 m/min
Teto Operacional	6.400 m
Alcance	600 km
Comentários	
Total Adquirido	3 exemplares
Unidades Aéreas	Escola de Aviação Naval
Designações	Não recebeu designação
Matrículas	33 a 35

Avro 504K

Reconhecido como um dos pioneiros mais importantes da aviação britânica e fundador da primeira empresa de construção aeronáutica daquele país, Alliott Vernon Roe era um maquinista de navio que se interessou pela ideia de construir uma máquina mais pesada que o ar, durante suas viagens como maquinista do mercante SS Inchanga, entre os anos de 1899 e 1902.

Ao montar aeromodelos, ensaiar e patentear distintos sistemas aeronáuticos, Roe construiu seu primeiro avião, que ele próprio voou, em junho de 1908. Essa aeronave, a primeira de projeto inglês a alçar voo, marcou o início de uma extensa linhagem de aeronaves produzidas pela A. V. Roe and Company Ltd., a empresa que Alliott Vernon Roe e seu irmão Humphrey fundaram em 1º de janeiro de 1910.

Em uma aépoca em que os avanços no meio aeronáutico eram registrados quase que semanalmente, o desenvolvimento e a produção dos primeiros aviões da A. V. Roe and Company Ltd. atingiam cifras bastante modestas. Porém, um ano antes de irromper a Primeira Guerra Mundial, A. V. Roe projetou uma aeronave que superaria regiamente todas as expectativas de seu idealizador. Sob a designação 504, o novo avião começou a ser construído em julho de 1913 e executou seu primeiro voo no dia 13 de setembro de 1913.

Por acreditar que seria sorte caso lograsse vender seis exemplares da nova aeronave ao Royal Flying Corps (RFC), nada menos que 11.484 exemplares das distintas versões desse avião de treinamento acabaram sendo produzidos, entre 1913 e 1933, não somente na Inglaterra, mas também na Argentina, na Austrália, na Bélgica, no Canadá, na Dinamarca, na França, no Japão e na União Soviética.

Em face das suas dóceis características de voo e desempenho, o Avro 504 tornou-se o avião padrão de treinamento primário/básico do RFC e, após sua criação, da Royal Air Force (RAF). Empregado com sucesso em tarefas tão díspares como avião de bombardeio e caça noturno durante a Primeira Guerra Mundial e substituído somente na década de 1930, o Avro 504 foi o principal instrumento de uma metodologia de instrução aérea que seria mundialmente aceita e repetida. Entre as muitas versões produzidas ao longo de 20 anos, nada menos que 5.850 exemplares do Avro 504K foram feitos em 13 fábricas inglesas, além de 1.062 unidades fabricadas na Austrália, na Bélgica, no Canadá, no Japão e na União Soviética, nesse último país sob a designação U-1 Andrushka.

O Avro 504K na Aviação Naval

O primeiro – mesmo que rápido – contato brasileiro com o Avro 504 se deu na Inglaterra, quando um pequeno grupo de oficiais de Marinha foi enviado àquele país no último ano da Primeira Guerra Mundial para receber treinamento

Um Avro 504K pertencente à Aviação Naval. Usado em missões de treinamento, tornou-se o primeiro avião de operação terrestre recebido pela Marinha do Brasil. Foto DPHDM.

O Avro 504K A7 da Aviação Naval. Esse padrão de matrícula foi adotado em 1920.

e participar ativamente nas operações de combate. Estes tiveram contato com o que era denominado Sistema Gosport de instrução aérea, em que o Avro 504 figurava como principal elemento de um racional e lógico sistema de treinamento.

No entanto, a incorporação do primeiro exemplar desse clássico avião de treinamento na Aviação Naval ocorreu de forma casual. Com a enorme disponibilidade de material aeronáutico imediatamente após o término da guerra, diversos grupos deram início a empreitadas que visavam à organização de empresas de transporte aéreo, algumas das quais fora da Europa e dos Estados Unidos. Entre eles encontrava-se a Handley Page Ltda., uma iniciativa britânica para estabelecer uma companhia de transporte aéreo no Brasil. Depois de receber autorização do governo brasileiro para operar rotas entre as principais cidades do país, a Handley Page Ltda. trouxe quatro aeronaves para o Brasil, entre as quais um Avro 504K.

Apesar de ter planejado dar início às suas atividades no mês de julho de 1919, aquela empreitada foi mal-sucedida e as aeronaves, doadas ao governo brasileiro. O Avro 504K foi entregue no transcorrer de 1920 à Marinha do Brasil, que repassou a aeronave para a Escola de Aviação Naval (EAvN). Matriculado como 46, não está claro se aquele Avro 504K foi recolhido à EAvN (que ainda se encontrava sediada na Ilha das Enxadas e não dispunha de pista para operar aeronaves terrestres) para ser desmontado e armazenado ou se permaneceu em outro local.

Naquele mesmo ano, foram disponibilizados recursos para adquirir mais quatro aviões Avro 504K, todos usados e dotados de motor radial rotativo Gnome Monosoupape. Ao chegar ao Brasil no fim do primeiro semestre de 1921, os primeiros dois foram montados no mês de agosto e encaminhados ao Campo dos Afonsos, junto com o exemplar oriundo da Handley Page Ltda. Até que ficassem prontas as novas instalações da EAvN na Ponta do Galeão, durante o restante de 1921 e todo o ano seguinte, os Avro 504K foram utilizados no Campo dos Afonsos para dar instrução aos alunos matriculados na EAvN.

Com a perda total de um dos Avro 504K, em decorrência de acidente aeronáutico, foi dada ordem para a montagem dos dois últimos Avro 504K, o que ocorreu nos meses de novembro e dezembro de 1921. No entanto, essa perda seria rapidamente recomposta, já que, para atender aos planos de crescimento da Aviação Naval, no dia 23 de maio de 1922, foi assinado, com a Curtiss Aeroplane Export Corp., um contrato de fornecimento de aeronaves. Esse contrato contemplava o fornecimento de 12 aviões Avro 504K ao custo unitário de US$ 36 mil. A exemplo dos demais Avro 504K, esses eram aviões usados. Contudo, esses 12 aviões seriam entregues ao Brasil com motores radiais rotativos de maior potência.

O primeiro trimestre de 1923 marcou a transferência das atividades de instrução aérea da EAvN para a Ponta do Galeão, e com ela os quatro Avro 504K que se encontravam no Campo dos Afonsos para lá foram levados. Contudo, as condições do campo de pouso da Ponta do Galeão estavam longe de ser as ideais, o que proporcionava toda sorte de acidentes de pequena envergadura. Mal os quatro Avro 504K haviam chegado ao Galeão, um capotou em fevereiro de 1923. Ao chegarem ao Brasil, cinco dos 12 Avro 504K comprados em 1922 foram montados e já estavam prontos em meados de setembro de 1923. Mas isso não impediu que três deles sofressem avarias em acidentes atribuíveis parcialmente às condições do campo.

Ao chegar o fim de 1923, os 12 Avro 504K comprados da Curtiss já se encontravam montados. A Marinha dispunha nominalmente de 16 desses aviões, que faziam parte da 3ª Esquadrilha da Flotilha de Instrução da EAvN. Porém, só era possível manter disponível uma reduzida parcela deles, como resultado dos pequenos acidentes registrados durante o treinamento dos alunos matriculados no Curso de Aviador Naval. Esse cenário não sofreria significativas alterações no ano seguinte. Mesmo assim, dois Avro 504K foram armados com metralhadoras Lewis .303 ao eclodir o movimento revolucionário de 1924.

Na esteira dos episódios políticos que marcaram 1924, houve uma brusca redução nas atividades da EAvN. Enquanto em 1924 foram diplomados oito oficiais no Curso de Aviador Naval, o ano de 1925 assistiu à queda em 50% do número de alunos diplomados, e no ano de 1926 ocorreu uma queda ainda maior, sendo diplomados somente três alunos. Essa acentuada retração estava intimamente associada ao corte nos recursos orçamentários, que resultou na suspensão quase total das compras de peças de reposição e de material de apoio.

No que tange aos Avro 504K, esse quadro determinou uma abrupta queda na disponibilidade para voo desses aviões. De fato, em 1925, somente quatro Avro 504K encontravam-se prontos, enquanto cinco estavam avariados e recolhidos ao depósito do Centro de Aviação Naval do Rio de Janeiro (CAvN RJ), quatro sofriam extensos reparos nas oficinas do CAvN RJ e os demais foram perdidos em acidentes. A existência de quatro células – esse número elevou-se para cinco em 1926 – ocorreu graças à perseverança do pessoal de manutenção, que *canibalizou* algumas células danificadas ou que haviam sido consideradas perda total.

Inicialmente os Avro 504K operaram no Campo dos Afonsos, sede da Aviação Militar, pois a Ilha das Enxadas não possuía pista. Somente em fevereiro de 1923 é que eles foram enviados para a sua nova base na Ponta do Galeão. Foto DPHDM.

Ao longo de sua história, os Avro operaram somente na 3ª Esquadrilha da Flotilha de Treinamento da EAvN. As duas últimas aeronaves fizerem o derradeiro voo do 504K na Marinha em 11 de junho de 1930, durante uma formatura militar. Foto Arquivo José de Alvarenga.

Esse quadro de penúria material não impediu que três Avro 504K realizassem um reide entre o Rio de Janeiro (RJ) e Belo Horizonte (MG), iniciado no dia 3 de agosto de 1926. Conquanto essa fosse uma viagem de instrução, tratava-se de voo inédito na época e, portanto, ganhou larga repercussão quando dois desses aviões chegaram à capital mineira. Apesar do êxito da missão, o precário estado do material era uma realidade: um avião caiu em Petrópolis (RJ) na perna de ida e outro no regresso ao Rio, ambos os acidentes ocorreram graças a fatores materiais.

No início de 1927, a frota de aviões Avro 504K encontrava-se reduzida a três exemplares disponíveis para voo (os demais haviam sido perdidos em acidentes ou então recolhidos às oficinas para reparos de monta). Com a necessidade de modernizar a frota de aviões de treinamento, a Diretoria Geral de Aeronáutica da Marinha examinou diversas propostas de fornecimento, incluindo algumas que contemplavam a aquisição de mais aviões Avro 504K. No caso, optou-se pela aquisição de uma versão mais moderna daquele avião, os quais chegaram ao Brasil no ano seguinte. Nesse ínterim, os Avro 504K continuaram teimosamente voando pela EAvN, que registrou, naquele ano, 74h e 49m de voo e uma quantidade ligeiramente inferior em 1928.

Com vistas a aumentar a vida útil dos três últimos Avro 504K que se encontravam em condições de voo, foi determinado, em maio de 1929, que esses deveriam ser modernizados. Visto que a principal fonte de problemas mecânicos era o motor radial rotativo que compunha o grupo motopropulsor do Avro 504K, ficou decidido que os três aviões receberiam motores radiais fixos. Não se sabe ao certo se a intenção era empregar o motor radial fixo Armstrong Siddeley Lynx IVC, o mesmo que dotava os recém-chegados Avro 504N/O, tampouco se a remotorização dessas aeronaves foi realmente executada. Seja como for, uma célula ficou pronta em junho daquele ano, seguida por outra, em outubro, e uma terceira, em janeiro de 1930. Curiosamente, essas três células receberam flutuadores (presumivelmente empregando-se aqueles originalmente destinados aos Avro 504N/O) e foram utilizadas como hidroavião.

Depois de realizar poucos voos de adestramento durante o primeiro semestre de 1930, a modernização feita nessas aeronaves aparentemente não proporcionou os resultados desejados. Duas participaram de um voo de formatura, no dia 11 de junho daquele ano. Efetivamente, esse foi o último a ser registrado por esses aviões pela Aviação Naval, já que, logo em seguida, foram excluídos de carga e alienados.

Avro 504K		
Período de Utilização	De 1920 até 1930	
Fabricante	A. V. Roe and Company Ltd., Manchester (Reino Unido)	
Emprego	Treinamento	
Características Técnicas		
Motor	Gnome Monosoupape de 100 hp	Le Rhone de 110 hp
Envergadura	10,97 m	10,97 m
Comprimento	8,96 m	8,96 m
Altura	3,17 m	3,17 m
Área Alar	30,65 m^2	30,65 m^2
Peso Vazio	498 kg	558 kg
Peso Máximo	816 kg	829 kg
Armamento	1 metralhadora Lewis .303	
Desempenho		
Velocidade Máxima	132 km/h	145 km/h
Razão de Subida	243 m/min	400 m/min
Teto Operacional	4.876 m	4.800 m
Alcance	3 h (autonomia)	402 km
Comentários		
Total Adquirido	17 exemplares	
Unidades Aéreas	3ª Esquadrilha da Flotilha de Treinamento da EAvN	
Designações	Não recebeu designação	
Matrículas	A primeira aeronave recebeu a matrícula 46, alterada para A1 em 1920. As demais células foram matriculadas de A2 a A17. Em 1925, cinco células foram rematriculadas 1, 3, 4, 5 e 7. Finalmente, em 1926, quatro células foram rematriculadas 411 a 414	

Aeromarine 40

Nascido na cidade norte-americana de North Evanston (Illinois), Inglis Moore Uppercu foi um dos menos conhecidos pioneiros da aviação. Ao se formar como engenheiro na Escola Politécnica de Brooklyn e como advogado na Universidade de Columbia, Uppercu, inicialmente, ingressou na recém-nascida indústria automobilística, trabalhando com a Duryea Automobile Company. Em 1902, ele formou a Motor Car Company of New Jersey, uma empresa dedicada à revenda de carros e caminhões produzidos pela Autocar, Packard e Cadillac. Nos anos seguintes, a empresa se expandiu, passando a montar carros da Cadillac.

Desde cedo Uppercu se interessou por assuntos aeronáuticos, tornando-se, mais tarde, piloto. Como resultado do sucesso de sua empresa, adquiriu a Boland Aeroplane and Motor Co. em 1908. Com a morte do fundador da empresa, Uppercu alterou a razão social dela, em 1914, que passou a ser chamada de Aeromarine Plane and Motor Company. Sediada em Keyport, Nova Jérsei, a Aeromarine foi beneficiada com a eclosão da Primeira Guerra Mundial, produzindo, sob licença, centenas de aeronaves para os serviços de aviação da Marinha e do Exército dos Estados Unidos.

Em 1917, a Aeromarine deu início a um projeto próprio de hidroavião que visava atender às necessidades da Marinha para uma aeronave de reconhecimento e treinamento. Designado como Aeromarine 39A, esse biplano repetia as características de muitas aeronaves daquela época, podendo ser dotado com uma variada gama de motores e configurado como avião terrestre ou marítimo. Entre as versões 39A e 39B, a Aeromarine produziu exatos 200 exemplares – quase todos vendidos para a Marinha.

Sob a supervisão do recém-chegado engenheiro-chefe Paul Gerhard Zimmermann, em 1919 a Aeromarine deu partida ao desenvolvimento de um hidroavião que se destinava ao mercado civil e militar: o Aeromarine 40. Um número desconhecido desses hidroaviões foi produzido para ambos os mercados, porém sabe-se que 50 exemplares foram comprados pela Marinha a fim de serem empregados como aeronaves de instrução naquela arma e na Guarda Costeira.

O Aeromarine 40 na Aviação Naval

Como parte do plano de ampliação da dotação de aeronaves da Aviação Naval, as autoridades da Marinha do Brasil providenciaram a aquisição de uma pequena quantidade de aeronaves entre os anos de 1918 e 1920. Sem obedecer a um definido critério, salvo, possivelmente, por considerações orçamentárias e disponibilidade no mercado, a Aviação Naval recebeu, naquele período, um variado leque de tipos de aeronave.

Entre os muitos tipos adquiridos encontrava-se um lote de quatro hidroaviões Aeromarine 40, que se destinavam às tarefas de instrução na Escola de Aviação Naval (EAvN). Chegando ao Brasil no final de 1920, não se sabe ao certo se esses haviam pertencido à Marinha Americana até então ou se eram células novas, adquiridas diretamente da fábrica. No entanto, a EAvN aparentemente colocou grande empenho na urgente disponibilização de todos esses Aeromarine 40, visto que a montagem deles foi finalizada em janeiro de 1921, contrariando a norma praticada até então.

O primeiro Aeromarine 40 registrou seu voo de inauguração no dia 2 de janeiro de 1921 – um domingo. Até o dia 25 daquele mês, os outros três já haviam sido ensaiados em voo e, até o final de janeiro, os quatro hidroaviões haviam registrado 92 voos. Mas o entusiasmo pela nova aeronave esfriou no dia

O Aeromarine 40 matrícula 43 decola das águas próximas à Ilha das Enxadas, no Rio de Janeiro. Essas aeronaves foram empregadas em missões de treinamento. Foto DPHDM.

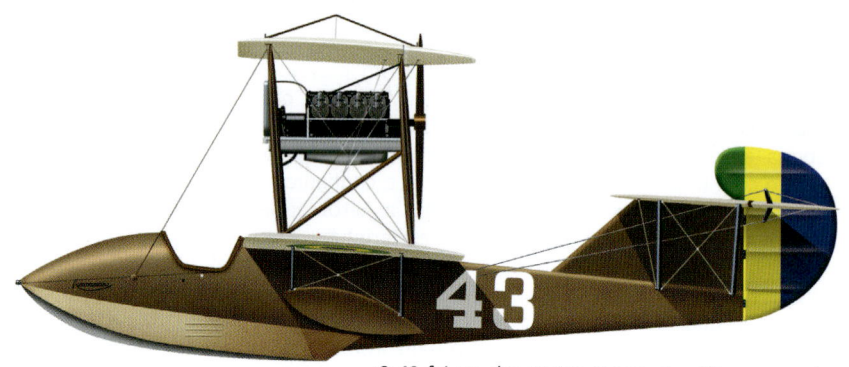

O 43 foi um dos quatro Aeromarine 40 empregados pela EAvN nos anos 1920.

18 do mês seguinte, quando um dos hidroaviões acidentou-se, com perda total, durante um voo de instrução, provocando a morte de dois oficiais. Suspensos por 20 dias, os demais Aeromarine 40 passaram um breve período sendo operados somente pelos oficiais instrutores da EAvN.

Em abril de 1921, um Aeromarine 40 passou a figurar entre os voos de instrução dos alunos da EavN, enquanto os demais foram mantidos hangarados. Outro desses hidroaviões se acidentou, com perda total, em 19 de setembro, resultando em morte do passageiro e ferimentos no piloto. No entanto, o Comando da EAvN aparentemente julgou que os dois acidentes não haviam sido causados por qualquer deficiência material, já que, a partir de novembro daquele ano, os outros dois Aeromarine 40 foram intensamente utilizados na instrução aérea dos alunos da Escola de Aviação Naval. De fato, durante os meses restantes daquele ano e no transcorrer de todo o ano de 1922, a frequência de utilização dos dois Aeromarine 40 superou os índices registrados pelas outras aeronaves de instrução à disposição da EAvN, salvo o Curtiss N-9H.

Previsivelmente, em face da intensa utilização desses hidroaviões até aquele momento, no ano de 1923, os dois Aeromarine 40 raramente foram utilizados simultaneamente na instrução aérea. Os efeitos cumulativos após dois anos de quase ininterrupto uso já se faziam notar, tornando cada vez mais difícil manter um aceitável índice de disponibilidade. A chegada de novos e mais modernos hidroaviões de instrução assinalou o fim da carreira dos Aeromarine 40 na Aviação Naval. Finalmente, em 9 de julho de 1923, foi lavrado um termo da EAvN que dava como imprestável o último daqueles aviões. Silenciosamente, encerrava-se a breve carreira dos Aeromarine 40, um hidroavião que desempenhou um importante papel na consolidação da Aviação Naval quando essa ainda era uma incipiente arma auxiliar da Marinha do Brasil.

Aeromarine 40	
Período de Utilização	De 1920 até 1923
Fabricante	Aeromarine Plane and Motor Company, Keyport (Nova Jérsei – EUA)
Emprego	Treinamento
Características Técnicas	
Motor	Curtiss OXX-6 de 100 hp
Envergadura	14,78 m
Comprimento	8,56 m

Continua

Peso Máximo	1.175 kg
Armamento	Não dispunha de armamento
Comentários	
Total Adquirido	4 exemplares
Unidades Aéreas	Escola de Aviação Naval
Designações	Não recebeu designação
Matrículas	42 a 45

Curtiss MF

As sucessivas melhorias aplicadas à família de hidroaviões F-Boat levou Glenn Curtiss a desenvolver o que seria a versão definitiva dessas aeronaves. Essa iniciativa veio na esteira de uma solicitação formulada pela Marinha, que buscava um hidroavião de treinamento que fosse mais adequado às suas necessidades do que os Curtiss F-Boat adquiridos a partir de 1913.

Sob a designação MF, que nada mais era do que a abreviatura de Modernized F (F Modernizado), os trabalhos de desenvolvimento do novo hidroavião foram iniciados em 1916. Essa aeronave fez uso do mesmo grupo motopropulsor empregado no Curtiss F, mod 1916, mas a célula sofreu significativas alterações para adequá-la às tarefas de instrução. A mais notável foi a instalação de asas de maior envergadura que as apresentadas pelo seu antecessor. Porém, diversos refinamentos aerodinâmicos e de engenharia foram aplicados para não só incrementar o desempenho da aeronave, mas também melhorar significativamente sua confiabilidade.

No final de 1916, os primeiros Curtiss MF foram entregues à escola de voo da Marinha, sediada em Pensacola, Flórida. No entanto, com a necessidade de produzir um amplo leque de tipos de aeronave para o esforço de guerra norte-americano, somente 22 exemplares do MF foram efetivamente produzidos pela Curtiss. Os demais foram fabricados sob licença pela Naval Aircraft Factory, uma organização pertencente à Marinha com sede na Filadélfia, Pensilvânia, que construiu 80 unidades do Curtiss MF.

Com os cortes na área de defesa que acompanharam o fim da Primeira Guerra Mundial, diversos Curtiss MF foram alienados, encontrando um novo destino no mercado civil ou em outros países.

O Curtiss MF na Aviação Naval

Desconhecem-se as circunstâncias exatas que cercaram a aquisição do primeiro Curtiss MF destinado à Aviação Naval. No entanto, ele possivelmente veio ao Brasil por intermédio da Missão Naval Norte-Americana, que estava apoiando as atividades da Escola de Aviação Naval (EAvN), ou através do representante da Curtiss Aeroplane and Motor Company. Independentemente do canal empregado para sua aquisição, um Curtiss MF chegou ao Rio de Janeiro nos derradeiros meses de 1920 e foi montado em abril de 1921. Registrou seu primeiro voo no país no dia 29 daquele mês.

Imediatamente inserido nas atividades de instrução aérea da EAvN, o novo hidroavião teve, no entanto, uma vida útil relativamente breve. Num acidente em 12 de maio de 1922, durante um voo de adestramento, os dois tenentes que tripulavam aquele hidroavião nada sofreram, mas os danos foram suficientemente extensos para determinar a baixa do Curtiss MF. Mesmo sendo curta sua carreira, seu desempenho incentivou as autoridades da Marinha do Brasil a adquirir mais exemplares desse versátil hidroavião. Após a liberação de recursos financeiros destinados exclusivamente à aquisição de material aeronáutico, foi assinado, no dia 23 de maio daquele ano, um contrato de encomenda com a Curtiss Aeroplane Export Corporation. Sob o nome Contrato AV-1 e avaliado em US$ 407,9 mil, essa encomenda compreendia a aquisição de diversas aeronaves – incluindo três Curtiss MF ao custo unitário de US$ 5.800. No final de 1922, a Marinha do Brasil assinou mais um contrato de encomenda com a Curtiss: dessa vez adquiriu seis hidroaviões a um custo total de US$ 34.800.

As aeronaves do primeiro contrato chegaram ao Brasil no primeiro trimestre de 1923; a primeira foi montada em março e realizou seu primeiro voo no dia 16 daquele mês. Em abril, o segundo exemplar foi montado e ensaiado, as duas aeronaves sendo incorporadas ao acervo da EAvN para cumprirem tarefas de adestramento e instrução. No entanto, os trabalhos dos dois hidroaviões não ficaram limitados àquelas atividades, visto que, a partir de julho de 1923, o Curtiss MF passara a ser periodicamente convocado para realizar missões de correio da Esquadra, executando a ligação entre o Rio de Janeiro e a Enseada Batista das Neves, em Angra dos Reis (RJ), região que na época abrigava a Escola Naval e onde eram realizados muitos exercícios de maior envergadura da Marinha do Brasil.

Os primeiros Curtiss MF do segundo contrato foram montados e ensaiados no transcorrer de dezembro de 1923; os demais foram montados até março do ano seguinte. No entanto, quer por trabalho de revisão, quer por acidentes

Os Curtiss MF tiveram participação importante nas operações aéreas durante a Revolução de 1924, sendo empregados em Santos e em Belém do Pará.
Foto Arquivo Jackson Flores Jr. / Action Editora Ltda.

O biplano monomotor Curtiss MF nas cores da Aviação Naval. Essas aeronaves foram empregadas por quase 10 anos naquela escola.

que indisponibilizavam a célula por prolongados períodos ou que simplesmente acarretavam a perda total da aeronave, em raras ocasiões a EAvN dispôs simultaneamente de quatro desses hidroaviões. De fato, a disponibilidade diária média durante os anos de 1923 e 1924 permaneceu na faixa de três Curtiss MF prontos para voo, com esse número reduzido para duas e até mesmo uma célula nos anos subsequentes. Esses baixos índices de disponibilidade apresentados não se deviam a qualquer deficiência material dos Curtiss MF ou à inadequada manutenção dada pelo pessoal técnico da Aviação Naval, mas a uma combinação de fatores. Os substanciais cortes orçamentários após a Revolução de 1924 dificultaram sobremaneira a aquisição de peças de reposição e matéria-prima necessária à conservação e à manutenção dessas e de outras aeronaves. Por sua vez, a altíssima taxa diária de utilização nos anos iniciais de sua operação – com cada célula disponível registrando cinco ou mais voos diários de instrução – determinou a redução dos ciclos para a entrada em revisão geral.

A eclosão da Revolução de 1924 assistiu à convocação dos Curtiss MF para tarefas bem distintas daquelas que realizavam desde a sua chegada ao Brasil. No dia 7 de julho de 1924, foram emitidas ordens para que uma esquadrilha de dois Curtiss MF fosse aprontada e despachada para Santos para cooperar com os navios da Esquadra que haviam imposto um bloqueio contra aquele porto. Junto com outras aeronaves deslocadas para Santos, os Curtiss MF deveriam realizar missões de reconhecimento e vigilância ao longo do litoral paulista. Porém, bem mais exigente foi o destacamento composto por dois Curtiss MF enviados a Belém (PA) para, com o Exército, sufocar a rebelião que havia irrompido em Belém e apoiar os navios da Divisão do Norte da Marinha do Brasil que se dirigiam para retomar o Forte de Óbidos. Por realizar surtidas de reconhecimento sobre aquele forte, os Curtiss MF foram alvo de fogo de pequeno calibre, em que os tripulantes revidaram com o lançamento de pequenas bombas de exercício.

As operações aéreas da Revolução de 1924 exigiram considerável esforço por parte dos Curtiss MF, os quais tiveram que ser recolhidos às oficinas da EAvN para sofrer extensos trabalhos de revisão geral. Como resultado e aliado ao fato de que outros MF encontravam-se igualmente recolhidos àquelas oficinas, houve significativa queda nas atividades desses hidroaviões, que só voltaram a voar com mais regularidade a partir de abril de 1925. Porém, com muita dificuldade, a EAvN lograva manter dois Curtiss MF disponíveis para voo de adestramento e instrução, os quais compunham uma das esquadrilhas da Flotilha de Instrução da EAvN.

Depois que um dos Curtiss MF fez ensaios preliminares de treinamento noturno, em junho de 1927, os hidroaviões progressivamente passaram a realizar mais missões utilitárias, que, em geral, compreendiam trabalhos como o acompanhamento do lançamento de torpedos durante exercícios da Esquadra e a plotagem da posição final dessas armas para que fossem posteriormente recolhidas. Outras tarefas incluíam o reconhecimento de submarinos e sua utilização como plataforma para realizar fotografia e cinematografia aérea, além de, ocasionalmente, serem utilizados no serviço do correio aéreo da Esquadra.

Ao realizar o que pode ser considerada uma das primeiras missões de resgate no Brasil, um dos Curtiss MF partiu do Galeão, em 1º de novembro de 1928, a fim de recolher dois aviadores do Exército que haviam caído com uma aeronave ao largo da Praia Vermelha, no Rio de Janeiro (RJ).

Já no final de sua carreira na Aviação Naval, outro Curtiss MF fez o que, possivelmente, foi a primeira missão de misericórdia registrada no país. Em 27 de maio de 1930, transportou um médico do Centro de Aviação Naval do Rio de Janeiro (CAvN RJ) para socorrer as vítimas de um acidente aeronáutico com um dos Avro 504N/O da EAvN. De fato, os voos registrados naquele dia entre o Galeão e o local do acidente estavam entre os últimos feitos pelos Curtiss MF da Aviação Naval. No mês seguinte, outras 22 surtidas ocorreriam – apropriadamente, todas de treinamento. Finalmente, na manhã de 17 de junho de 1930, ocorreu o último voo de um Curtiss MF da Marinha do Brasil, assim encerrando uma carreira de quase dez anos.

Curtiss MF	
Período de Utilização	De 1920 até 1930
Fabricante	Curtiss Aeroplane and Motor Co., Hammondsport (Nova York – EUA)
Emprego	Instrução e emprego geral
Características Técnicas	
Motor	Curtiss OXX-3 de 100 hp
Envergadura	15,16 m
Comprimento	8,78 m
Altura	3,53 m
Área Alar	37,34 m^2
Peso Vazio	839 kg
Peso Máximo	1.128 kg
Armamento	Não dispunha de armamento
Desempenho	
Velocidade Máxima	115 km/h
Razão de Subida	73 m/min
Teto Operacional	1.250 m
Alcance	555 km
Comentários	
Total Adquirido	10 exemplares
Unidades Aéreas	Escola de Aviação Naval
Designações	Não recebeu designação
Matrículas	45, E1 a E3, E3bis e E4 a E8

Farman F.51

Durante a Primeira Guerra Mundial, as pranchetas de desenho da Sociétè Henry et Maurice Farman foram bastante produtivas, registrando o desenvolvimento de um variado leque de aeronaves. A maioria desses projetos atendia às necessidades da Aviação Militar Francesa de aviões de observação, de reconhecimento e de treinamento. No entanto, sob a supervisão de um dos irmãos Farman, a empresa projetou também aviões de caça, de transporte e de bombardeio. Nessa última categoria foi desenvolvida quase uma dúzia de modelos que compreendiam aviões de bombardeio pesado, bombardeio noturno e de bombardeio e reconhecimento.

Aparentemente a Sociétè Henry et Maurice Farman usou um destes projetos como ponto de partida para o desenvolvimento de um hidroavião de bombardeio e reconhecimento em atenção a um requisito da aviação naval francesa. Muito pouco se conhece sobre esse obscuro projeto que recebeu a designação F.51.

Adquiridos da França, os dois F.51 foram incorporados para ministrar instrução na EAvN. Por motivos desconhecidos, somente o exemplar 37, de dois adquiridos (36 e 37), foi montado e empregado pela Marinha. Foto DPHDM.

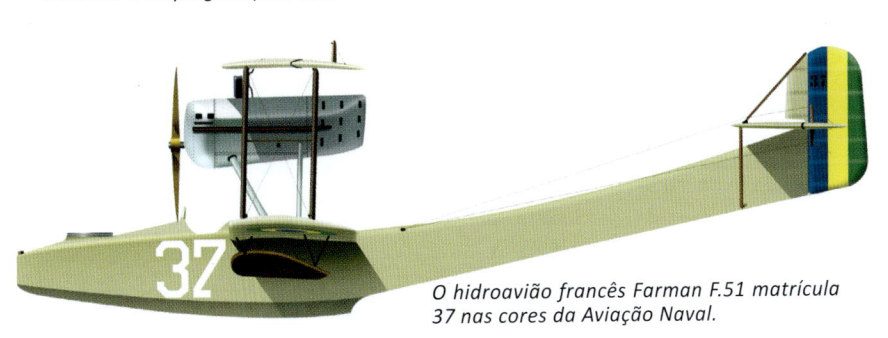

O hidroavião francês Farman F.51 matrícula 37 nas cores da Aviação Naval.

O F.51 37 visto em agosto de 1921 na Ilha das Enxadas. Esse hidroavião biplano monomotor está entre as aeronaves com a vida em serviço mais curta da história da Aviação Naval. Foto DPHDM.

O Farman F.51 na Aviação Naval

Apesar de muitas aeronaves adquiridas à França pela Marinha no pós-guerra terem sido destinadas à instrução de voo, houve a preocupação em comprar também aparelhos mais sofisticados para fins de emprego. No entanto, o interesse brasileiro por aviões de emprego já era claro desde junho de 1917, quando foram iniciadas as negociações para a compra de dois hidroaviões-escola e dois hidroaviões bimotores de "bombardeamento". Essas negociações, aparentemente, foram concluídas com sucesso em meados de 1918, resultando na aquisição de dois hidroaviões de bombardeio e reconhecimento Farman F.51. Conforme telegramas de janeiro de 1919 do adido da Marinha em Paris, essas duas aeronaves haviam concluído seus ensaios em voo e já estavam encaixotadas para envio ao Brasil.

Por motivos que hoje são desconhecidos, o embarque desses aviões demorou muito e foi somente no final de 1920 que chegaram ao país a bordo do navio de transporte Belmonte. O pouco espaço de hangar disponível na Escola de Aviação Naval (EAvN) impediu a montagem imediata dessas aeronaves, as quais permaneceram encaixotadas e armazenadas durante muitos meses no depósito daquela organização militar.

Finalmente, em agosto de 1921, foi iniciada e concluída a montagem de um dos Farman F.51. Pilotado pelo 2º Ten José Baker de Azamor, aquela aeronave realizou seu primeiro voo no Brasil em 12 de setembro, nada mais do que uma breve surtida de 15 minutos. No mês seguinte mais outro voo foi registrado – dessa vez com 30 minutos de duração –, sendo também o último feito por um Farman F.51 naquela escola. Por motivos que hoje são desconhecidos, as autoridades da Aviação Naval decidiram não montar o segundo F.51 e suspenderam futuros voos com a célula que se encontrava montada. Finalmente, no dia 5 de julho de 1923, foi lavrado um termo dando como inúteis os dois Farman F.51, os quais foram descarregados em 4 de setembro daquele mesmo ano.

Farman F.51	
Período de Utilização	De 1921 até 1923
Fabricante	Socièté Henry et Maurice Farman, Boulougne-sur-Seine (França)
Emprego	Instrução
Características Técnicas	

Continua

Motor	2 Lorraine-Dietrich de 275 hp cada um
Envergadura	23,35 m
Comprimento	14,85 m
Altura	4,40 m
Área Alar	104 m²
Peso Vazio	2.220 kg
Peso Máximo	3.200 kg
Armamento	2 metralhadoras Lewis .303 Carga ofensiva de até 200 kg
Desempenho	
Velocidade Máxima	140 km/h
Razão de Subida	100 m/min
Comentários	
Total Adquirido	2 exemplares
Designações	Não recebeu designação
Matrículas	36 (não chegou a ser montado) e 37

Ansaldo SVA-10

Considerado um dos projetos de maior sucesso da indústria aeronáutica italiana no período da Primeira Guerra Mundial, a família de aviões de reconhecimento e ataque SVA representava uma concepção inovadora. Inteiramente desenvolvidas na Itália pelos engenheiros aeronáuticos Umberto Savoia e Rodolfo Verduzio, essas aeronaves foram produzidas pela Societá Ansaldo, daí sua designação SVA. O primeiro protótipo realizou seu voo inaugural no dia 3 de março e as subsequentes versões resultaram no SVA-5, um avião projetado como caça. Apesar de ser extremamente veloz, o SVA-5 carecia do desejado índice de manobrabilidade; no entanto era adaptado perfeitamente para as missões de reconhecimento e de bombardeio.

Um dos 18 SVA-10 recebidos pela Aviação Naval a partir de junho de 1923. Devido a diversos problemas, principalmente de superaquecimento do motor SPA 6A de seis cilindros e resfriado a líquido, os SVA-10 tiveram sua vida operacional limitada na Marinha. Foto DPHDM.

O SVA-10 215 nas cores da Aviação Naval. Estes biplanos de fabricação italiana foram empregados nas três esquadrilhas de reconhecimento sediadas no CAvN.

Em vista do superlativo desempenho do SVA-5 como aeronave de reconhecimento, foi decidido o desenvolvimento de duas versões bipostos: a SVA-9, com alcance perceptivelmente menor que o SVA-5, elaborada pelos engenheiros Savoia e Verduzo, e a SVA-10, versão que melhor atendia às necessidades da aviação militar italiana.

Extensamente empregado durante os derradeiros meses da Primeira Guerra Mundial, o SVA-10 mostrou ser uma aeronave excepcional, o que fez com que permanecesse em serviço ativo na Itália até o final da década de 1920. Aproximadamente 2 mil aviões da família SVA foram construídos durante o conflito e no período pós-guerra. Muitos foram exportados, principalmente, graças ao épico reide realizado por dois SVA-9, que efetuaram um voo entre Roma e Tóquio, nos meses de fevereiro a maio de 1920.

O Ansaldo SVA-10 na Aviação Naval

Carente de meios e marcada por uma deficiente estrutura e organização, a evolução da Aviação Naval encontrava-se tolhida por falta de recursos financeiros ao chegar a década de 1920. Porém, o lançamento do Projeto da Organização Aérea do Litoral no ano de 1921 e a liberação de fundos adequados para concretizá-lo marcaram o início das muitas providências que visavam corrigir as múltiplas deficiências de infraestrutura e de material aeronáutico. Esse último item foi regido por um estudo elaborado pelo Estado-Maior da Armada referente à organização geral da Aviação Naval, o qual foi aprovado em abril de 1922. Como consequência, foram adquiridas aeronaves de caça, patrulha, reconhecimento e treinamento.

No dia 4 de outubro de 1922, o governo brasileiro assinou o contrato AV-2.1 com a empresa italiana Giovanni Ansaldo & Cia. Avaliado em 1.440.000 liras italianas, compreendia a aquisição de 18 exemplares do avião de reconhecimento Ansaldo SVA-10. No final daquele mês, um segundo contrato foi assinado, avaliado em 321.849 liras italianas, que englobava peças de reposição e ferramentas destinadas à manutenção das aeronaves.

Ao chegarem ao Brasil, em junho de 1923, os Ansaldo SVA-10 foram distribuídos para as Esquadrilhas de Reconhecimento, todas sediadas no Centro de Aviação Naval do Rio de Janeiro (CAvN RJ). Inicialmente, só foi organizada a 1ª Esquadrilha de Reconhecimento, mesmo porque não havia pessoal suficiente para completar, de imediato, as demais esquadrilhas, cada uma devendo contar com seis aviões SVA-10. Porém, até o terceiro trimestre de 1924, já haviam sido organizadas as 2ª e 3ª Esquadrilhas de Reconhecimento.

Mal haviam chegado ao Brasil quando despontou o primeiro problema. Por um lapso, o contrato de compra dessas aeronaves não contemplou a aquisição das metralhadoras e dos cabides para bombas que compunham o sistema de armamento do SVA-10. Como resultado, através de um contrato separado ou por meio dos estoques existentes, os primeiros SVA-10 montados receberam uma metralhadora Vickers calibre .303, o que ainda exigiu a confecção de material e modificação das aeronaves para receber essa arma.

Porém, a falta de armamento para equipar os aviões e de pessoal para guarnecê-los mostrou ser o menor dos problemas que acompanharam a carreira dos SVA-10 no Brasil. As reduzidas dimensões do campo de pouso do CAvN RJ, agravado pelo seu mau estado, provocaram diversos acidentes como capotagens, pilonagens e quebra do trem de pouso. No entanto, a maior fonte de problemas dizia respeito ao grupo motopropulsor do SVA-10, o motor SPA 6A de seis cilindros e resfriado a líquido. Por apresentar superaquecimento crônico, o SPA 6A vazava continuamente o líquido de refrigeração através das camisas de refrigeração. Um levantamento feito pelo pessoal técnico do CAvN RJ descobriu que esse fenômeno se originava do aquecimento proposital da mistura combustível/óleo, um artifício próprio para operação em climas frios, mas totalmente inadequado para o clima subtropical e tropical que caracteriza quase todo o território nacional.

Esses e outros problemas fizeram com que nunca houvesse mais do que quatro SVA-10 prontos e disponíveis para voo, já que os demais foram encaixotados ou sofreram reparos. De fato, em 1924, quase 60% das células estavam encaixotadas e, até agosto de 1925, dois desses aviões acidentaram-se com perda total e outros dois sofreram extensos danos. No ano seguinte, com a Aviação Naval lutando contra os vastos cortes orçamentários que atingiram as Forças Armadas, somente um SVA-10 voou, registrando seis voos que totalizaram 57 minutos. Em 1927, sete desses aviões lograram realizar 36 voos, totalizando pouco mais do que 14 horas de voo.

Claramente inadequados para executar as tarefas que lhe haviam sido atribuídas, os SVA-10 diminuíram abruptamente suas operações no ano de 1928. No transcorrer de 1928, somente seis voos foram realizados com esses aviões.

Visto que a maior deficiência do SVA-10 era seu motor, foram iniciados estudos para equipar, com novos motores, as células que não haviam sido montadas. Um levantamento realizado no início de 1929 eliminou essa possibilidade, pois se verificou que as dez células candidatas à tal modificação haviam sido atacadas por cupins, eliminando qualquer chance de recuperá-las. Consequentemente, naquele mesmo ano, todos os SVA-10 remanescentes foram alienados.

Ansaldo SVA-10	
Período de Utilização	De 1923 até 1929
Fabricante	Giovanni Ansaldo & Cia., Genova (Itália)
Emprego	Observação
Características Técnicas	
Motor	SPA 6A de 220 hp
Envergadura	9,75 m
Comprimento	8,10 m
Altura	2,72 m
Área Alar	26,90 m²
Peso Vazio	730 kg
Peso Máximo	1.065 kg
Armamento	1 metralhadora fixa Vickers calibre .303 1 máquina fotográfica de reconhecimento
Desempenho	
Velocidade Máxima	210 km/h
Razão de Subida	166 m/s
Teto Operacional	5.500 m
Autonomia	3 h 30 m

Continua

Comentários	
Total Adquirido	18 exemplares
Unidades Aéreas	1ª Esquadrilha de Reconhecimento 2ª Esquadrilha de Reconhecimento 3ª Esquadrilha de Reconhecimento
Designações	Não recebeu designação
Matrículas	Inicialmente, 780 a 797. A partir de 1924, seis células receberam as matrículas 211 a 216, as demais mantendo as matrículas originais

Sopwith 7F.1 Snipe

Depois de conquistar fama na Inglaterra como corredor de automóveis e iatista, Thomas "Tommy" Octave Murdoch Sopwith aprendeu a voar em 1910 e, aos 25 anos, fundou a empresa de construção aeronáutica Sopwith Aviation & Engineering Company, no ano de 1912. Com a fábrica instalada em um antigo ringue de patinação no gelo, Tommy Sopwith e seu auxiliar Harry G. Hawker lançaram-se no desenvolvimento de uma linha de aeronaves de reconhecimento e de caça velozes que ganharam renome na Primeira Guerra Mundial.

Um dos projetos de maior sucesso foi o caça Sopwith F.1 Camel, responsável por 1.294 vitórias em combate aéreo durante todo o conflito, cifra que superou a de qualquer outro avião da guerra. No entanto, no início de 1917, Sopwith reconheceu que era necessário desenvolver um sucessor para o Camel, e esse surgiu na forma do Sopwith 7F.1 Snipe. O voo inaugural do novo avião ocorreu em setembro de 1917, e, nos meses que se seguiram, seis protótipos foram exaustivamente ensaiados para eliminar qualquer falha de projeto. Com motores

Aviador Naval à frente de seu 7F.1 Snipe, provavelmente visto no hangar da 1ª Flotilha na CAvN, no Rio de Janeiro. Esse foi o primeiro caça convencional da Marinha. Foto Arquivo Jackson Flores Jr. / Action Editora Ltda.

O Sopwith Snipe 125 após seu capotamento. Acidentes como esse foram comuns ao longo de sua carreira de seis anos na Aviação Naval. Foto Arquivo Jackson Flores Jr. / Action Editora Ltda.

de potência muito superior à do grupo motopropulsor instalado no Camel, o Snipe demonstrou ser mais veloz e tão manobrável quanto seu predecessor.

Ao entrar em produção, em junho de 1918, o Snipe dispunha de elementos praticamente desconhecidos em aviões de combate, como oxigênio e sistema de calefação. No entanto, os primeiros exemplares só chegaram ao front quase oito semanas antes do armistício. Consequentemente, foram poucos os Snipe que lograram realizar missões operacionais. Mas aqueles que chegaram a ser usados demonstraram clara superioridade em relação às aeronaves adversárias.

Até o final da Primeira Guerra Mundial, 497 exemplares foram construídos e entregues ao Royal Flying Corps (RFC) e, apesar de muitos contratos de encomenda terem sido cancelados com o fim das hostilidades, cerca de 600 outros foram produzidos e entregues até março de 1919. Com a criação da Royal Air Force (RAF), o Snipe passou a ser o caça padrão daquela arma, mantendo-se em serviço até 1926.

O Sopwith 7F.1 Snipe na Aviação Naval

A crônica carência de recursos financeiros e materiais que caracterizaram os anos iniciais da Aviação Naval inibia a natural evolução daquela arma da Marinha do Brasil. No entanto, o lançamento do Projeto da Organização Aérea do Litoral, em 1921, iria transformar por completo a Aviação Naval. Acompanhado dos recursos financeiros necessários à implementação daquele projeto, o Estado-Maior da Armada recomendou, entre outras providências, a aquisição de aviões de caça, patrulha e reconhecimento que iriam dotar as primeiras unidades de emprego da Aviação Naval.

Belo padrão de pintura do Sopwith 7F.1 Snipe 125 da Marinha. Os Snipe foram empregados pela 1ª e 2ª EC operacionais na 1ª Flotilha de Caça.

Assim, no dia 23 de maio de 1922, a Marinha do Brasil assinou o contrato AV-1.1 com a Curtiss Aeroplane Export Company, que previa o fornecimento de distintos tipos de aeronave. Entre essas se encontravam 12 exemplares do Sopwith 7F.1 Snipe ao custo de US$ 36 mil. Originalmente fornecidos à Curtiss pela War Disposal Commission, os Snipe eram aviões pouco usados que se encontravam em ótimas condições.

Ao chegarem ao Brasil no primeiro semestre de 1923, eles passariam a compor a dotação da Flotilha de Caça, composta por três esquadrilhas com quatro aeronaves cada uma. No entanto, graças a diversos fatores, só foram organizadas a 1ª Esquadrilha de Caça (1ª EC) e a 2ª Esquadrilha de Caça (2ª EC), tendo sido também escolhidos seus comandantes. Um dos motivos era a total falta de pessoal para compor os quadros das três esquadrilhas. Conquanto essa deficiência pudesse ser solucionada em um espaço de tempo razoavelmente curto, eventos políticos colaboraram para a quase total estagnação das atividades de instrução na formação de aviadores navais na Escola de Aviação Naval.

Para agravar essa dificuldade, outras surgiram após a montagem dos primeiros quatro exemplares. Primeiramente, foi verificado que não era possível utilizar as metralhadoras Vickers.303 que equipavam os Snipe, visto que empregavam munição alimentada com fitas metálicas, enquanto a munição .303 existente nos paióis da Marinha do Brasil exigia fitas de pano. Embora esse problema fosse de ordem logística, os maciços cortes nos recursos orçamentários da Aviação Naval impediram a rápida solução dessa deficiência.

Mais difícil, porém, era dirimir a pavimentação do campo de pouso do Centro de Aviação Naval do Rio de Janeiro (CAvN RJ). Com grama em algumas poucas áreas, o solo irregular da Ponta do Galeão era predominantemente de areia ou terra. Apesar de existirem planos para pavimentar, com betume, as áreas destinadas ao táxi e à decolagem das aeronaves, a falta de recursos financeiros impediu a concretização desse plano. Como consequência, a irregularidade do piso resultou em diversos acidentes com os Snipe, pois a relativamente alta velocidade de pouso e decolagem frequentemente resultava em capotagens e pilonagens.

No início de 1924, a 1ª EC contava com uma dotação de seis Snipe, mas somente quatro estavam em condições de voo.

Por sua vez, a 2ª EC dispunha de seis desses aviões prontos para voo. No entanto, passados dois anos, somente três desses aviões lograram registrar algum voo. O piso da Ponta do Galeão havia cobrado seu preço, pois nos demais precisavam substituir rodas e pneus, e um relatório daquela época informa que faltavam câmaras de ar.

No ano seguinte, oito Sopwith Snipe da Flotilha de Caça registraram 20h46m de voo, distribuídas entre 58 surtidas, mas com três capotagens e um acidente de proporções mais graves. No ano seguinte, poucos foram os Snipe que voaram – uma dessas aeronaves foi perdida em decorrência de pane no motor, ocasionada pela deficiente qualidade do combustível fornecido à Aviação Naval.

Ao chegar o ano de 1929, existiam ainda 11 aviões Sopwith Snipe, mas somente quatro se encontravam em condições de voo. Visto que, essencialmente, os Sopwith Snipe estavam em bom estado e que os problemas encontrados na sua operação se deviam à deficiente infraestrutura do aeródromo onde se encontravam sediados, foi cogitada a instalação de motores radiais fixos nos quatro exemplares disponíveis. Porém, os parcos recursos orçamentários à disposição da Aviação Naval, aliados à evidente obsolescência desse material, acabaram determinando a desativação e a alienação dos caças naquele mesmo ano.

Sopwith 7F.1 Snipe

Período de Utilização	De 1923 até 1929
Fabricante	Sopwith Aviation & Engineering Company, Kingston-on-Thames (Reino Unido)

Continua

Emprego	Caça
Características Técnicas	
Motor	Bentley B.R. 2 de 230 hp
Envergadura	9,47 m
Comprimento	6,04 m
Altura	2,51 m
Área Alar	25,17 m^2
Peso Vazio	595 kg
Peso Máximo	916 kg
Armamento	2 metralhadoras fixas Vickers Mk 1 calibre .303
Desempenho	
Velocidade Máxima	195 km/h
Razão de Subida	320 m/min
Teto Operacional	6.095 m
Autonomia	3 h
Comentários	
Total Adquirido	12 exemplares
Unidades Aéreas	1ª Esquadrilha de Caça 2ª Esquadrilha de Caça
Designações	Não recebeu designação
Matrículas	Os primeiros quatro exemplares receberam as matrículas 1 a 4. Posteriormente, foram atribuídas as matrículas 111, 112, 112A, 113, 114, 115, 121, 122, 123, 124 e 131 a 133

Curtiss F-5L

Com merecida reputação como fabricante de hidroaviões de altíssima qualidade, a Curtiss Aeroplane and Motor Company lançou-se, em 1913, no desenvolvimento de um hidroavião capaz de realizar voos transatlânticos. A motivação que instigou essa empreitada se deveu ao desafio lançado por Lord Northcliffe, proprietário do jornal londrino Daily Mail e ardente entusiasta de assuntos aeronáuticos. Além de um prêmio de US$ 50 mil para o primeiro hidroavião que concluísse a travessia do Atlântico, o desafio foi ainda acrescido por outro de US$ 5 mil oferecido pela Women's Aerial League of Great Britain.

Ao se associar a Rodman Wanamaker, um abastado dono de lojas, Glenn Curtiss deu início ao projeto de um hidroavião que conquistasse, durante o ano de 1914, o prêmio do Daily Mail. Com vistas a internacionalizar o projeto, Curtiss convocou John Cyril Porte, um oficial da Marinha Real Britânica, para desempenhar o papel de piloto da aeronave que seria batizada de America. O primeiro voo do America se deu em junho de 1914 e, mesmo com boas características de voo, o alcance do novo hidroavião não permitiria que o piloto concluísse com sucesso o pretendido percurso transatlântico. As tentativas de conferir ao avião maior alcance foram seguidamente impedidas pelas limitações tecnológicas da época. Porém, esse exercício tornou-se acadêmico quando eclodiu a Primeira Guerra Mundial, que impôs a John Cyril Porte o retorno à Inglaterra para assumir o comando da Estação Aérea Naval de Felixstowe.

No entanto, a associação de John Cyril Porte com o projeto America não terminou aí. Conhecendor das qualidades do hidroavião America e sabedor da urgente necessidade de dotar o Real Serviço Aéreo Naval com aeronaves de patrulha, Porte convenceu o Alto-Comando da Marinha Real para que fosse adquirido o exemplar reserva do America e assinado um contrato de encomenda à Curtiss de outros 60 desses hidroaviões. Esses eventos deram início a uma família de bem-sucedidos hidroaviões de patrulha que se destacaram em missões de guerra antissubmarino e cujo desenvolvimento ocorreu com o estabelecimento de uma parceria industrial entre os Estados Unidos e a Inglaterra, produzida pela Curtiss e a Felixstowe Aircraft Factory, respectivamente.

Uma das derradeiras e mais bem-sucedidas versões produzidas foi o Felixstowe F.5, que incorporava ampla gama de melhorias técnicas em relação aos modelos anteriores, o que despertou interesse da Marinha Americana. Em março de 1918, após os necessários acertos com a Felixstowe e a incorporação de modificações que visavam simplificar a produção da aeronave, os desenhos e as plantas de engenharia do F.5 foram transferidos para a Naval Aircraft Factory (NAF), empresa de construção aeronáutica pertencente à Marinha Americana que imediatamente iniciou a produção do primeiro lote de aeronaves F-5L (como esse hidroavião foi designado nos Estados Unidos), distinguindo-se dos seus pares britânicos principalmente pelo uso de motores Liberty 12A em vez de dois Rolls-Royce Eagles. No total, a NAF acabaria fabricando 137 exemplares do F-5L. No entanto, as exigências impostas pela guerra fizeram com que a Curtiss Aeroplane & Motor Company e a Canadian Aeroplanes Ltd. fossem contratadas para produzir, respectivamente, outros 60 e 30 hidroaviões F-5L.

O Curtiss F-5L na Aviação Naval

Ao ingressar na década de 1920, a jovem Aviação Naval ressentia-se da carência de meios que lhe perseguia desde seu surgimento, em 1916, que impedia sua evolução operacional. Porém, a nova década lhe deu alento quando, em 1921, foi lançado o Projeto da Organização Aérea do Litoral e com ele a oferta de recursos orçamentários destinados à concretização daquele plano. Delineados a expansão e o desdobramento dos meios aéreos da Aviação Naval, a compra de aeronaves de patrulha figurava entre as principais metas daquele projeto, pois os seus pouquíssimos e cansados Curtiss HS-2L ofereciam parcas condições para realizar as missões de patrulha.

Os Curtiss F-5L da 1ª e 2ª Esquadrilhas da Flotilha de Bombardeio participaram ativamente dos levantes políticos de 1924, bem como da Revolução Constitucionalista de 1932, e da Revolta no Encouraçado São Paulo. Foto Arquivo Jackson Flores Jr. / Action Editora Ltda.

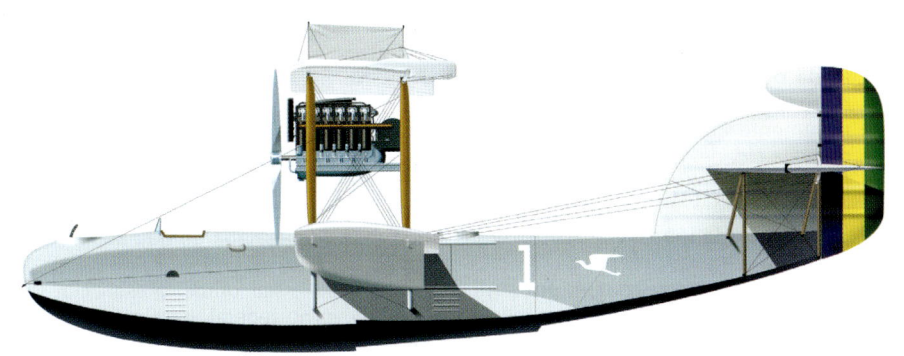

Curtiss F-5L 1 pertencente à 1ª Esquadrilha de Bombardeio da Flotilha de Bombardeio, no padrão empregado entre 1923/24.

Ao optar, aparentemente, pela assinatura de uma encomenda-pacote com a Curtiss Export Corporation, que solucionaria quase todas as suas deficiências materiais, a Marinha do Brasil assinou o contrato AV-1 em 23 de maio de 1922, com a inclusão de diversos tipos de aeronave e a entrega de 14 hidroaviões F-5L ao custo unitário de US$ 19.750. Não se sabe se eram exemplares produzidos pela Naval Aircraft Factory ou pela Curtiss Aeroplane and Motor Company. Porém, é quase certo que todos tenham pertencido à Marinha Norte-Americana e sido alienados após a Primeira Guerra Mundial, quando foram vendidos à empresa de exportação da Curtiss. Enviados ao Brasil a bordo de navios, a data de chegada dos caixotes com esses hidroaviões é desconhecida. No entanto, é sabido que o primeiro exemplar ficou pronto em março de 1923 e no dia 28 desse mesmo mês realizou seu primeiro voo no Brasil, tendo no comando o 1º Ten Heitor Varady e o Sr. Wilmar Stultz, piloto e funcionário da Curtiss, que supervisionou a montagem dos F-5L e das demais aeronaves do contrato AV-1.

No dia 1º de maio de 1923, sob o comando do Capitão-Tenente Antônio Augusto Schorcht, a 1ª Esquadrilha de Bombardeio foi fortalecida com quatro hidroaviões F-5L já montados e ensaiados. Esse passo serviu de prelúdio para um importante ensaio operacional levado a cabo exatos 30 dias mais tarde. Com vistas a medir a capacidade do equipamento e do pessoal que os guarnecia, foi organizado um grande reide ao norte do Brasil. No entanto, pouco antes da partida dessa esquadrilha, ficou resolvido que esses hidroaviões iriam ainda abrilhantar as comemorações relativas ao primeiro centenário da Independência da Bahia.

Assim, em 1º de julho, os quatro F-5L partiram do Rio de Janeiro (RJ) para dar início a um reide até Aracaju (SE), sob o comando do Capitão de Mar e Guerra Protógenes Guimarães. Acompanhado de um Junkers F13, que realizava um *tour* na América do Sul, a Esquadrilha Ibis – como passaram a ser denominados os quatro hidroaviões que realizaram esse histórico reide – acompanhou o litoral brasileiro até chegar a Aracaju, no dia 18 daquele mesmo mês, tendo realizado escalas em Vitória (ES) e em Salvador (BA).

Empreendendo o regresso no dia 29 de agosto, os quatro F-5L chegaram ao Rio de Janeiro no dia 9 do mês seguinte. No transcurso de 39 dias e sem contar com praticamente nenhuma infraestrutura de apoio, a Esquadrilha Ibis logrou realizar um reide que percorreu mais de 3 mil quilômetros de distância, sem qualquer percalço digno de nota. Ao colocar de lado os benefícios da exposição pública, o reide permitiu colher uma ampla gama de ensinamentos operacionais – todos absorvidos e colocados em prática mais tarde pela arma.

Porém, não satisfeita com o reide Rio-Aracaju, a Aviação Naval organizou ainda outro voo de longo curso com os F-5L. No dia 4 de setembro, quatro hidroaviões partiram da Ilha das Enxadas (RJ) e seguiram para Santos (SP), novamente sob o comando do CMG Protógenes Guimarães. Após permanecerem naquela cidade, os F-5L voaram até Florianópolis (SC) para, então, regressar ao Rio de Janeiro naquele mesmo mês. Com a experiência e o conhecimento colhido no reide até Aracaju, os pilotos fizeram com que o novo voo dos quatro F-5L até Santos e Florianópolis transcorresse de forma mais fluida ainda do que aquele realizado semanas antes até a capital sergipana.

Depois de registrarem, em abril e maio de 1924, seu primeiro exercício pela Esquadra, os F-5L foram convocados, pelo governo federal, para suprimir a rebelião que eclodira na capital de São Paulo, em 5 de julho daquele ano. A Flotilha de Bombardeio, nominalmente constituída de duas esquadrilhas, mas com apenas uma para pronto emprego, seguiu para Santos, de onde cooperaria com unidades de superfície da Marinha do Brasil. De imediato, foram enviados três F-5L pertencentes à 1ª Esquadrilha, e em oito dias foram montados outros três desses hidroaviões a fim de equipar a 2ª Esquadrilha, que, quando pronta, igualmente seguiu para Santos. Em seguida, os seis hidroaviões realizaram surtidas de reconhecimento sobre Bertioga, Conceição de Itanhaém, Itaipu e São Vicente, entre outras localidades. A permanência ininterrupta dos F-5L no litoral paulista perdurou até agosto.

No entanto, os F-5L voltariam ao litoral paulista entre os dias 4 e 6 de novembro de 1924, dessa vez em busca do Encouraçado São Paulo, que havia sido tomado por rebeldes e que fugira para a cidade de Rio Grande (RS) para unir-se a outros grupos insurretos. Três desses hidroaviões foram empregados na busca do encouraçado. Esquadrinharam, para isso, todo o trajeto entre o Rio de Janeiro e Santos. Localizado na manhã do dia 5, já no litoral de São Paulo, o encouraçado logrou, no entanto, escapar. Até que fosse debelada essa rebelião, e por precaução, dois desses hidroaviões permaneceram em Angra dos Reis (RJ) e em Santos, executando surtidas de patrulha.

Três F-5L voando em formatura sobre o Rio de Janeiro. Em 1º de julho de 1923, quatro F-5L iniciaram um reide histórico pelo litoral brasileiro entre o Rio de janeiro e Aracaju, aonde chegaram em 18 de julho. Foto Arquivo Action Editora Ltda.

Os eventos políticos de 1924 atingiram duramente diversos setores das Forças Armadas. Os planos de expansão e desdobramento da Aviação Naval foram abruptamente restringidos. Não somente o momento político dificultou o andamento dos bem traçados planos elaborados no início da década, mas os profundos cortes orçamentários acarretaram toda sorte de dificuldades. A formação e o adestramento do pessoal de voo foram substancialmente afetados, bem como a indispensável aquisição de peças de reposição para as aeronaves que equipavam as unidades aéreas que já haviam sido formadas. Ademais, para piorar, existiam ainda obstáculos proporcionados pela inadequada regulamentação da arma de aviação da Marinha do Brasil, que fez com que muitos aviadores brevetados buscassem transferência para outras áreas daquela arma.

Essas e outras dificuldades tornaram-se evidentes na Flotilha de Bombardeio. Com 13 hidroaviões F-5L no último trimestre de 1924, somente uma fração desses se encontrava disponível para voo no transcorrer de 1925. Após considerável empenho, o pessoal técnico da Aviação Naval logrou disponibilizar, no início de novembro de 1925, três hidroaviões F-5L para que pudessem participar do exercício anual com a Esquadra. Realizando diariamente duas ou três surtidas de esclarecimento, espotagem de lançamento de torpedo e serviços de correio durante oito dias, esse esforço exauriu por completo a disponibilidade dessas aeronaves, que foram recolhidas para sofrer extensos trabalhos de manutenção. O ano seguinte não foi significativamente melhor: a Flotilha de Bombardeio registrou, durante 1926, um total de 337h13m de voo distribuídas ao longo de 402 surtidas. Das células existentes, somente sete foram empregadas, já que as demais se encontravam recolhidas para revisão geral ou então indisponíveis, pois a entelagem se encontrava em más condições.

Ao começar 1927, a Flotilha de Bombardeio contava com somente seis F-5L disponíveis para voo, e apesar de essas células receberem hélices metálicas a fim de melhorar seu desempenho, o quadro geral não era otimista. Somente 160 surtidas foram registradas com esses hidroaviões – pouco menos de 40% do que haviam voado no ano anterior com praticamente o mesmo número de aeronaves. A falta de recursos é ilustrada pelo fato de que três células que haviam sido montadas e utilizadas durante um breve período de tempo e que eram praticamente novas se encontravam desmontadas e sem asas, que haviam sido instaladas em outros F-5L. Porém, qualquer tentativa de disponibilizar maior quantidade desses hidroaviões tampouco seria produtiva em face da carência de pessoal aeronavegante – resultado dos cortes orçamentários na área de instrução.

Apesar das múltiplas dificuldades que atrapalhavam a Flotilha de Bombardeio, os exercícios com os navios da Esquadra provocavam breves e intensos lampejos de atividade. No transcurso desses exercícios, a Flotilha conseguia deslocar três hidroaviões F-5L durante períodos que oscilavam entre 10 e 20 dias. Ao executar a espotagem de tiro de cruzadores e encouraçados, nos exercícios de 1928 e 1929, os F-5L realizaram treinamento de tiro e bombardeio contra alvos fixos, além de executar surtidas de esclarecimento e acompanhamento dos lançamentos de torpedos.

Apesar desse enorme empenho em soprar vida nesses hidroaviões, distintos relatórios formulados durante o ano de 1929 davam conta de que era contraprodutivo o esforço para mantê-los em atividade. Isso se devia à enorme quantidade de recursos consumidos para sustentar um aceitável nível de disponibilidade da frota de aeronaves F-5L, quer em homens/hora de trabalho, quer em material gasto. Assim, a partir de agosto de 1929, o número de voos daqueles hidroaviões foi caindo gradativamente, salvo entre os dias 24 de novembro e 15 de dezembro de 1929, ocasião em que três F-5L da Flotilha de Bombardeio realizaram 46 surtidas durante os exercícios da Esquadra executados na área da Ilha Grande (RJ).

Para voos de fotografia ou como plataforma de ensaio para algum sistema que estava sendo avaliado pela Aviação Naval, os derradeiros F-5L foram sendo paulatinamente desativados na primeira metade de 1930. Finalmente, na manhã de 18 de outubro desse ano, o F-5L 322 realizou um voo local de uma hora com sete passageiros, além dos três tripulantes, que desfrutaram do último voo no Brasil do hidroavião F-5L.

Curtiss F-5L	
Período de Utilização	De 1923 até 1930
Fabricante	Curtiss Aeroplane and Motor Co., Hammondsport (Nova York – EUA)
Emprego	Patrulha e bombardeio
Características Técnicas	
Motor	2 Liberty 12A de 400 hp cada um
Envergadura	31,62 m
Comprimento	15,03 m
Altura	5,72 m
Área Alar	129,78 m^2
Peso Vazio	3.955 kg
Peso Máximo	6.168 kg
Armamento	4 metralhadoras móveis Lewis .303 Carga ofensiva de até 418 kg
Desempenho	
Velocidade Máxima	144 km/h
Razão de Subida	67 m/min
Teto Operacional	1.676 m
Alcance	1.335 km
Comentários	
Total Adquirido	14 exemplares
Unidades Aéreas	Flotilha de Bombardeio
Designações	Não recebeu designação
Matrículas	Inicialmente, os primeiros exemplares foram matriculados de 1 a 5 e de 21 a 23. A partir de julho de 1924, 12 células remanescentes foram rematriculadas de 311 a 316 e 321 a 326

Curtiss JN-4D

O desenvolvimento do Curtiss JN – ou Curtiss Jenny, como ficou popularmente conhecido esse clássico da aviação mundial – começou na forma de um projeto híbrido iniciado em 1914. Seu desenvolvimento fez uso das melhores características do Curtiss Model N e do Model J, esse último uma aeronave elaborada na Inglaterra por B. Douglas Thomas, um engenheiro que trabalhara com a Sopwith Aviation e fora contratado por Glenn Curtiss. Em setembro de 1914, as duas aeronaves foram avaliadas pelo Exército Americano, vindo este a encomendar oito exemplares modificados do Modelo J três meses mais tarde. Visto que o Modelo J incorporaria algumas características mais significativas do Modelo N, Curtiss decidiu dar a designação JN ao novo avião, cuja produção foi iniciada em março de 1915.

Com a designação JN-2, a primeira versão de produção foi empregada naquele mesmo ano, na primeira operação tática do recém-formado United States Army Air Service (USAAS), quando o 1st Aero Squadron, com seus Curtiss JN-2, foi deslocado para o México a fim de participar de uma campanha contra o afamado revolucionário Pancho Villa. No entanto, o principal papel desempenhado pelo JN-2 e pelas versões que o sucederam foi dar treinamento primário a milhares de futuros aviadores do USAAS durante a Primeira Guerra Mundial e no imediato pós-guerra. De fato, mais de 90% dos pilotos daquela arma, bem como diversas turmas de aviadores militares da Marinha Americana, do Royal Flying Corps (RFC) e do Royal Naval Air Service (RNAS) britânicos, utilizaram esse modelo.

Dos quase 8 mil aviões Jenny fabricados pela Curtiss e outras sete empresas dos Estados Unidos – além de uma construtora canadense –, a versão JN-4D foi a mais produzida, chegando a 4.175 células. O término da Primeira Guerra Mundial fez com que a produção do Curtiss JN fosse praticamente suspensa. Por sua vez, foram alienados milhares de exemplares pertencentes ao USAAS e à USN, a maioria sendo vendida a 10% do custo unitário de produção. Como resultado, no período pós-guerra, os Curtiss JN passaram a povoar céus norte-americanos, sendo empregados nas mais diversas tarefas, desde aerofotogrametria até vigilância florestal. De igual forma, muitos foram comprados por corretores e exportados para um sem-número de países.

O Curtiss JN-4D na Aviação Naval

A fim de incrementar a dotação de aeronaves de instrução da Escola de Aviação Naval (EAvN), a Marinha do Brasil adquiriu um lote de quatro aviões Curtiss JN-4D. Esses foram montados no Centro de Aviação Naval do Rio de Janeiro (CAvN RJ), no final de julho de 1926, e o primeiro voo foi registrado em 7 de agosto. Uma vez entregues à EAvN, os quatro aviões de treinamento foram incorporados à Flotilha de Instrução para compor sua Esquadra Terrestre, junto com os derradeiros Avro 504K daquela unidade.

O Curtiss JN-4D 424 da EAvN. Conhecido mundialmente como Jenny, esse biplano monomotor se tornou um dos maiores clássicos da aviação mundial.
Foto Arquivo Jackson Flores Jr. / Action Editora Ltda.

O Curtiss JN-4D 424 é visto em sua base situada no Centro de Aviação Naval, na Ponta do Galeão, Rio de Janeiro (CAvN RJ), após setembro de 1926. Antes dessa data, essa aeronave era matriculada apenas com o número 4. Foto Arquivo Jackson Flores Jr. / Action Editora Ltda.

Apesar de, nominalmente, aumentarem a frota de aviões à disposição da EAvN, os quatro JN-4D foram pouco usados durante o ano de instrução de 1926. Dois acidentes ocorridos em setembro e em novembro daquele ano reduziram a disponibilidade dessas aeronaves à metade. O ano seguinte não apresentou significativo aumento no uso dos aviões, que muito raramente registravam mais do que 15 surtidas mensais na primeira metade de 1927. De fato, os voos daqueles quatro JN-4D em 1927 totalizaram 319 surtidas. Conquanto o número reduzido de alunos matriculados na EAvN naquele ano explique, em parte, a fraca utilização que se deu a essas aeronaves, existem indicações de que a precariedade do material – visto que já haviam sido adquiridos usados – tenha influenciado consideravelmente nos seus índices de disponibilidade.

Reduzida a três aviões, em face de um acidente que causou a perda total de uma célula em agosto de 1927, a frota de Curtiss JN-4D voou intermitentemente nos primeiros meses de 1928, executando, sobretudo, voos de adestramento. Com somente duas células disponíveis para voo no começo do segundo semestre de 1928, a incorporação de novos aviões de treinamento acelerou o fim da carreira dos Curtiss JN-4D na Aviação Naval, os quais foram desativados antes do fim daquele ano.

O Curtiss JN-4D 424 da Escola de Aviação Naval (EAvN). Quatro exemplares foram empregados para instrução por aquela escola.

Curtiss JN-4D	
Período de Utilização	De 1926 até 1928
Fabricante	Curtiss Aeroplane and Motor Co., Hammondsport (Nova York – EUA)
Emprego	Treinamento
Características Técnicas	
Motor	Curtiss OX 5 de 90 hp
Envergadura	13,29 m
Comprimento	8,33 m
Altura	3,01 m
Área Alar	32,70 m²
Peso Vazio	639 kg
Peso Máximo	870 kg
Armamento	Não dispunha de armamento
Desempenho	
Velocidade Máxima	120 km/h
Razão de Subida	94 m/min
Teto Operacional	1.981 m
Alcance	402 km
Comentários	
Total Adquirido	4 exemplares
Unidades Aéreas	Escola de Aviação Naval
Designações	Não recebeu designação
Matrículas	Inicialmente matriculados de 1 a 4. Em setembro de 1926, foram rematriculados 421 a 424

Curtiss Oriole

Ao depositar sua fé na crença de que o incipiente mercado de aeronaves civis sofreria um *boom* nos anos que se seguiriam ao término da Primeira Guerra Mundial, diversos fabricantes europeus e norte-americanos trataram de desenvolver aeronaves para aquele mercado. No caso da Curtiss Aeroplane and Motor Co., foi desenvolvida uma aeronave inteiramente nova mas de linhas conservadoras para a época e que recebeu o nome de Oriole. Capaz de acomodar dois passageiros na nacele dianteira e o piloto na traseira, o novo avião ficou pronto em 1919.

No entanto, por diversos motivos – mas predominantemente devido à supersaturação do mercado civil com aviões militares de treinamento declarados excedentes e postos à disposição de quem os quisesse comprar –, as expectativas da Curtiss e de outras empresas ficaram longe de ser alcançadas. Nos Estados Unidos, por menos da metade do valor de um novo Oriole, era possível comprar um Curtiss JN-4 totalmente recondicionado e com um motor novo.

Assim, apesar de suas muitas virtudes técnicas e do seu desempenho, o Curtiss Oriole não alcançou o desejado sucesso em vendas, sua produção sendo limitada a algumas poucas centenas de células. Contudo, estes tiveram enorme sobrevida, com muitos exemplares tendo permanecido em atividade até as vésperas da Segunda Guerra Mundial.

O Curtiss Oriole na Aviação Naval

Não se sabe ao certo a origem do único Curtiss Oriole incorporado à Aviação Naval. No entanto, existem indicações de que aquela aeronave tenha sido adquirida entre os exemplares que se encontravam em operação no Brasil. Ofertado àquela arma na forma de compra ou de doação, o Curtiss Oriole foi incorporado no segundo semestre de 1926.

No dia 30 de novembro, o Capitão-Tenente Luiz Leal Netto dos Reys, um dos instrutores da Escola de Aviação Naval, executou o primeiro voo dessa aeronave após sua inclusão ao acervo da Aviação Naval. Porém, esse Oriole levaria uma vida extremamente efêmera, visto que, dois dias mais tarde, seria declarada perda total após pousar nas águas adjacentes à Ponta do Galeão, sede do Centro de Aviação Naval do Rio de Janeiro.

Curtiss Oriole	
Período de Utilização	1926
Fabricante	Curtiss Aeroplane and Motor Co., Hammondsport (Nova York – EUA)
Emprego	Adestramento
Características Técnicas	
Motor	Curtiss C-6 de 160 hp
Envergadura	12,19 m
Comprimento	7,62 m
Armamento	Não dispunha de armamento
Comentários	
Total Adquirido	1 exemplar
Unidades Aéreas	Centro de Aviação Naval do Rio de Janeiro
Designações	Não recebeu designação
Matrículas	400

Consolidated NY-2

Reuben Hollis Fleet foi um dos primeiros aviadores militares do Serviço Aéreo do Exército Americano (USAAS) a ter como primeiro encargo o desenvolvimento de um programa de instrução de novos pilotos para aquela arma. Através do seu planejamento e supervisão, o USAAS logrou formar quase 11 mil pilotos durante o período em que Fleet esteve à frente daquele programa. Redesignado para chefiar o recém-criado serviço de correio aéreo do USAAS, Fleet foi, posteriormente, nomeado gerente de negócios do Centro de Ensaios em Voo do Exército, com sede em McCook Field, Dayton, Ohio. Durante os três anos em que desempenhou essa tarefa, Fleet ganhou valiosa experiência no gerenciamento e desenvolvimento de novas aeronaves, o que o incentivou a buscar horizontes mais amplos na vida civil.

Ao passar para a reserva em 1922, adquiriu a Gallaudet Aircraft Corporation naquele mesmo ano, comprando ainda os direitos de produção das aeronaves projetadas pela Dayton-Wright Airplane Company, o que permitiu que fundasse a empresa Consolidated Aircraft Company, a qual instalou em um galpão arrendado na cidade de Buffalo, Nova York.

Ao aliar as experiências adquiridas em McCook Field ao desenvolvimento de um programa de instrução para o USAAS, Fleet supervisionou o desenvolvimento de um avião de treinamento primário cujas origens encontravam-se no Dayton-Wright TW-3. Designado como PT-1, esse avião passou a ser a aeronave padrão de instrução primária do recém-rebatizado United States Army Air Corps até meados da década seguinte.

Depois de receber um exemplar para a realização de extensos ensaios, a Marinha ficou suficientemente impressionada com as qualidades do PT-1 a ponto de solicitar à Consolidated Aircraft Company o desenvolvimento de uma versão específica para o seu corpo de aviação. Designada NY, a nova aeronave era praticamente igual ao PT-1, no entanto, dispunha da capacidade de receber flutuadores para operações marítimas. Um total de 226 aviões NY, em suas distintas versões, foram produzidos até 1928, e essa aeronave foi utilizada como avião padrão de treinamento primário da Marinha até a primeira metade da década de 1930.

O Consolidated NY-2 na Aviação Naval

Os anos que se seguiram à Revolução de 1924 foram extremamente difíceis para a Aviação Naval. Com escassos recursos financeiros para levar adiante os planos elaborados em 1921, como ampliar as instalações, adquirir novas aeronaves ou comprar sobressalentes e material necessário à adequada manutenção das aeronaves já existentes, o desenvolvimento da Aviação Naval ficou bastante cerceado. Foi somente na primeira metade de 1927 que ocorreu uma perceptível melhoria desse quadro, quando o Estado-Maior da Armada liberou recursos para recompor a frota de aeronaves de instrução.

No mês de abril de 1927, ficou decidido que, entre outras aeronaves, seriam adquiridos aviões Consolidated NY-2. A proposta original, apresentada em 14 de janeiro de 1927 pela Casa Mayrink Veiga, contemplava o fornecimento

O Consolidated NY-2 432 é visto sendo embarcado em um navio da Marinha. O NY-2 se notabilizou por compor, em setembro de 1931, o primeiro Destacamento Aéreo Embarcado (DAE) da História da Marinha do Brasil. Foto Arquivo José de Alvarenga.

O Consolidaded NY-2 432 nas cores da Aviação Naval do Brasil. Três aeronaves foram empregadas em missões de treinamento e de emprego geral.

de seis aeronaves de treinamento Consolidated NY-1, que seriam obtidas com assistência da Missão Naval Norte-Americana no Brasil. Contudo, presumivelmente pelo fato de que o apertado orçamento não permitiria uma compra maior, foi assinado um contrato de encomenda que compreendia três exemplares do NY-2. O total do contrato alcançou o valor de US$ 68.351 e incluía peças sobressalentes e equipamentos diversos, como flutuadores para essas aeronaves.

Apesar de se desconhecer a data exata em que chegaram ao Brasil, sabe-se que os três NY-2 já estavam montados e prontos no início do ano de instrução de 1928 da Escola de Aviação Naval (EAvN) e os primeiros registros de voo ocorreram dia 9 de junho daquele ano. Mesmo sendo em número menor que os Avro 504N/O igualmente adquiridos para as tarefas de instrução e adestramento, naquele ano, os NY-2 foram empregados ao máximo, registrando mais horas de voo que o total voado pelos seis Avro 504N/O. Convém observar ainda que, no início da carreira dessas aeronaves, havia sempre ao menos uma célula, ocasionalmente duas, dotada de flutuadores para realizar a instrução marítima aos alunos da EAvN. Essa decisão possivelmente se deveu ao fato de os NY-2 terem apresentado melhor desempenho nessa atividade que os Avro 504N/O, que também podiam ser configurados como hidroavião.

A rotina de instrução e a intensidade com que foram empregados no ano seguinte permaneceram inalteradas, com ao menos um exemplar dotado de flutuadores. No entanto, em maio de 1930, um desses aviões protagonizou um importante – mesmo que triste – marco na história aeronáutica brasileira. Durante uma surtida de instrução, uma das asas direitas do NY-2 433 cedeu quando realizava um looping a 3 mil pés. Felizmente, os dois ocupantes daquela aeronave estavam munidos de paraquedas, equipamento que havia sido introduzido na Aviação Naval em 1927. Abandonando imediatamente a aeronave, o Capitão-Tenente Amarilio Cortez chegou a salvo no solo – assim registrando o primeiro uso no Brasil, em condições reais, desse equipamento. Lamentavelmente, o 2º Sargento Ary Gonzaga de Souza aparentemente ficou preso à nacele do avião, vindo a falecer como consequência da queda do NY-2.

Como prenúncio das tarefas utilitárias que iria realizar no final de sua vida operacional, um dos NY-2 recebeu modificações a fim de permitir a instalação e o adequado manejo das volumosas máquinas fotográficas da época. Assim, em meio às frequentes surtidas de treinamento, esse NY-2, por diversas vezes, foi convocado para a realização de missões de fotografia aérea oblíqua de áreas do Rio de Janeiro (RJ) ou fotografias aéreas de outras aeronaves, como a chegada do dirigível alemão LZ-127 Graf Zeppelin.

Periodicamente submetidos à revisão geral, os NY-2 tinham na confiabilidade e robustez suas características mais notórias. Essas qualidades proporcionaram a esses aviões uma nova tarefa no terceiro trimestre de 1931, quando um dos NY-2 foi designado a dar apoio ao Tênder Belmonte. Antecipando em quase 30 anos os destacamentos aéreos embarcados que hoje acompanham as atuais campanhas hidrográficas, o papel principal daquele NY-2 era realizar o levantamento aerofotográfico de áreas costeiras, portos e ilhas que iriam ser visitados pelo Belmonte – incluindo os rochedos de São Pedro e São Paulo. Ao partir do Rio de Janeiro, em 10 de setembro, o Belmonte e o NY-2 acondicionado em seu convés fizeram história. Mesmo que não se enquadrasse na definição convencional do termo, aquela embarcação foi o primeiro navio-aeródromo da Marinha do Brasil. Conquanto o Belmonte não dispusesse da capacidade para lançar o NY-2 (e esse tampouco dispunha da capacidade para ser lançado), quase todos os voos eram iniciados com apoio direto daquele navio, que resgatava a aeronave e a içava de volta para o convés. Por sua vez, o NY-2 e os seus dois tripulantes, o Capitão-Tenente João Corrêa Dias Costa e o 2º Ten Jorge Kfuri, compuseram o primeiro destacamento aéreo embarcado na história da Marinha do Brasil.

A chegada de modernos aviões de treinamento, no início de 1932, determinou o afastamento dos NY-2 da tarefa de instrução em benefício dos alunos matriculados na EAvN. Consequentemente, esses aviões foram repassados para o Centro de Aviação Naval do Rio de Janeiro (CAvN RJ) e lá utilizados, principalmente no adestramento dos aviadores navais lotados naquela unidade. Uma dessas aeronaves foi transferida para o Centro de Aviação Naval de Santa Catarina (CAvN SC), em fevereiro de 1932, para realizar a mesma atividade.

Designados D1C no novo sistema de identificação de aeronaves da Aviação Naval – a letra inicial espelhava a sua nova missão como aviões de emprego geral –, os dois NY-2 que permaneceram no CAvN RJ passaram a ser operados quase que

O NY-2 também protagonizou o primeiro uso em condições reais de um paraquedas no Brasil. Isso ocorreu em maio de 1930, quando o 433 perdeu uma das asas do lado direito em um looping, obrigando os seus tripulantes a abandonarem a aeronave. Um deles obteve êxito, mas o segundo tripulante não conseguiu sair do avião, vindo a falecer no impacto. Foto Arquivo Jackson Flores Jr. / Action Editora Ltda.

exclusivamente com flutuadores. Voando regularmente ao longo de 1933, uma dessas aeronaves foi colocada à disposição da 1ª Divisão de Aviões de Patrulha, que a operou até dezembro de 1934. O outro exemplar foi submetido a extensos trabalhos de recuperação nas Oficinas Gerais da Aviação Naval, voltando a voar com o CAvN RJ em outubro de 1934. Porém, o intenso uso exigido desses aviões já cobrava seu preço e, naquele período, foi emitida uma recomendação para que fossem evitados voos para localidades distantes do CAvN RJ. Estava, assim, sendo efetivamente assinalado o fim da carreira dos NY-2 no Brasil.

A inexistência de registros de voo com qualquer um dos três Consolidated NY-2 em 1935 indica que esses aviões foram desativados naquele ano, presumivelmente durante o primeiro trimestre.

Consolidated NY-2

Período de Utilização	De 1927 até 1935
Fabricante	Consolidated Aircraft Company, Buffalo (Nova York – EUA)
Emprego	Treinamento primário e emprego geral
Características Técnicas	
Motor	Wright Whirlwind R-790-3 de 220 hp
Envergadura	12,20 m
Comprimento	9,55 m
Altura	3,60 m
Área Alar	34,38 m^2
Peso Vazio	828 kg
Peso Máximo	1.028 kg
Armamento	Não dispunha de armamento
Desempenho	
Velocidade Máxima	157 km/h
Razão de Subida	213 m/min
Teto Operacional	4.632 m
Alcance	482 km
Comentários	
Total Adquirido	3 exemplares
Unidades Aéreas	Escola de Aviação Naval Centro de Aviação Naval do Rio de Janeiro Centro de Aviação Naval de Santa Catarina 1ª Divisão de Aviões de Patrulha
Designações	D1C
Matrículas	431 a 433, posteriormente alterado para D1C-10 a D1C-12

Consolidated PT-3

Derivado do avião de treinamento primário Dayton-Wright TW-3, o Consolidated PT-1 deu origem a uma pequena família de aviões de instrução destinada ao Exército e à Marinha dos Estados Unidos.

O protótipo do PT-1 voou pela primeira vez em 1923 e, logo em seguida, a Consolidated Aircraft Company firmou um contrato de produção com o United States Army Air Service (USAAS), que, a partir do ano seguinte, foi denominado United States Army Air Corps (USAAC). Com a mudança da sede da fábrica para a cidade de Buffalo, Nova York, durante o ano de 1924, a Consolidated fabricou um total de 221 exemplares do PT-1 em três distintos lotes.

A confiabilidade e a robustez do PT-1 fizeram com que ele fosse apelidado de Trusty (Confiável) e passasse a ser o avião de treinamento primário padrão do USAAC durante a última metade da década de 1920 e a metade inicial dos anos 1930. Nem por isso a Consolidated deixou de refinar o projeto básico. Depois de trocar o motor de 180 hp por outro de 220 hp, a Consolidated Aircraft Company lançou o PT-3 no início de 1928. Naquele mesmo ano, o Exército assinou o primeiro contrato de encomenda dessa versão do Trusty, que contava com um total de 250 exemplares produzidos entre as versões PT-3 e PT-3A.

O Consolidated PT-3 na Aviação Naval

Durante a segunda metade da década de 1920, muitos foram os aviadores que empreenderam voo de longo alcance entre os Estados Unidos e a América do Sul, bem como da Europa para aquele continente. Ademais, não foram poucas as empresas de construção aeronáutica que enviaram aeronaves para percorrer os muitos países da região, com vistas a mostrar a qualidade de seus produtos e, se possível, assegurar um contrato de encomenda.

Entre eles encontrava-se Leigh Wade, ex-oficial do Exército e que havia sido contratado como piloto-chefe de ensaios em voo da Consolidated Aircraft Co., já um renomado aviador por ter participado do voo do USAAC que circum-navegou o globo terrestre em 1924. Uma das primeiras tarefas de Wade na Consolidated foi a realização de um *tour* pelos principais países da América do Sul, para mostrar o Consolidated PT-3 a potenciais compradores.

Ao chegar ao Brasil, na primeira metade de 1928, Leigh Wade realizou diversas demonstrações aéreas com um PT-3 que trouxera dos Estados Unidos. No dia 24 de julho do mesmo ano, a empresa Casa Mayrink Veiga – representante da Consolidated no Brasil – apresentou à Marinha do Brasil uma proposta de venda daquele PT-3, a qual foi aprovada naquele mesmo dia. Além de as autoridades aeronáuticas da Marinha estarem favoravelmente impressionadas com as características do PT-3, ele pouco diferia dos Consolidated NY-2 encomendados no ano anterior. Comprado

A foto mostra o único Consolidated PT-3 da Aviação Naval. O 434 foi empregado inicialmente pela Escola de Aviação Naval e, a partir de agosto de 1932, pelo Centro de Aviação Naval do Rio de Janeiro. Foto Arquivo José de Alvarenga.

O Consolidated PT-3 434 foi empregado pela EAvN em missões de treinamento.

por US$ 14.455 em um pacote que incluía ainda peças de reposição e outros itens, o PT-3 foi incorporado ao acervo da Escola de Aviação Naval (EAvN).

A exemplo dos NY-2 que haviam recém-chegado ao país, o PT-3 foi empregado de imediato na instrução aérea na EAvN. Também é interessante observar que, no ano em que foi incluído em carga, o pessoal técnico da EAvN adaptou naquela aeronave uma metralhadora a fim de que fosse dada instrução de tiro, uma atividade executada com regularidade nos últimos quatro meses de 1928.

No entanto, o acentuado ritmo de utilização daquele PT-3 fez com que ele fosse submetido à revisão geral no início de 1929, voltando a voar meses mais tarde. Essa exigente rotina, com diversos voos diários de treinamento, foi mantida até o início de 1932, ocasião em que foi recolhido às Oficinas Gerais da Aviação Naval (OGAN) para lá ser submetido a uma extensa revisão geral.

No final de agosto de 1932, o PT-3 foi dado como pronto pelas OGAN e entregue ao Centro de Aviação Naval do Rio de Janeiro (CAvN RJ), juntando-se, assim, aos dois NY-2 que lá se encontravam para realizar voos de adestramento em proveito dos aviadores navais que serviam naquele centro. Porém, aparentemente, já estava chegando ao fim a vida útil desse único exemplar do Consolidated PT-3 a voar no Brasil. Visto que não existem registros de voo dessa aeronave para o ano de 1933, as poucas evidências existentes indicam que esse avião foi desativado no final de 1932 e em seguida alienado.

Consolidated PT-3

Período de Utilização	De 1928 até 1932
Fabricante	Consolidated Aircraft Company, Buffalo (Nova York – EUA)
Emprego	Treinamento primário e emprego geral
Características Técnicas	
Motor	Wright Whirlwind R-790-3 de 200 hp
Envergadura	10,51 m
Comprimento	8,74 m
Altura	3,75 m
Área Alar	27,87 m^2
Peso Vazio	809 kg
Peso Máximo	1.125 kg
Armamento	Não dispunha de armamento
Desempenho	
Velocidade Máxima	164 km/h
Razão de Subida	217 m/min
Teto Operacional	4.270 m
Alcance	482 km

Continua

Comentários	
Total Adquirido	1 exemplar
Unidades Aéreas	Escola de Aviação Naval Centro de Aviação Naval do Rio de Janeiro
Designações	D1C
Matrículas	434, posteriormente alterado para D1C-13

Avro 504N/O

O enorme sucesso conquistado pela família de aviões de treinamento Avro 504 naturalmente serviria para encorajar o contínuo desenvolvimento do projeto básico daquela aeronave. Porém, o término da Primeira Guerra Mundial, com a liberação de um enorme número de células do Avro 504 excedentes das forças armadas britânicas, inibiu consideravelmente essa possibilidade.

Mesmo assim, a A. V. Roe and Company, Ltd. não poupou esforços para melhorar o Avro 504. A principal área dizia respeito ao grupo motopropulsor. Ao se descartarem os diversos tipos de motor radiais rotativos empregados na maioria das versões iniciais do avião, em seu lugar foi instalado um motor radial fixo de maior potência. Igualmente visível era o trem de pouso completamente redesenhado, que dispunha de maior bitola e eliminava o esqui central encontrado nas versões anteriores. Finalmente, a estrutura básica da célula sofreu diversas modificações para torná-la mais leve e robusta.

Sob a designação Avro 504N, o primeiro protótipo realizou seu voo inaugural em 1926 e entrou em produção no ano seguinte. Até 1933, quando foi encerrada a fabricação do Avro 504N, a A. V. Roe and Company, Ltd. produziu 555 exemplares dessa aeronave, enquanto a empresa belga SABCA fabricou 31 unidades e cinco foram construídas na Dinamarca.

Ao todo a Aviação Naval recebeu seis Avro 504N/O, que também eram conhecidos como Avro Lince, devido ao seu motor radial fixo Armstrong Siddeley Lynx IVC de 180 hp. Foto Arquivo Action Editora Ltda.

O Avro 504N/O 441 nas cores da Aviação Naval configurado para emprego naval com flutuadores.

O Avro 504N/O 444 na versão terrestre, configurado com um trem de pouso triciclo convencional.

O Avro 504N/O na Aviação Naval

No final de 1926, ficaram evidentes os muitos danos causados à Aviação Naval pelos anos que se seguiram ao movimento revolucionário de 1924. Os profundos cortes orçamentários haviam comprometido, de forma quase irreversível, os planos de crescimento daquela arma de aviação elaborados em 1922, com diversos projetos sendo engavetados ou postergados. Uma das áreas mais afetadas – e essencial à ordenada evolução da Aviação Naval – dizia respeito aos recursos materiais e orçamentários à disposição da Escola de Aviação Naval. Apesar de toda a dedicação e engenhosidade do pessoal daquele estabelecimento de ensino aeronáutico, tornava-se cada vez mais difícil garantir uma massa crítica de aeronaves diariamente prontas para a execução do currículo de instrução.

Em face da urgência para substituir os aviões mais antigos da EAvN, foi disponibilizada uma verba específica para adquirir aeronaves de treinamento. Prontamente, as autoridades da Aviação Naval começaram a examinar diversas propostas de representantes de empresas estrangeiras de construção aeronáutica. No mês de janeiro de 1927, as alternativas haviam sido reduzidas para cinco opções oferecidas pela A. V. Roe & Co., Ltd, a Casa Mayrink Veiga e a Casa Mazelito. A preferência foi dada a uma das três propostas da A. V. Roe & Co., Ltd., que compreendia o fornecimento de seis aviões Avro 504N. O contrato de encomenda, avaliado em £ 14.640 para as seis aeronaves e £ 2.270 para os sobressalentes, foi assinado em 25 de janeiro de 1927. Apesar de as aeronaves serem do tipo Avro 504N, estas dispunham de características do Avro 504O, isto é, a capacidade de empregar flutuadores para operações marítimas.

Em face da grande quantidade de encomendas feitas por outros operadores, a fabricação dos seis Avro 504N/O só foi iniciada no final daquele ano e as aeronaves só ficaram prontas na Inglaterra em abril de 1928. Os caixotes com os quatro primeiros aviões partiram da Inglaterra no dia 29 de abril a bordo do mercante SS Socrates; os últimos dois seguiram em outro navio poucos dias mais tarde. Ao chegarem ao Porto do Rio de Janeiro, na segunda metade de maio, os seis aviões foram levados ao Centro de Aviação Naval do Rio de Janeiro (CAvN RJ) para serem montados. Em junho, três Avro 504N/O ficaram prontos, enquanto os demais foram montados e ensaiados no mês seguinte.

Transferidos para o CAvN RJ, à disposição da EAvN, os Avro 504N/O foram imediatamente postos em uso para missões de treinamento e adestramento. Com o registro de 445h13m de voo durante os meses restantes de 1928, a acentuada utilização dessas aeronaves não foi livre de problemas. Em julho, três dias após realizar seu primeiro voo no Brasil, um dos Avro 504N/O sofreu pane de motor e caiu nos limites do CAvN RJ. No mês seguinte, outro pousou no mar e afundou. Ambos foram recolhidos às oficinas do CAvN RJ para reparo, um permanecendo naquele local durante um prolongado período. Em consequência, o ano letivo de instrução em 1929 na EAvN foi iniciado somente com cinco Avro 504N/O, dois dos quais dotados de flutuadores.

Apesar de a EAvN não haver formado aviadores navais em 1929 e 1930, os Avro 504N/O foram peças-chave no adestramento e na instrução do pessoal do CAvN RJ e da EAvN. Apesar do reduzido número de aviões, como resultado de pequenos acidentes que exigiram reparos, esses foram instrumentais na formação da maior turma de aviadores navais diplomada pela EAvN: sete oficiais receberam, em 1931, o brevê de aviador naval.

O ano seguinte prometia ser igual ou mais intenso para os Avro Lince, como eram conhecidas essas aeronaves em virtude de seu motor radial fixo. E foi, porém de forma inusitada. Em julho, a EAvN havia iniciado a formação do que seria a

Entre 1929 e 1930, os Avro 504N/O Lince foram peças-chave no adestramento e na instrução dos pilotos do CAvN RJ e da EAvN. Foto Arquivo Action Editora Ltda.

Ao eclodir a Revolução de 1932, os Avro 504N/O foram enviados à Base Naval de Ladário para patrulhar as vias fluviais do Pantanal, visando inibir qualquer atividade das forças constitucionalistas naquela região. Foto Arquivo Jackson Flores Jr. / Action Editora Ltda.

maior turma de aviadores navais já diplomados desde 1916, acrescido ainda pela primeira turma de aviadores navais da Reserva Naval Aérea da Marinha. No entanto, naquele mês, estourou a Revolução Constitucionalista e em sua esteira foram suspensas praticamente todas as atividades aéreas de instrução.

A foto mostra o Avro 443 operando na região do Pantanal durante a Revolução de 1932. O Avro 504N/O deu baixa na Aviação Naval em 1934.
Foto Arquivo Jackson Flores Jr. / Action Editora Ltda.

Os Avro 504N/O já não eram mais empregados na formação de aviadores navais, mas realizavam a igualmente importante tarefa de adestrar o pessoal do CAvN RJ. Porém, o início das hostilidades fez com que a Aviação Naval reunisse todos os seus recursos de material e de pessoal para o esforço de guerra, e entre as aeronaves convocadas figuravam os Avro 504N/O. Entre outras necessidades das forças legalistas encontrava-se o patrulhamento das vias fluviais na região do Pantanal, para inibir qualquer atividade das forças Constitucionalistas, fosse para contrabandear material bélico ou realizar operações de desgaste na região. Para dar apoio direto às unidades de superfície da Marinha do Brasil, em agosto, dois Avro 504N/O receberam metralhadoras Vickers .303 e foram enviados à Base Naval de Ladário (MT, atual MS). Equipados com flutuadores, esses aviões regularmente realizavam missões de vigilância nos cursos fluviais da região, executando ainda o patrulhamento da fronteira.

Ao término da Revolução Constitucionalista, os dois aviões que se encontravam no Pantanal regressaram ao CAvN RJ e foram aparentemente recolhidos às Oficinas Gerais de Aviação Naval (OGAN) a fim de sofrerem revisão geral. Por sua vez, em setembro de 1932, um Avro 504N/O foi dado como pronto e entregue ao CAvN RJ após uma revisão completa. Porém, esse avião teve vida efêmera, acidentando-se com perda total de material e de pessoal em dezembro daquele mesmo ano. A partir de então, a história dos Avro 504N/O torna-se nebulosa. Existem indicações de que os aviões que estiveram no Pantanal, junto com mais outra célula, permaneceram nas OGAN e de lá não saíram mais. O certo é que, em 1934, foi dada baixa aos Avro 504N/O, encerrando, assim, a carreira dessas aeronaves no Brasil.

Avro 504N/O

Período de Utilização	De 1928 até 1934	
Fabricante	A.V. Roe & Company, Ltd., Manchester (Reino Unido)	
Emprego	Treinamento	
Características Técnicas	Avro 504N/O c/ trem terrestre	Avro 504N/O c/ flutuadores
Motor	Armstrong Siddeley Lynx IVC de 180 hp	
Envergadura	10,97 m	10,97 m
Comprimento	8,81 m	9,60 m
Altura	3,30 m	3,60 m
Área Alar	29,70 m^2	29,70 m^2
Peso Vazio	718 kg	910 kg
Peso Máximo	1.016 kg	1.206 kg
Armamento	Metralhadora Vickers .303	
Desempenho		
Velocidade Máxima	161 km/h	155 km/h
Razão de Subida	267 m/min	183 m/min
Teto Operacional	5.182 m	4.115 m
Autonomia	3 h	
Comentários		
Total Adquirido	6 exemplares	
Unidades Aéreas	Escola de Aviação Naval Centro de Aviação Naval do Rio de Janeiro	
Designações	I2A	
Matrículas	Inicialmente de 441 a 446. A partir de 1933, os três restantes foram matriculados de I2A-7 a I2A-9	

Vought VE-9

Avião biplano, biposto, destinado à tarefa de observação, as origens do Vought VE-9 remontam ao VE-7, uma aeronave desenvolvida pela Chance Vought Corporation para missões de observação e treinamento na US Navy e no US Marine Corps. Por dispor de motor de maior potência e alguns refinamentos em relação ao VE-7, o VE-9 realizou seu primeiro voo em junho de 1922, mês em que foi entregue o primeiro de um total de 21 dessas aeronaves. Por sua vez, o United States Army Air Service encomendou 27 desses aviões para uso como aeronaves de treinamento e observação.

Os VE-9 navais foram produzidos e entregues em duas versões: uma com trem terrestre fixo e outra com flutuadores. Estes foram distribuídos para as unidades embarcadas em encouraçados, enquanto os que dispunham de trem terrestre, inicialmente, compuseram o grupo aéreo embarcado do USS Langley, o primeiro navio-aeródromo da US Navy.

O Vought VE-9 na Aviação Naval

Para conferir àquela organização a necessária mobilidade, o United States Naval Attaché Office – Rio de Janeiro (adido naval dos Estados Unidos no Rio de Janeiro) dispunha de, pelo menos, uma aeronave e, no final da década de 1920, essa era um Vought VE-9. No entanto, no início de 1929, os VE-9 ainda existentes na US Navy foram sendo gradativamente desativados (o mesmo ocorreu com o exemplar pertencente ao United States Naval Attaché Office – Rio de Janeiro). Possivelmente motivado pelo fato de que seria oneroso remeter aquela célula de volta para os Estados Unidos para ser alienada, aquela autoridade recebeu autorização para doar o VE-9 à Marinha do Brasil.

Junto com três motores Wright E-3, a célula do Vought VE-9 foi entregue às autoridades da Diretoria de Aeronáutica da Marinha, que recebeu esse material no Centro de Aviação Naval do Rio de Janeiro (CAvN RJ), no dia 3 de junho de 1929. No entanto, não existem registros de que essa aeronave tenha sido operada pelo pessoal da Aviação Naval. De fato, as escassas informações existentes apontam a possibilidade de que aquele VE-9 permaneceu no depósito do CAvN RJ até que fosse alienado ou então sua matéria-prima foi aproveitada em outras aeronaves da Aviação Naval.

Vought VE-9	
Período de Utilização	1929
Fabricante	Chance Vought Co., Long Island City (Nova York – EUA)
Características Técnicas	
Motor	Wright E3 de 180 hp
Envergadura	10,30 m
Comprimento	7,30 m
Altura	2,60 m
Peso Máximo	994 kg
Armamento	Não dispunha de armamento
Desempenho	
Velocidade Máxima	191 km/h
Teto Operacional	5.745 m
Comentários	
Total Adquirido	1 exemplar

Continua

Unidades Aéreas	Centro de Aviação Naval do Rio de Janeiro
Designações	Não recebeu designação
Matrículas	Não recebeu matrícula

Martin PM-1B

Enumerado entre os pioneiros da aviação norte-americana, Glenn Luther Martin era um jovem dono de concessionárias de automóveis Ford e Maxwell no estado da Califórnia (EUA) quando aprendeu a voar por conta própria em 1909. Formado em administração de empresas – mas sem dispor dos necessários conhecimentos técnicos –, pouco depois, Martin lançou-se na construção de sua primeira aeronave, fazendo uso dos mecânicos e técnicos de automóveis. Os seus primeiros esforços na área de construção aeronáutica lhe incentivaram a fundar, em 1912, a empresa Glenn L. Martin Aircraft Company. Ao aliar o seu tino comercial ao núcleo de engenheiros que ele logrou reunir em sua empresa, Glenn L. Martin também proporcionava instrução para os gerentes e engenheiros que foram contratados nos anos seguintes. Assim, passaram pela Glenn L. Martin Aircraft Co. nomes como William Boeing, Donald Douglas, Lawrence Bell e James S. McDonnell – todos, posteriormente, fundariam as próprias empresas de construção aeronáutica.

A Glenn L. Martin Aircraft Co. se especializou no desenvolvimento de aeronaves de grande porte, como bombardeiros e aviões de patrulha. Contudo, nem todas as aeronaves que a empresa produziu durante as primeiras duas décadas de existência nasceram naquela empresa. Entre essas se encontrava o hidroavião de patrulha PM-1, um projeto desenvolvido pela Naval Aircraft Factory (NAF), um órgão de projetos e produção de aeronaves da US Navy. O PM-1 nada mais era que um desenvolvimento otimizado da família de hidroaviões de patrulha criado pela Curtiss Aeroplane and Motor Company no final da Primeira Guerra Mundial, porém, fazia uso de novas ligas de alumínio e motores radiais. Com a necessidade de substituir os seus hidroaviões de patrulha – quase todos

Os três hidroaviões biplano bimotor Martin PM-1B de patrulha naval foram adquiridos pela Marinha do Brasil em regime de urgência, fruto da eclosão da Revolução de 1930. Foto Arquivo Jackson Flores Jr. / Action Editora Ltda.

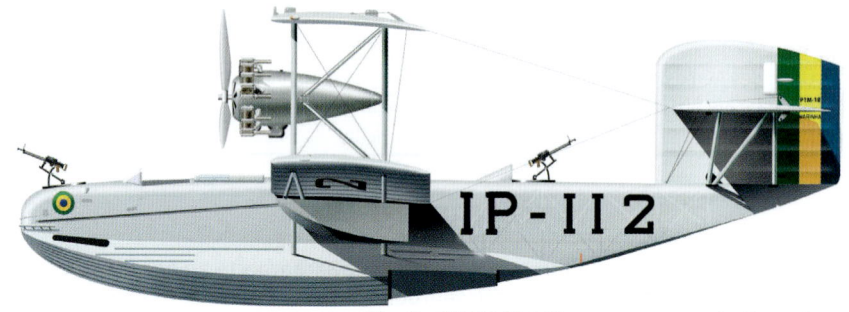

Martin PM-1B IP-112 com as marcas da Força Independente de Patrulha.

Martin PM-1B, matrícula P1M-15, com as marcas 1-P-2 da 1ª Divisão de Patrulha, com sede no CAvN RJ.

construídos naquele conflito –, a US Navy colocou o projeto da NAF à disposição para a indústria privada e encomendou a construção do PM-1 à Douglas, Hall Aluminum, Keystone e à Martin no mês de maio de 1929.

A Martin recebeu dois contratos para produzir 30 exemplares do Martin PM-1, posteriormente incrementados com mais outro contrato de encomenda que compreendia 28 hidroaviões PM-2. As células entregues à US Navy progressivamente substituíram os hidroaviões T4M-1 embarcados nos porta-hidroaviões USS Wright e USS Argonne e reequiparam os esquadrões de patrulha no Havaí e no Panamá, que serviram essas unidades até meados de 1937, quando foram desativados e substituídos por aeronaves mais modernas.

O Martin PM-1B na Aviação Naval

A vinda dos Martin PM-1 ao Brasil deu-se sob regime de urgência. Tanto a Aviação Naval como a Aviação Militar se encontravam mal equipadas no que tange a aeronaves de combate – resultado direto dos anos de penúria que caracterizara sua existência na última metade da década de 1920. A eclosão da Revolução de 1930 promoveu, entre outras providências, a frenética busca de material aeronáutico capaz de equacionar a deficiência material daquelas duas armas de aviação. Com escassos recursos em termos de aeronaves de patrulha, o governo federal tratou de reforçar essa área da Aviação Naval.

Em resposta a uma solicitação do governo brasileiro, o governo norte-americano do presidente Humphrey Hoover aprovou a aquisição de diversos equipamentos bélicos destinados a sufocar o movimento sedicioso. Intermediado pela Casa Mayrink Veiga S.A., representante da Martin no Brasil, essa aquisição incluía a compra de três aviões Martin PM-1. No entanto, em face da enorme urgência em entregar essas aeronaves, foi decidido que os três últimos Martin

PM-1 do contrato nº 12.551 da US Navy seriam entregues diretamente aos brasileiros. Adquiridos pelo valor total de US$ 271.452, eram hidroaviões PM-1B que incorporavam algumas melhorias em relação aos primeiros exemplares que já haviam sido entregues à US Navy. Enquanto um navio mercante brasileiro foi desviado para o porto de Baltimore para transportar as aeronaves ao Brasil, o pessoal da Glenn L. Martin Aircraft Company febrilmente tratou de desmontar e encaixotar os três hidroaviões. Recebidos pelas autoridades brasileiras no dia 25 de outubro de 1930, os três Martin PM-1B estavam prestes a ser embarcados quando chegou a notícia de que o governo Washington Luiz havia sido deposto pelos rebeldes liderados por Getúlio Vargas. Já sem grande urgência, o trio de hidroaviões PM-1B foi transportado até o Rio de Janeiro e lá montados por pessoal do Centro de Aviação Naval do Rio de Janeiro (CAvN RJ).

Provisoriamente distribuídos ao CAvN RJ, no dia 19 de dezembro de 1930, os três Martin PM-1B receberam as matrículas HP-1, HP-2 e HP-3. No dia 24 daquele mesmo mês, foi constituída provisoriamente a 1ª Seção Independente de Aviões da Patrulha da Defesa Aérea do Litoral, unidade que iria operar os PM-1B assim que ficassem prontos. Encerrada a montagem do primeiro PM-1B, ele realizou o primeiro voo no Brasil, no dia 24 de janeiro de 1931, enquanto os outros dois foram ensaiados no transcorrer de fevereiro.

No ano seguinte, reforçada pela chegada de 11 hidroaviões Savoia-Marchetti SM.55A no mês de janeiro, a Diretoria Geral de Aeronáutica da Marinha deu início às providências que visavam dar nova organização à Aviação Naval. Paralelamente, os trabalhos de treinamento e adestramento do pessoal que iria tripular e manter esses hidroaviões começaram – um trabalho que ocupou uma significativa parcela do primeiro semestre de 1931. No mês de julho e já ostentando novas matrículas, dois Martin PM-1B realizaram dois exercícios de patrulha, o primeiro entre o Rio de Janeiro (RJ) e Santos (SP), enquanto o segundo percorreu o trecho compreendido entre o Rio de Janeiro e Vitória (ES). O último desses consumiu 7h15m de voo sem pousos intermediários para executar as pernas Rio-Vitória-Rio, dando, assim, clara demonstração do superlativo raio de ação desse novo hidroavião de patrulha da Aviação Naval. Durante aquele ano, era comum o deslocamento de um ou dois PM-1B para a Ilha Grande (RJ), onde eram rotineiramente empregados em manobras com a esquadra, por vezes executando lançamento de bombas e tiro contra alvos terrestres.

Dois PM-1B da Marinha na rampa da Ponta do Galeão se preparando para "se fazer ao mar" para cumprir mais uma missão de patrulha. Foto DPHDM.

Bela imagem dos três únicos Martin PM-1B empregados pela Marinha, voando sobre o Rio de Janeiro no início dos anos 1930. Foto Arquivo Action Editora Ltda.

No mês de setembro de 1931, os Martin PM-1B e os Savoia-Marchetti SM-55A foram agrupados dentro da Força Independente de Patrulha (FIP), os PM-1B constituindo a seção daquela unidade. Ao irromper a rebelião das praças do 21º Batalhão de Caçadores, em Pernambuco, no dia 28 de outubro daquele ano, a FIP foi colocada em estado de prontidão para prestar apoio às unidades da Marinha do Brasil que para lá foram destacadas. No início de janeiro de 1932, dois PM-1B foram despachados para João Pessoa (PB) e lá permaneceram até o fim daquele mês, realizando surtidas de vigilância que garantissem o restabelecimento da ordem em Pernambuco.

Logo após o regresso, do Nordeste, dos dois PM-1B, foi criada, no dia 10 de março de 1932, a Flotilha Mista Independente de Aviões de Patrulha (FMIAP). Com os PM-1B compondo a 3ª Seção do FMIAP, essa nova organização não alterou perceptivelmente as atividades realizadas por esses hidroaviões. Nos meses de abril e maio daquele ano, equipados com bombas e metralhadoras, essas aeronaves participaram de exercícios com a 2ª Divisão de Cruzadores da Esquadra. De certa forma, essas manobras realizadas ao largo do litoral sul do Rio de Janeiro e litoral norte de São Paulo prenunciavam o ponto alto da carreira desses hidroaviões no Brasil. Mesmo assim, realizou-se mais outra reorganização das unidades aéreas da Aviação Naval: ao se dissolver a FMIAP, no dia 16 de junho, os Martin PM-1B passaram a fazer parte da Força Aérea de Defesa do Litoral, criada naquela mesma data.

O início da Revolução Constitucionalista, no dia 9 de julho de 1932, determinou o quase imediato deslocamento de navios e aeronaves da Marinha do Brasil para o litoral paulista, com o cruzador Rio Grande do Sul e três destróieres navegando até Santos para impor um bloqueio naval. No dia 12 de julho, foram enviados três hidroaviões SM.55A e dois Martin PM-1B para aquela região; esses cinco aviões se alojaram na localidade de Villa Bela, na Ilha de São Sebastião.

Apesar da precariedade dos recursos de apoio presentes no local, os dois PM-1B prontamente se lançaram nas surtidas de vigilância e patrulha ao longo

Um PM-1B sendo armado com uma bomba convencional. Essas aeronaves participaram ativamente da Revolução de 1932. Entre suas ações está o apoio ao bloqueio do Porto de Santos, feito em julho daquele ano. Foto Arquivo Jackson Flores Jr. / Action Editora Ltda.

do litoral paulista. Essas saídas visavam detectar a presença de embarcações que pretendessem atravessar o bloqueio naval, com vistas a entregar armas e munição às forças constitucionalistas. Para melhor atender às necessidades operacionais daquele momento, no dia 23 de julho, foi organizada a Força da Defesa Aérea do Litoral (DAL), cujos elementos de bombardeio e patrulha encontravam-se concentrados em sua 1ª e 2ª Seções. No caso dos PM-1B, dois desses foram colocados sob o controle da 1ª Seção da DAL, o terceiro exemplar permanecendo no CAvN RJ.

Contudo, as atividades dos Martin PM-1B, que agora faziam parte da 1ª Seção da DAL, não se restringiram à execução de surtidas de patrulha e vigilância. Capaz de levar quatro bombas de 230 lb (104,54 kg), essa capacidade foi empregada contra alvos paulistas considerados críticos ao esforço da guerra legalista. De fato, entre as muitas surtidas que esses dois aviões realizaram, os Martin PM-1B participaram de missões de cunho estratégico. Nos dias 27 e 28

No final de 1932 os hidroaviões Martin PM-1B foram designados P1M na Aviação Naval, que alterou suas matrículas para P1M-14 (1-P-1) e P1M-15 (1-P-2). Foto Arquivo Jackson Flores Jr. / Action Editora Ltda.

O P1M-15 é visto estacionado na Ponta do Galeão, sede do CAvN. Após um acidente, somente ele e o P1M-14 permaneceram na frota até serem desativados em 1936. Foto DPHDM.

de julho, esses hidroaviões – junto com os SM.55A da DAL – tentaram destruir a usina de energia elétrica da Brazilian Tractor & Light Company, que alimentava praticamente todas as grandes fábricas localizadas no sul do estado de São Paulo. Conquanto esses ataques contra a usina de Cubatão (SP) não tenham rendido os resultados almejados, o bombardeio do Forte de Itaipus, no dia 5 de setembro, proporcionou resultados bem mais positivos, os PM-1B logrando neutralizar alguns dos canhões daquele forte localizado próximo ao Porto de Santos.

Expostos à possibilidade de serem atacados por aviões constitucionalistas ou alvejados por artilharia antiaérea inimiga de pequeno calibre, um fortíssimo e inesperado temporal varreu a região de Santos, causando a perda de um dos PM-1B no dia 12 de setembro. Enquanto estava sendo rebocado de volta para o local onde se encontravam fundeados os hidroaviões da DAL, um desses hidroaviões foi arrastado pelos fortes ventos contra as pedras que rodeiam a entrada do canal de São Sebastião (SP), os restos afundando em seguida.

Encerradas as hostilidades, tratou-se de levar adiante os planos de reorganização da Aviação Naval. No que dizia respeito aos Martin PM-1B, no dia 10 de novembro de 1932, foi criada a 1ª Divisão de Patrulha (1ª DP), com sede no CAvN RJ, unidade subordinada à Força Aérea da Esquadra. Sete dias mais tarde, foi determinado que os dois PM-1B fossem distribuídos à 1ª DP. No final daquele mês, uma instrução estabeleceu a designação das aeronaves pertencentes à Aviação Naval, cabendo aos dois Martin PM-1B ainda em carga a designação P1M. Em consequência dessa medida, esses receberam as matrículas P1M-14 e P1M-15 e os códigos de unidade 1-P-1 e 1-P-2, respectivamente.

Os quase 90 dias de intensa utilização durante a Revolução Constitucionalista, em condições longe do ideal, cobraram um pesado preço aos Savoia-Marchetti SM.55A da 1ª DP. Isso fez com que muitas atribuições daquela unidade recaíssem sobre os dois Martin PM-1B, um dos quais foi recolhido para revisão geral no início de 1933. Ao chegar o mês de junho daquele ano, a 1ª DP passou a contar novamente com esses dois hidroaviões. Mesmo reforçada com o regresso de dois SM.55A, a pouca confiança que se depositava naquelas aeronaves de origem italiana fez com que persistisse a superutilização dos dois P1M.

Aquela situação continuou durante o ano de 1934 e, apesar dos dois Martin PM-1B se encontrarem indisponíveis durante boa parte do primeiro semestre daquele ano, coube a esses hidroaviões executarem boa parte das tarefas atribuídas à 1ª Divisão Aérea de Patrulha (1ª DAP), como foi redenominada a 1ª DP a partir de março de 1934. O precário índice de disponibilidade dos P1M seguiu inalterado no ano de 1935, superado somente pelo pobre rendimento proporcionado pelos SM.55A.

Apesar de a Aviação Naval haver flertado brevemente com a possibilidade de adquirir aviões de patrulha Consolidated P2Y-1 e outras aeronaves para substituir os Martin PM-1B e SM.55A, restrições orçamentárias impediram qualquer iniciativa nesse sentido. As únicas providências possíveis para prolongar a vida útil dos P1M foi a aquisição de novos motores R-1760D, peças de reposição e extensos trabalhos de revisão geral – um recurso que já não era mais praticável com os SM.55A. Em face das dificuldades de manter significativos índices de disponibilidade entre as aeronaves da 1ª Divisão Aérea de Patrulha, da 2ª Divisão Aérea de Observação e da 1ª Divisão de Caça, as autoridades da Aviação acharam por bem congregar todos os meios materiais e de pessoal dessas unidades, reunindo-os no 1º Grupo Misto de Combate, Observação e Patrulha (1º GMCOP), o que foi feito no primeiro trimestre de 1936.

Apesar de haverem sido designados para essa nova unidade, os Martin PM-1B encontravam-se naquele momento nas Oficinas Gerais da Aviação Naval (OGAN), onde estavam sendo submetidos à revisão geral e reparos. Ao serem encerrados os trabalhos de revisão geral do P1M-14, esse foi distribuído ao 1º GMCOP na última metade de 1936. Contudo, no dia 5 de dezembro daquele ano, aquele hidroavião fez um pouso forçado em terra na Ponta do Galeão (RJ). Conquanto a tripulação tenha saído ilesa daquele acidente, o P1M-14 sofreu avarias graves que determinaram sua baixa. Com o P1M-15 ainda em revisão na OGAN, ficou igualmente decidido dar baixa naquela célula em face das inconveniências para manter em condições de voo o derradeiro exemplar desse hidroavião de patrulha.

Dois P1M navegam na Baía de Guanabara. Na segunda metade do segundo semestre de 1936 os P1M foram repassados ao 1º GMCOP, onde, após um acidente, encerram as suas carreiras. Foto Arquivo Action Editora Ltda.

Martin PM-1B	
Período de Utilização	De 1930 até 1936
Fabricante	Glenn L Martin Aircraft Co., Baltimore (Maryland – EUA)
Emprego	Patrulha
Características Técnicas	
Motor	2 Wright R-1750D de 525 hp cada um
Envergadura	22,19 m
Comprimento	15,01 m
Altura	4,97 m
Área Alar	113 m^2
Peso Vazio	3.945 kg
Peso Máximo	7.197 kg
Armamento	2 metralhadoras Lewis Mk 2 calibre .30 Carga útil de até 418 kg
Desempenho	
Velocidade Máxima	183 km/h
Razão de Subida	90,1 m/min
Teto Operacional	2.590 m
Alcance	1.919 km
Comentários	
Total Adquirido	3 exemplares
Unidades Aéreas	1ª Seção Independente de Aviões de Patrulha Força Independente de Patrulha Flotilha Mista Independente de Aviação de Patrulha 1ª Divisão de Patrulha 1ª Divisão de Aérea de Patrulha 1º Grupo Misto de Combate, Observação e Patrulha
Designações	P1M
Matrículas	Inicialmente HP-1, HP-2 e HP-3. Posteriormente alterado para 111, 112 e 113. Finalmente, os últimos dois exemplares foram rematriculados P1M-14 (1-P-1) e P1M-15 (1-P-2)

Chance Vought O2U-2A Corsair

No ano de 1925, a US Navy (USN) delineou as especificações para uma nova aeronave de observação. Entre os fabricantes que apresentaram propostas encontrava-se a Chance Vought Corporation, uma empresa de construção aeronáutica sediada em Long Island City (Nova York – EUA). Fundada por Chauncey (Chance) Milton Vought, a proposta daquela empresa compreendia um biplano que faria uso do novo motor da Pratt & Whitney, o Wasp. O projeto apresentado pela Chance Vought, denominado Corsair, encorajou as autoridades da USN a encomendar dois protótipos. Sob a designação O2U-1, o Corsair mostrou ser tudo e algo mais que a USN desejava incorporar em uma aeronave de observação. De fato, a excelência do projeto original e a sua versatilidade permitiram à Chance Vought Corporation desenvolver uma longa linhagem de aeronaves de observação e ataque que gozou de grande sucesso entre as armas de aviação dos Estados Unidos e de operadores estrangeiros.

Os dois protótipos do O2U-1 foram entregues em 1926, e os primeiros exemplares de produção foram recebidos pela USN no mês de dezembro de 1927.

Ao concluir o primeiro contrato de encomenda, um total de 132 dessas aeronaves de observação haviam sido entregues à USN e ao US Marine Corps (USMC). Coube ao USMC dar o batismo de fogo ao O2U-1 no ano de 1928, quando quatro desses aviões realizaram diversos ataques contra fortificações que abrigavam, aproximadamente, 1.500 rebeldes nicaraguenses. Sem contar com apoio externo, aqueles quatro Corsair provocaram a derrocada da força rebelde.

Sucessivos aprimoramentos aplicados ao O2U-1, que incluíram um grupo motopropulsor de maior potência, maior área alar e outras alterações na configuração aerodinâmica da aeronave, resultaram em 14 versões distintas do modelo inicial do Corsair.

Além de serem empregados pela USN e pelo USMC, outros operadores utilizaram o O2U-1, como: US Coast Guard (USCG), Argentina, Canadá, China, Cuba, Japão, México, Peru e República Dominicana, além de alguns operadores particulares e governamentais dos Estados Unidos.

Ao ser concluída a produção do O2U-1 no ano de 1930, havia sido fabricado um total de 379 exemplares, nas suas diversas versões.

O Chance Vought O2U-2A na Aviação Naval

A eclosão da Revolução de 1930 sublinhou o despreparo das Forças Armadas brasileiras, em especial no que dizia respeito ao material aeronáutico por elas empregado. Isso era bastante evidente na Aviação Naval, que fora penalizada pela carência de recursos orçamentários e pela própria situação política que o país vivia naquele período. Eram poucas as aeronaves ditas de combate disponíveis para voo, as atividades aéreas da Aviação Naval limitando-se quase que exclusivamente às aeronaves de instrução existentes na Ponta do Galeão (RJ).

A Revolução de outubro de 1930 serviu de estímulo à aquisição de aeronaves de combate, que, mesmo assim, foram poucas. Através da empresa Mayrink Veiga, que representava a Chance Vought Corporation no Brasil, foi negociada a compra de seis aviões O2U-2A Corsair ao custo unitário de US$ 33.312. As aeronaves eram nada mais que uma versão do O2U-2, então em uso pela USN e pela USCG. Os aviões brasileiros vieram equipados com uma versão do motor R-1340 Wasp que apresentava potência ligeiramente maior que os seus pares norte-americanos. Novos de fábrica, os O2U-2A chegaram tarde demais ao Brasil para serem empregados nos poucos embates havidos durante a Revolução de 1930.

A Aviação Naval empregou seis O2U-2A Corsair, que eram chamados no Brasil de Corsários. As aeronaves podiam ser utilizadas na versão terrestre, como na foto, ou na versão naval, com o uso de flutuadores. Foto Arquivo Action Editora Ltda.

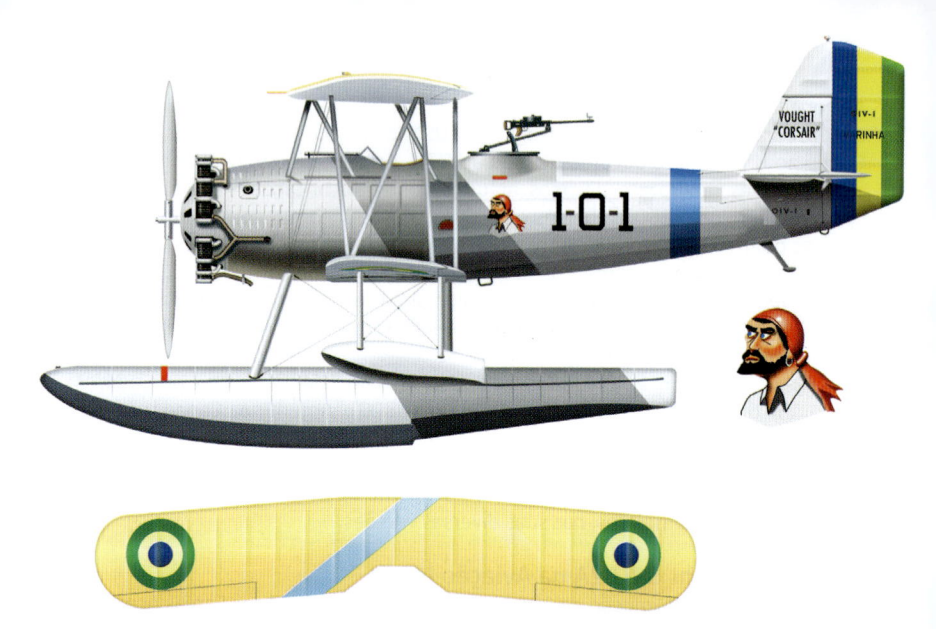

O2U-2A 1-O-1 (O1V-1) com as marcas da 1ª Divisão de Observação, configurado com flutuadores para operações navais.

O2U-2A 1-O-3 (O1V-3) com as marcas da 1ª Divisão de Observação, configurado com trens de pouso convencional triciclo para operações terrestres.

Incorporados à Aviação Naval e em conformidade com instrução baixada no dia 19 de dezembro de 1930, os seis O2U-2A receberam as matrículas HO-1 a HO-6. Para operar essas aeronaves, no transcorrer de 1931, foi criada a 1ª Seção Independente de Aviões de Esclarecimento. Em outubro daquele ano, os O2U-2A daquela unidade foram convocados a auxiliar as demais forças governamentais engajadas em sufocar a rebelião sediciosa ocorrida no 21º Batalhão de Caçadores, sediado em Recife (PE). Para tanto, foram despachados três Corsair para aquela cidade nordestina, todos configurados com flutuadores. Ao chegar ao Recife sem maiores problemas, lá permaneceram pouquíssimo tempo, visto que a rebelião havia sido sufocada com sucesso. No entanto, a perna de regresso ao Rio de Janeiro (RJ) não foi livre de dificuldades, uma vez que, no dia 6 de novembro, um dos O2U-2A capotou durante o pouso e submergiu ao largo de Trancoso (BA). Logo depois, outro Corsair partiu as asas inferiores durante o pouso naquela mesma área; somente o terceiro O2U-2A conseguiu chegar à praia.

Bela foto de um OV1, como eram designados na Marinha os O2U-2A pertencentes à 1ª DO. Foto Arquivo Action Editora Ltda.

A primeira tarefa de maior relevância atribuída à 1ª Seção Independente de Aviões de Esclarecimento não foi exatamente auspiciosa quanto aos resultados. Mas o ano de 1932 reservava um período de intensa atividade aos Corsários daquela unidade. A evolução do quadro político vinha se deteriorando lentamente no estado de São Paulo, em vista do crescente descontentamento com os rumos que o governo provisório havia tomado. Consequentemente, no dia 9 de julho de 1932, estourou a Revolução Constitucionalista, e, em sua esteira, a Marinha e sua Aviação Naval foram chamadas para combater os revoltosos.

Para dar apoio aos navios que se dirigiam ao Porto de Santos (SP) a fim de executar o bloqueio de todo o litoral paulista, foram enviados os O2U-2A da 1ª Seção Independente de Aviões de Esclarecimento, entre outras aeronaves. Reduzida a quatro aviões disponíveis, aquela unidade se viu compelida a fazer uso desses Corsair em sua configuração terrestre, já que havia muitas dúvidas entre pilotos e mecânicos quanto à confiabilidade dos flutuadores. Assim, durante algum tempo, os O2U-2A operaram do Galeão (RJ) até que fossem concluídas as obras que visavam à preparação de uma pista de pouso em Ilha Bela (SP), que só ficou pronta em 24 de julho.

Um Chance Vought O2U-2A Corsair aguarda sobre o cavalete a sua próxima missão. Foto Arquivo Action Editora Ltda.

Enquanto a pista de Ilha Bela não ficava pronta, os O2U-2A foram empregados de imediato na frente do Vale do Paraíba. Em face da ausência de uma adequada aviação de caça entre as forças governamentais, esses aviões não somente executaram missões de observação e reconhecimento naquela região, mas também realizaram missões de escolta em proveito de aviões de bombardeio da Aviação Militar. Entre os dias 17 e 19 de julho, os quatro Corsários se dedicaram a fazer missões de reconhecimento entre Cunha (SP) e Parati (RJ), a fim de descobrir uma bateria de canhões constitucionalistas que estava impedindo o avanço de um batalhão de fuzileiros navais. A persistência do pessoal da 1ª Seção Independente de Aviões de Esclarecimento foi finalmente recompensada no dia 19, quando dois O2U-2A localizaram e destruíram com bombas diversos obuses inimigos. Dois dias depois, dois desses aviões novamente atacaram outra bateria de obuses na região de Cunha, dando igual destino àquela posição da artilharia inimiga.

Até o final do mês de julho, os O2U-2A continuaram voando missões de reconhecimento e escolta. Mas a partir do dia 26 daquele mês, a unidade foi fracionada em duas, com um par de Corsários sendo destacado no Campo de Ilha Bela, enquanto os dois aviões remanescentes ficaram no Galeão. Para os O2U-2A de Ilha Bela, mais próximos ao centro de atividades, as primeiras semanas de deslocamento fizeram com que quase diariamente fossem chamados para executar missões de reconhecimento, de patrulha marítima ou de escolta – esta em proveito dos hidroaviões Savoia-Marchetti SM.55A e Martin PM, que também se encontravam destacados em Ilha Bela. No entanto, aquele par de Corsários ainda foi convocado a realizar missões de interceptação nas pouquíssimas ocasiões em que a aviação inimiga se aventurou a operar naquela região.

Os O2U-2A que permaneceram no Galeão continuaram realizando missões de escolta para os bombardeiros da Aviação Militar. No entanto, a evolução dos combates fez com que, em meados de agosto, aqueles dois Corsários partissem para a frente sul. Infelizmente, o segundo O2U-2A deslocado para aquela frente acidentou-se ao se esgotar seu combustível.

Finalizado o conflito, a 1ª Seção Independente de Aviões de Esclarecimento voltou à rotina de tempos de paz, porém com sua dotação reduzida para três O2U-2A, visto que os outros dois exemplares restantes estavam recolhidos para reparos. Porém, a chegada de novos aviões e uma completa

O Corsário 1-O-3 (OV1-3) é visto na configuração com flutuadores. Essas aeronaves participaram ativamente da campanha aérea da Revolução de 1932, especialmente na frente do Vale do Paraíba. Foto Arquivo Jackson Flores Jr. / Action Editora Ltda.

Linha de voo com quatro O2U-2A na configuração terrestre. A primeira unidade à qual foram alocados esses aviões foi a 1ª Seção Independente de Aviões de Esclarecimento. Foto Arquivo Jackson Flores Jr. / Action Editora Ltda.

reorganização quanto à composição da Aviação Naval fizeram com que fosse extinta a 1ª Seção Independente de Aviões de Esclarecimento a partir de 1º de dezembro de 1932. Os O2U-2A, agora designados como O1V, passariam a compor a 1ª Divisão de Observação (1ª DO), que ainda contaria com dois dos recém-chegados Vought V-66B.

Subordinada à Força Aérea da Esquadra (FAE), essa composição se manteve durante alguns meses, quando uma mudança no mês de outubro de 1933 assistiu à criação da 2ª Divisão de Aviões de Observação (2ª DAO). Com sede no Centro de Aviação Naval de Santa Catarina (CAvN SC) e subordinada à Defesa Aérea do Litoral (DAL), essa nova unidade reuniu todos os O2U-2A. Mas a presença dos O1V na 2ª DAO foi relativamente breve. Durante a segunda metade de 1933, acidentes danificaram dois O2U-2A, reduzindo a força de aviões O1V para um único exemplar. O empenho do pessoal das Oficinas Gerais de Aviação Naval fez com que um O2U-2A voltasse à ativa no final daquele ano, elevando assim para dois o número de aviões O2U-2A disponíveis para emprego.

No entanto, relatórios da FAE indicavam que, se existiam flutuadores em estoque para equipar todos os O2U-2A da Aviação Naval, o motor Pratt & Whitney

*Essa interessante fotografia mostra três O2U com as marcas da 2ª DAO, unidade na qual os Corsários encerraram sua carreira na Aviação Naval.
Foto Arquivo Jackson Flores Jr. / Action Editora Ltda.*

Wasp não estava convenientemente protegido para operações na água. De fato, a corrosão passou a ser um problema que perseguiria esses aviões a partir de 1934 – um quadro que não foi amenizado pela perda de um O2U-2A em um acidente. O ano seguinte assistiu à descarga de um O1V que fora condenado para voo, visto que sua célula estava completamente comprometida pela corrosão, assinalando, assim, o término da vida operacional dos O2U-2A na Aviação Naval. Ao chegar o ano de 1936, foi desativado o derradeiro O1V após uma carreira que se estendeu por pouco mais de cinco anos, valiosa em vista dos serviços prestados durante a Revolução Constitucionalista.

Chance Vought O2U-2A Corsair

Período de Utilização	De 1930 até 1936	
Fabricante	Chance Vought Corporation, Long Island City (Nova York – EUA)	
Emprego	Observação e bombardeio	
Características Técnicas	O2U-2A Corsair c/ trem terrestre	O2U-2A Corsair c/ flutuador
Motor	Pratt & Whitney R-1340-C de 420 hp	
Envergadura	10,97 m	10,97 m
Comprimento	7,72 m	7,72 m
Altura	3,60 m	3,60 m
Área Alar	29,72 m²	29,72 m²
Peso Vazio	997 kg	1.202 kg
Peso Máximo	1.180 kg	1.765 kg
Armamento	1 metralhadora fixa Browning de 7 mm ou Lewis .30 instalada na seção central da asa superior 1 metralhadora móvel Browning de 7 mm ou Lewis .30 instalada na nacele traseira Até 226,5 kg de bombas sob as asas	
Desempenho		
Velocidade Máxima	241 km/h	236 km/h
Razão de Subida	491 m/min	579 m/min
Teto Operacional	6.126 m	5.410 m
Alcance	978 km	919 km
Comentários		
Total Adquirido	6 exemplares	
Designações	O1V	
Matrículas	HO-1 a HO-6, posteriormente rematriculados O1V-1 a O1V-6	

Savoia-Marchetti SM-55A

No ano de 1922, o Alto Comissário da Aviação Italiana abriu uma concorrência para satisfazer um requisito da aviação militar daquele país, que buscava um hidroavião capaz de operar em alto-mar. Entre as empresas que apresentaram propostas, encontrava-se a Societá Italiana Aeroplani Idrovolanti (SIAI). Originalmente fundada em Milão no ano de 1915 por Domenico Lorenzo Santoni e Luigi Capè, aquela empresa sofreu diversas mudanças nos anos seguintes, entre elas a incorporação do engenheiro aeronáutico Alessandro Marchetti. Para responder adequadamente aos requisitos da concorrência, Marchetti apresentou um hidroavião que era radicalmente diferente de todos os seus pares da

Registro de um voo de formatura de seis SM-55A. Este avião de bombardeio e patrulha italiano possuía design arrojado, com um motor que acionava hélices contrarrotativas. Foto Arquivo Action Editora Ltda.

época ao empregar uma configuração do tipo catamarã. A despeito das restrições manifestadas em alguns setores da Regia Aeronautica (Aviação Militar Italiana) quanto à sabedoria na escolha do SM-55, os eventos mostraram que a confiança depositada em Alessandro Marchetti e na SIAI estava plenamente justificada.

O primeiro protótipo do SM-55 voou pela primeira vez em Cesto Calende, no final de 1923, e em pouquíssimo tempo essa aeronave colheu recordes mundiais para hidroaviões. De fato, além de registrar 14 recordes mundiais, o SM-55 ainda participou de diversos reides entre a Itália e diversos pontos da Europa e das Américas. Porém, sob a batuta do Ministro da Aeronáutica da Itália, o Marechal Italo Balbo, distintas versões do SM-55 lograram feitos que lhe asseguraram um nicho na história da aviação mundial. Entre eles está o reide de 1933 entre Orbetello (Itália) e Nova York (EUA), que foi realizado com 24 desses hidroaviões voando em esquadrilha.

Aproximadamente 170 exemplares do SM-55 foram construídos em Cesto Calende, a maior parte sendo distribuída às unidades da Aviazione Ausiliara per la Regia Marina (Aviação Auxiliar da Real Marinha Italiana), uma divisão da Regia Aeronautica. Uma reduzida quantidade desses aviões chegou a ser vendida para a União Soviética, e relatos dão conta de que alguns poucos desses hidroaviões ainda se encontravam disponíveis para voo quando aquele país foi invadido por tropas alemãs no ano de 1941.

O SM-55A na Aviação Naval

Na esteira da Revolução de 1930 e da mudança de governo, a Aviação Naval deu início a planos que visavam sanar as suas muitas deficiências – especialmente aquelas que diziam respeito ao material aeronáutico. Eventos em outro continente colaborariam para reparar parcialmente essas dificuldades.

No dia 17 dezembro de 1930, o Gen Italo Balbo – então ministro da aeronáutica da Itália – deu início a um notável reide com 14 aviões SM-55A. Partindo de Orbetello, esses hidroaviões encontraram condições meteorológicas adversas e toda sorte de dificuldades que, inclusive, determinaram diversos atrasos e acidentes – incluindo a perda total de uma aeronave e de sua tripulação. Finalmente, às 15h55m do dia 15 de janeiro de 1931, 11 hidroaviões Savoia-Marchetti SM-55A amerrisaram nas águas da Baía da Guanabara (RJ), assim concluindo com sucesso a primeira travessia do Atlântico Sul em esquadrilha.

Pouco após a chegada do Gen Italo Balbo e dos aviadores italianos, deu-se início a uma série de negociações que visavam à aquisição dos SM-55A que se encontravam fundeados na Baía da Guanabara. A escassez de recursos financeiros na forma de moeda corrente e a urgência em executar a transação levaram os governos do Brasil e da Itália a celebrarem um acordo de compra e venda por meio de troca. Isto é, o governo italiano entregava ao Brasil os 11 Savoia-Marchetti SM-55A em troca de 50 mil sacas de café que estavam então sendo descarregadas no Porto de Gênova. Atribuindo-se o valor de 9.750.000 liras para os 11 hidroaviões, a transação foi oficializada no dia 31 de janeiro, o valor de mercado do café totalizando aproximadamente US$ 321.036.

Em cumprimento a uma das exigências brasileiras, permaneceram no Brasil alguns pilotos e mecânicos italianos, a fim de instruírem os seus pares brasileiros. Os quatro meses seguintes assistiram a um núcleo de aviadores navais brasileiros realizar sua conversão para a nova aeronave, enquanto mecânicos de diversas especialidades travavam conhecimento com aquela que era a maior aeronave a ser adquirida pela Aviação Naval do Brasil.

Iniciada em fevereiro e concluída sem percalços, essa etapa ocorreu no Centro de Aviação Naval do Rio de Janeiro (CAvN RJ), em cerimônia oficial de entrega dos 11 hidroaviões. Com a presença do presidente Getúlio Vargas, o SM-55A 1 foi batizado como Coronel Umberto Maddalena, em homenagem a um dos aviadores que participara do reide Orbetello – Rio de Janeiro e que falecera em acidente aeronáutico pouco após seu regresso à Itália.

Com o Corpo de Aviação Naval em franco processo de reorganização, os Savoia-Marchetti SM-55A foram colocados sob o controle do CAvN RJ até que fossem designados para uma unidade aérea. Nesse ínterim, as tripulações dedicavam-se a cumprir o programa de instrução elaborado pelo Maj Donadelli (oficial italiano encarregado de qualificar os pilotos brasileiros no SM-55A). Em paralelo, já que esses hidroaviões chegaram ao Brasil sem armamento, foram iniciados os trabalhos que objetivavam a instalação de metralhadoras e cabides de bombas nessas aeronaves. Para tal, empregou-se documentação fornecida pelo governo italiano.

A despeito desses trabalhos em andamento e ao fato de as tripulações ainda se encontrarem em formação, poucas semanas após a cerimônia de entrega, foi atribuída a esses hidroaviões sua primeira missão de relevância – representar o

Savoia-Marchetti SM-55A número 4 pertencente à Força Independente de Patrulha, com sede no CAvN.

Os SM-55A operados pela Flotilha Mista Independente de Aviação de Patrulha (FMIAP) foram amplamente empregados na Revolução de 1932, em especial no bloqueio ao Porto de Santos. Esta foto mostra um dos SM-55A logo após sua chegaadaa no Brasil e ainda nas cores italianas. Foto via David Cenciotti.

governo brasileiro nas datas máximas da Argentina e do Uruguai. Com os navios da Esquadra empenhados em outras missões, coube aos aviões recém-adquiridos realizar essa tarefa, apesar da limitada experiência das equipagens brasileiras no que se referia a voos de longa distância. Na manhã do dia 2 de julho, sete hidroaviões Savoia-Marchetti SM-55A partiram da Ponta do Galeão (RJ) rumo a Porto Alegre (RJ), sua primeira parada. As péssimas condições climáticas fizeram com que os SM-55A permanecessem em Lagoa Itapeva (RS) durante alguns dias antes de seguirem para Porto Alegre e em seguida para Buenos Aires. Após participarem das comemorações do Dia da Independência de cada uma dessas repúblicas do Rio da Prata, os sete SM-55A regressaram ao Brasil, parando em importantes cidades do litoral brasileiro antes de chegarem ao Galeão, entre os dias 31 de julho e 2 de agosto.

Pouco após o regresso, os 11 SM-55A, junto com três hidroaviões Martin PM, passaram a constituir a Força Independente de Patrulha. Com duas seções daquela unidade abrigando os SM-55A, começou a fase de adestramento operacional das seções dotadas com aquele hidroavião. Foi justamente no regresso de um exercício de patrulha ao largo da Ilha Grande (RJ), no dia 3 de setembro, que se deram as primeiras baixas na frota de SM-55A. Durante a corrida de amerrissagem em formação, em frente à Ponta do Galeão, dois desses hidroaviões colidiram quando o ala desviou-se abruptamente, resultando na morte de dois tripulantes e em ferimentos em outros três, além da perda total dos dois hidroaviões.

Apesar desse acidente, as duas seções de SM-55A da Força Independente de Patrulha seguiram com seu trabalho de patrulha durante os meses restantes de 1931, periodicamente exercitando-se com navios da Marinha. Mas o mês de janeiro de 1932 levou quatro desses hidroaviões até o estado de Pernambuco, a fim de garantir a estabilidade na região após a insurreição da guarnição do Exército em João Pessoa (PB). Periodicamente sobrevoando a região a fim de realizar acompanhamento e vigilância das atividades da cidade, aquela seção de hidroaviões SM-55A permaneceu em João Pessoa até fevereiro. Paralelamente, os cinco SM-55A que ficaram no Rio de Janeiro continuaram com suas atividades, o que, no entanto, não impediu a perda de outro desses hidroaviões no dia 20 de janeiro, quando este amerrissava próximo a Coroa Grande, na Baía da Guanabara. Logo após tocar a superfície da água, o SM-55A pilonou, destroçando-se completamente, porém os tripulantes escaparam milagrosamente, sem ferimentos.

O S-55A matriculado P1S-19 com código de unidade 1-P-7. Isso significa que ele é a sétima aeronave da 1ª DP, com sede no CAvN.

No dia 10 de março, os oito SM-55A foram incorporados à Flotilha Mista Independente de Aviação de Patrulha (FMIAP), criada naquela data e que contava com três seções, das quais duas continham quatro desses hidroaviões. Logo após esse evento, a FMIAP passou a desenvolver a função de transporte executivo, além de suas atribuições operacionais. Em face da necessidade de transportar rapidamente altos funcionários do governo federal para distantes capitais estaduais localizadas ao longo do litoral brasileiro, dois SM-55A foram modificados para atender essa nova missão, porém sem sacrificar as suas funções de hidroavião de patrulha. Esse novo encargo fez com que o SM-55A fosse a primeira aeronave militar brasileira de transporte executivo a desempenhar essa função com certa regularidade. Porém, foi justamente ao realizar essa tarefa que se registrou mais uma perda, quando um dos Savoia-Marchetti SM-55A amerrissava em Salvador (BA) no dia 26 de abril de 1932. Ao avistar uma pequena embarcação em seu caminho, a tripulação tentou, sem sucesso, evitar uma colisão. Além de causar a perda total da aeronave, a colisão resultou na morte de dois funcionários do governo e em ferimentos nos tripulantes. Parecia que a má sorte perseguia a FMIAP, pois, no mesmo dia, outro SM-55A foi destruído na Ponta do Galeão quando um mecânico ingressou em um desses hidroaviões para verificar um vazamento de combustível com um cigarro aceso.

Reduzida a seis SM-55A, a FMIAP – além dos três Martin PM – sofreu uma ligeira reorganização para logo depois ser desativada, no dia 16 de junho, em face das mudanças organizacionais que estavam sendo preparadas no Corpo de Aviação Naval. Contudo, os muitos meses de planejamento para organizar a Força Aérea da Esquadra

Dois SM-55 vistos na Baía de Guanabara. Das 11 unidades adquiridas em 1931, 65% foram perdidas em acidentes. Foto Arquivo Action Editora Ltda.

O SM-55A 3, um dos 11 aviões desse modelo adquiridos pela Aviação Naval, é visto no seu padrão inicial de marcas e pintura. Foto Arquivo Action Editora Ltda.

tiveram que ser postergados, pois, no mês seguinte eclodiu a Revolução Constitucionalista, que também marcou o batismo de fogo do Savoia-Marchetti SM-55A.

Com o início das hostilidades no dia 9 de julho de 1932, o governo federal tratou de impor um bloqueio naval contra o litoral paulista. Para esse fim, foram enviados quatro navios de guerra para a Ilha de São Sebastião (SP) e, para apoiá-los, três SM-55A foram despachados logo em seguida, permanecendo fundeados no vilarejo de Vila Bela (SP). Com vistas a aumentar a presença desses aviões no litoral paulista, mecânicos trabalharam febrilmente para aprontar os outros três SM-55A que naquele momento encontravam-se indisponíveis para voo.

As atividades dos SM 55A naquela região consistiram principalmente na execução de missões de patrulha ao longo do litoral paulista, a fim de coibir a passagem de qualquer embarcação que tentasse "furar" o bloqueio naval para entregar armas e munição às forças constitucionalistas. Ante seu enorme alcance e autonomia de voo, os SM-55A eram ideais para manter uma seguida presença e vigilância ao longo do litoral paulista.

Entretanto, patrulha e vigilância não foram as únicas missões realizadas por esses hidroaviões. Capazes de portar uma expressiva carga ofensiva, os SM-55A executaram missões de bombardeio contra diversos alvos paulistas. Entre as dezenas de surtidas de bombardeio que foram executadas durante a Revolução Constitucionalista, encontravam-se algumas missões que podem ser enumeradas como as primeiras de cunho estratégico realizadas pela aviação militar brasileira. Localizado a noroeste de Santos (SP), Cubatão (SP) abrigava uma grande usina de energia elétrica que alimentava praticamente todas as principais fábricas localizadas no sul do estado de São Paulo. Duas missões realizadas nos dias 27, 28 e 29 de junho não proporcionaram os resultados desejados. Porém, a missão do dia 30, conduzida por um SM-55A, possibilitou um corte temporário de energia elétrica.

Ao terminar o conflito, os quase 90 dias de intenso uso dos SM-55A se fizeram notar, visto que o ritmo das operações havia prejudicado consideravelmente a integridade da célula desses hidroaviões. De fato, entre outubro e novembro de 1932, três SM-55A foram desmontados a fim de possibilitar a reconstrução de outros dois desses hidroaviões.

No dia 17 de novembro de 1932, os SM-55A ainda existentes foram distribuídos à 1ª Divisão de Patrulha, uma unidade criada no dia 10 e subordinada à Força Aérea da Esquadra. Naquele mesmo mês, uma instrução outorgava uma designação ao SM-55A, que passava a ser identificado como P1S. Em consequência, as células existentes receberam as matrículas P1S-16 a P1S-20 e os códigos de unidade 1-P-4 a 1-P-8.

No entanto, o novo ano não trouxe boas-novas à 1ª DP, pois o P1S-16 foi condenado para voo e sua célula, "canibalizada", a fim de assegurar a disponibilidade dos outros quatro SM-55A. No espaço de dois anos, a frota de hidroaviões SM-55A havia sofrido uma taxa de perda de quase 65%, o que motivou estudos para avaliar o futuro dessa aeronave perante a Aviação Naval. Os resultados não foram encorajadores. A fim de proporcionar maior alcance para a realização do reide Orbetello – Rio de Janeiro, os italianos haviam sacrificado a robustez para torná-los mais leves. Consequentemente, todos os SM-55A mostravam maior ou menor grau de fissuras e torção das cavernas que davam rigidez aos botes. Ademais, todas as aeronaves apresentavam fissuras nos tirantes estruturais das asas e da célula. Para piorar, havia ainda imensas dificuldades logísticas – os motores FIAT Asso 22R se mostraram inadequados às condições tropicais e subtropicais existentes no Brasil.

Durante boa parte de 1933, não mais do que três SM-55A se encontravam disponíveis para voo. Na medida do possível, a 1ª DP continuou realizando missões de patrulha e exercícios com navios da Esquadra. Porém, o ano de 1934 assistiu ao agravamento das muitas dificuldades que assolavam os SM-55A da 1ª DP. Durante os três primeiros meses daquele ano, somente dois desses hidroaviões encontravam-se disponíveis para voo, com um terceiro chegando à unidade em setembro, após ser completamente reconstruído – uma faina que exigiu quase 20 meses de trabalho.

Em 1935, dois SM-55A foram desmontados a fim de possibilitar melhor índice de disponibilidade das outras duas células. Mas nem mesmo essa medida atenuou a situação. Durante o ano de 1936, os dois últimos SM-55A mal registraram 200 horas de voo, principalmente devido a problemas de manutenção com os motores FIAT Asso 22R. Quando foi criado o 1º Grupo Misto de Combate, Observação e Patrulha, no mês de novembro de 1936, todo o acervo da 1ª DP foi transferido para aquela nova unidade. Contudo, os dois últimos SM-55A já não se encontravam disponíveis para voo, e no transcorrer do ano seguinte, foram descarregados e enviados à sucata do CAvN RJ. De acordo com testemunhas, a carcaça de um desses hidroaviões chegou a sobreviver à intempérie até 1941, quando finalmente desapareceu.

Savoia-Marchetti SM-55A	
Período de Utilização	De 1931 até 1936
Fabricante	Societá Idrovolanti Alta Italia, Cesto Calende (Itália)
Emprego	Bombardeio e patrulha
Características Técnicas	
Motor	Fiat Asso 22R de 600 hp
Envergadura	24 m
Comprimento	16,50 m
Altura	5 m
Área Alar	93 m^2
Peso Vazio	5.000 kg
Peso Máximo	10.000 kg
Armamento	4 metralhadoras móveis Lewis .303 1 torpedo Até 400 kg de bombas

Continua

Desempenho	
Velocidade Máxima	265 km/h
Razão de Subida	162 m/min
Teto Operacional	4.850 m
Alcance	3.500 km
Comentários	
Total Adquirido	11 exemplares
Unidades Aéreas	Força Independente de Patrulha Flotilha Mista Independente de Aviação de Patrulha 1ª Divisão de Patrulha 1ª Divisão de Aviões de Patrulha 1º Grupo Misto de Combate, Observação e Patrulha
Designações	P1S
Matrículas	Incialmente, 1 a 11. Posteriormente, as células remanescentes receberam, em novembro de 1935, as matrículas P1S-16 a P1S-20

de Havilland DH-60T Moth Trainer

Filho de pastor, Geoffrey de Havilland foi um dos pioneiros da aviação britânica e da indústria aeronáutica mundial. Os primeiros voos registrados na Europa transformaram aquele engenheiro em início de carreira num apaixonado pela aviação antes mesmo de haver visto um avião no ar. Recém-casado e lançando mão de uma herança deixada por um tio, de Havilland largou seu emprego como projetista de ônibus e se dedicou à construção de seu primeiro avião: o DH-1. Com a ajuda de um mecânico e até mesmo da esposa, que lhe auxiliou na costura do revestimento da tela da aeronave, lançou, em dezembro de 1909, o DH-1, pronto para realizar seu voo

O SM-55A 3, um dos 11 aviões desse modelo adquiridos pela Aviação Naval, é visto no seu padrão inicial de marcas e pintura. Foto Arquivo Action Editora Ltda.

O DH-60T Moth Trainer I-1-23 pertencente à 1ª Divisão de Treinamento da EAvN. Em 1933, 12 dessas aeronaves estavam alocadas à Escola de Aviação Naval.

inaugural. No entanto, o primeiro voo do DH-1 foi de somente 35 metros antes de se acidentar, com perda total.

Esse início pouco auspicioso não desanimou de Havilland. Mas, já sem dinheiro, foi trabalhar como piloto e projetista na fábrica de balões do Exército Britânico, em Farnborough. Às vésperas da Primeira Guerra Mundial, ele foi contratado pela Aircraft Manufacturing Company (Airco), onde se dedicou ao desenvolvimento de aviões, área em que o seu potencial se realizou. No transcorrer da Primeira Guerra Mundial, de Havilland foi o responsável pelo desenvolvimento de diversos aviões, como os bombardeiros DH-4 e DH-9.

Uma vez encerrado o conflito, de Havilland comprou a Airco, em setembro de 1920, o que deu uma nova razão social à cambaleante empresa, quando passou a se chamar de Havilland Aircraft Company (DHC). Com seus esforços concentrados no mercado de aviões civis, os anos iniciais da nova empresa foram extremamente difíceis. Para assegurar a existência da DHC, de Havilland recorreu a artifícios inusitados, como a realização de serviços de táxi aéreo para distintos jornais britânicos e de propaganda aérea noturna com luzes para uma conhecida marca de gim.

Essa má fase praticamente desapareceu após o primeiro voo do DH-60 Moth, em 22 de fevereiro de 1925. Projetado como uma aeronave aerodesportiva de construção barata e simples, o Moth não somente satisfazia às exigências do incipiente mercado de proprietários de aeronaves de pequeno porte como era talhado à perfeição para atender às necessidades do crescente número de aeroclubes britânicos. Até ser suspensa sua produção, foram produzidos 2.069 exemplares das muitas versões do DH-60 Moth – esse total inclui 64 unidades do modelo DH-60T Moth Trainer, destinadas ao mercado de aviões de instrução militar. E seu sucesso, quer no meio civil ou militar, devia-se à simplicidade do projeto. Biplano e biposto com naceles em tandem, a célula do Moth contava com uma robusta treliça de alumínio com cavernas e tirantes de madeira para dar-lhe forma aerodinâmica, revestido por tela aeronáutica. Por sua vez, as cavernas e os tirantes das asas eram inteiramente de madeira, os painéis das asas também, mas eram recobertos de tela aeronáutica.

O de Havilland DH-60T Moth Trainer na Aviação Naval

Na primeira metade de 1932, com vistas a recompor sua frota de aviões de instrução com o que havia de mais moderno em termos de aviões de treinamento, a Marinha do Brasil assinou um contrato por meio do qual encomendava 12 exemplares do de Havilland DH-60T Moth Trainer. Para atender às exigências do currículo de instrução ministrado na Escola de Aviação Naval (EAvN), todos os DH-60T foram recebidos com material necessário à adaptação de flutuadores. Além disso, muitas células seriam entregues com metralhadoras fotográficas, enquanto outras contariam com equipamento rádio, porta-bombas e visor de bombardeio Aldis. Esse último nada mais era do que um rudimentar visor com lentes para auxiliar no lançamento das pequenas bombas que a aeronave podia portar.

Embarcados no porto de Londres no início de maio de 1932, os primeiros seis DH-60T chegaram ao Rio de Janeiro no dia 23 do mesmo mês, a bordo do MV Almeda Star, seguidos dos seis restantes, em 12 de junho, a bordo do MV Ávila Star. Desembarcados, os caixotes com os aviões foram imediatamente despachados para a Ponta do Galeão para ser montados pelo pessoal da EAvN, sob supervisão do piloto de ensaios em voo da DHC, Capitão Hubert S. Broad. Em pouquíssimo tempo, os 12 aviões se encontravam montados, ensaiados e prontos para ser integrados à 1ª Divisão de Instrução da Escola de Aviação Naval. Finalmente, em 13 de julho de 1932, os Moth Trainer iniciaram os seus trabalhos para formar a turma de 1932 de aviadores navais.

Entretanto, com o início da Revolução Constitucionalista, ele foi usado em outras missões que não as originalmente previstas. A carência de meios aéreos obrigou a Diretoria Geral de Aeronáutica da Marinha a fazer uso dos recém-adquiridos Moth Trainer como plataforma de ligação, observação e reconhecimento. Em 22 de julho de 1932, seis dessas aeronaves foram designadas à Defesa Aérea do Litoral (DAL) para compor duas seções daquele Comando, com duas aeronaves dotadas de equipamento rádio, duas equipadas com metralhadoras fotográficas e duas armadas com porta-bombas. Ao operar em diversos locais no estado de São Paulo, os seis DH-60T se dedicaram à realização de trabalhos de observação e reconhecimento ao longo do litoral paulista, com dezenas de surtidas em proveito das forças legalistas que combatiam em terra entre Picinguaba e Santos.

Paralelamente à Revolução Constitucionalista, a Marinha tratou de reforçar sua dotação de meios aéreos – incluindo a compra de mais uma dúzia de aviões DH-60T Moth Trainer. Mas em face dos combates, foi especificado que todos deveriam dispor de material necessário à adaptação de berços de bombas e instalação para metralhadora fotográfica. Contudo, esses 12 aviões só chegaram

Instrutores e alunos posam à frente de um DH-60T Moth Trainer da Escola de Aviação Naval. Foto Arquivo Action Editora Ltda.

no último trimestre do ano e, portanto, tarde demais para participar das operações aéreas da revolução.

Encerrado o conflito, a Diretoria Geral de Aeronáutica da Marinha deu início ao processo de reorganização da Aviação Naval – uma tarefa interrompida por aquela revolução. Foram criadas unidades aéreas e providenciada a aquisição de mais aeronaves para ampliar e modernizar seu acervo, o que tornou breve a permanência dos DH-60T na Escola de Aviação Naval. Em janeiro de 1933, foi estabelecido que 12 desses aviões deveriam permanecer na 1ª Divisão de Treinamento da EAvN, enquanto outros 12 passariam a fazer parte da Divisão de Instrução da Base de Aviação Naval de Porto Alegre. No entanto, as evidências indicam que somente quatro desses aviões efetivamente seguiram para Porto Alegre (RS); os demais foram distribuídos no Centro de Aviação Naval de Santa Catarina ou então permaneceram na Ponta do Galeão, sob o controle do Centro de Aviação Naval do Rio de Janeiro.

A chegada, em meados de 1933, dos primeiros aviões de Havilland DH-82 e DH-82A Tiger Moth efetivamente assinalou o início do fim da breve carreira dos DH-60T como aviões de instrução na Escola de Aviação Naval. A partir do final daquele ano, os DH-60T passaram a cumprir gradativamente tarefas utilitárias em distintas bases e centros da Aviação Naval. Seis aviões Moth Trainer ainda permaneceram na EAvN até o final de 1934, quando as células ainda existentes foram repassadas para outras unidades.

Em maio de 1935, os DH-60T Moth Trainer ainda existentes no acervo da Aviação Naval passaram a constituir a 2ª Flotilha de Diversos, cujas aeronaves dessa unidade foram repartidas entre os Centros de Aviação Naval de Santa Catarina, Ladário (MS) e Rio de Janeiro, bem como as Bases de Aviação Naval de Porto Alegre e Santos. Entre outras atribuições, esses aviões deveriam fornecer adestramento de voo aos aviadores navais lotados naquelas grandes unidades, bem como realizar trabalhos utilitários dos mais variados tipos.

Designados I1H, ao todo 24 DH-60T operaram na Aviação Naval. Apenas uma aeronave acabou sendo transferida para a Força Aérea Brasileira em 1941. Foto Arquivo Action Editora Ltda.

O código de unidade indica que o 2-D-3 pertence à 2ª Flotilha de Diversos, cujas aeronaves estavam distribuídas nos Centros de Aviação Naval de Santa Catarina, de Ladário e do Rio de Janeiro, e nas Bases de Aviação Naval de Porto Alegre e de Santos. Foto Arquivo Jackson Flores Jr. / Action Editora Ltda.

No entanto, a acentuada taxa de atrito registrada ao longo dos anos seguintes reduziu consideravelmente o número de aviões DH-60T disponíveis para voo. De fato, às vésperas da criação do Ministério da Aeronáutica, em janeiro de 1941, havia somente um DH-60T Moth Trainer em condições de voo e esse foi transferido para o acervo da Força Aérea Brasileira.

de Havilland DH-60T Moth Trainer	
Período de Utilização	De 1932 até 1941
Fabricante	The de Havilland Aircraft Co. Ltd., Stag Lane (Middlesex – Reino Unido)
Emprego	Treinamento e tarefas utilitárias
Características Técnicas	
Motor	de Havilland Gipsy I de 100 hp
Envergadura	9,15 m
Comprimento	7,30 m
Altura	2,68 m
Área Alar	23,40 m^2
Peso Vazio	437 kg
Peso Máximo	825 kg
Armamento	Até 8 bombas de 25 lb em cabides subalares
Desempenho	
Velocidade Máxima	161 km/h
Razão de Subida	222 m/min
Teto Operacional	4.846 m
Alcance	514 km

Continua

Comentários	
Total Adquirido	24 exemplares
Unidades Aéreas	Defesa Aérea do Litoral Escola de Aviação Naval Base de Aviação Naval de Porto Alegre Base de Aviação Naval de Santos Centro de Aviação Naval de Santa Catarina Centro de Aviação Naval de Ladário
Designações	I1H
Matrículas	Os 12 primeiros receberam as matrículas AI-5 a AI-16, posteriormente alteradas para I1H-21 a I1H-32. O segundo lote recebeu as matrículas I1H-75 a I1H-86.

Boeing Model 256

Fruto de um projeto particular com vistas a substituir os Boeing F2B e F3B, então empregados pela United States Navy (USN), e os Boeing PW-9, pertencentes ao United States Army Air Corps (USAAC), a Boeing Aircraft Co. construiu, em 1928, dois protótipos de um novo caça. Foram designados Boeing Model 83 e Boeing Model 89 e o primeiro realizou seu voo inaugural no dia 25 de junho de 1928, enquanto o segundo registrou seu primeiro voo no dia 7 de agosto daquele mesmo ano. Durante os meses restantes, a USN avaliou detalhadamente o Model 83 e o Model 89 perante a USAAC.

As qualidades superlativas do Model 83 resultaram na assinatura de um contrato de encomenda pela USN que compreendia 27 exemplares do Model 99, o qual veio a ser designado como F4B-1. Por sua vez, ao receber emprestado o Model 89, o USAAC acolheu os relatos apresentados pelo pessoal daquela arma de aviação e os resultados dos extensos ensaios da USN. Consequentemente, foram encomendados 10 exemplares do Model 102, que foi designado como P-12 pelo USAAC, sem que para isso houvesse existido um protótipo específico para aquela arma.

Linha de voo de caças Boeing 256 pertencentes à 1ª Divisão de Combate, unidade que era sediada no CAvN, no Rio de Janeiro, com a aeronave 1-C-6 em primeiro plano. Foto Arquivo Jackson Flores Jr. / Action Editora Ltda.

O Boeing Model 256 com o código de unidade 1-C-4 da 1ª Divisão de Combate no padrão de marcas de 1933. Essa aeronave era matriculada C1B-36.

Extremamente manobrável e veloz, quer na versão F4B (USN) ou P-12 (USAAC), o novo caça da Boeing superava, por ampla margem, todos os outros então em uso nas Forças Armadas dos Estados Unidos. Consequentemente, a produção das sucessivas versões desse versátil e minúsculo caça atingiu a marca de 586 exemplares fabricados entre 1929 e 1932. A revolucionária evolução notada no meio aeronáutico militar fez com que esses caças se tornassem obsoletos nos Estados Unidos já em 1935, motivo pelo qual eles foram despachados para centros de treinamento a fim de dar formação aos futuros pilotos de combate da USN e do USAAC.

O Boeing Model 256 na Aviação Naval

Quando foi deflagrada a Revolução Constitucionalista no mês de julho de 1932, cada lado tratou de reforçar a dotação de material bélico à sua disposição, incluindo aeronaves. Como representantes do governo legítimo do Brasil, as forças Legalistas encontraram maior facilidade para negociar a compra de aeronaves, desde aviões de treinamento até caças. Nessa última categoria, o governo brasileiro logrou acertar com a Boeing e o governo norte-americano a aquisição de 23 caças que ela produzia naquela época, entre os quais 14 exemplares do Model 256.

O Model 256 nada mais era do que o caça Boeing F4B-4 destinado à USN. De fato, os 14 aviões Model 256 faziam parte de uma encomenda que incluía 92 aeronaves destinadas à US Navy. Em face do regime de urgência exigido para o envio desses caças ao Brasil, ficou decidido que os exemplares iniciais do contrato seriam realocados diretamente da encomenda da USN para o governo brasileiro. Como esses aviões iriam incorporar algumas diferenças em relação aos Model 235 (F4B-4) da US Navy, as 14 células brasileiras foram designadas como Model 256. Entre outros itens, os Model 256 foram produzidos sem gancho de parada e foram entregues sem equipamento de flutuação, equipamento rádio padronizado da US Navy e com a troca das duas metralhadoras Colt Browning de calibre .30 por um par de metralhadoras de calibre 7 mm.

Entregues às autoridades brasileiras entre os dias 14 de setembro e 8 de outubro de 1932 – portanto, tarde demais para serem empregados na Revolução Constitucionalista –, seis exemplares do novo caça foram remetidos diretamente à Aviação Naval. Desembarcados no Porto do Rio de Janeiro, os caixotes com os seis Boeing Model 256 destinados à Aviação Naval foram levados ao Centro de Aviação Naval do Rio de Janeiro (CAvN RJ) para serem montados.

Com a Aviação Naval em plena reorganização, nenhuma providência foi iniciada para a montagem dos aviões. As exceções foram a criação da 1ª Divisão

Dois Boeing 256, designados na Aviação Naval como C1B, vistos em voo. Eles operaram na 1ª DC e na 1ª GMCOP e, em 1941, os dois remanescentes foram incorporados à FAB. Foto Arquivo José de Alvarenga.

de Combate (1ª DC), no dia 10 de novembro de 1932, subordinada à Defesa Aérea do Litoral, e, sete dias mais tarde, a ordem que determinou que os seis aviões Model 256 fossem distribuídos para aquela unidade aérea. Ademais, foi ainda designado pessoal para preencher os distintos quadros do efetivo da 1ª DC.

No entanto, em meados de dezembro de 1932, o ministro da Marinha comunicou ao recém-designado comandante da 1ª DC que a Marinha do Brasil seria representada na inauguração da Base Naval de Libertad, em Montevidéu (Uruguai), por uma esquadrilha dos recém-adquiridos Model 256. Apesar do quadro de pilotos se encontrar incompleto e os aviões ainda desmontados, o comandante da 1ª DC e outros dois pilotos trataram de montar, com o auxílio de alguns poucos mecânicos, três aeronaves no período compreendido entre o Natal e o Ano-Novo. Ao decolar do CAvN RJ no dia 1º de janeiro, os três pilotos foram se familiarizando com o Model 256 enquanto cumpriam cada etapa da viagem até Pelotas (RS), a última parada em território brasileiro. Nas pernas finais dessa viagem, os pilotos treinaram a execução de distintas manobras acrobáticas – primeiro isoladamente e, depois, em formação. Finalmente, no dia 10 de janeiro de 1933, os três Boeing Model 256 executaram uma brilhante demonstração acrobática sobre a cidade de Montevidéu. Nasceu assim no Brasil a primeira esquadrilha de demonstração aérea, mesmo que de forma extraoficial.

Naquele ano, a 1ª DC, sediada no CAvN RJ, encontrou-se periodicamente deslocada para fora de sua sede a fim de participar de algum evento de destaque, quer aeronáutico ou de cunho político. No entanto, o primeiro ano de atividades dos Boeing Model 256 – conhecidos entre os pilotos e mecânicos como Boeing 100E ou simplesmente como Boeing – assistiu ao progressivo desenvolvimento da 1ª DC como unidade aérea de emprego. Para tal, os poucos pilotos da unidade regularmente treinavam entre si técnicas de combate aéreo, apesar de não existirem indícios de que esses aviões tenham participado dos muitos exercícios da Esquadra realizados no período compreendido entre 1933 e 1936 e que contaram com a pesada presença de aeronaves da Aviação Naval.

No final de 1934 e com seu efetivo reduzido a cinco caças Boeing Model 256 em face da perda de uma aeronave em abril daquele ano, a 1ª DC foi despachada para a Base de Aviação Naval de Ladário (MS). A Guerra do Chaco se encontrava em seu segundo ano de incessantes combates, e, no mês de novembro, aviões bolivianos alvejaram por engano o navio brasileiro Paraguay. A fim de reforçar a presença brasileira naquela região, o ministro da Marinha determinou a ida dos quatro Boeing até aquela fronteira, junto com aviões Vought V-66B. Por realizar, com frequência, voos de vigilância naquela recém-inaugurada localidade, os Boeing Model 256 lá permaneceram durante três semanas, até o dia 22 de dezembro.

No início de 1935, a frota da 1ª DC se encontrava reduzida a quatro aviões. Apesar do pronunciado crescimento visto em 1933, a falta de recursos financeiros prejudicava imensamente a aquisição de peças sobressalentes, o que, por sua vez, acarretava baixos índices de disponibilidade entre os diversos tipos de avião então empregados pela Aviação Naval. O considerável desgaste resultante da constante utilização se fez perceber entre os caças da 1ª DC, que passou a contar com somente dois desses aviões, visto que os demais estavam em revisão.

A fim de obter melhor rendimento de suas aeronaves de patrulha, observação e caça, em 1º de novembro de 1935, foi criado o 1º Grupo Misto de Combate, Observação e Patrulha (1º GMCOP). Organizado no ano seguinte, o 1º GMCOP recebeu três caças Boeing Model 256 que passaram a constituir a 3ª Seção daquela unidade.

No entanto, essa medida não melhorou de imediato a situação dos Model 256. Os problemas de disponibilidade, em razão da escassez de material de reposição, fez com que o 1º GMCOP contasse com somente um desses caças durante quase todo o transcorrer de 1936. No ano seguinte, esse quadro foi atenuado pelo regresso de uma célula que havia sofrido revisão geral nas Oficinas Gerais da Aviação Naval (OGAN). Mas a verdade é que havia ficado claro que a vida útil desses caças rapidamente chegara ao seu fim, apesar dos esforços do pessoal do 1º GMCOP e das OGAN para mantê-los em condições de voo.

Finalmente, ao ser decretada a criação do Ministério da Aeronáutica, em janeiro de 1941, restavam somente dois Boeing Model 256 da Aviação Naval em condições de voo, e esses foram transferidos para a Força Aérea Brasileira, onde operaram por mais algum tempo.

Boeing Model 256

Período de Utilização	De 1932 até 1941
Fabricante	The Boeing Aircraft Corp., Seattle (Washignton – EUA)
Emprego	Caça
Características Técnicas	
Motor	Pratt & Whitney R-1340-16 de 550 hp
Envergadura	9,14 m
Comprimento	6,10 m
Altura	2,84 m
Área Alar	21,13 m^2
Peso Vazio	1.067 kg
Peso Máximo	1.637 kg
Armamento	2 metralhadoras Colt Browning de 7 mm sincronizadas 2 cabides ventrais, cada um com capacidade para portar uma bomba de 45,4 kg
Desempenho	
Velocidade Máxima	281 km/h
Razão de Subida	667 m/min
Teto Operacional	8.198 m
Alcance	530 km com combustível interno 1.100 km com tanque ventral de combustível

Continua

Comentários	
Total Adquirido	6 exemplares
Unidades Aéreas	1ª Divisão de Combate
	1º Grupo Misto de Combate, Observação e Patrulha
Designações	C1B
Matrículas	C1B-33 a C1B-38, respectivamente recebendo os códigos 1-C-1 a 1-C-6. Em 1936/1937, dois exemplares foram recodificados 1-C-19 e 1-C-20

Fairey Gordon

Fundada em 1915 por Richard Fairey, um dos pioneiros da aviação britânica, a Fairey Aviation Company começou fabricando aeronaves originalmente projetadas pela empresa britânica Shorts Brothers – empresa em que Fairey havia desempenhado o papel de engenheiro-chefe. Inicialmente, a fábrica era sediada em Londres, mas as exigências impostas pela Primeira Guerra Mundial fizeram com que a Fairey Aviation Company sofresse rápida expansão, organizando linhas de produção em três distintos locais no sul da Inglaterra. No início, Fairey dedicava-se à produção sob licença de aviões Shorts e de Havilland, mas em fevereiro de 1917, fez voar a primeira aeronave inteiramente projetada pela nova empresa: o Fairey Campania, um hidroavião de patrulha.

Em pouquíssimo tempo, a Fairey Aviation Company conquistou uma sólida reputação como fabricante de aeronaves navais, reputação essa criada com o desenvolvimento da família de aeronaves Fairey III. Ao realizar seu voo inaugural em setembro de 1917, o Fairey III foi um projeto de considerável longevidade graças aos sucessivos aperfeiçoamentos aplicados à célula básica. Tanto que alguns poucos exemplares ainda estavam em operação com a Fleet Air Arm (FAA – Arma de Aviação da Esquadra Britânica) em 1941, dois anos após o início da Segunda Guerra Mundial.

Ademais, o Fairey III serviu de ponto de partida para o desenvolvimento de projetos derivados como o Fairey Seal e o Fairey Gordon. Voando pela primeira vez em 3 de março de 1931, esse último foi desenvolvido através de

Ao todo foram adquiridas 20 unidades desse clássico e elegante monomotor biplano de fabricação britânica pela Marinha. Foto Arquivo Jackson Flores Jr. / Action Editora Ltda.

O Fairey Gordon 1-EB-4 com código de unidade da 1ª DEB da Base de Aviação Naval de Ladário configurado com flutuadores.

O Fairey Gordon 1-EB-2 com código de unidade da 1ª DEB do Centro de Aviação Naval do Rio de Janeiro configurado com trem de pouso convencional.

um expediente bastante simples: a remotorização e a introdução de algumas pequenas mudanças na célula básica do Fairey IIIF. O processo mostrou-se tão descomplicado que os primeiros 80 exemplares produzidos pela Fairey nada mais eram que 80 aeronaves Fairey IIIF modificados para o padrão Fairey Gordon.

Robusto e capaz de ser configurado com flutuadores ou trem terrestre, a Royal Air Force (RAF) recebeu 178 exemplares do Fairey Gordon Mk 1 e Mk 2. Esses foram empregados por um punhado de esquadrões daquela arma e serviram em diversos pontos do Império Britânico, como o Sudão, a Palestina e o Iraque. Nessa região, em abril e maio de 1941, diversos Fairey Gordon realizaram surtidas de bombardeio contra os revoltosos iraquianos.

O Fairey Gordon na Aviação Naval

O início das operações contra as forças rebeldes da Revolução Constitucionalista de 1932 mostrou claramente o despreparo material das Armas de Aviação do Exército e da Marinha. A Aviação Naval contava com uma reduzida quantidade de hidroaviões Savoia-Marchetti SM-55A e algumas poucas aeronaves de observação Vought O2U-2A como seus principais e mais modernos vetores aéreos, além do reforço de três hidroaviões Martin PM. Porém, eles eram insuficientes em número para executar o variado leque de tarefas que as operações bélicas daquele conflito demandavam.

Em consequência, as autoridades da Marinha e da Aviação Naval rapidamente trataram de retificar essa deficiência, iniciando negociações com diversas firmas

Dois Fairey Gordon da Aviação Naval voando em formatura. Ambos pertenciam ao 1º DEB da Base de Aviação Naval de Ladário. Foto Arquivo Jackson Flores Jr. / Action Editora Ltda.

que representavam, no Brasil, os fabricantes da indústria aeronáutica europeia e norte-americana. Entre essas estava a Walter & Cia., que representava, no Brasil, a Fairey Aviation. As conversas preliminares resultaram na apresentação, em 1º de setembro de 1932, de uma proposta de fornecimento que compreendia 10 aviões Fairey Gordon. Entretanto, em face das necessidades da Aviação Naval, essa proposta foi alterada – tanto no que dizia respeito às características técnicas da aeronave como à quantidade de aeronaves a ser fornecida para a Aviação Naval.

Existem indicações de que o contrato de encomenda foi assinado naquele mesmo mês de setembro e que, para atender à urgência brasileira em receber essas aeronaves, a Fairey logrou negociar com a RAF um total de 20 *slots* na linha de produção do Fairey Gordon Mk I destinados àquela força aérea. Mas como ocorreu com muitos contratos de encomenda de material aeronáutico firmados durante a Revolução Constitucionalista, os Fairey Gordon acabaram chegando ao Brasil após o fim do conflito, todos pelo mar, em outubro de 1932, a bordo do navio mercante Avila Star.

No último dia de 1932, já era 11 o número de aviões Fairey Gordon montados no Centro de Aviação Naval do Rio de Janeiro (CAvN RJ), trabalho realizado por técnicos brasileiros sob supervisão de pessoal enviado pelo fabricante. Por sua vez, caixotes com cinco aviões Fairey Gordon foram despachados para Porto Alegre (RS), sede inicial da Base de Aviação Naval do Rio Grande do Sul, a fim de constituírem a unidade aérea que operaria essas aeronaves.

Paralelo aos trabalhos de montagem e ensaios em voo dos Fairey Gordon, encontrava-se em curso o necessário processo para organizar as unidades aéreas que iriam operar essas aeronaves.

Em face das atribuições e tarefas que se pretendia dar aos Fairey Gordon, preliminarmente ficou acertado que seriam distribuídos entre unidades aéreas subordinadas à Defesa Aérea do Litoral (DAL). Consequentemente, através de Aviso de 10 de novembro de 1932, foram criadas a 1ª, 2ª e 3ª Divisões de Esclarecimento e Bombardeio – respectivamente sediadas na Base de Aviação Naval de Ladário (MT), Base de Aviação Naval do Rio Grande do Sul (RS) e Centro de Aviação Naval de Santa Catarina, em Florianópolis (SC). Quase 50 dias depois, foi criada a 4ª Divisão de Esclarecimento e Bombardeio (4ª DEB), com sede no

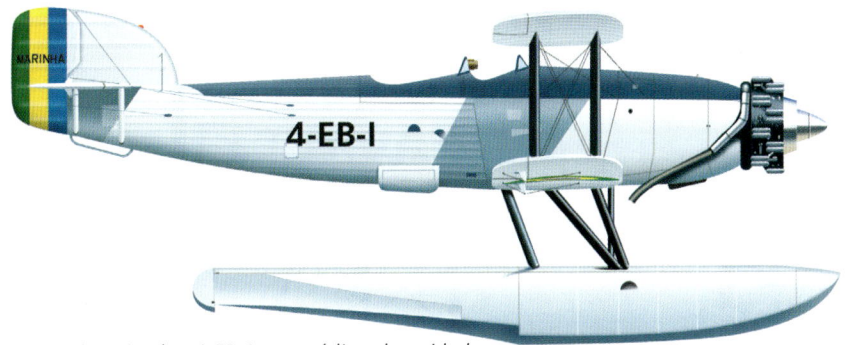

O Fairey Gordon 4-EB-1 com código de unidade da 4ª DEB da Base de Aviação Naval de Ladário configurado com flutuadores.

Centro de Aviação Naval do Rio de Janeiro (CAvN RJ) e, a exemplo das demais DEB, subordinada à Defesa Aérea do Litoral.

Em princípio, cada uma dessas Divisões de Esclarecimento e Bombardeio contaria com cinco aviões Fairey Gordon. No entanto, isso não aconteceu por diversos fatores – provavelmente o mais importante foi o deslocamento de vários desses aviões até Tabatinga (AM) para realizarem surtidas de vigilância de fronteira que garantiriam a neutralidade brasileira no ressurgimento da disputa territorial então em curso entre a Colômbia e o Peru, na região da cidade de Letícia (Colômbia).

O planejamento previa o envio de três Fairey Gordon pertencentes à 4ª DEB. Esses deviam voar até Belém (PA) para ser desmontados para posterior transporte fluvial até Tabatinga. Antes de deixarem o Rio de Janeiro, foi enviado, pelo mar, um contingente de 33 oficiais, graduados e praças, a fim de apoiar as atividades dos três aviões em Tabatinga. Além desse pessoal, seguiu ainda um variado leque de recursos materiais, desde peças de reposição para as aeronaves até um hangar desmontável.

Ao partir da Ponta do Galeão (RJ), em 22 de janeiro de 1933, os três Fairey Gordon encontraram muitas dificuldades, a começar pelas condições meteorológicas adversas encontradas no voo até Vitória (ES). Na capital capixaba, durante um pouso

O Fairey Gordon 1-EB-4 configurado para operações na água é visto, em 1933, em frente às instalações de campanha da Aviação Naval às margens do Rio Solimões, a 86 km de Tabatinga (AM). A 4ª DEB operou deslocada realizando missões de patrulha de fronteira, observando os desdobramentos do conflito territorial entre o Peru e a Colômbia. Foto Arquivo Action Editora Ltda.

Bela foto de um Fairey Gordon, que, na Aviação Naval, foi designado EF1. Suas missões na Marinha eram esclarecimento e bombardeio. Foto Arquivo Action Editora Ltda.

n'água, um dos hidroaviões colheu com o flutuador um chumaço de fios da rede elétrica que margeava as instalações do Porto de Vitória, o que causou a submersão da aeronave. Apesar de a tripulação ter sofrido leves escoriações e a aeronave ter sido resgatada quase que de imediato, as avarias exigiram que outro avião fosse enviado do CAvN RJ, o que aconteceu em 31 de janeiro.

Ao chegar a Salvador (BA), o Fairey Gordon, que substituiria a célula avariada em Vitória, capotou durante a corrida de amerrissagem. Temporariamente reduzido a dois aviões enquanto o terceiro era reparado em Salvador, o destacamento da 4ª DEB partiu para Maceió (AL) em 4 de fevereiro. No entanto, na amerrissagem no Porto de Maceió, uma das aeronaves colidiu com uma canoa, matando um pescador e provocando avarias em um dos flutuadores.

A odisseia de má sorte parecia não terminar enquanto os Fairey Gordon se deslocavam para o norte pelo litoral. Pequenas panes e danos dificultaram imensamente o voo de traslado, tanto que, ao chegarem às vizinhanças de São Luiz (MA), os Fairey Gordon já não tinham mais condições para continuar com o deslocamento. Consequentemente, foram desmontados e levados, por mar, até Belém (PA), sendo uma aeronave transportada de caminhão e outra rebocada por uma lancha.

Ao chegarem a Belém, desvaneceu-se a maré de azar que acompanhara os Fairey Gordon. Reparados por pessoal técnico da 4ª DEB que se encontrava naquela cidade paraense, as aeronaves realizaram diversos voos de ensaio (a ocasião foi propícia para realizar um dos primeiros levantamentos aerofotográficos de Belém). Ao finalizar essa etapa sem que ocorresse qualquer tipo de problema, os três Fairey Gordon foram desmontados e embarcados no navio Districto Federal, que fora arrendado para servir de base de apoio para essas aeronaves durante sua estadia na região de Tabatinga.

Finalmente, em 18 de março, o Districto Federal partiu para Manaus com os três Fairey Gordon a bordo, chegando ao seu destino cerca de uma semana mais tarde. Já que o navio atracou na margem esquerda do Solimões, nas vizinhanças de São Jerônimo e a 86 km de Tabatinga, o pessoal da 4ª DEB desmatou e aplainou uma área destinada ao hangar desmontável e construiu uma rampa para o levantamento e balizamento das áreas de amerrissagem e decolagem. Em seguida, foi erguido o hangar e foram montados os três aviões.

No final do mês, foram realizados voos de ensaio e as primeiras surtidas de vigilância; os Fairey Gordon patrulharam toda a região de Tabatinga, onde o Brasil faz fronteira com a Colômbia e o Peru, e deu especial atenção ao tráfego fluvial. Em cada uma dessas surtidas era mantido o contato com a estação de rádio do Districto Federal, que, frequentemente, despachava breves relatórios para o Comando da Aviação Naval no Rio de Janeiro. Durante as semanas de permanência na região de Tabatinga, os pilotos da 4ª DEB chegaram a executar surtidas noturnas – uma façanha, considerando os inexistentes recursos de auxílio à navegação aérea naquela região e o limitadíssimo instrumental de voo presente nos aviões.

Já que a maioria das aeronaves da 4ª DEB se encontrava fora de sua sede quando da criação da Base de Aviação Naval de Belém, em 23 de março de 1933, ficou estabelecido que aquela base passaria a ser sede da 4ª DEB. Porém, com a assinatura de um tratado provisório entre a Colômbia e o Peru, em maio daquele ano, e pela dificuldade em manter uma enorme cauda logística – quer para manter as aeronaves em condição de voo ou até mesmo para garantir o regular fornecimento de combustível –, essa providência não foi efetivada e os três Fairey Gordon regressaram ao CAvN RJ.

Em setembro de 1933, o ministro da Marinha determinou que fossem dissolvidas as quatro DEB e, em seu lugar, fosse criada a 1ª Flotilha de Aviões de Esclarecimento e Bombardeio (1ª FAEB). Essa mudança resultou na organização de duas esquadrilhas, cada qual composta de três seções nominalmente dotadas com três Fairey Gordon cada uma. Em 11 de setembro, um aviso deu distribuição desses aviões e a Força Aérea da Esquadra passou a contar com a 1ª e 2ª Seções da FAEB. Por sua vez, a Defesa Aérea do Litoral teria sob seu comando a 3ª Seção, enquanto o Centro de Aviação Naval de Santa Catarina (CAvN SC) contaria com a 4ª Seção. Já a Base de Aviação Naval de Ladário e a Base de Aviação Naval do Rio Grande do Sul passariam a dispor, respectivamente, da 5ª e 6ª Seções

O Fairey Gordon em seu ambiente natural, na Enseada Batista das Neves, em Angra dos Reis (RJ). Em 1933, um destacamento da 4ª DEB operou na região amazônica, mais precisamente em Tabatinga (AM), policiando a fronteira do país em razão do litígio ocorrido entre o Peru e a Colômbia naquele ano. Foto Arquivo Action Editora Ltda.

da FAEB. Esse aviso que deu nova distribuição aos Fairey Gordon da Aviação Naval determinou ainda que as aeronaves da 1ª, 2ª e 5ª Seções permaneceriam configurados com flutuadores, devendo os Fairey Gordon das demais Seções operarem com trem terrestre.

Se essa nova distribuição não fez com que os Fairey Gordon deixassem de operar em Florianópolis, Ladário, Porto Alegre e Rio de Janeiro, certamente alterou a quantidade presente em cada uma dessas Bases e Centros de Aviação Naval. Como resultado, o CAvN RJ passou a concentrar a maioria dos Fairey Gordon da Aviação Naval. Apesar de, administrativamente, a 1ª Flotilha de Aviões de Esclarecimento e Bombardeio ter existido de fato, aparentemente o hábito fez com que a denominação DEB persistisse durante muitos meses, ao menos no que tange às aeronaves que se encontravam em Florianópolis, Ladário e Porto Alegre.

Em meio a essas mudanças administrativas, as distintas unidades operadoras do Fairey Gordon trataram – dentro das limitações presentes – de desenvolver atividades aéreas que adestrassem as equipagens para as missões operacionais que lhes foram atribuídas. Para as unidades fora do Rio de Janeiro esse trabalho era especialmente difícil em face dos parcos recursos de infraestrutura presentes em sua sede, como a ausência de um estande de tiro. Mas para os Fairey Gordon da 4ª DEB, os anos de 1933 a 1935 foram particularmente ativos, com as aeronaves daquela unidade realizando toda sorte de exercícios com navios da Esquadra.

Três períodos de exercícios nos meses de maio, junho e julho de 1934 foram ilustrativos. Ao lançar bombas de demolição e de fragmentação, os Fairey Gordon realizaram surtidas de tiro ar-terra, voos de esclarecimento em benefício dos navios da Esquadra e cortinas de fumaça. Para tanto, eles fizeram uso de geradores de fumaça que empregavam tetracloreto de titânio líquido, um agente

Ao longo de sua carreira, diversos acidentes, capotagem e pilonagem foram registrados, tanto em terra como em pousos e decolagens no mar e em rios.
Foto Arquivo Jackson Flores Jr. / Action Editora Ltda.

Esta foto registra as dificuldades de operação da Aviação Naval em seus primeiros anos. A falta de infraestrutura era um fato limitador e nem aeronaves robustas como o EF1 escapavam dos percalços. Foto Arquivo Action Editora Ltda.

altamente tóxico e corrosivo que exigia que os três tripulantes usassem máscara contra gases, luvas de borracha e aventais de couro.

Entretanto, as dificuldades em manter o fornecimento regular de material aeronáutico de consumo para as unidades sediadas fora do Rio de Janeiro aumentaram a partir do final de 1933. Isso era especialmente verdade para os Fairey Gordon sediados em Florianópolis, Ladário e Porto Alegre. Os cortes orçamentários aplicados à Marinha se refletiram nas compras de material de consumo e, em pouquíssimo tempo, as taxas de disponibilidade dos Fairey Gordon naquelas unidades começaram a oscilar drasticamente.

Em consequência desse fenômeno, as autoridades da Aviação Naval decidiram extinguir a Base de Aviação Naval em Porto Alegre, o que efetivamente ocorreu em agosto de 1934. Em face dessa decisão, os quatro Fairey Gordon em poder da 2ª DEB foram transferidos, em junho, para o CAvN SC, deixando de existir a unidade de aviões que lá se encontrava e sendo sua denominação – 3ª DEB – repassada para a unidade sediada na Base de Aviação Naval em Ladário. Mas até mesmo essa providência – concentrar os Fairey Gordon em três sedes em vez de quatro – não surtiu o efeito desejado. Assim, no transcorrer de 1935, as cinco aeronaves que se encontravam distribuídas à 2ª DEB no CAvN SC foram recolhidas ao CAvN RJ e incorporadas ao acervo da 1ª Flotilha de Esclarecimento e Bombardeio (1ª FEB, antiga 1ª FAEB).

O mês de janeiro de 1936 encontrou a Aviação Naval com uma frota de 15 aviões Fairey Gordon, os demais tendo se perdido em acidentes – clara indicação da elevada taxa de atrito sofrida por esses aviões. Doze deles se encontravam com a 1ª FEB e três com a 3ª DEB, mas, até o final daquele ano, o quadro sofreria ainda outra mudança, já que, em dezembro, foi extinta a Base de Aviação Naval em Ladário, sendo os Fairey Gordon da 3ª DEB levados ao Rio de Janeiro para serem incorporados à 1ª FEB.

Apesar das muitas dificuldades logísticas sofridas pelos Fairey Gordon, eles continuaram a desempenhar galhardamente suas tarefas, mesmo quando a 1ª FEB não conseguia oferecer para o voo mais do que duas ou três aeronaves.

Considerável empenho por parte do pessoal técnico das Oficinas Gerais da Aviação Naval (OGAN) durante a última metade de 1936 fez com que a 1ª FEB

Um EF1 com marcas da 4ª DEB armado com bombas de 54 kg. Em janeiro de 1941, as aeronaves remanescentes foram repassadas à FAB. Foto Arquivo Action Editora Ltda.

elevasse a média semanal de disponibilidade para seis a sete aeronaves – quase todas configuradas com trem terrestre em face da escassez de flutuadores em boas condições. Mesmo assim, esse esforço permitiu que os Fairey Gordon participassem dos exercícios da Esquadra na região da Ilha Grande (RJ), bem como de deslocamentos como aquele realizado até o CAvN SC em junho de 1937.

Entretanto, estava claro que o intenso uso dessas aeronaves e as dificuldades orçamentárias que inibiam o necessário apoio logístico reduziram a longevidade dos Fairey Gordon da Aviação Naval. A partir de 1938, como resultado do processo de "canibalização" que lhes foi aplicado, o número de células foi gradativamente caindo. Quando da criação do Ministério da Aeronáutica, existiam somente quatro exemplares com somente dois em condições de voo.

Fairey Gordon	
Período de Utilização	De 1932 até 1941
Fabricante	Fairey Aviation Company, Ltd., Hamble (Reino Unido)
Emprego	Esclarecimento e bombardeio
Características Técnicas	
Motor	Armstrong Siddeley Panther IIA de 550 hp
Envergadura	13,94 m
Comprimento	11,19 m
Altura	4,32 m
Área Alar	40,70 m^2
Peso Vazio	1.587 kg
Peso Máximo	2.679 kg

Continua

Armamento	1 metralhadora fixa Vickers .303 na fuselagem 1 metralhadora móvel Vickers .303 na nacele traseira Até 227 kg em bombas de 54 kg ou de 100 kg
Desempenho	
Velocidade Máxima	193 km/h
Razão de Subida	304 m/min
Teto Operacional	6.705 m
Alcance	964 km
Comentários	
Total Adquirido	20 exemplares
Unidades Aéreas	1ª Divisão de Esclarecimento e Bombardeio 2ª Divisão de Esclarecimento e Bombardeio 3ª Divisão de Esclarecimento e Bombardeio 4ª Divisão de Esclarecimento e Bombardeio 1ª Seção/1ª Flotilha de Aviões de Esclarecimento e Bombardeio 2ª Seção/1ª Flotilha de Aviões de Esclarecimento e Bombardeio 3ª Seção/1ª Flotilha de Aviões de Esclarecimento e Bombardeio 4ª Seção/1ª Flotilha de Aviões de Esclarecimento e Bombardeio 5ª Seção/1ª Flotilha de Aviões de Esclarecimento e Bombardeio 6ª Seção/1ª Flotilha de Aviões de Esclarecimento e Bombardeio 1ª Flotilha de Esclarecimento e Bombardeio
Designações	E1F
Matrículas	Atribuídas as matrículas E1F-47 a E1F-66. Entretanto, um lapso burocrático fez com que houvesse duplicação de matrículas para quatro células. Como resultado, as matrículas efetivamente utilizadas foram E1F-47 a E1F-49, E1F-51 a E1F-56, E1F-53A a E1F-56A, E1F-60 a E1F-66

Vought V-66B Corsair

O sucesso alcançado com seus aviões O2U/UO Corsair encorajou a empresa norte-americana Chance Vought Corporation a dar continuidade ao desenvolvimento dessa família de aeronaves de observação. Não somente para a Marinha (United States Navy – USN) e para os Fuzileiros (United States Marine Corps – USMC) que, a partir de 1929, já buscavam um substituto para as muitas versões do O2U e UO que empregavam desde 1927, mas para o crescente mercado de exportação.

Ao fazer uso da célula básica do O2U Corsair, a Vought aplicou uma discreta, mas extensa, lista de melhoramentos aerodinâmicos, para equipar ainda a nova aeronave com uma nova versão do motor Pratt & Whitney R-1340. Essas e outras modificações resultaram em um avião com capacidade operacional e desempenho perceptivelmente superiores aos de seu antecessor. Finalizado o projeto, em meados de 1930, a Vought o apresentou à USN, que prontamente se entusiasmou com a nova aeronave. Designado como O3U-1, o novo avião concluiu a campanha de ensaios em fevereiro de 1931. Mas tal era a confiança da Marinha no O3U Corsair II que ela assinou um contrato de encomenda que compreendia 36 células – a primeira das quais foi entregue em janeiro de 1931.

Entre o final de 1930 e 1935, a Marinha dos Estados Unidos receberia 312 exemplares do O3U distribuídos entre nove distintas versões, incluindo os SU-1, SU-2, SU-3 e SU-4 – esses últimos destinados ao serviço de aviação dos

Marines. Ao operar nos mais variados rincões do globo terrestre, quer com flutuadores, quer com trem terrestre, os Corsair II foram o principal vetor de observação da USN e a principal plataforma de vigilância e bombardeio à disposição dos Fuzileiros Navais dos Estados Unidos.

Em paralelo aos trabalhos decorrentes da produção do O3U-1, do SU-1 e das subsequentes versões do Corsair II para a USN e o USMC, a Vought tratou de desenvolver uma versão de exportação da aeronave. Com a designação V-50, ela ficou pronta em 1931 e foi rapidamente apresentada a potenciais compradores. Não tardou para que diversas forças aéreas se interessassem pelo V-50 e, entre 1932 e 1936, nada menos do que 153 unidades foram fabricadas para países como Alemanha, Argentina, China, México, Peru e Tailândia. Os exemplares chineses foram extensamente empregados durante o conflito sino-japonês, entre 1937 e 1945.

O Vought V-66B na Aviação Naval

A eclosão da Revolução Constitucionalista de 1932 encontrou o Corpo de Aviação Naval com pouquíssimos aviões. Não somente eram parcos os meios aéreos à disposição, mas muitos eram inadequados para cumprir o variado leque de missões que as circunstâncias exigiam. Com a Marinha contando com uma reduzidíssima frota de aviões O2U-2A, as primeiras semanas de operações aéreas da Revolução de 1932 mostraram claramente que a Aviação Naval necessitava com urgência de mais plataformas de observação.

Consequentemente, as autoridades da Aviação Naval e da Marinha do Brasil trataram de sanar essa deficiência o mais rapidamente possível. Através da empresa Mayrink Veiga, que representava a Chance Vought Corporation no Brasil, foi assinado um contrato de encomenda que compreendia oito aviões que eram uma versão do Vought V-50. Em face das diferenças entre o V-50 e o avião encomendado pela

Assim como os O2U e os Avro 504, os V-66B também foram adquiridos com capacidade para empregar flutuadores ou configurado (como o 1-O-17 da foto) na versão terrestre com trem convencional. Foto Arquivo Action Editora Ltda.

O V-66B Corsair 1-O-3 da 1ª Divisão de Aviões de Observação (1ª DAO) com sede no CAvN RJ, situado na Ponta do Galeão, no Rio de Janeiro.

O V-66B Corsair 1-O-3 da 1ª DAO, com sede no CAvN RJ, configurado com trem de pouso.

O V-66B Corsair 2-O-6 da 2ª Divisão de Aviões de Observação (2ª DO) com sede em Belém do Pará (PA).

Aviação Naval – especialmente em termos de equipamento –, esses receberam a designação V-66B (o sufixo B indica o país contratante, neste caso, o Brasil).

Mas como ocorreu com muitas encomendas celebradas entre o governo federal e diversas empresas estrangeiras, os Vought V-66B ficaram prontos muitas semanas após o fim do conflito. De fato, os oito aviões só chegaram ao Brasil nos derradeiros dias de 1932, depois de serem transportados, por via marítima. Oriundos dos Estados Unidos, a montagem do primeiro só ocorreu em janeiro de 1933. Mesmo com todos os aviões prontos em março daquele ano, o pessoal da Aviação Naval travou uma longa luta para deixar essas aeronaves operacionalmente prontas. O principal problema era o equipamento de rádio instalado nos V-66B, inadequado, o que exigiu a elaboração de uma nova instalação e a adaptação desse equipamento às exigências ambientais peculiares ao Brasil, problemas que só foram resolvidos no final daquele ano.

Antes mesmo da chegada dos V-66B ao Brasil, a intenção era distribuir todos esses aviões à 1ª Divisão de Observação (1ª DO), uma unidade criada em 10 de novembro de 1932 com sede no Centro de Aviação Naval do Rio de Janeiro (CAvN RJ). Subordinada à Defesa Aérea do Litoral, essa distribuição foi provisória – especialmente à luz dos eventos em curso no noroeste do Brasil. A guerra entre a Colômbia e o Peru na Região Amazônica de Letícia exigiu o uso de numerosos recursos do Exército e da Marinha, a fim de garantir a defesa da neutralidade brasileira naquele conflito. Com o Brasil desempenhando o papel de mediador entre aqueles dois países, foram despachadas aeronaves da Aviação Naval para a zona do conflito e entre elas estavam três Vought V-66B, que foram enviados a Belém (PA) no início de 1933. Em consequência, em 23 de março daquele ano, foi criada a Base de Aviação Naval de Belém, bem como a 2ª Divisão de Observação (2ª DO) – a unidade aérea que operaria os três V-66B.

Mas a longevidade desse ato foi bastante efêmera, já que, naquele ano, os V-66B foram recolhidos ao CAvN RJ e entregues à 1ª DO em atenção a uma determinação do Estado-Maior da Armada. Em setembro de 1933, assistiu-se à nova mudança para os V-66B – ao menos no papel –, pois foram dissolvidas a 1ª e 2ª DO, tendo sido criada, em seu lugar, a Flotilha de Observação. E outra alteração foi registrada no final de outubro, quando o Ministro da Marinha determinou que a recém-criada 1ª Divisão de Aviões de Observação (1ª DAO), com sede no CAvN RJ, operaria todos os V-66B Corsair da Aviação Naval. No entanto, por motivos

O Vought V-66B Corsário pertencente ao 1º Grupo de Combate, Observação e Patrulha (1º GMCOP). Essa unidade concentrou todos os V-66B da Marinha em novembro de 1935, operando-os até sua transferência para a FAB, em 1941. Foto Arquivo Action Editora Ltda.

Três Vought V-66B Corsário, como eram chamados na Marinha, voam em formação. Os V-66B foram empregados pela Aviação Naval em missões de treinamento e de bombardeio. Foto Arquivo Jackson Flores Jr. / Action Editora Ltda.

hoje desconhecidos, as altas autoridades da Marinha acharam por bem aplicar mais outra mudança, dessa vez alterando, em março de 1934, a denominação da 1ª DAO para 2ª Divisão de Aviões de Observação (2ª DAO), que ficaria sediada no CAvN RJ e contaria exclusivamente com aviões V-66B Corsair.

Enquanto essa sucessão de mudanças estava em curso, o pequeno núcleo de pilotos, pessoal aeronavegante e mecânicos, encarregados da operação e manutenção dessas aeronaves, tratou de conhecer mais a fundo o V-66B. Durante boa parte de 1933, apesar das já mencionadas restrições, os V-66B – ou O2V como foram oficialmente designados esses aviões pela Aviação Naval – participaram de diversos eventos aeronáuticos de destaque. Porém, foi somente em dezembro de 1934 que foram novamente convocados a desempenhar um papel mais agressivo e próximo à missão para a qual foram adquiridos. O recrudescimento dos combates entre bolivianos e paraguaios na chamada Guerra do Chaco e a ocorrência de um incidente com um navio pertencente à empresa Lóide Brasileiro, o Paraguay, alvejado por aviões bolivianos, fizeram com que as autoridades da Aviação Naval despachassem aeronaves para Mato Grosso. Entre essas se encontravam seis aviões V-66B, enviados para a Base de Aviação Naval de Ladário com a missão de executar a vigilância da fronteira. Mas essa tarefa foi de curta duração, pois os V-66B lá permaneceram pouco menos de três semanas antes de regressar para sua sede, na Ponta do Galeão.

Apesar de a frota de V-66B da 2ª DAO se encontrar reduzida para sete exemplares após a perda de um avião em março de 1934 quando realizava um voo de instrução sobre o Rio de Janeiro, o início de 1935 não trouxe mais alterações para aquela unidade. Além das surtidas de adestramento, periodicamente os

Imagem rara. Quatro V-66B Corsário configurados para operações terrestres. Ao todo a Aviação Naval empregou oito exemplares designados O2V.
Foto Arquivo Jackson Flores Jr. / Action Editora Ltda.

Corsários – como eram popularmente denominados os V-66B – eram convocados a participar de exercícios com navios da Esquadra, realizando missões de espotagem de tiro ou serviços de correio.

No entanto, dificuldades de toda ordem frenaram o correto crescimento da Aviação Naval e de suas unidades aéreas, incluindo a 2ª DAO e seus V-66B. Ao dispor de reduzido efetivo – quer de pessoal aeronavegante ou técnico – e modestíssimos recursos orçamentários que inibiam a desejada evolução das unidades de emprego, as autoridades da Marinha procuraram dar nova organização à Aviação Naval. Em novembro de 1935, um aviso do ministro da Marinha determinou a extinção de diversas divisões, incluindo a 2ª DAO, e a concentração do acervo dessas unidades e de seu pessoal em uma unidade aérea: o 1º Grupo de Combate, Observação e Patrulha (1º GMCOP), sediado no CAvN RJ. A ida dos V-66B para o 1º GMCOP não resultou em grandes mudanças do ponto de vista prático. Os Corsários continuaram a desempenhar os rotineiros voos de adestramento, periodicamente sendo chamados para participar nos exercícios da Esquadra realizados na região da Ilha Grande (RJ).

Quando foi organizado, em 1936, o 1º GMCOP nominalmente dispunha de sete células de V-66B. Mas o natural desgaste do material já cobrava seu preço. No início de 1936, somente dois desses aviões estavam disponíveis para uso, os demais se encontravam em revisão geral ou então indisponíveis para voo. Os flutuadores centrais e de ponta de asa de todos os V-66B se encontravam danificados, limitando o leque de missões que poderiam ser cumpridas. Os parcos recursos financeiros à disposição da Aviação Naval impediam a compra de material de reposição em quantidade proporcional à utilização que estava sendo dada a esses aviões, quadro agravado pelos acanhados meios técnicos destinados aos serviços de manutenção de grande porte e de reparos de aeronaves.

Mesmo assim, os V-66B continuaram a executar missões de espotagem de tiro em benefício dos navios da Esquadra, entre outros trabalhos. Acrescidos de um exemplar que recém-terminara os serviços de revisão geral, os três Corsários do 1º GMCOP foram intensamente empregados durante todo o terceiro trimestre de 1936 nos exercícios da Esquadra, quer na Ilha Grande (RJ) ou ao largo de Niterói.

De fato, para os V-66B, o ritmo das operações aéreas com a Esquadra aumentara muito, principalmente porque não havia outra plataforma disponível que pudesse realizar as desejadas tarefas. Como consequência, a frota de aviões V-66B foi lentamente definhando, um processo agravado por acidentes que temporariamente indisponibilizavam um ou mais desses aviões ou então resultavam na perda total da célula. Como semelhante fenômeno estava ocorrendo com os demais tipos de aeronave pertencentes ao acervo do 1º GMCOP, em março de 1937, um Aviso do Ministro da Marinha extinguiu aquela unidade. Em seu lugar foi constituído o 1º Grupo de Observação e Caça, que contava com os Boeing 256 ainda existentes na Aviação Naval e os seis Corsários da dotação do extinto 1º GMCOP.

Ao chegar o ano de 1938, já estava claro que o fim da vida operacional do V-66B da Aviação Naval já estava próximo. Apesar de documentos da época não registrarem quando esses aviões deixaram de operar, existem informações de que dois V-66B continuaram intermitentemente em atividade até 1940 e que um exemplar chegou a ser transferido para a Força Aérea Brasileira após a criação do Ministério da Aeronáutica, em janeiro de 1941.

Vought V-66B Corsair

Período de Utilização	De 1933 até 1941
Fabricante	Chance Vought Corporation, East Hartford (Connecticut – EUA)
Emprego	Observação e bombardeio
Características Técnicas	
Motor	Pratt & Whitney R-1340-12 de 560 hp
Envergadura	10,97 m
Comprimento	7,97 m
Altura	3,25 m
Área Alar	30,24 m^2
Peso Máximo	1.813 kg
Armamento	1 metralhadora fixa Colt Browning MG40 .30 na asa superior 1 metralhadora móvel Colt Browning MG40 .30 ou Lewis .303
Desempenho	
Velocidade Máxima	317 km/h
Razão de Subida	472 m/min
Teto Operacional	6.100 m
Comentários	
Total Adquirido	8 exemplares
Unidades Aéreas	1ª Divisão de Aviões de Observação 2ª Divisão de Aviões de Observação 1ª Divisão de Observação 2ª Divisão de Observação 1º Grupo de Combate, Observação e Patrulha 1º Grupo de Observação e Caça
Designações	O2V
Matrículas	O2V-39 a O2V-46

WACO CSO

Ao conquistar, no final da década de 1920, significativos nichos do mercado norte-americano, a Waco Aircraft Company foi, paulatinamente, expandindo o seu espaço além das fronteiras daquele país. Em muito isso se deveu ao desenvolvimento de modelos que faziam uso de uma fuselagem robusta e padronizada, unindo-a a uma variada gama de motores e superfícies portantes. Esse procedimento resultou em aviões dotados de grande flexibilidade, que atendendiam a segmentos específicos do mercado.

Entre os muitos modelos inicialmente produzidos pela Waco, encontrava-se o Model 10 – um avião biplano e *triplace* que contava com treliça de alumínio, cavernas e tirantes de madeira. Com a célula inteiramente recoberta por tela aeronáutica, essa aeronave apresentava linhas simples e dóceis características de voo, elevada robustez e fácil manutenção. Esse avião deu origem a diversas versões, cada qual dotada com motor de potência máxima que oscilava entre 140 hp e 250 hp.

Entre as versões desenvolvidas estava o WACO CSO, um biplano com asas retas, duas naceles abertas capazes de acomodar um piloto e dois passageiros, bem como um motor radial de potência superior aos demais membros da família. Voou pela primeira vez em 1929. A produção do CSO foi até bastante modesta quando comparada aos demais modelos dessa família – aproximadamente 78 exemplares.

O WACO CSO na Aviação Naval

A eclosão, em julho de 1932, da Revolução Constitucionalista provocou a acelerada aquisição de material bélico para equipar as forças federais. Entre as muitas prioridades do Exército e da Marinha figurava a compra de modernos aviões para recompor seus respectivos corpos de aviação. Muitas aeronaves encomendadas naquela ocasião não chegaram ao Brasil a tempo de participar das operações aéreas daquele conflito, mas a liberação de recursos possibilitou a aquisição de material aeronáutico que não aquele destinado exclusivamente às tarefas de combate.

O WACO CSO foi outra aeronave usada pela Aviação Naval que podia ser configurada tanto com flutuadores como com trem de pouso, para operação terrestre. Somente oito exemplares serviram na Aviação Naval. Foto DPHDM.

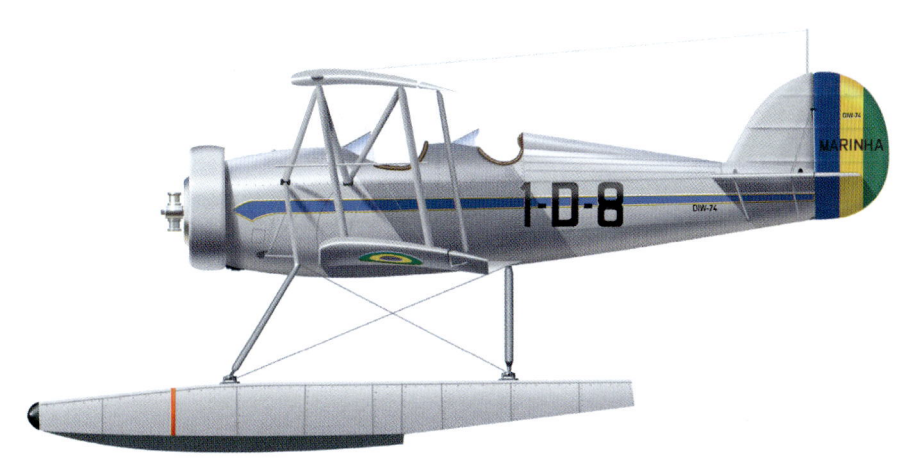

O WACO CSO 1-D-8 com marcas que identificam que ele pertencia à 1ª Divisão de Treinamento da Escola de Aviação Naval.

No caso da Marinha do Brasil e da Aviação Naval, o desejo de expandir as atividades do Correio Aéreo da Esquadra – que logo depois seria redenominado Correio Aéreo Naval – norteou um dos programas de compra de aviões da Marinha, tarefa facilitada pela presença no Brasil de técnicos e de um piloto da Waco Aircraft Company que vieram demonstrar o WACO 240A. Fora o armamento, ele era praticamente idêntico aos WACO CSO que o Exército havia recentemente adquirido para operar nas linhas do Correio Aéreo que organizara no ano anterior.

A Marinha do Brasil firmou um contrato de encomenda, que compreendia oito aviões WACO CSO, através da Casa Mayrink Veiga. Porém, ao contrário dos exemplares recebidos pelo Exército, os CSO da Aviação Naval foram entregues com equipamento e modificações necessárias à instalação de dois flutuadores Edo, que eram flutuadores produzidos em alumínio por uma empresa norte-americana com esse nome. Dessa forma, isso permitia que esses aviões fossem utilizados como aviões terrestres ou marítimos.

Algumas fontes sugerem que os primeiros exemplares chegaram ao Brasil nas últimas semanas de 1932. Seja como for, em janeiro do ano seguinte, já havia sido estabelecido que esses aviões seriam incorporados ao acervo da 1ª Divisão de Treinamento (1ª DT), uma unidade subordinada à Escola de Aviação Naval (EAvN). Apesar da denominação da unidade, foi-lhe atribuída como principal tarefa a execução das linhas já existentes do Correio Aéreo Naval (CAN), bem como de outras, novas.

Os WACO CSO passaram a voar nas poucas linhas no CAN que irradiavam do Centro de Aviação Naval do Rio de Janeiro (CAvN RJ), sede da 1ª DT. Mas, em pouco tempo, esse quadro mudou significativamente, e os CSO da Aviação Naval começaram a sair quase diariamente em surtidas para os litorais sul e norte do Rio de Janeiro, bem como para o litoral paulista. Ligando as muitas localidades que pontilham aqueles trechos da costa brasileira, os CSO visitaram com frequência lugares como Armação dos Búzios, Angra dos Reis, Parati e Cananeia.

Porém, a intensa atividade desses aviões acarretou um elevado índice de perdas registradas durante os quase oito anos que operaram nas linhas do Correio Aéreo Naval. De fato, quando da criação do Ministério da Aeronáutica, em janeiro de 1941, e a consequente transferência de todo o acervo aeronáutico da Marinha para a Força Aérea Brasileira, só existiam três WACO CSO em condições de voo.

WACO CSO	
Período de Utilização	De 1933 até 1941
Fabricante	Waco Aircraft Company, Troy (Ohio – EUA)
Emprego	Correio aéreo
Características Técnicas	
Motor	Wright Whirlwind R-760 de 250 hp
Envergadura	9,32 m
Comprimento	6,85 m
Altura	2,79 m
Área Alar	26,75 m²
Peso Vazio	738 kg
Peso Máximo	1.179 kg
Armamento	Não dispunha de armamento
Desempenho	
Velocidade Máxima	209 km/h
Razão de Subida	365 m/min
Teto Operacional	5.791 m
Alcance	868 km
Comentários	
Total Adquirido	8 exemplares
Unidades Aéreas	1ª Divisão de Treinamento
Designações	D1W
Matrículas	D1W-67 a D1W-74

de Havilland DH-82 e DH-82A Tiger Moth

No rastro do enorme sucesso alcançado com o DH-60 Moth, a de Havilland Aircraft Company (DHC) desenvolveu diversas versões daquele diminuto avião biplace. Porém, no início de 1931, o Ministério do Ar britânico lançou um requisito sob a égide do Specification 15/31, que pedia um novo avião de treinamento primário para a Royal Air Force.

Uma versão do DH-60 Moth pareceria ser um candidato natural ao Specification 15/31, mas os requisitos técnicos exigiam um avião significativamente diferente. Um desses requisitos estabelecia que o ocupante da nacele dianteira, munido de paraquedas, deveria dispor da capacidade para abandonar seu posto com facilidade. Por si só, essa exigência desqualificava o DH-60 em face da localização dos montantes da seção central da asa superior. Assim, Geoffrey de Havilland – fundador da DHC e seu engenheiro-chefe – aplicou diversas modificações ao projeto básico do DH-60, a principal sendo o deslocamento da seção central para a frente. Para reduzir o indesejado deslocamento do centro de gravidade da aeronave, as asas receberam leve enflexamento. Outra mudança foi a instalação do motor de Havilland Gipsy III de 120 hp, uma versão invertida do Gipsy II.

O concorrente era o Avro 631 Cadet, mas, naquele mesmo ano o Air Ministry declarou vencedor o avião oferecido pela DHC. Inicialmente com a designação e o nome DH-60 Tiger Moth, o avião era suficientemente diferente a ponto de merecer designação própria: DH-82. Após os protótipos serem submetidos a testes e os ensaios de certificação de praxe serem concluídos, no quarto trimestre de 1931, o Air Ministry assinou um contrato de encomenda para um lote inicial de 35 exemplares do Tiger Moth, dando, assim, início à carreira de um dos mais famosos biplanos de treinamento do mundo.

Contudo, já que seria conveniente aplicar algumas alterações ao DH-82, a de Havilland Company desenvolveu o DH-82A, que contava com motor de Havilland Gipsy Major de 130 hp, dorso da fuselagem traseira em contraplacado e outras pequenas melhorias.

Após entrarem em serviço com o Central Flying School da RAF, em fevereiro de 1932, paulatinamente, os Tiger Moth também se fizeram presentes nos estabelecimentos de ensino aeronáutico da reserva aérea da Royal Air Force. Às vésperas da Segunda Guerra Mundial, já eram mais de 500 Tiger Moth em operação com aquela força, e a RAF encomendou, durante aquele conflito, nada menos que 4.005 especificamente para seu uso. Para atender a essa demanda e desafogar as linhas de produção da DHC para a fabricação de outras aeronaves, 3.214 exemplares foram construídos pela Morris Motors Ltd., então um dos principais fabricantes de automóveis do Reino Unido.

Ao todo, foram produzidas 8.868 unidades do Tiger Moth, 3.065 das quais nas instalações da DHC em Hatfield (Reino Unido). Os demais exemplares foram fabricados sob licença na Austrália, no Canadá (responsável pela construção de 1.523 unidades do DH-82C), em Portugal, na Noruega e na Suécia. Porém, a lista de operadores do Tiger Moth antes e durante a Segunda Guerra Mundial foi muito maior, compreendendo praticamente todos os países da Comunidade Britânica e até mesmo a USAAF.

Tiger Moth com código 2-I-2 pertencente à 2ª Divisão de Instrução da EAvN. Ao todo, 17 DH-82/A operaram na Aviação Naval. Foto Arquivo Action Editora Ltda.

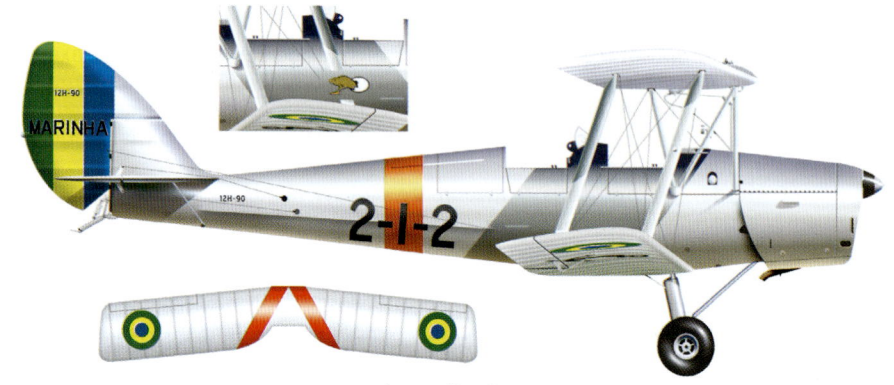

de Havilland DH-82 Tiger Moth com as marcas da 2ª Divisão de Instrução da EAvN da Marinha do Brasil.

Como avião de treinamento primário, o Tiger Moth permaneceu em atividade na RAF até 1952, ao ser substituído pelo de Havilland Chipmunk. Mas alguns exemplares da Royal Navy teimosamente continuaram voando até 1971. Porém, o Tiger Moth ganhou considerável sobrevida no meio civil após a RAF liberar, para venda, vastas quantidades desse biplano. Inicialmente empregados em instrução aérea nos muitos aeroclubes do Reino Unido, diversos foram modificados para realizar serviços especializados, como rebocadores de faixa e aeronaves multifunção na aviação agrícola.

Atualmente, existe cerca de 250 exemplares do Tiger Moth em operação, a maioria com colecionadores ou empresas especializadas, que prestam serviços à indústria cinematográfica.

Os de Havilland DH-82 e DH-82A Tiger Moth na Aviação Naval

A fim de recompor seus meios aéreos de instrução, a Aviação Naval encomendou 12 exemplares do DH-60T Moth Trainer na primeira metade de 1932. Com a eclosão da Revolução Constitucionalista naquele mesmo ano, as autoridades aeronáuticas da Marinha acharam por bem encomendar outra dúzia daqueles aviões. Porém, possivelmente como resultado de uma oferta apresentada pelos representantes brasileiros da de Havilland Aircraft Company, em outubro de 1932, foram encomendados ainda cinco exemplares do DH-82 Tiger Moth.

Enquanto o planejamento da Aviação Naval previa a distribuição dos DH-60T Moth Trainer à Escola de Aviação Naval, com sede no Centro de Aviação Naval do Rio de Janeiro (Galeão – RJ), os planos para os recém-adquiridos Tiger Moth contemplavam outro destino. Pouco após a criação da Base de Aviação Naval em Porto Alegre (BAvN PA), em novembro de 1932, foi organizada a 2ª Divisão de Instrução. Essa unidade aérea passaria a ser sediada na BAvN PA, cabendo-lhe os cinco Tiger Moth encomendados em outubro de 1932.

Embarcados no navio mercante Sarthe, em 4 de janeiro de 1933, os cinco DH-82 foram transportados em caixotes até Porto Alegre (RS), onde foram desembarcados em meados de fevereiro de 1933 e levados às instalações da BAvN PA. Montados, eles realizaram seus primeiros voos nos derradeiros dias de março de 1933.

A exata atribuição da 2ª Divisão de Instrução e seus recém-chegados DH-82 Tiger Moth é hoje um pouco nebulosa. No entanto, as indicações são de que essa unidade daria formação ao pessoal da Reserva Naval Aérea. Seja como for, a existência da 2ª Divisão de Instrução na BAvN PA foi relativamente efêmera, posto que, em junho de 1934, os seus Tiger Moth foram recolhidos ao Centro de Aviação Naval do Rio de Janeiro e absorvidos pela Escola de Aviação Naval. Mas, nesse ínterim, em 28 de maio de 1933, deu-se a perda total do primeiro Tiger Moth brasileiro. Pilotado pelo Ten Paulo Sampaio – futuro presidente da Panair do Brasil –, a aeronave sofreu uma pane e caiu no bairro da Tristeza, em Porto Alegre.

Aparentemente satisfeitos com o rendimento do Tiger Moth e com a necessidade em ampliar a dotação dos meios aéreos à disposição da Escola de Aviação Naval (EAvN), em outubro de 1934, foi sugerida a aquisição de mais 12 aviões Tiger Moth. Em consequência, na primeira metade de 1935 foi assinado um novo contrato de encomenda com a de Havilland Aircraft Company, que abrangia 12 unidades da versão mais nova do Tiger Moth, o DH-82A.

Divididos em dois lotes, os 12 aviões DH-82A foram transportados, por via marítima, até o Porto do Rio de Janeiro, em caixotes contendo as aeronaves sendo encaminhados para as instalações da EAvN. Como o primeiro lote chegou em meados de julho, os aviões foram prontamente montados e três foram ensaiados nos derradeiros dias daquele mês. O segundo lote aparentemente chegou dias depois, pois até o dia 15 de agosto os 12 aviões DH-82A Tiger Moth já se encontravam montados e ensaiados.

Integrados à frota da EAvN e compondo a 2ª Divisão de Instrução daquela escola – junto com os DH-82 recebidos em 1933 – todos os Tiger Moth receberam indicadores de unidade, sendo atribuídos aos novos DH-82A os códigos 2-I-5 a 2-I-16. Operando lado a lado com os DH-60T Moth Trainer, os Tiger Moth passaram a dar instrução aos alunos matriculados na EAvN, bem como ao pessoal da Reserva Naval Aérea.

Entre 1933 e 1937, os Tiger Moth foram empregados na instrução dos novos pilotos da Aviação Naval. Foto Arquivo José de Alvarenga.

Linha de voo de aeronaves DH-82/A da Aviação Naval. Em 1941, três DH-82 e sete DH-82A foram repassados ao Ministério da Aeronáutica para equipar a FAB.
Foto Arquivo Jackson Flores Jr. / Action Editora Ltda.

Porém, a carreira dos Tiger Moth na Escola de Aviação Naval também seria breve. Os planos da Marinha do Brasil para organizar uma fábrica de aviões ganharam velocidade após a assinatura de um contrato com a Focke-Wulf Flugzeugbau AG na primeira metade de 1936, o qual previa a produção de aviões de treinamento primário Focke-Wulf Fw-44J – os quais substituiriam os DH-60 e DH-82/DH-82A da EAvN.

A incorporação dos primeiros Fw-44J, em junho de 1937, e o início da instrução aérea com essas aeronaves, dois meses depois, efetivamente marcaram o fim do Tiger Moth como plataforma dedicada à formação de novos aviadores navais. De fato, três Tiger Moth já haviam sido redistribuídos naquele mês, dois destinados à Divisão de Treinamento da Base de Aviação Naval do Rio de Janeiro (BAvN RJ) e um para a Divisão de Treinamento da Base de Aviação Naval do Rio Grande do Sul (BAvN RS) – essa última com sede em Rio Grande (RS). Em setembro, outros três foram destinados à Divisão de Treinamento da BAvN RJ, enquanto a Divisão de Treinamento da Base de Aviação Naval de Santa Catarina (BAvN SC) já contava com seu primeiro Tiger Moth.

Aos poucos, os Tiger Moth da EAvN foram encaminhados para seus novos lares. Em outubro de 1937, em reconhecimento à nova atribuição como avião de emprego geral, os DH-82/DH-82A foram redesignados como D2H e D2H1. Com as Divisões de Treinamento da BAvN RJ, BAvN RS e BAvN SC, acrescido pela Base de Aviação Naval de Santos (BAvN ST), os Tiger Moth eram usados principalmente como avião de adestramento ou empregados em diversas tarefas utilitárias.

Salvo mudança de designação dos Tiger Moth, que voltaram a ser designados como I2H e I2H1, após 1937, foram poucas as mudanças de peso registradas na vida operacional dos DH-82/DH-82A da Marinha. Contudo, gradativamente, esses aviões incorporaram ao leque de tarefas que já realizavam a execução de missões em proveito do Correio Aéreo Naval.

As evidências sugerem que esse trabalho limitava-se às linhas regionais dentro da jurisdição das Bases Aéreas Navais que dispunham de aviões Tiger Moth. Em deferência a essa nova missão, a partir de 1940, alguns Tiger Moth tiveram sua designação novamente alterada, dessa vez trocando I2H e I2H1 para M2H e M2H1, em que M indicava Mala (de correio).

Em setembro de 1940, foi revelada a intenção da Aviação Naval de doar para os aeroclubes os poucos DH-60T Moth Trainer ainda existentes em seu acervo, assim como os DH-82/DH-82A. Entretanto, essa intenção foi natimorta – presumivelmente porque a criação do Ministério da Aeronáutica (MAer) estava distante alguns poucos meses.

Assim, quando foi finalmente criado o MAer, em janeiro de 1941, eram três os de Havilland DH-82 e sete os DH-82A em atividade nas Bases de Aviação Naval do Rio de Janeiro, do Rio Grande do Sul, de Santa Catarina e de Santos, com os três aparentemente operando nas Oficinas Gerais da Aviação Naval na Ponta do Galeão (RJ).

de Havilland DH-82 e DH-82A Tiger Moth

Período de Utilização	De 1933 até 1941	
Fabricante	The de Havilland Aircraft Co Ltd., Stag Lane (Middlesex – Reino Unido)	
Emprego	Treinamento e tarefas utilitárias	
Características Técnicas	DH-82	DH-82A
Motor	de Havilland Gipsy III de 120 hp	de Havilland Gipsy Major I de 130 hp
Envergadura	8,94 m	8,94 m
Comprimento	7,28 m	7,28 m
Altura	2,67 m	2,67 m
Área Alar	22,20 m^2	22,20 m^2
Peso Vazio	487 kg	505 kg
Peso Máximo	827 kg	827 kg
Armamento	Até oito bombas de 25 lb em cabides subalares	
Desempenho		
Velocidade Máxima	175 km/h	157 km/h
Razão de Subida	213 m/min	193 m/min
Teto Operacional	5.181 m	4.267 m
Alcance	482 km	482 km
Comentários		
Total Adquirido	5 exemplares	12 exemplares
Unidades Aéreas	Base de Aviação Naval de Porto Alegre Base de Aviação Naval do Rio Grande do Sul Base de Aviação Naval de Santos Base de Aviação Naval de Santa Catarina Escola de Aviação Naval Oficinas Gerais da Aviação Naval	
Designações	I2H, D2H	I2H1, D2H1 e M2H1
Matrículas	Os primeiros cinco receberam as matrículas I2H-87 a I2H-91, enquanto os 12 últimos foram matriculados I2H1-100 a I2H1-111	

de Havilland DH-83 Fox Moth

Dando seguimento ao sucesso alcançado com os aviões DH-60 Moth, DH-80/80A Puss Moth e DH-82 Tiger Moth, a de Havilland Aircraft Co. Ltd. voltou seus esforços para o desenvolvimento de novas aeronaves destinadas ao mercado civil. Acreditando que havia uma demanda por um avião leve de transporte que fosse econômico de operar e capaz de oferecer bom desempenho, o engenheiro Arthur E Hagg deu partida, em 1932, num novo projeto que recebeu a designação DH-83 e que visava principalmente às empresas de transporte aéreo de pequeno porte.

Além dos parâmetros de desempenho e economia de operação, o programa de desenvolvimento liderado pelo engenheiro Hagg foi regido pelo fator custo de aquisição. Como resultado, o DH-83 fazia extenso uso de muitos dos componentes destinados à produção do avião de treinamento DH-82 Tiger Moth, como as asas, o motor, o trem de pouso, a cauda e diversos outros itens o que barateava os seus custos de fabricação. Colocando o piloto em uma nacele aberta, Hagg adaptou à célula básica do Tiger Moth uma cabine de madeira compensada diretamente avante da nacele. As reduzidas dimensões internas da cabine permitiam a acomodação de quatro passageiros de forma até bastante acanhada, dando início à lenda de que o engenheiro Hagg havia projetado uma aeronave capaz de transportar sua pequena família. Seja como for, o Fox Moth mantinha a configuração biplano do Tiger Moth, com uma treliça de alumínio devidamente adaptada. Cavernas e tirantes eram empregados na fuselagem, a aeronave sendo recoberta em tela aeronáutica.

O novo avião realizou seu voo inaugural em 29 de janeiro de 1932, e a produção do DH-83 – já batizado como Fox Moth – foi iniciada naquele mesmo ano. Somente nas instalações Stag Lane da de Havilland Aircraft Company Ltd. foram fabricados 98 aviões Fox Moth, enquanto outros 52 foram produzidos pela de Havilland Aircraft of Canada Ltd. Finalmente, outros três DH-83 foram construídos na Austrália e no Japão. Desse total, 28 foram empregados por distintas forças aéreas, como as da África do Sul, Austrália, Canadá, Espanha, Índia, Manchúria e Nova Zelândia.

Recebidos em 1933, inicialmente os DH-83 foram destinados à EAvN para ministrar instrução de navegação aos alunos. Foto Arquivo Action Editora Ltda.

de Havilland DH-83 Fox Moth da EAvN na configuração terrestre.

de Havilland DH-83 Fox Moth 1-D-9 da 1ª Flotilha de Diversos, sediada no CAvN, equipado com flutuadores.

O de Havilland DH-83 Fox Moth na Aviação Naval

Em janeiro de 1933, a Marinha do Brasil recebeu um pequeno lote de cinco aviões de Havilland DH-83 Fox Moth encomendados no final do ano anterior com vista ao treinamento de novas equipagens. Inicialmente distribuídos à Divisão de Instrução da Escola de Aviação Naval (EAvN), a principal tarefa que os Fox Moth desempenhariam era a de instrução de navegação dos seus alunos.

Por motivos hoje desconhecidos, os DH-83 Fox Moth gradualmente deixaram de exercer essa atividade na EAvN, passando a realizar cada vez mais trabalhos de transporte. Sabe-se que no início de 1934 um DH-83 já se encontrava sob o controle da Força Aérea da Esquadra (FAE), sendo utilizado com flutuadores. As poucas informações disponíveis dão conta de que esse Fox Moth desempenhava missões de transporte em benefício do Correio Aéreo Naval, trabalhos utilitários e evacuação aeromédica, se bem que não existem indicações de que essa aeronave tenha sofrido modificações para a execução dessa missão. Ademais, esse DH-83 era empregado como avião de adestramento para manter a proficiência em pouso e decolagem com hidroaviões dos aviadores navais pertencentes à FAE.

No ano seguinte, os DH-83 já se encontravam distribuídos à 1ª Flotilha de Diversos, quase todos sediados no Centro de Aviação Naval do Rio de Janeiro. Quer configurados com trem terrestre ou com flutuadores, a partir desse período os Fox Moth realizaram principalmente missões de transporte em proveito do Correio Aéreo Naval e ainda trabalhos utilitários de natureza geral. Conquanto a maior parte dos DH-83 da 1ª Flotilha de Diversos ficasse sediada no Rio de Janeiro, ao menos um foi deslocado para Florianópolis (SC) para apoiar as atividades do Correio Aéreo Naval realizadas pelo Centro de Aviação Naval de Santa Catarina (CAvN SC), lá permanecendo durante quase dois anos.

A chegada, a partir de 1935, de aviões mais adequados à execução das linhas do Correio Aéreo Naval fez com que a reduzida frota de DH-83 Fox Moth se dedicasse mais às missões de transporte de pessoal e de trabalhos utilitários. Essa

Designados I3H, os Fox Moth atuaram mais em missões de transporte, em especial nas do CAN. Em 1941, dois dos cinco DH-83 que operaram na Marinha foram transferidos para a FAB. Foto Arquivo Action Editora Ltda.

rotina se manteve praticamente inalterada até as vésperas da criação do Ministério da Aeronáutica, quando restavam somente dois Fox Moth em condições de voo. Em janeiro de 1941, os dois derradeiros DH-83 foram transferidos para as Forças Aéreas Nacionais, que mais tarde foi redenominadas Força Aérea Brasileira.

de Havilland DH-83 Fox Moth

Período de Utilização	De 1933 até 1941
Fabricante	de Havilland Aircraft Co. Ltd., Stag Lane (Middlesex – Reino Unido)
Emprego	Treinamento e transporte
Características Técnicas	
Motor	de Havilland Gypsy Major de 130 hp
Envergadura	9,41 m
Comprimento	7,86 m
Altura	2,67 m
Área Alar	24,29 m^2
Peso Vazio	500 kg
Peso Máximo	938 kg
Armamento	Não dispunha de armamento
Desempenho	
Velocidade Máxima	175 km/h
Razão de Subida	149 m/min
Teto Operacional	4.166 m
Alcance	704 km
Comentários	
Total Adquirido	5 exemplares
Unidades Aéreas	Escola de Aviação Naval Força Aérea da Esquadra 1ª Flotilha de Diversos
Designações	I3H
Matrículas	I3H-92 a I3H-96

WACO CJC-S

Já firmemente estabelecida como uma das principais fornecedoras norte-americanas de aviões de desporto, recreio e turismo, o começo da década de 1930 levou a Waco Aircraft Company a ingressar no mercado de aviões do tipo cabine. Acomodando piloto e passageiros dentro de um espaço fechado – contrário às naceles abertas dos aviões de turismo então predominantes no mercado –, a chegada daquela década trouxe uma procura cada vez maior por esse tipo de avião.

Aviões do tipo cabine não eram uma novidade para a Waco, já que aquela empresa havia desenvolvido, em 1924, o avião Model 8, uma aeronave capaz de acomodar piloto e sete passageiros. Mas em face da falta de demanda por aeronaves de maior porte, a Waco se ateve principalmente à produção de um variado leque de biplanos bipostos.

No entanto, a crescente procura por aviões que atualmente se encaixariam no segmento de aviação executiva fez a Waco rever sua estratégia, especialmente à luz do sucesso alcançado pelas empresas Bellanca e Stinson, com seus aviões do tipo cabine. Consequentemente, em 1931, a Waco lançou o seu modelo ODC, um avião biplano que acomodava piloto e três passageiros dentro de uma confortável cabine. Com o projeto primando pela simplicidade e robustez de construção, o WACO ODC rapidamente conquistou uma significativa fatia do mercado. E a exemplo do que fizera com seus biplanos de nacele aberta, a Waco desenvolveu fuselagens padronizadas, unindo essas com uma variedade de motores. Isso resultou em uma vasta família de aviões do tipo cabine que abocanhou uma expressiva parcela do mercado norte-americano até o começo da Segunda Guerra Mundial, bem como sucesso de exportação, especialmente na América Latina.

Dos muitos WACO Cabine desenvolvidos na década de 1930, o CJC está entre os primeiros modelos colocados no mercado norte-americano. Lançado em 1934, foram poucos os CJC produzidos, mas serviu de ponto de partida para os modelos UKC e

Um dos quatro WACO CJC recebidos a partir de 1935 pela Aviação Naval, configurado com flutuadores. Essas aeronaves foram designadas militarmente D2W e, posteriormente, M2W. Foto Museu Aeroespacial do Campo dos Afonsos.

YKC, que se tornaram um grande sucesso de vendas e os favoritos entre aviadores de fama como Jacqueline Cochran e líderes empresarias como Henry Dupont.

O WACO CJC-S na Aviação Naval

Com a rede de linhas do Correio Aéreo Naval (CAN) gradativamente se desdobrando para bem além do litoral do Rio de Janeiro e de São Paulo, as autoridades aeronáuticas da Marinha do Brasil verteram sua atenção para as futuras necessidades daquele serviço. Entre outros itens, tornava-se claro a conveniência em dispor de um avião que não somente levasse as malas de correio, mas que pudesse transportar passageiros – uma nítida dificuldade na acanhada nacele dos WACO CSO já em operação no CAN.

Em consequência, em fins de 1934, a Marinha do Brasil assinou um contrato de encomenda compreendendo quatro exemplares do WACO CJC – a mesmíssima aeronave que a aviação do Exército havia escolhido para execução das principais linhas do Correio Aéreo Militar. Tratada através da representante brasileira da Waco, a Casa Mayrink Veiga, a aquisição desses aviões pedia células exatamente iguais aos CJC entregues ao Exército. Entretanto, os quatro aviões destinados à Aviação Naval – designados CJC-S – se distinguiriam pela incorporação dos equipamentos necessários à instalação de flutuadores no lugar do trem terrestre. Consequentemente, os WACO CJC-S – ou WACO Cabine, como passaram a ser chamados no Brasil – poderiam ser operados com trem marítimo ou terrestre de acordo com as necessidades da ocasião.

Chegando no Brasil, por via marítima, em 1935, os quatro WACO CJC-S foram rapidamente desencaixotados e montados no Centro de Aviação Naval do Rio de Janeiro e imediatamente colocados à disposição da Divisão do Correio Aéreo Naval, sendo operados pelo recém-formado Grupo Independente de Aviões do

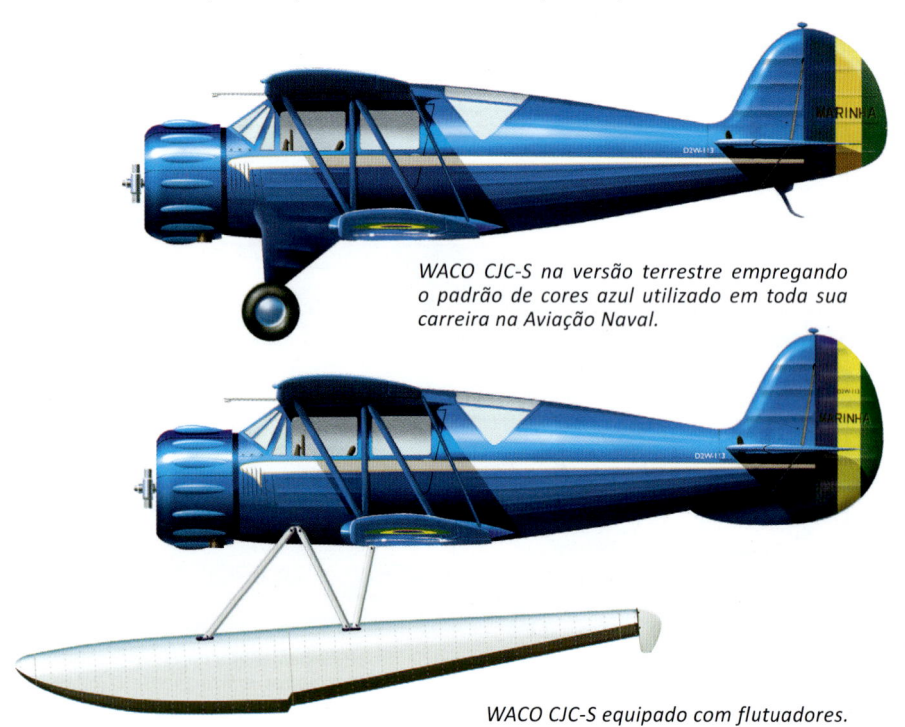

WACO CJC-S na versão terrestre empregando o padrão de cores azul utilizado em toda sua carreira na Aviação Naval.

WACO CJC-S equipado com flutuadores.

Os WACO CJC, ou WACO Cabine, como eram chamados, foram largamente empregados nas tarefas do Correio Aéreo Naval (CAN). Foto Arquivo Action Editora Ltda.

Correio. Posteriormente, em 22 de setembro de 1936, foi formado o Serviço de Comunicações Aéreas, aquela organização militar reunindo todos os WACO CJC-S e WACO CPF-5 existentes na Aviação Naval. Recebendo a designação D2W, passaram a executar diversas linhas do CAN – ora com trem terrestre, quando as localidades a serem visitadas ofereciam campo de pouso, ora com trem marítimo consistindo em um par de flutuadores de alumínio produzidos pela empresa Edo, para aqueles destinos desprovidos de um campo de aviação. Transportando malotes de correio e passageiros, os D2W realizaram seus trabalhos sem cerimônias e fanfarras, ajudando na consolidação do Correio Aéreo Naval.

Com a criação do Ministério da Aeronáutica, em janeiro de 1941, restavam somente três células de WACO CJC-S disponíveis para voo, que foram transferidas para o acervo da recém-formada Força Aérea Brasileira, lá se juntando aos WACO Cabine do Exército.

WACO CJC-S	
Período de Utilização	De 1935 até 1941
Fabricante	Waco Aircraft Company, Troy (Ohio – EUA)
Emprego	Transporte e correio
Características Técnicas	
Motor	Wright Whirlwind R-760E de 250 hp
Envergadura	10,61 m
Comprimento	7,81 m
Altura	2,67 m
Área Alar	24,50 m^2
Peso Vazio	897 kg
Peso Máximo	1.453 kg
Armamento	Não dispunha de armamento
Desempenho	
Velocidade Máxima	243 km/h
Razão de Subida	259 m/min
Teto Operacional	4.876 m
Alcance	800 km

Continua

Comentários	
Total Adquirido	4 exemplares
Unidades Aéreas	Grupo Independente de Aviões do Correio Serviço de Comunicações Aéreas
Designações	D2W e, posteriormente, M2W
Matrículas	D2W-112 a D2W-115

WACO CPF-5

A década de 1930 foi excepcionalmente prolífica para os muitos fabricantes norte-americanos de aviões de aviação geral. Uma das empresas que mais se beneficiou por aquele bom momento foi a Waco Aircraft Company, que naquela década se tornou uma das líderes do mercado graças à flexibilidade, à qualidade e à variedade dos seus produtos.

Entre as categorias de aviões desenvolvidas pela Waco, o segmento compreendendo aviões biplanos e bipostos para um piloto e dois passageiros acomodados em naceles abertas era especialmente popular. Consequentemente, a empresa tratou de continuamente refinar seus produtos naquele nicho, lançando a cada ano novos modelos que atendessem às crescentes exigências do mercado.

Em 1934, a Waco lançou o modelo UMF-3, um biplano de linhas impecavelmente limpas que daria origem a um variado leque de projetos – todos caracterizados por uma fuselagem com padronizada treliça de alumínio com cavernas e tirantes de madeira que se distinguia principalmente pelo grupo motopropulsor. Dessa família, certamente o UPF-7 foi o mais numeroso, com aproximadamente 600 exemplares fabricados entre 1939 e 1942, muitos empregados no Civil Pilot Training Program (CPTP) inaugurado em 1939, um programa que serviu como celeiro para futuros

Dez WACO CPF-5 operaram na Aviação Naval. O grande diferencial de seus pares da Aviação Militar era que, além de empregar trens de pouso convencional, podiam receber flutuadores, fazendo deles hidroaviões. Foto Arquivo José de Alvarenga.

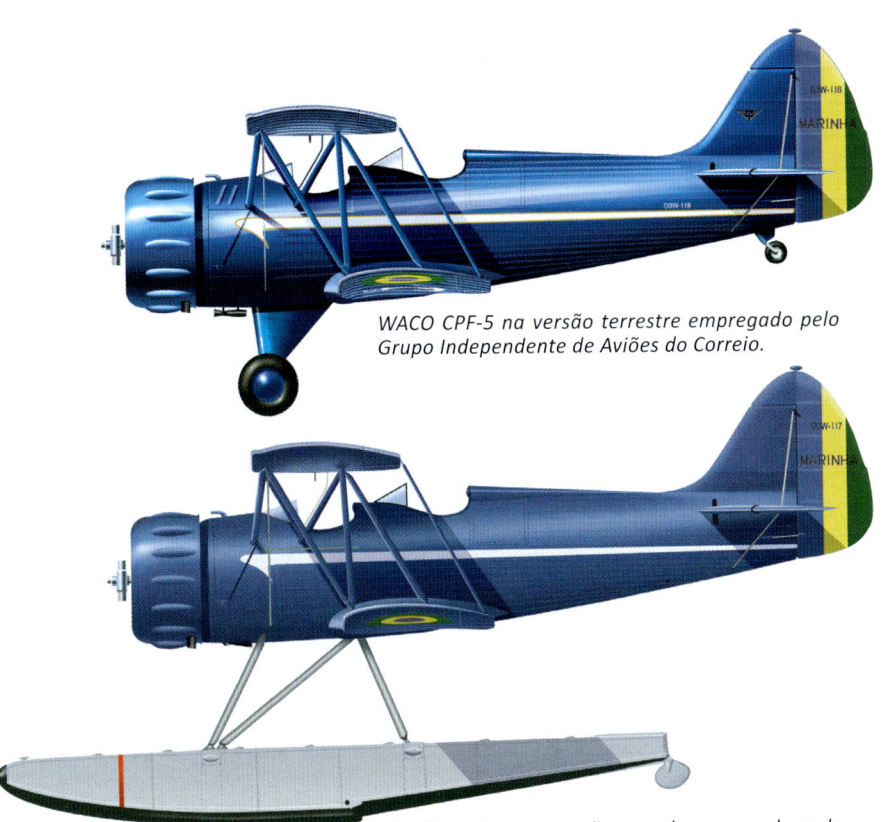

WACO CPF-5 na versão terrestre empregado pelo Grupo Independente de Aviões do Correio.

WACO CPF-5 na versão naval empregado pelo Grupo Independente de Aviões do Correio.

pilotos militares dos Estados Unidos. De fato, até 1944, nada menos que 435 mil alunos das mais variadas faculdades receberam e concluíram a instrução de voo sob os auspícios do CPTP e os do seu sucessor, o War Training Service.

Um dos modelos que antecederam o UPF-7 foi o WACO CPF-5/6, que só diferia daquele ao contar com um motor Wright R-760 de 250 hp. Ao todo apresentou uma reduzidíssima tiragem de produção – exatos 41 exemplares – e somente um permaneceu nos Estados Unidos. Os demais foram exportados para o Brasil.

O WACO CPF-5 na Aviação Naval

Com o Correio Aéreo Naval (CAN) listado como uma das prioridades da Aviação Naval, as autoridades aeronáuticas da Marinha do Brasil não economizaram esforços para garantir o seu funcionamento de forma eficiente. Não somente foram traçados planos para ampliar a rede de rotas e a inclusão de novos destinos, mas também foram definidas as necessidades de material aeronáutico para justamente permitir essa expansão.

Para atender a esses planos, inicialmente, foram recebidos oito aviões WACO CSO em 1933. Mas, até o início de 1935, a perda de duas dessas aeronaves foi provavelmente o que motivou a Marinha do Brasil a não somente adquirir mais aeronaves para repô-las, mas comprá-las em quantidade suficiente para garantir o bom funcionamento do CAN e atender às metas de expansão daquele serviço. Consequentemente – e a exemplo da Aviação Militar que comprara 30 unidades –, naquele ano a Marinha do Brasil acertou, através da Casa Mayrink Veiga, a aquisição

A vida operacional dos WACO CPF-5 na Marinha foi quase que exclusivamente dedicada ao Correio Aéreo Naval, atendendo diversas cidades, em especial as litorâneas. Foto Museu Aeroespacial do Campo dos Afonsos.

de 10 aviões WACO CPF-5. Mas ao contrário dos aviões destinados ao Exército, os WACO CPF-5 adquiridos pela Marinha contaram com as modificações necessárias para operarem tanto em terra quanto no mar – neste último caso, com dois flutuadores de alumínio produzidos pela Edo.

Chegando ao Brasil no final de 1935, os WACO CPF-5 foram despachados para o Centro de Aviação Naval do Rio de Janeiro (CAvN RJ) para serem montados e posteriormente colocados à disposição do CAN, sendo distribuídos ao Grupo Independente de Aviões do Correio. Recebendo a designação D3W em março de 1936, esses aviões inicialmente permaneceram na Ponta do Galeão (RJ). Meses mais tarde, em 22 de setembro daquele ano, foi organizado o Serviço de Comunicações Aéreas e os WACO CPF-5 foram repassados para aquela nova organização militar. Entretanto, alguns poucos exemplares foram destacados de forma semipermanente para o sul do Brasil para reforçar a dotação de material aeronáutico à disposição de algumas Bases de Aviação Naval. Assim foi com um WACO CPF-5 destacado à Base

Os WACO CPF-5 foram designados militarmente na Aviação Naval D3W e matriculados de D3W-116 a DW3-125 Foto Museu Aeroespacial do Campo dos Afonsos.

de Aviação Naval de Santa Catarina (BAN SC), onde complementaria o solitário de Havilland DH-60T e um par de aviões de Havilland DH-82 pertencentes àquela base. Existem indicações que sugerem que outro CPF-5 também tenha sido enviado à Base de Aviação Naval de Rio Grande (RS).

Independentemente da distribuição feita pela Aviação Naval com os seus WACO CPF-5, esses foram quase que exclusivamente empregados em benefício do Correio Aéreo Naval, para executar linhas que partiam do Rio de Janeiro ou de outras regiões, como aquelas irradiando da BAN SC. Apesar da aparente simplicidade dessa tarefa, a realização dos serviços do Correio Aéreo Naval cobrou um considerável preço aos D3W, cuja frota foi progressivamente sendo reduzida pelos mais variados tipos de acidente. De fato, no mês em que foi criado o Ministério da Aeronáutica, somente quatro exemplares do WACO CPF-5 se encontravam disponíveis para serem transferidos ao acervo das recém-criadas Forças Aéreas Nacionais, futura Força Aérea Brasileira.

WACO CPF-5	
Período de Utilização	De 1935 até 1941
Fabricante	Waco Aircraft Company, Troy (Ohio – EUA)
Emprego	Correio Aéreo
Características Técnicas	
Motor	Wright R-760-E de 250 hp
Envergadura	9,14 m
Comprimento	7,06 m
Altura	2,56 m
Área Alar	22,63 m^2
Peso Vazio	784 kg
Peso Máximo	1.202 kg
Armamento	Não dispunha de armamento
Desempenho	
Velocidade Máxima	241 km/h
Razão de Subida	305 m/min
Teto Operacional	5.791 m
Alcance	651 km
Comentários	
Total Adquirido	10 exemplares
Unidades Aéreas	Grupo Independente de Aviões do Correio Serviço de Comunicações Aéreas
Designações	D3W e M3W
Matrículas	D3W-116 a D3W-125

Focke-Wulf Fw-44J Stieglitz

Formado da fusão de duas jovens empresas alemãs de construção aeronáutica, a Focke-Wulf Flugzeugwerke e a Albatros-Flugzeugwerke, o primeiro projeto inteiramente desenvolvido na Focke-Wulf Flugzeugbau foi o avião de treinamento e desporto Fw-44. Biplano de dois lugares, esse projeto foi iniciado em 1931 sob a tutela do engenheiro aeronáutico Kurt Tank, que também seria responsável pelo desenvolvimento de muitas outras aeronaves que participariam da Segunda Guerra Mundial.

Voo de formatura sobre o Rio de Janeiro de uma esquadrilha de Fw-44J da EAvN. Esse treinador primário foi empregado na formação dos alunos de 1937 até o final de 1940. Foto Arquivo José de Alvarenga.

O primeiro Fw-44 fez seu voo inaugural no final de agosto de 1932, mas esse protótipo apresentou diversas deficiências que resultaram na incorporação de muitas modificações, algumas advindas de voos de ensaio realizados pelo próprio Kurt Tank. Ostentando a designação Fw-44A e apresentando todas as desejadas modificações, o primeiro exemplar de pré-produção voou pela primeira vez em 1935, e o resultado de todo esse empenho foi amplamente recompensado, visto que o Stieglitz (Pintassilgo) mostrou ser uma aeronave de impressionante robustez que apresentava ainda excelentes qualidades de voo. Para realçar essas características existia ainda o fato de que o Fw-44 era uma aeronave com qualidades acrobáticas nada desprezíveis.

Após a produção das versões A e B, a Focke-Wulf Flugzeugbau dedicou-se à fabricação da versão Fw-44C – o principal modelo de produção que também passaria a equipar as muitas fliegerschule (escolas de voo) da recém-formada Luftwaffe. As sucessivas versões do Fw-44 continuaram voando na Luftwaffe até o final da Segunda Guerra Mundial, sempre desempenhando o papel de aeronave de instrução primária. Por sua vez, muitos foram os países que encomendaram ou obtiveram a licença de produção desse avião de instrução, como Argentina, Bolívia, Bulgária, Chile, China Nacionalista, Finlândia, Suécia, Tchecoslováquia e Turquia, entre muitos outros.

O Focke-Wulf Fw-44J Stieglitz I1AvN 1-I-4 nas cores da Escola de Aviação Naval.

O Fw-44J na Aviação Naval

A exemplo do que estava ocorrendo com a Aviação do Exército na década de 1930, o Corpo de Aviação Naval naquele período buscou soluções domésticas para o suprimento de material aeronáutico. De fato, a situação da Aviação Naval (AvNav) era significativamente mais grave em face da quase total carência de recursos materiais para a execução de serviços mais complexos de manutenção. Em 1935, essa deficiência foi um dos principais fatores por trás da indisponibilidade de quase 45% do material aeronáutico adquirido nos últimos oito anos.

Ao contrário da Aviação do Exército, que buscava fomentar, no setor privado, a formação de empresas de construção aeronáutica, a AvNav optou por organizar instalações próprias. Para tanto, representantes foram enviados à Alemanha, aos Estados Unidos, à França, à Inglaterra e à Itália a fim de examinar as alternativas existentes. Sob o nome de Oficinas Gerais da Aviação Naval (OGAN), as atividades de manutenção de 4º nível já estavam sendo realizadas (mesmo que de forma limitada) desde 1934 em instalações provisórias localizadas na Base de Aviação Naval do Galeão (RJ). Faltava somente realçar essa capacidade e fundar uma fábrica de aviões que pudesse suprir as necessidades da AvNav.

Diante das opções disponíveis, as autoridades da Marinha do Brasil e da AvNav decidiram que a melhor proposta fora aquela apresentada pela empresa alemã Focke-Wulf Flugzeugbau AG. Essa não somente assegurava a instalação de uma linha de produção e o fornecimento de técnicos para dar a necessária instrução e apoio ao esforço brasileiro, mas propunha um coerente plano de desenvolvimento da futura fábrica de aviões que preenchia plenamente as expectativas da AvNav.

Em junho de 1936 foi lançada a pedra fundamental das novas instalações da OGAN e, no mês de outubro, chegaram ao Porto do Rio de Janeiro os primeiros técnicos alemães que iriam supervisionar o trabalho de implementação da linha de produção. Como havia sido acertado, a primeira etapa do plano alemão consistiria

Dois Fw-44J da EAvN realizam uma exibição acrobática sobre o Rio de Janeiro do final dos anos 1930. O Fw-44 foi a primeira aeronave militar fabricada em larga escala no Brasil. Foto Arquivo Action Editora Ltda.

na produção do avião de treinamento primário Focke-Wulf Fw-44J, o modelo de exportação do Stieglitz desenvolvido com base no Fw-44D. A Aviação Naval havia optado por essa aeronave em face das suas excepcionais qualidades e baixo custo unitário de produção – nada mais do que 90:000$. Na primeira semana de novembro de 1936 chegaram ao Rio de Janeiro os caixotes que continham um Fw-44J, que seria empregado como célula de referência para os demais aviões daquele tipo a serem construídos nas OGAN. Três dias após sua chegada, essa aeronave já estava montada e realizava ensaios de motor. Seu primeiro voo ocorreu no dia 10 daquele mesmo mês.

A velocidade com que essa empreitada transcorreu pode ser avaliada pelo fato de que, escassos oito dias após o primeiro voo daquele Fw-44J em céus brasileiros, havia sido dado início aos trabalhos para preparar o material necessário à produção do primeiro lote de 20 aviões Fw-44J, que aqui no Brasil passariam a ser conhecidos como Pintassilgos.

Os meses seguintes assistiram não somente ao intenso trabalho para preparar a linha de produção do Fw-44J, mas ao treinamento do pessoal que formaria um núcleo de operários e técnicos especializados. Por fim, no dia 8 de maio de 1937, registrou-se o voo inaugural do primeiro Fw-44J produzido no Brasil, e em agosto de 1937, o primeiro voo do último exemplar do primeiro lote de 20 aeronaves Fw-44J encomendadas. Todos esses Pintassilgos foram distribuídos à Escola de Aviação Naval (EAvN), onde substituíram os de Havilland DH-82/DH-82A então em uso naquele estabelecimento de ensino aeronáutico.

A rápida evolução das OGAN permitiu que fosse iniciada a produção da segunda série de 20 aeronaves Fw-44J, que não tardaram a entrar em serviço com a EAvN. Ao chegar o fim de 1937, já eram 40 desses aviões de treinamento primário em serviço na Escola de Aviação Naval. Esses proporcionavam o necessário alento às atividades daquele centro de instrução de voo militar, que agora contava com material aeronáutico de primeira qualidade e com os desejados índices de disponibilidade.

No entanto, apesar de a introdução dos Fw-44J fazer parte de um amplo programa de expansão e modernização da Aviação Naval, a carreira desses aviões

Os Fw-44J foram fabricados no Brasil, nas instalações da OGAN, sob licença da empresa alemã Focke-Wulf Flugzeugbau AG. Das 41 aeronaves empregadas, 40 foram produzidas aqui, além de um exemplar vindo da Alemanha. Foto Arquivo José de Alvarenga.

Designado I1AvN, os Fw-44J Stieglitz eram chamados de Pintassilgo na Aviação Naval. Em 1941, as Forças Aéreas Nacionais (mais tarde FAB) herdaram 36 unidades, que foram empregadas na formação de seus pilotos. Foto Arquivo José de Alvarenga.

na Marinha do Brasil seria breve. Ao ser criado o Ministério da Aeronáutica, em janeiro de 1941, os 36 exemplares ainda existentes foram transferidos para aquele órgão a fim de compor o acervo da futura Força Aérea Brasileira.

Focke-Wulf Fw-44J Stieglitz

Período de Utilização	De 1936 até 1941
Fabricante	Focke-Wulf Flugzeugbau AG / Oficinas Gerais da Aviação Naval, Rio de Janeiro (RJ)
Emprego	Treinamento
Características Técnicas	
Motor	Siemens-Halske SH-14A/4 de 150 hp
Envergadura	9 m
Comprimento	7,30 m
Altura	2,70 m
Área Alar	20 m^2
Peso Vazio	525 kg
Peso Máximo	870 kg
Armamento	Não dispunha de armamento
Desempenho	
Velocidade Máxima	185 km/h
Razão de Subida	182 m/min
Teto Operacional	3.900 m
Alcance	585 km
Comentários	
Total Adquirido	41 exemplares
Unidades Aéreas	Escola de Aviação Naval
Designações	I1AvN
Matrículas	I1AvN-126 a I1AvN-166

Focke-Wulf Fw-58B Weihe e Fw-58V-9

Com linhagem que remonta a outubro de 1923, quando foi fundada a Bremer Flugzeugbau AG, a formação da Focke-Wulf Flugzeugwerke se deu em 1931 através da fusão de duas pequenas empresas – operação realizada mediante pressão do governo alemão, que desejava racionalizar o crescente número de fabricantes aeronáuticos naquele país. Contando com mestres da engenharia aeronáutica como Heinrich Focke e Kurt Tank, não tardou para que a jovem Focke-Wulf Flugzeugwerke se firmasse como uma das principais empresas de construção aeronáutica da Alemanha.

O sucesso de aviões de treinamento como os Focke-Wulf Fw-44 Stieglitz e Fw-56 Stösser incentivou a recém-criada Luftwaffe (Força Aérea Alemã) a buscar a Focke-Wulf Flugzeugwerke – entre outras empresas – para que apresentasse proposta para uma aeronave multipropósito capaz de desenvolver uma ampla gama de tarefas utilitárias e de treinamento. Para atender o mercado doméstico de transporte aéreo, tal aeronave deveria ainda ser capaz de desempenhar as funções do que hoje seria denominado avião de transporte aéreo regional.

Lançado o desafio, a Focke-Wulf prontamente elaborou um projeto que satisfizesse todas as exigências do Reich Luftministerium (Ministério do Ar da Alemanha). Ou seja, um avião capaz de executar a instrução avançada para pilotos, treinamento de artilheiros e radioperadores, bem como realizar tarefas de transporte – quer no âmbito civil ou militar. Com a designação Fw-58, o primeiro protótipo realizou seu voo inaugural durante o verão europeu de 1935, curiosamente configurado como avião de transporte para seis passageiros. Outros protótipos foram integrados à campanha de ensaios do Fw-58, cuja produção em série foi iniciada em 1937. Fontes especializadas divergem quanto ao número

Assim como os Fw-44J, os Fw-58 também foram fabricados no Brasil, nas Oficinas Gerais da Aviação Naval (OGAN), em parceria com a Focke-Wulf Flugzeugbau AG. Foto Arquivo Action Editora Ltda.

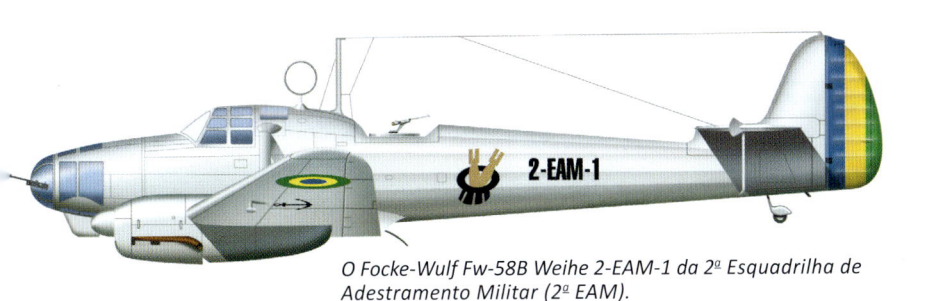

O Focke-Wulf Fw-58B Weihe 2-EAM-1 da 2ª Esquadrilha de Adestramento Militar (2ª EAM).

O Focke-Wulf Fw-58B Weihe 2-V-1 da 2ª Esquadrilha de Adestramento Militar (2ª EAM).

O Focke-Wulf Fw-58B Weihe 2-V-3 da 2ª Esquadrilha de Adestramento Militar (2ª EAM).

exato de células fabricadas até 1942, ano em que foi encerrada a produção do Fw-58, mas se estima que o total seja de aproximadamente 4.500 unidades.

Como avião de transporte aéreo comercial, o Fw-58 atingiu pouca expressão. Porém, como avião militar, destacou-se não somente como treinador que formou várias gerações de pilotos de bombardeio e transporte da Luftwaffe, mas como aeronave capaz de realizar as mais variadas tarefas – muitas bem distantes daquelas originalmente previstas. A célula do Fw-58 foi adaptada para diversos trabalhos, como ensaios de reabastecimento em voo, avião de caça contra os lentos e rústicos biplanos empregados pelos soviéticos em ataques noturnos e como avião de evacuação aeromédica. Nessa última tarefa, o Fw-58 ganhou grande notoriedade no front russo, recebendo, prontamente, o apelido Leukoplast-bomber (bombardeiro de gesso e esparadrapo) como resultado das quase épicas evacuações registradas sob as mais adversas condições.

Os Focke-Wulf Fw-58B e Fw-58V-9 na Aviação Naval

Ao enfrentar repetidas crises de disponibilidade nas distintas frotas de avião que faziam parte de seu acervo, a Aviação Naval iniciou detalhados estudos para identificar a sua origem e, se possível, dar solução ao problema. Em parte, isso se devia aos reduzidos orçamentos atribuídos à Aviação Naval, o que dificultava

Usados em missões de emprego geral, bombardeio e treinamento, os Focke-Wulf Fw-58B sempre operaram na 2ª Esquadrilha de Adestramento Militar (2ª EAM), com sede no CAvN, no Rio de Janeiro. Foto Arquivo Jackson Flores Jr. / Action Editora Ltda.

a aquisição regular de itens de consumo destinados aos muitos tipos de avião em operação, bem como de peças e componentes de reposição. Por outro lado, a própria variedade do acervo, com aviões de origem britânica, italiana e norte-americana, inibia o estabelecimento de uma adequada linha logística.

Ao enviar oficiais para os Estados Unidos e a Europa, com o objetivo de examinar as alternativas existentes e colher propostas com os principais fabricantes aeronáuticos, a Marinha do Brasil e a Aviação Naval optaram pela

Três bombardeiros Focke-Wulf Fw-58B Weihe vistos em voo. Na foto é possível visualizar o símbolo da 2ª EAM, uma cartola com duas bombas, aplicado na fuselagem. Foto Arquivo Action Editora Ltda.

Com a criação do Ministério da Aeronáutica, 14 Fw-58 foram transferidos da Marinha para a FAB, sendo 11 do modelo B e três do V-9. Uma das diferenças entre esses modelos dizia respeito ao armamento. Foto DPHDM.

proposta da empresa alemã Focke-Wulf Flugzeugbau AG. O ponto focal da proposta apresentada pela Focke-Wulf estabelecia um bem elaborado esquema que atenderia grande parte das necessidades da Aviação Naval. Metódicos e singularmente práticos, os alemães delinearam um plano a ser cumprido em quatro etapas. Iniciando-se com a fabricação de aviões Fw-44J, uma aeronave de instrução primária de construção relativamente simples, as seguintes etapas se caracterizariam pela crescente sofisticação, tanto da aeronave a ser produzida como dos distintos processos de fabricação. Em cada etapa, existia a expectativa de, gradativamente, aumentar o índice de nacionalização dos componentes.

Entretanto, a forma fluida e livre de problemas com que transcorreu a fase de produção dos Fw-44J fez com que fosse suprimida a etapa seguinte, de fabricação de um lote de aviões de treinamento básico Focke-Wulf Fw-56 Stösser. Em consequência, foi dada partida à produção das aeronaves da terceira etapa: os bimotores Fw-58 Weihe.

Tal como acontecera durante a fase de produção do Fw-44J, veio da Alemanha um Fw-58B inteiramente desmontado, que chegou ao Porto do Rio de Janeiro durante o segundo trimestre de 1937. Essa célula serviria de referência para os engenheiros e técnicos brasileiros que, sob a supervisão de alemães, trabalhariam na produção do primeiro lote de 10 aviões Fw-58B. Essencialmente, esses chegaram ao Brasil reduzidos a componentes e peças, de modo que coube ao pessoal das Oficinas Gerais da Aviação Naval (OGAN) executar a entelagem, montagem, soldagem e outros trabalhos.

Em 20 de abril de 1938, foi dado como pronto o primeiro Focke-Wulf Fw-58B montado nas instalações das OGAN, que foi entregue à 2ª Esquadrilha de Adestramento Militar (2ª EAM). Até o início do terceiro trimestre do ano seguinte, outros nove Fw-58B foram montados e entregues à Aviação Naval e à 2ª EAM. Porém, a montagem dos últimos cinco já não contou com o mesmo grau de cooperação e supervisão por parte dos alemães, resultado direto da guerra na Europa que rapidamente se avizinhava.

Pareceria que a eclosão do conflito europeu prenunciaria o fim da produção do Fw-58B nas OGAN. Entretanto, a experiência até então colhida, somada à entrega de peças e componentes em quantidade suficiente para a fabricação de outras 15 células, possibilitou a conclusão dessa etapa do programa. Ademais, o planejamento original previa a utilização de uma considerável quantidade de itens de fabricação nacional e, para tal, as OGAN já estavam prontas para atender muitas dessas necessidades materiais.

À luz disso, as autoridades aeronáuticas da Marinha deram sinal verde à produção de uma segunda série de aviões Fw-58B, que consistiria de 15 exemplares. Fazendo extenso uso de material e componentes produzidos no Brasil, todas as cavernas e tirantes de madeira foram confeccionados nas instalações das OGAN, bem como as hélices de madeira – fruto das muitas pesquisas levadas a cabo pelo Instituto de Pesquisas Tecnológicas de São Paulo. De igual forma, pneus, freios e tela de aviação foram produzidos domesticamente. Para todos os efeitos, esses aviões eram externamente idênticos aos aviões da primeira série – mas, visualmente, eram fáceis de ser identificados, como resultado da adoção de um trem de pouso principal diferente daquele utilizado nos Fw-58B da primeira série, que usavam trem do tipo garfo. Existiam outras diferenças, mas essas eram mais sutis e se limitavam ao armamento, às metralhadoras e aos cabides de origem alemã substituídos por material semelhante oriundo dos Estados Unidos.

Em 8 de maio de 1940, o primeiro exemplar dessa segunda série de aviões Fw-58B realizou seu voo inaugural. Porém, somente três exemplares dessa segunda série seriam efetivamente entregues à Aviação Naval, posto que a construção das 12 aeronaves remanescentes só foi concluída após janeiro de 1941, já durante a vigência do Ministério da Aeronáutica.

Para dar adestramento multimotor aos aviadores navais que haviam concluído satisfatoriamente o ciclo de instrução ministrado pela Escola de Aviação Naval, os trabalhos dos Fw-58B da Marinha foram bem além dessa tarefa. Esses aviões não foram utilizados somente no adestramento de sucessivas turmas de recém-brevetados aviadores navais, mas como plataforma para dar instrução de tiro e bombardeio.

Contudo, foi como avião de emprego geral que os Fw-58B da 2ª EAM se destacaram, executando toda sorte de missões em proveito da Aviação Naval ou da Marinha do Brasil. Em face das suas características técnicas como avião de treinamento de bombardeio, o Fw-58B mostrou ser uma plataforma mais do que adequada para a realização de trabalhos de aerofotogrametria, realizando inúmeros levantamentos de diversas áreas do litoral brasileiro – notoriamente, trechos inteiros da cidade baiana de Salvador, bem como do porto de Santos (SP).

Em 20 de janeiro de 1941, 14 exemplares do Fw-58B foram transferidos para o Ministério da Aeronáutica para, posteriormente, integrar o acervo da futura Força Aérea Brasileira.

Focke-Wulf Fw-58B Weihe e Fw-58V-9

Período de Utilização	De 1938 até 1941
Fabricante	Focke-Wulf Flugzeugbau AG/Oficinas Gerais da Aviação Naval, Rio de Janeiro (RJ)
Emprego	Emprego geral, bombardeio e treinamento
Características Técnicas	
Motor	2 Argus AS-10C de 240 hp cada um
Envergadura	21 m
Comprimento	14,20 m
Altura	4,21 m

Continua

Área Alar	47 m²
Peso Vazio	2.400 kg
Peso Máximo	3.600 kg
Armamento	1 mtr móvel Rheinmetall-Borsig MG15 de 7,92 mm instalada no nariz 1 mtr móvel Rheinmetall-Borsig MG15 de 7,92 mm instalada na torre 8 cabides ventrais para bombas, cada uma com capacidade para até 25 kg
Desempenho	
Velocidade Máxima	263 km/h
Razão de Subida	180 m/min
Teto Operacional	5.400 m
Autonomia	730 km
Comentários	
Total Adquirido	14 exemplares
Unidades Aéreas	2ª Esquadrilha de Adestramento Militar
Designações	Fw-58B: D2Fw e Fw-58V-9: 2AvN
Matrículas*	Fw-58B vindo da Alemanha: D2Fw-147 Fw-58B: D2Fw-168 a D2Fw-177 Fw-58V-9: 2AvN-209 a 2AvN-211
Armamento	As aeronaves da segunda série (Fw-58V-9) receberam metralhadoras Col-Browning MG40 de calibre .30 em substituição aos MG15

*Originalmente os 15 Fw-58V-9 tiveram reservadas as matrículas V2AvN-209 a 223, porém com a criação do MAer apenas três foram efetivamente utilizadas.

Luscombe Phantom I

Apesar das imensas dificuldades geradas pela Grande Depressão, a década de 1930 nos Estados Unidos testemunhou o surgimento de uma prodigiosa quantidade de pequenas empresas de construção aeronáutica. Destas, muitas nasceram, atingiram o zênite e desapareceram em escassos dois ou três anos. Já outras lograram superar todos os obstáculos e se tornaram gigantes da indústria aeronáutica norte-americana. Mas a maioria, após atingir um determinado nível de crescimento e sucesso, foi absorvida por empresas de maior porte.

Entre os muitos fabricantes de aviões organizados naquele período encontrava-se a Luscombe Aircraft Company, uma pequena empresa com sede inicial em Kansas City. Fundada em 1933 por Donald A. Luscombe, um projetista aeronáutico que antes trabalhara para a Monocoupe Corporation, a primeira aeronave da nova empresa recebeu a designação de Luscombe Model I, mas passou a ser popularmente conhecida como Luscombe Phantom. Biposto de asa alta, o Phantom era uma aeronave de pequeno porte e de construção metálica destinada a atender ao crescente mercado de aviação geral.

Apesar de sua concepção moderna para a época, o Phantom não atingiu o desejado sucesso comercial e poucos foram produzidos, algumas fontes citam entre 130 e 140 exemplares. No entanto, serviu de base para o desenvolvimento de uma família de pequenos aviões que hoje são considerados clássicos da aviação norte-americana.

Rara imagem do único Luscombe Phantom I utilizado pela Aviação Naval. Essa aeronave de transporte serviu na 2ª Flotilha de Diversos. Foto Arquivo José de Alvarenga.

O Luscombe Phantom na Aviação Naval

Com a década de 1930 já no fim, a Aviação Naval encontrava-se empenhada na modernização de seu material aeronáutico. Limitada pelos escassos recursos financeiros, concentrou-se primeiramente na renovação dos meios aéreos de instrução para, em seguida, voltar sua atenção para outras áreas. Em face do pronunciado crescimento do Correio Aéreo Naval a partir da segunda metade daquela década, alguma prioridade foi atribuída à aquisição de aviões capazes de realizar missões de cunho utilitário.

A compra de aeronaves utilitárias – e de outras áreas – seguia, dentro da medida do possível, um bem ordenado plano. Porém, isso não impediu a Aviação Naval de aproveitar compras de ocasião que atendessem às suas necessidades.

O Luscombe Phantom I D1L-204 da 2ª Flotilha de Diversos no padrão de cores adotado pela Aviação Naval.

Assim foi com o único Luscombe Phantom adquirido. Os detalhes de como se processou essa compra são hoje desconhecidos. No entanto, sabe-se que esse avião foi encomendado à Luscombe durante 1938 e aquela empresa preparou-o em sua sede antes de fazer seu envio ao Brasil, aplicando-lhe marcas, insígnias e numeral característico dos aviões da Aviação Naval.

O monomotor foi transportado até o Rio de Janeiro por via marítima, e existem indicações de que foi desembarcado e levado ao Centro de Aviação Naval do Rio de Janeiro no inicio do quarto trimestre de 1938. Uma vez montado, foi ensaiado em novembro daquele ano e em seguida distribuído à 2ª Flotilha de Diversos. Com essa unidade, o solitário Luscombe Phantom voou principalmente missões em proveito do Correio Aéreo Naval.

Quando da criação do Ministério da Aeronáutica, em 20 de janeiro de 1941, foi nominalmente transferido para o inventário da futura Força Aérea Brasileira.

Luscombe Phantom I

Período de Utilização	De 1938 até 1941
Fabricante	Luscombe Airplane Co., Kansas City (Missouri – EUA)
Emprego	Transporte
Características Técnicas	
Motor	Warner Scarab de 145 hp
Envergadura	9,45 m
Comprimento	6,35 m
Altura	2,04 m
Área Alar	13,31 m^2
Peso Vazio	599 kg
Peso Máximo	885 kg
Armamento	Não dispunha de armamento
Desempenho	
Velocidade Máxima	262 km/h
Razão de Subida	426 m/min
Teto Operacional	5.800 m
Alcance	600 km
Comentários	
Total Adquirido	1 exemplar
Unidades Aéreas	2ª Flotilha de Diversos
Designações	D1L
Matrículas	D1L-204

WACO YOC

O sucesso alcançado com os primeiros aviões do tipo cabine que elaborara no começo dos anos 1930 incentivou a norte-americana Waco Aircraft Company a desenvolver novos derivados que atendessem aos nichos específicos do mercado. Tendo lançado considerável foco na simplicidade e na robustez de sua construção, as muitas versões dos WACO Cabin tinham como denominador comum o conforto para os ocupantes da cabine, quer fosse o piloto ou os passageiros.

Valendo-se do conceito que desenvolvera para seus aviões de nacele aberta, a Waco elaborou fuselagens padronizadas, combinando-as com uma variedade de motores. Assim, em 1935, a Waco anunciou o lançamento de novos membros da família de aviões cabine produzida por aquela empresa. Entre esses, o WACO YOC. O primeiro ficou pronto em maio de 1935. Equipado com motor Jacobs L-4 de 225 hp, os YOC – bem como os UOC e CUC igualmente lançados em 1935 – apresentavam significativas melhorias em relação a seus predecessores. Entre outros itens, ailerons de alumínio corrugado, cabine mais espaçosa, para-brisa curvado, bagageiro com maior volume e janelas laterais de maior área.

Produzidas entre maio de 1935 e janeiro de 1936, as 50 unidades do WACO YOC foram de início vendidas predominantemente para empresas e agências governamentais, que as empregaram em tarefas típicas do que é hoje conhecido como aviação executiva. Exportados para países como África do Sul e Argentina, muitos WACO YOC foram usados como avião de patrulha costeira pela Civil Air Patrol dos Estados Unidos durante a Segunda Guerra Mundial. Hoje considerados verdadeiros clássicos, alguns exemplares continuam voando nos Estados Unidos.

O WACO YOC na Aviação Naval

A última metade dos anos 1930 registrou considerável expansão na aviação civil brasileira. Porém, com a ausência de uma indústria aeronáutica capaz de atender à crescente demanda por aviões, especialmente aeronaves que pudessem acomodar piloto e dois ou mais passageiros, o único recurso disponível era importar dos Estados Unidos e da Europa os mais variados tipos que satisfizessem as necessidades do mercado brasileiro. E entre esses se encontravam diversos modelos de avião produzidos pela Waco.

Em fins de 1935, o santista Renato Pedroso – já bastante conhecido no meio aeronáutico brasileiro – encomendou à Waco um avião YOC. Dado como pronto em janeiro de 1936, ele foi transportado via marítima e, posteriormente, inscrito no Registro Aeronáutico Brasileiro com as marcas PP-TBI. No entanto, aquele WACO YOC permaneceu pouco tempo com Renato Pedroso e, tempos depois, foi vendido ao governo do estado de São Paulo, recebendo as marcas PP-EAA.

Porém, mesmo como aeronave de transporte executivo do governo paulista foi curta a carreira daquele WACO YOC. Ciente das muitas dificuldades da Aviação Naval e sabedor dos benefícios que o Correio Aéreo Naval proporcionava ao estado, o interventor do estado de São Paulo, Adhemar Pereira de Barros, decidiu ceder o WACO YOC PP-EAA à Aviação Naval. Entretanto, a cessão apresentava como ressalva a obrigatoriedade de manter aquela aeronave na Base de Aviação Naval de Santos para cumprir as linhas regionais do Correio Aéreo Naval ao longo do litoral paulista.

As informações existentes indicam claramente que o PP-EAA já estava em poder da Aviação Naval em fins de outubro de 1938. Mais do que bem-vinda, essa nova aquisição permitiu incrementar os serviços do Correio Aéreo Naval para localidades como Cananeia, Iguape, São Sebastião e Ubatuba. Porém, a carreira desse WACO YOC foi efêmera, pois, em de 7 de dezembro de 1938, acidentou-se com perda total antes mesmo de receber designação ou matrícula da Aviação Naval.

WACO YOC	
Período de Utilização	1938
Fabricante	Waco Aircraft Company, Troy (Ohio – EUA)
Emprego	Transporte e Correio
Características Técnicas	
Motor	Jacobs L-4 de 225 hp
Envergadura	10,66 m
Comprimento	7,77 m

Continua

Altura	2,51 m
Área Alar	22,18 m²
Peso Vazio	867 kg
Peso Máximo	1.454 kg
Armamento	Não dispunha de armamento
Desempenho	
Velocidade Máxima	252 km/h
Razão de Subida	231 m/min
Teto Operacional	4.876 m
Autonomia	5 h
Comentários	
Total Adquirido	1 exemplar
Unidades Aéreas	Base de Aviação Naval de Santos
Designações	Não recebeu designação
Matrículas	Não recebeu matrícula

de Havilland DH-84 Dragon II

Os primeiros anos da década de 1930 trouxeram para o setor de transporte aéreo comercial a aceleração do processo de transição pelo qual se substituíam os hidroaviões de transporte de passageiros por aviões capazes de operar em terra. Muitos construtores aeronáuticos se dedicaram ao desenvolvimento de aviões cada vez maiores, mais velozes e capazes de cobrir distâncias mais longas. Mas existia, claramente, um mercado para aviões de menor porte, no qual questões de desempenho superlativo em termos de velocidade e até mesmo de alcance não eram exigência.

Entre os fabricantes que voltaram a sua atenção para esse nicho estava a inglesa de Havilland Aircraft Company, que, naquela década, lançou uma família de pequenos aviões de transporte aéreo comercial de razoável sucesso. O primeiro membro dessa família foi desenvolvido sob a tutela de Arthur E. Hagg, engenheiro aeronáutico chefe da empresa de Havilland. Ao receber a designação DH-84 e

O DH-84 PP-SPC da VASP. Essa aeronave foi doada à Marinha pelo governo de São Paulo, vindo a ser designada DH4 e empregada basicamente em missões do CAN. Foto Arquivo Action Editora Ltda.

O de Havilland DH-84 Dragon II D4H-178 da Aviação Naval empregado pela Base de Aviação Naval de Santos (SP).

batizado com o nome Dragon, a aeronave surgiu em consequência de um pedido do presidente da Hillman's Airways – precursora da atual British Airways –, que solicitou um avião capaz de ligar o sul da Inglaterra a Paris. A resposta oferecida pela de Havilland foi um avião biplano e bimotor capaz de acomodar seis passageiros. O primeiro protótipo realizou o seu voo inaugural em novembro de 1932.

Entre 1932 e 1936, a de Havilland produziu 115 exemplares do DH-84, a maioria destinada a diversos operadores civis. No entanto, algumas poucas forças aéreas encomendaram uma versão militar dessa aeronave – entre elas, as forças aéreas da Dinamarca e de Portugal –, empregando-a para os mais diversos fins. Ao eclodir a Segunda Guerra Mundial, a Royal Australian Air Force (RAAF) requisitou diversos exemplares em uso com operadores civis. Ademais, carente de plataformas destinadas à instrução de navegação, a RAAF contratou a de Havilland-Australia para que produzisse 87 unidades de uma versão utilitária do DH-84 – todos elaborados entre 1942 e 1943 – o que, efetivamente, elevou a produção total de Dragon para 202 exemplares.

O de Havilland DH-84 Dragon II na Aviação Naval

Na última metade da década de 1930, o Correio Aéreo Naval (CAN) havia evoluído para algo que ia muito além de um mero serviço de correspondência em benefício da Marinha. Ao estabelecer linhas regulares ao longo do litoral, desde o Rio de Janeiro (RJ) até Santa Vitória do Palmar (RS), as atividades do CAN cresceram expressivamente durante toda aquela década.

A exemplo do seu par do Exército, foram criadas linhas para agilizar os serviços do CAN com Santos (SP), Florianópolis (SC) e Rio Grande (RS) e desempenhar o papel de polo de irradiação para as linhas regionais. Por dispor de aeronaves WACO CSO, WACO CPF-5 e WACO CJC-S – configuradas com flutuadores ou com trem terrestre, conforme as necessidades da linha –, elas, por vezes, deixavam de alcançar a desejada regularidade como consequência dos periódicos serviços de revisão geral.

Inicialmente com 22 aviões CJC-S, CPF-5 e CSO, em 1939, essa frota já havia sido reduzida para 19 e, em meados daquele ano, como resultado de pequenos acidentes registrados e os programados serviços de grande manutenção, a Aviação Naval se viu compelida a suspender temporariamente os serviços da CAN para as linhas regionais ao longo do litoral paulista.

Sabedor das dificuldades da Aviação Naval em obter mais aeronaves, o interventor do estado de São Paulo, Sr. Adhemar Pereira de Barros, decidiu doar um avião de Havilland DH-84 Dragon II, que, originalmente, integrara a dotação inicial da empresa de transportes aéreos Vasp. Esse havia sido retirado de serviço após a chegada dos primeiros aviões Junker Ju-52/3m e, em 1939, já era considerado excedente às necessidades da empresa. Porém, Adhemar de Barros aparentemente condicionou a doação, solicitando que o DH-84, ex-Vasp, fosse entregue à Base de Aviação Naval de Santos para cumprir as linhas regionais entre Santos e as cidades de Cananeia, Iguape, São Sebastião e Ubatuba.

Após ser submetido a extensos trabalhos de revisão geral nas oficinas da Vasp, o DH-84 foi entregue às autoridades da Aviação Naval em junho daquele ano. Quase imediatamente, a aeronave passou a realizar as linhas do CAN, que irradiavam desde a Base de Aviação Naval de Santos. As poucas informações disponíveis indicam que esse avião lá permaneceu até 1941. Quando da criação do Ministério da Aeronáutica, em janeiro de 1941, ocorreu a transferência do acervo material da Aviação Naval para o que posteriormente seria conhecido como Força Aérea Brasileira.

Possivelmente devido ao fato de as autoridades da FAB preferirem abrir mão de uma aeronave cujas necessidades logísticas e de manutenção não pudessem ser satisfeitas pela nova arma de aviação ou que essa se encontrasse indisponível para voo e sem possibilidades de recuperação, o único DH-84 da Marinha deixou de acompanhar as demais aeronaves da Força. Seja como for, não consta que esse avião tenha sido sequer entregue às autoridades da FAB e muito menos incluído na carga daquela arma.

de Havilland DH-84 Dragon II	
Período de Utilização	De 1939 até 1941
Fabricante	de Havilland Aircraft Co.
Emprego	Transporte
Características Técnicas	
Motor	2 de Havilland Gipsy-Major 1 de 130 hp cada um
Envergadura	14,42 m
Comprimento	10,52 m
Altura	3,08 m
Área Alar	35 m^2
Peso Vazio	1.044 kg
Peso Máximo	1.907 kg
Armamento	Não dispunha de armamento
Desempenho	
Velocidade Máxima	206 km/h
Razão de Subida	186 m/min
Teto Operacional	3.810 m
Alcance	738 km
Comentários	
Total Adquirido	1 exemplar
Unidades Aéreas	Base de Aviação Naval de Santos
Designações	D4H
Matrículas	D4H-178

North American NA-46

Projetado pelos engenheiros aeronáuticos James Howard "Dutch" Kindelberger, John Leland "Lee" Atwood e H. R. Raynor, da North American Aviation Corporation, o NA-16 deu início a uma variada e complexa linhagem de aeronaves de instrução básica e avançada. Dotadas de motor radial e caracterizadas pelo seu trem fixo, um dos modelos iniciais que derivaram do NA-16 visava atender diretamente uma concorrência do United States Army Air Corps (USAAC) para preencher a necessidade de um moderno avião de treinamento básico. Designado pela North American Aviation Corp.

Linha de voo de NA-46 da 1ª EAM nos idos de 1940. Os NA-46 cumpriam missões de treinamento avançado. Foto Museu Aeroespacial do Campo dos Afonsos.

(NAA) como NA-19, 42 exemplares dessa aeronave foram encomendados em outubro de 1935, recebendo do USAAC a designação BT-9. No mesmo contrato, foram ainda encomendadas outras 40 unidades do BT-9A. Distribuídos entre os principais centros de instrução aérea do USAAC, em pouquíssimo tempo, a NAA arrematou mais contratos de encomenda, não somente do USAAC, mas também da United States Navy.

No entanto, o enorme sucesso alcançado por esse avião de treinamento básico e avançado não se restringiu aos principais operadores militares dos Estados Unidos. A agressiva campanha de vendas da NAA no exterior na última metade da década de 1930 assegurou encomendas às armas aéreas da Argentina, da Austrália, da China, da França, da Holanda, de Honduras, da Inglaterra, do Japão e da Suécia. No caso da Austrália e da Suécia, a licença de produção dessas aeronaves foi transferida para as indústrias aeronáuticas daqueles países. Na virada da década, mais de 1.300 exemplares do NA-16 e suas muitas versões foram entregues a operadores militares.

O NA-46 na Aviação Naval

Como parte dos seus planos para modernizar e reequipar a Marinha, a Diretoria de Aeronáutica da Marinha (DAerM) traçou um plano-mestre para alcançar esse objetivo, inicialmente focalizando os seus esforços no segmento de instrução aérea. O acordo assinado com a empresa alemã Focke-Wulf GmbH, além de garantir a produção em série no Brasil, satisfazia determinadas áreas da formação de aviadores navais. No entanto, foi necessário buscar outras alternativas no que dizia respeito a um moderno avião de treinamento avançado. Entre outras características, a DAerM buscava um avião monoplano que oferecesse desempenho igual ou próximo ao que era visto nos aviões de combate daquela época.

Em junho de 1937, a DAerM começou a estudar propostas de fornecimento do Curtiss 19R, Avro 626, WACO D, Seversky BT-8 e Seversky X-BT e propostas

O NA-46 1-V-1 com marcas 1ª Esquadrilha de Adestramento Militar (1ª EAM), com sede na Base de Aviação Naval do Galeão (RJ).

preliminares oferecidas pela Stearman e Focke-Wulf. Por sua vez, a North American Aviation – através de seu representante no Brasil, o Sr. Louis Bouchelle – propôs o fornecimento do NA-16-4P ou NA-16-AP. Mesmo descartando de imediato as alternativas que contemplavam aeronaves biplanas, o processo de seleção não foi rápido, possivelmente motivado pela endêmica falta de recursos financeiros. Foi somente no ano seguinte que a DAerM escolheu o NA-16-4P, semelhante aos que haviam sido encomendados pelo Exército Argentino, em 1937. Em vista das particularidades exigidas pela DAerM, a versão especificada possuía muitas características do BT-9C empregado pelo USAAC e algumas facetas do NA-45 encomendado pela Fuerza Aérea Venezolana. Ao receber da North American Aviation a designação NA-46, a DAerM assinou o contrato de encomenda no dia 2 de dezembro de 1938. Esse contrato contemplava ainda o fornecimento de ferramental de manutenção e peças de reposição para aquelas aeronaves.

O primeiro lote de aviões NA-46 chegou ao Brasil no terceiro trimestre de 1939, com seis aviões distribuídos à 1ª Esquadrilha de Adestramento Militar (1ª EAM), com sede na Base de Aviação Naval do Galeão (RJ). Junto com a 2ª Esquadrilha de Adestramento Militar, a 1ª EAM destinava-se a aprimorar o conhecimento aeronáutico dos aviadores navais recém-formados na Escola de Aviação Naval. Para os NA-46 que foram inicialmente designados pela DAerM como V1NA, a 1ª EAM deu início à elaboração de

NA-46 da Marinha em seus primeiros dias. Ao todo 12 aeronaves foram adquiridas, que, no entanto, tiveram vida curta na Marinha, pois, em 1941, foram transferidas para a FAB. Foto Museu Aeroespacial do Campo dos Afonsos.

Bela foto do NA-46 1-V-5, isto é, a 5ª aeronave da 1ª EAM, unidade vinculada à EAvN. Na Marinha, eram matriculados de V1NA-192 a V1NA-203. Foto Arquivo Action Editora Ltda.

um intensivo programa de adestramento que incluía atividades como instrução de navegação, tiro aéreo, comunicações e bombardeio, entre outros trabalhos. A chegada do segundo lote de aviões NA-46 no mês de abril de 1940, completando, assim, a dotação da 1ª EAM, permitiria o lançamento irrestrito do programa de instrução formulado por aquela unidade aérea. Contudo, a criação do Ministério da Aeronáutica, no dia 20 de janeiro de 1941 – um evento que já estava sendo aguardado desde meados de 1940 –, anulou o esforço dos poucos integrantes da 1ª EAM. Como consequência, os 12 aviões NA-46 foram integralmente transferidos para a Força Aérea Brasileira e com ela iniciaram um novo capítulo na carreira operacional no Brasil.

North American NA-46

Período de Utilização	De 1939 até 1941
Fabricante	North American Aviation, Inc., EUA
Emprego	Treinamento avançado
Características Técnicas	
Motor	Wright R-975-7 de 400 hp
Envergadura	12,80 m
Comprimento	8,40 m
Altura	4,14 m
Área Alar	23 m²
Peso Vazio	1.503 kg
Peso Máximo	2.028 kg
Armamento	2 metralhadoras fixas Browning M1918 M1 calibre .30, uma instalada na asa direita e outra no capô com tiro sincronizado através do arco da hélice 1 metralhadora móvel Browning M1918 M1 calibre .30 instalada na nacele traseira Capacidade para carregar até quatro bombas e 50 kg

Continua

Desempenho	
Velocidade Máxima	273 km/h
Razão de Subida	370 m/min
Teto Operacional	6.019 m
Autonomia	6 h
Comentários	
Total Adquirido	12 exemplares
Unidades Aéreas	1ª Esquadrilha de Adestramento Militar
Designações	V1NA, depois D1NA (MB)
Matrículas	V1NA-192 a V1NA-203

Beechcraft D17A

Ao deixar para trás o cargo de presidente da Curtiss-Wright Airplane Company e de vice-presidente de vendas da Curtiss-Wright Corporation, em abril de 1932, Walter H. Beech organizou, pela segunda vez em sua vida, uma empresa de construção aeronáutica – a Beech Aircraft Company. Ex-aviador militar, que, como adolescente, construiu um planador com ripas de madeira com os novos lençóis de cama de seus pais, Beech levou consigo um punhado de fiéis seguidores que haviam pertencido à Travel Air Manufacturing Company – sua primeira e bem-sucedida empreitada na indústria aeronáutica.

Apesar de os Estados Unidos se encontrarem no auge dos anos da Depressão, Walter H. Beech apostou todas suas fichas em um nicho ainda em crescimento: aviões de recreio e turismo de luxo. O ponto de partida da nova empresa foi um projeto elaborado por Ted Wells, um engenheiro aeronáutico que fundara a Travel Air. A primeira aeronave da Beech Aircraft Company recebeu a designação Model 17 e acabaria revolucionando o meio aeronáutico.

Depois de registrar seu voo inaugural em 4 de novembro de 1932, o novo avião demonstrou excepcionais características de desempenho, tanto em termos de velocidade como de alcance. De fato, o Model 17 era mais veloz do que qualquer

Em 1940 quatro D17A foram adquiridos pela Marinha para cumprir missões de transporte e nas linhas do Correio Aéreo Naval. Foto Arquivo Jackson Flores Jr. / Action Editora Ltda.

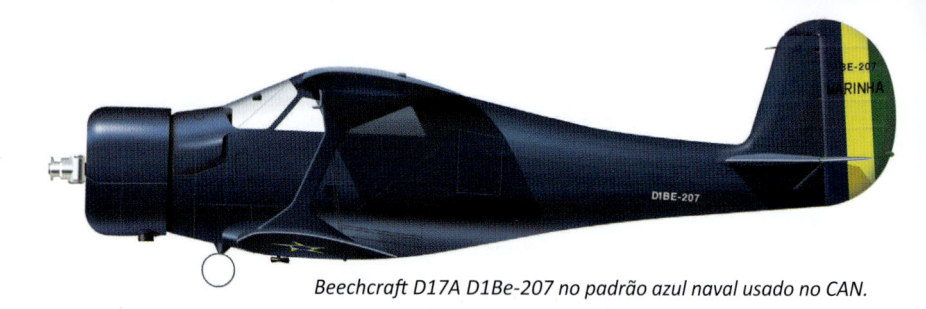

Beechcraft D17A D1Be-207 no padrão azul naval usado no CAN.

caça então empregado pelas Forças Armadas norte-americanas. Ademais, as suas qualidades de voo eram superlativas. Isso era especialmente verdadeiro no que diz respeito às dóceis características de estol, qualidades essas que se deviam à defasagem negativa entre a asa superior e a inferior – uma faceta que, visualmente, distinguia o Model 17 dos demais aviões biplanos de sua categoria.

Diversas foram as versões do Beech 17, cujo projeto original prontamente recebeu trem retrátil, tornando-se assim ainda mais veloz. Independentemente da versão, o Model 17 – ou Beech Staggerwing, como era conhecido – logo se tornou um sucesso de vendas em seu segmento do mercado, e 356 exemplares foram produzidos e vendidos para operadores do mercado civil, que, invariavelmente, empregavam-no como avião de transporte corporativo. Adicionando-se as unidades vendidas ao mercado militar, um total de 781 aviões Staggerwing foi fabricado entre 1932 e 1949.

O Beechcraft D17A na Aviação Naval

Com o fim da década de 1930 rapidamente se aproximando, as autoridades da Aviação Naval deram início a um programa que visava à modernização dos seus meios aéreos. Uma das áreas que recebeu atenção foi a que compreendia os aviões dedicados às tarefas de transporte – especificamente, as missões de ligação e correio.

Apesar de contar com um surtido leque de aviões perfeitamente capazes de realizar as missões do Correio Aéreo Naval (CAN), a Aviação Naval buscou uma aeronave que proporcionasse maior alcance, velocidade e capacidade de transporte

Designados D1Be e, depois, M1Be, os D17Ae foram montados na Ponta do Galeão, nas instalações da OGAN. Foto Arquivo Action Editora Ltda.

Destinado a missões de transporte, os D17 serviram na Marinha até janeiro de 1941, quando três unidades (uma foi perdida em 1940) passaram para a FAB.
Foto Arquivo Jackson Flores Jr. / Action Editora Ltda.

do que as aeronaves então em uso naquelas missões. Essas características eram imprescindíveis para concretizar o prolongamento das linhas do CAN até Belém (PA). Após uma busca entre as alternativas disponíveis no mercado, foi escolhido o Beech Model D17A, uma das versões mais recentes do Staggerwing e que fora colocado em produção em 1939. Ao apresentar um valor unitário estimado em US$ 16.350, o D17A acabou sendo o escolhido. Naquele mesmo ano, foi assinado um contrato de encomenda que englobava quatro exemplares da aeronave.

Transportados até o Brasil por via marítima, os Beech Staggerwing chegaram ao Porto do Rio de Janeiro no segundo trimestre de 1940. Os quatro aviões foram levados encaixotados ao Centro de Aviação Naval do Rio de Janeiro (CAvN RJ), na Ponta do Galeão, e lá montados. Uma vez ensaiados, eles aparentemente ficaram sediados no CAvN RJ e logo foram colocados à disposição do CAN. Contudo, após a chegada ao Brasil, um dos recém-adquiridos Beech Staggerwing se acidentou, com perda total, em 21 de junho de 1940: decolou de madrugada da pista da Base de Aviação Naval de Rio Grande (RS) para empreender a perna de regresso da linha semanal do CAN, ao sul do país, e, por encontrar condições meteorológicas adversas logo após a decolagem, a tripulação optou por regressar para o Rio Grande; no entanto, já próximo àquela cidade, a aeronave caiu no centro do canal, ao norte do aeródromo, provocando a morte dos quatro tripulantes.

Apesar desse percalço logo no início da vida operacional dos D17A, os aviões foram mantidos em constante atividade durante o resto de 1940, quer realizando missões do CAN ou executando voos de ligação e transporte em benefício das autoridades da Aviação Naval e da Marinha do Brasil. A carreira naval desses aviões foi bastante efêmera, já que, em janeiro de 1941, os três Beech Staggerwing foram transferidos para o recém-criado Ministério da Aeronáutica e incorporados ao acervo da Força Aérea Brasileira.

Beechcraft D17A

Período de Utilização	De 1940 até 1941
Fabricante	Beech Aircraft Co., Wichita (Kansas – EUA)
Emprego	Transporte

Continua

Características Técnicas	
Motor	Wright R-760-E2 de 350 hp
Envergadura	9,75 m
Comprimento	8,13 m
Altura	2,43 m
Área Alar	27,50 m²
Peso Vazio	1.118 kg
Peso Máximo	1.927 kg
Armamento	Não dispunha de armamento
Desempenho	
Velocidade Máxima	297 km/h
Razão de Subida	259 m/min
Teto Operacional	5.486 m
Alcance	1.527 km
Comentários	
Total Adquirido	4 exemplares
Unidades Aéreas	Centro de Aviação Naval do Rio de Janeiro
Designações	D1Be e M1Be
Matrículas	D1Be-205 a D1Be-208

Stinson 105

Durante os anos 1930, a Stinson Aircraft Corporation, que já detinha sólida reputação no mercado norte-americano de aviões de médio porte, fabricando, inclusive, aeronaves de transporte aéreo comercial, decidiu ingressar de forma competitiva no setor de aviões de

O Stinson 105 D1S-217 da Base Aérea Naval de Santos em um dia difícil depois de um acidente. Essa aeronave foi doada pelo governo de São Paulo à Aviação Naval. Foto Arquivo José de Alvarenga.

O Stinson 105 D1S-217 da Aviação Naval empregado pela Base de Aviação Naval de Santos (SP).

pequeno porte, ou seja, aeronaves para um piloto e um ou dois passageiros, ampliando, assim, seu leque de produtos.

Em 1938, os engenheiros aeronáuticos da Stinson deram forma a um novo avião que receberia a designação HW-75. Com asa alta e capaz de acomodar três pessoas, o HW-75 dispunha de *slots* ao longo do bordo de ataque das asas para melhorar as suas características de voo a baixa velocidade – um verdadeiro luxo nos aviões do porte naquela época. Depois de voar pela primeira vez em fevereiro de 1939, esse avião voltou a se apresentar em junho com algumas pequenas modificações na linha de produção e com o nome comercial Stinson 105 (o número indica a velocidade de cruzeiro da aeronave em milhas por hora).

No final daquele mesmo ano, o Stinson 105 já era um sucesso comercial, com dezenas de compradores, entre os quais celebridades norte-americanas daquela época. A empresa fabricou aproximadamente 535 exemplares do Stinson 105, marca invejável pelo breve período de produção. Usando-o como ponto de partida, a Stinson primeiro desenvolveu o Stinson 10 e, em seguida, o L-5. Foram produzidos milhares de exemplares desse pequeno avião de ligação e observação que atuou em praticamente todos os teatros de operação da Segunda Guerra Mundial.

O Stinson na Aviação Naval

Às vésperas da criação do Ministério da Aeronáutica no Brasil, a Aviação Naval investia seus parcos recursos na aquisição das aeronaves então sendo produzidas pelas Oficinas Gerais da Aviação Naval (OGAN) ou então na compra de aviões de treinamento avançado e de transporte dos Estados Unidos. Mas a arma de aviação da Marinha se ressentia da falta de aviões utilitários, o que fez com que recorresse a tipos mais antigos, como os de Havilland DH-60 Moth Trainer e DH-82 Tiger Moth para executar o trabalho de ligação entre as bases da Aviação Naval e localidades vizinhas. Os tempos eram difíceis e algumas organizações da Aviação Naval se encontravam quase sem dotação ou totalmente desprovidas de aviões que pudessem realizar esse tipo de trabalho.

O preocupante cenário chegou ao conhecimento do Sr. Adhemar Pereira de Barros, interventor do estado de São Paulo que, em 1940, mandou doar à Aviação Naval um Stinson 105 pertencente ao governo do estado de São Paulo, contanto que aquela aeronave permanecesse sediada na Base de Aviação Naval de Santos (BAN Santos). Diante dessa ressalva, a BAN Santos prontamente colocou o avião em serviço e o empregou intensivamente nas tarefas de ligação e transporte, especialmente entre a base e o Centro de Aviação Naval do Rio de Janeiro (CAvN RJ).

Porém, a carreira daquele Stinson 105 foi brevíssima na Marinha do Brasil, porque, pouco depois, ele passou, juntamente com todas as outras aeronaves da Marinha, para o controle do Ministério da Aeronáutica, criado em janeiro de 1941.

Depois de ser recuperado após o acidente, o Stinson 105 voltou à ativa nas missões de transporte até ser repassado à FAB, em 1941. Foto Arquivo José de Alvarenga.

Stinson 105

Período de Utilização	De 1940 até 1941
Fabricante	Stinson Division – Consolidated Vultee Corporation, Wayne (Indiana – EUA)
Emprego	Transporte
Características Técnicas	
Motor	Continental A-785-3 de 75 hp
Envergadura	10,36 m
Comprimento	6,75 m
Altura	1,98 m
Área Alar	14,40 m²
Peso Vazio	418 kg
Peso Máximo	716 kg
Armamento	Não dispunha de armamento
Desempenho	
Velocidade Máxima	169 km/h
Razão de Subida	137 m/min
Teto Operacional	3.200 m
Alcance	633 km
Comentários	
Total Adquirido	1 exemplar
Unidades Aéreas	Base de Aviação Naval de Santos
Designações	D1S
Matrículas	D1S-217

Westland WS-51/2 Widgeon

Fundada em 1935 na cidade inglesa de Yeovil, a Westland Aircraft Limited foi uma das muitas pequenas empresas de construção aeronáutica que surgiram na Grã-Bretanha da década de 1930. Nos anos seguintes, cresceu de forma até bastante modesta. Apesar de ser responsável pelo desenvolvimento do avião de observação Lysander e do caça Whirlwind – ambos empregados durante a Segunda Guerra Mundial –, a capacidade produtiva da Westland durante aquele conflito foi quase totalmente empenhada na fabricação dos caças Supermarine Spitfire e Seafire. Encerrada a guerra, a empresa gradativamente voltou toda sua atenção para uma nova área de aeronaves, a de asas rotativas, produzindo inicialmente helicópteros sob licença da empresa norte-americana Sikorsky.

Derivado do Westland WS-51 Dragonfly, que nada mais era do que a versão do Sikorsky S-51 Dragonfly produzido sob licença na Grã-Bretanha, o helicóptero WS-51/2 Widgeon nasceu de uma empreitada para melhorar as características e o desempenho do Dragonfly. Lançando mão do motor Alvis Leonides de 520 hp, a Westland fez uso da cabeça do rotor, das pás do rotor principal e da caixa de transmissão empregados no helicóptero WS-55 Whirlwind. Paralelamente, a seção dianteira da fuselagem foi redesenhada para permitir a acomodação de mais um passageiro. Juntas, essas muitas modificações confeririam uma capacidade de carga útil perceptivelmente maior que aquela registrada pelo WS-51 Dragonfly, tornando o Widgeon um helicóptero ideal para trabalhos utilitários. Fazendo uso de três helicópteros Dragonfly, a Westland iniciou os trabalhos de modificação em 1954, a primeira aeronave realizando seu voo inaugural em 23 de agosto de 1955.

Além de receber uma proposta para modificar 24 helicópteros Westland Dragonfly HR Mk 5 da Royal Navy para a versão Dragonfly HR Mk 7 – esse último

Antes de serem operados pelo HU-1, os dois únicos WS-51 foram empregados pelo Centro de Instrução e Adestramento Aeronaval (CIAAN). Esse foi o primeiro helicóptero adquirido pela Marinha. Foto Museu Aeroespacial do Campo dos Afonsos.

a versão militar do Widgeon –, a Westland pretendia capturar significativa fatia do mercado civil de helicópteros utilitários. No entanto, diversos fatores conspiraram contra a empresa e somente 12 helicópteros Widgeon WS-51/2 foram efetivamente produzidos, além dos três modificados com base em células WS-51 Dragonfly, o último tendo sido entregue em setembro de 1959. Uma significativa parcela desses helicópteros foi empregada em trabalhos de prospecção de petróleo no Golfo Pérsico junto com a Bristow Helicopters Ltd., enquanto exemplares isolados foram utilizados pela Força Aérea da Jordânia, pela polícia de Hong Kong e por empresas no Japão e na Nigéria.

O Westland Widgeon na Aviação Naval

Desde meados de 1953, a Marinha do Brasil já cogitava dotar os Cruzadores Leves Barroso e Tamandaré com helicópteros, bem como dispor de plataformas de asas rotativas em quantidade suficiente para executar uma variada gama de trabalhos associados às missões da Esquadra. Em princípio, a Marinha vislumbrava a utilização de 10 helicópteros para trabalhar com busca e salvamento, espotagem de tiro e ligação entre os navios da Esquadra, entre outras atribuições. Mas em vista da legislação existente, o Ministério da Aeronáutica foi consultado quanto à possibilidade de destinar recursos financeiros, materiais e de pessoal para atender às necessidades da Marinha. No entanto, diversos fatores determinaram consideráveis atrasos no entendimento entre os ministérios da Aeronáutica e da Marinha. Paralelamente, a Marinha deu início a estudos com o objetivo de reativar a Aviação Naval, examinando propostas de venda apresentadas por diversos fabricantes de helicópteros, bem como iniciando entendimento com a United States Navy para o fornecimento de meios aéreos através do Mutual Defense and Assistance Program (MDAP – Programa de Assistência e Defesa Mútua).

Em setembro de 1953, a Mesbla S.A. apresentou a primeira proposta de fornecimento de helicópteros Westland WS-51 e, nos muitos meses que se seguiram, diversas versões do Bell 47, bem como do Piasecki HUP, foram apresentadas. Porém, a procrastinação do Ministério da Aeronáutica em estabelecer claros critérios quanto ao uso de seus meios materiais e de pessoal para atender as necessidades de asas rotativas da Marinha fez com que, no início de 1956, o assunto ganhasse caráter urgente. Recebendo mais outra proposta de fornecimento de helicópteros Westland WS-51 – e contando com recursos orçamentários para concretizar a compra dessas aeronaves –, a Marinha optou por adquirir dois exemplares antes que esses recursos orçamentários fossem perdidos.

O Westland WS-51/2 Widgeon N-7001 do HU-1 no padrão de cores e marcas da Aviação Naval. Note o guincho de salvamento do lado direito da aeronave.

O UH-1 N-7002 do Esquadrão HU-1. Na foto o Presidente Humberto de Alencar Castelo Branco recebe as honras militares a bordo do NAeL Minas Gerais. Foto Arquivo Action Editora Ltda.

Assim, em 27 de dezembro de 1956, a Marinha do Brasil e a Mesbla S.A. – representante brasileira da Westland Aircraft Ltd. – assinaram contrato de compra e venda que compreendia dois helicópteros Westland Widgeon. Com um valor global de £ 89.710, a empresa inglesa forneceria a última versão do Widgeon – o WS-51 Series 2. Esses dois helicópteros seriam entregues com equipamento adicional, como tanques auxiliares de combustível para voo de longa distância, equipamento para a instalação de macas, duplo comando e guincho.

Em dezembro de 1957, os dois Widgeon destinados à Marinha do Brasil já estavam prontos, sendo oficialmente entregues aos representantes da Diretoria de Aeronáutica da Marinha (DAerM) em 2 de janeiro de 1958, em Yeovil (Reino Unido). Transportadas de navio até o Brasil, as duas aeronaves foram montadas sob a supervisão de pessoal da Westland. No fim de abril de 1958, tendo como instrutor o piloto de ensaios em voo da Westland, Sr. John Fay, dois aviadores navais brasileiros iniciaram a fase de adaptação ao novo helicóptero.

Já distribuídos ao Centro de Instrução e Adestramento Aeronaval (CIAAN), os Westland Widgeon realizaram a conclusão da fase de adaptação, o que, efetivamente, marcou o início da sua carreira operacional no Brasil. Tal como previsto, os Widgeon passaram a desempenhar importante papel na realização das campanhas hidrográficas desenvolvidas pela DHN – um trabalho bastante exigente que frequentemente levava um ou até ambos os Westland Widgeon para locais muito distantes de seu aeródromo sede na Avenida Brasil, no Rio de Janeiro (RJ). No entanto, em face das características técnicas e de desempenho daquele helicóptero, os Widgeon foram convocados a realizar um variado leque de trabalhos. Missões de transporte de autoridades, observação de tiro – de torpedos ou de artilharia – e até mesmo de evacuação aeromédica passaram a ser tarefas realizadas com bastante regularidade.

A chegada de mais helicópteros – entre os quais alguns destinados especificamente à instrução de voo – permitiu que o CIAAN liberasse uma parcela do seu material aeronáutico para equipar uma nova unidade aérea. Em 5 de junho de 1961, foi criado o 1º Esquadrão de Helicópteros de Emprego Geral (HU-1), a primeira unidade aérea operacional de helicópteros da Aviação Naval. A nova unidade herdou os dois Westland Widgeon, bem como três helicópteros Westland WS-55 Whirlwind do CIAAN, mas os poucos recursos à disposição da Aviação Naval fizeram com que, durante alguns meses, esse esquadrão compartilhasse as acanhadas e espartanas instalações do CIAAN localizadas no Km 11 da Avenida Brasil. Apesar desse inconveniente, o HU-1 conseguiu absorver sem mais problemas todas as atribuições de emprego geral que antes eram realizadas pelo CIAAN. De fato, o novo esquadrão ampliou sua área de atuação, organizando, em pouco mais de um ano, instalações de apoio em Angra dos Reis (RJ), Ilha Bela (SP), Santos (SP), Florianópolis (SC), Rio Grande (RS), Vitória (ES), Caravelas (BA), Ilhéus (BA) e Salvador (BA). Cada um desses locais passou a ser assiduamente visitado pelos Widgeon do HU-1, quase sempre em proveito da DHN. Em meio a essa intensa atividade, em 1961, foi dado início à transferência do HU-1 para sua nova sede em São Pedro da Aldeia (RJ) e a ida dos Widgeon para seu novo lar.

Mesmo com essa mudança de sede, a rotina do HU-1 e dos seus Widgeon se manteve relativamente inalterada quanto aos tipos de missão que estavam sendo executados – mas, a cada ano, a passagem do tempo se encarregou de registrar um número cada vez maior de missões.

Interessante imagem feita no CIAAN, ainda nas antigas instalações da Avenida Brasil, no Rio de Janeiro (RJ), onde aparecem os dois UH-1 do HU-1 ladeados por helicópteros Westland WS-55 Whirlwind. Foto Westland do Brasil.

O N-7001 do HU-1 visto em voo. O WS-51 foi o protagonista de um episódio em Tramandaí (RS), em dezembro de 1964, com militares da FAB lotados no 2º ECA (hoje 2º/1º GCC), que culminou no decreto 55.627, de 26 de janeiro de 1965, que limitou a Marinha ao uso de helicópteros. Foto Arquivo Action Editora Ltda.

Inicialmente tolerados, o ressurgimento e o crescimento da Aviação Naval geraram cada vez mais polêmica entre os ministérios da Aeronáutica e da Marinha, o primeiro argumentando que a existência de uma arma de aviação da Marinha contrariava o estabelecido no Decreto nº 2.961, de 20 de janeiro de 1941. Os sucessivos atritos advindos dessa situação levaram à ocorrência de um episódio no qual um dos Westland Widgeon foi o principal protagonista. Em dezembro de 1964, durante um dos deslocamentos do HU-1 para o sul, o Widgeon N-7001 foi impedido de decolar de Tramandaí (RS) por pessoal da FAB pertencente ao 2º Esquadrão de Controle e Alarme – que se valeu de uma rajada de metralhadora contra o rotor de cauda quando aquela aeronave estava prestes a sair do solo. Por mais que os danos materiais fossem de pequena monta, o evento resultou numa série de medidas que levaram à assinatura, em 26 de janeiro de 1965, do Decreto nº 55.627 e que deu forma à Aviação Naval nas três décadas seguintes, ao determinar que ela deveria operar exclusivamente aeronaves de asas rotativas.

Apesar da profunda mudança que o Decreto nº 55.627 provocou na Aviação Naval, a rotina de trabalho dos dois Westland Widgeon seguiu inalterada. No entanto, já em 1965, ficava claro que a operação dos dois helicópteros do tipo estava se tornando cada vez mais difícil. O seu calcanhar de aquiles era o motor Alvis Leonides, cuja revisão geral só podia ser feita no Reino Unido. Apesar de haver oficinas homologadas no Brasil com potencial para executar esse tipo de serviço, só existiam três aeronaves no país equipadas com o Alvis Leonides – os dois Widgeon da Marinha e um avião

Percival pertencente a um particular. Esse quadro não servia de incentivo para que alguma oficina se equipasse com as ferramentas e bancadas necessárias à execução de serviços de manutenção do Leonides. Assim, a Marinha do Brasil preferiu simplesmente esgotar a vida útil dos motores que equipavam os dois Widgeon para então desativar e posteriormente alienar esses dois helicópteros.

Com a chegada de 1967, o índice de disponibilidade dos dois Westland Widgeon já se encontrava muito distante do aceitável. Agravando esse quadro, encontrava-se a dificuldade em obter peças destinadas a repor itens dos componentes dinâmicos dessas aeronaves, que, por sua vez, já apresentavam uma vida útil relativamente curta. A chegada de helicópteros Westland Wasp acelerou a decisão de desativar os Widgeon, o que efetivamente ocorreu no início de 1968. No entanto, como um dos helicópteros pioneiros da segunda fase da Aviação Naval, um exemplar foi preservado na Base Aérea Naval de São Pedro da Aldeia onde se encontra até hoje.

Westland WS-51/2 Widgeon	
Período de Utilização	De 1958 até 1968
Fabricante	Westland Aircraft Ltd., Yeovil (Somerset – Reino Unido)
Emprego	Utilitário
Características Técnicas	
Motor	Alvis Leonides 521/2 de 520 hp
Diâmetro do Rotor Principal	14,98 m
Largura	1,77 m
Comprimento	12,44 m
Altura	4,04 m
Peso Vazio	2.007 kg
Peso Máximo	2.678 kg
Armamento	Não dispunha de armamento
Desempenho	
Velocidade Máxima	167 km/h
Razão de Subida	215 m/min
Teto Operacional	3.190 m
Alcance	500 km
Comentários	
Total Adquirido	2 exemplares
Unidades Aéreas	Centro de Instrução e Adestramento Aeronaval 1º Esquadrão de Helicópteros de Emprego Geral
Designações	HUW, posteriormente alterado para UH-1
Matrículas	Inicialmente matriculados como H-4001 e H-4002 e alterados em 1958 para N-7001 e N-7002

Bell 47J

O Bell 47J Ranger surgiu em 1956 em resposta a uma pesquisa de mercado da Bell finalizada no ano anterior. Para atender as peculiaridades do mercado de transporte executivo, a empresa fez uso da célula básica do helicóptero Model 47G para dar forma ao seu novo produto. Ao alargar a seção dianteira da fuselagem para que assim fosse possível acomodar

O Bell 47J N-7004 era um dos três HUL-1, como eram designados na Marinha esses helicópteros. Sua missão original era a instrução, mas foi empregado em diversas surtidas de transporte e utilitárias. Foto Museu Aeroespacial do Campo dos Afonsos.

um piloto e três passageiros, a Bell utilizou também o motor instalado no Model 47G, bem como muitos dos componentes dinâmicos daquele helicóptero. Além disso, instalou um novo sistema de transmissão para o rotor de cauda. Outras pequenas alterações foram aplicadas à estrutura da célula e aos distintos sistemas da aeronave. Mas foi a instalação de um boom de cauda inteiramente monocoque, bem como carenagens que fechavam toda a região do motor, que efetivamente tornou o Ranger visualmente muito diferente das demais versões do Model 47.

Ao voar pela primeira vez no primeiro trimestre de 1956, o Bell 47J teve a sua produção em série iniciada na segunda metade daquele ano. Apesar de registrar ainda índices de vendas bastante modestos, o Bell 47J ganhou destaque em 3 de março 1957, quando dois exemplares foram adquiridos e entregues à Força Aérea dos Estados Unidos (USAF – United States Air Force) para transportar o presidente Dwight D. Eisenhower, o primeiro chefe de estado a fazer uso regular de aeronaves de asas rotativas. Designados como H-13J, esses helicópteros serviram à Presidência dos Estados Unidos até 1961.

Além dos helicópteros da USAF, 30 exemplares do HUL-1/HUL-1M foram fornecidos à Marinha dos Estados Unidos (USN – United States Navy), entre 1955 e 1956. Salvo a instalação de motores ligeiramente mais possantes, esses eram praticamente idênticos aos H-13J da Força Aérea. No entanto, a maior parte dos 346 helicópteros Bell 47J fabricados em Ft. Worth (Texas – EUA) foi comprada por empresas e organizações civis norte-americanas e estrangeiras para servir como aeronaves de transporte executivo.

O Bell 47J na Aviação Naval

A forma exata como se processou a aquisição dos Bell 47J da Marinha do Brasil é desconhecida. No entanto, as evidências indicam que os três helicópteros desse tipo foram adquiridos através da Comissão Naval Brasileira em Washington, DC (CNBW), em 1958. Entretanto, algumas fontes acreditam que esses helicópteros eram do modelo HUL-1 da USN, fornecidos através do Programa de Assistência e Defesa Mútua, assinado entre o Brasil e os Estados Unidos. Já outras fontes sugerem que esses helicópteros foram comprados diretamente da Bell Helicopter Company, com intermediação da USN.

Independentemente de sua origem, essas aeronaves de asas rotativas chegaram ao Brasil em 1958 e foram imediatamente incorporadas ao Centro de Instrução e Adestramento Aeronaval para ser empregadas na formação dos oficiais matriculados no curso de Observador Aéreo Naval (OAN). Uma vez montados e ensaiados, os três Bell 47J iniciaram as suas atividades nas instalações do CIAAN, no Km 11 da Avenida Brasil (Rio de Janeiro – RJ).

Apesar de haverem sido adquiridos para a instrução de voo, suas características peculiares tornavam esses helicópteros ideais para outras missões. Consequentemente, os Bell 47J – ou HUL-1, como foram inicialmente designados pela Marinha do Brasil – eram com frequência convocados a realizar surtidas utilitárias ou então de transporte de pessoal. Muitas vezes, os Bell 47J do CIAAN realizavam missões de transporte de pessoal em benefício do 1º Distrito Naval, levando autoridades da Marinha até os navios da Esquadra dotados de convés de voo. Às vezes, esses helicópteros eram também chamados para realizar surtidas para o transporte de autoridades civis.

A exemplo do que ocorria com os demais helicópteros da Aviação Naval naquele período, os Bell 47J muitas vezes voavam para locais muito distantes de sua sede, invariavelmente em apoio a alguma atividade da Diretoria de Hidrografia e Navegação (DHN) ou de algum outro órgão da Marinha. Foi justamente durante um desses deslocamentos que se registrou a perda do primeiro Bell 47J, que se chocou com o mar nas vizinhanças da Ilha do Bom Abrigo (SC) em fevereiro de 1960. Mais outro Bell 47J foi perdido exatamente um ano mais tarde, em 20 de fevereiro, quando transportava o governador do Rio de Janeiro, o Sr. Roberto Silveira – um dos HUL-1 caiu em Petrópolis (RJ) após sofrer perda de sustentação seguida de colisão com o telhado de uma casa, resultando na morte do piloto e do governador.

Dois dias depois, foi criado o 1º Esquadrão de Helicópteros de Instrução (HI-1), tendo sido o derradeiro Bell 47J entregue à nova unidade. Naquele mesmo ano, o HI-1 foi transferido das instalações da Aviação Naval, na Avenida Brasil, para São Pedro da Aldeia, onde estava sendo construída uma Base Aérea Naval. A mudança de sede não trouxe de imediato significativas mudanças na utilização desse último exemplar do Bell 47J, que continuou voando missões de instrução, transporte de pessoal e tarefas utilitárias.

Entretanto, a chegada de novos helicópteros, em 1963, determinou que aquele helicóptero realizasse cada vez mais missões de transporte de pessoal

O Bell 47J HUL-1 N-7004 do 1º Esquadrão de Helicópteros de Instrução (HI-1) no padrão de cores dos anos 1960.

Os Bell 47J serviram inicialmente no Centro de Instrução e Adestramento Aeronaval (CIAAN) e no 1º Esquadrão de Helicópteros de Instrução (HI-1).
Foto Museu Aeroespacial do Campo dos Afonsos.

e menos missões de treinamento. Permanecendo com o 1º Esquadrão de Helicópteros de Instrução – apesar de desenvolver missões de emprego geral –, o último Bell 47J da Marinha teimosamente continuou voando até o final da década, sendo desativado em 1970. Finalmente, em 1974, esse helicóptero foi alienado em concorrência, sendo adquirido e posteriormente inscrito no Registro Aeronáutico Brasileiro com as marcas PT-HDU.

Bell 47J	
Período de Utilização	De 1958 até 1974
Fabricante	Bell Helicopter Company, Ft. Worth (Texas – EUA)
Emprego	Treinamento e utilitário
Características Técnicas	
Motor	Lycoming VO-435-A1B de 260 hp
Diâmetro do Rotor Principal	11,33 m
Comprimento	9,87 m
Altura	2,85 m
Largura	2,29 m
Peso Vazio	780 kg
Peso Máximo	1.293 kg
Armamento	Não dispunha de armamento
Desempenho	
Velocidade Máxima	169 km/h
Razão de Subida	245 m/min
Teto Operacional	4.750 m
Alcance	420 km

Continua

Comentários	
Total Adquirido	3 exemplares
Unidades Aéreas	Centro de Instrução e Adestramento Aeronaval 1º Esquadrão de Helicópteros de Instrução
Designações	HUL-1, posteriormente alterado para UH-3
Matrículas	Inicialmente atribuídas as matrículas H-7001 a H-7003, posteriormente alteradas para N-7003 a N-7005

Kawasaki-Bell 47G-3B

O sucesso comercial das muitas versões do helicóptero Model 47 estimulou a Bell Helicopter Company a examinar propostas de fabricação daquele modelo sob licença em outros países. Para aquela empresa norte-americana, era especialmente interessante a escolha de parceiros na Europa e na Ásia – dois mercados de helicópteros em franco crescimento que já haviam absorvido uma expressiva parcela da produção de aeronaves Bell 47.

Em consequência, no transcorrer das décadas de 1950 e 1960, a Bell logrou acertar na Europa as licenças de produção do Model 47G, primeiro com a empresa italiana Agusta – que ainda fabricou o Bell 47J – e, logo em seguida, com a britânica Westland. Assim, as duas empresas construíram nada menos do que 759 exemplares do Bell 47G, com uma significativa parcela empregada pelas Forças Armadas do Reino Unido e da Itália. Ademais, a Agusta produziu sob licença um total de 275 exemplares da versão executiva desse helicóptero, o Bell 47J.

Apenas dois Kawasaki-Bell 47G-3B, uma versão fabricada pela japonesa Kawasaki, sob licença da Bell Helicopters, foram empregados pela Aviação Naval.
Foto Serviço de Hidrografia e Navegação.

Um Kawasaki-Bell 47G-3B do HI-1 com o primeiro padrão de pintura dos HTL-6.

O Kawasaki-Bell 47G-3B N-7007, já rematriculado N-5004, do HI-1 com o último padrão de pintura adotado pela Aviação Naval.

Antes, porém, a Bell acertou com a Kawasaki Aircraft Engineering, em 1952, a produção sob licença do Model 47D e do Model 47G, no entanto sua fabricação em série iniciou-se apenas em 1954. Até 1976, nada menos do que 447 exemplares de distintas versões do Bell 47G foram produzidos para o mercado doméstico, bem como para exportação a países da região.

O Kawasaki-Bell 47G-3B na Aviação Naval

Na esteira do contrato de encomenda assinado, em abril de 1956, entre a Marinha do Brasil e o estaleiro japonês Ishikawajima Harima Heavy Industries, que previa a construção e a entrega de dois navios hidrográficos, foi acertada ainda a aquisição de dois helicópteros Kawasaki-Bell 47G-3B como parte do pacote. Em princípio, essas duas aeronaves seriam orgânicas dos navios hidrográficos, cumprindo uma série de tarefas de apoio vinculadas aos trabalhos de levantamento hidrográfico que iriam cumprir no Brasil.

Ao se aproximar a data de finalização dos trabalhos de construção dos dois navios, dois aviadores navais foram despachados para o Japão para cumprir um programa de instrução de voo no Bell 47G, curso ministrado pela própria Kawasaki. Paralelamente, vários técnicos cumpriram o programa de instrução referente à manutenção daquele helicóptero.

Dados como prontos, em fevereiro e abril de 1958, os navios hidrográficos Sirius e Canopus partiram de Tóquio rumo ao Brasil levando um Kawasaki-Bell 47G. Parecia que fora reservada a esses dois helicópteros uma longa e próspera carreira operacional, visto que o Canopus, ao chegar ao litoral brasileiro, fez extenso uso de seu Kawasaki-Bell 47G durante trabalhos hidrográficos realizados na Baía de Todos os Santos ao longo do mês de julho. Já o navio hidrográfico Sirius, que chegara ao Rio de Janeiro no mês de maio, partiu para sua primeira comissão em meados de setembro de 1958, encarregado de levantamentos hidrográficos na foz do Rio Amazonas, levando consigo um dos Kawasaki-Bell 47G.

Essa campanha hidrográfica assistiu não somente ao registro do primeiro destacamento aéreo embarcado para a Região Amazônica, mas também à primeira vez que um helicóptero foi empregado como instrumento de apoio hidrográfico na Bacia Amazônica.

A natural irreverência que caracteriza a maioria dos aviadores não tardou em encontrar um apelido para essas novas aeronaves. Em face da origem japonesa desses helicópteros, os aviadores navais deram a eles o nome Sakura, um condimento japonês que, na época, já registrava algum sucesso no Brasil. Entretanto, a sorte optou por não acompanhar os Sakura. Em 4 de junho de 1958, o N-7006 regressava do Centro de Instrução e Adestramento Aeronaval, às margens da Avenida Brasil (RJ), para integrar um destacamento aéreo embarcado a bordo do navio hidrográfico Sirius, que se encontrava fundeado na Ilha Fiscal (RJ). Durante a perna de ida até o navio, o motor apresentou perda de potência, obrigando o piloto a executar um pouso forçado no mar, vindo a afundar em seguida. Apesar de ter sido içada horas depois, a aeronave foi considerada perda total como resultado da prolongada exposição à água do mar.

Com a frota reduzida a somente um exemplar, um programa de racionalização dos meios aéreos da Aviação Naval realizado no início da década de 1960 fez com que o último Sakura fosse incorporado ao acervo do 1º Esquadrão de Helicópteros de Instrução. Lá passaria a operar ao lado dos Bell HTL-5 (Bell 47D1) e HUL-1 e (Bell 47J) daquela unidade, uma medida bastante sensata em face das exíguas diferenças entre as três aeronaves no que tange aos procedimentos de manutenção e exigências logísticas.

Durante os anos seguintes, o Sakura participou ativamente na formação de várias turmas de aviadores navais, se bem que até mesmo esse papel foi posto de lado quando da incorporação de um número crescente de helicópteros Hughes 269 de instrução.

A exemplo dos helicópteros HTL-5, o Sakura era periodicamente convocado a embarcar nos navios hidrográficos Canopus e Sirius para compor o destacamento aéreo embarcado durante algumas das inúmeras campanhas hidrográficas realizadas anualmente pela DHN com eles. Em face das reduzidas dimensões do

O Kawasaki-Bell 47G N-7007 é visto já rematriculado N-5004. Esse foi um dos dois HTL-6 (depois IH-1, como foram redesignados) Sakura, apelido dado pelos pilotos a esse helicóptero americano fabricado sob licença no Japão. Foto Arquivo Action Editora Ltda.

Um dos Kawasaki-Bell 47G em curva próximo ao navio hidrográfico H-21 Sirius. Os dois HTL-6/IH-1 muito contribuíram para as missões hidrográficas.
Foto Diretoria de Hidrografia e Navegação.

convés de voo dos dois navios hidrográficos, os pequenos helicópteros Bell – e entre eles estava incluído o Sakura – eram os vetores aéreos ideais para aquele tipo de tarefa.

Ao chegar o ano de 1967, distintas fontes dão conta de que o pequeno Sakura não mais se encontrava em operação, provavelmente porque as autoridades aeronáuticas da Marinha já não consideravam conveniente o esforço de mantê-lo em condições de voo. Estocado na Base Aérea Naval de São Pedro da Aldeia (BAeNSPA), o Kawasaki-Bell 47G permaneceu inativo durante algum tempo até ser alienado no transcorrer de 1970. Porém, ele ainda ganharia alguma sobrevida, visto que foi prontamente recuperado, colocado em condições de voo e inscrito no Registro Aeronáutico Brasileiro com as marcas PT-FAK.

Kawasaki-Bell 47G-3B	
Período de Utilização	De 1958 até 1970
Fabricante	Kawasaki Aircraft Engineering/Akashi Works, Akashi (Japão)
Emprego	Emprego geral e instrução
Características Técnicas	
Motor	Lycoming VO-435A-1 de 200 hp
Diâmetro do Rotor Principal	10,71 m
Comprimento	9,62 m
Altura	2,83 m
Largura da Fuselagem	2,64 m
Peso Vazio	626 kg
Peso Máximo	1.066 kg
Armamento	Não dispunha de armamento
Desempenho	
Velocidade Máxima	161 km/h
Razão de Subida	245 m/min
Teto Operacional	3.322 m
Alcance	345 km

Continua

Comentários	
Total Adquirido	2 exemplares
Unidades Aéreas	1º Esquadrão de Helicópteros de Instrução
Designações	HTL-6, posteriormente alterado para IH-1
Matrículas	N-7006 e N-7007. Posteriormente, o N-7007 foi rematriculado N-5004

Grumman (General Motors) TBM-3E Avenger

Depois de registrar, na forma de protótipo, seu voo inaugural em 7 de agosto de 1941, o TBF Avenger foi o primeiro avião torpedeiro projetado pela Grumman Aircraft Engineering Corporation. Já famosa pelos aviões de caça que desenvolvera para a aviação embarcada da United States Navy, a Grumman foi convidada, em abril de 1940 – com outras empresas –, a apresentar propostas para um avião torpedeiro que substituísse o Douglas TBD Devastator. Declarada vencedora, a Grumman recebeu da USN um contrato de produção em dezembro de 1940.

Poucos eram os exemplares de produção disponíveis para o combate logo após a entrada dos Estados Unidos na Segunda Guerra Mundial, e o batismo de fogo do Grumman TBF Avenger só ocorreu, portanto, durante a crucial batalha de Midway, em 4 de junho de 1942. A contribuição dos seis TBF foi praticamente inexpressiva durante aquele embate entre as forças navais japonesas e as norte-americanas, mas, nos meses seguintes, o Avenger mostrou ser veloz e extremamente robusto para uma aeronave de ataque, dotado ainda de considerável capacidade ofensiva e alcance nada desprezível.

Em vista dessas e de outras qualidades, a United States Navy encomendou mais exemplares do TBF, tornando necessário um substancial aumento no ritmo de produção desses aviões. Em consequência, a divisão Eastern Aircraft do fabricante

Os TBM-3E Avenger, todos ex-Marinha Holandesa, vieram junto com o NAeL A-11 Minas Gerais, quando de sua vinda para o Brasil, em julho de 1960.
Foto Diretoria de Aeronáutica da Marinha.

O TBM-3E número 2 do Destacamento Especial de Aeronaves do CIAAN, com o primeiro padrão de pintura adotado pela Aviação Naval.

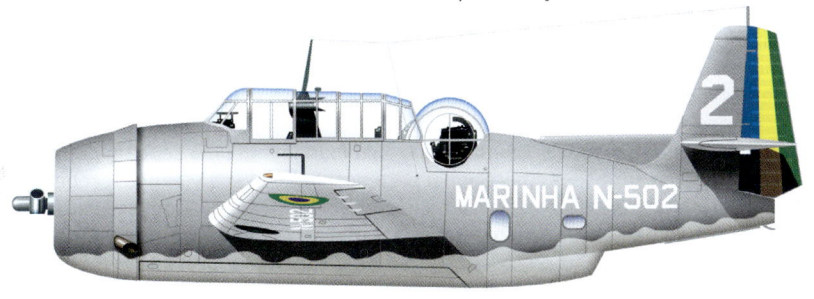

O TBM-3E N-502 do Destacamento Especial de Aeronaves do CIAAN, com o segundo padrão de pintura adotado pela Aviação Naval.

O TBM-3E N-501 do Destacamento Especial de Aeronaves do CIAAN, com o terceiro padrão de pintura adotado pela Aviação Naval.

de automóveis General Motors passou a produzir o Avenger em novembro de 1942. Para distinguir os TBF produzidos pela Grumman e os Avenger fabricados pela General Motors, esses últimos receberam a designação TBM. No entanto, com a urgente necessidade de entregar cada vez mais caças F6F Hellcat, a linha de produção do TBF foi fechada em dezembro de 1943, cabendo exclusivamente à General Motors a fabricação do Avenger.

Entre as células produzidas pela Grumman e as fabricadas pela General Motors, exatas 9.839 foram entregues durante a Segunda Guerra Mundial. Além da USN, a FAA britânica foi uma das principais usuárias dos TBF e dos TBM durante o conflito. Nos anos do pós-guerra, outros países receberam versões do Avenger, entre os quais o Canadá, a França, o Japão e o Uruguai.

O Grumman TBM-3E Avenger na Aviação Naval

Após comprar, do Reino Unido, em 1956, o navio-aeródromo que posteriormente foi batizado como Minas Gerais, a Marinha do Brasil providenciou a reforma e a modernização dos muitos sistemas daquele porta-aviões. Para tal, o Minas Gerais foi levado para a Holanda, onde foi submetido a esse trabalho nos estaleiros da empresa Verolme. Paralelamente, as comissões da Marinha do Brasil nos Estados Unidos e na Europa iniciaram negociações para a aquisição de aviões e helicópteros que se destinavam a equipar o grupo aéreo embarcado do novo navio-aeródromo.

No entanto, o período que antecedeu as provas de mar do Minas Gerais mostrou que seria imprescindível contar com instrumentos que pudessem primeiro treinar e depois manter adestradas as equipes responsáveis pelos muitos trabalhos realizados com aeronaves no convés de voo. Entre as alternativas existentes, a melhor seria a utilização de uma aeronave obsoleta mas com todos os seus sistemas funcionando, inclusive o motor.

Antes de o Navio-Aeródromo Ligeiro (NAeL) Minas Gerais seguir para o Reino Unido para iniciar as provas de mar – que culminariam em uma série de pousos e decolagens com um avião Fairey Gannet pertencente à FAA –, a Marinha recebeu da Marinha Holandesa um lote de aviões General Motors TBM-3E Avenger. Obsoletos e em processo de desativação na Marine Luchtvaart Dienst (MLD – Serviço Aéreo da Real Marinha Holandesa), mas em perfeitas condições de voo, esses aviões preenchiam perfeitamente o papel de treinador para as equipes de manobra do navio-aeródromo. Não se sabe com exatidão como se processou a aquisição dessas aeronaves, salvo o fato de que foram oficialmente entregues às autoridades da

O TBM-3E 2 sendo posicionado no elevador do NAeL Minas Gerais (A-11) ainda no padrão original de cores e marcas. Foto Arquivo Action Editora Ltda.

Um dos Avenger da Aviação Naval acionado no convoo do Minas Gerais ainda com as asas dobradas. Essas aeronaves foram empregadas para adestramento e instrução das equipes do porta-aviões A-11. Foto Arquivo José de Alvarenga.

Marinha do Brasil na Europa, em 25 de julho de 1960, pouco antes da partida para o Reino Unido do NAeL Minas Gerais.

Esse lote de aviões era composto de exemplares do TBM-3E e TBM-3E2 desativados pela MLD. Empregados como aviões de patrulha e reboque de alvos aéreos pelos holandeses, os TBM haviam antes pertencido à Fleet Air Arm, que os operara como aviões de guerra antissubmarino. De acordo com fontes holandesas, foram entregues dois exemplares do TBM-3E e do TBM-3E2, respectivamente. No entanto, é certo que somente três foram efetivamente embarcados no NAeL Minas Gerais antes de ele deixar a Holanda.

Após a chegada do NAeL Minas Gerais (A-11) ao Brasil, foi possível dar atenção ao início do processo de formação do pessoal destinado a compor as equipes de manobra. Conquanto esse trabalho já havia sido realizado entre aqueles que acompanharam o Minas Gerais desde sua saída da Holanda, era necessário realizar a instrução de novas equipes e reciclar aquelas já formadas, uma atribuição do Centro de Instrução e Adestramento Aeronaval (CIAAN).

A intenção original era que ao menos um dos TBM fosse entregue àquele Centro, mantendo outro exemplar a bordo do Minas Gerais. Para atender a esse planejamento e visto que os três TBM-3E se encontravam em condições de voo, ficou decidido que eles fariam uma decolagem livre (isto é, sem o uso da catapulta) do NAeL Minas Gerais e voariam para São Pedro da Aldeia, a nova sede do CIAAN. No entanto, em 1º de setembro de 1961, logo após livrar o convés de voo daquele navio-aeródromo, o TBM-3E N-502 perdeu sustentação e caiu no mar ao largo do litoral do estado do Rio de Janeiro. Por sorte, seu piloto escapou ileso do acidente, mas ficou decidido que a ida até o CIAAN dos demais TBM se daria através de desembarque e posterior transporte por via terrestre.

Em consequência, um desses aviões foi assim encaminhado para São Pedro da Aldeia e lá passou a fazer parte do inventário do Destacamento Especial de Aeronaves do CIAAN. Por sua vez, o outro TBM foi mantido a bordo do Minas Gerais, lá permanecendo até o primeiro trimestre de 1963. Durante esse período, os TBM-3E foram continuamente empregados como instrumentos de instrução, quer em terra ou embarcado. Porém, mesmo envidando esforços para manter todos os sistemas

O número 1 era um dos três Avenger, o único TBM-3E2 que a Aviação Naval teve. Na foto ele aparece em seus primeiros dias de Brasil no convoo do NAeL Minas Gerais. Foto Arquivo Mauro Lins e Barros.

dos dois TBM que ainda restavam – incluindo a revisão geral dos motores –, tornou-se extremamente difícil conservar ambos em perfeito estado de funcionamento. Como resultado, um dos aviões foi desmontado para servir de fonte de peças de reposição. Mas até mesmo esse recurso foi de pouco valor prático, já que, em janeiro de 1965, um decreto presidencial determinava que todas as aeronaves de asa fixa da Marinha deveriam ser repassadas para a Força Aérea Brasileira.

Apesar de o último TBM da Aviação Naval não ter sido entregue à FAB, estava claro que ele deixava de apresentar alguma utilidade para o CIAAN e para a Aviação Naval em geral. Excluído da carga da Marinha em 1965, ficou decidido que

Em 1965, o único Avenger ainda existente deveria ser repassado à FAB. Porém, isso não aconteceu, sendo o N-501 encaminhado para preservação. Em 1974/1975 ele acabou sucateado. Foto Arquivo José de Alvarenga.

essa última célula remanescente dos três TBM recebidos pela Marinha do Brasil deveria ser preservada. Assim, ele foi encaminhado para o centro recreativo da Casa do Marinheiro e colocado em exposição na entrada daquela organização, que antes servira como a primeira sede do CIAAN. Esse TBM permaneceu lá até ser transformado em sucata, entre 1974 e 1975.

Grumman (General Motors) TBM-3E Avenger

Período de Utilização	De 1960 até 1965
Fabricante	General Motors Corp.
Emprego	Instrução estática
Características Técnicas	
Motor	Wright R2600-20 de 1.900 hp
Envergadura	16,50 m
Comprimento	12,48 m
Altura	5 m
Área Alar	45,52 m²
Peso Vazio	4.783 kg
Peso Máximo	8.117 kg
Armamento	Não dispunha de armamento
Desempenho	
Velocidade Máxima	444 km/h
Razão de Subida	627 m/min
Teto Operacional	9.174 m
Alcance	1.624 km
Comentários	
Total Adquirido	3 exemplares
Unidades Aéreas	Destacamento Especial de Aeronaves do CIAAN
Designações	Não recebeu designação
Matrículas	Inicialmente matriculados de 1 a 3 Posteriormente rematriculados N-501 a N-503 Com a perda do N-502, o N-503 foi rematriculado N-502

Westland WS-55 Whirlwind Series 1

A Westland Aircraft Ltd. mal havia iniciado a produção em série do helicóptero Dragonfly quando julgou ser conveniente fabricar uma aeronave de asas rotativas mais avançada e de maior porte. Em julho de 1950, para atingir esse objetivo, a Westland iniciou discussões com a norte-americana Sikorsky Aircraft Division para que o acordo que levou à fabricação sob licença do Dragonfly fosse ampliado. E em novembro daquele mesmo ano, logrou acertar a concessão da licença de produção do helicóptero Sikorsky S-55.

Ultrapassadas as dificuldades iniciais para converter as especificações contidas nos planos norte-americanos, bem como a fabricação de gabaritos, foi dado início à construção do primeiro WS-55 já em 1951. Ao registrar seu primeiro voo pairado em novembro de 1952, aquela célula inicial passou os meses seguintes realizando uma extensa bateria de ensaios, tanto em terra como em voo. Em dezembro de 1953, e com a linha de produção já em atividade de fabricação dos primeiros exemplares, a Westland conferiu o nome Whirlwind ao novo helicóptero.

O N-7008 do HU-1 é visto em voo. Os WS-55 Whirlwind Series 1, ou HU2W, como eram designados na Aviação Naval, cumpriam missões de emprego geral, busca e salvamento (SAR) e helitransporte. Foto DPHDM.

Denominada Series 1, a primeira série de helicópteros Westland Whirlwind foi composta de 35 exemplares destinados à Royal Navy (RN – Real Marinha Britânica), 71 unidades para a Royal Air Force (RAF – Real Força Aérea) e outros 45 para diversos operadores civis e governamentais. Coube aos Whirlwind da RAF a oportunidade de escrever uma nova página da história da guerra aérea durante a crise de Suez, em novembro de 1956, quando participaram do desembarque anfíbio anglo-francês em Port Said, no Egito.

O Westland Whirlwind Series 1 na Aviação Naval

Ao traçar os planos de equipamento da recém-ressuscitada Aviação Naval, as altas autoridades da Marinha do Brasil prontamente identificaram a necessidade de dispor de um helicóptero de maior porte do que os Bell 47 e os Westland Widgeon adquiridos no final da década de 1950.

Em face do cenário em que se deu o ressurgimento da Aviação Naval, agravado ainda pelo reduzidíssimo orçamento destinado à aquisição de material aeronáutico, as alternativas existentes eram bastante restritas. No entanto, em vista da relação existente entre a Marinha do Brasil e a Westland, bem como o considerável apoio prestado pelo almirantado britânico durante as etapas de aquisição e modernização do Navio-Aeródromo Ligeiro Minas Gerais, foi possível à Comissão Fiscal de Construção de Navios na Europa (CFCNE) acertar a compra de três helicópteros Westland WS-55 Whirlwind Series 1. Celebrada em valor unitário de US$ 141.366, a compra dos Westland Whirlwind apresentou uma importante vantagem: a entrega se deu em um brevíssimo espaço de tempo. Uma vez assinado o contrato, em julho de 1960, o primeiro Whirlwind foi entregue em outubro, seguido dos dois restantes já no mês seguinte.

Apesar de serem da versão civil do WS-55 Series 1, os três Whirlwind apresentavam muitas características presentes nas versões Whirlwind HAR Mk 1

O Westland WS-55 Whirlwind Series 1 HU2W N-7008 do 1º Esquadrão de Helicópteros de Emprego Geral (HU-1).

e HAR Mk HAR Mk 2, respectivamente operadas pela RN e RAF. Os helicópteros destinados à Marinha do Brasil foram entregues numa configuração que permitia o transporte de 10 soldados ou a instalação de seis macas, dispondo ainda de guincho igual àquele instalado nos seus pares militares do Reino Unido.

Assinado o contrato de encomenda, a Marinha do Brasil prontamente despachou um pequeno grupo de aviadores navais para as instalações da Westland Aircraft Ltd., na cidade de Yeovil, sendo a fase de instrução no novo helicóptero concluída rapidamente e sem dificuldades. No dia 19 de outubro, o Capitão de Fragata Roberto Mário Monnerat e o Capitão-Tenente Hercel Ahrends Teixeira executaram o primeiro pouso de uma aeronave brasileira a bordo do NAeL Minas Gerais, que havia acabado de concluir suas provas aéreas com um grupo aéreo embarcado da Royal Navy.

Ensaiados e aprovados para recebimento em 4 de novembro, os dois últimos Whirlwind se juntaram ao primeiro exemplar. No início de dezembro, os helicópteros seguiram em voo até Rotterdam (Holanda) para lá serem embarcados no NAeL Minas Gerais, que estava às vésperas de partir para o Brasil. Nesse ínterim, as autoridades da Marinha do Brasil já estavam negociando a aquisição de outros dois Westland WS-55 Whirlwind Series 1. Entretanto,

Os três primeiros WS-55 empregados pela Marinha são vistos espotados no convoo do A-11. É possível que por causa das marcas das aeronaves, esta foto retrate as suas primeiras semanas na Aviação Naval. Foto DPHDM.

Bastante empregados pela Aviação Naval, os WS-55 por vezes se viam operando em locais completamente sem estrutura. Dois desses helicópteros acabaram sendo convertidos, em 1968, na Westland para a Series 3. Foto DPHDM.

os limitados recursos orçamentários destinados à Aviação Naval impediram a efetivação desse plano, que foi postergado para 1963.

A chegada ao Brasil dos três helicópteros Westland Whirlwind Series 1 ampliou consideravelmente o leque de missões que podiam ser cumpridas pela Aviação Naval. Transitoriamente subordinados ao Destacamento Aéreo Embarcado do NAeL Minas Gerais, os três Whirlwind – já com a designação HU2W – foram passados para o 1º Esquadrão de Helicópteros de Emprego Geral (HU-1) quando essa unidade foi criada através de aviso datado de junho de 1961. Inicialmente voando das modestas instalações do HU-1 localizadas no Km 11 da Avenida Brasil (Rio de Janeiro – RJ), os Whirlwind do HU-1 prontamente passaram a desempenhar os mais variados trabalhos em benefício de distintas organizações da Marinha e de entidades civis. Contudo, uma das principais tarefas atribuídas aos HU2W foi prestar apoio às diversas campanhas hidrográficas anualmente organizadas pela Diretoria de Hidrografia e Navegação (DHN). A volumosa cabine não somente permitia acomodar 10 passageiros, mas possibilitava o transporte dos mais variados tipos de material e equipamento. Aliado à respeitável capacidade de carga, o Whirlwind passou a ser instrumento imprescindível para o sucesso de muitas campanhas hidrográficas executadas durante a década de 1960.

Essas mesmas características permitiam ainda a execução de operações helitransportadas com tropas do Corpo de Fuzileiros Navais, bem como o lançamento de paraquedistas daquela instituição naval. Ademais, em diversas ocasiões, os Whirlwind foram convocados a realizar missões de evacuação aeromédica, missões de misericórdia e trabalhos em apoio a flagelados de calamidades públicas, como as chuvas torrenciais que atingiram durante o Rio de Janeiro em janeiro de 1966.

No entanto, a intensa atividade dos HU2W cobrou um alto preço. Dois desses helicópteros, N-7012 e N-7008, foram perdidos em acidentes ocorridos no litoral do Rio de Janeiro e nas vizinhanças de Nazaré (BA), respectivamente registrados em 4 de novembro de 1963 e 17 de agosto de 1964. A chegada de mais dois Westland Whirlwind Series 1 em meados de 1963 permitiu que a dotação da frota desses helicópteros se mantivesse no mesmo nível de quando entraram em serviço. A carência de recursos materiais para a execução de serviços de revisão geral, agravada pela crônica falta de recursos financeiros, no entanto, fez com que os índices de disponibilidade caíssem gradativamente, tendo, em 1966, um dos Whirlwind já sofrido extensa canibalização para permitir que os outros dois continuassem voando.

Mas distintas circunstâncias dariam um sopro de vida aos dois Whirlwind Series 1 em atividade com o HU-1. Quando ficou acertada a aquisição de helicópteros Whirlwind Series 3 – equipados com motores turboeixo –, ficou decidido, em 1968, que os dois HU2W seriam despachados para o Reino Unido. Lá, nas instalações da Westland Helicopters, sofreram intenso trabalho de modernização, que incluiu a instalação do motor Rolls-Royce Gnome. Ambos regressaram para o Brasil em 1969.

Já o último Westland Whirlwind Series 1, matrícula N-7012, canibalizado além de qualquer possibilidade de ser economicamente recuperado para voo, foi alienado em 1970 e, posteriormente, transformado em sucata.

Westland WS-55 Whirlwind Series 1

Período de Utilização	De 1960 até 1968
Fabricante	Westland Aircraft Ltd., Yeovil (Reino Unido)
Emprego	Transporte, emprego geral, busca e salvamento
Características Técnicas	
Motor	Pratt & Whitney Wasp R-1340-40 de 600 hp
Diâmetro do Rotor Principal	16,15 m
Comprimento	12,80 m
Altura	4,02 m
Largura	3,15 m
Peso Vazio	2.273 kg
Peso Máximo	3.402 kg
Armamento	Não dispunha de armamento
Desempenho	
Velocidade Máxima	175 km/h
Razão de Subida	229 m/min
Teto Operacional	4.785 m
Alcance	536 km
Comentários	
Total Adquirido	5 exemplares
Unidades Aéreas	Destacamento Aéreo Embarcado do NAeL Minas Gerais 1º Esquadrão de Helicópteros de Emprego Geral
Designações	HU2W
Matrículas	N-7008 a 7012. As células N-7009 e 7010 receberam novas matrículas quando foram convertidas para a versão Westland Whirlwind Series 3. Inicialmente mantiveram suas matrículas originais, sendo rematriculadas mais tarde N-7026 e N-7027, respectivamente

Bell HTL-5

Engenheiro formado pela Santa Monica Polytechnic (Califórnia – EUA), Lawrence "Larry" Dale Bell fundou a Bell Aircraft Corporation em 10 de julho de 1935 junto com outros dois sócios. Tendo trabalhando anteriormente com a Martin Aircraft Company – onde chegou a ser vice-presidente e gerente geral da empresa – e com a Consolidated Aircraft Corporation, "Larry" Bell há anos ambicionava ser dono da própria empresa de construção aeronáutica. Quando a Consolidated decidiu mudar sua sede para a Costa Oeste dos Estados Unidos, Bell aproveitou a oportunidade para lançar mão das suas instalações em Buffalo (Nova York – EUA).

Inicialmente realizou trabalhos contratados para a Consolidated, porém, no final de 1936, a Bell Aircraft Corporation deu forma à sua primeira aeronave, o caça bimotor XFM-1 Airacuda. Conquanto essa aeronave não alcançasse o sucesso desejado, o próximo projeto consolidou a Bell como uma das principais empresas de construção aeronáutica dos Estados Unidos. Atendendo a especificações do United States Army Air Corps (USAAC), a Bell produziu nada menos do que 13.727 caças P-39 Airacobra e P-63 Kingcobra.

Porém, pressionado pelos enormes cortes nos contratos de defesa pouco antes do fim da Segunda Guerra Mundial, "Larry" Bell voltou sua atenção para um novo ramo da aeronáutica – as aeronaves de asas rotativas. Entusiasmado com a experiência e o trabalho realizado por Arthur M. Young nessa área, Bell o colocou na liderança do desenvolvimento do Bell Model 47, o primeiro helicóptero projetado por sua empresa.

Ao voar pela primeira vez em 8 de dezembro de 1945, em pouco tempo, o Bell 47 se transformou em um sucesso nas áreas comercial e militar, tendo se destacado principalmente pela execução de missões de evacuação aeromédica realizadas durante a Guerra da Coreia. Estabelecendo diversas marcas reconhecidas pela Fédération Aéronautique Internationale e outras entidades – incluindo o recorde mundial de voo pairado sem interrupção (50 horas e 50 segundos) –, durante muitos anos, o Bell 47 foi o parâmetro com o qual todos os helicópteros de pequeno porte eram comparados. Quando foi encerrada sua

O Bell HTL-5 nada mais era do que a versão militar do Bell 47 D-1. A Aviação Naval empregou seis dessas aeronaves em missões de instrução entre 1961 e 1968.
Foto Coleção Aparecido Camazano Alamino.

O Bell HTL-5 N-5003 do 1º Esquadrão de Helicópteros de Instrução (HI-1).

produção, nada menos do que 6.263 exemplares desse pequeno helicóptero foram produzidos nas mais variadas versões, quer para uso civil ou militar.

O Bell HTL-5 na Aviação Naval

Com a urgente necessidade de incrementar os meios aéreos da recém-ressuscitada Aviação Naval, ficara claro que era igualmente importante ampliar a sua dotação de aeronaves de instrução. Consequentemente, em 1960, o Estado-Maior da Armada encarregou a Comissão Naval Brasileira em Washington, DC (CNBW), e a Comissão Naval Brasileira na Europa (CNBE) de adquirirem aeronaves de instrução, quer de asas rotativas quer de asa fixa.

Em face do bom relacionamento e da disposição da United States Navy (USN – Marinha dos Estados Unidos) em auxiliar o seu par brasileiro, a solução para os helicópteros de instrução prontamente apareceu na forma de helicópteros Bell HTL-5 que se encontravam estocados na Naval Air Station Litchfield Park (Arizona – EUA). Produzidos entre 1951 e 1952, eles nada mais eram que a versão militar do Bell 47D1 e que haviam inicialmente servido ao HTU-1, o esquadrão de instrução de helicópteros da USN. Substituídos por plataformas mais modernas, os HTL-5 foram depois empregados em tarefas utilitárias antes de ser desativados. De fato, dos seis helicópteros postos à disposição da Marinha do Brasil, um havia sido temporariamente cedido à Royal Canadian Navy a fim de reforçar a dotação de helicópteros daquela Armada em sua expedição ao Círculo Ártico em 1957.

Antigos e bastante usados – mas viáveis como plataforma de instrução –, necessitavam somente de trabalho de revisão e de pequenos reparos. Em setembro de 1960, foram iniciados na NAS Litchfield Park os preparativos para deixar os helicópteros prontos para posterior envio à Holanda, onde seriam embarcados no Navio-Aeródromo Ligeiro Minas Gerais (A-11), que sofria reparos antes de sua entrega ao Brasil. Entretanto, distintos fatores fizeram com que somente alguns desses helicópteros ficassem prontos antes de ser embarcados no MV Westerdam. E ao contrário do que foi originalmente previsto, todos os helicópteros seguiram diretamente para o Brasil em novembro daquele ano.

Ao preço de US$ 16.235 cada helicóptero, a Marinha do Brasil e a USN assinaram, em 14 de março de 1961, o contrato de compra e venda dos seis Bell HTL-5 que já se encontravam no Brasil. Na verdade, quatro desses já haviam sido montados pelo pessoal técnico do Centro de Instrução e Adestramento Aeronaval (CIAAN). Os outros dois dependiam de peças de reposição ou então da execução de serviços de revisão e reparos que ainda seriam realizados pela empresa Serviços Aéreos Cruzeiro do Sul. No entanto, isso não impediu que os quatro helicópteros já prontos fossem entregues ao 1º Esquadrão de Helicópteros de Instrução (HI-1), que fora criado em 22 de fevereiro de 1961.

Subordinado ao CIAAN, a primeira sede do HI-1 foi implementada nas instalações daquele centro na Avenida Brasil. Mas no transcorrer de 1961, tanto o CIAAN quanto aquela unidade e seus helicópteros foram transferidos para a Base Aérea Naval de São Pedro da Aldeia. Apesar das naturais dificuldades para se executar essa transferência, o HI-1 tratou de dar pleno uso aos HTL-5, que no mesmo ano iniciaram as suas atividades de instrução.

Porém, a segunda metade de 1961 não foi positiva para os HTL-5 do HI-1. Em agosto, um dos helicópteros sofreu um grave acidente, enquanto outro foi perdido dois meses depois durante um voo de adestramento, quando se chocou com o solo.

Com a frota de helicópteros HTL-5 reduzida para cinco células, das quais quatro se encontravam disponíveis para voo, o HI-1 deu continuidade às suas atividades de treinamento. Mas em junho de 1962, outro HTL-5 se acidentou, dessa vez devido a pane no motor. Com o número de helicópteros HTL-5 reduzido a três células disponíveis para voo, as autoridades da Diretoria de Aeronáutica da Marinha (DAerM) trataram de buscar outros helicópteros de instrução, escolhendo finalmente o Hughes 269A.

Apesar desses contratempos, o HI-1 continuou dando irrestrito uso aos HTL-5, que foram exaustivamente empregados na formação de sucessivas gerações de aviadores navais. Mesmo após a chegada dos Hughes 269A e até o final de 1966, os Bell HTL-5 figuravam constantemente no programa diário de voo do HI-1.

A chegada de 1967 trouxe uma profunda avaliação de todos os meios aéreos então à disposição da Aviação Naval, para determinar quais plataformas poderiam continuar sendo empregadas e quais pediam substituição. Por questões de padronização do acervo de helicópteros de instrução, ficou decidido que os HTL-5 deveriam ser desativados e posteriormente alienados assim que fosse conveniente. Consequentemente, já a partir daquele ano, foram poucos os voos registrados com os HTL-5, que foram finalmente desativados em 1968. Os últimos três exemplares foram finalmente alienados no começo de 1970, tendo sido um incluído no Registro Aeronáutico Brasileiro com a matrícula civil PT-FAJ.

Bell HTL-5

Período de Utilização	De 1961 até 1968
Fabricante	Bell Helicopter Company
Emprego	Instrução e emprego geral
Características Técnicas	
Motor	Franklin 355-5 de 200 hp
Diâmetro do Rotor Principal	10,72 m
Comprimento	8,33 m
Altura	2,79 m
Largura	2,59 m
Peso Vazio	526 kg
Peso Máximo	1.067 kg
Armamento	Não dispunha de armamento
Desempenho	
Velocidade Máxima	157 km/h
Razão de Subida	281 m/min
Teto Operacional	3.355 m
Alcance	272 km
Comentários	
Total Adquirido	6 exemplares
Unidades Aéreas	1º Esquadrão de Helicópteros de Instrução (HI-1)
Designações	HTL-5, posteriormente alterado para IH-1A
Matrículas	N-5001 a N-5006

Taylorcraft BC-12D

Formada originalmente em 1927 como Taylor Brothers Aircraft Manufacturing Corporation, essa empresa norte-americana se especializou no desenvolvimento de pequenos aviões de desporto e recreio. No entanto, seu lugar na história mundial da aviação foi assegurado quando desenvolveu o Taylor Cub, uma pequena aeronave biplace de asa alta cuja produção foi iniciada em 1931. Após a formação da Piper Aircraft Corporation, em 1937, aquele minúsculo avião passou a ser comercializado como o Piper Cub – possivelmente um dos mais famosos aviões de recreio e desporto fabricados até hoje.

Após sucessivas mudanças no seu contrato social, em 1938, a antiga Taylor Brothers Aircraft passou a se denominar Taylorcraft Aviation Corporation e, naquele mesmo ano, lançou o Taylorcraft BC, um pequeno avião muito semelhante ao Cub quanto à configuração geral. Durante os anos seguintes, a Taylorcraft desenvolveu e fabricou outros modelos, além de produzir diversas versões do BC, tendo a BC-12 atingido a cifra de 4.304 exemplares no período pré e pós-Segunda Guerra Mundial.

O Taylorcraft BC-12D na Aviação Naval

Uma das principais atribuições do Centro de Instrução e Adestramento Aeronaval (CIAAN), quando foi criado, em maio de 1955, foi a execução do Curso de Observador Aéreo Naval (COAN). Enquanto o segmento teórico do COAN pudesse ser – e de fato foi – ministrado nas instalações do CIAAN, a etapa de voo era inexequível, em face da carência de meios aéreos. A solução foi lançar mão dos recursos materiais e de pessoal do Aeroclube do Brasil, na época sediado no Campo de Manguinhos, Rio de Janeiro (RJ).

A partir de 1961, a execução do COAN foi suspensa e o CIAAN aparentemente tratou de providenciar os recursos materiais necessários à realização daquele curso em São Pedro da Aldeia. Recém-chegado à BAeNSPA, o CIAAN logrou adquirir algumas poucas aeronaves de recreio e desporto que serviam perfeitamente à instrução de voo dos alunos do COAN. Entre elas encontrava-se um Taylorcraft BC-12D, que chegara àquela Base na primeira metade de 1962.

Apesar de se tratar de um BC-12D, documentos da Marinha incorretamente se referiam àquele avião como L-2 ou L-2K. Independentemente disso, ele foi incorporado

Foto do único Taylorcraft BC-12D, um pequeno monomotor de treinamento e transporte que na Aviação Naval foi matriculado N-709. Foto Arquivo José de Alvarenga.

O Taylorcraft BC-12D N-709 do CIAAN no padrão de cores da Aviação usado entre 1962 e 1965.

ao acervo do Destacamento Especial de Aeronaves do CIAAN para ser empregado como avião de instrução. Contudo, visto que o COAN não ocorreu nos anos de 1962 e 1963, as evidências sugerem que esse Taylorcraft BC-12D não desempenhou essa tarefa, e sim surtidas de adestramento e de transporte em proveito do pessoal já formado ou então da própria BAeNSPA. De fato, existe documentação que indica que o BC-12D da Aviação Naval passou a pertencer ao Destacamento de Aeronaves da BAeNSPA. Mesmo assim, não existem evidências de que esse pequeno avião tenha voado com muita frequência – quer com o CIAAN, quer com a BAeNSPA.

Em agosto de 1964, foi determinado que o Taylorcraft BC-12D deveria integrar o Núcleo do Comando de Aviação da Força de Fuzileiros da Esquadra junto com o CAP-4 Paulistinha da Força. Dois meses mais tarde, de acordo com um relatório do Estado-Maior da Armada, o pequeno BC-12D já fazia parte do acervo do 1º Esquadrão Misto de Aeronaves do Núcleo do Comando de Aviação da Força de Fuzileiros da Esquadra, desempenhando missões de ligação e observação. Porém, as informações existentes sugerem que toda essa movimentação se limitou ao papel. Seja como for, quaisquer planos referentes ao futuro uso daquele BC-12D deixaram de existir em 26 de janeiro de 1965, quando foi assinado o Decreto 55.627 determinando a entrega à Força Aérea Brasileira (FAB) de todas as aeronaves de asa fixa pertencentes à Marinha. Semanas mais tarde, essa determinação foi cumprida, e consta que a FAB optou por não fazer uso do Taylorcraft BC-12D, sucateando-o logo em seguida.

Taylorcraft BC-12D	
Período de Utilização	De 1962 até 1965
Fabricante	Taylorcraft Aviation Corp., Alliance (Ohio – EUA)
Emprego	Transporte e Treinamento
Características Técnicas	
Motor	Continental A65-8 de 65 hp
Envergadura	10,97 m
Comprimento	6,70 m
Altura	2,03 m
Área Alar	17 m^2
Peso Vazio	340 kg
Peso Máximo	544 kg
Armamento	Não dispunha de armamento
Desempenho	
Velocidade Máxima	185 km/h
Razão de Subida	183 m/min
Teto Operacional	4.575 m
Alcance	765 km

Continua

Comentários	
Total Adquirido	1 exemplar
Unidades Aéreas	Centro de Instrução e Adestramento Aeronaval
Designações	Não recebeu designação
Matrículas	N-709

CAP-4 Paulistinha

Ao longo da década de 1940, a Companhia Aeronáutica Paulista produziu aproximadamente 777 exemplares do Paulistinha, um pequeno avião de turismo e recreio.

Ele foi originalmente projetado e desenvolvido pela Empresa de Aeronáutica Ypiranga, com a designação EAY-201. O primeiro protótipo voou pela primeira vez em 1935.

Em 1942, a recém-organizada Companhia Aeronáutica Paulista (CAP) adquiriu os direitos de produção do EAY-201, que já havia sofrido algumas modificações. A CAP havia contratado o Instituto de Pesquisas Tecnológicas para projetar uma aeronave com base no EAY-201. O resultado foi o CAP-4, cuja produção em série foi iniciada em abril de 1943.

Mesmo após o fechamento da Companhia Aeronáutica Paulista, em 1949, a produção do Paulistinha continuou – após um lapso de sete anos e trabalhos que visavam aperfeiçoar muitas de suas características – nas mãos da Sociedade Aeronáutica Neiva. A nova fábrica designou a aeronave de Neiva 56, e a quantidade final de aviões Paulistinha chegou a aproximadamente 1.070 exemplares desde o primeiro voo, em 1935.

O CAP-4 Paulistinha na Aviação Naval

A especialidade de Observador Aéreo Naval (OAN) foi criada em dezembro de 1954 e, logo, a Marinha do Brasil – através do Centro de Instrução e Adestramento Aeronaval (CIAAN), criado em maio do ano seguinte – tratou de dar início à formação de seus primeiros observadores aéreos navais. Carecendo de meios para realizar a etapa de voo do Curso de Observador Aéreo Naval (COAN), recorreu-se ao Aeroclube do Brasil para dar instrução de voo aos futuros OAN da Marinha.

Ao menos dois CAP-4 foram adquiridos pela Marinha em 1962 para cumprir missões de treinamento e transporte. Foto Arquivo José de Alvarenga.

Distribuídos ao CIAAN, os dois CAP-4 não chegaram a receber designação militar, apenas as matrículas N-504 e N-505. Em janeiro de 1965, ambos foram retirados do inventário e destinados à FAB. Foto Arquivo José de Alvarenga.

Abrigado no Campo de Manguinhos, na cidade do Rio de Janeiro (RJ), o Aeroclube do Brasil contava com um variado leque de aviões para a formação de pilotos, e entre eles encontravam-se alguns exemplares do CAP-4 Paulistinha. Enxertando o programa de instrução do COAN ao já existente currículo de instrução do Aeroclube do Brasil, o CIAAN formou cinco turmas de Observadores Aéreos Navais – com a maior parte dos oficiais dessas turmas seguindo para os Estados Unidos para se submeter a uma ampla gama de cursos sob a égide da Marinha dos Estados Unidos.

O COAN foi temporariamente suspenso a partir de 1961, e a Marinha do Brasil logrou adquirir alguns exemplares do CAP-4 em 1962, presumivelmente para dar continuação ao COAN nas novas instalações do CIAAN na Base Aérea Naval de São Pedro da Aldeia (BAeNSPA). Entretanto, praticamente nada se sabe da utilização dada a essas aeronaves, salvo escassas indicações de que realizaram alguns voos locais de adestramento. Entretanto, em outubro de 1964, uma diretiva do Estado-Maior da Armada informava que os CAP-4 já constituíam o Núcleo do Comando de Aviação da Força de Fuzileiros da Esquadra. Mas se existiam planos mais concretos para o futuro do CAP-4 da Aviação Naval, esses deixaram de existir no ano seguinte. Em 26 de janeiro de 1965, foi assinado o Decreto nº 55.627 e, por força de seus artigos, o CAP-4 foi entregue às autoridades da Força Aérea Brasileira semanas mais tarde. Consta que pouco tempo depois ele foi transformado em sucata.

O CAP-4 Paulistinha N-505 do CIAAN no padrão de cores da Aviação Naval usado entre 1962 e 1965.

CAP-4 Paulistinha

Período de Utilização	De 1962 até 1965
Fabricante	Companhia Aeronáutica Paulista, Santo André (SP)
Emprego	Emprego geral e instrução
Características Técnicas	
Motor	Continental A65-8 de 65 hp
Envergadura	10,67 m
Comprimento	6,71 m
Altura	2,10 m
Área Alar	17 m²
Peso Vazio	320 kg
Peso Máximo	535 kg
Armamento	Não dispunha de armamento
Desempenho	
Velocidade Máxima	160 km/h
Razão de Subida	240 m/min
Teto Operacional	3.800 m
Autonomia	4 h
Comentários	
Total Adquirido	2 exemplares pelo menos
Unidades Aéreas	Centro de Instrução e Adestramento Aeronaval
Designações	Não recebeu designação
Matrículas	N-504 e 505

Fairchild PT-26

Desenvolvido pela Fairchild às vésperas da Segunda Guerra Mundial, o projeto M62 rapidamente se transformou no mais importante e numeroso avião de treinamento primário da arma aérea do Exército dos Estados Unidos. Sob a designação PT-19, milhares desses aviões foram

Apenas um exemplar de um PT-26 foi incorporado à Aviação Naval em 1962. O N-708, no entanto, foi muito pouco utilizado, sendo repassado com as demais aeronaves de asa fixa à FAB em 1965. Foto Arquivo Mario Roberto Vaz Carneiro.

O Fairchild PT-26 N-708 do CIAAN no padrão de cores da Aviação usado entre 1962 e 1965.

produzidos, sendo responsáveis pela formação de diversas gerações de aviadores militares – não somente daquele país, mas de muitos países aliados.

Como qualquer outra aeronave, o Fairchild PT-19 sofreu um processo evolutivo que visava seu aperfeiçoamento em termos de desempenho ou para atender necessidades específicas, como operação em climas frios. Isso resultou, entre outras versões, no M-62A4. Ao voar pela primeira vez em julho de 1942, essa versão se distinguiu pela instalação de um canopí que encobria as duas naceles de pilotagem destinadas ao aluno e ao instrutor. Com a designação PT-26, essa modificação buscava atender às condições ambientais reinantes no outono e no inverno do Canadá, onde já era realizada a formação de aviadores militares de diversos países através do Commonwealth Air Training Scheme.

Inicialmente, 670 exemplares do PT-26 foram produzidos nas instalações da Fairchild, na cidade de Hagerstown (Maryland – EUA). Mas com a concessão da licença de produção à empresa canadense Fleet Aircraft Limited, outras 1.057 unidades desse avião foram fabricadas naquele país.

O Fairchild PT-26 na Aviação Naval

Possivelmente como outras aeronaves de asa fixa de pequeno porte adquiridas pela Marinha do Brasil naquela época, a compra de um Fairchild PT-26 aparentemente objetivava a formação de um núcleo de instrução para pilotos de asa fixa da Aviação Naval. Adquirido de um particular em meados de 1962, o único PT-26 da Marinha foi entregue diretamente ao Centro de Instrução e Adestramento Aeronaval (CIAAN) para ser integrado ao acervo do Destacamento Especial de Aeronaves.

Entretanto, um relatório de novembro de 1962 dava conta de que o motor Ranger L-440-1 daquele avião encontrava-se avariado, o que não tornava possível o voo por tempo indeterminado. Não existem indicações de que esse avião tenha registrado algum voo no transcorrer de 1963, mas, em outubro de 1964, já figurava como parte do acervo do Destacamento de Aeronaves para Serviços Auxiliares da Base Aérea Naval de São Pedro da Aldeia. Porém, naquele mesmo mês, um relatório do Estado-Maior da Armada informava que o PT-26 pertencia ao 1º Esquadrão de Aviões de Instrução do CIAAN.

Em 26 de janeiro de 1965, quando foi assinado o Decreto no 55.627, esvaneceram-se quaisquer planos reservados para o único PT-26 da Marinha. Em consequência dos artigos daquele instrumento, semanas mais tarde, o PT-26 foi entregue a representantes da Força Aérea Brasileira. As poucas informações disponíveis sugerem que ele foi sucateado pouco tempo mais tarde.

Fairchild PT-26

Período de Utilização	De 1962 até 1965
Fabricante	Fleet Aircraft Limited, Fort Erie (Canadá), sob licença da Fairchild Engine & Airplane Corp.
Emprego	Treinamento primário
Características Técnicas	
Motor	Ranger L-440-1 de 175 hp
Envergadura	10,97 m
Comprimento	8,53 m
Altura	3,20 m
Área Alar	18,58 m²
Peso Vazio	836 kg
Peso Máximo	1.154 kg
Armamento	Não dispunha de armamento
Desempenho	
Velocidade Máxima	212 km/h
Razão de Subida	178 m/min
Teto Operacional	4.663 m
Alcance	643 km
Comentários	
Total Adquirido	1 exemplar
Unidades Aéreas	Centro de Instrução e Adestramento Aeronaval
Designações	Não recebeu designação
Matrículas	N-708

North American T-28R-1 e T-28A(S)

No final da década de 1940, a recém-criada United States Air Force (USAF) identificou a conveniência de substituir os aviões North American Aviation AT-6. A necessidade não se prendia exclusivamente à mera substituição por aeronaves mais modernas. Afinal de contas, ela havia herdado da United States Army Air Force (USAAF) centenas dessas aeronaves de instrução avançada quando de sua criação em setembro de 1947. Os AT-6 eram ótimos para instruir futuros pilotos de caça como aqueles empregados na Segunda Guerra Mundial, mas estava longe de ser a plataforma ideal para a formação dos que voariam os jatos de alto desempenho e de trem triciclo que já começavam a equipar a Força. Assim, no início de 1948, a USAF convidou diversas empresas da indústria aeronáutica norte-americana a apresentar projetos que atendessem aos requisitos técnicos que ela estabelecera para o sucessor do AT-6. Das propostas apresentadas e examinadas, o projeto da North American Aviation (NAA) era o que melhor atendia às especificações da USAF. Em consequência, sob a designação XBT-28 outorgada pela USAF, a NAA foi contratada no final de 1948 para desenvolver e construir dois protótipos.

Consideravelmente maior e mais pesado que o AT-6, o XBT-28 era um avião biposto em tandem dotado de motor radial de 800 hp. Contando com trem triciclo, a nacele dos pilotos do XBT-28 em muito se assemelhava à dos jatos daquela época. Por essas e muitas outras características, o XBT-28 representou um verdadeiro

O T-28R-1 N-706 visto em São Pedro da Aldeia. Os Trojan operaram pouco mais de um ano na Aviação Naval, entre outubro de 1963 e janeiro de 1965. Foto Diretoria de Aeronáutica da Marinha. Foto Arquivo Mario Roberto Vaz Carneiro.

salto quando comparado ao AT-6. O primeiro protótipo registrou seu voo inaugural em 26 de setembro de 1949 e, junto com o outro XBT-28, realizou uma rápida, mas densa, campanha de ensaios. Finalmente, em abril de 1950, o Air Training Command (ATC – Comando Aéreo de Instrução), da USAF, recebeu os primeiros exemplares de produção, os quais receberam a designação T-28A.

Mas a carreira do T-28A na USAF foi breve em face do desejo daquela arma de introduzir aeronaves à reação no programa de formação de seus pilotos. Consequentemente, a partir de 1956, os T-28A gradualmente deixaram de operar com o ATC, sendo substituídos pelo binômio Beech T-34A/Cessna T-37A. Mas incentivado pelo Department of Defense (DoD – Ministério da Defesa dos Estados Unidos), a United States Navy (USN) escolheu aquela aeronave para substituir seus NAA SNJ – versão naval do AT-6. Para realizar adequadamente as tarefas exigidas pela USN, o T-28 recebeu um motor de 1.425 hp, hélice tripá e outras modificações que realçavam seu desempenho. Designada como T-28B, essa aeronave entrou em serviço com a USN em janeiro de 1954. Esse modelo foi seguido por outro destinado à USN e designado como T-28C, o qual mantinha muitas características de seu antecessor, mas com reforço estrutural e gancho para instrução de pouso e decolagem em porta-aviões.

Quando concluída sua produção, em 1957, a NAA havia fabricado nada menos que 1.984 exemplares desse robusto avião de treinamento. No final da década de 1950 e durante a década de 1960, muitos foram exportados para uma enorme quantidade de países, alguns dos quais os empregaram como avião de ataque em toda sorte de pequenos e grandes conflitos.

Os T-28R-1 e T-28A(S) na Aviação Naval

Quando da reativação da Aviação Naval, o Estado-Maior da Armada mandou elaborar estudos que visavam à futura organização daquela força, bem como definissem suas necessidades de material e de pessoal. Como resultado, foi preliminarmente identificada – entre outras – a necessidade de dispor de

O T-28R-1 N-701 do 1º EsMAvASA no segundo padrão de marcas e pintura usado pela Aviação Naval.

um esquadrão de instrução aérea dotado de aeronaves de asa fixa. Apesar de a Diretoria de Aeronáutica da Marinha (DAerM) ter comprado, no mercado civil local, um punhado de aviões no transcorrer de 1962, esses – em termos de qualidade e quantidade – estavam longe de satisfazer àquela necessidade. Consequentemente, a Marinha do Brasil foi compelida a buscar esses meios no exterior.

Tal tarefa foi dificultada pelas circunstâncias em que se deu o ressurgimento da Aviação Naval, pois sua existência feria o Decreto-lei de 20 de janeiro de 1941, que criava o Ministério da Aeronáutica. Isso fez com que a Marinha descartasse fontes tradicionais e procurasse soluções entre fornecedores de pequeno porte. Como resultado, em meados de 1962, a Comissão Naval Brasileira em Washington, DC, iniciou negociações com a empresa Hamilton Aircraft Co. Inc. com vistas a adquirir os aviões T-28R-1 Nomair que ela dispunha estocados em suas instalações. Sediada em Tucson (Arizona – EUA), a Hamilton havia comprado um lote de seis aviões T-28A excedentes às necessidades da USAF, preparando-os para o mercado civil. Com a substituição do antigo motor por um Wright R-1820-56A de 1.350 hp, o trabalho de modificação foi concluído em 1959. Entretanto, a Hamilton não obteve sucesso em introduzir os T-28R-1 no mercado

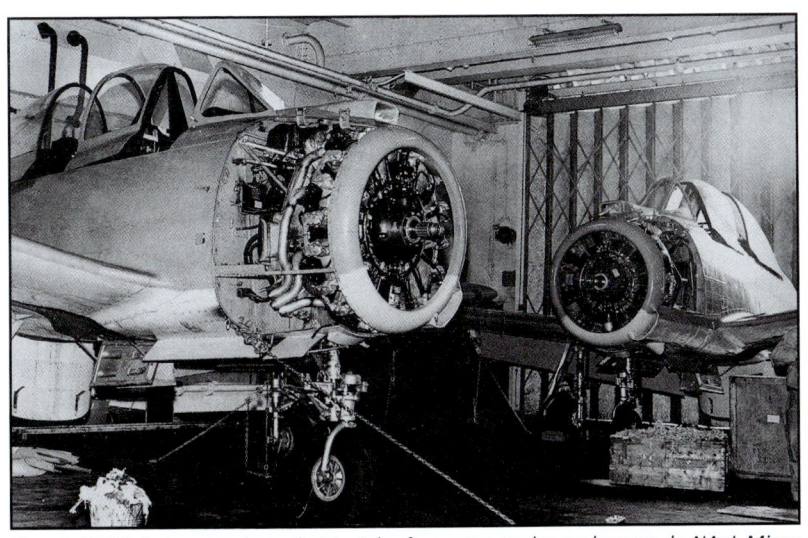

Os seis T-28R-1 empregados pela Marinha foram montados no hangar do NAeL Minas Gerais, a partir do primeiro trimestre de 1963. Decolando para sua base em São Pedro da Aldeia em 17 de outubro daquele ano. Foto Diretoria de Aeronáutica da Marinha.

Cinco dos seis T-28R-1 são visto no convoo do A-11. Além dos T-28R-1, a Marinha também adquiriu 12 T-28S que, no entanto, nunca foram montados e sequer tiveram matrículas alocadas. Foto Diretoria de Aeronáutica da Marinha.

norte-americano, obrigando a empresa a estocá-los. Assim, essas aeronaves encontravam-se prontas para entrega, com a vantagem de ser homologadas para o mercado civil, o que simplificava imensamente sua exportação. Assinado o contrato de compra no último trimestre de 1962, a pedido da Marinha, a Hamilton incorporou algumas alterações nas seis aeronaves, a mais visível sendo a instalação de um gancho de parada para operações em navio-aeródromo.

Paralelamente, em janeiro de 1963, o adido naval brasileiro em Paris finalizou as negociações e assinou o contrato de compra de 12 aviões T-28A(S) que se encontravam estocados desde 1961. Esses nada mais eram do que parte de um lote de 148 aviões T-28A(S) adquiridos pelo Armée de l'Air (AdlA – Força Aérea Francesa) em 1959 e modificados pela Sud Aviation para a versão Nomad Mk II desenvolvida pela empresa norte-americana Pacific Airmotive Corp. Com a designação T-28A(S) (ou T-28S) após as extensas modificações feitas pela Sud Aviation, em St. Nazaire (França), muito possivelmente alguns ou todos os exemplares negociados pela Marinha do Brasil haviam sido utilizados pelo AdlA no conflito colonial que estava em curso na Algéria. Equipados com motor Wright R-1820-76A de 1.425 hp, esses aviões e um considerável pacote de peças de reposição foram adquiridos por US$ 124.652.

Embarcado em navios-transporte da Marinha, o traslado desses 18 aviões até o Brasil foi concluído no primeiro trimestre de 1963. Possivelmente porque os T-28R-1 contavam com gancho de parada e os T-28A(S) não, ficou decidido que os primeiros seriam montados imediatamente. Os caixotes com os T-28R-1 foram desembarcados do navio-transporte Soares Dutra e, à noite, embarcados no NAeL Minas Gerais para ser montados. Uma vez encerrada essa etapa e depois de ser exaustivamente testados, os seis T-28R-1 decolaram do Minas Gerais com destino à Base Aérea Naval de São Pedro da Aldeia (BAeNSPA), em 17 de outubro de 1963.

Originalmente, os planos da Marinha contemplavam a distribuição dos T-28R-1 e T-28A(S) ao 2º Esquadrão de Aviões de Instrução (2º EsAvI), que se destinaria

O N-706 decola do Navio-Aeródromo Ligeiro A-11 Minas Gerais. Apesar de não terem essa capacidade, os T-28 cumpriram missões antissubmarino e também de ataque e treinamento. Foto Diretoria de Aeronáutica da Marinha.

ao trabalho de treinamento avançado e qualificação de pouso a bordo em navio-aeródromo dos alunos matriculados no Curso de Aperfeiçoamento de Aviação para Oficiais (CAAVO), ministrado pelo Centro de Instrução e Adestramento Aeronaval (CIAAN). No entanto, as circunstâncias ditaram uma mudança nesses

O N-703 engancha em um dos cabos do A-11. Em 11 de dezembro de 1963, um T-28 pilotado pelo Comandante do 1º EsMAvASA tornou-se o primeiro avião militar a pousar no Minas Gerais. Foto Diretoria de Aeronáutica da Marinha.

O N-701 visto em voo já nos seus últimos dias de Marinha. Todas essas aeronaves pararam de voar em janeiro de 1965 e foram repassadas à FAB em março do mesmo ano. Foto Arquivo Action Editora Ltda.

planos: os T-28R-1 passaram a integrar o 1º Esquadrão de Aviões Anti-Submarino, um dos esquadrões que deveria compor a unidade aérea orgânica do NAeL Minas Gerais, o 1º Grupo Aéreo Embarcado.

Posteriormente redenominado 1º Esquadrão Misto de Aviões Anti-Submarino e de Ataque (1º EsMAvASA), a unidade de aviões T-28R-1 contava com um complemento de aeronavegantes que havia realizado o curso de aviador naval da Marinha dos Estados Unidos. Consequentemente, os conhecimentos necessários à operação embarcada em navio-aeródromo já estavam presentes – bastava somente fazer a requalificação. Assim, em 11 de dezembro de 1963, o comandante do 1º EsMAvASA executou o primeiro pouso de avião militar brasileiro a bordo do Minas Gerais, assinalando, assim, o início de uma nova etapa na História da Aviação Naval.

Para cumprir, ao menos nominalmente, as atribuições de guerra antissubmarino e de ataque, os T-28R-1 dispunham de alguma capacidade ofensiva. Contrário ao que é indicado por algumas fontes, essas aeronaves contavam com instalações elétricas e equipamentos necessários para portar e lançar foguetes FASC de 2,25 polegadas de cabides subalares. De fato, durante alguns poucos dias imediatamente após a Revolução de 31 de março de 1964, os T-28R-1 do 1º EsMAvASA voaram armados em voos de patrulha ao longo do litoral fluminense.

Informações existentes indicam que ao menos mais dois embarques no NAeL Minas Gerais foram realizados no transcorrer de 1964 com os T-28R-1. Entretanto, no início daquele ano foi registrada a perda de um desses aviões e dois tripulantes durante uma surtida de adestramento quando um T-28R-1 chocou-se com o mar ao largo da Ponta da Prainha (RJ) em 3 de janeiro.

Em paralelo a esses eventos, autoridades aeronáuticas da Marinha começaram a traçar planos de reequipamento e ativação de outras unidades aéreas. Para garantir a fluida formação de futuros aviadores navais, entre esses planos estava a ativação do 2º EsAvI, o qual contaria com uma dotação inicial composta de seis aviões T-28S. No entanto, os acontecimentos políticos da época, aliados às crescentes divergências entre os Ministérios da Aeronáutica e da Marinha, fizeram com que a ativação do 2º EsAvI fosse postergada. Como consequência, nenhum dos T-28A(S) foi montado – apesar de evidências fotográficas demonstrarem que, em 1964, houve a remoção dos motores R-1820-56A de 1.350 hp de alguns T-28R-1, sendo substituídos pelos R-1820-76A de 1.425 hp que vieram com os T-28A(S).

Em janeiro de 1965, cinco aviões T-28R-1 encontravam-se embarcados no NAeL Minas Gerais quando, em 26 de janeiro, o Presidente Humberto de Alencar Castello Branco assinou o Decreto nº 55.627 que efetivamente extinguia a aviação de asa fixa na Marinha. Assim, imediatamente após uma visita presidencial ao NAeL Minas Gerais no dia 28 daquele mês, os cinco aviões T-28R-1 decolaram daquele navio-aeródromo com destino a São Pedro da Aldeia. Lá foram preparados para ser entregues a um representante da Força Aérea Brasileira, o que efetivamente aconteceu em 7 de março de 1965.

North American T-28R-1 e T-28A(S)

Período de Utilização	De 1963 até 1965	
Fabricante	North American Aviation Co., Inglewood (Califórnia – EUA)	
Emprego	Ataque e treinamento	
Características Técnicas*	T-28R-1	T-28A(S)
Motor	(Inicial) Wright R-1820-56A de 1.350 hp (Final) Wright R-1820-76A de 1.425 hp	Wright R-1820-76A de 1.425 hp
Envergadura	12,21 m	
Comprimento	10,05 m	
Altura	3,86 m	
Área Alar	24,89 m²	
Peso Vazio	2.914 kg	
Peso Máximo	3.856 kg	
Armamento	Até 6 foguetes FASC de 2,25 polegadas (57 mm)	
Desempenho		
Velocidade Máxima	556 km/h	
Razão de Subida	1.078 m/min	
Teto Operacional	11.277 m	
Alcance	1.705 km	
Comentários		
Total Adquirido	6 exemplares	12 exemplares
Unidades Aéreas	1º Esquadrão de Aviões Anti-Submarino 1º Esquadrão Misto de Aviões Anti-Submarino e de Ataque	
Designações	T-28R-1	T-28-BN
Matrículas	N-701 a N-706	Os T-28A(S) não receberam matrículas

*As características técnicas e de desempenho referem-se exclusivamente ao T-28R-1 equipado com motor Wright R-1820-76A.

Pilatus P-3.04

Criação do suíço Heinrich Henry Fierz, projetista-chefe da Pilatus Flugzeugwerke AG que antes trabalhara como engenheiro aeronáutico para diversas empresas de construção aeronáutica na Suíça, nos Estados Unidos e no Reino Unido, o Pilatus P-3 foi projetado em resposta a uma necessidade da Schweizerische Flugwaffe (Força Aérea Suíça), delineada no início da década de 1950. Para a total substituição dos aviões de treinamento Bücker Bu 131 Jungmeister, North American AT-16 e Morane D-3801, então empregados na formação dos futuros pilotos daquela força aérea, essa aeronave foi projetada e desenvolvida exclusivamente com recursos financeiros oriundos da Pilatus Flugzeugwerke.

Sob a designação P-3.01, o primeiro protótipo da nova aeronave realizou seu voo inaugural no dia 3 de setembro de 1953, no Campo de Stans, sob o comando do piloto-chefe da Pilatus, Georg Gissler. Progressivamente identificando e eliminando as pequenas deficiências encontradas durante os ensaios em voo com o P-3.01, a Pilatus iniciou a construção do P-3.02, que, finalmente, ficou pronto em agosto de 1954.

Configurado em sua versão definitiva de instrução, o P-3.02 foi apresentado às autoridades da Schweizerische Flugwaffe, culminando, em 1955, com uma bateria de voos de avaliação contra seu principal concorrente, o Beech T-34A. Com uma aeronave nitidamente superior à aeronave norte-americana, a Pilatus Flugzeugwerke conquistou a assinatura de um contrato de encomenda de 12 aviões P-3 que, posteriormente, levou à aquisição de outras 60 aeronaves para a Schweizerische Flugwaffe.

Operado pela Schweizerische Flugwaffe até abril de 1995, o P-3 não gozou do esperado sucesso comercial, e sua produção se limitou a 78 células construídas em Stans. No entanto, o P-3 foi o ponto de partida para outros dois projetos desenvolvidos pela Pilatus Flugzeugwerke: os aviões de treinamento PC-7 e PC-9, que conquistaram substanciais fatias de seu segmento do mercado internacional de aeronaves de instrução de voo militar.

O Pilatus P-3 na Aviação Naval

O ressurgimento da Aviação Naval, com a chegada dos primeiros helicópteros em 1958, e a criação da Força Aérea Naval, em junho de 1961, instigaram as

Inserido entre um PT-26 e um TBM-3, o P-3.04 N-706 em seus dias finais de Marinha. Note a inscrição da unidade na fuselagem: ESQD. AV. I-1. Foto Arquivo Mario Roberto Vaz Carneiro.

Dois L-3 como eram designados os Pilatus na Marinha, taxiam para mais um voo de instrução no seu primeiro padrão de marcas e pintura. Foto DPHDM.

autoridades da Marinha do Brasil a dar início às providências que resultariam na aquisição de significativa quantidade de helicópteros e aviões. Com a necessidade de dotar um esquadrão de aviões de instrução inibida pelo Decreto-lei nº 2.961, de 20 de janeiro de 1941, que criava o Ministério da Aeronáutica e a Força Aérea Brasileira e extinguia a Aviação Militar e a Aviação Naval, as opções da Marinha do Brasil eram bastante restritas.

O Pilatus P-3.04 N-503 do 1º Esquadrão de Aviões de Instrução, com o primeiro padrão de pintura adotado pela Marinha.

O Pilatus P-3.04 N-506 do 1º Esquadrão de Aviões de Instrução, com o último padrão de pintura adotado pela Marinha.

Porém, contatos com a Pilatus Flugzeugwerke AG indicaram a possibilidade de adquirir seis aviões Pilatus P-3.04 que haviam sido produzidos para atender a um possível contrato da Swissair que nunca se concretizou. Configurados com instrumental e equipamento-rádio diferentes daqueles encontrados na versão militar do P-3, esses aviões encontravam-se estocados em Stans. Já que atendiam perfeitamente às necessidades iniciais da Aviação Naval, as negociações entre a Marinha do Brasil e a Pilatus Flugzeugwerke levaram à assinatura de um contrato de compra e venda durante o primeiro semestre de 1962.

Depois de sofrerem revisão geral e ser desmontados e encaixotados, os seis aviões foram transportados, por via terrestre, até o Porto de Gênova. Lá foram embarcados no Navio-Transporte de Tropa Barroso Pereira (G-16). Os primeiros cinco aviões chegaram ao Porto do Rio de Janeiro (RJ) no mês de janeiro de 1963. Esse mesmo navio trouxe o sexto Pilatus P-3.04 em março. Levados às acanhadas instalações do Centro de Instrução e Adestramento Aeronaval, naquela época localizado às margens da Av. Brasil, no Rio de Janeiro, esses aviões foram montados, e os ensaios realizados à noite ou de madrugada, tendo em vista a polêmica gerada com o renascimento da Aviação Naval. Trasladados em voo até a Base Aérea Naval de São Pedro da Aldeia (RJ), os seis Pilatus P-3.04 foram incorporados ao 1º Esquadrão de Aviões de Instrução, iniciando as suas atividades de instrução no mês de abril de 1963.

Além de serem empregados nas missões de instrução primária e básica de futuros aviadores navais, os Pilatus P-3.04 também foram usados em tarefas como observação e ligação durante operações aeronavais. Entretanto, as crescentes divergências existentes entre o Ministério da Aeronáutica e o Ministério da Marinha resultaram na assinatura do Decreto 55.627, de 26 de janeiro de 1965, que

Dois aviadores navais posam orgulhosamente à frente de seu Pilatus P-3 N-703 em São Pedro da Aldeia. Essas aeronaves cumpriram, por um período muito curto, a missão de instrução aérea na Marinha. Foto Base Aérea Naval de São Pedro da Aldeia.

determinou a entrega dos Pilatus P-3.04 à Força Aérea Brasileira. Como consequência desse e de outros atos oficiais, no dia 3 de setembro de 1965, a Marinha do Brasil oficialmente entregou à Força Aérea Brasileira um total de 27 aeronaves de asa fixa. Entre esses, encontravam-se cinco Pilatus P-3.04, visto que o N-504 se acidentara no dia 4 de março de 1964, durante um voo de instrução com perda total.

Pilatus P-3.04	
Período de Utilização	De 1963 até 1965
Fabricante	Pilatus Flugzeugwerke AG, Stans (Suíça)
Emprego	Instrução, ligação e observação
Características Técnicas	
Motor	Lycoming GO-435-C2A de 260 hp
Envergadura	10,40 m
Comprimento	8,75 m
Altura	3,05 m
Área Alar	16,50 m^2
Peso Vazio	1.110 kg
Peso Máximo	2.700 kg
Armamento	Não dispunha de armamento
Desempenho	
Velocidade Máxima	310 km/h
Razão de Subida	630 m/min
Teto Operacional	9.500 m
Alcance	1.300 km
Comentários	
Total Adquirido	6 exemplares
Unidades Aéreas	1º Esquadrão de Aviões de Instrução
Matrículas	N-501 a N-506

Hughes 269A, 269A-1 e 269B

Inicialmente formada em 1932 como uma das divisões da Hughes Tool Company, a Hughes Aircraft Company ganhou crescente visibilidade pública graças aos avançados protótipos desenvolvidos sob a supervisão do criador da empresa, o bilionário norte-americano Howard Hughes. Concentrando-se no desenvolvimento e na construção de um variado leque de protótipos de aviões que arrebataram diversos recordes mundiais do setor aeronáutico, os esforços industriais da Hughes inicialmente ficaram limitados à fabricação de peças e componentes de aeronaves de outras empresas. A Segunda Guerra Mundial fez com que a Hughes almentasse espetacularmente o seu quadro de funcionários, passando de um punhado de homens para mais de 80 mil empregados.

Em 1947, Howard Hughes deu nova orientação à empresa, cujos esforços se voltaram par o recém-surgido setor de aeronaves de asas rotativas. Nos anos seguintes, a empresa sofreu diversas mudanças em sua organização, enquanto batalhava para fazer com que seu primeiro produto – o helicóptero H-17 Sky Crane – fosse um sucesso comercial. Outra reorganização ocorreu em 1955, com o setor de helicópteros passando a formar uma divisão dentro da Hughes Tool Company. Durante esse período de mudanças, a Hughes realizou um detalhado levantamento do mercado e descobriu que havia uma crescente demanda no segmento de helicópteros leves de dois assentos.

Consequentemente, a fábrica pôs mãos à obra para desenvolver um compacto helicóptero cuja construção primava pela simplicidade. A montagem do primeiro protótipo que recebeu a designação de Model 269 foi iniciada em setembro de 1955 e, em outubro do ano seguinte, o novo helicóptero registrou seu primeiro voo. Contudo, por variados motivos, os trabalhos de desenvolvimento com os dois protótipos se arrastaram durante algum tempo. Essa demora em muito se deveu a melhoramentos aerodinâmicos aplicados ao projeto original, bem como a modificações estruturais na nacele de pilotagem e nos esquis. Para melhorar a qualidade do produto, o resultado desse trabalho levou à versão Model 269A, cuja produção foi iniciada em outubro de 1961.

Até 1983, quando os direitos de produção foram vendidos à Schweizer Aircraft Corporation, a Hughes produziu pouco mais de 2.800 exemplares das distintas versões do Model 269. Desses, 792 eram da versão de instrução militar destinada ao Exército Americano, que recebeu a designação TH-55A Osage. Quer em sua versão civil ou militar, o 269 gozou de considerável sucesso, especialmente como plataforma para trabalhos agrícolas e para forças policiais, bem como helicóptero de instrução e de transporte pessoal.

Os Hughes 269 na Aviação Naval

O crescimento da Aviação Naval durante o início da década de 1960 mostrou a crescente conveniência em padronizar o equipamento destinado à formação dos futuros aviadores da Marinha do Brasil. Até então, a instrução de pilotos de helicópteros era realizada por quatro helicópteros Bell 47D1 e um Kawasaki-Bell 47G. Apesar das inerentes qualidades daquelas plataformas, o seu número era inadequado para as necessidades de instrução que as autoridades da Aviação Naval já vislumbravam. Ademais, por se tratar de helicópteros com considerável uso, os periódicos serviços de manutenção já eram cada vez mais frequentes

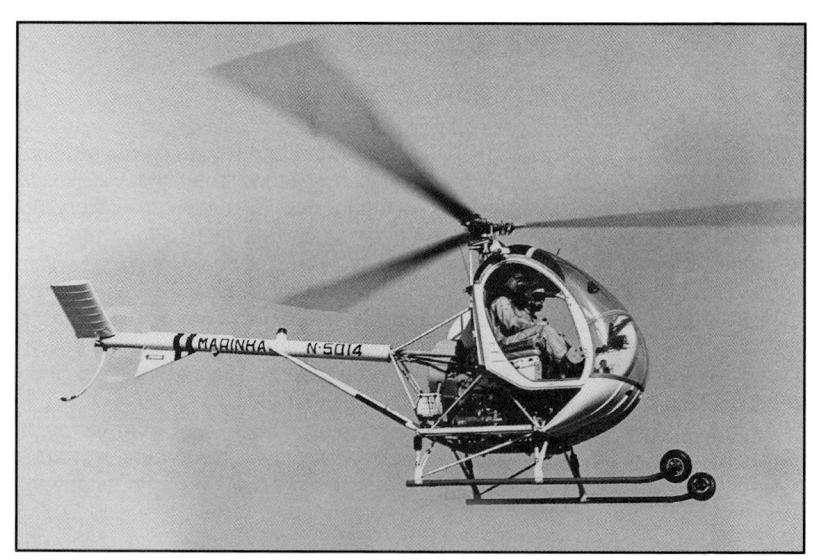

O N-5014 em voo. O Hughes 269 foi operado em três versões, chegando a 21 exemplares de três modelos distintos. Foto Arquivo Action Editora Ltda.

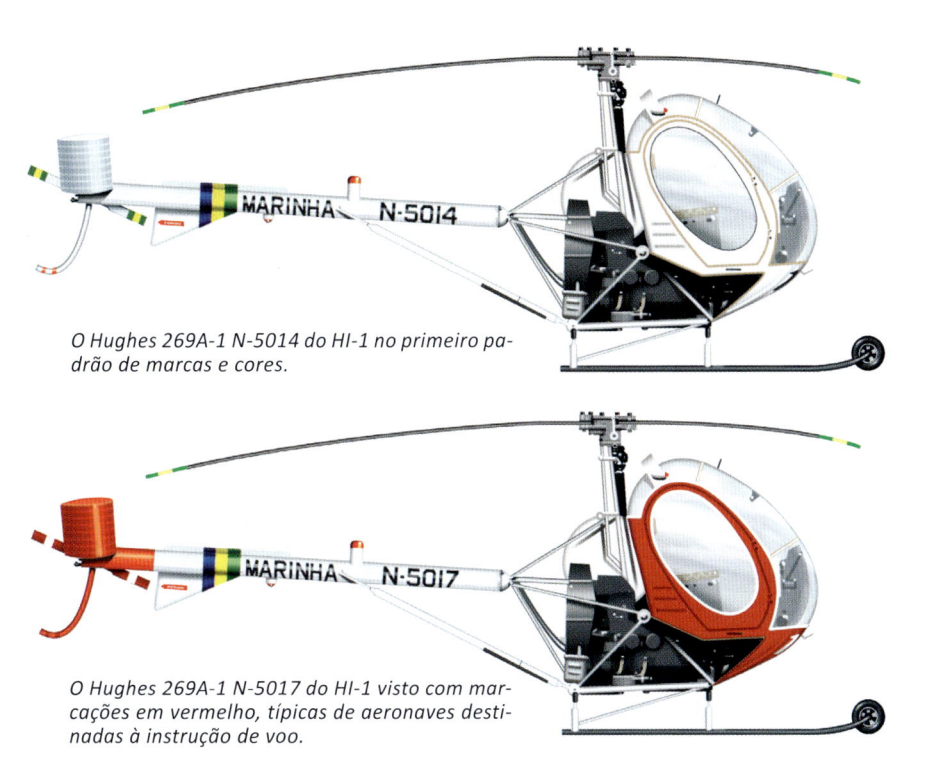

O Hughes 269A-1 N-5014 do HI-1 no primeiro padrão de marcas e cores.

O Hughes 269A-1 N-5017 do HI-1 visto com marcações em vermelho, típicas de aeronaves destinadas à instrução de voo.

– quadro agravado pela falta de peças sobressalentes. Assim, desde o início de 1962, a Marinha já buscava uma solução para equacionar esse problema.

Em face do currículo de instrução ministrado àquela época, era conveniente que qualquer novo vetor de asas rotativas de instrução apresentasse melhor desempenho e flexibilidade que os pequenos Bell. Ademais, a Marinha buscava um helicóptero cuja manutenção de maior porte – quer de célula ou de motor – pudesse ser realizada em alguma oficina homologada existente no país, o que inibiria as persistentes dificuldades encontradas com a revisão geral de determinados tipos de helicóptero já em operação com a Aviação Naval. Finalmente, como resultado dos crescentes atritos registrados entre a Marinha e a Força Aérea Brasileira nesse período, a assinatura de um contrato de encomenda no Brasil poderia minimizar as dificuldades na obtenção de licenças de importação/exportação.

Examinadas as alternativas existentes nos mercados norte-americano e europeu, a Diretoria de Aeronáutica da Marinha (DAerM) definiu que o helicóptero mais adequado às necessidades de instrução da Aviação Naval era o Hughes 269A. Fortuitamente, em outubro de 1962, dois desses helicópteros se encontravam em pleno tour de demonstração na América do Sul, o que não só permitiria a pronta avaliação técnica do helicóptero, mas facilitaria as negociações de compra caso a avaliação técnica fosse favorável. Assim, na primeira semana de novembro, foram enviados a Buenos Aires dois aviadores navais para cumprir a etapa de avaliação, essa transcorrendo fluidamente, o que acelerou a decisão de comprar seis dessas aeronaves. Em 21 de novembro de 1962, foi assinado com a S.A. Comércio Técnico Aeronáutico – representante brasileira da Hughes – um contrato de encomenda no valor de Cr$ 93.683.342 que previa a aquisição de seis helicópteros Hughes 269A, além de peças sobressalentes, ferramental, manual e instrução a ser ministrada por um piloto daquela empresa norte-americana.

Transportados por via marítima, no segundo trimestre de 1963, os seis helicópteros Hughes 269A chegaram ao Brasil, onde receberam a designação HTH-1. Montados nas instalações da S.A. Comércio Técnico Aeronáutico, no Rio de Janeiro, foram trasladados em voo até a Base Aérea Naval de São Pedro da Aldeia (RJ) para ser incorporados ao 1º Esquadrão de Helicópteros de Instrução (HI-1). Finalizada a etapa de formação dos instrutores de voo, o HI-1 se preparou em 1964 para os trabalhos de instrução dos alunos do Curso de Aperfeiçoamento de Aviação para Oficiais (CAAVO) com o HTH-1, dando início efetivamente à carreira operacional do Hughes 269A na Aviação Naval.

Mas já em outubro de 1964, as autoridades aeronáuticas da Marinha identificaram a conveniência de obter mais exemplares desse helicóptero. Em consequência, foram iniciados os trâmites necessários para assegurar a aquisição de mais helicópteros Hughes 269, o que foi feito através de dois contratos de encomenda compreendendo 13 células. O último desses contratos, avaliado em US$ 297.965 e assinado em novembro de 1965, englobava nove helicópteros Hughes 269A-1 especificamente configurados para as tarefas de instrução. Por sua vez, os quatro remanescentes – igualmente da versão Hughes 269A-1 – apresentavam pequenas diferenças que os tornavam aptos à realização de missões de emprego geral. Esse quarteto chegou ao Brasil no final de maio de 1965, e as células foram rapidamente montadas e enviadas à Base Aérea Naval de São Pedro da Aldeia (BAeNSPA), enquanto os nove encomendados em novembro de 1965 chegaram ao Brasil no começo de 1966.

Mesmo com poucas diferenças entre o Hughes 269A e o Hughes 269A-1, optou-se por dar distintas designações a esses helicópteros: o HTH-1 passou a ser identificado como IH-2 e o Hughes 269A-1, como IH-2A. Curiosamente, em face da designação comercial Model 200 outorgada pelo fabricante ao Hughes Model 269A-1, anos depois, surgiu certa confusão quanto às exatas quantidades e tipos de helicóptero Hughes operados pela Aviação Naval, um quadro que não foi

Apelidado de "Pulga" na Aviação Naval, o 269 foi utilizado na instrução do CAAVO. Foto Base Aérea Naval de São Pedro da Aldeia.

Além de instrução, os IH-2/A/B cumpriram diversos outros empregos, como missão de misericórdia, apoio às missões hidrográficas e emprego geral. Foto Arquivo Action Editora Ltda.

facilitado pela posterior inclusão do único Hughes 269B operado pela Marinha, que era comercialmente conhecido como Hughes 300. Seja como for, a chegada desses novos lotes de helicópteros foi até providencial, pois, nos anos de 1964 e 1965, os IH-2 sofreram alguns acidentes que levaram à perda total do helicóptero ou à indisponibilidade da aeronave por um prolongado período de tempo.

A turma de aviadores navais formada em 1964 estabeleceu uma rotina de instrução em que o HI-1 empregaria seus IH-2 e IH-2A e cada aluno cumpriria uma média de 120 horas de voo distribuídas entre as 10 etapas do ciclo de formação. Entretanto, as circunstâncias levaram esses helicópteros a cumprir atividades bem além da exigente rotina de instrução. Com as aeronaves do 1º Esquadrão de Helicópteros de Emprego Geral (HU-1) passando por uma prolongada fase de baixa disponibilidade, os Hughes 269 e instrutores do HI-1 foram convocados a realizar missões que eram de responsabilidade do HU-1. Assim, periodicamente, os IH-2/IH-2A cumpriam missões de apoio em benefício da Diretoria de Hidrografia e Navegação (DHN). Para tal, o HI-1 enviava o helicóptero e a tripulação para compor um destacamento aéreo embarcado (DAE) em um dos navios hidrográficos da Marinha. Com duração de 15 ou mais dias – geralmente a bordo dos navios hidrográficos Sirius e Canopus –, foram frequentes os DAE realizados pelo HI-1.

De igual forma, os IH-2/IH-2A eram constantemente solicitados a cumprir missões de misericórdia, tal como ocorreu durante as enchentes que assolaram o Rio de Janeiro em 1966. De fato, em março de 1966, dois desses helicópteros foram enviados à Argentina para cumprir um variado leque de trabalhos nas províncias de Chaco e Formosa, devastadas por enchentes. Transportados a bordo de um C-130E da Força Aérea Brasileira, os dois Pulga – como eram popularmente conhecidos os IH-2/IH-2A entre aviadores e mecânicos – registraram mais de 54 horas de voo em céus argentinos, transportando material e pessoal em condições que chegavam ao limite. Lamentavelmente, um desses helicópteros se acidentou com perda total de material e pessoal quando colidiu com uma rede de alta-tensão.

Para parcialmente repor as perdas registradas na frota de helicópteros IH-2/IH-2A, em janeiro de 1969, a DAerM acertou a compra do Hughes 269B. Já que esse helicóptero apresentava perceptíveis diferenças em relação aos demais Hughes 269 em operação na Marinha, ele recebeu a designação IH-2B e foi prontamente incorporado ao acervo do HI-1. Apesar de a frota de helicópteros IH-2/IH-2A/IH-2B se encontrar reduzida a 12 aeronaves como resultado de acidentes registrados desde que foram incorporados, eles seguiram cumprindo galhardamente suas atividades de instrução, bem como outras tarefas.

Entretanto, a Aviação Naval percebeu que os Hughes 269 não eram mais adequados à atividade de instrução – especialmente considerando que logo a Marinha contaria somente com helicópteros dotados de motor turboeixo. Consequentemente, em 1973, foi assinado o contrato de encomenda que compreendia 18 helicópteros Bell 206B JetRanger II, o que também assinalou o fim da carreira operacional dos IH-2/IH-2A/IH-2B na Marinha do Brasil.

A chegada dos novos helicópteros trouxe a desativação dos Hughes 269, que foram preparados para ser alienados. Em outubro de 1974, a empresa Votec arrematou as 12 células existentes, 11 das quais foram incluídas no Registro Aeronáutico Brasileiro para continuar voando durante muitos anos, porém, sem farda.

Hughes 269A, 269A-1 e 269B

Período de Utilização	De 1963 até 1974	
Fabricante	Hughes Tool Co. Aircraft Division, Washington D.C. (EUA)	
Emprego	Instrução	
Características Técnicas	269A e 269A-1	269B
Motor	Lycoming HIO-360-B1A de 180 hp	Lycoming HIO-360-A1A de 180 hp
Diâmetro do Rotor Principal	7,62 m	7,71 m
Comprimento	6,78 m	6,81 m
Altura	2,40 m	2,41 m
Largura da Fuselagem	2 m	2 m
Peso Vazio	415 kg	431 kg
Peso Máximo	704 kg	757 kg
Armamento	Não dispunha de armamento	
Desempenho		
Velocidade Máxima	138 km/h	138 km/h
Razão de Subida	335 m/min	442 m/min
Teto Operacional	3.355 m	4.267 m
Alcance	322 km	290 km
Comentários		
Total Adquirido	6 exemplares (Hughes 269A) 13 exemplares (Hughes 269A-1) 1 exemplar (Hughes 269B)	
Unidades Aéreas	1º Esquadrão de Helicópteros de Instrução	
Designações	269A: inicialmente HTH-1 e depois IH-2 269A-1: IH-2A 269B: IH-2B	
Matrículas	269A: N-5005 a N-5010 269A-1: N-5005, N-5007, N-5011 e N-5012, N-5006, N-5007 e N-5013 a N-5019 269B: N-5020	

Sikorsky S-55C

Natural da cidade ucraniana de Kiev, desde cedo, Igor Ivanovich Sikorsky sonhava com máquinas que pudessem voar. Em 1903, ingressou na Academia Naval da Rússia e, em 1906, foi para a França estudar engenharia, mas regressou para sua cidade natal em 1907, onde diplomou-se engenheiro pelo Instituto Politécnico de Kiev. Nos anos seguintes, Sikorsky realizou novas viagens à França para aperfeiçoar seus conhecimentos na área de aerodinâmica e desenvolveu e construiu diversos aviões, um dos quais ganhou destaque como primeiro avião quadrimotor a voar, o S-22 Il'ya Mourometz.

A Revolução Bolchevique interrompeu a carreira de Sikorsky que, após uma breve estada na França, chegou aos Estados Unidos em 1919. Como primeiro trabalhou como engenheiro do United States Army Air Service (USAAS – Serviço Aéreo do Exército dos Estados Unidos), foi somente em 1923 que ele pôde voltar a se dedicar ao desenvolvimento de aeronaves. Depois de fundar a Sikorsky Aero Engineering Corporation e já naturalizado norte-americano, concentrou seus esforços no desenvolvimento de hidroaviões e aviões anfíbios destinados principalmente ao mercado de transporte aéreo – muitos dos quais seriam empregados no Brasil.

Transformada em divisão da United Aircraft & Transport Corporation (posteriormente United Technologies Corporation) e ostentando a nova denominação Sikorsky Aviation Division, a empresa continuou sendo dirigida por Igor Sikorsky. No final da década de 1930, ele concentrou seus consideráveis conhecimentos na concretização de um sonho de juventude: o desenvolvimento do helicóptero.

Começou com o VS-300, que voou pela primeira vez em setembro de 1939. Sikorsky orquestrou o desenvolvimento de uma linhagem de helicópteros inicialmente destinados às Forças Armadas dos Estados Unidos. Em rápida sucessão, das pranchetas de desenho da Sikorsky surgiram helicópteros cada vez maiores e mais capazes. Em resposta a uma solicitação da Força Aérea dos

Apelidado de "Vaca", o único S-55C da Aviação Naval é visto em voo. Muito similar aos WS-55 (versão inglesa do S-55), o 7014 se acidentou em 28 de novembro de 1964, poucas semanas após entrar em serviço. Foto Arquivo José de Alvarenga.

O Sikorsky S-55C HUC 7014 do HU-1 no seu único padrão de pintura usado na Aviação Naval.

Estados Unidos formulada em maio de 1949, Igor Sikorsky e sua equipe de projetistas voltaram sua atenção para o desenvolvimento de um helicóptero capaz de transportar 10 homens mais uma tripulação de dois pilotos. Com a designação S-55, o primeiro protótipo fez seu voo inaugural em 21 de novembro de 1949, escassos 193 dias após o recebimento da solicitação da USAF.

Inovador sob diversos aspectos técnicos e outorgando uma então fenomenal capacidade de transporte para seus usuários militares, não tardou para que o S-55 fosse inserido pela Sikorsky no mercado civil. Ao receber, em março de 1952, o certificado de homologação da Federal Aviation Authority (FAA), em julho daquele ano, o S-55 tornou-se o primeiro helicóptero a executar a travessia do Atlântico quando duas dessas aeronaves voaram de Massachusetts (EUA) até Ayrshire (Escócia – Reino Unido). Mas seria em 1953 que o S-55 deixaria seu marco na aviação civil mundial, quando a New York Airways deu início, em julho daquele ano, ao primeiro serviço de transporte aéreo regular de passageiros. Em setembro, a empresa belga Sabena também iniciou a prestação de serviços aéreos regulares com helicópteros entre Bruxelas, Lille, Maastricht e Roterdã.

O Sikorsky S-55C na Aviação Naval

Apesar de os primeiros helicópteros destinados ao mercado civil brasileiro chegarem ao país em 1948, tardariam alguns anos para que aquele setor reconhecesse a utilidade das aeronaves de asas rotativas. No entanto, a Companhia Hidroelétrica do São Francisco (CHESF) decidiu comprar um helicóptero em face das peculiares necessidades presentes na construção da usina hidrelétrica Paulo Afonso IIA e da manutenção da usina Paulo Afonso I.

Ao escolher o Sikorsky S-55C, na primeira metade de 1958, como a aeronave mais adequada para as desejadas tarefas, a CHESF adquiriu um exemplar desses helicópteros em julho de 1958 pelo valor de US$ 175.215. Ao chegar ao Porto de Recife, em agosto daquele ano, o helicóptero foi rapidamente montado e ensaiado, sendo aprovado em vistoria no mês seguinte. Com as marcas PT-HAJ, aquele S-55C passou os quatro anos seguintes voando em proveito da CHESF, transportando pessoal e material, inspecionando linhas de transmissão e realizando outras tarefas.

Porém, já em 1963, o PT-HAJ se encontrava indisponível para voo e necessitando de reparos – o que levou a Marinha do Brasil a averiguar as possibilidades de cessão daquela aeronave em caráter temporário. Com poucos recursos financeiros para a compra de mais helicópteros de grande porte e premida pelo crescente número de missões desenvolvidas pelo 1º Esquadrão de Helicópteros de Emprego Geral (HU-1), em abril de 1964, a Marinha solicitou à CHESF a cessão do PT-HAJ. Aprovada a cessão pela presidência da CHESF, ainda em abril, aquele helicóptero foi entregue à Marinha dois meses mais tarde.

O S-55C foi levado para a Base Aérea Naval de São Pedro da Aldeia (RJ), onde o pessoal técnico da Aviação Naval prontamente fez a revisão geral de sua célula e do motor, colocando-o novamente em condições de voo no terceiro trimestre de 1964. Entregue ao HU-1 com a designação HUS e matrícula N-7014, aquele Sikorsky S-55C juntou-se aos helicópteros Westland Whirlwind que ali já operavam, esses últimos praticamente idênticos ao novo helicóptero.

Apelidado de Vaca, o N-7014 gozou de uma carreira extremamente breve naquele esquadrão. Em 28 de novembro, aproximadamente 26 semanas após a CHESF fazer a entrega do S-55C, ele se acidentou com perda total na Baía da Ilha Grande (RJ), próximo ao Colégio Naval, depois de se chocar com a superfície do mar.

Sikorsky S-55C	
Período de Utilização	1964
Fabricante	Sikorsky Aircraft Division, United Aircraft Corp., Hartford (Connecticut – EUA)
Emprego	Emprego geral
Características Técnicas	
Motor	Pratt & Whitney R-1340-57 de 600 hp
Diâmetro do Rotor Principal	16,16 m
Comprimento	12,85 m
Altura	4,07 m
Largura da Fuselagem	3,35 m
Peso Vazio	2.245 kg
Peso Máximo	3.583 kg
Armamento	Não dispunha de armamento
Desempenho	
Velocidade Máxima	162 km/h
Razão de Subida	213 m/min
Teto Operacional	3.218 m
Alcance	650 km
Comentários	
Total Adquirido	1 exemplar
Unidades Aéreas	1º Esquadrão de Helicópteros de Emprego Geral
Designações	HUS
Matrículas	N-7014

Sikorsky SH-34J

Com a Guerra da Coreia em pleno curso, a United States Navy (USN) decidiu expandir os seus meios de guerra antissubmarino dando especial atenção às plataformas aéreas, em especial helicópteros. Apesar do sucesso do Sikorsky HO4S, versão do S-55 destinada à guerra antissubmarino, a USN verificou que seria necessário dispor de uma plataforma capaz de apresentar melhor desempenho. Mais importante, tal aeronave de asas rotativas precisava acomodar os sofisticados sistemas de sonar então elaborados nos Estados Unidos.

Definidos os requisitos técnicos, a USN emitiu uma solicitação de propostas para diversas empresas. Entre as concorrentes que apresentaram seus projetos, a proposta da Sikorsky saiu-se vencedora. Denominada S-58, a nova aeronave manteve as melhores características do S-55, mas eliminou as deficiências daquele helicóptero com soluções como a instalação de um motor de maior potência, rotor principal de maior diâmetro e quadripá e sistemas de transmissão de confiabilidade e eficiência superiores.

Após a assinatura do primeiro contrato de encomenda em junho de 1952, o período de desenvolvimento foi relativamente rápido, com o primeiro de três protótipos executando seu voo inaugural em 8 de março de 1954. O novo helicóptero foi designado pela USN como HSS-1 e a sua produção seriada foi iniciada ainda naquele ano. Os primeiros HSS-1 chegaram aos esquadrões de helicópteros de guerra antissubmarino entre agosto de 1955 e abril de 1966, quando foi feita a entrega do último exemplar encomendado. A USN recebeu 385 aparelhos nas versões HSS-1 e HSS-1N. Em 1962, eles foram respectivamente redesignados SH-34G e SH-34J, muitos desses últimos sendo exportados para diversos países da Ásia, da Europa e das Américas.

O projeto básico do S-58 mostrou-se extremamente flexível e não tardou para que a United States Air Force (USAF), o United States Marine Corps (USMC) e o United States Army (US Army) igualmente adotassem esse helicóptero para a realização de suas missões específicas. Além de ser exportado em grande quantidade para diversas forças aéreas estrangeiras, o S-58 registrou inúmeras vendas no mercado civil. Quando a linha de produção do S-58 foi finalmente fechada, em 1970, nada menos do que 2.261 desses helicópteros haviam sido produzidos pela Sikorsky e sob licença em outros países.

O Sikorsky SH-34J na Aviação Naval

Quando do ressurgimento da Aviação Naval, as autoridades da Marinha do Brasil verteram considerável empenho nos estudos relativos à organização

O SH-34J N-3001 visto em voo. Essa aeronave realizou o primeiro lançamento de torpedo (um Mk 44) por um helicóptero da Marinha. Foto DPHDM.

O SH-34J N-3001 do HS-1 com o padrão inicial de pintura usado na Aviação Naval.

O SH-34J N-3004 do HS-1 com o padrão final de pintura usado na Aviação Naval.

que esta deveria apresentar a fim de apoiar adequadamente as missões da Esquadra. Grande atenção foi dirigida ao segmento de guerra antissubmarino (ASW), para a qual o Estado-Maior da Armada (EMA), inicialmente, deu forma a uma organização denominada 1º Grupo Aéreo Embarcado destinada a servir a bordo do Navio-Aeródromo Ligeiro Minas Gerais (A11). Essa unidade contaria com um esquadrão equipado com aviões de guerra antissubmarino e outro com helicópteros ASW. Ademais, o EMA estabeleceu a criação e a ativação de um segundo esquadrão de helicópteros ASW, que deveria operar nos convés de voo dos demais navios da Esquadra.

Delineadas as metas a serem alcançadas, distintas áreas da Marinha colocaram em marcha as providências que visavam à concretização desses objetivos. No que tange aos helicópteros de guerra antissubmarino, muitas foram as possibilidades examinadas, que compreenderam as soluções mais improváveis, como uma versão do Bell H-13J equipada com toda a aparelhagem de sonar até sofisticadas alternativas que representavam o estado da arte daquela época. No entanto, com a crescente controvérsia gerada pelo renascimento da Aviação Naval e tendo que batalhar contra reduzidíssimas verbas, a Marinha do Brasil viu-se compelida a canalizar seus esforços. Concentrando-se na aquisição de material de asa fixa e asas rotativas destinado à instrução, bem como helicópteros de emprego geral, a Marinha postergou seus planos para adquirir helicópteros ASW.

Em meados do terceiro trimestre de 1964, as alternativas quanto a um vetor de asas rotativas destinado à guerra antissubmarino foram reduzidas ao Westland Wasp HAS Mk 1 e Westland Wessex Mk 60. Porém, a polêmica existente entre a Força Aérea Brasileira e a Marinha alcançou níveis que exigiram a intervenção do presidente da República, que aplicou uma solução quase salomônica. Por meio do Decreto 55.627, de 26 de janeiro de 1965, foram baixadas normas para o emprego de meios aéreos nas operações navais e o emprego da aviação embarcada. Entre outras consequências, aquele decreto estabeleceu que os helicópteros Sikorsky SH-34J pertencentes ao 2º/1º Grupo de Aviação Embarcada (2º/1º GAE) fossem transferidos para a Marinha, junto com todos os meios materiais pertencentes àquelas aeronaves.

Solucionada a carência no que se refere a helicópteros de guerra antissubmarino – mesmo estando esses distantes do tipo almejado pela Marinha –, a Aviação Naval tratou dos preparativos para receber os Sikorsky SH-34J. Uma foi a ativação do 1º Esquadrão de Helicópteros Anti-Submarino (HS-1), em 28 de maio de 1965. Mas ao preceder esse marco, veio a instrução do pessoal aeronavegante e de manutenção, um trabalho iniciado em 20 de abril na Base Aérea de Santa Cruz (BASC). Com duração prevista de 40 dias, a instrução de voo começou em 18 de maio e foi concluída no dia 22 de junho de 1965. Nesse espaço de tempo, o pessoal do 2º/1º GAE qualificou quatro aviadores navais na operação do SH-34J, que constituíram o núcleo de instrutores do HS-1.

Em 29 de junho de 1965, integrantes do HS-1 receberam os primeiros dois SH-34J e, oito dias mais tarde, esses helicópteros partiram da BASC com destino à Base Aérea Naval de São Pedro da Aldeia (BAeNSPA), sede do Esquadrão. Apesar das acanhadíssimas instalações existentes à época na BAeNSPA e até mesmo da falta de recurso material, o pessoal do HS-1 deu dedicação integral à etapa de adestramento operacional, um trabalho realizado com o auxílio da Military Training Unit (Unidade de Treinamento Militar) da USN. A prioridade dada a esse trabalho era maior em face da intenção de o HS-1 participar da Operação Unitas VI, um exercício de guerra antissubmarino realizado em cooperação com a USN e as Marinhas de nações amigas. A Marinha do Brasil recebeu mais dois helicópteros SH-34J, um em setembro e outro em outubro. Em novembro, o HS-1 participou da Unitas VI, operando do convés de voo do NAeL Minas Gerais nas duas fases daquele exercício.

O Marinha N-3005, com o padrão de pintura final, decola com o N-3002 ainda no convoo, com o padrão inicial de pintura. Ao todo seis SH-34J operaram no Esquadrão HS-1. Foto Arquivo Action Editora Ltda.

Três SH-34J, os N-3001, N-3002 e N-3005 do HS-1, voam em formatura. Todos os SH-34 da Aviação Naval foram provenientes da FAB. Foto Arquivo Action Editora Ltda.

Em 8 de fevereiro de 1966, o HS-1 registrou sua primeira perda, quando o SH-34J N-3003 realizava um voo de instrução sobre a BAeNSPA e o motor disparou sua rotação em voo. Ao colidir com o solo, o SH-34J incendiou-se, causando a morte de três tripulantes e ferimentos graves em outros dois. Apesar desse golpe, a rotina do Esquadrão seguiu inalterada, com seu pessoal aeronavegante dedicando-se ao adestramento de suas habilidades em suas respectivas áreas de atuação nas missões ASW.

Considerável atenção foi dada ao aperfeiçoamento do pessoal graduado responsável pela operação do sonar AN/AQS-5 que equipava esses helicópteros. No entanto, os altos índices de pane do material eletrônico dos SH-34J – uma indesejada característica de equipamentos que datavam da década de 1950 –, aliados à falta de material sobressalente, prejudicaram seriamente o trabalho de adestramento. Como resultado, a participação do HS-1 na Operação UNITAS VII, realizada em outubro de 1966, limitou-se à execução de missões de guarda de aviões a bordo do NAeL Minas Gerais.

Com muitos problemas de ordem material resolvidos após a UNITAS VII, o HS-1 não somente pôde atingir o desejado nível de adestramento, mas registrou, em 1967, um marco na história da aviação militar brasileira. Após os necessários preparativos, em 21 de julho, o SH-34J N-3001 realizou o primeiro lançamento de um torpedo – nesse caso, um Mk 44 – de um helicóptero. Esse evento espelhou a grande dedicação do pessoal do Esquadrão em fazer com que o HS-1 cumprisse suas atribuições com elevados níveis de eficiência. Os resultados desse empenho ficaram evidentes durante as UNITAS VIII e IX, realizadas em 1967 e 1968, respectivamente. Mesmo com poucos helicópteros disponíveis, um sintoma da avançada idade que esses apresentavam, o HS-1 registrou mais outro marco importante, em 1969, ao realizar, em 1º de maio, o primeiro voo noturno com essa aeronave a bordo do NAeL Minas Gerais.

Mas apesar de todo o esforço do pessoal técnico, os problemas materiais que acompanhavam os SH-34J tornavam-se cada vez mais difíceis de ser equacionados. Ademais, a tecnologia presente nesses helicópteros encontrava-se muito distante dos avanços registrados em distintos segmentos da guerra antissubmarino. Em consequência, a Marinha do Brasil voltou sua atenção para a escolha de um substituto, optando justamente pelo sucessor dos SH-34 na USN: o Sikorsky S-61D-3 Sea King.

Mesmo com a chegada dos primeiros quatro Sea King ao Brasil em abril de 1970, os SH-34J continuaram operando pelo HS-1, mas com suas atividades voltadas para as missões secundárias do HS-1, que incluíam transporte de tropas, busca e salvamento, evacuação aeromédica e espotagem de torpedos e foguetes. No entanto, o fim da carreira dos SH-34J – carinhosamente apelidados de Baleia pelo pessoal da Aviação Naval – estava rapidamente chegando. Em 1972 foram suspensos todos os trabalhos de revisão de quarto escalão que se encontravam em curso nos SH-34J, e a última revisão a ser concluída era trazer de volta ao HS-1 o N-3005. Foi justamente com esse helicóptero que se registrou o segundo e último acidente grave registrado na frota de Baleias da Aviação Naval. Ao voar sob condições meteorológicas adversas nas vizinhanças da Base Aérea de Santa Cruz (RJ), o helicóptero colidiu com o Morro São Luiz, no dia 10 de novembro de 1972, resultando na perda total da aeronave e de quatro dos sete ocupantes.

Com a frota de helicópteros SH-34J reduzida a somente três células, já que uma se encontrava no Parque de Aeronáutica de São Paulo para se submeter a uma revisão geral – trabalho esse suspenso em 1972 –, o HS-1 continuou voando irregularmente com esses helicópteros até o final de 1974. Na virada do ano, foram suspensos os voos com essas aeronaves para, em seguida, ser dada baixa às células ainda existentes. Adquiridos por particulares após a conclusão do processo de alienação, todos foram transformados em sucata.

Chamado de "Baleia" na Aviação Naval, o SH-34J foi de fato o primeiro helicóptero da Aviação Naval dedicado à guerra antisubmarino. Foto Base Aérea Naval de São Pedro da Aldeia.

Sikorsky SH-34J	
Período de Utilização	De 1965 até 1974
Fabricante	Sikorsky Aircraft Division, United Aircraft Corporation, Hartford (Connecticut – EUA)
Emprego	Guerra antissubmarino e emprego geral
Características Técnicas	
Motor	Wright R-1820-84D de 1.525 hp
Diâmetro do Rotor Principal	17,07 m
Comprimento	13,46 m
Altura	4,37 m
Largura	3,89 m
Peso Vazio	3.583 kg
Peso Máximo	5.897 kg
Armamento	2 bombas de profundidade 2 cargas de profundidade 2 torpedos Mk 44
Desempenho	
Velocidade Máxima	196 km/h
Razão de Subida	335 m/min
Teto Operacional	2.896 m
Alcance	398 km
Comentários	
Total Adquirido	6 exemplares
Unidades Aéreas	1º Esquadrão de Helicópteros Anti-Submarino
Designações	SH-34J
Matrículas	N-3001 a N-3006

Westland Wasp Series 3

Com a experiência colhida no desenvolvimento e na produção do helicóptero Skeeter, a fabricante britânica de aeronaves Saunders-Roe decidiu, em 1957, dar início a outro projeto. Sob a designação P.531, o primeiro protótipo realizou seu voo inaugural em julho de 1958, enquanto o segundo – já dotado de motor turboeixo Bristol Siddeley Nimbus – voou pela primeira vez em agosto do ano seguinte. Contudo, no decorrer de 1959, a Westland Aircraft Company absorveu a Saunders-Roe, e o curso do programa P.531 ganhou um novo rumo.

Para atender aos requisitos operacionais do Exército Britânico e da Real Marinha Britânica – o primeiro em busca de um helicóptero leve de instrução, ligação e observação e a segunda, uma aeronave de pequeno porte capaz de realizar a guerra antissubmarino a partir de uma nova classe de fragatas então incorporadas –, a Westland lançou mão do projeto P.531.

Ao focar os esforços na versão destinada ao Exército Britânico – possivelmente porque os requisitos técnicos poderiam ser satisfeitos mais rapidamente do que aqueles delineados pela Real Marinha Britânica –, a Westland deu forma ao helicóptero Scout. Voando pela primeira vez em agosto de 1960, os primeiros exemplares dessa produção foram entregues ao Exército Britânico em março de 1961.

Por sua vez, o desenvolvimento do helicóptero, que passou a ser conhecido como Westland Wasp, tardou algum tempo, em face das muitas exigências técnicas estipuladas pela Marinha Britânica. Com a célula básica do Scout como ponto de partida, a Westland descartou os esquis do helicóptero e, em vez disso, instalou um trem de pouso com quatro rodas. Colocou também um cone de cauda dobrável, além de diversas modificações na estrutura e nos sistemas da aeronave para que pudesse carregar dois torpedos Mk 44. Realizou, ainda, outros trabalhos, para adequá-la às necessidades da Marinha Britânica.

O Wasp decolou para o seu voo inaugural em 28 de outubro de 1962 e pouco depois a Marinha Britânica prontamente encomendou 98 exemplares desse pequeno helicóptero.

Conquanto as linhas do Westland Wasp fossem esteticamente desagradáveis, ele mostrou ser extremamente eficiente em todas as tarefas que lhe foram atribuídas. O Wasp equipou as fragatas da classe Rothesay da Marinha e ainda todas as da classe Leander. A alta confiabilidade e a flexibilidade do Wasp resultaram em encomendas de exportação num total de 142 unidades para países como África do Sul, Holanda, Indonésia e Nova Zelândia.

Entretanto, foi somente em 1982 que o Wasp recebeu seu batismo de fogo quando, durante a Guerra das Falklands/Malvinas, três desses helicópteros cooperaram no ataque contra o submarino argentino ARA Santa Fé, na localidade de Grytviken, nas Ilhas Geórgia do Sul. Durante aquele conflito, os Westland Wasp desenvolveram toda sorte de trabalhos, assim como os Westland Scout que o Exército Britânico levara para aquelas ilhas. Encerrado o conflito, os Wasp, bem como os helicópteros Scout, contabilizaram uma longa lista de bem-sucedidas missões em condições que eram frequentemente as mais adversas possíveis devido ao violento clima antártico do Atlântico Sul. Após 24 anos de valiosos serviços, os Wasp da Real Marinha Britânica foram desativados em 1988.

O Westland Wasp na Aviação Naval

Mal começara o ano de 1965 e as autoridades aeronáuticas da Marinha do Brasil batalhavam contra as muitas dificuldades em manter aceitáveis os níveis de disponibilidade dos diversos helicópteros então pertencentes ao seu acervo de

O SH-2 N-7015 momentos antes do pouso no convoo do Minas Gerais. Ao todo, 11 Wasp operaram no Esquadrão HU-1. Foto DPHDM.

O Westland Wasp Series 3 N-7017 do HU-1 com o padrão de pintura com o qual aqueles helicópteros foram recebidos pela Aviação Naval.

O Westland Wasp Series 3 N-7040 do HU-1 com marcações em vermelho de alta visibilidade, usadas durante as Operações Antárticas.

O Westland Wasp Series 3 N-7039 do HU-1A com o padrão de pintura final empregado pela Aviação Naval.

aeronaves. Estudos realizados naquela época identificaram diversos pontos críticos nas áreas de logística e manutenção, mas foi prontamente percebido que o calcanhar de aquiles de seus helicópteros – especialmente aqueles destinados a missões de emprego geral – era o grupo motopropulsor. Em parte, o problema se devia à falta de oficinas homologadas no Brasil que pudessem realizar os serviços de manutenção de maior porte. Por outro lado, encontrar peças para motores como o Pratt & Whitney R-1340-40 dos Westland Whirlwind e o Alvis Leonides 521/2, que equipavam os Westland Widgeon da Aviação Naval, ficaria cada vez mais difícil, já que esses motores não estavam mais em produção. Em consequência, esses estudos recomendaram que quaisquer futuras compras de helicóptero para a Marinha fossem norteadas a favor de aeronaves dotadas de motores turboeixo, um tipo de grupo motopropulsor que já era padrão entre operadores militares de helicópteros.

Nesse mesmo período, outros estudos, levados a cabo pelo Estado-Maior da Armada (EMA) e pela Diretoria de Aeronáutica da Marinha (DAerM), buscaram definir uma aeronave de asas rotativas capaz não somente de executar as muitas missões atribuídas à tarefa de emprego geral, mas com potencial para ser empregada como uma plataforma armada capaz de realizar ataques vetorados contra submarinos.

A estreita relação com a empresa inglesa Westland Helicopters, que muito ajudara a Marinha do Brasil durante a reimplantação da Aviação Naval, fez dela uma candidata natural para satisfazer essa nova necessidade, ainda mais por ela estar produzindo um helicóptero que atendia a todos os requisitos técnicos estabelecidos pela DAerM. Assim, a Marinha do Brasil assinou, naquele mesmo ano, um contrato de encomenda que compreendia três helicópteros Westland Wasp Series 3, uma versão de exportação do Wasp HAS Mk 1 então empregado pela Real Marinha Britânica.

Foi então despachado para o Reino Unido um pequeno contingente de oficiais e graduados pertencentes ao 1º Esquadrão de Helicópteros de Emprego Geral (HU-1). Lá eles realizaram cursos referentes à manutenção e à operação do Wasp. A construção dos três helicópteros encomendados pelo Brasil já estava bastante adiantada. Os aparelhos já se encontravam em fase de montagem nas instalações da Westland em Hayes (Middlesex – Reino Unido) quando os brasileiros chegaram à Inglaterra. A rapidez com que essas células foram finalizadas em muito se deveu ao fato de que eram as próximas da fila logo após a produção do terceiro lote de Westland Wasp HAS Mk 1 destinado à Marinha Britânica.

Finalmente, em março de 1966, os três helicópteros foram oficialmente entregues aos representantes da Marinha do Brasil e imediatamente desmontados e enviados ao Brasil. De pronto, um Wasp foi montado, ensaiado e novamente desmontado para ser embarcado em um avião de transporte C-130 da FAB a fim de participar na Operação Amizade, um trabalho humanitário em prol da população das províncias argentinas do Chaco e de Formosa, duramente atingida por uma enchente no Rio Paraná. Voando aproximadamente 25 horas sobre solo argentino, iniciava-se, de forma auspiciosa, a vida operacional dos Wasp da Marinha do Brasil.

Por se tratar da mais nova aeronave da Marinha e também por ser o primeiro helicóptero da Aviação Naval a contar com motor turboeixo, a fase inicial das operações com o Wasp – ou Abelha, como passou a ser chamado entre o pessoal de Marinha –, foi revestida de certa mística. Somente os pilotos mais antigos e

Militares do Esquadrão HU-1 responsáveis pelo recebimento dos Westland Wasp, montados nas instalações da Westland em Hayes (Middlesex – Reino Unido). Foto Westland do Brasil.

O Marinha N-7015, o primeiro Wasp brasileiro, decola do Cruzador Tamandaré (C-12). O Wasp foi o primeiro helicóptero turboeixo usado pela Aviação Naval. Foto Base Aérea Naval de São Pedro da Aldeia.

experientes do HU-1 tripulavam esse helicóptero, cabendo aos mais novos a operação das demais aeronaves daquele esquadrão. Mas isso não impediu que um desses aparelhos (N-7016) sofresse um acidente, com perda total, em 15 de julho de 1967, o que exigiu a aquisição, naquele mesmo ano, de uma célula oriunda da Marinha Britânica, que foi igualmente matriculada N-7016.

Nos anos seguintes, os Wasp operaram do convés de voo do NAeL Minas Gerais (A-11) e dos cruzadores Tamandaré (C-12) e Barroso (C-11) e, com frequência cada vez maior, dos navios hidrográficos Canopus (H-22) e Sirius (H-21). No caso desses últimos, a operação dos Wasp, desde o acanhado convés de voo desses navios, visava apoiar as campanhas da Diretoria de Hidrografia e Navegação, invariavelmente transportando material e pessoal.

Porém, a chegada dos contratorpedeiros das classes Gearing FRAM I e Sumner FRAM II em 1973 alteraria profundamente a vida operacional dos Wasp. Ao atender às necessidades do plano de reequipamento da Esquadra da Marinha do Brasil, que buscava navios de escolta dotados de convés de voo, a Marinha Americana transferiu seis destróieres equipados com hangares projetados para acomodar aeronaves Gyrodyne QH-50A/B/C DASH (Drone Anti-Submarine Helicopter – Helicóptero Antissubmarino Não Tripulado). Apesar de o programa DASH não atingir as expectativas de seus idealizadores, as modificações implementadas pela Marinha Americana em muitos de seus destróieres deixaram como legado a possibilidade de operar helicópteros de pequeno porte naqueles navios.

Concluída a maior parte dos trabalhos vinculados à incorporação desses contratorpedeiros, a Força Aeronaval (ForAerNav) DAerM e HU-1 trataram de elaborar – junto com outras organizações da Marinha – os preparativos necessários à adequação das operações embarcadas do Wasp a bordo daqueles destróieres. Esse trabalho foi coroado com sucesso em 18 de abril de 1975,

*A Marinha teve dois helicópteros com a matrícula N-7016. O primeiro foi perdido em um acidente em 15 de julho de 1967, sendo substituído por outro Wasp, oriundo da Royal Navy, onde era matriculado XS746, e tendo recebido a mesma matrícula.
Foto Arquivo Action Editora Ltda.*

quando um Wasp do HU-1 pousou a bordo do contratorpedeiro Mariz e Barros (D-26), um dos navios da classe Gearing. No ano seguinte, em 10 de fevereiro, foi a vez de o Sergipe (D-35), um dos contratorpedeiros da classe Sumner, receber pela primeira vez um helicóptero Wasp. Os resultados dessas operações incentivaram a Marinha do Brasil a comprar mais exemplares do pequeno Abelha, o que efetivamente ocorreu em 1977 e 1978.

Visto que a Westland não mais produzia o Wasp, a Marinha do Brasil negociou a aquisição de sete helicópteros Wasp HAS Mk 1 pertencentes ao acervo da Marinha Britânica. Já que aquela Marinha estava progressivamente desativando seus Wasp, substituindo-os pelo Westland Lynx, as negociações foram rápidas e o primeiro dos "novos" Wasp chegou ao Brasil em agosto de 1977 a bordo da Fragata Niterói (F-40). Os demais Wasp foram chegando ao Brasil em intervalos regulares, até que, em dezembro de 1979, o último foi finalmente incorporado ao acervo do HU-1.

Ao contrário dos Wasp iniciais, os Wasp HAS Mk 1 chegaram ao Brasil já configurados para empregar torpedos Mk 44 e Mk 46 e mísseis ar-superfície AS-11 e AS-12 – esta última capacidade infelizmente nunca chegou a ser explorada. Entretanto, a ForAerNav e a DAerM trataram de conferir a esses novos helicópteros outro tipo de capacidade, modificando-os para receber lançadores de foguetes de 37 mm SBAT-37/7.

A chegada desses novos contratorpedeiros assinalou o início de um novo curso na vida operacional dos Wasp da Aviação Naval. De fato, a importância dada a essas aeronaves e suas operações a bordo desses navios foi de tal ordem que, em junho de 1983, o Comandante em Chefe da Esquadra recomendou que esses helicópteros fossem empregados exclusivamente em proveito dos CTs. Era um zelo mais do que justificado pelo fato de que somente os diminutos Wasp eram capazes de operar no convés de voo dessas embarcações. Sendo assim, os Wasp se distanciaram das campanhas hidrográficas, passando essa tarefa para aos recém-incorporados Helibras Esquilo.

As reduzidas dimensões do Abelha, bem como a confiabilidade material que os caracterizava, tornaram essas aeronaves plataformas imprescindíveis para uma nova, importante e histórica tarefa: apoiar o Programa Antártico Brasileiro (PROANTAR). O envio do navio de apoio oceanográfico Barão de Teffé (H-42) à

Antártica pedia a presença de aeronaves de asas rotativas, e somente o Abelha apresentava as necessárias características para operar com o desejado nível de segurança no hostil ambiente que prevalece naquele continente. Em menos de quatro meses, o HU-1 preparou dois helicópteros para a Operação Antártica I, com a incorporação de itens como snow boundary *fence* e modificações no motor Rolls-Royce Nimbus, adequando, assim, a operação dessas aeronaves para as baixíssimas temperaturas que elas iriam encontrar.

Ao colocar à disposição dois helicópteros a bordo do Barão de Teffé em 20 de dezembro de 1982, o pequeno destacamento aéreo embarcado (DAE) composto de nove homens passou 70 dias no navio, registrando um total de 37,5 horas de voo. Em 7 de janeiro, um dos Wasp realizou uma missão de transporte até a base chilena Teniente Marsh, tornando-se o primeiro helicóptero de bandeira brasileira a pousar na Antártica. A confiabilidade, a eficiência e a flexibilidade do Abelha demonstradas durante aquele primeiro DAE à Antártica asseguraram-lhe um lugar cativo em todas as campanhas do PROANTAR até 1989, num total de oito.

Em março de 1981, a Westland Helicopter Limited apresentou uma proposta para fornecer mais três helicópteros Wasp HAS Mk 1. Entretanto, com a perspectiva de encontrar dificuldades para adquirir sobressalentes para o motor e sistemas daquela aeronave a partir de 1987, ficou claro que a vida útil do Wasp estava chegando ao fim. De fato, ao chegar o ano de 1987, eram somente quatro as células em atividade – que se reduziram para três no ano seguinte. Apesar de não mais operarem nos contratorpedeiros visto que os Esquilo podiam cumprir algumas das tarefas exigidas por aqueles navios, os Wasp continuaram a ser usados nas campanhas do PROANTAR e participaram também em operações de tipos variados, como a Operação Dragão de desembarque anfíbio. Mas com a chegada de 1991, já não era mais possível continuar operando o Wasp, que, naquele ano, registrou seu último voo. Os com perda total três últimos exemplares foram preservados no Museu Aeroespacial do Campo dos Afonsos e na Base Aérea Naval de São Pedro da Aldeia.

O N-7039 do HU-1. Essa aeronave era do segundo lote, comprado em 1977, em que todas as sete unidades eram ex-Royal Navy. Desde 1991 essa aeronave está preservada no Museu Aeroespacial do Campo dos Afonsos. Foto Arquivo Mario Roberto Vaz Carneiro.

Bela imagem do Westland Wasp Series 3 N-7040 num padrão de alta visibilidade. O Wasp, ou Abelha, como era chamado na Aviação Naval, foi empregado em missões ASW e de emprego geral. Foto Arquivo Mario Roberto Vaz Carneiro.

Westland Wasp Series 3

Período de Utilização	De 1966 até 1991
Fabricante	Westland Aircraft Limited
Emprego	Emprego geral
Características Técnicas	
Motor	Rolls-Royce Nimbus 103/104 de 710 shp
Diâmetro do Rotor Principal	9,83 m
Comprimento da Fuselagem	9,59 m
Altura	2,97 m
Largura da Fuselagem	2,64 m
Peso Vazio	1.550 kg
Peso Máximo	2.496 kg
Armamento	2 torpedos Mk 44 ou Mk 46 2 lançadores de foguetes SBAT-37/7
Desempenho	
Velocidade Máxima	193 km/h
Razão de Subida	347 m/min
Teto Operacional	3.810 m
Alcance	481 km
Comentários	
Total Adquirido	11 exemplares
Unidades Aéreas	1º Esquadrão de Helicópteros de Emprego Geral
Designações	SH-2, posteriormente UH-2 e UH-2A
Matrículas	N-7015, N-7016 (1º), N-7016 (2º), N-7017, N-7036 a N-7042. Os helicópteros N-7036 e N-7037 chegaram ao Brasil com as matrículas N-7018 e N-7019, respectivamente

Westland WS-55 Whirlwind Series 3

Na última metade da década de 1950, a tecnologia destinada aos motores a reação já permitia o desenvolvimento de grupos motopropulsores de reduzidas dimensões, mas capazes de gerar considerável potência. Apesar de bem recebidos por fabricantes de aeronaves de asa fixa, esses avanços deram alento à indústria de helicópteros. Limitados aos pesadíssimos motores a explosão existentes no final da década anterior, lançar mão de leves e eficientes motores a reação era uma alternativa muito atraente.

Para muitos fabricantes, as possibilidades oferecidas pelos primeiros motores turboeixo justificavam o desenvolvimento de helicópteros novos. Já outros optaram por dar novo sopro de vida a aeronaves que apresentavam considerável potencial quando modificadas para receber esse novo tipo de motor.

Assim foi o caso do Westland WS-55 Whirlwind, que nasceu na prancheta de desenho com um motor a explosão. Originalmente desenvolvido pela empresa norte-americana Sikorsky como o S-55, a licença de produção foi adquirida pela inglesa Westland, que o produziu quase sem quaisquer modificações dignas de nota, salvo a adoção de um motor produzido no próprio Reino Unido a partir de uma determinada versão.

Apesar das inerentes qualidades presentes na célula do WS-55, os motores a explosão que equipavam esse helicóptero sempre foram considerados seu calcanhar de aquiles. Em parte isso se devia a pouca reserva de potência que os motores Alvis Leonides ou o Pratt & Whitney R-1300 ofereciam. Como eram empregadas versões específicas desses dois motores – cuja produção foi limitada em número –, a passagem do tempo fez surgir outro fator agravante: a dificuldade em dispor de sobressalentes.

Consequentemente, a Westland dedicou-se a desenvolver uma versão do Whirlwind equipada com motor turboeixo. Esse trabalho foi incentivado pela Royal Air Force (RAF – Real Força Aérea), que buscava um helicóptero de médio

Dois Westland WS-55 Whirlwind Series 3 da Marinha vistos em seus primeiros dias, ainda com as matrículas iniciais N-3007 e N-3008. Foto Westland do Brasil.

Cerimônia de recebimento dos primeiros WS-55 Series 3 da Marinha do Brasil na Inglaterra. Foto Westland do Brasil.

porte capaz de executar, com eficiência, transporte tático, bem como busca e salvamento – essa última tarefa um requisito desejado pela Royal Navy (RN – Real Marinha Britânica). Voando pela primeira vez em fevereiro de 1959 com um motor General Electric T58 que foi, mais tarde, substituído pelo Bristol Siddeley Gnome, essa versão do WS-55 foi denominada Westland Whirlwind Series 3 e deu origem a versões destinadas ao mercado civil e militar. No início da década de 1960, muitos Whirlwind da RAF e da Marinha Britânica equipados com motores à explosão foram remotorizados com o Gnome, conferindo à aeronave considerável longevidade. De fato, os últimos Westland Whirlwind da RAF foram desativados no início de 1982.

O Westland Whirlwind Series 3 na Aviação Naval

Já na segunda metade da década de 1960, a Aviação Naval ressentia-se com as dificuldades em operar seus helicópteros mais antigos. Isso era sobretudo verdade nos Westland Whirlwind Series 1, adquiridos entre 1960 e 1963.

Desde a entrada em serviço dessas aeronaves, foi notado que seu desempenho em voo não repetia aquele observado na Europa. Isso se devia exclusivamente ao motor Pratt & Whitney R-1340-40, que sofria com as elevadas temperaturas existentes no Brasil. A Westland propôs reequipar todas as células existentes com o motor Alvis Leonides Major, que gerava 750 hp – exatos 150 hp a mais do que seu par norte-americano. Mas restrições orçamentárias e outras considerações fizeram com que essa proposta fosse arquivada.

Ao chegar o quarto trimestre de 1965, estudos do Estado-Maior da Armada, com a cooperação da Diretoria de Aeronáutica da Marinha (DAerM), apontavam para a conveniência de transformar a Aviação Naval em uma força equipada apenas com modernos helicópteros dotados de motor turboeixo. Porém, para pôr em prática as conclusões desses estudos, era necessário destinar verbas específicas, um fator limitador difícil de galgar naquele período de acanhados recursos orçamentários.

Em consequência, a Marinha foi obrigada a concentrar seus esforços em objetivos materiais mais modestos, mas sem abrir mão de sua meta de transformar

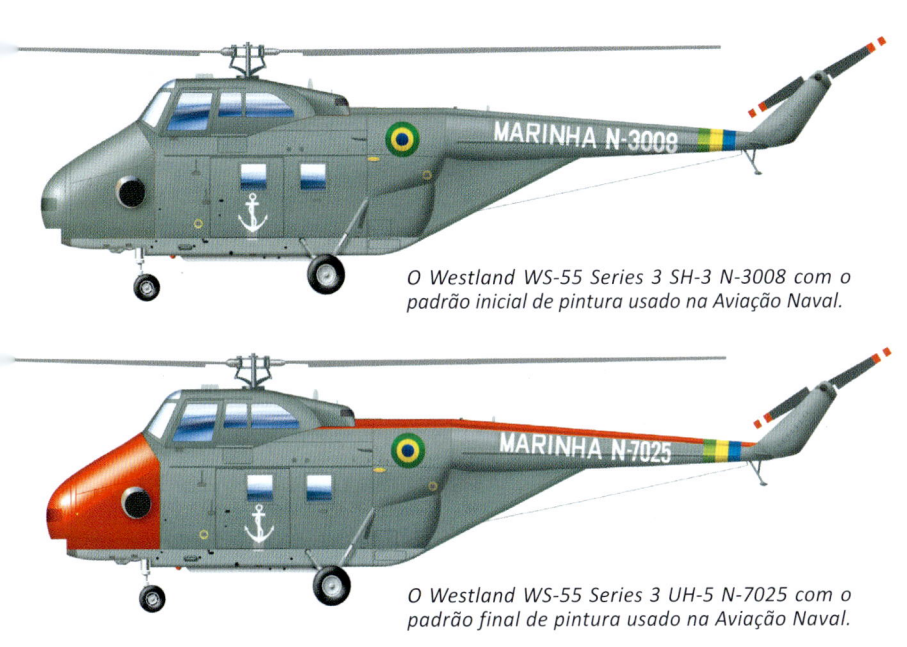

O Westland WS-55 Series 3 SH-3 N-3008 com o padrão inicial de pintura usado na Aviação Naval.

O Westland WS-55 Series 3 UH-5 N-7025 com o padrão final de pintura usado na Aviação Naval.

a Aviação Naval em uma força equipada exclusivamente com helicópteros dotados de motor turboeixo. Em 1966, após a apresentação de uma proposta da Westland, foram encomendados três helicópteros Whirlwind Series 3 ao valor unitário de aproximadamente US$ 253.100. A liberação de mais recursos permitiu, mais tarde, a aquisição de outros dois, bem como a modernização e modificação de dois dos Westland Whirlwind Series 1 já em operação pela Aviação Naval e ao custo unitário de algo em torno de US$ 156.800.

Bela imagem na qual o Westland WS-55 Series 3 N-3009 do HU-1 voa escoltado por um Pilatus P.3-04 do Esquadrão AV. I1. Foto Arquivo Action Editora Ltda.

O N-7025 faz parte do segundo lote de WS-55 adquirido em 1968. No total, sete aeronaves da Serie III foram empregadas pela Marinha. Foto Arquivo Action Editora Ltda.

Trasladados ao Brasil a bordo de navios-transporte da Marinha, os três primeiros Westland Whirlwind Series III – no começo designados SH-3, mas logo redesignados UH-5 – chegaram ao Brasil no final de 1966. Distribuídos ao 1º Esquadrão de Helicópteros de Emprego Geral (HU-1), mal chegaram e foram postos para trabalhar. Tal como previsto, os UH-5 passariam a exercer as funções de guarda-aeronaves a bordo do navio-aeródromo leve, o que, de fato, aconteceu no final de fevereiro de 1967, quando um dos Whirlwind foi embarcado no NAeL Minas Gerais (A-11) e lá permaneceu durante 18 dias. Por sua vez, os outros dois UH-5 estavam engajados em missões de misericórdia durante os derradeiros dias de janeiro daquele ano, voando por todo o antigo estado da Guanabara em auxílio às vítimas das fortes chuvas e enchentes que assolaram a cidade do Rio de Janeiro e regiões adjacentes.

Em pouco tempo, os aviadores navais do HU-1 constataram que o UH-5 – ou Vaca como muitos passaram a chamar o Westland Whirlwind Series III – era consideravelmente diferente da versão mais antiga do Whirlwind. A maior potência e confiabilidade do motor Gnome que equipava o UH-5 outorgava capacidade e desempenho muito superiores ao que era observado nos Whirlwind dotados de motor R-1340. Desse modo, o leque de possibilidades de emprego à disposição do HU-1 foi consideravelmente ampliado, sobretudo no que dizia respeito às missões de transporte de tropas e de material, bem como às missões compreendidas nas tarefas de busca e salvamento.

Operações de grande envergadura como a Dragão, que visava adestrar o Corpo de Fuzileiros Navais (CFN) e contava com os mais variados meios materiais e de pessoal da Marinha e do CFN, passaram a contar com a regular participação dos UH-5 do Esquadrão Águia, como é conhecido o HU-1. Nessas e outras operações, esses helicópteros realizavam trabalhos de desembarque ante a capacidade de acomodar 10 soldados equipados sem dificuldades. Mas essa expressiva capacidade de transporte dos UH-5 fez com que, com frequência, fossem deslocados para fora da Base Aérea Naval de São Pedro da Aldeia a fim de prestar apoio às atividades da Diretoria de Hidrografia e Navegação (DHN).

Apesar de o UH-5 não operar dos minúsculos conveses de voo das embarcações empregadas pela DHN, era valiosíssima sua considerável capacidade para içar e transportar grandes cargas externas até os locais desejados.

*Um WS-55 realizando uma operação com guincho no convoo do A-11.
Foto Arquivo Action Editora Ltda.*

Mas foi na execução das missões de busca e salvamento que os Vaca ganharam espaço perante os olhos do público, já que, quase sempre, eram essas as aeronaves acionadas pela Marinha para prestar toda sorte de apoio humanitário, quer em simples missões de misericórdia ou complexas e exigentes surtidas de resgate em áreas atingidas por catástrofes naturais. E esses trabalhos eram realizados com grande frequência, e não apenas na região do estado do Rio de Janeiro, mas em pontos bem mais distantes. De fato, dos poucos acidentes registrados com essas aeronaves, dois ocorreram justo durante surtidas humanitárias – um em Santa Catarina e outro no Espírito Santo, o primeiro resultando em perda total da célula.

Pouco após a chegada do primeiro trio de helicópteros UH-5, uma dessas aeronaves foi perdida, em julho de 1967, quando executava a tarefa

Uma das principais missões dos WS-55, quando embarcados no A-11, era a de guarda de aeronaves. Foto Westland do Brasil.

de guarda-aeronave a bordo do NAeL Minas Gerais. Mas no ano seguinte, a dotação desses helicópteros no HU-1 cresceu para quatro ao chegarem mais dois novos Westland Whirlwind Series III. Enfim, em 1969, os últimos dois UH-5 chegaram ao Brasil, logo os antigos HU2W que haviam sido enviados à Inglaterra para ser modificados e modernizados. Assim, entre 1969 e 1971, o HU-1 podia contar com seis desses helicópteros.

Mas a década de 1970 não foi particularmente feliz com os UH-5 do Esquadrão Águia. Em 1971, um desses helicópteros foi obrigado a fazer uma amerissagem, afundando em seguida. Em 1974, ocorreu o acidente em Santa Catarina e, no ano seguinte, um dos UH-5 sofreu apagamento do motor quando chegava ao BAeNSPA. Por conseguinte, a partir de maio de 1975, o HU-1 passou a contar só com três helicópteros UH-5, que, mesmo assim, seguiram voando até 1979. Naquele ano, um dos UH-5 sofreu acidente grave no Espírito Santo e as autoridades da Aviação Naval optaram por não recuperar aquela aeronave, assinalando, assim, o fim da carreira dos Westland Whirlwind na Marinha do Brasil. Em abril de 1980, o UH-5 que se acidentara no ano anterior foi alienado e, no mês seguinte, foi a vez dos dois Vaca que ainda se encontravam disponíveis para voo.

Esses dois últimos UH-5 permaneceram na BAeNSPA durante muitos meses até ser acertada a sua venda para a Táxi Aéreo Curitiba, que prontamente os inscreveu no Registro Aeronáutico Brasileiro com as marcas PT-HQK e PT-HQL. Desses, o último acidentou-se com perda total, mas o outro voltou para a BAeNSPA para ser incorporado ao acervo do Museu de Aviação Naval.

Westland WS-55 Whirlwind Series 3

Período de Utilização	De 1966 até 1980
Fabricante	Westland Aircraft Ltd., Yeovil (Reino Unido)
Emprego	Transporte, emprego geral, busca e salvamento
Características Técnicas	
Motor	Bristol Siddeley Gnome H-1000 de 1.050 shp
Diâmetro do Rotor Principal	16,15 m
Comprimento	13,46 m
Altura	4,03 m
Largura	3,15 m
Peso Vazio	2.272 kg
Peso Máximo	3.402 kg
Armamento	Não dispunha de armamento
Desempenho	
Velocidade Máxima	170 km/h
Razão de Subida	365 m/min
Teto Operacional	4.815 m
Alcance	483 km
Comentários	
Total Adquirido	7 exemplares
Unidades Aéreas	1º Esquadrão de Helicópteros de Emprego Geral
Designações	SH-3, posteriormente UH-5
Matrículas	Os três iniciais foram matriculados N-3007 a N-3009. Desses, dois foram rematriculados N-7026 e N-7027. Os demais receberam as matrículas N-7024 e N-7025, N-7009 e N-7010

Fairchild-Hiller FH-1100

Fundada em 1942 como Hiller Industries, a empresa de Stanley Hiller ficou popularmente conhecida como Hiller Helicopters, uma construtora de médio porte responsável pelo desenvolvimento e pela fabricação do Model 360. Esse modelo de asas rotativas possuía reduzidas dimensões e era capaz de transportar um piloto e dois passageiros, destinando-se originalmente ao mercado civil. Com as designações militares UH-12 e H-23, seu sucesso fez com que atingisse expressivas marcas de produção. No entanto, os modestos recursos materiais e financeiros à disposição da Hiller impediam sua evolução como empresa, além do desenvolvimento de diversos alguns programas que estavam em andamento.

Entre os projetos da Hiller encontrava-se o Model 1100, um helicóptero monoturbina desenvolvido para atender ao programa Light Observation Helicopter (LOH – Helicóptero Leve de Observação) do United States Army. Lançado em 1960, o programa LOH foi o ponto focal de uma acirradíssima disputa entre a Bell, a Hughes e a Hiller. Com a designação militar OH-5, cinco protótipos foram produzidos, o primeiro deles registrando seu primeiro voo em janeiro de 1963.

Apontada como provável vencedora do programa LOH, a Hiller tratou de se associar a um parceiro estratégico, a Fairchild Stratos Corporation**,** fundada por Sherman Fairchild em 1926 sob o nome Fairchild Aircraft Manufacturing Company. Acertada em maio de 1964, a fusão tornou-se oficial em setembro daquele ano – a empresa resultante ostentou o nome Fairchild-Hiller Corporation. No entanto, no que tange ao programa LOH, essa união de pouco serviu, visto que, em maio de 1965, a Hughes e seu helicóptero OH-6 foram declarados os vencedores.

Amargando uma derrota quando era quase certa sua vitória, não restou outra alternativa para a Fairchild-Hiller que não focalizar seus esforços para o mercado civil, modificando o OH-5 para aquele segmento. Com a designação FH-1100, esse processo foi realizado com bastante brevidade e, após sua homologação perante

Designado UH-4 na Marinha, seis FH-1100 foram usados em missões de emprego geral. Na foto o N-7023 do Esquadrão HU-1, única unidade a empregar o Hiller na Aviação Naval Foto Museu Aeroespacial do Campo dos Afonsos..

O FH-1100 operou no Esquadrão HU-1, realizando embarques em navios da DHN e no A-11.

a autoridade norte-americana de certificação, a produção do novo helicóptero foi iniciada no segundo trimestre de 1966. Até meados de junho de 1971, quando a Fairchild-Hiller suspendeu a produção do FH-1100, foram construídas 262 células. A interrupção da produção se deveu a uma sucessão de problemas técnicos apresentados pelo grupo motopropulsor, elevando em muito os valores cobrados pelas empresas de seguro para helicópteros leves equipados com motores a reação. Combinados com outros fatores presentes no mercado civil, a Fairchild-Hiller foi compelida a encerrar a produção do FH-1100 em 1971.

O Fairchild-Hiller FH-1100 na Aviação Naval

Com muitos de seus helicópteros próximos a completar 10 anos de uso e só uma pequena parcela desses com motores turboeixo, as autoridades da Aviação Naval delinearam o Plano Básico de Renovação e Ampliação dos Meios Aéreos. Um segmento desse plano contemplava o incremento do número de helicópteros destinados às missões de emprego geral. Para tal, a Diretoria de Aeronáutica da Marinha (DAerM) iniciou os trabalhos de levantamento para determinar, entre as alternativas existentes no mercado, qual a aeronave que melhor se encaixava aos requisitos técnicos do programa.

A opção acabou sendo novata no mercado. Em 28 de março de 1968, foi assinado o contrato de encomenda nº 60291A entre a Marinha do Brasil e a Fairchild-Hiller Corporation, que compreendia a aquisição de seis helicópteros FH-1100. Avaliadas em aproximadamente US$ 561.000, essas aeronaves não eram visivelmente diferentes dos FH-1100 que estavam sendo entregues a outros operadores, salvo por cuidados adicionais contra corrosão. Dadas como prontas pelo fabricante em junho de 1968, uma dessas células foi empregada na instrução de um pequeno grupo de aviadores navais antes de ser desmontada como as demais, embalada e levada ao Brasil. Após serem remontadas na Base Aérea Naval de São Pedro da Aldeia (BAeNSPA), a DAerM oficialmente fez a entrega ao 1º Esquadrão de Helicópteros de Emprego Geral (HU-1) dos seis FH-1100 no dia 25 de setembro de 1968.

Tal como previsto, os novos helicópteros passaram a desempenhar um amplo leque de missões contidas nas principais atribuições do HU-1. Porém, com o passar do tempo, as missões em apoio à Diretoria de Hidrografia e Navegação (DHN) e de transporte de material e pessoal em benefício das muitas organizações da Marinha passaram a compor o dia a dia da vida operacional dessas aeronaves.

Realizadas com grande frequência, as campanhas da DHN exigiam o deslocamento dos FH-1100 para alguns dos pontos mais distantes do litoral brasileiro, onde ocorriam diversos trabalhos em apoio à manutenção de faróis de navegação marítima. Já as tarefas de transporte realizadas por esses helicópteros compreendiam uma variada gama de missões, desde voos administrativos até missões de inspeção. Em geral, transportava pessoal, porém, os FH-1100, com frequência, se deslocavam entre a BAeNSPA e a sede do 1º Distrito Naval (RJ) até as embarcações da Marinha dotadas de convés de voo, como os contratorpedeiros e o navio-aeródromo da Esquadra. Além dessas missões, muitas vezes os FH-1100 eram convocados a realizar missões de misericórdia ou de busca e salvamento.

Apesar de essas missões serem, aparentemente, realidade, muitas vezes exigia o máximo desses helicópteros em face das particularidades da surtida. O primeiro FH-1100 a ser excluído da carga da Marinha foi perdido sob circunstâncias inusitadas, quando realizava uma missão de transporte. Ao encontrar pesada precipitação e visibilidade nula enquanto voava sobre o litoral maranhense em 3 de setembro de 1970, o piloto optou por fazer um pouso de precaução em uma praia próxima à Ponta de Sobrecada. Com a intensidade da chuva, o que impedia, assim, a decolagem, a tripulação pouco pôde fazer quando a maré rapidamente subiu e encobriu por completo o helicóptero.

Exatamente um ano depois, quando realizava um voo administrativo entre São Pedro da Aldeia e o Rio de Janeiro, um segundo FH-1100 foi perdido como consequência de um acidente grave nas vizinhanças de Saquarema (RJ), determinando não somente a perda do helicóptero, mas a de seus quatro ocupantes. A investigação desse acidente apontou para uma falha de fabricação em determinados componentes do mastro do rotor principal. Descoberta a origem da falha, bastou fazer as necessárias substituições de peças, mas isso não poupou os FH-1100 da Marinha de ganharem o apelido de "Killer" (matador), óbvio trocadilho com o nome do fabricante Fairchild-Hiller.

Apesar desses percalços, os FH-1100 continuaram a prestar ótimos serviços durante a primeira metade da década de 1970. Mas depois de a Fairchild-Hiller suspender, em 1971, a produção do FH-1100 e encerrar o fornecimento de peças de reposição a partir de 1973, o futuro daquele helicóptero na Aviação Naval foi posto em xeque. Conquanto peças e serviços em apoio aos operadores do FH-1100 nominalmente passassem a ser satisfeitos por uma empresa escolhida pela fábrica, ficou claro para a DAerM e o HU-1 que os serviços prestados por aquele helicóptero estavam com os dias contados.

Interessante fotografia do UH-4 N-7021 utilizando flutuadores. Após servirem na Marinha, os três UH-4 restantes, N-7019/20/21, foram repassados à Secretaria de Segurança do Estado do Rio Janeiro. Foto Museu Aeroespacial do Campo dos Afonsos.

Os Hiller realizaram inúmeras missões de apoio à Diretoria de Hidrografia e Navegação (DHN) da Marinha e, por isso, era constante seu embarque em navios dotados de convoo e hangar daquela diretoria. Os UH-4 também operaram no A-11.
Foto Museu Aeroespacial do Campo dos Afonsos.

Assim, o final de 1976 assistiu aos preparativos finais para dar baixa nos últimos três FH-1100 que ainda operavam com o HU-1. Mas até mesmo com sua desativação, os UH-4 – como os FH-1100 foram designados pela Marinha – se mostraram de grande utilidade. Em 16 de agosto de 1977, a Marinha do Brasil e o governo do estado do Rio de Janeiro celebraram um convênio avaliado em Cr$ 6.084.300. Em vez de receber recursos financeiros pelos três helicópteros que passariam a voar com a Secretaria de Segurança Pública do governo daquele estado, a Marinha recebeu como pagamento os serviços de asfaltamento de uma área total de 200 mil metros quadrados da BAeNSPA – uma carência que durante alguns anos a Marinha tentava equacionar.

Fairchild-Hiller FH-1100	
Período de Utilização	De 1968 até 1977
Fabricante	Fairchild-Hiller Corporation, Farmingdale (Nova York – EUA)
Emprego	Emprego geral
Características Técnicas	
Motor	Allison 250-C18 de 317 shp
Diâmetro do Rotor Principal	10,74 m
Largura	2,20 m
Comprimento	9,17 m
Altura	2,79 m
Peso Vazio	643 kg
Peso Máximo	1.250 kg
Armamento	Não dispunha de armamento
Desempenho	
Velocidade Máxima	213 km/h
Razão de Subida	746 m/min
Teto Operacional	6.553 m
Alcance	670 km

Continua

Comentários	
Total Adquirido	6 exemplares
Unidades Aéreas	1º Esquadrão de Helicópteros de Emprego Geral
Designações	UH-4
Matrículas	N-7018 a N-7023

Sikorsky S-61D-4 Sea King
Agusta-Sikorsky ASH-3D Sea King
Sikorsky SH-3D Sea King

Na última metade da década de 1950, a United States Navy (USN – Marinha dos Estados Unidos) verificou que, apesar dos excelentes serviços já prestados pelo Sikorsky HSS-1 nas missões de guerra antissubmarino (ASW), seria conveniente dispor de uma nova plataforma de asas rotativas para aquela tarefa. Isso se deveu muito aos avanços tecnológicos registrados em distintas áreas aplicáveis a helicópteros, o mais importante sendo a conclusão dos ensaios do General Electric T58, o primeiro motor turboeixo norte-americano a entrar em produção. Outras considerações associadas à área de sensores como sonar fizeram com que a USN almejasse uma plataforma mais avançada do que o HSS-1.

Em dezembro de 1957, a USN lançou um programa que visava à produção de um helicóptero de guerra antissubmarino equipado com motores turboeixo que oferecesse ainda maior autonomia e melhor desempenho que o HSS-1, bem como maior carga ofensiva. Examinadas as propostas preliminares de diversos fabricantes, a Sikorsky Aircraft Company recebeu o sinal verde para desenvolver seu projeto S-61.

Um elemento de Sea King do Esquadrão HS-1. A foto é muito interessante, pois, além de mostrar os padrões de marcas usados pelos SH-3, o N-3010 está armado com um AM-39 Exocet. Foto Alexandre Durão / Action Editora Ltda.

No dia 15 de janeiro de 1986, as aeronaves SH-3 N-3007, N-3010, N-3011 e N-3012 foram embarcadas no NTTr Barroso Pereira para serem levadas ao Porto de La Spezia (Itália), onde foram encaminhadas para a fábrica da Agusta para modernização e capacitação para emprego do Exocet. Foto Base Aérea Naval de São Pedro da Aldeia.

Com a designação HSS-2 da Marinha, o primeiro protótipo voou pela primeira vez em 11 de março de 1959 e foi seguido por sete exemplares de pré-produção. Foi batizado Sea King e, em pouco tempo, os primeiros HSS-2 já estavam chegando aos esquadrões de helicópteros de guerra antissubmarino da USN, com sua designação alterada para SH-3A.

Ao longo dos anos, a Sikorsky produziu 371 helicópteros SH-3 Sea King para a USN, muitos dos quais foram periodicamente modernizados e consequentemente ganharam novas designações. Mas a excelência do projeto e sua fácil adaptabilidade para outras missões fizeram com que a United States Air Force (USAF – Força Aérea dos Estados Unidos) encomendasse outras 173 células. Além disso, o mercado civil norte-americano entusiasmou-se com as versões civis do S-61 e mais 136 unidades foram fabricadas para atender principalmente a trabalhos offshore, levando passageiros e cargas para plataformas petrolíferas.

No mercado de exportação, o Sea King foi ainda mais bem-sucedido. Além das células exportadas diretamente para operadores militares em países como Argentina, Dinamarca, Espanha, Malásia e Noruega, a Sikorsky outorgou licenças de produção para a Westland Helicopters (Reino Unido), a Agusta (Itália) e a Mitsubishi (Japão), que fabricaram 579 exemplares das mais variadas versões do S-61, elevando, assim, para 1.370 o seu número quando foi encerrada sua produção, em 1997.

Apesar de o Sea King ter sido originalmente projetado para desenvolver missões de guerra antissubmarino, ele jamais registrou combate real nesse tipo de emprego. Entretanto, os SH-3 da USN e os CH-3/HH-3 da USAF fizeram centenas de missões de busca e salvamento sob duras condições de combate durante toda a Guerra do Vietnã, em que, invariavelmente, realizou arriscadíssimas surtidas sobre território inimigo para resgatar pilotos abatidos.

O Sikorsky S-61D-4 Sea King SH-3D N-3012 do HS-1 com o primeiro padrão de pintura adotado pela Marinha.

O Sikorsky S-61D-4 Sea King SH-3D N-3010 do HS-1 com o segundo padrão de pintura adotado pela Marinha.

O Sikorsky S-61D-4 Sea King SH-3D N-3010 do HS-1 com o terceiro padrão de pintura adotado pela Marinha.

O Sikorsky SH-3D Sea King SH-3B N-3018 do HS-1 com o último padrão de pintura utilizado por estes helicópteros na Marinha do Brasil.

Os Sea King na Aviação Naval

Lavrado o Decreto nº 55.627, de 26 de janeiro de 1965, que definiu os meios aéreos e as atribuições da recém-ressurgida Aviação Naval, as autoridades da Marinha do Brasil (MB) trataram de dar o necessário ajuste ao desenvolvimento e rumo daquela arma. E o que já era enumerado como uma prioridade – a guerra antissubmarino – ganhou ainda mais importância à luz daquele evento.

Como consequência do decreto, a Aviação Naval recebeu alguns helicópteros Sikorsky SH-34J que antes haviam pertencido à Força Aérea Brasileira. Estes se encontravam plenamente configurados para a execução de missões de guerra antissubmarino (ASW), se bem que não mais refletiam o estado da arte na época em que a Marinha os recebeu. Porém, mesmo recebendo todo o acervo de peças de reposição e ferramental necessário à sua manutenção, as aeronaves se mostraram inadequadas, quer pelas dificuldades em simplesmente mantê-las disponíveis para voo, quer pela obsolescência do sonar AN/AQS-5 que as equipava.

Assim, em 1967, as autoridades da Aviação Naval deram os primeiros passos para adquirir um moderno helicóptero ASW. Sob a égide do Programa B-I-1, as alternativas existentes no mercado foram examinadas e, seguindo as recomendações da Diretoria de Aeronáutica da Marinha (DAerM), o Estado-Maior da Armada concentrou seus esforços em três candidatos: o Vertol 107-II-15, o Sikorsky S-61D-4 Sea King e a versão de exportação do Westland Sea King HAS Mk 2. Com o descarte do Vertol 107, em junho de 1968, a escolha ficou reduzida às versões norte-americana e britânica do Sea King. Entretanto, diante das considerações logísticas, optou-se pelo Sikorsky S-61D-4. Com isso, a Marinha do Brasil encomendou, no mês seguinte, quatro exemplares ao valor unitário de quase US$ 1.200.000.

Assinado o contrato de encomenda, começaram as providências que antecedem a incorporação de um novo tipo de aeronave. A principal foi a formação de um grupo composto de pilotos e operadores de sonar para que fizessem os cursos referentes ao Sikorsky SH-3D, a versão da United States Navy do Sea King e que era praticamente idêntica aos S-61D-4 encomendados pelo

Os Sea King N-3007 e N-3010 do Esquadrão Guerreiro (HS-1) chegam ao Minas Gerais após uma missão no mar. Os SH-3 chegaram ao Brasil em abril de 1970, a bordo do porta-aviões americano USS America (CV-66), tornando-se os primeiros helicópteros biturbina a entrar em serviço na América do Sul. Foto Arquivo Action Editora Ltda.

O N-3010 momentos antes do pouso no Navio Aeródromo Ligeiro Minas Gerais. Com a chegada do SH-3, o HS-1 passou a contar com uma aeronave adequada às missões ASW. Foto Arquivo Action Editora Ltda.

Brasil. Assim, em 1969, nove pilotos e 17 operadores foram enviados à sede da Sikorsky, em Stratford, Connecticut, onde travaram contato direto com o Sea King e seus sistemas. E quando faltavam poucos dias para terminar o ano, o primeiro Sea King brasileiro foi dado como pronto para entrega.

Assim que ficaram prontos os quatro helicópteros, recebidos pelas autoridades da Marinha do Brasil, a próxima etapa era transportá-los até o Brasil. Entretanto, em vez de fazê-lo a bordo de alguma embarcação de transporte da MB ou de um navio mercante, as circunstâncias operaram a favor da Marinha do Brasil. Em abril de 1970, o porta-aviões USS America (CVA-66) iria se deslocar do porto de Norfolk, na Virgínia, até o teatro de operações ao largo do Vietnã. Diante disso, foram rapidamente acertados os detalhes para que os quatro Sea King brasileiros fossem embarcados e levados até o Brasil, no caminho. As aeronaves chegaram ao país em 28 de abril, dando início à história do primeiro helicóptero biturbina a entrar em operação na América do Sul.

Concluída a sua montagem e incorporação ao acervo do 1º Esquadrão de Helicópteros Anti-Submarino (HS-1), iniciou-se a fase de adestramento do pessoal aeronavegante daquela unidade aérea. Com sede na Base Aérea Naval de São Pedro da Aldeia (BAeNSPA), o HS-1 trabalhou febrilmente para atingir o status de unidade operacional no Sea King. Os céus da BAeNSPA, até então acostumados com os roncos e silvos dos helicópteros em uso pela Aviação Naval, passaram a contar também com o imponente ruído dos motores T58 dos Sea King. Porém, essa intensa atividade do HS-1 e seus S-61D não se limitou à Região dos Lagos, pois, periodicamente, um ou mais desses helicópteros realizou deslocamentos para outros estados. Foi justamente durante uma dessas viagens, quase que exatos sete meses após a sua chegada ao Brasil, que se registrou a primeira perda. Em 21 de novembro, nas proximidades da praia conhecida como Guarda Gamboa, em Florianópolis (SC) o Sea King N-3009 sofreu uma pane na transmissão principal, o que determinou um pouso de emergência naquela praia. Os dois pilotos nada sofreram, mas os danos ao helicóptero quando tombou para a esquerda após o pouso deram perda total àquele Sea King.

Dois Sea King, um brasileiro e outro americano (US Navy), voam em formatura com os respectivos domos do sonar ligeiramente arriados. Foto Arquivo Action Editora Ltda.

A perda de 25% da frota de helicópteros Sea King levou as autoridades da MB a lavrar, em 1972, o segundo contrato de encomenda com a Sikorsky, de número 72.900, dessa vez com a inclusão de outros dois exemplares do S-61D-4. Estes chegaram ao Brasil em setembro de 1972 e foram prontamente incorporados ao HS-1, substituindo a aeronave perdida em 1970 e reforçando a frota que passou a contar com cinco células.

Atingido o desejado nível de operacionalidade inicial, o pessoal do HS-1 tratou de exercitar a capacidade de combate do helicóptero. Após participar de pequenas operações organizadas pela Marinha, no final de 1971, os Sea King foram finalmente convocados para compor a Unitas XII, uma operação anual em que se exercita a capacidade ASW de Marinhas amigas, entre as quais a United States Navy. De fato, nas décadas seguintes, as operações Unitas figurariam como evento quase que fixo no calendário de atividades do HS-1. No entanto, já em 1973, o HS-1 e seus S-61D-4 passaram a exercer uma atividade diferente dos trabalhos da guerra antissubmarino – desempenhar o papel de plataforma para transporte de tropas. Essa missão passou a ser executada às vésperas da desativação dos Sikorsky SH-34J e seu cumprimento exigiu a remoção de todo o material associado às tarefas ASW e à instalação de bancos laterais na cabine principal.

Realizada pela primeira vez em novembro de 1973 durante a Operação Dragão IX, a missão de transporte de tropas passou a ser uma constante para os Sea King do HS-1, trabalho que deixaria de ser realizado quando chegaram ao Brasil os helicópteros Super Puma.

Com suas atividades inicialmente apoiadas pelo Parque de Material Aeronáutico de São Paulo quanto a trabalhos de manutenção de maior envergadura, os Sea King do HS-1 mantiveram um intenso ritmo de atividade para o adestramento das equipagens na execução das missões de guerra antissubmarino, quer diurnas ou noturnas. Mas tais atividades cobrariam um preço em 19 de agosto de 1976, quando o N-3008, que realizava treinamento

ASW noturno, desapareceu sem deixar rastro a aproximadamente 20 km ao sul de Cabo Frio (RJ). Intensas buscas feitas ao longo de várias semanas, com toda sorte de recursos materiais, fracassaram, estimulando o surgimento de um variado leque de explicações – algumas beirando o fantástico. Foi somente em 1994, quase 18 anos após seu desaparecimento, que a carcaça daquele Sea King foi fortuitamente descoberta por pescadores.

Até o final dos anos 1970, os Sea King registraram sua participação em diversas operações. Em algumas ocasiões operaram do convés de voo de embarcações pertencentes às Marinhas de outras nações. Mas nos derradeiros anos daquela década, já estavam em curso estudos para modernizar os Sea King existentes no HS-1, bem como adquirir células adicionais.

Em relação ao último item, as alternativas examinadas contemplavam a compra de helicópteros Sikorsky SH-3D recém-desativados pela USN ou então a aquisição de novos Sea King. No caso da última opção, encontrava-se a compra de exemplares produzidos pela empresa italiana Agusta SpA, que fabricava, sob licença, uma versão do Sikorsky SH-3D. No transcurso desses estudos, foi favorecida a compra de quatro helicópteros Agusta ASH-3D, pois poderiam ser configurados para missões antinavio, através da instalação de um radar de busca de superfície e da capacidade para empregar mísseis antinavio Aerospatiale AM39 Exocet.

Em 10 de agosto de 1981, foi assinado o contrato 501/010/81, cujo valor total atingia a cifra de US$ 59.597.325. Esse contrato previa a entrega à Marinha do Brasil de quatro helicópteros na versão ASH-3D, bem como ferramental, sobressalentes e bancadas de prova. Visualmente, essas aeronaves eram facilmente distinguidas dos Sea King já em operação no HS-1 através do radar SMA AN/APS-705 que possibilitava o emprego de mísseis Exocet. Ademais, os ASH-3D dispunham de um sonar mais moderno que os encontrados nos S-61D-3, bem como uma suíte de aviônica mais atual. Assim que ficaram prontos, os quatro ASH-3D – posteriormente designados pela MB SH-3A – foram embarcados no navio de transporte de tropas Barroso Pereira no Porto de La Spezia, chegando ao Brasil no segundo trimestre de 1984.

A foto mostra o primeiro lançamento de um míssil antinavio AM39 Exocet, realizado em 11 de novembro de 1992 pelo N-3015 contra o Contratorpedeiro Mato Grosso (D-34), que fora desativado em 1990. Foto Arquivo Action Editora Ltda.

Em 1984 os quatro S-61D do lote original foram modernizados pela Agusta SPA sendo elevados ao padrão ASH-3D, isto é, o mesmo padrão das quatro aeronaves do segundo lote. A principal característica dos ASH-3D é a sua capacidade de emprego antissuperfície, com o uso do AM39 Exocet. Foto Alexandre Durão / Action Editora Ltda.

Concluída a entrega dos ASH-3D, as autoridades da MB trataram de assegurar a modernização dos quatro Sikorsky S-61D-4 que se encontravam em operação no HS-1. Em outubro de 1985, ao valor de US$ 12.341.478, foi assinado entre a Marinha do Brasil e a Agusta SpA, um contrato de modernização para esses quatro helicópteros, cujo trabalho elevou aquelas aeronaves ao mesmo padrão dos ASH-3D recebidos em 1984. Embarcados no navio de transporte de tropas Barroso Pereira, os quatro S-61D-4 chegaram ao porto de La Spezia em fevereiro de 1986 e lá foram desembarcados, montados e trasladados em voo até as instalações da Agusta em Cascina Costa (Itália).

Apesar do planejamento da MB, diversos problemas assolaram o trabalho de modernização dessas aeronaves, a principal sendo a sucessão de greves que paralisaram toda atividade nas instalações da Agusta. Isso levou a diversos atrasos no cronograma dos trabalhos, e foi somente em janeiro de 1988 que a modernização do primeiro S-61D-4 foi dada como concluída, quatro meses além do previsto. Finalmente, em maio de 1988, os quatro helicópteros foram devolvidos ao HS-1, já com a designação SH-3A.

Agora com oito helicópteros SH-3A Sea King, o HS-1 viveu anos particularmente movimentados no final da década de 1980. Além de participar de operações como a Aderex, a Caribex, a Dragão, a Temperex, a Tropicalex e a Unitas, cada qual com extenso uso dos atributos dos Sea King, o HS-1 prestou apoio aos governos estaduais de Alagoas e do Ceará quando enchentes atingiram duramente esses estados.

No transcorrer de 1990, foram iniciados os trabalhos que visavam configurar quatro helicópteros SH-3A Sea King com todo o equipamento necessário para transportar e lançar mísseis antinavio AM-39 Exocet. Esse esforço culminou, em 11 de novembro de 1992, com o primeiro lançamento real de um míssil

Exocet, empregado contra o Contratorpedeiro Mato Grosso (D-34) que fora desativado em 1990. Esse sucesso e de outros ensaios registrados nos anos seguintes, com o binômio Sea King/Exocet, efetivamente ampliou, de forma considerável, a capacidade operacional do 1º Esquadrão de Helicópteros Anti-Submarino, que, desde então, não se limitou mais à guerra abaixo da linha d'água, mas também acima dela.

Em 1994, foi iniciada a Proposta de Projeto B-0041, que visava adquirir mais helicópteros Sea King e, assim, permitir ao HS-1 realizar as missões antinavio e antissubmarino com igual eficiência. O Projeto B-0041 nasceu de uma oferta da USN que propunha o fornecimento de sete helicópteros SH-3D recém-desativados, surgida como evolução de uma consulta da Marinha do Brasil para adquirir dois SH-3D Sea King daquela marinha.

Iniciadas as negociações, em 22 de abril, foi acertado o fornecimento de oito helicópteros SH-3D ao custo final – após a aplicação de diversas emendas contratuais – de US$ 37.077.405. Os termos do acordo previam o fornecimento de seis células completamente revisadas e dotadas de um sistema de sonar de geração mais nova que o AN/AQS-13A/B encontrado no SH-3A da Marinha do Brasil. Ademais, seriam fornecidos mais dois SH-3D destinados a servirem de fonte de peças de reposição.

Assim, no transcorrer de 1995, os seis SH-3D escolhidos pela MB foram submetidos à primeira etapa dos trabalhos de revisão geral nas instalações do Naval Air Depot Pensacola. Uma vez concluída essa primeira etapa, as aeronaves foram despachadas para as instalações da empresa PEMCO, em Dothan, no Alabama, e lá foram concluídos os trabalhos de revisão geral e de instalação de equipamentos de missão.

O N-3018 é um dos seis SH-3D ex-US Navy adquiridos em 1994 e recebidos em 1996. Na Marinha, essas aeronaves foram designadas SH-3B, ao passo que os Sea King modernizados pela Agusta foram denominados SH-3A. Foto Wagner Ziegelmeyer / Action Editora Ltda.

Em fevereiro de 1996, começaram os voos de aceitação com o primeiro exemplar dado como pronto. Com a designação SH-3B a fim de distinguir esses seis modelos dos demais Sea King em operação com a Aviação Naval, essas aeronaves foram embarcadas no Navio Aeródromo Ligeiro Minas Gerais (A-11) e transportados para o Brasil para ser incorporados ao acervo do HS-1, chegando à Base Aérea Naval de São Pedro da Aldeia em junho de 1996.

Além de duas células (USN 154108 e 154112) adquiridas dos EUA, em 1994, para fornecer componentes e que não receberam matrícula nacional, outros 16 Sea King foram utilizados pela Aviação Naval. Desses três foram perdidos em acidentes (N-3008, N-3009 e N-3014); cinco foram desativados e outros três preservados. Entre eles estão os N-3018 e o N-3019, ambos preservados em 2006 na Base Aérea Naval de São Pedro da Aldeia, e o N-3029, doado em agosto de 2014 ao MUSAL.

Sikorsky S-61D-4 Sea King, Agusta-Sikorsky ASH-3D Sea King e Sikorsky SH-3D Sea King

Período de Utilização	A partir de 1970 (S-61D-4) A partir de 1969 (SH-3D)	A partir de 1984
Fabricante	S-61D-4 e SH-3D: Sikorsky Aircraft Division, United Aircraft Corporation, Hartford (Connecticut – EUA)	ASH-3D: Construzioni Aeronautiche Giovanni Agusta SpA, Cascina Costa (Itália)
Emprego	Guerra antissubmarino e emprego geral	
Características Técnicas	S-61D-4* e SH-3D	ASH-3D
Motor	2 General Electric T58-GE-10 de 1.400 shp cada um	
Diâmetro do Rotor Principal	18,90 m	18,90 m
Comprimento	22,15 m	22,15 m
Altura	5,13 m	5,13 m
Largura da Fuselagem	3,96 m	3,96 m
Peso Vazio	5.387 kg	5.800 kg
Peso Máximo	9.534 kg	9.525 kg
Armamento	Todas as versões: 2 torpedos Mk 44/46 ou 2 bombas de profundidade SH-3A: 2 mísseis AM-39 Exocet	
Desempenho		
Velocidade Máxima	267 km/h	267 km/h
Razão de Subida	671 m/min	548 m/min
Teto Operacional	4.481 m	3.658 m
Alcance	1.006 km	945 km
Comentários		
Total Adquirido	6 exemplares (S-61D-4) 6 exemplares (SH-3D)	4 exemplares
Unidades Aéreas	1º Esquadrão de Helicópteros Anti-Submarino	
Designações	Inicialmente SH-3D, posteriormente SH-3A e SH-3B	
Matrículas	S-61D4: N-3007 a N-3012 SH-3D: N-3017 a N-3019 e N-3029 a N-3031 ASH-3D: N-3013 a N-3016	

*Em documentos da Sikorsky e da Marinha do Brasil, os seis exemplares iniciais são mencionados tanto como S-61D-3 como S-61D-4

Bell 206B JetRanger II

Em 1960, o Exército dos Estados Unidos (US Army) lançou uma concorrência para preencher uma necessidade do serviço de aviação daquela arma. Denominado Light Observation Helicopter (LOH – Helicóptero Leve de Observação), o programa visava substituir, com uma só plataforma, as centenas de helicópteros Bell OH-13 e Hiller OH-23, além dos aviões Cessna L-19 então existentes no inventário do US Army. A concorrência previa a aquisição de 3.600 unidades da proposta vencedora, o que atraiu nada menos do que 12 fabricantes norte-americanos para o que prometia ser um dos maiores contratos militares na área de aeronaves de asas rotativas.

Em maio de 1961, a lista de concorrentes foi reduzida para cinco – incluindo a proposta da Bell Helicopter Company, que apresentou o Bell Design D-250. Com a designação militar YHO-4A – posteriormente alterada para OH-4A –, o primeiro protótipo registrou seu voo inaugural em 8 de dezembro de 1962. Outros quatro protótipos foram exaustivamente ensaiados em Ft. Rucker (Alabama – EUA) e na Edwards Air Force Base (Califórnia – EUA). Mas, apesar do esforço da Bell, em maio de 1965, o US Army optou pelo concorrente da Hughes, o OH-6A.

Entretanto, a Bell não se abalou com o que pareceu ser um sério revés. No mês anterior, em face das necessidades do crescente mercado civil de aeronaves de asas rotativas, a empresa já estudava o desenvolvimento de uma versão específica do Bell Design D-250 destinado àquele setor. Designou-o Model 206, e a construção do primeiro protótipo foi iniciada em julho de 1965 e concluída no mês seguinte, tendo o primeiro voo ocorrido em dezembro do mesmo ano. Homologado pela autoridade aeronáutica civil dos Estados Unidos em outubro de 1966, o Bell 206 rapidamente se transformou em um sucesso comercial. Ironicamente e como resultado dos sucessivos atrasos registrados na entrega dos Hughes OH-6A, bem como dos inesperados aumentos nos custos unitários daquele helicóptero, a Bell foi outorgada em 1967, com um contrato do US Army que compreendia nada menos que 2.200 células, designadas OH-58A.

Ao todo a Aviação Naval recebeu 18 helicópteros JetRanger II, sendo cinco configurados para instrução primária, cinco para instrução básica e oito para emprego geral. Foto Base Aérea Naval de São Pedro da Aldeia.

O Bell 206B JetRanger II IH-6A N-5029 do HI-1 com o padrão de pintura adotado inicialmente para a instrução de voo.

O Bell 206B JetRanger II UH-6 N-7030 do HU-1 com o padrão de pintura dos anos 1980. Ele era dotado de equipamento HF, cuja antena é vista abaixo do cone de cauda.

O Bell 206B JetRanger II UH-6 N-5032 do DAE FLOTAM, sediado em Manaus.

Graças à urgência solicitada pelo Exército na entrega do Bell OH-58A, a produção de helicópteros Bell 206 e 206A nos Estados Unidos foi relativamente baixa – exatos 361 exemplares. Contudo, nada menos que 986 daquelas aeronaves – sob a designação AB 206A/A-1 – foram fabricadas na Itália pela Agusta. Além dos 2.200 OH-58A encomendados pelo US Army, a Marinha dos Estados Unidos (USN – United States Navy) contratou a produção de 40 exemplares do TH-57A – uma versão de instrução do Bell 206A –, seguidos por outros 140 helicópteros TH-57B e TH-57C.

A experiência colhida com as duas versões do Bell 206 e 206A permitiu o desenvolvimento de um sucessor significativamente mais flexível e que proporcionava melhor desempenho: o Bell 206B JetRanger II. Com a produção sendo iniciada em 1971, um total de 1.619 células daquele helicóptero foram fabricadas e vendidas para operadores civis e militares.

O Bell 206B JetRanger II na Aviação Naval

O início da década de 1970 encontrou a Aviação Naval equipada com alguns helicópteros Hughes 269A/A1 e 269B destinados principalmente à formação dos seus futuros aviadores navais. Mesmo sabendo que ela era uma aeronave que havia prestado valiosíssimo serviço na missão de instrução e periodicamente participado em outras tarefas, as autoridades navais perceberam que aquele helicóptero – equipado com motor convencional a explosão – já era inadequado para as futuras necessidades da Aviação Naval. Era líquido e certo que todo e qualquer tipo de helicóptero que fosse futuramente incorporado ao acervo daquela arma de aviação contaria com motor turboeixo, e o Hughes representava um anacronismo que se acentuaria a cada ano.

À luz dessa e de outras considerações, a Marinha do Brasil saiu em busca de um helicóptero dotado de motor turboeixo capaz de preencher as necessidades de instrução dos alunos matriculados no Curso de Aperfeiçoamento de Aviação para Oficiais (CAAVO). Idealmente, a plataforma candidata deveria dispor de suficiente capacidade e flexibilidade para não somente executar os ciclos de instrução básica e avançada, mas ser empregada em missões de emprego geral.

Avaliadas as alternativas existentes nos mercados europeu e norte-americano, optou-se pelo Bell 206B JetRanger II. Porque ele não somente apresentava todas as características técnicas e de desempenho desejadas, mas proporcionava custo-benefício de operação significativamente superior às demais aeronaves de asas rotativas de sua categoria.

Em 19 de dezembro de 1973, foi assinado, pela Bell Helicopter Company e a Marinha do Brasil, um contrato de encomenda no valor de US$ 9.067.264. Compreendia não somente a aquisição de 18 helicópteros Bell 206B JetRanger II, mas ferramental, manuais, acessórios e treinamento de pessoal técnico, quer da área de manutenção como de voo.

De acordo com os termos do contrato, cinco células seriam recebidas em configuração otimizada para a instrução primária, cinco configuradas para as

O N-5024 IH-6 do HI-1. O Bell 206 JetRanger passou a ser o helicóptero padrão para a formação dos pilotos da Marinha do Brasil a partir de 1974.
Foto Base Aérea Naval de São Pedro da Aldeia.

missões de treinamento básico e oito preparadas para a execução de missões de emprego geral. As primeiras duas configurações, respectivamente designadas IH-6 e IH-6A pela Aviação Naval, apresentavam poucas diferenças externas. Essencialmente, o IH-6A podia ser configurado com guincho externo, gancho de carga e armamento na forma de metralhadoras MAG 7,62 mm e lançadores de foguetes da família SBAT-70/7. Por sua vez, as oito células destinadas às missões de emprego geral – designadas UH-6 – contavam com todos os acessórios previstos para o IH-6A, mas acrescidos de tanques de combustível autovedáveis, equipamento necessário para a instalação de macas, bem como equipamento de radionavegação ligeiramente mais sofisticado que aqueles encontrados no IH-6/IH-6A. Na etapa inicial da vida desses helicópteros, os UH-6 podiam ser facilmente distinguidos pelo padrão de pintura cinza-escuro/cinza-claro, enquanto os IH-6/IH-6A envergavam um esquema quase que totalmente branco.

A evolução do programa foi rápida, já que o curso de voo foi iniciado em fevereiro de 1974 com dois helicópteros destinados à Aviação Naval e encerrado em abril daquele mesmo ano. Paralelamente, a produção dos helicópteros brasileiros se deu quase sem atraso, as aeronaves sendo desmontadas em Ft. Worth (Texas – EUA) – sede da Bell – e transportadas por via rodoviária até Houston (Texas – EUA), de onde eram embarcadas em navios mercantes de bandeira brasileira. Finalmente, em outubro de 1974, foi dado como pronto e aceito o último exemplar, um IH-6A.

Os primeiros cinco exemplares recebidos pela Aviação Naval eram do tipo IH-6, que, a partir do terceiro trimestre de 1974, foram empregados na padronização dos instrutores do 1º Esquadrão de Helicópteros de Instrução (HI-1), unidade aérea que operaria ambos os tipos. Por um breve período, os JetRanger II teriam como companheiros de pátio os derradeiros Hughes 269 da Aviação Naval. Mas a partir do ano seguinte, todo o ciclo de instrução do HI-1 seria realizado pelos JetRanger II.

Em face da urgência associada à sua disponibilização, os oito helicópteros UH-6 seriam os próximos a ser entregues. Mas por força de distintos fatores, foi decidido por bem que um exemplar ficaria nos Estados Unidos para a execução de ensaios de armamento. Seja como for, até o final de 1974, os oito helicópteros UH-6 já se encontravam no Brasil e foram distribuídos ao 1º Esquadrão de Helicópteros de Emprego Geral (HU-1).

Essa distribuição dos IH-6/IH-6A/UH-6 se manteve inalterada durante os anos seguintes, salvo pequenos acidentes que, temporariamente, indisponibilizavam uma aeronave ou, no caso de um acidente grave, resultava em perda total da célula, que determinava sua baixa. Entretanto, em 1979, a intensa atividade dos JetRanger II pertencentes ao HI-1 e ao HU-1 sofreu abrupta mudança com a decisão das autoridades navais de implementar uma presença mais permanente na Amazônia. Em julho de 1979, foi criado o Destacamento Aéreo Embarcado da Flotilha do Amazonas (DAE FLOTAM) e, em dezembro daquele ano, chegavam a Manaus (AM) três helicópteros UH-6 transferidos do HU-1. A permanência desses três helicópteros persistiria até 1985, quando foram substituídos por helicópteros Eurocopter/Helibras AS350 B.

Durante os 11 anos em que estiveram em operação pela Aviação Naval, quer nas cercanias de São Pedro da Aldeia (RJ), na Bacia Amazônica ou em outros pontos do território nacional, os JetRanger II foram intensamente utilizados. Os IH-6/IH-6A acompanharam cada passo da formação de 11 turmas de oficiais da Marinha do Brasil matriculados no CAAVO, bem como de dezenas de oficiais navais estrangeiros, especialmente do Chile, do Equador e da Venezuela. Com cada aluno registrando entre 110 e 120 horas de voo no transcorrer de sua passagem pelo CAAVO, os IH-6/IH-6A não somente podiam ser regularmente vistos na região de São Pedro da Aldeia,

O UH-6 7031, um dos oito Bell 206B configurados para emprego geral. No início das suas operações, ele era facilmente identificado pela sua pintura cinza com "barriga cinza claro". Foto Base Aérea Naval de São Pedro da Aldeia.

mas em pontos tão distantes como Fortaleza (CE) ou o interior de Minas Gerais. Mesmo fora do período de instrução, os IH-6/IH-6A eram mantidos ocupados na realização de surtidas utilitárias em benefício da Base Aérea Naval de São Pedro da Aldeia (BAeNSPA) ou de outras organizações militares da Marinha.

Por sua vez, os UH-6 levaram uma vida operacional tão intensa quanto a de seus irmãos destinados à instrução. Quer nas mãos dos aviadores navais do HU-1 ou do DAE FLOTAM, os UH-6 realizaram toda sorte de trabalhos de emprego geral. Periodicamente, os UH-6 do HU-1 eram convocados para a realização das frequentes campanhas organizadas pela Diretoria de Hidrografia e Navegação (DHN) da Marinha do Brasil, um trabalho extremamente exigente, tanto para o material como para o pessoal, que levava esses JetRanger II para os mais variados pontos do litoral brasileiro. Quando não estavam engajados em alguma campanha da DHN, os JetRanger II do HU-1 cumpriam um variado leque de tarefas utilitárias em proveito de diversas unidades da Marinha ou participavam diretamente dos muitos exercícios organizados por aquela arma.

Já os helicópteros UH-6 em uso no DAE FLOTAM desempenhavam muitas das missões realizadas pelos JetRanger II do HU-1, porém, invariavelmente sob condições bem mais desafiadoras, em consequência das inóspitas condições ambientais que predominam sobre muitas áreas da Região Amazônica. No entanto, entre as missões mais características dos UH-6 durante sua passagem pelo DAE FLOTAM estavam os destacamentos aéreos embarcados nos navios patrulha fluvial, da classe Pedro Teixeira, e nos de assistência hospitalar (NAsH) da Marinha, que apoiavam, de forma decisiva, as campanhas de assistência à população ribeirinha.

Em 1979, com a entrada em serviço dos primeiros helicópteros Esquilo da Aviação Naval, ficou decidido que os UH-6, então pertencentes à dotação do HU-1, seriam repassados para o HI-1 para cumprir missões de instrução. Ao reforçar o efetivo de aeronaves do HI-1, essa mudança não exigiu maiores modificações nas células que originalmente voavam como UH-6, bastando somente a remoção de equipamentos, como flutuadores de emergência e outros acessórios, para que cumprissem as desejadas missões de treinamento.

Tanto para os JetRanger II do HI-1 como para aqueles pertencentes ao DAE FLOTAM, a rotina das missões permaneceu inalterada após a chegada da nova década. Contudo, em 1983, já estavam em curso estudos preliminares que visavam à sua substituição. Em razão dos excepcionais serviços prestados pelos Bell 206B JetRanger II, que, desde 1974, se mostraram plataformas extremamente confiáveis e de grande flexibilidade, não foi grande surpresa a decisão de escolher o Bell 206B JetRanger III como seu sucessor.

Em 1985, foi aberta concorrência pública para alienar a maior parte das células de JetRanger II que ainda se encontravam em poder da Marinha do Brasil, um processo realizado com grande rapidez graças ao enorme interesse no mercado civil por aqueles helicópteros.

Até novembro de 1985, sete daqueles helicópteros ainda desempenhavam atividades de instrução, enquanto outros três marcaram sua despedida operacional ao participar da Operação Dragão daquele ano.

Curiosamente, dois exemplares continuariam realizando voos de caráter militar durante muitos anos, porém, distantes da BAeNSPA. Em agosto de 1986, dois JetRanger II (N-5030 e N-5035) que operavam de forma descontínua na BAeNSPA foram cedidos permanentemente para o Estado-Maior das Forças Armadas (EMFA), como PP-FFW e PP-FFX, respectivamente. Anos depois, em novo remanejamento, passariam a integrar o acervo da Força Aérea Brasileira.

Bell 206B JetRanger II

Período de Utilização	De 1974 até 1986
Fabricante	Bell Helicopter Company, Ft. Worth (Texas – EUA)
Emprego	Instrução e emprego geral
Características Técnicas	
Motor	Allison 250-C20 de 400 shp
Diâmetro do Rotor Principal	10,16 m
Comprimento	9,59 m
Altura	2,92 m
Largura da Fuselagem	1,92 m
Peso Vazio	680 kg
Peso Máximo	1.451 kg
Armamento	2 metralhadoras axiais FN MAG de 7,62 mm 2 lançadores de foguetes SBAT-70/7
Desempenho	
Velocidade Máxima	225 km/h
Razão de Subida	762 m/min
Teto Operacional	3.962 m
Alcance	524 km
Comentários	
Total Adquirido	18 exemplares
Unidades Aéreas	1º Esquadrão de Helicópteros de Instrução 1º Esquadrão de Helicópteros de Emprego Geral Destacamento Aéreo Embarcado da Flotilha do Amazonas
Designações	IH-6, IH-6A e UH-6
Matrículas	N-5021 a N-5030 e N-7028 a N-7035. Esse último lote de oito aeronaves foi posteriormente rematriculado N-5031 a N-5037

Westland Sea Lynx HAS Mk 21 e Super Lynx HAS Mk 21A

No final da década de 1960, estrategistas das áreas de defesa da França e do Reino Unido identificaram a necessidade de modernizar as frotas de helicóptero pertencentes às suas respectivas forças armadas. Após a conclusão de estudos preliminares, tornou-se claro que a demanda operacional dos dois países resumia-se à aquisição de três tipos de helicóptero de portes pequeno, médio e grande. Eminentemente multipropósito, cada um desses deveria apresentar grande flexibilidade para emprego em diversas missões diferentes. Consequentemente, a indústria aeronáutica da França e do Reino Unido prontamente dedicaram-se aos trabalhos de pesquisa que as levariam às desejadas soluções.

Entretanto, já em 1966, os ministérios da Defesa dos dois países concluíram que os requisitos elaborados na França e no Reino Unido para os três tipos de helicóptero eram essencialmente semelhantes. Isso levou à assinatura, em fevereiro de 1967, de um acordo franco-britânico para desenvolvimento e produção conjunta dos três tipos de helicóptero. Para tal, a empresa britânica Westland Helicopters uniu-se ao seu par francês, a Aérospatiale, no que foi um dos primeiros programas militares internacionais de desenvolvimento de aeronaves.

Liderado pela Westland, o programa de desenvolvimento do helicóptero de médio porte visava principalmente às necessidades operacionais britânicas, que apontavam para um sucessor dos helicópteros Scout e Wasp. Produzidos pela Westland, eles nada mais eram do que versões do P531 desenvolvidos como helicópteros destinados ao Exército e à Marinha britânica.

Dois Super Lynx do 1º Esquadrão de Helicópteros de Esclarecimento e Ataque. Ao todo, a Aviação Naval recebeu 14 unidades em 1997, das quais oito começaram a ser modernizadas a partir de 2015. Foto Katsuhiko Tokunaga.

O Westland Sea Lynx HAS 21 SAH-11 N-3027 do HA-1 com o primeiro padrão de pintura (1978 – 1985).

O Westland Sea Lynx HAS 21 SAH-11 N-3025 do HA-1 com o segundo padrão de pintura (1985 – 1995).

O Westland Super Lynx HAS 21A AH-11 N-4001 do HA-1- com o terceiro padrão de pintura (1997).

O Westland Super Lynx HAS 21A AH-11 N-4006 do HA-1 com uma pintura alusiva aos 25 anos do HA-1.

A experiência colhida na operação dos helicópteros Scout e Wasp – bem como crescentes necessidades operacionais britânicas e os já definidos requisitos franceses – levou à elaboração de uma aeronave significativamente maior. Saindo das pranchetas da Westland com a designação WG.13 e o nome Lynx, esse helicóptero incorporava o que havia de mais moderno em tecnologia de aeronaves de asas rotativas. Isso era especialmente evidente no conjunto do rotor principal, bem como em diversos componentes dinâmicos e no próprio desenho das pás.

O primeiro protótipo realizou seu voo inaugural em 21 de março de 1971 – a campanha de ensaios em voo eventualmente contou com outros cinco protótipos. E, prontamente, o Westland WG.13 Lynx mostrou imenso potencial, caracterizando-se por capacidade de manobra e desempenho incomuns. De fato, no ano seguinte, um dos protótipos estabeleceu diversos recordes mundiais de velocidade, e esse helicóptero ainda detém o recorde mundial de velocidade em sua categoria, ao registrar 400,87 km/h.

A fim de atender às necessidades delineadas pelo Exército britânico, bem como das Marinhas do Reino Unido e da França, a Westland desenvolveu duas versões iniciais – o Lynx AH Mk 1 e o Sea Lynx HAS Mk 2. O primeiro destinava-se ao cumprimento de um amplo leque de tarefas que incluíam transporte de tropas, guerra antitanque, evacuação aeromédica e reconhecimento. Por sua vez, o Sea Lynx – dotado de quatro rodas em vez de esquis – foi desenvolvido para executar uma variada gama de missões aeronavais. Com base nesses dois modelos de produção, uma longa linhagem de versões foi elaborada para atender às necessidades britânicas, francesas e de clientes de exportação.

Em abril de 1982, 24 helicópteros Sea Lynx HAS Mk 2 da Royal Navy (RN – Real Marinha Britânica) foram enviados para o Atlântico Sul, a fim de cooperar na retomada das Ilhas Malvinas/Falklands, e lá receberam seu batismo de fogo.

Representantes da Marinha do Brasil e da Westland posam à frete do N-3021, em Yeovil, Inglaterra, em 1977 quando do recebimento da aeronave. Foto Westland do Brasil.

Ainda no Reino Unido, o SAH-11 N-3023 a ser distribuído ao então 1º Esquadrão de Helicópteros de Esclarecimento e Ataque Anti-Submarino realiza um voo de ensaio. Foto Westland Helicopters.

Combinado com o míssil Sea Skua, os Sea Lynx afundaram ou danificaram diversas embarcações argentinas, incluindo o submarino ARA Santa Fé. Nove anos mais tarde, durante a Guerra do Golfo Pérsico, os Sea Lynx foram empregados de forma devastadora contra a Marinha Iraquiana, afundando nada menos do que 15 embarcações de patrulha – sempre com os mísseis Sea Skua.

À luz da excelência do projeto original, a Westland dedicou-se a refinar as características do Lynx e de seu irmão naval, o Sea Lynx, periodicamente. Mas foi na esteira da Guerra do Golfo que aquela empresa lançou o que é popularmente conhecido como Super Lynx, uma versão com motores de maior potência, suíte eletrônica inteiramente nova e desempenho significativamente superior às versões anteriores.

Os Sea Lynx e Super Lynx na Aviação Naval

Ressentindo-se da crescente antiguidade e obsolescência dos principais navios da Esquadra, na última metade da década de 1960 a Marinha do Brasil lançou o Programa de Renovação e Ampliação de Meios Flutuantes. Entre outras consequências, ele levou à assinatura, em setembro de 1970, de um contrato de encomenda com a empresa britânica Vosper Thornycroft para o fornecimento de seis fragatas muito semelhantes às Class 21, então construídas para a Royal Navy. Denominadas fragatas da classe Niterói, o primeiro desses navios, a Niterói, chegou a águas brasileiras em agosto de 1977.

Antes mesmo do lançamento da primeira fragata da classe Niterói, a Marinha do Brasil já examinava as alternativas existentes para servir como seus meios aéreos. De fato, em 1973, já estavam em curso tais estudos, que contemplavam plataformas como o Agusta-Bell AB204, Bell 212, MBB Bo-105 e Sikorsky S-61A/R. Mas em vista do "casamento" que estava sendo organizado pela Royal Navy entre as fragatas Class 21 e o helicóptero Westland Sea Lynx, a Marinha optou por seguir o mesmo caminho da Marinha Britânica, ou seja, aguardar somente os resultados dos ensaios com o protótipo do Sea Lynx antes de adquirir o helicóptero.

Suficientemente encorajada com os resultados obtidos durante a campanha de ensaios em voo do Sea Lynx, a MB e a Westland Helicopters assinaram, em 26 de fevereiro de 1975, um contrato de encomenda que englobava o fornecimento de nove células do Sea Lynx. Avaliado em aproximadamente £ 10.062.767, o contrato previa o fornecimento de peças de reposição, ferramentas, bancadas e treinamento de pessoal. É interessante observar ainda que o Brasil foi um dos primeiros operadores dessa aeronave, depois do Reino Unido, a França e a Holanda.

Apesar das nove células serem essencialmente iguais aos Sea Lynx HAS Mk 2 que estavam sendo entregues à Royal Navy, os Sea Lynx brasileiros apresentavam algumas pequenas diferenças, para justificar a designação Sea Lynx HAS Mk 21 outorgada pelo fabricante. A instalação de duplo comando de voo e equipamento eletrônico eram alguns dos itens que distinguiam os Sea Lynx brasileiros dos seus irmãos britânicos. Além disso, praticamente todos os Sea Lynx HAS Mk 21 – já designados, pela Diretoria de Aeronáutica da Marinha (DAerM), SAH-11 – contavam com equipamentos, como gancho externo, guincho hidráulico, assentos para três ou seis soldados e equipamento para reabastecimento em voo com o sistema HIFR (Helicopter In-Flight Refueling).

Muito antes de as primeiras células destinadas à Marinha do Brasil ficarem prontas, foi organizado o envio de pessoal da Aviação Naval para o Reino Unido para se submeter a diversos cursos vinculados a operação e manutenção do Sea Lynx. Distribuídos em seis turmas, 12 oficiais e 20 graduados receberam instrução da Westland Helicopters e da Rolls-Royce, fabricante dos motores que equipavam o helicóptero. Para os aviadores navais, isso exigiu três semanas de instrução teórica referente à aeronave e seus sistemas, com outras nove semanas de instrução de voo nas instalações da Westland, na cidade de Yeovil. Já para os graduados e oficiais da área técnica, o período de instrução oscilou entre 8 e 18 semanas, dependendo do foco da instrução.

Assim que o primeiro SAH-11 ficou pronto, esse realizou os voos de aceitação previstos e foi posteriormente inserido no currículo de instrução

Clássica foto do N-3020 ainda na fábrica. Notar a matrícula britânica provisória da aeronave aplicada na fuselagem ao lado da palavra "MARINHA".
Foto Base Aérea Naval de São Pedro da Aldeia / Esquadrão HA-1.

Um Sea Lynx do HA-1 peiado no convoo de um das fragatas classe Niterói experimenta a fúria de um mar agitado em uma das centenas de vezes que operou como parte do Destacamento Aéreo Embarcado (DAE) desses navios da Esquadra.
Foto Base Aérea Naval de São Pedro da Aldeia / Esquadrão HA-1.

dos aviadores navais brasileiros. Porém, isso coincidiu com o período de realização da feira aeronáutica de Farnborough de 1977, o que fez com que aquela aeronave participasse do evento aeronáutico a pedido da Westland. Com marcas e insígnias brasileiras, mas com a matrícula civil britânica G-BFAU, aquele Lynx foi colocado em exposição estática e realizou voos de demonstração com uma tripulação da Westland.

O N-4001 do HA-1 visto em voo armado com uma bomba de profundidade. Além das bombas de profundidade, os AH-11 podem levar mísseis Sea Skua e torpedos Mk.46.
Foto Carlos Lorch / Action Editora Ltda.

O Lince N-4008 do HA-1 pairando sobre o convoo da Fragata Defensora (F-41). O Super Lynx é o helicóptero padrão das fragatas classe Niterói. Foto Wagner Ziegelmeyer / Action Editora Ltda.

Assim que ficaram prontas as primeiras células, a comissão de recebimento da Marinha tratou de colocar em marcha os planos para trasladar as aeronaves para o Brasil. Ao recorrer à empresa britânica Transmeridian Air Cargo, os Sea Lynx HAS Mk 21 foram parcialmente desmontados e acomodados a bordo de aviões-cargueiro Conroy CL-44-0 Guppy, que partiram de Yeovil em voo direto até a Base Aérea Naval de São Pedro da Aldeia. O primeiro desses voos cargueiros foi concluído em 31 de março de 1978, quando foram desembarcados, no Brasil, os primeiros dois Sea Lynx. A partir de maio e nos três meses seguintes, outros Guppys trouxeram mais pares de helicópteros SAH-11. A entrega terminou em agosto com a chegada da nona e última célula.

Semanas após o recebimento dos primeiros dois Sea Lynx, em 15 de maio de 1978, foi criado, pelo Ministério da Marinha, o 1º Esquadrão de Helicópteros de Esclarecimento e Ataque Anti-Submarino (HA-1), subordinado à Força Aeronaval. Porém, antes mesmo de se ativar o esquadrão, foi organizado e ativado o Núcleo do 1º Esquadrão de Helicópteros de Esclarecimento e Ataque Anti-Submarino (NuHA-1), em 17 de agosto daquele ano. Fazendo uso temporário das instalações do 1º Esquadrão de Helicópteros Anti-Submarino (HS-1), o pessoal do NuHA-1 tratou de supervisionar todos os trabalhos que dariam forma ao novo esquadrão.

Semanas após a ativação do NuHA-1, um trio de helicópteros Sea Lynx foi despachado para o litoral sul do Espírito Santo para participar da Operação Dragão XIV, a principal operação anfíbia da Marinha do Brasil. Tal participação foi breve e visava somente a uma avaliação inicial da nova plataforma. Nos anos seguintes, os SAH-11 participariam ativamente de futuras edições da Dragão.

Ao ser ser ativado, em 17 de janeiro de 1979, o HA-1 já contava com um núcleo de pilotos qualificados. Tal esquadrão tratou de dar os passos necessários a caminho da plena operacionalidade da unidade. Entretanto, em fevereiro, o

HA-1 recebeu sua primeira missão de envergadura: prestar apoio à população da região de Governador Valadares, duramente atingida por enchentes. Depois de transportar alimentos e medicamentos, bem como resgatar pessoas, os dois Sea Lynx que foram despachados para aquela região de Minas Gerais estabeleceram uma rotina para o HA-1, que seria periodicamente cumprida pelo esquadrão – realizar missões de resgate, busca e salvamento.

Apesar de se encontrarem abrigados nas instalações do HS-1 nesse período, o pessoal e os novos helicópteros do HA-1 trabalharam ininterruptamente a fim de garantir um nível básico de operacionalidade num espaço de tempo relativamente breve. Consequentemente, durante todo o ano de 1979, os Sea Lynx do HA-1 passaram a realizar treinamento de pouso a bordo das fragatas da classe Niterói, o primeiro em 30 de janeiro a bordo da Niterói (F-40). Essa etapa era importantíssima, pois os Sea Lynx constituíam um dos principais sistemas de armas daqueles navios. De igual forma, naquele mesmo ano, os SAH-11 participaram de diversas operações em que o foco principal era a guerra antissubmarino.

A partir de 1980, as equipagens do HA-1 já haviam atingido um desejado nível de adestramento e operacionalidade no Sea Lynx. Por isso, esses helicópteros eram embarcados nas fragatas da classe Niterói com maior frequência – uma rotina que continua até hoje. Porém, em face das características do SAH-11, um grande número de surtidas de evacuação aeromédica foram realizadas, algumas sob condições marginais.

Apesar de regularmente exercitar o lançamento de torpedos Mk 46 e de bombas de profundidade – as principais armas de guerra antissubmarino à disposição dos Sea Lynx –, a utilização do míssil antinavio Sea Skua era uma prioridade.

Diversos fatores contribuíram para a demora em incorporar essa arma ao arsenal do helicóptero. Mas desde que entraram em operação, os Sea Lynx constantemente exercitavam a sua capacidade de lançar esse míssil nos mais

O AH-11 N-4006 do HA-1 em São Pedro da Aldeia com o esquema de cores especial alusivo aos 25 anos da unidade, que também marcaram os 25 anos de Sea Lynx/Super Lynx na Marinha. Foto Wagner Ziegelmeyer / Action Editora Ltda.

O Super Lynx N-4011 aparece carregando mísseis antinavio Sea Skua. Além dos mísseis, pode-se observar no nariz da aeronave (parte superior) o sensor infravermelho. Foto Base Aérea Naval de São Pedro da Aldeia / Esquadrão HA-1.

variados cenários. Mas foi somente a partir de 1986 que se iniciaram os trabalhos para implantar o sistema Sea Skua nos Sea Lynx. Esse esforço culminou, em 31 de agosto de 1989, com o primeiro lançamento no Brasil daquele míssil quando um Sea Skua atingiu o costado do contratorpedeiro desativado Santa Catarina.

A nova década trouxe diversas mudanças para o HA-1 e os seus Sea Lynx, a começar pelos primeiros embarques nos novos contratorpedeiros da Marinha da classe Pará. Logo em seguida, registrou-se a entrada em serviço da primeira corveta da classe Inhaúma. Fazia parte dos planos da Marinha que os navios da classe Inhaúma – cuja construção foi iniciada em 1983 – contassem com um vetor aéreo para a execução da guerra antissubmarino e antinavio. Em 1984 foram examinadas diversas possibilidades de aeronave para equipá-las, como o AS365 F Dauphin, o Agusta A109, o Bell 222 e o Sikorsky H-76B. Mas entre 1987 e 1990, a Westland Helicopters fez diversas apresentações do que essencialmente era a nova geração do Sea Lynx, então denominada Advanced Lynx.

À medida que eram refinadas as propostas técnicas da Westland, as autoridades da Marinha e da DAerM foram se convencendo da conveniência de seguir com uma fórmula que se mostrava vencedora – encomendar novas células do que já era conhecido como Super Lynx e mandar modernizar as células existentes para aquele padrão. Consequentemente, em 23 de dezembro de 1993, foi assinado um contrato com a Westland. Ao custo aproximado de £ 111.505.000, ele exigia o fornecimento de nove exemplares do Lynx HAS Mk 21A bem como a modernização de cinco helicópteros Sea Lynx que ainda existiam na dotação do HA-1.

Por causa desse contrato, a partir de janeiro de 1995, o HA-1 começou a desmontar os Sea Lynx ainda existentes em sua dotação, despachando-os ao Reino Unido a bordo de aviões C-130 da Força Aérea Brasileira, uma tarefa que só foi concluída em dezembro do ano seguinte. O processo de modernização dos cinco Sea Lynx foi relativamente rápido, mas foram os novos Super Lynx que primeiro chegaram à Base Aérea Naval de São Pedro da Aldeia (BAeNSPA) – os dois primeiros desembarcaram em 11 de setembro de 1996 após serem transportados a bordo de um cargueiro Shorts Belfast. Finalmente, em 29 de abril de 1998, os dois últimos Super Lynx chegaram à BAeNSPA, justamente os últimos Sea Lynx modernizados.

Em deferência às muitas modificações aplicadas nas antigas aeronaves e às consideráveis diferenças existentes entre o Super Lynx e o Sea Lynx, foi outorgada nova designação a esses helicópteros, que passaram a ser identificados como AH-11A. E em 20 de agosto de 1997, o nome 1º Esquadrão de Helicópteros de Esclarecimento e Ataque Anti-Submarino foi alterado para 1º Esquadrão de Helicópteros de Esclarecimento e Ataque.

Apesar de dispor de capacidade consideravelmente ampliada, a rotina do HA-1 e dos seus helicópteros manteve-se razoavelmente inalterada. Ao despacharem, periodicamente, os AH-11A para constituírem o destacamento aéreo embarcado a bordo de fragatas e corvetas da Esquadra, os Super Lynx daquele esquadrão regularmente se exercitam contra embarcações da Marinha do Brasil ou de marinhas de nações amigas. Com a ampliação dos deslocamentos dos navios da Esquadra para fora das águas territoriais brasileiras, os Super Lynx têm voado com cada vez mais frequência em espaço aéreo estrangeiro. Já não tão regularmente, os Super Lynx do HA-1 ainda são convocados para missões de evacuação aeromédica ou de busca e salvamento.

No dia 26 de agosto de 2008, a Marinha do Brasil adquiriu o sensor infravermelho Sea Star Safire III para os AH-11. A modernização resultou em uma modificação no nariz da aeronave, bem como na instalação de um painel de controle na cabine. Com esse sensor, os AH-11A passaram a realizar suas missões com maior desenvoltura.

Numa delas, um AH-11A embarcado em uma fragata tem participado da operação Maritime Task Force (MTF) da United Nations Interine Force In Lebanon (UNIFIL), operação das Nações Unidas no Líbano. O Brasil lidera a Força Tarefa Marítima desde novembro de 2011 e mantém, em sistema de rodízio semestral, uma fragata, com um AH-11A embarcado, patrulhando o Mediterrâneo. Essa foi a primeira operação das ONU de que os Super Lynx participam.

Em junho de 2014 a Marinha e a AgustaWestland anunciaram a assinatura de um contrato para a modernização de oito das doze células remanescentes dos Super Lynx Mk.21A da Aviação Naval. Avaliado em US$ 160 milhões o contrato compreende a troca dos atuais motores Rolls-Royce GEM-42-1 pelos LHTEC CTS800-4N. Além dos motores, os sistemas de navegação e de missão serão modernizados, o que incluirá um painel totalmente digital. O contrato também prevê um pacote de suporte logístico e treinamento. O trabalho será feito na Inglaterra, nas instalações da AgustaWestland em Yeovil, a partir do início de 2015. A primeira aeronave deverá ser entregue em 2017 e a última em 2019. Com a modernização, a designação dos Super Lynx passará de AH-11A para AH-11B.

Westland Sea Lynx HAS Mk 21 e Super Lynx HAS Mk 21A		
Período de Utilização	A partir de 1978	
Fabricante	Westland Helicopters Ltd., Yeovil (Reino Unido)	
Emprego	Ataque, antissubmarino e esclarecimento	
Características Técnicas	Sea Lynx HAS Mk 21	Super Lynx Mk 21A
Motor	2 Rolls-Royce Gem 41-1 de 900 shp cada um	2 Rolls-Royce Gem 42-1 de 1.120 shp cada um
Diâmetro do Rotor Principal	12,60 m	12,80 m
Comprimento	11,92 m	15,24 m
Altura	2,94 m	3,67 m

Continua

Largura da Fuselagem	2,94 m	2,94 m
Peso Vazio	3.030 kg	3.291 kg
Peso Máximo	4.763 kg	5.330 kg
Armamento	2 torpedos Mk 44/46 2 bombas de profundidade 4 mísseis antinavio Sea Skua	2 torpedos Mk 44/46 2 bombas de profundidade 4 mísseis antinavio Sea Skua Mtr FN Herstal M3M .50 pol
Desempenho		
Velocidade Máxima	269 km/h	256 km/h
Razão de Subida	661 m/min	606 m/min
Teto Operacional	2.920 m	2.050 m
Alcance	1.186 km	1.045 km
Comentários		
Total Adquirido	9 exemplares	9 exemplares
Unidades Aéreas	1º Esquadrão de Helicópteros de Esclarecimento e Ataque Anti-Submarino; mais tarde redenominado 1º Esquadrão de Helicópteros de Esclarecimento e Ataque	
Designações	SAH-11, posteriormente AH-11A	
Matrículas	Sea Lynx HAS Mk 21: N-3020 a N-3028. Desses, cinco foram modernizados e rematriculados N-4010 a N-4014 Super Lynx Mk 21A: N-4001 a N-4009	

Helibras HB350 B/BA Esquilo

A indústria aeronáutica francesa quase foi reduzida a cinzas como consequência da Segunda Guerra Mundial. Uma vez terminado o conflito e apesar de imensas dificuldades, o setor se ajustava rapidamente à realidade da nacionalização das diversas empresas que o compunham. O governo francês não economizou esforços para reerguer

UH-12 do HU-3 sediado em Manaus. O Esquilo está presente na Amazônia desde a metade dos anos 1980, quando foi incorporado pelo DAE FLOTAM. Note que o HB350 BA Esquilo não tem a porta de correr do lado direito. Foto Alexandre Durão / Action Editora Ltda.

O HB350 BA Esquilo UH-12 N-7054 do HU-1 com o segundo padrão de pintura usado pela Aviação Naval.

O HB350 BA Esquilo UH-12 N-7057 do HU-5 (Rio Grande – RS) no terceiro padrão de pintura usado pela Aviação Naval.

aquela indústria e elevá-la ao mesmo patamar tecnológico que às dos Estados Unidos e do Reino Unido.

Inicialmente lançando mão dos avanços conquistados pelos alemães, os franceses também recorreram à produção sob licença nas áreas de conhecimento em que a sua indústria aeronáutica ainda engatinhava.

Isso se fazia especialmente verdade no setor de aeronaves de asas rotativas, com as empresas Société Nationale de Constructions Aéronautiques du Sud-Est (SNCASE) e Société Nationale de Constructions Aéronautiques du Sud-Ouest (SNCASO) liderando os esforços.

Mas a capacidade da indústria aeronáutica francesa rapidamente se fez presente e em pouco tempo diversos projetos nacionais já estavam sendo desenvolvidos. Desses, de longe o de maior sucesso foi o que culminou no Alouette II, um helicóptero projetado pela (SNCASE), dotado de motor turboeixo e que voou pela primeira vez em março de 1955.

Com o Alouette II e suas versões posteriores, que se mantiveram em produção até 1975, os franceses abocanharam uma significativa parcela do mercado internacional de aeronaves de asas rotativas.

A SNCASE e SNCASO foram fundidas para formar a Sud Aviation, em março de 1957, e a nova companhia foi posteriormente unida às estatais Nord e SEREB, em 1970, para formar a Aérospatiale. Apesar da atuação da empresa em campos tão díspares como satélites, mísseis e jatos executivos, o desenvolvimento e a produção de helicópteros eram tido por muitos como o carro-chefe da Aérospatiale. De fato, a empresa empenhou consideráveis recursos para desenvolver uma variada família de aeronaves de asas rotativas. Mas uma das suas maiores prioridades naquela época era um sucessor para os helicópteros Alouette II/III.

A primeira resposta veio na forma do Gazelle, um helicóptero desenvolvido em parceria com os ingleses. Mas o alto preço unitário do Gazelle inibiu o seu desejado sucesso comercial no mercado civil. Assim, munidos da experiência colhida com o Gazelle e visando às necessidades dos mercados civil e militar, os engenheiros da Aérospatiale deram forma a um novo helicóptero que foi batizado de Écureuil (Esquilo). Monoturboeixo e com capacidade para receber cinco passageiros e tripulantes, a nova aeronave da Aérospatiale era tecnologicamente moderna, mas com custos de aquisição e de operação significativamente mais baixos do que os do Gazelle. Ao adaptar os processos de produção empregados pela indústria automotiva – e incluindo até o uso de alguns itens encontrados em carros da linha Citroën e Renault –, a Aérospatiale lançou mão do novíssimo sistema Starflex para o rotor principal do novo helicóptero. O resultado final foi um eficiente e econômico helicóptero de porte leve capaz de atender às múltiplas tarefas típicas dos setores civil e militar.

Em 27 de junho de 1974, o primeiro protótipo do AS350 Écureuil fez o seu voo inaugural em Marignane (França) e em pouco tempo ele se tornou um sucesso de vendas internacional. Entre o modelo inicial e as muitas versões desenvolvidas desde 1978, quando foi iniciada a sua produção em série, nada menos do que 3.640 exemplares do AS350 Écureuil foram produzidos em Marignane.

Os HB350 B/BA na Aviação Naval

Desde a segunda metade dos anos 1960, a Aviação Naval percebera que a melhor solução para muitos problemas logísticos que a acossavam era a implantação no Brasil de uma fábrica de helicópteros. Essa possibilidade começou a despontar no horizonte com a criação da Embraer S.A. e, em 1973, com a gestão do Instituto de Fomento Industrial do Centro Técnico Aeroespacial (IFI/CTA) para organizar uma empresa dedicada à produção de helicópteros. No que tange à Marinha do Brasil e à Aviação Naval, os primeiros esforços concentraram-se na Embraer, que analisou as possibilidades de produzir sob licença no Brasil o helicóptero Westland Gazelle.

O Marinha N-7056 do HU-1 içando uma carga externa pelo gancho. O UH-12 se tornou um dos helicópteros de emprego geral mais versáteis da Aviação Naval. Foto Wagner Ziegelmeyer / Action Editora Ltda.

UH-12 N-7057 do HU-5 equipado com um casulo de foguetes de 70 mm. Criada em 1998, essa unidade aérea emprega os Esquilo a partir da Ilha do Terrapleno do Leste, em Rio Grande (RS). Foto José Leandro Poerschke Casella / Action Editora Ltda.

Mas em pouco tempo ficou claro que a fabricação do Gazelle não seria possível, e nesse ínterim, o IFI/CTA já havia estabelecido contatos com diversos fabricantes de helicópteros, solicitando-os a apresentar propostas para produzi-los no Brasil. Entre as empresas interessadas estava a Aérospatiale, que, preliminarmente, oferecia o helicóptero SA-315B Lama. Entretanto, no transcorrer das negociações entre o governo federal, o governo do estado de Minas Gerais, a empresa Serviços Aerofotogamétricos Cruzeiro do Sul e a fábrica francesa, ficou estabelecido que o SA-315B cederia seu lugar ao AS350 Écureuil. Acertada a divisão acionária, em abril de 1978, foi constituída a empresa Helibras – Helicópteros do Brasil S.A., com a Aérospatiale detendo 45% das ações, enquanto outros 45% ficavam igualmente repartidos entre a Companhia de Distritos Industriais de Minas Gerais e Minas Gerais Participações, os últimos 10% cabendo a Serviços Aerofotogamétricos Cruzeiro do Sul.

Como apoiara o desenvolvimento dessa iniciativa, seria lógico que a Marinha do Brasil figurasse entre os primeiros clientes das Helibras S.A. E assim foi, pois, em 30 de março de 1979, foi assinado o contrato de encomenda entre o Ministério da Marinha e a Helibras S.A., que compreendia o fornecimento de seis HB350 B Esquilo, como fora batizado o helicóptero AS350 B Écureuil produzido no Brasil.

Com a designação UH-12, o primeiro dos seis Esquilo encomendados foi recebido em julho de 1979 pelo Grupo de Fiscalização e Recebimento de Helicópteros (GFRH). Depois de ser desembarcada no Aeroporto Internacional de Campinas, a aeronave foi montada pelo pessoal da Helibras e da Aérospatiale. Esse primeiro Esquilo demoraria quase um ano até ser integrado à dotação do 1º Esquadrão de Helicópteros de Emprego Geral (HU-1), já que uma ampla gama de ensaios estavam programada sob a supervisão da Diretoria de Aeronáutica da Marinha (DAerM). Entretanto, até fevereiro de 1980, os demais helicópteros foram recebidos pelo GFRH e encaminhados ao HU-1.

Dotados de esqui baixo, os UH-12 do HU-1 gradativamente entraram na exigente rotina daquele esquadrão. Porém, pequenos problemas de ordem material acompanharam a sua entrada em serviço, causando a sua parcela de dor de cabeça. Quando a Aérospatiale entregou a 125ª célula produzida em Marignane, esse fenômeno era uma particularidade que afetava qualquer aeronave em produção. Entre os itens estavam a necessidade de dar melhor proteção à célula contra a maresia e melhor qualidade na produção de componentes sujeitos a maior desgaste. Em consequência, o HU-1 e a Helibras, junto com o pessoal da Aérospatiale, tratou de sanar essas dificuldades materiais, ou seja, a empresa atendeu ainda muitas recomendações e sugestões apresentadas pelo pessoal da Aviação Naval para tornar o Esquilo melhor adaptado ao ambiente marítimo.

Ao substituir os Bell 206B JetRanger II pertencentes à dotação do HU-1, os Esquilo passaram a realizar, nos anos seguintes, todas as tarefas previstas para aquela unidade aérea. Entre os trabalhos prioritários do HU-1 estavam as missões descritas como hidrográficas, em apoio à Diretoria de Hidrografia e Navegação (DHN) da Marinha do Brasil. Conquanto o Esquilo encontrava-se pronto para cumprir muitas dessas missões, era necessário executar ensaios com uma variada gama de navios que desempenhavam papel-chave nas campanhas hidrográficas anuais. O mais crítico desses ensaios visou à homologação da operação do Esquilo a bordo do navio faroleiro Graça Aranha (H-34), que apresentava o menor convés de voo entre os navios da Marinha do Brasil, um trabalho realizado em março de 1984 e que liberou o UH-12 para a comissão Harmonização I/84 no final daquele ano. Ainda naquele mesmo ano, um UH-12 do HU-1 foi convocado a participar da Operação Antártica III, iniciada no final de dezembro. Embarcado no navio de apoio oceanográfico Barão de Teffé (H-42) e dividindo o convés de voo com um Westland Wasp, o UH-12 realizou diversas surtidas em proveito do

Uma das tarefas atribuídas aos Esquilo da Aviação Naval são as missões SAR. As quatro unidades que atualmente operam os HB350 estão aptas a empregar seus UH-12 não só em missões de busca e salvamento, mas também nas de Evacuação Aeromédica (EVAM). Foto Alexandre Durão / Action Editora Ltda.

Um UH-12 se aproxima para o pouso no NAsH Carlos Chagas (U-19), um dos Navios de Assistência Hospitalar da Marinha. Os UH-12 são presença constante nos DAE, que compõem as missões ASHOP (Assistência Hospitalar) realizadas pela Flotilha do Amazonas, na Região Norte. Foto Alexandre Durão / Action Editora Ltda.

Programa Antártico Brasileiro (PROANTAR), uma missão que repetiria no ano seguinte durante a Operação Antártica IV.

Nesse período, ensaios com armamento foram periodicamente executados com os UH-12, já que esses helicópteros também desempenhariam importantes papéis em qualquer operação anfíbia ou de helidesembarque. Para tanto, no primeiro ano cheio de operação dos Esquilo, foram levados a cabo ensaios com o sistema de metralhadoras e, em 1985, mais outra série de ensaios, dessa vez com lançadores de foguetes SBAT-70 e o casulo TMP com duas metralhadoras FN Herstal de 7,62 mm. Concluídos esses trabalhos, os Esquilo do HU-1 passaram a desempenhar um papel de maior destaque nas muitas operações e exercícios anualmente realizados com o Corpo de Fuzileiros Navais.

Satisfeita com o desempenho dos Esquilo, a Marinha do Brasil tratou de encomendar, em 4 de novembro de 1983, outro lote de helicópteros UH-12. Naquela ocasião, foram adquiridos três exemplares que difeririam do lote original por dispor de uma suíte de comunicações e navegação mais moderna, guincho e esquis altos. A Marinha aproveitou ainda para modernizar os seis helicópteros originalmente recebidos, que passaram para o mesmo padrão das aeronaves do segundo lote. Em outubro de 1991, a Helibras foi contratada para executar a recuperação e conversão de um dos Esquilo Bi-Turbina (UH-13) recebido em 1986 e que se acidentara pouco depois de sua chegada ao Brasil, modificando-o para a versão UH-12. No ano seguinte, os Esquilo foram novamente objeto de modernização, um trabalho encomendado à Helibras em fevereiro de 1992 e que fez com que os 10 helicópteros HB350 B existentes na dotação da Marinha fossem convertidos para a versão HB350 BA. Essa conversão compreendeu a substituição de diversos pequenos itens por outros que apresentavam maior vida útil e/ou desempenho.

Porém, com a Aviação Naval preparando-se para iniciar um processo de franca expansão, a década de 1990 registrou aquisições periódicas que elevaram o número de helicópteros UH-12 para 21 exemplares, incluindo o AS355 F2 transformado em HB350 BA.

Com sede em Manaus (AM), o Destacamento Aéreo Embarcado da Flotilha do Amazonas (DAE FLOTAM) – que posteriormente seria redenominado 3º Esquadrão de Helicópteros de Emprego Geral (HU-3) – foi a próxima unidade a receber helicópteros Esquilo. Em 1985, foi feita a troca dos Bell JetRanger II que perfaziam a dotação daquela unidade desde sua fundação, e o DAE FLOTAM recebeu três UH-12. Com a chegada de outros dois UH-12 em 1989, os Esquilo rapidamente se adaptaram às desafiadoras e peculiares condições ambientais que reinam na região amazônica. Tal como os JetRanger, os Esquilo do HU-3 realizam uma ampla gama de tarefas em toda aquela região. Porém, certamente as de maior destaque são as comissões periódicas em que são embarcados nos navios de assistência hospitalar (NAsH) da Marinha. Conquanto as operações de ação cívico-social (ACISO) respondem por um grande número das missões anualmente executadas com os Esquilo do HU-3, aquele esquadrão realiza periódicas missões de patrulha fluvial, operações com o CFN e apoio aos navios da Flotilha do Amazonas.

Criado em maio de 1995, o 4º Esquadrão de Helicópteros de Emprego Geral (HU-4) foi a terceira unidade da Aviação Naval a ser equipada com os helicópteros UH-12 Esquilo. Sediado em Ladário (MS), o HU-4 empregou essas aeronaves durante nove anos, realizando os mesmos tipos de trabalho que aqueles registrados pelo HU-3. Contudo, ao contrário das demais unidades que receberam o Esquilo – e por força de exigências operacionais – no começo de 2004 o HU-3 cedeu os seus Esquilo para outras unidades da Aviação Naval que o operavam, recebendo em troca um trio de helicópteros Bell JetRanger III. Finalmente, em junho de 1998, foi ativado em Rio Grande (RS) o 5º Esquadrão de Helicópteros de Emprego Geral (HU-5), que inicialmente contou com uma dotação de dois helicópteros UH-12 Esquilo. A exemplo dos seus pares em Manaus e Ladário, o HU-5 realiza uma ampla gama de tarefas do tipo ACISO ou em proveito de unidades da Marinha do Brasil sediadas na região Sul do país.

Entretanto, cabe ao HU-1 desenvolver o leque mais variado de missões atribuídas aos Esquilo da Marinha do Brasil. Além dos trabalhos junto à DHN e ao CFN, o HU-1 periodicamente embarca um de seus helicópteros UH-12 a bordo do Navio-Aeródromo São Paulo (A-11), de onde realiza missões de guarda de aeronave. Ademais, aquele esquadrão rotineiramente embarca os seus Esquilo nos diversos contratorpedeiros da Esquadra, realizando basicamente missões de esclarecimento marítimo e outros trabalhos em benefício desses navios.

Helibras HB350 B/BA Esquilo	
Período de utilização	A partir de 1979
Fabricante	Aérospatiale/Eurocopter/Helibras, Itajubá (MG)
Emprego	Emprego geral
Características Técnicas	
Motor	Turbomeca Arriel de 650 shp
Diâmetro do Rotor Principal	10,69 m
Comprimento da Fuselagem	10,91 m
Altura	2,94 m

Continua

Largura da Fuselagem	2,10 m
Peso Vazio	1.045 kg
Peso Máximo	1.950 kg
Armamento	2 casulos de foguetes SBAT-70/7 2 casulos TMP, cada um com 2 metralhadoras MAG58 de 7,62mm 1 metralhadora MAG58M de 7,62mm para tiro lateral
Desempenho	
Velocidade Máxima	272 km/h
Razão de Subida	552 m/min
Teto Operacional	5.000 m
Alcance	700 km
Comentários	
Total Adquirido	21 exemplares
Unidades Aéreas	1º Esquadrão de Helicópteros de Emprego Geral 3º Esquadrão de Helicópteros de Emprego Geral 4º Esquadrão de Helicópteros de Emprego Geral 5º Esquadrão de Helicópteros de Emprego Geral DAE FLOTAM
Designações	UH-12
Matrículas	N-7050 a N-7058 e N-7078 a N-7089

Pioneer Dualstar DS e Flightstar MC

Em meados da década de 1970, um novo tipo de avião timidamente ganhou os céus. De construção extremamente simples, nada mais era do que uma evolução da asa-delta utilizada por desportistas desde o final da década de 1960. Considerado um dos pioneiros desse novo tipo de avião, o norte-americano e piloto de asa-delta John Moody, em fins de 1974, simplesmente lançou mão de sua asa-delta Icarus II e nela instalou um motor de kart. Antes do

Um dos seis ultraleves Pioneer que foram empregados pelo HI-1, entre 1985 e 1990, na instrução dos alunos do CAAVO. Foto Base Aérea Naval de São Pedro da Aldeia.

O Pioneer Dualstar DS N-01 do 1º Esquadrão de Helicópteros de Instrução.

O Pioneer Flightstar MC N-04 do 1º Esquadrão de Helicópteros de Instrução.

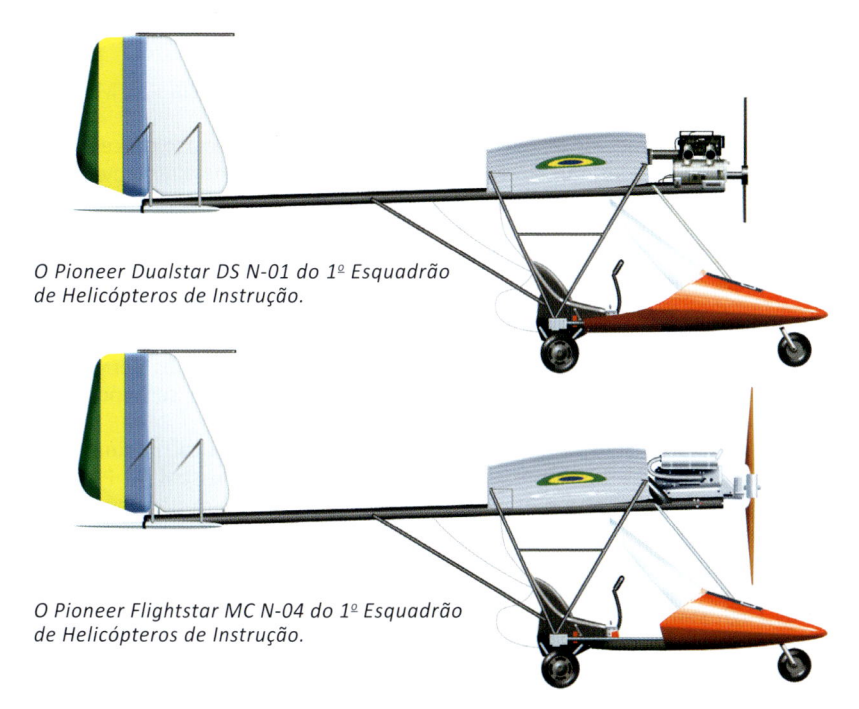

fim daquela década, já havia centenas dessas aeronaves – denominadas ultraleve – voando em diversas partes do mundo, quase todas construídas artesanalmente e com base em plantas elaboradas por um punhado de aficionados como Moody.

Ganhando cada vez mais espaço justamente por apresentar baixo custo de produção e de operação, não tardou para que surgissem dezenas de empresas dedicadas ao desenvolvimento e à produção de diversos modelos de ultraleves. Entre essas se encontrava a Pioneer International Aircraft, uma subsidiária da Pioneer Parachute Company, empresa especializada na fabricação dos mais variados tipos de paraquedas para o mercado civil e militar.

No início da década de 1980, a Pioneer desenvolveu o que foi então considerado uma nova geração de ultraleves avançados, o Flightstar. Monoposto, monomotor e com excelentes características de voo quando comparado aos seus pares da época, cerca de 850 Pioneers foram fabricados – quer na forma de kit ou como avião completo –, esse total incluindo a versão biposto conhecida como Dualstar.

Depois de suspender a produção dos Flightstar e Dualstar, em dezembro de 1984, a Pioneer vendeu a licença para uma empresa argentina. Anos mais tarde e após o fracasso argentino em comercializar esses ultraleves, os direitos de fabricação foram adquiridos pelos engenheiros que originalmente os desenvolveram. Hoje são fabricados pela empresa Flightstar, Inc.

Os Pioneer Dualstar DS e Flightstar MC na Aviação Naval

Os elevados custos associados à formação de seus aviadores navais fizeram com que a Marinha do Brasil, através da Diretoria de Aeronáutica da Marinha (DAerM) e outras organizações daquela arma, estudassem alternativas menos onerosas. O foco desses estudos estava centrado na fase primária do ciclo de instrução, em que o oficial aluno trava seu primeiro contato com uma aeronave. Entre as possibilidades que surgiram no transcurso desses estudos, o emprego de aeronaves ultraleves apresentava claras vantagens. Em consequência – e a título de experiência –, a Marinha decidiu adquirir um lote de aviões ultraleves.

Na segunda metade de 1984, o processo de escolha em curso concentrava-se nos Estados Unidos, que apresentavam o maior número de alternativas e de empresas construtoras com reconhecida capacidade industrial.

Com as opções reduzidas entre as versões monoposto e biposto do Eipper Quicksilver MXL, Condor III e Pioneer Flightstar, o quarto trimestre daquele ano trouxe a escolha do último modelo citado. Assinado o contrato de compra avaliado em US$ 59.970, a Marinha encomendou três exemplares do biposto Pioneer Dualstar DS e igual número de ultraleves monoposto, o Flightstar MC. É interessante observar que a Marinha do Brasil estava entre os derradeiros compradores dos ultraleves produzidos pela Pioneer, que suspenderia a fabricação do Dualstar e do Flightstar em dezembro de 1984.

Os caixotes com as seis aeronaves chegaram ao Brasil no início de janeiro de 1985, e sua montagem, sob supervisão do pessoal da Pioneer, ocorreu naquele mesmo mês. Em 27 de janeiro, o primeiro ultraleve – um Pioneer Dualstar – fez seu voo de ensaio e, no transcorrer de fevereiro, os demais já estavam prontos e ensaiados. Incorporados ao acervo de material aeronáutico do 1º Esquadrão de Helicópteros de Instrução (HI-1), os Dualstar e os Flightstar seriam empregados na fase inicial de instrução de voo dos alunos pertencentes ao CAAVO 1984.

Equipados com um sistema de paraquedas balístico a fim de oferecer maior grau de segurança aos alunos e instrutores, a entrada em serviço desses ultraleves não foi isenta de problemas. Com reduzida quantidade de instrumentos de voo, foi adaptado nessas aeronaves um rádio VHF de quatro canais AN/PRC-4 para possibilitar comunicações bilaterais entre a aeronave e a torre de São Pedro da Aldeia (RJ). Por sua vez, a inadequada qualidade da gasolina automotiva disponível no país periodicamente proporcionava parada em voo do motor. Essas e outras dificuldades foram gradualmente superadas.

Mesmo com esses problemas, os instrutores do 1º Esquadrão de Helicópteros de Instrução conseguiram apresentar aos alunos dos CAAVO 1984 e CAAVO 1985 a arte do voo em ultraleves da Pioneer. Com o treinamento ministrado primeiro no biposto Dualstar, os alunos geralmente solavam e concluíam essa etapa após aproximadamente 30 horas de voo e daí seguiam para a instrução em helicópteros.

No entanto, os ventos razoavelmente intensos que predominam na área de São Pedro da Aldeia dificultavam sobremaneira a operação com os ultraleves Flightstar e Dualstar que, frequentemente, eram impossibilitados de voar e provocavam, assim, a indesejada interrupção no ciclo de instrução. Aliada à fragilidade do material, não foram poucos os eventos em que o trem de pouso desses ultraleves ficou danificado, indisponibilizando a aeronave.

Finalmente, depois de a Pioneer International Aircraft suspender a produção dos ultraleves Dualstar e Flightstar, ficou claro que manter em operação esses ultraleves estava se tornando inconveniente. Como resultado, as autoridades aeronáuticas da Marinha decidiram que, apesar dos aspectos positivos da experiência, os ultraleves não seriam mais empregados na formação de seus aviadores navais. Suspensos do voo, foi somente em março de 1988 que se optou pela alienação desses seis ultraleves. Apesar de haver diversos interessados em adquirir os Dualstar e Flightstar, não foi possível concluir a venda dessas aeronaves. Assim, em 1990, a Marinha do Brasil fez a doação dessas aeronaves à Secretaria de Defesa Civil do Estado do Rio de Janeiro para ser utilizados pelo Corpo de Bombeiros.

Pioneer Dualstar DS e Flightstar MC		
Período de Utilização	De 1985 até 1987	
Fabricante	Pioneer International Aircraft, Inc., Manchester (Connecticut – EUA)	
Emprego	Instrução	
Características Técnicas	Dualstar	Flightstar
Motor	Rotax 447 de 42 hp	Kawasaki TA440A de 33 hp
Envergadura	9,14 m	9,14 m
Comprimento	5,79 m	5,02 m
Altura	2,26 m	2,26 m
Peso Vazio	159 kg	114 kg
Peso Máximo	345 kg	236 kg
Armamento	Não dispunha de armamento	
Desempenho		
Velocidade Máxima	101 km/h	101 km/h
Razão de Subida	243 m/min	259 m/min
Teto Operacional	4.389 m	4.389 m
Alcance	160 km	201 km
Comentários		
Total Adquirido	3 exemplares	3 exemplares
Unidades Aéreas	1º Esquadrão de Helicópteros de Instrução	
Designações	UL	
Matrículas	N-01 a N-03	N-04 a N-06

Aérospatiale AS355 F2 Esquilo-Bi

Uma vez assegurado o sucesso comercial do AS350 Ecureuil, a empresa francesa Aérospatiale tratou de desenvolver versões que atendessem a necessidades específicas de segmentos bem definidos do mercado de helicópteros civis e militares. Assim lançou o AS350 D AStar, que incorporou um motor Lycoming LTS101 no lugar do Turbomeca Arriel e conseguiu conquistar uma grande fatia do mercado norte-americano ao oferecer um helicóptero com duas opções de grupo motopropulsor.

Com a produção do AS350 B Ecureuil já em curso, a Aérospatiale voltou a sua atenção para o desenvolvimento de uma versão daquele helicóptero equipado com dois motores turboeixo. Já na última metade da década de 1970, órgãos de regulamentação aeronáutica de vários países começavam a impor restrições quanto à operação de helicópteros monomotores sobre grandes centros urbanos. Porém, a utilização de aeronaves bimotoras de asas rotativas implicava a operação de helicópteros de porte maior do que o do Ecureuil, uma alternativa onerosa para muitos operadores. Ademais, existiam nichos específicos do mercado que pediam helicópteros bimotores de porte leve. Em vista disso, a Aérospatiale pôs mãos à obra para desenvolver uma versão do Ecureuil equipado com dois motores.

Denominado AS355 E Twin Ecureuil, o novo helicóptero fez uso da célula básica do AS350, mas sem o motor Turbomeca Arriel, que foi trocado por dois motores turboeixo Turbomeca Arrius 1A. Foram executadas as inevitáveis modificações estruturais para acomodar os novos motores e seu respectivo sistema de transmissão, mas mantidos os pontos positivos que tornaram o Ecureuil um sucesso de vendas. Finalmente, em 28 de setembro de 1979, voou em Marignane (França) o primeiro protótipo do AS355 Twin Ecureuil.

Tal como o AS350, o Twin Ecureuil teve aceitação imediata no mercado civil. Mas foi no mercado militar, graças a maior reserva de potência oferecida pelos dois motores Arrius, que o Twin Ecureuil realmente brilhou. Além da Aviation Légere de l'Armée de Terre (ALAT – Aviação do Exército Francês), diversos operadores militares adquiriram o AS355 – cujas versões militares passaram a ser denominadas AS555 Fennec a partir de 1990 – para empregar esses helicópteros como plataformas de reconhecimento, de ataque e de vigilância marítima, entre outras tarefas.

O Aérospatiale AS355 F2 Esquilo-Bi na Aviação Naval

Mal começara o ano de 1984 e já ficara claro para as autoridades da Marinha do Brasil que era conveniente incorporar ao acervo da Aviação Naval um lote de helicópteros biturbina de emprego geral. Essa necessidade já vinha ganhando vulto ao longo de sucessivas campanhas hidrográficas, em que a reserva de potência dos UH-2 Wasp e UH-12 Esquilo limitava a latitude das tarefas que podiam ser executadas por aquelas aeronaves. Porém, a gota final veio com a organização do Programa Antártico Brasileiro (PROANTAR), em que a Marinha do Brasil desempenharia um papel fundamental. Seria utilizada uma embarcação – na forma do navio de apoio oceanográfico Barão de Teffé (H-42) – para apoiar as atividades do PROANTAR, e com uma nova base flutuante na Antártida o perfil das operações aéreas a serem desenvolvidas, bem como as condições ambientais da região, exigiam um helicóptero bimotor.

Liberados os recursos orçamentários, a Diretoria de Aeronáutica da Marinha (DAerM), em conjunto com o 1º Esquadrão de Helicópteros de Emprego Geral (HU-1),

O N-7064 do HU-1 ostentando "marcas antárticas" decola de uma das fragatas Classe Niterói. No total, a Marinha adquiriu direto da Aérospatiale (hoje Airbus Helicopters) 11 helicópteros AS355 F2. Foto Base Aérea Naval de São Pedro da Aldeia / Esquadrão HA-1.

O N-7062 decola da Estação Antártica Comandante Ferraz, operada pela Marinha do Brasil, rumo ao Navio de Apoio Oceanográfico Ari Rangel (H-44), cumprindo mais uma missão do PROANTAR. Foto Wagner Ziegelmeyer / Action Editora Ltda.

tratou de examinar as alternativas oferecidas pelos principais fabricantes no mercado. Na verdade, os estudos para a aquisição de um helicóptero biturbina correram em paralelo com os da compra de um lote de helicópteros de porte médio. De fato, a preferência estava sendo dada ao fabricante que pudesse, além de preencher os requisitos técnicos, fornecer helicópteros que atendessem às duas categorias.

Finalmente, em setembro de 1984, foi lavrado o relatório final que contemplou as alternativas do mercado, recomendando a aquisição do Aérospatiale AS355 F2 como o candidato ideal para preencher a vaga de helicóptero biturbina de emprego geral.

Iniciadas as negociações com a Aérospatiale, em março de 1985 foi lavrado o contrato de encomenda entre a Marinha do Brasil e a empresa francesa. Sob a denominação Charcot, o contrato compreendia a aquisição de um lote de helicópteros AS332 F Super Puma e de 11 exemplares do AS355 F2 Twin Ecureuil ao preço unitário de US$ 1.543.096. Conforme o estabelecido nesse contrato, os AS355 F1 destinados à Aviação Naval deveriam ser entregues não somente com a configuração padrão

O Aérospatiale AS355 F2 UH-13 N-7062 do HU-1 no padrão inicial de pintura e com "marcações antárticas".

de aviônica prevista para aquela aeronave, mas ainda com um radar meteorológico Bendix 1400C e um rádio VHF/UHF e AM/FM AN/ARC-182. Ademais, quatro dos helicópteros deveriam ser recebidos já pintados no padrão antártico.

Em agosto de 1986, o primeiro dos AS355 F2 – já designados pela Aviação Naval como UH-13 – foi entregue ao Grupo de Fiscalização e Recebimento de Helicópteros (GFRH) nas instalações da Aérospatiale, em Marignane (França). Durante as semanas seguintes, o GFRH executou a inspeção e o recebimento de cada UH-13, preparando-os para o seu posterior envio ao Brasil. Desmontados e acomodados em contêineres a bordo do mercante Itanagé, os primeiros cinco helicópteros partiram do porto de Marselha em dezembro de 1986 e chegaram ao Brasil no mês seguinte. Os contêineres foram encaminhados diretamente para a Base Aérea Naval de São Pedro da Aldeia (BAeNSPA), onde foram montados por pessoal do HU-1 e da Helibras. Finalmente, em 28 de janeiro, o último daqueles cinco helicópteros foi dado como pronto e até junho de 1987, os 11 helicópteros UH-13 já se encontravam prontos nas instalações do HU-1.

Apesar das particularidades que o distinguiam do UH-12, que já se encontrava em operação no HU-1, a qualificação no novo helicóptero do pessoal aeronavegante daquele esquadrão deu-se de forma fluida e veloz. Mesmo assim, em 3 de junho daquele ano, um dos UH-13 foi perdido, ao se chocar com as águas da Lagoa de Araruama (RJ), quando se aproximava para o pouso na BAeNSPA. Não obstante esse revés, o início da carreira operacional dos UH-13 deu-se tal como almejado – embarque e operação na Antártica a bordo do Barão de Teffé (H-42). No mesmo ano em que os UH-13 chegaram a São Pedro da Aldeia, um Esquilo biturbina se fez presente na Operação Antártica VI, embarcando no H-42 em 17 de novembro e lá permanecendo até abril do ano seguinte. A partir daquela Operação Antártica, todas as demais contariam com a presença de, ao menos, um UH-13 Esquilo biturbina, primeiro no Barão de Teffé e posteriormente no Navio de Apoio Oceanográfico Ary Rongel (H-44).

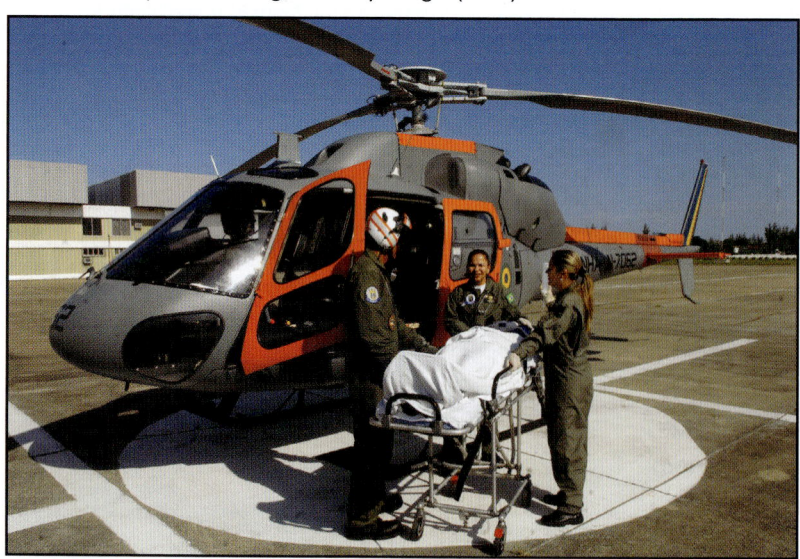

Designados UH-13, os AS355 F2 foram matriculados de N-7059 a N-7069. Essas aeronaves cumprem todo tipo de missão, entre elas as de Evacuação Aeromédica (EVAM). Foto Alexandre Durão / Action Editora Ltda.

Bela imagem de um UH-12 liderando três UH-13, todos do Esquadrão HU-1. A unidade sediada em São Pedro da Aldeia é a única a operar o Esquilo na Antártida em missão PROANTAR. Foto Alexandre Durão / Action Editora Ltda.

Porém, a rotina dos UH-13 não se limitaria às campanhas anuais na Antártica, visto que quase de imediato esses helicópteros passaram a participar de muitas comissões organizadas pela Diretoria de Hidrografia e Navegação (DHN) nos mais variados pontos do território nacional. Dispondo de uma capacidade de carga externa perceptivelmente maior do que a do UH-12 Esquilo, o UH-13 passou a ser a ferramenta ideal para o transporte de itens que iam além das possibilidades de seu irmão menor.

Por mais que tarefas como as de ligação e observação, busca e salvamento, evacuação aeromédica e transporte logístico fizessem parte do leque de trabalhos atribuídos aos UH-13, na década de 1990, eles passaram a compor, com cada vez mais frequência, os destacamentos aéreos embarcados a bordo das fragatas, corvetas e contratorpedeiros da Esquadra. Isso foi especialmente verdade em meados daquela década, quando os Sea Lynx da Aviação Naval passaram por um extenso programa de reconstrução e modernização de seus sistemas, o que exigiu a presença regular dos UH-13 a bordo das fragatas da classe Niterói. Atualmente, atividades como o esclarecimento marítimo e a observação de tiro a bordo dos navios da Esquadra limitam-se, em geral, às corvetas da classe Inhaúma.

Desde a chegada ao Brasil dos Esquilo biturbina da Marinha, a frota sofreu reduções. Além da perda registrada do N-7059 em 5 de junho de 1987, outro UH-13 acidentou-se em dezembro de 1989. Porém, anos mais tarde, esse helicóptero seria objeto de extensos trabalhos de reconstrução e foi transformado num UH-12 nas instalações da Helibras, em Itajubá (MG). Finalmente, o DOU da União publicou em 8 de dezembro de 2005 a doação do UH-13 N-7061 à Armada Nacional Uruguaya, que foi rematriculado Armada 071.

O Marinha N-7063 do HU-1. Além do PROANTAR, os Esquilo Bi também são empregados em missões em apoio à Diretoria de Hidrografia e Navegação (DHN). Foto Alexandre Durão / Action Editora Ltda.

Aérospatiale AS355 F2 Esquilo-Bi

Período de Utilização	A partir de 1987
Fabricante	Aérospatiale, Marignane (França)
Emprego	Emprego geral
Características Técnicas	
Motor	2 Turbomeca Arrius 1A de 520 shp cada um
Diâmetro do Rotor Principal	10,89 m
Comprimento da Fuselagem	10,93 m
Altura	10,96 m
Largura da Fuselagem	2,28 m
Peso Vazio	1.590 kg
Peso Máximo	2.600 kg
Armamento	2 casulos de foguetes SBAT-70/7 2 casulos TMP, cada um com 2 metralhadoras MAG58 de 7,62 mm 1 metralhadora MAG58M de 7,62 mm para tiro lateral
Desempenho	
Velocidade Máxima	278 km/h
Teto Operacional	6.096 m
Comentários	
Total Adquirido	11 exemplares
Unidades Aéreas	1º Esquadrão de Helicópteros de Emprego Geral 5º Esquadrão de Helicópteros de Emprego Geral
Designações	UH-13
Matrículas	N-7059 a N-7069

Bell 206B JetRanger III

O considerável sucesso comercial das muitas versões do seu modelo 206A/B instigou a Bell Helicopter Company a aplicar pequenas melhorias na linha de produção em atenção a sugestões fornecidas por diversos operadores. Mas em meados de 1977, a empresa decidiu dar por encerrada a produção do Bell 206B JetRanger II, que cedia seu lugar ao JetRanger III.

A nova versão do JetRanger incorporava diversas pequenas melhorias nos seus sistemas. Mas certamente a mais importante diferença em relação aos seus antecessores era a incorporação de um motor turboeixo Allison 250-C-20J de 420 shp, bem como a instalação de um rotor de cauda de maior diâmetro e desenho mais refinado do que o das versões anteriores do JetRanger. Visualmente quase que indistinguível dos demais Bell 206B, o JetRanger III recebeu perceptível aumento em diversos parâmetros de desempenho, além de ter a confiabilidade dos seus diversos sistemas incrementada significativamente.

De fato, o australiano Dick Smith fez uma demonstração prática dessa confiabilidade ao concluir, sem uma pane digna de nota sequer, a primeira circunavegação solitária do globo terrestre, uma empreitada de 56.794 quilômetros feita em quase 320 horas entre os meses de maio e julho de 1983.

O Bell 206B JetRanger III na Aviação Naval

Com a segunda metade da década rapidamente se aproximando, as autoridades da Aviação Naval identificaram a conveniência de substituir os Bell 206B JetRanger II, que já contavam com 10 anos de serviço na formação de seus futuros aviadores navais. Ao examinar as distintas alternativas existentes no mercado, a Marinha concluiu que várias considerações, como a economia de operação, o custo de aquisição e fatores logísticos, apontavam para o Bell 206B JetRanger III como sendo o substituto ideal para os IH-6A em uso com o 1º Esquadrão de Helicópteros de Instrução (HI-1).

Dois Bell 206B JetRanger III da Marinha do Brasil em São Pedro da Aldeia durante a década de 1990, ainda com o padrão de pintura original. Foto Alexandre Durão / Action Editora Ltda.

O Bell 206B JetRanger III IH-6B N-5042 do HI-1 com o primeiro padrão de pintura.

O Bell 206B JetRanger III IH-6B N-5042 HI-1 com o segundo padrão de pintura.

Consequentemente, em 1985, a Marinha do Brasil assinou dois contratos, o 501/006/85 e o 501/007/85 – o primeiro com a Bell Helicopter Textron, que compreendia a compra de 16 helicópteros Bell 206B JetRanger III, e o segundo com a empresa norte-americana Sfena para que reconfigurasse a suíte de aviônica das aeronaves. Esse último item, que elevou significativamente o peso vazio dos helicópteros, objetivava equipá-los com um painel de instrumentos semelhante ao da versão militar do Bell 206 empregado pela United States Navy (USN) na formação de seus pilotos de asas rotativas. A modificação permitiria que o helicóptero voasse sem restrições sob condições de voo por instrumentos. Além do novo painel de instrumentos, os helicópteros encomendados pela Marinha do Brasil seriam entregues com flutuadores de emergência, gancho de carga e guincho elétrico, bem como portas ejetáveis para a tripulação e os passageiros.

No penúltimo trimestre de 1985, os primeiros exemplares do IH-6B – como os JetRanger III foram designados na Marinha – já estavam quase prontos, o que levou a Diretoria de Aeronáutica da Marinha (DAerM) e o 1.º Esquadrão de Helicópteros de Instrução (HI-1) a definirem os planos para transportá-los até o Brasil. Com base nos estudos elaborados pelas duas organizações militares, optou-se por executar o traslado em voo de todos os helicópteros – um evento que assinalaria um marco na história da Aviação Naval. Distribuídos entre quatro esquadrilhas, entre novembro de 1985 e maio do seguinte ano, os 16 helicópteros JetRanger III visitaram, em média, 37 aeródromos em sua viagem de traslado até o Brasil. Apesar da inexperiência em voos desse tipo e dos percalços que naturalmente surgem durante traslados internacionais – incluindo negociar uma região açoitada por um furacão de intensidade típica do Caribe –, as quatro esquadrilhas concluíram com sucesso o voo de longo alcance.

Entregues ao HI-1, os IH-6B foram prontamente inseridos no programa de instrução levado a cabo por aquele esquadrão. Plataforma que deu formação aos 10 oficiais que compunham a turma de 1986 do Curso de Aperfeiçoamento de Aviação para Oficiais (CAAVO), bem como dois oficiais estrangeiros, naquele ano, os IH-6B também deram formação à primeira turma de aviadores do Exército Brasileiro, um trabalho que seria repetido nos dois anos seguintes.

Os primeiros anos de operação dos IH-6B no Esquadrão HI-1 não foram significativamente diferentes daqueles registrados por seu antecessor, o JetRanger II. Depois de realizar as distintas etapas da instrução de voo no IH-6B, o futuro aviador naval dava os seus primeiros passos na aviação de asas rotativas ao cumprir cerca de 110 horas de voo de instrução. Além de receber, no IH-6B, treinamento necessário para executar a navegação por contato, o voo por instrumentos e a radionavegação, durante as 24 semanas de instrução, o aluno do CAAVO também aprendia, no JetRanger III, a usar o helicóptero como uma ferramenta de emprego tático, com surtidas de carga externa e uso de armamento. Nesse último, os IH-6B podiam ser configurados com metralhadoras ou lançadores de foguetes. Entretanto, em resposta às necessidades operacionais da Marinha do Brasil, o currículo de instrução no IH-6B sofreu algumas modificações no final da década de 1990. Mas aquele helicóptero continua sendo utilizado na formação dos oficiais da MB destinados às unidades de asas rotativas daquela arma.

Em 1992, antevendo um crescente aumento nas atividades de instrução do HI-1, a Marinha decidiu adquirir mais três exemplares do Bell JetRanger III. Assinado o contrato de encomenda em abril daquele ano a um custo global de US$ 3.669.900, os helicópteros comprados eram essencialmente idênticos àqueles adquiridos em 1985,

Linha de voo dos IH-6B do 1º Esquadrão de Helicópteros de Instrução em São Pedro da Aldeia (RJ). O JetRanger tem sido o helicóptero padrão na formação de pilotos de asas rotativas da Marinha desde 1985. Foto Alexandre Durão / Action Editora Ltda.

Bela imagem do IH-6B N-5046 do HI-1 com a bolacha vermelha comemorativa de 50 anos de criação da unidade no nariz. Foto Alexandre Durão / Action Editora Ltda.

com somente pequenas diferenças externas que refletiam a evolução do JetRanger III. Esse trio foi recebido em Ft. Worth, no Texas, pelo Grupo de Fiscalização e Recebimento de Helicópteros em novembro de 1992, chegando ao HI-1 em janeiro do ano seguinte após ser transportados até o Brasil a bordo do navio mercante Jalisco Hay.

O novo milênio encontrou os JetRanger III do HI-1 exercendo as suas atividades rotineiras de instrução. Entretanto, como resultado de estudos que visavam a um melhor aproveitamento dos recursos materiais da Aviação Naval, em 29 de maio de 2004, três dos IH-6B daquele esquadrão foram transferidos para o 4º Esquadrão de Helicópteros de Emprego Geral (HU-4), com sede em Ladário (MT). Substituindo os helicópteros UH-12 até então usados por aquela unidade aérea, essa transferência efetivamente marcou a abertura de um novo capítulo na vida operacional dessa aeronave na Aviação Naval. Em 2012 os IH-6B foram devolvidos ao HI-1, pois o HU-4 voltou a operar somente com o UH-12 desde 13 de julho de 2012.

Bell 206B JetRanger III	
Período de Utilização	A partir de 1985
Fabricante	Bell Helicopter Company, Ft. Worth (Texas – EUA)
Emprego	Instrução e emprego geral
Características Técnicas	
Motor	Allison 250-C20J de 420 shp
Diâmetro do Rotor Principal	10,16 m
Comprimento	9,89 m
Altura	3,28 m
Largura da Fuselagem	1,92 m
Peso Vazio	777 kg

Continua

Peso Máximo	1.519 kg
Armamento	2 metralhadoras FN MAG de 7,62 mm 2 lançadores de foguetes SBAT-70/7
Desempenho	
Velocidade Máxima	241 km/h
Razão de Subida	594 m/min
Teto Operacional	6,096 m
Alcance	837 km
Comentários	
Total Adquirido	19 exemplares
Unidades Aéreas	1º Esquadrão de Helicópteros de Instrução 4º Esquadrão de Helicópteros de Emprego Geral
Designações	IH-6B
Matrículas	N-5038 a N-5056

Aérospatiale AS332 F1 Super Puma
Eurocopter AS532 SC Cougar
Eurocopter EC725 Super Cougar

Derivado do SA330 Puma, o AS332 Super Puma nasceu em 1974. Partindo de uma célula de SA330 Puma, a Aérospatilale realizou diversas modificações estruturais, instalando nela um novo motor e aviônica. O protótipo SA331-01 voou pela primeira vez em 13 de setembro de 1978.

Seis Aérospatiale AS332 F1 Super Puma, ou UH-14, como são designados na Marinha, perfilados em São Pedro da Aldeia. Essas aeronaves entraram em serviço em abril de 1987. Foto Arquivo Jackson Flores Jr. / Action Editora Ltda.

Um UH-14 do HU-2 pousa no convoo do NAeL Minas Gerais. Tanto a versão AS332 F1 como a AS532 SC têm como característica a capacidade de "pentear" (dobrar) as pás do rotor principal bem como dobrar o cone de cauda. Foto Arquivo Jackson Flores Jr. / Action Editora Ltda.

Com base nos resultados obtidos com o SA331, um ano mais tarde, voava o AS332-01 (F-WZAT), o primeiro protótipo do helicóptero que seria conhecido como Super Puma e que, no início dos anos 1980, entraria em serviço com duas versões: o AS332 B (Militar) e o AS332 C (Civil).

O Super Puma nasceu como vetor de transporte tático, destinado a cumprir missões de transporte de tropas, emprego geral e helitransporte. A partir da versão AS332 B, a Aérospatiale desenvolveu o AS332 M (sua versão civil é o AS332 L), um modelo alongado em 74 cm, o que permitiu o transporte de mais quatro soldados se comparado á versão anterior. O AS332 M tornou-se o modelo militar padrão, sendo gradualmente adaptado para outras tarefas, como missões de guerra antissubmarino/antissuperfície (AS332 F, F de Frégate), emprego naval (AS332 F1), SAR, Combate-SAR, operações especiais e assalto vertical.

Em 1990, por força da convenção de Viena, que exigia designação e nome específicos para as versões militares de qualquer aeronave produzida para os mercados civil e militar, os Super Pumas fabricados a partir de então passaram a adotar a designação militar AS532 Cougar. Com isso, o AS332 M passou a ser designado AS532 UL, também conhecido como Cougar Mk1. Além dele, a Eurocopter, atual Airbus Helicopters, desenvolveu outros modelos, como o AS532 UC (versão de fuselagem normal e desarmada); o AS532 AC (versão de fuselagem normal e armada); o AS532 AL (versão de fuselagem alongada e armada); o AS532 MC (SAR) e o AS532 SC (ASW/ASuW), além das versões AS532 U2/A2 Cougar Mk2 (SAR/C-SAR), que possuem a mesma fuselagem do EC725.

Assim como o SA330 gerou o AS332, a Eurocopter passou a desenvolver um novo modelo baseado no AS532 a pedido da Força Aérea Francesa, que necessitava de um helicóptero especializado na missão Combate-SAR (C-SAR). Os franceses haviam tentado empregar o Cougar entre 1996 e 1999 para aquela tarefa. Porém, a aeronave não se enquadrava nos requisitos do Armée de l'Air

O Aérospatiale AS532 SC Cougar UH-14 7076 do HU-2 com o primeiro padrão de marcas e pintura adotado pela Aviação Naval.

para a missão. A solução foi desenvolver uma aeronave a partir da célula do Cougar Mk2 (AS532 U2/A2), que foi designada EC725.

O seu primeiro voo ocorreu em Marignane, perto de Marselha e onde fica a fábrica da Airbus Helicopters, em 27 de novembro de 2000. A nova variante possuía uma fuselagem 50 cm maior do que a do AS532 UL Mk1, novo motor e aviônica. A França encomendou seis unidades entregues em fevereiro de 2005, para testes. Aprovado, o EC725 passou a ser o vetor de C-SAR da Força Aérea Francesa e também foi encomendado pelo Exército da França.

Denominado Caracal ou Super Cougar, o EC725 possui uma aviônica digital, emprega sistemas de FLIR, NVG e de autoproteção, além de ser armado com metralhadoras e lançadores de foguetes. Ele pode transportar até 29 soldados ou 12 macas. Assim como o Super Puma/Cougar, o EC725 também gerou uma variante naval e outra civil, designada EC225.

Os helicópteros Caracal franceses já estiveram em combate. Em junho de 2006, participaram da Operação Baliste, realizada no Líbano, visando à evacuação de civis da União Europeia durante a segunda guerra daquele país. A partir de 2007, iniciaram suas operações no Afeganistão, operando a partir de Kabul, em missão de suporte aéreo e C-SAR em benefício da coalizão de países

Uma esquadrilha de UH-14 do HU-2 sobrevoa o litoral do Rio de Janeiro. A principal missão desses helicópteros é a de emprego geral. Foto Arquivo Jackson Flores Jr. / Action Editora Ltda.

ocidentais que operava no país. Atualmente, o EC725 está em serviço no Brasil, no Cazaquistão, na França, na Indonésia, na Malásia, no México e na Tailândia.

Os Super Puma e Cougar na Aviação Naval

Em março de 1985, a Marinha do Brasil assinou com a Aérospatiale a compra de seis helicópteros AS332 F1 Super Puma no valor de US$ 54 milhões. A compra de um helicóptero para o transporte de tropas, um desejo acalentado desde os anos 1970, fazia parte de um pacote que englobava um lote de helicópteros AS355 F.

A versão navalizada do Super Puma adquirida pela Marinha, além da capacidade de "pentear" (dobrar) as pás do rotor, veio com um radar meteorológico Bendix RDR-1400C, dois rádios Collins VHF/UHF e AM/FM AN/ARC-182, um rádio HF/SSB, um computador de missão Nadir Mk II, um IFF AN/APX-100 e um radioaltímetro AHV-8.

Após iniciada a produção das três primeiras células em Marignane, verificou-se que, mesmo "penteado", o AS332 F1 não cabia nos elevadores do Navio Aeródromo Ligeiro Minas Gerais (A-11), pois era comprido demais. A solução foi implementar um cone de cauda dobrável que, além de facilitar a sua operação a bordo, fez da Marinha do Brasil (MB) o único operador de AS332 F1 do mundo com esse recurso. Foi necessário executar um programa de retrofit nas primeiras três células, além de modificar as últimas três que ainda estavam na própria linha de produção. De todos os AS332 F1, o N-7075 foi o único a receber a cablagem do radar OMERA ORB-32, item indispensável para o emprego do míssil AM-39 Exocet.

Na Aviação Naval, os AS332 F1 foram designados UH-14 e matriculados de N-7070 a N-7071. Os dois primeiros chegaram no dia 15 de abril de 1987 à Base Aérea Naval de São Pedro da Aldeia (BAeNSPA) a bordo de um C-130L da empresa SFAir. Até fevereiro de 1988, todos os UH-14 já haviam sido entregues ao 2º Esquadrão de Helicópteros de Emprego Geral (HU-2), a unidade criada para operar os Super Puma da Marinha.

Com a dotação completa, a partir de 1988, o HU-2 passou a realizar operações navais rotineiramente, o que compreendia o emprego com o Corpo de Fuzileiros

O UH-15 N-7102 do HU-2 visto em voo. O EC725 foi adotado como helicóptero de emprego geral da Marinha do Brasil no iníco da década de 2010. A aquisição inicial foi de 16 unidades em duas versões, uma básica e outra operacional. Foto Cees J Van der Ende.

As principais diferenças entre o UH-15A e o UH-15 são a aviônica de missão; o radar e o armamento, o AM39 Exocet Bloco II. Foto Cees J Van der Ende.

Navais (CFN), o motivo que determinou a aquisição desses helicópteros. No entanto, outras atribuições foram incorporadas ao leque de missões da aeronave, como o SAR, o helitransporte e operações noturnas de – guarda de aeronaves – no Porta-Aviões A-11 (e depois no A-12 São Paulo).

A perda do UH-14 N-7072, em 18 de setembro de 1990, quando se encontrava embarcado no A11, levou à assinatura de um contrato de encomenda de outros dois Super Puma em abril de 1992. Este contrato especificava células rigorosamente iguais aos AS332 F1 recebidos em 1987/1988. Entretanto, em concordância com as novas normas europeias, a Eurocopter, os designou como AS532 SC Cougar. Em março de 1994, os UH-14 N-7076 e N-7077 foram trazidos ao Brasil a bordo de aviões C-130 da FAB e montados na Base Aérea do Galeão antes de serem levados à BAeNSPA.

Em 2011, o HU-2 qualificou suas aeronaves UH-14 para empregar metralhadoras FN MAG 7,62 mm, operada pelos mecânicos de voo e idêntica à dos UH-15. O principal objetivo do armamento é a autoproteção da aeronave e da tropa durante operações de embarque e desembarque.

Com a aquisição dos EC725 e a decisão de alocá-los no HU-2, os sete UH-14 remanescentes deveriam deixar a unidade até 2015, sendo transferidos para uma nova unidade da Marinha a ser criada. Até lá eles dividiriam a linha de voo com os UH-15.

O EC725 BR-B UH-15 7101 do HU-2 com o padrão de marcas e pintura inicial utilizado na Aviação Naval.

O Super Cougar na Aviação Naval

O EC725 é fruto do Programa H-XBR, que, em 2008, definiu a compra de 50 unidades, fazendo do modelo da Eurocopter o primeiro helicóptero adquirido, ao mesmo tempo, pelas três Forças Armadas brasileiras. O contrato assinado em 23 de dezembro de 2008 no valor de € 1,87 bilhão possuía 100% de offset e estabeleceu que, a partir da 17ª aeronave, ele seria fabricado pela Helibras, em Itajubá (MG). O pacote contemplava 18 helicópteros para a Força Aérea, 16 para a Aviação Naval e outros 16 para a Aviação do Exército.

A Marinha deveria, de acordo com o contrato, receber oito aeronaves do modelo EC725 BR-B (básico) e oito do modelo operacional EC725 BR-M (Marinha), uma versão configurada especificamente para a Aviação Naval. A versão básica foi designada UH-15 e matriculada de N-7101 a N-7108. Já a versão operacional, que só seria entregue em 2015, recebeu a designação UH-15A e as matrículas N-7109 a N-7116. Além de emprego geral, os UH-15/A, chamados de Super Cougar na Marinha, são preparados para missões específicas junto com o CFN e operações de Guerra Antissuperfície (ASuW), esta exclusiva do UH-15A.

As diferenças do UH-15A e o UH-15 são: aviônica de missão; radar e armamento. A aviônica de missão possui sistemas como RWR (alerta radar), MWS (alerta contra mísseis), Supressor de emissões infravermelhas nas saídas de ar dos motores, MAGE (Medidas de Apoio à Guerra Eletrônica), FLIR e os dispensadores de chaff e flare não instalados no UH-15. O UH-15A emprega ainda um radar de busca e vigilância marítima de abertura sintética (SAR) AN/APS-143(C)V3 da Telephonics Corporation, o mesmo utilizado pelos MH-16. Ambas as versões podem empregar armamento de cano (MAG 7,62 mm). Porém, só o UH-15A tem a capacidade de usar dois mísseis ar-superfície AM39 Exocet Block 2.

O primeiro UH-15 (N-7101) foi entregue em uma cerimônia oficial do Ministério da Defesa, realizada em 20 de dezembro de 2010, na Base Aérea de Brasília (BABR), onde também foram entregues outros dois EC725 da versão básica destinados a FAB (H-36 8510) e ao Exército (HM-4 5001). A incorporação oficial do N-7101 ao Setor Operativo da Marinha ocorreu no dia 11 de abril de 2011, no Complexo Naval do Mocanguê, em Niterói (RJ). No dia 18 de abril, ele foi incorporado ao HU-2 na BAeNSPA. Em 31 de janeiro de 2013, foi a vez de o N-7102 chegar ao HU-2.

A previsão era a de que até 2015 todos os UH-15 fossem entregues à Marinha. A partir de então a unidade passaria a receber os UH-15A. Até lá o HU-2 manteria a operação dos UH-14 concomitante com o UH-15. O planejamento previa que quando fosse completada a transição operacional para as novas aeronaves, os atuais sete UH-14 seriam enviados para o 9º Distrito Naval (Amazônia), onde comporiam uma nova unidade de helicópteros. O planejamento também previa que, no futuro, o HU-2 concentrasse apenas os UH-15A, repassando os seus UH-15 para unidades sediadas no 4º DN (Belém – PA) e no 5º DN (Rio Grande – RS).

Aérospatiale AS332 F1 Super Puma, Eurocopter AS532 SC Cougar e Eurocopter EC725 Super Cougar		
Período de Utilização	A partir de abril de 1987 (AS332F1/AS532 SC)	A partir de dezembro de 2012 (EC725 BR-B) A partir de 2015 (previsão) (EC725 BR-M)
Fabricante	Société Nationale Industri-elle Aérospatiale	Eurocopter (atual Airbus Helicopters)/Helibras
Emprego	Emprego geral	Emprego geral (UH-15) Emprego geral e ASuW (UH-15A)

Continua

Características Técnicas	A332F1 e AS532 SG	EC725 BR-B/M
Motor	2 Tubomeca Makila 1A1 de 1.877 shp cada um	2 Tubomeca Makila 2A1 de 2.382 shp cada um
Diâmetro do Rotor Principal	15,60 m	16,20 m
Comprimento	16,29 m	16,79 m
Altura	4,92 m	4,97 m
Largura da Fuselagem	4,10 m	4,10 m
Peso Vazio	4.660 kg	5.330 kg
Peso Máximo	9.150 kg	11.200 kg
Tripulação	1P + 2P +2 fiéis ou mecânicos de voo	1P+2P+2 fiéis ou mecânicos de voo; nas missões ASuW (UH-15A) haverá o acréscimo do TACCO
Armamento	Metralhadora 7,62 mm	Metralhadora 7,62 mm AM-39 Exocet (UH-15A)
Desempenho		
Velocidade Máxima	275 km/h	324 km/h
Razão de Subida	522 m/min	600 m/min
Teto Operacional	5.916 m	6.095 m
Alcance	879 km	857 km
Comentários		
Total Adquirido	8 exemplares	8 exemplares (EC725 BR-B) 8 exemplares (EC725 BR-M)
Unidades Aéreas	HU-2	HU-2
Designações	UH-14	EC725 BR-B: UH-15 EC725 BR-M: UH-15A
Matrículas	N-7070 a N-7077	EC725 BR-B: N-7101 a N-7108 EC725 BR-M: N-7109 a N-7116

McDonnell Douglas A-4KU e TA-4KU Skyhawk

Fruto da genialidade e do talento de Edward Henry "Ed" Heinemann, engenheiro-chefe da Douglas Aircraft Co., o A-4 Skyhawk nasceu de um estudo que ele elaborara no ano de 1951. O conceito era simples: uma aeronave de ataque naval leve embarcada, com grande capacidade de levar armamento e também elevado raio de ação. Em fevereiro de 1952, o mock-up do novo caça estava pronto. Finalmente, no dia 22 de junho de 1954, o XA4D-1 realizou seu voo inaugural na Base Aérea de Edwards (Califórnia). Após os testes, inclusive embarcados, o A4D entrou em serviço em 1956. Em 1962, foi redesignado A-4A Skyhawk.

Mais de 20 versões foram produzidas, fazendo do A-4 uma das aeronaves de combate que por mais tempo se mantiveram em produção, num total de 2.960 aviões, entre 1954 e 1979. Os maiores usuários foram a United States Navy (USN) e o United States Marine Corps (USMC). Na USN e no USMC ele também ganhou notoriedade por ser usado como – aeronave agressora –, nas unidades destinadas a simular unidades do Pacto de Varsóvia, cujo principal objetivo era aprimorar a capacidade de combate aéreo dos pilotos das unidades operacionais.

Ele também operou com destaque na Austrália, Indonésia, Israel, Kuwait, Malásia, Nova Zelândia, Cingapura e Argentina, estando ainda em serviço nesses

Próximo a enganchar num dos cabos do aparelho de parada do A-11, um AF-1 do Esquadrão VF-1 vem para o pouso à bordo do Navio Aeródomo São Paulo. O A-4 Skyhawk foi o primeiro caça a jato da Aviação Naval. Foto Carlos Lorch / Action Editora Ltda.

dois últimos. O Skyhawk foi empregado com sucesso na Guerra do Vietnã, nos conflitos que marcaram o Oriente Médio entre 1973 e 1982, na Guerra das Falklands/Malvinas no inverno de 1982 e na Guerra do Golfo, em 1991. Além das versões de produção, o A-4 também teve diversos projetos de modernização, com destaque para os efetivados na Argentina (A-4AR), em Cingapura (A-4S/TA-4S) e no Brasil (AF-1M).

Os McDonnell Douglas A-4KU e TA-4KU na Aviação Naval

Apesar do impedimento de operar aeronaves de asa fixa, fruto do Decreto 55.627, de 26 de janeiro de 1965, a Marinha do Brasil não desistiu de recuperar essa capacidade, o que ocorreu com a assinatura do Decreto 2.538, de 8 de abril de 1998. O grande objetivo era ter uma unidade de asa fixa embarcada no Navio Aeródromo Ligeiro (NAeL) A-11 Minas Gerais.

Mesmo antes da retomada da capacidade de emprego de asa fixa, a Aviação Naval já havia dado os primeiros passos para a formação de pilotos de asa fixa através do envio de alguns de seus oficiais para as escolas de voo das Marinhas da Argentina e do Uruguai. Em paralelo, foi iniciada a aquisição de um vetor de caça e ataque que recaiu sob um lote de A-4KU e TA-4KU ex-Al Quwwat al Jawwiya al Kuwaitiya (Força Aérea do Kuwait), que haviam sido entregues à Boeing como parte do pagamento de um lote de F/A-18C/D, adquiridos pelos kuaitianos.

As aeronaves estavam estocadas no Kuwait e tinham em média apenas 1.500 horas de voo por célula. Após um período de negociação com os governos do Kuwait e norte-americano, a Marinha do Brasil adquiriu, no dia 30 de abril de 1998, 20 A-4KU,

O A-4KU Skyhawk AF-1 N-1014 do 1º Esquadrão de Aviões de Interceptação e Ataque (VF-1) da Aviação Naval.

O TA-4KU Skyhawk AF-1A N-1022 do 1º Esquadrão de Aviões de Interceptação e Ataque (VF-1) com sede na BAeNSPA.

Um dos A-4KU Skyhawk adquiridos pela Marinha sendo desembarcado do navio MV Clipper Ipanema, no dia 5 de setembro de 1988, no Porto do Forno, em Arraial do Cabo (RJ). Foto Base Aérea Naval de São Pedro da Aldeia.

três TA-4KU e suprimento no valor de US$ 70 milhões. O traslado do Oriente Médio até o Brasil foi feito por via marítima a bordo do mercante MV Clipper Ipanema. As 23 aeronaves desembarcaram no dia 5 de setembro de 1988, no Porto do Forno, em Arraial do Cabo (RJ), sendo, depois, deslocados um a um de carreta até a Base Aérea Naval de São Pedro da Aldeia (BAeNSPA), num percurso de 26 km via RJ-106.

Os A-4KU foram designados AF-1 e matriculados de N-1001 a N-1020. Já os biplaces TA-4KU foram designados AF-1A e matriculados de N-1021 a N-1023. Todos foram alocados ao 1º Esquadrão de Aviões de Interceptação e Ataque (VF-1), unidade especialmente criada para receber os AF-1 e que foi ativada oficialmente no dia 2 de outubro de 1988, durante as celebrações dos 82 anos da Aviação Naval. O ponto alto da cerimônia de ativação do VF-1 foi a apresentação do AF-1 N-1001 já pintado nas cores da Marinha, um padrão composto por um único tom de cinza médio idêntico ao aplicado nos helicópteros daquela Força. Em maio de 1999, surgiu o padrão definitivo de camuflagem, composto de três tons de cinza, que estreou com os N-1021 e N-1022.

Paralela à compra das aeronaves, a Marinha também firmou, em novembro de 1999, um contrato com a empresa norte-americana Kay & Associates Inc. para realizar revisões em aeronaves, motores, acessórios, sobressalentes, equipamentos e material de apoio. O contrato também incluiu o treinamento e a capacitação dos técnicos de manutenção do VF-1.

Os primeiro AF-1 a voar em solo brasileiro foi o N-1007, que fez seu voo inaugural em 27 de março de 2000, decolando de São Pedro da Aldeia, às 14h23m, sob o comando do piloto da Kay & Associated Inc. TC (FN) James Edwin Rogers. Meses depois, em maio de 2000, o Capitão-Tenente José Vicente de Alvarenga tornou-se o primeiro piloto da Marinha a voar um AF-1, solando o mesmo N-1007.

Superados os primeiros voos, a etapa seguinte foi a realização das primeiras operações embarcadas. Foram executados mais de 90 toques e arremetidas no convoo do A-11 Minas Gerais pelos N-1004, N-1006, N-1007, N-1008 e N-1012 na janela de 11 e 14 de setembro de 2000, sem, contudo, serem efetivado pousos completos.

Linha de voo dos A-4 da Marinha em 1998. Note que as aeronaves ainda estão com a camuflagem da Al Quwwat al Jawwiya Al Kuwaitiya (Força Aérea do Kuwait), com a qual combateram na Primeira Guerra do Golfo, em janeiro de 1991.
Foto Wagner Ziegelmeyer / Action Editora Ltda.

Para prolongar a vida útil dos seus Skyhawk por mais uma década, em 2009, a Marinha iniciou, com a Embraer, a modernização de 12 células, três biplaces e nove monoplaces. Foto Wagner Ziegelmeyer / Action Editora Ltda.

No dia 13 de janeiro de 2001, o N-1006 tornou-se o primeiro AF-1 a efetivar um pouso enganchado no A-11, quando o oficial da reserva de Marinha Norte-americana Dan Caning tocou o convoo às 15h52m. Horas depois o Capitão-Tenente Fernando Vilela tornou-se o primeiro brasileiro a pousar um AF-1 no A-11.

Já o primeiro lançamento via catapulta ocorreu no dia 18 de janeiro de 2001, durante a Operação Catrapo I, que ocorreu entre 13 e 24 de janeiro, feita pelo N-1006 novamente pilotado por Dan Caning.

Embora o A-4 não seja uma aeronave supersônica, ele pode ultrapassar a velocidade do som em mergulho. O primeiro voo supersônico de um AF-1, pilotado por um aviador brasileiro, ocorreu em 30 de maio de 2001, quando o N-1021 atingiu a velocidade de Mach 1,02.

Outra etapa importante foi a qualificação para Reabastecimento em Voo (REVO) dos AF-1, que contou com o apoio da FAB. O primeiro REVO dos AF-1 ocorreu entre os dias 15 e 19 de outubro de 2001, próximo a Arraial do Cabo (RJ), com uma aeronave KC-130H do 1º/1º GT. Apoiados por instrutores do 1º GAVCA e do 1º/16º GAV que voavam na nacele traseira dos AF-1A, foram realizados 154 contatos.

Com a desativação do A-11 em 2001 e a incorporação do Porta-Aviões A-12 São Paulo, os AF-1 passaram a operar desse navio-aeródromo. Em maio de 2001, foram realizados os primeiros toques e arremetidas. Já em 30 de julho, ocorreram os primeiros pousos de um AF-1 a bordo do A-12, feito pelo N-1009 e pelo N-1014. No dia 1º de agosto, ocorreram as primeiras catapultagens, realizadas pelos N-1011 e N-1009.

Entre os dias 16 e 23 de setembro de 2009, os AF-1A N-1021 e N-1022 realizaram o lançamento de quatro mísseis AIM-9H, no Centro de Lançamento da Barreira do Inferno (CLBI), em Natal (RN). Foi o primeiro lançamento de Sidewinder da Aviação Naval, o que foi repetido em abril de 2010 na Operação MissilEx.

Ao longo da década de 2000, os AF-1 passaram a enfrentar diversas dificuldades de suprimentos, o que prejudicou a sua operacionalidade. Isso, somado à reforma do A-12, iniciada em 2005, após um incidente a bordo, fez com que a unidade perdesse sua capacitação de operação embarcada. Apesar das dificuldades, o esquadrão manteve sua operacionalidade, atuando da BAeNSPA.

Em agosto de 2000, o N-1003 foi preservado no Museu da Aviação Naval, localizado dentro da BAeNSPA. Em outubro de 2013, durante os festejos de 15 anos da unidade, o N-1004 recebeu uma pintura comemorativa, em que um falcão estilizado, ave que dá nome ao VF-1, foi aplicado ao longo da fuselagem.

Atualmente, o VF-1 continua operando com os AF-1/AF-1A, já se preparando para receber as aeronaves modernizadas, que devem ser entregues em 2014. A previsão é que os atuais AF-1 operem no VF-1 até meados de 2015, quando terão sido totalmente substituídos pelos AF-1M.

A Modernização

A modernização dos A-4 da Marinha do Brasil vinha sendo planejada desde 2005. Porém, ela teve início de fato em 14 de abril de 2009, quando a Marinha e a Embraer assinaram um contrato para modernizar 12 aeronaves, sendo três TA-4KU e nove A-4KU, ao custo de US$ 106 milhões. As aeronaves foram modernizadas nas instalações de Gavião Peixoto (SP) da Embraer Defesa e Segurança com sua última entrega prevista para o ano de 2017.

A modernização que prolonga a vida dos A-4 até 2025 compreende, além da revitalização das células, a atualização dos motores e a implementação de diversos sistemas eletrônicos embarcados. O principal sensor passou a ser o radar Elta EL/M-2032. A aeronave passou a ter um painel digital, dominado por duas telas multifunção (CMFD 5 x 7 pol), que são a interface de uma moderna aviônica digital. Além dessas melhorias, sistemas como novos rádios, RWR (alerta radar), chaff, flare, HOTAS (Hand On Throttle and Stick) e um novo HUD (Head Up Display) foram instalados. A nova aviônica permitiu que a aeronave passasse a empregar bombas inteligentes e mísseis ar-ar de última geração.

O primeiro protótipo, N-1011, voou no dia 17 de julho de 2013, em Gavião Peixoto. As aeronaves modernizadas foram designadas AF-1B (A-4KU) e AF-1C (TA-4KU). A versão modernizada emprega uma nova pintura, em dois tons de cinza claro. A primeira entrega de um AF-1B, o N-1001, foi realizada no dia 26 de maio nas instalações da EDS em Gavião Peixoto (SP). O primeiro AF-1C deverá

O N-1014 visto em voo no belo padrão de cores da Marinha. As suas duas versões modernizadas foram designadas AF-1B (A-4KU) e AF-1C (TA-4KU).
Foto Wagner Ziegelmeyer / Action Editora Ltda.

Um biplace do VF-1 aproxima-se para um REVO - Reabastecimento em Voo em um KC-130H do 1º/1º GT da FAB. O A-4 outorgou à Aviação Naval, pela primeira vez, a capacidade de receber combustível em voo. Foto Alexandre Durão / Action Editora Ltda.

ser o N-1023 previsto para voar em 2015. O novo cronograma estabelece que sejam entregues três unidades em 2015, seis em 2016 e três em 2017.

McDonnell Douglas A-4KU e TA-4KU Skyhawk		
Período de Utilização	A partir de 1998	
Fabricante	McDonnell Douglas Corporation, St. Louis (Missouri – EUA)	
Emprego	Caça e ataque	
Características Técnicas	A-4KU	TA-4KU
Motor	Pratt & Whitney J52-P-408 de 11.200 lb	
Envergadura	8,38 m	8,38 m
Comprimento	12,29 m	12,99 m
Altura	4,57 m	4,65 m
Área Alar	24,15 m^2	24,15 m^2
Peso Vazio	4.747 kg	4.809 kg
Peso Máximo	11.113 kg	11.113 kg
Sensores	A versão modernizada conta com radar Elta 2032 e MAGE	
Armamento	2 canhões Colt Mk 12 de 20 mm Até quatro mísseis ar-ar AIM-9H Até 4.500 kg de bombas e foguetes	
Desempenho		
Velocidade Máxima	1.078 km/h	1.062 km/h
Razão de Subida	2.573 m/min	2.573 m/min
Teto Operacional	11.795 m	11.795 m
Alcance	3.305 km	3.540 km
Comentários		
Total Adquirido	20 exemplares	3 exemplares
Unidades Aéreas	1º Esquadrão de Aviões de Interceptação e Ataque (VF-1)	
Designações	AF-1 AF-1B (Modernizado)	AF-1A AF-1C (Modernizado)

Continua

Matrículas	A-4KU: N-1001 a N-1020 9 aeronaves modernizadas A-4KU: AF-1B N-1001, N-1004, N-1005, N-1008, N-1009, N-1011, N-1012, N-1014 e N-1018	TA-4KU: N-1021 a N-1023 3 aeronaves modernizadas TA-4KU: AF-1C N-1021, N1022 e N-1023

Sikorsky S-70B Seahawk

O Sikorsky S-70B Seahawk é um helicóptero bimotor de médio porte multifunção que voou pela primeira vez em 12 de dezembro de 1979, entrando em serviço na Marinha Americana em 1984. Derivado do S-70A Black Hawk, o SH-60B Seahawk, como ficou militarmente designado na United States Navy (USN), surgiu da necessidade de se ter uma plataforma capaz de empregar a nova suíte de aviônica Light Airborne Multi-Purpose System Mk II (LAMPS Mk II). O Kaman SH-2 Seasprite, então em uso na USN e que usava o LAMPS Mk I, não era grande o suficiente para acomodar os novos sistemas eletrônicos. Por isso, a USN passou a buscar um novo helicóptero ao longo dos anos 1970 para substituir os SH-2.

Como o US Army havia recentemente finalizado o programa Utility Tactical Transport Aircraft System (UTTAS) para substituir os UH-1H, em que os principais concorrentes foram o Sikorsky YUH-60 e o Boeing-Vertol YUH-61, a USN optou por adaptar as especificações dessa disputa para o ambiente naval, diminuindo assim os seus custos. Concorreram além da Sikorsky e da Boeing-Vertol a Bell, a Kaman, a Westland e a MBB, mas esses últimos eram muito pequenos para a missão. No início de 1978, a USN selecionou o projeto S-70B da Sikorsky, versão do S-70A, que também havia vencido o UTTAS.

A primeira versão de produção foi o SH-60B, que possuía 83% de comunalidade com o UH-60A, inclusive os dois motores General Electric T700-GE-701C de 1.890 shp cada. Projetado para operações navais, o SH-60B é capaz de operar a bordo de fragatas, contratorpedeiros, cruzadores, navios de apoio, navios de assalto anfíbio ou porta-aviões. Dele derivaram as demais versões do helicóptero, entre elas SH-60F, HH-60H MH-60R e MH-60S; na USN se emprega atualmente o LAMPS Mk III.

O Seahawk pode realizar missões de guerra antissubmarino (ASW), guerra antissuperfície (ASuW), operações especiais navais (NSW), missões de inserção de tropas, Busca e Salvamento (SAR), Combate-SAR (C-SAR), Reabastecimento Vertical (VERTREP) e Evacuação Aeromédica (EVAM).

Para a missões de emprego naval, em especial as missões de ASW e AsuW, ele conta com um radar de busca marítima, que pode ser o APS-124, o APS-143 ou o APS-147. Além disso, possui uma suíte completa de sensores composta por um MAD (Magnetic Anomaly Detector – Detector de Anomalias Magnéticas), um FLIR (Forward Looking Infrared – Câmera Térmica em Infravermelho), sonoboias, marcadores, sistemas de autoproteção e contramedidas eletrônicas. Em termos de armamento, o SH-60 pode levar torpedos Mk 46, Mk 50 ou Mk 54, além de mísseis AGM-114 Hellfire ou AGM 119 Penguin e metralhadoras laterais nos calibres 7,62 mm ou .50 pol.

Entre os usuários do S-70B Seahawk estão as Marinhas da Austrália, do Brasil, de Cingapura, da Dinamarca, da Grécia, da Espanha, dos Estados Unidos, do Japão, da Tailândia, de Taiwan e da Turquia.

O Sikorsky S-70B Seahawk na Aviação Naval

A Marinha do Brasil comprou inicialmente, via FMS (Foreign Military Sales), quatro helicópteros S-70B ao custo de US$ 194.710.639. A dispensa da licitação 01/2008, publicada no Diário Oficial de 27 de maio de 2008, viabilizou a assinatura oficial da LOA (Letter Of Acceptance – Carta de Aceitação), realizada no dia seguinte entre as Marinhas do Brasil (MB) e dos Estados Unidos (USN) para a compra na Sikorsky Aircraft Corporation. O contrato, que incluiu também apoio logístico, foi complementado em 20 de junho de 2011 com a compra de mais duas unidades, também via FMS, ao custo estimado de US$ 94 milhões, elevando para seis o número de aeronaves do tipo na Marinha do Brasil. Em 2013 foi autorizada, via FMS, a compra de mais duas unidades ao custo estimado de US$ 86.832.600.

Na Aviação Naval, os S-70B foram designados MH-16 (M de multiemprego), sendo matriculados de N-3032 a N-3039. O MH-16 é uma versão customizada do helicóptero multimissão MH-60R da USN. As principais diferenças entre o MH-16 e o MH-60R estão no sonar, no radar, no armamento e no sistema de comunicações. Para as missões antissubmarino, o MH-60R emprega o sonar Raytheon AN/AQS-22, ao passo que o MH-16 da MB utiliza o DS 100 HELRAS (Helicopter Long Range Active Sonar). O HELRAS é usado por diversas Marinhas, como a da Itália, a do Canadá, a da Turquia, a de Cingapura, a da Grécia e a da Tailândia. Outra diferença está no radar de vigilância marítima. O helicóptero da USN emprega o radar multimodo Telephonics AN/APS-147 (devendo migrar, em breve, para o AN/APS-153). O helicóptero da MB utilizado o Telephonics AN/APS-143(C)V3, o mesmo modelo adotado para os seus EC725 (UH-15A). O FLIR do MH-60R é o mesmo que o do MH-16, isto é o Raytheon EOSS (Electro-Optical Sensor System) AN/AAS-44.

Em termos de armamento, essas duas aeronaves possuem algumas similaridades. Tanto o MH-60R como o MH-16 podem portar torpedos Mk 46 ou Mk 50/54 (não adquiridos pela MB), mísseis AGM-114 Hellfire (não adquiridos pela Marinha do Brasil) e mísseis AGM-119 Penguin. A diferença reside no uso de arma de cano para autoproteção tipo M60, M240, GAU-16 ou GAU-17, todas de calibre 7,62 mm, usadas pelo MH-60 e não adotadas para o MH-16. No tocante a comunicações, o MH-60R emprega rádios V/UHF ARC-210 com capacidade de criptografia, comunicação via satélite, além do sistema de enlace de dados tipo link16. No MH-16 os rádios V/UHF/HF são da Rohde & Schwartz capazes de operar em modo criptografado integrado ao sistema de enlace de dados nacional Link BR-2. O TACAN ARN-153, sistema redundante de VOR/ILS ARN-147,

Ao todo a Marinha do Brasil adquiriu oito helicópteros S-70B Seahawk, para missões ASW, ASuW e de emprego geral, sendo designados MH-16 e matriculados de N-3032 a N-3039. Foto Cees J Van der Ende.

ADF ARN-149, dual GPS/Inercial modelo Northrop Grumman (Litton) LN-100G e radar altímetro AN/APR-194 são os mesmos nos dois modelos de helicópteros. O sistema de ESM no MH-16 é o Northrop Grumman LR-100 ao passo que para o MH-60R foi adotado o Lockheed Martin AN/ALQ-210.

Os MH-16 substituíram os lendários SH-3 Sea King na missão de guerra antissubmarino junto ao Primeiro Esquadrão de Helicópteros Anti-Submarino (HS-1). Em missão ASW, a tripulação do MH-16 será de cinco militares distribuídos nas funções de 1P, 2P, Operador de Sistemas, Operador de Armamento e Observador. Porém, por ser multiemprego, a aeronave é capaz de levar até 20 soldados equipados ou ainda seis macas em missões de EVAM. Ele também pode realizar missões de assalto, transporte, Combate SAR (C-SAR), SAR, entre outras.

Todos os MH-16 foram produzidos nas instalações da Sikorsky, em Troy, no Alabama, sendo enviados em seguida para Stratford, em Connecticut. Foi em Stratford, no dia 7 de setembro de 2011, que o N-3032, ainda com matrícula civil americana N1072W, fez o primeiro voo de um Seahawk brasileiro. Em maio de 2012, foi visto o N-3035 nas cores da Marinha, porém ainda com o registro de testes N1025J.

Para receber o MH-16, a Marinha iniciou os preparativos em janeiro de 2009, quando foi criado o Grupo de Fiscalização e Recebimento do Helicóptero Multiemprego (GFRHME). Os trabalhos se iniciaram no Brasil e, em abril de 2010, também foram realizados na fábrica da Sikorsky, em Elmira, Nova York. Lá foram efetivados, além de trabalhos relativos ao contrato, diversos cursos para familiarização, manutenção, logística e operação da aeronave. Além disso, foi efetivado um estudo, com o apoio da Sikorsky e da USN, sobre as modificações e alterações a serem realizadas na unidade e na Base Aérea Naval de São Pedro da Aldeia (BAeNSPA) para a operação do MH-16. O treinamento inicial de dois pilotos foi feito no HS-10, unidade de MH-60 da USN sediada em San Diego, na Califórnia. Os demais pilotos, tripulantes e mecânicos foram treinados em São Pedro da Aldeia, por pessoal da Sikorsky e da USN após o recebimento das aeronaves no Brasil.

Os dois primeiros helicópteros chegaram ao Brasil no dia 29 de julho de 2012, quando o C-17 Globemaster III da USAF (AF 07-7174) pousou em Brasília. No dia seguinte, o C-17 RCH 283 fez a rota Brasília – Cabo Frio, onde pousou às 7h49m, trazendo os dois aparelhos. As aeronaves foram preparadas pelo pessoal da Sikorsky e trasladadas para a Base Aérea Naval de São Pedro da Aldeia.

Dias depois, em 23 de agosto de 2012, foi a vez de outros dois MH-16 chegarem a Cabo Frio, também a bordo de um C-17A da USAF. No mesmo dia, em São Pedro da Aldeia, durante os festejos de 96 anos da Aviação Naval, os dois primeiros MH-16 recebidos foram incorporados oficialmente ao Esquadrão HS-1, o ponto alto do dia sendo o voo de um MH-16 na ala de um SH-3, marcando assim a saída do Sea King e a chegada do Seahawk à Marinha do Brasil. Mais duas

Sikorsky S-70B Seahawk MH-16 N-3032 do 1º Esquadrão de Helicópteros Anti-Submarino (HS-1).

O Seahawk MH-16 N-3035 visto em voo pairado na BAeNSPA, tendo ao fundo um helicóptero SH-3, aeronave que substituiu no HS-1. Foto Cees J Van der Ende.

aeronaves foram recebidas no início de 2015, fechando a entrega do lote inicial. Mais duas deverão ser entregues somente em 2017.

A partir de setembro de 2012, o HS-1 passou a realizar a qualificação na aeronave, o que incluiu voo por instrumento (IFR), qualificação de pouso a bordo de navios da Esquadra, bem como atividades operacionais, como missões ASW e HIFR (Helicopter In Flight Refueling). Seu primeiro pouso a bordo foi no dia 7 de novembro de 2012, no Navio de Desembarque de Carros de Combate Almirante Saboia (G-25). Já o primeiro pouso a bordo do Porta-Aviões São Paulo (A-12) ocorreu em 10 de julho de 2013 realizado pelo MH-16 N-3034, com o A-12 atracado no Rio de Janeiro.

O MH-16 é uma aeronave capaz de operar em qualquer tempo equipada com uma aviônica digital que inclui capacidade de uso de Óculos de Visão Noturna. Ele possui um sonar L-3 DS 100 HELRAS (Helicopter Long-Range Active Sonar) e um EOSS que combina imagens infravermelhas (FLIR) e de TV (luz do dia) com um telêmetro laser para apontar armamentos contra alvos de superfície. O sensor mais importante da aeronave é o radar de vigilância marítima AN/APS-143(C)V3 OceanEye do tipo SAR (Synthetic Aperture Radar) e com capacidade de gerar dados ISAR (Inverse Synthetic Aperture Radar) com um alcance superior a 200 milhas náuticas (370,4 km).

Para autoproteção, ele conta com lançadores de chaff e flare (AN/ALE-47) e um sistema de contramedidas eletrônicas ESM LR-100. Para as missões ASW e ASuW o arsenal dos MH-16 incluem marcadores, sinalizadores, mísseis ar-superfície AGM-119 Penguin, torpedos Mk 46 e bombas de profundidade. Apesar de estarem integrados, não foram adquiridos mísseis AGM-114 Hellfire e torpedos Mk 54.

Externamente, a aeronave conta ainda com um guincho de salvamento e um gancho, este último capaz de erguer até 2.171 kg de carga externa. Para aumentar sua autonomia, podem ser levados dois tanques extras de 120 US Galões (454,11 l), o que garante uma autonomia de até cinco horas de voo num regime de 160 nós.

Sikorsky S-70B Seahawk

Período de Utilização	A partir de 2012
Fabricante	Sikorsky Aircraft Corp., (EUA)
Emprego	Guerra antissubmarino, antissuperfície e emprego geral
Características Técnicas	

Continua

Motor	2 General Electric T700-GE-701C de 1.890 shp cada um
Diâmetro do Rotor	16,35 m
Comprimento	19,76 m
Altura	5,2 m
Peso Vazio	6.895 kg
Peso Máximo	9.927 kg
Tripulação	1P + 2P + operador de sistemas + operador de armamento e observador
Armamento	Torpedos Mk 46 Mísseis AGM-119 Penguin Bombas de profundidade
Sensores	Radar de vigilância marítima AN/APS-143(C)V3 OceanEye Sonar L-3 DS 100 HELRAS EOSS Raytheon AN/AAS-44 V MAGE (ESM LN-100)
Desempenho	
Velocidade Máxima	270 km/h
Teto Operacional	3.580 m
Alcance	834 km
Comentários	
Total Adquirido	8 exemplares
Unidades Aéreas	1º Esquadrão de Helicópteros Anti-Submarino
Designações	MH-16
Matrículas	N-3032 a N-3039

Grumman C-1A Trader

Derivado do Grumman S2F-1 Tracker (S-2A), o C-1 Trader foi encomendado pela Marinha Americana e entrou em serviço em 1955 como uma aeronave do tipo COD (Carrier Onboard Delivery), dedicada a prestar transporte e apoio logístico embarcado de carga e passageiros, fazendo a ligação entre o porta-aviões e o continente. Designado de fábrica como G-96 e, inicialmente, na United States Navy (USN) como TF-1, fez seu primeiro voo em 19 de janeiro de 1955 impulsionado por dois motores Wright R-1080-82, o mesmo motor dos S-2A. Com capacidade para até nove passageiros e três tripulantes ou até 1.600 kg, o TF-1, que foi redenominado C-1A Trader pela USN em 1962, difere basicamente do S-2A por ter todo o equipamento de Guerra Antissubmarino (ASW) e armamento retirado, maior espaço interno e o acréscimo de janelas ao lado dos motores.

A produção total chegou a 83 C-1, e algumas unidades foram convertidas na versão eletrônica EC-1A Tracer. Os C-1 operaram embarcados na USN até 30 de setembro de 1988, tendo participado ativamente em missões logísticas durante a Guerra do Vietnã. Ele foi substituído pelo Grumman C-2 Greyhound. Após sua desativação, grande parte foi estocada no deserto. Alguns exemplares foram preservados, outros passaram a voar com operadores privados como "warbirds" e outros ainda foram convertidos em aeronaves para combate a incêndios (bombeiros), que geralmente foram remotorizados com motores turboélices, sendo designados Turbo Trader.

O Grumman C-1A Trader na Aviação Naval

A aquisição do Grumman C-1A pela Aviação Naval Brasileira faz parte de um projeto de dotar a Marinha com uma aeronave COD/AAR (Carrier On-Board Delivery/

Os Trader deverão demandar a formação de uma nova unidade da Força Aeronaval, o 1º Esquadrão Composto Embarcado (VCE-1).

Air-to-Air Refueling), capaz de não só prestar apoio logístico embarcado no porta-aviões NAe São Paulo (A-12), realizando missões de transporte de carga, suprimento e passageiros, mais a de Reabastecimento em Voo (REVO) para as aeronaves A-4 Skyhawk do VF-1, usando um sistema probe and drogue (lança e cesta). As aeronaves, revitalizadas e remotorizadas, foram elevadas ao padrão Turbo Trader. O C-1A é a base para um projeto maior de operar uma versão remotorizada do Grumman S-2 para missões AEW (alerta aérea antecipado) embarcado, em um projeto que envolve a Embraer.

Em 16 de julho de 2010 foi assinada a compra de oito células de C-1A ao valor de US$ 234.806 via Foreign Military Sales (FMS), todas usadas e ex-USN, que estavam estocadas no AMARC (Aircraft Maintenance And Regeneration Center), no deserto perto de Tucson, Arizona. Segundo os dados de compra da USN via FMS, as células escolhidas são os BuAer Nu 146024, 146025, 146026, 146027, 146028, 146031, 146057 e 146063. Quatro células serão modernizadas, ao passo que as demais servirão como células logísticas. Os aviões modernizados eram os 146026, 146027, 146031 e 146057, que já foram trasladados em março de 2011 para a cidade de Mesa, AZ, sede da Marsh Aviation Company, empresa contratada para transformar os Trader em Turbo Trader. O contrato nº 43000/2011-11/00, que prevê investimento de US$ 167 milhões, foi assinado no Rio de Janeiro em 20 de outubro de 2011 e previa, além da conversão das aeronaves em um prazo de 18 meses, suporte logístico e ferramental e treinamento de 12 aviadores e 71 especialistas em manutenção para a Marinha.

Na Aviação Naval eles receberam a designação KC-2 Turbo Trader e têm previstas as matrículas N-2001 a N-2004, sendo alocados a uma nova unidade aérea, o Primeiro Esquadrão de Transporte e de Alerta Antecipado (VCE-1). A unidade será sediada na Base Aérea Naval de São Pedro da Aldeia (BAeNSPA), no Rio de Janeiro. A previsão inicial era que a unidade receberia seus primeiros KC-2 em 2014.

Porém, a Marsh Aviation passou a enfrentar problemas com o Departamento de Estado Americano desde junho de 2012, acusada de violar a lei americana de controle de exportação de armas, por fornecer equipamentos sem autorização a Venezuela entre 2005 e 2008. A investigação fez a Marsh perder as condições legais para atuar no mercado de defesa momentaneamente, o que resultou, inicialmente, em atrasos no projeto KC-2. Após uma longa ivestigação a empresa foi inocentada. Em 10 de dezembro de 2013, a Diretoria de Aeronáutica da Marinha e a Marsh Aviation Company firmaram um Technical Assistance Agreement (TAA – Acordo de Assistência Técnica). O TAA é um documento expedido pelo Departamento de Estado dos EUA, que permite à Marsh e à Marinha do Brasil (MB) darem continuidade ao contrato de modernização e remotorização das aeronaves Grumman C-1A Trader.

No entanto, o TAA trouxe várias recomendações e restrições impostas pelo Departamento de Estado dos EUA. A forma encontrada pela Marinha do Brasil para contornar as novas limitações legais e industriais da Marsh Aviation foi aceitar a sugestão para que essa empresa criasse uma aliança com a Elbit Systems of America/M7 Aerospace. Ambas empresas assumiram os trabalhos de recuperação estrutural e remotorização das aeronaves, mantendo a Marsh Aviation como main contractor, o que afastou o risco de falência.

Com isso, no dia 7 de novembro de 2014, foi assinado no Rio de Janeiro um termo aditivo de contrato entre a Diretoria de Aeronáutica da Marinha e a Marsh Aviation. O termo redefine datas de entrega e outros detalhes do contrato original assinado em 20 de outubro de 2011, além de confirmar a participação da empresa Elbit Systems of America/M7 Aerospace, sediada em San Antonio, Texas. O primeiro protótipo do KC-2 deverá voar em novembro de 2017 e a primeira entrega do avião operacional está marcada para dezembro de 2018.

A Marinha manteve sua programação de formar oficiais aviadores de asa fixa na Academia da Força Aérea (AFA), com o seu posterior envio para os Estados Unidos para qualificação em aeronaves de transporte embarcadas, em que os pilotos do VCE-1 cursam na USN o T45TS-E2/C2 Pipeline, quando passam a voar as aeronaves T-45, E-2C e C-2C, se qualificando para a operação a bordo.

A conversão do C-1A em KC-2 pela Marsh inclui, além de uma completa revitalização da célula, que permitirá uma vida útil de mais 20 anos, reestruturação interna, com nova aviônica, sistemas eletrônicos e a substituição dos Wright R-1080-82 por novos motores turboélice Honeywell TP331-14GR, capazes de gerar 1.712 shp cada. Para a missão REVO será instalado um ponto de reabastecimento (mangueira + cesta) retrátil na parte traseira da fuselagem, logo atrás da raiz das asas. Segundo informações iniciais, os EX-USN 146027 e 146028 são os primeiros a serem convertidos, devendo se tornar N-2001 e N-2002, respectivamente.

Grumman C-1A Trader	
Período de Utilização	A partir de 2018 (previsão)
Fabricante	Grumman Corp. (atual Northrop Grumman), (EUA)
Emprego	Transporte, instrução, ligação, apoio logístico e REVO
Características Técnicas	KC-2 Turbo Trader
Motor	2 Honeywell TP331-14GR de 1.712 shp cada um
Envergadura	21,23 m
Comprimento	12,88 m
Altura	4,96 m
Peso Vazio	7.873 kg
Peso Máximo	13.222 kg
Tripulação	2 a 3
Armamento	Não dispõe de armamento
Desempenho	
Velocidade Máxima	462 km/h
Teto Operacional	6.700 m
Alcance	2.407 km
Comentários	
Total Adquirido	8 exemplares (4 operacionais e 4 logísticos)
Unidades Aéreas	VCE-1 (previsão)
Designações	KC-2
Matrículas	N-2001 a N-2004 (previsão)

Aviação Militar Brasileira

1918 a 2015

Nieuport 82E2

Como resposta às necessidades de instrução e formação dos futuros pilotos da Aéronautique Militaire, a arma de aviação do Exército francês, na segunda metade da Primeira Guerra Mundial, a empresa Société Anonyme des Établissements Nieuport lançou-se no desenvolvimento de um pequeno leque de aviões de treinamento. Esse trabalho visava construir aeronaves de instrução que melhor refletissem o desempenho e as qualidades de voo dos aviões de combate que então estavam sendo empregados pela Aéronautique Militaire.

Entre os quatro modelos desenvolvidos estava o Nieuport 82E2 e, como os demais, utilizou-se como base uma célula já criada e em produção. Nesse caso, o Nieuport 14, um avião de bombardeio que voara pela primeira vez em setembro de 1915.

Considerado pelas autoridades da Aéronautique Militaire insatisfatório para as missões de bombardeio, os engenheiros da Nieuport decidiram dar vida nova ao projeto, dessa vez adaptando-o para as tarefas de instrução primária. Rebatizada no projeto como Nieuport 82, a célula original do Nieuport 14 possibilitava a acomodação de aluno e instrutor em assentos lado a lado, uma configuração hoje considerada clássica em aviões de treinamento primário.

Popularmente conhecido entre os franceses como Grosse Julie, o Nieuport 82 não gozou do mesmo sucesso alcançado pelos outros aviões de treinamento desenvolvidos por aquela fábrica durante a Primeira Guerra Mundial. De fato, as evidências indicam que foi produzida pouco mais de uma centena de células do Nieuport 82 – a maioria distribuída entre unidades de instrução da Aéronautique Militaire.

O Nieuport 82E2 na Aviação do Exército

Entre os diversos tipos de avião trazidos ao Brasil pela missão militar francesa e destinados à Escola de Aviação Militar (EAvM – Campo dos Afonsos, RJ), encontravam-se sete aeronaves de instrução Nieuport 82E2. Chegaram ao Brasil no último trimestre de 1918, porém, as evidências indicam que nem todas as células foram imediatamente montadas e, aparentemente, não mais do que quatro Nieuport 82E2 encontravam-se disponíveis para voo no início do segundo semestre de 1919.

Com o apelido Grosse Julie dado aos exemplares da Aéronautique Militaire, os Nieuport 82E2 brasileiros passaram a cumprir a mesma tarefa que seus pares

O Nieuport 82E2 foi operado pela Aviação do Exército de 1918 a 1924. Foto Museu Aeroespacial do Campo dos Afonsos.

Grosse Julie e Nieuport 28 m² eram os outros nomes do Nieuport 82E2 na Aviação Militar. Foto Arquivo José de Alvarenga.

franceses – a instrução primária. No Grosse Julie, os alunos matriculados no Curso de Aviador travavam seu primeiro contato com a arte de voar ao registrar diversas surtidas de 10 ou menos minutos sob a orientação de um instrutor. Uma vez considerado apto, o aluno galgava o próximo passo: a instrução e o voo solo, invariavelmente no Nieuport 83E2 nos anos iniciais da EAvM.

A exemplo das demais aeronaves de instrução pertencentes à EAvM naquela época, não foram poucos os pequenos acidentes registrados entre os Nieuport 82E2 – a fragilidade do material invariavelmente exigia o recolhimento das células às oficinas daquela escola, a fim de serem reparadas. Entretanto, foi baixo o número de células efetivamente excluídas da carga da Escola de Aviação Militar por força de acidentes que resultaram em perda total da aeronave. De fato, sabe-se com certeza que somente dois aviões Nieuport 82E2 foram assim perdidos.

A partir de 1922, os Grosse Julie – ou Nieuport 28 m², como também eram denominados esses aviões – gradativamente deixaram de ser empregados na instrução com a mesma frequência que nos anos anteriores. No momento, desconhecem-se os exatos motivos desse fenômeno, mas é lícito presumir que a preferência passou a ser dada às outras aeronaves de treinamento à disposição da Escola de Aviação Militar.

Quando chegou o mês de julho de 1924, três aviões Nieuport 82E2 encontravam-se distribuídos ao Serviço de Pilotagem da EAvM. Mas, no mês seguinte, outros dois Nieuport 82E2 foram excluídos da carga daquela escola após uma comissão examiná-los e concluir que as células estavam imprestáveis para voo. Provavelmente como resultado das dificuldades orçamentárias vividas pelas Forças Armadas naquela época, os Nieuport 82E2 foram alvo de canibalização no que se refere a seus motores Lê Rhone 9c, que eram do mesmo modelo usado nos Nieuport 83E2,

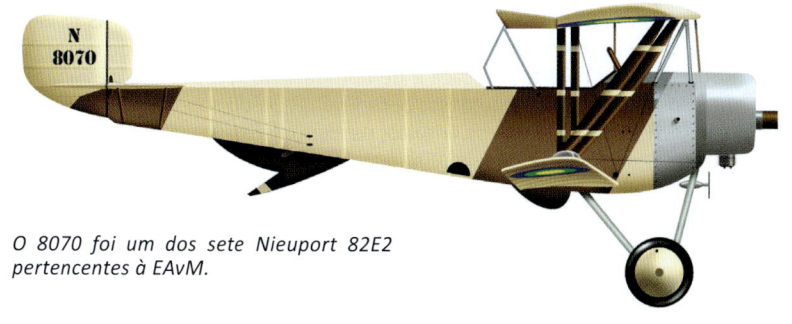

O 8070 foi um dos sete Nieuport 82E2 pertencentes à EAvM.

Nieuport 21E1, Nieuport 80E2, Nieuport 81D2 e até mesmo dos SPAD 54, que chegaram à EAvM no primeiro semestre de 1924. De fato, em dezembro daquele ano, os três Nieuport 82E2 distribuídos ao Serviço de Pilotagem já estavam sem motor e não existem registros de voos com esses aviões após aquele mês.

Nieuport 82E2	
Período de Utilização	De 1918 até 1924
Fabricante	Société Anonyme des Établissements Nieuport, Issy-les-Molineaux (França)
Emprego	Instrução
Características Técnicas	
Motor	Lê Rhone 9c de 80 hp
Envergadura	12,10 m
Comprimento	7,88 m
Altura	2,78 m
Área Alar	28 m²
Peso Vazio	550 kg
Peso Máximo	820 kg
Armamento	Não dispunha de armamento
Desempenho	
Velocidade Máxima	125 km/h
Razão de Subida	Desconhecido
Teto Operacional	Desconhecido
Alcance	Desconhecido
Comentários	
Total Adquirido	7 exemplares
Unidades Aéreas	Escola de Aviação Militar
Designações	Não recebeu designação
Matrículas	Foram conservados os números outorgados pelo fabricante: 2380, 4767, 8049, 8064, 8065, 8069 e 8070

Sopwith 1A2

Fundada em junho de 1912 pelo abastado desportista Thomas Octave Murdoch Sopwith, a Sopwith Aviation & Engineering Company iniciou suas atividades em dezembro daquele ano, rapidamente desenvolvendo alguns projetos de hidroavião destinados à Royal Naval Air Service (RNAS), a Aviação Naval da Marinha Britânica.

Foi justamente em atenção a uma solicitação formulada pela RNAS na última metade de 1915 que a Sopwith dedicou-se ao desenvolvimento de um avião biplace destinado às missões de caça e de bombardeio leve. Com a designação 1½ Strutter, o primeiro protótipo dessa aeronave registrou seu voo inaugural em dezembro de 1915. Concluídos os ensaios, os exemplares de produção começaram a ser entregues a partir de fevereiro do ano seguinte.

Primeiro equipando unidades da RNAS e, logo em seguida, esquadrões do Royal Flying Corps, o Sopwith 1½ Strutter mostrou ser um caça superior àqueles usados pela aviação inimiga – uma vantagem que durou alguns meses, até quando entraram em serviço caças alemães novos e mais eficientes. Antes mesmo de

O Sopwith 1A2 número 1 é visto decolando. Foi a primeira aeronave da Aviação Militar a ter matrícula militar nacional. Foto Museu Aeroespacial do Campo dos Afonsos.

1916 chegar ao fim, ficou claro que os Sopwith 1½ Strutter estavam completamente obsoletos. Mas sua enorme estabilidade como plataforma e considerável alcance tornavam-no uma aeronave ideal para as missões de observação e reconhecimento de longo alcance. De fato, foi na execução dessa última tarefa que os Sopwith 1½ Strutter se sobressaíram.

Curiosamente, o maior operador do Sopwith 1½ Strutter foi a Aéronautique Militaire, a arma de aviação do Exército francês. Quando 1916 chegava ao fim, os franceses dispunham somente de obsoletos bombardeiros Breguet e Farman, e no horizonte próximo não havia nenhuma nova aeronave francesa capaz de cumprir as missões de ataque. Assim, as autoridades militares francesas optaram por encomendar uma vasta quantidade de aviões Sopwith 1½ Strutter – só que todos produzidos sob licença por sua indústria aeronáutica. No entanto, esses foram fabricados nas versões de reconhecimento (Sopwith 1A2), bombardeiro biplace (Sopwith 1B2) e bombardeiro monoplace (Sopwith 1B1). Quando foi encerrada a produção, os franceses haviam construído aproximadamente 4.300 exemplares do Sopwith 1½ Strutter, número bem superior às cerca de 1.500 unidades fabricadas pela própria Sopwith na Inglaterra. E, ao contrário dos aviões ingleses, que, a partir de 1917, passaram a ser usados quase que exclusivamente como aviões de treinamento, os Sopwith 1½ Strutter franceses continuaram em franca operação de combate até meados de 1918.

O Sopwith 1A2 número 1 foi um dos três exemplares usados pela EAvM.

O Sopwith 1A2 na Aviação do Exército

Os acordos firmados entre o governo do Brasil e seu par francês para que fosse dada forma ao serviço de aviação do Exército Brasileiro resultaram na chegada ao Brasil de uma missão militar da França dedicada exclusivamente à organização, implantação e administração de uma escola de aviação. E a vinda dessa Missão Militar Francesa, em 1918, resultou também na chegada de um numeroso e variado leque de aviões destinados a concretizar os objetivos brasileiros.

Entre essas aeronaves, encontravam-se três aviões Sopwith 1½ Strutter em sua versão 1A2. Consta que esses aviões chegaram ao Brasil, por via marítima, em novembro de 1918, e, no começo do ano seguinte, todos já estavam disponíveis para voo. Nominalmente, esses três aviões Sopwith 1A2 deveriam desempenhar o papel de plataforma de bombardeio, fotografia aérea e reconhecimento. Entretanto, as escassas evidências existentes indicam que essas aeronaves foram principalmente empregadas como plataformas de adestramento para os oficiais e graduados que já haviam concluído o curso de Aviador ministrado pela Escola de Aviação Militar (EAvM), no Campo dos Afonsos (RJ). As atividades daquela escola não se limitavam à formação de aviadores, já que existiam cursos voltados para a área de emprego e, para esse fim, os Sopwith 1A2 da EAvM eram ocasionalmente convocados para servir como plataforma de fotografia aérea ou de observação e reconhecimento.

Em junho de 1921, dois dos Sopwith 1A2 encontravam-se lotados na Esquadrilha de Aperfeiçoamento da EAvM, e foi nesse período que esses aviões passaram a ser identificados simplesmente como 1, 2 e 3 – no lugar dos números de série outorgados pelo fabricante a cada célula. Mas essa modificação cosmética realizada nas células em nada alterou os trabalhos que vinham cumprindo desde que chegaram ao Brasil. A única ressalva é que, em 1921 ou em 1922, um dos Sopwith 1A2 aparentemente deixou de ser utilizado por motivos hoje desconhecidos, mas presumivelmente se acidentou.

Em meados de 1924, os dois Sopwith 1A2 ainda em atividade encontravam-se distribuídos no Serviço de Pilotagem da EAvM, ambos seguindo com seus trabalhos como plataformas de adestramento. Porém, em dezembro daquele ano – com essas duas células disponíveis para voo –, foi determinado que as

Apesar de seu papel original ser de bombardeio, fotografia aérea e reconhecimento, os Sopwith 1A2 foram empregados, na maioria das vezes em missões de adestramento de oficiais e graduados que já haviam concluído o curso de aviador da EAvM. Foto Arquivo José de Alvarenga.

aeronaves fossem entregues ao Destacamento de Aviação que operava no estado do Paraná, junto com outras aeronaves. De fato, em 20 de dezembro, um desses Sopwith 1A2 foi embarcado e transportado por via férrea até o Paraná. A partir desse ponto, se desconhecem registros de voo com qualquer um dos dois últimos Sopwith 1A2 ou documentos que indiquem qual o destino dado a essas aeronaves pioneiras da Aviação do Exército.

Sopwith 1A2	
Período de Utilização	De 1918 até 1924
Fabricante	Sopwith Aviation & Engineering Company, Kingston-on-Thames (Reino Unido)
Emprego	Bombardeio, fotografia e reconhecimento
Características Técnicas	
Motor	Clerget 9B de 130 hp
Envergadura	10,21 m
Comprimento	7,70 m
Altura	3,12 m
Área Alar	32,10 m²
Peso Vazio	597 kg
Peso Máximo	975 kg
Armamento	Não dispunha de armamento
Desempenho	
Velocidade Máxima	165 km/h
Razão de Subida	229 m/min
Teto Operacional	4.730 m
Alcance	505 km
Comentários	
Total Adquirido	3 exemplares
Unidades Aéreas	Escola de Aviação Militar
Designações	Não recebeu designação
Matrículas	Inicialmente foram conservados os números outorgados pelo fabricante: 3061, 3514 e 3633. Depois de junho de 1921, essas aeronaves receberam as matrículas 1, 2 e 3

Nieuport 83E2

A veloz evolução no desempenho e nas qualidades de voo dos sucessivos aviões de caça que os Aliados sazonalmente colocavam em operação no transcurso da Primeira Guerra Mundial sublinhou a necessidade de dispor de aviões de treinamento mais adequados. Durante boa parte daquele conflito, franceses e ingleses faziam uso de aviões de instrução cujas qualidades de voo e desempenho poderiam ser descritas como serenas e muito distantes das exigentes características encontradas em caças como o SPAD 7, o SE.5A e as muitas versões do Nieuport 11.

Foi justamente a Société Anonyme des Établissements Nieuport que apresentou uma solução palatável, lançando mão de projetos já existentes e transformando-os em aviões de treinamento. Essencialmente, essa solução pedia um quarteto de aviões desenvolvidos a partir dos Nieuport 10, 12 e 14.

Vista do Campo dos Afonsos (RJ), na qual é possível observar oito Nieuport "18 metros", como também eram chamados pelos pilotos o Nieuport 83E2, devido a sua área alar de 18 m². Foto Museu Aeroespacial do Campo dos Afonsos.

O último desses aviões de treinamento a ser construído foi o Nieuport 83, cuja célula foi desenvolvida a partir do Nieuport 10 – um avião biplace de observação e reconhecimento. De fato, os primeiros exemplares do Nieuport 83 nada mais eram do que células do Nieuport 10 modificadas para a versão Nieuport 83. Entretanto, a Nieuport produziu novos de fábrica, algumas centenas de Nieuport 83.

Além da França, diversos países fizeram uso do Nieuport 83, entre eles os Estados Unidos, o Japão e Portugal.

O Nieuport 83E2 na Aviação do Exército

Quando dos acertos havidos entre os governos do Brasil e da França quanto à organização de uma escola de aviação destinada a dar instrução aos futuros aviadores do Exército Brasileiro, ficou acertado que os franceses forneceriam todo o material aeronáutico. Sendo assim, a Missão Militar Francesa encarregada

Ao todo, a Escola de Aviação Militar operou 14 Nieuport 83E2 entre 1918 e 1924.

Um Nieuport 83E2 decola do Campo dos Afonsos, sede da EAvM, onde eram usados para a instrução básica. Foto Museu Aeroespacial do Campo dos Afonsos.

de dar organização à Escola de Aviação Militar (EAvM) no Campo dos Afonsos (RJ) tratou de providenciar a incorporação de diversos tipos de avião de treinamento que preenchessem as exigências do currículo de instrução que seria ministrada naquela escola.

Entre as muitas aeronaves de treinamento trazidas ao Brasil estavam 14 Nieuport 83E2 – aviões biposto em tandem considerados ideais para a fase de instrução básica quando o aluno já havia conquistado algum conhecimento de pilotagem. Distintos documentos indicam que os primeiros exemplares chegaram ao Brasil em novembro de 1918, e exatamente a metade foi prontamente montada e ensaiada por membros da Missão Militar Francesa.

Alunos da EAvM diante de um Nieuport 83E2, máquina com a qual davam os primeiros passos para se tornarem pilotos militares. Foto Museu Aeroespacial do Campo dos Afonsos.

Os Nieuport 83E2 chegaram ao Brasil na metade de 1918, sendo montados e ensaiados por membros da Missão Militar Francesa vistos aqui com uniformes escuros.
Foto Museu Aeroespacial do Campo dos Afonsos.

Apelidados de Nieuport 18 metros, em vista da área alar de que dispunham, três desses aviões foram distribuídos à Divisão de Aperfeiçoamento da EAvM, enquanto os demais foram designados para instrutores ou alocados para aqueles alunos que já haviam solado.

Porém, sendo essencialmente de madeira e tela, a vida operacional dessas aeronaves era pontuada por pequenos acidentes que temporariamente tornavam indisponível a célula até que ela fosse recuperada nas oficinas da EAvM. Consequentemente, aos poucos, as células remanescentes foram sendo montadas para manter uma massa crítica de aviões de treinamento. Ademais, muitos desses aviões foram perdidos em acidentes dentro ou nas circunvizinhanças do Campo dos Afonsos. Como resultado, documentos da época sugerem que não mais do que oito ou nove aviões Nieuport 83E2 encontravam-se em carga na EAvM – mas certamente o número de exemplares disponíveis para voo era significativamente menor.

Esse natural processo de desgaste de material aeronáutico extremamente frágil gradativamente levou à redução da frota de aviões Nieuport 83E2. Documentos indicam que, ao chegar o fim da primeira metade de 1924, a EAvM dispunha de somente cinco ou seis células – duas das quais em condições de voo. Mas a escassez de recursos financeiros, aliada à falta de material, inibiu qualquer possibilidade de se manter em condições de voo os derradeiros Nieuport 83E2 e o último foi excluído da carga da EAvM em dezembro de 1924.

Nieuport 83E2	
Período de Utilização	De 1918 até 1924
Fabricante	Société Anonyme des Établissements Nieuport, Issy-les-Molineaux (França)
Emprego	Instrução

Continua

Características Técnicas	
Motor	Lê Rhone 9c de 80 hp
Envergadura	8,10 m
Comprimento	7,14 m
Altura	2,73 m
Área Alar	18 m²
Peso Vazio	440 kg
Peso Máximo	690 kg
Armamento	Não dispunha de armamento
Desempenho	
Velocidade Máxima	140 km/h
Razão de Subida	100 m/min
Teto Operacional	Desconhecido
Alcance	230 km
Comentários	
Total Adquirido	14 exemplares
Unidades Aéreas	Escola de Aviação Militar
Designações	Não recebeu designação
Matrículas	Foram conservados os números outorgados pelo fabricante: 8877, 8889, 8890, 8894, 8901, 8902, 8908, 8909, 8910, 8915, 8917, 8919, 8921 e 8922

Villela Aribú

A segunda década do século XX assistiu, no Brasil, a um acentuado aumento de interesse público sobre tudo que dizia respeito a temas aeronáuticos – em muito em razão das conquistas alcançadas por Alberto Santos Dumont na cidade de Paris e das primeiras demonstrações com máquinas mais pesadas que o ar em solo brasileiro. A área militar não se manteve alheia a esses eventos e a seu significado. Porém e a exemplo de seus

O Tenente Villela Jr (em pé) e o Aribú, a primeira aeronave nacional empregada pela Aviação do Exército. Foto Museu Aeroespacial do Campo dos Afonsos.

pares europeus e norte-americanos, as Forças Armadas examinaram cautelosamente essa nova máquina quanto a sua utilidade no meio militar.

Apesar da inicial timidez dessas instituições, não eram poucos os oficiais do Exército Brasileiro e da Marinha do Brasil que vislumbraram o imenso potencial presente no avião como arma de guerra. Ao incentivar muitos desses oficiais a realizarem cursos técnicos de capacitação, aquelas duas instituições foram progressivamente se preparando para a era da aviação. Entre esses oficiais encontrava-se o Tenente de Infantaria Marcos Evangelista Villela Junior, um obstinado alagoano que, desde a infância, sonhava com o voo.

Por ter acompanhado a montagem e os ensaios de dois aviões Bleriot trazidos ao Brasil em 1912, o Tenente Villela Junior se dispôs a projetar e construir o próprio avião. Ao apresentar os planos preliminares da aeronave ao então Ministro do Exército, Villela Junior não logrou obter o desejado apoio. Consequentemente, foi obrigado a empenhar muitos de seus bens para arcar com as despesas decorrentes do desenvolvimento e da construção de seu avião. Apesar de hipotecar sua casa e receber ajuda financeira de amigos, essas difíceis tarefas foram interrompidas diversas vezes.

O período de pesquisa e desenvolvimento exigiu a busca de material nacional que fosse o mais apropriado possível à aeronave. Sabe-se que um tipo indeterminado de madeira nacional foi utilizado para a construção da treliça e da estrutura das asas desse avião monoplano, que usou madeira de jenipapo para a confecção do trem de pouso. Por sua vez, após dezenas de experiências com diversos tipos de madeira, Villela Junior optou pela ingarana para produzir a hélice. A tela empregada para cobrir as asas, a fuselagem e a hélice foi desenvolvida pelo Tenente Villela Junior em conjunto com a Fábrica de Tecidos de Sapobemba (RJ), assim como o verniz utilizado para esticar a tela, que foi elaborado pela Fábrica de Cartuchos e Artefactos de Guerra (RJ).

Apesar de não haver indicações precisas quanto ao início da construção do avião, que fora batizado pelo Ten Villela Junior como Aribú, informações disponíveis dão conta de que ele já estava sendo construído em 1917 nas oficinas daquele oficial, em Santa Cruz (RJ). No primeiro trimestre de 1918, a construção do Aribú foi concluída, restando somente realizar os necessários ensaios antes de executar o primeiro voo. Para desempenhar o papel de piloto de ensaios em

O Aribú foi um projeto 100% nacional, tendo sido construído na oficina do Tenente Villela, no bairro de Santa Cruz, no Rio de Janeiro. Foto Museu Aeroespacial do Campo dos Afonsos.

O primeiro voo do Aribú ocorreu no Campo do Curato de Santa Cruz, no dia 16 de abril de 1918. Foto Museu Aeroespacial do Campo dos Afonsos.

voo, Villela Junior contou com o Tenente Raul Vieira de Mello, um dos oficiais do Exército que havia cursado a Escola Brasileira de Aviação.

Finalmente, no dia 16 de abril de 1918, o Aribú decolou do Campo do Curato de Santa Cruz e demonstrou que era uma aeronave que apresentava excepcionais características de voo, mesmo quando comparada a outras importadas da Europa.

Bem impressionado com as qualidades apresentadas pelo Villela Aribú, o Ministério do Exército adquiriu aquela aeronave no dia 19 de maio de 1919, incorporando-a ao acervo da recém-criada Escola de Aviação Militar (EAvM), com sede no Campo dos Afonsos.

Inaugurado no dia 10 de julho de 1919, entende-se que aquele estabelecimento de ensino aeronáutico chegou a utilizar o Aribú em tarefas de instrução, durante um breve período de tempo. Não se sabe ao certo o que determinou a suspensão de seu uso, mas aquela aeronave foi finalmente excluída da carga da EAvM no dia 25 de novembro de 1921.

Villela Aribú	
Período de Utilização	De 1919 até 1921
Fabricante	Tenente Marcos Evangelista Villela Junior, Santa Cruz (RJ)
Emprego	Instrução
Características Técnicas	
Motor	Radial de 5 cilindros de 50 hp
Envergadura	Aproximadamente 8,30 m
Comprimento	Aproximadamente 4,90 m
Armamento	Não dispunha de armamento

Continua

Comentários	
Total Adquirido	1 exemplar
Unidades Aéreas	Escola de Aviação Militar
Designações	Não recebeu designação, sendo batizado com o nome Aribú
Matrículas	Não recebeu matrícula

Villela Alagoas

O sucesso alcançado com seu primeiro avião, o Aribú, incentivou o recém-promovido Capitão de Infantaria Marcos Evangelista Villela Junior a desenvolver, no ano de 1918, o projeto de outra aeronave, dessa vez de maior porte. Batizando-a de Alagoas em homenagem a seu estado natal, Villela Junior novamente buscou apoio oficial para seu projeto. Ao apresentar seus planos para o General José Caetano de Faria, que então ocupava a pasta de Ministro da Guerra, Villela Junior logrou entusiasmá-lo suficientemente a ponto de receber uma pequena verba para executar o novo projeto, além de colocar a sua disposição os recursos materiais do Exército Brasileiro. Ademais, foi entregue ao Capitão Villela Junior a fuselagem de um avião Bleriot – possivelmente um daqueles que haviam pertencido à extinta Escola Brasileira de Aviação, que havia funcionado anos antes no Campo dos Afonsos.

Diferente do avião monoposto e monoplano Aribú, o Alagoas não somente seria um avião biplano, mas seria uma aeronave de dois lugares com duplo comando, o que a tornaria mais apropriada para o treinamento de futuros pilotos. Como ocorrera com o Aribú, o Alagoas faria largo uso de material nacional – com exceção de diversos componentes herdados do Bleriot e do motor Luckt inteiramente novo entregue ao Capitão Villela Junior.

Informações existentes indicam que todos os trabalhos de construção do Alagoas foram realizados no Campo dos Afonsos, com o uso de recursos materiais lá existentes. Depois de executar reparos na fuselagem do Bleriot, Villela Junior então aplicou uma ampla gama de modificações a fim de adaptá-la ao projeto do Alagoas. Novas asas, empenagem horizontal e empenagem vertical

O Alagoas é visto em voo sobre o Campo dos Afonsos. O avião era um biplano monomotor dedicado à instrução. Foto Museu Aeroespacial do Campo dos Afonsos.

Foto do primeiro voo do Villela Alagoas, realizado em 11 de novembro de 1918, no Campo dos Afonsos (RJ). Foto Museu Aeroespacial do Campo dos Afonsos.

foram construídas e adaptadas à fuselagem. O Capitão Villela Junior usou os mesmos materiais nacionais que utilizara na construção do Aribú. Por sua vez, o sistema de alimentação de combustível foi alterado para compatibilizá-lo com o motor Luckt.

Finalmente, no quarto trimestre de 1918, o Alagoas ficou pronto para executar os primeiros ensaios no solo. Satisfeito com os testes, Villela Junior recorreu ao Tenente Raul Vieira de Mello para realizar o voo inaugural da aeronave que projetara. Porém, contrário ao que ocorrera com o Aribú, o primeiro voo do Alagoas foi objeto de uma cerimônia de apresentação a diversas autoridades militares e políticas daquela época. Realizado no Campo dos Afonsos, no dia 11 de novembro de 1918, o Alagoas decolou com o Tenente Vieira de Mello e o mecânico Benine (este último havia auxiliado Villela Junior em todas as etapas de construção daquele biplano). Com duração de 15 minutos,

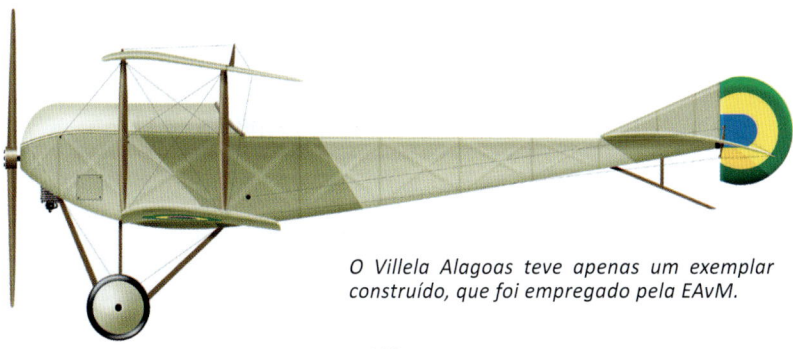

O Villela Alagoas teve apenas um exemplar construído, que foi empregado pela EAvM.

O Alagoas e o Aribú, ambos projetados e construídos por Marcos Evangelista Villela Junior, foram adquiridos em 1919 pelo Exército para uso na EAvM.
Foto Arquivo Jackson Flores Jr. / Action Editora Ltda.

a brevidade daquele primeiro voo mostrou que o Alagoas era uma aeronave com excelentes qualidades, tanto que o Tenente Vieira de Mello executou passagens rasantes e acrobacias perante autoridades e jornalistas.

Junto com o Aribú, o Villela Alagoas foi adquirido pelo Exército Brasileiro no dia 19 de maio de 1919, e, assim como o Aribú, o Alagoas foi distribuído à Escola de Aviação Militar (EAvM), sediada no Campo dos Afonsos. Distintas fontes dão conta de que o Villela Alagoas foi extensamente empregado na formação dos alunos matriculados na EAvM. Porém, por motivos desconhecidos, essa aeronave deixou de voar no transcurso de 1920. Finalmente, no dia 25 de novembro de 1921, a EAvM descarregou o Villela Alagoas.

Villela Alagoas	
Período de Utilização	De 1919 até 1920
Fabricante	Capitão Marcos Evangelista Villela Junior, Campo dos Afonsos (RJ)
Emprego	Instrução
Características Técnicas	
Motor	Luckt de 80 hp
Envergadura	10 m
Comprimento	7,71 m
Altura	2,81 m
Armamento	Não dispunha de armamento
Comentários	
Total Adquirido	1 exemplar
Unidades Aéreas	Escola de Aviação Militar
Designações	Não recebeu designação*
Matrículas	Não recebeu matrícula

Sendo batizado com o nome Alagoas.

Morane-Saulnier Type P (MoS. 21)

A casa Morane-Saulnier tornou-se uma das mais importantes construtoras aeronáuticas da França durante a Primeira Guerra Mundial, com muitos de seus projetos desenvolvidos, produzidos e empregados durante o conflito. Entre estes encontrava-se o Morane-Saulnier Type P, um avião monomotor com asa para-sol. A configuração do Morane-Saulnier Type

P repetia o sucesso operacional registrado por outras aeronaves desenvolvidas pela empresa, configuração esta que seria, para muitos, uma característica marcante dos aviões produzidos pela Morane-Saulnier nos anos seguintes à guerra.

Com a designação MoS.21 recebida das autoridades aeronáuticas militares francesas, quase todos os 565 Morane-Saulnier Type P produzidos a partir de março de 1916 foram destinados às unidades de caça ou de bombardeio do Armée de l'Air. Lá geralmente desempenhavam tarefas de reconhecimento de curto alcance, bombardeio e transporte de espiões para trás de linhas inimigas.

O M.S. Type P na Aviação do Exército

Na esteira das providências tomadas pelo governo brasileiro para implantar um estabelecimento de ensino aeronáutico militar, foi acertada a vinda de novos integrantes da Missão Francesa, que se encontrava no país. Estes desempenhariam o papel de auxiliar na organização e na operação da futura Escola de Aviação Militar (EAvM), muitos sendo oficiais aviadores. Ademais, com esse pessoal francês, encontrava-se farto material aeronáutico destinado a equipar a EAvM – desde aeronaves até ferramentas e bancadas.

Entre as aeronaves de instrução trazidas pela Missão Francesa, encontrava-se um exemplar do MoS. 21. Esse avião destinava-se, exclusivamente, a dar instrução de táxi aos alunos matriculados na EAvM e, em vista dessa tarefa, era conhecido como roulleur (rolador). Para inibir qualquer possibilidade de o aluno inadvertidamente alçar voo com a aeronave, esse MoS. 21 sofreu considerável redução de sua superfície alar. Algumas fontes indicam que a envergadura de suas asas foi diminuída, enquanto outras afirmam que a redução da área alar foi feita através da remoção de quase toda a entelagem das asas.

Seja como for, esse solitário MoS. 21 foi pouco empregado durante 1919 e 1920, havendo indicações de que sofreu um acidente que o indisponibilizou definitivamente, visto que não existem registros de seu uso após 1920. Finalmente, em 25 de novembro de 1921, esse MoS. 21 foi excluído da carga da EAvM. Presumivelmente, a matéria-prima da célula foi sucateada no próprio Campo dos Afonsos após ser removido todo o material aproveitável, tal como motor e instrumentos.

Morane-Saulnier Type P (MoS. 21)	
Período de Utilização	De 1919 até 1920
Fabricante	Aeroplane Morane-Saulnier, (França)
Emprego	Instrução no solo (táxi)
Características Técnicas	
Motor*	Le Rhône 9Jb de 110 hp
Envergadura	11,16 m
Comprimento	7,18 m
Altura	3,47 m
Área Alar	18 m^2
Peso Vazio	433 kg
Peso Máximo	730 kg
Armamento	1 metralhadora fixa Vickers calibre .303 1 metralhadora móvel Vickers calibre .303
Desempenho	
Velocidade Máxima	162 km/h
Teto Operacional	4.800 m
Alcance	375 km

Continua

Comentários	
Total Adquirido	1 exemplar
Unidades Aéreas	Escola de Aviação Militar
Matrícula	1325

*Os dados técnicos acima se referem à aeronave de produção em condições de voo. Existem indicações de que o grupo motopropulsor do MoS. 21 empregado pela EAvM era diferente daquele usado em aviões do mesmo tipo disponíveis para voo

Nieuport 24bis

Originalmente fundada em 1902 com o nome Nieuport-Duplex e dedicada à produção de componentes empregados em motores, em 1909, essa empresa francesa alterou sua razão social para Société Générale d'Aéro-locomotion, para ampliar seu leque de produtos e incluir itens destinados ao setor aeronáutico. Organizada por Edouard Nié Port – posteriormente alterado para Nieuport – e seu irmão Charles, a empresa cresceu naquele ano e produziu dois aviões de pequeno porte.

Em 1911, a companhia sofreu nova reformulação, adotando o nome Nieuport et Deplante e voltando seu foco quase que exclusivamente para a área aeronáutica, em que desenvolvia e fabricava desde hélices até aviões. Porém, em setembro daquele ano, Edouard Nieuport faleceu em um acidente aeronáutico e a empresa foi adquirida por Henri Deutsch de la Meurthe, que mudou o nome da empresa para Société Anonyme des Établissements Nieuport.

A contratação, em janeiro de 1914, de Gustave Delage deu considerável alento à Nieuport, que, sob a batuta daquele engenheiro naval, projetou um pequeno avião de observação e reconhecimento batizado como Nieuport 10. A partir desse bem-sucedido projeto, foi iniciada uma variada linha de aviões de caça, reconhecimento e treinamento desenvolvidos ao longo da Primeira Guerra Mundial.

Recebidos, em 1919, os Nieuport 24bis foram empregados na instrução avançada da EAvM até 1924. Foto Arquivo José de Alvarenga.

Ao todo, a Aviação Militar empregou seis biplanos Nieuport 24bis.

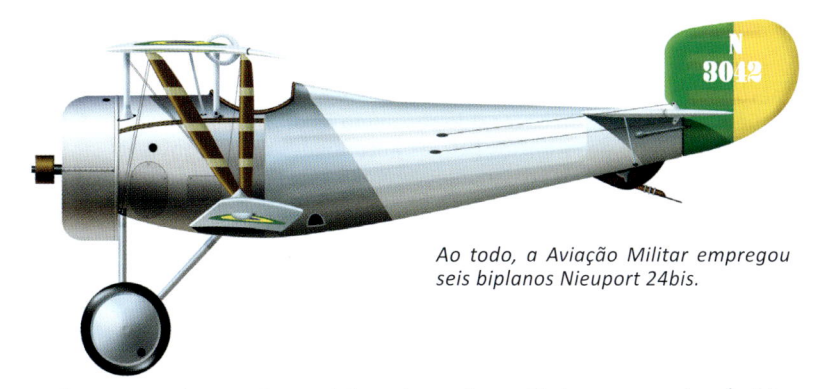

Entre os muitos projetos elaborados pela Société Anonyme des Établissements Nieuport, estava o caça Nieuport 24 e 24bis. Este apresentava uma fuselagem significativamente mais refinada e asas ligeiramente redesenhadas. Ao voar pela primeira vez no início de 1917, muitos desses aviões seguiram diretamente da fábrica para unidades de instrução avançada da aviação militar francesa. Contudo, alguns exemplares foram operados por unidades de caça da Aviation Militaire Française, em que ganharam notoriedade nas mãos do terceiro maior ás francês do conflito, Charles Nungesser.

Além da França, os Nieuport 24bis também foram utilizados pelas armas de aviação dos Estados Unidos, do Reino Unido e da Rússia.

O Nieuport 24bis na Aviação do Exército

Na esteira dos acertos celebrados entre os governos do Brasil e da França para que esse último enviasse ao país um pequeno contingente de instrutores, a fim de ministrar distintos cursos de aviação para oficiais e graduados do Exército Brasileiro, foram recebidos diversos tipos de avião para a Escola de Aviação Militar. Entre eles estavam seis aviões Nieuport 24bis, destinados ao treinamento avançado dos alunos matriculados naquela escola.

As informações existentes indicam que esses seis aparelhos chegaram ao Brasil em novembro de 1919, mas somente dois encontravam-se montados e disponíveis para voo em janeiro de 1920, que foram especificamente designados a dois instrutores franceses, que passaram a ser responsáveis por eles. Nos meses seguintes, os demais aparelhos foram montados e ensaiados.

Em vista da área alar e de seu pedigree de avião de caça, os Nieuport 24bis foram prontamente apelidados – mesmo que erroneamente – como "Bébé Nieuport" em alusão ao caça Nieuport 11. Seja como for, esses aviões foram intensivamente usados durante seu primeiro ano de operações. Mas por melhor que fosse a qualidade dessas aeronaves, a fragilidade do material e o ambiente de instrução rapidamente reduziram a frota. De fato, quando chegou o último trimestre de 1920, existiam somente três desses aviões, já que os demais haviam sido considerados inúteis como resultado de acidentes registrados nos primeiros nove meses daquele ano.

A partir de 1921, documentos existentes sugerem que os três Nieuport 24bis foram usados com pouca frequência – muito possivelmente porque os Nieuport 21E1 recebidos em 1920 mostraram-se mais adequados à tarefa de instrução avançada. Porém, sabe-se que o último Nieuport 24bis manteve-se em atividade até 1924, quando se encontrava em uso pelo Serviço de Pilotagem da Escola de Aviação Militar. Quando da eclosão da Revolução de 1924, esse último Nieuport 24bis foi despachado para acompanhar e apoiar as tropas do Exército Brasileiro, que seguiram para São Paulo. Entretanto, a aeronave acidentou-se quando pousava em Mogi das Cruzes (SP), em junho daquele ano. Apesar de haver sido recolhido às oficinas da Escola de Aviação Militar no Campo dos Afonsos (RJ), as autoridades competentes julgaram inconveniente a recuperação daquele Nieuport 24bis, encerrando, assim, a vida operacional desse avião na Aviação Militar.

Nieuport 24bis	
Período de Utilização	De 1919 até 1924
Fabricante	Société Anonyme des Établissements Nieuport, Issy-les-Molineaux (França)
Emprego	Instrução avançada
Características Técnicas	
Motor	Lê Rhone 9Jb de 80 hp
Envergadura	8,20 m
Comprimento	5,87 m
Altura	2,40 m
Área Alar	15 m^2
Peso Vazio	380 kg
Peso Máximo	585 kg
Armamento	Não dispunha de armamento
Desempenho	
Velocidade Máxima	172 km/h
Razão de Subida	307 m/min
Teto Operacional	6.000 m
Alcance	249 km
Comentários	
Total Adquirido	6 exemplares
Unidades Aéreas	Escola de Aviação Militar
Designações	Não recebeu designação
Matrículas	Conservada a numeração outorgada pelo fabricante: 3042, 3064, 3318, 3889, 4648 e 5149

Caproni Ca.45

Sob a batuta de seu fundador, Gianni Caproni, a Società di Aviazione Ing. Caproni desenvolveu, antes do início da Primeira Guerra Mundial, um avião biplano e trimotor de grande porte, destinado às tarefas de bombardeio. Sob a designação militar italiana Ca-1, o primeiro protótipo realizou seu voo inaugural em fins de 1913 e entrou quase que imediatamente em produção. No transcurso daquele conflito e com aquela aeronave como ponto de partida, foram desenvolvidas diversas outras aeronaves de bombardeio. Com as designações militares italianas Ca-3, Ca-4 e Ca-5, esses bombardeiros foram produzidos em diversas versões, cada qual com distintos grupos motopropulsores, armamento fixo e outras características peculiares a cada versão, além de apresentar configurações biplana ou triplana.

Durante a Primeira Guerra Mundial, essa família de bombardeiros alcançou destacada atuação perante o Corpo Aeronautica Militare – a aviação militar italiana –, que os empregou com sucesso, principalmente contra alvos na Áustria-Hungria e na Alemanha. Além da Itália, outros países foram operadores dessa

Identificado pelo número de série 12038, um único exemplar do C.45 foi usado pela EAvM por poucos meses no ano de 1920. Foto Arquivo José de Alvarenga.

família de bombardeiros, incluindo a Inglaterra, a França e os Estados Unidos (inclusive, os dois últimos produziram distintas versões deles).

Entre elas encontrava-se o Caproni Ca.45, um derivado do Ca-5 e que se distinguia pelo uso de motores de maior potência. Embora tenha sido empregado durante a Primeira Guerra Mundial na tarefa para o qual foi projetado, alguns poucos exemplares foram modificados para realizar missões de evacuação aeromédica, que contava com o transporte de duas macas e dois feridos ambulantes.

Com o fim do conflito, muitos desses bombardeiros alijaram seu equipamento bélico e sofreram modificações para o transporte de passageiros ou já saíram de fábrica com essa finalidade. No entanto, a conversão dos bombardeiros Caproni encontrou pouco sucesso comercial e foi mínima sua influência nos anos pioneiros do transporte aéreo comercial da Europa.

O Caproni Ca-45 na Aviação do Exército

Terminada a Primeira Guerra Mundial, muitos foram os empreendimentos para fundar empresas de transporte aéreo nas mais diversas regiões do globo terrestre. A América do Sul e, em especial, o Brasil não foram esquecidos, e muitas foram as iniciativas domésticas e estrangeiras para fundar tais empresas. Entre outras tentativas, encontrava-se aquela empreendida pela Società Italiana di Transporti Aerei, conhecida no Brasil como Sociedade Ítalo-Brasileira de Transportes Aéreos.

Ao iniciar suas atividades no mês de novembro de 1919, mesmo sem contar com um certificado de operabilidade emitido pelo Governo brasileiro, o pessoal à frente daquela empreitada importou para o Brasil três aeronaves, entre as quais um Caproni Ca.45. Apesar de não existirem indicações concretas nesse sentido,

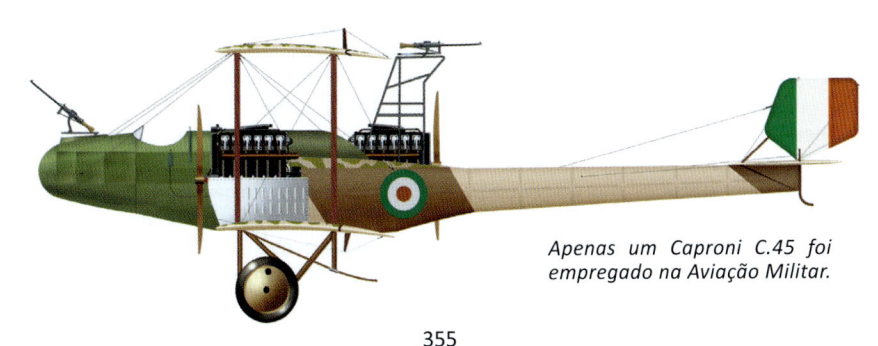

Apenas um Caproni C.45 foi empregado na Aviação Militar.

presume-se que aquela célula tenha recebido as necessárias modificações para permitir o transporte de três a quatro passageiros.

No entanto, esse esforço ítalo-brasileiro resultou em fracasso e, no dia 21 de fevereiro de 1920, o Caproni Ca.45 foi doado ao Governo brasileiro. Incluído em carga e transferido à Escola de Aviação Militar (EAvM), no Campo dos Afonsos (RJ), nada mais se sabe sobre a utilização dada àquela aeronave trimotora. Possivelmente, tendo em vista sua pouca utilidade para a Aviação Militar e pelo fato de que seria difícil mantê-lo em condições de voo, o Ca.45 foi excluído da carga da EAvM no mesmo ano em que foi recebido.

Caproni Ca.45	
Período de Utilização	1920
Fabricante	Società di Aviazione Ing.Caproni, Vizzola Ticino (Itália)
Emprego	Bombardeio
Características Técnicas	
Motor	Isotta Fraschini V6 de 250 hp
Envergadura	23,40 m
Comprimento	12,60 m
Altura	4,40 m
Área Alar	150 m²
Peso Vazio	3.000 kg
Peso Máximo	5.200 kg
Armamento	2 metralhadoras móveis Breda Até 540 kg em bombas Consta que a célula recebida pela Aviação Militar encontrava-se desprovida de armamento
Desempenho	
Velocidade Máxima	152 km/h
Razão de Subida	143 m/min
Teto Operacional	4.200 m
Autonomia	4 h
Comentários	
Total Adquirido	1 exemplar
Unidades Aéreas	Escola de Aviação Militar
Designações	Não recebeu designação
Matrículas	Não recebeu matrícula, sendo identificada pelo número de série do fabricante, 12038

Nieuport Ni.21E1

Desenvolvido durante a Primeira Guerra Mundial, o Nieuport 21 foi membro de uma extensa e variada família de aviões de caça projetados pela empresa francesa Société Anonyme des Établissements Nieuport. Ao combinar características de outras duas aeronaves de caça que lhe antecederam, o Ni.21 fazia uso da fuselagem do Nieuport 11, porém, com uma célula mais leve e as asas do Nieuport 17. Contudo, o novo avião empregava um motor radial rotativo de menor potência do que o encontrado no Nieuport 17.

Descrito pela empresa Nieuport como um avião escola, o Ni.21 destinava-se à instrução de caça. Apesar de não haver dados seguros quanto à quantidade total produzida, sabe-se que milhares deles foram produzidos até o final da guerra. A despeito de nominalmente ser um avião de treinamento para futuros pilotos de caça, alguns exemplares pertencentes à Aviation Militaire foram dotados com uma metralhadora Vickers .303 e chegaram a integrar unidades de caça de primeira linha. Além da França, outros países, incluindo Estados Unidos (que receberam quase duas centenas de aviões Ni.21 para fins de instrução de caça do pessoal recém-chegado à Europa), Holanda, Portugal, Reino Unido e Ucrânia, operaram esse equipamento. Por sua vez, a Rússia recebeu alguns poucos Ni.21 diretamente da fábrica e produziu outros 68 exemplares, todos os quais inicialmente desempenharam a função de caça.

O Nieuport Ni.21E1 na Aviação do Exército

A vinda da Missão Militar Francesa ao Brasil determinou a transferência de uma variada gama de aeronaves que se destinava às mais diversas missões. Entre essas encontravam-se 20 exemplares do Nieuport Ni.21E1, que serviriam às missões de treinamento avançado. Os caixotes com essas aeronaves chegaram ao Campo dos Afonsos (RJ), sede da Escola de Aviação Militar (EAvM), na primeira metade de 1920, e, até o fim de maio daquele ano, no mínimo, quatro já se encontravam prontos para ser utilizados no Curso de Aperfeiçoamento de Piloto daquele estabelecimento militar de ensino aeronáutico.

Por causa do número de alunos e da carga de trabalho então existente na EAvM, não foi necessário montar todas as células de Nieuport 21E1 que haviam sido recebidas. De fato, as evidências existentes indicam que não mais do que 12 desses aviões encontravam-se montados e prontos a qualquer momento. Eram erroneamente conhecidos como Bébé Nieuport – um apelido aplicável a outras versões dessa família de aviões – ou mais corretamente chamados de Nieuport 15 metros.

Os anos iniciais de serviço dos Ni.21 na EAvM foram dedicados exclusivamente ao treinamento avançado daqueles que haviam galgado os estágios

Empregado em missões de treinamento avançado, os Nieuport Ni.2E1 também eram conhecidos como Nieuport 15 metros. Foto Museu Aeroespacial do Campo dos Afonsos.

O 2102 foi um dos 20 Nieuport Ni.2E1 empregados pela EAvM.

anteriores do currículo de formação de pilotos da escola. No espaço de dois anos, a perda de duas células como resultado de acidentes durante o ciclo de instrução forçou a breve redução do efetivo de aviões Nieuport Ni.21E1, os quais foram repostos através da montagem de células que ainda se encontravam desmontadas.

Por serem leves e muito manobráveis, os Nieuport 21E1 eram muito apreciados por suas características de voo. Mas as muitas dificuldades que acompanharam os anos iniciais da EAvM, aliadas à própria fragilidade do material que resultava em um modestíssimo índice de disponibilidade, resultaram na utilização relativamente baixa dos Ni.21E1. Ao chegar o mês de julho de 1924, distintas fontes indicam que não mais do que quatro desses aviões encontravam-se prontos para uso. Mesmo assim, a primeira semana de julho daquele ano assistiu à eclosão da Revolução de 1924 e, com ela, o uso desses aviões no Brasil em algo que se assemelhava ao regime de combate.

No dia 18 de julho de 1924, entre outras aeronaves, dois aviões Nieuport Ni.21E1 da Esquadrilha de Aperfeiçoamento foram despachados para São Paulo. Deslocados para Mogi das Cruzes (SP), os Nieuport 21E1 tiveram participação bastante reduzida nas modestas operações aéreas legalistas executadas durante aquele conflito. De fato, as informações existentes apontam para a realização de duas surtidas – possivelmente três –, a última das quais sendo encerrada com um acidente com a aeronave.

Com diversas células em mau estado e necessitando de reparos e no mínimo três precisando de motores, os Nieuport 21E1 finalmente terminaram sua breve carreira no Brasil no mês de dezembro de 1924.

Nieuport Ni.21E1	
Período de Utilização	De 1920 até 1924
Fabricante	Societé Anonyme des Établissements Nieuport, (França)
Emprego	Treinamento avançado
Características Técnicas	
Motor	Le Rhone 9C de 80 hp
Envergadura	8,16 m
Comprimento	5,80 m
Altura	2,40 m
Área Alar	14,75 m^2
Peso Vazio	350 kg
Peso Máximo	530 kg
Armamento	Não dispunha de armamento

Continua

Desempenho	
Velocidade Máxima	150 km/h
Razão de Subida	228 m/min
Teto Operacional	5.200 m
Alcance	250 km
Comentários	
Total Adquirido	20 exemplares
Unidades Aéreas	Escola de Aviação Militar
Designações	Não recebeu designação
Matrículas	No Brasil, os Ni.21E1 utilizavam como matrícula o número de série do fabricante. Até o momento, conhece-se somente a identidade das seguintes células: 2101 a 2104, 2107, 2108, 7090, 7096, 7109, 7112, 7114, 7117, 7118, 7123, 7128 e 7129

Bréguet 14A2 e 14B2

Nascido em 1880, Louis Charles Bréguet veio de uma família com longa história na área de engenharia e, naturalmente, seguiu aquela tradição, formando-se como engenheiro elétrico. Mas, desde cedo, Bréguet se interessou pela aviação e pelas primeiras experiências conduzidas naquele setor. De fato, em 1905, ele desenvolveu um sofisticado túnel de vento para realizar detalhados ensaios com aerofólios.

Ao projetar e construir seu primeiro avião, em 1907, ele fundou a Société Anonyme dês Ateliers d'Aviation Louis Bréguet, em 1911. Nos anos seguintes, muitos foram os projetos que ele elaborou, mas, mal fundara sua empresa e seu Bréguet 3 o colocou firmemente como um dos principais fornecedores de aviões da recém-organizada aviação militar francesa.

A eclosão da Primeira Guerra Mundial encontrou a Bréguet produzindo bombardeiros e caças de escolta. Mas os ensinamentos colhidos nos primeiros anos

O Bréguet 14 com o número de série 1962, batizado de Itaquy, foi uma das aeronaves empregadas pela Aviação Militar. Foto Arquivo Action Editora Ltda.

Linha de Bréguet 14A2/B2 pertencente à EAvM vista no Campo dos Afonsos, nos anos 1920. Foto Arquivo Jackson Flores Jr. / Action Editora Ltda.

daquele conflito demonstraram a necessidade de dispor de aviões de combate muito mais eficientes e com desempenho superior ao existente no início da guerra. Com base nisso, em junho de 1916, a Bréguet começou o desenvolvimento do Type AV, um avião biplano de médio porte capaz de realizar missões de bombardeio e reconhecimento. Ao realizar seu voo inaugural em 21 de novembro de 1916 – com o próprio Louis Bréguet como piloto de ensaios em voo –, o Type AV foi inscrito no programa que o serviço técnico da aviação militar lançara naquele mesmo mês, o qual solicitava quatro novos tipos de avião de combate. A fábrica apresentou propostas para duas categorias – bombardeio e reconhecimento –, e os meses iniciais de 1917 assistiram à nova aeronave ser exaustivamente ensaiada pelas autoridades da aeronáutica militar francesa.

O avião foi redesignado Bréguet 14, e, em março de 1917, a Aviation Militaire encomendou 150 exemplares em sua versão de reconhecimento, o Bréguet 14A2. Logo em seguida, foram encomendadas 100 unidades da versão de bombardeio denominada Bréguet 14B2. Em maio daquele ano, os primeiros Bréguet 14A2 começaram a chegar às esquadrilhas de reconhecimento da Aviation Militaire. Já os Bréguet 14B2 sendo recebidos nas unidades de bombardeio a partir de outubro de 1917. Em pouquíssimo tempo, ficou claro que o Bréguet 14 era um avião excepcional para executar missões de bombardeio, observação e reconhecimento. Em muito isso se devia à enorme robustez da célula, que, ao contrário de muitos aviões da época, fazia extenso uso de alumínio em sua treliça, o que não somente lhe conferia robustez, mas, ao ser mais leve do que o esperado para um avião

O Anhangá foi um dos Bréguet 14A2 da Aviação Militar.

de seu porte caso utilizasse exclusivamente madeira em sua estrutura, o Bréguet era um avião bastante veloz – mais até do que alguns caças empregados naquela época. Tal foi o sucesso daquele avião que as autoridades francesas determinaram que outras empresas também produzissem o Bréguet 14, entre elas a Farman, a Michelin e a Renault. Em consequência, até ser encerrada a produção desses eficazes aviões, pouco mais de 8 mil exemplares foram produzidos por oito empresas.

Durante a Primeira Guerra Mundial, os Bréguet 14A2 e B2 foram empregados em combate não somente pela Aviation Militaire, mas pelas aviações da Bélgica e dos Estados Unidos. E mesmo com o fim do conflito, o Bréguet 14 continuou em atividade nas episódicas rebeliões coloniais que a França enfrentou durante a década de 1920, bem como nos conflitos de maior envergadura, como o embate entre a União Soviética e a Polônia, em 1920.

Fácil de adaptar, também foram produzidas versões civis do Bréguet 14, e, com essa aeronave, foram iniciadas muitas das primeiras empresas de transporte aéreo da França.

Os Bréguet 14A2 e 14B2 na Aviação do Exército

O acerto registrado entre os governos do Brasil e da França para a organização de uma escola de aviação do Exército Brasileiro resultou na aquisição imediata de um grande número de aviões. A maioria era de aviões de treinamento a serem utilizados na formação dos futuros aviadores do Exército. Contudo, alguns não eram exclusivamente de instrução de voo, mas aeronaves de combate destinadas não somente a dar instrução de emprego, mas possibilitar a criação de um núcleo de uma aviação de combate.

Entre essas aeronaves de combate encontravam-se 30 exemplares dos aviões de bombardeio e de reconhecimento Bréguet 14B2 e 14A2. Apesar das sutis diferenças visuais existentes entre as duas versões, como a envergadura ligeiramente maior do modelo 14B2, não se sabe ao certo quantas unidades de cada versão foram incorporadas ao acervo da Aviação Militar, uma tarefa dificultada pelo fato de que elas não foram montadas no mesmo período. De fato, as evidências sugerem que não mais do que 12 aviões Bréguet 14A2/B2 encontravam-se montados e disponíveis para voo em qualquer momento durante os oito anos em que estiveram em atividade na Aviação Militar.

Apesar de terem sido adquiridos 30 exemplares, documentos mostram que não mais de 14 Bréguet 14A2/B2 estiveram disponíveis em toda a sua vida operacional. Foto Arquivo Jackson Flores Jr. / Action Editora Ltda.

A documentação existente indica que os Bréguet 14 destinados à Aviação Militar chegaram ao país no transcorrer de 1920 transportados por via marítima. No fim daquele ano, os primeiros três exemplares foram postos à disposição do primeiro Curso de Aperfeiçoamento, mas foi somente a partir de março de 1921 que os Bréguet 14 foram incluídos em carga e distribuídos à Escola de Aviação Militar (EAvM), no Campo dos Afonsos (RJ). Munidas com estações de rádio e equipamento fotográfico, essas aeronaves foram instrumentais na formação operacional dos alunos matriculados no Curso de Observador Aéreo, bem como daqueles inscritos no Curso de Aperfeiçoamento.

Entretanto, o mês de junho de 1922 trouxe a criação do Grupo de Aviação no Sul e com ele a formação da 1ª Esquadrilha de Bombardeio, da 3ª Esquadrilha de Observação e da 1ª Esquadrilha de Caça. Essas esquadrilhas representaram o primeiro desdobramento dos meios aéreos da Aviação Militar para além dos limites do Campo dos Afonsos – ao menos de forma quase permanente. Respectivamente equipadas com quatro e seis aviões Bréguet 14A2/B2 em Santa Maria e Alegrete (RS), as primeiras duas esquadrilhas permaneceram em atividade naquela região até 1928, quando o Grupo de Aviação no Sul foi dissolvido e todo o acervo aeronáutico, enviado de volta ao Campo dos Afonsos. Apesar de permanecerem no Rio Grande do Sul durante quase seis anos, muito pouco se sabe das atividades que os Bréguet 14A2/B2 desenvolveram naquela região.

Para os Bréguet 14A2/B2 que permaneceram na Escola de Aviação Militar, a rotina de instrução permaneceu inalterada durante os anos de 1921 e 1922, salvo a perda de duas células em acidentes. Contudo, no segundo trimestre de 1923, os Bréguet 14A2/B2 protagonizaram dois importantes reides que ganharam considerável destaque na imprensa nacional. Porém, e provavelmente mais importante, esses dois voos de longa distância representaram uma quebra nas rígidas limitações impostas pela Missão Militar Francesa, que impedia voos além de um imaginário cilindro com raio de 10 km e centro sobre o Campo dos Afonsos. O primeiro desses reides, em 21 de abril, assistiu a três Bréguet 14A2/B2 iniciarem um voo de longa distância entre as cidades do Rio de Janeiro e de São Paulo. Com o nome Esquadrilha Anhangá, essas três aeronaves concluíram o reide com sucesso: um dos Bréguet 14 sofreu um pequeno acidente na perna de regresso ao Campo dos Afonsos. Pouco depois, em 23 de abril, um solitário Bréguet 14A2/B2 deu início ao reide entre o Campo dos Afonsos e Curitiba (PR).

Além da EAvM, os Bréguet 14 foram empregados pela 1ª Esquadrilha de Bombardeio e pela 3ª Esquadrilha de Observação, ambas sediadas no Rio Grande do Sul. Foto Museu Aeroespacial do Campo dos Afonsos.

Os Bréguet 14 foram utilizados em missões de reconhecimento e bombardeiro durante a Revolução de 1924. Foto Arquivo Jackson Flores Jr. / Action Editora Ltda.

Assim que foi deflagrada a Revolução de 1924, as forças legalistas trataram de reunir as forças necessárias para acabar com os focos da rebelião em São Paulo e no norte do país. Para tanto, o Exército Brasileiro lançou mão dos meios aéreos pertencentes à Escola de Aviação Militar, entre os quais seis aviões Bréguet 14A2/B2. Foram transportados desmontados por via férrea até Mogi das Cruzes (SP) para lá iniciarem suas operações contra as forças rebeldes. No que tange aos Bréguet 14A2/B2, as operações aéreas foram executadas entre os dias 19 e 28 de julho e foram restritas a missões de reconhecimento e observação. Mas, a partir do dia 22, surtidas de bombardeio foram realizadas contra diversos alvos, muitos no perímetro urbano de São Paulo.

Mesmo que muito modestas se comparadas às operações aéreas realizadas em outros episódios armados registrados em outras partes do mundo, as atividades dos Bréguet 14A2/B2, bem como de outras aeronaves que ativamente participaram da Revolução de 1924, surtiram resultados consideráveis sobre a moral das forças revoltosas. Mas a Revolução de 1924 efetivamente marcou o ápice da carreira dos Bréguet 14A2/B2 da Aviação Militar. As dificuldades orçamentárias que passaram a ser vividas pelas Forças Armadas brasileiras – e em especial a Aviação Militar – na esteira da Revolução de 1924 afetaram sobremaneira a disponibilidade do material aeronáutico pertencente ao Exército Brasileiro. Por mais robustos que fossem, os Bréguet 14A2/B2 sofreram com a impossibilidade de adquirir material sobressalente para repor itens gastos ou danificados.

Aliada às perdas registradas como consequência de acidentes, em 1927, a frota de aviões Bréguet 14A2/B2 ficou reduzida a seis ou sete células disponíveis para voo – as demais aeronaves foram canibalizadas para servir como fonte de peças.

Finalmente, em 1928, os derradeiros Bréguet 14A2/B2 foram suspensos do voo e, posteriormente, alienados como sucata.

Bréguet 14A2 e 14B2

Período de Utilização	De 1920 até 1928
Fabricante	Société Anonyme dès Ateliers d'Aviation Louis Bréguet (França)
Emprego	Bombardeio, fotografia, observação e reconhecimento
Características Técnicas	
Motor	Renault 12FE de 300 hp
Envergadura	14,36 m

Continua

Comprimento	8,87 m
Altura	3,30 m
Área Alar	49 m²
Peso Vazio	1.140 kg
Peso Máximo	1.880 kg
Armamento	1 metralhadora fixa Vickers .303 2 metralhadoras móveis Lewis .303 Até 300 kg em bombas
Desempenho	
Velocidade Máxima	190 km/h
Razão de Subida	200 m/min
Teto Operacional	6.100 m
Alcance	900 km
Comentários	
Total Adquirido	30 exemplares
Unidades Aéreas	Escola de Aviação Militar 1ª Esquadrilha de Bombardeio 3ª Esquadrilha de Observação
Designações	Não recebeu designação
Matrículas	Inicialmente empregados os números de fábrica: 1855 a 1872, 1958 a 1962 e 1965 a 1971. Algumas aeronaves receberam os números 1 a 6, mas existem indicações de que esses números foram atribuídos a mais de uma célula

Royal Aircraft Factory S.E.5a

Sem margem a dúvidas, uma das melhores aeronaves de combate a aparecer entre os países aliados da Primeira Guerra Mundial foi o Royal Aircraft Factory S.E.5a. Projetado pelos engenheiros da RAF, com sede em Farnborough (Reino Unido), o S.E.5a tornou-se um dos principais e melhores aviões de caça à disposição do Royal Flying Corps e do corpo de aviação da força expedicionária americana na Europa.

O primeiro protótipo fez seu voo inaugural no mês de dezembro de 1916 e, apesar de suas promissoras características, seu desenvolvimento não ocorreu sem problemas. Isso era especialmente verdade no que dizia respeito ao grupo motopropulsor, que, originalmente, constava de um motor Hispano-Suiza 8A de 200 hp. Por inspirar pouca confiança pela fragilidade da caixa de redução, sucessivas versões daquele motor francês não conseguiram sanar esse problema – a ponto de haver centenas desses aviões prontos na fábrica no mês de outubro de 1917, mas sem motores. Essa séria deficiência só foi resolvida com o desenvolvimento e a instalação do motor Wolseley W.4a de 200 hp.

Apesar de ser menos ágil que alguns caças contemporâneos daquela época, o S.E.5a era caracterizado por extrema robustez e por ser muito mais fácil de pilotar que a vasta maioria dos aviões de caça usados durante a Primeira Guerra Mundial. Avião preferido de vários pilotos que atingiram o status de ás durante aquela guerra, o S.E.5a ganhou a reputação de ser o caça aliado que mais aeronaves inimigas derrubou durante aquele conflito. Aproximadamente 5.205 exemplares do S.E.5a foram construídos pela Royal

Aircraft Factory e outros 57 desses aviões foram produzidos nos Estados Unidos pela Curtiss.

O Royal Aircraft Factory S.E.5a na Aviação do Exército

Com o término da Primeira Guerra Mundial, uma quantidade relativamente grande de caças S.E.5a foi alienada pela Royal Flying Corps e destinada ao mercado de aviação civil europeu ou exportada para as forças armadas de outros países. Alguns poucos exemplares foram adquiridos para fazer parte da frota das primeiras empresas de transporte aéreo que começaram a brotar na Europa.

Um empreendedor veio até o Brasil para estabelecer uma empresa de transporte aéreo entre as principais cidades do país. Ao receber autorização para operar no país por meio de um decreto datado de 26 de abril de 1919, a Handley Page Ltda. pretendia empregar dois hidroaviões Norman Thompson N.T.2B, um Avro 504K e um S.E.5a para a execução de seus serviços. Apesar de ver sua autorização ampliada para incluir destinos no estrangeiro e a autorização original confirmada no mês de julho de 1920, essa empreitada inglesa em nada resultou e suas aeronaves foram entregues às autoridades aeronáuticas militares brasileiras.

Entre as aeronaves doadas pela Handley Page Ltda. encontrava-se o S.E.5a, que foi entregue ao Exército Brasileiro no mês de agosto de 1920. Distribuída à Escola de Aviação Militar (EAvM), nada se sabe sobre a utilização dada a essa aeronave naquele estabelecimento de ensino aeronáutico. Não há evidências de que tenha sido utilizada por pessoal da EAvM e, naquele mesmo ano, a célula foi descarregada.

Royal Aircraft Factory S.E.5a	
Período de Utilização	1920
Fabricante	Royal Aircraft Factory, Farnborough (Reino Unido)
Características Técnicas	
Motor	Wolseley W.4a Viper de 200 hp
Envergadura	8,11 m
Comprimento	6,38 m
Altura	2,89 m
Área Alar	22,80 m^2
Peso Vazio	706 kg
Peso Máximo	902 kg
Armamento	1 metralhadora fixa Lewis .303 1 metralhadora fixa Vickers .303 Consta que a célula recebida pela Aviação Militar encontrava-se desprovida de armamento
Desempenho	
Velocidade Máxima	193 km/h
Razão de Subida	235 m/s
Teto Operacional	5.944 m
Alcance	483 km
Comentários	
Total Adquirido	1 exemplar
Unidades Aéreas	Escola de Aviação Militar
Designações	Não recebeu designação
Matrículas	Não recebeu matrícula

SPAD 13

Com Armand Deperdussin sendo acusado de fraude em meados de 1913, a integridade da Société Provisoire des Aéroplanes Deperdussin (SPAD) ficou abalada. Mais tarde, a empresa acabou sendo adquirida por um sindicato liderado por um dos mais conhecidos pioneiros franceses da aviação – Louis Blériot. Sob o novo nome, Société Anonyme Pour l'Aviation et ses Derivés (SPAD), os novos projetos passaram a ser desenvolvidos sob a batuta do engenheiro chefe Louis Béchereau.

Inicialmente, uma significativa parcela da capacidade de produção da SPAD permaneceu voltada para a fabricação, sob licença, de aviões Caudron G.3 e G.4. No entanto, Béchereau seguiu dando curso aos projetos da própria SPAD – quase todos de aviões de caça. Apesar de esses caças não terem alcançado os resultados desejados em termos de desempenho, seus projetos permitiram à SPAD formar uma sólida base para desenvolver um dos melhores e mais conhecidos caças da Primeira Guerra Mundial – o SPAD 7.

Em produção no terceiro trimestre de 1916, os primeiros 24 SPAD 7 (de um total aproximado de 3.500 produzidos na França e outros 220 construídos no Reino Unido e na Rússia) foram entregues às primeiras unidades de caça da Aviation Militaire. Além das 53 unidades francesas que operaram o SPAD 7 na França, outras o operaram no estrangeiro durante aquele conflito, como os Estados Unidos, a Itália, o Reino Unido e a Rússia. Com as armas aéreas da França e dos Estados Unidos, o SPAD ganhou notoriedade como um caça extremamente eficaz e robusto, apesar de possuir algumas deficiências em termos de desempenho e qualidade de voo.

Para corrigir as deficiências observadas em combate, foi desenvolvido o SPAD 13, cujo protótipo voou em abril de 1917. Com duas metralhadoras Vickers de 7,62 mm no lugar da única metralhadora instalada no SPAD 7, o SPAD 13 dispunha ainda de um motor mais potente. Externamente quase idêntico ao SPAD 7, algumas fontes dão conta de que a produção total de caças SPAD 13 atingiu 7.300 unidades, enquanto outras indicam que a quantidade final foi de 8.472 aviões. O SPAD 13 entrou em serviço no início de 1918, sendo utilizado durante a Primeira Guerra Mundial pela Aviation Militaire, bem como pelos Estados Unidos e pela Itália.

O Spad 13 foi o primeiro avião de caça a ser empregado pela Aviação Militar. Foto Arquivo Action Editora Ltda.

Vinte Spad 13 foram usados pela Aviação Militar entre 1920 e 1930.

O SPAD 13 na Aviação do Exército

No segundo semestre de 1918, com a Primeira Guerra Mundial praticamente definida, ficou acertada, entre os governos do Brasil e da França, a contratação de oficiais aviadores e mecânicos franceses que iriam auxiliar no estabelecimento de uma escola de aviação para o Exército Brasileiro. Além da contratação de pessoal, as negociações incluíram a aquisição de aeronaves e de material de apoio destinados a equipar a futura Escola de Aviação Militar (EAvM). Entre as muitas aeronaves encomendadas, encontrava-se um lote de aviões SPAD 13, os primeiros aviões de caça da arma de aviação do Exército.

Conquanto seja difícil estabelecer com exatidão o período em que os caixotes com esses aviões chegaram ao Brasil, existem evidências de que um grupo de dez SPAD 13 foi montado e ensaiado no Campo dos Afonsos durante o mês de agosto de 1920. As 10 células remanescentes permaneceram desmontadas e abrigadas nos caixotes nos quais chegaram até agosto de 1921, quando também foram montadas. Visto que a EAvM mal havia concluído um ano de existência, a decisão de montar somente um grupo de aviões possivelmente se deveu à total falta de pessoal brasileiro devidamente adestrado. De igual forma, a falta de pessoal inibiu a imediata formação de uma unidade aérea específica para operar essas aeronaves.

Distribuídos à EAvM, foi somente no final de 1920 que os SPAD 13 que se encontravam montados foram reunidos numa subunidade, a Esquadrilha de Aperfeiçoamento (Esqda. Aperf.), que, ao receber os pilotos diplomados do Curso de Pilotos Aviadores da EAvM, tinha como principal tarefa a transformação daqueles pilotos em aviadores militares, por meio de um curso ministrado por um oficial francês e focalizado nas diversas formas de emprego do avião como um instrumento de guerra. O nível de desenvolvimento das aptidões dos novos aviadores militares brasileiros permitiu que dois segundos-tenentes realizassem o primeiro voo militar entre Rio de Janeiro e São Paulo. Ao empregar dois aviões SPAD 13, os dois oficiais decolaram do Campo dos Afonsos no dia 11 de junho de 1921 e regressaram no dia 13 do mesmo mês.

Em decorrência da decisão de desdobrar elementos da Aviação Militar para o sul do Brasil, em agosto de 1921, foram montados os dez SPAD 13 que ainda se encontravam encaixotados. Paralelamente, o ministro da Guerra determinou, naquele mesmo mês, que fossem adquiridos terrenos em distintos pontos do Rio Grande do Sul, que não somente deveriam ser preparados, como deveriam contar com hangares e oficinas para apoiar as aeronaves.

A extensão dos trabalhos a serem realizados nas cidades rio-grandenses de Alegrete, Santa Maria e Pelotas (incluindo o prolongamento até o local do campo de pouso da linha férrea que servia Santa Maria) fez com que essas providências demorassem algum tempo. Foi somente em dezembro de 1921 que as composições férreas que levaram a dotação inicial de material para as unidades aéreas que iriam operar no Rio Grande do Sul partiram do Rio de Janeiro (RJ).

Finalmente, com o mínimo de instalações já prontas, o ministro da Guerra criou provisoriamente um Grupo de Esquadrilhas de Aviação, que ficava subordinado à 3ª Região Militar. Com três esquadrilhas e um parque de aviação para apoiar as atividades das unidades aéreas, essas foram repartidas entre Alegrete e Santa Maria. Nove aviões SPAD 13 foram enviados para o sul, passando a integrar a 1ª Esquadrilha de Caça, que repartiu sua sede em Santa Maria com a 3ª Companhia Provisória de Parque de Aviação.

Muito pouco se sabe das atividades que a 1ª Esquadrilha de Caça realizou durante sua existência, que, juntamente com as demais unidades do Grupo de Esquadrilhas de Aviação, foi dissolvida no dia 12 de março de 1928. Conquanto algo do material aeronáutico lá tenha permanecido até janeiro de 1930, algumas informações indicam que os SPAD 13 regressaram ao Campo dos Afonsos no transcorrer de 1929.

Por sua vez, os SPAD 13 que permaneceram no Campo dos Afonsos continuaram a ser usados na formação final dos aviadores diplomados pela EAvM. Porém, a fragilidade do material, cujos motores precisavam de revisão geral a cada 50 horas de voo, resultou em índices de disponibilidade cada vez mais baixos. Ao chegar o fim do ano de 1924, somente dois SPAD 13 estavam disponíveis; os demais se encontravam em péssimo estado e precisavam de extensos reparos.

A chegada de material aeronáutico mais moderno em 1927 fez com que o uso dos SPAD 13 fosse gradativamente reduzido. Finalmente, em janeiro de 1930, foram excluídos da carga da EAvM os dois últimos SPAD 13, que, aparentemente, já não voavam desde o ano anterior.

Além da EAvM, nove Spad 13 também foram empregados pela 1ª Esquadrilha de Caça, sediada em Santa Maria (RS). Foto Aquivo José de Alvarenga.

SPAD 13	
Período de Utilização	De 1920 até 1930
Fabricante	Société Anonyme Pour l'Aviation et ses Derives, (França)
Emprego	Caça
Características Técnicas	
Motor	Hispano-Suiza 8Bb de 200 hp
Envergadura	8,25 m
Comprimento	6,25 m
Altura	2,60 m
Área Alar	21,11 m²
Peso Vazio	601 kg
Peso Máximo	856 kg
Armamento	2 metralhadoras Vickers de 7,65 mm
Desempenho	
Velocidade Máxima	208 km/h
Razão de Subida	378 m/min
Teto Operacional	6.800 m
Autonomia	2 h
Comentários	
Total Adquirido	20 exemplares
Unidades Aéreas	Escola de Aviação Militar 1ª Esquadrilha de Caça
Designações	Não recebeu designação
Matrículas	No Brasil, os SPAD 13 utilizavam como matrícula o número de série do fabricante. Esses eram 2952 a 2961 e 2971 a 2980

Nieuport 80E2 e 81D2

No início da Primeira Guerra Mundial eram empregadas aeronaves de instrução extremamente fáceis de voar e dóceis de manejar, pois o ciclo de formação era extremamente breve. Não eram raras as instâncias em que um piloto chegava a uma unidade de combate e realizava sua primeira surtida com experiência igual ou inferior a 10 horas de voo. Sendo assim, para a formação de pilotos militares, preferiam-se aeronaves excepcionalmente estáveis e de pouca manobrabilidade, como o Farman S.11. Porém a meteórica evolução registrada entre os aviões de combate daquele conflito exigiu não somente a reformulação dos currículos de instrução, que passaram a ser muito mais elaborados e completos, mas plataformas com desempenho e qualidade de voo que se assemelhassem às aeronaves de primeira linha.

No que tange à indústria aeronáutica francesa, a Société Anonyme des Établissements Nieuport apresentou distintas propostas que visavam equacionar as deficiências materiais existentes nas fases de instrução primária, básica e avançada. Entre as propostas que efetivamente foram concretizadas, estavam o Nieuport 80 e o Nieuport 81 – ambos derivavam do caça biplace Nieuport 12. Essencialmente idênticos, o Nieuport 80 dispunha somente de um conjunto de comandos de voo, enquanto o Nieuport 81 contava com duplo comando para aluno e instrutor.

Os Nieuport 80E2 e 81D2 operaram exclusivamente na instrução de voo dos alunos da EAVM, sediada no Campo dos Afonsos (RJ). Foto Arquivo José de Alvarenga.

O primeiro a ser colocado em produção foi o Nieuport 80, cujos exemplares foram entregues em 1916. Por sua vez, o Nieuport 81 chegou às unidades de instrução da Aéronautique Militaire – a arma de aviação do Exército francês – no ano seguinte. Porém, a utilização das duas aeronaves de instrução não se limitou à Aéronautique Militaire, já que diversos países, como Bélgica, Estados Unidos, Portugal e Tailândia, empregaram esses aviões durante o conflito ou logo depois dele. Imediatamente após o fim da Primeira Guerra Mundial, dezenas de aviões Nieuport 80 e 81 foram modificados para atender ao emergente mercado de aviões de recreio e turismo.

Os Nieuport 80E2 e 81D2 na Aviação do Exército

A chegada ao Brasil da Missão Militar Francesa – incumbida da tarefa de implantar no Exército Brasileiro um serviço de aviação – resultou na aquisição de um variado e numeroso leque de aviões, com especial ênfase nas aeronaves de instrução. Entre esses se encontravam 10 aviões de instrução Nieuport 80E2 e outras 18 aeronaves Nieuport 81D2. A documentação existente sugere que todos os Nieuport 80E2 e oito Nieuport 81D2 chegaram ao país nos derradeiros dias de 1920, seguidos de 10 aviões Nieuport 81D2 em meados de 1921.

Distribuídos à Escola de Aviação Militar (EAvM), localizada no Campo dos Afonsos (RJ), essas aeronaves foram prontamente inseridas no ciclo de instrução daquela escola. Entretanto, possivelmente porque já existiam outros aviões

Ao todo, a Aviação Militar empregou 10 Nieuport 80E2 e 18 Nieuport 81D2.

de treinamento primário e básico em operação e em quantidade suficiente para atender a quase todas as necessidades da EAvM, nem todos os Nieuport 80E2 e Nieuport 81D2 foram montados e colocados imediatamente em operação. De fato, as evidências indicam que em torno de 13 aviões Nieuport 81D2 foram montados e operados ao longo dos anos em que esse tipo permaneceu em operação, e as demais células permaneceram encaixotadas nas instalações da EAvM, com suas peças possivelmente sendo aproveitadas para assegurar a disponibilidade para voo daquelas células já em operação.

Indistintamente conhecidos entre pilotos e mecânicos como Nieuport 23 m^2, os Nieuport 80E2 e Nieuport 81D2 passaram toda a sua carreira operacional servindo a EAvM, auxiliando na formação de sucessivas turmas de pilotos, oficiais ou sargentos. E essas aeronaves foram intensivamente utilizadas na missão de instrução e consequentemente as frotas de Nieuport 23 m^2 sofreram algumas baixas ao longo dos anos em que estiveram em operação. Além dos acidentes causados por erros de pilotagem, a própria falta de confiabilidade típica dos motores radiais rotativos que equipavam as aeronaves daquela época, aliada à fragilidade do material, determinou a perda de alguns Nieuport 80E2 e Nieuport 81D2.

Entretanto, os Nieuport 23 m^2 aparentemente tiveram uma vida razoavelmente longa se comparados a seus pares, como o Nieuport 82 e o Nieuport 83. Existem indicações que sugerem que um reduzido número de aviões Nieuport 80E2 e Nieuport 81D2 foi mantido em atividade até 1926, com um – e possivelmente dois – Nieuport 81D2 sendo transformado em aeronave roladora em setembro de 1927. Através da remoção de quase toda a tela que recobria as asas – e consequentemente impedia que a aeronave alçasse voo – esses roladores destinavam-se exclusivamente a dar instrução de táxi para os alunos matriculados na EAvM.

Seja como for, os derradeiros Nieuport 80E2 e Nieuport 81D2 desapareceram em 1928, ano em que certamente nenhum se encontrava mais em condições de voo ou era empregado como avião rolador. Muito provavelmente, a exemplo de outras aeronaves recebidas entre 1919 e 1921, as células ainda existentes desses dois aviões de treinamento foram incineradas após a remoção de todo o material que ainda podia ser aproveitado em outros aviões. Entretanto, em 1932, existiam,

Um piloto da Aviação do Exército é visto à frente do seu Nieuport 23 m^2, como também eram chamados os Nieuport 80E2 e 81D2. Foto Arquivo Jackson Flores Jr. / Action Editora Ltda.

no estado de São Paulo, nada menos do que três Nieuport 23 m² em atividade. Mas se desconhece se qualquer um desses eram aviões Nieuport 80E2 e Nieuport 81D2 alienados pelo Exército Brasileiro após serem desativados e excluídos de carga.

Nieuport 80E2 e 81D2	
Período de utilização	De 1920 até 1928
Fabricante	Société Anonyme des Établissements Nieuport, Issy-les-Molineaux (França)
Emprego	Instrução
Características Técnicas	
Motor	Lê Rhone 9c de 80 hp
Envergadura	9,05 m
Comprimento	7,14 m
Altura	2,73 m
Área Alar	23 m²
Peso Vazio	490 kg
Peso Máximo	760 kg
Armamento	Não dispunha de armamento
Desempenho	
Velocidade Máxima	130 km/h
Razão de Subida	113 m/min
Teto Operacional	Desconhecido
Alcance	220 km
Comentários	
Total Adquirido	10 exemplares (Nieuport 80E2) 18 exemplares (Nieuport 81D2)
Unidades Aéreas	Escola de Aviação Militar
Designações	Não recebeu designação
Matrículas	Ambos os tipos conservaram os números outorgados pelo fabricante. No caso dos Nieuport 80E2: 8001 a 8010. Já os números que se conhece dos Nieuport 81D2 são: 7513, 8101 a 8109, 8113, 8116 e 8125

Caudron G.4

Como muitos outros franceses de sua época, Gaston e René Caudron entusiasticamente acompanharam a evolução da aviação em seus anos pioneiros. Filhos de um bem-sucedido fazendeiro da região do Somme, os dois irmãos projetaram e fizeram voar um planador que contou com o imprescindível auxílio de um dos cavalos da fazenda para lançá-lo em março de 1909. O sucesso da primeira tentativa fez com que os irmãos Caudron abandonassem um futuro promissor na agricultura para se dedicarem exclusivamente ao desenvolvimento e à produção de aviões.

No mesmo ano em que fizeram voar sua primeira aeronave, os irmãos fundaram a Société dês Avions Caudron, que não somente se destinava à construção de aviões e hidroaviões, mas, em seus anos iniciais, também formava pilotos. Mas de projeto em projeto, a reputação deles como competentes construtores aeronáuticos cresceu e, às vésperas da Primeira Guerra Mundial, a empresa Caudron já havia iniciado a entrega de seu avião, modelo G.3, à Aeronautique Militaire – a aviação militar da França. Usado como plataforma de reconhecimento, nada menos do que 2.849 desses aviões foram construídos pela própria Caudron ou sob licença no Reino Unido e na Itália.

Mas se o Caudron G.3 se mostrou um eficiente avião de reconhecimento, a impossibilidade de portar uma carga ofensiva e o fato de não dispor de nenhuma espécie de armamento para se defender fizeram com que os Caudron desenvolvessem uma aeronave que corrigisse essas deficiências. Em busca de agilizar o processo de desenvolvimento e ensaios, os dois simplesmente dotaram a célula básica do G.3 com dois motores, aumentaram consideravelmente a superfície alar da aeronave e incorporaram uma série de alterações que a permitia carregar até 100 quilos de bombas, bem como dispor de armamento de autodefesa.

Denominado Caudron G.4, a nova aeronave realizou seu primeiro voo em março de 1915 e, a partir de novembro daquele ano, passou a integrar diversas unidades da Aeronautique Militaire. Inicialmente, esses aviões registraram significativos sucessos em operações de bombardeio muito atrás das linhas inimigas. Mas a eficiência da aviação de caça inimiga os obrigou a realizar suas surtidas à noite. A arma de aviação da Marinha Britânica também registrou diversos êxitos com o Caudron G.4, especialmente contra as bases de hidroavião e Zeppelin localizadas ao longo do litoral belga.

Um total de 1.421 aviões Caudron G.4 foi produzido nas instalações da Caudron, bem como sob licença no Reino Unido e na Itália. Essas aeronaves foram utilizadas pelas armas de aviação de países como Estados Unidos, Finlândia, Romênia e Rússia.

O Caudron G.4 na Aviação do Exército

A chegada ao Brasil da Missão Militar Francesa – incumbida com a tarefa de implantar no Exército Brasileiro um serviço de aviação – levou à aquisição de um variado e numeroso leque de aviões, com especial ênfase às aeronaves de instrução. Contudo, outras necessidades foram identificadas pelos membros da Missão Militar Francesa e das autoridades do Exército Brasileiro.

Uma dessas necessidades compreendia o sistemático mapeamento do território nacional, um trabalho que poderia ser consideravelmente facilitado pela aerofotogrametria. Conquanto algumas das aeronaves recebidas pela Aviação Militar poderiam perfeitamente realizar essa tarefa sob a orientação do Serviço Geográfico Militar (SGM) – órgão do Exército encarregado do mapeamento do

Um Caudron G.4 da EAvM visto em voo. Essas aeronaves tiveram vida efêmera no Exército, sendo usadas em missões de aerofotogrametria. Foto Arquivo José de Alvarenga.

Um dos dois únicos Caudron G.4 usados pela EAvM.

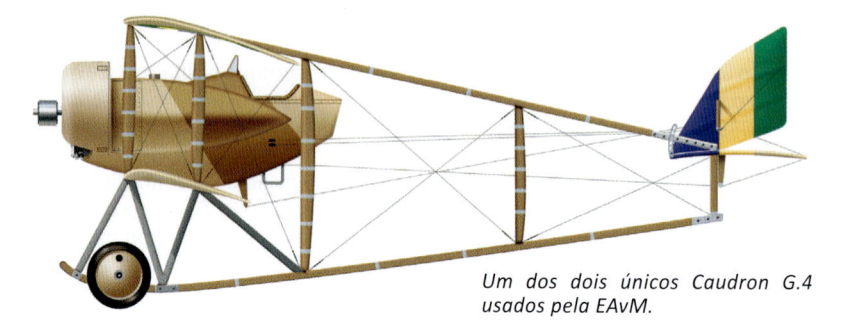

território nacional –, a prática mostrava a conveniência de equipar o SGM com plataformas próprias para a realização de trabalhos de aerofotogrametria.

Consequentemente, no terceiro trimestre de 1921, chegaram ao Campo dos Afonsos 14 caixotes com dois aviões Caudron G.4 totalmente desmontados, bem como material de aerofotogrametria para equipá-los. Montados e ensaiados, esses aviões foram distribuídos à Escola de Aviação Militar, no Campo dos Afonsos. Porém, sua utilização ficou condicionada exclusivamente a voos em benefício do SGM.

Por motivos que hoje não estão claros, no ano seguinte, os dois Caudron G.4 simplesmente deixaram de voar e foram encostados. É possível que os Bréguet 14A2/B2 pertencentes à Escola de Aviação Militar fossem mais apropriados às exigências do trabalho de aerofotogrametria a serem feitos aqui no Brasil. Ou então fatores logísticos militaram contra a operação dos Caudron G.4 no Brasil. Seja como for, os dois Caudron G.4 simplesmente desaparecem após 1922, provavelmente, desmontados para aproveitamento de matéria-prima e posteriormente incinerados.

Caudron G.4

Período de Utilização	De 1921 até 1922
Fabricante	Société des Avions Caudron
Emprego	Aerofotogrametria
Características Técnicas	
Motor	2 Lê Rhone 9C de 80 hp cada um
Envergadura	16,90 m
Comprimento	7,30 m
Altura	2,80 m
Área Alar	37,20 m²
Peso Vazio	825 kg
Peso Máximo	1.555 kg
Armamento	Não dispunha de armamento
Desempenho	
Velocidade Máxima	130 km/h
Razão de Subida	111 m/min
Teto Operacional	4.300 m
Autonomia	3 h 30 m
Comentários	
Total Adquirido	2 exemplares
Unidades Aéreas	Escola de Aviação Militar Serviço Geográfico Militar
Designações	Não recebeu designação
Matrículas	Não se sabe se foram atribuídas ou não matrículas às 2 células

Blériot-SPAD S.54 Herbemont

Fundada como Société de Production des Aéroplanes Deperdussin por Armand Deperdussin, um ex-caixeiro-viajante e cantor de cabaré que fizera fortuna na indústria de tecidos, a SPAD era uma das principais empresas de construção aeronáutica às vésperas da Primeira Guerra Mundial. No entanto, o destino da empresa foi colocado na balança quando Deperdussin foi preso e, posteriormente, julgado por fraude. Um consórcio liderado pelo pioneiro da aviação francesa Louis Blériot adquiriu a SPAD em 1913 e indicou o projetista e engenheiro Louis Béchereau para ficar à testa da redenominada Société Pour L'Aviation et ses Dérivés.

A eclosão da Primeira Guerra Mundial mudou a sorte da SPAD, que evoluiu de forma espetacular. Responsável por aproximadamente 20% das aeronaves produzidas na França durante o conflito, a SPAD se notabilizou pelo desenvolvimento de uma família de caças que ganhou fama mundial: o SPAD 7 e seus sucessores.

Porém, o fim da guerra resultou no maciço cancelamento de contratos de aeronaves militares, o que determinou a falência de muitos fabricantes. No entanto, a SPAD, como algumas outras empresas francesas, prontamente se adaptou à nova realidade. Já sob a batuta do jovem engenheiro André Herbemont, ela verteu seus esforços para o desenvolvimento de aviões destinados ao mercado civil – quer fossem para a área de transporte aéreo comercial, treinamento ou recreio e turismo.

Em 1921, a SPAD foi totalmente absorvida pela Blériot Aéronautique. Mas o nome SPAD continuou presente em muitos projetos executados ao longo daquela década – geralmente, como Blériot-SPAD. Foi justamente nesse período que André Herbemont deu início ao desenvolvimento de uma aeronave de instrução voltada para os mercados civil e militar. Designado como Blériot-SPAD 34, esse biplano dotado de motor radial rotativo apresentava acomodação lado a lado para aluno e instrutor – uma configuração praticamente desconhecida na época. O avião voou pela primeira vez em julho de 1920, e a Aéronautique Militaire prontamente encomendou alguns exemplares para equipar suas unidades de instrução, eventualmente incorporando 119 unidades do SPAD S.34. Por sua vez,

Os Blériot-Spad S.54 tiveram tímida participação nas ações da Revolução de 1924, cumprindo missões de reconhecimento e observação. Foto Arquivo José de Alvarenga.

a Aéronavale incorporou seis SPAD S.34bis e a Escola Blériot de Aviação recebeu 16 exemplares do S.34. Foram poucos os contratos de exportação do SPAD S.34, com, ao menos, nove aviões sendo vendidos para a Argentina, Bolívia e Finlândia. No total, aproximadamente 150 unidades do S.34 foram produzidas, uma quantidade bastante expressiva para a época.

Diante do relativo sucesso do S.34, André Herbemont tratou de desenvolver uma nova aeronave de treinamento usando o S.34 como ponto de partida. Designado S.54, ele apresentava maior envergadura e fuselagem mais longa, bem como oferecia diferentes opções de motorização. O primeiro protótipo do que passou a ser conhecido popularmente como SPAD Herbemont voou em 23 de fevereiro de 1922. Nos quatro anos seguintes, foram produzidos 37 exemplares do Blériot-SPAD S.54, distribuídos em nove distintas versões. A maior parte foi operada pela Escola de Aviação Blériot, mas muitos foram parar em mãos de particulares ou aeroclubes, com alguns poucos sendo exportados.

O Blériot-SPAD S.54 Herbemont na Aviação do Exército

Passados quase cinco anos desde que fora inaugurada em 1919, a Escola de Aviação Militar (EAvM) havia evoluído dentro do esperado – tanto por parte das autoridades brasileiras, como pelos integrantes da Missão Militar Francesa de Aviação, que acompanhavam de perto a implantação e o desenvolvimento da EAvM.

Contudo, a frota de aviões destinados à instrução de oficiais e sargentos matriculados na EAvM já se encontrava significativamente reduzida. Em parte isso se deveu aos inevitáveis acidentes registrados ao longo de quase cinco anos e em parte à própria fragilidade material dos aviões daquela época, cuja vida útil podia ser medida sob condições ideais em algumas poucas centenas de horas de voo.

Assim, as autoridades da Escola de Aviação Militar – em conjunto com os líderes da Missão Militar Francesa de Aviação – trataram de traçar planos para adquirir novos aviões de treinamento. Seguindo a prática estabelecida quando da implantação da EAvM – que era recomendar material aeronáutico de origem francesa igual ou similar ao que estava sendo empregado na Aéronautique Militaire –, a Missão Militar Francesa de Aviação recomendou que fossem adquiridos aviões de treinamento Blériot-SPAD S.54 para reforçar a dotação da EAvM. Esses eram uma evolução do Blériot-SPAD S.34 que se encontrava em operação nas unidades de instrução da Aéronautique Militaire.

Desconhece-se quando foi assinado o contrato de compra dos Blériot-SPAD S.54 e qual foi o valor global daquela aquisição. Contudo, é lícito concluir que a assinatura ocorreu nas derradeiras semanas de 1923, posto que os oito aviões encomendados chegaram ao Brasil no segundo trimestre de 1924.

O número 5 foi um dos oito S.54 Herbemont da Aviação Militar.

Entretanto, existem indicações referentes à existência de mais um SPAD Herbemont colocado à disposição da Aviação Militar. De acordo com um relatório elaborado pelo chefe da Missão Militar Francesa de Aviação, em dezembro de 1921, a Escola de Aviação Militar dispunha de um SPAD-Herbemont 34. E, de fato, em novembro de 1922, agosto de 1923 e janeiro de 1924 – ou seja, antes da chegada dos oito Blériot-SPAD S.54 ao Brasil – foram anotados voos com um SPAD Herbemont sem número. Fora esses escassos dados, nada se sabe sobre a origem desse avião ou qual destino lhe foi dado.

Seja como for, os oito Blériot-SPAD S.54 Herbemont recém-chegados foram incluídos na carga da Escola de Aviação Militar em junho de 1924. Porém, uma listagem datada de 9 de julho daquele ano, referente ao material aeronáutico que se encontrava distribuído ao Serviço de Pilotagem da EAvM, dá conta de que não havia um S.54 Herbemont à disposição daquele setor da Escola de Aviação Militar.

Muito provavelmente essa discrepância se deveu à deflagração da Revolução de 1924, no dia 5 de julho, na cidade de São Paulo (SP). Com a maior parte de seus meios aéreos de emprego destacados no Rio Grande do Sul, as autoridades da Aviação Militar lançaram mão daquilo que efetivamente existia no Campo dos Afonsos (RJ), sede da Escola de Aviação Militar. E entre o que havia de prontamente disponível estavam os recém-chegados Blériot-SPAD S.54 Herbemont, ou SPAD Herbemont, como passaram a ser conhecidos aqui no Brasil.

Consequentemente, junto com outros aviões, foram despachados, em 19 de julho, dois aviões SPAD Herbemont para Mogi das Cruzes (SP), a fim de realizarem missões de observação, reconhecimento e ligação. Aparentemente transportados por ferrovia até aquela cidade paulista, pouco se sabe sobre os trabalhos que esses aviões desenvolveram. No entanto, as poucas informações disponíveis sugerem que foi mínima a participação dos Blériot-SPAD S.54 Herbemont nas operações aéreas realizadas a partir de Mogi das Cruzes, regressando ao Campo dos Afonsos no final de julho. Semanas mais tarde, dois – talvez três – SPAD Herbemont voltaram a São Paulo para lá permanecerem até 26 de setembro.

Entretanto, o momento de crise estava longe de estar encerrado, posto que forças rebeldes saíram de São Paulo e migraram para distintos pontos da Região Sul, eventualmente se fundindo para formar o que passou a ser conhecido como a Coluna Prestes-Miguel Costa. A fim de acompanhar os sucessivos movimentos daquelas forças rebeldes, foi formado o Destacamento de Aviação no Paraná. Entre outras aeronaves, aquela unidade contava com cinco aviões Blériot-SPAD S.54 Herbemont, que passaram a cumprir missões de observação em proveito das forças legalistas encarregadas da perseguição e do combate à Coluna Prestes-Miguel Costa.

São verdadeiramente escassas as informações sobre os SPAD Herbemont nesse período, desconhecendo-se quando os aviões destacados no Paraná regressaram ao Campo dos Afonsos. Foram adquiridos para servir como aviões de instrução em benefício da Escola de Aviação Militar, mas essa tarefa se viu tolhida pela decisão de suspender a formação de novos aviadores nos anos de 1924, 1925 e 1926 – uma das consequências da Revolução de 1924.

Isso não significou que esses aviões permaneceram inativos. Alguns foram guardados desmontados nas instalações da Escola de Aviação Militar, mas dois ou três continuaram operando com alguma regularidade, porém, como aeronaves de adestramento dos aviadores já formados.

No último trimestre de 1926, a EAvM gradualmente voltou à ativa e, no início de dezembro daquele ano, foi dada ordem para que fossem montados três SPAD Herbemont. Em consequência, reforçado por um exemplar que já estava em atividade, no final daquele mês, já eram quatro desses aviões em operação na Escola de Aviação Militar.

Nos dois anos seguintes, a EAvM contou com quatro aviões Blériot-SPAD S.54 Herbemont para a realização das atividades de instrução em prol dos alunos matriculados naquela escola. No entanto, em junho de 1927, um desses aviões registrou o primeiro voo noturno de uma aeronave militar brasileira.

A rotina de instrução realizada com os SPAD Herbemont se manteve inalterada até março de 1928, quando chegaram e foram postos em operação os primeiros exemplares dos aviões de treinamento primário Morane-Saulnier MS.35Ep2. A chegada dessas novas aeronaves fez com que os Blériot-SPAD S.54 Herbemont fossem empregados exclusivamente em proveito do Curso de Sargentos Aviadores.

Mesmo dispondo de quatro desses aviões, a carreira dos Blériot-SPAD S.54 Herbemont na EAvM estava rapidamente chegando ao fim. Ao longo do primeiro trimestre de 1929, aos poucos, os SPAD Herbemont deixaram de voar e a EAvM passou a contar com somente dois desses aviões em abril daquele ano. Em maio foi anotado o último voo que se conhece com um Blériot-SPAD S.54 Herbemont da Aviação Militar.

Finalmente, em 16 de janeiro de 1930, foram excluídos da carga da Escola de Aviação Militar seis exemplares do Blériot-SPAD S.54 Herbemont – presumivelmente, os últimos quatro que se encontravam em operação e outros dois que, talvez, estavam desmontados. Desconhece-se o destino dado a essas células, mas, muito provavelmente, foi retirado todo o material que podia ser aproveitado em outras aeronaves e a célula foi reduzida à matéria-prima e incinerada.

Os S.54 Herbemont cumpriram missões de instrução e adestramento na EAvM no Campo dos Afonsos (RJ). Foto Arquivo Action Editora Ltda.

Blériot-SPAD S.54 Herbemont

Período de Utilização	De 1924 até 1930
Fabricante	Blériot Aéronautique, Buc (França)
Emprego	Instrução e adestramento
Características Técnicas	
Motor	Lê Rhone 9c de 80 hp
Envergadura	8,97 m
Comprimento	7,24 m
Altura	2,57 m
Área Alar	23,52 m^2
Peso Vazio	520 kg
Peso Máximo	757 kg
Armamento	Não dispunha de armamento
Desempenho	
Velocidade máxima	120 km/h
Teto Operacional	3.200 m
Autonomia	3 h
Comentários	
Total Adquirido	8 exemplares[*]
Unidades Aéreas	Escola de Aviação Militar Destacamento de Aviação no Paraná
Designações	Não recebeu designação
Matrículas	Inicialmente foram conservados os números outorgados pelo fabricante: 3686 a 3693; posteriormente, alguns foram matriculados de 1 a 6, e existiram duas células com o número 5

[*]*Distintas fontes apontam para a existência de uma nona célula de SPAD Herbemont, que parece que foi recebida em 1921 e deveria ser um Blériot-SPAD S.34; pelo visto não foi atribuída àquela célula nenhuma matrícula ou marca de identificação, sendo conhecida simplesmente como SPAD Herbemont sem número.*

Morane-Saulnier MS.35Ep2

Formada em outubro de 1911 por Raymond Saulnier e os irmãos Leon e Robert Morane, a empresa Morane-Saulnier rapidamente se estabeleceu como uma das principais fornecedoras de aeronaves da aviação militar francesa nos anos que antecederam a eclosão da Primeira Guerra Mundial. Sediada em Puteaux (França), a empresa especializou-se em aviões monoplanos, projetando mais de uma dezena em meros três anos de existência. Entre os modelos desenvolvidos estavam aeronaves de reconhecimento e o primeiro avião de caça empregado pela Aeronautique Militaire.

Contudo, ficou claro que a aviação militar francesa necessitava de uma aeronave de instrução bem mais eficaz que aquelas disponíveis na recémcriada força aérea. Uma das soluções veio na forma do Morane-Saulnier AR, um avião biplace e monoplano de asa para-sol desenvolvido com base no avião de reconhecimento Morane-Saulnier LA. Ao voar pela primeira vez em 1915, o Morane-Saulnier AR mostrou-se ameno a modificações e modernizações. De fato, sob a designação Morane-Saulnier MS.35, a aeronave foi mantida em produção até meados da década seguinte, servindo diversas Ecoles de Pilotage da Aeronautique Militaire até 1929.

Bela imagem do K 111, um Morane-Saulnier MS.35, da EAvM, visto no Campo dos Afonso no final dos anos 1920. Essa aeronave era responsável por cumprir missões de formação primária de pilotos. Foto Museu Aeroespacial do Campo dos Afonsos.

Produzido sob licença na Bélgica e na Polônia, os MS.35 serviram também às armas de aviação da Argentina, Guatemala, Romênia, Turquia e União Soviética. Além disso, cerca de 50 exemplares do MS.35 chegaram a ser empregados na aviação civil francesa – muitos oriundos da Aeronautique Militaire – como aviões de treinamento.

O Morane-Saulnier MS.35Ep2 na Aviação do Exército

A criação da Arma de Aviação do Exército em janeiro de 1927 – que deixava para trás as incertezas administrativas e operacionais de ser somente um serviço do Exército Brasileiro – deu novo fôlego à Aviação Militar. Por meio da lei que criou a Arma de Aviação, foi possível equacionar muitos obstáculos que freavam sua bem ordenada evolução – incluindo uma substancial dotação orçamentária que permitiria dar solução às deficiências materiais que a assolavam desde o início da década.

Reduzida a alguns aviões SPAD 54 Herbemont para a execução dos trabalhos de instrução e adestramento, a Escola de Aviação Militar (EAvM) se ressentia da carência de meios. Consequentemente, as autoridades da recém-organizada Diretoria de Aviação Militar (DAvM) colocaram grande prioridade na aquisição de novos aviões de instrução. Com a assistência dos membros da Missão Militar Francesa de Aviação, foram escolhidas aeronaves de instrução iguais às empregadas nas escolas de pilotagem da Aeronautique Militaire.

Entre os aviões escolhidos, encontravam-se os Morane-Saulnier MS.35Ep2, que, naquela ocasião, serviam como plataforma de instrução primária na aviação militar francesa. Diante das existentes e futuras necessidades da EAvM, foram encomendadas 10 unidades desse pequeno avião de asa para-sol, cujos primeiros exemplares aparentemente chegaram ao Brasil nos derradeiros dias de 1927.

O Morane-Saulnier MS.35Ep2 K 116 nas cores da época. As aeronaves da Aviação Militar portavam a letra K em homenagem ao Tenente Ricardo Kirk, primeiro aviador do Exército Brasileiro morto em combate.

Montados nas instalações da Escola de Aviação Militar após serem desencaixotados, em fevereiro de 1928, os primeiros exemplares já estavam voando.

Incluídos na carga da Escola de Aviação Militar em abril de 1928, todos os MS.35Ep2 foram distribuídos à Esquadrilha de Treinamento daquela organização militar. Inicialmente com as matrículas 1 a 10, naquele mesmo ano, esses aviões foram inseridos no currículo de instrução da EAvM. Para aqueles que estavam travando seu primeiro contato com a atividade aérea e após passar por algumas sessões em um dos aviões roladores, o primeiro ano de instrução implicava aproximadamente 20 horas de voo de duplo comando distribuídas em 80 ou mais surtidas no MS.35Ep2 antes que o piloto saísse solo na aeronave. Invariavelmente, essas surtidas oscilavam entre 5 e 10 minutos de duração, consistindo somente em decolagem, tráfego e pouso.

Apesar da brevidade das surtidas de instrução, o primeiro ano de atividade dos MS.35Ep2 foi bastante intenso – e, assim, diversos pequenos acidentes foram registrados.

Esses episódios não prejudicaram o andamento dos trabalhos de instrução nos anos de 1928 e 1929, porém, não eram raros os períodos em que três ou quatro desses aviões encontravam-se indisponíveis e aguardando reparos. Aparentemente, a fragilidade dos MS.35Ep2, associada às más condições das áreas de táxi e das pistas

Alunos e instrutores da Esquadrilha de Treinamento da EAvM do Campo dos Afonsos posam à frente de uma linha de Morane-Saulnier MS.35. Foto Museu Aeroespacial do Campo dos Afonsos.

Registro de uma capotagem com o K 113. Muitos acidentes e incidentes foram registrados nos seis anos de operação dos MS.35Ep2. Foto Arquivo Euro Campos Duncan.

do Campo dos Afonsos, desempenharam um significativo papel em muitos desses acidentes. Entretanto, outro fator sugere que o MS.35Ep2 era uma plataforma não muito adequada para a instrução.

Por ser o último avião a ser recebido pela Aviação Militar com motor radial rotativo – uma tecnologia totalmente ultrapassada e de reduzida confiabilidade –, é bem possível que as autoridades da EAvM optassem por deixar de usar os MS.35Ep2 na instrução primária, empregando o Morane-Saulnier MS.147Ep2, que chegou ao Brasil no começo de 1930.

Sejam quais tenham sido os motivos, o fato é que os MS.35Ep2 deixaram de ser usados como avião de instrução a partir do segundo trimestre de 1930. Naquele ano, esses aviões voaram muito intermitentemente – um dos últimos voos ocorreu em outubro de 1934. Existem indicações de que um ou dois desses aviões foi repassado para aeroclubes no sul do Brasil, onde continuaram voando por mais alguns anos.

Morane-Saulnier MS.35Ep2	
Período de Utilização	De 1928 até 1934
Fabricante	Aéroplanes Morane-Saulnier, Puteaux (França)
Emprego	Instrução primária
Características Técnicas	
Motor	Lê Rhône 9c de 80 hp
Envergadura	10,56 m
Comprimento	6,77 m
Altura	3,60 m
Área Alar	18 m^2
Peso Vazio	460 kg
Peso Máximo	700 kg
Armamento	Não dispunha de armamento

Continua

Desempenho	
Velocidade Máxima	130 km/h
Razão de Subida	156 m/min
Teto Operacional	4.250 m
Autonomia	3 h
Comentários	
Total Adquirido	10 exemplares
Unidades Aéreas	Escola de Aviação Militar
Designações	Não recebeu designação
Matrículas	Inicialmente, recebeu as matrículas 1 a 10; a partir de julho de 1929, as células foram rematriculadas K 111 a K 120

Morane-Saulnier MS.130ET2

A veloz evolução tecnológica observada entre 1920 e 1930 em tudo que dizia respeito à aviação fez com que muitas das maiores forças aéreas renovassem seu material aéreo em intervalos de dois anos ou menos. Isso era especialmente verdade entre aeronaves de combate e, mesmo que de forma mais atenuada, a aviação de treinamento não fugiu desse fenômeno. Afinal, era necessário formar pilotos militares capazes de operar com eficiência as novas gerações de caças, aviões de ataque e bombardeiros.

Em resposta às necessidades da aviação militar francesa, a empresa Morane-Saulnier se lançou no desenvolvimento de uma nova aeronave de instrução. Seguindo a fórmula que passou a ser marca registrada de seus produtos naquele

Ao todo, a Aviação do Exército empregou 15 Morane-Saulnier MS.130ET2, basicamente para missões de instrução e adestramento de pilotos. Foto Museu Aeroespacial do Campo dos Afonsos.

O Morane-Saulnier MS.130ET2 K 225 no primeiro padrão de pintura usado pela Aviação Militar.

O Morane-Saulnier MS.130ET2 K 214 no segundo padrão de pintura usado pela Aviação Militar.

período, aquela construtora francesa projetou um avião biplace e monoplano com asa para-sol, dotando-o de motor radial rotativo. Designado MS.50, esse avião de madeira e tela, e um dos últimos aviões equipados com motor radial rotativo a entrar em produção, voou pela primeira vez em 1924.

Apesar do sucesso do MS.50 como avião de instrução, tanto que foi exportado para países como Finlândia e Turquia, a Aeronautique Militaire – a antecessora da Força Aérea Francesa – buscou uma nova e mais moderna aeronave de treinamento. A Morane-Saulnier prontamente desenvolveu um novo avião, usando como ponto de partida o MS.50. Designada MS.130, a nova aeronave usava essencialmente a mesma fuselagem do MS.50, mas com um motor radial fixo, asa com mais enflechamento e reforçados montantes de asa. Depois de voar pela primeira vez em 1926, um total de 146 dessas aeronaves foi produzido – a vasta maioria sendo empregada pela Aeronautique Militaire e por seu par da Marinha Francesa, a Aeronavale.

O Morane-Saulnier MS.130ET2 na Aviação do Exército

Em 1928, o plano de reequipamento e modernização lançado meses após a criação da Arma de Aviação do Exército já se encontrava em franco processo de execução. Ao longo daquele ano, a Escola de Aviação Militar (EavM) recebeu novos aviões de treinamento, bem como aeronaves de combate.

Entretanto, os planos existentes contemplavam considerável expansão das atividades de instrução daquela escola sediada no Campo dos Afonsos (RJ), com turmas significativamente maiores que as registradas nos anos anteriores. Portanto, especial atenção foi dada não somente à modernização da frota de aeronaves de instrução da EAvM, mas ao incremento do material aéreo destinado à formação dos futuros pilotos da Aviação Militar. Em face da estreita associação entre a Aviação Militar e a Missão Militar Francesa, as aeronaves escolhidas seriam não somente o que a indústria aeronáutica francesa podia oferecer, mas que estivesse em uso nas escolas de pilotagem da Aeronautique Militaire.

Assim, entre os aviões de treinamento que chegaram ao Brasil naquele período, encontravam-se 15 exemplares do Morane-Saulnier MS.130ET2, o avião-escola padrão da aviação militar francesa. Despachado por via marítima até o Rio de Janeiro, o primeiro lote de seis aeronaves chegou ao Campo dos Afonsos em março de 1929. Montada e ensaiada, essa meia dúzia de aviões Morane-Saulnier MS.130ET2 foi incluída na carga da EAvM no mês de outubro. Os demais aviões chegaram ao Brasil em junho do ano seguinte e, de igual forma, foram incluídos na carga da Escola de Aviação Militar, só que em setembro de 1930.

Quase que imediatamente inseridos no currículo de instrução da EAvM, em 1929, os alunos que haviam galgado a primeira fase no Morane-Saulnier MS.35Ep2 passavam para o MS.130ET2, com seu motor de maior potência e superior desempenho. No entanto, já em 1930 – quando chegaram os Morane-Saulnier MS.147Ep2 e gradativamente saíram de serviço os MS.35Ep2 –, a instrução de voo passou a ser conduzida da seguinte forma: etapa inicial no MS.147Ep2 e, em seguida, o MS.130ET2.

Essa foi a rotina dos MS.130ET2 até os anos de instrução de 1932/1933, quando a EAvM recebeu uma maciça injeção de material aéreo de origem britânica e norte-americana. Contudo, a Revolução de 1930 viu três desses aviões serem tomados por oficiais e sargentos que aderiram à revolução, levando-os até um campo de pouso nas cercanias de Belo Horizonte (MG). A intenção era empregá-los principalmente como plataforma de observação e reconhecimento, mas o rumo dos eventos da Revolução de 1930 fez com que esses MS.130ET2 não realizassem nenhuma tarefa de importância.

Piloto e MS.130ET2 K 225 vistos logo após um pouso forçado. Durante sua carreira, diversos MS.130ET2 sofreram incidentes e acidentes em missões de instrução. Foto Arquivo Euro Campos Duncan.

Outro acidente, dessa vez com perda total, do MS.130ET2 K 214 já no padrão final de pintura dessa aeronave na Aviação Militar. Foto Arquivo Euro Campos Duncan.

    A Revolução Constitucionalista de 1932 encontrou a Escola de Aviação Militar dotada com nove aviões MS.130ET2 disponíveis para voo; as demais células estavam em reparo ou perdidas em acidentes registrados após sua chegada ao Brasil. Apesar de muitos dos recursos materiais e de pessoal da EAvM serem empregados diretamente nas operações aéreas realizadas durante aquela guerra civil, os MS.130ET2 continuaram desempenhando trabalho de instrução ou adestramento. Mas o fim da vida útil dos MS.130ET2 como avião de instrução rapidamente se aproximava. A chegada de aviões de treinamento bem mais modernos, como os de Havilland DH-60T Gipsy Moth, Fleet 10D, WACO CTO e RNF, fez com que os Morane-Saulnier MS.130ET2 passassem a desempenhar um papel mais modesto como avião de adestramento. De fato, pouco após a Revolução de 1932, dois desses aviões foram cedidos ao Parque Central de Aviação para lá trabalharem como aeronave de adestramento até meados de 1934, quando foram devolvidos à EAvM.

    Em consequência da chegada dessas novas aeronaves, a Diretoria de Aviação Militar (DAvM) deixou de adquirir material de consumo e peças de reposição específicas para o MS.130ET2, o que selou efetivamente o destino dessas aeronaves. Excedentes às necessidades da EAvM, esses aviões foram gradativamente sendo encostados. Entretanto, as autoridades da DAvM aparentemente decidiram repassar as células ainda em bom estado para o Aeroclube de São Paulo. Por meios que hoje não estão claros, um desses Morane-Saulnier MS.130ET2 passou a pertencer à dotação do 2º Regimento de Aviação, sendo empregado de forma intermitente pela Esquadrilha de Treinamento daquela unidade até, no mínimo, 1939. O destino final desse último MS.130ET2 é hoje desconhecido.

Morane-Saulnier MS.130ET2	
Período de Utilização	De 1929 até 1939
Fabricante	Aéroplanes Morane-Saulnier, Puteaux (França)
Emprego	Instrução

Continua

Características Técnicas	
Motor	Salmson 9AB de 230 hp
Envergadura	10,70 m
Comprimento	6,94 m
Altura	2,85 m
Área Alar	19,70 m²
Peso Vazio	793 kg
Peso Máximo	1.150 kg
Armamento	Não dispunha de armamento
Desempenho	
Velocidade Máxima	208 km/h
Razão de Subida	385 m/min
Teto Operacional	6.200 m
Autonomia	3 h
Comentários	
Total Adquirido	15 exemplares
Unidades Aéreas	Escola de Aviação Militar Parque Central de Aviação 2º Regimento de Aviação
Designações	Não recebeu designação
Matrículas	Os primeiros exemplares empregaram os números 14 a 16 e 29 a 31; em 1929, as células foram rematriculadas K 211 a K 225; uma célula pertencente ao 2º Regimento de Aviação foi matriculada 2TO5

Potez 25A2

Ao eclodir a Primeira Guerra Mundial, os engenheiros aeronáuticos Henry Potez e Marcel Bloch – ambos formados pela École Supérieure d'Aéronautique et de Construction Mécanique – foram reunidos no Laboratório de Pesquisas Aeronáuticas, em Chalet-Meudon. Lá, se dedicaram ao desenvolvimento de uma nova e mais eficaz hélice, que passou a ser produzida por uma fábrica que os dois organizaram: a Société des Hélices Eclair.

Porém, ao buscar horizontes mais amplos, Bloch e Potez – junto com um amigo, Louis Coroller –, em 1917, formaram a Société d'Etudes Aéronautiques (SEA). Entre eles foi projetada e desenvolvida uma pequena família de aeronaves de emprego militar, e o SEA IV mostrou ser o mais promissor de todos. Tão promissor, aliás, que, entre a versão SEA IV A2 (observação) e SEA IV C2 (caça), foram encomendadas nada menos do que mil unidades. Porém, quando se concluiu a entrega da primeira série de aeronaves, vieram o fim da guerra e a suspensão de praticamente todos os contratos de produção de aviões – incluindo os do SEA IV.

Assim, os três engenheiros seguiram seus caminhos. Henry Potez organizou a própria empresa, em 1919, na cidade de Aubervilliers, inicialmente dedicando-se ao trabalho de manutenção e revisão dos 115 aviões SEA IV que haviam sido efetivamente entregues às autoridades militares francesas.

Mas Potez tinha planos mais ambiciosos para sua empresa, a Aéroplans Henry Potez, e imediatamente iniciou o desenvolvimento de diversos tipos de avião que obtiveram modesto sucesso.

Inicialmente, os seis Potez 25A2 foram destinados à Esquadrilha de Treinamento da Escola de Aviação Militar (EAvM). Foto Museu Aeroespacial do Campo dos Afonsos.

Em 1923, foi iniciada a produção do biplano de reconhecimento Potez 15, seguido pelo desenvolvimento do Potez 24. Este serviu de ponto de partida para a elaboração do avião de reconhecimento e bombardeio Potez 25. Construído nas novas instalações da Potez, na cidade francesa de Meaulte, o primeiro protótipo foi usado exaustivamente no Service Technique d'Aeronautique (STA) e foi observado que a aeronave era muito manobrável, veloz e dotada de célula robusta. Os bem-sucedidos ensaios no STA levaram a Aéronautique Militaire a assinar os primeiros contratos de encomenda e início da produção em série dessa aeronave ainda em 1925.

Obedecendo ao sistema de designações então em voga na França, no qual a letra após o fabricante e o modelo designava a tarefa à qual se destinava o avião e o número indicava a quantidade de tripulantes que transportava, as duas primeiras versões de produção foram de observação/reconhecimento, com o Potez 25A2 (armée – dois tripulantes), e de bombardeio, com o Potez 25B2 (bombardment – dois tripulantes). Entretanto, o projeto básico contemplava a instalação de diversos tipos de motor.

Associado à flexibilidade da célula básica, nada menos do que 87 versões do Potez 25 foram construídas. Na França, aproximadamente 3.500 unidades deixaram a fábrica, e o Potez 25 foi igualmente produzido pelas empresas francesas Hanriot e Les Mureaux, enquanto quase 600 exemplares foram construídos sob licença na Iugoslávia, na Polônia, em Portugal e na Romênia.

O Potez 25A2 na Aviação do Exército

Os anos que compreenderam a presidência de Artur Bernardes foram sombrios para o desenvolvimento da Aviação Militar, em especial os últimos dois anos de seu mandato. A cessação de todas as atividades que visavam à formação de novos aviadores, radicais cortes orçamentários e interrupção na compra de peças de reposição e outros materiais necessários à atividade aérea, bem como a suspensão na compra de novos aviões, foram alguns dos obstáculos enfrentados pela Aviação Militar naquela época. Como consequência, aquela arma de aviação sofreu um processo de involução que a reduziu a mera sombra do que era em 1922.

Contudo, o início do mandato do Presidente Washington Luiz, em novembro de 1926, assinalou o começo de uma nova etapa para a Aviação Militar. Em janeiro do ano seguinte, foi criada a Arma de Aviação do Exército e, como resultado daquele ato, foram desencadeadas diversas medidas que visavam sanar as deficiências da Aviação Militar.

No que tange à aquisição de material aeronáutico, para repor aeronaves acidentadas e aquelas praticamente irrecuperáveis por desgaste decorrente de intensivo uso, foram destinados consideráveis recursos financeiros, que visavam à compra de novos aviões durante os quatro a cinco anos seguintes. Com assessoria de membros da Missão Militar Francesa de Aviação, a Diretoria de Aviação do Exército escolheu e assinou contratos de encomenda que englobavam diversos tipos de avião – desde aeronaves de instrução até caças e bombardeiros.

Como os derradeiros Breguet 14A2/B2 – o principal vetor de reconhecimento, observação e bombardeio à disposição da Aviação Militar desde o início daquela década – já não estavam mais em condições de voo, foi escolhido o Potez 25A2. A escolha foi natural, posto que o Potez 25A2 passara a ser a plataforma padrão de reconhecimento e observação da Aéronautique Militaire havia cerca de três anos. Em consequência, foram adquiridos seis exemplares daquela aeronave, os quais foram transportados ao Brasil por via marítima.

Existem indicações de que os primeiros – ou todos – os Potez 25A2 foram desembarcados no Porto do Rio de Janeiro no terceiro trimestre de 1928, os caixotes sendo levados para o Campo dos Afonsos (RJ) para lá serem montados. Seja como for, quase todos os aviões já estavam em atividade, já que quatro Potez 25A2 participaram do desfile aéreo associado às comemorações de 7 de Setembro. Semanas depois, em novembro, todos foram incluídos na carga da Escola de Aviação Militar (EAvM) e distribuídos à Esquadrilha de Treinamento daquela organização.

Pouco se sabe das atividades dessas aeronaves no ano inicial de sua carreira no Brasil. No entanto, é lícito presumir que os Potez 25A2 tenham sido também empregados como plataforma para instrução do segmento observação e reconhecimento dos alunos matriculados na EAvM. Curiosamente e apesar de disporem de apreciável alcance, não existem registros de que esses aviões tenham realizado voos de longo alcance, como foi o caso de outras aeronaves adquiridas nesse período, como o Breguet 19 e o Schreck FBA-17 HMT-2, entre outros.

Ao participarem novamente, em 1929, do desfile aéreo organizado para as comemorações do 107º aniversário da Independência do Brasil, os Potez 25A2 pouco se destacaram nas atividades da EAvM. De fato, existem indicações que sugerem que essas aeronaves pouco voaram durante aquele ano. Descartando as matrículas que receberam após sua chegada, em setembro, começou a ser aplicado o novo sistema de identificação para as aeronaves da Aviação Militar, um processo que aparentemente foi concluído somente no último trimestre de 1929.

No entanto, em setembro de 1929, dois desses aviões foram utilizados em manobras militares – muito provavelmente sobre o Campo de Gericinó (RJ) –, em que realizaram missões de observação e controle de artilharia.

Os Potez 25A2 foram matriculados de K 511 a K 515 na Aviação Militar.

A chegada de 1930 trouxe poucas novidades para esses aviões, que continuaram voando intermitentemente. De fato, sabe-se que somente três Potez 25A2 estavam ativos entre janeiro e maio daquele ano – um deles realizou pouso forçado na Estrada Rio-São Paulo, o que resultou em ferimentos aos dois ocupantes. Até o final daquele ano, não há registros de voo com qualquer um dos Potez 25A2.

Em dezembro de 1930, dois desses aviões foram recolhidos ao Parque Central de Aviação (PCAv), posteriormente seguidos por, pelo menos, mais um avião – presumivelmente para sofrer reparos e revisão geral da célula e do motor.

A criação do Grupo Misto de Aviação (GMA), em 21 de março de 1931, assinalou o que pareceria ser um vento de mudança para essas aeronaves. Constituída no Campo dos Afonsos como a primeira unidade aérea de emprego da Aviação Militar, o GMA recebeu 18 exemplares do Potez 25TOE que haviam chegado ao Brasil no ano anterior, bem como alguns poucos Curtiss Fledgling. Salvo a diferença quanto ao grupo motopropulsor entre o Potez 25TOE e o Potez 25A2, as autoridades da Aviação Militar julgaram conveniente transferir dois Potez 25A2 para aquela unidade.

Contudo, do ponto de vista prático, essa transferência não resultou em significativas mudanças na carreira dos Potez 25A2, que continuaram voando esporadicamente – quer na Esquadrilha Mista da EAvM ou com o Grupo Misto de Aviação. Na verdade, em janeiro de 1932, ocorreu o que parece ser o último voo de Potez 25A2 no Brasil. E, apesar do início da Revolução Constitucionalista, em julho de 1932, e da aguda carência de meios aéreos à disposição das forças legalistas, aparentemente nenhum esforço foi feito para deixar as aeronaves prontas para o emprego. Pelo contrário, duas células foram excluídas da carga da EAvM em agosto de 1932, seguidas das outras quatro, em março de 1934.

Relatos verbais sugerem que os Potez 25A2, e em especial o grupo motopropulsor que os equipava, não se adaptaram ao clima tropical e subtropical do Brasil, uma particularidade que ocorreu com muitas aeronaves de origem europeia adquiridas naquela época. Independentemente disso, os Potez 25A2 foram recolhidos ao Depósito Central de Aviação, localizado no Campo dos Afonsos, e foram reduzidos à sucata com alguns itens sendo aproveitados nos Potez 25TOE.

Dois Potez 25A2 são vistos em voo de formação. Essa aeronave francesa foi empregada em missões de observação e reconhecimento entre 1928 e 1930.
Foto Museu Aeroespacial do Campo dos Afonsos.

Potez 25A2	
Período de Utilização	De 1928 até 1932
Fabricante	Aéroplanes Henry Potez, Méaulte (França)
Emprego	Observação e reconhecimento
Características Técnicas	
Motor	Renault de 480 hp
Envergadura	14 m
Comprimento	9,40 m
Altura	3,50 m
Área Alar	47 m^2
Peso Vazio	1.360 kg
Peso Máximo	2.150 kg
Armamento	1 metralhadora fixa Vickers .303 sincronizada com a hélice 2 metralhadoras flexíveis geminadas Darne de 7 mm instaladas em anel na nacele traseira Até 240 kg de bombas em cabides subalares
Desempenho	
Velocidade Máxima	226 km/h
Razão de Subida	267 m/min
Teto Operacional	7.400 m
Alcance	500 km
Comentários	
Total Adquirido	6 exemplares
Unidades Aéreas	Escola de Aviação Militar Grupo Misto de Aviação
Designações	Não recebeu designação
Matrículas	Inicialmente receberam as matrículas 7 a 12, posteriormente alteradas para K 511 a K 515

Caudron C.59

Encerrada a Primeira Guerra Mundial, a empresa francesa Société des Avions Caudron, de René Caudron, era citada como um dos principais fabricantes de aviões daquele país. Em grande parte isso se deveu ao desenvolvimento e à produção dos bem-sucedidos aviões de observação e bombardeio Caudron G.3 e G.4, que foram empregados em praticamente todos os teatros de operação daquele conflito.

Com o fim da guerra, a Caudron tratou de dar continuidade a seus trabalhos. Mesmo com um olho no emergente mercado de aviões de transporte aéreo comercial, a empresa não se esqueceu do setor militar. Um dos primeiros projetos desenvolvidos logo após o fim da Primeira Guerra Mundial foi um avião militar de treinamento avançado que recebeu a designação C.59. Desenvolvido sob a batuta de Paul Deville, o Caudron C.59 destinava-se a substituir uma variada gama de aeronaves de instrução que nada mais era que aviões originalmente desenvolvidos para cumprir outras missões como caça ou observação.

Ao voar pela primeira vez em agosto de 1921, o protótipo do Caudron C.59 foi submetido a extenso e rigoroso programa de ensaios. Prontamente ficou demonstrado que não somente apresentava excelentes qualidades de voo, mas dispunha ainda de célula robusta capaz de tolerar o frenético ritmo das Écoles de Pilotage da Aéronautique Militaire.

A partir de 1922, foram assinados diversos contratos de encomenda que levaram à produção de distintas versões do Caudron C.59 para a Aéronautique Militaire, bem como exemplares para a aviação naval francesa. Esses acordos com os dois operadores franceses, bem como contratos de exportação para Argentina, Bulgária, Espanha, Finlândia, Manchúria, Portugal, Romênia, Turquia e Venezuela, fizeram com que, até 1924, fossem produzidas pouco mais de 1.800 unidades do Caudron C.59. Na França, esses aviões permaneceram em atividade até meados dos anos 1930, quando diversos foram repassados para aeroclubes. No entanto, em outros países – notoriamente a Turquia –, o Caudron C.59 continuou em atividade até o final da década de 1940.

O Caudron C.59 na Aviação do Exército

Em janeiro de 1927, foi criada a Arma de Aviação do Exército, que eliminou muitos entraves administrativos e operacionais que limitavam a desejada evolução da Aviação Militar. Uma das consequências da lei que criou aquela arma foi a liberação de significativos recursos orçamentários destinados a retificar as carências materiais existentes.

A recém-criada Diretoria de Aviação Militar (DAvM) deu grande prioridade à compra de novos aviões de instrução, posto que o crescimento da Aviação do Exército exigia a formação de um número maior de aviadores. Sediada no Campo dos Afonsos (RJ), naquele momento, a Escola de Aviação Militar dependia quase que exclusivamente de alguns poucos SPAD 54 Herbemont para realizar suas atividades de instrução, mas eles eram insuficientes para as novas necessidades de formação dos futuros aviadores militares do Exército.

Com o auxílio dos membros da 2ª Missão Militar Francesa, as autoridades da DAvM trataram de escolher distintos tipos de avião de treinamento. Esse processo resultou na aquisição de muitas das mesmas aeronaves empregadas nas escolas de pilotagem da Aèronautique Militaire. Com efeito, a EAvM contaria não somente com os principais vetores de instrução utilizados na formação dos aviadores da aviação militar francesa, mas continuaria empregando a metodologia francesa implantada quando de sua criação.

Entre os aviões escolhidos estavam três Caudron C.59, que haviam sido transportados ao Brasil por via marítima. É lícito concluir que os caixotes chegaram ao Campo dos Afonsos no início do terceiro trimestre de 1928, pois,

Empregados em missões de treinamento, adestramento e fotografia, os Caudron C.59 foram recebidos a partir de 1928, entrando em serviço em outubro daquele ano. Foto Museu Aeroespacial do Campo dos Afonsos.

Um Caudron C.59 voa na ala do K 214, um MS.130ET2, sobre o Rio de Janeiro. As duas aeronaves pertenciam à EAvM. Foto Arquivo Euro Campos Duncan.

na primeira semana de outubro daquele ano, o primeiro desses aviões já estava montado e realizava seus voos iniciais. Distribuídos à Esquadrilha de Treinamento da Escola de Aviação Militar, o primeiro – e possivelmente o único – evento público de destaque no qual participaram foi a parada aérea realizada em 15 de novembro daquele ano como parte dos festejos relativos ao 39º aniversário da Proclamação da República, quando voaram os três recém-recebidos Caudron C.59.

A aquisição dos Caudron C.59 e sua inserção no programa do curso de pilotos aviadores visavam ampliar e modernizar o currículo de instrução – bem mais do que podia ser proporcionado pelos SPAD 54 e os derradeiros Nieuport. Entretanto, mesmo ainda realizando missões de adestramento em proveito dos aviadores já formados, bem como alguns poucos voos de fotografia aérea, as indicações existentes sugerem que os Caudron C.59 pouco voaram após 1930. A abundância de aviões Morane-Saulnier MS.130ET2 e MS.147Ep2 recebidos a partir de 1929 – acrescidos ainda dos Curtiss Fledgling e de Havilland DH-60T Moth Trainer – provavelmente fizeram com que os Caudron C.59 fossem gradativamente postos de lado no que tange a seu uso como plataforma de instrução.

Voando intermitentemente, dois exemplares foram excluídos da carga da Escola de Aviação Militar em agosto de 1932. No entanto, sabe-se que um Caudron C.59 permaneceu em atividade até outubro de 1932, enquanto outro foi operado até janeiro de 1933. A partir de janeiro de 1933, não há registros de voo com qualquer um dos Caudron C.59 e esses presumivelmente foram reduzidos a sucata pouco depois.

O K 241 é um dos três Caudron C.59 empregados pela Aviação Militar.

Caudron C.59	
Período de Utilização	De 1928 até 1933
Fabricante	Société des Avions Caudron, Issy-les-Molineux (França)
Emprego	Instrução, adestramento e fotografia
Características Técnicas	
Motor	Hispano-Suiza 8Ab de 180 hp
Envergadura	10,24 m
Comprimento	7,80 m
Altura	2,90 m
Área Alar	26 m²
Peso Vazio	700 kg
Peso Máximo	1.000 kg
Armamento	Não dispunha de armamento
Desempenho	
Velocidade Máxima	180 km/h
Razão de Subida	173 m/min
Teto Operacional	4.500 m
Alcance	400 km
Comentários	
Total Adquirido	3 exemplares
Unidades Aéreas	Escola de Aviação Militar
Designações	Não recebeu designação
Matrículas	Inicialmente matriculados 11 a 13; a partir de dezembro de 1929, aquelas células foram rematriculadas K 241 a K 243

Morane Saulnier M.S. 137

Encerrada a Primeira Guerra Mundial, a empresa Morane Saulnier dedicou-se ao desenvolvimento de aviões de pequeno porte destinados tanto ao mercado civil quanto ao militar. Nesse último setor, a Aéroplanes Morane Saulnier verteu sua experiência na elaboração de distintas famílias de aviões de treinamento que atendessem às necessidades da Aéronautique Militaire e da Aéronavale, respectivamente as armas de aviação do Exército e da Marinha francesa.

Entre os muitos aviões de treinamento desenvolvidos pela Morane Saulnier na última metade da década de 1920, encontrava-se o M.S. 138, uma aeronave de instrução que derivava do avião de treinamento primário M.S. 35, porém dotada de motor de maior potência e com diversas modificações estruturais. Ao voar pela primeira vez em 1927, o M. S. 138 levou ao desenvolvimento de duas versões, o M. S. 137 e o M. S. 139. Estes se distinguiam do M. S. 138 principalmente pelo tipo e pela potência do motor. Um total de 178 exemplares dessas três aeronaves foi produzido, a maioria empregada pela Aéronautique Militaire e Aéronavale. Ademais, alguns exemplares foram exportados para a Dinamarca e para a Grécia.

O Morane Saulnier M.S. 137 na Aviação do Exército

Com o apoio da Missão Militar Francesa, o final da década de 1920 assistiu à vinda ao Brasil dos representantes de diversas empresas francesas de construção

O único M.S.137 do Exército foi perdido em um acidente na manhã do dia 1º de novembro de 1928, próximo à Praia Vermelha, Rio de Janeiro (RJ). A aeronave sofreu uma pane e caiu no mar. Foto Arquivo José de Alvarenga.

aeronáutica ávidos em capturar um promissor mercado. Ao trazer frequentemente consigo exemplares de seus produtos, o foco principal de seus esforços era a renovação do material aeronáutico da Aviação Militar.

No último trimestre de 1928, os representantes da Aéroplanes Morane Saulnier trouxeram para o Brasil um exemplar do avião de treinamento M. S. 137. Como era de hábito, essa aeronave foi colocada à disposição das autoridades da Aviação Militar para que fosse ensaiada por pilotos daquela arma.

Na manhã do dia 1º de novembro, o avião decolou do Campo dos Afonsos (RJ), com dois tenentes que iriam realizar uma surtida de familiarização com aquela aeronave. Quando o M. S. 137 encontrava-se próximo à Praia Vermelha, Rio de Janeiro (RJ), a aeronave sofreu uma pane de origem indeterminada e caiu no mar, vitimando o Primeiro-Tenente Roberto Drummond e ferindo o Primeiro-Tenente Márcio de Souza e Mello, futuro ministro da Aeronáutica.

Morane Saulnier M.S. 137

Período de Utilização	1928
Fabricante	Aéroplanes Morane-Saulnier, França
Características Técnicas	
Motor	Salmson AC 9 de 120 hp
Envergadura	10,60 m
Comprimento	6,76 m
Altura	3,57 m
Área Alar	18 m^2
Peso Vazio	570 kg
Peso Máximo	820 kg
Armamento	Não dispunha de armamento

Continua

Desempenho	
Velocidade Máxima	150 km/h
Razão de Subida	161 m/min
Teto Operacional	5.800 m
Comentários	
Total Adquirido	1 exemplar
Unidades Aéreas	Não foi empregado por nenhuma unidade da Aviação Militar
Designações	Não recebeu designação
Matrículas	Não recebeu matrícula

Breguet 19A2B2

Encerrada a Primeira Guerra Mundial, a Aéronautique Militaire dispunha de centenas de exemplares das muitas versões do Breguet 14 distribuídos entre as diversas escadrilles de bombardeio e reconhecimento – entre outras unidades aéreas daquela arma de aviação. Entretanto, a Société Anonyme des Ateliers d'Aviation Louis Breguet, sediada em Vélizy-Villacoublay, apostou na necessidade de desenvolver um sucessor daquela aeronave. Apesar dos cortes orçamentários e da redução nas Forças Armadas francesas registradas imediatamente após o fim do conflito, em meados de 1920, o engenheiro-chefe da Breguet, Marcel Vuillerme, deu início ao desenvolvimento de um avião de bombardeio e reconhecimento que prontamente recebeu a designação de Breguet 19.

Essa nova aeronave não deveria ser meramente um sucessor do Breguet 14, mas uma plataforma que representasse um verdadeiro salto em termos de desempenho, flexibilidade e capacidade operacional quando comparado com seu antecessor. E assim foi, pois, quando o primeiro protótipo foi apresentado no Salon de l'Aeronautique, em novembro de 1921, atraiu enorme interesse por parte das autoridades aeronáuticas militares da França e de outros países. Sua fabricação usava uma treliça de alumínio, praticamente metade da fuselagem era coberta por chapas do mesmo material, as asas contavam com longarinas e tirantes igualmente de alumínio

Seis Bréguet 19A2B2 foram adquiridos, via MMFA, em 1928, sendo distribuídos à EAvM e matriculados de 1 a 6. Foto Museu Aeroespacial do Campo dos Afonsos.

Apesar de grande alcance e boa capacidade de combate, os Bréguet 19 foram pouco empregados como aeronave de reconhecimento e bombardeio.
Foto Museu Aeroespacial do Campo dos Afonsos.

– uma solução quase desconhecida naquela época. Desde o início da fase de desenvolvimento, os engenheiros da Breguet ainda contemplaram o emprego de distintos grupos motopropulsores, dando, assim, mais flexibilidade à célula básica.

O avião voou pela primeira vez em março de 1922 e prontamente ficou claro o quão acertada foi a decisão de usar ligas de alumínio na estrutura da aeronave. Excepcionalmente leve para seu porte, o Breguet 19 era robusto e muito veloz – mais veloz que a maioria dos caças existentes na época.

Ao fazer uso de 11 exemplares de pré-produção, bem como o primeiro protótipo, a Breguet realizou uma extensa e exigente campanha de ensaios que acelerou o processo de desenvolvimento do Breguet 19 e permitiu o início da construção em série desse avião de bombardeio e reconhecimento em 1923.

Além da própria Aéronautique Militaire, outros países rapidamente assinaram contratos de encomenda e/ou licenças de produção. Como consequência, além dos 1.936 exemplares construídos pelas empresas francesas Breguet, Farman

Os Bréguet 19 ostentavam um padrão de pintura verde-escuro.

Pilotos posam junto a um Bréguet 19 no Campo dos Afonsos. Essas aeronaves foram empregadas por pouco tempo, apenas entre maio de 1928 e dezembro de 1930. Foto Museu Aeroespacial do Campo dos Afonsos.

e SECM – dos quais quase mil unidades foram entregues à aviação militar francesa –, aproximadamente 700 foram produzidos sob licença pela empresa espanhola CASA, pela belga SABCA e por uma empresa estatal da Iugoslávia. Países como Argentina, China, Grécia, Polônia, Romênia, Turquia e Venezuela também encomendaram dezenas desses aviões – quer na versão Breguet 19A2 (reconhecimento) ou Breguet 19B2 (bombardeiro), quer como na versão denominada Breguet A2B2, que reunia características dos dois primeiros.

Com a Aéronautique Militaire ou as armas de aviação de muitos outros países, os Breguet 19 registraram considerável atividade operacional. Com os franceses, operaram contra rebeldes drusos, na Síria, e insurgentes Rif, no Marrocos. Por sua vez, a China fez extenso uso desse avião contra as forças japonesas que ocuparam a Manchúria nos anos 1930, enquanto os bolivianos empregaram um punhado de bombardeiros Breguet 19 contra as forças paraguaias que enfrentaram durante a Guerra do Chaco, entre 1932 e 1935. Os Breguet 19 ainda existentes nas fileiras da Arma de Aviação grega auxiliaram na resistência daquele país contra a invasão italiana em outubro de 1940. Por fim, os derradeiros Breguet 19 da Iugoslávia foram empregados semanas após o fim da Segunda Guerra Mundial – quando aquele avião já era um anacronismo sob qualquer ponto de vista – contra guerrilheiros comunistas que combatiam as forças alemãs remanescentes.

O Breguet 19A2B2 na Aviação do Exército

Os anos 1920 foram particularmente duros para a evolução das armas de aviação do Exército e da Marinha – em parte por causa dos eventos políticos registrados no país naquela época, bem como pela endêmica falta de recursos orçamentários. Entretanto, esse quadro agravou-se durante o governo Artur Bernardes, que, em 1924, determinou que fossem suspensos o recrutamento de pessoal destinado à aviação, as atividades de instrução de voo e a compra de material aéreo.

Foi somente com o início do mandato do Presidente Washington Luiz, em novembro de 1926, que diversas medidas puderam ser aplicadas, a fim de dar continuidade à evolução das armas de aviação do Exército e da Marinha. No que tange ao Exército, em janeiro de 1927, foi criada a Arma de Aviação do Exército, o que fez com que a Aviação Militar deixasse de ser meramente um serviço daquela força e abrisse as portas para uma nova fase de desenvolvimento.

Esse evento foi seguido de diversas iniciativas administrativas – entre elas a renovação do contrato da Missão Militar Francesa de Aviação (MMFA), em setembro de 1927. Com um orçamento maior, a recém-criada Diretoria de Aviação Militar – que contava com assessoramento de membros da MMFA – tratou de sanar as deficiências materiais daquela arma. Apesar do plano de compras focalizar aeronaves de instrução, foi contemplada, também, a aquisição de aeronaves de combate – presumivelmente para formar o núcleo de uma futura unidade aérea de emprego.

Entre as aeronaves de combate escolhidas estava o Breguet 19A2B2, adquirido pela Diretoria de Aviação Militar, que assinou contrato de encomenda que compreendia seis exemplares daquele avião de bombardeio e reconhecimento. Aparentemente, o contrato foi assinado ainda em 1927; as evidências existentes indicam que os primeiros Breguet 19A2/B2 chegaram ao país, por via marítima, no final do primeiro trimestre de 1928.

Seja como for, após a abertura dos caixotes que continham as aeronaves, os primeiros três aviões foram montados e já estavam em operação em maio de 1928. Dois outros já realizavam voos em junho daquele ano, enquanto o último começou a voar em julho. Incluídos na carga da Escola de Aviação Militar (EAvM) entre junho e julho de 1928, os seis Breguet 19A2/B2 foram distribuídos à Esquadrilha Mista, uma subunidade da EAvM que congregava os aviões de emprego e adestramento daquela escola.

Já que os Breguet 19A2/B2 apresentavam considerável alcance e autonomia, nada mais natural do que fazer uso dessas características para realizar voos de longo percurso. Em 18 de junho, dois desses aviões voaram até Vitória (ES), cuja missão foi seguida por outro voo oito dias mais tarde, mas, dessa vez, com uma esquadrilha de quatro aviões. De fato, nos meses seguintes, os Breguet 19A2/B2 ficariam em evidência justamente pelos muitos voos de grupo que realizaram sobre o Rio de Janeiro, geralmente para

Linha de voo no Campo dos Afonsos, na qual aparecem os seis Bréguet 19 da EAvM. Originalmente matriculados de 1 a 6, eles foram, depois, rematriculados como K 521 a K 526. Foto Arquivo Jackson Flores Jr. / Action Editora Ltda.

abrilhantar algum evento, como a abertura da Estrada Rio-Petrópolis, ou nas paradas militares, como foi o caso do dia 7 de setembro de 1928, ou nas festividades relativas à Proclamação da República.

Entretanto, nesse período – em 14 de setembro de 1928 –, um dos Breguet 19A2/B2 estabeleceu novo recorde sul-americano de altitude, atingindo 7.100 metros após decolar do Campo dos Afonsos (RJ).

Apesar de sua capacidade como plataforma de emprego – quer como vetor de reconhecimento, quer como avião de bombardeio –, ela foi aparentemente pouco explorada ou exercitada. Sabe-se que alguns poucos voos de fotografia foram realizados na última metade de 1928 e no início de 1929. De igual forma, foi somente em outubro de 1929 que foi exercitado seu potencial como bombardeiro, o que ocorreu durante manobras do Exército aparentemente executadas no Campo de Gericinó (RJ).

Possivelmente porque o motor Renault 12Kd de 475 hp oferecia pouca potência ou não se adaptou às condições climáticas predominantes no Brasil, em maio de 1929, um dos Breguet 19 recebeu um motor Hispano-Suiza de 500 hp e voou com esse grupo motopropulsor. Não se sabe ao certo se a intenção era reequipar todas as células com aqueles motores ou até mesmo se mais de um desses aviões sofreu a substituição do motor. Já que, a partir de dezembro de 1930, simplesmente não existem registros de voo com os Breguet 19 da EAvM – mês em que três dessas aeronaves foram excluídas da carga daquela escola –, é bem possível que esse trabalho de substituição do motor tenha ficado circunscrito a somente uma aeronave.

A vida operacional dos Breguet 19A2/B2 foi bastante efêmera. Excluindo os primeiros meses de atividade, sua carreira no Exército foi de pouco brilho e quase inexpressiva. Apesar de três exemplares efetivamente estarem em carga quando eclodiu a Revolução Constitucionalista, em julho de 1932, aparentemente, nenhum esforço foi feito para disponibilizá-los em missões de bombardeio ou de reconhecimento, não obstante a visível deficiência da Aviação Militar no que tange a sua frota de aviões de emprego assim que foi deflagrado o conflito. De fato, semanas mais tarde – em agosto de 1932 –, dois Breguet 19A2/B2 foram excluídos da carga da EAvM, seguidos do último, em maio de 1934.

Breguet 19A2B2	
Período de Utilização	De 1928 até 1930
Fabricante	Société Anonyme des Ateliers D'Aviation Louis Breguet, Vélizy-Villacoublay (França)
Emprego	Bombardeio, fotografia e reconhecimento
Características Técnicas	
Motor	Renault 12Kd de 475 hp
Envergadura	14,83 m
Comprimento	9,50 m
Altura	3,34 m
Área Alar	50 m^2
Peso Vazio	1.270 kg
Peso Máximo	2.020 kg
Armamento	1 metralhadora fixa Vickers calibre .303 montada no capô e sincronizada com a hélice 2 metralhadoras geminadas Darne 7 mm móveis montadas em anel na nacele traseira Até 700 kg de bombas em cabides subalares

Continua

Desempenho	
Velocidade Máxima	224 km/h
Razão de Subida	247 m/min
Teto Operacional	6.700 m
Alcance	700 km
Comentários	
Total Adquirido	6 exemplares
Unidades Aéreas	Escola de Aviação Militar
Designações	Não recebeu designação
Matrículas	Inicialmente atribuídas as matrículas 1 a 6; posteriormente, alteradas para K 521 a K 526

Potez 33 e 32

Firmemente estabelecida na indústria aeronáutica francesa como uma das principais construtoras de aviões daquele país, em meados da década de 1920, a empresa Aéroplanes Henry Potez lançou-se no desenvolvimento de uma aeronave destinada a atender às necessidades do mercado civil francês. Sob a denominação Potez 29, os trabalhos de desenvolvimento foram minimizados pelo uso das asas e do grupo motopropulsor do avião de bombardeio e reconhecimento Potez 25. Entretanto, foi elaborada uma fuselagem fechada e inteiramente nova, capaz de acomodar cinco passageiros ou então carga.

Ao voar pela primeira vez em 1927, o Potez 29 foi – para aquela época – um sucesso de vendas, com 29 exemplares produzidos para diversas pequenas empresas de transporte aéreo. Porém, curiosamente, foi justamente a Aeronautique Militaire que mais se interessou por esse robusto avião utilitário, adquirindo nada menos do que 120 unidades.

Em vista do sucesso alcançado com o Potez 29, a empresa partiu para o desenvolvimento de uma versão mais bem adaptada às necessidades do mercado civil, denominando-o Potez 32. Para tal, lançou-se mão de um motor radial Salmson no lugar do Lorraine 12Eb e Gnome-Rhone 9Ady, que, respectivamente, equipavam as versões militar e civil do Potez 29. Essa mudança tornava a aeronave mais econômica,

O Potez 33 K 311 é visto nos Afonsos. Ele foi o primeiro avião de transporte da Aviação Militar, bem como o primeiro a ter uma cabine fechada. Foto Museu Aeroespacial do Campo dos Afonsos.

O Potez 33 empregava um padrão de pintura verde-escuro com a matrícula bem visível aplicada ao lado da fuselagem.

sem impor significativa penalidade em termos de desempenho. E, ao contrário do que ocorrera com o Potez 29, em que clientes militares recebiam essencialmente uma aeronave com pouquíssimas ou nenhuma alteração quando comparada àquelas entregues aos operadores civis, a empresa desenvolveu o Potez 33.

Externamente semelhante ao Potez 32, o Potez 33 dispunha da capacidade de lançar 10 bombas através de dispositivos verticais no interior da fuselagem, janelas laterais de observação e uma torre de metralhadora no dorso da fuselagem. Projetado para realizar missões de ligação e observação, essas modificações permitiam à aeronave realizar trabalhos de ataque leve, reconhecimento e treinamento avançado. Voando pela primeira vez na forma de protótipo, em março de 1928, a Aéroplanes Henry Potez produziu 63 exemplares do Potez 33 e outras 45 unidades do Potez 32.

Os Potez 33 e 32 na Aviação do Exército

O plano de reaparelhamento e modernização da Aviação Militar de 1928 focalizava principalmente a aquisição de aeronaves de instrução de vários tipos, bem como aviões de combate. Entretanto, houve a preocupação por parte das autoridades da Arma de Aviação do Exército de comprar aviões de natureza mais utilitária, capazes de realizar variadas tarefas.

A aquisição de oito aviões Potez 33 em 1929 resolveu essa preocupação. Mesmo que limitados quanto à capacidade, os Potez 33 eram os primeiros aviões de transporte de que a Aviação Militar dispunha, bem como a primeira aeronave a contar com uma cabine inteiramente fechada. Até mesmo a instrumentação de voo do Potez 33 apresentava novidades, a principal sendo o indicador de viragem, um item até então desconhecido entre os aviões da Aviação Militar e que rendeu a esses aviões o apelido Potez Bolinha.

Incorporados ao acervo da Escola de Aviação Militar (EAvM) em 1929, os Potez 33 foram integrados ao currículo de instrução daquela organização militar de ensino. Em geral, durante os anos em que estiveram particularmente ativos, os alunos da EAvM travavam contato com eles a fim de receber instrução de fotografia aérea e navegação. O Potez 33 dispunha também de duplos comandos de voo, o que permitia dar instrução aos alunos que haviam galgado as fases primária e básica da instrução de voo. A documentação existente sugere que essa prática foi de fato usada nos anos de instrução de 1930, 1931 e 1932, porém não de forma sistemática.

Mas as atividades dos Potez 33 não eram totalmente em benefício do currículo de instrução ministrado pela EAvM. Já que essas aeronaves foram entregues com o equipamento necessário para a realização de trabalhos aerofotogramétricos, com muita regularidade, eram convocadas para realizar fotografias oblíquas e verticais de diversas áreas. Uma das primeiras campanhas de aerofoto de envergadura executada com os Potez 33 compreendeu o levantamento de trechos entre as cidades paulistas de Pindamonhangaba e Taubaté, o que foi feito em julho de 1930. Nos anos seguintes, até serem incorporados os Bellanca Pacemaker, os Potez 33 eram regularmente chamados para fazer o fotomapeamento de diversas regiões de interesse.

O início da Revolução Constitucionalista trouxe a natural redução nas atividades de instrução da EAvM e, com ela, a queda no uso dos Potez 33. Contudo, existem indicações de que ao menos um desses aviões foi empregado em missões de ligação e transporte entre o Campo dos Afonsos e o campo de Resende, onde as forças legalistas dispunham de um destacamento de aviação.

Porém, em agosto de 1932, o governo do Rio Grande do Sul despachou para o Rio de Janeiro, por via marítima, dois aviões Potez 32, a fim de reforçar os meios aéreos legalistas. Pouco se sabe dessas duas aeronaves, mas existem indicações de que ambas eram procedentes da Argentina. Seja como for, elas foram incorporadas ao acervo da Aviação Militar, mas não existem indicações de que qualquer uma delas tenha sido montada e muito menos operada durante ou após a Revolução Constitucionalista. É lícito presumir que, após o fim do conflito e em face da quase idêntica semelhança entre os Potez 33 e Potez 32, esses últimos tenham sido canibalizados em proveito dos primeiros.

Encerrada a Revolução Constitucionalista, os Potez 33 voltaram às atividades que realizavam antes do conflito. Porém, a Revolução de São Paulo promoveu uma imensa rodada de aquisições de aeronaves para suprir as deficiências materiais da Aviação Militar, bem como equipá-la com o que havia de mais moderno em termos de avião militar. Em meio a essas compras de material aeronáutico, foram encomendados e recebidos 12 aviões Bellanca Pacemaker no início de 1933. Esses aviões norte-americanos substituíram de imediato os Potez 33 em todas as tarefas que executavam até aquele momento.

Mas a chegada dos Bellanca Pacemaker não resultou na imediata aposentadoria dos Potez 33, que continuaram voando, mesmo que irregularmente, a partir de 1934. Essencialmente, os trabalhos eram os mesmos realizados antes da chegada dos Pacemaker, mas com cada vez mais frequência eram empregados em voo de ligação e transporte entre o Campo dos Afonsos e o Campo de Jacarepaguá, que, naquela época, era empregado como campo auxiliar da EAvM. À medida que os Potez Bolinha iam sofrendo o desgaste natural decorrente de seu uso, tornava-se cada vez mais difícil mantê-los em condições de voo. Isso advinha da falta de peças e componentes de reposição para o motor Salmson 9AB e itens críticos da célula que apresentavam vida útil reduzida. Consequentemente, os Potez 33 foram lentamente sendo suspensos do voo – muitas vezes como resultado de pequenos acidentes.

Em face da enorme quantidade de motores Wright Whirlwind R-760E então em uso na Aviação Militar – consequência da chegada dos WACO CSO, CJC e CPF-5 –, foi determinado ao Serviço Técnico de Aviação do Exército (STAv) para que estudasse substituir o Salmson 9AB, que equipava os Potez 33, pelo R-760E.

Durante a Revolução Constitucionalista de 1932, os Potez 33 tiveram uma pequena participação, realizando missões de transporte e ligação. Foto Museu Aeroespacial do Campo dos Afonsos.

A medida visava prolongar a vida útil desses aviões franceses, cujo tendão de aquiles passara a ser o grupo motopropulsor. Contudo, os estudos do STAv aparentemente não foram muito longe, pois, no final de 1935, foram registrados os últimos voos dos Potez 33. No ano seguinte, esses foram excluídos da carga da EAvM e encaminhados para o Depósito Central de Aviação, para serem transformados em sucata após o aproveitamento da matéria-prima.

Potez 33 e 32	
Período de Utilização	De 1929 até 1936
Fabricante	Aéroplanes Henry Potez, Méaulte (França)
Emprego	Instrução e transporte
Características Técnicas	
Motor	Salmson 9AB de 230 hp
Envergadura	14,50 m
Comprimento	10,15 m
Altura	4 m
Área Alar	35 m²
Peso Vazio	950 kg
Peso Máximo	1.750 kg
Armamento	10 bombas de 10 kg cada uma no interior da fuselagem
Desempenho	
Velocidade Máxima	180 km/h
Razão de Subida	166 m/min
Teto Operacional	4.500 m
Alcance	670 km
Comentários	
Total Adquirido	8 exemplares
Unidades Aéreas	Escola de Aviação Militar
Designações	Não recebeu designação
Matrículas	Os primeiros quatro exemplares receberam as matrículas 1 a 4; posteriormente, todas as células foram rematriculadas de K 311 a K 318

Wibault 73C1

Como muitos jovens franceses da época, Michel Wibault foi colhido pelo entusiasmo que tomara conta da França no que tange a tudo que dizia respeito à aviação. Nascido em Douai (França), Wibault recebeu instrução prática nas oficinas do construtor aeronáutico Louis Bréguet, onde deu início a seus estudos sobre a recém-criada ciência da aerodinâmica.

Em 1917, ele desenvolveu o projeto do Wibault 1, um caça biplano de linhas arrojadas – uma característica que acompanharia todos os projetos de Michel Wibault. Em atenção a um programa que havia sido lançado pelas autoridades da aviação militar francesa em meados de 1918, o qual buscava um novo caça, ele apresentou o Wibault 1 e, no ano seguinte, aos 22 anos, fundou a Société des Avions Michel Wibault. O jovem projetista e construtor não obteve o contrato da concorrência organizada pela Aeronautique Militaire, que acabou sendo vencido pelo Nieuport-Delage NiD 29. Mas Wibault certamente causou excelente impressão, pois o Ministério da Aeronáutica da França o incumbiu, em 1920, do desenvolvimento de um bombardeiro pesado de treliça metálica.

Os projetos de Michel Wibault ganharam destaque pelo extenso uso de ligas leves de alumínio, o que ficou evidente com o caça monoplace Wibault 7, uma aeronave inteiramente metálica. Com seu voo inaugural realizado no terceiro trimestre de 1924, o protótipo do para-sol Wibault 7 deu início a uma linhagem de caças empregados pela Aeronautique Militaire e pela aviação naval francesa – que os empregou embarcados no porta-aviões Béarn – e que também foram produzidos sob licença na Polônia e no Reino Unido. Muitas fontes indicam que 196 dessas aeronaves foram fabricadas, decerto uma quantidade pequena, quando comparada com a de outras aeronaves de caça da época.

Salvo o uso paraguaio de um punhado desses aviões na forma do Wibault 73C1 durante a Guerra do Chaco, com a Bolívia, entre 1932 e 1935, a carreira dessa família de caças Wibault entre os distintos operadores transcorreu sem eventos de maior destaque. Entretanto, as características técnicas desses aviões proporcionaram, de certa forma, uma revolução tecnológica entre as forças aéreas que operaram esses caças inteiramente metálicos – quando os demais contavam somente com uma treliça de alumínio.

O Wibault 73C1 na Aviação do Exército

As crescentes deficiências materiais e de organização da Aviação Militar registradas após a Revolução de 1924 tornavam difíceis o desejado ritmo de desenvolvimento daquela arma. De fato, até 1926, muitas atividades rotineiras simplesmente foram suspensas em face da absoluta falta de recursos. Mas a criação, em 13 de janeiro de 1927, da Arma de Aviação do Exército assinalou um novo período de crescimento – e a adoção de medidas que visavam eliminar toda sorte de obstáculos que impediam a adequada evolução da Aviação Militar.

Um dos principais empecilhos advinha do material aéreo adquirido entre 1919 e 1921. Eram aeronaves de reduzidíssima longevidade, ante a fragilidade material das células e dos motores, e com uma vida útil que não se esperava ser superior a cinco anos. Consequentemente, a vasta maioria das aeronaves existentes em 1927 se encontrava "cansada". Para agravar esse quadro, restrições orçamentárias fizeram surgir sérias deficiências logísticas, o que tornou quase impossível até mesmo o mais rotineiro dos trabalhos de manutenção.

O Wibault 73C1 foi a primeira aeronave totalmente metálica a operar na Aviação Militar. Foto Museu Aeroespacial do Campo dos Afonsos.

O Wibault 73C1 K 412 nas cores da Aviação Militar operando pela EAvM.

Em consequência, foi elaborado um plano de reaparelhamento da Arma de Aviação do Exército, que foi concretizado através de acordos de compra e venda com diversas empresas francesas de construção aeronáutica. Uma expressiva parcela desses aviões compreendia aeronaves de instrução. Entretanto, atenção também foi dada ao reequipamento do elemento de combate da Aviação Militar.

Entre as aeronaves de combate escolhidas encontrava-se o caça Wibault 7 – oferecido em sua versão 73C1. Diversas fontes indicam que os Wibault 73C1 já se encontravam prontos para entrega, aparentemente destinados a preencher uma encomenda que nunca se concretizou. Seja como for, o governo brasileiro encomendou cinco exemplares, que chegaram ao país em 1929 para se transformar nos primeiros aviões inteiramente metálicos utilizados no Brasil.

Levados ao Campo dos Afonsos, os cinco Wibault 73C1 foram entregues à Escola de Aviação Militar (EAvM), apesar de serem aviões de emprego. Algumas fontes sugerem que o motor Lorraine-Dietrich 12Ec, refrigerado a água, não era confiável ou adaptado às condições ambientais tipicamente brasileiras. Outras fontes indicam simplesmente que existia pouca utilidade para uma aeronave de caça dentro da organização e das atividades da EAvM ou que faltava pessoal interessado e qualificado a operar essas aeronaves com a desejada regularidade. Independentemente dos motivos, permanece o fato de que são escassos os registros de voo com os Wibault 73C1 no ano em que chegaram e naqueles que vieram a seguir.

O K 412 foi um dos cinco Wibault 73C1 empregados pelo Exército. Apesar de ser um caça, foi empregado pela EAvM para instrução, sem muito sucesso.
Foto Museu Aeroespacial do Campo dos Afonsos.

Praticamente relegados a ocupar espaço dentro dos hangares da EAvM, em 1933, esses aviões foram excluídos da carga daquela organização e encaminhados para o Depósito Central de Aviação (DCAv) para ser desmontados, a matéria-prima aproveitável, removida das células e o restante, reduzido a sucata.

Contudo, por ser uma aeronave de construção metálica, em 1934, um dos Wibault 73C1 teve destino diferente das demais células. O exemplar em questão foi usado para ensaio de tiro com peças de artilharia antiaérea então consideradas pelo Exército Brasileiro.

Wibault 73C1	
Período de Utilização	De 1929 até 1933
Fabricante	Société des Avions Michel Wibault, Billancourt (França)
Emprego	Caça e escolta
Características Técnicas	
Motor	Lorraine-Dietrich 12Ec de 480 hp
Envergadura	10,95 m
Comprimento	5,55 m
Altura	2,96 m
Área Alar	22 m²
Peso Vazio	1.176 kg
Peso Máximo	1.588 kg
Armamento	2 metralhadoras fixas Vickers
Desempenho	
Velocidade Máxima	248 km/h
Razão de Subida	526 m/min
Teto Operacional	5.600 m
Autonomia	3 h 20 m
Comentários	
Total Adquirido	5 exemplares
Unidades Aéreas	Escola de Aviação Militar
Designações	Não recebeu designação
Matrículas	K 411 a K 415

Caudron C.140

No meio aeronáutico, o período compreendido entre a Primeira e a Segunda Guerra Mundial foi caracterizado por uma surpreendente quantidade e variedade de projetos de aeronaves dirigidas a praticamente todos os segmentos de mercado. Isso é especialmente verdade no caso da França, que abrigava dezenas de grandes e pequenas empresas de construção aeronáutica ávidas por captar contratos de encomenda para os setores militar e civil daquele país, bem como contratos de exportação.

A pioneira empresa francesa Société des Avions Caudron não fugiu a essa regra e desenvolveu nada menos do que 34 projetos diferentes durante os anos 1920. Alguns eram destinados ao mercado de transporte aéreo comercial, outros à aviação desportiva, enquanto outros ainda atendiam a vários requisitos da Aviation Militaire Française. Desses projetos, alguns poucos chegaram a ser produzidos em série em atenção a contratos de encomenda assinados com entidades civis francesas, a aviação militar francesa ou clientes de exportação. Muitos não evoluíram para além da etapa de protótipo.

Entre os aviões dessa última categoria, a empresa Avions Caudron desenvolveu e fez voar, em fevereiro de 1928, um elegante sesquiplano destinado a cumprir um variado leque de trabalhos, desde o treinamento de fotografia até o reconhecimento e bombardeio. Em junho daquele mesmo ano, o novo avião foi apresentado no 11eme Salon Aéronautique – hoje conhecido mundialmente como a Feira Aeronáutica de Le Bourget –, com a designação C.140. Contudo, essa nova aeronave da casa Caudron não despertou o interesse das autoridades aeronáuticas militares francesas. Após ser apresentado no Salon Aéronautique, praticamente nada se sabe do que foi feito com o único exemplar do Caudron C.140, que presumivelmente permaneceu sob a guarda da empresa até ser exportado.

O Caudron C.140 na Aviação do Exército

Em meio aos muitos aviões adquiridos pela Aviação Militar entre 1928 e 1931 como resultado do programa de reaparelhamento do Corpo de Aviação do Exército implementado em 1927, encontrava-se o protótipo do Caudron C.140. Hoje são desconhecidos os motivos que levaram à decisão de se adquirir uma aeronave que sequer se encontrava em produção em seu país de origem. Entretanto, posto que o planejamento das compras compreendidas dentro daquele programa foi realizado em estreita colaboração com a Missão Militar Francesa de Aviação, é possível especular que as autoridades francesas ofereceram aquela aeronave na expectativa de que ela despertasse interesse entre os líderes da Aviação do Exército – o suficiente para assegurar um contrato de encomenda por mais exemplares.

Colocando de lado essa possibilidade, permanece o fato de que o solitário Caudron C.140 já se encontrava no Brasil no último trimestre de 1929, e realizou seu primeiro voo no Campo dos Afonsos (RJ), em 15 de novembro daquele ano. Porém, foi somente em junho de 1930 que o Caudron C.140 foi incluído em carga, sendo distribuído à Esquadrilha Mista da Escola de Aviação Militar (EAvM) no mês seguinte.

Particularmente ativo ao longo de 1931, acredita-se, no entanto, que o pessoal da EAvM julgou aquele avião muito mais apropriado ao trabalho de fotografia aérea do que à realização de missões de bombardeio, apesar de dispor da

Apenas um exemplar do Caudron C.140, matriculado K 231, foi operado pela Aviação Militar entre 1929 e 1933. Foto Museu Aeroespacial do Campo dos Afonsos.

O Caudron C.140 K 231 serviu apenas na EAvM.

capacidade de portar expressiva carga ofensiva. Não existem registros de que aquele avião fazia surtidas de exercício de bombardeio, mas há diversos voos de fotografia aérea registrados com frequência de 1931 a 1932.

Após julho de 1933, deixam de existir registros de voo realizados com aquela aeronave e, à luz da documentação da época, existem claras indicações de que o Caudron C.140 sofreu um acidente grave que exigiu a substituição de sua asa inferior. Em setembro de 1934, foi dada ordem à Escola de Aviação Militar para que recolhesse ao Depósito Central de Aviação todo o material sobressalente do Caudron C.140 sob sua guarda. Há evidências de que esse avião ainda existia em agosto de 1935, mas, muito provavelmente – diante do fato de ser o único de sua espécie no acervo –, as autoridades da Aviação Militar optaram por não empreender qualquer esforço na recuperação daquela aeronave, se é que ela de fato se encontrava acidentada.

Caudron C.140	
Período de Utilização	De 1929 até 1933
Fabricante	Société des Avions Caudron, Lyon (França)
Emprego	Bombardeio, reconhecimento e fotografia aérea
Características Técnicas	
Motor	Salmson 9Ab de 230 hp
Envergadura	11,30 m
Comprimento	7,84 m
Altura	3,20 m
Área Alar	28 m²
Peso Vazio	896 kg
Peso Máximo	1.300 kg
Armamento	1 metralhadora fixa Vickers .303 instalada no capô e sincronizada com a hélice 2 metralhadoras móveis Darne 7 mm instaladas em um anel na nacele traseira Carga ofensiva de até 240 kg em cabides subalares
Desempenho	
Velocidade Máxima	185 km/h
Teto Operacional	5.000 m
Comentários	
Total Adquirido	1 exemplar
Unidades Aéreas	Escola de Aviação Militar
Designações	Não recebeu designação
Matrículas	K 231

Morane-Saulnier MS.147Ep2 e MS.149Ep2

A exemplo de muitos outros países, a indústria aeronáutica francesa foi pródiga quanto à variedade de aeronaves desenvolvidas e produzidas entre os anos de 1920 e 1930. Isso era especialmente verdade entre as aeronaves destinadas ao setor militar – fossem elas de combate, utilitárias ou de instrução. Em muito isso se deveu aos substanciais avanços tecnológicos registrados em áreas como motor e metalurgia, com o descarte dos motores radiais rotativos a favor dos radiais fixos e o uso de alumínio na estrutura da aeronave em vez de madeira. Esse fenômeno fez com que muitos tipos de aeronave fossem desenvolvidos e postos em produção para gozarem de uma vida útil que raramente ultrapassava dois ou três anos.

Passada a segunda metade dos anos 1920, a Aeronautique Militaire julgou conveniente renovar a frota de aeronaves empregadas na formação e no adestramento de seus aviadores. Entre outros aviões de instrução a serem substituídos estava o Morane-Saulnier MS.35Ep2, uma aeronave de instrução primária. Após examinar o que a indústria aeronáutica local poderia oferecer, a Aeronautique Militaire optou pelo Morane-Saulnier MS.147Ep2, que, de certa forma, era um avião híbrido que empregava a fuselagem do avião de treinamento MS.130 e as asas utilizadas pelo MS.138, outro avião de treinamento produzido pela Morane-Saulnier. A célula resultante foi equipada com um motor radial fixo Salmson 9Ac de 120 hp.

O novo Morane voou pela primeira vez em 1928. Em seguida, a Aéroplanes Morane-Saulnier passou a produzir 109 exemplares do MS.147Ep2 – a maioria destinado à Aeronautique Militaire. Ademais, outras 40 unidades foram entregues para a Aeronautique Navale sob a denominação MS.149Ep2, que se distinguiu principalmente pelo uso de um motor radial Lorraine-Dietrich 5Pa. Dos 165 MS.147Ep2 e MS.149Ep2 produzidos pela Aéroplanes Morane-Saulnier, aproximadamente 50 unidades foram exportadas para países como Grécia, Guatemala, Turquia e Venezuela.

O K 124 da EAvM visto no Campo dos Afonsos, no primeiro padrão de pintura usado pelos MS.147Ep2. Ao todo, a Aviação Militar empregou 18 dessas aeronaves.
Foto Museu Aeroespacial do Campo dos Afonsos.

A principal missão dos Morane-Saulnier MS.147Ep2 e de um solitário MS.149Ep2 era a instrução primária. Foto Arquivo Euro Campos Duncan.

Os Morane-Saulnier MS.147Ep2 e MS.149Ep2 na Aviação do Exército

O processo de modernização e ampliação do acervo de material aéreo da Aviação Militar iniciado em 1928 continuou até 1931, e a Arma de Aviação do Exército recebeu respeitável quantidade e ampla variedade de aeronaves de origem francesa. No que tange às aeronaves de emprego, eram as que equipavam as unidades de combate da Aeronautique Militaire, assim como com os aviões de treinamento.

Entre as aeronaves de instrução recebidas da França naquele período encontravam-se 18 aviões Morane-Saulnier MS.147Ep2 e um solitário MS.149Ep2, todos destinados à instrução primária. Primeiro, foi recebido um lote de seis aviões MS.147Ep2, em novembro de 1929, que, depois de serem transportados de navio até o Brasil, foram montados, ensaiados e entregues à Escola de Aviação Militar (EAvM), que já registrou voos no mês seguinte. Um segundo lote de 12 aviões MS.147Ep2 – composto de 12 células – chegou ao país no segundo trimestre de 1930 e, tal como o lote inicial, foi igualmente distribuído à EAvM.

Por motivos que hoje são desconhecidos, foi adquirido também um MS.149Ep2, que chegou ao Brasil nos primeiros meses de 1930. À semelhança

O MS.147Ep2 K 124 no primeiro padrão de cores empregado pelo Exército.

Cada aluno da EAvM realizava 60 surtidas, totalizando 20 horas de voo nos MS.147Ep2. Esse era o primeiro contato com a instrução aérea. Se aprovados, seguiam para a próxima fase: o voo no MS.130ET2. Foto Arquivo Jackson Flores Jr. / Action Editora Ltda.

dos MS.147Ep2, essa aeronave foi igualmente incorporada ao acervo da Escola de Aviação Militar.

O ano de instrução de 1930 viu os MS.147Ep2 e o MS.149Ep2 assumirem o papel de plataforma de instrução primária que antes pertencera brevemente aos Morane-Saulnier MS.35Ep2. Para os alunos que estavam dando seus primeiros passos na arte de voar, o primeiro ano de instrução implicava aproximadamente 60 surtidas, totalizando cerca de 20 horas de voo antes de seguirem para a próxima etapa – a fase de instrução no MS.130ET2, um avião de desempenho significativamente superior ao dos MS.147Ep2 e MS.149Ep2.

Essa rotina de instrução manteve-se inalterada durante os anos de 1931 e 1932. Entretanto, por serem aviões de instrução primária – e, portanto, sujeitos à inexperiência de aviadores recém-solados –, não foram poucos os acidentes registrados entre 1930 e 1932. Colisões entre aviões durante o táxi, capotagens e outros episódios de menor gravidade cobraram seu preço. Não eram raras as ocasiões em que a EAvM contava com somente seis ou sete desses aviões disponíveis para voo, porque as demais células se encontravam nas oficinas da Escola de Aviação Militar aguardando reparos. Alguns dos acidentes resultaram na perda total da aeronave, e, de fato, somente no último trimestre de 1931, dois MS.147Ep2 foram perdidos.

Consequentemente, às vésperas da Revolução Constitucionalista, existiam somente 10 aviões MS.147Ep2 à disposição da EAvM – acrescidos do solitário MS.149Ep2. A carreira desse último chegaria ao fim durante aquele conflito, quando se acidentou, com perda total, no Campo dos Afonsos, em agosto de 1932.

Mesmo com o início das hostilidades, as atividades de instrução aérea na EAvM não foram interrompidas e, assim, os MS.147Ep2 seguiram com sua tarefa de formar os futuros pilotos da Aviação Militar. Entretanto, a vida operacional dos MS.147Ep2 estava próxima do fim com a chegada dos de Havilland DH-60T Gypsy Moth, no início de 1932, bem como a incorporação de aviões de treinamento primário WACO RNF no final daquele ano. Em consequência, em 1933, deixaram de voar, e as células ainda existentes foram recolhidas ao vizinho Depósito Central de Aviação para serem desmanchadas.

O K 122 no segundo padrão de pintura usado pelos MS.147Ep2 da Aviação do Exército. Além da EAvM, essas aeronaves também voaram no 5º RAv, com sede em Curitiba (PR). Foto Arquivo Euro Campos Duncan.

Contudo, as autoridades da Aviação do Exército aparentemente decidiram que ainda havia utilidade para os MS.147Ep2 e despacharam ao menos dois exemplares – possivelmente três – para o 5º Regimento de Aviação (5º RAv), com sede no Campo de Bacacheri, Curitiba (PR). Lá essas aeronaves foram incluídas na carga do 5º RAv e distribuídas à Esquadrilha de Treinamento daquele regimento. Pouco se sabe das atividades desses aviões no 5º RAv, mas, aparentemente, um continuou em operação até o final dos anos 1930.

Como eram dedicados à instrução primária, cavalos de pau e capotagens eram comuns. Um exemplo é a colisão no táxi do K 124 com o K 136, ambos modelos do MS.147Ep2 da EAvM, no Campo dos Afonsos. Foto Arquivo Euro Campos Duncan.

Morane-Saulnier MS.147Ep2 e MS.149Ep2

Período de Utilização	De 1929 até 1933 (MS.147Ep2)	De 1930 até 1932 (MS.149Ep2)
Fabricante	Aéroplanes Morane-Saulnier	
Emprego	Instrução primária	
Características Técnicas	MS.147Ep2	MS.149Ep2
Motor	Salmson 9Ac de 120 hp	Lorraine-Dietrich 5Pa de 100 hp
Envergadura	10,96 m	10,96 m
Comprimento	6,87 m	6,80 m
Altura	3,68 m	3,68 m
Área Alar	19,50 m²	19,50 m²
Peso Vazio	584 kg	569 kg
Peso Máximo	850 kg	825 kg
Armamento	Não dispunham de armamento	
Desempenho		
Velocidade Máxima	145 km/h	130 km/h
Razão de Subida	100 m/min	100 m/min
Teto Operacional	3.500 m	3.500 m
Alcance	400 km	400 km
Comentários		
Total Adquirido	18 exemplares	1 exemplar
Unidades Aéreas	Escola de Aviação Militar 5º Regimento de Aviação	
Designações	Não receberam designações	
Matrículas	K 121 a K 126 e K 128 a K 139	K 127

Schreck FBA-17 HMT-2

Fora o fato de que nasceu em março de 1874, na localidade francesa de Aubigny, filho de um humilde operário de uma empresa de construção de ferrovias, pouco se conhece sobre as primeiras duas décadas da vida de Louis Schreck. Aos 29 anos, vendedor representante nas Américas do Sul e do Norte dos automóveis franceses Delaunay-Belleville, ele aparentemente acompanhou de perto a realização dos irmãos Wright. Ao voltar para a França, em 1908, tratou de comprar um biplano Wright e se inscreveu em uma escola de voo, por meio da qual obteve o brevê como piloto em 1910.

Apesar de ser um autodidata sem nenhuma instrução formal na ainda jovem área de engenharia aeronáutica, Schreck lançou-se no desenvolvimento de um avião de projeto próprio, o Diapason I. Mas esse primeiro esforço – talvez previsivelmente – não foi coroado de sucesso, posto que os parcos 50 hp do motor que usou eram insuficientes para fazer com que os quase 800 kg do Diapason I saíssem do solo. Extremamente obstinado, Schreck associou-se a diversos aviadores e engenheiros, ganhando com isso conhecimento e experiência.

Em 1913, e, após adquirir a licença de produção do hidroavião Curtiss Type A, Schreck e André Beaumont fundaram a Franco-British Aviation Co. Ltd., uma empresa com sede em Londres e instalações fabris em Argenteuil (França). Popularmente conhecida como FBA, a empresa obteve um contrato inicial de 40 exemplares do Type A para a Royal Navy. Porém, com o início das hostilidades da Primeira Guerra Mundial, a FBA cresceu quase exponencialmente. De fato, dos 2.870 hidroaviões produzidos na França durante aquele conflito, 51,5% foram fabricados nas instalações da FBA.

Assim que o conflito foi encerrado – e com ele o cancelamento dos contratos de encomenda –, a FBA provisoriamente fechou suas portas. Mas em 1920 e já com o nome Société des Hydravions Schreck-FBA, a empresa voltou à atividade. Sob a batuta do recém-contratado engenheiro-chefe Emile Paumier, a Schreck deu início ao desenvolvimento de uma família de hidroaviões que culminou no Type 17 – um biplano monomotor que nasceu como hidroavião de instrução mas que mostrou ser eminentemente flexível para uso em outras tarefas. Foram construídas quase 400 unidades das muitas versões do Type 17, incluindo seis produzidos sob licença nos Estados Unidos para a United States Coast Guard. Desse total, 37 eram da versão HMT-2, um hidroavião misto de transporte que voou pela primeira vez em dois de fevereiro de 1924. A maioria dos Schreck FBA-17 HMT-2 serviram à Marinha Francesa, enquanto 16 exemplares foram exportados para operadores militares ou vendidos para empresas francesas.

O Schreck FBA-17 HMT-2 na Aviação do Exército

Depois de sofrer toda sorte de dificuldades durante quase três anos, a criação da Arma de Aviação do Exército, em janeiro de 1927, e a posterior liberação de substanciais recursos orçamentários assinalaram o início de uma nova etapa para a Aviação Militar. Reduzida a pequena quantidade de aviões disponíveis para voo e sem ter formado um piloto desde 1924, a recém-organizada Diretoria de Aviação do Exército (DAvEx) tratou de desenhar os novos rumos da nova arma. Com a colaboração de integrantes da Missão Militar Francesa de Aviação (MMFA), as autoridades da DAvEx inicialmente voltaram seu foco para o reequipamento dos meios aéreos de instrução e adestramento à disposição da Escola de Aviação Militar (EAvM), com sede no Campo dos Afonsos (RJ).

Entre as aeronaves examinadas e escolhidas, havia sete aerobotes anfíbios Schreck FBA-17 HMT-2. Os motivos exatos que levaram as autoridades da DAvEx a

O Schreck FBA-17 HMT-2 foi o primeiro avião anfíbio usado pela Aviação do Exército. Foto Arquivo Action Editora Ltda.

Linha de voo de Société des Hydravions Schreck-FBA FBA-17 HMT-2 da Aviação Militar no Campo dos Afonsos. Foto Arquivo Action Editora Ltda.

incluir uma aeronave anfíbia em sua lista de prioridades não passam de uma conjectura. Porém, apesar de originalmente serem projetados para trabalhos de transporte, os FBA-17 HMT-2 eram plataformas mais do que adequadas para a instrução de hidroaviação, uma área desconhecida na Aviação Militar.

As evidências existentes sugerem que o contrato de encomenda dos Schreck FBA-17 HMT-2 foi assinado entre o final de 1928 e o primeiro trimestre do ano seguinte. Porém, é certo que as autoridades da Aviação Militar já tinham como garantida a entrega desses aviões anfíbios, já que o Programa de Voos da Escola

O Schreck FBA-17 K 334 visto no primeiro padrão de pintura usado pela Aviação Militar.

O Schreck FBA-17 K 331 visto no segundo padrão de pintura usado pela Aviação Militar.

de Aviação Militar (EAvM), elaborado em maio de 1929, listava os Schreck entre as aeronaves a serem empregadas.

Aparentemente, os exemplares iniciais chegaram ao Brasil durante o terceiro trimestre de 1929, pois, em outubro, após serem montados nas instalações da EAvM, três desses aviões anfíbios já estavam voando. De fato, as autoridades da Aviação Militar não tardaram a colocar esses aviões anfíbios para bom uso, já que, entre os dias 22 e 29 daquele mês, dois Schreck participaram de manobras conjuntas com a Aviação Naval. Mesmo desprovidos de qualquer armamento, os FBA-17 HMT-2 podiam perfeitamente realizar missões como plataformas de ligação e observação.

Incluídos na carga da EAvM entre novembro de 1929 e setembro de 1930, os Schreck FBA-17 HMT-2 foram distribuídos à Esquadrilha Mista. Apesar de esses aviões anfíbios se destinarem aos trabalhos de instrução, os Schreck não foram utilizados no ciclo de formação dos futuros aviadores da Aviação Militar, e sim no aperfeiçoamento daqueles que haviam concluído o curso de piloto aviador.

Entretanto, ao chegar o final do primeiro semestre de 1930, os Schreck da Aviação Militar desempenhariam um papel de maior destaque do que meramente ser os primeiros aviões anfíbios do Exército. Já fazia anos que os aviadores do Exército não empreendiam voos de longo alcance – ou reides, como eram então popularmente conhecidos. É bem verdade que, em meados de 1928, em duas distintas ocasiões, os Breguet 19A2B2 haviam realizado voos até Vitória. Mas isso era mera sombra do que os Breguet 14A2/B2 haviam feito anos antes, quando voaram primeiro para São Paulo e, posteriormente, para Curitiba.

Assim, entre os dias 16 e 22 de junho, uma esquadrilha composta de três aeronaves Schreck FBA-17 HMT-2 empreendeu um reide até Pelotas, com quatro aviadores da Aviação Militar e dois oficiais da Missão Militar Francesa de Aviação.

Mas muito mais ambicioso foi o reide até Belém (PA), dessa vez com quatro aviões anfíbios Schreck, e que ocorreu pouco mais de um mês depois. Novamente contando com a mesma dupla de oficiais da MMFA, os quatro FBA-17 HMT-2 decolaram do Campo dos Afonsos em 4 de agosto e fizeram escalas em Campos (RJ), Vitória (ES), Caravelas (BA), Ilhéus (BA), Salvador (BA), Aracaju (SE), Maceió (AL), Recife (PE), João Pessoa (PB), Natal (RN), Macau (RN), Areia Branca (RN), Fortaleza (CE), Camocim

Com os FBA-17 HMT-2, a Aviação do Exército realizou duas viagens de longo curso em 1930, uma para Pelotas (RS) e outra para Belém do Pará (PA), quando foram percorridos 3.800 km pelo litoral. Foto Arquivo Jackson Flores Jr. / Action Editora Ltda.

A aeronave anfíbia FBA-17 HMT-2 K 334, da Escola de Aviação Militar, é vista em voo. Foto Museu Aeroespacial do Campo dos Afonsos.

(CE), Luiz Correia (PI), São Luís (MA) e Viseu (PA), finalmente chegando a Belém no dia 15 daquele mês. Muitas vezes amerissando em estuários e rios próximos às cidades visitadas, esse reide de uns 3.800 km percorridos ao longo do litoral brasileiro foi o mais longo até então empreendido por aeronaves militares brasileiras.

Apesar de haver perdido um dos Schreck em Luiz Correia (PI) na perna de ida – sem maiores consequências para os dois tripulantes –, esse reide foi considerado um sucesso, mais ainda se atentarmos para a quase total ausência de auxílio à navegação aérea ou qualquer espécie de infraestrutura de apoio. Para os aviadores do Exército, geralmente restritos a um cone de 10 km em torno do Campo dos Afonsos quando realizavam voos de instrução ou de adestramento, esse reide demonstrava claramente a capacidade dos pilotos militares brasileiros de realizar voos de longo alcance. Dois dias após sua chegada a Belém, os três Schreck FBA-17 HMT-2 iniciaram a viagem de volta, chegando sem percalços ao Campo dos Afonsos em 28 de agosto.

Porém, o reide até Belém representou também o zênite da vida operacional dos Schreck FBA-17 HMT-2 da Aviação Militar. Em setembro de 1930 e apesar de já estarem voando durante algum tempo, os últimos quatro FBA-17 HMT-2 foram incluídos na carga da Escola de Aviação Militar. Naquele mesmo mês, quatro dessas aeronaves participaram nas manobras anuais do Exército – presumivelmente desempenhando trabalhos de ligação e observação.

Em dezembro de 1930, os Schreck saíram da Esquadrilha Mista da EAvM e foram repassados para a Esquadrilha de Treinamento. No entanto, entre o início de 1931 e agosto daquele ano, só constam voos com três dos Schreck. E, a partir de agosto, caiu para duas a quantidade de aviões anfíbios FBA-17 HMT-2 em operação. Esse quadro só piorou com a chegada do novo ano, pois simplesmente não há registros de voos com os Schreck ao longo de 1932 e 1933 – somente a movimentação das células existentes para o Parque Central de Aviação para fins de reparo e revisão geral.

Contudo, em janeiro de 1934, o Parque Central de Aviação realizou voos de ensaio com duas dessas aeronaves após haverem concluído reparo e revisão

Ao todo, a Aviação do Exército empregou sete FBA-17 HMT-2, matriculados de K 331 a K 337. Foto Arquivo Action Editora Ltda.

geral, um terceiro Schreck fazendo o mesmo em março. Aparentemente, dois desses aviões anfíbios foram entregues à Escola de Aviação Militar e outro, encaminhado ao Depósito Central de Aviação (DCAv). Mas esse lampejo de atividade foi breve. As informações existentes indicam que os dois Schreck entregues à EAvM nunca mais voaram e foram posteriormente recolhidos ao DCAv para lá serem – junto com os demais FBA-17 ainda existentes – reduzidos à matéria-prima. Ou seja, a remoção de todo o material que poderia ser aproveitado e a incineração da célula, que era toda de madeira.

O K 331 visto no Campo dos Afonsos, ostentando o padrão verde-escuro característico das aeronaves da Aviação Militar. Foto Arquivo José de Alvarenga.

Schreck FBA-17 HMT-2

Período de Utilização	De 1930 até 1937
Fabricante	Société des Hydravions Schreck-FBA, Argenteuil (França)
Emprego	Treinamento e adestramento
Características Técnicas	
Motor	Hispano-Suiza 8Ac de 180 hp
Envergadura	12,87 m
Comprimento	8,94 m
Altura	3,55 m
Área Alar	36,50 m²
Peso Vazio	980 kg
Peso Máximo	1.280 kg
Armamento	Não dispunha de armamento
Desempenho	
Velocidade Máxima	162 km/h
Razão de Subida	167 m/min
Teto Operacional	4.500 m
Alcance	350 km
Comentários	
Total Adquirido	7 exemplares
Unidades Aéreas	Escola de Aviação Militar
Designações	Não recebeu designação
Matrículas	Recebeu as matrículas K 331 a K 337

Bréguet 19A GR Bidón

Tendo entrado em serviço com a Aéronautique Militaire em fins de 1924, o Bréguet 19 mostrou ser uma aeronave particularmente eficiente – não só com a aviação militar francesa, mas com outros operadores. Além de contar com uma célula de grande robustez, o Bréguet 19 era uma aeronave extremamente veloz que apresentava ainda grande autonomia e alcance. Essas características, aliadas à singular flexibilidade da célula básica, fizeram do Bréguet 19 um candidato natural para outro trabalho, além das missões de bombardeio ou reconhecimento: voos de longo alcance.

A partir dos anos 1920, o mundo aeronáutico internacional passou a fervilhar com toda sorte de voos que capturavam a atenção do público internacional. Mas os voos que recebiam maior destaque eram aqueles que cobriam longas distâncias, muitas vezes no menor espaço de tempo possível. Popularmente conhecidos como reides, tais voos eram ainda uma fonte de prestígio para o país proprietário da aeronave que os lograva, bem como forma de demonstrar a superioridade tecnológica de seu fabricante.

Assim foi com os franceses e com a Bréguet, que, com poucas modificações, lançou-se na execução do reide Paris–Shanghai com um Bréguet 19. Realizado em maio do mesmo ano em que a Aéronautique Militaire começou a receber os próprios Bréguet 19, esse reide foi feito em pouco mais de 90 horas de voo e abriu as portas para uma sucessão de voos semelhantes realizados com aquele avião.

Com algumas modificações, como um grupo motopropulsor de maior potência que os exemplares então entregues à Aéronautique Militaire e células adicionais de combustível, a Bréguet desenvolveu e produziu uma pequena quantidade de versões de desporto do Bréguet 19. Batizando-os com a designação genérica Bréguet 19 GR (Grand Raide), eles eram conhecidos como Bidón ou Super Bidón em alusão a seus tanques adicionais de combustível.

Assim, entre 1924 e 1930, franceses, belgas, espanhóis, gregos, poloneses e japoneses fizeram uso do Bréguet 19GR para estabelecer recordes de distância. Mas os que ganharam mais destaque foram os reides empreendidos pelos franceses e espanhóis. Foi o caso do Bréguet 19GR francês batizado de Nungesser-Coli e tripulado por Costes e LeBrix, que realizaram a circunavegação do globo terrestre entre outubro de 1927 e abril de 1928 em aproximadamente 350 horas de voo. Patrocinado pelo fabricante de perfumes Coty e batizado com o nome Point d'Interrogation, o Bréguet 19GR Super Bidón tripulado por Costes e Bellonte voou de Paris até a Manchúria em dois dias, em setembro de 1929. Posteriormente, estabeleceu diversos novos recordes de velocidade e permanência no ar. O Point d'Interrogation – novamente tripulado por Costes e Bellonte – registrou o primeiro voo sem escalas entre Paris e Nova York.

Por sua vez, os espanhóis se lançaram de cabeça em voos desse tipo. Porém, aquele que conquistou maior destaque foi um Bréguet 19GR Bidón construído pela CASA e tripulado por Jimenez e Iglesias. Ao decolar de Sevilha, em 24 de março de 1929, a aeronave percorreu 6.880 quilômetros até chegar à Bahia dois dias mais tarde.

O Bréguet 19A GR na Aviação do Exército

Tendo conquistado fama nacional após realizar seu voo entre Gênova e São Paulo com um Savoia-Marchetti SM-55 batizado de Jahú, o aviador João Ribeiro de Barros lançou-se, pouco depois, em mais outra empreitada. Dessa vez, era um voo entre Brasil e Lisboa, Portugal, com um Bréguet 19A GR adquirido na França em 1929.

Trasladada por via marítima até o Brasil, a aeronave já se encontrava em Santos no início de janeiro de 1930. Depois de batizar o avião com o nome de sua mãe, Margarida, Ribeiro de Barros levou-o até o Rio de Janeiro, em agosto daquele ano, a fim

O Bréguet 19A GR pertencente à Aviação Militar é o ex-P-BARR trazido ao Brasil pelo aviador João Ribeiro de Barros, em janeiro de 1930. Foto Museu Aeroespacial do Campo dos Afonsos.

O único Bréguet 19A da Aviação do Exército não chegou a ter matrícula militar, apenas o nome de batismo Margarida.

de fazer com que a aeronave fosse submetida à vistoria antes de ser matriculada no Registro Aeronáutico Brasileiro. O avião recebeu as marcas P-BARR, mas a Revolução de 1930 pôs um fim aos planos de Ribeiro de Barros, posto que o Bréguet 19A GR Margarida foi confiscado pelas autoridades e levado até o Campo dos Afonsos.

Durante o breve período de hostilidades da Revolução de 1930, esse Bréguet 19A GR registrou alguns poucos voos de observação em proveito das forças legalistas. Ao ser encerrada a Revolução de 1930, em 24 de outubro daquele ano, o Bréguet 19A GR Margarida permaneceu em poder da Aviação Militar.

Em junho de 1931, a aeronave acidentou-se no Campo dos Afonsos e foi recolhida ao Parque Central de Aviação (PCAv) para lá aguardar seu destino. Aparentemente, permaneceu encostada durante alguns anos naquela organização militar. Então, em abril de 1934, o diretor da Aviação Militar determinou que o Margarida fosse reconstruído pelo PCAv.

Diversos documentos sugerem que, apesar da amplitude dos trabalhos de reconstrução, um dos maiores incentivadores desse projeto foi o então Major Francisco de Assis Corrêa de Mello, futuro ministro da Aeronáutica. Quando a aeronave finalmente ficou pronta, no início de setembro de 1936, foi ele o piloto de ensaios em voo do Margarida. Dado como pronto, no mês seguinte, determinou-se que aquele Bréguet 19A GR fosse entregue ao 1º Regimento de Aviação, sediado no Campo dos Afonsos. Lá a aeronave foi aparentemente distribuída à Esquadrilha de Treinamento, mas sem uma clara função.

Quase sempre pilotado pelo Major Correa de Mello, aquele avião continuou voando intermitentemente entre outubro de 1936 e julho de 1937, ocasião em que ocorre um hiato em suas atividades de voo. O Bréguet 19A GR só voltou à atividade em abril de 1940, quando realizou mais alguns voos até agosto daquele ano, momento a partir do qual deixam de existir registros de atividade. Obsoleto, sem função operacional e de difícil manutenção em face de sua antiguidade e das dificuldades

Durante a Revolução de 1930, o único Bréguet 19A GR da Aviação Militar realizou alguns voos de observação e reconhecimento. Foto Museu Aeroespacial do Campo dos Afonsos.

de se obterem peças de reposição, o único Bréguet 19A GR do Exército foi provavelmente encaminhado ao Depósito Central de Aviação, no Campo dos Afonsos, para ser reduzido a sucata.

Bréguet 19A GR Bidón	
Período de Utilização	De 1930 até 1940
Fabricante	Société Anonyme des Ateliers D'Aviation Louis Breguet, Vélizy-Villacoublay (França)
Emprego	Adestramento
Características Técnicas	
Motor	Hispano-Suiza 51-12Lb de 600 hp
Envergadura	15,90 m
Comprimento	9,63 m
Altura	3,92 m
Área Alar	52,40 m^2
Peso Vazio	1.651 kg
Peso Máximo	5.047 kg
Armamento	Não dispunha de armamento
Desempenho	
Velocidade Máxima	230 km/h
Razão de Subida	227 m/min
Teto Operacional	4.000 m
Alcance	3.300 km
Comentários	
Total Adquirido	1 exemplar
Unidades Aéreas	1º Regimento de Aviação
Designações	Não recebeu designação
Matrículas	Não recebeu matrícula; usou o nome Margarida

Lioré et Olivier 25Bn4

Filho de um viticultor, o engenheiro Fernand-Jules Lioré formou-se na afamada École Polytechnique, em 1894, para então ingressar na escola de artilharia de Fontainebleau. Mas acreditando que não havia muito futuro na indústria de armas, Lioré preferiu apostar no setor da indústria química.

Seu primeiro contato com o meio aeronáutico deu-se em 1907, quando foi chamado a fabricar algumas peças de avião para o aviador pioneiro Louis Blériot. Imediatamente seduzido pelos desafios presentes na recém-nascida indústria aeronáutica, a pequena indústria que Lioré formara passou não somente a produzir peças e componentes para Blériot, mas trabalhos próprios, como desenvolvimento e produção de hélices.

Em 1910, Lioré travou contato com outro engenheiro, Henri Olivier, que era um experimentado aviador. As crescentes relações entre esses dois engenheiros resultaram na formação, em março de 1912, da Ateliers d'Aviation Lioré et Olivier. Inicialmente, construíram peças e componentes de avião para outras empresas. No entanto, a empresa cresceu de forma explosiva como resultado da Primeira Guerra Mundial. Encerrada a guerra, a Lioré et Olivier concentrou seus esforços

Dedicados a missões de bombardeio noturno, os Lioré chegaram ao Brasil em 1930, sendo o maior avião da Aviação Militar até então. Foto Arquivo Jackson Flores Jr. / Action Editora Ltda.

no desenvolvimento e na produção de hidroaviões – uma área em que registrou considerável sucesso.

Porém, a Lioré et Olivier não colocou de lado a fabriacação de aviões. De fato, nos derradeiros meses de 1926, a empresa dedicou-se ao desenvolvimento de um avião de bombardeio noturno. Tendo como base o Lioré et Olivier 122, a nova aeronave voou pela primeira vez na primeira metade do ano seguinte. Designado Lioré et Olivier 20 – ou LeO-20 –, nada menos que 311 dessas aeronaves foram produzidas para a Aéronautique Militaire da França, com outras nove sendo exportadas para a Romênia.

Apesar do sucesso do LeO-20, a Lioré et Olivier iniciou o desenvolvimento de um bombardeiro inicialmente designado como LeO-25. Lançando mão de motores Hispano-Suiza de maior potência, a Lioré et Olivier produziu nove versões, a produção compreendendo 96 células – a vasta maioria de hidroaviões equipados com flutuadores e destinados à Aéronavale.

Com as designações LeO H-257bis e LeO H-258, esses hidroaviões tiveram uma vida particularmente longa para uma aeronave projetada no final dos anos 1920, encontrando-se em operação com a Aéronavale quando eclodiu a Segunda Guerra Mundial. Ao voar missões de escolta e de guerra antissubmarino, o desenrolar dos primeiros meses daquele conflito fez com que esses aviões fossem posteriormente empregados como bombardeiros táticos. Diante de uma aviação de caça inimiga tecnologicamente superior, a frota de aeronaves Lioré et Olivier 257bis e 258 foi dizimada. O que restou foi prontamente absorvido pela Força Aérea do governo Vichy da França em agosto de 1940, permanecendo em atividade como avião de treinamento até os derradeiros meses da guerra.

O Lioré et Olivier 25Bn4 K 612 tinha nome de batismo Avahy.

O Lioré et Olivier 25Bn4 na Aviação do Exército

Entre os muitos aviões franceses adquiridos entre 1928 e 1931 encontravam-se três aviões Lioré et Olivier 25Bn4 – ou LeO 253, conforme o sistema de designações que a empresa passou a outorgar a partir de 1929/1930. Construídos especificamente para o Brasil, eles eram uma versão de bombardeio noturno desenvolvido a partir do LeO-252. E quando chegou ao país, passou a ser a maior aeronave até então operada pela Aviação Militar, em termos de porte ou peso máximo de decolagem, perdendo somente para os Savoia-Marchetti SM-55A da Aviação Naval.

À semelhança de algumas aeronaves adquiridas naquele período, hoje se desconhece o requisito operacional que levou à aquisição dos LeO-25Bn4, se é que existia algum. Mas é lícito supor que, por um lado, as recomendações da Missão Militar Francesa de Aviação visavam ampliar o leque de capacidades da Aviação Militar, equipando-a com um bombardeiro noturno que então se encontrava em uso na França. Por outro, a Aviação Militar não dispunha de aeronaves de comparável porte, nem algum que oferecesse alcance de 1.000 km. Em uma época em que o meio aeronáutico fervilhava com a execução de grandes reides organizados por entidades civis e militares, é possível que o considerável alcance desse avião tenha exercido algum peso nas considerações das autoridades da Diretoria de Aviação Militar (DAvM).

Colocando de lado essas especulações, o fato é que o primeiro desses aviões chegou ao Brasil em algum momento do segundo trimestre de 1930. Um exemplar foi montado no Campo dos Afonsos (RJ), nas instalações da Escola de Aviação Militar (EAvM), e seu primeiro voo foi registrado em junho daquele ano. Porém, por motivos hoje desconhecidos, a montagem dos demais exemplares foi significativamente atrasada. Presumivelmente o início da Revolução de 1930 tenha colaborado nesse atraso e existem indicações de que foi somente em junho de 1931 que o último dos três LeO-25Bn4 foi montado e ensaiado.

Incluídos na carga da EAvM, os três aviões LeO-25Bn4 foram distribuídos à 6ª Divisão daquela unidade-escola. Apesar de claramente ser uma aeronave destinada à execução de missões de emprego, os Lioré – como passaram a ser popularmente chamados – lá desempenharam trabalhos de adestramento em proveito do pessoal já formado. Em cumprimento a uma determinação da DAvM, cada um desses aviões foi batizado com um nome de vulto da História ou Geografia do Brasil. No caso, os Lioré receberam os nomes de grandes batalhas da Guerra do Paraguai: Avahy, Tuyuty e Itororó.

O Lioré et Olivier 25Bn4 K 612 Avahy é visto no Campo dos Afonsos. Todos os três exemplares serviram na EAvM. Foto Museu Aeroespacial do Campo dos Afonsos.

No entanto, usar um ou mais desses aviões em reides de grande visibilidade aparentemente nunca esteve muito longe dos planos da Aviação Militar. Assim, na primeira metade de 1932, foram traçados planos para realizar um voo de confraternização até a capital do Paraguai, Assunção.

Em 12 de maio de 1932, o Itororó decolou rumo a Assunção, levando a bordo sete tripulantes. Mas cerca de 90 minutos após a decolagem, a aeronave regressou ao Campo dos Afonsos com uma pane na circulação de água do radiador. Sem tempo para sanar o problema, o pessoal da EAvM apressadamente preparou o Lioré Tuyuty para que realizasse o voo – trabalho este que incluiu a transferência, de um avião para outro, de diversas latas de gasolina dispostas dentro da fuselagem. Dado como pronto, o Tuyuty decolou e logo em seguida cabrou fortemente para então entrar em perda, estolar e finalmente cair sobre a asa esquerda. Imediatamente incendiando-se, a queda do Tuyuty provocou a morte de cinco dos ocupantes e ferimentos graves em outros dois. Registrado como o maior desastre da Aviação Militar até aquele momento, acredita-se que a perda do Tuyuty deveu-se ao deslocamento à ré das latas de gasolina, que foram apressadamente colocadas na fuselagem do avião.

Com capacidade para portar até 500 kg de bombas, em teoria, a deflagração da Revolução de 1932 levaria os dois Lioré a realizarem missões de bombardeio. Entretanto, não se conhecem registros de missões de bombardeio com qualquer um desses aviões naquele período. De fato, existem indicações de que somente um desses aviões encontrava-se disponível para o voo e que havia planos para que ele carregasse uma bomba de grande peso (454 kg) desenvolvida pelo Arsenal de Guerra do Rio de Janeiro. Mas diante da ausência de informações, é lícito presumir que nenhuma missão – com ou sem a citada bomba – foi realizada durante a Revolução Constitucionalista.

Voando esporadicamente, em setembro de 1934, um dos LeO-25Bn4 foi recolhido ao Parque Central de Aviação a fim de que fossem adaptados novos radiadores à aeronave, o que aparentemente era o tendão de aquiles do Lioré. Passado mais de um ano de trabalhos que incluíram a completa revisão da célula, em 4 de novembro de 1935, aquela aeronave capotou após o pouso no fim de um de seus voos de ensaio. Esse acidente efetivamente marcou o fim da carreira dos Lioré et Olivier 25Bn4 na Aviação Militar, os dois exemplares sendo descarregados em julho de 1936.

Dessa aeronave só restou uma das hélices que hoje se encontra em exposição no Museu Aeroespacial, do Campo dos Afonsos (RJ).

Dois dos três exemplares desse bombardeiro foram perdidos em acidentes no Campo dos Afonsos. Foto Museu Aeroespacial do Campo dos Afonsos.
Foto Arquivo Jackson Flores Jr. / Action Editora Ltda.

Lioré et Olivier 25Bn4	
Período de Utilização	De 1930 até 1935
Fabricante	Etablissements Lioré et Olivier, Levallois-Perret (França)
Emprego	Bombardeio noturno
Características Técnicas	
Motor	2 Hispano-Suiza 12Hbr de 575 hp cada um
Envergadura	24,80 m
Comprimento	14,77 m
Altura	4,64 m
Área Alar	120 m^2
Peso Vazio	3.558 kg
Peso Máximo	6.894 kg
Armamento	2 metralhadoras móveis geminadas Darne 7 mm ou Lewis .303 no anel dianteiro 2 metralhadoras móveis geminadas Darne 7 mm ou Lewis .303 no anel traseiro 1 metralhadora móvel Darne 7 mm ou Lewis .303 ventral Até 500 kg de bombas em cabides externos
Desempenho	
Velocidade Máxima	215 km/h
Teto Operacional	5.000 m
Alcance	600 a 1.000 km
Comentários	
Total Adquirido	3 exemplares
Unidades Aéreas	Escola de Aviação Militar
Designações	Não recebeu designação
Matrículas	K 611 a K 613, respectivamente batizados como Itororó, Avahy e Tuyuty

Potez 25TOE

O sucesso inicial dos aviões de combate Potez 25A2 e Potez 25B2 incentivou os engenheiros da empresa francesa Aéroplanes Henry Potez a desenvolverem versões daquela aeronave que fossem adequadas a outras tarefas – inclusive como avião de transporte. Propícia a modificações de considerável envergadura, a célula básica permitia ainda adaptação de variada gama de motores.

A experiência adquirida nos anos iniciais de operação do Potez 25, associada às peculiaridades ambientais de muitos locais em que eram operados os aviões da Aéronautique Militaire, fez com que a Aéroplanes Henry Potez elaborasse uma versão específica do Potez 25 talhada para operações em regiões tropicais e subtropicais. Com a designação Potez 25TOE (Théâtre des Operations Exterieures – Teatro de Operações do Exterior), a nova aeronave contava com um motor Lorraine 12Eb cujo funcionamento apresentava maior tolerância às altíssimas temperaturas encontradas em ambientes como os da África e da Ásia. Ademais, em vez dos 450 litros de combustível acomodados em uma célula típica em outras versões, o Potez 25TOE contava com duas

Linha de aviões Potez 25TOE nos Afonsos. Ao longo de sua vida operacional, sempre mantiveram uma pintura verde-escura. Foto Arquivo Jackson Flores Jr. / Action Editora Ltda.

células de combustível que abrigavam 750 litros de combustível, o que ampliava o alcance da aeronave.

Essas e outras modificações realçaram o desempenho e a eficiência do projeto básico. Como resultado, em 1929, a Aéronautique Militaire assinou um contrato inicial de encomenda, em que os primeiros exemplares foram entregues naquele mesmo ano. Imensamente satisfeita com as qualidades do Potez 25TOE, outros contratos de encomenda foram assinados pela Aéronautique Militaire, e, entre 1929 e 1933, nada menos que 1.973 exemplares foram entregues àquela arma de aviação – além de outras 297 unidades construídas em atenção aos contratos de exportação firmados naquele período.

Com colônias francesas espalhadas pelo globo terrestre, era natural que a Aéronautique Militaire desse prioridade ao reequipamento de unidades sediadas em pontos tão longínquos, como Camboja e Marrocos. E algumas das esquadrilhas francesas de reconhecimento ou de observação equipadas com o Potez 25 TOE foram ativamente empregadas nos primeiros meses da Segunda Guerra Mundial, com unidades na Cochinchina sendo utilizadas em um conflito de pequenas proporções contra a Tailândia, em janeiro de 1941, e, depois, contra as forças japonesas, suas aliadas. Ademais, os Potez 25TOE ainda realizaram missões contra tropas italianas na África Oriental. Curiosamente, alguns Potez 25TOE franceses permaneceram ativos meses após o fim da Segunda Guerra Mundial.

Porém, não foi somente com os franceses que os Potez 25TOE foram empregados em combate. A longa e sangrenta Guerra do Chaco, entre a Bolívia e o Paraguai, assistiu a esse último país fazer intenso uso desse avião: os Potez 25TOE paraguaios realizaram missões de bombardeio, reconhecimento e regulagem de tiro de artilharia. A China fez semelhante uso de seus Potez 25TOE contra as forças japonesas na fase inicial da Segunda Guerra Sino-Japonesa, iniciada em 1937.

O Potez 25TOE na Aviação do Exército

O plano de reequipamento colocado em marcha pela Diretoria de Aviação do Exército (DAvEx), com o auxílio da Missão Militar Francesa de Aviação (MMFA), no ano de 1927, compreendeu uma larga gama de tipos de avião, mas com ênfase nas aeronaves de instrução e adestramento. Entretanto, a aviação de combate não foi esquecida, e, entre os vetores de emprego indicados pelos franceses, estava o avião de reconhecimento, observação e bombardeio leve Potez 25TOE. A Aviação

O A-117 armado com metralhadoras geminadas móveis Darne 7, montadas na nacele traseira.

Militar já dispunha de meia dúzia de aviões Potez 25A2, a versão que antecedeu o Potez 25TOE. Mas esse último oferecia maior alcance e um grupo motopropulsor mais adequado às altas temperaturas predominantes no Brasil.

Em consequência, foram encomendados 18 exemplares do Potez 25TOE, quantidade suficiente para equipar uma unidade aérea de emprego. Transportados por via marítima desde a França, os caixotes com os primeiros Potez 25TOE aparentemente chegaram ao Campo dos Afonsos (RJ) no terceiro trimestre de 1930. Montados nas instalações da Escola de Aviação Militar (EAvM), os primeiros aviões já estavam voando no início de setembro de 1930.

Mas mal chegaram ao país e os Potez 25TOE que se encontravam prontos para voo foram convocados a participar das operações aéreas da Revolução de 1930, que eclodiu em 3 de outubro. Nas semanas seguintes, quer fossem aviões legalistas ou aeronaves operadas pelos revolucionários, os Potez 25TOE realizaram missões de observação e reconhecimento, bem como surtidas de bombardeio e lançamento de folhetos. Porém, foram os Potez 25TOE sob controle das forças revolucionárias que se mostraram particularmente ativos – ao menos quando comparados com seus pares legalistas.

No dia 6 de outubro e aproveitando o descuido do pessoal legalista na EAvM, dois oficiais fugiram com um Potez 25TOE que havia sido recém-montado e que não tinha muitos de seus instrumentos de voo e o levaram até Belo Horizonte

Os Potez 25TOE mal chegaram ao país e já participaram da Revolução de 1930, operando tanto com as forças legalistas como pelos revolucionários, que roubaram duas aeronaves. Foto Arquivo Euro Campos Duncan.

Ao todo, foram adquiridos, pela Aviação Militar, 18 Potez 25 TOE, matriculados de A-111 a A-120 e de A-211 a A-218. Foto Arquivo Jackson Flores Jr. / Action Editora Ltda.

(MG). Muitos dias depois, em 23 de outubro, outros dois oficiais revolucionários conseguiram fugir do Campo dos Afonsos, levando mais outro Potez 25TOE até o Campo de Pedro Leopoldo (MG).

Junto com alguns Morane Saulnier MS.130ET2, esses dois Potez 25TOE em poder dos revolucionários operaram principalmente de São João Del Rei (MG), Juiz de Fora (MG) e Belo Horizonte (MG). Algumas missões de reconhecimento e bombardeio foram executadas contra guarnições do Exército nas cidades mineiras de Três Corações e São João Del Rei, com bombas de 4 a 7 kg. Somente 10 missões desse tipo foram organizadas e lançadas pelos revolucionários ao longo das pouco mais de três semanas que durou a Revolução de 1930. No entanto, já nos derradeiros dias da revolução, os Potez 25TOE se limitaram a realizar voos de reconhecimento e lançamento de panfletos.

Apesar da pouca atividade dos Potez 25TOE legalistas, uma dessas aeronaves foi dada como perdida em Belo Horizonte. As circunstâncias desse episódio não estão claras, mas, aparentemente, a aeronave foi seriamente danificada no solo durante os combates entre forças legalistas e revolucionárias logo nos primeiros dias da revolução.

Encerradas as hostilidades, as autoridades da Aviação Militar trataram de dar seguimento aos planos que haviam sido delineados e refinados anos antes e nos quais o Potez 25TOE figurava como elemento de destaque. Mas, primeiro, em resposta às deficiências identificadas durante a Revolução de 1930, foi organizado, em novembro de 1930, o Destacamento de Aviação de São Paulo, com sede no Campo de Marte (SP), unidade que recebeu três aviões Potez 25TOE.

Em 31 de março do ano seguinte, foi organizada a primeira unidade aérea de emprego desde que fora criada a Arma de Aviação do Exército: o Grupo Misto de Aviação (GMA). Com sede no Campo dos Afonsos, essa nova unidade aérea passou a contar com 10 aviões Potez 25TOE, além de alguns aviões Curtiss Fledgling destinados às missões de adestramento. Já os Potez 25TOE restantes permaneceram com a Escola de Aviação Militar (EAvM) a fim de auxiliar no adestramento dos aviadores já formados ou na instrução de determinados segmentos dos cursos ministrados pela EAvM.

Passados quase 21 meses desde seu modesto emprego durante a Revolução de 1930, os Potez 25TOE foram novamente chamados ao combate – dessa vez para desempenhar papel muito mais ativo ao longo dos 87 dias em que durou a Revolução de 1932.

Quando foi deflagrada a Revolução Constitucionalista, em 9 de julho de 1932, as informações existentes indicam que a Aviação Militar dispunha de 10 aviões Potez 25TOE prontos para emprego no GMA, bem como dois desses aviões em poder do Destacamento de Aviação de São Paulo. Na manhã do dia seguinte, forças revoltosas invadiram o Campo de Marte (SP) e capturaram os dois Potez 25TOE, que foram prontamente incorporados ao 1º Grupo de Aviação Constitucionalista (1º GAC), uma unidade aérea organizada às pressas pelos revoltosos e que reuniu os aviões presentes no estado de São Paulo, bem como pilotos civis e militares simpatizantes à causa.

Logo no início do conflito, os Potez 25TOE da Aviação Militar executaram missões, principalmente de Resende (RJ), onde fora formado um destacamento de aviação a fim de apoiar as tropas legalistas engajadas em combate no Vale do Paraíba. No entanto, no transcorrer das hostilidades, alguns Potez 25TOE foram despachados para outras localidades, como Faxinal (PR). Por sua vez, os Potez 25 TOE do 1º GAC operaram de vários aeródromos, frequentemente indo de um campo ao outro no mesmo dia.

Iniciadas as hostilidades e apesar de nos primeiros dias serem relativamente modestas em natureza, não tardou para que cada lado colocasse em ação os Potez 25TOE de que dispunha. Em geral, eram surtidas de reconhecimento e observação para determinar onde se encontravam as forças terrestres do adversário. Esse tipo de trabalho continuou sendo executado até o fim do conflito, mas, a partir do dia 13 de julho, as operações dos Potez 25TOE – quer legalistas, quer constitucionalistas – passaram a ser mais de cunho ofensivo, com missões de bombardeio contra posições inimigas. Isso ficou evidente no dia 17, quando três aviões legalistas Potez 25TOE – acompanhados de um bombardeiro Amiot 122Bp3 – atacaram o Campo de Marte a fim de danificar o maior número possível de aviões paulistas. Não foram registrados danos contra a aviação dos revoltosos, mesmo porque os principais vetores do 1º Grupo de Aviação Constitucionalista (1º GAC) naquele momento – os dois Potez 25TOE e uma parelha de aviões WACO CSO – já estavam sendo seguidamente deslocados para diversos aeródromos, para atender às necessidades das forças terrestres constitucionalistas em diversas frentes de combate.

Um Potez 25 é armado com bombas. Durante a Revolução de 1932, eles participaram ativamente do conflito. Foto Arquivo Jackson Flores Jr. / Action Editora Ltda.

Apesar da tentativa inicial da aviação legalista de executar missões de caráter estratégico, como foi o ataque ao Campo de Marte, a escassez e as limitações dos meios aéreos fizeram com que, em pouco tempo, os Potez 25TOE do governo – assim como aqueles pertencentes aos paulistas – realizassem quase que exclusivamente missões de cunho tático, como ataques contra soldados entrincheirados, concentrações de tropas, baterias de artilharia inimiga ou qualquer outro alvo de natureza tática. Porém, por serem poucos os Potez 25TOE à disposição das forças adversárias – especialmente no caso dos paulistas –, raras eram as ocasiões em que essas missões contavam com mais de dois Potez 25TOE.

Mesmo assim, os legalistas organizaram missões de maior porte com três aviões Potez 25TOE, geralmente acompanhados ou escoltados por outras aeronaves. Um exemplo foi a missão lançada em 20 de julho, com três Potez 25TOE escoltados por igual número de aviões WACO CSO, os quais atacaram com sucesso baterias de artilharia que estavam acossando tropas legalistas nas vizinhanças de São José do Barreiro (SP).

Mas a considerável atividade dos Potez 25TOE não foi sem preço. Dias depois de chegar à Frente Sul, no final de julho, um Potez 25TOE legalista recebeu extensos danos durante um ataque aéreo constitucionalista contra o campo de Faxinal (PR), realizado pelos dois Potez 25TOE em poder dos revoltosos. Como consequência, aquele Potez 25TOE legalista permaneceu indisponível para voo durante várias semanas. Em 23 de agosto, um ataque aéreo legalista, realizado com três Potez 25TOE e dois WACO CSO contra o campo de Guaratinguetá (SP), incendiou um dos dois Potez 25TOE constitucionalistas que haviam acabado de pousar após realizar um bem-sucedido ataque contra tropas do governo.

Entretanto, um dos poucos combates aéreos registrados durante a Revolução de 1932 resultou na perda de um Potez 25TOE legalista. Após encontros inconclusivos na manhã e no início da tarde de 8 de agosto, três aviões paulistas, dois WACO CSO e um dos Potez 25TOE, finalmente cercaram o solitário Potez 25TOE que servia às forças governamentais na Frente Sul. Após diversas manobras, o Potez constitucionalista se posicionou debaixo do avião legalista, quando o artilheiro metralhou o ventre daquela aeronave, do nariz até a cauda. Com o radiador avariado e o motor lançando rolos de fumaça, a aeronave legalista rapidamente abandonou o local. Tentando regressar a Faxinal, o motor daquele Potez 25TOE finalmente fundiu, fazendo com que sua tripulação fosse obrigada a realizar um pouso de emer-

Assim como em 1930, na Revolução Constitucionalista de 1932 os 25TOE voaram tanto do lado legalista como do revolucionário, atuando ativamente.
Foto Museu Aeroespacial do Campo dos Afonsos.

Em 9 de agosto de 1932, durante a Revolução Constitucionalista, um Potez 25TOE legalista foi abatido por um Potez 25TOE revolucionário. Essa foi a primeira vitória ar-ar registrada na América do Sul. Foto Museu Aeroespacial do Campo dos Afonsos.

gência em um descampado, o que resultou na perda total da aeronave – mas sem consequências para o piloto ou o artilheiro. Posto que a perda da aeronave deu-se em consequência de ação inimiga, essa foi a primeira perda registrada em combate aéreo na América do Sul, precedendo semelhante evento registrado durante a Guerra do Chaco, em 31 de setembro de 1932, quando um Vickers 143 boliviano derrubou um Wibault 73 paraguaio em combate aéreo.

Encerradas as hostilidades da Revolução de 1932, os Potez 25TOE – incluindo aquele que ainda se encontrava em poder dos constitucionalistas – regressaram ao Campo dos Afonsos, muitos sendo entregues ao Parque Central de Aviação (PCAv) a fim de serem submetidos a extensos trabalhos de revisão geral. Porém, a atividade intensa registrada durante as quase 13 semanas que durou a Revolução de 1932 aparentemente cobrou-lhes um alto preço. Das 16 células nominalmente existentes antes da Revolução Constitucionalista, das quais 12 ou 13 estavam em condições de voo, somente seis ou sete continuaram voando nos anos seguintes.

Esse novo quadro presumivelmente se deveu a dois fatores. O primeiro foi o recebimento de dezenas de aviões de observação e ataque Vought V-65B adquiridos durante a Revolução Constitucionalista e que começaram a chegar no final de 1932, tornando, assim, os Potez 25TOE redundantes às necessidades da Aviação Militar como avião de combate. Por sua vez, as células que foram recuperadas no PCAv foram distribuídas à Escola de Aviação Militar para cumprirem trabalhos de adestramento – e aquela unidade certamente não necessitava muito mais do que meia dúzia de aviões Potez 25TOE para desenvolver aquele tipo de tarefa. Ademais, provavelmente porque as autoridades aeronáuticas do Exército já não mais vislumbravam aquela aeronave como um vetor de primeira linha, existem indicações de que peças de reposição para motor e célula do Potez 25TOE deixaram de ser adquiridas. Combinados, esses fatores decretaram o fim da carreira desses aviões na Aviação Militar.

Sabe-se que o derradeiro Potez 25TOE deixou de voar em 1937. No entanto, as autoridades da Aviação do Exército encontraram uma tarefa final para os últimos dois ou três Potez 25TOE. Preparados no PCAv, eles foram entregues à Escola de Aeronáutica do Exército, que os empregou como células de instrução. Algumas fontes sugerem que ao menos um exemplar ainda se encontrava razoavelmente completo em 1945 e que havia sido designado ao acervo do Museu de Aeronáutica que se pretendia organizar naquela época. Contudo, posto que a empreitada não vingou, aquele Potez 25TOE acabou sendo desmontado.

Potez 25TOE	
Período de Utilização	De 1930 até 1937
Fabricante	Aéroplanes Henry Potez, Méaulte (França)
Emprego	Bombardeio, observação e reconhecimento
Características Técnicas	
Motor	Lorraine-Dietrich 12Eb de 450 hp
Envergadura	14,14 m
Comprimento	9,10 m
Altura	3,67 m
Área Alar	47 m²
Peso Vazio	1.551 kg
Peso Máximo	2.500 kg
Armamento	2 metralhadoras fixas Vickers .303 no capô 2 metralhadoras geminadas móveis Darne 7 mm montadas em anel na nacele traseira Até 240 kg de bombas em cabides subalares
Desempenho	
Velocidade Máxima	208 km/h
Razão de Subida	151 m/min
Teto Operacional	6.000 m
Alcance	900 km
Comentários	
Total Adquirido	18 exemplares
Unidades Aéreas	Grupo Misto de Aviação Destacamento de Aviação em São Paulo Escola de Aviação Militar 1º Grupo de Aviação Constitucionalista
Designações	Não recebeu designação
Matrículas	A-111 a A-120 e A-211 a A-218

Muniz M-5

A exemplo de muitos oficiais do Exército brasileiro, o Capitão Antônio Guedes Muniz foi enviado à França em 1927 para aperfeiçoar seus conhecimentos – um passo lógico, já que esse oficial pertencia ao Quadro de Engenharia daquela arma e a França era um dos principais centros mundiais na área de engenharia. Como também se formara em 1921 como observador aéreo, nada mais natural do que matriculá-lo na École Nationale Supérieure d'Aeronautique para realizar o curso de engenharia aeronáutica.

Por força das exigências daquele curso, o Capitão Muniz elaborou alguns projetos de avião durante sua passagem pela França – mas somente o último desses efetivamente sairia da prancheta e se tornaria uma realidade. Ao encerrar o curso, Muniz foi mantido na França e agregado à Missão Militar Brasileira naquele país para lá servir como fiscal do governo, supervisionando a construção

O único Muniz M-5 que entrou na carga do Exército recebeu um padrão de pintura em branco e azul.

de aeronaves que haviam sido encomendadas pelo Brasil. Muniz acompanhou de perto a construção de aviões como o Potez 25A2, o Potez 33, o Wibault 73C1 e o Caudron 140 e foi nas instalações do fabricante desse último que surgiu a oportunidade para construir e ensaiar um de seus projetos – o Muniz M-5.

Autorizada a assinatura de um acordo entre o governo brasileiro e a Société Anonyme des Avions Caudron, no transcorrer de 1929 foi iniciada e concluída a construção do M-5, um pequeno avião biplace que poderia ser igualmente utilizado como avião de turismo ou de instrução. Contrariando a convenção da época, o Muniz M-5 era um avião monoplano de asa baixa e de cabine fechada, o que lhe conferia uma aparência muito limpa quando comparado a seus pares da época. Submetido aos testes de túnel de vento e aos rigores dos ensaios estruturais, o M-5 foi exaustivamente ensaiado em voo e, posteriormente, homologado pelo serviço técnico da Aeronáutica francesa, já no início de 1930.

A suspensão das atividades da Missão Militar Brasileira na França, em outubro de 1930, determinou o regresso de Muniz ao Brasil em janeiro do ano seguinte, já promovido ao posto de major. Completamente desmontado, o Muniz M-5 seguiu em viagem marítima, sendo levado ao Campo dos Afonsos para lá ser remontado.

Meses mais tarde, em 10 de julho, o Muniz M-5 figurou como uma das principais peças da exposição que fazia parte dos festejos do 12º aniversário de criação da Escola de Aviação Militar (EAvM), que contou com a presença de Getúlio Vargas. O presidente manifestou grande interesse pelo Muniz M-5, deixando clara sua vontade de voar naquela aeronave. Mesmo sendo breve – foram somente 15 minutos de voo –, aquele episódio rendeu fama ao M-5 e a seu idealizador, o Major Antônio Guedes Muniz.

O Muniz M-5 foi projetado pelo Capitão do Exército Antônio Guedes Muniz e construído na França na Société Anonyme des Avions Caudron.
Foto Museu Aeroespacial do Campo dos Afonsos.

Antônio Guedes Muniz (esquerda) posa junto ao seu M-5, que viria a se acidentar no final de 1934, encerrando sua carreira na Aviação Militar. Foto Museu Aeroespacial do Campo dos Afonsos.

Mesmo engajado em uma campanha de ensaios com vistas a aperfeiçoar seu avião, o Major Muniz foi convidado a participar de diversas conferências e palestras. Ainda naquele ano, Muniz e seu M-5 foram convidados a participar da Feira de Amostras do Rio de Janeiro, um evento de grande destaque. Durante os muitos dias que permaneceu em exposição, o Muniz M-5 recebeu toda sorte de danos provocados pelos visitantes, o que determinou seu recolhimento às oficinas da EAvM. Durante o período de reparos, Muniz decidiu remover o canopi, mudança motivada pelas repetidas sugestões em conferir ao avião naceles abertas.

Nos anos seguintes, o Muniz M-5 cumpriu um extenso roteiro de ensaios – muitos deles vinculados à elaboração de uma versão melhorada denominada M-6. No entanto, no último trimestre de 1934, o Muniz M-5 sofreu um acidente que danificou seriamente as asas e lhe arrancou o trem. Foi recolhido ao Parque Central de Aviação em 12 de novembro, mas a extensão dos danos não encorajou a recuperação da aeronave, que permaneceu encostada em um canto do hangar principal daquele estabelecimento até ser alienada como sucata. Contudo, o M-5 desencadeou o processo que marcaria o surgimento da indústria aeronáutica brasileira.

Muniz M-5	
Período de Utilização	De 1930 até 1934
Fabricante	Société Anonyme des Avions Caudron, Issy-les-Moulineaux (França)
Emprego	Instrução
Características Técnicas	
Motor	Hispano-Suiza de 100 hp
Envergadura	12 m
Comprimento	7,10 m
Peso Máximo	900 kg
Armamento	Não dispunha de armamento

Continua

Desempenho	
Velocidade Máxima	205 km/h
Autonomia	4 h 30 m
Comentários	
Total Adquirido	1 exemplar
Unidades Aéreas	Escola de Aviação Militar
Designações	Não recebeu designação
Matrículas	Não recebeu matrícula

Amiot 122Bp3

Nascido em Cherbourg (França), Felix Amiot foi outro jovem francês que se entusiasmou com as possibilidades presentes com o nascente mundo aeronáutico. Em 1912, aos 18 anos, ele construiu seu primeiro avião na garagem próximo a sua casa, em Issy-les-Molineaux. Mas foi somente aos 22 anos que ele entrou firmemente no setor de construção aeronáutica, quando, patrocinado pelos irmãos Paul e Pierre Wertheimer, ele formou a empresa Société d'Emboutissage et de Constructions Mécaniques (SECM), em 1916. Inicialmente, a SECM dedicou-se a trabalhos subcontratados em benefício de outras empresas francesas de construção aeronáutica, bem como a montagem de conjuntos. Quando muito e já no período pós-guerra, a SECM ocasionalmente se aventurava a desenvolver e produzir pequenas aeronaves destinadas ao aerodesporto.

Mas em meados da década de 1920, Felix Amiot coordenou o desenvolvimento de um bombardeiro monomotor de médio porte que daria início a uma família de aviões de bombardeio. O primeiro, voando pela primeira vez em junho de 1925 e denominado Amiot 120, não ultrapassou a etapa de protótipo, diante do desinteresse das autoridades militares francesas. Mas essa aeronave serviu como ponto de partida para o Amiot 122, um biplano triplace destinado às missões de bombardeio e reconhecimento. Esse imediatamente encontrou

No total, a Aviação do Exército adquiriu, em 1931, quatro Amiot 122Bp3, que foram matriculados de K 621 a K 624, sendo empregados até 1936.
Foto Arquivo Jackson Flores Jr. / Action Editora Ltda.

O K 622 Duque de Caxias foi a primeira aeronave a fazer um reide a quatro capitais sul-americanas. Durante essa viagem ele acabou perdido em um acidente em 4 de novembro de 1931 em Angamarca, no Peru. Foto Museu Aeroespacial do Campo dos Afonsos.

favor entre as autoridades da Aeronautique Militaire, que encomendou 80 unidades da versão Amiot 122Bp3. Produzidos em 1927, os Amiot 122Bp3 paulatinamente substituíram os Breguet 14 e Breguet 19 que ainda se encontravam em serviço naquela força aérea.

Conquanto os exemplares da Aeronautique Militaire serviram eficientemente àquela arma sem participar de nenhum evento ou episódio de maior destaque, o mesmo não pôde ser dito de algumas versões do Amiot 122, que realizaram diversos reides nos derradeiros anos da década de 1920. De certa forma emblemático nesses reides, o voo Paris-Tombouctou-Dakar-Paris foi concluído em dois dias e exigiu cruzar o Deserto do Saara em uma perna com mais de 11 horas de voo.

O Amiot 122Bp3 na Aviação do Exército

Como parte do programa de reaparelhamento da Arma de Aviação do Exército iniciado em 1928, atenção foi dada à aquisição de aeronaves de combate – entre elas aviões de caça, bem como bombardeiros. Em sua fase inicial, foram comprados aviões Potez 25A2 e Bréguet 19A2/B2 para atender às missões de bombardeio e reconhecimento. Entretanto, não se sabe se por ofertas de representantes das empresas francesas ou se por iniciativa das autoridades brasileiras, o ano de 1931 assistiu à incorporação de aeronaves mais especializadas.

O Amiot 122Bp3 K 622 Duque de Caxias nas cores da Aviação Militar.

Esse foi o caso do Amiot 122Bp3, um avião de bombardeio e reconhecimento que fora recentemente incorporado à dotação da Aeronautique Militaire. Quatro dessas aeronaves chegaram ao Brasil na primeira metade de 1931 e foram prontamente incorporadas ao acervo da Escola de Aviação Militar, no Campo dos Afonsos (RJ).

Montados e ensaiados, o considerável alcance que esses aviões apresentavam fez surgir, entre alguns jovens oficiais lotados na Escola de Aviação Militar (EAvM), a ideia para realizar um reide de longo alcance. Ao contrário dos demais feitos pela Aviação Militar naquele momento, o objetivo do reide compreenderia uma visita a todas as capitais da América Latina – ou seja, um reide internacional. E o nada desprezível alcance dos Amiot 122Bp3, que oscilava entre 650 e 700 km, viabilizava tal empreitada. Depois de obter consentimento das autoridades da Aviação Militar, em 11 de setembro de 1931, três oficiais partiram do Campo dos Afonsos a bordo de um Amiot 122Bp3, que fora batizado Duque de Caxias. Nas seguintes semanas, mesmo com dificuldades técnicas apresentadas pelo motor Lorraine-Dietrich 18Kd, o Duque de Caxias foi o primeiro avião militar brasileiro a visitar as capitais do Paraguai, do Chile, da Bolívia e do Peru, bem como o primeiro a cruzar a Cordilheira dos Andes. Porém, esse reide chegou ao fim em 4 de novembro, quando o avião sofreu, em voo, um defeito no leme – provavelmente por causa de acúmulo de gelo – e fez um pouso forçado na região de Angamarca (Peru). Aquele Amiot 122Bp3 sofreu extensos danos que o deram como perda total, mas, por sorte, os três tripulantes sofreram somente ferimentos leves.

Com a frota reduzida a três aviões, as atividades dos Amiot 122Bp3 da EAvM se encaixaram na rotina daquela escola. Porém, essa rotina seria interrompida assim que eclodiu a Revolução Constitucionalista, em julho de 1932. Naquela ocasião, encontrava-se disponível para voo somente um dos Amiot 122Bp3, mas as forças legalistas não tardaram em usá-lo, não sem antes instalar e ensaiar as

A foto do K 622 Duque de Caxias momentos antes de ele iniciar um tour pela América do Sul, em que visitaria o Paraguai, o Chile, a Bolívia e o Peru.
Foto Museu Aeroespacial do Campo dos Afonsos.

metralhadoras que foram adquiridas para eles. Pronto para o combate, esse solitário Amiot foi empregado em uma missão de bombardeio – junto com outras aeronaves – contra o Campo de Marte (SP). Realizada logo na primeira semana de hostilidades, essa surtida de bombardeio parecia auspiciosa. Mas a falta de confiabilidade do temperamental motor Lorraine-Dietrich militou contra o uso mais frequente do Amiot 122Bp3. Em setembro, um segundo Amiot 122Bp3 foi dado como pronto, mas isso não alterou significativamente a utilização dessas aeronaves durante a Revolução Constitucionalista.

Encerrado o conflito, os três Amiot 122Bp3 regressaram ao controle da EAvM. Entretanto, ante muitas mudanças decorrentes da Revolução Constitucionalista, como a aquisição de material aeronáutico mais moderno e a reorganização que a Aviação Militar iria brevemente sofrer, pouca utilidade pôde ser encontrada para esses aviões. Apesar do quase inexistente valor como plataforma de instrução, ficou decidido que o trio de aviões Amiot 122Bp3 permaneceria na Escola de Aviação Militar.

Periodicamente recolhidos ao Parque Central de Aviação, igualmente localizado no Campo dos Afonsos, para lá sofrer trabalhos de manutenção ou pequenos reparos, os Amiot 122Bp3 da Aviação Militar foram intermitentemente utilizados nos anos seguintes. De fato, no final de 1934, são poucos os registros de voo com esses bombardeiros – possivelmente em consequência de dificuldades logísticas e da falta de confiabilidade nos motores que os equipavam. Finalmente, em junho de 1936, foi registrado o que deve ter sido um dos últimos voos com o Amiot 122Bp3, pois, naquele mesmo ano, eles foram excluídos da carga da Aviação Militar, recolhidos ao Depósito Central de Aviação e, pouco depois, desmontados após o aproveitamento da matéria-prima.

O K 623, um dos quatro Amiot 122 incorporados pelo Exército. Esse biplano era uma aeronave com grande autonomia, que podia percorrer entre 650 e 700 km.
Foto Museu Aeroespacial do Campo dos Afonsos.

Durante a Revolução Constitucionalista de 1932, um Amiot 122 da EAvM participou de um bombardeio ao Campo de Marte, em São Paulo, contra os revolucionários, realizado logo na primeira semana de conflito. Foto Museu Aeroespacial do Campo dos Afonsos.

Amiot 122Bp3

Período de Utilização	De 1931 até 1936
Fabricante	Société d'Emboutissage et de Constructions Mécaniques – Amiot, Colombes (França)
Emprego	Bombardeio
Características Técnicas	
Motor	Lorraine-Dietrich 18Kd de 650 hp
Envergadura	21,50 m
Comprimento	13,63 m
Altura	4,92 m
Área Alar	90 m²
Peso Vazio	2.121 kg
Peso Máximo	3.903 kg
Armamento	2 metralhadoras fixas Vickers, calibre .303 2 metralhadoras móveis Darne de 7 mm em uma torre dorsal 1 metralhadora móvel Darne de 7 mm ventral Carga ofensiva de até 590 kg
Desempenho	
Velocidade Máxima	215 km/h
Razão de Subida	222 m/min
Teto Operacional	6.200 m
Alcance	700 km
Comentários	
Total Adquirido	4 exemplares
Unidades Aéreas	Escola de Aviação Militar
Designações	Não recebeu designação
Matrículas	K 621 a K 624; o K 622 foi batizado com o nome Duque de Caxias

Curtiss Model 51 Fledgling

Em atenção a um requisito operacional formulado pela United States Navy em 1927, que buscava um novo avião de treinamento primário, a Curtiss Aeroplane and Motor Company apresentou um projeto que espelhava a fórmula aplicada para todas as aeronaves de sua categoria desde o final da Primeira Guerra Mundial: um avião que dispunha de motor de baixa potência e baixíssima carga alar. Concorrendo contra outras 14 propostas apresentadas por diversos fabricantes, o candidato da Curtiss recebeu a designação interna Model 48, enquanto a Marinha dos Estados Unidos designou o projeto como XN2C-1.

Examinadas as muitas propostas apresentadas, a US Navy declarou vencedora a Curtiss em 1928, da qual encomendou três protótipos. Satisfeita com o desempenho apresentado pelos protótipos, a US Navy contratou 31 exemplares de produção designados como N2C-1. Pouco depois, aquele lote foi seguido de outro, que compreendia 20 unidades do N2C-2, que era essencialmente igual ao N2C-1, salvo a instalação de um grupo motopropulsor que oferecia potência ligeiramente maior do que a do Wright J-5 de 220 hp usado no N2C-1. Apesar da pequena quantidade fabricada, essas aeronaves tiveram uma vida razoavelmente longa para um avião de instrução primária típica daquele período. Com muitos N2C-2 ainda em atividade ao chegar o ano de 1939, alguns foram extensamente modificados, recebendo um trem triciclo e equipamento eletrônico que os adequava a uma nova missão: alvo aéreo operado por controle remoto.

Paralelo ao desenvolvimento e à produção do Model 48, a Curtiss elaborou uma versão designada Model 51 em atenção a uma necessidade do mercado civil que a empresa identificara no segmento de aviões de treinamento. Essa aeronave nada mais era do que um Model 48 equipado com motor Curtiss Challenger de 170 hp – potência significativamente menor do que aquela disponível nos motores dos modelos N2C-1 e N2C-2. De olho nas necessidades de uma de

Empregado em missões de treinamento e correio aéreo, o Curtiss Fledgling teve ao todo 14 unidades adquiridas pela Aviação Militar. Foto Museu Aeroespacial do Campo dos Afonsos.

O K 263 no padrão de cores da Aviação Militar. Essa aeronave inaugurou o CAM em 1931.

suas subsidiárias, a Curtiss Flying Service, a intenção da empresa era ainda oferecer a aeronave – já conhecida como Curtiss Fledgling – para as muitas escolas de aviação que estavam surgindo nos Estados Unidos naquela época. Contudo, o baixo desempenho do Fledgling, aliado à crise financeira mundial de outubro de 1929, fez com que aquela aeronave registrasse modestíssimas vendas. De fato, a produção do Model 51 não ultrapassou 108 unidades.

Absorvida pela Curtiss-Wright Corporation, em julho de 1929, um conglomerado que reuniu, naquela data, todas as companhias pertencentes aos grupos Curtiss e Wright, a nova empresa tentou dar alento ao Curtiss Fledgling, desenvolvendo as versões Fledgling J-1, Fledgling J-2 e Fledgling Jr. Apesar da iniciativa, os resultados foram pouco satisfatórios e a produção dessas três versões limitou-se a 20 unidades, algumas das quais nada mais eram do que conversões de células já existentes.

O Curtiss Fledgling na Aviação do Exército

Em meio ao programa de reaparelhamento da Arma de Aviação do Exército iniciado em fins de 1927, caracterizado pela maciça aquisição de aeronaves de origem francesa, as autoridades aeronáuticas da Diretoria de Aviação Militar fugiram consideravelmente à regra ao adquirir, em fins de 1930, um total de 10 aviões Curtiss Fledgling. Permanecem abertos à especulação os motivos que determinaram essa escolha – principalmente por se tratarem de células usadas que possivelmente vieram da Curtiss Flying Service, uma subsidiária da Curtiss Aeroplane & Motor Company destinada à operação de escolas de aviação.

Independentemente disso, as 10 aeronaves adquiridas serviriam como aeronaves de adestramento e treinamento. No entanto, as circunstâncias fariam com que mais aviões Curtiss Fledgling chegassem às mãos da Aviação Militar.

Mal o Curtiss Model 51 Fledgling entrara em produção e a Força Pública de São Paulo tratou de adquirir seis exemplares para substituir seus Curtiss JN. Aparentemente chegaram a São Paulo no início do quarto trimestre de 1929 e, em novembro, três desses aviões já se encontravam prontos e batizados com os nomes Campinas, São Manoel e Itapetininga. Logo em seguida, os demais ficaram prontos, ostentando os nomes: Santos, Avaré e Atibaia.

A eclosão da Revolução de 1930 fez com que o governo federal lançasse mão de quatro Fledgling pertencentes à Força Pública de São Paulo, incorporando-os ao acervo da Aviação Militar. Pouco se sabe dos serviços que realizaram durante o conflito, se é que foram efetivamente usados pelas forças legalistas.

Assim que chegaram os 10 aviões usados dos Estados Unidos, o total da frota foi repartido entre a Escola de Aviação Militar e o Grupo Misto de Aviação, ambos sediados no Campo dos Afonsos, Rio de Janeiro (aquela última unidade foi criada em março de 1931). As evidências existentes sugerem que essas aeronaves tenham

Na Aviação Militar, os Curtiss Fledgling foram apelidados de Frankenstein, dada a quantidade de ângulos retos que apresentava, que os remetiam a uma similaridade com o personagem do cinema. Foto Arquivo Jackson Flores Jr. / Action Editora Ltda.

chegado ao Brasil nos derradeiros dias de 1930, posto que já estavam sendo executados voos com elas desde o início de janeiro de 1931. Não está muito claro se as primeiras aeronaves efetivamente a entrarem em operação foram os Fledgling oriundos da Força Pública de São Paulo ou os exemplares vindos diretamente dos Estados Unidos. O que se sabe é que os quatro da Força Pública de São Paulo foram, inicialmente, distribuídos à 2ª Região Militar (São Paulo), em agosto de 1931, mas aparentemente já estavam em operação desde dezembro de 1930.

Mesmo com modestíssimo desempenho e ínfima capacidade de carga, os Curtiss Fledgling seriam chamados para desempenhar um papel fundamental em uma das mais importantes iniciativas executadas pela Aviação Militar: a implantação de um serviço de correio aéreo. A ideia em si já estava em pleno processo de fermentação desde os últimos dias da década anterior, faltando somente a oportunidade e as ferramentas necessárias para colocá-la em prática – o que se deu com a criação do Grupo Misto de Aviação e a chegada dos aviões da Curtiss. Tendo como principais argumentos o adestramento operacional do pessoal aeronavegante e a realização de um serviço público considerado de elevado interesse nacional, a iniciativa recebeu o aval do ministro da Guerra, General José Fernandes Leite de Castro. Seus idealizadores, o Major Eduardo Gomes – então comandante do GMA – e os Tenentes Lemos Cunha e Casimiro Montenegro Filho, puseram mãos à obra e trataram de dar forma ao planejamento necessário à execução da tarefa.

Tendo como pilotos os Tenentes Casimiro Montenegro Filho e Nelson Freire Lavènere-Wanderley, o Curtiss Fledgling K 263 decolou no fim da manhã do dia 12 de junho de 1931, do Campo dos Afonsos, rumo à cidade de São Paulo. Levando a bordo somente duas cartas, o voo inaugural do que inicialmente passou a ser conhecido como Serviço Postal Aéreo Militar (SPAM) não foi livre de problemas. A distância mais curta entre o Campo dos Afonsos e o Campo de Marte, o aeródromo de destino, era de 339 km. Optando por instalar um tanque extra de combustível para complementar os pouco mais de 150 litros do tanque principal do Fledgling, a previsão era de que o voo seria concluído em 3h30m. Porém, obrigados a ganhar altitude para galgar as sucessivas elevações que compõem a Serra do Mar, Montenegro e Wanderley batalharam contra os fortes ventos de frente que reduziram a velocidade de cruzeiro de 125 km/h do Fledgling para meros 80 km/h – um quadro em nada aliviado pela pouca potência oferecida pelo motor Challenger na altitude em que estava sendo empreendido o voo. Em consequência, o Curtiss Fledgling chegou sobre São Paulo cerca de cinco horas após a decolagem e com o sol se pondo no horizonte. Sem poder divisar o Campo de Marte, os dois pilotos não tiveram alternativa que não aterrissar na pista do Jockey Club da Mooca. Como este se encontrava fechado, os dois oficiais foram obrigados a pular o muro do hipódromo, parar um táxi e levar as duas cartas até a central dos Correios para assim concluir sua missão.

Diante dos traços fisionômicos de um dos personagens principais do então recém-lançado longa-metragem Frankenstein e os abundantes ângulos retos desprovidos de qualquer estética presentes no Curtiss Fledgling, esses aviões prontamente passaram a ser conhecidos por aquele nome. Mas, apesar dessa menos que lisonjeira alcunha, nas semanas e nos meses seguintes os Fledgling consolidaram a linha entre Rio e São Paulo, prolongando-a até Goiás. Depois de o Exército ter descartado o nome Serviço Postal Aéreo Militar, rebatizando-o de Correio Aéreo Militar (CAM), intensivo uso foi dado a esses aviões.

Porém, era claro que os Curtiss Fledgling não estavam à altura das exigências e particularidades das missões de correio. Ademais, possivelmente porque eram usados e já manifestavam "cansaço", foram suspensos do voo todos os Fledgling oriundos dos Estados Unidos, embora tenham permanecido em atividade somente aqueles absorvidos da Força Pública de São Paulo. Esse quadro fez com que a Diretoria de Aviação Militar buscasse um substituto mais adequado aos trabalhos do CAM. Assim que chegaram os novos WACO CSO, os Curtiss Fledgling ainda em atividade foram essencialmente concentrados na Escola de Aviação Militar. Mas até mesmo essa medida foi de breve duração diante da enorme infusão de material aeronáutico de instrução que começou a chegar à EAvM no transcorrer do segundo semestre de 1932.

Partida do K 263 para o primeiro Correio Aéreo realizado pelo Exército, em 12 de junho de 1931. Foto Museu Aeroespacial do Campo dos Afonsos.

Não está claro quando exatamente os Curtiss Fledgling deixaram de voar na EAvM, tampouco se sabe ao certo qual o destino dado às células existentes. O que se sabe é que esses aviões já não voavam mais na EAvM em 1933 e, durante alguns anos, simplesmente não existem registros de voo com essas aeronaves. De fato, oito desses aviões foram excluídos da carga da Aviação Militar em fevereiro de 1933.

Contudo, em novembro de 1934, o Ministério da Guerra determinou que fosse colocado à disposição do Club Paulista de Planadores (CPP) um dos Curtiss Fledgling pertencentes ao acervo do 1º Regimento de Aviação. Posteriormente, foi inscrito no Registro Aeronáutico Brasileiro um Fledgling em nome de Antônio Reynaldo Gonçalves – e esse pode muito bem ter sido o Fledgling cedido ao CPP.

Em abril do ano seguinte, a Diretoria de Aviação Militar instruiu a Escola de Aviação Militar que recolhesse ao Depósito Central de Aviação um Curtiss Fledgling que se encontrava em seu poder. Essa ordem especificava que aquela aeronave se destinava ao Núcleo do 3º Regimento de Aviação (N/3º RAv). Porém, foi somente em setembro de 1940 que o Parque de Base do 3º Regimento de Aviação (3º RAv) recuperou essa aeronave e a fez voar, distribuindo-a à Esquadrilha de Treinamento daquele regimento. Presumivelmente o estado em que se encontrava o avião fez com que sua recuperação fosse um trabalho árduo e longo. Seja como for, ela foi mantida em atividade até janeiro de 1941, sendo então passada para o acervo do recém-criado Ministério da Aeronáutica.

Curtiss Model 51 Fledgling

Período de Utilização	De 1931 até 1941
Fabricante	Curtiss-Wright Corporation, Buffalo (Nova York – EUA)
Emprego	Adestramento e correio aéreo
Características Técnicas	
Motor	Curtiss Challenger (R-600) de 170 hp
Envergadura	11,93 m
Comprimento	8,33 m
Altura	3,14 m
Área Alar	33,90 m^2
Peso Vazio	903 kg
Peso Máximo	1.193 kg
Armamento	Não dispunha de armamento
Desempenho	
Velocidade Máxima	167 km/h
Razão de Subida	204 m/min
Teto Operacional	4.298 m
Alcance	557 km
Comentários	
Total Adquirido	14 exemplares
Unidades Aéreas	Escola de Aviação Militar Grupo Misto de Aviação 1º Regimento de Aviação 3º Regimento de Aviação
Designações	Não recebeu designação
Matrículas	K 260 a K 266, K 268, K 269, K 271 a K 275 e 3-TO1, 1 a 4

Farman F-74

A exemplo de muitas empresas europeias e norte-americanas obrigadas a lidar com cortes orçamentários na área de defesa, nos anos imediatamente após a Primeira Guerra Mundial, a francesa Société des Avions Henri et Maurice Farman buscou a diversificação de suas atividades. Com sólidos conhecimentos na área automobilística, consequência da enorme experiência colhida como consumados corredores de automóveis, os dois irmãos lançaram-se no desenvolvimento e na produção de automóveis – alguns dos quais eram de arrojado desenho e superlativo desempenho.

No entanto, em meados dos anos 1920, o mercado aeronáutico civil e militar demonstrou inequívocos sinais de recuperação, o que encorajou a Avions Farman a empreender o desenvolvimento de novos projetos. Inicialmente voltando seus olhos para o recém-nascido mercado de transporte aéreo comercial, a Farman não ignorou o potencial presente em outros nichos – em especial aquele que compreendia os aviões de instrução.

Em 1924, a Avions Farman desenvolveu o modelo F-71, uma aeronave de treinamento especificamente projetada para a instrução de voo sem visibilidade. Um total de 10 desses aviões foi fabricado nas instalações da Farman, em Boulougne-sur-Seine (França). São escassas as informações sobre essa aeronave e seu uso, apesar de que se entende que alguns foram empregados pela Aviation Militaire Française enquanto outros foram usados em aeroclubes franceses.

Mesmo que rudimentares, o F-71 contava com instrumentação de voo que permitia a instrução de voo sem visibilidade. Para que o aluno não pudesse fazer uso de referências externas, um disco metálico era instalado antes da decolagem, que cobria a nacele do aluno.

Apesar do modesto sucesso alcançado com o F-71, a Farman desenvolveu uma versão denominada F-74 que guardava muitas características do F-71. A diferença mais importante foi a substituição do motor Salmson CUZ 9 de 260 hp, no F-74, por um motor Salmson 9Ab de 230 hp. Colocado em produção

Apenas dois exemplares do Farman F-74 operaram na Aviação do Exército. Eram matriculados K 251 e K 252, e pertenceram à Escola de Aviação Militar.
Foto Arquivo Aparecido Camazano Alamino.

em 1930, somente oito exemplares do F-74 foram fabricados, alguns dos quais utilizados em aeroclubes na França e, aparentemente, pela Aviation Militaire Française. Essa família de aviões de treinamento da Farman foi encerrada com o F-75, que nada mais era do que quatro aviões F-71 remotorizados com o Lorraine 7Mb de 230 hp.

O Farman F-74 na Aviação do Exército

Deslanchado no começo do governo do recém-empossado Presidente Washington Luiz, o programa de reequipamento e modernização da Arma de Aviação do Exército foi uma empreitada que visava não somente substituir o material aeronáutico perdido em acidentes ou que se encontrava no limite de sua vida útil, mas ampliar e modernizar a capacidade da Aviação Militar.

Efetivamente iniciado em setembro de 1927, quando foi renovado o contrato existente entre o governo brasileiro e a Missão Militar Francesa de Aviação (MMFA), ele foi executado em etapas.

Para atender a vários segmentos da Aviação Militar, os trabalhos de planejamento realizados entre a cúpula da Diretoria de Aviação Militar e a MMFA focaram todas as facetas referentes à formação das futuras gerações de pilotos militares, assim como o adestramento daqueles já existentes. Dentro dessa visão e já adquirido e recebido o material aeronáutico destinado aos ciclos essenciais de instrução ministrados na Escola de Aviação Militar (EAvM), em 1930, foi a vez de dar atenção a um segmento que até aquele momento nunca havia sido atendido: a pilotagem sem visibilidade.

Ainda em sua infância, a instrução de pilotagem sem visibilidade (ou simplesmente PSV) exigia uma aeronave devidamente equipada para voo com instrumentos. No leque de material aeronáutico francês que se encontrava em produção naquele momento, estava o Farman F-74, um avião que fora especificamente desenvolvido para essa tarefa e cuja fabricação fora lançada em 1930.

Presumivelmente foi na segunda metade de 1930 que a Diretoria de Aviação Militar assinou um contrato de encomenda que compreendia dois exemplares do Farman F-74. As indicações existentes apontam para a provável chegada ao Brasil dessas duas aeronaves nos derradeiros dias de 1930, pois ambas foram incluídas em carga e distribuídas à Esquadrilha de Treinamento da EAvM na primeira metade de janeiro de 1931.

Seja como for, o primeiro desses aviões já se encontrava montado e voando em fevereiro de 1931, o mesmo ocorrendo com o outro Farman F-74, só que em maio daquele mesmo ano. E quase que de imediato passaram a realizar voos de instrução de pilotagem sem visibilidade. Existem pouquíssimos dados quanto à forma como era ministrada essa instrução, que, aparentemente, continuou de forma razoavelmente regular durante os dois ou três anos seguintes.

O Farman F-74 K 252 da Escola de Aviação Militar no padrão 1931.

Além do treinamento, o principal emprego dado aos Farman F-74 na EAvM foi a instrução de voo por instrumentos. Ao que consta, essa foi a primeira aeronave com essa capacidade na Aviação Militar. Foto Arquivo Aparecido Camazano Alamino.

No entanto, distintas indicações sugerem que um dos dois Farman F-74 se acidentou ou por algum outro motivo passou à situação de indisponível, posto que não são mais encontrados registros de voo com aquela aeronave a partir de 1936. Por sua vez, o F-74 remanescente se manteve ativo até 1938, geralmente realizando voos de adestramento.

Curiosamente, existem registros de que aquele último Farman F-74 foi empregado como aeronave rebocadora de planadores em mais de uma ocasião a partir de 1936. Posto que não tenham sido encontradas evidências de que os Farman F-74 foram adquiridos com equipamento para reboque de planadores, é lícito concluir que ao menos uma dessas aeronaves foi modificada no Brasil – possivelmente nas instalações do Parque Central de Aviação, no Campo dos Afonsos.

Em setembro de 1938 foi encerrada a carreira dos Farman F-74 na Aviação do Exército. Como o último desses aviões era capacitado para rebocar planadores, as autoridades da Aviação do Exército julgaram por bem cedê-lo ao Aeroclube do Brasil (a ordem para isso foi publicada em outubro de 1939). Porém, não se sabe ao certo o que ocorreu com aquele avião, uma vez que não é conhecido nenhum registro de voo do Farman F-74 no Aeroclube do Brasil e pelo fato de que tampouco foi inscrito no Registro Aeronáutico Brasileiro.

Farman F-74	
Período de Utilização	De 1931 até 1938
Fabricante	Société des Avions Henri et Maurice Farman, Boulougne-sur-Seine (França)
Emprego	Instrução de voo por instrumentos
Características Técnicas	
Motor	Salmson 9Ab de 230 hp
Envergadura	14,85 m
Comprimento	9,61 m
Altura	3,72 m

Continua

Área Alar	53,75 m²
Peso Vazio	1.089 kg
Peso Máximo	1.587 kg
Armamento	Não dispunha de armamento
Desempenho	
Velocidade Máxima	150 km/h
Teto Operacional	4.500 m
Alcance	340 km
Comentários	
Total Adquirido	2 exemplares
Unidades Aéreas	Escola de Aviação Militar
Designações	Não recebeu designação
Matrículas	K 251 e K 252

Nieuport-Delage 72C1

Nas duas décadas que seguiram o fim da Primeira Guerra Mundial, a indústria aeronáutica francesa foi pródiga no desenvolvimento de aviões de caça. E das empresas de construção aeronáutica daquele país talvez nenhuma outra projetou, desenvolveu e pôs em produção um leque tão variado de caças quanto a Société Anonyme Nieuport-Delage – uma tradição iniciada na Grande Guerra, quando as palavras Nieuport e caça eram praticamente sinônimos.

Mal havia passado seis anos desde o final daquele conflito e, em resposta a um requisito técnico elaborado em 1923 pela Aéronautique Militaire para substituir 300 caças Nieuport-Delage 29C1 que remontavam à Primeira Guerra, a Nieuport-Delage formalmente apresentou, no final do ano seguinte, o protótipo de um caça sesquiplano denominado NiD 42C1. O processo de desenvolvimento desse caça foi mais prolongado que o desejado – um problema que também afetou os outros 11 projetos apresentados por diversos fabricantes franceses. O projeto da Nieuport-Delage foi declarado vencedor, mas somente 30 aviões NiD 42C1 foram produzidos sob um contrato assinado em janeiro de 1928, especialmente porque no intervalo entre o início e o final do desenvolvimento, toda sorte de avanços tecnológicos haviam sido registrados, o que tornou aquele caça quase obsoleto antes mesmo de entrar em serviço.

A insatisfação da Aeronautique Militaire com os rumos da concorrência foi manifestada já em 1926, de modo que aquela arma de aviação optou por dilatar prazos e dar tempo às empresas para apresentarem outras propostas. A Nieuport-Delage apresentou dois projetos distintos, ambos derivados do NiD 42C1 – o NiD 52C1 e o NiD 62C1. Mas até mesmo essas propostas não atenderam plenamente aos objetivos da concorrência, apesar de serem superiores aos demais competidores. Sem melhores alternativas, a Aeronautique Militaire escolheu o NiD 62C1, e a Nieuport-Delage produziu 675 exemplares do NiD 62 e derivados entre 1929 e 1932, 50 dos quais foram destinados à Aviação Naval francesa. Entretanto, a Espanha também se interessou pelo NiD 52C1 e acabou acertando a produção, sob licença, de 125 unidades daquele caça.

Tendo como objetivo retificar as deficiências observadas no NiD 52C1 e no NiD 62C1 – especialmente em termos de desempenho –, a Nieuport-Delage deu início, no final de 1927, ao desenvolvimento do NiD 72C1. Esse avião nada mais era do que uma evolução do NiD 52C1 e voou pela primeira vez em janeiro de 1928 na forma de protótipo. Mas o NiD 72C1 não inspirou muito entusiasmo entre as autoridades da aeronáutica militar francesa e a produção ficou restrita a sete exemplares, que foram exportados – três para a Bélgica e quatro para o Brasil.

O Nieuport-Delage 72C1 na Aviação do Exército

O plano de reequipamento e modernização da Aviação Militar (AvMil) deslanchado em 1928 estava próximo de seu encerramento em 1931. Executado sob a orientação da Missão Militar Francesa, nada menos que 111 aeronaves foram adquiridas diretamente da indústria aeronáutica francesa e incorporadas ao acervo da Aviação Militar. Conquanto a maior parte fosse de aeronaves de instrução, uma significativa parcela englobava aviões de combate e, com alguns desses, foi formada a primeira unidade de emprego da Aviação Militar – o Grupo Misto de Aviação, criado em março de 1931.

O último avião a ser recebido dentro daquele plano foi o caça Nieuport-Delage 72C1, que chegou ao Brasil no primeiro semestre de 1931. Quatro dessas aeronaves foram encomendadas, mas existem indicações que sugerem que esses aviões haviam sido construídos em atenção a uma possível encomenda da Aeronautique Militaire, que nunca se concretizou.

Os NiD 72C1 participaram da Revolução de 1932, atuando tanto do lado legalista quanto do constitucionalista, cada qual possuindo apenas um exemplar.
Foto Arquivo Jackson Flores Jr. / Action Editora Ltda.

A faixa em branco na fuselagem denota que esse NiD 72C1 estava a serviço dos constitucionalistas na Revolução de 1932.

O NiD 72C1 K 422 nas cores da EAvM da Aviação do Exército.

Seja como for e apesar de serem aviões de caça, eles foram montados e distribuídos à Escola de Aviação Militar (EAvM), com sede no Campo dos Afonsos (RJ). Três deles já estavam em operação em junho de 1931, mês em que dois sofreram acidentes de pequena envergadura. Curiosamente, uma dessas aeronaves ostentava a matrícula A-422 na ocasião do acidente – o que poderia sugerir que originalmente existia a intenção de entregar esses aviões ao Grupo Misto de Aviação, mas que as autoridades da AvMil por bem concluíram ser melhor entregá-los à EAvM.

Não existem claras indicações de qual tarefa ou tarefas os NiD 72C1 cumpririam na EAvM, fora possibilitar o adestramento dos aviadores mais antigos daquela escola numa plataforma mais exigente do que os aviões de treinamento de que ela dispunha.

Porém, pouco mais de um ano depois de chegarem ao Brasil, eclodiu a Revolução Constitucionalista de 1932, e esses caças foram convocados a cumprir o trabalho para o qual foram originalmente projetados. Iniciadas as hostilidades, eram somente dois os Nieuport-Delage 72C1 disponíveis para voo, já que, dos demais, um havia se acidentado com perda total e o segundo igualmente se acidentara e aguardava reparos. Mas, mesmo assim, os dois NiD 72C1 em condições de voo representavam a totalidade da aviação de caça à disposição das forças legalistas e, portanto, eram imprescindíveis para a condução das operações aéreas no teatro de operações.

Sendo assim, nas primeiras semanas do conflito, os NiD 72C1 passaram a realizar surtidas de patrulha na frente do Vale do Paraíba e, ocasionalmente, executaram trabalhos de escolta em benefício das poucas missões de bombardeio organizadas pela AvMil contra as forças rebeldes. Mas em 21 de agosto, um oficial que aderira à causa Constitucionalista logrou se apossar de um dos NiD 72C1 e levá-lo até São Paulo, onde foi integrado ao acervo do Grupo de Aviação Constitucionalista (GAC). Nas semanas seguintes, esse Nieuport-Delage 72C1 ganhou utilização muito maior do que o seu par, que permanecera com as forças legalistas – mesmo porque era o único avião de caça de que as forças paulistas dispunham até a chegada dos Curtiss O-1E Falcon, obtidos no Chile. Consequentemente, esse NiD 72C1 rebelde participou ativamente de muitas missões organizadas pelo GAC, sendo uma presença constante na frente do Vale do Paraíba. De fato, dos pouquíssimos combates aéreos registrados durante a Revolução Constitucionalista, o NiD 72C1 participou de dois – em agosto, contra um solitário WACO CSO na região de Lorena, e, em setembro, nas vizinhanças de Mogi-Mirim contra dois WACO CSO legalistas e com o apoio de um WACO CSO pertencente ao GAC. Nesses embates, mesmo que prolongados e com considerável troca de tiros, os resultados foram inconclusivos.

Encerradas as hostilidades, o NiD 72C1, que se encontrava em poder dos paulistas, foi devolvido à Escola de Aviação Militar. Junto com o Nieuport-Delage 72C1, que permanecera com os legalistas, foi designado a servir na 4ª Divisão da EAvM, na qual, essencialmente, desempenhava trabalho de adestramento. Mas, ao contrário de muitos aviões franceses recebidos no período 1928-31, esses dois caças tiveram uma carreira razoavelmente longa, permanecendo em atividade até 1937. De fato, um dos últimos voos no Brasil do NiD 72C1 de que se tem conhecimento ocorreu no final de junho daquele ano, com a célula que havia ostentado o nome de batismo Negrinho.

Naquele ano, os dois aviões foram recolhidos ao Parque Central de Aviação, localizado no Campo dos Afonsos. Consta que um deles, aparentemente o NiD 72C1 K 423, foi adquirido por um particular, que o levou para Minas Gerais. Entretanto, não existem informações quanto ao destino que foi dado àquela célula e se ela chegou a operar – mesmo que brevemente – com seu novo dono. Por sua vez, a célula restante foi desmontada e sucateada pouco depois de ser entregue ao Parque Central de Aviação.

O NiD 72C1 K 422 visto no Campo dos Afonsos. Apenas quatro exemplares serviram na Aviação do Exército, entre 1931 e 1937. Foto Museu Aeroespacial do Campo dos Afonsos.

Nieuport-Delage 72C1	
Período de Utilização	De 1931 até 1937
Fabricante	Société Anonyme Nieuport-Delage, Issy-les-Molineaux (França)
Emprego	Caça
Características Técnicas	
Motor	Hispano-Suiza 12Hb de 500 hp
Envergadura	12 m
Comprimento	7,50 m
Altura	3 m
Área Alar	28 m^2
Peso Vazio	1.368 kg
Peso Máximo	1.800 kg
Armamento	2 metralhadoras Vickers .303
Desempenho	
Velocidade Máxima	268 km/h
Razão de Subida	571 m/min
Teto Operacional	8.400 m
Alcance	600 km
Comentários	
Total adquirido	4 exemplares
Unidades aéreas	Escola de Aviação Militar Grupo de Aviação Constitucionalista
Designações	Não recebeu designação
Matrículas	K 421 a K 424; uma dessas células – o K 422 – ostentou brevemente a matrícula A-422

Curtiss Falcon

Na primeira metade da década de 1920 e em resposta a uma solicitação do United States Army Air Service (USAAS – Serviço Aéreo do Exército dos Estados Unidos), a Curtiss Aeroplane & Motor Company deu início ao desenvolvimento de uma aeronave de combate cuja célula básica daria origem a um variado leque de aviões de ataque, caça e observação. Curiosamente, o USAAS estipulou que o motor Liberty 12 deveria ser incluído como grupo motopropulsor em qualquer projeto que fosse apresentado, exigência que se deveu ao enorme estoque desses motores à disposição daquele serviço.

Com a designação militar XO-1, o projeto da Curtiss iniciou seus ensaios no segundo semestre de 1924. Tendo como principal concorrente o Douglas XO-2, o XO-1 acabou perdendo a concorrência. Porém, ficou claro para as autoridades do Exército que o motor Liberty tornara-se inadequado para futuros aviões de combate. Assim, nova concorrência foi realizada em 1925 e, dessa vez, o projeto da Curtiss – já com o motor Packard 1A-500 e com o nome Falcon – foi sagrado vencedor.

Além das muitas versões desenvolvidas do Curtiss O-1, que totalizaram 314 células, o Falcon serviu de ponto de partida para uma vasta e complexa família de aviões de ataque e caça que equiparam unidades do USAAS, da Marinha e do Corpo de Fuzileiros Navais dos Estados Unidos até meados da década de 1930. Uma vigorosa campanha de exportação empreendida pela Curtiss gerou contratos de encomenda de forças aéreas da Ásia e da América do Sul. Assim, muitos

Um dos sete Curtiss Falcon incorporados pela Aviação Militar logo após o fim da Revolução de 1932. Essas aeronaves foram adquiridas pela aviação da Força Pública de São Paulo. Foto Arquivo Jackson Flores Jr. / Action Editora Ltda.

exemplares exportados, quer do Curtiss Falcon, quer da versão monoposto do caça Hawk, foram empregados em guerras, como a sino-japonesa e o conflito entre a Colômbia e Peru, em 1933. Ademais, em 1930, o governo chileno assinou com a Curtiss um contrato que previa o estabelecimento de uma fábrica de aviões em seu território – a primeira daquele país. O modelo inicial fabricado nas instalações de Los Cerrillos foi a versão de exportação do O-1E Falcon.

O Curtiss Falcon na Aviação do Exército

Os produtos militares da Curtiss não eram estranhos aos céus brasileiros. Desde sua criação, a Aviação Naval havia adquirido diversos modelos de hidroavião produzidos por aquela empresa de construção aeronáutica. Em 1928, o já famoso aviador militar James H. Doolittle havia realizado uma turnê pela América do Sul para demonstrar as qualidades do Curtiss Falcon e do caça Hawk. Durante sua passagem pelo Brasil e apesar de estar com a perna engessada em consequência de um acidente com o Falcon, quando de sua passagem pelo Chile, Doolittle realizou diversas demonstrações com o Curtiss P-1 Hawk para militares brasileiros.

No entanto, a vinda dos Curtiss Falcon ao Brasil deu-se de forma tortuosa e sob o manto do segredo durante a Revolução de 1932. Com poucas aeronaves capazes de atender às múltiplas necessidades aéreas das forças Constitucionalistas, os rebeldes trataram de buscar fontes capazes de fornecer aviões de combate. Uma das tentativas foi coroada com sucesso quando, após negociações

O Curtiss Falcon Kyri-Kyri foi empregado pela aviação da Força Pública de São Paulo.

As aeronaves Curtiss Falcon foram operadas pela Aviação Constitucionalista durante a Revolução de 1932. Foto Arquivo Jackson Flores Jr. / Action Editora Ltda.

em Buenos Aires, o representante da Curtiss-Wright Export Corporation propôs a venda de uma parcela dos 40 aviões Curtiss Falcon que estavam sendo produzidos sob licença no Chile. Oferecendo 10 aviões pelo valor total de US$ 292.500 a título de comissão, os representantes dos revolucionários tiveram que desembolsar ainda outros US$ 31.300 em favor de membros do Ministério da Guerra do Chile e US$ 25.000 para indivíduos da Dirección General de Aeronáutica Argentina, comissões que nada mais eram do que suborno para liberar os 10 aviões. O altíssimo valor unitário pago por essas aeronaves – muito superior a seu valor real – e as "comissões" deveram-se à irregularidade da transação, que feria frontalmente o Tratado de Havana e seus artigos, que proibiam a venda de material bélico para forças rebeldes.

Pilotos britânicos e norte-americanos foram contratados para realizar o traslado dessas aeronaves até o Brasil, e os primeiros dois aviões partiram de Santiago na segunda quinzena de agosto. No entanto, um deles foi obrigado a pousar na cidade paraguaia de Concepción por falta de combustível, tendo sido rapidamente apreendido pelas autoridades locais. No mês seguinte, outro Curtiss Falcon inadvertidamente aterrissou no Paraguai, dessa vez em Capitán Bado. Objeto de intensas negociações entre rebeldes paulistas e as autoridades militares daquela localidade, a aeronave foi trocada por cunhetes de munição e metralhadoras pesadas – o que não ocorreu com o primeiro Falcon apreendido, que foi prontamente incorporado à aviação militar paraguaia e empregado contra as forças bolivianas na Guerra do Chaco.

A chegada dos primeiros Curtiss Falcon deu novo alento à Aviação Constitucionalista, que apresentava escassez de meios aéreos desde o começo da revolução. Em território brasileiro, os Falcon receberam armamento no Campo de Marte (SP) e foram distribuídos ao 1º Grupo de Aviação Constitucionalista. O batismo de fogo dos Falcon brasileiros deu-se em Mato Grosso do Sul, em 2 de setembro de 1932. Naquela área e entre os dias 3 e 5, aquele Falcon realizou diversos ataques contra o Monitor Fluvial Pernambuco, que estava fundeado em Porto Esperança, logrando causar danos à embarcação. Já na segunda metade daquele mês, dois Falcon – junto com um WACO CSO e um Nieuport-Delage NiD 72C1 – empreenderam dois ataques ao campo de pouso de Mogi-Mirim (SP). A missão do dia 20 não atingiu resultados concretos, mas a do dia seguinte levou à destruição de dois caças WACO CSO legalistas e a sérias avarias em outros dois.

Com o objetivo de aliviar o eficaz estrangulamento do Porto de Santos (SP), três dias depois, dois Falcon e um WACO CSO atacaram o Cruzador Rio Grande do Sul (C 11), nau capitânia do grupo-tarefa que realizava o bloqueio naval de todo o litoral paulista. Durante o ataque, o fogo antiaéreo do cruzador derrubou um dos Falcon, causando a morte de seus dois tripulantes.

O fim da Revolução de 1932 assistiu à entrega de sete aviões Curtiss Falcon às forças legalistas. Por motivos difíceis de determinar, uma das 10 aeronaves deixou de ser entregue às forças paulistas, possivelmente porque sofrera algum problema que determinou seu regresso ao Chile – em face do término das hostilidades, jamais foi entregue às autoridades brasileiras. Seja como for, os sete Curtiss Falcon restantes foram reunidos no Campo dos Afonsos, onde foram submetidos à inspeção/revisão e aguardaram o destino que lhes seria dado pelas autoridades da Aviação Militar. Curiosamente, durante a inspeção que antecedeu a inclusão em carga desses aviões, foi observado que alguns se encontravam equipados com porta-bombas padrão WACO, enquanto outros estavam dotados de cabides produzidos em São Paulo. Verificou-se o mesmo entre as torres de metralhadora que equipavam os Falcon: alguns estavam equipados com torres originais de fábrica e outros, com equipamento de origem desconhecida. Apesar dessas anomalias, as inegáveis qualidades dos sete Curtiss Falcon representavam um bem-vindo acréscimo à capacidade de combate da Aviação Militar.

Enquanto as altas autoridades da Aviação Militar deliberavam sobre qual o melhor destino a ser dado aos Falcon, estes foram colocados à disposição do 1º Regimento de Aviação (1º RAv), no Campo dos Afonsos. Com aquela unidade, os Falcon passaram a ser empregados em missões de treinamento dos aviadores e observadores do 1º RAv, geralmente voando surtidas de reconhecimento visual. Ocasionalmente participavam de voo de treinamento de formatura, o que passou a ser a rotina desses aviões até a última metade de 1933.

Desde o final de 1932, estavam em curso planos que visavam ao desdobramento da Aviação Militar e que contemplavam a criação de regimentos de aviação em diversos pontos do território nacional. Definido desde março de 1933, no mês de dezembro, foi criado o 3º Regimento de Aviação (3º RAv), que acabou tendo

O Curtis Falcon foi utilizado pela Aviação Militar de 1932 até 1941. Uma das células desse modelo sofreu uma remotorização em abril de 1938, tendo recebido um motor Wright R-975-E3. Foto Arquivo Jackson Flores Jr. / Action Editora Ltda.

Além da EAvM, os Falcon serviram no 1º RAv, no N/3º RAv e no 3º RAv, além, é claro, do 1º Grupo de Aviação Constitucionalista, unidade paulista que combateu na Revolução de 1932. Foto Arquivo Jackson Flores Jr. / Action Editora Ltda.

como sede provisória o Aeródromo de Santa Maria (RS). Para equipar aquele regimento, o Comando da Aviação Militar designou-lhe diversos aviões e, entre esses, os sete Curtiss Falcon.

Desmontado e embarcado em uma composição ferroviária, o primeiro Curtiss Falcon do 3º RAv chegou a Santa Maria na manhã de 6 de março. Outros cinco chegaram àquele aeródromo no dia 18 daquele mês, enquanto o sétimo seguiria muitas semanas mais tarde. Organizado o Núcleo do 3º Regimento de Aviação (N/3º RAv), os Curtiss Falcon passaram a constituir a Esquadrilha de Aviões Médios, uma organização que só durou até meados daquele ano, quando foram redistribuídos para compor as 1ª e 2ª seções da 1ª Esquadrilha.

Em meio a essas mudanças de organização, os Falcon passaram a cumprir deslocamentos regulares até Alegrete (RS) para lá executar o Serviço de Vigilância da Fronteira. Os dados sobre esses deslocamentos são escassos, mas sabe-se que era realizado um rodízio entre os Falcon, com uma aeronave permanecendo em Alegrete durante algumas semanas para patrulhar as fronteiras com a Argentina e o Uruguai. Ao que tudo indica, esse trabalho continuou sendo executado com os Falcon até 1935, quando foi assumido pelos Vought V-65B Corsair.

A mudança de sede para Canoas (RS), em agosto de 1937, já como 3º Regimento de Aviação (3º RAv), não trouxe significativas alterações na utilização dos Curtiss Falcon. No entanto, manter esses aviões em condições de voo já estava se tornando problemático, em face das dificuldades em dispor de peças de reposição para o motor Curtiss D-12E Conqueror. Consultados distintos órgãos, surgiu a possibilidade de remotorizar esses aviões com um grupo motopropulsor mais moderno. Assim, em abril de 1938, o primeiro Falcon seguiu para o Campo dos Afonsos (RJ) para ser submetido à revisão geral e à modificação prevista, trabalhos executados pelo Parque Central de Aviação. Depois de descartar o motor Conqueror, o pessoal daquele parque adaptou um motor Wright R-975-E3 Whirlwind. Esse equipava os aviões de treinamento avançado Stearman A76C3 e B76C3, adquiridos no ano anterior, e apresentava a mesma potência que o anterior. Ademais, outros aviões da Aviação Militar usavam versões do R-975, o que garantia uma fonte relativamente segura de peças de reposição. Com um novo berço e recebendo carenagens que originalmente pertenciam ao Stearman A76/B76, o Falcon remotorizado concluiu com sucesso todos os ensaios em voo e regressou a Canoas em 1939. Naquele ano, mais outro Falcon seguiria para o Campo dos Afonsos, onde seria submetido ao mesmo processo de remotorização. No entanto, possivelmente por causa da chegada de novos aviões que seriam distribuídos ao 3º RAv, os trabalhos de remotorização dos Falcon foram encerrados após a finalização da segunda célula.

Em julho de 1939, houve transferência interna dos Curtiss Falcon do 3º RAv, que saíram da 1ª Esquadrilha para integrar o efetivo da Esquadrilha de Treinamento. Essa movimentação indicava claramente que os Falcon já não eram mais adequados para missões de combate, mas serviam perfeitamente como aviões de adestramento capazes de realizar tarefas como ligação e correio.

Com a perda de uma aeronave em outubro de 1935 nas vizinhanças de Porto Alegre (RS), restaram seis Curtiss Falcon às vésperas da criação do Ministério da Aeronáutica, em janeiro de 1941. Por força do decreto que criou o Ministério da Aeronáutica e através da fusão dos meios aéreos e de pessoal pertencentes ao Exército e à Marinha, a propriedade desses seis Falcon passou para as Forças Aéreas Nacionais (posteriormente renomeada Força Aérea Brasileira – FAB).

Curtiss Falcon

Período de Utilização	De 1932 até 1941
Fabricante	Curtiss Aeroplane & Motor Co., Inc., Buffalo (Nova York – EUA)
Emprego	Ataque, bombardeio e observação
Características Técnicas	
Motor	Curtiss D-12E Conqueror de 425 hp
Envergadura	11,58 m
Comprimento	8,40 m
Altura	3,12 m
Área Alar	32,60 m^2
Peso Vazio	1.316 kg
Peso Máximo	2.056 kg
Armamento	1 metralhadora fixa Colt-Browning MG40 calibre .30 2 metralhadoras móveis Colt-Browning MG40 calibre .30 montadas em um anel no posto do observador Capacidade para portar carga ofensiva de até 108 kg
Desempenho	
Velocidade Máxima	226 km/h
Razão de Subida	288 m/min
Teto Operacional	4.663 m
Alcance	1.041 km
Comentários	
Total Adquirido	7 exemplares
Unidades Aéreas	1º Grupo de Aviação Constitucionalista 1º Regimento de Aviação Esquadrilha de Aviões Médios do N/3º RAv 1ª Esquadrilha do 3º RAv Esquadrilha de Treinamento do 3º RAv
Designações	Não recebeu designação
Matrículas	Após a chegada ao Brasil, quatro exemplares receberam os nomes Kyri-Kyri, Kavuré-y, Taguató e José Mário; quando de sua incorporação na Aviação Militar, as sete aeronaves recebidas foram matriculadas 1 a 7, o que foi posteriormente alterado para 3-111 a 3-117

de Havilland DH-60T Moth Trainer

O considerável sucesso do biplano de instrução civil e desporto de Havilland DH-60 Gipsy Moth encorajou a empresa de Havilland Aircraft Company a desenvolver versões que atendessem a nichos específicos do mercado civil. Mas em vista de suas possibilidades, era natural que o mercado militar também fosse um segmento a ser atendido por uma versão do DH-60.

Para tal, no início de 1931 e seis anos após o primeiro protótipo fazer seu voo inaugural, os engenheiros aeronáuticos da de Havilland terminaram o desenvolvimento de uma versão de instrução militar. Além da instalação de controles de voo duplicados – um item opcional nos Gipsy Moth vendidos para o mercado civil –, a aeronave, que passou a ser designada DH-60T Moth Trainer, incorporou algumas outras modificações. Sua célula foi reforçada a fim de permitir a instalação de cabides para bombas de 10 kg, metralhadora fotográfica, estação de rádio e equipamento para trabalhos de fotografia aérea. Para manter e realçar as qualidades de voo do Gipsy Moth, o Moth Trainer recebeu uma asa inteiramente nova, além de a fuselagem ter sofrido pequenas modificações que melhor adaptavam o avião ao ambiente militar.

Dois protótipos do DH-60T já haviam iniciado a campanha de ensaios em voo no mês de abril de 1931, quando a Força Aérea Sueca se interessou pela aeronave e encomendou 10 exemplares. Em rápida sucessão, foram assinados contratos de venda para os governos do Egito e do Iraque, bem como do Brasil.

Apesar desse sucesso inicial, a produção de aviões Moth Trainer foi bastante modesta, resumindo-se em meros 64 exemplares. Entretanto, o desenvolvimento e a produção do DH-60T resultaram, no mesmo ano em que ele voou pela primeira vez, no modelo DH-82A Tiger Moth. E aquela aeronave, sim, gozou de considerável sucesso, tanto que foram produzidos mais de 8.800 exemplares pela de Havilland e por outras empresas de construção aeronáutica.

Os DH-60T K 143, K 145 e K 148 da EAvM fazem uma demonstração acrobática. Esse avião inglês foi empregado inicialmente em missões de instrução e formação de pilotos e, mais tarde, como aeronave de adestramento. Foto Arquivo Action Editora Ltda.

A belíssima pintura dos DH-60T Moth Trainer da Aviação Militar vista no K 146.

O de Havilland DH-60T na Aviação do Exército

A chegada da nova década encontrou a Escola de Aviação Militar (EAvM), no Campo dos Afonsos (RJ), equipada com alguns aviões Morane-Saulnier MS.147Ep2 e MS.130ET2 para a formação dos alunos inscritos no Curso de Aviador Militar. Recebidos entre 1929 e 1930, aqueles treinadores franceses haviam prestado bons serviços nos anos iniciais de sua carreira. Entretanto, já em 1931, as perdas registradas entre os MS.147Ep2 haviam reduzido a frota para níveis bem abaixo daquele julgado conveniente. Consequentemente, naquele ano, as autoridades da Diretoria de Aviação Militar (DAM) iniciaram uma avaliação de aeronaves que poderiam desempenhar os trabalhos de instrução primária em substituição aos MS.147Ep2.

Consta que o processo de avaliação e seleção compreendeu sete aeronaves de origem francesa, inglesa e norte-americana. Mas, no final de 1931, os trabalhos foram encerrados, o que favoreceu a proposta da empresa britânica de Havilland Aircraft Company. Um contrato de encomenda foi logo assinado, mas compreendia não somente as 15 aeronaves destinadas à Aviação Militar, mas outros 24 aviões para a Aviação Naval. Como resultado, essa compra transformou o Brasil no maior usuário de aviões DH-60T Moth Trainer.

Em 5 de março de 1932, chegou ao Porto do Rio de Janeiro o navio mercante Andaluzia Star, que trazia os três primeiros DH-60T da Aviação Militar. Além dos caixotes com os aviões, o navio trazia o piloto chefe de ensaios em voo da de Havilland, o Capitão Hubert S. Broad, que, naquela época, já era um afamado aviador. Sob a tutela do capitão Broad, o primeiro DH-60T foi rapidamente montado, ensaiado e oficialmente apresentado durante uma cerimônia realizada no Campo dos Afonsos, no dia 18 daquele mês.

Ao contrário dos DH-60T Moth Trainer recebidos pela Aviação Naval, que dispunham de cabides ventrais para o lançamento de pequenas bombas e material para a instalação de metralhadoras fotográficas, os DH-60T da Aviação Militar foram entregues sem nenhum equipamento especial para aplicação em outras tarefas que não de instrução em voo.

Até maio, os 15 aviões DH-60T da Aviação Militar já haviam chegado ao Campo dos Afonsos. Nesse ínterim, Broad já treinara um núcleo de instrutores da EAvM, preparando-os para usar o Moth Trainer como plataforma de instrução primária. Desse total, dois DH-60T foram alocados para a Esquadrilha de Treinamento do Grupo Misto de Aviação (GMA), sediada no Campo dos Afonsos.

Em 9 de julho, estourou a Revolução Constitucionalista de 1932, estando as forças combatentes subequipadas para as operações aéreas que se faziam necessárias e as autoridades da Aviação Militar não titubearam em lançar mão dos meios aéreos existentes. Os DH-60T pertencentes ao GMA não dispunham de nenhuma espécie de armamento, não possuíam estação de rádio ou equipamento fotográfico – salvo o que poderia ser empunhado por um dos tripulantes.

Durante a Revolução de 1932, os DH-60T Moth Trainer ou Gipsy Moth, como também eram chamados, realizaram missões de ligação e transporte entre o Campo dos Afonsos e o Destacamento Aéreo de Resende (RJ). Foto Arquivo José de Alvarenga.

Entretanto, com a formação de destacamentos aéreos como os de Resende (RJ) e Mogi-Mirim (SP), era imprescindível manter alguma espécie de ligação entre esses locais e o Campo dos Afonsos. Para realizar essa tarefa, foram convocados os Moth Trainer do GMA – os Gipsy Moth, como muitos chamavam incorretamente esse avião. Assim que foi constituído o Destacamento Aéreo de Resende, os Moth Trainer passaram a realizar surtidas quase que diárias entre o Campo dos Afonsos e o campo de Resende. Frequentemente, transportaram oficiais do Alto-Comando da Aviação Militar até e desde Resende, e existem indicações de que algumas missões de ligação foram executadas também em proveito de outros destacamentos como o de Faxina (SP).

Por sua vez, os DH-60T distribuídos à EAvM iniciaram a rotina de instrução primária dos alunos inscritos no Curso de Aviador Militar. Mas em consequência do conflito, as atividades de instrução passaram por perceptível redução. Além disso, alguns dos DH-60T da EAvM foram periodicamente empregados em surtidas de ligação entre os Campo dos Afonsos e Resende.

Encerrado o conflito, os DH-60T voltaram a todo vapor ao trabalho para o qual foram adquiridos – instrução primária dos alunos da Escola de Aviação Militar. Já os dois Moth Trainer do Grupo Misto de Aviação foram legados ao 1º Regimento de Aviação, a unidade que sucedeu o GMA. Essas duas aeronaves permaneceriam, no entanto, no 1º RAv por pouco tempo, já que foram substituídas por outros aviões e repassadas à EAvM para reforçar a dotação daquela escola.

Entretanto, o ano de 1932 não foi particularmente bom para os Moth Trainer. Além da perda de um DH-60T logo após sua chegada ao Brasil, outros dois sofreram acidentes com perda total – um durante a Revolução Constitucionalista e outro no final do ano. Estes e outros acidentes, praticamente todos por causa de erros de pilotagem, fizeram com que, em 1934, a frota ficasse reduzida a quase metade do que fora recebido em março de 1932.

Esse fenômeno não prejudicou o ciclo de instrução da EAvM, já que, no final de 1932, 20 aviões WACO RNF de instrução primária foram entregues à Aviação Militar – e quase todos distribuídos àquela escola. Assim, a partir de 1934, os DH-60T passaram a trabalhar mais como aviões de adestramento, geralmente em proveito dos oficiais e sargentos já formados como pilotos que exerciam funções administrativas na EAvM. A chegada, em 1935, de mais aeronaves de treinamento primário – dessa vez um lote de aviões Curtiss-Wright CW-16 – tornou os DH-60T redundantes para a fase de instrução primária. Mesmo assim, de vez em quando, os Moth Trainer ainda eram convocados para voo de instrução dos alunos que haviam galgado com sucesso a etapa de instrução primária.

Mas no final de 1935, os DH-60T passaram definitivamente para o controle da 4ª Divisão da EAvM, para ser empregados exclusivamente como aeronaves de adestramento. Foi nesse período que os Moth Trainer ainda existentes sofreram extensos trabalhos de recuperação a cargo do Parque Central de Aviação, ocasião em que dois deles foram montados com o uso de diversas outras células que não podiam mais ser recuperadas. Assim, o começo de 1936 encontrou a Escola de Aviação Militar dotada de seis aviões DH-60T, que essencialmente realizavam voos de adestramento e, ocasionalmente, surtidas de ligação.

Com o fim da década rapidamente se aproximando e a quantidade de aviões Moth Trainer disponíveis para voo reduzida para três ou quatro, as autoridades da Aviação do Exército optaram por desfazer-se dos DH-60T existentes – bem como de todo o suprimento disponível. Mas em vez de desmontar as células para aproveitamento da matéria-prima, esses aviões foram excluídos da carga da Aviação do Exército e entregues à Diretoria de Aviação Civil, que, por sua vez, os repassou para diversos aeroclubes.

Ao todo, 15 DH-60T foram empregados pela Aviação do Exército de 1932 a 1939. Ao serem desativados, os remanescentes foram repassados a aeroclubes.
Foto Arquivo Jackson Flores Jr. / Action Editora Ltda.

de Havilland DH-60T Moth Trainer	
Período de Utilização	De 1932 até 1939
Fabricante	The de Havilland Aircraft Co., Ltd., Edgware (Middlesex – Reino Unido)
Emprego	Instrução
Características Técnicas	
Motor	de Havilland Gipsy II de 120 hp
Envergadura	9,15 m
Comprimento	7,30 m
Altura	2,68 m
Área Alar	23,40 m^2
Peso Vazio	427 kg
Peso Máximo	825 kg
Armamento	Não dispunha de armamento
Desempenho	
Velocidade Máxima	161 km/h
Razão de Subida	222 m/min
Teto Operacional	4.846 m
Alcance	514 km
Comentários	
Total Adquirido	15 exemplares
Unidades Aéreas	Escola de Aviação Militar Grupo Misto de Aviação 1º Regimento de Aviação
Designações	Não recebeu designação
Matrículas	Inicialmente, dois operaram unicamente com o número do fabricante: 3003 e 3010 e as demais células, com as matrículas K 141 a K 153; em 1936, as células existentes foram rematriculadas K 201 a K 206; finalmente, em 1937, essas seis células receberam as matrículas K 401 a K 406

WACO CSO

O ano de 1931 se aproximava do fim quando os homens que organizaram o Serviço Postal Aéreo Militar (SPAM) concluíram que a quantidade de aviões Curtiss Fledgling usada para voar as linhas daquele serviço não estava à altura da empreitada que despontava no horizonte. Frágeis e com desempenho particularmente modesto, os Fledgling dificilmente conseguiriam abrir e manter as linhas de correio para o interior. Mesmo sendo aviões originalmente destinados à instrução primária, sua utilidade como aeronave de adestramento era também limitada. Daí a conveniência de dispor de outro avião que apresentasse melhor desempenho e ainda realizasse com eficiência as linhas do SPAM.

Naquele período já eram muitas as empresas europeias e norte-americanas com representantes atuando no Brasil, e foi uma delas, a Casa Mayrink Veiga, que logrou assegurar um contrato de encomenda perante a Diretoria de Aviação do Exército de cinco exemplares do biplano de dois lugares WACO CSO.

Chegando ao Campo dos Afonsos (RJ), em março de 1932, após serem transportados via marítima até o Brasil, os cinco aviões foram prontamente montados, ensaiados e distribuídos à Esquadrilha de Adestramento do Grupo Misto de Aviação (GMA). Existem poucas informações sobre as atividades desses aviões nos primeiros quatro meses de vida na Aviação Militar, mas seria lícito concluir que eles substituíram imediatamente todos os Curtiss Fledgling daquela esquadrilha, passando a executar trabalhos de adestramento, bem como a execução das linhas do que fora rebatizado como Correio Aéreo Militar (CAM).

Mas antes que as atividades dos CSO pudessem ser sentidas no Correio Aéreo Militar, estourou, em 9 de julho de 1932, a Revolução Constitucionalista. Em face das poucas plataformas à disposição da Aviação Militar destinadas exclusivamente às missões de combate, os WACO CSO foram prontamente convocados para complementar a aviação das forças legalistas. Contudo, ao eclodirem as hostilidades, dois dos CSO se encontravam no Campo de Marte (SP) e, quando aquele aeródromo foi capturado pelas forças rebeldes, aqueles aviões – junto com dois Potez 25TOE – passaram a integrar a Aviação Constitucionalista. Dias depois, em 21 de julho, um oficial lotado na Escola de Aviação Militar (EAvM) e simpatizante da causa constitucionalista apoderou-se de um dos WACO CSO estacionados no Campo dos Afonsos e o levou até Taubaté (SP).

A insuficiência de meios aéreos de combate, associada à perda de aviões de emprego que passaram para o controle das forças constitucionalistas, fez com que os legalistas iniciassem a urgente compra de aeronaves. Fortuitamente, desde fins de maio, uma pequena equipe da Waco encontrava-se no Campo dos Afonsos para demonstrar o WACO 240A. Esse nada mais era do que a célula do CSO adaptada para as missões de caça e, para tal, dispunha de duas metralhadoras calibre .30 instaladas na região da nacele dianteira e cabides ventrais para o lançamento de bombas. Ao ser deflagrada a Revolução, as autoridades da

O WACO CSO C-18 é visto sem a carenagem do motor. Ao todo, a Aviação do Exército empregou 41 exemplares dessa aeronave. Foto Arquivo Action Editora Ltda.

Os WACO CSO foram responsáveis por consolidar e ampliar as linhas do CAM, sucedendo os Curstiss Fledgling a partir de 1932. Foto Museu Aeroespacial do Campo dos Afonsos.

Os WACO CSO utilizaram um padrão de pintura todo vermelho, que lhe valeu o apelido de Vermelhinho.

WACO CSO com o aro de proteção do motor colocado. Ao todo, foram 41 WACO CSO matriculados de C-1 a C-41.

Aviação Militar rapidamente negociaram a compra daquele avião e, paralelamente, acertaram a aquisição de 35 aeronaves WACO CSO – todas passíveis de serem configuradas para a versão 240A. A ressalva dizia respeito às metralhadoras Colt-Browning, pois a Aviação Militar determinara que aquelas aeronaves fossem equipadas com a versão de calibre 7 mm.

Ao contrário de outras encomendas assinadas naquele período, a execução do contrato dos CSO ocorreu com extrema rapidez. Na primeira metade de agosto, os primeiros exemplares já haviam sido entregues e rapidamente montados, ensaiados e postos em serviço. Mas mal iniciaram a realização de missões, surgiu um imprevisto. A mudança das metralhadoras visava somente a questões de padronização do Exército Brasileiro, que então usava munição 7 mm produzida no Brasil. Contudo, as especificações que regem a munição destinada às armas de infantaria diferem significativamente da empregada em metralhadoras aeronáuticas. Em consequência, as metralhadoras 7 mm de todos os recém-chegados WACO CSO engasgavam após disparar alguns tiros, tornando-os inúteis como caça. De fato, só mesmo o solitário WACO 240A que acabara de ser comprado pela Aviação Militar desempenhou a contento. Mas esse sério entrave não impediu que as forças legalistas fizessem uso intensivo dos CSO que lograram chegar ao Brasil antes do fim do conflito.

Apesar da limitada capacidade ar-ar como aviões de caça, durante a Revolução Constitucionalista, os WACO CSO de ambos os lados participaram de alguns poucos combates aéreos, mas nenhum que resultasse em algo mais substancial que a troca de tiros. Porém, foi na arena ar-solo que os CSO legalistas e constitucionalistas se sobressaíram. Nas missões de reconhecimento visual e bombardeio diurno, surtidas eram realizadas contra posições inimigas, concentrações de tropas, composições ferroviárias e comboios de caminhões. Facilmente identificáveis por força de sua cor, soldados dos dois lados passaram a chamar os onipresentes CSO de Vermelhinhos.

No caso daqueles em poder dos paulistas – que foram agrupados junto ao 1º Grupo de Aviação Constitucionalista (1º GAC) –, as operações foram caracterizadas

Com o início da Revolução de 1932, os WACO passaram a ser empregados em combate, tanto do lado governista quando do lado rebelde, que conseguiu capturar três aeronaves da Aviação Militar para uso pela aviação constitucionalista. Foto Arquivo Action Editora Ltda.

Durante a Revolução de 1932, os WACO CSO foram empregados tanto em missões ar-ar como, principalmente, em missões de ataque ao solo. Foto Museu Aeroespacial do Campo dos Afonsos.

por constantes mudanças de aeródromo para atender às necessidades das forças rebeldes. Por sua vez, as atividades dos CSO legalistas inicialmente se restringiram ao Vale do Paraíba, operando desde o Campo de Resende (RJ), mas com a evolução dos combates, foram usados outros campos de pouso, como Itapetininga, Mogi-Mirim e Faxina.

Mas a intensidade das operações cobrou um preço aos CSO, com três perdas registradas no mesmo dia – 21 de setembro. Na manhã daquele dia, quatro desses aviões chegaram a Mogi-Mirim, vindos do Campo dos Afonsos, a caminho de Faxina. Mal estacionaram quando dois deles foram destruídos por um ataque realizado por aviões do 1º GAC. Horas mais tarde, um CSO legalista foi derrubado nas vizinhanças de Casa Branca (SP) pela artilharia antiaérea e fogo de pequeno calibre quando realizava um ataque contra uma composição ferroviária.

O fim das hostilidades sinalizou o reinício das atividades do Correio Aéreo Militar, que passou a contar com um número de aviões muito maior do que o vislumbrado no início de 1932. De fato, os serviços do CAM voltaram a ser operados em novembro daquele ano, já que os CSO realizaram as linhas já existentes e inauguraram duas outras: a Linha do Mato Grosso e a Linha do Paraná – a primeira ligava o Rio de Janeiro a Campo Grande, e a outra, o Rio a Curitiba. Mesmo sem abrir novas linhas em 1933, os CSO permitiram a consolidação das atividades do CAM através do aumento de frequências e da inclusão de escalas. Se em 1932 – e apesar da Revolução Constitucionalista – o CAM havia transportado 130 mil kg de correspondência, o ano seguinte mostrou o impacto que esse avião exerceu sobre aquele serviço. Ao encerrar 1933 e tendo usado somente o CSO, o CAM transportou 3,8 milhões de kg de correspondência. No ano seguinte, novas linhas foram inauguradas – todas pelos CSO. A mais destacada certamente foi a que ligava o Rio de Janeiro a Fortaleza e que percorria 2.450 km pelo Vale do Rio São Francisco.

A grande quantidade de aviões CSO permitiu que fossem distribuídos para praticamente todos os Regimentos de Aviação (RAv) criados em 1933. Essas aeronaves foram incorporadas às Esquadrilhas de Adestramento ou Treinamento daquelas unidades. Dependendo da quantidade e da importância das linhas sob sua jurisdição, alguns RAv dispunham de dois desses aviões, enquanto outros chegaram a contar com até cinco WACO CSO.

Para a vasta maioria das tripulação dos CSO, a realização dos voos do CAM nunca era fato rotineiro, pois sua execução invariavelmente exigia o máximo da habilidade de pilotos e mecânicos, quando não de seus talentos de improvisação. Sem contar com qualquer espécie de auxílio à navegação aérea ou de infraestrutura de apoio, voar sobre o interior do Brasil era um constante desafio. E não eram raras as vezes em que tripulações enfrentavam condições meteorológicas adversas para cumprir fielmente as escalas e os horários das linhas do CAM. De fato, em 1934, dois CSO foram perdidos em acidentes justamente por estarem voando em condições atmosféricas desfavoráveis. Mas acidentes aeronáuticos não foram os únicos fatores que reduziram a frota de aviões CSO da Aviação Militar. De um só golpe, no segundo trimestre de 1935, três WACO CSO pertencentes ao Destacamento de Aviação de Campo Grande foram perdidos num incêndio que destruiu o hangar daquela unidade. No ano seguinte, um CSO do Núcleo do 4º Regimento de Aviação foi completamente incinerado quando estava sendo transportado em cima de um vagão ferroviário entre São João del Rei e Belo Horizonte, já que as fagulhas lançadas pela locomotiva iniciaram o incêndio.

Apesar da entrada em serviço de aviões mais adequados às necessidades do Correio Aéreo Militar, os CSO continuaram galhardamente executando as linhas daquele serviço. Não somente isso, os CSO continuaram abrindo novas

Típica cena da Revolução Constitucionalista no Campo de Resende. Aeronaves WACO CSO prontas para o combate, esperando apenas a hora de decolarem.
Foto Arquivo Jackson Flores Jr. / Action Editora Ltda.

O C-1, o primeiro WACO da Aviação do Exército. Em 1941, todos os WACO CSO remanescentes foram passados para a recém-criada FAB. Foto Museu Aeroespacial do Campo dos Afonsos.

rotas – incluindo a primeira linha internacional, que ligava Campo Grande a Assunção, no Paraguai, inaugurada em janeiro de 1936. E foi também nesse período que um WACO CSO foi o instrumento empregado para desbravar o que passou a ser posteriormente conhecida como a Rota do Tocantins.

No entanto, o emprego dos CSO não se limitou exclusivamente às linhas do CAM. Preenchia o importante papel de dar adestramento aos aviadores lotados em diversos RAv, desempenhando papéis administrativos. Além disso, periodicamente, um ou mais desses aviões eram colocados à disposição de variadas entidades do governo a fim de auxiliar na execução de seus programas. Tal foi o caso de um CSO do Núcleo do 7º Regimento de Aviação que permaneceu pouco mais de seis meses à disposição do Ministério do Trabalho, a fim de cooperar com trabalhos que estavam sendo desenvolvidos no território do Acre.

Com a criação do Ministério da Aeronáutica, em 1941, o acervo de aviões CSO da Aviação do Exército foi passado para a recém-criada Força Aérea Brasileira (FAB). Dos 41 exemplares recebidos a partir de 1932, somente 25 ainda existiam – clara indicação do intenso serviço dessas aeronaves para a Aviação do Exército.

WACO CSO	
Período de Utilização	De 1932 até 1941
Fabricante	Waco Aircraft Company, Troy (Ohio – EUA)
Emprego	Caça e correio aéreo
Características Técnicas	
Motor	Wright Whirlwind R-760E de 250 hp
Envergadura	9,32 m
Comprimento	6,85 m

Continua

Altura	2,79 m
Área Alar	26,75 m²
Peso Vazio	738 kg
Peso Máximo	1.179 kg
Armamento	2 metralhadoras Colt-Browning .30 ou 2 metralhadoras Colt-Browning de 7 mm Até 110 kg de bombas em cabides ventrais
Desempenho	
Velocidade Máxima	209 km/h
Razão de Subida	365 m/min
Teto Operacional	5.791 m
Alcance	868 km
Comentários	
Total Adquirido	41 exemplares
Unidades Aéreas	Grupo Misto de Aviação 1º Grupo de Aviação Constitucionalista Escola de Aviação Militar 1º Regimento de Aviação 2º Regimento de Aviação 3º Regimento de Aviação 4º Regimento de Aviação 5º Regimento de Aviação 6º Regimento de Aviação 7º Regimento de Aviação Destacamento de Aviação de Campo Grande
Designações	Não recebeu designação
Matrículas	Por breve período empregaram os números de fábrica; ainda em 1932, receberam as matrículas C-1 a C-41, e existiram duas células com a matrícula C-2

Fleet Model 7

Fundada em fevereiro de 1929, a Fleet Aircraft Inc. foi criada por Reuben Hollis Fleet, um dos pioneiros da indústria aeronáutica dos Estados Unidos. Depois de iniciar sua carreira profissional como professor do ensino fundamental, Fleet posteriormente passou a fazer corretagem de imóveis. Aos 21 anos ingressou na Guarda Nacional do estado de Washington (EUA) e, prevendo que os Estados Unidos entrariam na Primeira Guerra Mundial, fechou seu escritório de corretagem e se apresentou em um centro de instrução de voo do Exército, em março de 1917, quando tinha 30 anos.

Formando-se como piloto militar, ele foi indicado para comandar uma unidade aérea de treinamento que serviu como ponto de partida para uma intensa e variada carreira como aviador militar, que foi encerrada em 1922. No espaço de cinco anos, Reuben Fleet não só foi instrutor, mas supervisionou, na Europa, o adestramento de pilotos recém-formados que foram despachados àquele teatro de operações. Encerrada a guerra, ele foi transferido para a divisão de engenharia do Serviço de Aviação do Exército dos Estados Unidos.

O Fleet 7 visto no Campo dos Afonsos. Essa aeronave esteve sediada no Rio de Janeiro no 1º RAv e, posteriormente, em Fortaleza (CE), no N/6º RAv.
Foto Arquivo Jackson Flores Jr. / Action Editora Ltda.

A experiência colhida durante seus anos como oficial do United States Army Air Service rendeu a Fleet uma sólida e extensa bagagem nas áreas de engenharia, produção e treinamento aeronáutico e, como resultado, ele foi prontamente contratado pela Gallaudet Aircraft Company. Em 1923, ele organizou a fusão entre a Gallaudet e a Dayton-Wright Company, formando a própria empresa de construção aeronáutica: a Consolidated Aircraft Corporation. Especializando-se no desenvolvimento e na produção de toda sorte de hidroaviões, o apurado tino empresarial de Reuben Fleet fez com que, nos anos seguintes, a Consolidated absorvesse outras empresas, bem como fundasse subsidiárias e divisões.

Entre essas últimas estava a Fleet Aircraft Incorporated, que tinha como presidente e diretor-geral outro luminar da indústria aeronáutica: Lawrence D. Bell, fundador da Bell Aircraft Corporation. Aquela divisão da Consolidated foi organizada com o objetivo de desenvolver aeronaves especificamente destinadas ao mercado civil, com ênfase em aviões de instrução.

Desenvolvido com base no Model 2, um avião biplace de instrução projetado pela Consolidated, o Fleet Model 7 não apresentava facetas inovadoras, mas combinava o que havia de mais moderno em termos de material e técnicas de construção para um avião de pequeno porte. A produção dessa aeronave chegou a 48 exemplares construídos nos Estados Unidos e outras 71 unidades fabricadas na subsidiária canadense da Fleet. Dos exemplares produzidos nos Estados Unitos, a vasta maioria foi vendida para particulares. Já grande parte dos Fleet 7 fabricados no Canadá foram parar nas mãos da Royal Canadian Air Force e lá continuaram em operação até fins de 1946, formando várias gerações de aviadores militares.

O Fleet Model 7 na Aviação do Exército

Em fins de 1931 chegou ao Brasil o Fleet 7 NC91V, pilotado pelo aviador norte-americano Leigh Wade, proprietário daquela aeronave. Ao alcançar a fama, em 1924, por pilotar um dos aviões de uma esquadrilha do Exército Norte-Americano que concluiu a primeira circunavegação do globo terrestre, Wade não era nenhum estranho ao Brasil. Após deixar o Corpo de Aviação do Exército Norte-Americano, em 1926, foi contratado pela Consolidated para trabalhar no setor de vendas da empresa. Nessa função ele veio ao Brasil no final da década anterior e acertou a venda de aviões dos treinamento Consolidated NY-2 e PT-3 para a Aviação Naval. Curiosamente, o vínculo entre ele e o Brasil perduraria. Voltando à ativa em março de 1941, Leigh Wade regressou ao Brasil em maio de 1951, mas, dessa vez, como adido aeronáutico no Brasil, quando foi indicado, no ano seguinte, para chefiar a seção de aviação da Comissão Militar Mista Brasil-Estados Unidos (CMMBEU).

Promovido a vice-presidente de vendas, Leigh Wade optou por deixar a Consolidated meses antes de chegar ao Brasil com o Fleet 7. Dessa vez, ele trabalhava como representante free-lancer da Consolidated e a expectativa dele era negociar um contrato de encomenda dessa aeronave para a Aviação Militar. Quer com ele ou com o aviador paulista Renato Pacheco Pedroso, o Fleet 7 NC91V foi apresentado para autoridades da Aviação Militar.

Apesar de não conseguir fechar um contrato de encomenda, aparentemente Leigh Wade logrou negociar a venda do Fleet 7 que trouxera ao Brasil como aeronave demonstradora. Porém, ao excluir alguns registros dos voos realizados pouco depois de chegar ao Brasil, incluindo as demonstrações feitas no Campo dos Afonsos (RJ), bem como um pequeno acidente ocorrido em 1932, o Fleet 7 "desapareceu". Isto é, salvo uma indicação de que foi utilizado brevemente pelo 1º Regimento de Aviação (1º RAv), não existem registros de voo ou qualquer outra atividade nos cinco anos seguintes.

Em maio de 1937, aquele Fleet 7 foi incluído na carga do Núcleo do 6º Regimento de Aviação (N/6º RAv), com sede em Fortaleza (CE). Porém, há claras indicações de que esse avião já se encontrava na capital cearense desde abril, se é que não há mais tempo. Presumivelmente, esse Fleet operou como avião de adestramento em benefício dos pilotos lotados no N/6º RAv. Seja como for, a Base Aérea dos Afonsos excluiu de sua carga esse avião em março de 1940, o que sugere que o Fleet 7 regressou ao Rio de Janeiro. Porém, posto que a aeronave foi doada ao Aeroclube do Ceará naquela época, é mais provável que o Fleet 7 sequer tenha saído de Fortaleza quando ocorreu sua baixa para então iniciar a vida típica de um avião de instrução de aeroclube.

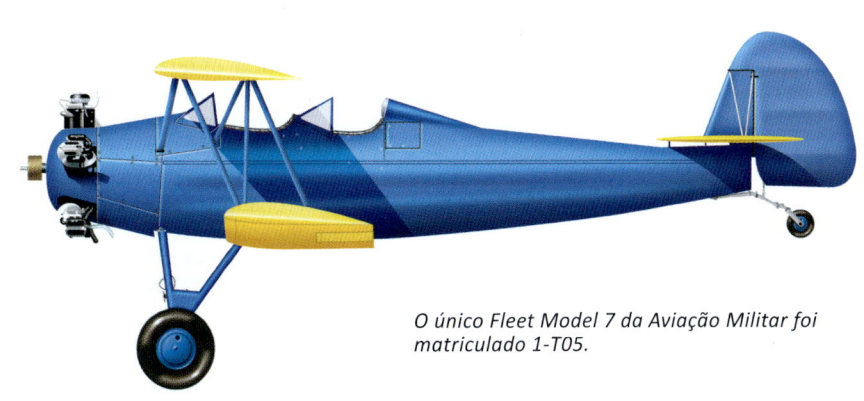

O único Fleet Model 7 da Aviação Militar foi matriculado 1-T05.

Fleet Model 7

Período de Utilização	De 1932 até 1940
Fabricante	Fleet Aircraft Incorporated, Buffalo (Nova York – EUA)
Emprego	Adestramento
Características Técnicas	
Motor	Kinner B5 de 125 hp
Envergadura	8,53 m
Comprimento	6,55 m
Altura	2,43 m
Área Alar	18,11 m^2
Peso Vazio	519 kg
Peso Máximo	789 kg
Armamento	Não dispunha de armamento
Desempenho	
Velocidade Máxima	185 km/h
Razão de Subida	243 m/min
Teto Operacional	4.267 m
Alcance	482 km
Comentários	
Total Adquirido	1 exemplar
Unidades Aéreas	1º Regimento de Aviação Núcleo do 6º Regimento de Aviação
Designações	Não recebeu designação
Matrículas	410 e 1-TO5

WACO RNF

Fundada originalmente no ano de 1920 por George Weaver, Clayton Brukner e Elwood Junkin e sob a denominação Weaver Aircraft Company, a Waco Aircraft Company foi fruto de uma reorganização havida em maio de 1929, que também assistiu à mudança de sua razão social. Com sede na cidade de Troy (Ohio – EUA), a Waco e sua antecessora dominaram o mercado norte-americano de aviões civis de pequeno porte durante as décadas de 1920 e 1930. De fato, a partir de 1927, aquela empresa produzia mais aviões destinados ao mercado civil do que a soma de aeronaves feitas pelos demais fabricantes que alimentavam aquele setor.

O sucesso da Waco Aircraft Company se deveu muito à simplicidade e à robustez dos diversos aviões que ela desenvolveu e produziu, os quais eram vendidos a preços extremamente competitivos. As primeiras aeronaves daquela empresa eram aviões biplanos e bipostos, talhados para operação a partir de pequenos campos de pouso. Ademais, eram aeronaves que apresentavam características de voo isentas de vícios ou surpresas, o que a tornavam ideais para as muitas escolas de voo e outros estabelecimentos de ensino aeronáutico que começaram a surgir em grandes quantidades nos Estados Unidos durante a década de 1920.

Entre a constelação de aviões produzida pela Waco Aircraft Company, encontravam-se muitos modelos que se adequavam perfeitamente à tarefa de formar futuros aviadores. Entre esses enumerava-se um trio de aviões da Waco, designados INF, KNF e RNF, que se distinguiam entre si pelo grupo motopropulsor que cada um dispunha. De construção simples, mesmo assim essas aeronaves introduziam toques de modernidade, como um trem de pouso que contava com amortização hidráulica, ao contrário dos sandows até então empregados na vasta maioria dos aviões de semelhante porte. Dispondo de duplo comando, esses aviões biplanos podiam acomodar de duas a três pessoas, com o piloto na nacele traseira e até dois passageiros na dianteira.

O WACO RNF na Aviação do Exército

Na esteira da modernização da Aviação Militar iniciada em 1932, as autoridades aeronáuticas do Exército Brasileiro buscavam aviões de treinamento para o reaparelhamento e a modernização do material aeronáutico pertencente à Escola de Aviação Militar. Sediado no Campo dos Afonsos (RJ), aquele estabelecimento militar de ensino aeronáutico na época contava com um variado leque de aviões de treinamento de origem francesa e inglesa. Esses não somente estavam ficando obsoletos, mas sua manutenção estava se tornando cada vez mais complicada, por causa do considerável desgaste sofrido após intensos anos de uso.

Assim, o WACO RNF foi escolhido para a missão de instrução primária, e a Aviação Militar encomendou 20 exemplares ao custo unitário de aproximadamente US$ 4.450. Trasladados por via marítima dos Estados Unidos, os caixotes com os aviões foram desembarcados no Porto do Rio de Janeiro no último trimestre de 1932 e levados às instalações do Parque Central de Aviação (PCAv), igualmente sediado no Campo dos Afonsos. Montados no PCAv, os primeiros voos com os WACO RNF de que se tem conhecimento foram registrados em dezembro daquele ano.

Do total de aviões recebidos, 17 foram distribuídos à 1ª Divisão da EAvM, a fim de serem empregados na instrução primária dos cadetes lá matriculados. Durante os anos seguintes, o WACO RNF seria a primeira etapa a ser galgada pelos alunos da EAvM na realização do curso de aviadores ministrado naquela escola.

Um WACO RNF visto em seus primeiros dias de Brasil. Foram adquiridas 20 unidades em 1932, que foram empregados até 1939. Foto Museu Aeroespacial do Campo dos Afonsos.

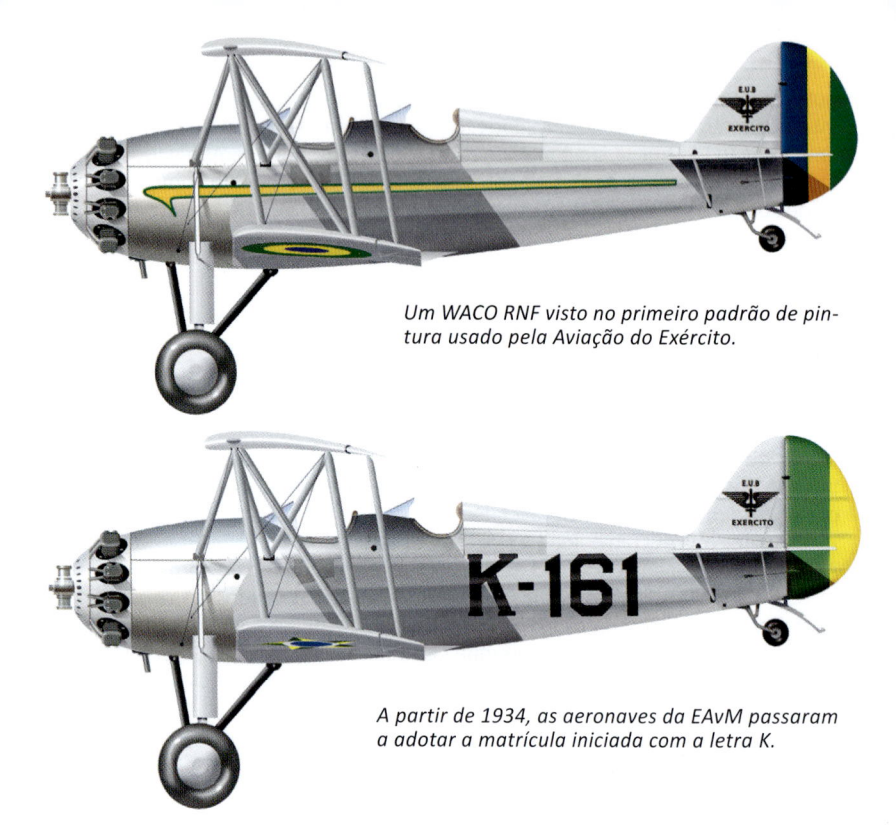

Um WACO RNF visto no primeiro padrão de pintura usado pela Aviação do Exército.

A partir de 1934, as aeronaves da EAvM passaram a adotar a matrícula iniciada com a letra K.

Por outro lado, três WACO RNF permaneceram com o 1º Regimento de Aviação (1º RAv) a fim de proporcionar o necessário adestramento aos oficiais e aos sargentos pilotos lotados no PCAv e no Depósito Central de Aviação (DCAv). No ano de 1933, esses aviões passaram a ser controlados diretamente pelo PCAv, apesar de um ter se acidentado em abril de 1933 e os danos terem exigido a

Linha de voo no Campo dos Afonsos. A grande maioria dos WACO RNF foi empregada para instrução dos alunos da EAvM. Foto Arquivo Jackson Flores Jr. / Action Editora Ltda.

Após o fim de sua vida operacional no Exército, os WACO RNF foram repassados ao Aeroclube do Brasil. Foto Arquivo Josino Maia de Assis.

total reconstrução da aeronave, que só ficou pronta em setembro de 1936. Esse WACO RNF reconstruído foi entregue ao PCAv e lá permaneceu até 1938. Para as duas aeronaves remanescentes, esse arranjo vigorou até julho de 1935, ocasião em que foram transferidas para a EAvM, a fim de reforçar a dotação da 1ª Divisão daquela unidade-escola.

A intensidade das atividades de instrução de voo da EAvM cobrou um saldo aos WACO RNF a ela distribuídos. No espaço de oito meses, duas células se acidentaram com perda total, logo no primeiro ano de operação desses aviões. Os periódicos acidentes de pequena envergadura sofridos pelos demais WACO RNF da EAvM reduziram a disponibilidade diária dessas aeronaves. De fato, a partir de 1934, a EAvM aparentemente não conseguiu dispor de mais do que oito ou nove desses aviões, o que acarretou a decisão de transferir os RNF do PCAv para a EAvM.

Apesar desses contratempos, em dezembro de 1935, a EAvM cedeu, sob empréstimo, um WACO RNF ao Club Paulista de Planadores, que colocou à disposição da Aviação Militar um planador. Essa troca temporária visava fomentar as atividades daquela instituição particular, que contava somente com um Ford Bigode para realizar as tarefas de rebocador. Presumivelmente modificado para as tarefas de rebocador, aquele WACO RNF foi enviado para o Campo de Marte (SP) e lá permaneceu até sofrer um acidente, com perda total de material e pessoal, no mês de fevereiro de 1936.

A chegada de novos aviões em 1935 amenizou consideravelmente as dificuldades enfrentadas pela EAvM, mas também decretou o fim da vida útil dos WACO RNF existentes nas dotações daquela escola e do PCAv. Empregados com regularidade até o final de 1937, o uso desses aviões foi gradativamente caindo no ano seguinte, e, em 22 de maio de 1939, foi determinado que a frota de aviões WACO RNF existente na Aviação do Exército fosse integralmente transferida para o Aeroclube do Brasil. Este manteria alguns exemplares e distribuiria os demais para diversos aeroclubes espalhados pelo território nacional. No terceiro trimestre de 1939, muitos WACO RNF já haviam seguido para seus aeroclubes de destino ou encontravam-se no Aeroclube do Brasil. No entanto, um último RNF permaneceu voando com o Parque Central de Aeronáutica até janeiro de 1940, ocasião em que foi entregue à Escola de Aeronáutica do Exército para posterior encaminhamento ao Aeroclube do Brasil.

WACO RNF

Período de Utilização	De 1932 até 1939
Fabricante	Waco Aircraft Company, Troy (Ohio – EUA)
Emprego	Treinamento primário
Características Técnicas	
Motor	Warner Scarab de 125 hp
Envergadura	8,98 m
Comprimento	6,39 m
Altura	2,54 m
Área Alar	22,40 m²
Peso Vazio	514 kg
Peso Máximo	879 kg
Armamento	Não dispunha de armamento
Desempenho	
Velocidade Máxima	173 km/h
Razão de Subida	281 m/min
Teto Operacional	4.267 m
Autonomia	4 h 30 m
Comentários	
Total Adquirido	20 exemplares
Unidades Aéreas	1ª Divisão da Escola de Aviação Militar 1º Regimento de Aviação Parque Central de Aviação
Designações	Não recebeu designação
Matrículas	Inicialmente identificados pelos números de fábrica; a partir de 1934, receberam matrículas entre K 154 e K 173 e a K 160 foi empregada por duas células diferentes. Os aviões distribuídos ao PCAv receberam as matrículas F-1 e F-2, alteradas em 1935 para K 171 e K 173, quando foram transferidos para a EAvM

Boeing Model 256 e 267

Poucos dias após o início da Revolução Constitucionalista de 1932, o governo federal se deu conta de quão debilitado se encontrava militarmente – consequência direta dos parcos investimentos aplicados na área de defesa desde meados da década anterior. Isso era especialmente visível na Aviação Militar e na Aviação Naval, que careciam de meios aéreos em quantidade suficiente para empreender qualquer espécie de operação de maior envergadura. Para agravar esse quadro, as forças constitucionalistas haviam cap-

Formatura de três Boeing 267 sobre o Rio de Janeiro. A Aviação Militar empregou nove Boeing 267 e oito Boeing 256. Foto Arquivo José de Alvarenga.

turado um punhado de aviões pertencentes à Aviação Militar e buscavam no exterior mais aeronaves de combate que pudessem reforçar sua modesta frota.

Assim, logo nas primeiras semanas do conflito e junto aos representantes brasileiros de diversos fabricantes europeus e norte-americanos, autoridades do Exército e da Marinha deram grande urgência ao exame e à compra de diversos tipos de avião – com especial atenção aos de combate. Entre as propostas examinadas encontrava-se aquela apresentada pela Casa Mayrink Veiga, representante da Boeing no Brasil, que oferecia um lote de caças que a empresa norte-americana denominara de Boeing 1932, o que nada mais era que uma versão do principal caça da United States Navy, o pequeno e veloz F4B.

Diante do crítico quadro brasileiro, a Boeing negociou e obteve autorização ante a Marinha dos Estados Unidos para que 14 unidades do contrato 21737 – que compreendia 92 exemplares do F4B-4 – fossem separadas na linha de produção e vendidas ao governo brasileiro. Acertados os últimos detalhes, as evidências sugerem que o primeiro contrato de encomenda foi assinado em agosto de 1932.

Para melhor atender às necessidades brasileiras, foram substituídas as metralhadoras originais por duas Colt-Browning MG40 de 7 mm, bem como instalados dois porta-bombas subalares do tipo A-3. Em contrapartida e para tornar a aeronave mais leve, foram removidos o gancho de parada, o equipamento de flutuação e o equipamento rádio específico da US Navy. À luz dessas modificações, a Boeing outorgou a designação Model 256 para esses caças, dos quais seis se destinavam à Marinha e oito, para o Exército. Os 14 caças Boeing Model 256 foram dados como prontos e ensaiados entre 14 de setembro de 1932 e o dia 8 do mês seguinte, sendo imediatamente desmontados, encaixotados e enviados para o Brasil por via marítima.

No entanto, oito aviões era uma quantidade julgada insuficiente para as necessidades do Exército, e foi acertada com a Boeing a produção de mais nove caças. Designadas Boeing Model 267, essas nove aeronaves eram perceptivelmente diferentes dos aviões do lote anterior – tanto no que tange a suas características técnicas, como a seu desempenho. Fazendo uso da fuselagem e do trem de pouso do Boeing Model 235 – mais conhecido como Boeing F4B-3 –, a nova aeronave lançou

O Boeing 267, matrícula 1-110, pertencente ao I Grupo do 1º RAv sediado no Campo dos Afonsos.

mão das asas do Boeing Model 234, que nada mais era do que o caça Boeing P-12E então em uso com o United States Army Air Corps. À semelhança dos Boeing 256, os Boeing 267 não contavam com gancho de parada, equipamento de flutuação ou equipamento rádio específico da US Navy. De igual forma, as metralhadoras originais foram substituídas por um par de metralhadoras MG40, porém, em vez dos dois cabides subalares encontrados no Boeing 256, o avião veio somente com um lança-bombas A-3 ventral. A construção e os ensaios desses nove aviões foram concluídos em 21 de fevereiro de 1933, e é interessante observar que entre eles estava o último dos 586 aviões da família de caças Boeing P-12/F4B, bem como o último avião biplano produzido pela Boeing.

Tal como os Boeing 256 que lhes antecederam, os Boeing 267 foram despachados para o Brasil por via marítima. E, como aqueles, chegaram tarde demais para serem empregados na Revolução Constitucionalista.

À medida que os caixotes com esses aviões chegavam ao Porto do Rio de Janeiro, eram despachados para o Campo dos Afonsos e entregues ao Grupo Misto de Aviação. Lá, o pessoal técnico da Aviação Militar, sob a supervisão de representantes da Boeing, iniciou a montagem dos Model 256 em novembro de 1932. Na primeira sexta-feira do mês seguinte, foi realizado o primeiro voo de um Boeing 256 em céus brasileiros, seguido pela finalização da montagem e dos voos de ensaio de outros três daqueles aviões. Já no final do primeiro trimestre de 1933, foi a vez de os Boeing 267

A foto mostra o 1-114 do I Grupo do 1º RAv. O Boeing 267 deriva dos Boeing model 235 (F4B-3) e 234 (P-12E). Foto Arquivo Jackson Flores Jr. / Action Editora Ltda.

Linha de voo de caças Boeing 256 e 267 da Aviação do Exército nos anos 1930.
Foto Arquivo Jackson Flores Jr. / Action Editora Ltda.

chegarem ao Campo dos Afonsos, com o primeiro exemplar realizando seu primeiro voo naquele mesmo mês. Nos meses que seguiram sua chegada ao Brasil, os Boeing 256 e 267 permaneceram em poder da Comissão de Recebimento, nomeada para recebê-los, o que não impediu que um pequeno núcleo de pilotos do Grupo Misto de Aviação se dedicasse a conhecer a fundo as novas aeronaves.

A chegada dos caças – que prontamente passaram a ser conhecidos simplesmente como Boeing – coincidiu com uma importante fase da evolução da Aviação Militar. Para que a arma de aviação do Exército pudesse cumprir eficientemente suas tarefas, em julho de 1933, foram criadas unidades aéreas em diversos pontos do território nacional, bem como organizações de apoio a elas. Entre estas, foi criado, em 20 de julho de 1933, o 1º Regimento de Aviação, com sede no Campo dos Afonsos, RJ. Organizado com dois grupos e uma esquadrilha de treinamento, os Boeing 256 e 267 foram distribuídos às esquadrilhas do I Grupo do 1º Regimento de Aviação (1º RAv).

Leve, com considerável reserva de potência e comandos que proporcionavam imediata resposta, os Boeing 256 e 267 eram tidos como aviões "nervosos" que exigiam atenção. Como consequência, não eram raros os acidentes leves registrados com aqueles aviões, como pilonagens e até mesmo capotagens logo após o pouso. No entanto, pouco depois de chegar ao Brasil, um dos Boeing 256 acidentou-se com perda total no Campo dos Afonsos depois da decolagem, quando entrou em perda e precipitou-se rumo ao solo, levando à morte seu piloto. Quase três anos depois, em julho de 1936, outro Boeing acidentou-se com perda total quando realizava uma demonstração de acrobacia por ocasião dos festejos comemorativos do aniversário da Escola de Aviação Militar, igualmente resultando na perda do piloto.

Se essas características exigiam atenção redobrada na pilotagem, elas tornavam os Boeing 256 e 267 extremamente velozes e manobráveis. Tal como os aviadores navais da 1ª Divisão de Caça com seus Boeing 256, os aviadores do Exército não tardaram a se dar conta do fenomenal desempenho e excepcionais qualidades de voo dos pequenos caças. E seguindo o exemplo de seus pares da Marinha, o pessoal do I Grupo/1º RAv formou, extraoficialmente, uma equipe de demonstração aérea que periodicamente realizava apresentações de acrobacia em datas festivas.

O número 5 no início da matrícula indica que o 5-214 é um Boeing 267 pertencente ao 5º RAv, com sede no Campo de Bacacheri, em Curitiba. Foto Arquivo Jackson Flores Jr. / Action Editora Ltda.

As frequentes demonstrações de acrobacia aérea realizadas pelos distintos membros do I Grupo/1º RAv – quer individualmente, quer em grupo – rapidamente capturaram a atenção do público. Por outro lado, muitos membros daquela unidade eram propensos à realização de improvisadas sessões de acrobacia aérea sobre zonas povoadas – uma clara transgressão dos regulamentos existentes. Em consequência, muitos aviadores daquela unidade foram reiteradamente advertidos; um deles chegou a ser confinado por 25 dias, com perda de 90 dias de gratificação de voo, após amealhar 10 advertências como resultado de acrobacias aéreas não autorizadas sobre diversos pontos do Rio de Janeiro.

Porém, os Boeing 256 e 267 eram aviões de combate e, como tal, ao longo do ano, os integrantes do I Grupo/1º RAv exercitavam a capacidade bélica de suas aeronaves. Existem indicações de que os Boeing faziam visitas regulares ao vizinho

Um Boeing 256 da Aviação do Exército em seus primeiros dias. Oito desses caças pertenceram ao Exército. Eram aeronaves extremamente modernas para a época. Foto Museu Aeroespacial do Campo dos Afonsos.

No segundo trimestre de 1939, os Boeing 256 e 267 foram transferidos para o 5º RAv, em Curitiba, onde encerraram sua carreia na Aviação Militar, sendo transferidos para a FAB em 1941. Foto Arquivo José de Alvarenga.

Campo de Gericinó, onde realizavam treinamento de tiro terrestre e bombardeio (aquele estande de tiro cedeu, em 1939, seu lugar para o estande de Jacarepaguá). No entanto, não foram encontrados registros ou relatos que demonstrassem aquelas aeronaves realizando surtidas de tiro aéreo. Tampouco existem evidências quanto à existência de um programa de instrução com foco nas táticas de combate aéreo. De fato, nessa área, sabe-se que o pouco que existia e era efetivamente exercitado ocorria graças à iniciativa pessoal de alguns membros do I Grupo/1º RAv.

No entanto, não eram raras as improvisadas sessões de combate aéreo entre os Boeing do I Grupo/1º RAv e seus pares navais da 1ª Divisão de Caça. Esses embates – quando ocorriam – seguiam um bem estabelecido roteiro. Caso fossem os Boeing do Exército a lançar o desafio, ele era feito pelo lançamento de um bem embalado peixe podre no pátio de estacionamento do Centro de Aviação Naval do Rio de Janeiro, na Ponta do Galeão. Quando era a vez dos aviadores navais, o desafio vinha com o lançamento de uma bota velha sobre o Campo dos Afonsos. Esses irreverentes convites ao combate resultavam em breves, mas renhidos, dogfights sobre o aeródromo do adversário que só terminavam quando o combustível exigia o regresso à casa.

Apesar de serem aeronaves de caça – com a consequente característica de disporem do reduzido alcance típico de caças daquela época –, os Boeing foram convocados algumas vezes a realizar voos de longo alcance. Em 18 de maio de 1935 e a fim de acompanhar o presidente Getúlio Vargas em sua visita às repúblicas do Prata, uma esquadrilha de três Boeing 256/267 viajou até a Argentina e o Uruguai. As demonstrações de acrobacia aérea realizadas pelos pilotos desse trio de caças Boeing foram muitíssimo elogiadas, em especial pelas autoridades argentinas.

Meses mais tarde, em 23 de agosto, cinco caças Boeing acompanhados de cinco aviões Vought V-65B e um Waco CJC realizaram uma viagem do Rio de Janeiro até Recife a fim de abrilhantar as comemorações do Dia do Soldado. Porém, mais notável foi a viagem de volta, quando partiram de Recife e chegaram ao Campo dos Afonsos no mesmo dia com escalas em Maceió (AL), Salvador (BA) e Caravelas (BA). Esses voos de longo alcance foram seguidos de outros para Foz de Iguaçu (PR) e Porto Alegre (RS), no transcorrer de 1935 e 1936. Porém, foi a viagem até Belém – realizada entre 19 de novembro e 7 de dezembro de 1936 –

que foi verdadeiramente histórica. Com escalas em Vitória (ES), Caravelas (BA), Salvador (BA), Recife (PE), Natal (RN), Fortaleza (CE) e São Luís do Maranhão (MA) (bem com Parnaíba (PB) na volta), foi somente após a Segunda Guerra Mundial que aviões de caça da FAB realizariam semelhante voo de grupo.

Até os primeiros meses de 1939 a rotina dos Boeing 256 e 267 do I Grupo/1º RAv manteve-se relativamente inalterada. Porém, a chegada ao Brasil dos primeiros aviões de ataque Vultee V11-GB2 e a decisão de distribuir essas aeronaves ao 1º RAv fez com que as autoridades da Diretoria de Aeronáutica do Exército dessem um novo lar aos caças Boeing – o 5º Regimento de Aviação, com sede em Curitiba. No começo do segundo trimestre de 1939 foi dada a ordem para que os primeiros dois aviões seguissem para Curitiba. Nos meses seguintes, os demais Boeing 256 e 267 foram, aos poucos, trasladados para Curitiba; a demora deveu-se aos serviços de revisão geral realizados no Parque Central de Aeronáutica antes de os aviões seguirem para o sul. A chegada dos caças permitiu a ativação do II Grupo do 5º Regimento de Aviação (II Grupo/5º RAv) e, mesmo que já obsoletos para a época, aquele regimento de aviação passou a contar com duas aeronaves de combate: os caças Boeing e os aviões de ataque Vought V-65B Corsair.

A mudança de lar não implicou significativas alterações na rotina dos Boeing 256/267. Assim que chegaram quase todos os aviões, sete deles foram despachados para Saicã (RS), em 6 de março de 1940, para participarem de manobras organizadas pelo Estado-Maior do Exército que duraram 12 dias. Já no final do ano, entre os dias 14 de outubro e 6 de novembro, o II Grupo/5º RAv enviou ao Sudeste sete caças Boeing para participarem de manobras do Exército realizadas no Vale do Paraíba. Entre esses dois eventos, em setembro, seis aviões foram enviados para o Rio de Janeiro, a fim de participarem da Semana da Pátria.

Janeiro de 1941 marcou a criação do Ministério da Aeronáutica (MAer) e a posterior organização da Força Aérea Brasileira. Mas isso não determinou nenhuma mudança de peso nas atividades dos Boeing 256 e 267, salvo a passagem de carga para o MAer de sete exemplares de cada aeronave, que permaneceram no Campo de Bacacheri, em Curitiba (PR).

O 1-115 do 1º RAv é visto pilonado no Campo dos Afonsos. Por ser considerado um "caça nervoso", não eram incomuns acidentes como esse em sua rotina operacional. Foto Arquivo José de Alvarenga.

Boeing Model 256 e 267

Período de Utilização	De 1932 até 1941 (Model 256)	De 1933 até 1941 (Model 267)
Fabricante	The Boeing Aircraft Corp., Seattle (Washington – EUA)	
Emprego	Caça	
Características Técnicas	Model 256	Model 267
Motor	Pratt & Whitney R-1340-16 de 550 hp	
Envergadura	9,14 m	9,14 m
Comprimento	6,21 m	6,21 m
Altura	3,14 m	3,14 m
Área Alar	21,13 m²	21,13 m²
Peso Vazio	1.003 kg	1.003 kg
Peso Máximo	1.454 kg	1.229 kg
Armamento	2 metralhadoras Colt Browning de 7 mm sincronizadas (Model 256) 2 cabides subalares, cada um com capacidade para portar uma bomba de 100 libras (45,4 kg) (Model 267) 1 cabide ventral com capacidade para portar uma bomba de 100 lb (45,4 kg)	
Desempenho		
Velocidade Máxima	304 km/h	305 km/h
Razão de Subida	646 m/min	682 m/min
Teto Operacional	8.382 m	8.534 m
Alcance	957 km com combustível interno	957 km com combustível interno
Comentários		
Total Adquirido	8 exemplares	9 exemplares
Unidades Aéreas	I Grupo/1º Regimento de Aviação II Grupo/ 5º Regimento de Aviação	
Designações	Não recebeu designação	
Matrículas	Inicialmente identificados pelos números de série das células; no segundo semestre de 1933, os Boeing 256 receberam as matrículas 1-100 a 1-106; por sua vez, os Boeing 267 foram matriculados 1-107 a 1-115; quando da transferência para o 5º RAv, os Boeing 256 foram rematriculados 5-200 a 5-202, 5-204 e 5-205; já os Boeing 267 foram rematriculados 5-208 a 5-211, 5-213, 5-214 e 5-215	

WACO CTO

Com baixo custo de aquisição e operação, aliado à considerável robustez e superlativas qualidades de voo, os aviões produzidos pela Waco Aircraft Company conquistaram significativos nichos do mercado norte-americano. Ao competir em pé de igualdade com seus pares europeus, as aeronaves da Waco paulatinamente ganharam espaço em outros mercados. Ao ingressar na década de 1930 e apesar da crescente sofisticação e até mesmo do luxo presente nos novos modelos que estava desenvolvendo, a Waco não perdeu de vista seu principal mercado – o pequeno operador que busca uma aeronave de características simples e fácil de operar e manter.

O CTO era apelidado de WACO elíptico, devido ao formato de suas asas. Vinte unidades do WACO CTO foram usadas na EAvM, no 1º RAv e no 5º RAv.
Foto Museu Aeroespacial do Campo dos Afonsos.

O sucesso alcançado com os WACO 9 e 10, ambos biplanos triplace de nacele aberta lançados em 1925 e 1927, respectivamente, levou aquela empresa a projetar o WACO GXE. Ao voar pela primeira vez em 1928, o GXE teve uma produção que perdurou por quase sete anos e, a partir desse modelo, a empresa desenvolveu diversas versões sobre a mesma célula básica, cada qual orientada para segmentos específicos do mercado de aeronaves de pequeno porte. Através da hábil justaposição e do casamento de diversos grupos motopropulsores e configurações, a Waco produziu cerca de 1.600 exemplares do Model 10, GXE e seus descendentes.

Entre as muitas versões dessa família de biplanos encontrava-se o WACO CTO, uma versão concebida por Charles Meyers, o piloto de ensaios em voo da Waco Aircraft Company. Com considerável potência para uma aeronave de seu porte, o WACO CTO foi desenvolvido para competir em uma das categorias da edição de 1928 da Transcontinental Air Race entre Nova York e Los Angeles (EUA). Naquela corrida, um punhado dessas aeronaves registrou excelentes resultados. Tendo excepcionais qualidades acrobáticas, o CTO foi produzido para atender encomendas de clientes que desejavam uma aeronave desportiva de primeiro quilate. Como resultado, um total de 13 aviões foi fabricado para o mercado norte-americano, a Waco logrando exportar outros 22 exemplares.

O WACO CTO na Aviação do Exército

Na primeira metade de 1932, a Aviação Militar deu partida ao processo de modernização dos meios aéreos à disposição da Escola de Aviação Militar (EAvM), bem como das unidades aéreas que seriam futuramente organizadas em distintos pontos do território nacional. Através de sua representante no Brasil, a Casa Mayrink Veiga, a Waco Aircraft Company enviou para o Brasil um WACO CSO para que este fosse demonstrado para as autoridades da Aviação Militar. A eclosão da Revolução Constitucionalista acelerou o processo de reequipamento daquela arma, que necessitava com urgência de aeronaves de combate.

Mesmo assim, a Aviação Militar não deixou de lado as necessidades da EAvM, que carecia de uma moderna aeronave de instrução avançada. Em resposta, a Waco Aircraft Company apresentou proposta para fornecer um lote de aviões WACO CTO

O WACO CTO K 256 ostentando o padrão de pintura da EAvM.

essencialmente iguais aos WACO CSO encomendados no início do ano – o primeiro distinguindo-se principalmente pela forma elíptica da asa. Em vista do conflito em curso, a Aviação Militar solicitou que essas aeronaves fossem equipadas com duas metralhadoras fixas Colt MG40 de calibre 7 mm, montadas no dorso da fuselagem dianteira e que disparassem através do arco da hélice, além de cabides A-3 para o lançamento de bombas leves.

Os poucos dados existentes sugerem que considerável urgência foi dada à entrega dos 20 aviões encomendados e, em consequência, um lote inicial de cinco aviões foi preparado no final de outubro de 1932, chegando ao país nas últimas semanas daquele ano. Por sua vez, as demais aeronaves foram entregues ao longo de 1933, com a totalidade das células sendo recebidas até setembro.

De imediato, os primeiros exemplares foram entregues ao 1º Regimento de Aviação (1º RAv) e à EAvM. Quatro foram distribuídos para a primeira, no Campo dos Afonsos (RJ), e passaram a pertencer à Esquadrilha de Adestramento. Como ainda dispunha de alguns aviões WACO CSO, essa esquadrilha – tal como o nome sugere – proporcionava os meios necessários de adestramento aos pilotos menos experientes ou àqueles que não pertenciam às unidades de emprego do regimento. Diferentemente dos WACO CSO, que ainda realizavam voo do Correio Aéreo Militar, o uso dos CTO limitava-se às tarefas de adestramento e variados trabalhos em benefício do 1º RAv.

UM WACO CTO do 1º RAV ainda com sua matrícula inicial A-4. Estes aviões operaram com o 1º RAv entre 1932 e 1937, quando foram todos concentrados na EAvM. Foto Museu Aeroespacial do Campo dos Afonsos.

Um WACO CTO do 1º RAV. Essas aeronaves empregavam duas metralhadoras fixas e sincronizadas Colt MG40 de 7 mm, vistas montadas á frente da cabine traseira.
Foto Arquivo Jackson Flores Jr. / Action Editora Ltda.

Por sua vez, dez WACO CTO foram recebidos pela EAvM para integrar a 2ª Divisão daquela escola. Os cadetes que se encontravam no estágio de treinamento avançado na EAvM conheciam aquela aeronave no 2º ano de instrução de voo. Apesar de terem sido recebidos com material necessário para que fossem armados, incluindo metralhadoras Colt MG40 encomendadas, não há registro de que os CTO pertencentes ao efetivo da EAvM tenham usado esse armamento.

Após a criação do 5º Regimento de Aviação, com sede em Curitiba (PR), em agosto de 1933, foi iniciada a distribuição de cinco aviões WACO CTO para aquela unidade, que também os destinaria a sua esquadrilha de adestramento. No entanto, pequenos acidentes registrados com essas células enquanto se encontravam em poder do 1º RAv fizeram com que aquele regimento não recebesse a pretendida quantidade de aviões CTO. De fato, o 5º RAv jamais operou simultaneamente mais do que três aviões do tipo. Finalmente, com vistas a dotar aquela unidade com os próprios meios aéreos, o Depósito Central de Aviação recebeu um CTO em outubro de 1933.

Depois de receber, na Aviação Militar, o nome de WACO Elíptico, em vista do formato de sua asa, o avião norte-americano teve participação limitada, tendo em vista disponibilidade para voo relativamente baixa ao longo de sua história. O número de acidentes de menor ou maior gravidade fez com que a EAvM raramente possuísse mais do que oito exemplares em seu acervo. Esse número só chegou a nove células e lá se estabilizou em meados de 1937, quando o 1º RAv e o 5º RAv deixaram de operar definitivamente a aeronave e cederam seus CTO à EAvM. De fato, entre outubro de 1936 e junho de 1937, a média de disponibilidade permaneceu pouco acima das cinco células por dia. Semelhante fenômeno foi vivido nos regimentos de aviação sediados em Curitiba e no Campo dos Afonsos. Contando inicialmente com quatro aviões CTO em janeiro de 1934, acidentes e trabalhos de revisão nas células que lhe pertenciam levou o 1º RAv a ficar sem esse biplano em sua esquadrilha de adestramento durante todo o ano de 1935. Em janeiro do ano seguinte, o 1º RAv voltaria a dispor do CTO, porém nunca mais do que dois exemplares ao mesmo tempo.

Apesar desses muitos percalços, o CTO mostrou ser um ótimo avião de treinamento avançado, o que possibilitava uma fluida transição para aeronaves mais complexas e de maior desempenho. Em geral, os alunos da EAvM registravam cerca de 30 horas de voo ao longo de seu segundo ano de instrução – esse baixo número de horas de voo era distribuído entre uma grande quantidade de surtidas. Com a introdução do WACO CPF-5 no ciclo de instrução de voo avançado, aquela etapa passou a ser realizada com a nova aeronave, juntamente com o CTO, um procedimento que perduraria até a desativação do WACO Elíptico.

A chegada de novos aviões de treinamento no ano de 1937, possivelmente aliada à pouca disponibilidade para voo das células existentes na EAvM, assinalou o fim da breve carreira no Brasil dos WACO CTO. Os Elípticos registraram pouquíssimos voos no transcorrer da primeira metade de 1938 e, em 14 de outubro, a Diretoria de Aviação do Exército considerou inservíveis todas as células remanescentes. Recolhidos ao Parque Central de Aviação, ficou determinado que deveriam ser empregadas no treinamento de mecânicos. Porém, foi somente em abril de 1940 que o CTO 1-TO2 foi entregue à Escola de Aviação do Exército, para desempenhar o papel de ferramenta de instrução dos futuros mecânicos daquela arma. Existem informações de que essa célula logrou sobreviver aos anos da Segunda Guerra Mundial, sendo colocada de lado para servir como peça de um futuro museu de aeronáutica, a ser montado no Campo dos Afonsos. Porém, à semelhança do que ocorreu com as demais células, esse exemplar acabou sendo alienado e sucateado.

WACO CTO

Período de Utilização	De 1932 até 1939
Fabricante	Waco Aircraft Company, Troy (Ohio – EUA)
Emprego	Treinamento avançado e adestramento
Características Técnicas	
Motor	Wright R-760-E de 250 hp
Envergadura	9,27 m
Comprimento	6,83 m
Altura	2,74 m
Área Alar	21,08 m^2
Peso Vazio	760 kg
Peso Máximo	1.179 kg
Armamento	2 metralhadoras fixas e sincronizadas Colt MG40 de 7 mm 2 cabides A-3 para bombas
Desempenho	
Velocidade Máxima	222 km/h
Razão de Subida	335 m/min
Teto Operacional	5.181 m
Autonomia	5 h 40 m
Comentários	
Total Adquirido	20 exemplares
Unidades Aéreas	Escola de Aviação Militar 1º Regimento de Aviação 5º Regimento de Aviação Depósito Central de Aviação
Designações	Não recebeu designação
Matrículas	K 250, K 253 a K 262; as células destinadas ao 1º RAv receberam as matrículas A-1 a A-4, posteriormente alteradas para 1-TO1 a 1-TO4; as aeronaves destinadas ao 5º RAv receberam as matrículas 5-TO1 a 5-TO5

Bellanca CH-300 Pacemaker Special

Italiano da cidade de Sciacca, Giuseppe Mario Bellanca obteve mestrado em matemática, no Instituto Técnico de Milão, em 1908. Mas foi só quando buscava um diploma em engenharia que Bellanca foi seduzido pela aviação, vindo a projetar e construir a primeira aeronave.

Bellanca conseguiu ainda construir um segundo avião, mas, sem recursos financeiros, não lhe foi possível comprar um motor para equipá-lo. Nesse período seu irmão já se encontrava em Nova York e, depois de repetidas tentativas, logrou convencer Bellanca a emigrar para os Estados Unidos, que lá chegou em 1911. Naquele mesmo ano, Giuseppe Bellanca construiu sua terceira aeronave e nela aprendeu a voar. Pouco depois, ele fundou a Bellanca Flying School, onde passou a ensinar outros a voarem. A escola funcionou entre 1912 e 1916, e, entre os muitos alunos tutelados por Bellanca, estava o futuro prefeito da cidade, Fiorello La Guardia, que, em troca das aulas de voo, ensinou Bellanca a dirigir automóveis.

Em 1917, Bellanca aceitou a posição de engenheiro consultor da Maryland Pressed Steel Company, onde desenvolveu dois projetos de avião – mas nenhum saiu da prancheta de desenho, já que, ao término da Primeira Guerra Mundial, a empresa faliu. Entre 1920 e 1926, Bellanca formou uma empresa de construção aeronáutica cuja vida foi das mais breves, porque, pouco depois, ele ingressou na Wright Aeronautical Corporation. Naquele então gigante do setor aeronáutico norte-americano, Bellanca desenvolveu os aviões WB-1 e WB-2. Esse último quase foi empregado por Charles Lindbergh para fazer a famosa travessia solo do Oceano Atlântico, quando estabeleceu, em abril de 1927, um recorde de permanência no ar sem reabastecimento de 51 horas, 11 minutos e 59 segundos.

Em parceria com Charles E. Levine, Bellanca organizou a Columbia Aircraft Corporation. Em seguida, deixou aquela empreitada para formar a Bellanca Aircraft Corporation of America, com sede em Staten Island, bairro de Nova York. No entanto, ansiosa em montar uma indústria aeronáutica em seu estado natal, a família Du Pont propôs à Bellanca a transferência da sede de sua empresa para o estado de Delaware, o que acabaria acontecendo no ano seguinte.

Sob a batuta de Giuseppe Bellanca, a pequena empresa prontamente pôs mãos à obra assim que se instalou, em Newcastle, sua nova sede. Ao focar seus esforços na produção dos projetos já em andamento, a reduzida equipe de engenheiros deu início ao desenvolvimento de uma aeronave utilitária que ganhou

Doze Bellanca CH-300 Pacemaker Special foram adquiridos pela Aviação Militar em 1932. A versão brasileira era equipada com o motor Wright R-975E no lugar do Wright J-6 Whirlwind. Foto Arquivo Action Editora Ltda.

Chamado de Bellanca, o CH-300 foi muito empregado no CAM, onde inaugurou novas linhas, levando o serviço postal "via aérea" para locais distantes, como, por exemplo, a região Norte do país. Foto Arquivo Action Editora Ltda.

destaque desproporcional em relação à reduzida quantidade de exemplares que foram produzidos. Recebendo a designação CH-200 e batizada como Pacemaker, essa nova aeronave dispunha de seis assentos no interior de uma fuselagem completamente fechada. Asa alta, o CH-200 ganhou fama ao estabelecer um recorde de permanência no ar no mesmo ano em que realizou seu voo inaugural.

Somente um CH-200 foi construído, mas seu desempenho mostrou o caminho para o desenvolvimento de uma aeronave ainda mais robusta e com melhor desempenho: o CH-300 Pacemaker. Acredita-se que não mais de 35 exemplares do CH-300 Pacemaker e do Pacemaker Special foram produzidos, mas muitos registraram diversos recordes de permanência no ar ou de distância. Porém, o mais impressionante foi um Pacemaker Special que estabeleceu o recorde de permanência no ar sem reabastecimento, em maio de 1931. Graças ao motor diesel Packard DR-980, aquele avião permaneceu no ar 84 horas e 32 minutos – uma marca que só seria superada 55 anos mais tarde, com o Voyager, pilotado pela equipe Rutan/Yeager.

O Bellanca CH-300 Pacemaker Special na Aviação do Exército

Às vésperas da Revolução Constitucionalista de 1932 e apesar da significativa infusão de material aeronáutico entre 1927 e 1930, a Aviação Militar encontrava-se inadequadamente equipada para operações bélicas de porte. Mas assim que foi deflagrado, o conflito serviu de catalisador para a compra de enorme quantidade e variedade de aeronaves oferecidas por empresas francesas, inglesas e norte-americanas.

Entre as muitas empresas que convergiram sobre o Rio de Janeiro durante a Revolução Constitucionalista estava a Bellanca Aircraft Corporation, que oferecia seu CH-300 Pacemaker para trabalho de transporte e aerofotogrametria. Não se sabe ao certo se algum outro fabricante ofereceu uma aeronave utilitária da classe do Pacemaker, mas é quase certo que as autoridades da Aviação Militar visavam a um avião que inicialmente complementasse os Potez 33, substituindo-os eventualmente.

Algumas fontes sugerem que as negociações entre a Bellanca Aircraft Corp. e a Diretoria de Aviação do Exército (DAE) já estavam em curso desde o final de agosto ou início de setembro. Seja como for, foi lavrado um contrato de encomenda

Linha de voo de aeronaves Bellanca CH-300 pertencentes à Escola de Aviação Militar, onde cumpriam missões de instrução, fotografia aérea e navegação.
Foto Arquivo José de Alvarenga.

O Bellanca CH-300 Pecemaker Special K 327 nas cores da EAvM.

que compreendia 12 exemplares do Bellanca CH-300 Pacemaker ao preço unitário de aproximadamente US$ 15.500 cada um. Contudo, existem evidências de que esses Bellanca CH-300 vendidos ao Brasil com o nome Pacemaker Special eram perceptivelmente diferentes da versão básica do Pacemaker – provavelmente por causa da instalação de tanques de combustível de maior capacidade, bem como do uso do motor radial Wright R-975E em vez de Wright J-6 Whirlwind de potência ligeiramente inferior.

O primeiro Bellanca Pacemaker destinado à Aviação Militar chegou ao Brasil na última metade de novembro de 1932 para, no primeiro dia do mês seguinte, realizar um breve voo de experiência no Campo dos Afonsos (RJ). Em intervalos regulares ao longo do ano seguinte, os demais Bellanca Pacemaker Special chegaram encaixotados ao Brasil por via marítima.

A distribuição inicial dada para essas aeronaves foi a seguinte: dois para o Serviço Geográfico do Exército (SGE), nove para a Escola de Aviação Militar (EAvM) e um para o 1º Regimento de Aviação (1º RAv). Porém, no que tange aos Pacemaker Special pertencentes à 3ª Divisão da EAvM, periodicamente, aquela escola cedia um de seus Bellanca – como esses aviões passaram a ser conhecidos aqui no Brasil – para o 1º RAv. Isso foi especialmente verdade em 1938, quando o 1º RAv passou a contar com três Pacemaker Special – dois emprestados pela EAvM.

Os Bellanca CH-300 Pacemaker entregues à Escola de Aviação Militar foram prontamente integrados às atividades daquele estabelecimento, realizando surtidas de instrução de fotografia aérea e navegação. Foi naquela primeira tarefa que

Uma das principais missões do Bellanca era a aerofotogrametria, missão cumprida no Serviço Geográfico do Exército (SGE), que empregou dois CH-300. Foto Arquivo José de Alvarenga.

essa aeronave se sobressaiu por suas qualidades de voo, razão pela qual realizou com frequência não só instrução de fotografia aérea em proveito dos alunos da EAvM, mas levantamentos aerofotogramétricos em benefício de outras organizações, quer com câmeras oblíquas ou verticais.

Caracterizados pela considerável robustez, aliada à confiabilidade do motor Wright R-975E, os Bellanca Pacemaker Special ofereciam ainda considerável carga útil e respeitável alcance. Essas facetas ficaram evidentes em março de 1934, quando sete desses aviões – todos pertencentes à EAvM – iniciaram, em grupo, uma viagem de instrução até o norte do Brasil. Depois de visitarem diversas capitais do litoral brasileiro, os sete Pacemaker regressaram ao Campo dos Afonsos sem registrar sequer um incidente digno de nota. No ano seguinte, dois Bellanca deram apoio às esquadrilhas de caças Boeing 256 e aviões de ataque V-65B Corsair, que acompanharam o Presidente Getúlio Vargas durante sua visita à Argentina e ao Uruguai.

Esses eventos serviram de prenúncio às periódicas viagens que esses aviões fizeram para distantes pontos do território nacional, muitas vezes para o Correio Aéreo Militar. De fato, em janeiro de 1939, o Pacemaker Special pertencente ao 1º RAv inaugurou a Linha do Tocantins.

Apesar de ser uma aeronave segura e confiável, o Pacemaker não escapou de alguns incidentes e acidentes, como mostra a foto. Foto Arquivo José de Alvarenga.

Os dois exemplares a serviço do SGE igualmente se dedicaram à missão de aerofotogrametria. Apesar de escassamente documentados, sabe-se que os trabalhos dos dois Pacemaker do SGE cobriram fotograficamente vastos trechos do interior do Brasil. Por sua vez, o Bellanca designado ao Grupo II do 1º RAv dedicou-se à realização de toda sorte de trabalhos associados à tarefa de transporte. De fato, as necessidades do 1º RAv muitas vezes levavam aquela unidade a tomar emprestado um ou mais aviões Pacemaker pertencentes à dotação da EAvM. E não foram poucas as ocasiões em que o 1º RAv fez uso daquele avião para realizar levantamentos fotográficos, como foi o caso dos trabalhos executados na região do Chaco, no terceiro trimestre de 1938.

Assim que foi criado o Ministério da Aeronáutica, os Bellanca Pacemaker Special – tal como os demais aviões pertencentes ao acervo do Exército – foram transferidos para as Forças Aéreas Nacionais, posteriormente redenominada Força Aérea Brasileira.

Bellanca CH-300 Pacemaker Special	
Período de Utilização	De 1933 até 1941
Fabricante	Bellanca Aircraft Corporation, Newcastle (Delaware – EUA)
Emprego	Transporte, aerofotogrametria e instrução
Características Técnicas	
Motor	Wright R-975E de 330 hp
Envergadura	15,40 m
Comprimento	8,40 m
Altura	2,60 m
Área Alar	33,40 m^2
Peso Vazio	1.118 kg
Peso Máximo	2.540 kg
Armamento	Não dispunha de armamento
Desempenho	
Velocidade Máxima	257 km/h
Razão de Subida	200 m/min
Teto Operacional	3.000 m
Autonomia	740 km
Comentários	
Total Adquirido	12 exemplares
Unidades Aéreas	Escola de Aviação Militar Serviço Geográfico do Exército 1º Regimento de Aviação
Designações	Não recebeu designação
Matrículas	K 321 a K 329, SGE-1, SGE-2 e 1-215

Vought V-65B Corsair

Mal começara a Revolução Constitucionalista e os chefes do Exército e da Marinha rapidamente se deram conta do quão despreparados estavam suas respectivas forças. As principais deficiências concentravam-se não somente na falta de material, mas na qualidade e eficiência do equipamento efetivamente disponível.

Isso era especialmente visível na Aviação Naval e na Aviação Militar, cada qual sofrendo de sérias limitações que tornavam difícil a geração de missões táticas com uma quantidade expressiva de aeronaves. Apesar da modestíssima quantidade de aviões à disposição das forças rebeldes, contrapor suas atividades era difícil pelo fato de que as forças legalistas dispunham de somente três aviões de caça nas semanas iniciais da Revolução de 1932.

Em consequência, a solução foi urgentemente ir às compras no exterior para adquirir tudo o que fazia falta em termos de material aéreo – desde aviões de caça até aeronaves de instrução. Esse trabalho foi significativamente facilitado pelo grande número de representantes brasileiros de empresas de construção aeronáutica britânicas, francesas e norte-americanas. Ávidos em vender os produtos de suas representadas, os escritórios de representação sediados no Rio de Janeiro (RJ) rapidamente apresentaram as mais variadas propostas às autoridades aeronáuticas da Aviação Militar e da Aviação Naval.

Entre eles se encontrava a Casa Mayrink Veiga, que representava diversas fábricas de aviação dos Estados Unidos – entre as quais a Chance-Vought Corporation. Quer por iniciativa própria, quer por atenção a uma solicitação específica das autoridades da Aviação Militar e da Aviação Naval, a Mayrink Veiga propôs a ambas o fornecimento de um avião de bombardeio e observação que atendia suas necessidades mais urgentes.

Ele nada mais era do que uma versão do Vought V-50, que, por sua vez, era um derivado de exportação do Vought SU-2 Corsair, então empregado pela Marinha dos Estados Unidos. Contudo, as necessidades da Aviação Naval e da Aviação Militar não podiam ser atendidas por somente uma aeronave. Assim, foram preparadas versões específicas para cada uma dessas forças, porém com a mesma célula básica. Designada como V-66B, a versão da Marinha podia ser operada como avião terrestre ou marítimo e, nesta última configuração, a aeronave contava com um flutuador central e dois pequenos botes subalares. Posto que operariam com frequência naquela última configuração, os V-66B foram completamente navalizados.

Por sua vez, a versão V-65B destinada à Aviação Militar se distinguia não somente pela ausência de navalização da célula e pelo material necessário para a colocação do flutuador e botes subalares, mas pela instalação de um motor Pratt & Whitney Wasp R-1690C de 600 hp – em vez dos 550 hp proporcionados pelo R-1340-12 da versão V-66B da Aviação Naval. Ademais, posto que o Exército Brasileiro adotara como padrão o calibre 7 mm para suas metralhadoras, os V-65B dispunham de me-

O V-65B 5-101 do 5º RAv é visto em voo. Ao todo, 37 unidades dessa aeronave serviram à Aviação Militar entre 1933 e 1941. Foto Arquivo Jackson Flores Jr. / Action Editora Ltda.

O Vought V-65B Corsair 5-101 do 5º RAv, sediado em Curitiba.

tralhadoras Colt Browning MG40 de 7 mm, ao contrário dos V-66B, que contavam com metralhadoras Colt Browning MG40 calibre .30 ou Lewis .303.

Acertados os últimos detalhes, em 9 de agosto de 1932, foram assinados os contratos de encomenda que compreendiam 45 exemplares do Corsair, sendo 37 unidades do V-65B destinadas ao Exército e oito unidades do V-66B para a Marinha do Brasil. No que diz respeito ao Exército, em outubro daquele ano, já estavam em curso ou concluídas muitas providências necessárias para o recebimento dessas aeronaves. Chegando ao Brasil por via marítima, os caixotes com os primeiros V-65B Corsair foram encaminhados ao Campo dos Afonsos (RJ), em novembro, para serem montados por técnicos da Aviação Militar sob a supervisão de uma pequena equipe da Chance-Vought.

O primeiro voo conhecido de um V-65B ocorreu em 2 de dezembro, tendo como piloto Mr. Powers, da Chance-Vought, sendo seguido, naquele mesmo mês, pelos voos inaugurais de ao menos outros dois V-65B. No entanto, logo de início, a comissão de recebimento da Aviação Militar encarregada do exame e ensaio em voo dessas aeronaves observou que os Corsair apresentavam diversas irregularidades. Entre outras, eles haviam chegado ao Brasil sem os cocares regulamentares e as ordens técnicas primavam pela falta de clareza e precisão. Porém, mais grave era o comando do quadrante de manetes invertido. Além disso, nenhuma aeronave fora acompanhada pelas polainas aerodinâmicas que cobriam as rodas do trem de pouso. Ademais, nos ensaios em voo, verificou-se que os V-65B apresentavam autonomia e alcance aquém do que fora estabelecido contratualmente.

Essas e outras irregularidades menores fizeram com que as autoridades aeronáuticas do Exército recusassem o recebimento desses aviões até que todos os problemas fossem sanados, o que atrasou consideravelmente a distribuição dos V-65B. Muitas divergências contratuais foram rapidamente resolvidas, porém outras demoraram mais. Para atender à exigência contratual quanto à autonomia e ao alcance dos aviões, a Chance-Vought forneceu gratuitamente 22 tanques de combustível com capacidade para 87 litros. A solução encontrada para a falta das polainas, que visavam reduzir o arrasto aerodinâmico das rodas, deu-se pela indenização. Em retrospecto, provavelmente tenha sido melhor se as aeronaves não fossem operadas com essas carenagens aerodinâmicas, ante as condições dos campos de pouso onde habitualmente operariam, pois o acúmulo de terra e lama poderia travar as rodas e, consequentemente, resultar em capotagem durante o pouso.

Foi somente em agosto de 1933 que o Ministério da Guerra deu-se por satisfeito com as soluções aplicadas às muitas irregularidades encontradas nessas aeronaves, determinando à Diretoria de Aviação Militar (DAvM) que fossem aceitos os aviões. No entanto, em julho daquele ano, quando ao menos 11 deles já se encontravam montados e ensaiados, seis Vought V-65B – acompanhados de três Curtiss O-1E Falcon e dois WACO CSO – empreenderam um voo para São Paulo com volta até Resende (RJ). Ademais, naquele mesmo mês, a DAvM instruiu que 14 aviões V-65B deveriam ser distribuídos ao 1º Regimento de Aviação (1º RAv), outros 14, para o 5º Regimento de Aviação (5º RAv) e sete Corsários, para o Núcleo do 3º Regimento de Aviação (N/3º RAv) – o que de fato aconteceu quase que de imediato para as duas primeiras unidades.

Os V-65B destinados ao 1º RAv foram incorporados ao acervo do II Grupo daquele regimento, enquanto os Corsários que seguiram para Curitiba (PR) passaram a pertencer ao I Grupo do 5º RAv. Por fim, os V-65B do N/3º RAv – então sediado em Santa Maria – iriam compor a 3ª Seção da Esquadrilha de Aviões do N/3º RAv. Porém, o N/3º RAv só receberia seus primeiros Vought Corsair a partir de julho de 1934.

Apesar de os aviões chegarem meses após o fim do conflito para o qual foram adquiridos, a capacidade dos V-65B foi exercitada quase que de imediato. Cada um dos três regimentos de aviação que inicialmente recebeu os V-65B tratou de elaborar programas específicos de instrução e adestramento para seu pessoal aeronavegante. No que tange ao segmento de emprego, considerável foco foi dado às missões de bombardeio e tiro.

No caso do 1º RAv, existem indicações que apontam para o início de visitas regulares ao estande de tiro de Gericinó a partir de 1933. Dotado de dois cabides ventrais A-3 que permitiam ao avião portar até 200 kg de bombas, os V-65B invariavelmente faziam uso de quatro bombas de 15 kg fabricadas no Arsenal de Guerra do Rio de Janeiro (AGRJ) quando realizavam surtidas de adestramento de bombardeio. Porém, sabe-se que houve ocasiões em que também foram empregadas bombas de 55 kg igualmente produzidas pelo AGRJ. Da mesma forma, o Campo de Gericinó serviu de palco para surtidas de tiro terrestre dos V-65B – quer com a metralhadora fixa instalada na asa superior e acionada pelo piloto, quer com a metralhadora móvel da torre acionada pelo observador. Já os Corsários de Santa Maria faziam uso do estande de tiro de Saicã (RS), para realizar esses trabalhos, e há indicações de que os V-65B do 5º RAv ocasionalmente fizeram uso daquele estande de tiro para adestrar seu pessoal.

Entretanto, posto que também eram aeronaves de observação, os V-65B dessas três unidades cumpriam com razoável frequência surtidas que visavam adestrar as tripulações no cumprimento daquela tarefa. Ocasionalmente, isso exigia o uso

Os V-65B tiveram participação ativa nos eventos de 1935, conhecidos historicamente como a Intentona Comunista, ajudando nas ações para debelar os focos rebeldes.
Foto Arquivo Jackson Flores Jr. / Action Editora Ltda.

de volumosa máquina fotográfica destinada à realização de fotografias oblíquas, um trabalho realizado por um sargento-fotógrafo.

Apesar das restrições iniciais quanto ao alcance e autonomia dos V-65B, sanadas pela incorporação de tanques auxiliares de combustível, as autoridades da Aviação Militar não se privaram de periodicamente despachar um punhado desses aviões para pontos distantes do território nacional ou para países vizinhos. Assim foi em maio de 1935 que sete aviões Vought V-65B acompanharam três Boeing Model 256/267 e dois Bellanca Pacemaker quando o presidente da República, Getúlio D. Vargas, visitou as repúblicas do Rio da Prata: Argentina e Uruguai. Mais tarde, em agosto daquele ano, cinco Corsários viajaram até Recife para tomar parte das comemorações do Dia do Soldado, bem como representar a Aviação Militar na inauguração da Vila Militar Marechal Floriano.

O ano de 1935 mostrou ser particularmente agitado para os Corsários, posto que, em novembro, os V-65B do 1º Regimento de Aviação foram convocados a cooperar no esforço para debelar os levantes registrados em diversas guarnições do Exército e que, posteriormente, ficaram conhecidos como Intentona Comunista. Assim que foi deflagrada, no dia 23 – primeiro em Natal (RN) e, no dia seguinte, em Recife (PE) –, foram despachados três Vought V-65B armados. A mera presença dos aviões na região foi o suficiente para ajudar a sufocar a rebelião naquelas duas capitais nordestinas.

Mesmo breve, os levantes registrados na Escola de Aviação Militar (Campo dos Afonsos), na madrugada do dia 27, e no 3º Regimento de Infantaria, na Praia Vermelha (RJ), foram muito mais violentos. Assim que a situação no Campo dos Afonsos se estabilizou, o 1º RAv enviou duas esquadrilhas de V-65B Corsair a fim de apoiar as tropas legalistas empenhadas em neutralizar os sediciosos que haviam dominado as instalações daquele regimento de infantaria.

Além de se ocuparem com o programa de instrução, cabia ainda aos Vought V-65B do N/3º RAv a realização do Serviço de Vigilância da Fronteira. Para tal e em rodízio com os Curtiss O-1E Falcon daquele regimento, um ou dois V-65B era frequentemente deslocado para Alegrete (RS), para patrulhar trechos da fronteira brasileira com a Argentina e o Uruguai. Esse trabalho era de elevada importância e, quando o N/3º RAv – já sob a nova denominação como

Dois pilotos da Aviação Militar a bordo do V-65B 1-202 do 1º Regimento de Aviação, com sede no Campo dos Afonsos, no Rio de Janeiro. Foto Arquivo Action Editora Ltda.

Os V-65B serviram no 1º, 2º, 3º e 5º RAv, além do Destacamento de Aviação de Santa Maria e na Escola de Aeronáutica do Exército, antes de serem transferidos para a FAB, onde foram desativados mais tarde. Foto Museu Aeroespacial do Campo dos Afonsos.

3º Regimento de Aviação – foi transferido de Santa Maria para Canoas (RS), em agosto de 1937, foi organizado o Destacamento de Aviação de Santa Maria. Com três aviões V-65B Corsair, aquele destacamento passou a realizar os trabalhos afetos ao Serviço de Vigilância da Fronteira.

A rotina do 3º RAv foi brevemente interrompida em janeiro de 1938, quando dois V-65B daquela unidade – reforçados por outros três Corsair do 5º RAv – foram acionados para buscar um Lockheed 12B do Ejército Argentino que desaparecera no dia 9. A aeronave levava a bordo diversos dignitários argentinos, incluindo o filho mais novo do General Justo, presidente do país vizinho naquele momento. Com os V-65B esquadrinhando toda a região próxima a Paso de los Libres (Argentina) junto com aviões argentinos e uruguaios, a aeronave foi finalmente encontrada dois dias depois na localidade uruguaia conhecida como Arroyo Itacumbú, mas lamentavelmente nenhum dos nove ocupantes sobreviveu à queda.

Em dezembro de 1938, o 1º Regimento de Aviação transferiu três de seus V-65B à Escola de Aeronáutica do Exército (EAerEx) para realizarem trabalhos em proveito daquele estabelecimento. Conquanto não são claros quais trabalhos seriam esses, algumas indicações sugerem que, além de servir como plataforma de adestramento para os instrutores da EAerEx, esse trio de V-65B foi usado em alguns segmentos do currículo de instrução ministrado por aquela escola. Seja como for, essa cessão foi breve, e os três aviões foram devolvidos ao 1º RAv em maio de 1940.

A chegada ao Brasil, em junho de 1938, dos recém-adquiridos Vultee V11-GB2 e posterior distribuição ao 1º RAv assinalaram uma significativa mudança para os Vought V-65B Corsair. Aos poucos, os Corsários foram redistribuídos para o 3º e 5º Regimentos de Aviação para reforçarem as dotações daquelas duas unidades. E como havia células em quantidade superior às necessidades daqueles dois regimentos de aviação, foi possível equipar o I Grupo do 2º Regimento de Aviação, com sede no Campo de Marte (SP), com esses aviões a partir dos primeiros meses de 1940.

No entanto, o vínculo entre o 1º RAv e o V-65B Corsair perduraria por mais algum tempo, posto que aquele regimento de aviação manteria um punhado dessas aeronaves como aviões de adestramento.

Mas uma última tarefa operacional seria atribuída aos Corsair do 1º RAv. Ao eclodir a Segunda Guerra Mundial, e com alguns dos países beligerantes realizando operações ao largo de todo o litoral oriental sul-americano, o Ministério da Guerra julgou conveniente despachar para o Nordeste três desses aviões, para realizar missões de patrulha e monitorar qualquer atividade hostil, executando suas missões de Belém (PA) e Recife (PE).

Criada a Força Aérea Brasileira em janeiro de 1941, as 29 células de Vought V-65B ainda existentes no acervo da Aviação Militar foram transferidas para aquela nova arma.

Vought V-65B Corsair	
Período de Utilização	De 1933 até 1941
Fabricante	Chance Vought Corporation, East Hartford (Connecticut – EUA)
Emprego	Observação e bombardeio
Características Técnicas	
Motor	Pratt & Whitney R-1690C de 600 hp
Envergadura	11,20 m
Comprimento	8 m
Altura	3,30 m
Área Alar	30,24 m²
Peso Máximo	2.042 kg
Armamento	1 metralhadora fixa Colt Browning MG40 de calibre 7 mm na asa superior
1 metralhadora móvel Colt Browning MG40 de calibre 7 mm
Desempenho	
Velocidade Máxima	289 km/h
Razão de Subida	472 m/min
Teto Operacional	6.100 m
Alcance	925 km
Comentários	
Total Adquirido	37 exemplares
Unidades Aéreas	1º Regimento de Aviação
2º Regimento de Aviação
3º Regimento de Aviação
5º Regimento de Aviação
Destacamento de Aviação de Santa Maria
Escola de Aeronáutica do Exército
Designações	Não recebeu designação
Matrículas	Inicialmente, os primeiros exemplares usavam os números de série outorgados pelo fabricante. Em seguida receberam as matrículas regimentais 1-201 a 1-216, 2-101 a 2-109, 3-101 a 3-109 e 5-101 a 5-114. Ademais, um dos V-65B distribuídos à Escola de Aeronáutica do Exército recebeu a matrícula 1

Fleet Model 11

Apesar das modestas vendas registradas com o biplano de dois lugares Model 7, ao menos quando comparadas com as do Fleet Model 1 e Model 2 que deram origem àquela aeronave, as cabeças pensantes da Fleet Aircraft Inc. não desanimaram. Pelo contrário, os projetistas daquela empresa refinaram ainda mais o Model 7 a fim de torná-lo mais atraente para o mercado de exportação, especialmente o europeu.

Os Fleet 11 foram inicialmente adquiridos pelos constitucionalistas paulistas para uso na Revolução de 1932. Não foram recebidos pelos rebeldes a tempo de participarem daquele conflito e acabaram sendo incorporados à Aviação Militar em 1933.
Foto Museu Aeroespacial do Campo dos Afonsos.

Com pequenas modificações na fuselagem, na região das naceles, e no formato da empenagem vertical, a nova aeronave foi designada como Model 10. Para atender às necessidades de potenciais clientes estrangeiros, foram desenvolvidas oito versões do Model 10, cada qual se distinguindo pela instalação de diferentes grupos motopropulsores – desde o motor Kinner K 5 de 100 hp até o Warner Super Scarab de 145 hp.

Essas variadas versões do Model 10 destinavam-se principalmente ao mercado civil. Entretanto, reconhecendo o potencial do projeto para os trabalhos de instrução de voo militar, a Fleet desenvolveu o Model 11. Esse nada mais era que um Model 10 dotado de motor Kinner R-5 de 160 hp, mas com equipamento que lhe permitia não somente cumprir missões de instrução de voo, mas realizar treinamento de bombardeio e tiro aéreo.

Para o mercado norte-americano, foram produzidos nada menos do que 20 aviões Fleet 10 e outras 161 unidades para China, Portugal, Romênia e Turquia. No caso da Romênia, as empresas IAR e SET obtiveram a licença de produção do Fleet 10G e lá foram fabricados cerca de 300 exemplares dessa versão do Model 10. Quanto ao Fleet 11, a produção foi bem mais modesta: 17 unidades repartidas entre Brasil, China e México.

O Fleet Model 11 na Aviação do Exército

Adquiridos em plena Revolução Constitucionalista, a vinda dos aviões Fleet Model 11 ao Brasil é uma história digna de um intrincado conto de ficção, com lances que lembram obras de espionagem e crime.

Capturando quatro aeronaves pertencentes à Aviação Militar assim que começou o conflito, nominalmente reforçadas por uma numerosa salada mista de aviões pertencentes a particulares, as forças rebeldes se ressentiam da falta de aviões de combate. Mesmo que atenuada pela incorporação de duas aeronaves da Aviação Militar levadas por simpatizantes à causa constitucionalista, tornou-se uma prioridade para os paulistas obter aviões capazes de realizar missões táticas.

Munidas de uma extensa "lista de compras", pequenas delegações partiram para o exterior a fim de concretizar a compra de armas, munição e material aeronáutico. No caso desse último, os rebeldes buscavam aviões de caça, aeronaves de observação e bombardeio, bombas pesadas, munição para metralhadoras de aviação e combustível de alta octanagem para aviões. Uma dessas delegações seguiu para Nova York para tentar adquirir parte ou todo o material aeronáutico que os rebeldes paulistas ambicionavam.

Porém, os membros daquela delegação não dispunham de conhecimento aeronáutico para escolher e negociar a compra dos desejados aviões. Entrou então em cena Leigh Wade, um norte-americano que fora vice-presidente de vendas de exportação da Consolidated Aircraft Company, ex-oficial da United States Army Air Service e que se encontrava no Brasil como representante freelancer daquela empresa. Contando com vasto leque de contatos na Aviação Naval e Aviação Militar, era mais do que natural que Leigh Wade fosse contatado pelos rebeldes paulistas. Wade prontamente atendeu ao pedido dos rebeldes, quando acompanhou a delegação brasileira até Nova York e acertou os detalhes preliminares quanto à compra de 10 aviões.

Aparentemente, as aeronaves que inicialmente foram objeto de negociação destinavam-se ao Corpo de Aviação do Exército dos Estados Unidos, que concordou em abrir mão desses aviões. Entretanto, Wade deixou de mencionar que essas aeronaves se destinavam a uma facção rebelde – o que feria frontalmente a legislação norte-americana existente na época. Coube ao embaixador brasileiro nos Estados Unidos alertar as autoridades locais, que imediatamente revogaram a licença para exportar esses aviões.

Incontinente, nova tentativa foi organizada para levar as aeronaves ao Brasil, valendo-se de um subterfúgio: exportá-las para o Panamá. Mas essa possibilidade evaporou-se e a solução encontrada foi exportar os aviões – todos desprovidos de armamento – para Buenos Aires (Argentina).

Munida com a imprescindível autorização de exportação, a delegação brasileira rapidamente assinou contrato de encomenda de 10 aviões Fleet Model 11 em fins de julho de 1932, com Wade como intermediário. O valor global do contrato era de US$ 137.500. Entretanto, o Nye Committee – um inquérito posteriormente instaurado pelo Senado dos Estados Unidos – demonstrou que a Consolidated Aircraft cobrara somente US$ 53.000 pelos 10 aviões Fleet 11. Descontando os US$ 10.000 que gastara na compra de paraquedas para a aviação rebelde, Wade embolsou US$ 74.500 como "comissão" pela venda desses aviões.

Tão ou mais complicado que comprar os aviões foi buscar um meio para levá-los a São Paulo. A questão não se resumia exclusivamente aos aviões, mas a todo o material que estava sendo adquirido nos Estados Unidos, como metralhadoras, fuzis e munição. A solução foi adquirir um navio de transporte. Mesmo

O Fleet Model 11 matriculado 5-TO1 pertencente ao 5º RAv.

O principal emprego destinado aos Fleet 11 foi a instrução dos alunos da Escola de Aviação Militar. Ele também era chamado de Fleet 10D no Brasil.
Foto Arquivo Aparecido Camazano Alamino.

assim, diante das peculiaridades da situação, a compra teria que ser feita por meios sinuosos e, para tal, foi necessário recorrer a uma destacada figura do submundo nova-iorquino que organizou a compra de um cargueiro que se encontrava no Canadá.

Porém, essa e muitas outras peripécias de nada valeram para os rebeldes paulistas, posto que a Revolução Constitucionalista foi encerrada nos primeiros dias de outubro de 1932. Assim, os 10 aviões Fleet 11 permaneceram nos Estados Unidos até serem recebidos pelas autoridades do governo brasileiro, o que ocorreu no primeiro trimestre de 1933.

As evidências sugerem que os caixotes com os 10 aviões Fleet 11 chegaram ao Rio de Janeiro no início de março de 1933. Levados ao Campo dos Afonsos (RJ), as aeronaves foram rapidamente montadas, de modo que as primeiras cinco voaram antes do término daquele mês.

Apesar de não se encaixarem nos planos de aquisição traçados pela Diretoria de Aviação Militar (DAvM) antes da Revolução Constitucionalista, aquela diretoria reconheceu o potencial existente nos Fleet 11. Como resultado, a distribuição inicial dos primeiros quatro exemplares foi para o 1º Regimento de Aviação (1º RAv) para servirem como avião de adestramento. Logo em seguida, alguns foram entregues à Escola de Aviação Militar para trabalhar como avião de treinamento primário. Finalmente, um exemplar seguiu para Curitiba (PR) e foi colocado à disposição do recém-formado 5º Regimento de Aviação (5º RAv). Porém, essa distribuição não durou muito tempo, e os Fleet 11 foram remanejados conforme as necessidades da Aviação Militar.

No entanto, a Escola de Aviação Militar certamente foi a principal usuária do Fleet 11 – ou Fleet 10, como era conhecido no Brasil –, inserindo esses aviões no currículo de instrução aérea dos alunos daquela escola. Mantidos pela 2ª Divisão da EAvM, muitos cadetes dividiram seu primeiro ano de instrução aérea entre o Fleet 11 e o WACO RNF. E, apesar de galgar os distintos estágios

Além da EAvM, os Fleet 11 foram empregados pelos 1º, 2º, 3º, 4º e 5º RAv em missões de transporte, ligação e adestramento. Foto Arquivo Jackson Flores Jr. / Action Editora Ltda.

de instrução, o Fleet 11 era um denominador comum em todos os estágios. De fato, após três anos de instrução aérea em cinco ou seis aviões e 130 a 140 horas de voo amealhadas durante seu tempo de EAvM, nada menos que 22% a 25% da experiência de voo de um cadete fora colhida a bordo do Fleet 11.

No entanto, entre 1935 e 1940, a aquisição de aviões de instrução substancialmente mais modernos que o Fleet 11 determinou que aquela aeronave fosse gradualmente removida do currículo de instrução da EAvM. Em consequência, no fim de 1937, os Fleet 11 foram enviados para outras unidades aéreas. Em geral, passaram primeiro pelo Parque Central de Aeronáutica (PCAer), no Campo dos Afonsos, para sofrer revisão geral e reparos necessário antes de seguirem para seus novos lares, no caso, o 2º Regimento de Aviação (2º RAv), o 3º Regimento de Aviação (3º RAv), o Núcleo do 4º Regimento de Aviação (N/4º RAv) e o 5º RAv.

Os Fleet do 5º RAv, além de cumprirem missões de adestramento, foram utilizados na formação da primeira turma de aviadores civis do Aeroclube do Paraná, instrução essa ministrada pelo 5º RAv. Isso fez com que três Fleet fossem batizados com os nomes Brasil, Paraná e Curityba. Foto Museu Aeroespacial do Campo dos Afonsos.

Nessas unidades, bem como no 1º RAv, que ainda dispunha de um exemplar, os Fleet 11 passaram a servir como avião de adestramento nas esquadrilhas de treinamento daqueles regimentos de aviação.

No caso dos aviões que foram enviados ao 5º RAv, os Fleet 11, além de cumprirem missões de adestramento, foram utilizados na formação da primeira turma de aviadores civis do Aeroclube (AeC) do Paraná. Ministrado por pessoal militar do 5º RAv, a inauguração desse curso foi o suficiente para que três Fleet 11 fossem batizados como Brasil, Paraná e Curityba. De fato, desse trio, um chegou a ser incluído no Registro Aeronáutico Brasileiro e permaneceu em atividade junto ao AeC do Paraná até a última metade dos anos 1960.

Às vésperas da criação do Ministério da Aeronáutica, um desses Fleet 11 foi posto exclusivamente à disposição do Coronel Newton Braga, ex-comandante do 1º RAv. Batizado com o nome Quero-Quero, uma clara alusão a uma ave típica do Campo dos Afonsos, o Coronel Braga empregou esse avião como seu transporte pessoal.

Criado o Ministério da Aeronáutica, os oito Fleet 11 ainda existentes no acervo da Aviação do Exército foram transferidos para a Força Aérea Brasileira.

Fleet Model 11	
Período de Utilização	De 1933 até 1941
Fabricante	Fleet Aircraft Incorporated, Buffalo (Nova York – EUA)
Emprego	Adestramento e treinamento primário
Características Técnicas	
Motor	Kinner B-5 de 125 hp
Envergadura	8,53 m
Comprimento	6,50 m
Altura	2,40 m
Área Alar	18 m^2
Peso Vazio	553 kg
Peso Máximo	875 kg
Armamento	Não dispunha de armamento
Desempenho	
Velocidade Máxima	185 kmh
Razão de Subida	302 m/min
Teto Operacional	4.846 m
Alcance	504 km
Comentários	
Total Adquirido	10 exemplares
Unidades Aéreas	1º Regimento de Aviação 2º Regimento de Aviação 3º Regimento de Aviação N/4º Regimento de Aviação 5º Regimento de Aviação Escola de Aviação Militar
Designações	Não recebeu designação
Matrículas	Inicialmente, os números de série da célula, 428 a 437, continuaram sendo empregados intermitentemente para muitas células até serem transferidas para a FAB; A12 a A15; 1-TO5, 1-TO6 e 1-TO7; 2-TO4; 3-TO7; 5-TO4; K 211 a K 217 e K 272 a K 278

WACO CJC

naugurado em 12 de julho de 1931 – inicialmente sob o nome de Serviço Postal Aéreo Militar –, em dois anos o Correio Aéreo Militar (CAM) triplicou de tamanho, quer o parâmetro fosse extensão das linhas, quilômetros voados, correspondência transportada ou horas voadas. E o planejamento a cargo da Diretoria de Aviação do Exército (DAvEx) já apontava para um expressivo crescimento na rede de linhas e destinos servidos pelo CAM.

No fim de 1933, a plataforma padrão para as missões do CAM era o WACO CSO, que se mostrou confiável, robusto e simples. Mas se essas e outras vantagens operavam a favor do CSO, ele também apresentava deficiências impossíveis de solucionar. Por ser um avião biposto de naceles abertas, o piloto e o passageiro estavam constantemente expostos aos elementos. Mas mais grave ainda era sua restrita capacidade de carga – essencialmente limitada ao que podia ser acomodado dentro de um pequeno compartimento diretamente atrás da nacele do piloto. Essa deficiência tornava-se particularmente evidente naquelas linhas que geravam muita correspondência, em que o número de malotes a serem transportados superava o que o CSO podia carregar.

Consequentemente e em vista da substancial expansão que se pretendia dar ao Correio Aéreo Militar a partir de 1933, a DAvEx verificou a conveniência de dispor de uma aeronave mais bem talhada às necessidades de transporte do CAM. Isto é, uma aeronave de transporte de pequeno porte e cabine fechada. Seria lícito presumir que a DAvEx solicitou propostas de diversas empresas estrangeiras de construção aeronáutica, pedido esse encaminhado aos seus representantes no Brasil. No caso, a empresa carioca Casa Mayrink Veiga – representante da Waco – apresentou uma proposta para fornecer um lote de aviões CJC a um custo unitário de aproximadamente US$ 8.300. Tecnicamente, esses em nada iriam diferir daqueles que estavam então para ser fornecidos a operadores norte-americanos. As ressalvas eram a instrumentação de voo e do motor – métrico e em português – e a instalação de bequilha com sapata em vez de um dispositivo com roda.

Algumas poucas indicações sugerem que o contrato de encomenda, de 25 aviões, foi assinado no último trimestre de 1933. Por outro lado, os primeiros quatro WACO CJC da Aviação Militar – já pintados conforme especificações

Destinados a cumprir missão de transporte e do CAM, 25 WACO CJC foram adquiridos em 1933, sendo recebidos no ano seguinte. Foto Arquivo Action Editora Ltda.

Um C-58 pousa em uma pista não preparada. Essa aeronave foi uma das mais importantes a serviço do CAM. Foto Arquivo Antonio Luiz Sapienza Fracchia.

brasileiras – foram dados como prontos nas instalações da empresa, em março do ano seguinte. Desmontadas, embaladas e encaixotadas, essas aeronaves, tal como as demais da encomenda, foram trasladadas por via marítima até o Porto do Rio de Janeiro. Entre março e julho de 1934, outros 11 aviões CJC ficaram prontos na fábrica e foram despachados para o Brasil, enquanto as demais células foram dadas como prontas entre janeiro e julho de 1935.

Assim que chegaram, os primeiros dois WACO CJC foram prontamente montados e distribuídos ao 1º Regimento de Aviação (1º RAv), com sede no Campo dos Afonsos (RJ). Porém, ao passo que foram chegando mais aviões, eles foram inicialmente alocados para aqueles regimentos de aviação considerados críticos em termos da malha de rotas do Correio Aéreo Militar. Exemplificando a metodologia de distribuição aplicada aos CJC, o 3º Regimento de Aviação inicialmente recebeu um desses aviões em 1934, seguidos por outros dois no ano seguinte.

A entrada em serviço dos CJC logo se fez notar. Prontamente recebendo o apelido de WACO Cabine, em 1934, o número de malotes de correio transportados praticamente triplicou em relação ao ano anterior e, em 1935 – com a chegada dos demais CJC encomendados –, a quantidade de malotes transportados já era cinco vezes superior ao registrado em 1933. Decerto a maior capacidade de carga do CJC pesou muito nesses resultados. Entretanto, a introdução desses aviões de cabine

O WACO CJC C-50 ostentando a clássica pintura vermelha da Aviação Militar do Exército.

fechada, que possibilitava assim o voo em condições meteorológicas desfavoráveis, reduziu atrasos na execução das muitas linhas do CAM e permitiu aumentar a frequência naquelas rotas consideradas de maior interesse.

E tal como ocorrera com o WACO CSO e outros aviões que até então operavam as linhas do CAM, o CJC desbravou novas rotas. Em fevereiro de 1935, um deles inaugurou a linha Rio de Janeiro/Porto Alegre, que nada mais era do que um prolongamento da linha do Rio até Curitiba. No mês seguinte, foi aberta a linha Curitiba/Foz do Iguaçu – considerada de grande importância –, pois ligava a capital paranaense às muitas localidades espalhadas ao longo do Rio Paraná. Muito ilustrativo, a luz do grau de importância e confiança depositada no WACO Cabine foi a abertura da linha Belém/Oiapoque, em 1937, por um CJC do Núcleo do 7º Regimento de Aviação. Percorrendo 710 km sobre terreno inóspito, sem nenhum auxílio à navegação aérea e sob condições meteorológicas frequentemente adversas, essa linha semanal foi aberta e mantida sem que fossem registrados percalços de maior envergadura.

Quando chegaram ao Brasil os primeiros aviões cabine WACO EGC-7, os CJC sofreram uma mudança no apelido, passando a ser conhecidos como WACO Cabine Velho em deferência à modernidade dos aviões recém-chegados. Mas a entrada em serviço do EGC-7 resultou também na redistribuição de muitos CJC, que foram designados a servir naquelas unidades que não dispunham de um avião cabine para a realização das linhas do CAM ou que então contavam com somente uma dessas aeronaves.

Naturalmente, o intensivo uso dado aos CJC cobrou o seu preço. Não foram poucos os acidentes de menor ou maior porte – frequentemente como resultado de capotagens no pouso em aeródromos que, na verdade, eram pouco mais do que uma mal cuidada área descampada. Apesar de operarem em campos de pouso que se encontravam em estado marginal, condições climáticas desfavoráveis e sem contar com quase nenhuma espécie de recurso que facilitasse a navegação aérea, somente dois desses aviões foram perdidos em acidentes ao longo dos quase oito anos que serviram à Aviação Militar. Consequentemente, quando da criação do Ministério da Aeronáutica, em janeiro de 1941, o Exército transferiu para a recém-criada Força Aérea Brasileira 23 aviões WACO CJC.

O C-60 acionado. O WACO CJC foi empregado até 1941, quando as 23 células remanescentes foram transferidas para a FAB. Foto Arquivo Action Editora Ltda.

WACO CJC	
Período de Utilização	De 1934 até 1941
Fabricante	Waco Aircraft Company, Troy (Ohio – EUA)
Emprego	Transporte e correio
Características Técnicas	
Motor	Wright Whirlwind R-760E de 250 hp
Envergadura	10,61 m
Comprimento	7,81 m
Altura	2,67 m
Área Alar	24,50 m²
Peso Vazio	897 kg
Peso Máximo	1.453 kg
Armamento	Não dispunha de armamento
Desempenho	
Velocidade Máxima	243 km/h
Razão de Subida	259 m/min
Teto Operacional	4.876 m
Alcance	800 km
Comentários	
Total Adquirido	25 exemplares
Unidades Aéreas	1º Regimento de Aviação 2º Regimento de Aviação 3º Regimento de Aviação 6º Regimento de Aviação 7º Regimento de Aviação
Designações	Não recebeu designação
Matrículas	C-50 a C-74; praticamente todos foram batizados com nomes que refletiam a região sobre a qual operavam

Curtiss-Wright CW-16

Formada em 1929 por meio da fusão entre a Curtiss Aeroplane & Motor Company e a Wright Aeronautical Corporation, a Curtiss-Wright Corporation não somente teve que gerenciar os ajustes naturais decorrentes de uma união desse porte, mas, no início de 1930, ainda precisou lutar para sobreviver nos anos que sucederam ao crack da bolsa de Nova York.

Em meio a isso, os engenheiros Ted Wells e Herb Rawdon desenvolveram, em 1930, o CW-12 Sport Trainer, um biplano leve de dois lugares que se destinava ao nicho de aviões de desporto e turismo. Apesar da crise financeira que assolava os Estados Unidos e o mundo, a Curtiss-Wright logrou vender 41 dessas aeronaves no mercado doméstico, 27 das quais eram da versão CW-12Q. Em uma época em que muitas empresas mal conseguiam vender mais do que uma dúzia de aeronaves por ano, foi expressiva a marca que a Curtiss-Wright alcançou com o Sport Trainer.

Tentando capitalizar em cima do relativo sucesso do CW-12, foi desenvolvido o CW-16 Light Sport. Essencialmente semelhante ao Sport Trainer, o CW-16 contava com um motor radial de maior potência. Lançado em 1932, o CW-16 não gozou do mesmo sucesso comercial nos Estados Unidos, já que somente 22 exemplares foram vendidos naquele país. Entretanto, mais de 50 unidades dessa aeronave foram exportadas para diversos operadores militares, incluindo a Argentina, a Colômbia e o Equador.

Em 1935, 15 Curtiss-Wright CW-16 foram encomendados pela Aviação do Exército para serem empregados na EAvM. Foto Museu Aeroespacial do Campo dos Afonsos.

O Curtiss-Wright CW-16 na Aviação do Exército

A chegada do ano de 1934 encontrou a Escola de Aviação Militar (EAvM) dotada com uma variedade de aviões de treinamento de distintas origens. Para ministrar a instrução primária, a escola contava com aviões WACO RNF e Fleet 10D, acrescidos dos derradeiros Morane-Saulnier M.S. 130ET2 e da reduzida frota de aviões de Havilland DH-60T Moth Trainer. Esse variado leque de plataformas – e a consequente ausência de padronização – acarretava claros inconvenientes na formação de uma turma de alunos. Apesar dos RNF e Fleet 10D serem em maior número que os demais aviões de treinamento primário, pequenos acidentes e a intensidade diária das operações reduziram paulatinamente a disponibilidade diária dessas aeronaves – justamente quando a Aviação Militar buscava formar mais pilotos para atender ao programa de crescimento que iniciara no ano anterior.

Assim, com vistas a padronizar o ciclo de instrução primária e reforçar a dotação da Escola de Aviação Militar, as autoridades da Diretoria de Aviação do Exército (DAEx) começaram a buscar uma nova aeronave. Fortuitamente, já se encontravam no país alguns aviões candidatos, como o Avro 626, bem como o Morane-Saulnier M.S. 230 e o M.S. 315, o que facilitou o processo de avaliação das propostas que foram apresentadas à DAEx.

A etapa de avaliação e seleção das propostas apresentadas tardou algum tempo, em parte por causa de problemas burocráticos registrados com algumas

CW-16 A3 da Escola de Aviação Militar.

O A4 é visto em um voo de instrução. Esse modelo de aeronave teve início difícil na EAvM, com vários incidentes e acidentes. Foto Arquivo Jackson Flores Jr. / Action Editora Ltda.

das empresas que apresentaram propostas para a DAEx. A escolha finalmente recaiu sobre o Curtiss-Wright Primary Trainer, que nada mais era do que uma versão do CW-16 equipada com motor radial Warner Scarab série 30 de 125 hp. Em 20 de junho de 1935, foi assinado um contrato de encomenda que compreendia 15 exemplares desse avião ao custo unitário de US$ 5.640.

Apresentando valor global de US$ 97.290 em face da compra de peças sobressalentes, a produção e entrega dessas aeronaves ocorreram dentro de um curtíssimo espaço de tempo, já que nos meses de outubro e novembro a EAvM já havia lavrado os termos de exame e recebimento dos 15 aviões encomendados.

Distribuídos à 1ª Divisão daquela escola, os CW-16 foram prontamente colocados em serviço para realizar o trabalho para o qual foram adquiridos. Entretanto, a instrução primária dos alunos matriculados na EAvM não passou a ser executada exclusivamente nos novos CW-16, mas entre essa aeronave e o WACO RNF e, em grau menor, os últimos Fleet 10D que se encontravam na Escola de Aviação Militar.

O primeiro ano de operação dos CW-16 não foi exatamente auspicioso, já que a primeira metade foi marcada por diversos pequenos acidentes com essas

Linha de voo no Campo dos Afonsos, onde é possível ver sete CW-16 da EAvM. Foto Arquivo José de Alvarenga.

aeronaves, o que levou uma delas a ser recolhida para extensos reparos. Mas o mês de julho de 1936 foi particularmente desastroso para os CW-16. No dia 7, dois desses aviões colidiram no solo, provocando danos substanciais a ponto de ambos ficarem indisponíveis por um prolongado período de tempo. Na semana seguinte, ocorreu outra colisão entre dois CW-16, – mas, dessa vez, sobre a estação ferroviária de Marechal Hermes (RJ) – que resultou na morte dos três ocupantes que se encontravam nas duas aeronaves. Na esteira desse acidente, foi concluído que o esbranquiçado acabamento cinza dos CW-16 fora o principal fator contribuinte para o acidente, então, a DAEx determinou, ao Parque Central de Aviação, que efetuasse a imediata pintura das asas de todos os CW-16 em vermelho.

Superada essa fase, os CW-16 se ajustaram à rotina da Escola de Aviação Militar. Salvo alguns pequenos acidentes de pouca consequência material, nos anos seguintes, esses aviões cumpriram eficientemente e sem fanfarras a tarefa de dar instrução primária aos cadetes da EAvM.

A vida operacional dos CW-16 chegou ao fim pouco antes da virada da década, quando a EAvM foi redenominada Escola de Aeronáutica do Exército. A chegada dos primeiros exemplares do avião de treinamento primário Muniz M-9 e dos Stearman A75L3, igualmente destinados à instrução primária, efetivamente selou a sorte dos CW-16. Consequentemente, nas últimas semanas de 1939, os CW-16 ainda existentes na escola foram recolhidos aos poucos ao Parque Central de Aeronáutica (PCAer) para sofrer revisão de célula e motor.

Tal como ocorreu com os WACO RNF, os CW-16 seriam preparados para ser entregues ao Aeroclube do Brasil, que, por sua vez, se encarregaria de distribuí-los para outros aeroclubes. Ao longo do ano de 1940, ao passo que iam ficando prontos, os CW-16 foram deixando o PCAer para assumir suas funções como avião de instrução de aeroclube. Nominalmente deveriam deixar para trás a farda e envergar trajes civis, mas alguns chegaram ao destino ainda com matrículas militares, como no caso dos CW-16 entregues aos Aeroclubes de Alegrete e Pelotas (RS). Curiosamente, um CW-16 permaneceu no PCAer até março de 1942, quando finalmente seguiu seu destino.

Aviadores militares e seu CW-16. Essas aeronaves foram retiradas de serviço em 1940 e repassadas a aeroclubes do país. Foto Arquivo Josino Maia de Assis.

Curtiss-Wright CW-16

Período de Utilização	De 1935 até 1940
Fabricante	Curtiss-Wright Airplane Company, St. Louis (Missouri – EUA)
Emprego	Treinamento primário
Características Técnicas	
Motor	Warner Scarab série 30 de 125 hp
Envergadura	9,45 m
Comprimento	7,20 m
Altura	2,78 m
Área Alar	23 m²
Peso Vazio	876 kg
Peso Máximo	1.271 kg
Armamento	Não dispunha de armamento
Desempenho	
Velocidade Máxima	222 km/h
Razão de Subida	262 m/min
Teto Operacional	4.727 m
Alcance	1.056 km
Comentários	
Total Adquirido	15 exemplares
Unidades Aéreas	Escola de Aviação Militar
Designações	Não recebeu designação
Matrículas	K 175 a K 189

WACO CPF-5 e UMF-3

No período compreendido entre 1932 e 1939, a Aviação Militar cresceu de forma acentuada. Em parte, esse processo deveu-se à eclosão da Revolução de 1932, que desencadeou a compra de diversos tipos de avião em regime de urgência para resolver a carência de meios aéreos da Força. Mal cessaram as hostilidades e, cinco meses mais tarde, as autoridades da Aviação Militar lançaram-se na reorganização e no desdobramento dos meios daquela arma pela criação de regimentos de aviação em pontos específicos do território nacional. Este evento foi realizado em distintas etapas – mas claramente exigiu a distribuição dos meios aéreos existentes, bem como a aquisição de mais aeronaves que atendessem às necessidades mais urgentes da Aviação Militar.

Para atender ao considerável crescimento deslanchado em 1933 – e que exigia um substancial aumento no quadro de pilotos –, a Diretoria de Aeronáutica do Exército (DAEx) focou sua atenção na compra de aviões de instrução e de adestramento. No caso dessa última categoria de aeronaves, o objetivo era adquirir um avião moderno que atendesse às necessidades das esquadrilhas de treinamento dos regimentos de aviação que foram criados em 1933. Ou seja, um avião de duplo comando capaz de realizar tarefas utilitárias com especial atenção às missões do Correio Aéreo Militar.

Assim, na primeira metade de 1935, a DAEx examinou as alternativas existentes, recebendo principalmente propostas de empresas britânicas, francesas e norte-americanas. Porém, diante dos excelentes resultados obtidos com os aviões produzidos pela Waco Aircraft Company norte-americana, a escolha recaiu sobre o WACO F-3 – um biplano de três lugares. Em 28 de junho daquele ano,

O WACO CPF-5 número 9 é visto em seus primeiros dias no Brasil. Ao todo, a Aviação Militar empregou 30 unidades desse biplano. Foto Arquivo Action Editora Ltda.

foi assinado um contrato de encomenda entre a DAEx e a Casa Mayrink Veiga S.A. – a representante brasileira da Waco Aircraft Company. Com valor global de US$ 299.640 essa encomenda contemplava 30 exemplares do WACO F-3 e peças sobressalentes para aviões e motores, cada aeronave devendo ser entregue com instrumentação e comandos de voo e de motor nas naceles dianteira e traseira. Aparentemente, semanas após a assinatura do contrato de encomenda, ficou acertado que as aeronaves a serem entregues ao Exército seriam do tipo CPF-5. De fato, somente 41 dessas aeronaves foram produzidas pela Waco Aircraft Company e todas, com exceção de uma, foram exportadas para o Brasil.

Das 40 unidades entregues ao Brasil, 30 foram destinadas à Aviação do Exército e 10, na versão marítima, para a Aviação Naval. Em 1941, quando da criação do Ministério da Aeronáutica, as 31 células remanescentes foram todas incorporadas pela FAB. Além destas, em 1935, a Aviação do Exército também recebeu um único exemplar de um WACO UMF-3, que foi utilizado até meados de 1941, quando foi repassado à FAB, onde operou até 1943.

O CPF-5, matrícula 3, com a tradicional pintura vermelha dos WACO.

O CPF-5 3 é visto acionado no Campo dos Afonsos. Esse modelo foi empregado por todos os sete RAv do Exército. Foto Museu Aeroespacial do Campo dos Afonsos.

O UMF-3 era similar ao CPF-5, tendo, inclusive, assento para três pessoas (dois na nacele dianteira e um na traseira), porém tinha um motor menos potente de 210 hp (o do CPF-5 era de 250 hp). O WACO UMF-3 também era empregado em treinamento e em voos de manutenção operacional e é provável que tenha sido utilizado pela Escola de Aviação Militar (EAvM), sediada no Rio de Janeiro.

Na última semana de outubro de 1935, chegaram ao Brasil os primeiros oito aviões CPF-5. Mal chegaram e, sem serem desencaixotados, foram distribuídos

O CPF-5 C-87 Araguary é visto em voo. O CPF-5 foi muito empregado na formação de pilotos na EAvM. Foto Museu Aeroespacial do Campo dos Afonsos.

para o 3º Regimento de Aviação, o 2º Regimento de Aviação, o 5º Regimento de Aviação e o Destacamento de Aviação, em Campo Grande.

Entretanto, passados alguns poucos meses de utilização, foi verificado que os CPF-5 apresentavam diversas irregularidades na instalação de distintos componentes da aeronave, como o leme de direção e os compensadores, bem como a instalação elétrica. Ademais, estudos realizados no Serviço Técnico de Aviação do Exército (STAv) indicaram ser conveniente a aplicação de pequenas modificações na carenagem do motor a fim de melhorar a sua refrigeração, além de alterações nas tubulações de combustível e óleo.

Em consequência dos estudos do STAv, em maio de 1936, cada um dos CPF-5 foi recolhido ao Parque Central de Aviação, no Campo dos Afonsos (RJ), onde sofreram as necessárias modificações e reparos. Esses trabalhos foram rapidamente executados e os aviões, devolvidos às unidades de origem.

Além das unidades citadas acima, o 1º Regimento de Aviação, o 6º Regimento de Aviação e os recém-criados Núcleos do 4º e 7º Regimentos de Aviação, bem como o Destacamento de Aviação de Fortaleza, receberam dois ou três aviões CPF-5 cada um para serem incorporados às suas respectivas esquadrilhas de treinamento. Porém, foi a Escola de Aviação Militar (EAvM) que recebeu a "fatia do leão", cabendo-lhe 10 exemplares desse elegante biplano.

Montados nas próprias instalações, os 10 CPF-5 da EAvM foram prontamente inseridos na instrução dos cadetes matriculados naquela escola. Para os alunos em seu último ano de formação como aviadores militares, a instrução de voo foi repartida principalmente entre os Fleet 11 (também conhecidos no Brasil como Fleet 10D), os WACO CTO e os WACO CPF-5. Nesse último tipo, os alunos geralmente anotavam de 22 a 25 horas de voo das aproximadamente 100 horas registradas

Uma rara foto do único WACO UMF-3 operado pela Aviação Militar, que foi matriculado C-102. Foto Arquivo Action Editora Ltda.

Após serem retiradas de serviço do Exército, todas as 27 células de CPF-5 e a única célula de UMF-3 restante foram repassadas à FAB, onde voaram por mais alguns anos. Foto Museu Aeroespacial do Campo dos Afonsos.

no último ano na Escola de Aviação Militar. Porém, o uso dos CPF-5 no currículo de instrução foi bastante efêmero por causa da chegada dos Stearman A76C3/B76C3 em meados de 1937. Consequentemente, os WACO CPF-5 da EAvM perderam as matrículas de treinamento que ostentavam e foram redistribuídos para outras unidades.

Os CPF-5 enviados aos Regimentos de Aviação (RAv) foram incorporados às esquadrilhas de treinamento daquelas unidades. Lá, além de servirem como aeronave de adestramento para os aviadores, desempenhando funções administrativas dentro do regimento de aviação ou de unidades subordinadas, foi-lhes atribuída a execução das linhas regionais do Correio Aéreo Militar (CAM) sob responsabilidade dos respectivos RAv. Sendo assim e diante da grande concentração de linhas em algumas regiões do país, alguns RAv passaram a contar com um número maior de aviões CPF-5, como foi o caso do 3º Regimento de Aviação, em Canoas (RS), que chegou a dispor de quatro dessas aeronaves. Já outros, como o Núcleo do 4º RAv, receberam dois CPF-5 ou somente um, como o Destacamento de Aviação de Fortaleza.

Com o Serviço de Bases e Rotas Aéreas (SBRAe) coordenando aquelas atividades vinculadas ao CAM, os CPF-5 – muitos com nomes como Guará – eram presença constante nas pequenas localidades servidas pelo Correio Aéreo Militar. Frequentemente os onipresentes malotes de correio eram acrescidos de um ou dois passageiros acomodados na nacele dianteira – invariavelmente funcionários de alguma agência do governo federal ou estadual. Tal como os WACO CJC e CSO, os CPF-5 eram regularmente convocados a prestar apoio a distintas agências governamentais, transportando médicos, engenheiros e outros profissionais para longínquas comunidades do território nacional.

Muitas vezes operando sob condições meteorológicas adversas e campos de pouso cujas condições e infraestrutura encontravam-se muito distantes do ideal, era inevitável que os CPF-5 – ou simplesmente F-5 como os pilotos e mecânicos passaram a chamar aquela aeronave – sofressem toda espécie de acidentes. Por sorte, a maioria desses episódios ficou limitada a danos materiais que podiam ser reparados, nas oficinas do próprio RAv ou, quando eram danos mais extensos, no

Parque Central de Aviação, no Campo dos Afonsos. Mesmo assim, quando da criação do Ministério da Aeronáutica, em janeiro de 1941, a frota de aviões CPF-5 da Aviação Militar havia sido reduzida para 27 células, todas recebidas pela Força Aérea Brasileira. O mesmo aconteceu com o único UMF-3, que também foi repassado às fileiras da FAB em 1941, onde foi matriculado F-5 2535.

WACO CPF-5 e UMF-3

Período de Utilização	De 1935 até 1941	De 1935 até 1941
Fabricante	Waco Aircraft Company, Troy (Ohio – EUA)	
Emprego	Transporte, correio e instrução	
Características Técnicas	CPF-5	UMF-3
Motor	Wright Whirlwind R-760E de 250 hp	Continental R-670 de 210 hp
Envergadura	9,14 m	9,14 m
Comprimento	7,06 m	7,05 m
Altura	2,56 m	2,57 m
Área Alar	22,63 m²	21,69 m²
Peso Vazio	784 kg	673,59 kg
Peso Máximo	1.202 kg	1.134 kg
Armamento	Não dispunha de armamento	Não dispunha de armamento
Desempenho		
Velocidade Máxima	241 km/h	241 km/h
Razão de Subida	305 m/min	350 m/min
Teto Operacional	5.791 m	5.791 m
Alcance	651 km	651 km
Comentários		
Total Adquirido	30 exemplares	1 exemplar
Unidades Aéreas	1º Regimento de Aviação 2º Regimento de Aviação 3º Regimento de Aviação Núcleo do 4º Regimento de Aviação 5º Regimento de Aviação 6º Regimento de Aviação Núcleo do 7º Regimento de Aviação Destacamento de Aviação de Campo Grande Destacamento de Aviação de Fortaleza Escola de Aviação Militar	EAvM
Designações	Não recebeu designação	Não recebeu designação
Matrículas	As células destinadas à EAvM receberam as matrículas 1 a 10, posteriormente alteradas para K 262 a K 271; quando essas aeronaves foram redistribuídas para os RAv, receberam, então, as matrículas C-95 a C-101, as células distribuídas diretamente aos RAv receberam as matrículas C-75 a C-94	C-102

Muniz M-7

O sucesso e a grande visibilidade alcançados pelo Muniz M-5 não somente encorajaram seu idealizador, o Tenente-Coronel Antônio Guedes Muniz, a continuar com o desenvolvimento de novos projetos, como animaram diversos segmentos da indústria nacional e do meio político brasileiro quanto à implantação de uma indústria aeronáutica no país. Esse apoio veio a se concretizar com o desenvolvimento do avião de treinamento Muniz M-7.

Mesmo engajado na finalização do desenvolvimento do M-6 – que nada mais era do que uma versão melhorada do Muniz M-5 –, o Tenente-Coronel Muniz deu início, em 1935, ao projeto do M-7. Em face da pequena disponibilidade de aeronaves de instrução, quer para a formação de aviadores militares, quer para a de pilotos civis, o mais aconselhável seria o desenvolvimento de um avião de treinamento de construção simples e robusta.

Seguindo uma fórmula consagrada nos Estados Unidos e na Europa, Muniz esboçou um avião biplano, monomotor, com naceles de pilotagem separadas para acomodar aluno e instrutor. Com a fuselagem composta de treliça de molibdênio e cavernas de madeira revestidas com tela de aviação, cada asa contava com nervuras e duas longarinas de madeira igualmente revestidas com tela. Uma vez definidas as características físicas do M-7, Muniz e uma equipe de técnicos do Serviço Técnico de Aviação (STAv) supervisionaram a construção de uma maquete em escala 1:10, um trabalho realizado no Parque Central de Aviação, no Campo dos Afonsos. Essa maquete foi posteriormente despachada para Paris (França) para ser submetida aos ensaios de túnel de vento no Laboratoire Eiffel. Os resultados demonstraram que a configuração básica do Muniz M-7 preenchia plenamente as expectativas.

Já que contava com o desejado pessoal técnico, bem como as máquinas e o ferramental necessários à tarefa, nada mais natural que atribuir ao Parque Central de Aviação (PCAv) a responsabilidade de construir o primeiro protótipo do M-7. Os planos traçados indicavam que em nove semanas seria concluída a construção da aeronave, e em 8 de agosto de 1935, foi iniciada a construção do Muniz M-7 – e 71 dias depois, em 17 de outubro, o protótipo foi dado como pronto. No final da tarde daquele dia, com o Capitão Geraldo Guia de Aquino e o próprio Muniz tripulando a aeronave, o protótipo do M-7 fez diversas corridas

O PP-TZH é um dos protótipos do Muniz M-7, que foi o primeiro projeto nacional construído em série. Oito aeronaves desse modelo foram empregadas pela EAvM.
Foto Arquivo Roberto Pereira de Andrade.

O Muniz M-7 no padrão de pintura usado pela EAvM.

que hoje são conhecidas no meio aeronáutico como high speed taxi test (corrida de táxi em alta velocidade). Finalmente, o Muniz M-7 empreendeu seu primeiro voo – o primeiro de muitas brevíssimas surtidas realizadas naquele final de tarde. Apesar da meteorologia menos propícia que impediu voos mais longos e altitudes superiores aos três ou quatro metros registrados naquele dia, o protótipo mostrava que o M-7 preencheria as expectativas mais otimistas de todos os que trabalharam no projeto.

As semanas seguintes assistiram ao primeiro protótipo do Muniz M-7 completamente engajado em voos de ensaio, com periódicas e breves paradas para sofrer modificações ou pequenos reparos nas oficinas do PCAv. Paralelamente, quando foi concluída a construção, no PCAv, do protótipo destinado aos ensaios estáticos, o pessoal do STAv executou os mais variados testes de esforço na estrutura da aeronave.

Salvo um pequeno acidente ocorrido no Campo de Marte, em janeiro de 1936, que exigiu a ida a São Paulo de técnicos do STAv para a execução de reparos, a campanha de ensaios do protótipo do M-7 não apresentou problemas. De fato, em 4 de fevereiro de 1936, foi dado como homologado o Muniz M-7, visto que havia cumprido satisfatoriamente todas as instruções e os requisitos técnicos estabelecidos pelo STAv.

Durante todo esse período, o protótipo do Muniz M-7 repetidamente ganhou destaque nos meios de imprensa da época, despertando o interesse dos mais variados setores. Entre estes estava o armador naval Henrique Lage, que, no início da década anterior, havia formado a Companhia Nacional de Navegação Aérea, uma empresa de construção aeronáutica cujas atividades foram suspensas antes mesmo de serem efetivamente iniciadas, como resultado da falta de apoio governamental. Sabedor do grande entusiasmo que Henrique Lage nutria por assuntos aeronáuticos, o Presidente Getúlio Vargas decidiu apresentar o Tenente-Coronel Antônio Guedes Muniz àquele armador e empresário. Não tardou para que Lage organizasse a Fábrica Brasileira de Aviões (FBA), uma entidade pertencente ao complexo industrial e comercial conhecido como Organizações Lage. Ao usar as instalações existentes na Ilha do Viana, na Baía de Guanabara (RJ), a FBA foi responsável pela produção em série do Muniz M-7.

A empreitada evoluiu com surpreendente rapidez e, em setembro de 1936, dois aviões Muniz M-7 foram dados como prontos e, posteriormente, levados para São Paulo para serem integrados à frota de aviões do Aeroclube de São Paulo.

O Muniz M-7 na Aviação do Exército

Em 3 de agosto de 1937, foi a vez de a Aviação do Exército assinar um contrato que compreendia oito exemplares do Muniz M-7. O primeiro foi entregue em setembro daquele ano e, até fevereiro de 1938, os demais foram recebidos a uma razão média de um por mês.

Todos foram recebidos nas instalações da Escola de Aviação do Exército ou então no Depósito Central de Aviação, e os primeiros dois exemplares seguiram para o Rio Grande do Sul, em novembro de 1937, para serem integrados ao acervo do 3º Regimento de Aviação. Dos três Muniz M-7 recebidos em seguida, um foi destinado ao 2º Regimento de Aviação (Campo de Marte, SP) e dois, ao Núcleo do 6º Regimento de Aviação (Fortaleza, CE). Dos últimos três aviões recebidos, que foram incluídos em carga em janeiro e fevereiro de 1938, dois foram incorporados à Escola de Aviação do Exército e um seguiu para Belém (PA), para ser incorporado ao Núcleo do 7º Regimento de Aviação.

Apesar de seu desenvolvimento objetivar também as missões de instrução e adestramento de voo no âmbito militar, os Muniz M-7 pouco realizaram nessa área. Salvo o primeiro protótipo, que continuou voando pelo STAv até a data em que foi criado o Ministério da Aeronáutica, muitos Muniz M-7 tiveram uma vida militar breve. Em junho de 1938, os dois exemplares pertencentes à Escola de Aviação do Exército foram transferidos para o Aeroclube do Rio de Janeiro, enquanto, no mês seguinte, o Muniz M-7 do 2º Regimento de Aviação foi repassado para o Aeroclube de São Paulo. Conquanto esse avião demonstrasse ótimas qualidades de voo, a pouca potência do motor de Havilland Gipsy Major inibia a execução de muitas manobras acrobáticas – um requisito indispensável no currículo empregado na formação de aviadores militares. Ademais, a chegada ao Brasil de aviões de treinamento significativamente mais modernos e com desempenho superior fez com que os Muniz M-7 fossem relegados para outras tarefas.

Consequentemente, os demais exemplares que haviam sido distribuídos para os regimentos de aviação em Belém, Fortaleza e Porto Alegre foram utilizados como avião de adestramento em benefício dos aviadores que realizavam tarefas administrativas naqueles locais. Algumas evidências sugerem que os dois aviões pertencentes à carga do 3º Regimento de Aviação eram periodicamente cedidos ao Aeroclube do Rio Grande do Sul para auxiliar na formação dos alunos daquela entidade, o mesmo possivelmente acontecendo com os três que estavam em Belém e Fortaleza.

Ao ser criado o Ministério da Aeronáutica, em 20 de janeiro de 1941, sete dessas aeronaves foram transferidas para a Força Aérea Brasileira. Apesar do pouco destaque das tarefas realizadas quando pertenceram ao Exército, o Muniz M-7 preencheu um importante papel ao ser o primeiro avião de projeto nacional a ser produzido em série – um programa que foi concretizado por iniciativa da Aviação do Exército.

Muniz M-7	
Período de Utilização	De 1935 até 1941
Fabricante	Parque Central de Aviação, Campo dos Afonsos (RJ)
	Fábrica Brasileira de Aviões, Ilha do Viana (RJ)
Emprego	Instrução e adestramento
Características Técnicas	
Motor	de Havilland Gipsy Major de 130 hp
Envergadura	9 m
Comprimento	7,24 m
Altura	2,86 m
Área Alar	20,10 m²
Peso Vazio	560 kg
Peso Máximo	860 kg
Armamento	Não dispunha de armamento
Desempenho	

Continua

Velocidade Máxima	190 km/h
Razão de Subida	192 m/min
Teto Operacional	5.200 m
Alcance	450 km
Comentários	
Total Adquirido	10 exemplares (dois protótipos e oito exemplares de produção)
Unidades Aéreas	Serviço Técnico de Aviação Esquadrilha de Treinamento do 2º RAv Esquadrilha de Treinamento do 3º RAv Escola de Aviação do Exército Núcleo do 6º Regimento de Aviação Núcleo do 7º Regimento de Aviação
Designações	Não recebeu designação
Matrículas	Inicialmente, muitos fizeram uso do número de série do fabricante, ou seja: 01, 02, 05, 06, 07, 08, 09, 10, 11 e 12; posteriormente, algumas células foram rematriculadas K 411, K 412, 3-TO5 e 3-TO6 após distribuição às unidades operadoras

Avro 626

Apesar dos excelentes serviços prestados pelo Avro 504 – não somente à Royal Air Force (RAF), mas a diversas outras forças aéreas –, o final dos anos 1920 mostrou ser conveniente ao desenvolvimento de uma nova aeronave de instrução. Sendo assim, por conta própria, a empresa britânica A. V. Roe (ou Avro) deu início, em 1929, aos trabalhos de desenvolvimento do avião que recebeu a designação Avro 621.

Sob a batuta do engenheiro Roy Chadwick – que, anos depois, ganhou considerável fama pelo seu trabalho no desenvolvimento dos bombardeiros Avro Lancaster e Avro Vulcan –, desde o começo, o Avro 621 se distinguia da maioria das aeronaves de instrução da época por empregar uma treliça de alumínio, bem como outros componentes que faziam uso daquela liga.

Dedicados ao adestramento, 16 Avro 626 compuseram a frota da Aviação do Exército, operando em cinco Regimentos de Aviação (RAv), além da Escola de Aeronáutica do Exército. Foto Arquivo José de Alvarenga.

Um Avro 626 pertencente ao 2º RAv, com sede em São Paulo.

Inovadora sob vários aspectos, aquela aeronave foi escolhida, em junho de 1932, para ser a plataforma padrão de instrução da RAF, recebendo o nome de Tutor. As excelentes qualidades de voo e a flexibilidade e robustez do Tutor resultaram na produção de 795 desses aviões, bem como outros 60 sob licença na África do Sul e na Dinamarca.

Mas, em 1930, os engenheiros da A. V. Roe perceberam que o Avro Tutor oferecia considerável potencial de exportação, caso fossem aplicadas algumas modificações que permitissem não somente seu uso como avião de treinamento e plataforma de instrução para voo por instrumentos e navegação, mas como avião de emprego em missões como bombardeiro leve e aeronave de fotorreconhecimento.

O novo avião recebeu a designação Avro 626 e, em alguns poucos meses, foram aplicadas as mudanças necessárias, e um dos demonstradores – originalmente um Avro 621 Tutor que fora modificado para aquele padrão – foi despachado para a Argentina. Além de realizar voos de demonstração no Chile e na Argentina, o demonstrador foi apreendido pelas autoridades argentinas e usado para sufocar uma pequena rebelião. O desempenho da aeronave foi tão impressionante que, meses mais tarde, o governo argentino comprou outros 14 aviões Avro 626.

Em distintos pontos do globo terrestre os representantes da A. V. Roe buscaram agressivamente registrar encomendas de exportação que prontamente surgiram. Antes de encerrar a produção do Avro 626, em 1939, a empresa conseguiu vendê-lo para as forças armadas da Áustria, da Bélgica, do Canadá, do Chile, do Egito, da Grécia, da Lituânia e da Tchecoslováquia, entre outras. Além dos 198 exemplares produzidos no Reino Unido, 17 unidades foram fabricadas sob licença em Portugal, nas Oficinas Gerais de Material Aeronáutico.

O Avro 626 na Aviação do Exército

Em 1933, foi iniciado o processo de desdobramento dos meios aéreos da Aviação Militar para outros pontos do território nacional que não o Campo dos Afonsos (RJ). Esse evento acarretou diversos desafios para aquela arma. Além do necessário preparo de aeródromos e instalações para receber as unidades aéreas que seriam criadas, tornava-se imprescindível adquirir material aeronáutico para equipar as futuras unidades.

Porém, esse processo exigia pessoal, o que tornou igualmente importante a formação de mais pilotos, fossem eles oficiais ou sargentos. Ao longo dos dois anos anteriores a 1934, a Escola de Aviação Militar (EAvM) fora beneficiada pela injeção de novos aviões de treinamento que substituíram as muitas aeronaves de instrução de origem francesa recebidas no final da década anterior.

Mas a reduzida longevidade do material aeronáutico daquela época, particularmente os aviões de treinamento primário, militou a favor da aquisição de mais aeronaves de instrução primária para reforçar os WACO RNF que cumpriam aquela missão. Assim, a Diretoria de Aviação Militar (DAvM) organizou uma concorrência de aviões de treinamento que contou com a participação de fabricantes franceses, norte-americanos e ingleses. No que diz respeito a esses últimos, aparentemente chegou a ser examinado o Avro 631 Cadet, um derivado do Avro 621 Tutor então empregado pela RAF para a tarefa de instrução primária. Porém, a concorrência acabou sagrando o Curtiss-Wright CW16 como a aeronave vencedora.

Mas as autoridades da Aviação Militar ainda precisavam de um avião de adestramento para equipar os regimentos de aviação, que deviam apresentar flexibilidade suficiente para ser usado também em outras tarefas que não o adestramento de aviadores que estivessem exercendo atividades administrativas. Em consequência, em 1936, foi aberta outra concorrência para atender justamente a essa necessidade.

Na ocasião, já se encontrava no país o Avro 626 G-ACFZ, que fora ensaiado na Inglaterra com flutuadores antes de ser despachado para o Brasil. Ao concorrer com outros aviões apresentados por fabricantes europeus e norte-americanos, o Avro 626 G-ACFZ foi ensaiado por pessoal designado pela Diretoria de Aviação Militar (DAvM). E no segundo semestre de 1936, diante dos resultados dos ensaios em voo realizados, as autoridades optaram por aquele avião inglês.

Escolhida a futura aeronave de adestramento destinada aos regimentos de aviação, a DAvM tratou de negociar com a Braziltrad Ltda. – representante brasileira da A. V. Roe – o contrato de encomenda, bem como definir as características das aeronaves e os seus prazos de entrega. O contrato compreendeu a aquisição de 15 exemplares do Avro 626, e sete desses aviões deveriam contar com equipamento para voo invertido e outros sete com equipamento para

A matrícula do Avro 626 2-T02 mostra claramente que ele pertencia ao 2º RAv, sediado no Campo de Marte, em São Paulo. As matrículas dos regimentos do Exército sempre começavam pelo número do regimento a que pertencia, no caso, 2. Foto Arquivo José de Alvarenga.

voos noturno e sem visibilidade. Esse contrato previa ainda o fornecimento de material suficiente para equipar todas as aeronaves com uma metralhadora Lewis Mk 2 calibre .303 montada em anel na nacele traseira para instrução de tiro e cabides subalares para o lançamento de bombas. Finalmente, material necessário para equipar alguns deles com metralhadoras fotográficas e itens para fotografia aérea acompanharia os aviões. Assinado o contrato de encomenda no fim de 1936, a Braziltrad realizou ainda a venda do Avro 626 G-ACFZ – a oferta foi imediatamente aceita e o avião, encaminhado ao 1º Regimento de Aviação, no Campo dos Afonsos (RJ).

Transportados ao Brasil por via marítima, os caixotes com os 15 aviões Avro 626 foram desembarcados no Porto do Rio de Janeiro, nos primeiro e segundo trimestres de 1937 e, em seguida, levados ao Campo dos Afonsos para ser montados nas instalações do 1º Regimento de Aviação (1º RAv). Aparentemente, o trabalho de montagem foi iniciado em fevereiro, com alguns Avro 626 seguindo para distintos Regimentos de Aviação do Exército em março. Porém, em maio, todas as células já haviam sido montadas e ensaiadas.

Enquanto aguardavam distribuição, muitos Avro 626 eram periodicamente empregados pelo 1º RAv, quer em surtidas de adestramento, quer simplesmente para realizar voos de manutenção. Foi justamente no começo desse período, em 21 de maio de 1937, que um dos aviões recém-chegados se acidentou, com perda total. Registrado antes mesmo de aquela aeronave ser incluída em carga com o 5º RAv, a unidade para onde foi distribuído, as causas desse acidente ocorrido em Prudentópolis (PR) e que vitimou dois oficiais são hoje desconhecidas.

Em novembro de 1937, com a totalidade dos Avro 626 já entregues aos diversos Regimentos de Aviação do Exército Brasileiro, foi oficializada a distribuição dessas aeronaves. Os 1º e 3º RAv, respectivamente sediados no Campo dos Afonsos (RJ) e em Santa Maria (RS), receberam quatro exemplares cada um. Por sua vez, os 2º e 5º RAv, respectivamente baseados no Campo de Marte (SP) e em Curitiba (PR), foram favorecidos com três Avro 626 cada qual. A distribuição foi realizada de tal forma que todos os regimentos de aviação contariam com, ao menos, um avião equipado para voo invertido e um configurado para voos noturno e sem visibilidade. No caso específico do 1º RAv, além dos quatro Avro 626 que lhe foram atribuídos, a unidade ficou com o Avro 626, que fora empregado para demonstração e ensaios em 1936.

No entanto, essa distribuição não durou muito tempo. Por motivos que hoje não são claros, ao longo de 1940, três Avro 626 pertencentes a distintas unidades foram transferidos para a Escola de Aeronáutica do Exército (EAeEx). Presumivelmente, essa transferência visava reforçar a dotação de aviões de adestramento pertencentes àquele estabelecimento de ensino aeronáutico. Curiosamente, desse trio um exemplar passou uma temporada no Núcleo do 4º Regimento de Aviação, em Belo Horizonte (MG) – uma unidade que receberia mais desses aviões em meados de 1939.

Assim que chegaram aos seus destinos, os Avro 626 foram logo entregues à Esquadrilha de Treinamento do Regimento de Aviação, para a qual foram designados. Lá, com algumas variações atribuíveis ao plano de instrução formulado pelo regimento de aviação onde se encontravam, foi iniciada a sua carreira operacional. Em geral, os aviões foram empregados na missão para a qual foram adquiridos: adestramento dos aviadores designados para funções administrativas nos regimentos de aviação em que estavam lotados. No que tange ao 1º, ao 3º e ao 5º Regimentos de Aviação, o programa de adestramento incluía voos noturnos por instrumentos. Ademais, sabe-se que, em algumas poucas ocasiões, os Avro 626 foram empregados como plataforma de fotografia aérea. São tênues as evidências de que essa aeronave tenha sido empregada como plataforma de adestramento para tiro aéreo de artilheiros ou adestramento de bombardeio.

Independentemente do regimento de aviação que os empregou, os Avro 626 foram usados de forma intensiva em missões de adestramento. Caracterizados por sua flexibilidade e robustez – essa última característica evidenciada pelo fato de que dos 16 exemplares adquiridos pelo Exército 15 foram transferidos para o Ministério da Aeronáutica em janeiro de 1941 –, os Avro 626 desempenharam seus trabalhos de forma eficiente e sem alarde.

Avro 626

Período de Utilização	De 1937 até 1941
Fabricante	A. V. Roe & Co., Ltd., Newton Heath (Manchester – Inglaterra)
Emprego	Adestramento
Características Técnicas	
Motor	Cheetah V de 270 hp
Envergadura	10,36 m
Comprimento	8,08 m
Altura	2,92 m
Área Alar	27,87 m²
Peso Vazio	911 kg
Peso Máximo	1.209 kg
Armamento	1 metralhadora Lewis Mk 2 calibre .303 montada em anel na nacele traseira Até seis bombas de 9 kg cada uma
Desempenho	
Velocidade Máxima	208 km/h
Razão de Subida	305 m/min
Teto Operacional	5.124 m
Alcance	337 km
Comentários	
Total Adquirido	16 exemplares
Unidades aéreas	1º Regimento de Aviação 2º Regimento de Aviação 3º Regimento de Aviação Núcleo do 4º Regimento de Aviação 5º Regimento de Aviação Escola de Aeronáutica do Exército
Designações	Não recebeu designação
Matrículas	Inicialmente empregou o número de fabricante como matrícula, 643 e 952 a 966; ao chegarem aos regimentos de aviação, foram atribuídas matrículas de avião de adestramento: 2-TO1 a 2-TO3; 3-TO1 a 3-TO4 e 5-TO1 a 5-TO3; a exceção diz respeito aos Avro 626 pertencentes ao 1º RAv, que, inicialmente, usaram os números de construção outorgados pelo fabricante; mesmo assim, em 1940, surgiram os Avro 626 1-TO8 e 1-TO9; um dos Avro 626 transferidos para a EAeEx recebeu a matrícula K 305; sabe-se ainda que os Avro 626 do 3º RAv ostentaram nomes, entre eles: Minuano e Pampeiro

Stearman A76C3 e B76C3

Estudante de engenharia e arquitetura, o norte-americano Lloyd Carlton Stearman largou a faculdade em 1918 para alistar-se na Marinha dos Estados Unidos e receber treinamento de aviador naval. Em pouco tempo, concluiu com sucesso o curso, mas a Primeira Guerra Mundial acabou antes que ele pudesse entrar em combate. Stearman regressou então ao seu estado natal de Kansas, onde obteve emprego como mecânico na Laird Aircraft Company. Galgando postos até chegar a engenheiro-chefe, aos 25 anos, Stearman projetou sua primeira aeronave, que se tornou um imediato sucesso na categoria de aviões de turismo.

Unindo-se a Walter Beech e Clyde Cessna, Stearman formou a Travel Air Manufacturing Company em janeiro de 1925, e a empresa rapidamente se estabeleceu como líder no mercado de aviões de recreio e turismo. Mas em outubro de 1926, Lloyd Stearman formou a própria empresa de construção de aviões – a Stearman Aircraft Company. Fundada na Califórnia, pouco depois, mudou de sede, instalando-se na cidade de Wichita, no Kansas.

Mas se Lloyd Stearman dispunha de um invejável talento para projetar e produzir aeronaves, não era habilidoso na condução dos negócios da empresa. Em consequência, apesar da incontestável qualidade dos aviões desenvolvidos pela empresa, a Stearman mal conseguia manter-se livre de problemas financeiros. Assim, em agosto de 1929, Lloyd Stearman e outros acionistas venderam a Stearman Aircraft Company para um conglomerado: a United Aircraft and Transport Corporation. Cerca de 18 meses depois, ele deixou a presidência, e, poucos anos depois, a Stearman passaria a ser uma subsidiária da Boeing. Mas antes de deixar a empresa que criara, Lloyd Stearman deixou um importante legado – o Stearman Model 6.

Projetado como avião de treinamento primário para a United States Navy, foi o Exército dos Estados Unidos, no entanto, que acabou adquirindo alguns desses aviões sob a designação YPT-9. Mas o Model 6 serviria como ponto de partida para o desenvolvimento de uma vasta família de aviões biplano de treinamento que ultrapassaria a marca das 8.500 unidades fabricadas.

Uma das últimas versões que descenderam do Model 6 foi o Model 76, uma versão de exportação dos modelos destinados à instrução primária, mas

Usado para missões de instrução avançada, o biplano Stearman foi empregado em duas versões na Aviação Militar. A A76C3 e a B76C3. O modelo B era idêntico ao A, exceto pela máquina fotográfica K3B que portava. Foto Museu Aeroespacial do Campo dos Afonsos.

O Stearman K 202 ostentando o único padrão de cores adotado para ele na Aviação do Exército.

equipados com motores de maior potência e armamento. Um total de 78 exemplares foi produzido e exportado para países como Argentina, Filipinas e Venezuela, entre 1936 e 1941.

Os Stearman A76C3 e B76C3 na Aviação do Exército

Na segunda metade da década de 1930, as autoridades da Aviação do Exército identificaram a necessidade de recompor a frota de aeronaves de instrução à disposição da Escola de Aviação Militar. Além disso, tornava-se conveniente conferir-lhe material aéreo de instrução avançada cujo desempenho estivesse mais próximo das aeronaves de emprego já em uso ou que se pretendia adquirir para aquela arma.

No Brasil daquela época não eram poucos os representantes de empresas estrangeiras de construção aeronáutica, e a Diretoria de Aeronáutica do Exército não tardou em solicitar deles as informações das aeronaves de treinamento que podiam oferecer. Uma depuração preliminar entre candidatos franceses, ingleses e norte-americanos levou a Diretoria de Aeronáutica do Exército a solicitar propostas de fornecimento e, na última metade de 1936, o avião de treinamento avançado escolhido foi uma versão do Stearman Model 76, a ser entregue em duas variantes quase idênticas.

Equipados com motores Wright R-975-E3 de 420 hp, os Model 76 encomendados pelo Brasil eram os mais possantes entre todos os biplanos Stearman de instrução produzidos entre 1934 e 1945. Ademais, as aeronaves brasileiras contavam com 110 litros de combustível extras acomodados nas asas e nos cabides ventrais para portar duas bombas de instrução. Além de a instrumentação de voo empregar o sistema métrico, os 30 aviões encomendados contariam com uma metralhadora móvel instalada na nacele traseira. Finalmente, seguindo especificações brasileiras e sob a designação do fabricante Model A76C3, metade desses aviões seria equipada com uma metralhadora fixa instalada na asa direita inferior. A outra metade, designada Model B76C3, iria dispor de uma metralhadora fotográfica Fairchild K 3B no lugar da metralhadora fixa.

Assinado o contrato de encomenda, os primeiros exemplares do A76C3 começaram a ficar prontos nas instalações da Stearman em maio de 1937, sendo enviados ao Brasil por via marítima. Desembarcados no Rio de Janeiro, os caixotes com as novas aeronaves foram encaminhados para o Parque Central de Aviação, localizado no Campo dos Afonsos, onde os aviões foram montados sob a supervisão de pessoal da Stearman. Finalmente, em 9 de julho daquele mesmo ano, o primeiro dos A76C3 realizou seu primeiro voo em céus brasileiros. Por sua vez, o primeiro B76C3 foi dado como pronto em julho e chegou no mês seguinte ao Rio. Montado, o primeiro B76C3 voou pela primeira vez no Brasil em 11 de setembro. Finalmente, na última semana de dezembro, o último Stearman Model 76 da Aviação do Exército ficou pronto.

Ao passo que iam ficando prontos no Parque Central de Aviação, os aviões foram encaminhados para a vizinha Escola de Aeronáutica do Exército (EAerEx) e lá incorporados. Os alunos que haviam galgado a fase de instrução primária em 1937 travaram contato direto com os Stearman A76/B76 no ano seguinte. Naquela aeronave começaram a receber os rudimentos do voo militar, aprendendo a voar em formatura, a realizar manobras básicas de acrobacia e a cumprir outros itens do currículo de instrução.

Porém, diante das possibilidades oferecidas pelos Stearman A76/B76, foi possível ministrar também a instrução de bombardeio, o tiro terrestre e a fotografia aérea de forma bem mais consistente e sistemática do que era até então realizado. Consequentemente, os Stearman – ou Estirmão como passaram a ser popularmente chamados esses aviões após a chegada dos Stearman A75 de treinamento primário – passaram a visitar com regularidade o campo auxiliar de Jacarepaguá, onde praticavam a arte e a ciência do tiro e do bombardeio.

Mas a presença dos Stearman A76/B76 não se limitou ao espaço aéreo em torno do Campo dos Afonsos. Por decisão da Diretoria de Aeronáutica do Exército, dois Stearman A76/B76 foram enviados para Belém para fazer parte da Esquadrilha de Adestramento do Núcleo do 7º Regimento de Aviação. De igual forma, foram também despachadas para Belo Horizonte outras duas dessas aeronaves para reforçar a dotação de aviões do Núcleo do 4º Regimento de Aviação. Mas a permanência dos dois Stearman em Belém foi razoavelmente breve e logo regressaram aos Afonsos.

Nos anos que ainda restavam à Aviação do Exército, a rotina das atividades dos Stearman A76/B76 se manteve inalterada. Nominalmente, eles cederiam lugar como plataforma de instrução avançada assim que chegassem ao país os primeiros aviões North American NA-72 recém-encomendados. Mas os primeiros

Conhecido como Estirmão, os Stearman A76 e B76 voaram por pouco mais de três anos na Aviação do Exército, antes de serem transferidos para a FAB.
Foto Museu Aeroespacial do Campo dos Afonsos.

NA-72 só chegaram em outubro de 1940 e às vésperas da criação do Ministério da Aeronáutica, e essa passagem de função não chegou a ser efetivada, cabendo aos líderes da futura Escola de Aeronáutica e da Força Aérea Brasileira executarem as mudanças que a ocasião exigia.

Em 20 de janeiro de 1941, quando foi criado o Ministério da Aeronáutica, a Aviação do Exército dispunha de 27 aviões Stearman A76/B76, já que três se acidentaram com perda total nos quase quatro anos desde que chegaram ao Brasil. A carga dessas aeronaves foi passada para a recém-criada Força Aérea Brasileira, que lhes atribuiria um novo trabalho na área de instrução.

Stearman A76C3 e B76C3

Período de Utilização	De 1937 até 1941
Fabricante	Stearman Aircraft Company, Wichita (Kansas – EUA)
Emprego	Instrução avançada
Características Técnicas	
Motor	Wright R-975-E3 de 420 hp
Envergadura	9,60 m
Comprimento	7,60 m
Altura	2,80 m
Área Alar	27,62 m²
Peso Vazio	1.131 kg
Peso Máximo	1.667 kg
Armamento	1 metralhadora móvel Colt Browning de calibre .30 ou 7 mm 1 metralhadora fixa Colt Browning MG28 de calibre .30 ou 7 mm 2 cabides ventrais com capacidade de até 65 kg cada um
Desempenho	
Velocidade Máxima	251 km/h
Razão de Subida	335 m/min
Teto Operacional	6.339 m
Alcance	1.029 km
Comentários	
Total Adquirido	30 exemplares
Unidades Aéreas	Escola de Aviação Militar Núcleo do 4º Regimento de Aviação Núcleo do 7º Regimento de Aviação
Designações	Não recebeu designação
Matrículas	K 201 a K 204 (houve dois K 201 e K 204), K 205 a K 226, 4-101, 4-102, 7-TO1 e 7-TO2

Lockheed Model 12-A Electra Junior

Organizada em 1912, a primeira empreitada industrial no setor aeronáutico dos irmãos Allan e Malcolm Loughead, conhecida como Alco Hydro-Aeroplane Company, não foi bem-sucedida, já que encerrou suas atividades no ano seguinte. Mas quatro anos mais tarde, em 1916, os irmãos Loughead voltaram à carga e organizaram, com o apoio de investidores locais, a Loughead Aircraft Manufacturing Company nas cercanias de Santa Bárbara (Califórnia – EUA). Apesar de haver desenvolvido e construído um hidroavião para a

United States Navy – o Loughead F-1 –, o ambicionado contrato de produção não se concretizou. A despeito das excepcionais qualidades do hidroavião F-1, bem como da excelência do avião desportivo S-1 que também fora desenvolvido pela Loughead, a ausência de contratos forçou a liquidação da empresa, que fechou as portas em 1921.

No entanto, esses reveses não desanimaram os irmãos Loughead, que, em 1926, montaram pela terceira vez uma companhia para desenvolver e fabricar aviões. Mas em vez de batizar a empresa com o nome Loughead, cuja grafia resultava em ambiguidade fonética que por vezes poderia ser discretamente pejorativa (loghead, cabeça de tronco), os irmãos fizeram uso da versão fonética correta de seu sobrenome: Lockheed. Seja como for, a Lockheed Aircraft Company foi organizada para produzir uma aeronave que fora idealizada por um dos projetistas, o jovem John K. Northrop, que já havia trabalhado com os dois irmãos. Ele projetara um veloz e elegante monomotor de asa alta para o transporte de quatro passageiros, o Lockheed Vega. Ganhando destaque nos meios aeronáuticos dos Estados Unidos, o Vega foi seguido pelo Air Express e pelo Explorer, assegurando a reputação da Lockheed Aircraft Co. como fabricante de aviões de qualidade. Ademais, o sucesso do Vega gerou grandes lucros para a empresa – um fenômeno que fez com que fosse vendida à Detroit Aircraft Corporation por um altíssimo valor escassos três meses antes do crack da Bolsa em 1929.

Transformada em divisão da Detroit Aircraft Corp., a Lockheed logrou manter-se financeiramente saudável apesar da crise econômica que abalou o mundo. O mesmo não pôde ser dito da Detroit, que acabou falindo em 1931, levando a divisão Lockheed a ser posta sob guarda e posteriormente vendida para um grupo de investidores.

Agora com o nome Lockheed Aircraft Corporation – mas sem contar com os irmãos Loughead –, a empresa reconstituída partiu para o desenvolvimento de um avião bimotor destinado ao mercado de transporte aéreo comercial. Batizado como Lockheed 10 Electra, a nova aeronave foi projetada para transportar 10 passageiros acomodados ao longo das laterais da cabine principal. Voou pela primeira vez em 23 de fevereiro de 1934. Os 148 aviões Electra produzidos pela Lockheed tiveram uma variada carreira com diversas empresas de transporte aéreo regular, bem como com alguns operadores militares.

Contudo, a Lockheed identificou um nicho que seria bem atendido por uma versão menor do Electra, que assim iria satisfazer as necessidades do que é hoje conhecido como o mercado de aviação corporativa. Ademais, um bimotor de menor tamanho preencheria também os requisitos das empresas aéreas de menor porte.

Quatro Electra Junior foram adquiridos, em 1937, para cumprir missão de transporte. O Lockheed 12-A foi o primeiro bimotor de transporte totalmente metálico a ser usado pelo Exército. Foto Arquivo Action Editora Ltda.

Lockheed 12-A D.Ae.02 pertencente à Diretoria de Aeronáutica do Exército.

Usando o Electra como ponto de partida, os engenheiros da Lockheed trataram de fazer uma versão menor daquela aeronave, apropriadamente batizada de Electra Junior. Capaz de acomodar seis passageiros quando configurado como avião de transporte comercial, o Electra Junior podia dispor de poltronas, sofá e mesa quando operado como avião de transporte executivo.

O primeiro Lockheed 12 Electra Junior fez seu voo inaugural em 27 de junho de 1936, e, escassos três meses mais tarde, o primeiro exemplar de produção foi entregue. A maior parte dos 130 Electra Junior produzidos pela Lockheed foi empregada por empresas particulares como aeronaves corporativas ou então por diversos governos, que os utilizaram como aviões de transporte de autoridades.

O Lockheed Model 12-A na Aviação do Exército

A partir de 1935, a Aviação Militar deu início a diversos programas de aquisição de aeronaves para a substituição de material aeronáutico que estava rapidamente atingindo a obsolescência ou satisfazer carências identificadas pelas autoridades daquela arma.

Uma das áreas que precisava ser atendida era justamente a aviação de transporte, que dependia dos muitos WACO CJC, CPF-5 e CSO recebidos em 1932. Apesar de essas aeronaves prestarem excelentes serviços em benefício do Correio Aéreo Militar (CAM), eram bastante limitadas em se tratando do transporte de pessoal – em especial o transporte de autoridades. De fato, com frequência, lançava-se mão de aviões pertencentes às empresas brasileiras de transporte aéreo comercial para levar

Bela imagem do Lockheed 12-A D.Ae.02. A Diretoria de Aviação do Exército foi a única unidade a empregar esse bimotor americano, que, em 1941, foi transferido para a FAB. Foto Museu Aeroespacial do Campo dos Afonsos.

grupos de autoridades para os mais variados destinos ao longo do território nacional – um recurso que apresentava diversos inconvenientes.

Consequentemente, em 1937, foi dada atenção à compra de um avião capaz de realizar o trabalho de transporte de autoridades, quer do Exército Brasileiro ou do governo federal. Não se sabe ao certo como a Diretoria de Aviação Militar procedeu à avaliação e à escolha da aeronave desejada, porém, é lícito presumir que, entre as aeronaves candidatas, encontravam-se aquelas já em uso pelas companhias brasileiras de transporte aéreo. E entre elas provavelmente figurou o Lockheed 10 Electra, que, no início de 1937, acabara de entrar em serviço pela Panair do Brasil e cujas possibilidades de ser escolhido foram reforçadas pela passagem pelo Brasil do Lockheed 10-E Electra da aviadora Amélia Earhart, em junho daquele ano, quando iniciou seu famoso voo de circum-navegação do globo terrestre.

Seja como for, a escolha recaiu sobre o Lockheed 12-A Electra Junior, versão menor do Electra. Durante o segundo semestre de 1937, foi assinado um contrato de encomenda de dois desses aviões, que foram dados como prontos pelo fabricante em setembro daquele mesmo ano. Após serem ensaiados e recebidos por representantes da Aviação Militar, foram desmontados e transportados para o Brasil por via marítima. Ao chegar ao Porto do Rio de Janeiro na primeira semana de outubro, os caixotes com as duas aeronaves foram levados à Ponta do Galeão (RJ), a fim de serem montados nas instalações da Escola de Aviação Naval.

Prontos, os dois Lockheed 12-A foram trasladados para o Campo dos Afonsos (RJ), que, durante os anos seguintes, serviria como sede. Em seguida, foram distribuídos à Diretoria de Aviação Militar – posteriormente redenominada Diretoria de Aeronáutica do Exército (DAeEx) –, e sua guarda e manutenção foi inicialmente atribuída à Escola de Aviação Militar. Mas esse arranjo foi alterado em 1938, quando os dois Lockheed 12-A passaram a ser apoiados pelo 1º Regimento de Aviação.

Independentemente disso, assim que chegaram ao Brasil, os Lockheed 12-A passaram a voar em missões de transporte em proveito das autoridades do Exército e de distintos segmentos do governo federal, inclusive a Presidência da República. Com efeito, os Lockheed 12-A foram os primeiros aviões empregados no Brasil com a missão específica de transportar autoridades e, no exercício desse papel, regularmente voavam entre o Rio de Janeiro e as principais capitais do Sul e do Sudeste, bem como localidades menores em outras regiões.

Após dois anos de excelentes serviços, ficou claro que dispor de somente dois desses aviões era insuficiente para atender todas as missões de transporte de autoridades. Em consequência, no final de 1939, dois outros Lockheed 12-A Electra Junior foram encomendados à Lockheed, ambos recebidos dos Estados Unidos em fevereiro de 1940. Finalmente, às vésperas da criação do Ministério da Aeronáutica, em janeiro de 1941, foi assinado um terceiro contrato de encomenda – dessa vez por mais quatro aviões, que foram trasladados em voo até o Brasil em abril de 1941.

Em decorrência da criação do Ministério da Aeronáutica, os quatro aviões Lockheed 12-A Electra Junior existentes em janeiro de 1941 passaram a fazer parte do acervo da Força Aérea Brasileira quando esta foi organizada, por meio da fusão dos meios materiais e de pessoal da Aviação do Exército e da Aviação Naval.

Lockheed Model 12-A Electra Junior	
Período de Utilização	De 1937 até 1941
Fabricante	Lockheed Aircraft Corporation, Burbank (Califórnia – EUA)
Emprego	Transporte
Características Técnicas	
Motor	2 Pratt & Whitney Wasp Jr. de 450 hp cada um
Envergadura	15,09 m

Continua

Comprimento	11,07 m
Altura	2,97 m
Área Alar	32,70 m²
Peso Vazio	2.615 kg
Peso Máximo	3.924 kg
Armamento	Não dispunha de armamento
Desempenho	
Velocidade Máxima	362 km/h
Razão de Subida	427 m/min
Teto Operacional	6.980 m
Alcance	1.230 km
Comentários	
Total Adquirido	4 exemplares
Unidades Aéreas	Diretoria de Aeronáutica do Exército
Designações	Não recebeu designação
Matrículas	D.Av.01 e D.Av.02, posteriormente alterado para D.Ae. 01 e D.Ae. 02; D.Ae. 03 e D.Ae. 04

WACO EGC-7

A cada ano era fácil identificar a evolução dos aviões com cabine fabricados pela Waco Aircraft Company. A empresa anualmente refinava o projeto da família de aeronaves que nascera com o WACO QDC. E essa constante preocupação em melhorar seus produtos fez da Waco uma das líderes mundiais no mercado de aviões de quatro a cinco assentos.

Em 1937, foi lançado um novo modelo que passou a ser popularmente conhecido como Custom Cabin – uma família de aviões composta de oito versões que diferiam entre si principalmente pelo tipo de motor que empregavam e pelas fuselagens, todas do mesmo padrão, porém caracterizadas por pequenas diferenças.

O WACO ECG-7 foi uma aeronave popular, sendo empregada por praticamente todas as unidades aéreas da Aviação Militar. Na foto, o K 330 da Escola de Aeronáutica do Exército. Foto Museu Aeroespacial do Campo dos Afonsos.

O EGC-7 K 330 nas cores da Escola de Aeronáutica do Exército.

Consideradas todas essas versões, quase 290 unidades dos Custom Cabin foram construídas. Dessas, as mais numerosas foram as versões EGC-7 e EGC-8, cuja produção totalizou 38 unidades fabricadas nos Estados Unidos. Excluindo-se os exemplares exportados, um foi adquirido pela Guarda Costeira dos Estados Unidos e sete foram entregues a particulares ou empresas – um dos quais, pouco tempo depois, foi vendido ao governo da Nicarágua.

Os EGC-7/8 que permaneceram nos Estados Unidos foram empregados como aeronaves que hoje seriam classificadas como da categoria aviação corporativa. O avião acomodava um piloto e três ou quatro passageiros e o seu acabamento interno se equiparava ao dos automóveis de luxo daquela época. Seu desempenho – excepcional para uma aeronave de seu porte –, sua robustez e excelentes qualidades de voo fizeram dos Custom Cabin plataformas ideais para executivos.

O WACO EGC-7 na Aviação do Exército

A década de 1930 estava rapidamente chegando ao fim quando as autoridades da Aviação Militar decidiram incrementar ainda mais a frota de aviões utilitários a serviço do Correio Aéreo Militar. Essa decisão não foi sem fundamento. Considerando 1933 como o primeiro ano de operação regular, em 1937, a extensão das linhas havia quase quadruplicado para 13.878 km. Mas indicações do crescimento do CAM podem ser obtidas pelo fato de que, em 1937, os aviões daquele serviço haviam percorrido cinco vezes mais quilômetros e transportado 10 vezes mais correspondências do que em 1933. Esses e outros números apontavam para o contínuo crescimento do Correio Aéreo Militar.

Mas para fazer frente a essa expansão, aquele serviço necessitava não somente de mais aeronaves, mas de aviões mais adequados – em especial nas rotas mais longas ou de maior frequência. Por melhor e mais confiáveis que fossem os CSO distribuídos entre os distintos regimentos de aviação, eram os WACO CJC os grandes responsáveis por essa explosão nas atividades do CAM. Capaz de transportar maior quantidade de correspondência – bem como um ou dois passageiros –, a partir de 1934, o CJC passou a portar a maior parte das correspondências e passageiros transportados nas linhas do CAM.

Em face dessas considerações, o caminho recomendável era adquirir mais aviões CJC ou então algum outro avião que oferecesse melhor desempenho e capacidade. Iniciados os estudos com base nas propostas oferecidas por diversos representantes, na metade de 1938, ficou claro que o caminho mais conveniente era a compra de um lote de aviões do tipo cabine – de preferência da Waco, por causa dos excelentes resultados obtidos com outros aviões produzidos por aquela empresa norte-americana. Consequentemente, em 8 de agosto de 1938, foi assinado um contrato de encomenda que compreendia 15 exemplares do WACO

Em 1941, os 29 WACO ECG-7 presentes no inventário do Exército foram repassados às Forças Aéreas Nacionais, que, mais tarde, seriam redesignadas FAB.
Foto Arquivo Action Editora Ltda.

EGC-7. A rigor, as aeronaves encomendadas, que apresentavam um valor unitário de aproximadamente US$ 12.900, eram uma mescla do EGC-7 e do EGC-8 e dispunham do trem de pouso, das asas e do sistema de ventilação do EGC-8. Ademais, as aeronaves seriam entregues com instrumentação de voo e de motor no sistema métrico e com instruções em português.

É interessante notar que, em dezembro de 1938, a Diretoria de Aeronáutica do Exército decidiu adquirir dois pares de flutuadores Edo 39-4000 para essas aeronaves, assim permitindo a configuração de dois EGC-7 como hidroavião. Aparentemente, a intenção era operar os EGC-7 configurados dessa maneira até localidades ribeirinhas desprovidas de campo de pouso. Esse material foi recebido e incluído em carga em setembro de 1939, mas não há registro de que esses flutuadores tenham sido utilizados no Brasil – até mesmo para fins de ensaio.

Meses depois, quando os primeiros EGC-7 destinados à Aviação Militar já estavam sendo entregues, um segundo contrato de encomenda foi lavrado. Assinado em abril de 1939, ele compreendia a entrega de outros 15 aviões WACO EGC-7 rigorosamente iguais aos do lote anterior. Além disso, em um dos artigos desse segundo contrato ficou estabelecido que a Waco forneceria plantas – tanto da aeronave como dos gabaritos – para a produção em série de um terceiro lote de aviões EGC-7. Esse último item foi concretizado, porém, no ano em que foi criado o Ministério da Aeronáutica.

Com a primeira célula de EGC-7 dada como pronta na antevéspera do réveillon de 1938/39 e o último exemplar do primeiro lote pronto para entrega no final de janeiro de 1939, restava somente trazer esses aviões para o Brasil. Depois de ensaiados, eles foram desmontados e encaixotados a fim de serem embarcados para a viagem de navio até o Porto do Rio de Janeiro. As aeronaves não foram despachadas de uma só vez, mas em lotes de dois ou três aviões cada um. Sendo assim, o primeiro EGC-7 chegou ao Brasil no início de fevereiro de 1939. Encaminhado ao Campo dos Afonsos (RJ), foi montado no Parque Central de Aviação (PCAv), tal como todos os outros que viriam nas semanas seguintes, e, em 25 de fevereiro, foi realizado o primeiro voo de um EGC-7 em céus brasileiros.

Com exceção de dois, que ficaram prontos no PCAv em maio, todos os aviões do primeiro lote estavam montados e ensaiados até o final de abril. Caberia agora às autoridades da Diretoria de Aeronáutica do Exército distribuir esses aviões de acordo com as conveniências e o planejamento do Correio Aéreo Militar.

Para obedecer às prioridades do Serviço de Bases e Rotas Aéreas (SBRAe), os primeiros WACO EGC-7 foram encaminhados para diversos regimentos de aviação (RAv) e Corpos de Base Aérea (CBAe) espalhados pelo território nacional, de modo que alguns receberam dois exemplares, como foi o caso do 1º RAv (Campo dos Afonsos), 3º RAv (Canoas), 5º RAv (Curitiba), 6º CBAe (Recife) e 7º CBAe (Belém)

Além de ganhar o apelido WACO Cabine Novo para distingui-los dos CJC já em uso, muitos EGC-7 receberam nomes que homenageavam cidades e lugarejos em suas respectivas áreas de operação e até pessoas, como foi o caso de um EGC-7 que homenageou – por motivos hoje desconhecidos – o Casal Wasco.

No final de maio – e em intervalos significativamente maiores que aqueles registrados entre os aviões do primeiro lote – começaram a chegar ao PCAv os primeiros EGC-7 do segundo lote – o primeiro deles voou em 29 de maio de 1939. Mesmo estando todos prontos na fábrica no início de maio daquele ano, o derradeiro avião do segundo lote só foi ensaiado após o serviço de montagem, em abril de 1940.

Para todos os efeitos, os WACO EGC-7 entraram em serviço nas linhas do CAM a partir de junho de 1939, inclusive na longa e exigente Rota do Tocantins. Apesar de não se saber se algum EGC-7 efetivamente inaugurou alguma rota – como foi o caso dos CJC e dos CSO –, os WACO Cabine Novo deram uma nova dimensão ao CAM. Basta considerar que, ao fechar o ano de 1938, o CAM havia transportado mais de 48 mil kg de correspondência. No ano seguinte – sem que todos os EGC-7 estivessem em operação –, o CAM fechou o balanço após transportar 66 mil kg de correspondência.

Mas o intenso uso dado aos EGC-7 não foi sem preço, pois, em 1939, um desses aviões acidentou-se com perda total. Assim, quando da criação do Ministério da Aeronáutica – e com ele da Força Aérea Brasileira –, o Exército entregou 29 exemplares do EGC-7 à nova Força.

WACO EGC-7	
Período de Utilização	De 1938 até 1941
Fabricante	Waco Aircraft Company, Troy (Ohio – EUA)
Emprego	Transporte e correio
Características Técnicas	
Motor	Wright Whirlwind R-760E2 de 350 hp
Envergadura	10,59 m
Comprimento	8 m
Altura	2,64 m
Área Alar	22,85 m^2
Peso Vazio	1.034 kg
Peso Máximo	1.723 kg
Armamento	Não dispunha de armamento
Desempenho	
Velocidade Máxima	273 km/h
Razão de Subida	274 m/min
Teto Operacional	5.638 m
Autonomia	5 h 20 m

Continua

Comentários	
Total Adquirido	30 exemplares
Unidades Aéreas	1º Regimento de Aviação 2º Corpo de Base Aérea 3º Regimento de Aviação 4º Corpo de Base Aérea 5º Regimento de Aviação 6º Corpo de Base Aérea 7º Corpo de Base Aérea 8º Corpo de Base Aérea Parque de Aviação de São Paulo Serviço Técnico de Aeronáutica Serviço de Bases e Rotas Aéreas Diretoria de Aeronáutica do Exército Escola de Aeronáutica do Exército
Designações	Não recebeu designação
Matrículas	Como matrícula empregava os números de série outorgados pelo fabricante: 5245 a 5274. Um exemplar, pertencente à Escola de Aeronáutica do Exército, recebeu a matrícula K 330, enquanto os EGC-7 entregues ao Serviço Técnico da Aeronáutica passaram a ser identificados como STAe.01 e STAe.02

Savoia-Marchetti SM-79

Com sede em Cesto Calende, a empresa de construção aeronáutica italiana Societá Italiana di Aeroplani Idrovolanti foi responsável pelo projeto e desenvolvimento dos mais diversos tipos de aeronave que atendiam as necessidades das áreas civil e militar daquele país. Entre esses, encontrava-se o SM-79, um avião trimotor de transporte civil com assentos para oito passageiros. Realizando seu voo inaugural no dia 8 de outubro de 1934 no

O I-MONI é um dos três SM-79T incorporados à Aviação do Exército, em 1938, que, posteriormente, foram matriculados de K 420 a K 422. Essas aeronaves foram empregadas basicamente para reconhecimento de longa distância. Foto Arquivo José de Alvarenga.

O SM-79 I-MONI, cuja matrícula é uma homenagem ao nome do Capitão Nino Moscatelli.

Aeroporto de Cameri, o SM-79 I-MAGO era caracterizado por sua excepcional velocidade. Ao descartar os pouco confiáveis motores Piaggio Stella XIC de 610hp, trocando-os por um trio de motores radiais Alfa Romeo 125 RC.34, o SM-79 voou pela primeira vez com esse grupo motopropulsor no dia 2 de setembro de 1935.

Se com motores de menor potência o SM-79 apresentava desempenho impressionante, com os motores Alfa Romeo mostrava uma performance verdadeiramente fenomenal. Quando equipado com motores Piaggio, o SM-79 registrou diversos recordes de velocidade para aeronaves da Classe C, mas, com motores Alfa Romeo, a aeronave brilhou durante a corrida Istres-Damasco-Paris. Cobrindo um trajeto de 6.190 km, dos seis SM-79 participantes do evento, cinco conquistaram o primeiro, segundo, terceiro, sexto e oitavo lugares.

Em face do superlativo desempenho e da expressiva carga útil que podia transportar, não tardou para que o SM-79 fosse modificado para tarefas militares. Apesar da resistência inicial existente na Regia Aeronautica Italiana (RAI), essa linha de desenvolvimento seguiu adiante, embora o projeto original tenha sofrido diversas alterações, para que aquele avião pudesse transportar bombas e torpedos e ainda contasse com armamento defensivo na forma de metralhadoras fixas e móveis.

O primeiro exemplar de produção da versão militar do SM-79 foi entregue à RAI no mês de outubro de 1936, sendo distribuído ao 12º Stormo. Nos seguintes anos, nada menos que 1.224 exemplares do SM-79, construídos não somente pela SIAI, mas pela Reggiane, Macchi e AUSA, foram entregues à RAI. Alguns poucos chegaram a ser transferidos para a Luftwaffe e para as forças aéreas da Croácia e da Espanha, além de 55 vendas de exportação para Iraque, Iugoslávia e Romênia, este último produzindo 16 exemplares sob licença.

Durante a Segunda Guerra Mundial, as diversas versões do SM-79 mostraram ser extremamente eficazes, quer cumprindo missões de bombardeio convencional, quer como aviões torpedeiros. De fato, o Sparviero (Falcão) – nome com o qual foi batizado – conquistou um nicho na história em vista dos excelentes resultados no desempenho de missões de interdição marítima no Mar Mediterrâneo durante os anos da guerra.

Ao término do conflito, alguns SM-79 foram modificados para prestar serviço de transporte ou como rebocador de alvo na nova Força Aérea Italiana, a Aeronautica Militare Italiana. Finalmente, os últimos exemplares italianos foram desativados no transcorrer de 1952.

O SM-79T na Aviação do Exército

Como acontecera em outras ocasiões durante aquela década, o ano de 1938 assistiu à Regia Aeronautica Italiana (Aviação Militar Italiana) empreender mais outro reide de longa distância, desta vez à América do Sul. Para demonstrar a superioridade tecnológica da indústria aeronáutica daquele país, três dos SM-79 que haviam participado da corrida Istres-Damasco-Paris foram convocados para realizar a travessia do Atlântico Sul. Essa travessia visava a algo mais do que a conquista de outro galhardete, pois o trajeto a ser percorrido seria o mesmo a ser feito por aviões de transporte comercial da empresa italiana LATI (Linee Aeree Transcontinentali Italiane). Além de sofrerem uma revisão geral de célula e motores, as três aeronaves escolhidas foram também modificadas para que a capacidade dos tanques de combustível fosse aumentada. Diante das modificações aplicadas nessas aeronaves, elas receberam a designação SM-79T (Transatlantico)

No dia 24 de janeiro de 1938, os três SM-79T decolaram de Guidonia para iniciar o voo Roma-Dakar-Rio. Com marcas de nacionalidade que refletiam os nomes dos comandantes de cada aeronave (I-MONI: Capitão Nino Moscatelli; I-BISE: Coronel Atilio Biseo e I-BRUN: Tenente Bruno Mussolini), os três aviões chegaram a Dakar após um voo de 10h47, percorrendo a distância de aproximadamente 4.500 km a uma velocidade média de 418 km/h. Na manhã seguinte, a esquadrilha – popularmente conhecida como Sorci Verdi (Ratos Verdes) – empreendeu a perna até Natal. No entanto, o SM-79 I-MONI foi obrigado a reduzir a velocidade de cruzeiro em vista dos problemas que surgiram com uma das hélices, o que fez com que permanecesse em Natal após a chegada, enquanto os SM-79T I-BISE e BRUN seguiram viagem depois de realizar o reabastecimento de combustível. Ao chegar ao Rio de Janeiro (RJ) às 22h45, os dois aviões haviam concluído um percurso de 9.850 km em exatas 24h22, a uma média de 404 km/h. Concluídos os reparos do I-MONI, este chegou ao Rio no dia seguinte sem registrar nenhum recorde, mas demonstrando que poderia realizar a travessia com segurança – um fator importante, visto que a LATI empregaria esse tipo de avião e suas versões naquele trajeto.

As comemorações de praxe foram coroadas, no dia 22 de fevereiro de 1938, com a doação do SM-79T I-BRUN à Aviação do Exército (AvEx), aeronave pilotada pelo Tenente Bruno Mussolini, filho do ditador Benito Mussolini. Naquele mesmo mês, o governo brasileiro tratou de negociar a compra dos outros dois SM-79T, para incluí-los na dotação da AvEx. Finalizada com sucesso aquela etapa, os três SM-79T foram oficialmente recebidos no dia 27 de abril de 1938 e distribuídos à Escola de Aviação do Exército no mês seguinte.

Sob tutela do oficial aviador italiano Capitão Nino Moscatelli, foi ministrado, entre os meses de maio e julho, um curso de SM-79T para diversos aviadores da AvEx. Conquanto não haja indicações concretas nesse sentido, presume-se que os seis especialistas que integravam a tripulação dos três aviões igualmente ensinaram a seus pares brasileiros as necessidades de manutenção do SM-79T.

Nominalmente adquiridos para desempenhar tarefas de reconhecimento aéreo de longa distância, o objetivo por trás da aquisição dessas três aeronaves não está até hoje muito claro. Aliado ao desejo de incorporar uma aeronave de moderníssimas características técnicas e de superlativo desempenho, é possível que a incorporação desses SM-79T assinalasse a primeira etapa de uma provável aquisição de mais aeronaves desse tipo para a AvEx, uma possibilidade que se esvaneceu com o início das hostilidades na Europa, na última metade de 1939. No entanto, é interessante observar que foi incluída em carga uma quantidade não especificada de metralhadoras Breda de 12,7 mm (nenhuma das quais chegou a ser instalada nos SM-79T).

Durante os meses restantes de 1938 e boa parte do ano seguinte, os três SM-79T – já com as matrículas da AvEx – se mantiveram bastante ativos. De fato, um deles estabeleceu o recorde de velocidade na rota Porto Alegre–Rio de Janeiro, realizada em 2h50, a uma velocidade média de 423 km/h. Esse evento, registrado no dia 9 de julho de 1939, marcaria o ponto alto da carreira desses aviões no Brasil. Embora continuassem voando de forma intermitente até a data de criação do Ministério da Aeronáutica, os SM-79T não eram aeronaves muito úteis ao currículo de instrução de voo realizado na Escola de Aeronáutica do Exército, salvo para treinamento multimotor.

Savoia-Marchetti SM-79

Período de Utilização	De 1938 até 1941
Fabricante	Societá Italiana di Aeroplani Idrovolanti, (Itália)
Emprego	Reconhecimento de longo alcance
Características Técnicas	
Motor	Alfa-Romeo 126 RC-34, de 750 hp
Envergadura	21,20 m
Comprimento	16,40 m
Altura	4,10 m
Área Alar	61,28 m^2
Peso Vazio	6.650 kg
Peso Máximo	13.500 kg
Armamento	Não dispunha de armamento
Desempenho	
Velocidade Máxima	435 km/h
Razão de Subida	526 m/min
Teto Operacional	7.000 m
Alcance	1.900 km
Comentários	
Total Adquirido	3 exemplares
Unidades Aéreas	Escola de Aviação Militar
Matrículas	K 420 a K 422

Vultee V-11GB2

Poucas aeronaves de ataque podem apresentar uma linhagem que deriva diretamente de uma aeronave de transporte de passageiros. No entanto, o gênio Gerald "Jerry" Vultee foi capaz de dar origem a um dos mais velozes aviões de transporte de sua época e, a partir desse projeto, desenvolver uma família de aviões de ataque que, em sua última expressão, ganharia destaque em diversos teatros de operação da Segunda Guerra Mundial.

Após trabalhar com John Northrop no desenvolvimento do avião de transporte Lockheed Vega, Jerry Vultee decidiu seguir o próprio rumo. Com um projeto próprio, denominado Vultee V-1, Jerry Vultee fundou a empresa Airplane Development Corporation (AMC), em conjunto com um dos líderes da indústria automobilística norte-americana Erret Lobban Cord. Os V-1 e os V-1A, quase todos empregados como avião de transporte executivo, tiveram um impacto na indústria aeronáutica norte-americana desproporcional aos 27 aviões que foram finalmente produzidos, registrando recordes, incluindo a primeira travessia ida e volta do Atlântico, realizada em 18h38 no ano de 1936. Para essa travessia, foram instaladas na aeronave 40 mil bolas de pingue-pongue para que fosse alcançada a desejada capacidade de flutuação em caso de uma amerrissagem de emergência. Os V-1 e os V-1A ainda seriam empregados como bombardeiros e aviões de transporte durante a Guerra Civil Espanhola.

Se o V-1 atendia à necessidade do mercado norte-americano, o seu derivado militar visava especialmente ao mercado de exportação. Desenvolvido no transcorrer de 1935 sob a designação V-11, Jerry Vultee projetara um avião de ataque que conservava as excepcionais características de desempenho vistas no

V-1. Concluída a construção do primeiro protótipo, este realizou seu voo inaugural no dia 17 de setembro de 1935, voando de Los Angeles até Glendale. Porém, o início da campanha de ensaios em voo não foi exatamente auspicioso, visto que esse protótipo acidentou-se, com perda total, no dia seguinte, quando sofreu uma pane de motor na decolagem. Apesar desse contratempo, o período de ensaios em voo transcorreu com fluidez com o segundo protótipo, o que permitiu que a Vultee Division da AMC (como passou a ser conhecida a empresa de construção aeronáutica gerenciada por Gerald Vultee) desse início a uma agressiva campanha de vendas em meados de 1936.

Não tardou para que a Vultee Division colhesse os frutos de seus esforços, realizando diversos contratos de encomenda com a China, a Turquia e a União Soviética no final de 1936. No caso desse último, além dos quatro aviões adquiridos diretamente da Vultee/AMC, foi cedida a licença de fabricação do avião e de seu motor, tendo sido fabricados 32 aviões V-11GB sob a designação BSh-1. A China também produziu uma versão dessa família de aviões de ataque, tendo a CAMCO fabricado sob licença 25 exemplares do V-12D. Ao encerrar a produção do V-11 e suas distintas versões no início de 1940, um total de 225 desses modelos havia sido produzido e entregue, inclusive para o United States Army Air Corps (USAAC).

O V-11GB2 na Aviação do Exército

O veloz desenvolvimento da aviação durante a década de 1930 fez com que aviões extremamente modernos se tornassem obsoletos no espaço de cinco ou seis anos. Esse fenômeno não passou inteiramente despercebido pela Diretoria de Aviação Militar (DAvM) do Exército Brasileiro. Ao fechar o ano de 1936, a Aviação Militar contava com aviões Vought V-65B e Boeing Model 256 e 267 como seus principais elementos de combate. Representando o que havia de mais moderno em aviação de combate na época em que chegaram ao Brasil, em escassos quatro anos, eles já eram obsoletos sob todos os pontos de vista. Assim, as autoridades da Aeronáutica do Exército trataram de dar os primeiros passos para a modernização do elemento de combate daquela arma.

A foto mostra o único V-11GB2 anfíbio utilizado pela Aviação do Exército. Matriculada 130, a compra dessa aeronave foi concebida inicialmente pela Aviação Naval, o que não ocorreu, ficando então para a Aviação do Exército. Foto Museu Aeroespacial do Campo dos Afonsos.

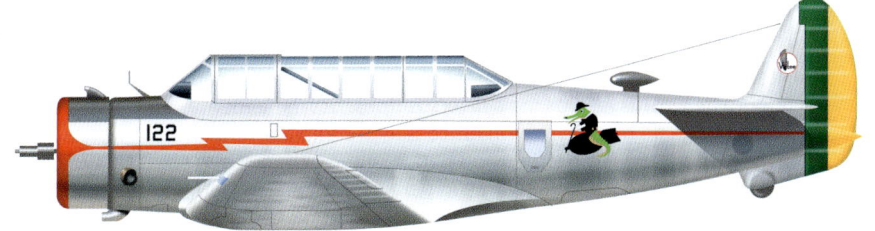

Vultee V-11GB2 122 do I Grupo do 1º Regimento de Aviação, sediado no Campo dos Afonsos.

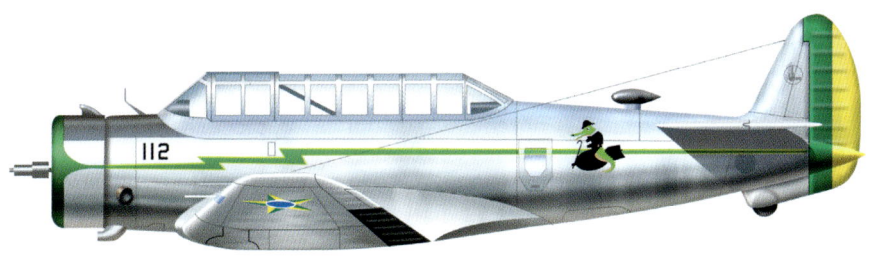

Vultee V-11GB2 112 do II Grupo do 1º Regimento de Aviação.

Vultee V-11GB2 da EAeEx – Campo dos Afonsos (RJ).

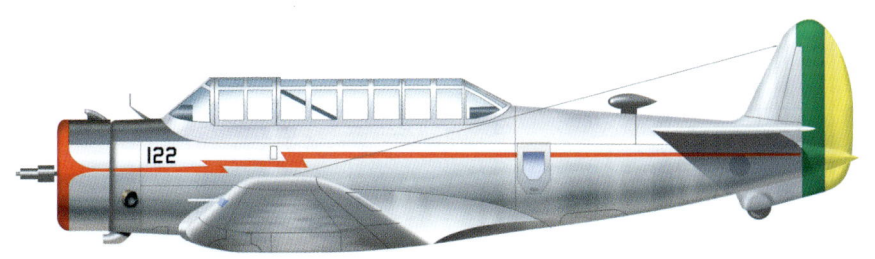

Vultee V-11GB2 122 da 2ª Esqda do 3º Regimento de Aviação, sediado em Canoas (RS)

Na segunda metade da década de 1930, a indústria aeronáutica da Europa e dos Estados Unidos produziu ampla variedade de aeronaves de combate, desde aviões de caça até bombardeiros de distintas categorias. No entanto, a distância entre o Brasil e aqueles centros de construção aeronáutica restringia o envio de pessoal brasileiro para realizar as necessárias avaliações e determinar qual tipo de aeronave melhor atenderia às exigências brasileiras. No Brasil, eram muitos os representantes de diversos fabricantes de avião, especialmente ingleses, franceses e norte-americanos. Conquanto apresentassem documentos com ofertas de fornecimento de aeronaves dos mais diversos tipos, ocasionalmente, era conduzida a demonstração do material aeronáutico que pretendiam vender.

Em abril de 1937, a AMC enviou para a América do Sul o V-11GB NR17327, para realizar um tour de demonstração para as autoridades aeronáuticas militares de diversos países do continente. Apresentado no Campo dos Afonsos (RJ), aquele avião impressionou imensamente os brasileiros. Não demorou para que os representantes da AMC, a Souza Sampaio e Cia., entregassem à DAvM uma proposta de fornecimento de aviões Vultee V-11GB, o que ocorreu no dia 18 de junho daquele ano. No mês seguinte, a Souza Sampaio apresentou as especificações técnicas da aeronave e, no mês de outubro, foi entregue à DAE uma segunda proposta que delineou a venda de 20 aviões.

Tudo indica que as negociações entre a AMC e a DAvM transcorreram rapidamente, pois, no dia 8 de novembro, o diretor de Aviação Militar autorizou a lavratura do contrato de encomenda de 20 aviões Vultee V-11GB. Naquele mesmo mês, a Souza Sampaio ainda propôs a venda do V-11GB NR17327, a fim de possibilitar o adestramento e a familiarização dos pilotos brasileiros quanto ao novo avião a ser encomendado. Porém, essa proposta foi rejeitada e o contrato de encomenda, assinado no dia 9 de dezembro de 1937.

Com 20 aviões, a encomenda apresentava um valor total de US$ 1.414, que incluía sobressalentes, ferramental e documentação. O custo unitário do V-11GB2 – designação dada pela Vultee aos aviões que se destinavam ao Brasil – era de US$ 65.708, o primeiro devendo ser entregue às autoridades brasileiras no mês de março de 1938. De acordo com o contrato original, os 20 aviões seriam entregues com motor Wright Cyclone R-1820-G2, a exemplo do Vultee V-11GB convencional.

No entanto, os aviões brasileiros contariam com duas metralhadoras Colt MG53 de calibre .50 e duas metralhadoras Colt MG40 de calibre .30 instaladas nas asas – ao contrário das quatro metralhadoras calibre .30 previstas nas demais versões desse avião de ataque. Ademais, os Vultee V-11GB2 ainda iriam dispor de duas

Os Vultee V-11GB2 como este cumpriram, na Aviação do Exército, missões de bombardeio, ataque e reconhecimento. Foto Museu Aeroespacial do Campo dos Afonsos.

Um dos Vultee V-11GB2 do Exército deita a asa e exibe uma bomba no cabide central. Eles podiam portar bombas de 45, 136, 227, 272 e 500 kg, num total de 1.681 kg, o que fazia deles excelentes plataformas de ataque. Foto Arquivo José de Alvarenga.

metralhadoras flexíveis MG40, uma dorsal e outra ventral. Os V-11GB2 possuiriam um compartimento interno de bombas (bomb bay) e seis cabides externos, que permitiriam à aeronave transportar uma carga ofensiva de até 1.681 kg (3.705 lb). Finalmente, além do visor de bombardeio Stoppey D4B, os aviões brasileiros iriam ainda dispor de capacidade para receber uma câmera vertical Fairchild K 3B. Em face da impossibilidade de produzir domesticamente as bombas que se destinariam aos V-11GB2, a DAvM encomendou bombas de demolição de 45, 136, 227, 272 e 500 kg à empresa norte-americana Lake Erie Chemical Co. e bombas químicas de 45 kg.

As alterações solicitadas pela DAvM fizeram com que os V-11GB2 apresentassem um desempenho ligeiramente inferior ao do V-11GB em termos de velocidade máxima, razão de subida e teto operacional, porém, ofereciam alcance significativamente maior. Mesmo assim, a DAvM decidiu aumentar a quantidade de aeronaves encomendadas, agregando mais cinco células ao contrato original. Entre elas encontravam-se uma provida de pedais, manche, instrumentos, seletores de combustível, quadrante de manetes, comandos de trem de pouso, flaps e compensadores na nacele traseira, para a instrução de duplo comando. Além disso, a AMC desenvolveu uma versão denominada V-11GB2F, a qual se destinava a atender a uma possível compra por parte da Aviação Naval. Dotado de flutuadores Edo e demonstrado nos Estados Unidos sob a matrícula NX21719, o V-11GB2F não foi encomendado pela Aviação Naval, mas foi adquirido pela Aeronáutica do Exército.

A partir de junho de 1938, os V-11GB2 começaram a chegar ao Brasil, todos transportados ao Rio de Janeiro por via marítima. Desembarcados os caixotes com os aviões desmontados, estes foram levados até o Aeroporto Santos Dumont e montados nas oficinas da Panair do Brasil. O último avião chegou ao Brasil no mês

A foto mostra um voo de formatura de oito Vultizão do 1º RAv, como também eram chamados os Vultee V-1GB2 no Brasil. Foto Arquivo Action Editora Ltda.

março de 1939. Uma vez prontos para voo, os V-11GB2 foram trasladados para o Campo dos Afonsos, a fim de serem incorporados ao 1º Regimento de Aviação (1º RAv), a unidade aérea que inicialmente iria operar esses aviões de ataque.

Distribuídos para o I e II Grupos do 1º RAv, os oficiais do 1º RAv trataram de conhecer a fundo os segredos do novo avião, uma empreitada que não foi feita sem percalços, visto que, no dia 30 de janeiro de 1939, um dos aviões V-11GB2 sofreu um acidente, com perda total, nas adjacências do Campo dos Afonsos, quando realizava um voo de instrução, no qual um oficial brasileiro que recebia treinamento de um instrutor de voo da AMC/Vultee Division foi vitimado.

Logo após a chegada dos primeiros Vultee V-11GB2, a Aviação do Exército dedicou-se a explorar a considerável capacidade desses aviões. No dia 8 de novembro de 1939, um dos Vultee V-11GB2 executou um notável voo sem escalas entre Fortaleza (CE) e Porto Alegre (RS). No espaço de 11 horas e 45 minutos, o V-11BG2 119 percorreu uma distância de 3.240 km. Esse voo ganhou vulto, visto que foi adotada uma navegação em linha reta entre os dois pontos, fazendo com que o avião sobrevoasse o interior do Brasil, então desprovido de quaisquer meios de auxílio à navegação aérea.

No entanto, a distribuição dos V-11GB2 não se limitou ao 1º RAv. No mês de abril, a Escola de Aeronáutica do Exército (EAeEx) recebeu três exemplares, possivelmente destinados às tarefas de adestramento dos oficiais instrutores daquela escola. Seja como for, a permanência desses aviões no EAeEx foi efêmera, pois, em junho de 1940, os três V-11GB2 foram transferidos para o 1º RAv – mas não antes de um realizar o voo Fortaleza–Porto Alegre anteriormente descrito.

Antes do encerramento do ano de 1939, mais outra unidade aérea da Aeronáutica do Exército receberia o V-11GB2. No início de dezembro, o 3º Regimento de Aviação (3º RAv), com sede em Canoas (RS), notificou o recebimento de três desses aviões. Distribuídos à 2ª Esquadrilha do 3º RAv (2ª Esqda/3º RAv), os V-11GB2 reforçaram a dotação do 3º RAv que até então contava com um

*Uma das aeronaves mais imponentes do então inventário do Exército, o V-11GB2, apesar de ter voado poucos anos na Aviação Militar, marcou época.
Foto Museu Aeroespacial do Campo dos Afonsos.*

punhado de aviões Vought V-65B como o principal vetor de combate no Sul do Brasil. Entretanto, seria justamente o 3º RAv que manteria o vínculo mais longo com os V-11GB2 e daria o batismo de fogo a esse avião.

A nova década trouxe poucas alterações quanto às atividades dos V-11GB2, quer no 1º RAv ou 3º RAv. O programa anual de instrução dessas duas unidades era executado dentro das limitações da época, periodicamente pontuada por exercícios de pequena envergadura. Curiosamente, apesar de existir uma aeronave com duplo comando, esta foi reconfigurada para o padrão dos demais V-11GB2. Como consequência e a partir de 1940, a instrução de novos pilotos recém-chegados ao 1º RAv era realizada de forma peculiar. Como parte do ciclo de instrução, o piloto neófito era obrigado a alojar-se de bruços diretamente atrás e acima do instrutor em um espaço que existia na aeronave, espiando por cima do ombro do piloto. Viajar nessa desconfortável posição passou a ser conhecido como "voar de jacaré".

Das 26 células recebidas pela Aviação Militar, duas (115 e 130) foram perdidas em acidentes. As demais 24 foram repassadas à FAB em janeiro de 1941, onde voaram até o final dos anos 1940. Foto Museu Aeroespacial do Campo dos Afonsos.

Ao chegar o mês de janeiro de 1941, o ambicionado plano de criar o Ministério da Aeronáutica tornou-se uma realidade no dia 20. Como consequência, os 24 aviões V-11GB2 então existentes foram transferidos para aquele ministério, a fim de compor a dotação da futura Força Aérea Brasileira.

Vultee V-11GB2	
Período de Utilização	De 1938 até 1941
Fabricante	Aircraft Manufacturing Co. – Vultee Division, (EUA)
Emprego	Ataque, bombardeio e reconhecimento
Características Técnicas	
Motor	Wright Cyclone R-1820-G2 de 850 hp
Envergadura	15,25 m
Comprimento	11,42 m
Altura	3,05 m
Área Alar	35,71 m²
Peso Vazio	2.780 kg
Peso Máximo	5.290 kg
Armamento	2 metralhadoras fixas MG53 de calibre .50 2 metralhadoras fixas MG40 de calibre .30 2 metralhadoras móveis MG40 de calibre .30 Carga ofensiva de 1.681 kg repartida entre seis cabides ventrais externos e compartimento de bombas
Desempenho	
Velocidade Máxima	337 km/h
Razão de Subida	210 m/min
Teto Operacional	4.920 m
Alcance	3.883 km
Comentários	
Total Adquirido	26 exemplares
Unidades Aéreas	II Grupo/1º RAv EAeEx 2ª Esqda/3º RAv I Grupo/1º RAv
Designações	Não recebeu designação
Matrículas	105 a 130

Muniz M-9

Após a entrada em serviço dos primeiros exemplares de produção do Muniz M-7 – quer na Aviação Militar ou nos aeroclubes –, foi fácil notar que essa aeronave dispunha de excepcionais qualidades de voo. Dócil, robusto e de fácil manutenção, o maior óbice apontado contra esse avião era a falta de desempenho para executar as mais básicas manobras de acrobacia. Essa deficiência foi atribuída ao motor de Havilland Gipsy Major, cujos 130 hp eram insuficientes para a segura realização de elementares manobras que exigiam apreciável velocidade inicial. Se as características positivas do Muniz M-7 atendiam plenamente às pacatas exigências dos currículos de instrução dos aeroclubes, essa falta de performance era indesejável para um avião de treinamento militar.

Linha de voo do M-9 no Campo dos Afonsos. O treinador nacional era produzido pela Fábrica Brasileira de Aviões, sendo empregado pela Escola de Aeronáutica do Exército e pelos 2º e 3º RAv antes de ser transferido para a FAB. Foto Museu Aeroespacial do Campo dos Afonsos.

Para retificar essa deficiência e ainda agregar algumas melhorias ao projeto básico, o Tenente-Coronel Antônio Guedes Muniz se dedicou, no início de 1937, ao desenvolvimento de uma nova aeronave baseada na célula do M-7 – o Muniz M-9. Lançando mão do motor de Havilland Gipsy VI de 200 hp, Muniz tratou de aumentar a área do leme e aplicar algumas discretíssimas modificações em itens como trem de pouso. Por força do novo grupo motopropulsor, o M-9 apresentava um nariz perceptivelmente mais longo que o do seu antecessor. Mas, salvo esse detalhe, os dois aviões eram praticamente indistinguíveis.

Registrando seu voo inaugural no segundo trimestre de 1937, o primeiro protótipo do M-9 mostrou, durante a campanha de ensaios em voo, que, apesar da acentuada semelhança externa com o M-7, era uma aeronave completamente diferente. Não somente a velocidade máxima era aproximadamente 20% maior que a do M-7, mas o M-9 apresentava uma razão de subida praticamente 70% superior e possuía quase o dobro do seu alcance. Encerrados os trabalhos de ensaio em voo, em dezembro de 1937, o Serviço Técnico de Aviação devolveu o protótipo à Fábrica Brasileira de Aviões e, em 15 de fevereiro do ano seguinte, deu como homologado o Muniz M-9.

O Muniz M-9 na Aviação do Exército

Animada com os resultados obtidos durante a campanha de ensaios do protótipo, a Diretoria de Aeronáutica do Exército (DAEx) encomendou um lote de 20 exemplares em maio de 1938. Em 24 de dezembro daquele ano, o primeiro Muniz M-9 de produção executou seu primeiro voo da pequena pista da Fábrica Brasileira de Aviões, localizada na Ilha do Engenho (RJ).

Em abril, os cinco primeiros M-9 de produção foram recebidos pelas autoridades aeronáuticas do Exército e prontamente incluídos na carga da Escola de Aeronáutica do Exército (EAeEx). Desses, somente três foram efetivamente empregados na instrução dos alunos daquela escola, pois dois exemplares foram doados ao Exército Argentino em agosto de 1939.

Em setembro de 1939, outros cinco Muniz M-9 foram incluídos na carga da EAeEx, seguidos por mais dois lotes de cinco cada um recebidos em novembro e dezembro, respectivamente.

Os 18 aviões Muniz M-9 mostraram ser excelentes para a instrução primária dos alunos matriculados, tanto pelas suas características de voo como pelo desempenho que ofereciam. Isso motivou a DAEx a estudar uma nova encomenda de 20 aeronaves. No entanto, com o Reino Unido completamente engajado no esforço de

O Muniz M-9 K 104 da Escola de Aeronáutica do Exército.

guerra, obter mais motores de Havilland Gipsy VI passou a ser uma tarefa impossível. Assim, a Fábrica Brasileira de Aviões tratou de buscar uma alternativa viável, que inicialmente se apresentou na forma do motor Alfa Romeo 115 de 185 hp. Conquanto gerasse menos potência que o Gipsy VI, essa opção pareceu ser tecnicamente aceitável. Mas como acontecera com o grupo motopropulsor inglês, o motor italiano Alfa Romeo tampouco poderia ser adquirido em face da evolução da guerra na Europa. Consequentemente, a Fábrica Brasileira de Aviões e o Tenente-Coronel Antônio Guedes Muniz iniciaram a busca de um novo motor. Apesar desse contratempo, em setembro de 1940, o Exército assinou um contrato de encomenda que compreendia 20 células do Muniz M-9, mas esses só seriam entregues em 1942, depois da criação do Ministério da Aeronáutica.

Nesse meio-tempo, para reforçar a Esquadrilha de Treinamento do 3º Regimento de Aviação, três aviões Muniz M-9 foram retirados da instrução da EAeEx. O primeiro foi entregue em março de 1940 e, no mês seguinte, os três já se encontravam em operação em Canoas (RS). Poucos meses depois, outro M-9 foi transferido da EAeEx para o 2º Regimento de Aviação, para ser integrado à esquadrilha de treinamento daquele regimento.

O Muniz M-9, aeronave desenvolvida no país, foi usado em grande número na Escola de Aviação do Exército. Foto Museu Aeroespacial do Campo dos Afonsos.

Muniz M-9

Período de Utilização	De 1939 até 1941
Fabricante	Parque Central de Aviação, Campo dos Afonsos (RJ) Fábrica Brasileira de Aviões, Ilha do Viana (RJ)
Emprego	Instrução e adestramento
Características Técnicas	
Motor	de Havilland Gipsy VI de 200 hp
Envergadura	9 m
Comprimento	7,54 m
Altura	3,10 m
Área Alar	20,60 m^2
Peso Vazio	756 kg
Peso Máximo	1.076 kg
Armamento	Não dispunha de armamento
Desempenho	
Velocidade Máxima	225 km/h
Razão de Subida	328 m/min
Teto Operacional	6.600 m
Alcance	800 km
Comentários	
Total Adquirido	21 exemplares (um protótipo e 20 exemplares de produção)
Unidades Aéreas	Escola de Aviação do Exército Esquadrilha de Treinamento do 2º RAv Esquadrilha de Treinamento do 3º RAv
Designações	Não recebeu designação
Matrículas	Inicialmente, todos ostentavam o número de série do fabricante (02 a 21), mas foram prontamente matriculados K 101 a K 118, excluindo os dois exemplares doados à Argentina; os exemplares que posteriormente seguiram para o 3º Regimento de Aviação receberam as matrículas 3-T10 a 3-T12, enquanto o M-9 distribuído ao 2º Regimento de Aviação foi rematriculado 2T06

Bellanca 31-55 Skyrocket Senior

Prolífica no desenvolvimento de aviões dos mais variados tipos, em meados dos anos 1930, a norte-americana Bellanca Aircraft Corporation já gozava de sólida reputação como construtora de aeronaves extremamente robustas e eficazes, especialmente as destinadas a trabalho utilitário ou de transporte. Essa reputação da empresa liderada pelo italiano Giuseppe Mario Bellanca foi consideravelmente elevada pelo fato de que aviões Bellanca periodicamente registravam toda sorte de recordes.

Entre os modelos produzidos por aquela empresa existia uma família de aviões utilitários de asa alta com capacidade para cinco a seis ocupantes e conhecidos como Skyrocket. Havia seis distintas versões dentro dessa família que se distinguiam entre si, principalmente pelo motor empregado e características como área alar e tanques de combustível de maior ou menor capacidade. A produção dessas seis versões totalizou aproximadamente 54 unidades, algumas das quais foram incorporadas à Aviação da Marinha dos Estados Unidos.

Entre as versões do Skyrocket, encontravam-se os modelos 31-50 e 31-55, que foram lançados em 1935 sob a denominação Skyrocket Senior, sendo essencialmente idênticos entre si. No entanto, o 31-55 apresentava configuração interna de luxe, destinada ao transporte de passageiros. Somente 10 exemplares dos Skyrocket 31-50 e 31-55 foram produzidos pela Bellanca, mas outros 13 foram construídos entre 1945 e 1949 por meio de uma licença obtida pela empresa canadense Northwest Industries. No caso, a versão canadense do Skyrocket Senior diferia em alguns poucos aspectos, que realçavam seu desempenho em termos de qualidade de voo.

O Bellanca 31-55 Skyrocket Senior na Aviação do Exército

O aumento no trabalho realizado pelo Serviço Geográfico do Exército (SGE), cujos levantamentos começavam a ultrapassar os limites do Sudeste do Brasil, pedia a incorporação de mais aeronaves destinadas à execução de missões de aerofotogrametria, indispensáveis ao correto mapeamento do território nacional. Apesar de já dispor de dois aviões Bellanca CH-300 Pacemaker Special – ambos prestavam excelente serviço ao SGE como plataforma de aerofotogrametria –, essa quantidade de aeronaves era insuficiente para levar adiante o trabalho que se pretendia realizar na 1ª Divisão de Levantamento (Porto Alegre) e em distintas áreas ao longo do litoral norte do Brasil.

Aparentemente satisfeitas com o Bellanca Pacemaker, as autoridades do SGE, junto com seus pares da Diretoria de Aeronáutica do Exército (DAeEx), escolheram, no início de 1939, o Bellanca 31-55 Skyrocket Senior para aquela missão. Na ocasião, o valor unitário dessas aeronaves era de US$ 22.700, mas é lícito concluir que o valor final do contrato de encomenda foi igual ou superior a US$ 50.000, em face do pacote de ferramentas e peças de reposição demandadas.

O contrato de encomenda, que compreendeu dois desses aviões, foi aparentemente assinado no primeiro trimestre de 1939, porém, é certo que o primeiro – se não ambos – chegou ao Rio de Janeiro no final do trimestre seguinte. Montado no Parque Central de Aeronáutica (PCAer), no Campo dos Afonsos (RJ), ele fez seu voo inicial em junho de 1939.

E assim que foram montados, ambos passaram a realizar seus primeiros trabalhos pelo SGE. No entanto, em diferentes momentos antes de março

Um Bellanca 31-55 Skyrocket Senior S.G.E-4 do Serviço Geográfico do Exército (SGE). Foto Arquivo José de Alvarenga.

Duas aeronaves Bellanca 31-55 foram adquiridas pelo Exército para aerofotogrametria. Os S.G.E.-3 e S.G.E.-4 passaram para a FAB em 1941, mas continuaram a serviço do SGE.

de 1940, os dois Bellanca Skyrocket foram recolhidos ao PCAer para sofrerem modificações que permitissem a instalação de uma câmera vertical. Não se sabe ao certo quais equipamentos fotográficos faziam parte do leque de câmeras empregado nesses aviões, mas existem indícios de que uma das máquinas fotográficas utilizadas nessas aeronaves era uma câmera grande-angular Zeiss com distância focal de 10 cm.

Não obstante, no segundo trimestre de 1940, esses dois Bellanca Skyrocket se encontravam em Canoas (RS), para executar trabalho de aerofotogrametria em proveito da 1ª Divisão de Levantamento do SGE. Entretanto, em algum momento antes de maio de 1940, um dos Skyrocket sofreu um acidente quando estava sendo desembarcado, possivelmente quando foi retirado do navio para ser depositado em um cais em Porto Alegre (RS). Foi necessário levar esse avião até o PCAer para que fosse submetido a extensos reparos para, em seguida, encaminhá-lo a Canoas.

A criação do Ministério da Aeronáutica e a subsequente formação da Força Aérea Brasileira fizeram com que os dois Bellanca Skyrocket fossem incorporados ao acervo da FAB. Porém, em termos práticos, isso pouco significou para esses dois aviões, já que ambos continuaram sob controle operacional do Serviço Geográfico do Exército.

Bellanca 31-55 Skyrocket Senior

Período de Utilização	De 1939 até 1941
Fabricante	Bellanca Aircraft Corp., Newcastle (Delaware – EUA)
Emprego	Aerofotogrametria
Características Técnicas	
Motor	Pratt & Whitney R-1340-S2H1 de 550 hp
Envergadura	15,40 m
Comprimento	8,50 m
Altura	2,60 m
Área Alar	31,10 m^2
Peso Vazio	1.430 kg
Peso Máximo	2.542 kg
Armamento	Não dispunha de armamento

Continua

Desempenho	
Velocidade Máxima	304 km/h
Razão de Subida	378 m/min
Teto Operacional	7.625 m
Alcance	2.068 km
Comentários	
Total Adquirido	2 exemplares
Unidades Aéreas	Serviço Geográfico do Exército
Designações	Não recebeu designação
Matrículas	S.G.E.-3 e S.G.E.-4

Focke-Wulf (FMA) Fw-44J Stieglitz

Seguindo o exemplo de muitos países europeus e sul-americanos, a Aviación de Ejército da Argentina adquiriu 10 exemplares do Focke-Wulf Fw-44J no início de 1937, a fim de viabilizar a modernização do material aeronáutico distribuído à Escuela de Aviación Militar, com sede em Córdoba. Contudo, as muitas qualidades presentes nessa aeronave de instrução, aliadas à simplicidade de construção, instigaram as autoridades aeronáuticas daquele país a buscarem a licença de produção desse avião de treinamento primário.

Após as necessárias negociações, a fabricação sob licença foi concedida pela Focke-Wulf Flugzeugbau e, no início de 1938, foi dada partida à construção do primeiro lote de aviões Fw-44J nas instalações da Fabrica Militar de Aviones (FMA). No dia 21 de abril daquele ano, foram entregues 30 desses aviões que quase não diferiam dos seus pares alemães. De fato, em face das características da mão de obra disponível na FMA, que resultava na produção quase que artesanal dos Fw-44J argentinos, qualitativamente, essas aeronaves eram superiores aos seus pares alemães – o que levava a um custo unitário mais elevado.

Entre 1937 e 1939, 90 exemplares do Fw-44J foram produzidos nas instalações da FMA. Ao obter a licença de produção do motor radial Siemens-Bramo Sh-14, que apresentava uma potência ligeiramente maior que a versão Siemens-Halske, os últimos 140 Fw-44J fabricados na Argentina receberam esse motor. No total, foram 190 células do Stieglitz construídas na Argentina, os quais serviram não somente o Colegio Militar de Aviación, em Córdoba, mas a diversas outras organizações militares da Aviación de Ejército e, posteriormente, a Fuerza Aérea Argentina.

O Focke-Wulf (FMA) Fw-44J na Aviação do Exército

No dia 27 de agosto de 1939, dois aviões Focke-Wulf (FMA) Fw-44J chegaram ao Campo dos Afonsos (RJ) no final da tarde daquele dia, trazidos por dois oficiais da Aviación de Ejército de la Republica Argentina. Oficialmente recebidos no mês seguinte, essas duas aeronaves haviam sido oferecidas pela Aviación de Ejército para o seu par brasileiro.

Incorporados ao acervo da Aviação do Exército no dia 11 de novembro, ambos foram incluídos na carga do 1º Regimento de Aviação (1º RAv), com sede no Campo dos Afonsos. Apesar de serem aviões destinados ao trabalho de instrução, presumivelmente as autoridades da AvEx acharam por bem melhor distribuí-los à citada unidade. No 1º RAv cumpririam a tarefa de aeronave de adestramento, visto que não existia aviões Fw-44 em uso na Escola de Aviação do Exército e lá seriam pouco aproveitados. Assim, esses dois Fw-44J produzidos na Argentina permaneceram com a Esquadrilha de Adestramento do 1º RAv até a criação do Ministério da Aeronáutica, no mês de janeiro de 1941, ocasião em que ambos foram transferidos para compor o acervo da futura Força Aérea Brasileira.

Focke-Wulf (FMA) Fw-44J Stieglitz	
Período de Utilização	De 1939 até 1941
Fabricante	Focke-Wulf Flugzeugbau AG / Fabrica Militar de Aviones, Córdoba (Argentina)
Emprego	Adestramento
Características Técnicas	
Motor	Siemens-Bramo SH-14A de 160 hp
Envergadura	9 m
Comprimento	7,30 m
Altura	2,80 m
Área Alar	20 m²
Peso Vazio	525 kg
Peso Máximo	870 kg
Armamento	Não dispunha de armamento
Desempenho	
Velocidade Máxima	185 km/h
Razão de Subida	182 m/min
Teto Operacional	3.900 m
Alcance	675 km
Comentários	
Total Adquirido	2 exemplares
Unidades Aéreas	Escola de Aviação Naval
Designações	Não recebeu designação
Matrículas	57 e 58

Stearman A75L3

Em dezembro de 1930, Lloyd Stearman afastou-se da presidência da empresa que fundara, deixando como legado um projeto que levaria ao desenvolvimento de uma família de aviões de treinamento destinada ao mercado militar. Voando pela primeira vez em 1931 sob a designação Model 6 Cloudboy, aquela aeronave serviu de ponto de partida para o Model 70. Era um avião biplace de treinamento cujo desempenho era até bastante modesto se comparado com outros biplanos lançados em 1933. Entretanto, as suas características atendiam com perfeição aos requisitos técnicos que o United States Army Air Corps (USAAC) e a United States Navy (USN) estabeleceram para um futuro avião de treinamento primário.

O avião foi demonstrado para o Exército e para a Marinha, e esta acabou assinando um contrato de encomenda que compreendia 61 exemplares do Model 73 – que nada mais era do que o Model 70 com algumas pequenas alterações. Esse primeiro contrato militar marcaria o início da fabricação de um avião de treinamento primário cuja produção atingiria 10.346 unidades, sendo empregado por dezenas de grandes e pequenas forças aéreas durante as décadas de 1930 e 1940. E mesmo quando terminou a sua utilidade como avião de treinamento militar, muitas centenas dessas aeronaves ganharam

Pátio do Campo dos Afonsos no fim de 1940. Nele é possível ver uma linha de Stearman A75L3, o último avião biplano utilizado pelo Exército. Foto Arquivo José de Alvarenga.

considerável sobrevida ao voarem no mercado civil como avião de pulverização de lavouras até o final da década de 1960.

Das versões básicas dessa família de aviões de treinamento primário, a mais numerosa era a Model 75, cuja quantidade ultrapassava com folga a marca de 8 mil unidades fabricadas. Entre estas se encontrava a versão Stearman A75L3, que era a versão de exportação e também destinada ao mercado civil do avião de treinamento PT-13 do USAAC. Somente 43 exemplares do A75L3 foram produzidos e entregues ao Brasil, a Filipinas e a Venezuela, bem como ao Parks Air College, um estabelecimento de ensino aeronáutico nos Estados Unidos.

O Stearman A75L3 na Aviação do Exército

A década de 1930 chegava ao fim e as autoridades da Aviação do Exército identificaram, em meio a outras necessidades, a urgência de adquirir novos aviões de treinamento primário. Em princípio, essa necessidade foi atendida pelo Muniz M-9, cujos primeiros exemplares de produção chegaram à Escola de Aeronáutica do Exército (EAerEx) em abril de 1939. Contudo, a eclosão da guerra na Europa pôs em xeque o fornecimento dos motores ingleses de Havilland Gipsy VI, que equipavam aquelas aeronaves de construção nacional.

Em vista desse cenário, cujas circunstâncias apontavam para a possibilidade de a EAerEx não dispor de aviões Muniz M-9 em quantidade suficiente para cumprir com o seu currículo de instrução, a Diretoria de Aeronáutica do Exército (DAEx) saiu em busca de alternativas. Diante do conflito, fontes europeias foram descartadas, e a DAEx buscou uma opção norte-americana.

São muito escassas as informações que indicam a forma exata com que foram efetuados o processo de seleção e a fase de negociação contratual para a aquisição da nova aeronave. Entretanto, é lícito presumir que, em vista do recente fornecimento de aviões Stearman A76/B76C3 à Aviação do Exército, a versão de treinamento primário daquela aeronave passou a ser uma candidata natural. Afinal, excluindo itens como grupo motopropulsor, tanques extras de combustível e material associado ao armamento, o A76/B76C3 era

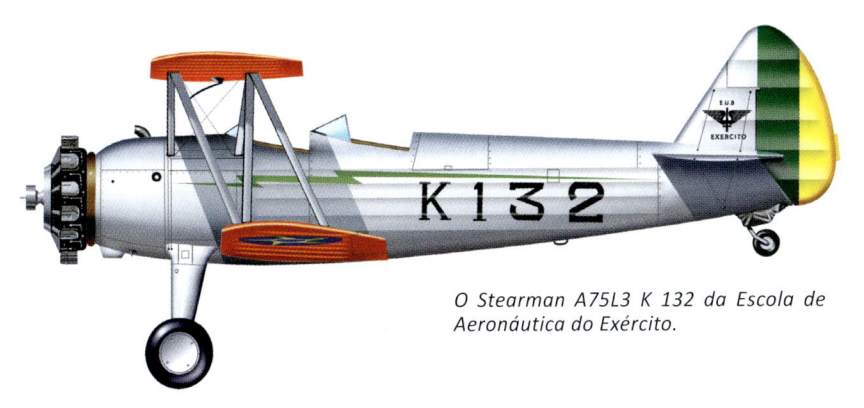

O Stearman A75L3 K 132 da Escola de Aeronáutica do Exército.

praticamente idêntico ao treinador primário oferecido à Aviação do Exército pela Stearman Aircraft Division da Boeing.

Assim, na última metade de 1939, a DAEx assinou um contrato de encomenda que abrangia 20 exemplares do Stearman A75L3 – o Brasil tornou-se o primeiro operador dessa versão do Stearman Model 75. Transportados por via marítima, os caixotes com as aeronaves chegaram ao Rio de Janeiro (RJ) nos primeiros meses de 1940 e foram prontamente encaminhados para o Campo dos Afonsos, sede da Escola de Aeronáutica do Exército. Montadas na EAerEx por pessoal daquela escola e técnicos da empresa, as primeiras aeronaves já se encontravam prontas e integradas à instrução aérea em maio de 1940.

Em vista das diferenças presentes entre os recém-chegados Stearman A75L3 e os Stearman A76C3, os primeiros foram prontamente apelidados de Estirminha, enquanto os últimos passaram a ser conhecidos como Estirmão, uma clara alusão às diferenças de desempenho e capacidade. Porém no que tange às atividades de instrução, os alunos da EAerEx que estavam enfrentando o ciclo de instrução primário em 1940 travaram contato direto com o Estirminha, repartindo as suas surtidas entre ele e o Muniz M-9.

Mas o uso dos Stearman A75L3 na Aviação do Exército foi breve, pois, em janeiro de 1941, foi criado o Ministério da Aeronáutica, e aquelas aeronaves

Conhecidos como Estirminha, os 20 A75L3 foram matriculados de K 121 a K 140, sendo usados somente no ano de instrução de 1940 pela EAeEx, pois, em janeiro de 1941, passaram para a FAB. Foto Arquivo José de Alvarenga.

passaram para o controle da Força Aérea Brasileira. Os Estirminha permaneceriam mais algum tempo no Campo dos Afonsos, continuando o trabalho que iniciara em 1940, mas as autoridades da FAB logo deram nova tarefa a esse avião, que foi operado pelo Exército por menos de um ano.

Stearman A75L3

Período de Utilização	De 1940 até 1941
Fabricante	Stearman Aircraft Division, Boeing Aircraft Company, Wichita (Kansas – EUA)
Emprego	Instrução primária
Características Técnicas	
Motor	Lycoming R-680-B4D de 225 hp
Envergadura	9,80 m
Comprimento	7,60 m
Altura	2,80 m
Área Alar	27,62 m²
Peso Vazio	878 kg
Peso Máximo	1.232 kg
Armamento	Não dispunha de armamento
Desempenho	
Velocidade Máxima	201 km/h
Razão de Subida	256 m/min
Teto Operacional	4.270 m
Alcance	665 km
Comentários	
Total Adquirido	20 exemplares
Unidades Aéreas	Escola de Aeronáutica do Exército
Designações	Não recebeu designação
Matrículas	K 121 a K 140

Consolidated Model 16-1/2 Commodore

Nos anos 1920, a empresa norte-americana Consolidated era reconhecida como uma das principais construtoras de hidroavião do mundo, em face da sua considerável experiência naquele segmento. Portanto, era mais do que natural que fosse escolhida para transformar em realidade um projeto elaborado pela United States Navy (USN – Marinha dos Estados Unidos), visando dotá-la com um hidroavião de patrulha capaz de voar entre o continente e o Havaí ou o Panamá. Com a designação XPY-1 Admiral, o primeiro – e único – exemplar voou em janeiro de 1929. Entretanto, a USN optou por adquirir o Martin XP2M e P3M por ser significativamente mais barato.

Ainda assim, diante das características do XPY-1, a Consolidated concluiu que aquele projeto atendia um nicho no mercado de hidroavião de transporte comercial. Ao descartar os motores de 450 hp e em seu lugar instalar um par de motores radiais de 575 hp, bem como aplicar alterações ao casco do hidroavião, a Consolidated deu forma ao que denominou Model 16 Commodore. Capaz de acomodar até 32 passageiros em voo de curta distância, o primeiro protótipo do novo hidroavião voou pela primeira vez em 28 de setembro de 1929.

A entrega da primeira aeronave – vendida à empresa norte-americana de transportes aéreos NYRBA, que fazia a rota da América Latina – ocorreu naquele mesmo ano. De fato, as primeiras 11 unidades do Commodore foram vendidas para aquela empresa, e quando ela foi adquirida, em 1930, pela Pan American Airways, os últimos três Commodore produzidos pela Consolidated foram entregues à nova dona. Voando nas cores da Pan American, os Commodore eram presença frequente em diversos destinos do Caribe e da América do Sul. Superados por hidroaviões mais modernos, alguns exemplares terminaram seus dias na China. Contudo, alguns poucos Commodore da Pan American persistentemente continuaram em operação e, quando irrompeu a Segunda Guerra Mundial, prestaram relevantes serviços na formação de pessoal da Royal Air Force. Finalmente, em setembro de 1946, a Pan American aposentou seu último Consolidated Commodore.

O Consolidated Commodore na Aviação do Exército

Primeiro com a New York, Rio and Buenos Aires Line (NYRBA) e logo em seguida com a Pan American Airways, através de sua subsidiária brasileira, a Panair do Brasil, os Consolidated Commodore passaram a ser um elemento constante da paisagem litorânea brasileira em 1930. Ao ligar as principais cidades do litoral brasileiro aos Estados Unidos, os Commodore e os passageiros que eles transportavam passaram a figurar nas páginas dos jornais locais da mesma forma que o Concorde faria décadas mais tarde.

Entretanto, a velocidade com que as aeronaves de transporte aéreo comercial evoluíram fez com que os Commodore da Pan American Airways desaparecessem rapidamente, deixando somente sete dessas aeronaves com a Panair do Brasil. Por sua vez, estas não tardaram a ser substituídas por aeronaves mais modernas.

Em franco processo de expansão, em 1933, a Aviação Militar organizou regimentos de aviação em diversas regiões do país. Entre os regimentos formados no Norte/Nordeste estava o Núcleo do 7º Regimento de Aviação (N/7º RAv), com sede

Adquiridos da Panair do Brasil, os dois hidroaviões Consolidated Commodore chegaram nos últimos dias de existência da Aviação Militar, mas a tempo de inaugurar novas linhas do CAM. Foto Museu Aeroespacial do Campo dos Afonsos.

O Consolidated Commodore Manaos do N/7º Regimento de Aviação, sediado em Belém do Pará.

em Belém. Ativado em junho de 1936, não existiam planos de curto prazo para abrigar unidades aéreas de emprego no N/7º RAv, mas certamente estava previsto que aquele regimento desempenharia papel fundamental na ampliação das linhas do Correio Aéreo Militar (CAM) até aquela região, ligando-a ao restante do país.

Porém, com a esmagadora maioria das cidades e dos povoados daquela região disposta à beira do Rio Amazonas e seus afluentes, além da escassez de campos de pouso, equipar o N/7º RAv com hidroaviões seria a alternativa recomendável. De fato, quando da compra dos WACO EGC-7, a Diretoria de Aeronáutica do Exército (DAEx) adquiriu conjuntos de flutuadores para configurar duas dessas aeronaves como hidroavião. No entanto, por motivos desconhecidos, essa possibilidade nunca foi explorada.

Assim, quando a Panair do Brasil começou a se desfazer de seus Consolidated Commodore, as autoridades da Aviação Militar não desprezaram a oportunidade de adquirir dois exemplares do grande hidroavião. Não se sabe se a DAEx buscou a Panair do Brasil ou se aquela, sabedora das necessidades da Aviação Militar na Região Amazônica, apresentou uma proposta às autoridades daquela diretoria para fornecer uma ou mais dessas aeronaves. Porém, é fato que, em abril de 1940, foi liberada à DAEx a soma de 660:000$000 para adquirir dois Consolidated Commodore.

Entregues à Aviação Militar no terceiro trimestre de 1940, os dois Commodore perderam as suas matrículas civis e receberam os nomes Manaos e Belém. Presumivelmente um pequeno grupo de oficiais lotados no N/7º RAv recebeu do pessoal da Panair do Brasil instrução no Consolidated Commodore. Assim, às vésperas da criação do Ministério da Aeronáutica, a Aviação do Exército passou a dispor de dois hidroaviões de grande porte que atenderiam perfeitamente às necessidades do CAM naquela região, possibilitando ainda a abertura de linhas na Bacia Amazônica.

Consolidated Model 16-1/2 Commodore

Período de Utilização	De 1940 até 1941
Fabricante	Consolidated Aircraft Corporation, Buffalo (Nova York – EUA)
Emprego	Transporte
Características Técnicas	
Motor	2 Pratt & Whitney T2/D1 Hornet de 525 hp cada um
Envergadura	30,48 m
Comprimento	18,79 m
Altura	4,77 m
Área Alar	140,65 m^2
Peso Vazio	4.785 kg
Peso Máximo	7.963 kg
Armamento	Não dispunha de armamento

Continua

Desempenho	
Velocidade Máxima	206 km/h
Razão de Subida	198 m/min
Teto Operacional	3.430 m
Alcance	1.610 km
Comentários	
Total Adquirido	2 exemplares
Unidades Aéreas	Núcleo do 7º Regimento de Aviação
Designações	Não recebeu designação
Matrículas	Não receberam matrículas, sendo batizadas com os nomes Belém e Manaos

North American NA-72

O NA-72 deriva de uma variada e complexa linhagem de aviões de instrução básica e avançada produzida pela empresa norte-americana North American Aviation Corp. Desenvolvido em conjunto pelos engenheiros aeronáuticos James Howard "Dutch" Kindelberger, John Leland "Lee" Atwood e H. R. Raynor, o primeiro avião dessa linhagem foi o NA-16, um avião monomotor, monoplano e biplace destinado a atender uma concorrência do United States Army Air Corps (USAAC) para preencher sua necessidade de um moderno avião de treinamento básico. Ademais, o NA-16 visava ainda explorar o promissor mercado de exportação. Em pouco tempo, a North American Aviation (NAA) logrou não somente conquistar substanciais contratos de encomenda perante o USAAC, mas também a United States Navy e a diversos clientes estrangeiros, propiciando assim o desenvolvimento de novas versões.

Na segunda metade de 1937, a North American Aviation deu início ao desenvolvimento do NA-44, uma aeronave que seria a antecessora direta dos conhecidos AT-6 Texan, produzidos durante a Segunda Guerra Mundial e nos anos subsequentes àquele conflito. Caracterizado por uma célula de liga de alumínio

Em 1940, a Aviação do Exército adquiriu, direto do fabricante, a North American Aviation (NAA), um lote de 30 aeronaves NA-44 que na configuração brasileira foram designadas NAA NA-72. Foto Museu Aeroespacial do Campo dos Afonsos.

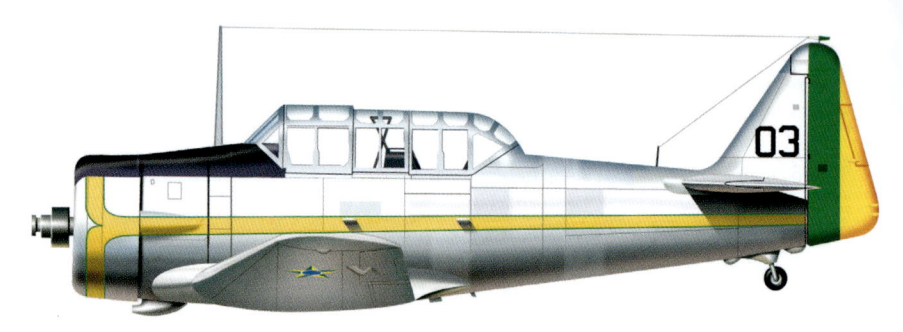

NA-72 03 da Escola de Aeronáutica do Exército, Campos dos Afonsos, 1940.

semimonocoque e um motor Wright SG-1820-F52 Cyclone de 750hp, o NA-44 dispunha de trem retrátil e significativa capacidade de armamento na forma de duas metralhadoras calibre .30, que disparavam de forma sincronizada por meio do arco da hélice, e uma metralhadora calibre .30 em cada asa. Além de demonstrar a capacidade de transportar e lançar quatro bombas de 100 lb, a North American Aviation tratou de apresentar a aeronave para diversos clientes, classificando-a como um avião leve de bombardeio picado e ataque, com capacidade ainda para realizar tarefas de instrução.

O NA-72 na Aviação do Exército

No ano de 1937, o Estado-Maior da Aviação do Exército sentiu a necessidade de incorporar uma aeronave de instrução avançada, que introduzisse o que havia de mais moderno no mundo aeronáutico, à Escola de Aviação do Exército (EAvEx). Sediada no Campo dos Afonsos (RJ), a EAvEx contava com um variado leque de aviões biplano, como o Curtiss-Wright CW-16, o Avro 626 e o WACO CTO. Entre outras características, buscava-se uma aeronave de construção metálica, trem retrátil e desempenho igual ou próximo ao das aeronaves de combate então existentes.

No final daquele ano, o representante brasileiro da North American Aviation, o senhor Louis Bouchelle, apresentou uma proposta para fornecer aviões NA-43. Versão de exportação do BT-9C então em uso na USAAC, o NA-43 apresentava algumas características procuradas pela Aviação do Exército. As negociações que se seguiram à apresentação da proposta levaram à preparação de uma minuta de contrato, no mês de dezembro de 1937, que encomendava 20 aeronaves. No entanto, visto que o NA-43 era uma aeronave de trem fixo e por causa do fato de a EAvEx ter recém-incorporado 30 aviões de treinamento avançado Stearman A76C3 e B76C3, a proposta do NA-43 foi rejeitada.

Quase dois anos mais tarde, o novo representante da North American Aviation no Brasil, o senhor Luiz LaSaigne, apresentou nova proposta à Diretoria de Aeronáutica do Exército (DAE). Essa especificava o fornecimento de aviões NA-44, descritos pela empresa como aeronaves de treinamento avançado e de cooperação com o Exército. Tecnicamente, esse avião preenchia plenamente os objetivos da Aviação Militar quanto ao reequipamento e à modernização do material aeronáutico da EAvEx. Aprovado pelo General Isauro Reguera, então diretor de Aeronáutica do Exército, no dia 3 de janeiro de 1940, o contrato de encomenda foi assinado nove dias mais tarde, no Rio de Janeiro.

Avaliado em US$ 998.529, esse contrato de encomenda previa o fornecimento de 20 exemplares do NA-44 à Aeronáutica do Exército, com opções para outras 10 aeronaves. Dotados de duas metralhadoras Colt MG40 de calibre .30

instaladas nas asas e outra metralhadora móvel Colt MG40 de calibre .30 instalada em um anel na nacele traseira, além de cabides para portar uma carga ofensiva de até 400 lb (181 kg), esses aviões seriam entregues com moderno equipamento de rádio e de navegação.

O contrato celebrado entre a North American Aviation e a Diretoria de Aeronáutica do Exército previa ainda a concessão das licenças de produção do NA-44 para sua produção no Brasil. Naquela época estava sendo organizada uma fábrica de aviões na localidade de Lagoa Santa (MG), distante cerca de 40 km de Belo Horizonte (MG). Como obrigação contratual, a North American Aviation prontificava-se a fornecer as plantas, as especificações e os documentos referentes ao NA-44 e os gabaritos necessários para a produção em série daquela aeronave.

Apesar da proposta e do contrato de encomenda se referirem a esses aviões como NA-44, as aeronaves destinadas à Aeronáutica do Exército receberam a designação NA-72. Não somente porque assim procedia a NAA, outorgando uma designação específica para os distintos lotes do mesmo tipo de aeronave encomendados por diferentes clientes, mas porque existiam substanciais diferenças entre o NA-44 e os aviões encomendados pela Aeronáutica do Exército. Como consequência, muitos documentos brasileiros da época inicialmente empregaram indistintamente as duas designações para a mesma aeronave – uma peculiaridade que perdurou durante algum tempo, até mesmo entre aqueles que utilizavam ou davam manutenção a esse avião de treinamento avançado.

Assinado o contrato de encomenda, a NAA rapidamente deu início à produção das 20 aeronaves encomendadas, o primeiro exemplar realizando seu voo inaugural no dia 19 de julho de 1940, na cidade de Inglewood (Califórnia – EUA). Encerrando-se no dia 19 do mês seguinte, a campanha de ensaios do NA-72 foi relativamente breve, visto que a célula básica, o grupo motopropulsor e os sistemas já haviam sido extensamente testados em outras versões desse avião, com os testes focalizados nas peculiaridades desse modelo.

Paralelamente, a Diretoria de Aeronáutica do Exército decidiu confirmar as 10 opções previstas do contrato original. Essa decisão aparentemente foi motivada pelas dificuldades administrativas e financeiras observadas para a implantação da fábrica de aviões em Lagoa Santa. Com uma previsão preliminar para o início da produção em série de aviões NA-72 somente a partir de 1942, essa

Destinados à instrução avançada e às missões de apoio, os NA-72 podiam levar até 181 kg de bombas, além de duas metralhadoras MG40 (calibre .30 pol) nas asas e outra MG40 instalada na nacele traseira. Foto Museu Aeroespacial do Campo dos Afonsos.

perspectiva mostrou-se inaceitável para as autoridades da DAE. Assim, a DAE e a NAA assinaram um termo aditivo ao contrato original no dia 25 de julho de 1940, confirmando a encomenda de outros 10 aviões NA-72. Esses seriam exatamente iguais aos primeiros 20 exemplares, diferenciados somente pelo armamento de cano: três metralhadoras Colt-Browning de calibre 7 mm em vez das MG40 instaladas no primeiro lote de aviões.

Com a iminente entrega dos primeiros cinco aviões aos representantes da Aeronáutica do Exército, foi formulado o planejamento para a execução de uma operação de traslado em voo de todas as aeronaves. Essa operação seria a primeira do gênero a ser realizada por aviadores militares brasileiros, os quais percorreriam o território nacional de dez países. Em face da existência de poucos campos de pouso e do limitado auxílio à navegação aérea, caso fossem trazidos em voo pelo caminho mais curto, ficou decidido que os 30 aviões seriam trasladados pela rota do Pacífico. Assim, os 30 aviões NA-72 decolariam de Inglewood e sobrevoariam o México, a Guatemala, a Nicarágua, o Panamá, a Colômbia, o Equador, o Peru, o Chile e a Argentina antes de chegarem ao Brasil.

A primeira esquadrilha de seis aviões deixou Inglewood no dia 11 de setembro de 1940, chegando ao Aeroporto Santos Dumont, no Rio de Janeiro, no dia 13 do mês seguinte, após percorrer uma rota de quase 15 mil quilômetros. A segunda esquadrilha de seis aviões percorreu praticamente a mesma rota, chegando ao Rio de Janeiro no dia 22 de dezembro, demorando 23 dias. Com sete aviões, a terceira esquadrilha chegou ao Rio de Janeiro no dia 16 de janeiro de 1941. Às vésperas da criação do Ministério da Aeronáutica, essas 19 aeronaves foram entregues à Escola de Aviação do Exército. Os aviões remanescentes chegaram ao Brasil após a criação e a organização daquele ministério.

Ao chegar a primeira esquadrilha, foi colocado em ação o planejamento necessário para integrar os NA-72 ao currículo de instrução de voo da EAvEx. A fim de maximizar o emprego dessas aeronaves e atualizar os métodos de instrução de voo então utilizados naquele estabelecimento de ensino aeronáutico, um grupo de quatro oficiais do USAAC passou a ministrar diversos cursos especializados.

O NA-72 matrícula 03 visto no Campo dos Afonsos. Essa aeronave participou do primeiro traslado em voo feito por militares brasileiros. Entre 11 de setembro e 13 de outubro de 1940, os cinco primeiros NA-72 adquiridos voaram de Inglewood (EUA) para o Rio de Janeiro. Foto Museu Aeroespacial do Campo dos Afonsos.

Recebidos no final de 1940, os NA-72 sequer chegaram a ser empregados na instrução na EAeEx, pois, em janeiro de 1941, foram repassados à FAB.
Foto Museu Aeroespacial do Campo dos Afonsos.

Dando especial ênfase ao voo por instrumentos, radionavegação e comunicação por rádio, os NA-72 foram os instrumentos usados para efetivamente introduzir a mais moderna metodologia de instrução então existente.

North American NA-72

Período de Utilização	De 1940 até 1941
Fabricante	North American Aviation, Inc., (EUA)
Emprego	Treinamento avançado
Características Técnicas	
Motor	Pratt & Whitney Wasp S1H1 de 600 hp
Envergadura	12,95 m
Comprimento	8,20 m
Altura	3,9 m
Área Alar	23,98 m^2
Peso Vazio	1.791 kg
Peso Máximo	2.887 kg
Armamento	2 metralhadoras fixas Colt MG40, calibre .30 1 metralhadora móvel Colt MG40, calibre .30 Até 181 kg de carga ofensiva repartida em 4 cabides subalares Obs.: os últimos 10 aviões chegaram ao Brasil com metralhadoras Colt-Browning, calibre 7 mm
Desempenho	
Velocidade Máxima	330 km/h
Razão de Subida	380 m/min
Teto Operacional	6.553 m
Alcance	1.206 km
Comentários	
Total Adquirido	30 exemplares
Unidades Aéreas	Escola de Aviação do Exército (EAvEx)
Designações	Não recebeu designação
Matrículas	01 a 30

Helibras HB350 L1 Esquilo e AS550 A2 Fennec

Desenvolvido nos anos 1970 pela Aérospatiale (atual Airbus Helicopters), o AS350 Ecureuil (Esquilo) voou em 26 de junho de 1974, entrando em serviço em 1975. Em quase 40 anos, tornou-se um dos helicópteros mais usados no mundo, tanto no mercado civil como nos mercados de segurança pública e militar.

O AS350 B é um helicóptero leve, monoturbina, capaz de levar dois pilotos e três passageiros. Equipado com a confiável turbina Arriel 1D de 625 shp, que movimenta um rotor com três pás, ele é capaz de receber diversas configurações, desde transporte de passageiros, passando com configurações policiais, médicas, VIP e militares para as mais diversas missões, o que inclui o uso de sensores, armamento e blindagem.

No final dos anos 1970, ele passou a ser fabricado no Brasil pela Helibras, em Itajubá (MG), onde foi batizado de HB350 Esquilo. Seu primeiro contrato militar foi com a Marinha do Brasil (MB), assinado em 1979 para fornecer seis UH-12 Esquilo. Ao longo dos mais de 35 anos de produção no Brasil, o Esquilo passou a ter cerca de 43% de nacionalização, tornando-se o principal helicóptero produzido no país.

Da versão base, AS350 B, foram desenvolvidas inúmeras outras (AS350 BA, B1, B2, B3), bem como as versões militares AS350 L1 e AS550 A2 Fennec. A versão L1 é considerada uma adaptação para uso militar do AS350 B1. Já o AS550 é uma versão militar desenvolvida em cima da plataforma do AS350 B2. Lançado no fim dos anos 1980, o Fennec pode ser configurado com diversos tipos de arma, inclusive antitanque.

O AS550 é uma aeronave ágil, leve e versátil, capaz de realizar missões como ataque, antiblindado, combate aéreo, apoio a tropas e treinamento. Há diversos usuários militares do Fennec. Além do Brasil, os principais operadores são os Exércitos da Austrália, da Dinamarca, da França e dos Emirados Árabes Unidos.

Coube ao Esquilo reativar a Aviação do Exército, quando a primeira aeronave foi recebida em Taubaté (SP) em 1989. Foto Newman Homrich / Action Editora Ltda.

Ao todo, 36 aeronaves foram adquiridas, sendo 16 HB350 B L1 Esquilo e 20 HB550 A2 Fennec, que na Aviação do Exército foram designadas HA-1. Foto Newman Homrich / Action Editora Ltda.

Mais de 5 mil helicópteros da família Esquilo já foram produzidos, estando em serviço com mais de 1.600 operadores de 110 países.

Os HB350 e AS550 na Aviação do Exército

No currículo do HB350 Esquilo sempre vai constar o fato de ele ter sido a aeronave que marcou a reativação da Aviação do Exército, 48 anos depois de ela ter sido desativada, em 1941. A compra do HB350 L1 ocorreu no início de 1988, através do contrato DMB 001/88, que contemplou o consórcio Helibras/Aérospatiale, vencedor da concorrência aberta pelo Exército no ano anterior, para fornecer um pacote de 52 aeronaves, composto por 36 AS365 K e 16 Esquilo.

Ao contrário dos AS365 K, que foram fabricados na França, os HB350 L1 foram montados em Itajubá, na fábrica da Helibras. Matriculados EB 1001 a 1016 e designados HA-1 (Helicóptero de Ataque 1), os Esquilo foram entregues entre 1989 e 1991. O EB 1001 foi entregue oficialmente em 21 de abril de 1989, em cerimônia militar na sede do 1º BAvEx, na Base de Aviação de Taubaté, em São Paulo.

Em fins de 1991, com o objetivo de expandir a recém-ativada Aviação do Exército, houve um aditamento no contrato original, que contemplou a aquisição de mais 20 helicópteros HB550 A2 Fennec, versão militar baseada no AS350 Esquilo. Essas aeronaves foram entregues entre o final de 1992 e o final de 1994, recebendo a designação militar sequencial dos Esquilo, ou seja, HA-1 EB 1017 a 1036.

Assim como os HM-1, os HA-1 foram gradualmente sendo distribuídos entre as demais unidades da Aviação do Exército. Atualmente, eles servem no 1º, 2º e 3º BAvEx, além do CIAvEx.

Na Aviação do Exército, os HA-1 são utilizados basicamente para cumprir missões de reconhecimento e ataque. O HA-1 pode ser equipado com um gancho externo com capacidade para 750 kg e guincho lateral para 136 kg. Em termos de armamento, ele pode levar lançadores de foguetes SBAT 70/7 mm e metralhadoras

Helibras HA-1 EB 1018 – 1º BAvEx – com o primeiro padrão de pintura adotado.

Helibras HA-1 EB 1035 – 1º BAvEx – com a inscrição EXÉRCITO pintada na fuselagem.

Helibras HA-1 EB 1017 – 1º BAvEx – equipado com sensor infravermelho.

Helibras HA-1 EB 1006 – CIAvEx – no atual padrão de pintura adotado em 2000.

O Esquilo foi o primeiro helicóptero a ser empregado pelo Exército Brasileiro e trouxe uma nova dimensão operacional à força terrestre. Hoje são inimagináveis as suas operações cotidianas sem a presença de aeronaves de asas rotativas. Foto Wagner Ziegelmeyer / Action Editora Ltda.

axiais calibre FN MAG calibre 7,62 mm e M3P calibre .50 pol. Em 2005, os HA-1 passaram a contar com um FLIR Star Safire I. Em setembro de 2009, o Exército adquiriu o FLIR Safire III, que também passou a ser empregado nos HA-1. Outro recurso instalado em 14 HA-1 foi a capacidade de emprego de óculos de visão noturna (NVG).

Além de cumprirem as mesmas missões e empregarem os mesmos armamentos e sensores dos Fennec, os Esquilo também são usados na formação de novos pilotos no CIAvEx (Centro de Instrução de Aviação do Exército), sediado em Taubaté. Criado em 26 de setembro de 1991, ele passou a operar a partir de janeiro de 1992, empregando o HA-1 como vetor de formação de novos pilotos. Até sua ativação, os aviadores do Exército eram formados nas unidades de instrução da FAB (1º/11º GAV) e da Marinha (HI-1).

Originalmente, os HA-1 receberam uma camuflagem em dois tons de verde e um de areia. A partir de 2000, começaram a receber gradualmente uma pintura toda em verde-escuro, padrão usado até hoje.

Três HA-1 foram perdidos. No dia 11 de fevereiro de 2010, o EB 1011 do CIAvEx colidiu com o solo, na área de instrução da Aviação Naval, próximo ao morro São João, no município de Casimiro de Abreu (RJ). O HA-1 incendiou deixando os dois pilotos feridos.

Já em 10 de março de 2010, o EB 1029 do Destacamento do 3º Batalhão de Aviação do Exército caiu durante um voo noturno próximo a Corumbá (MS), causando a morte dos quatro tripulantes. Esse HA-1 era um dos seis que, desde fevereiro de 2009, estava preparando a transferência do 3º BAvEx de Taubaté para Campo Grande, o que, de fato, ocorreu em janeiro de 2011. O último acidente foi em 20 de janeiro de 2011 com o EB 1032 em Nova Friburgo (RJ) sem deixar vítimas. O HA-1 do 1º BAvEx participava da operação de resgate de vítimas de intensas chuvas que caíram sobre a Região Serrana do Rio de Janeiro naquele ano.

Em 30 de dezembro de 2010 foi assinado um contrato para a modernização da frota de HA-1 avaliada em US$ 92 milhões. Ao todo, 33 aeronaves foram

*O HA-1 1029 é visto armado com um lançador de foguetes SBAT 70. Essa aeronave foi perdida em um acidente em 10 de março de 2010, em Corumbá (MS).
Foto André Durão / Action Editora Ltda.*

modernizadas na sede da Helibras tendo as matrículas entre 2011 e 2018. A atualização, que visava a prorrogação da vida útil dos HA-1 em mais 25 anos, consistiu em nova aviônica digital, instalação de piloto automático Sagem AP85, um AFCS (Automatic Flight Control System), que proveu estabilidade nos eixos longitudinal e transversal, novos bancos com absorção de energia que oferecem proteção do tipo anti-crash e blindagem. Além dos SBAT 70 mm e de metralhadoras calibre 7,62 mm e .50 pol, a versão modernizada permite empregar o MAS 5.1, então em desenvolvimento, e baseado no míssil anticarro Mectron MSS 1.2.

Linha de voo na Base de Aviação do Exército de Taubaté, onde são vistas, entre outras, aeronaves HA-1. Após a reativação da Aviação do Exército, em 1986, Taubaté se tornou sua principal base operacional. Foto André Durão / Action Editora Ltda.

Em agosto de 2011, a frota de Esquilo/Fennec da Aviação do Exército ultrapassou a marca de 100 mil horas de voo. Para marcar o feito, o EB 1025 recebeu um adesivo nas portas principais com a inscrição – 100.000 horas .

Helibras HB350 L1 Esquilo e AS550 A2 Fennec		
Período de Utilização	A partir de abril de 1989	A partir de 1992
Fabricante	Helibras	Aérospatialle (atual Airbus Helicopters)
Emprego	Treinamento, reconhecimento aéreo e ataque	
Características Técnicas	HB350 L1	AS550 A2
Motor	Turbomeca Arriel 1D1 (625 shp)	Turbomeca Arriel 1D1 (625 shp)
Diâmetro do Rotor	10,69 m	10,69 m
Comprimento	10,93 m	10,93 m
Altura	3,34 m	3,34 m
Peso Vazio	1.355	1.357 kg
Peso Máximo	2.200 kg	2.250 kg
Tripulação	1P + 2P + Fiel	1P + 2P + Fiel
Armamento	Foguetes SBAT 70 mm Metralhadoras axiais calibre FN MAG calibre 7,62 mm e M3P calibre .50 pol.	Foguetes SBAT 70 mm Metralhadoras axiais calibre FN MAG calibre 7,62 mm e M3P calibre .50 pol.
Desempenho		
Velocidade Máxima	287 km/h	287 km/h
Teto Operacional	6.096 m	6.096 m
Alcance	650 km	650 km
Comentários		
Total Adquirido	16 exemplares	20 exemplares
Unidades Aéreas	CIAvEx, 1º BAvEx 2º BAvEx 3º BAvEx	
Designações	HA-1*	
Matrículas	EB 1001 a 1016	EB 1017 a 1036

*Há previsão de modernização de 33 HA-1. Não serão modernizados os EB 1011, 1029 e 1032 perdidos em acidentes operacionais.

Eurocopter AS365 K e AS365 K2

O Aérospatiale AS365 K Panther é a primeira versão militar baseada no AS365 N Dauphin 2, um helicóptero desenvolvido no início dos anos 1970 e que entrou em serviço em 1978 no mercado civil e no de segurança pública. O AS365 deu origem também ao HH/MH-65 Dolphin, versão de Busca e Salvamento (SAR), empregado pela United States Coast Guard (Guarda Costeira Americana), que voou pela primeira vez em 1980, e passando a operar em 1985.

Fabricado originalmente pela Aérospatiale, atual Airbus Helicopters, o AS365 K é uma aeronave bimotora e multitarefa, que pode ser empregada em missões de transporte, assalto aerotático, reconhecimento, busca e salvamento, evacuação aeromédica e ataque, entre outras. Seu primeiro voo ocorreu em

24 de fevereiro de 1984 e, desde então, diversas versões foram desenvolvidas para atender vários operadores militares, entre os quais o Brasil, a Bulgária, o Chile, a França, Israel, Marrocos, México, Reino Unido e o Uruguai.

Capazes de levar dois pilotos, um mecânico e até nove soldados equipados, as primeiras versões eram dotadas de motores Arriel 1, recebendo posteriormente a versão Arriel 2, que trouxe um ganho de até 40% a mais de potência ao helicóptero.

Nos anos 1990, o AS365 K acabou sendo redesignado AS565 Panther, para diferenciá-lo da sua versão civil. Ele também deu origem à coprodução franco-chinesa Harbin Z-9, versão do AS565 fabricada sob licença pela Harbin Aircraft Manufacturing Corporation para o Exército da China.

Os Eurocopter AS365 K e K2 na Aviação do Exército

No Brasil, a história do AS365 K está ligada diretamente ao ressurgimento da Aviação do Exército, extinta em 1941 e reativada em 3 de setembro de 1986 pelo Decreto-lei nº 93.206, com a criação do 1º Batalhão de Aviação do Exército em Taubaté (SP). A criação do 1º BAvEx permitiu que, em 1988, fosse efetivada a compra perante o consórcio Helibras/Aérospatiale (atual Airbus Helicopters) de um lote de 16 AS350 L1 Esquilo e 36 AS365 K Panther, através do contrato DMB 001/88.

Matriculados EB 2001 a 2036, os Panther, ou Pantera, como ficaram conhecidos na Aviação do Exército, foram todos fabricados e recebidos em Marignane, França, pela Comissão de Fiscalização e Recebimento do Exército (COMFIREMEX), sendo designados HM-1 (Helicóptero de Manobra 1). Uma curiosidade é que o HM-1 EB 2001 foi exposto pela Aérospatiale no Salão Aeronáutico de Le Bourguet, em Paris, em junho de 1989.

Os primeiros três exemplares (EB 2001/02/03) chegaram a Taubaté em janeiro de 1990 e foram destinados ao 1º Batalhão de Helicópteros, nova

O HM-1 Pantera EB 2035 do 2º BAvEx é visto em voo ostentando o primeiro padrão de pintura empregado pelos AS365 K na Aviação do Exército.
Foto Wagner Ziegelmeyer / Action Editora Ltda.

O HM-1 EB 2016 com o padrão de pintura inicial adotado pela Aviação do Exército.

O HM-1 EB 2014 ostentando o atual padrão de pintura dos AS365 K/K2 do Exército.

designação do 1º BAvEx a partir de 1º de janeiro daquele ano. Até fins de 1991, todos os HM-1 haviam sido entregues, sendo concentrados em Taubaté.

A primeira missão de vulto dos Pantera ocorreu em março de 1991, quando dois HM-1, junto com outros dois HA-1, fizeram sua estreia na Amazônia, na região da Serra do Traíra, fronteira com a Colômbia, ao apoiar as ações do 1º Batalhão de Forças Especiais, do 1º Batalhão Especial de Fronteira e do 1º Batalhão de Infantaria de Selva nas manobras que se sucederam ao episódio do Rio Traíra, quando guerrilheiros das FARC (Forças Armadas Revolucionárias da Colômbia) atacaram um pelotão de fronteira do Exército, que resultou em três brasileiros mortos e quatro feridos. Ficou patente que a presença dos helicópteros era premente na Amazônia e, assim, a partir de 13 de maio de 1992, criou-se um destacamento do 1º Batalhão de Helicópteros em Manaus, sediado provisoriamente na Base Aérea de Manaus. Em 1º de março de 1993, o destacamento passou a ser a 1ª Companhia de Helicópteros de Manobra do 2º Batalhão de Helicópteros (1ª Cia Helicop/2º BAvEx), criando assim a primeira unidade da Aviação do Exército sediada na Amazônia, que foi equipada com os HM-1.

Em 15 de dezembro de 1993, a Aviação do Exército passou por uma reestruturação. Foram extintos os batalhões de helicópteros e, em seu lugar, criados os grupos de aviação do Exército, numa estrutura parecida com a da FAB. O 1º Grupo de Aviação foi mantido em Taubaté, composto por três esquadrões: 1º, 2º e 3º Esquadrões. Em Manaus, foi sediado o 1º Esquadrão do 2º Grupo de Aviação do Exército (1º/2º GAvEx), que sucedeu a 1ª Cia Helicop/2º BAvEx.

Todos os esquadrões foram equipados com o HM-1 Pantera. Essa nomenclatura mudaria mais duas vezes. Na primeira, em 15 de dezembro de 1997, os grupos de aviação foram extintos, ficando as unidades designadas apenas como Esquadrão de Aviação do Exército (Esqd AvEx), sendo o 1º, 2º e 3º Esqd AvEx sediados em Taubaté e o 4º Esqd AvEx, em Manaus. Já a se-

Um HM-1 sobre a selva. O AS365 foi o primeiro helicóptero do Exército Brasileiro (EB) a equipar a primeira unidade aérea do EB instalada na Amazônia. Foto Alexandre Durão / Action Editora Ltda.

gunda ocorreu em 1º de janeiro de 2005, quando os Esqd AvEx passaram a se chamar Batalhões de Aviação do Exército (BAvEx), criando a atual estrutura operacional, na qual o 3º BAvEx passou a ser sediado em Campo Grande (MS) a partir de 17 de janeiro de 2009. Seja qual tenha sido a denominação, as unidades operacionais sempre contaram com o HM-1 Pantera.

Um Pantera do 1º BAvEx pousa em Taubaté. Até a chegada dos HM-2, 3 e 4, o HM-1 foi o principal helicóptero de manobra (HM), sendo responsável por consolidar as operações com asas rotativas no EB. Foto Carlos Lorch / Action Editora Ltda.

O HM-1 EB 2007 do 3º BAvEx. O Pantera é utilizado em missões de transporte, apoio, EVAM, infiltração e exfiltração de tropas especiais. Foto André Durão / Action Editora Ltda.

No Exército a missão do HM-1 é a de emprego geral, sendo utilizado em missões de transporte, apoio, EVAM, infiltração e exfiltração de tropas especiais. Originalmente não possuíam armamento. Mas nos anos 2000, eles passaram a empregar metralhadoras FN MAG calibre 7,62 mm ou M3P .050. Em 2009, também teve início um processo para adaptar as aeronaves para o uso de lançadores de foguetes SBAT 70 com base no EB 2020.

Originalmente os HM-1 foram recebidos com uma camuflagem em dois tons de verde e um de areia. A partir de 2000, todos começaram a receber gradualmente uma pintura verde-escuro, padrão usado até hoje.

Em 23 anos de operação foram perdidas duas aeronaves em acidentes. O primeiro foi no dia 24 de maio de 2004, com o EB 2015, que se acidentou nas proximidades da Represa do Funil, em Resende (RJ), deixando três vítimas fatais entre os quatro ocupantes. O outro acidente ocorreu 51 dias depois, em 15 de julho de 2004, quando o EB 2002 foi perdido próximo a Augusto Pestana (RS), com seis vítimas fatais. Ambos pertenciam ao 3º Esqd AvEx.

Em 22 de dezembro de 2009, foi assinado um contrato com a Helibras para modernizar os 34 HM-1 restantes. Avaliada em R$ 375.803.725, a modernização incluiu novas cablagens, aviônica digital (glass cockpit), um novo radar meteorológico, sistema de comunicações, piloto automático de quatro eixos, sistema de NVG (óculos

O novo painel do AS365 K2 é todo glass cockpit. Além de nova aviônica, a aeronave ganhou um sistema NVG, um radar meteorológico e novos motores Arriel 2G2-CG. Foto Helibras.

O primeiro Super Pantera, como foi designado o AS365 K2 na AvEx, foi o EB 2010, entregue no final de março 2014. Foto Helibras.

de visão noturna) e um novo rotor de cauda. Além disso, outro contrato assinado com a Turbomeca do Brasil, no valor de R$ 113.267.396, contemplou a substituição dos motores Arriel 1M1 pelo Arriel 2G2-CG, equipado com FADEC (Controle Digital), que garantiu 40% a mais de potência à aeronave, bem como uma nova transmissão.

A modernização elevou a vida útil das aeronaves em 25 anos e estava prevista para ser concluída em 2021. O primeiro HM-1 modernizado foi o EB 2010, que voou pela primeira vez na França em junho de 2012, sem a pintura do Exército e com a matrícula de teste F-ZWRS. Ele foi apresentado na LAAD 2013, no Rio de Janeiro, já com a pintura padrão da Aviação do Exército. A versão modernizada foi designada AS365 K2 Super Pantera.

Eurocopter AS365 K e AS365 K2

Período de Utilização	A partir de janeiro de 1990	A partir de 2014
Fabricante	Aérospatiale (atual Airbus Helicopters)	
Emprego	Emprego geral, transporte e transporte de tropas	
Características Técnicas	AS365 K	AS365 K2
Motor	2 Turbomeca Arriel 1M1 de 653 shp cada um	2 Turbomeca Arriel 2C2-CG de 956 shp cada um
Diâmetro do rotor	11.94 m	11.94 m
Comprimento	13,68 m	13,68 m
Altura	3,97 m	3,97 m
Peso Vazio	2.380 kg	2.380 kg
Peso Máximo	4.300 kg	4.300 kg
Tripulação	1P + 2P + 1 mecânico	1P + 2P + 1 mecânico
Armamento	Metralhadora lateral 7,62 mm ou .50 pol., ambas operadas pelo mecânico da aeronave Em 2009 alguns HM-1 passaram ter a capacidade de empregar lançadores de foguetes SBAT 70	
Desempenho		
Velocidade Máxima	277 km/h	324 km/h
Teto Operacional	5.865 m	5.865 m
Alcance	820 km	870 km
Comentários		
Total Adquirido	36 exemplares	34 exemplares (modernizados)
Unidades Aéreas	CIAvEx 1º BAvEx 2º BAvEx 3º BAvEx 4º BAvEx	
Designações	HM-1	
Matrículas	EB 2001 a 2036	EB 2001, 2003 a 2014 e 2016 a 2036

Sikorsky S-70A Black Hawk

O Sikorsky S-70 Black Hawk é um helicóptero bimotor de médio porte que voou pela primeira vez em 17 de outubro de 1974. Ele foi desenvolvido para participar do Utility Tactical Transport Aircraft System (UTTAS), competição lançada pelo Exército Americano em 1972, visando a um substituto para o lendário Bell 205, mais conhecido como UH-1 Huey. O Black Hawk saiu vencedor da concorrência em 1976 e entrou em serviço em

1979, sendo designado UH-60A, classificação militar que se tornou tão ou mais conhecida que a designação de fábrica S-70A.

Versátil, a plataforma base permitiu que fossem desenvolvidas inúmeras outras variantes, entre as quais a UH-60L, versão melhorada do UH-60A, que se tornou uma das mais produzidas. Além das versões utilitárias, o Black Hawk também possui diversas versões especializadas destinadas a cumprir missões SAR, MEDEVAC, C-SAR e operações especiais, entre outras. Entre essas versões estão a HH-60G Pave Hawk da USAF, destinada a missões de Combat-SAR (C-SAR); o HH-60J JayHawk, versão SAR do USCG, e o VH-60, versão VIP, destinado a transportar o presidente dos Estados Unidos.

A partir do S-70A a Sikorsky desenvolveu uma versão naval denominada S-70B, que foi designada pela Marinha Americana como SH-60B Seahawk. Assim, como a versão terrestre, o Seahawk, é um helicóptero multifunção com diversas variantes que voou pela primeira vez em 1979 e entrou em serviço em 1984.

Desde os anos 1980 o Black Hawk vem participando ativamente de diversas ações militares, especialmente as que envolveram o US Army e a USAF, como as ações nas Guerras do Golfo, em 1991, do Iraque e do Afeganistão. Nos dias 3 e 4 de outubro de 1993 protagonizou as ações do Exército Americano em Mogadíscio, Somália, durante a chamada Batalha de Mogadíscio, como ficou conhecido o conflito dos Rangers americanos contra milicianos somalis, que resultou na derrubada de dois UH-60L do US Army em plena cidade, além de mais de 2 mil somalis e 133 americanos mortos. A operação visava capturar o chefe tribal Mohamed Farrah Aidid e virou uma batalha campal, que inspirou o livro Black Hawk Down e posteriormente o filme de título homônimo. A operação estava inserida na UNOSOM (United Nations Operation in Somalia).

Entre os usuários do S-70 Black Hawk estão: Argentina, Arábia Saudita, Áustria, Austrália, Bahrain, Brasil, Brunei, Chile, China, Colômbia, Coreia do Sul, Egito, Emirados Árabes Unidos, Estados Unidos, Filipinas, Israel, Japão, Jordânia, Polônia, Suécia, Tailândia, Taiwan e Turquia.

A estreia dos quatro HM-2 Black Hawk do Exército ocorreu na Missão de Observadores Militares Equador-Peru (MOMEP), quando, de novembro de 1997 a junho de 1999, operaram a serviço da ONU sediados em Patuca (Equador).
Foto Wagner Ziegelmeyer / Action Editora Ltda.

O HM-2 EB 3002 Black Hawk do 4º Batalhão de Aviação do Exército com as marcas da MOMEP.

O HM-2 EB 3001 no atual padrão de pintura dos S-70A Black Hawk do 4º BAvEx – Manaus.

Dois HM-2 Black Hawk do Exército Brasileiro a serviço da Missão de Observadores Militares Equador-Peru (MOMEP) fotografados na Base Equatoriana de Patuca. Ao término da MOMEP os HM-2 foram traslados para Manaus.
Foto Wagner Ziegelmeyer / Action Editora Ltda.

O Sikorsky S-70 Black Hawk na Aviação do Exército

A Aviação do Exército tornou-se a primeira das três forças a operar o Black Hawk. Sua aquisição está ligada diretamente à participação do Brasil na MOMEP (Missão de Observadores Militares Equador – Peru). Criada em 10 de março de 1995 pelas Nações Unidas, a missão tinha por objetivo solucionar o conflito fronteiriço entre Equador e Peru, que ocorreu no Vale no Cenepa e na Cordilheira do Condor. A MOMEP durou cerca de quatro anos e quatro meses e teve a participação de quase duas centenas de militares brasileiros, que atuaram na Coordenadoria-geral como observadores militares e na equipe de apoio, o que incluía um destacamento aéreo composto por helicópteros e uma aeronave C-98 da FAB. Atuar na coordenação geral criou a possibilidade da compra de quatro S-70A-36 Black Hawk via FMS

O HM-2 EB 3004 equipado com quatro tanques extras em operação na selva amazônica. Foto Alexandre Durão / Action Editora Ltda.

(Foreign Military Sales), autorizada pelo Congresso americano em julho 1997.

Formalizada a venda, militares do Exército foram a Stratford, Connecticut, sede da Sikorsky, para realizar o curso da aeronave Black Hawk. Em novembro de 1997, os militares brasileiros, entre eles 10 pilotos, trasladaram os quatro HM-2 (Helicóptero de Manobra 2), como foram designados, matriculados EB 3001 a 3004, de Stratford para Patuca, Equador, sede da MOMEP. Os quatro HM-2 vieram com o padrão de pintura do US Army, verde-oliva escuro, e receberam faixas brancas, aplicadas em três pontos da fuselagem, e a inscrição MOMEP nas portas principais, para identificar a aeronave como a serviço das Organização das Nações Unidas (ONU).

Na operação da ONU os HM-2 passaram a apoiar diretamente as ações da Coordenação Geral, bem como todas as atividades da ONU na região. A missão dos Black Hawk brasileiros incluía também fiscalização dos pontos de fronteira e da zona desmilitarizada, patrulha de fronteira, apoio logístico a pelotões de fronteira e postos de observadores. Além das missões em proveito da MOMEP, os HM-2 realizaram diversas missões humanitárias, transportando civis a hospitais, resgatando feridos e prestando apoio médico em áreas de risco. Talvez a missão que mais sintetize a participação na MOMEP tenha ocorrido no dia 9 de agosto de 1998 no Vale do Cenepa, quando o HM-2 EB 3004 realizou uma evacuação aeromédica noturna de um soldado equatoriano que havia pisado em uma mina terrestre. A missão difícil e perigosa, feita em um terreno acidentado a uma altitude de 7 mil pés, só pôde ser cumprida com êxito graças à qualidade da aeronave, aliada à capacidade operacional da tripulação e ao uso de óculos de visão noturna (NVG) modelo Litton ANVIS-6. Esse mesmo helicóptero (EB 3004) sofreria um acidente em 13 de setembro de 1998, quando a aeronave ficou parcialmente destruída, deixando um morto e cinco feridos. O EB 3004 foi enviado aos EUA e recuperado na Sikorsky, voltando a operar normalmente.

Com o fim da MOMEP, em 30 de junho de 1999, os HM-2 foram trasladados para o Brasil em agosto de 1999, quando passaram a integrar o 4º Esquadrão de Aviação do Exército (4º Esqd AvEx), que, a partir do dia 27 de outubro de 1999, passou a ocupar suas atuais instalações no Aeroporto de Ponta Pelada. Em 1º de janeiro de 2005, a unidade foi redenominada 4º Batalhão de Aviação do Exército (4º BAvEx).

Na Aviação do Exército, os HM-2 cumprem a missão de emprego geral, que inclui as tarefas de transporte, transporte de tropas, SAR, EVAM e apoio às operações especiais. Foto Centro de Comunicação Social do Exército.

Na Aviação do Exército, os HM-2 cumprem a missão de emprego geral, que inclui as tarefas de transporte, transporte de tropas, SAR, EVAM, apoio às operações especiais e às forças terrestres. Os Black Hawk passaram a ser vetores primordiais nas operações na região amazônica, apoiando as diversas unidades ali sediadas, bem como executando uma série de outras missões de apoio a outros órgãos federais, estaduais e municipais. O emprego do NVG permitiu que ele operasse diuturnamente, dando uma nova dimensão à Aviação do Exército.

Os quatro Black Hawk do Exército, matriculados HM-2 EB 3001 a EB 3004, estão sediados no 4º BAvEx no Aeroporto de Ponta Pelada, onde também está localizada a Base Aérea de Manaus. Foto Alexandre Durão / Action Editora Ltda.

Os S-70A do Exército Brasileiro possuem radar meteorológico, capacidade de empregar quatro tanques externos e duas metralhadoras laterais FN MAG 58M calibre 7.62 mm, operadas pelos mecânicos da aeronave. Em 2003, os óculos de visão noturna ANVIS-6 foram substituídos pelo modelo ANVIS-9.

Sikorsky S-70A Black Hawk	
Período de Utilização	A partir de novembro de 1997
Fabricante	Sikorsky Aircraft
Emprego	Missões de emprego geral que incluem missões de transporte, transporte de tropas, SAR, EVAM, apoio às operações especiais e às forças terrestres
Características Técnicas	
Motor	2 General Electric T700-GE-701C de 1.940 shp cada um
Diâmetro do Rotor	16,35 m
Comprimento	19,76 m
Altura	5.13 m
Peso Vazio	4.819 kg
Peso Máximo	10.660 kg
Tripulação	1P + 2P + 2 mecânicos
Armamento	Metralhadora lateral MAG 58M calibre 7.62 mm
Desempenho	
Velocidade Máxima	295 km/h
Teto Operacional	5.790 m
Alcance	4 h 45 m (com 4 tanques externos cerca de 2.220 km) 590 km de raio de combate
Comentários	
Total Adquirido	4 exemplares
Unidades Aéreas	4º Esqd Av Ex/4º BAvEx Obs.: em 1º de janeiro de 2005, a denominação Esquadrão de Aviação do Exército (Esqd Av Ex) foi alterada para Batalhão de Aviação do Exército (BAvEx)
Designações	HM-2
Matrículas	EB 3001 a 3004

Eurocopter AS532 Cougar e EC725 Jaguar

Derivado do SA330 Puma, o AS332 Super Puma nasceu em 1974. Partindo de uma célula de SA330, a Aérospatiale realizou diversas modificações estruturais, instalando um novo motor e aviônica. O protótipo SA331-01 voou pela primeira vez em 13 de setembro de 1978. Com base nos resultados obtidos com o SA331, um ano mais tarde, voava o AS332-01 (F-WZAT), o primeiro protótipo do helicóptero que seria conhecido como Super Puma e que, no início dos anos 1980, entraria em serviço com duas versões: AS332 B (Militar) e AS332 C (Civil).

O Super Puma nasceu como vetor de transporte tático, destinado a cumprir missões de transporte de tropas, emprego geral e helitransporte. A partir da versão AS332 B, a Aérospatiale desenvolveu o AS332 M (sua versão civil é o AS332 L), um modelo alongado em 74 cm, o que permitiu o transporte de mais quatro soldados. O AS332 M tornou-se o modelo militar padrão, sendo gradualmente adaptado para outras tarefas, como missões de guerra antissubmarino/antissuperfície

(AS332 F, em que F vem de Frégate), emprego naval (AS332 F1), SAR, Combate-SAR, operações especiais e assalto.

Em 1990, por força da convenção de Viena, que exigia designação e nome específicos para as versões militares de qualquer aeronave produzida para os mercados civil e militar, os Super Puma fabricados a partir de então passaram a adotar a designação militar AS532 Cougar. Com isso, o AS332 M passou a ser designado AS532 UL, também conhecido como Cougar Mk1. Além deste, a Eurocopter (atual Airbus Helicopters) desenvolveu outros modelos como o AS532 UC (versão de fuselagem normal e desarmada); o AS532 AC (versão de fuselagem normal e armada); o AS532 AL (versão de fuselagem alongada e armada); o AS532 MC (SAR) e o AS532 SC (ASuW/ASW – Guerra Antissuperfície/Guerra Antissubmarino), além da versão AS532 U2/A2 Cougar Mk2 (SAR/C-SAR), que possui a mesma fuselagem do EC725.

Assim como o SA330 gerou o AS332, a Eurocopter (atual Airbus Helicopters) passou a desenvolver um novo modelo baseado no AS532 a pedido da Força Aérea Francesa, que necessitava de um helicóptero especializado em Combat-SAR (C-SAR). Os franceses haviam tentado empregar o Cougar entre 1996 e 1999. Porém, a aeronave não se enquadrava nos requisitos do Armée de l'Air para a missão. A solução foi desenvolver uma aeronave com base na célula do Cougar Mk2 (AS532 U2/A2), que foi designada EC725.

Seu primeiro voo ocorreu em Marignane, em 27 de novembro de 2000. A nova variante possui uma fuselagem 50 cm maior do que a do AS532 UL Mk1, um novo motor e uma nova aviônica. A França encomendou seis unidades entregues

Recebidos em 28 de junho de 2002, os AS532 UE Cougar receberam as matrículas EB 4001 a EB 4008, sendo designados HM-3 ou Helicóptero de Manobra 3. Foto Wagner Ziegelmeyer / Action Editora Ltda.

em fevereiro de 2005, para testes. Aprovado, o EC725 passou a ser o vetor de C-SAR da Força Aérea e foi encomendado também pelo Exército Francês.

Denominado Caracal ou Super Cougar, o EC725 possui uma aviônica digital, emprega sistemas de FLIR e NVG, além de ser armado com metralhadoras e lançadores de foguetes. Ele pode transportar até 29 soldados ou 12 feridos em macas. Assim como o Super Puma/Cougar, o EC725 também gerou uma variante naval e outra civil, designada EC225.

Os helicópteros Caracal franceses já estiveram em combate. Em junho de 2006, participaram da Operação Baliste, realizada no Líbano, visando à evacuação de civis da União Europeia durante a Segunda Guerra do Líbano. A partir de 2007, iniciaram suas missões no Afeganistão, operando a partir de Cabul, em tarefas de suporte aéreo e C-SAR em benefício da coalizão que ali atuava. O EC725 foi adquirido pelo Brasil, Cazaquistão, França, Indonésia, Malásia, México e Tailândia.

O Eurocopter AS532 Cougar na Aviação do Exército

Para ampliar sua frota de helicópteros de médio porte, em novembro de 1999, o Exército Brasileiro assinou um contrato de compra de oito Eurocopter AS532 UE Cougar no valor de US$ 91 milhões, o que incluiu, além das aeronaves, todo o seu suporte logístico. O Cougar do EB é baseado na célula do Cougar Mk.1 (AS532 UL), isto é, uma versão utilitária com fuselagem alongada. Fabricados na Europa, os dois primeiros exemplares chegaram desmontados ao Brasil a bordo de um Antonov An-124, que pousou em São José dos Campos (SP) em maio de 2002. Os helicópteros foram então montados e trasladados para Itajubá (MG). No dia 28 de junho de 2002, durante uma cerimônia ocorrida nas instalações da Helibras (Itajubá), os dois helicópteros EB 4001 e EB 4002 foram oficialmente

O HM-3 EB 4004 do 4º Batalhão de Aviação do Exército.

O HM-4 EB 5001 do 1º Batalhão de Aviação do Exército – Taubaté (SP).

Os HM-3 são empregados em missões de emprego geral, que incluem transporte, transporte de tropas, SAR, EVAM e apoio às operações especiais e às forças terrestres. Foto Alexandre Durão / Action Editora Ltda.

entregues à Aviação do Exército. Outras três aeronaves foram entregues em 2003 e mais três em 2004, fechando o lote inicial de oito.

Designados HM-3 (Helicóptero de Manobra 3), os AS532 UE foram matriculados de EB 4001 a EB 4008. Quatro foram distribuídos ao 2º Esquadrão de Aviação do Exército (2º EsqAvEx), sediado em Taubaté (SP), e outros quatro ao 4º Esquadrão de Aviação do Exército (2º EsqAvEx), de Manaus (AM). Em janeiro de 2005, essas unidades foram redenominadas 2º e 4º Batalhão de Aviação do Exército (BAvEx), respectivamente, e ambas continuam a operar com o HM-3 na 2ª Esquadrilha de Helicópteros de Emprego Geral (2ª EHEG).

No Exército a missão do HM-3 é a de emprego geral, sendo utilizado em missões de transporte, apoio, EVAM e infiltração e exfiltração de tropas especiais. Ele pode acomodar até 22 homens armados e equipados, além da tripulação, composta por dois pilotos e mais dois mecânicos de voo, totalizando 26 militares.

Os HM-3 foram recebidos sem as carenagens que protegiam o trem de pouso principal, que foram substituídas por um trem de pouso com alta absorção de energia. Posteriormente, as carenagens foram adotadas, dando um visual mais convencional aos helicópteros. Os HM-3 possuem cabine blindada e capacidade para emprego de NVG (óculos de visão noturna). Em termos de armamento, ele pode empregar duas metralhadoras 7,62 mm laterais, operadas pelos mecânicos de voo.

Um das missões mais importantes realizadas pelos HM-3 foi o resgate de reféns, coordenado pelo Comitê Internacional da Cruz Vermelha (CICV) de resgate humanitário da Colômbia. Por quatro vezes os HM-3 do 4º BAvEx atuaram no resgate de prisioneiros das Forças Armadas Revolucionárias da Colômbia (FARC), após negociação entre entidades internacionais, o governo colombiano e os líderes da FARC.

O primeiro resgate aconteceu em 2009, com dois reféns libertados transportados pelos HM-3. No ano seguinte, em março de 2010, dois militares colombianos foram resgatados. Em fevereiro de 2011, foram resgatados seis reféns. Já em março de 2012, os Cougar resgataram 10 reféns das FARC. Em todas as missões, sempre foram empregados dois HM-3, que receberam faixas brancas verticais na fuselagem e o símbolo da Cruz Vermelha Internacional bem visível, para identificar que as aeronaves estavam voando em missão de misericórdia dentro de uma área de conflito.

O primeiro EC725 do Exército, ainda com a matrícula francesa F-ZWBR (EB 5001), realiza, em 2010 naquele país, um voo de experiência. Foto Eurocopter.

Fruto do Programa H-XBR, 16 helicópteros do modelo EC725 BR-E (Exército) fpram adquiridos pelo Exército, sendo designados HM-4 Jaguar e matriculados de EB 5001 a EB 5016. Foto Wagner Ziegelmeyer / Action Editora Ltda.

Um EB 5001 visto em Taubaté. Os EC725 foram inicialmente alocados à 2ª Esquadrilha de Helicópteros de Emprego Geral (2ª EHEG) do 1º BAvEx.
Foto Wagner Ziegelmeyer / Action Editora Ltda.

O Eurocopter EC725 Jaguar na Aviação do Exército

O EC725 é fruto do Programa H-XBR, que, em 2008, definiu a compra de 50 unidades, fazendo do modelo da Eurocopter (atual Airbus Helicopters) o primeiro helicóptero adquirido, ao mesmo tempo, pelas três Forças Armadas brasileiras. O contrato assinado em 23 de dezembro de 2008 foi no valor de € 1,87 bilhão e tem 100% de offset; reza que, a partir da 17ª aeronave, ela seja fabricada pela Helibras, em Itajubá (MG). O pacote contempla 18 helicópteros para a Força Aérea, 16 para a Aviação Naval e outros 16 para a Aviação do Exército.

A Aviação do Exército inicialmente iria receber oito aeronaves do modelo EC725 BR-B (Básico) e oito do modelo operacional EC725 BR-E (Exército). Porém, em 2011, o Exército optou por padronizar toda a frota com o modelo operacional. Com isso, os três primeiros helicópteros da versão básica que já estavam na linha de montagem, ao final das entregas, regressarão a Helibras para serem convertidos ao padrão BR-E.

Designados HM-4 (Helicóptero de Manobra 4) e matriculados de EB 5001 a EB 5016, o Jaguar, como foi denominado na Aviação do Exército, tem a missão de emprego geral. Isso significa que cumpre missão de helitransporte,

transporte de tropas, SAR, EVAM, apoio às operações especiais e às forças terrestres. Para cumprir a missão, o HM-4 conta com sistema de Óculos de Visão Noturna (NVG – Night Vision Goggles), FLIR, sistemas de autoproteção como chaff, flare, RWR (Radar Warning Receiver), LWR (Laser Warning Receiver) e MAWS (Missile Approach Warning System), além de blindagem e capacidade de empregar duas metralhadoras FN Herstal MAG calibre 7,62 mm, operada pelos mecânicos.

O primeiro HM-4 (EB 5001) foi entregue em uma cerimônia oficial do Ministério da Defesa, realizada em 20 de dezembro de 2010, na Base Aérea de Brasília (BABR), onde também foram entregues outros dois EC725 da versão básica destinados à FAB (H-36 8510) e à Marinha (UH-15 N-7001). A primeira unidade a usar o HM-4 foi o 1º BAvEx de Taubaté, que destinou o EB 5001 à 2ª Esquadrilha de Helicópteros de Emprego Geral (2ª EHEG). O EB 5002 foi entregue em dezembro de 2012. A dotação prevista para a 2ª EHEG é de oito unidades. A partir daí, o HM-4 será incorporado à 2ª EHEG do 4º BAvEx, em Manaus, em substituição ao HM-3, que passará a voar na 1ª EHEG do 4º BAvEx junto com os HM-1.

Eurocopter AS532 Cougar e EC725 Jaguar

Período de Utilização	A partir de junho de 2002	A partir de dezembro de 2012 (EC725 BR-B/E)
Fabricante	Eurocopter, atual Airbus Helicopters	Eurocopter (atual Airbus Helicopters)/Helibras
Emprego	Transporte, transporte de tropas, SAR, EVAM e apoio às operações especiais	
Características Técnicas	A532 UE	EC725 BR-E
Motor	2 Tubomeca Makila 1A1 de 1.877 shp cada um	2 Tubomeca Makila 2A1 de 2.382 shp cada um
Diâmetro do Rotor Principal	15,60 m	16,20 m
Comprimento	16,29 m	16,79 m
Altura	4,92 m	4,97 m
Largura da Fuselagem	4,10 m	4,10 m
Peso Vazio	4.660 kg	5.330 kg
Peso Máximo	9.150 kg	11.200 kg
Tripulação	1P+2P+2 fiéis ou mecânicos de voo	1P+2P+2 fiéis ou mecânicos de voo
Armamento	Metralhadora MAG 7,62 mm	Metralhadora FN MAG 7,62 mm
Desempenho		
Velocidade Máxima	262 km/h	324 km/h
Razão de Subida	522 m/min	600 m/min
Teto Operacional	5,180 m	6.095 m
Alcance	851 km	857 km
Comentários		
Total Adquirido	8 exemplares	16 exemplares
Unidades Aéreas	2º EsqdAvEx 2º BAvEx 4º BAvEx	1º BAvEx
Designações	HM-3	HM-4
Matrículas	EB 4001 a 4008	EB 5001 a 5016

Força Aérea Brasileira

1941 - 2015

Avro 626

Em consequência da fusão dos acervos de aeronaves pertencentes à Aviação Naval e à Aviação Militar, 14 exemplares do biplano Avro 626 foram incorporados às Forças Aéreas Nacionais em janeiro de 1941. Naquele momento, a maior parte deles se encontrava concentrada nos regimentos de aviação sediados no Campo dos Afonsos, em Canoas e em Curitiba.

Como aviões de adestramento, essas aeronaves continuaram seu trabalho de formar os aviadores que se encontravam desempenhando funções administrativas naqueles regimentos de aviação, bem como realizar os mais variados trabalhos utilitários. Porém, às vésperas da criação do Ministério da Aeronáutica, alguns dos Avro 626 eram ocasionalmente empregados como avião de treinamento em benefício de alguns aeroclubes. Esse trabalho gradativamente ganhou espaço nos meses que seguiram a formação das Forças Aéreas Nacionais, posteriormente redenominadas Força Aérea Brasileira (FAB).

A eclosão da Segunda Guerra Mundial levou ao corte da cauda logística entre o Brasil e o Reino Unido, com previsíveis consequências. Forçadas a trabalhar com o material que se encontrava em estoque antes da guerra, as unidades operadoras foram obrigadas a improvisar na execução de pequenos reparos ou substituição dos itens de consumo daquela aeronave. Porém, o motor Armstrong Siddeley Cheetah V instalado nesses aviões tornou-se item crítico na disponibilidade dos Avro 626. Foi possivelmente em consequência das dificuldades em obter peças de reposição que quatro desses aviões foram tirados de carga, em dezembro de 1943, além de três perdidos em acidentes registrados entre 1941 e 1943.

Porém, a chegada de grandes levas de aviões oriundos dos Estados Unidos durante a Segunda Guerra Mundial foi o fator que determinou o fim da carreira militar dos Avro 626, com as bases aéreas da FAB passando a contar com elevado número de aviões Beech UC-43, Noorduyn UC-64A, Fairchild UC-61A e PT-19A/B, todos significativamente mais modernos e com melhor desempenho do que o daquele biplano britânico.

A FAB operou 14 Avro 626 herdados da Aviação Militar em missões de treinamento e na formação de pilotos. Foto Arquivo José de Alvarenga.

Avro 626 do 3º RAv sediado em Canoas, em 1942.

Em reconhecimento à clara obsolescência dos Avro 626, a Diretoria do Material da Aeronáutica emitiu uma instrução, em 1º de janeiro de 1945, classificando-os como aeronaves totalmente obsoletas. Esse foi, efetivamente, o decreto de morte desses aviões, ao menos no que tange a sua carreira na FAB. Nos dois anos seguintes, os Avro 626 ainda existentes em seu acervo foram excluídos de carga, e ao menos um (possivelmente dois) foi encaminhado ao Departamento de Aviação Civil para posterior distribuição aos aeroclubes apoiados pela entidade.

Avro 626	
Período de Utilização	De 1941 até 1948
Fabricante	Fleet Aircraft Incorporated, Buffalo (Nova York – EUA)
Emprego	Adestramento
Comentários	
Total Adquirido	14 exemplares
Unidades Aéreas	1º Regimento de Aviação 2º Regimento de Aviação 3º Regimento de Aviação N/4º Regimento de Aviação 5º Regimento de Aviação
Designações	PT-A626
Matrículas	Inicialmente empregaram as matrículas outorgadas pela Aviação do Exército; em março de 1945, foram matriculados 01 a 17, incluindo as aeronaves perdidas em acidente, bem como uma que efetivamente não existia; em julho de 1945, esses aviões receberam a designação PT-A626 e foram novamente matriculados como 0024 a 0040

Beechcraft D-17A, UC-43 e GB-2

A pesar da Grande Depressão que estagnava a economia norte-americana nos anos 1930, Walter H. Beech decidiu correr o risco e lançar no mercado uma aeronave executiva, com capacidade para piloto e até quatro passageiros, dotada com o que havia de melhor em equipamento e com o maior conforto disponível à época.

O projetista Ted Wells desenvolveu um biplano monomotor, configurado com as duas superfícies de sustentação posicionadas fora do conceito tradicional, com a asa superior mais recuada em relação à inferior. Isso conferiu à aeronave uma aparência diferente, porém, agradável e que acabou por lhe render o nome de Staggerwing.

A sua estrutura era de madeira e tubos de aço soldados, recoberta com entelagem, exceção feita ao bordo de ataque das asas, à carenagem do motor e à parte frontal ao para-brisa, que eram confeccionados de metal.

Um dos D-17 da FAB visto em Santa Cruz (RJ). Estes aviões eram chamados pelos pilotos de Beech Mono. Foto Museu Aeroespacial do Campo dos Afonsos.

O protótipo do Modelo 17 voou em 4 de novembro de 1932 e se seguiram diversas versões que diferiam entre si pelo tipo de motor empregado. Inicialmente, a aeronave apresentava o trem de pouso fixo, mas, a partir do B-17L, o trem de pouso passou a ser retrátil, o que era novidade para a época. O B-17L foi empregado como bombardeiro na Guerra Civil Espanhola, como aeronave ambulância na China contra os japoneses e na Finlândia, como avião de ligação.

O uso da aeronave indicou a necessidade de algumas mudanças, entre as quais o alongamento da fuselagem, que melhorou seu desempenho durante o pouso; a colocação dos ailerons nas asas superiores, para eliminar a turbulência induzida; e a sincronização dos freios com os pedais do leme de direção. Tais mudanças resultaram no modelo D-17, que foi a versão com o maior número de aeronaves produzidas, sendo 412 na versão militar e 67 na versão civil.

Com a entrada dos EUA na Segunda Guerra Mundial, a Beech recebeu uma encomenda de 270 exemplares do Staggerwing para emprego militar, a serem distribuídos entre o USAAC e a US Navy.

UC-43 FAB 2778 com o primeiro padrão de cores utilizado pela FAB.

C-43 FAB 2785 com o padrão final de cores utilizado pela FAB.

As aeronaves do USAAC receberam a denominação UC-43 Traveller, enquanto as da US Navy foram denominadas GB-1 e GB-2 Traveller, e diferiam do D-17 original por possuir uma antena circular de ADF entre as pernas do trem de pouso principal e faróis de pouso nas pontas das asas inferiores. Em ambas as forças, os D-17 foram usados no transporte de pessoal, correio aéreo e ligação de comando.

De 1932 a 1948, quando a última aeronave a ser produzida saiu da fábrica, 785 D-17 foram produzidos e, desses, muitos foram enviados a dezenas de países aliados durante a Segunda Guerra Mundial.

Os Beechcraft D-17A, UC-43 e GB-2 na Força Aérea Brasileira

A partir de 1940, a Aviação Naval operou um total de quatro aparelhos do modelo D-17A adquiridos para atender ao Correio Aéreo Naval, que operava ao longo do litoral brasileiro, porém, com a criação da Força Aérea Brasileira, em 1941, os três exemplares remanescentes, uma vez que uma das aeronaves se acidentou em Rio Grande (RS), com perda total do equipamento, passaram para a FAB, que os empregou no Correio Aéreo Nacional.

Ciente da qualidade do D-17 e considerando a quantidade de aeronaves oferecidas pelos EUA pelo Lend-Lease, em 1942, a FAB adquiriu outros exemplares, porém do modelo UC-43, com o objetivo de empregá-los nas linhas do Correio Aéreo Nacional. Dos 51 exemplares recebidos, 11 eram GB-2 e vieram na cor azul, pois eram aeronaves inicialmente destinadas à US Navy.

Os UC-43 brasileiros foram utilizados na linha do CAN para transportar carga e/ou quatro passageiros até 1955 e eram muito apreciados por seus tripulantes por causa de sua alta velocidade e conforto interno.

Ao todo a FAB operou 54 aeronaves com a designação militar C-43, sendo 40 do modelo UC-43 e 11 do GB-2 adquiridas novas nos Estados Unidos e três D-17A oriundas da Aviação Naval.

Na FAB esses aviões ficaram conhecidos como Beech Mono, que os diferenciava de seus irmãos mais modernos, os C-18, conhecidos como Beech Bi. Serviram à Força Aérea até o ano de 1963, quando o último deixou de voar.

Das aeronaves originais, existe apenas um UC-43 preservado no Museu Aeroespacial.

Rara foto em cores de um dos UC/C-43 da FAB em voo. Ao todo 54 unidades de D-17A/S/GB-2 foram empregadas na Força Aérea, como aeronaves unitárias em diversas bases, cumprindo basicamente missões do CAN. Foto Museu Aeroespacial do Campo dos Afonsos.

*O C-43 FAB 2771 num dia ruim, logo após se acidentar com perda total.
Foto Arquivo Action Editora Ltda.*

Beechcraft D-17A, UC-43 e GB-2

Período de Utilização	De 1941 até 1963 (D-17A) e de 1942 até 1963 (D-17S)	
Fabricante	Beechcraft Aircraft Corporation	
Emprego	Transporte e correio aéreo	
Características Técnicas	D-17A	D-17S (UC-43)
Motor	Wright R-760-E2 de 350 hp	P&W Wasp Junior R-985-NA-1 de 450 hp
Envergadura	9,75 m	9,75 m
Comprimento	8,13 m	7,63 m
Altura	2,43 m	2,43 m
Área Alar	27,50 m^2	27,53 m^2
Peso Vazio	1.118 kg	1.165 kg
Peso Máximo	1.927 kg	1.927 kg
Armamento	Não dispunha de armamento	Não dispunha de armamento
Desempenho		
Velocidade Máxima	297 km/h	341 km/h
Razão de Subida	259 m/min	381 m/min
Teto Operacional	5.486 m	6.096 m
Alcance	1.527 km	1.286 km
Comentários		
Total Adquirido	3 exemplares	51 exemplares
Designações	UC-43, posteriormente redesignados C-43	
Matrículas	D1Be-205, 207 e 208 (Aviação Naval) 2664 a 2666 (FAB)	FAB 01 a 51 2736 a 2786

Bellanca CH-300 Pacemaker Special

Assim que foi criado o Ministério da Aeronáutica, em janeiro de 1941, as autoridades superiores das aviações do Exército e da Marinha trataram de dar forma às Forças Aéreas Nacionais, que, meses depois, foram redenominadas Força Aérea Brasileira. No entanto, no que tange ao material aeronáutico, poucas mudanças foram aplicadas de imediato. Em geral, as aeronaves permaneceram nos lugares em que se encontravam.

No caso dos Bellanca CH-300 Pacemaker Special da Aviação Militar, a propriedade das 11 células existentes foi transferida para o Ministério da Aeronáutica, mas os aviões permaneceram distribuídos à Escola de Aeronáutica (EAer, antiga Escola de Aeronáutica do Exército), ao 1º Regimento de Aviação (1º RAv) e ao Serviço Geográfico do Exército (SGE).

Porém, esse quadro não permaneceu estático durante muito tempo. Apesar de a carga de muitos Pacemaker Special continuar com a EAer, a partir de 1942, alguns foram cedidos para outras unidades. Ao menos um foi emprestado para o Parque de Aeronáutica dos Afonsos (PqAerAF), aparentemente em atenção às necessidades de transporte logístico daquela organização militar. Em algum momento de 1942, outro Pacemaker Special da EAer foi emprestado, dessa vez para a Base Aérea de São Paulo (BASP), que o distribuiu para a esquadrilha de treinamento a fim de usá-lo em trabalhos utilitários. Em 1943, outros dois Bellanca Pacemaker Special deixaram a EAer e seguiram para a BASP. Estes permaneceram à disposição do Aeroclube de São Paulo, que os empregava em seu curso de paraquedismo. Mas antes do fim da guerra, ao menos um desses aviões passou a desempenhar serviços utilitários no Parque de Aeronáutica de São Paulo.

Durante a Segunda Guerra Mundial, a FAB incorporou centenas de aviões de vários tipos, todos de última geração e entre eles aeronaves bem mais adequadas e eficientes nas missões de transporte e aerofotogrametria. Em consequência, em dezembro de 1945, a Diretoria de Material da Aeronáutica (DIRMA) classificou todos os Bellanca Pacemaker Special – ou UC-P, como passaram a ser designados naquele ano – como aviões parcialmente obsoletos. Como resultado, as unidades que contavam com esses aviões em sua dotação não poderiam mais solicitar a aquisição de material para sua manutenção e/ou recuperação, devendo resolver eventuais problemas ou panes somente com o que existia em estoque na própria unidade ou então no parque que prestava apoio aos Pacemaker Special.

Durante a segunda metade dos anos 1940, boa parte dos Bellanca deixou gradualmente de voar. Entretanto, três ou quatro continuavam em bom estado de conservação e foram repassados para organizações do governo federal ou estadual, como a Fundação Brasil Central ou o Governo do Estado de Goiás. A documentação existente dá conta de que o último Bellanca Pacemaker Special foi excluído do acervo da FAB em agosto de 1955, embora a célula ainda se encontrasse disponível para voo.

A FAB recebeu 11 aviões Bellanca CH-300. Após diversos anos de uso, as células remanescentes foram repassadas a órgãos governamentais, como o K 329 (foto acima), já matriculado PP-RNC, a serviço da Fundação Brasil Central. **Foto Arquivo Action Editora Ltda.**

Bellanca CH-300 Pacemaker Special	
Período de Utilização	De 1941 até 1953
Fabricante	Bellanca Aircraft Corporation, Newcastle (Delaware – EUA)
Emprego	Transporte utilitário e aerofotogrametria
Comentários	
Total Adquirido	11 exemplares
Unidades Aéreas	Escola de Aeronáutica Serviço Geográfico do Exército Base Aérea dos Afonsos Base Aérea de São Paulo Parque de Aeronáutica dos Afonsos Parque de Aeronáutica de São Paulo
Designações	UC-P
Matrículas	Inicialmente preservadas as matrículas outorgadas durante o período da Aviação Militar: K 321 a K 327, K 329, SGE-1, SGE-2 e 1-215; em 1942, uma célula matriculada 2-TO9; em 1945, todas as células foram rematriculadas (mesmo as inexistentes) como FAB 01 a 12; finalmente, ainda em 1945, todas as células foram rematriculadas UC-P 2638 a 2649

Bellanca 31-55 Skyrocket Senior

Quando a Força Aérea Brasileira foi criada, em 1941, ela herdou da Aviação do Exército dois aviões Bellanca 31-55 Skyrocket Senior. Originalmente distribuídos ao Serviço Geográfico do Exército assim que chegaram ao Brasil, no segundo trimestre de 1939, a transferência desses aviões para o acervo da FAB não resultou em nenhuma mudança quanto a seu controle operacional.

De fato, os dois Bellanca Skyrocket Senior continuaram realizando seus trabalhos de aerofotogrametria na 1ª Divisão de Levantamento do SGE, operando principalmente a partir da Base Aérea de Canoas. Contudo, o foco das atenções dos dois Bellanca Skyrocket Senior foi reorientado para o norte do Brasil assim que ficou claro que havia uma real possibilidade de o país ingressar na Segunda Guerra Mundial. Em face dos parcos ou inexistentes levantamentos aerofotogramétricos da região Nordeste, o SGE elaborou uma campanha conduzida durante quase quatro anos na qual os Skyrocket Senior desempenharam um importante papel.

Ao cobrir o trecho litorâneo compreendido entre Fortaleza (CE) e Rio Formoso (PE), aqueles aviões operaram sob o controle do Destacamento Especial do Nordeste do SGE. Geralmente voando a uma altitude de 3.500 m, os dois Skyrocket Senior enfrentaram toda sorte de dificuldades, a maioria atribuída às condições meteorológicas reinantes sobre os distintos locais em que era necessário fazer as missões de aerofotogrametria. De fato, somente entre os meses de junho e agosto é que se podia contar com condições meteorológicas favoráveis para aquele tipo de trabalho. Quando encerraram a campanha, em fins de 1944, os Skyrocket haviam coberto fotograficamente uma área de 38.165 km² ao longo do litoral brasileiro, preenchendo, assim, uma significativa lacuna até então existente no levantamento de um importante trecho do território nacional.

Itinerantes por força do trabalho que desenvolviam, os dois Bellanca Skyrocket aparentemente regressaram às regiões Sul e Sudeste. De fato, sabe-se que um deles foi cedido ao Parque de Aeronáutica de São Paulo, onde aparentemente permaneceu durante a segunda metade de 1945, enquanto o outro seguiu com os trabalhos iniciados na 1ª Divisão de Levantamento do SGE. Mas esse último protagonizaria bizarro acidente no Aeroporto Santos Dumont, em 12 de dezembro de 1946. Por motivos indeterminados, aquele avião incendiou-se durante o táxi, vindo a colidir primeiro com um Lockheed C-60A Lodestar, arrancando-lhe uma das derivas, e, em seguida, com um B-25J. Felizmente não houve danos pessoais, mas o acidente resultou na perda não somente do Bellanca Skyrocket, mas do B-25J.

A partir desse ponto, praticamente nada se sabe das atividades do Bellanca Skyrocket que restou, aquela aeronave sendo excluída da carga da Aeronáutica em novembro de 1950, quando ainda se encontrava à disposição do Serviço Geográfico do Exército.

Bellanca 31-55 Skyrocket Senior	
Período de Utilização	De 1941 até 1950
Emprego	Aerofotogrametria
Comentários	
Total Adquirido	2 exemplares
Unidades Aéreas	Serviço Geográfico do Exército
Designações	UC-S
Matrículas	Inicialmente S.G.E.-3 e S.G.E.-4; em março de 1945 foram rematriculados 01 e 02 e, em julho de 1945, novamente matriculados como UC-S 2650 e 2651

Boeing 256 e 267

Quando da criação do Ministério da Aeronáutica, em janeiro de 1941, ainda se encontravam em operação os caças Boeing 256 e 267 fornecidos à Aviação do Exército e à Aviação Naval. Dos nove Boeing 267 originalmente pertencentes ao Exército, sete foram repassados às Forças Aéreas Nacionais. Por sua vez, dos 14 aviões Boeing 256 recebidos no Brasil – seis destinados à Marinha e oito ao Exército –, somente sete foram incorporados ao acervo da FAB.

Excluindo os dois Boeing 256 que antes haviam pertencido à Aviação Naval, os demais Boeing 256 e Boeing 267 se encontravam em serviço com o II Grupo do 5º Regimento de Aviação, com sede em Curitiba. Operando do aeródromo de Bacacheri, esses eram os únicos aviões de caça à disposição da recém-criada Força Aérea Brasileira, até a chegada dos Curtiss P-36A, em 1942.

Mesmo sendo claramente obsoletos na ocasião de sua transferência para a FAB, os Boeing do 5º Regimento de Aviação (5º RAv) – como eram popularmente denominados por pilotos e mecânicos – continuaram ativos. Isso se tornou particularmente verdade após a declaração de guerra contra a Alemanha e a Itália.

O aumento das atividades dos submarinos alemães e italianos no Atlântico Sul, bem como a presença de navios furadores de bloqueio, fez com que a recém-formada Força Aérea Brasileira lançasse mão de todos os recursos materiais à sua disposição para vigiar o litoral brasileiro. Até serem incorporadas aeronaves mais modernas e adequadas às missões de patrulha marítima, coube aos aviões então existentes no acervo da FAB com alguma capacidade ofensiva – mesmo que obsoletos – a realização desse trabalho.

Consequentemente, com grande regularidade, um ou mais caças Boeing 256 e 267 do 5º RAv eram deslocados para o litoral sul do Brasil para executarem missões de patrulha. Mesmo com pouca autonomia quando comparado a outras aeronaves,

Os Boeing 256 e 267, posteriormente designados P-12, foram de fato os primeiros caças da FAB, tendo construído sua carreira inicialmente no 5º RAv e, depois, no DBACT, onde voaram até 1949. Foto Arquivo Jackson Flores Jr. / Action Editora Ltda.

esses caças assumiam o relevante papel de vigiar as águas adjacentes ao importante Porto de Paranaguá, bem como trechos do litoral catarinense e paulista.

Destinados a ganhar muito mais visibilidade que seus pares curitibanos, os dois Boeing 256 da Aviação Naval permaneceram no Rio de Janeiro, presumivelmente para servir como fonte de peças de reposição para os Boeing 256 e 267 pertencentes ao 5º RAv. No entanto, o comandante do 1º Regimento de Aviação, Coronel Francisco de Assis Correia de Mello, lançou mão de uma dessas aeronaves para empregá-la como seu meio de transporte pessoal para os quase diários voos de ligação entre o Campo dos Afonsos (e, posteriormente, a Base Aérea de Santa Cruz, quando o 1º RAv foi transferido para aquele aeródromo em 1942) e o Aeroporto Santos Dumont.

Porque usufruía de grande experiência de voo naquela aeronave – já que integrara, durante algum tempo, a equipe de demonstração aérea do 1º RAv, que empregava esses aviões –, o Cel Mello não se privava de regulares demonstrações aéreas sobre distintos pontos da cidade do Rio de Janeiro com aquele Boeing 256, reforçando, assim, o apelido de Mello Maluco, dado a ele pela população carioca. Porém, a vida desse afamado avião foi relativamente breve, visto que se acidentou com perda total nas vizinhanças de Itaguaí (RJ), em junho de 1943, quando pilotado por um sargento, o único outro piloto autorizado a tripular aquele Boeing 256.

O fim da guerra não determinou o encerramento da carreira dos Boeing 256 e 267. Redesignados P-12, em atenção à diretriz da Diretoria de Material da Aeronáutica (DIRMA), que também lhes conferiu uma nova matrícula, esses caças biplanos continuaram operando do Campo de Bacacheri, com ritmo bem inferior àquele observado nos anos que antecederam a guerra e durante o conflito. Essa queda na atividade se deveu principalmente às dificuldades para manter esses caças disponíveis para voo, já que a empresa norte-americana Boeing suspendera sua produção em meados da década de 1930. Já que não apresentava praticamente nenhum valor operacional, inexistiam motivos para a FAB obter, nos Estados Unidos, peças de reposição para essas aeronaves. Assim, as frotas de Boeing 256 e 267 foram

Boeing 256 1-C-19 da Força Aérea Brasileira.

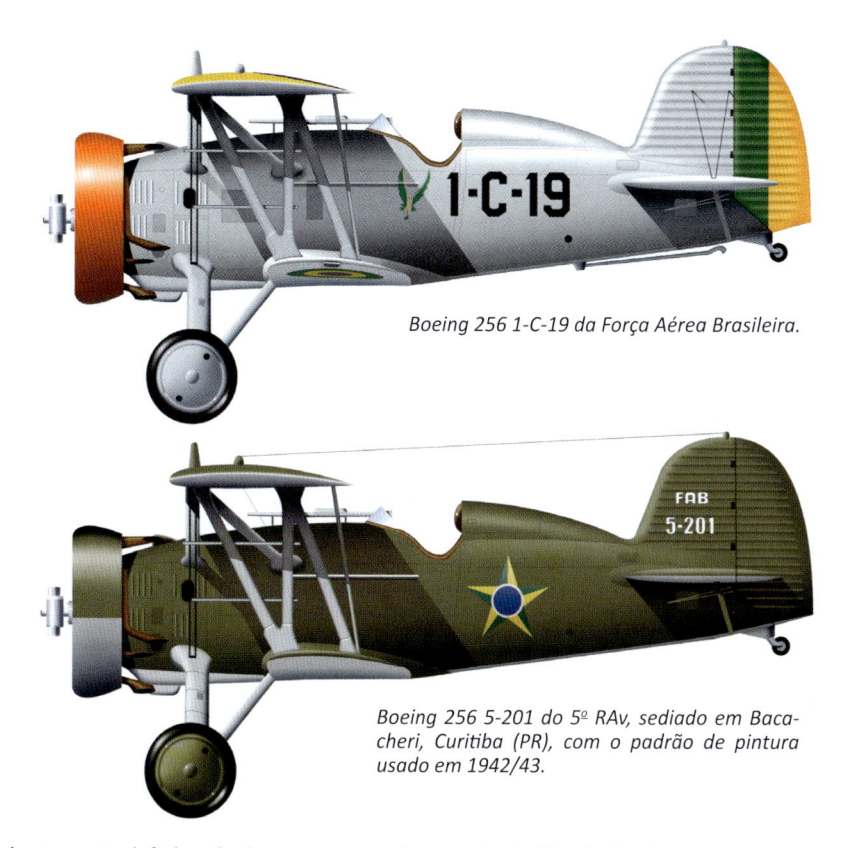

Boeing 256 5-201 do 5º RAv, sediado em Bacacheri, Curitiba (PR), com o padrão de pintura usado em 1942/43.

lentamente definhando durante a segunda metade da década de 1940, e a DIRMA reforçou sua posição ao emitir uma instrução que declarava estarem esses aviões completamente obsoletos. Com a instrução da DIRMA estabelecendo que não fossem aplicadas providências para manter a aeronavegabilidade desses aviões, salvo o emprego dos recursos presentes no já redenominado Destacamento de Base Aérea

Uma pose diante de um Boeing 256 da FAB. Ao todo, a Força Aérea empregou, entre 1941 e 1949, sete Boeing 256 e sete 267, todos oriundos da Aviação Naval e do Exército. Foto Arquivo Action Editora Ltda.

de Curitiba (DBACT), alguns caças Boeing 256 e 267 continuavam teimosamente voando graças aos esforços dos especialistas lotados naquele destacamento.

No entanto, ao chegar o ano de 1947, estava claro que o fim da carreira operacional dos Boeing 256 e 267 havia chegado ao fim; as evidências existentes indicavam que os últimos voos com aquelas aeronaves foram realizados naquele mesmo ano. Entre 1947 e 1948, cinco ou seis exemplares ainda estavam presentes no DBACT, mas esses aviões tiveram um fim sem glórias, quando suas células foram utilizadas como recheio do aterro resultante do prolongamento da nova pista daquele aeródromo. Finalmente, em 1949, foi excluído da carga da FAB o último exemplar desses caças que ganharam fama no Brasil.

Boeing 256 e 267

Período de Utilização	De 1941 até 1949
Fabricante	The Boeing Aircraft Corp., Seattle (Washington – EUA)
Emprego	Caça
Comentários	
Total Adquirido	7 exemplares (Boeing 256) 7 exemplares (Boeing 267)
Unidades Aéreas	5º Regimento de Aviação Destacamento de Base Aérea de Curitiba
Designações	P-12
Matrículas	Inicialmente, os exemplares oriundos do Exército continuaram empregando as matrículas outorgadas por aquela força, o mesmo ocorrendo com os exemplares originalmente pertencentes à Marinha; em 1945, todos os exemplares que haviam pertencido ao Exército – mesmo aqueles perdidos em acidentes antes de serem transferidos para a FAB –, junto com dois exemplares da Aviação Naval, receberam matrículas de 1 a 20; naquele mesmo ano, esses foram rematriculados P-12 4000 a 4019, incluindo uma célula inexistente que fora criada em face de um equívoco burocrático

Consolidated Model 16-1/2 Commodore

A criação do Ministério da Aeronáutica e a subsequente formação da Força Aérea Brasileira encontraram o 7º Regimento de Aviação (7º RAv) dotado com dois recém-adquiridos hidroaviões Consolidated Commodore herdados da Aviação do Exército. As poucas informações referentes à utilização dessas aeronaves sugerem a intenção de empregá-los em benefício do Correio Aéreo Militar (CAM). Porém, relatórios de 1941, do Correio Aéreo Nacional – como foi rebatizado o CAM –, indicam que nenhum dos dois Commodore foi utilizado em missões do CAN.

Consolidated Model 16-1/2 Commodore Manaos do Núcleo do 7º RAv (Manaus, 1941).

Os dois Commodore da FAB eram oriundos da Aviação Militar e tiveram uma vida efêmera, pois o Belém se acidentou em 10 de junho de 1941 no Rio Guamá (PA) e o Manaos foi desativado pouco depois, em 1942. Foto Museu Aeroespacial do Campo dos Afonsos.

Porém, é certo que as duas aeronaves estavam ativas durante os primeiros meses de 1941 e que periodicamente realizavam voos de adestramento. Foi durante uma dessas surtidas, em 10 de junho daquele ano, que o Commodore batizado de Belém se acidentou com perda total nas águas do Rio Guamá (PA): ao iniciar uma curva a baixa altura para ingressar na final para pouso, a ponta esquerda da asa tocou as águas do rio. A violenta pilonagem que ocorreu em seguida fez com que a aeronave entrasse n'água de proa, resultando na morte dos quatro tripulantes.

A perda do Belém aparentemente serviu como ducha de água fria nas operações do 7º RAv com seu último Consolidated Commodore, pois são escassos os registros de voo com o Manaos. Sabe-se somente que, a partir de 1942, o único Commodore da FAB deixou de voar e logo em seguida foi excluído da carga.

Consolidated Model 16-1/2 Commodore	
Período de Utilização	De 1941 até 1942
Emprego	Transporte
Comentários	
Total Adquirido	2 exemplares
Unidades Aéreas	Núcleo do 7º Regimento de Aviação
Designações	Não recebeu designação
Matrículas	Não receberam matrículas, continuando com os nomes de batismo Belém e Manaos

Curtiss Falcon

No início de 1941, o 3º Regimento de Aviação (3º RAv), sediado no aeródromo de Canoas, contava com todos os aviões de ataque e observação Curtiss Falcon existentes no acervo do recém-criado Ministério da Aeronáutica – seis células em diversos estados de conservação. Mas desde 1939, essas aeronaves deixaram de ser utilizadas como vetores de combate, sendo empregadas principalmente como aviões utilitários. É sabido que alguns Falcon reunidos na Esquadrilha de Adestramento do 3º RAv estavam sendo utilizados em missões de adestramento ou voos de ligação entre Canoas e outros aeródromos no Rio Grande do Sul. Ademais, quando as circunstâncias assim exigiam, os Curtiss Falcon eram convocados a realizar alguns voos do Correio Aéreo.

Apesar do sucesso obtido na remotorização de um Curtiss Falcon através da instalação de um motor Wright R-975-E3 Whirlwind no lugar do Curtiss D-12E Conqueror, que originalmente equipava aqueles aviões, a chegada dos primeiros aviões oriundos dos Estados Unidos – prenunciando o dilúvio de novas aeronaves fornecidas à Força Aérea Brasileira por aquele país durante a Segunda Guerra Mundial – tornou aquele programa de remotorização redundante. Aparentemente, como consequência desse novo quadro, o 3º RAv tratou de maximizar a disponibilidade dos Falcon para voo através da canibalização. Assim, das seis células existentes em Canoas, duas foram mantidas em condições de voo, incluindo o exemplar que recebera o motor Wright Whirlwind. Esse trabalho de canibalização foi inteiramente realizado pelo Parque da Base Aérea de Canoas e resultou na inutilização de quatro células.

São escassas as informações sobre os Curtiss Falcon a partir de 1942, mas alguns documentos sugerem que dois exemplares permaneceram ativos durante aquele ano. Em maio de 1943, a Diretoria de Material da Aeronáutica (DIRMA) excluiu da carga do Ministério da Aeronáutica e da FAB cinco células. Dados como irreparáveis, um, na verdade, se acidentara com perda total na época da Aviação do Exército e é lícito presumir que peças e componentes dos quatro restantes foram empregados para manter dois Curtiss Falcon em condições de voo.

Em março de 1945, a DIRMA baixou uma instrução normativa que dava novas matrículas aos aviões pertencentes à Força Aérea Brasileira. Consequentemente, todos os Falcon – independentemente de estarem ou não em carga – foram matriculados de 01 a 07. Mas essa novidade não durou muito tempo, pois no terceiro trimestre de 1945 uma nova instrução da DIRMA introduziu o atual sistema de matrículas para as aeronaves da FAB. Assim, em julho de 1945, a DIRMA atribuiu a designação BT-FA aos Curtiss Falcon através da Instrução DM1.450720, em que BT indicava sua função como avião de treinamento básico em reconhecimento ao fato de que já não desempenhava funções como aeronave de emprego e FA (Falcon) indicava o tipo. Essa mesma instrução estabeleceu que os Curtiss Falcon fossem matriculados na série atribuída aos aviões de treinamento básico e avançado da FAB. Ou seja, de BT-FA 1000 a BT-FA 1006.

É bem possível que essas mudanças já no crepúsculo de sua vida útil sequer tenham sido aplicadas, posto que não existem indicações de que os derradeiros exemplares do Curtiss Falcon se encontravam em operação após 1943. Seja como for, em dezembro de 1945, a DIRMA declarou-os totalmente obsoletos, estabelecendo os procedimentos para a desativação e alienação das células existentes. Assim, a Base Aérea de Canoas excluiu de sua carga os últimos dois Curtiss em outubro de 1946, encerrando mais um capítulo da aviação militar brasileira.

Curtiss Falcon	
Período de Utilização	De 1941 até 1946
Fabricante	Curtiss Aeroplane & Motor Co., Inc., Buffalo (Nova York – EUA)
Emprego	Utilitário
Comentários	
Total Adquirido	6 exemplares
Unidades Aéreas	3º Regimento de Aviação
Designações	BT-FA
Matrículas	Inicialmente foram preservadas as matrículas outorgadas durante o período da Aviação Militar: 3-111 a 3-112 e 3-114 a 3-117; em 1945, todas as células foram rematriculadas (mesmo as descarregadas) FAB 01 a 07; finalmente, ainda em 1945, todas as células foram novamente rematriculadas BT-FA 1000 a 1006

Curtiss Model 51 Fledgling

Criadas as Forças Aéreas Nacionais em janeiro de 1941, posteriormente redenominadas Força Aérea Brasileira (FAB), as autoridades daquela nova arma de aviação trataram de coordenar a fusão de todo o patrimônio originalmente pertencente às extintas Aviação Naval e Aviação Militar. Em meio às dezenas de tipos de aeronave oriundas dessas duas armas de aviação encontrava-se um verdadeiro anacronismo: um biplano Curtiss Model 51 Fledgling adquirido em 1930 e que teimosamente continuava voando na Esquadrilha de Treinamento do 3º Regimento de Aviação (3º RAv), em Canoas (RS).

Decididamente ultrapassado quando comparado ao que se encontrava no 3º RAv, aquele Curtiss Fledgling era utilizado com bastante regularidade pelo pessoal aeronavegante daquela unidade aérea, presumivelmente em voos de adestramento. Frequentemente referido como Curtiss Solanger – uma óbvia, mas talvez inadvertida, corruptela da denominação do motor radial que equipava aquele avião, o Curtiss Challenger –, a avançada idade daquele Fledgling finalmente se manifestou em janeiro de 1942. Com uma longarina cisalhada e outras duas empenadas, o Fledgling 3-TO1 foi recolhido ao Parque da Base Aérea de Canoas, presumivelmente para ser recuperado. A partir desse ponto, não existe mais nenhuma referência ou indicação quanto ao destino que lhe foi dado.

Em 1944 foi organizada uma exposição de aeronáutica nas dependências externas do Ministério da Educação e Saúde, no Centro do Rio de Janeiro (RJ). Entre os muitos itens colocados em exposição encontrava-se um Curtiss Fledgling, que ostentava a falsa matrícula K 212. É lícito supor que essa aeronave nada mais era que o Fledgling 3-TO1 que, dois anos antes, encontrava-se em poder do 3º RAv. Recolhido ao Campo dos Afonsos assim que foi encerrada aquela exposição, consta que aquele Fledgling e um Caudron G.3, que igualmente foi exposto naquele evento, formariam o ponto de partida para o futuro Museu da Aeronáutica. No entanto, o Fledgling e o Caudron G.3 – junto com um Potez 25TOE que algumas fontes indicam havia sido separado para preservação – não deixaram nenhum rastro depois de 1945, presumindo-se que esse trio tenha sido desmanchado nas instalações da Escola de Aeronáutica ou no Parque de Aeronáutica dos Afonsos.

Aeronave NC263H, adquirido em 1967 pelo MUSAL, é vista com a matrícula K 263, que homenageia o Fledgling da Aviação Militar, que, em 12 de junho de 1931, realizou o voo inaugural do CAM, precursor do Correio Aéreo Nacional (CAN). Foto Museu Aeroespacial do Campo dos Afonsos.

O Curtiss Model 51 Fledgling K 263 da FAB, foi preservado no MUSAL por muito tempo com esta pintura laranja.

Contudo, décadas mais tarde, o Curtiss Fledgling figuraria novamente no acervo da Força Aérea Brasileira. Após colher prêmio da Experimental Aircraft Association como a melhor restauração do ano de 1966, o Fledgling NC263H pertencente a Joseph Erale foi objeto de negociação com o Ministério da Aeronáutica. Concluída a compra, foi transportado para o Brasil no início de 1967, incluído em carga, distribuído ao Comando de Transporte Aéreo (COMTA) e mantido na Base Aérea do Galeão. Durante os oito anos seguintes, esse avião figurou como peça principal ao realizar voos de demonstração em todos os aniversários do Correio Aéreo Nacional. Em 1974, pouco depois de serem iniciados os trabalhos de implantação do Museu Aeroespacial, o Fledgling foi recolhido àquele estabelecimento de preservação aeronáutica onde se encontra até hoje.

Curtiss Model 51 Fledgling	
Período de Utilização	De 1941 até 1942 e de 1967 até 1974
Fabricante	Curtiss-Wright Corporation, Buffalo (Nova York – EUA)
Emprego	Adestramento
Comentários	
Total Adquirido	2 exemplares
Unidades Aéreas	3º Regimento de Aviação Comando de Transporte Aéreo
Designações	Não recebeu designação
Matrículas	3-TO1 e K 263

de Havilland DH-60T Moth Trainer e DH-82/82A Tiger Moth

Entre as muitas aeronaves que a Força Aérea Brasileira incorporou quando de sua criação, em janeiro de 1941, encontravam-se 11 exemplares do de Havilland DH-82/82A Tiger Moth e um solitário DH-60T Moth Trainer. Herdados da extinta Aviação Naval, a maioria se encontrava concentrada na Base de Aviação Naval do Rio de Janeiro, que, tempos depois, recebeu a denominação Base Aérea do Galeão. Já os demais estavam distribuídos entre as Bases de Aviação Naval de Santos, Santa Catarina e Rio Grande do Sul, as primeiras duas posteriormente sendo redenominadas Base Aérea de Santos e Base Aérea de Florianópolis, enquanto a última foi extinta naquele mesmo ano.

Desempenhando papéis utilitários ou então empregados como aviões de adestramento, esses biplanos foram mantidos em atividade durante os anos iniciais da Força Aérea Brasileira. No transcurso de 1941, alguns aviões que se encontravam fora da Base Aérea do Galeão foram recolhidos lá e entregues à Fábrica do Galeão para sofrer revisão geral.

Durante algum tempo, a Esquadrilha de Adestramento da Base Aérea de Florianópolis contou com um DH-82 e um DH-82A Tiger Moth. Porém, em janeiro de 1942, o DH-82 sofreu uma pane no motor e precipitou-se sobre um bosque, incendiando-se completamente. Por sua vez, o solitário DH-60T Moth Trainer se manteve ativo na Base Aérea de Santos até fins de 1942.

Por fim, a Base Aérea do Galeão e a Fábrica do Galeão fizeram bastante uso desses aviões. No caso, o Galeão – ou o 12º Corpo de Base Aérea, como era também chamado naquela época – deu nova organização a sua esquadrilha de adestramento em fevereiro de 1943, distribuindo àquela esquadrilha um DH-82 e um DH-82A.

No entanto, a carreira militar desses aviões estava rapidamente se aproximando do fim. Com o último voo conhecido sendo registrado em outubro de 1943, justamente com o DH-82A Tiger Moth, que hoje se encontra preservado no Museu Aeroespacial (Campo dos Afonsos – RJ), aos poucos esses aviões foram sendo encaminhados à Diretoria de Aviação Civil a fim de ser distribuídos a diversos aeroclubes. No entanto, as evidências sugerem que somente quatro Tiger Moth foram efetivamente entregues, dois deles eventualmente sendo matriculados no Registro Aeronáutico Brasileiro.

Curiosamente, apesar de não estarem mais em atividade, em março de 1945 e novamente em julho daquele ano, a maioria dos Tiger Moth e o solitário Moth Trainer foram matriculados e receberam a designação PT-MT. Essa decisão foi provavelmente fundamentada no fato de que, naquele momento, esses aviões ainda se encontravam na carga do Ministério da Aeronáutica e da Força Aérea Brasileira.

de Havilland DH-60T Moth Trainer e DH-82/82A Tiger Moth	
Período de Utilização	De 1941 até 1943
Emprego	Adestramento
Comentários	
Total Adquirido	1 exemplar (DH-60T) 3 exemplares (DH-82) 7 exemplares (DH-82A)
Unidades Aéreas	Base Aérea do Galeão Base Aérea de Santa Catarina Base Aérea de Santos Fábrica do Galeão
Designações	PT-MT
Matrículas	Empregaram as matrículas outorgadas pela Aviação Naval; em março de 1945, o derradeiro DH-60T foi rematriculado 01, enquanto alguns dos Tiger Moth foram rematriculados 02 e 05 a 11; em julho de 1945 esses aviões receberam a designação PT-MT e foram novamente rematriculados, dessa vez como 0013, 0014 e 0017 a 0023

de Havilland DH-83 Fox Moth

Criado o Ministério da Aeronáutica, em janeiro de 1941, e em cumprimento ao ato que dava criação à Força Aérea Brasileira, documentos da época sugerem que duas aeronaves de Havilland DH-83 Fox Moth, originalmente pertencentes à Marinha do Brasil, foram recebidas pelas autoridades da FAB. Entretanto, uma dessas só existia no papel, posto que afundou na vizinhança da Ilha do Fundão (RJ), em novembro de 1940. Por força da morosidade burocrática, esse Fox Moth só foi descarregado em março de 1943. Já o outro se encontrava em condições de voo no Rio de Janeiro (RJ). Este estava em poder das Oficinas Gerais da Aviação Naval (futura Fábrica do Galeão), e existem registros de seu uso ao longo do primeiro semestre de 1941.

Nesse ponto, a história do último Fox Moth na FAB torna-se bastante nebulosa, o que não é surpreendente, já que se tratava de uma aeronave totalmente obsoleta e excedente às necessidades da FAB. O último registro que se conhece foi a determinação, publicada no Boletim Reservado da Diretoria de Material Aeronáutico, datado de fins de dezembro 1944, de que o Fox Moth que se encontrava na Fábrica do Galeão – nominalmente pertencente ao acervo da Base Aérea de Florianópolis – fosse transferido para a Diretoria de Aviação Civil (DAC), para servir como fonte de peças sobressalentes. Desse período em diante, não há mais registros quanto ao paradeiro daquele Fox Moth da FAB, e é lícito concluir que tenha sido reduzido à sucata após o aproveitamento da matéria-prima. Porém, em julho de 1945 e certamente por um lapso burocrático, quando estavam sendo atribuídas matrículas e designações ao acervo de aeronaves da FAB, aqueles dois Fox Moth foram agrupados com os de Havilland DH-60 e DH-82, sendo incorretamente designados PT-MT.

de Havilland DH-83 Fox Moth	
Período de Utilização	De 1941 até 1945
Emprego	Transporte
Comentários	
Total Adquirido	1 exemplar
Unidades Aéreas	Base Aérea de Florianópolis Fábrica do Galeão
Designações	PT-MT
Matrículas	Não receberam matrículas; as células utilizaram as matrículas I3H-93 e I3H-96, que lhes foram atribuídas pela Aviação Naval

Fairey Gordon

Após a criação, em janeiro de 1941, da Força Aérea Brasileira, através da fusão dos meios materiais e de pessoal pertencentes à Aviação Naval e à Aviação do Exército, as autoridades da recém-criada FAB constataram que ela herdara um variado leque de aeronaves de reduzidíssimo valor operacional. Entre estas se encontravam quatro biplanos Fairey Gordon, que originalmente desempenhavam missões de bombardeio e esclarecimento.

Apesar dos relevantes serviços que essas aeronaves haviam prestado à Aviação Naval, estava claro que os Fairey Gordon – um dos quais recebido com flutuadores – eram obsoletos para a realização das missões para as quais foram originalmente projetados ou qualquer outra tarefa de âmbito operacional. Assim, as autoridades da FAB optaram por manter, na Base Aérea do Galeão (BAGL), os Fairey Gordon remanescentes dos 20 adquiridos em 1932. Lá desempenhariam missões de adestramento em benefício dos oficiais aviadores lotados naquela base aérea ou que desempenhavam tarefas administrativas em uma das unidades ali sediadas.

Em face dos escassos registros de voo disponíveis sobre qualquer um desses Fairey Gordon, conclui-se que foram muito pouco usados após sua transferência para a FAB. De fato, as evidências sugerem que somente dois Fairey voaram com alguma regularidade, já que os outros dois aparentemente não se encontravam em condições de voar. Isso é reforçado pela inspeção realizada por uma equipe da Fábrica do Galeão no final de 1942, que, ao julgar duas células imprestáveis para voo, as excluiu da carga da FAB em março de 1943.

Meses mais tarde, em 11 de maio, um dos Fairey Gordon se acidentou com perda total ao largo da Ilha do Governador quando pilotado por um oficial aviador pertencente ao efetivo da Escola de Especialistas de Aeronáutica. Submergindo nas águas da Baía de Guanabara, aquele oficial ficou preso à aeronave e só foi salvo graças ao esforço desenvolvido pelo cabo que o acompanhava naquela surtida de adestramento.

Com a frota dessas aeronaves reduzida a somente um exemplar, o derradeiro Fairey Gordon foi suspenso do voo, encostado em algum hangar da BAGL e aparentemente reduzido à sucata entre 1943 e 1944.

Fairey Gordon	
Período de Utilização	De 1941 até 1943
Fabricante	Fairey Aviation Company Ltd., Hayes (Inglaterra)
Emprego	Utilitário
Comentários	
Total Adquirido	4 exemplares
Unidades Aéreas	Base Aérea do Galeão Esquadrilha de Adestramento do 12º Corpo de Base Aérea
Designações	Não recebeu designação
Matrículas	E1F-48, E1F-49, E1F-60 e E1F-63

Fleet Model 11

Formadas as Forças Aéreas Nacionais, em janeiro de 1941, como consequência do Decreto-lei nº 2.961, que criou o Ministério da Aeronáutica, ficou estabelecido que o acervo de aeronaves dos Corpos de Aviação do Exército e da Marinha passariam para o controle do novo ministério, que, por sua vez, iria constituir a dotação inicial da nova arma de aviação militar. Entre as mais de 400 aeronaves absorvidas pelo que passou a ser denominada, em maio daquele ano como, Força Aérea Brasileira, encontravam-se oito aviões de adestramento/treinamento Fleet 11.

Depois de servir á FAB, os oito Fleet Model 11 foram transferidos, em 1945, para o DAC, que, por sua vez os distribuiu entre diversos aeroclubes. Foto Arquivo Action Editora Ltda.

Muitos desses aviões teriam uma vida fugaz na FAB. Naquele momento, a maior parte dos Fleet 11 se encontrava distribuída às esquadrilhas de treinamento dos regimentos de aviação sediados em Belo Horizonte, Canoas, Curitiba e São Paulo. No entanto, por serem considerados aviões antiquados demais até mesmo para servir como plataforma de adestramento, alguns já haviam sido informalmente cedidos aos aeroclubes daquelas localidades. A medida visava fomentar o crescimento dessas entidades apoiadas pela Diretoria de Aeronáutica Civil, com a cessão de aviões considerados excedentes às necessidades da FAB. Esses e outros aviões que se enquadravam nessa situação eram operados por aviadores militares que ministravam instrução a pilotos civis, e os serviços de manutenção eram realizados pelas unidades que detinham aqueles Fleet 11 em sua carga. Esse quadro persistiu durante os anos da guerra, o que torna difícil estabelecer com precisão quando esses aviões efetivamente deixaram de ser aeronaves militares.

De fato, em março de 1945 e novamente em julho desse ano, a Diretoria do Material da Aeronáutica (DIRMA) implementou sistemas unificados para matricular as aeronaves de seu acervo. Em reconhecimento de que esses aviões ainda pertenciam à FAB, todos os Fleet 11 receberam matrículas, até mesmo aqueles que haviam sido perdidos em acidente. No entanto, as evidências sugerem que nenhum dos aviões efetivamente ostentou tais matrículas. Ademais, diversos indicadores apontam para o fato de que até julho de 1945 praticamente todos os Fleet 11 encontravam-se sob controle da Diretoria de Aeronáutica Civil (DAC).

A única clara exceção era o Fleet 11 cedido ao Brigadeiro Newton Braga, um oficial superior que já se encontrava na reserva, mas desempenhava funções de interesse do Ministério da Aeronáutica. Ostentando unicamente o nome Quero-Quero, esse Fleet 11 era visitante regular do Parque de Aeronáutica de São Paulo nos anos de 1944 e 1945, a fim de se submeter a pequenos serviços de revisão.

Terminada a Segunda Guerra Mundial, aos poucos, os Fleet 11 ainda em operação foram oficialmente transferidos para o DAC, que, em seguida, os distribuiu para diversos aeroclubes.

Fleet Model 11

Período de Utilização	De 1941 até 1945
Fabricante	Fleet Aircraft Incorporated, Buffalo (Nova York – EUA)
Emprego	Adestramento
Comentários	
Total Adquirido	8 exemplares
Unidades Aéreas	1º Regimento de Aviação 2º Regimento de Aviação 3º Regimento de Aviação N/4º Regimento de Aviação 5º Regimento de Aviação
Designações	PT-FL
Matrículas	Inicialmente empregaram as matrículas outorgadas pela Aviação do Exército; em março de 1945, foram rematriculados 01 a 12, incluindo as células perdidas em acidente e um Fleet 7, que não mais pertencia ao acervo do Exército; em julho de 1945, esses aviões receberam a designação PT-FL e foram novamente rematriculados como 0001 a 0012

Focke-Wulf (OGAN) Fw-44J Stieglitz e (FMA) Fw-44J

O Decreto-lei 2.961, de 20 de janeiro de 1941, que criou o Ministério da Aeronáutica, determinou a transferência de 36 aviões Focke-Wulf (OGAN) Fw-44J e dois Focke-Wulf (FMA) Fw-44J às Forças Aéreas Nacionais que surgiram como resultado daquele instrumento legal. Conquanto estabelecesse a extinção da Aviação Naval, ele não ditou o fim imediato da 1ª Esquadrilha de Adestramento Militar (1ª EAM) ou a total redistribuição do seu acervo de aviões Fw-44J produzidos pelas Oficinas Gerais da Aviação Naval – ao menos durante algum tempo.

De fato, essa unidade de instrução aérea sediada na Base Aérea do Galeão continuaria em atividade e com aquela denominação até o primeiro trimestre de 1943. Durante seu primeiro ano de existência como organização militar da Força Aérea Brasileira (FAB), a 1ª EAM deixou de ministrar instrução aérea tal como era realizado quando era uma unidade da Aviação Naval. As autoridades do Ministério da Aeronáutica optaram por concentrar todas as atividades relacionadas à formação de oficiais aviadores no Campo dos Afonsos. Essa tarefa foi realizada pela Escola de Aeronáutica (EAer), com a ajuda do acervo material que herdara do Exército. Assim, durante algum tempo, os Fw-44J pertencentes à 1ª EAM ficaram sem missão, o que determinou a transferência desses aviões para a Diretoria de Aviação Civil para posterior distribuição ao crescente número de aeroclubes que estavam sendo criados quase que semanalmente.

Entretanto, o desenrolar dos eventos alteraria esse quadro. A entrada do Brasil na Segunda Guerra Mundial estava se tornando uma possibilidade cada vez mais próxima e com ela se tornava imprescindível contar com aviadores – em quantidades substancialmente maiores que aquelas que podiam ser, anualmente, proporcionadas pela EAer. Para atender a essa necessidade,

Grande parte da carreira dos 38 FW-44J na FAB esteve ligada à 5ª Esquadrilha do CPOR Aer do Galeão, que, ao longo de sua história, ajudou a formar muitos pilotos da reserva. Foto Arquivo José de Alvarenga.

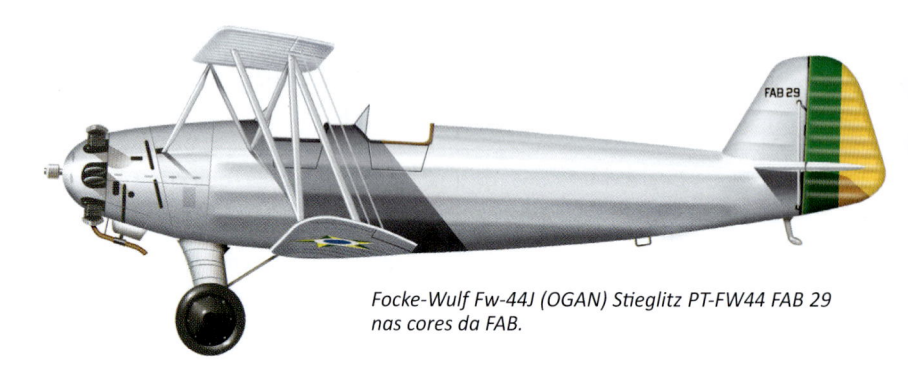

Focke-Wulf Fw-44J (OGAN) Stieglitz PT-FW44 FAB 29 nas cores da FAB.

O Ministério da Aeronáutica criou o Quadro de Oficiais Aviadores da Reserva Convocada e organizou, ainda, entre o segundo e o terceiro trimestres de 1942, os Centros de Preparação de Oficiais da Reserva Aeronáutica (CPOR Aer).

Entre esses CPOR Aer, foi criado um na Base Aérea do Galeão no mês de agosto, que fez uso das aeronaves de instrução pertencentes à dotação daquela base aérea, entre as quais os Fw-44J que ainda se encontravam à disposição da 1ª EAM. Contudo, algumas evidências sugerem que a 1ª EAM já estava desenvolvendo alguma atividade de instrução aérea desde o final do primeiro trimestre de 1942 em antecipação à formação dos CPOR Aer.

Consequentemente, a Fábrica do Galeão (ex-Oficinas Gerais da Aviação Naval) tratou de reforçar a dotação de aviões Fw-44J da 1ª EAM, que em fevereiro de 1943 passou a ser denominada 5ª Esquadrilha (Grupamento CPOR Aer) da Unidade Volante da Base Aérea do Galeão. Curiosamente, um dos Fw-44J produzidos na Argentina não foi incluído nesse trabalho de reforço: passou a pertencer à dotação da Fábrica do Galeão e lá ficou até ser transferido para a Diretoria de Aeronáutica Civil.

No seu auge, a 5ª Esquadrilha (Grupamento CPOR Aer) contou com 23 aviões Fw-44J para a realização da tarefa de instrução aérea que lhe foi atribuída. Ao absorver pilotos civis formados em aeroclubes, cabia à 5ª Esquadrilha (Grupamento CPOR Aer) ministrar, em 12 semanas, um total de 60 horas de voo de instrução primária a esses aviadores, empregando para tanto os seus Fw-44J. Entre 70 e 80 alunos das turmas de 1942 e 1943 receberam sua primeira exposição às peculiaridades da aviação militar a bordo do Pintassilgo – como eram popularmente denominados os Fw-44J.

Mas o final da carreira militar no Brasil dos Fw-44J rapidamente se aproximava. O crescente número de aviões de treinamento primário Fairchild PT-19A/B trazidos dos Estados Unidos não somente permitiu a total modernização dos meios aéreos de instrução primária da EAer, mas as células excedentes passaram a ser distribuídas à 5ª Esquadrilha (Grupamento CPOR Aer) a partir de maio de 1943. Em consequência, os PT-19A/B gradualmente substituíram os Fw-44J nas missões de instrução do Centro de Preparação de Oficiais da Reserva da Aeronáutica do Galeão. Excedentes às necessidades de instrução aérea da FAB, aos poucos os Fw-44J foram sendo transferidos para a Diretoria de Aeronáutica Civil e de lá para diversos aeroclubes.

Efetivamente, dos 28 aviões Fw-44J ainda existentes na carga do Ministério da Aeronáutica em junho de 1945, 15 já haviam sido repassados para aeroclubes e os demais foram descarregados como resultado de acidentes e – no caso de um exemplar – doado ao Uruguai. Finalmente, em 1947, o último Fw-44J foi excluído da carga da FAB.

Focke-Wulf (OGAN) Fw-44J Stieglitz e Focke-Wulf (FMA) Fw-44J	
Período de Utilização	De 1941 até 1947
Fabricante	Focke-Wulf Flugzeugbau AG/Oficinas Gerais da Aviação Naval, Rio de Janeiro (RJ) e Focke-Wulf Flugzeugbau AG/Fabrica Militar de Aviones, Córdoba (Argentina)
Emprego	Treinamento
Comentários	
Total Adquirido	36 exemplares (Focke-Wulf Fw-44J) (OGAN) 2 exemplares (Focke-Wulf Fw-44J) (FMA)
Unidades Aéreas	1ª Esquadrilha de Adestramento Militar 5ª Esquadrilha do CPOR Aer Galeão
Designações	PT-Fw44
Matrículas	Em relação aos Focke-Wulf (OGAN) Fw-44J, essas aeronaves empregaram as matrículas outorgadas pela Marinha, compreendidas de I1AvN-126 a I1AvN-166; em março de 1945, todas as células (mesmo aquelas perdidas em acidentes) foram rematriculadas de 03 a 43 e novamente rematriculadas em julho de 1945 como PT-Fw44 0110 a 0150; contudo, não existem evidências de que as matrículas outorgadas de março a julho de 1945 tenham sido aplicadas nas aeronaves Em relação aos dois Focke-Wulf (FMA) Fw-44J, esses inicialmente empregaram o número de série do fabricante (57 e 58) e, em março de 1945, receberam as matrículas 01 e 02; posteriormente, em julho de 1945, ambos foram rematriculados 0108 e 0109

Focke-Wulf Fw-58B-2, Fw-58V-9 e Fw-58Ki-2

A criação do Ministério da Aeronáutica, em 20 de janeiro de 1941, não resultou na imediata extinção das unidades aéreas existentes nas aviações do Exército e da Marinha, mesmo porque primeiro era necessário dar forma e organização ao que, meses depois, seria denominada Força Aérea Brasileira. Igualmente importante era a fusão dos distintos quadros de pessoal, bem como do acervo material daquelas duas aviações.

Consequentemente, os Focke-Wulf Fw-58B-2 e Fw-58V-9, originalmente pertencentes à Aviação Naval, continuaram juntos na 2ª Esquadrilha de Adestramento Militar (2ª EAM), com sede na Base Aérea do Galeão. E em princípio, seguiram com suas atividades de instrução e trabalho utilitário. No entanto, algumas indicações sugerem que três desses aviões foram cedidos à Escola de Aeronáutica, no Campo dos Afonsos, possivelmente para auxiliar os trabalhos de instrução.

Paralelamente, as Oficinas Gerais da Aviação Naval – cujo nome foi alterado para Fábrica do Galeão naquele mesmo ano – seguiram com a produção dos Fw-58V-9 pertencentes à segunda série de 15 aviões. Quatro células haviam sido fabricadas e entregues à Aviação Naval e já se encontravam no país peças e componentes em quantidade suficiente para garantir a fabricação das 11 células que restavam da segunda série. Essas aeronaves contavam com um índice de nacionalização muito maior que aquele registrado na primeira série de 10 aviões, pois faziam uso de hélices, cavernas e tirantes de madeira confeccionados no Galeão, bem como de freios, pneus e tela de aviação produzidos domesticamente.

Com o último exemplar tendo sido entregue à FAB em dezembro de 1942, essas mudanças estavam previstas no planejamento original da segunda série. Mas por força da guerra na Europa e as crescentes dificuldades de importar da Alemanha qualquer material, foi necessário substituir as metralhadoras Rheinmetall Borsig MG-15 de calibre 7,92 mm e adaptar metralhadoras Browning de calibre .30 nas aeronaves da segunda série. De igual forma, os cabides de bombas VM 3/50 empregados nos aviões da primeira série foram substituídos por cabides nacionais do tipo X ou Vemag do tipo 3-C50-VIII. Outros itens de menor importância foram igualmente substituídos ou então nunca chegaram a ser instalados, como foi o caso dos visores-foto Zeiss-Ikon ENKB e do visor de bombardeio GV 219.

À medida que ficavam prontos os novos Focke-Wulf Fw-58V-9, a Fábrica do Galeão os entregava à 2ª EAM, cuja existência perdurou até fevereiro de 1943. Porém, nem todos permaneceram no Galeão. A crescente atividade dos submarinos alemães e italianos ao largo do litoral brasileiro foi determinante para que alguns desses aviões saíssem da Base Aérea do Galeão para realizar missões de patrulha em áreas litorâneas consideradas críticas. Conquanto os Fw-58 estavam longe de ser aeronaves ideais para essa tarefa, eram entre os pouquíssimos prontamente à disposição da FAB com alguma capacidade para fazer esclarecimento marítimo e, se necessário fosse, atacar um submarino inimigo.

Em consequência, ao longo de 1942, sete aviões Fw-58 foram despachados para as Bases Aéreas de Florianópolis, Porto Alegre e Santos, cabendo a essa última a maior fatia, com quatro dessas aeronaves. Enquanto chegavam dos Estados Unidos mais aviões especificamente destinados ao trabalho de patrulha, como o Lockheed Hudson e o Consolidated Catalina, essa distribuição sofria modificações. Como consequência, em 1943, a Base Aérea de Curitiba passou a dispor de dois Fw-58, a fim de cobrir a região do Porto de Paranaguá. No ano seguinte, como resultado da chegada de mais aviões de patrulha, a Base Aérea do Galeão transferiu seis de seus Fw-58B-2 e Fw-58V-9 para a Base Aérea de Santos.

Ainda em agosto de 1942, houve a nacionalização da empresa Syndicato Condor, que, posteriormente, foi rebatizada Serviços Aéreos Cruzeiro do Sul Ltda., e, em sua esteira, dois aviões Focke-Wulf Fw-58Ki-2 foram entregues à FAB. Eram os PP-CBM Aquirí e o PP-CBN Cacurí. Configurados para o transporte de seis passageiros e prontamente distinguidos pela fuselagem de maior altura, ambos passaram a desempenhar o papel de avião de transporte em benefício da Fábrica do Galeão e da Diretoria de Material da Aeronáutica (DIRMA).

A quase totalidade dos Fw-58 foi fabricada no Brasil, sob licença da Focke-Wulf, inicialmente nas Oficinas da Aviação Naval, e, mais tarde, na Fábrica do Galeão.
Foto Arquivo Jackson Flores Jr. / Action Editora Ltda.

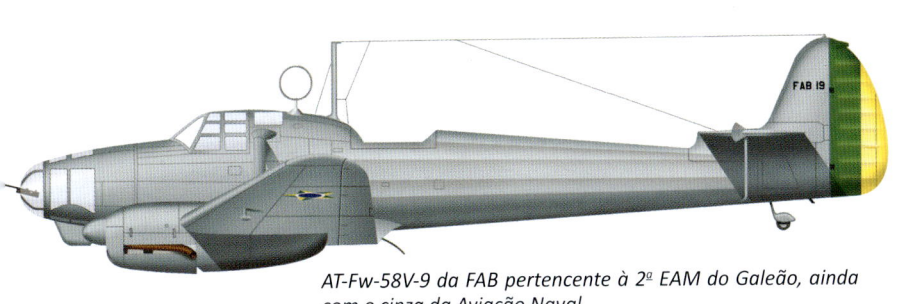

AT-Fw-58V-9 da FAB pertencente à 2ª EAM do Galeão, ainda com o cinza da Aviação Naval.

T-Fw-58B FAB 19 do 2º Grupo (Base Aérea do Galeão), logo após sua transsferência da Aviação Naval.

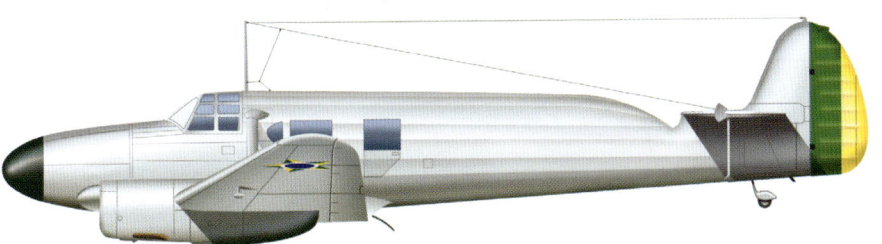

UC-Fw-58Ki-2 FAB 2654 (PP-CBM Aquiri), versão de transporte do AT-Fw-58, com o padrão de cores adotado pela FAB a partir de 1945.

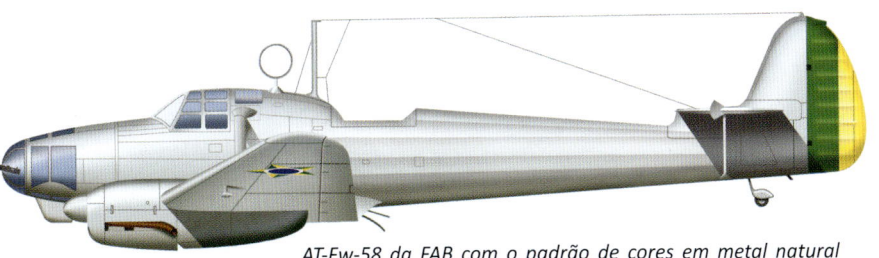

AT-Fw-58 da FAB com o padrão de cores em metal natural adotado a partir de 1945.

Armados com bombas de profundidade Clarck de 74 kg ou bomba de profundidade Mk 17 de 147 kg, os Fw-58 poderiam não ser a plataforma ideal para combater submarinos. Depois de suceder a 2ª EAM, coube a um dos Fw-58 pertencentes à terceira esquadrilha do 2º Grupo da Unidade Volante da Base Aérea do Galeão realizar o único ataque conhecido desse tipo de avião contra um submarino. Em 25 de junho de 1943, quando fazia patrulha no trecho Rio de Janeiro/Vitória, a tripulação de um Fw-58 avistou um submarino na altura de Cabo Frio (RJ). Provavelmente, se tratava do U-513, que tratou de submergir o quanto antes e assim escapar. Ao lançar a solitária bomba de profundidade Mk

17 no centro da espuma deixada pelo submarino, ela explodiu conforme o previsto, mas sem dar nenhuma indicação de ter causado avarias ao submarino. A típica irreverência brasileira fez brotar entre alguns a explicação de que seria improvável que um avião de origem alemã, pilotado por um oficial de ascendência alemã (o Ten Av Jorg Wilheim Friedrich Büngner), viesse a afundar um submarino alemão.

À medida que chegavam cada vez mais aviões projetados especificamente para as missões de patrulha ou então muito mais adequados ao trabalho do que os Fw-58, estes gradativamente deixaram de realizar esse tipo de trabalho. Porém, esses aviões não ficaram ociosos, foram prontamente convocados para missões de transporte em benefício do Correio Aéreo Nacional (CAN). Apesar dessa nova atribuição, quando foi introduzido, na primeira metade de 1945, o novo sistema de designação e matrícula das aeronaves da FAB, os Focke-Wulf Fw-58 passaram a ser designados AT-Fw58, em reconhecimento a seu papel de avião de treinamento avançado. A exceção dizia respeito aos dois Fw-58Ki-2, que passaram a ser designados UC-Fw58.

Mas o fim da carreira dos Fw-58B-2, Fw-58V-9 e Fw-58Ki-2 estava próximo. Equipados com motores Argus AS-10C de origem alemã, era praticamente impossível obter peças de reposição para eles, bem como sobressalentes para aqueles componentes de reduzida vida útil. Assim, a partir de 1946, começou o processo de desativação dos Fw-58, que, àquele ano, assistira à baixa de cinco AT-Fw58 e um UC-Fw58, seguido de outras 11 células no ano seguinte. Paralelamente, seis exemplares foram recolhidos à Fábrica do Galeão para ser recuperados e um sétimo exemplar foi distribuído à DIRMA.

Mecânicos da FAB inspecionam um dos motores Argus AS-10C de 240 hp de um Fw-58B-2, que foi designado AT-Fw58 na Força Aérea. Foto Arquivo Action Editora Ltda.

Linha de voo de aviões Fw-58 Weihe da FAB, no Galeão. Ao todo, a Força Aérea empregou 28 destas aeronaves em três versões. Hoje apenas um, o FAB 1530, se encontra preservado no MUSAL. Foto Museu Aeroespacial do Campo dos Afonsos.

A partir dessas células recolhidas à Fábrica do Galeão, duas células híbridas foram geradas, bem como houve a recuperação de ao menos uma completa. Aparentemente, esse esforço tinha endereço certo, pois, assim que a primeira daquelas aeronaves ficou pronta, ela foi entregue à Divisão de Águas do Ministério da Agricultura, em novembro de 1948. No ano seguinte, um Fw-58 foi cedido ao governo do estado de Goiás, que recebeu ainda um dos AT-Fw58 híbridos em julho de 1950.

Em reconhecimento ao fim da carreira dos Fw-58 da FAB, em 2 de abril de 1949, a DIRMA emitiu uma instrução que dava como totalmente obsoleto esse tipo de avião. A partir daquela data, os Fw-58 da FAB foram progressivamente excluídos da carga da FAB e alienados, o último sendo descarregado em julho de 1951.

Focke-Wulf Fw-58B-2, Fw-58V-9 e Fw-58Ki-2

Período de Utilização	De 1941 até 1951
Fabricante	Focke-Wulf Flugzeugbau AG/Oficinas Gerais da Aviação Naval – Rio de Janeiro (RJ)
Emprego	Emprego geral, patrulha, treinamento e transporte
Comentários	
Total Adquirido	11 exemplares (Fw-58B-2) 15 exemplares (Fw-58V-9) 2 exemplares (Fw-58Ki-2)
Unidades Aéreas	2º Grupo/Base Aérea do Galeão Base Aérea de Curitiba Base Aérea de Florianópolis Base Aérea de Porto Alegre Base Aérea de Santos Base Aérea de São Paulo Diretoria de Material da Aeronáutica Escola de Aeronáutica Quartel-General da 3ª Zona Aérea 1º Grupo de Transporte Escola de Especialistas de Aeronáutica
Designações	Fw-58B-2 e Fw-58V-9 foram designados AT-Fw58, enquanto os Fw-58Ki-2 foram designados UC-Fw58
Matrículas	Inicialmente empregaram as matrículas atribuídas pela Marinha do Brasil: D2Fw-147, D2Fw-168 a D2Fw-177, 2AvN-209 a 2AvN-223; posteriormente, rematriculados FAB 01 a 28 e, finalmente, AT-Fw58 1167 a 1192, UC-Fw58 2654 e 2655; as células híbridas foram rematriculadas AT-Fw58 1509 e 1530

Lockheed Model 12-A Electra Junior

Assim que foi criado o Ministério da Aeronáutica, em 20 de janeiro de 1941, as autoridades aeronáuticas do Exército e da Marinha trataram de colocar em movimento os planos para unificar as armas de aviação das duas forças através da fusão de seus respectivos quadros de pessoal e acervo material.

Entre as muitas aeronaves pertencentes às duas aviações, figuravam os quatro aviões Lockheed Model 12-A Electra Junior pertencentes ao Exército. Porém, nos derradeiros dias de existência da Aviação do Exército e em atenção à necessidade de dispor de mais aviões de transporte bimotor, a Diretoria de Aeronáutica do Exército assinou com a Lockheed um contrato de encomenda de outros quatro aviões Electra Junior. Essencialmente, os quatro novos aviões Lockheed Model 12-A eram exatamente iguais àqueles entregues em 1937 e 1940, diferentes somente por pequenos detalhes de equipamento.

Trasladados em voo para o Brasil em abril de 1941, os quatro novos Lockheed Model 12-A se juntaram aos Electra Junior, passando prontamente a executar as tarefas de transporte de autoridades. Regularmente empregado como avião de transporte presidencial desde que os primeiros dois exemplares chegaram ao Brasil, os Electra Junior deixaram de exercer essa missão com a chegada, em 1942, de um Lockheed Model 18-10 especialmente configurado para esse trabalho. No entanto, os Lockheed Model 12-A continuaram a prestar serviços no transporte de autoridades militares e do governo federal.

Os Model 12-A foram diretamente subordinados à Diretoria de Aeronáutica do Exército e reunidos numa unidade aérea informalmente conhecida como Seção de Aviões do Comando. A existência daquela seção ganhou cunho oficial em junho de 1941 e manteve a denominação pela qual era conhecida. Isso pouco alterou as atividades dos Lockheed 12-A, que, com a chegada dos Lockheed Lodestar, passaram a ser conhecidos como Lockheedinho. O que, em certa medida, mudou a vida operacional dos Electra Junior foi a entrada do Brasil na Segunda Guerra Mundial.

Desde final de 1939, as unidades aéreas existentes no norte e nordeste do Brasil sofreram discreto – quase tímido – reforço em suas respectivas dotações

Linha de voo de UC-40, na qual é possível ver o FAB 08 (FAB 2663). Oito destas aeronaves foram empregadas pela Força Aérea, sendo quatro oriundas da Aviação Militar e outras quatro recebidas diretamente pela FAB, mas fruto de uma encomenda do Exército. Foto Museu Aeroespacial do Campo dos Afonsos.

O C-40 Electra Junior do Esquadrão de Transporte Especial realizava missões de caráter VIP.

de aeronaves. Essa medida visava não somente atender a expansão do Correio Aéreo Militar naquelas regiões, mas manter ao menos uma presença que inibisse as atividades das marinhas de guerra dos países combatentes ao longo do litoral brasileiro. Porém, no início de 1942 já estava claro que, com cada vez mais frequência, a costa brasileira passaria a ser palco de ações bélicas marítimas. Consequentemente, a recém-criada Força Aérea Brasileira tratou de ampliar a sua presença naquela área considerada crítica. O litoral brasileiro nas regiões Norte, Nordeste e Sudeste passou a ser guarnecido como nunca antes.

Em face desse esforço de ampliação, as altas autoridades da FAB identificaram a necessidade de manter uma rápida ligação entre a capital federal da época – o Rio de Janeiro – e os quartéis-generais das principais zonas aéreas. Já que a FAB começara a receber mais aviões Lockheed Lodestar no transcorrer de 1942, ficou decidido que alguns dos Lockheed Electra Junior seriam deslocados de forma semipermanente para locais como Florianópolis, Natal e Recife. De fato, tratava-se da cessão por empréstimo dessas aeronaves ao quartel-general da zona aérea beneficiada. Curiosamente, os Lockheed Model 12-A cedidos às zonas aéreas passaram a desempenhar papel um pouco diferente do simples transporte de autoridades ou de pessoal. Esse foi o caso, por exemplo, dos Electra Junior cedidos à 2ª Zona Aérea em Recife, que, com frequência, realizavam missões de patrulha ao longo do litoral. Isso foi especialmente verdade na última metade de 1942 e no início de 1943, quando ainda eram escassos os meios aéreos especificamente destinados àquelas missões.

Com o fim do conflito, em 1945, os Lockheed Model 12-A que se encontravam destacados fora do Rio de Janeiro regressaram à cidade para novamente ser integrados à Seção de Aviões do Comando, que naquela época estava sediada no atual Aeroporto Santos Dumont. Porém, em face dos muitos Lockheed Lodestar recebidos durante a guerra – bem como do único Lodestar 18-10-01 –, os Lockheedinho deixaram de voar missões presidenciais.

Reduzidos a sete como resultado de um acidente ocorrido com um dos Electra Junior em 1944, esses aviões perderam as matrículas que ostentavam no ano seguinte, ganhando novas matrículas dentro do sistema que a Diretoria de Material (DIRMA) elaborara, bem como a designação UC-40. Subordinados à Seção de Aviões do Comando, alguns dos UC-40 passaram a ficar à disposição de grandes comandos. Esse quadro permaneceu essencialmente inalterado, mesmo quando a Seção de Aviões do Comando foi transformada em Esquadrão de Transporte Especial (ETE), em maio de 1954.

A incorporação de um grande número de aviões Douglas C-47 no transcorrer dos anos 1950 efetivamente determinou o fim da carreira dos Electra Junior como avião de transporte de autoridades na FAB; esses aviões passaram a exercer atividades mais utilitárias em benefício de diversas unidades. A frota já estava reduzida a quatro aeronaves, quando, no ano de 1960, esse número diminuiu para três. Tendo em vista o pequeno número de células, bem como as naturais dificuldades para adquirir peças de reposição para uma aeronave que deixara de ser fabricada quase 20 anos antes, a DIRMA determinou a desativação e a alienação dos C-40 ainda existentes na FAB. Isso ocorreu no primeiro trimestre de 1963. Os três Lockheed Electra Junior foram alienados em concorrência pública, dois dos quais passando a voar com operadores civis até o final da década de 1960.

Lockheed Model 12-A Electra Junior	
Período de Utilização	De 1941 até 1963
Fabricante	Lockheed Aircraft Corporation, Burbank (Califórnia – EUA)
Emprego	Transporte
Comentários	
Total Adquirido	8 exemplares (4 oriundos da Aviação do Exército e 4 entregues pelo fabricante diretamente à FAB)
Unidades Aéreas	Seção de Aviões do Comando Esquadrão de Transporte Especial Grupo de Transporte Especial
Designações	UC-40 e C-40
Matrículas	D.Ae. 01 a D.Ae. 08; rematriculados 01 a 08; novamente rematriculados 2656 a 2663

Luscombe Phantom I

Quando da criação do Ministério da Aeronáutica e das Forças Aéreas Nacionais (posteriormente redenominadas Força Aérea Brasileira), foi determinado que todo o acervo de material aeronáutico pertencente à Marinha do Brasil passasse a compor o inventário da nova Força Aérea. Entre as muitas aeronaves encontrava-se o único Luscombe Phantom I, que a Aviação Naval adquirira em 1938.

Por se tratar de exemplar único, o seu futuro permaneceu incerto durante alguns meses. De fato, essa aeronave sequer foi incluída na carga da Diretoria de Material Aeronáutico da FAB. Aparentemente posta à disposição do Parque de Aeronáutica do Galeão (RJ), até meados do primeiro trimestre de 1942, essa pequena aeronave realizou alguns poucos voos de ligação em proveito daquela organização. Apresentou pouca utilidade militar, e as autoridades da FAB decidiram proceder de forma semelhante ao que havia sido deliberado para outras aeronaves oriundas da Marinha ou do Exército, ou seja, repassá-la para a Diretoria de Aeronáutica Civil. Algumas fontes indicam que essa transferência ocorreu ainda em 1942, mas foi somente em junho de 1943 que o Phantom I oriundo da Marinha foi distribuído ao Aeroclube do Brasil e inscrito no Registro Aeronáutico Brasileiro com a matrícula PP-TPT.

Luscombe Phantom I	
Período de Utilização	De 1941 até 1942
Fabricante	Luscombe Airplane Co., Kansas City (Missouri – EUA)
Emprego	Transporte e ligação
Comentários	
Total Adquirido	1 exemplar
Designações	Não recebeu designação
Matrículas	Durante sua utilização na FAB empregou a matrícula D1L-204 outorgada pela Aviação Naval

Muniz M-7 e Muniz M-9

A criação do Ministério da Aeronáutica, em janeiro de 1941, determinou a transferência de carga de todos os aviões Muniz M-7 e M-9 da Aviação Militar para o que foi inicialmente denominadas Forças Aéreas Nacionais (FAN). Assim, sete exemplares do M-7 e 16 unidades do M-9 passaram a pertencer à dotação daquela força, se bem que, no caso dos M-7, essa transferência pouco significou, uma vez que quase todos já se encontravam em operação em distintos aeroclubes.

Já os M-9 continuaram distribuídos entre a Escola de Aeronáutica (EAer) – como foi redenominada a Escola de Aeronáutica do Exército, com sede no Campo dos Afonsos (RJ) – e os 2º e 3º Regimentos de Aviação, respectivamente localizados em Cumbica (SP) e Canoas (RS).

No entanto, a dotação de aviões Muniz M-9 estava para receber considerável reforço em face de um contrato de encomenda de 20 unidades assinado às vésperas da criação do Ministério da Aeronáutica. A construção desse segundo lote de aviões M-9 foi prejudicada por atrasos decorrentes da escolha de uma nova motorização. O recrudescimento da Segunda Guerra Mundial eliminou qualquer alternativa europeia, o que fez com que o Cel Av Antonio Guedes Muniz, projetista do M-9, e os engenheiros da Companhia Nacional de Navegação Aérea (CNNA) voltassem suas buscas para a indústria aeronáutica norte-americana. Entre os muitos motores examinados, foi finalmente escolhido o Ranger 6-440C2, um motor de 175 hp. Mas aquele motor em linha não se apresentava como solução ideal, apesar de ser o que mais facilmente se adaptava, com um mínimo de modificações, à célula do Muniz M-9. A adoção dessa alternativa acarretou penalidades, pois a menor potência e o maior peso do motor Ranger determinaram perceptível perda de desempenho em alguns segmentos do envelope de voo. Ao contrário da primeira série de aviões M-9, que empregava uma hélice metálica da Fairey, a segunda partida faria uso de uma hélice produzida na Fábrica do Galeão, que era de madeira e, portanto, mais pesada, o que tampouco ajudava no desempenho do avião.

Além de 36 M-9, a FAB recebeu em carga sete M-7 oriundos da Aviação Militar. No entanto, estes aviões já se encontravam a serviço de aeroclubes, que, logo após serem incorporados, foram repassados oficialmente à aviação civil. Foto Arquivo Aparecido Camazano Alamino.

Uma vez solucionado esse contratempo, foi iniciada, na Ilha do Engenho (RJ), a produção da nova série de aviões M-9. O primeiro lote de cinco aviões foi dado como pronto em março de 1942, enquanto os últimos quatro exemplares foram recebidos pela Força Aérea Brasileira em 19 de março de 1943.

A chegada ao Brasil dos primeiros aviões de treinamento primário Fairchild PT-19A assinalou o fim da carreira operacional dos Muniz M-9 na EAer. Assim, no transcurso de 1942 e 1943, os M-9 daquela escola foram remanejados para as Bases Aéreas de Porto Alegre e de São Paulo. De fato, os últimos M-9 produzidos na Ilha do Viana seguiram para Porto Alegre para ser incorporados ao 3º Regimento de Aviação. Alguns poucos exemplares ainda foram transferidos para a Diretoria de Aeronáutica Civil (DAC), enquanto dois M-9 seguiram para a Fábrica Nacional de Motores para ser empregados em diversos ensaios.

Contudo, a entrada do Brasil na Segunda Guerra Mundial e a urgente necessidade de se contar com mais aviadores militares afetaram diretamente a vida desses biplanos. A criação do Quadro de Oficiais Aviadores da Reserva Convocada, bem como a formação dos Centros de Preparação de Oficiais da Reserva Aeronáutica (CPOR Aer) nas Bases Aéreas do Galeão (RJ), de Porto Alegre (RS) e de São Paulo (SP), resultou em considerável deslocamento de meios aéreos para satisfazer as necessidades de instrução desses centros. Em meio a essa movimentação, os Muniz M-9 ganharam – mesmo que brevemente – uma nova missão ao serem redistribuídos para o CPOR Aer São Paulo e o CPOR Aer Porto Alegre. Nesses dois centros, os Muniz M-9 foram empregados na instrução primária de seus alunos.

Como ocorrera em 1942 na EAer, a contínua infusão de aviões Fairchild PT-19A fez com que os Muniz M-9 do CPOR Aer São Paulo fossem progressivamente transferidos para a DAC. Já o mesmo não ocorreu com os M-9 encaminhados ao CPOR Aer Porto Alegre, pois estes continuaram em atividade no IV Grupamento do CPOR Aer até o final da guerra. Junto com os três exemplares repassados, em 1940, à Esquadrilha de Treinamento do 3º Regimento de Aviação, o IV Grupamento, em seu auge, chegou a contar com 21 desses aviões para a execução das missões de instrução primária ministradas pelo CPOR Aer Porto Alegre.

O Muniz M-9 K 113, ex-Aviação Militar pertencente à Escola de Aeronáutica do Afonsos, visto pilonado. Era muito comum esse tipo de acidente durante a instrução dos novos pilotos. Foto Arquivo José de Alvarenga.

A FAB recebeu, em 1941 sete aeronaves Muniz M-7. A pintura do Exército foi retirada.

A reformulação do currículo de instrução realizada nos Centros de Preparação de Oficiais da Reserva Aeronáutica e a consequente especialização do IV Grupamento CPOR Aer para a missão de treinamento avançado fizeram com que os M-9 de Canoas passassem a ser empregados no adestramento dos aviadores, exercendo funções administrativas nas unidades sediadas na área de Porto Alegre ou em trabalhos utilitários.

Por determinação da Diretoria de Material da Aeronáutica (DIRMA), a partir de 1944, os M-9 do IV Grupamento foram progressivamente transferidos para diversos aeroclubes na Região Sul do Brasil. Finalmente, em dezembro de 1946, a Esquadrilha de Adestramento do 3º RAv fez entrega à Varig Aero Esporte do último Muniz M-9 ainda em uso na FAB, assim encerrando a vida militar desses biplanos, que continuariam voando com matrícula civil até o final da década de 1950.

Muniz M-7 e Muniz M-9

Período de Utilização	De 1941 até 1946
Fabricante	Fábrica Brasileira de Aviões, Ilha do Viana (RJ)
Emprego	Instrução e adestramento
Características Técnicas	
Motor	de Havilland Gipsy VI de 200 hp (M-9, 1ª série) Ranger 6-440C2 de 175 hp (M-9, 2ª série)
Comentários	
Total Adquirido	36 exemplares (Muniz M-9) 7 exemplares (Muniz M-7)
Unidades Aéreas	Escola de Aeronáutica Esquadrilha de Treinamento do 2º RAv II Grupamento do CPOR Aer São Paulo Esquadrilha de Treinamento do 3º RAv IV Grupamento do CPOR Aer Porto Alegre
Designações	PT-M7 (M-7) PT-M9 (M-9)
Matrículas	M-7: mesmo se encontrando em operação em diversos aeroclubes, as sete células de M-7 receberam as matrículas 01 a 07 que, posteriormente, foram alteradas para PT-M7 0061 a 0067; não existem evidências de que essas matrículas tenham sido aplicadas nessas aeronaves M-9: as células recebidas do Exército continuaram a usar suas matrículas originais; já as 20 células produzidas na época do Ministério da Aeronáutica receberam as matrículas 23 a 42. Posteriormente e independentemente de estarem em atividade ou não na FAB, os M-9 foram rematriculados com numerais de dois dígitos e, depois, tais matrículas foram alteradas para PT-M9 0068 a 0107; os exemplares designados para a Base Aérea de São Paulo ostentaram as matrículas 2-T05, 2-T06, 2-T07, 2-T11, 2-T12, 2-T13, 2-T14 e 2-T15; por fim, os M-9 da Base Aérea de Porto Alegre receberam as matrículas 3-T10 a 3-T12, 3-T16 a 3-T32 e 3-T35

Muniz M-11

Já coronel aviador antigo e às vésperas de ser promovido a brigadeiro do ar, o engenheiro aeronáutico Antônio Guedes Muniz iniciou 1941 dando os retoques finais no que seria seu último projeto de avião a atingir o estágio de protótipo: o Muniz M-11.

Com base nas tendências europeias e norte-americanas no que tange a aeronaves de instrução, Muniz projetou um avião cuja configuração era muito semelhante à de outro avião que ele desenvolvera fazia mais de 10 anos, o Muniz M-5. O novo exemplar era um monomotor e monoplano de asa baixa equipado com um motor de Havilland Gipsy Six de 200 hp. Biposto em tandem, o M-11 fazia extenso uso de madeiras nacionais em toda a sua estrutura. A aeronave se destinava à instrução primária.

A construção do primeiro protótipo do Muniz M-11 foi executada no Parque de Aeronáutica dos Afonsos (PqAerAF), aparentemente iniciada no fim do segundo semestre de 1941. Dado como pronto no começo de outubro daquele ano, no dia 28, e pilotado pelo Capitão Aviador Manoel José Vinhaes, o M-11 executou seu voo inaugural no Campo dos Afonsos. Quando o avião foi colocado à disposição do Serviço Técnico da Aeronáutica, a campanha de ensaios em voo, que veio imediatamente após o primeiro voo, demonstrou que o M-11 apresentava excelentes características, quer em termos de desempenho ou de qualidade de voo.

Diante dos resultados positivos verificados nas etapas iniciais da campanha de ensaios, a expectativa era de que o M-11 seria produzido em série tal como ocorrera com o Muniz M-7 ou M-9. Contudo, o Muniz M-11 foi pego no contrapé dos eventos – o mais importante sendo o ingresso do Brasil na Segunda Guerra Mundial e a urgentíssima necessidade em formar grandes quantidades de aviadores militares com a maior brevidade possível. Com o auxílio do sistema Lend-Lease (Empréstimo e Arrendamento) do governo dos Estados Unidos, a FAB recebeu, em pouquíssimo tempo, mais de uma centena de aviões de treinamento primário Fairchild PT-19A, e a Fábrica do Galeão conquistou ainda a licença para produzir aquela aeronave. Diante disso, deixou de ser recomendável qualquer esforço para produzir o Muniz M-11, que, a essa altura, recebera a designação TP-1 (posteriormente alterado para TP-2).

Porém, isso não significou o fim da carreira do Muniz M-11, que permaneceu praticamente sua vida inteira no Parque de Aeronáutica dos Afonsos – primeiro à disposição do Serviço Técnico da Aeronáutica e, depois, do próprio PqAerAF.

Curiosamente, depois que foi reformulado o sistema de designação e matrícula das aeronaves pertencentes ao acervo da FAB, um claro erro burocrático classificou o

Rara foto do BT-A76 1395, o único Muniz M-11 da FAB. Foto Arquivo Carlos Eugenio Dufriche.

Muniz M-11 como BT-A76, designação usada exclusivamente pelos biplanos Stearman A76 C3. Seja como for, essa aeronave foi utilizada intensivamente durante muitos anos; algumas fontes indicam que voou quase 4 mil horas até ser desativada, em 1949.

Muniz M-11	
Período de Utilização	De 1941 até 1949
Fabricante	Parque de Aeronáutica dos Afonsos
Emprego	Protótipo
Características Técnicas	
Motor	de Havilland Gipsy Six de 200 hp Ranger 6-440-C4 de 190 hp
Armamento	Não dispunha de armamento
Comentários	
Total Adquirido	1 exemplar
Unidades Aéreas	Serviço Técnico da Aeronáutica Parque de Aeronáutica dos Afonsos
Designações	TP-1, posteriormente alterado para TP-2 e, em 1946, redesignado BT-A76
Matrículas	2-1, alterado em 1946 para BT-A76 1395

North American NA-46

A fusão dos acervos de material e pessoal da Aviação Militar e da Aviação Naval como consequência da criação do Ministério da Aeronáutica em 20 de janeiro de 1941 – para assim formar o que meses mais tarde passou a ser denominada Força Aérea Brasileira – resultou em uma frota de aeronaves numericamente expressiva. Mas das 428 aeronaves, pouquíssimas poderiam ser consideradas modernas. Ademais, menos de 25% desse total poderia ser classificado como sendo aviões de emprego – e desses somente uma fração poderia generosamente ser considerada próximo ao estado da arte no que diz respeito a aviação de combate.

Em meio aos pouco mais de 30 tipos de aeronave que passaram a constituir o acervo da Força Aérea Brasileira encontravam-se 12 exemplares do North American NA-46 pertencentes à 1ª Esquadrilha de Adestramento Militar (1ª EAM), uma unidade originalmente formada pela Aviação Naval. Os NA-46 eram um dos poucos tipos à disposição da recém-criada FAB que espelhavam o estado atual no que tange a aviões de treinamento avançado, possuindo ainda modesta capacidade ofensiva.

Com as autoridades da FAB completamente imersas com os trabalhos de integrar e organizar tudo aquilo que haviam herdado do Exército e da Marinha, a 1ª EAM foi uma das raras unidades da Aviação Naval que foi mantida relativamente intacta – não só em termos de missão, mas de identidade. Mas mal a 1ª EAM e seus NA-46 foram integrados à FAB, aquela unidade aérea sofreu sua primeira perda. Ao decolar do campo de pouso de Diamantina (MG), em 13 de maio de 1941, um dos NA-46 chocou-se com um poste no setor norte do aeródromo e caiu. O incêndio que veio em seguida determinou a perda do seu único ocupante e da aeronave.

Não obstante esse acidente, a 1ª EAM seguiu desenvolvendo seus trabalhos. No entanto, já despontava no horizonte uma importante tarefa para aquela unidade e seus NA-46. Com somente 389 oficiais aviadores assim que foi criada, e uma guerra mundial que se avizinhava, a FAB prontamente percebeu a necessidade de reforçar substancialmente seu quadro de pilotos, bem como de outras áreas.

A solução se deu por meio do estabelecimento de Centros de Preparação de Oficiais da Reserva da Aeronáutica (CPOR Aer), o que ocorreu por meio de uma sucessão de atos normativos assinados entre junho e agosto de 1942. Com efeito, em 20 de agosto daquele ano, foi criado um CPOR Aer na Base Aérea do Galeão. Para realizar o trabalho de transformar pilotos civis em aviadores militares, aquele centro lançaria mão dos NA-46 da 1ª EAM e dos Focke-Wulf Fw-44J, que antes pertenceram à Escola de Aviação Naval.

Assim, a partir daquele ano, a Base Aérea do Galeão serviu como ponto de partida para a instrução aérea de uma sucessão de turmas de pilotos civis, cujo treinamento se iniciava nos Fw-44J. Galgada aquela etapa, o aluno então passava para o NA-46 para finalizar sua formação como aviador militar e ser declarado aspirante a oficial aviador.

Como parte do plano de dar organização à FAB, em fevereiro de 1943, o Estado-Maior da Aeronáutica (EMAer) criou a Unidade Volante da Base Aérea do Galeão. Ao extinguir a 1ª EAM, aquela unidade passava a contar com dois grupos equipados com aviões Lockheed A-28A Hudson, Focke-Wulf Fw-58 e Grumman J4F-2 Widgeon distribuídos entre quatro esquadrilhas. Por sua vez, os aviões do CPOR Aer passaram a constituir o Grupamento CPOR Aer ou a 5ª Esquadrilha, unidade que contava com 11 exemplares do NA-46 e 21 aviões Fw-44J.

Entretanto, a organização da Unidade Volante da Base Aérea do Galeão foi objeto de diversas mudanças, com considerável foco voltado para o Grupamento CPOR Aer. A experiência colhida nos primeiros meses de atividade dos CPOR Aer apontou para a conveniência de atribuir para cada centro somente uma tarefa dentro do ciclo de instrução dos futuros oficiais aviadores da reserva convocada. Assim, a CPOR Aer do Galeão passou a executar unicamente a fase de instrução primária e, para tal, o grupamento aos poucos passou a contar somente com aviões Fairchild PT-19A/B: o Grupamento de São Paulo respondia pelo estágio básico e o de Canoas, pelo treinamento avançado.

Em consequência dessa significativa mudança, seria lícito concluir que os NA-46 seriam repassados para a Base Aérea de Canoas para continuarem ministrando instrução avançada. No entanto, as autoridades da FAB julgaram por bem manter esses aviões concentrados na Base Aérea do Galeão (BAGL). De fato, os NA-46 permaneceram distribuídos ao II Grupamento do CPOR Aer, só que distintos indicadores sugerem que eles passaram a realizar missões de adestramento com cada vez mais frequência – trabalho esse feito principalmente em proveito dos oficiais aviadores que desempenhavam funções administrativas na BAGL e unidades apoiadas por aquela base aérea.

Embora ainda voassem com as matrículas que lhes foram conferidas quando pertenciam à Aviação Naval, em março de 1945, foram atribuídas novas matrículas aos NA-46. Mas em julho elas também foram substituídas por outras, quando os aviões ganharam ainda a designação BT-9. Mas essa mudança não alterou a natureza dos trabalhos que esses aviões estavam realizando – os NA-46 permaneceram no Galeão e desempenharam o papel típico de aviões de adestramento.

Em maio de 1947, após serem examinados por uma comissão da Base Aérea do Galeão, cinco dos North American NA-46 foram excluídos da carga da Aeronáutica. De acordo com a comissão, esses aviões eram considerados antiquados e estavam em péssimo estado, o que tornava desaconselhável e antieconômico qualquer esforço destinado à sua recuperação.

Mas a frota de aviões BT-9 seria reduzida novamente, primeiro em janeiro do ano seguinte, quando um dos NA-46 se acidentou com perda total na pista 14 da Base Aérea do Galeão, e, em seguida, em fevereiro, quando uma daquelas aeronaves caiu em Forquilha, Município de Imaruí (SC). Finalmente, em março, outro acidente reduziu ainda mais a frota dos NA-46.

Reduzida a somente dois exemplares disponíveis para voo, a frota de NA-46 foi objeto de exame por parte das autoridades da FAB. Em reconhecimento ao fato de que já era obsoleto como avião de treinamento e que qualquer investimento para manter uma frota de duas aeronaves era inconveniente – por melhor que o NA-46 pudesse ser como aeronave de adestramento –, a Diretoria do Material da Aeronáutica (DIRMA) emitiu, em julho de 1949, um adendo à Instrução DMM 490402-1, que considerava os BT-9 da FAB totalmente obsoletos. No entanto, em setembro daquele ano, os últimos dois BT-9 foram examinados e considerados aptos para voo.

Diante disso, os dois NA-46 ainda em operação na FAB foram transferidos para o Destacamento de Base Aérea de Santos (DBAST) em agosto de 1950 para servir como avião de adestramento. Porém, as evidências sugerem que somente um deles efetivamente chegou a ser recebido pelo DBAST. O outro que permaneceu no Galeão teve sua transferência retardada ou caiu no mar próximo à Ilha Fiscal (RJ), em novembro de 1951.

Em maio de 1952, o derradeiro NA-46 regressou à Base Aérea do Galeão para novamente ser utilizado como avião de adestramento. Em agosto de 1953, foi dada a ordem para que o último BT-9 da FAB fosse recolhido ao Parque de Aeronáutica dos Afonsos, mas há indicações que sugerem que isso não aconteceu e a aeronave foi transformada em sucata sem nem mesmo sair do Galeão.

North American NA-46	
Período de Utilização	De 1941 até 1953
Comentários	
Total Adquirido	12 exemplares
Unidades Aéreas	1ª Esquadrilha de Adestramento Militar II Grupamento do CPOR Aer Galeão Base Aérea do Galeão Destacamento de Base Aérea de Santos
Designações	Inicialmente D1NA (MB), alterado para BT-9 em julho de 1945
Matrículas	Inicialmente V1NA-192 a V1NA-203; em 1945, 11 células foram rematriculadas 01 a 11; em julho de 1945, essas 11 células foram novamente rematriculadas BT-9 1037 a 1047

North American NA-72

Após a criação do Ministério da Aeronáutica (MAer) e subsequente organização das Forças Aéreas Nacionais – posteriormente redenominadas Força Aérea Brasileira (FAB) – chegaram juntos ao Aeroporto Santos Dumont, no dia 20 de maio, os últimos 11 aviões NA-72. Iniciado pela Aviação do Exército e concluído pela FAB, o traslado dos NA-72 foi considerado um sucesso, apesar de haver sido registrada a perda de uma aeronave (FAB 12) e de sua tripulação quando do pouso em Tuxpan (México), em 30 de novembro de 1940.

Com a chegada da última aeronave, os NA-72 foram dados como oficialmente recebidos no dia 13 de junho de 1941 e incluídos em carga no dia 11 de julho de 1941, distribuídos à Escola de Aeronáutica (EAer). A guerra na Europa, no entanto, iria dar a esses aviões uma nova tarefa, bem diferente daquela prevista quando da época de sua encomenda.

A evolução da Segunda Guerra Mundial e o consequente aumento das atividades de submarinos alemães e italianos ao largo do litoral brasileiro fizeram com que o recém-criado Ministério da Aeronáutica lançasse mão de todos os meios materiais e de pessoal disponíveis para conter essa ameaça à soberania nacional. Visto que os NA-72 dispunham de capacidade ofensiva e autonomia nada desprezíveis, o MAer optou pelo envio de algumas dessas aeronaves ao Norte do Brasil, a fim de reforçar as dotações aéreas existentes naquela região, bem como realizar surtidas de vigilância sobre o mar territorial. Assim, no mês de fevereiro de 1942, dois aviões NA-72 foram destacados para as Bases Aéreas de Belém e de Fortaleza. No entanto, a escalada nas atividades dos submarinos das potências do Eixo fez com que outros dois NA-72 fossem enviados a Belém e mais outro exemplar à Base Aérea de Fortaleza. Ademais, as Bases Aéreas de Salvador e de Recife receberam, cada uma, um exemplar do NA-72. Durante o período da guerra, esses e outros NA-72, que posteriormente foram enviados ao Norte e ao Nordeste, realizariam a importante tarefa de auxiliar na patrulha do litoral brasileiro até que aviões mais adequados à tarefa chegassem ao Brasil.

Com o término do conflito, os NA-72 ainda existentes na carga do MAer foram novamente concentrados no Campo dos Afonsos e assim voltaram à missão de instrução avançada na EAer. Porém, essa etapa foi de curta duração, visto que nos anos da guerra a FAB havia recebido mais de uma centena de aviões NAA AT-6B, AT-6C e AT-6D, todos significativamente mais modernos. Em consequência, entre os meses de abril e outubro de 1947, os 23 aviões NA-72 que ainda existiam na FAB foram recolhidos ao Parque de Aeronáutica dos Afonsos (PqAerAF), para serem submetidos a uma revisão geral e posteriormente distribuídos. Desse total, somente nove voltariam a voar e as demais células seriam progressivamente alienadas, sucateadas e excluídas da carga do MAer ou então distribuídas como células de instrução no solo à Escola de Especialistas de Aeronáutica (EEAer). Divididos para unidades como o Parque de Aeronáutica de São Paulo e a Diretoria de Material, os aviões disponíveis para voo desempenharam missões de ligação.

*Um dos NA-72, ou AT-6, como era conhecido na FAB, pertencente à Escola de Aeronáutica dos Afonsos, sediada no Rio de Janeiro apaarece na foto estacionado no Campo de Manguinhos. Até a chegada dos AT-6B/C/D/G, o NA-72 foi o responsável pela instrução avançada dos cadetes.
Foto Arquivo Carlos Eugenio Dufriche.*

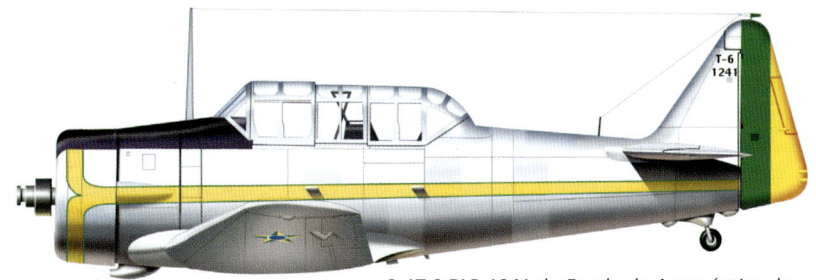

O AT-6 FAB 1241 da Escola de Aeronáutica do Campo dos Afonsos, em 1945.

Por fim, sobraram dois exemplares em condições de voo, ambos pertencentes ao Núcleo do Parque de Aeronáutica de Porto Alegre e posteriormente herdados pela Esquadrilha de Treinamento da Base Aérea de Canoas. Os últimos registros conhecidos de voo desses NA-72 – já designados ZT-6 – ocorreram durante o ano de 1954. Restaram somente os exemplares lotados na EEAer; o último foi excluído da carga do MAer no dia 20 de dezembro de 1967 e, presumivelmente, alienado e sucateado naquele estabelecimento de ensino.

North American NA-72	
Período de Utilização	De 1941 até 1954
Fabricante	North American Aviation, Inc. (EUA)
Emprego	Treinamento avançado, ataque, patrulha e ligação
Comentários	
Total Adquirido	29 exemplares
Unidades Aéreas	Escola de Aeronáutica Base Aérea de Belém Base Aérea de Fortaleza Base Aérea de Recife Base Aérea de Salvador Parque de Aeronáutica de São Paulo Diretoria de Material Aeronáutico Escola de Especialistas de Aeronáutica Esquadrilha de Treinamento/Base Aérea de Canoas
Designações	AT-6, posteriormente alterado para ZT-6
Matrículas	Inicialmente empregou as matrículas que lhe foram conferidas pelo Exército; em 1945, todas as aeronaves então existentes foram rematriculadas AT-6 1993 a 1200 e 1202 a 1222

Savoia-Marchetti SM-79

A criação do Ministério da Aeronáutica, no dia 20 de janeiro de 1941, determinou a transferência dos três Savoia-Marchetti SM-79T, pertencentes à Aviação do Exército, para o acervo da futura Força Aérea Brasileira. Apesar das muitas dificuldades em obter peças sobressalentes, a Escola de Aeronáutica – sucessora da Escola de Aeronáutica do Exército – logrou manter essas aeronaves disponíveis para voo. Mesmo assim, o número de surtidas realizadas com essas aeronaves manteve-se bastante reduzido durante sua vida na FAB, a exemplo do que havia ocorrido durante os derradeiros meses de seu emprego na Aviação do Exército.

Um dos três SM-79 usados pela FAB, tendo ao fundo outra aeronave de origem europeia: o AT-Fw-58. Ambos foram herdados da Aviação Militar e Naval, respectivamente. Foto Arquivo José de Alvarenga.

O SM-79 K 420 da Escola de Aeronáutica do Campo dos Afonsos no padrão de pintura usado entre 1941/44.

Em 1941 foi contemplada a possibilidade de modificar essas aeronaves para serviços de transporte, um trabalho que seria feito nas instalações do Parque de Aeronáutica dos Afonsos. Porém, esse trabalho sequer foi iniciado, possivelmente à luz das inúmeras dificuldades para receber peças e sobressalentes. Descarregada uma célula no mês de fevereiro de 1943, o último voo de SM-79T de que se tem conhecimento foi executado no dia 29 de junho daquele ano, encerrando efetivamente a carreira brasileira desses trimotores italianos. Os últimos dois SM-79T foram excluídos da carga da Escola de Aeronáutica no mês de outubro de 1944, desconhecendo-se o destino dado às três células.

Savoia-Marchetti SM-79	
Período de Utilização	De 1941 até 1944
Fabricante	Societá Italiana di Aeroplani Idrovolanti (Itália)
Emprego	Transporte
Comentários	
Total Adquirido	3 exemplares
Unidades Aéreas	Escola de Aeronáutica
Designações	Não recebeu designação
Matrículas	Manteve as matrículas que utilizou quando pertencia ao Exército

Stearman A76C3/B3 e A75 L3

Com a criação da FAB em 1941, as aeronaves remanescentes da Aviação Militar, 20 A-75 Stirminha e 27 A-76 Stirmão, passaram para o acervo da nova força, onde voaram até 1948 e 1950, respectivamente, sendo empregadas na Escola de Aeronáutica para a formação de cadetes.

Com a fusão das aviações em 1941, a Força Aérea passou a contar com um grande número de aeronaves para a formação do seu pessoal, porém de diversos tipos e procedência. Como consequência, em 1942, a formação dos cadetes da FAB cumpria o seguinte emprego de aeronaves: os cadetes do terceiro ano realizavam a adaptação ao voo de grupo no A-75L3 Stirminha, passavam para o BT-15 e terminavam o curso no NA-72, denominado T-6. Na fase de estágio mais avançado, o Stirmão A-76C3 era usado no treinamento de emprego com armamento de cano e bombas. Normalmente era realizado o tiro frontal, com a metralhadora fixa na asa, e o bombardeio picado como aeronave de ataque. Como havia dois modelos de Stirmão em operação, o B-76C3, equipado com uma câmara fotográfica Fairchild K 38, além da capacidade de emprego armado, também realizava o treinamento das missões de aerofotogrametria.

Ainda em 1942, os cadetes do segundo ano voavam o estágio primário no A-75L-3 e passavam aos recém-chegados PT-19. Os cadetes do primeiro ano já travavam seu primeiro contato com um avião diretamente no PT-19, mais para o final do ano.

Em 1943, os cadetes do terceiro ano voavam os BT-15 e T-6, ainda realizando o emprego de armamento no A-76C3, enquanto os do segundo ano voavam apenas no BT-15 e os do primeiro ano, o PT-19. Nesse ano, os A-75L3 já não foram utilizados na instrução de voo.

Em 1944, os A-76C3 cederam de vez seu lugar aos T-6 e T-11, sendo passados para missões secundárias administrativas.

Dois Stearman A-75L3, ou Stirminha, como eram chamados, da Escola de Aeronáutica já com matrícula FAB, o que denota ser uma foto já do final de sua carreira na Força Aérea, entre 1945/46. Foto Arquivo Action Editora Ltda.

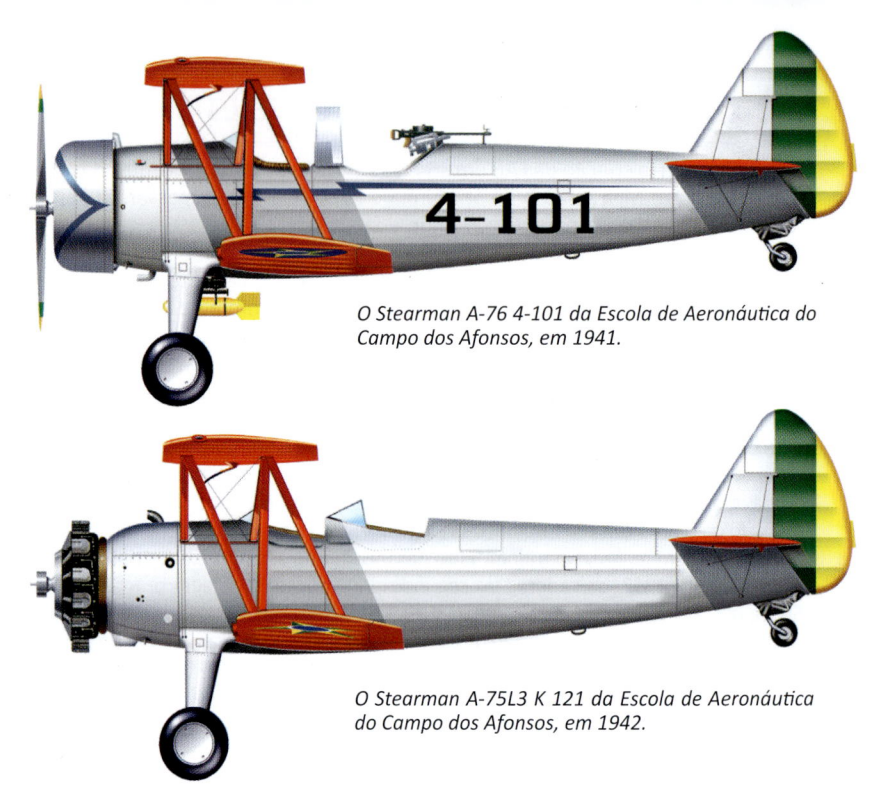

O Stearman A-76 4-101 da Escola de Aeronáutica do Campo dos Afonsos, em 1941.

O Stearman A-75L3 K 121 da Escola de Aeronáutica do Campo dos Afonsos, em 1942.

Os A-75L3 foram desativados em 1946 e os A-76C3 e B-76C3 deram baixa em 1947. Após sua desativação, diversas aeronaves foram para os aeroclubes brasileiros, onde continuaram a sua missão de formadores das novas gerações de pilotos, agora civis.

Piloto à frente de seu BT-A76 Stirmão, como era chamado na FAB. Ao todo, as 27 unidades, todas ex-Aviação Militar, foram empregadas pela Força Aérea até 1947. Foto Arquivo José de Alvarenga.

Stearman A76C3/B3 e A75 L3		
Período de Utilização	De 1941 até 1946	De 1941 até 1947
Fabricante	Stearman Aircraft Company	
Emprego	Treinamento primário	Treinamento avançado
Características Técnicas	A-75	A-76 e B-76
Motor	Lycoming R-680 B4D de 225 hp	Wright Wirlwind R-975-E-3 de 420 hp
Envergadura	9,80 m	9,80 m
Comprimento	7,60 m	7,60 m
Altura	2,90 m	2,80 m
Área Alar	27,60 m²	27,62 m²
Peso Vazio	878 kg	1.131 kg
Peso Máximo	1.232 kg	1.657 kg
Armamento	Não dispunha de armamento	1 mtr de 7 mm ou .30 pol fixa na asa inferior direita 1 mtr móvel de 7 mm ou .30 pol em anel na nacele traseira Até 100 kg de bombas sob a fuselagem O B-76 empregava uma câmera fotográfica K 3B
Desempenho		
Velocidade Máxima	201 km/h	251 km/h
Razão de Subida	256 m/min	335 m/min
Teto Operacional	4.270 m	6.339 m
Alcance	665 km	1.029 km
Comentários		
Total Adquirido	20 exemplares	27 exemplares
Unidades Aéreas	Escola de Aeronáutica	Escola de Aeronáutica
Designações	PT-A75	BT-A76
Matrículas	0041 a 0060	1007 a 1036

Stinson 105

O Ministério da Aeronáutica foi criado em 20 de janeiro de 1941. Na esteira desse evento, as autoridades aeronáuticas militares do país trataram de supervisionar não somente a integração do pessoal pertencente às aviações do Exército e da Marinha, mas ainda o acervo material e o patrimônio imóvel pertencentes àquelas duas forças. No que diz respeito às aeronaves, o trabalho essencialmente consistiu em separar o joio do trigo, já que aquelas aeronaves iriam compor o acervo das Forças Aéreas Nacionais que, meses mais tarde, seriam redenominadas Força Aérea Brasileira.

Entre os muitos tipos absorvidos pelo Ministério da Aeronáutica (MAer), encontrava-se um Stinson 105 da Aviação Naval que fora doado pelo governo do estado de São Paulo em 1940. Lotado na Base de Aviação Naval de Santos quando foi criado o MAer, o pequeno Stinson então cumpria principalmente tarefas de ligação entre aquela base e o Centro de Aviação Naval do Rio de Janeiro. Essa função não deixou de ser exercida após a criação do MAer, mas a maior parte das surtidas de ligação ou de transporte passou a ser registrada no eixo Santos-São Paulo, de modo que aquele avião invariavelmente ia ao Campo de Marte (SP), que na época abrigava o Parque de Aeronáutica de São Paulo e o 2º Corpo de Base Aérea.

Apesar de ser o único de seu tipo existente na FAB, o Stinson 105 seguiu voando quase que ininterruptamente durante os anos da guerra, parando somente para realizar serviços de reparo ou revisão no Parque de Aeronáutica de São Paulo. Ainda com a matrícula que lhe fora atribuída pela Marinha, em março de 1945, a Diretoria de Material da Aeronáutica lhe conferiu a nova matrícula 01. Contudo, meses depois, aquela determinação foi desconsiderada, à luz de uma nova instrução que lhe atribuiu a designação incorreta UC-SR10 – posto que se tratava de um Stinson 105, e não um Stinson SR-10 – e a matrícula UC-SR10 2652.

No entanto, nenhuma das duas matrículas chegou a ser aplicada à aeronave, já que ela sofreu graves danos em fevereiro de 1945 e as evidências indicam que nunca mais voltou a voar. Em dezembro de 1949, após a conclusão de uma inspeção realizada por pessoal do Parque de Aeronáutica de São Paulo no mês anterior, o único Stinson 105 da FAB foi excluído da carga por se encontrar imprestável para voo.

Stinson 105	
Período de Utilização	De 1941 até 1945
Fabricante	Stinson Division – Consolidated Vultee Corporation, Wayne (Indiana – EUA)
Emprego	Transporte e ligação
Comentários	
Total Adquirido	1 exemplar
Unidades Aéreas	Base Aérea de Santos
Designações	UC-SR10
Matrículas	Na FAB empregou a matrícula D1S-217 outorgada pela Aviação Naval, posteriormente sendo rematriculado primeiro como 01 e, pouco depois, como UC-SR10 2652

Vought V-65B e V-66B Corsair

Assim que foram criadas as Forças Aéreas Nacionais, em janeiro de 1941 – redenominadas, meses mais tarde, Força Aérea Brasileira (FAB) – foram fundidos os acervos de material aeronáutico, pessoal e imóveis pertencentes à Aviação Militar e Aviação Naval. Em meio às muitas aeronaves que passaram a fazer parte da FAB, encontravam-se 29 aviões Vought V-65B Corsair oriundos do Exército e um Vought V-66B que veio da Aviação Naval.

No caso do V-66B que antes pertencera à Aviação Naval, aparentemente as autoridades da recém-criada FAB não deram prioridade ao seu aproveitamento. De fato, se desconhece qualquer registro que aponte para o uso daquela aeronave nos meses que se seguiram à criação da FAB. Pelo contrário, existem indicações que sugerem que aquela aeronave permaneceu na Ponta do Galeão (RJ) e foi posteriormente reduzida à sucata após a remoção de tudo o que podia ser aproveitado.

Designados F-V65B, os Corsários, como também eram chamados, operaram em diversos RAv e unidades aéreas, sendo usados em missões de patrulha nos primeiros dias da Segunda Guerra Mundial. Foto Arquivo Jackson Flores Jr. / Action Editora Ltda.

Já os V-65B Corsair antes pertencentes ao Exército foram mantidos nos locais em que se encontravam sediados no momento da criação da FAB. No entanto, esse quadro sofreria significativas mudanças assim que o Brasil cortasse relações diplomáticas com a Alemanha e com a Itália para então ingressar na Segunda Guerra Mundial. Os Corsair despachados para o Norte e Nordeste do Brasil – dois para Belém (PA) e um para Recife (PE) – continuaram voando missões de patrulha até que aeronaves mais adequadas àquelas tarefas fossem incorporadas ao acervo da FAB.

De igual forma, os Vought Corsair sediados em Curitiba (PR) passaram a realizar missões de patrulha. Para tanto, um ou dois desses aviões eram destacados em rodízio para a cidade portuária de Paranaguá (PR), para patrulhar as águas adjacentes ao porto e dar cobertura aos navios que partiam e chegavam àquela cidade. Essa rotina foi mantida praticamente até o fim do conflito.

Rotina praticamente idêntica ocorreu com os V-65B, que se encontravam distribuídos ao 2º Regimento de Aviação (2º RAv), em São Paulo (SP). Tal como os Corsair do 5º Regimento de Aviação em Curitiba, frações de aviões V-65B do 2º RAv eram deslocadas para a Base Aérea de Santos, a fim de complementar os meios aéreos de patrulha que se encontravam naquela base aérea. Curiosamente, em deferência ao estado de guerra, a partir de outubro de 1942, os Corsários do 2º RAv ganharam um interessante esquema de pintura camuflada. Executada nas oficinas do Parque de Aeronáutica de São Paulo, em Campo de Marte (SP), esse esquema foi único entre os Vought Corsair operados no Brasil.

A chegada ao Brasil de aviões especificamente destinados à realização de missões de patrulha, bem como outras modernas aeronaves de combate, fez com que o 3º Regimento de Aviação (3º RAv) e o 1º Regimento de Aviação (1º RAv) repassassem a maioria de seus Corsários para outras unidades operadoras. Ademais, foi nesse período que três V-65B foram destinados à Base Aérea de Belo Horizonte e

V-65B Corsair FAB 31 com um canopí adaptado sobre a cabine e já com o padrão de marcas usado pela FAB.

lá incorporados à Esquadrilha de Treinamento do 4º Regimento de Aviação. Por fim, existem indicações de que um dos V-65B do 2º RAv foi cedido ao 8º Corpo de Base Aérea, com sede em Campo Grande (MS), e empregado como avião de adestramento.

No entanto, o Corsário continuou marcando presença nas Bases Aéreas de Santa Cruz e de Porto Alegre – a primeira contando com dois exemplares e a última com quatro unidades. Mas foi no período da guerra que os primeiros V-65B foram desativados, com dois desses aviões seguindo para a Escola de Especialistas de Aeronáutica, na época, sediada na Base Aérea do Galeão, para lá servirem como células de instrução para mecânicos.

Mesmo que claramente ultrapassados tecnologicamente, os V-65B Corsair cumpriram um importante papel como aeronave de combate "tampão" até serem incorporados aviões mais modernos e adequados. Mas os trabalhos que realizaram durante a Segunda Guerra Mundial não os poupou de serem declarados parcialmente obsoletos em uma instrução da Diretoria de Material da Aeronáutica (DIRMA) em dezembro de 1945. Por isso, a maior parte dos V-65B foi recolhida ao Parque de Aeronáutica de São Paulo para ser desativada e reduzida a matéria-prima após a remoção

Um AT-6D contrasta com um V-65B da FAB. A Força Aérea operou 29 Corsair, mas, curiosamente, as 37 células que pertenceram ao Exército receberam matrícula FAB, inclusive as oito perdidas ainda com a Aviação Militar. Foto Arquivo Carlos Eugenio Dufriche.

de todo o material que poderia ser reaproveitado. Já algumas poucas células foram repassadas para a Escola de Especialistas de Aeronáutica para serem empregadas como ferramentas de instrução para os futuros mecânicos da FAB.

Entretanto, um punhado desses aviões foi mantido em atividade no 5º RAv durante alguns anos após o fim da guerra. Quer deliberadamente ou por mera coincidência, o Destacamento de Base Aérea de Curitiba passou a servir como ponto focal para a reunião de todas as aeronaves de combate obsoletas existentes na FAB.

Não existem informações claras ou precisas sobre os derradeiros anos dos V-65B, fora o fato de que continuavam operando de forma intermitente ao longo da última metade dos anos 1940. Em 2 de abril de 1949, a DIRMA emitiu outra instrução em que declarou que os F-V65B – como foram designados esses aviões a partir de julho de 1945 – passaram a ser considerados totalmente obsoletos. Efetivamente, essa instrução serviu como "sentença de morte" para os poucos Corsários ainda existentes na FAB, e nos anos seguintes foi iniciado o processo de desativação, que culminou na redução a matéria-prima desses aviões.

Vought V-65B e V-66B Corsair	
Período de Utilização	De 1941 até 1949
Fabricante	Chance Vought Corporation, East Hartford (Connecticut – EUA)
Emprego	Observação e bombardeio
Comentários	
Total Adquirido	29 exemplares (V-65B) 1 exemplar (V-66B)
Unidades Aéreas	1º Regimento de Aviação 2º Regimento de Aviação 3º Regimento de Aviação 4º Regimento de Aviação 5º Regimento de Aviação 8º Corpo de Base Aérea Base Aérea de Belém Base Aérea de Recife Escola de Especialistas de Aeronáutica
Designações	F-V65B
Matrículas	Inicialmente, os V-65B mantiveram as matrículas regimentais que lhes foram outorgadas quando pertenciam ao Exército; em março de 1945, independentemente da existência ou não da célula, foram atribuídas as matrículas 01 a 37 para todos os V-65B; entretanto, em julho de 1945, uma nova instrução deu designação e novas matrículas a todos os Vought V-65B: F-V65B 3500 a 3536

Vultee V-11GB2

A inclusão dos V-11GB2 no acervo da Força Aérea Brasileira trouxe poucas mudanças no que diz respeito à distribuição das células, as quais permaneceram nas unidades onde se encontravam. A partir de 1942, como consequência do aumento das atividades de submarinos e navios-corsários ao largo do litoral brasileiro, os Vultee V-11GB2 passaram a desempenhar missões de patrulha dentro das áreas que eram de responsabilidade do 1º RAv e do 3º RAv. Ao longo daquele ano e do seguinte, a dotação de aviões V-11GB2 da 2ª Esqda/3º RAv foi gradativamente aumentada. Mesmo assim, aquela esquadrilha

O B-V11 FAB 112 com o padrão de pintura adotado nos anos 1940.

nunca chegou a contar simultaneamente com mais do que quatro ou cinco aviões, resultado direto de acidentes com perda total da aeronave ou do longo período de indisponibilização. Apesar desses percalços, no dia 26 de agosto de 1942, um Vultee V-11GB2 da 2ª Esqda/3º RAv realizou um ataque a um submarino inimigo a 50 milhas do litoral e no través de Araranguá, recebendo danos causados por estilhaços das bombas que largara, mas sem que fosse possível constatar quais danos haviam sido provocados no alvo. Dois dias depois, outro V-11GB2 daquela esquadrilha realizou outro ataque contra um possível submarino inimigo.

Por sua vez, os Vultizão do 1º RAv – como passaram a ser chamados os V-11GB2 já nessa época – se encarregavam da patrulha do litoral no trecho compreendido entre Santos e Vitória. Com a transferência do 1º RAv para a Base Aérea de Santa Cruz (RJ), em novembro de 1942, os V-11GB2 do II Grupo partiam de sua nova sede e frequentemente permaneciam destacados para pernoite ou durante alguns dias em aeródromos ao sul e ao norte da Base Aérea de Santa Cruz.

O intenso ritmo das operações exigiu um alto preço aos Vultee V-11GB2. As frequentes e cada vez mais prolongadas idas ao Parque de Aeronáutica dos Afonsos (PqAerAF) e ao Parque de Aeronáutica de São Paulo (PqAerSP) forçaram a canibalização de algumas células. De fato, no mês de abril de 1943, o 1º RAv mantinha somente quatro desses aviões disponíveis para voo. Ademais, a obtenção de peças de reposição tornava-se cada vez mais difícil, visto que a Consolidated Vultee, empresa que sucedeu a AMC/Vultee, não produzia mais essa aeronave. Esse quadro presumivelmente levou à reorganização do 1º RAv, com os Vultizão sendo transferidos para o I Grupo, ante a chegada dos primeiros Vultee A-31.

Na foto, o FAB 105, já ostentando um padrão de pintura olive drab, é visto acionado. Dos 26 V-11GB2 adquiridos pelo Exército, 24 foram repassados à FAB. Foto Arquivo Action Editora Ltda.

O V-11GB2 FAB 111 do 1º RAv visto em voo. A passagem do Exército para a Força Aérea, em 1941, em quase nada alterou as atividades do 1º RAv, que manteve, até 1944, a mesma estrutura operacional dos tempos de Exército. Foto Arquivo Jackson Flores Jr. / Action Editora Ltda.

A chegada de novas aeronaves – muito mais modernas e adequadas para o desempenho de missões de patrulha – fez com que muitos V-11GB2 fossem progressivamente recolhidos ao PqAerSP, a fim de serem submetidos a uma completa revisão. O dia 17 de agosto de 1944 assistiu à criação do 1º Grupo de Bombardeio Picado (1º GBP), com sede inicial na Base Aérea de Santa Cruz, o que fez com que os poucos Vultizão ainda existentes naquela base aérea fossem incorporados à dotação daquela unidade. Porém, em agosto do ano seguinte, foi realizada a fusão do acervo de material e pessoal do 1º e do 3º Grupos de Bombardeio Picado, que passaria a pertencer ao 5º Regimento de Aviação (5º RAv), com sede em Curitiba (PR). Como resultado, foi determinada a transferência de todos os Vultee V-11GB2 para a então Base Aérea de Curitiba no mês de maio de 1946, já designados B-V11. Das cerca de 15 células de V-11GB2 existentes na FAB, possivelmente metade chegou a ser efetivamente transferida para Curitiba. Os demais aviões foram aos poucos condenados para voo pelo PqAerSP.

Pouco se sabe das atividades dos Vultizão em Curitiba, sua última sede. Porém, é possível constatar que a desativação das células remanescentes continuou até que fosse emitida a instrução DMM 490402.1, que estabelecia como obsoleta a frota existente de aviões Vultee V-11GB2. Como consequência, foi iniciado o processo de alienação dos últimos Vultizão da FAB. De acordo com relatos de testemunhas, as dificuldades encontradas para vender os dois últimos V-11GB2 como sucata fizeram com que estes fossem utilizados como parte do aterro da cabeceira da nova pista então construída no Campo de Bacacheri, em Curitiba, um triste fim para uma aeronave que marcou época na Aviação do Exército e na recém-criada FAB.

Vultee V-11GB2	
Período de Utilização	De 1941 até 1949
Fabricante	Aircraft Manufacturing Co./Vultee Division (EUA)
Emprego	Ataque, bombardeio e patrulha
Comentários	
Total Adquirido	26 exemplares
Unidades Aéreas	2ª Esquadrilha/3º Regimento de Aviação II Grupo/1º Regimento de Aviação I Grupo/1º Regimento de Aviação 1º Grupo de Bombardeio Picado 5º Regimento de Aviação
Designações	B-V11
Matrículas	Inicialmente, foram utilizadas as mesmas matrículas outorgadas pelo Exército; em 1945, foram rematriculados 5000 a 5025

WACO CSO

Quando da criação do Ministério da Aeronáutica, em janeiro de 1941, e da consequente fusão do acervo material e de pessoal das aviações do Exército e da Marinha para formar a Força Aérea Brasileira (FAB), essa nova força recebeu das primeiras duas um total de 28 células de aviões WACO CSO, três delas oriundas da Marinha.

Para essas aeronaves, cada qual completamente engajada nos serviços de correio aéreo que o Exército e a Marinha haviam organizado na década anterior, a transferência para a FAB significou poucas mudanças imediatas no que tange à sua utilização. De fato, os CSO essencialmente permaneceram nas unidades onde se encontravam realizando surtidas em proveito do Correio Aéreo Nacional (CAN) – que nascera da fusão do Correio Aéreo Militar com o Correio Aéreo Naval – ou então executando voos de adestramento.

Porém, a entrada em serviço dos WACO CJC e EGC-7, em 1934 e 1938, respectivamente, fez com que os CSO passassem a voar cada vez mais nas linhas de irradiação do Correio Aéreo. Com a criação do Ministério da Aeronáutica, todos os esforços materiais e de pessoal do CAN passaram a ser coordenados e orientados pela Diretoria de Rotas Aéreas (DRA). A partir de meados de 1942, a DRA passou a contar com um número cada vez maior de aviões Beechcraft AT-7, UC-43 e UC-45, muito mais adequados às crescentes necessidades do CAN do que os já antiquados WACO CSO.

Consequentemente, a DRA passou a redistribuir os meios aéreos existentes, tanto antigos como novos. Para os CSO, isso aparentemente significou repassá-los àquelas bases aéreas, onde as suas características poderiam ser mais bem

Foto do UC-CSO FAB 2516 Bossa Nova. Desativado em 1946, ele foi recolocado em voo no CTA, onde operou como rebocador de planadores até 1962. Foto Arquivo Mauro Lins e Barros.

UC-CSO FAB 2516 Bossa Nova do CTA, em 1961.

Empregados em missões de correio aéreo e de adestramento, os WACO CSO estavam presentes em grande parte das bases aéreas da FAB. Foto Arquivo Mauro Lins e Barros.

aproveitadas ou as linhas do CAN eram de menor alcance. Porém, reconhecendo que esses biplanos estavam totalmente ultrapassados até mesmo para serem usados como aviões de adestramento, a Diretoria de Material declarou os WACO CSO obsoletos em dezembro de 1945. Consequentemente, nenhum esforço logístico seria feito para manter em condições de voo as células ainda existentes na FAB. De fato, a vasta maioria desses aviões – muitos já recolhidos ao Parque de Aeronáutica de São Paulo – foram descarregados em 1946.

Curiosamente, dois WACO CSO foram cedidos à Diretoria de Aeronáutica Civil e entregues ao Aeroclube do Brasil e ao Aeroclube do Paraná, respectivamente, em 1943 e 1944. Porém, outros dois CSO persistentemente continuaram voando na FAB até 1947 – um na Base Aérea de São Paulo e outro na Base Aérea de Salvador. Mas ao chegar o ano de 1949, todos os WACO CSO existentes na FAB já haviam sido excluídos de carga. Anos mais tarde, ao menos uma aeronave (FAB 2516) foi restaurada e incorporada ao CTA no final dos anos de 1950, operando como rebocador de planador daquela escola até 1962.

WACO CSO

Período de Utilização	De 1941 até 1962
Fabricante	Waco Aircraft Company, Troy (Ohio – EUA)
Emprego	Correio aéreo e adestramento
Comentários	
Total Adquirido	28 exemplares
Unidades Aéreas	Base Aérea de Belém Base Aérea de Belo Horizonte Base Aérea de Canoas Base Aérea de Curitiba Base Aérea de Fortaleza Base Aérea de Natal Base Aérea de Salvador Base Aérea de São Paulo Diretoria de Rotas Aéreas Escola de Especialistas de Aeronáutica
Designações	UC-CSO a partir de 1945
Matrículas	Durante quase todo seu serviço na FAB utilizaram as matrículas que receberam no Exército e na Marinha; finalmente, em julho de 1945, foram rematriculados 2501 a 2519, 2520, 2521, 2526 a 2533

WACO CJC

Assim que foi criado o Ministério da Aeronáutica, as autoridades das aviações do Exército e da Marinha imediatamente iniciaram o processo de integrar o acervo material e os distintos quadros de pessoal das armas de aviação daquelas duas forças para formar a Força Aérea Brasileira. Essa nova força recebeu da Marinha três aviões WACO CJC e do Exército, outros 23 exemplares daquele biplano.

Feitos os necessários trabalhos de inventário e inclusão em carga, nenhuma outra providência foi posta em ação quanto a esses 26 aviões. Salvo o recolhimento de alguns aviões ao Parque de Aeronáutica dos Afonsos ou Parque de Aeronáutica de São Paulo, quer para realizar programados trabalhos de revisão geral de célula e motor, quer para a execução de reparos de alguma natureza, os CJC permaneceram nas unidades que os operava. Ou seja, esses aviões continuaram engajados no desenvolvimento de seus trabalhos como aeronave de correio aéreo, sua principal tarefa.

Em outubro de 1941, quando foi estabelecida a organização do Ministério da Aeronáutica, criou-se a Diretoria de Rotas Aéreas (DRA). Caberia a essa organização a administração do Correio Aéreo Nacional (CAN) – resultado da fusão entre o Correio Aéreo Militar do Exército e o Correio Aéreo Naval da Marinha –, bem como de seus recursos materiais. Como consequência, no ano seguinte, a DRA deu início a iniciativas que visavam agilizar a eficiência do CAN. Algumas delas só foram possíveis com a chegada dos primeiros Beech UC-43/GB-2 e Beech AT-7 entregues ao Brasil como parte do programa Lend-Lease.

Uma consequência imediata foi a redistribuição de alguns WACO CJC para outras unidades nas quais suas características seriam mais bem aproveitadas. Nem bem os CJC se mantiveram presentes nas unidades sediadas na região do Rio de Janeiro, gradativamente a DRA passou a transferi-los para bases aéreas ou destacamentos de bases aéreas no Norte, Nordeste e Centro-Oeste. Lá desempenharam os trabalhos associados ao CAN ou realizaram missões igualmente utilitárias, como de ligação e transporte.

Os WACO eram empregados em missões de correio aéreo e adestramento. Aqui ele sobrevoa a cidade de Curitiba, no Paraná. Foto Arquivo Action Editora Ltda.

O WACO CJC FAB 258G operacional no Parque de Aeronáutica de São Paulo levava na fuselagem o nome Maribondo.

Porém, alguns poucos CJC passaram a fazer outras tarefas bastante diferentes das habituais. Um exemplo ilustrativo foi o solitário CJC-S, pertencente à Base Aérea de Santos entre 1942 e 1943. O quase adjacente Porto de Santos já desempenhava importante papel como ponto focal da navegação marítima no litoral brasileiro e, portanto, era natural candidato ao interesse dos submarinos alemães e italianos, bem como dos corsários pertencentes à Marinha Alemã. Como consequência, quase diariamente, aquele CJC-S solitário partia da Base Aérea de Santos para realizar um percurso de esclarecimento visual do tráfego marítimo, entrando e saindo daquele porto, bem como de qualquer navio que estivesse a até 20 ou 30 quilômetros do litoral.

Os anos que abrangeram a Segunda Guerra Mundial não foram particularmente gentis com a frota de aviões WACO CJC da FAB. De fato, uma apreciável quantidade dessas aeronaves foi excluída da carga da Aeronáutica em decorrência de acidentes registrados quando da realização de alguma linha do CAN. Alguns foram episódios que resultaram em danos de pequena monta. Entretanto, a maciça injeção de material aéreo procedente dos Estados Unidos naquela época militava contra maiores esforços para reparar aviões que claramente já eram obsoletos para a realização de qualquer tarefa na FAB.

Reconhecendo que a vida útil dos WACO CJC estava próxima do fim, a Diretoria de Material da Aeronáutica (DIRMA) emitiu, em dezembro de 1945, uma instrução que declarava todos os CJC aviões semiobsoletos. De imediato, uma das consequências foi a suspensão de qualquer esforço para adquirir material sobressalente para aquelas aeronaves. Outra providência foi o recolhimento de diversas células para o Parque de Aeronáutica de São Paulo (PqAerSP), para serem canibalizados e, posteriormente, alienados ou, se as condições da célula permitissem tal empreitada, sofrer extensos trabalhos de revisão geral e/ou reparos.

No terceiro trimestre de 1946, eram nove – possivelmente dez – aviões WACO CJC em atividade nas Bases Aéreas de Belo Horizonte, Curitiba, Recife e Florianópolis, bem como no Parque de Aeronáutica dos Afonsos e no Destacamento de Goiânia. Dos que foram recolhidos ao PqAerSP, alguns chegaram a ser recuperados e distribuídos para unidades menores ou, como foi o caso de um, servir ao próprio PqAerSP. Mas a segunda metade daquela década assistiu à gradual desativação dos WACO CJC que ainda se encontravam em operação.

Em abril de 1949, uma instrução da DIRMA decretou, essencialmente, o fim da vida operacional dos CJC na FAB, declarando-os totalmente obsoletos. Mas como algumas células ainda apresentavam vida útil, em fevereiro daquele ano, foi providenciada a cessão de dois WACO CJC à Fundação Brasil Central (FBC), na qual desempenhariam toda sorte de atividades utilitárias.

Apesar de o último WACO CJC ter sido excluído da carga da Aeronáutica em 1955, um dos exemplares cedidos à FBC foi devolvido à FAB, aparentemente

Designado UC-CJC, o WACO CJC, ou WACO Cabine, foi empregado entre 1941 e 1955 como aeronave de transporte e do CAN. Foto Arquivo Action Editora Ltda.

em 1957. Recolhido ao PqAerSP em maio de 1958, a aeronave basicamente se encontrava disponível para voo e o PqAerSP tratou então de aliená-lo. O WACO CJC foi então adquirido e posteriormente operado por um particular.

WACO CJC	
Período de Utilização	De 1941 até 1955
Fabricante	Waco Aircraft Company, Troy (Ohio – EUA)
Emprego	Transporte e correio
Comentários	
Total Adquirido	26 exemplares
Unidades Aéreas	Diretoria de Rotas Aéreas Base Aérea dos Afonsos Base Aérea de Belém Base Aérea de Belo Horizonte Base Aérea de Curitiba Base Aérea de Florianópolis Base Aérea de Fortaleza Base Aérea de Recife Base Aérea de Santos Parque de Aeronáutica de São Paulo Parque de Aeronáutica dos Afonsos Quartel-General da 3ª Zona Aérea
Designações	UC-CJC
Matrículas	Inicialmente, empregaram as matrículas atribuídas pelo Exército e pela Marinha; em 1945, receberam as matrículas 2571 a 2594, 2596 e 2599 a 2600

WACO CPF-5 e UMF-3

Não restam dúvidas de que as asas vermelhas e azuis das aeronaves militares usadas no Correio Aéreo Militar e no Correio Aéreo Naval foram a principal ferramenta usada para a eficaz integração do interior brasileiro com o restante do país, na década de 1930. Foi através dessas asas vermelhas que se iniciou a anulação dos espaços vazios e que se perpetuou a verdadeira unidade nacional.

Para fortalecer esse serviço, em 1935, o governo brasileiro adquiriu 40 unidades do modelo WACO CPF-5: trinta enviadas para a Aviação Militar e as 10 restantes encaminhadas para a Aviação Naval. Junto com essas aeronaves, veio o único exemplar do WACO UMF-3, que também foi designado para o Exército.

Com a criação do Ministério da Aeronáutica, em 1941, a recém-criada Força Aérea Brasileira, em 28 de janeiro de 1941, recebeu 28 dessas aeronaves provenientes da Aviação Militar e quatro oriundas da Aviação Naval. Nas asas da nova força, os CPF-5 vermelhos do Exército se juntaram aos azuis da Marinha e passaram a ser usados em complemento aos WACO CSO no cumprimento das missões de integração nacional do, agora, Correio Aéreo Nacional (CAN), subordinados ao controle da Diretoria de Rotas Aéreas (DRA).

Das 32 aeronaves, apenas duas não estavam em condições de voo. As quatro oriundas da Aviação Naval permaneceram nas Bases Aéreas de Santos (SP) e Florianópolis (SC), enquanto as provenientes da Aviação Militar se encontravam espalhadas por diversas bases de Norte a Sul do país, de onde cumpriam a sua missão de correio aéreo.

Considerando que, em 1941, os WACO CPF-5 já eram aeronaves semiobsoletas e que os aeródromos do interior brasileiro nem sempre apresentavam a infraestrutura adequada à atividade aérea, os acidentes ocorridos durante sua operação foram diminuindo a disponibilidade daqueles meios aéreos, uma vez

A FAB herdou 28 WACO CPF-5/UMF-3 da Aviação do Exército e Naval, que basicamente voaram missões de transporte e em benefício do CAN. Foto Arquivo Action Editora Ltda.

que sua recuperação era antieconômica. Com isso, entre 1943 e 1945, aproximadamente 10 células foram transferidas para a Diretoria de Aeronáutica Civil (DAC) para distribuição aos diversos aeroclubes brasileiros. Provavelmente nessa ocasião o único UMF-3 existente deixou as fileiras da FAB.

Com a oficialização de que os CPF-5 passavam à condição de aeronave obsoleta a partir de 3 de dezembro de 1945, as poucas mantidas em condições de voo o faziam com peças das demais aeronaves que eram paradas ou com o pouco suprimento ainda existente nos Parques de Aeronáutica dos Afonsos e de São Paulo.

A partir de 1951, os CPF-5 deixaram de fazer parte do acervo de aeronaves da FAB, sendo todos, em condições de voo ou não, repassados ao DAC. Um exemplar foi completamente recuperado pelo Parque de Aeronáutica de São Paulo e doado ao governo do estado de Goiás.

Durante seu período de uso pela FAB, os CPF-5 cumpriram as mesmas missões em proveito do Correio Aéreo Nacional da época do Exército e da Marinha. Ficavam baseados nas diversas bases aéreas, de onde eram operados pelo pessoal orgânico da base, através da Esquadrilha de Adestramento.

Existe um exemplar do CPF-5 preservado no Museu Aeroespacial do Campo dos Afonsos. Essa aeronave voou com a matrícula civil PP-RAE, de 1943 a 1961.

WACO CPF-5 e UMF-3

Período de Utilização	De 1941 até 1943	De 1941 até 1951
Fabricante	The Waco Aircraft Company	
Emprego	Correio aéreo e utilitário	
Características Técnicas	UMF-3	CPF-5
Motor	Continental R-670 de 210 hp	Wright Whirlwind R-760-E de 250 hp
Envergadura	9,14 m	9,14 m
Comprimento	7,05 m	7,06 m
Altura	2,57 m	2,56 m
Área Alar	21,69 m^2	22,63 m^2
Peso Vazio	673,59 kg	784,27 kg
Peso Máximo	1.134 kg	1.202 kg
Armamento	Não dispunha de armamento	Não dispunha de armamento
Desempenho		
Velocidade Máxima	230 km/h	241 km/h
Razão de Subida	335 m/min	350 m/min
Teto Operacional	4.419 m	5.791 m
Alcance	724 km	651 km
Comentários		
Total Adquirido	1 exemplar	27 exemplares
Unidades Aéreas		Base Aérea de Curitiba Base Aérea de Porto Alegre Base Aérea de Belo Horizonte Base Aérea de Fortaleza Base Aérea de Florianópolis Base Aérea de Santos Base Aérea de Belém Parque de Aeronáutica de São Paulo
Designações	UC-CPF F-5	UC-CPF F-5
Matrículas	2535	2536 a 2565

WACO EGC-7

Tal como as demais aeronaves oriundas da Marinha e do Exército que foram transferidas para a Força Aérea Brasileira, inicialmente não houve nenhuma alteração perceptível nas atividades dos WACO EGC-7 que a recém-criada arma aérea herdou da Aviação do Exército. Os muitos EGC-7 distribuídos entre diversas unidades aéreas espalhadas pelo território nacional continuaram desempenhando os trabalhos do Correio Aéreo Militar, agora redenominado Correio Aéreo Nacional (CAN).

Entretanto, o que era antes conhecido como Parque Central de Aviação – rebatizado de Parque de Aeronáutica dos Afonsos (PqAerAF), quando da criação do Ministério da Aeronáutica, em junho de 1941 – viu o ponto culminante de um projeto iniciado no ano anterior. Por força de um dos artigos do segundo contrato de encomenda dos WACO EGC-7, o parque recebeu todo o material necessário para produzir aqueles aviões em série nas suas instalações. Essa iniciativa foi uma das formas que o governo federal encontrou para fomentar a infante indústria aeronáutica brasileira.

Assim, em 23 de junho de 1941, o primeiro EGC-7 construído inteiramente no Brasil executou seu voo inaugural no Campo dos Afonsos. Semanas mais tarde, em 24 de julho, os primeiros três EGC-7 construídos pelo PqAerAF foram apresentados ao Ministro da Aeronáutica, o Dr. Joaquim Pedro de Salgado Filho, que realizou um breve voo no terceiro exemplar. Até março de 1942, outros quatro aviões foram construídos no PqAerAF, mas sua produção foi encerrada por motivos hoje desconhecidos, provavelmente associados à bem-sucedida evolução das primeiras empresas de construção aeronáutica brasileiras, bem como o fato de que o EGC-7 já era uma aeronave tecnologicamente atrasada e a própria FAB começava a sentir os primeiros efeitos da maciça infusão de material aéreo recebido através do sistema Lend-Lease.

Pessoal do PqAerAF trabalhando em um motor radial R-760-E-2 de 350 hp de um EGC-7. Sete dessas aeronaves foram fabricadas no Campo dos Afonsos.
Foto Arquivo José de Alvarenga.

Quando da criação do Ministério da Aeronáutica, e com ele a formação da FAB, foram também organizadas diversas diretorias. Entre elas a Diretoria de Rotas Aéreas (DRA) que, além de outras atribuições, passou a administrar o Correio Aéreo Nacional e seus meios materiais. Assim, a DRA passou a exercer controle direto sobre as aeronaves dedicadas exclusivamente ao CAN, entre as quais os WACO EGC-7.

Uma consequência desse controle é que, durante boa parte da década de 1940, esses aviões eram frequentemente transferidos de uma base aérea para outra, o que dificulta uma clara visão da sua distribuição na Força. Entretanto, e possivelmente pelo fato de que a malha de rotas do CAN nas regiões Sul e Centro-Oeste contava com diversas linhas de pequena extensão, a maioria dos EGC-7 gradativamente passaram a ser reunidos nas Bases Aéreas de Canoas, Campo Grande e Curitiba. Ademais, e provavelmente pelo fato de que essas localidades só dispunham de aeródromos que nada mais eram do que um pequeno e plano descampado, os EGC-7 eram vetores mais adequados que os recém-chegados Beechcraft AT-7, UC-43 e UC-45, que passaram a executar as principais linhas do CAN.

Mas esse fenômeno apresentou uma clara consequência. Ante as péssimas condições de muitos campos de pouso usados nas linhas do CAN nas regiões Sul e Centro-oeste, não foram poucos os acidentes registrados entre os EGC-7. Em geral resultavam em danos materiais de pouca envergadura, pela natureza dos acidentes, em geral, capotagens. Porém, por se tratar de material considerado semiobsoleto, a partir de dezembro de 1945, nem sempre os EGC-7 acidentados eram recuperados, mesmo isto sendo tecnicamente viável. Assim, no transcorrer da última metade dos anos 1940, muitos daqueles aviões foram simplesmente excluídos da carga da FAB após um ou outro acidente de pequeno porte.

O EGC-7 FAB 2604 visto após um sinistro. Acidentes com bimotores triciclo convencionais como este, em que a aeronave pilonava, eram comuns por causa, sobretudo, das condições precárias das pistas da época. Foto Arquivo José de Alvarenga.

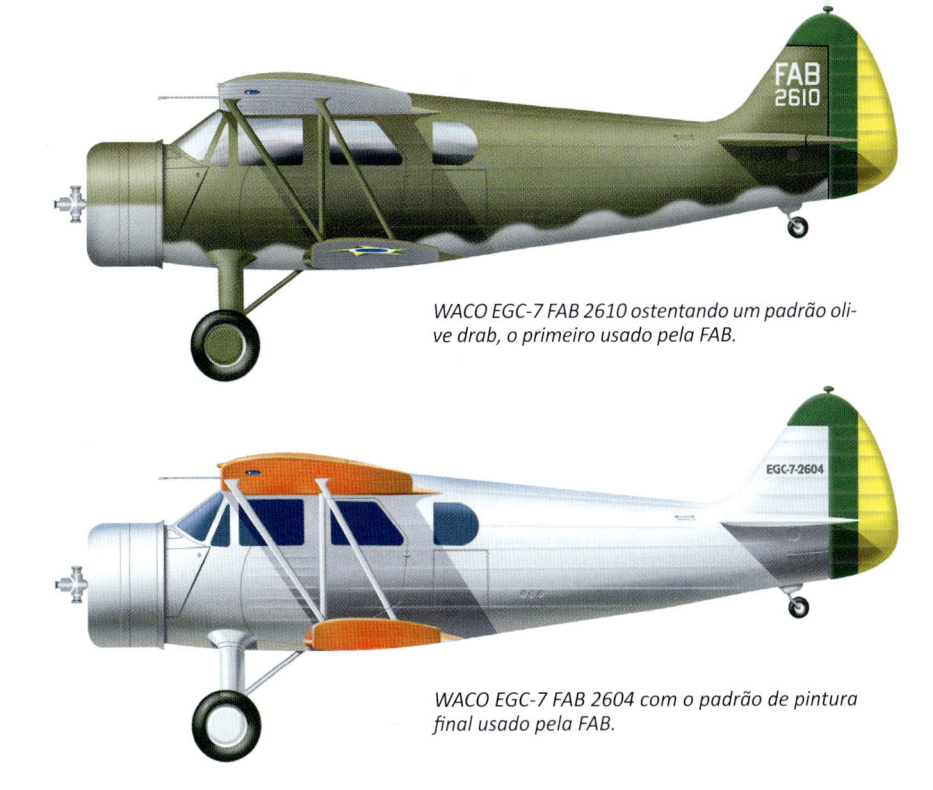

WACO EGC-7 FAB 2610 ostentando um padrão olive drab, o primeiro usado pela FAB.

WACO EGC-7 FAB 2604 com o padrão de pintura final usado pela FAB.

Uma instrução da Diretoria de Material, de dezembro de 1945, também resultou em outra consequência – a de ceder alguns aviões para outros órgãos do governo federal. No que diz respeito aos EGC-7, em outubro de 1946, dois desses aviões deveriam ser entregues ao Departamento Nacional de Produção Nacional do Ministério da Agricultura, a fim de serem empregados como plataforma de aerofotogrametria. Documentos da época indicam que ambos foram entregues àquele departamento, mas um foi devolvido à FAB em 1951. Por sua vez, em 1949, um terceiro EGC-7 foi cedido à Fundação Brasil Central para apoiar as atividades indigenistas.

Em abril de 1949, a Diretoria de Material emitiu outra instrução que dava como totalmente obsoletos diversos tipos de avião, entre eles os WACO EGC-7. Com efeito, essa instrução serviu como sentença de morte para aqueles aviões, pois a diretoria não mais aceitaria solicitações para a compra de material para repará-los ou mantê-los em operação.

Apesar da instrução de 1949, um punhado de aviões EGC-7 teimosamente seguia voando em algumas unidades da FAB. Apesar de não mais realizarem os voos do CAN com a mesma frequência que nos anos anteriores, esses EGC-7 desempenhavam um papel utilitário em benefício das unidades onde se encontravam lotados. Porém, com o corte do suprimento, foram lentamente definhando e, em 1955, os últimos exemplares já haviam deixado de voar sendo excluídos da carga da FAB e do Ministério da Aeronáutica no ano seguinte.

WACO EGC-7	
Período de Utilização	De 1941 até 1956
Fabricante	Waco Aircraft Company, Troy (Ohio – EUA)
Emprego	Transporte e correio

Continua

Comentários	
Total Adquirido	36 exemplares (29 oriundos do Exército e 7 novos)
Unidades Aéreas	Base Aérea dos Afonsos Base Aérea de Belém Base Aérea de Canoas Base Aérea de Campo Grande Base Aérea de Curitiba Base Aérea de Florianópolis Base Aérea de Salvador Base Aérea de São Paulo Base Aérea de Santa Cruz Base Aérea de Santos Destacamento de Base Aérea de Belo Horizonte Diretoria de Rotas Aéreas Escola de Especialistas de Aeronáutica Núcleo do Parque de Aeronáutica de Porto Alegre Parque de Aeronáutica de São Paulo Seção de Aviões do Quartel-General da 3ª Zona Aérea
Designações	UC-EGC7
Matrículas	Como matrícula, inicialmente empregaram os números de série outorgados pelo fabricante – 5245 a 5248 e 5250 a 5274, bem como 1-1 a 1-7 para os exemplares produzidos no Brasil; durante o período da guerra, foram atribuídas as matrículas 01 a 37, incluindo a célula perdida quando pertencia ao Exército; finalmente, em julho de 1945, foram atribuídas as matrículas 2601 a 2637

Fairchild F-24W9 e F-24W41

A grande depressão de 1930 não só quebrou a economia norte-americana como ainda trouxe inúmeras dificuldades aos produtores de aeronaves leves dos Estados Unidos. Para não fechar a fábrica e permanecer no mercado que minguava, a Fairchild Aircraft Corporation decidiu investir na produção de aeronaves com um design simples e com baixo custo de aquisição e operação.

Na década de 1920, a Fairchild já havia produzido o FC-2 para operar com as grandes e pesadas câmeras de fotografia aérea, porém, a aeronave era de concepção antiga e cara para os padrões da época. Então a divisão Kreider Reisner, da Fairchild Aircraft Company, desenvolveu um novo modelo pequeno, mas robusto, de dois lugares em tandem e asas parasol, que denominou modelo 22. Este encontrou rápida aceitação no mercado para ser usado como treinador e aeronave para uso executivo.

O modelo 22, porém, apresentava as neceles abertas, que expunham os pilotos às baixas temperaturas. Como na década de 1930 essa característica não mais interessava aos exigentes clientes civis, em 1932, a Fairchild resolveu inovar, desenvolvendo o modelo F-24, na forma de um monoplano com espaçosa cabine fechada, para o transporte de dois passageiros e operação em pistas não preparadas. Posteriormente, em 1933, um terceiro banco foi instalado na cabine sem que a aeronave passasse por qualquer rearranjo aerodinâmico.

A sua concepção era de uma aeronave monomotora, de trem de pouso fixo, com estabilizadores convencionais, asa alta de madeira, cabine com estrutura tubular de aço molibdênio recoberta com entelagem, ailerons em estrutura metálica e flaps de alumínio. Como inovação, o projeto previa o uso tanto de um motor radial Warner Super Scarab de 145 hp, no F-24W, quanto de um motor em linha Ranger R-690-D3 de 165 hp, no F-24R, e esse detalhe lhes modificou, em muito, a aparência externa. Como outra solução inovadora, inúmeros itens automotivos foram aplicados, o que contribuiu para seu preço baixo e sua manutenção barata e simples.

Posteriormente, em 1938, foi acrescentado o quarto assento na parte traseira e, atrás deste, um compartimento para bagagens pessoais. O interessante é que os passageiros traseiros ficavam em um nível mais baixo do que os dois da frente, e para acessar os assentos, o encosto do banco dianteiro tinha que ser rebatido para a frente.

As versões foram se sucedendo e, durante a Segunda Guerra Mundial, sua produção foi incrementada para o uso militar como aeronave leve para ligação e transporte de pessoal, denominada, no USAAC, UC-61 Forwarder e, na RAF, Argus.

O total de aviões construídos pela Fairchild chegou a 1.500 unidades, e sua linha de produção foi mantida de 1932 a 1948. Dessa produção, inúmeras aeronaves foram enviadas aos países aliados para emprego em transporte leve e treinamento de pilotos: Austrália, Brasil, Canadá, Tchecoslováquia, Finlândia, Suécia, Tailândia, Reino Unido e Estados Unidos.

Os Fairchild F-24W9 e F-24W41 na Força Aérea Brasileira

Nos primeiros anos da década de 1940 a ameaça submarina na costa brasileira obrigava que as aeronaves enviadas dos EUA para o Brasil fossem trasladadas em voo, fato que, para a época, era ousado, principalmente por causa da pouca experiência dos pilotos brasileiros que realizavam o traslado e das dificuldades existentes na rota em razão da infraestrutura precária.

O Land-Lease Act possibilitou que a nova Força Aérea Brasileira fosse equipada com inúmeras aeronaves, para diversos tipos de emprego, entre as quais foram recebidas 21 aeronaves F-24W41, de motor em linha, e duas F-24W9, com motor radial, cuja designação militar era UC-61.

Um fato interessante é que tanto os W41 quanto os W9 eram originalmente equipados com motores radiais, enquanto as aeronaves com motores em linha eram os F-24R. O que os dados disponíveis não conseguem esclarecer é em que ocasião os motores dos F-24 brasileiros foram trocados, se ainda nos EUA ou após chegarem ao Brasil ou se houve apenas um erro de designação das 21 aeronaves dotadas com motor em linha.

Os Fairchild F-24W9 e W41 foram as primeiras aeronaves adquiridas diretamente pela FAB. Foto Museu Aeroespacial do Campo dos Afonsos.

Fairchild F-24W41 UC-61A FAB 2683 empregado pelo CAN.

Fairchild F-24W9 UCW-9 FAB STD-1 com o padrão de cores usado em 1942.

O certo é que os 21 F-24 foram designados F-24W41, enquanto dois receberam a designação F-24W9.

O traslado dessas aeronaves foi em conjunto com as esquadrilhas de PT-19. No UC-61 viajavam o líder da formação, o navegador e o mecânico, sendo o restante da esquadrilha composta apenas por aeronaves PT-19.

As 23 aeronaves adquiridas foram usadas em missões de transporte leve, transporte de pessoal e ligação em diversas organizações militares, atendendo a inúmeras atribuições do CAN. Ficaram conhecidas na FAB como Fairchild asa alta ou Fairchild cabine e voaram até 1960, quando a última foi desativada.

Um dos dois únicos Fairchild F-24W9 operados pela FAB. Na Força Aérea eles foram matriculados UC-W9 2681 e 2682. Foto Arquivo Action Editora Ltda.

O UC-61A FAB 2683 foi o primeiro Fairchild F-24W41 empregado pela Força Aérea. Sua principal missão era de transporte e em voos do Correio Aéreo Nacional.
Foto Museu Aeroespacial do Campo dos Afonsos.

Fairchild F-24W9 e F-24W41

Período de Utilização	De 1941 até 1959	De 1941 até 1960
Fabricante	Fairchild Aircraft Corporation	
Emprego	Transporte leve e de pessoal	
Características Técnicas	F-24W9	F-24W41
Motor	Warner Super Scarab R-500-1 de 145 hp	Ranger 6-410B2 de 165 hp em linha
Envergadura	11,07 m	11,07 m
Comprimento	7,23 m	7,56 m
Altura	2,23 m	2,21 m
Área Alar	16,19 m²	16,19 m²
Peso Vazio	691 kg	678 kg
Peso máximo	1.162 kg	1.156 kg
Armamento	Não dispunha de armamento	Não dispunha de armamento
Desempenho		
Velocidade Máxima	215 km/h	222 km/h
Razão de Subida	218 m/min	231 m/min
Teto Operacional	4.724 m	5.120 m
Alcance	1.158 km	916 km
Comentários		
Total Adquirido	2 exemplares	21 exemplares
Designações	UC-W9	UC-61A
Matrículas	SDT-01 e 02 FAB 22 e 23 UC-W9 2681 e 2682	FAB 01 a 21 UC-61A 2683 a 2703

Stinson SR-10E Reliant

No que diz respeito à aviação desportiva e de turismo – hoje enquadrada como aviação geral –, os anos 1930 foram pródigos tanto em variedade como em quantidade, quer na Europa, quer nos Estados Unidos. A popularização do avião como meio de transporte, associado à gradativa melhoria da economia mundial, foi o suficiente para promover esse quadro. Como consequência, muitos fabricantes enveredaram por caminhos de desenvolvimento que objetivavam a oferta de aviões de maior porte que as habituais aeronaves bi e triplace que então povoavam o mercado. Ademais, alguns construtores optaram pelo desenvolvimento de aviões que apresentassem melhor desempenho, qualidade de voo, conforto ou robustez, ou a combinação de algumas dessas características ou de todas elas.

No segmento de aviões para três a cinco ocupantes, a norte-americana Stinson Aircraft Corporation já gozava de excelente conceito no mercado, graças ao desenvolvimento de variado leque de aviões. Com base na experiência já adquirida, em maio de 1933, os engenheiros Robert W. Ayer e C. R. "Jack" Irvine deram forma a um avião monomotor de asa alta capaz de acomodar um piloto e três passageiros. Denominado Stinson SR Reliant, aquele avião já anotava em setembro daquele ano, uma carteira de vendas muito superior a qualquer outra aeronave de sua categoria nos Estados Unidos. De fato, aquela aeronave fundou uma prolífica e diversificada família de aeronaves cuja produção atingiu 1.327 unidades em 1943, ano em que foi encerrada a sua fabricação.

O SR-10 foi justamente a última versão civil do Reliant – 120 desses aviões foram produzidos entre 1938 e 1941. Essa última versão compreendeu nada menos do que oito variantes, uma das quais deu origem ao AT-19, aeronave de treinamento e ligação que foi utilizada principalmente pela Royal Air Force (RAF) e pela Royal Navy (RN). Foram produzidas nada menos do que 500 unidades dessa versão militar do Reliant, que, com a RAF, desempenhou o trabalho de transporte leve e ligação.

O único SR-10E da FAB foi doado pelo governo do estado de São Paulo em 1941, ficando sua carreira à disposição do Quartel-General da 4ª Zona Aérea (SP).
Foto Arquivo Action Editora Ltda.

O Stinson SR-0E Reliant UC-SR10 FAB 2653 Da Base Aérea de São Paulo (BASP).

No entanto, a carreira militar do Reliant não ficou circunscrita às unidades enviadas para o Reino Unido. Ao longo da Segunda Guerra Mundial, a USAAF incorporou aproximadamente 91 exemplares do Stinson SR-8, SR-9 e SR-10 que estavam em mãos de particulares e entidades civis. Designados UC-81, eles desempenharam, durante o conflito, um variado leque de trabalhos utilitários.

O Stinson SR-10E Reliant na Força Aérea Brasileira

Nomeado em abril de 1938, durante o Estado Novo, o interventor federal do estado de São Paulo, Adhemar Pereira de Barros, era um verdadeiro entusiasta de tudo o que dizia respeito à aviação. Brevetando-se como piloto na Europa em meados dos anos 1920, ao assumir a interventoria de São Paulo, deu considerável atenção a todas as iniciativas paulistas no meio aeronáutico. Isso incluiu esforços para modernizar a pequena frota de aviões à disposição do governo do estado de São Paulo e comprar, aparentemente nos derradeiros dias de 1939, um Stinson SR-10E Reliant importado dos Estados Unidos.

Já no Brasil, em janeiro de 1940, aquele avião foi inscrito no Registro Aeronáutico Brasileiro (RAB), em 19 de abril daquele ano, com as marcas PP-EAC. Destinado ao transporte de autoridades e funcionários a serviço do governo do estado, a vida daquele Stinson Reliant foi breve. Por motivos que hoje só podem ser conjeturados, mas que aconteceram em diversas ocasiões do passado, em 1941, o governo do estado de São Paulo optou por doar o PP-EAC à recém-criada Força Aérea Brasileira. E tal como no passado, é possível que a doação apresentasse um condicionante: que a aeronave permanecesse sediada naquele estado.

E assim foi. Depois de sua matrícula ser cancelada no RAB, em dezembro de 1941, em março do ano seguinte, a aeronave foi distribuída à Base Aérea de São Paulo, e ficou à disposição do Quartel-General da 4ª Zona Aérea. Aquele avião permaneceu até o fim de sua vida na Força Aérea Brasileira, na qual desempenhou serviços de ligação em proveito das autoridades do QG da 4ª Zona Aérea. Mas com a chegada da segunda metade da década seguinte, o Stinson Reliant não só era um anacronismo quando comparado a outras aeronaves do acervo da FAB que realizavam os mesmos trabalhos, mas, por ser justamente o único de seu tipo, sua manutenção se tornara excessivamente onerosa.

Depois de sua última revisão geral, em março de 1957, o avião voou pouco mais de 400 horas até ser decidido que deveria ser alienado. Enviado para o Parque de Aeronáutica de São Paulo, em novembro de 1960 – já excluído da carga do Ministério da Aeronáutica –, o único Stinson Reliant da FAB foi alienado, sendo adquirido por um particular e, eventualmente, reinscrito no RAB com as marcas PT-BRT.

Stinson SR-10E Reliant

Período de Utilização	De 1941 até 1960
Fabricante	Stinson Aircraft Division of Aviation Manufacturing Corp., Wayne (Michigan – EUA)
Emprego	Transporte e ligação
Características Técnicas	
Motor	Wright R-760-E2 de 320 hp
Envergadura	12,77 m
Comprimento	8,48 m
Altura	2,61 m
Área Alar	24,01 m²
Peso Vazio	1.238 kg
Peso Máximo	1.882 kg
Armamento	Não dispunha de armamento
Desempenho	
Velocidade Máxima	262 km/h
Razão de Subida	295 m/min
Teto Operacional	5.181 m
Alcance	1.206 km
Comentários	
Total Adquirido	1 exemplar
Unidades Aéreas	Base Aérea de São Paulo
Designações	UC-SR10
Matrículas	2, posteriormente 2653

Lockheed 18 Lodestar

Conhecida nos meios aeronáuticos pela família de aeronaves bideriva para emprego civil, desenvolvidas na década de 1930, a Lockheed Aircraft Corporation encontrou muita dificuldade para comercializar o seu Modelo 14 Super Electra, que foi planejado para competir com o Douglas DC-2. O seu desenvolvimento foi baseado no Modelo 10 Electra, que era uma aeronave toda metálica para o transporte de 10 passageiros e que teve relativo sucesso comercial.

Don Palmer, o engenheiro projetista, considerou que, para o novo modelo fazer sucesso, bastava realizar uma ampliação de 10 para 14 na capacidade de assentos, mas isso não foi o suficiente para alcançar o sucesso esperado, pois os custos operacionais do Modelo 14 eram muito maiores que os do seu concorrente direto, o que inviabilizou as suas vendas.

A última tentativa da Lockheed para voltar ao mercado, e o ponto final no desenvolvimento dessa série de bimotores bideriva, foi o Modelo 18 Lodestar, para o qual tomou como base de desenvolvimento o modelo 14-H2, bastando apenas uma "esticada" de 1,68 metro na fuselagem para a colocação de mais duas fileiras de poltronas. O Lodestar era um transporte comercial com capacidade para três tripulantes e 18 passageiros e o protótipo voou pela primeira vez em 21 de setembro de 1939.

Foram inúmeras versões por causa de diversos tipos de motor utilizado. Eram eles: o modelo 18-05, com motores Wright R-1820-87; o 18-07, com motores Pratt & Whitney S1E-3G Hornet; o 18-08, com motores Pratt & Whitney SC3G Twin Wasp; o 18-10, com motores R-1830-53; o 18-14, com os S4C4G Twin Wasp; o 18-40, com os Wright Cyclone GR-1820-G102A; o 18-50, com os GR-1820-G202A Cyclone, e os 18-56, com os GR-1820-G205A Cyclone.

Para o meio militar, porém, o Lodestar encontrou um mercado certo. Centenas de C-60A – assim como C-56, C-57, C-59 e C-111 – foram encomendados pelo USAAC e pelas USAAF antes e durante a Segunda Guerra Mundial. Ao longo daquele conflito, além de serem distribuídos a inúmeros países aliados através do sistema Lend-Lease, foi ainda utilizado pela Guarda Costeira dos Estados Unidos, US Navy e USMC sob a designação R5O.

Ao ser entregue o último exemplar, em janeiro de 1944, foram construídos 625 aviões Lodestar, nas versões civil e militar.

Os Lockheed 18 Lodestar na Força Aérea Brasileira

Em 17 de julho de 1941 aterrissou, no Aeroporto Santos Dumont, o último Lockheed 12A – de uma série de quatro –, originalmente encomendado no ano anterior pela Diretoria de Aviação do Exército. Esse quarteto se juntou a outros quatro recebidos pelo Exército entre setembro de 1937 e fevereiro de 1940.

Entregues à Seção de Aviões do Comando, quando da criação do Ministério da Aeronáutica, em janeiro de 1941, os L.12A eram o que havia de mais moderno na recém-criada Força Aérea Brasileira em termos de aviação de transporte, realizando principalmente missões de transporte de autoridades.

Mas as restrições dos L.12A eram claras no que tange ao emprego como avião de transporte presidencial. Era limitada a sua capacidade para voo por instrumentos, e suas acomodações internas deixavam muito a desejar no que se refere a conforto, militando a favor da incorporação de uma aeronave destinada unicamente às missões presidenciais.

A solução se deu através de um Lockheed L.18-08 Lodestar, que foi convertido para a versão L.18-10-0, entregue à United States Army Air Corps, em de dezembro de 1941 e designado C-66, o único de seu tipo. Aparentemente, como

Ao todo, a FAB empregou oito Lockheed 18 Lodestar. Designados C/VC-60, essas aeronaves cumpriram missões de transporte convencional, transporte VIP/presidencial e transporte logístico. Foto Arquivo Jackson Flores Jr. / Action Editora Ltda.

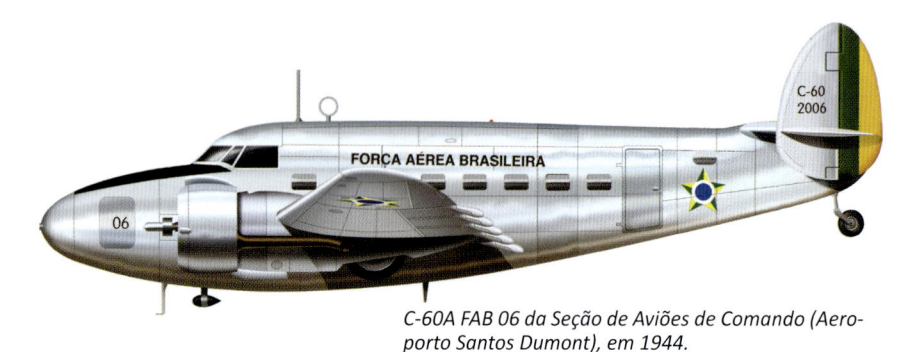

C-60A FAB 06 da Seção de Aviões de Comando (Aeroporto Santos Dumont), em 1944.

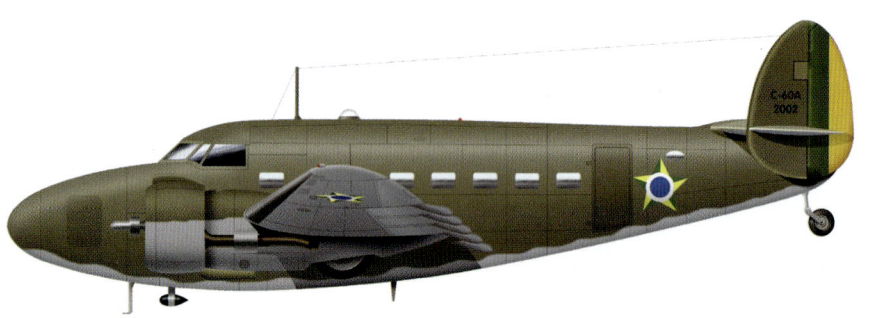

C-60A da Seção de Aviões de Comando (Aeroporto Santos Dumont), em 1944, no padrão Olive Drab.

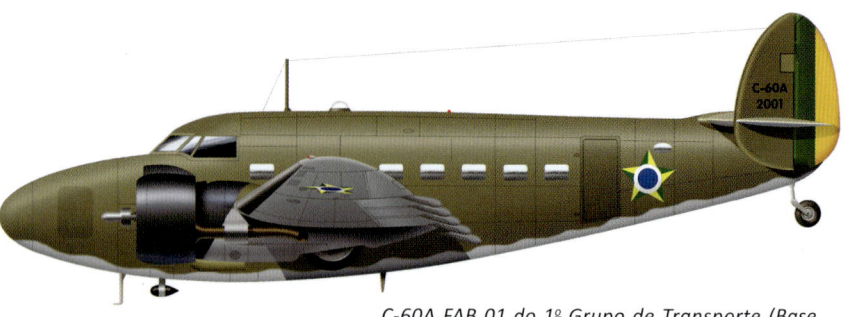

C-60A FAB 01 do 1º Grupo de Transporte (Base Aérea do Galeão), em 1945.

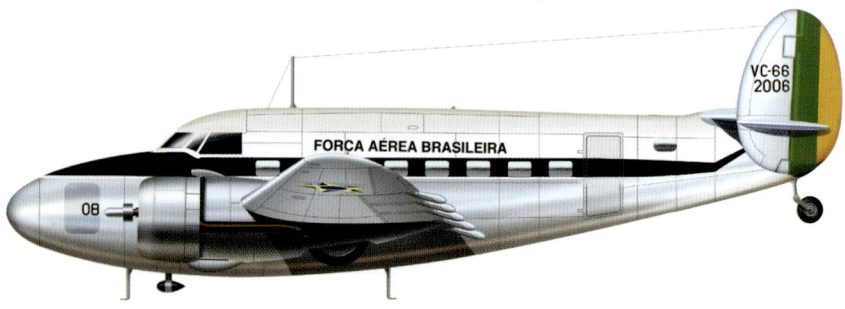

VC-66 FAB 2006 com o padrão de pintura final usado pela FAB.

consequência dos acordos assinados entre os governos do Brasil e dos Estados Unidos semanas antes, aquela aeronave fora preparada especialmente para o transporte presidencial e transferido para o Ministério da Aeronáutica. Ela dispunha de configuração interna composta de poltronas, mesas, sofá, galley e outros itens que a distinguiam dos demais aviões Lodestar produzidos para a Aviação do Exército dos Estados Unidos.

No Natal de 1941, o Maj Av Nero Moura e o Cap Av Oswaldo Pamplona Pinto receberam a nova aeronave nas instalações da Lockheed, em Los Angeles (Califórnia – EUA), para se familiarizarem com as características do C-66 antes de empreender o voo de traslado até o Brasil. Assim que chegou ao Aeroporto Santos Dumont (RJ), o C-66 foi incorporado ao acervo da Seção de Aviões de Comando e prontamente entrou em serviço como avião presidencial.

Contudo, estava claro que a Força Aérea Brasileira necessitava de urgente reforço de sua Aviação de Transporte. Nem tanto em termos de mais aeronaves, mas em capacidade. Consequentemente, em meio à enxurrada de aviões transferidos da USAAF para a FAB, estavam oito aviões Lockheed C-60A-1-LO e C-60A-5-LO. Diferente do C-66, estes foram entregues com configuração típica para transporte de tropas e com capacidade de acomodar até 18 soldados equipados.

Assim, em novembro de 1942, foi recebido, em San Antonio Field (Texas – EUA), o primeiro C-60, que foi trasladado até o Rio de Janeiro por uma tripulação brasileira. Nos meses seguintes, outros sete foram igualmente entregues às autoridades da FAB, em San Antonio Field, o último deles chegando ao Aeroporto Santos Dumont (RJ) em julho de 1943.

Inicialmente agrupados na Seção de Aviões de Comando (SecAvCom), em janeiro de 1945, o acervo de aviões daquela unidade foi absorvida pelo 1º Grupo de Transporte. No entanto, em abril de 1952, foi reorganizada a SecAvCom, unidade aérea que reteve alguns dos C-60A e o C-66. Contudo, o lugar de destaque do C-66 foi passado para um recém-chegado C-47, que fora extensamente modificado para servir como novo avião presidencial. De fato, dois anos depois, quando a SecAvCom foi transformada em Esquadrão de Transporte Especial (ETE),

Os primeiros quatro C-60 foram recebidos com o padrão de pintura olive drab. Já os demais, chegaram em metal natural, como o da foto. Foto Arquivo Jackson Flores Jr. / Action Editora Ltda.

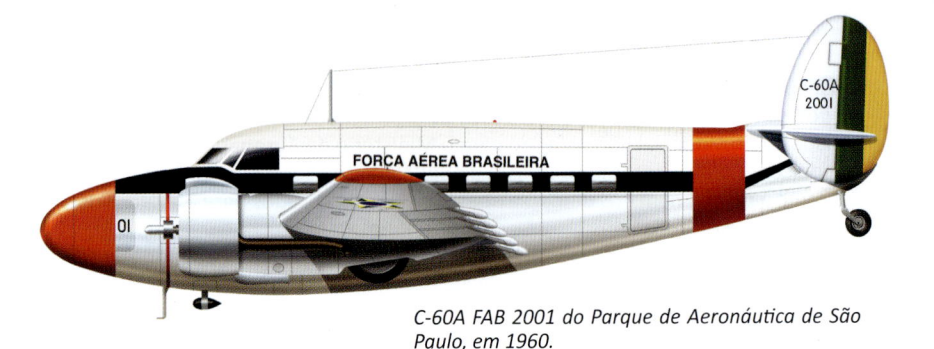

C-60A FAB 2001 do Parque de Aeronáutica de São Paulo, em 1960.

eram quatro os Lockheed C-60A – todos designados VC-60. Naquele momento, a frota de aviões C-60A caíra para cinco aeronaves, já que três haviam sido descarregadas como consequência de acidentes.

Em fins de 1956, quando o ETE deixou de existir e foi criado o Grupo de Transporte Especial (GTE), ficou claro que os Lodestar excediam as necessidades daquela nova unidade. Consequentemente, no transcurso de 1957 e 1958, aos poucos, os Lodestar foram transferidos para fora do GTE, onde encontraram um novo lar em alguns parques de aeronáutica da FAB. Um bom exemplo veio a ser o caso do Parque de Aeronáutica de São Paulo, que fez uso de dois Lodestar para o transporte de material e pessoal, que frequentemente viajava para as bases aéreas que abrigavam unidades que faziam uso de aeronaves apoiadas por aquele parque.

Mas em meados dos anos 1960, há indicações de que somente dois Lodestar encontravam-se em condições de voo e, mesmo assim, de forma precária. Os demais foram sucateados até o final daquela década ou então empregados em exercícios contra incêndio. Só restou um, que foi encaminhado para a Academia da Força Aérea para preservação e, depois, em 1980, foi enviado para o Museu Aeroespacial, a fim de ser recuperado e colocado em exposição naquele estabelecimento de preservação aeronáutica.

O único VC-66 da Aeronáutica foi o FAB 2008, que ficou conhecido como a aeronave do Presidente Getúlio Vargas. Foto Arquivo Carlos Eugenio Dufriche.

Lockheed 18 Lodestar		
Período de Utilização	De 1942 até 1969	
Fabricante	Lockheed Vega Aircraft Company	
Emprego	Transporte VIP e logístico	
Características Técnicas	C-60A	C-66
Motor	2 Wright R-1820-87 de 1.200 hp cada um	2 Pratt & Whitney Twin Wasp R-1830-53 de 1.200 hp cada um
Envergadura	19,96 m	19,96 m
Comprimento	15,18 m	15,18 m
Altura	3,60 m	3,60 m
Área Alar	51,19 m²	51,19 m²
Peso Vazio	5.670 kg	5.103 kg
Peso Máximo	9.525 kg	8.709 kg
Armamento	Não dispunha de armamento	Não dispunha de armamento
Desempenho		
Velocidade Máxima	428 km/h	386 km/h
Razão de Subida	500 m/min	365 m/min
Teto Operacional	9.175 m	6.220 m
Alcance	4.025 km	5.150 km
Comentários		
Total Adquirido	8 exemplares (C-60A) 1 exemplar (C-66)	
Unidades Aéreas	Seção de Aviões de Comando 1º Grupo de Transporte Esquadrão de Transporte Especial Grupo de Transporte Especial Parque de Aeronáutica dos Afonsos Parque de Aeronáutica de Recife Parque de Aeronáutica de São Paulo Escola de Especialistas de Aeronáutica	
Designações	C-60A: C-60A, C-60 e VC-60 C-66: C-66 e VC-66	
Matrículas	VC-66: 09, alterado em 1945 para 01 e, novamente, para 2008 em 1945 C-60A: 01 a 08, alterado em 1945 para 2000 a 2007. Três foram configurados como VC-60: 2001, 2004 e 2007	

Curtiss P-36A

Contemporâneo do Supermarine Spitfire, do Hawker Hurricane e do Messerschmitt Bf-109, as origens do Curtiss P-36A remontam ao caça Model 75. Esse era um projeto desenvolvido pela Curtiss Aeroplane Division, da Curtiss-Wright Corporation, para atender a um requisito elaborado pelo United States Army Air Corps (USAAC) para um caça monoplano. Sob a batuta de Donovan A. Berlin – um engenheiro aeronáutico oriundo da Northrop –, o Model 75 foi fortemente influenciado por diversos projetos daquela empresa. Inteiramente metálico, com a nacele do piloto fechada e trem retrátil, o primeiro protótipo do Model 75 teve sua construção iniciada em novembro de

1934 e realizou seu voo inaugural no ano seguinte, no mês de maio, quando a Curtiss deveria apresentar sua proposta ao USAAC.

Paralelamente, os demais concorrentes sofreram reveses de toda ordem e somente a proposta da Curtiss foi entregue dentro do prazo, o que levou o USAAC a dilatá-lo até agosto de 1935. No entanto, até mesmo essa iniciativa gerou problemas e o USAAC postergou para abril de 1936 qualquer decisão sobre o concorrente vencedor. Isso permitiu à Curtiss realizar ajustes finos no Model 75, cujo motor original era completamente insatisfatório, além de outros problemas com os sistemas da aeronave. Diversos grupos motopropulsores foram instalados e avaliados, mas nenhum proporcionou os resultados desejados em termos de desempenho e confiabilidade.

Finalmente, em abril de 1936, o USAAC escolheu a proposta apresentada pela Seversky e assinou um contrato de encomenda de 77 exemplares do P-35. No dia 16 de junho de 1936 – quase como prêmio de consolação –, o USAAC encomendou à Curtiss três exemplares do Model 75B, que foram designados Y1P-36. Dotados de motor Pratt & Whitney R-1830-13 e diversas melhorias em relação ao protótipo, este impressionou suficientemente as autoridades do USAAC a ponto de levá-las a assinar um contrato de encomenda, no dia 7 de julho de 1937, que compreendia 210 exemplares do P-36A, o que representava a maior quantidade de aeronaves de caça até então contratada pelo USAAC.

O primeiro exemplar de produção do P-36A foi entregue ao USAAC no mês de abril de 1938 e aos poucos reequipou os distintos esquadrões de caça daquela arma. Paralelamente, a Curtiss tratou de refinar o seu produto para fins de exportação, logrando vender centenas de caças Model 75 Hawk para a Argentina, a China, a Finlândia, a França, a Grã-Bretanha, a Holanda, a Noruega, o Peru e a Tailândia, entre outros países. Com o Armée de l'Air, os muitos Hawk Model 75A fizeram frente aos caças alemães durante os primeiros meses da Segunda Guerra Mundial, logrando derrubar 230 aeronaves inimigas. Semelhantes resultados (1901/3) foram obtidos pelos finlandeses durante o conflito contra a União Soviética entre novembro de 1939 e março de 1940.

Originalmente, os P-36 foram empregados em Fortaleza (CE) pelo Agrupamento de Aviões de Adaptação, a partir de março de 1942. Esses aviões chegaram com um padrão de pintura da USAAC e foram fabricados em 1938. Foto Arquivo João Eduardo Magalhães Motta.

P-36A FAB 02 do Grupo Monoposto-Monomotor de Natal, em 1942.

P-36A FAB 10 do 6º Regimento de Aviação (6º RAv) Recife, em 1942.

P-36A FAB 04 do Grupo Monoposto-Monomotor de Natal, em 1944.

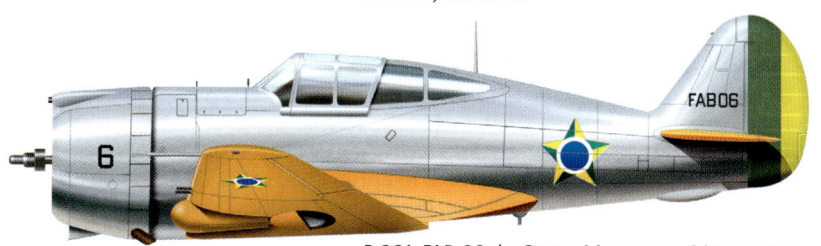

P-36A FAB 06 do Grupo Monoposto-Monomotor de Natal, em 1944. O 06 foi o único destes aviões a ser pintado com esse padrão.

O Curtiss P-36A na Força Aérea Brasileira

Os acordos assinados entre o Brasil e os Estados Unidos durante os derradeiros meses de 1941 desencadearam uma ampla gama de providências por parte dos dois países. Entre outras medidas, coube aos Estados Unidos dar início à modernização do material bélico à disposição das Forças Armadas brasileiras, incluindo o fornecimento de aeronaves de combate mais modernas que aquelas que se encontravam na dotação da recém-criada Força Aérea Brasileira.

Assim, na primeira metade de março de 1942, chegaram à Base Aérea de Fortaleza os primeiros exemplares do Curtiss-Whight 75 RP-36A, de um total de dez

O P-36A FAB 04 do Grupo Monoposto-Monomotor de Natal. Hoje não existem mais muitos dados sobre sua passagem pela FAB, e poucos registros fotográficos.
Foto Arquivo João Eduardo Magalhães Motta.

recebidos. Eram aviões oriundos de esquadrões pertencentes ao 16th Pursuit Group e ao 32nd Pursuit Group, ambos sediados em Albrook Field, Zona do Canal de Panamá. Além de fazerem parte do sistema de defesa aérea daquela estratégica passagem marítima, os P-36A dos 16th PG e 32nd PG desempenhavam tarefas de instrução com vistas a ampliar o quadro de pilotos de caça do USAAC.

Apesar de inicialmente permanecer na Base Aérea de Fortaleza (CE), os P-36A foram distribuídos ao Agrupamento de Aviões de Adaptação, uma unidade aérea criada em 4 de fevereiro de 1942. Sob a tutela de instrutores do USAAC, foram ministrados cursos nessas e em outras aeronaves pertencentes à dotação, para atualizar o conhecimento técnico do pessoal brasileiro, auferindo-lhe melhor instrução sobre procedimentos e táticas de emprego que estavam sendo utilizados nos combates aéreos sobre a Europa.

A passagem dos P-36A pela Base Aérea de Fortaleza foi relativamente breve, pois, em novembro de 1942, todos foram oficialmente transferidos para o 6º Regimento de Aviação (6º RAv), a unidade volante pertencente ao 10º Corpo de Base Aérea (Recife – PE). No entanto, a chegada dessas aeronaves no 6º RAv deu-se muitas semanas antes, visto que todos foram arrolados pelo 10º CBAer no dia 26 de setembro de 1942. Naquela ocasião, quatro desses aviões já haviam se acidentado com perda total, alguns vitimando os pilotos. Apesar de não existirem indicações claras sobre as causas desses acidentes, é lícito presumir que as dificuldades materiais encontradas na operação do P-36A no USAAC tenham se repetido aqui no Brasil. Ademais, a chegada dos primeiros Curtiss P-40E e P-40K – estes mais modernos que o P-36A – provocou uma pronunciada queda no uso daquele caça.

Em abril de 1943, com a frota de P-36A reduzida a seis células, os aviões foram novamente transferidos, dessa vez para o Grupo Monoposto-Monomotor (GMM), com sede em Natal (RN). Lá continuaram treinando os futuros pilotos de combate da FAB, além de realizar missões de patrulha ao longo do litoral nordestino, um trabalho que também era feito quando se encontravam em Fortaleza e Recife.

A perda de mais um P-36A, no dia 30 de setembro de 1943, no Bairro de Lagoa Seca, em Natal (RN), possivelmente precipitou a decisão das autoridades da FAB de desativar definitivamente aquele caça. Seja como for, em dezembro de 1943, foi determinado que os últimos cinco P-36A, os quais foram julgados imprestáveis para o voo, fossem transferidos para a Escola de Especialistas de Aeronáutica (EEAer), então com sede na Ponta do Galeão (Rio de Janeiro – RJ). Lá serviriam como células de instrução para a formação de mecânicos de diversas especialidades.

Não se sabe ao certo durante quanto tempo os cinco P-36A continuaram a prestar serviço como células de instrução. Salvo alguns componentes isolados, sabe-se somente que jamais acompanharam a transferência da EEAer para Guarantiguetá (SP) e suas células foram alienadas e transformadas em sucata no final da década de 1940.

Curtiss P-36A	
Período de Utilização	De 1942 até 1946
Fabricante	Curtiss Aeroplane Division, Curtiss-Wright Corp.
Emprego	Caça
Características Técnicas	
Motor	Pratt & Whitney R-1830-13 de 1.050 hp
Envergadura	11,35 m
Comprimento	8,68 m
Altura	2,74 m
Área Alar	21,92 m^2
Peso Vazio	1.935 kg
Peso Máximo	2.456 kg
Armamento	2 metralhadoras fixas Browning M2 .30 nas asas 2 metralhadoras fixas Browning M2 .50 na fuselagem
Desempenho	
Velocidade Máxima	471 km/h
Razão de Subida	812 m/min
Teto Operacional	9.601 m
Alcance	1.271 km
Comentários	
Total Adquirido	10 exemplares
Unidades Aéreas	Agrupamento de Aviões de Adaptação Unidade Volante do 6º Regimento de Aviação Grupo Monoposto-Monomotor Escola de Especialistas de Aeronáutica
Designações	Não recebeu designação
Matrículas	Inicialmente nove células operaram com matrículas vindas do EUA: 40, 43, 44, 45, 47, 48, 50, 52 e 53; posteriormente, as 10 células que foram incorporadas à FAB receberam as matrículas 01 a 10

CNNA HL-1B

O próspero grupo empresarial brasileiro formado por Antônio Lage no final do século XIX enveredou por diversas áreas de atuação, como a estiva, negócios de carvão, oficinas de reparos navais e um pequeno estaleiro. Com o falecimento de seu diretor, em 1913, o grupo foi legado aos quatro irmãos Lage, tendo à frente o filho mais velho, Henrique, que tratou de transformar o bem-sucedido grupo em um império que, em seu auge, contava com aproximadamente 30 empresas dedicadas à construção naval, ao transporte marítimo, a seguros, à produção salineira e à mineração de carvão, entre outras áreas.

Sempre em busca de novos segmentos de negócios, Henrique Lage voltou sua atenção ao recém-nascido campo da aviação, travando diversos contatos que visavam à diversificação das atividades das Organizações Lage. Iniciados em 1919, esses contatos renderam, em 1921, contratos com a empresa inglesa de construção aeronáutica Blackburn Aircraft Ltd. e com a também inglesa Bristol Engine Company. O objeto desses contratos era a construção, sob licença, de aviões Blackburn e motores Bristol no Brasil. Paralelamente, Henrique Lage patrocinou a construção de duas aeronaves desenvolvidas por franceses vinculados à Missão Militar Francesa.

Apesar do recebimento de máquinas e ferramentas para iniciar a produção dos Blackburn Swift, bem como o início da construção de instalações dedicadas à fabricação de aviões na Ilha do Viana (RJ), a ausência de apoio por parte do governo federal fez cair por terra as ambições de Henrique Lage.

Esse contratempo não esfriou o interesse de Lage em montar uma empresa de construção aeronáutica. Diversos eventos convergiram para levá-lo ao encontro do então Capitão Antônio Guedes Muniz, que desenvolvera e construíra o monoplano Muniz M-5. Em 1935, Lage organizou a Companhia Nacional de Navegação Aérea (CNNA) e, em seguida, depois da construção dos protótipos do Muniz M-7, criou a Fábrica Brasileira de Aviões. Esta destinava-se somente à produção daquele biplano de instrução e de seu

A FAB empregou apenas três exemplares do CNNA HL-1B, matriculados de L-HL1 3050 a 3052 Foto Museu Aeroespacial do Campo dos Afonsos..

CNNA HL-1B do 1º RAv da Base Aérea de Santa Cruz, em 1945.

sucessor, o Muniz M-9. Por sua vez, em sua forma definitiva, a CNNA deveria não somente produzir aviões e motores de aviação, mas formar pilotos e atuar no campo de navegação aérea comercial.

Com o governo brasileiro oferecendo cada vez mais apoio às atividades aeronáuticas, chegou a oportunidade para a CNNA concretamente iniciar suas atividades. No fim de 1939, foi nomeada uma nova diretoria, tendo Henrique Lage como presidente, e ele prontamente estabeleceu como meta o desenvolvimento de uma família de aeronaves que pudesse ser construída somente com material nacional. Ao lançar mão do engenheiro belga René Marie Vandaele, para definir as características técnicas e o desenvolvimento das aeronaves, e do engenheiro Luiz Felipe Marques Gonçalves, para encabeçar o projeto industrial, Henrique Lage esperou a pequena equipe de engenheiros aeronáuticos e projetistas da CNNA e em especial o engenheiro belga definirem o projeto.

Em exatos 65 dias, Vandaele e sua equipe concluíram as etapas de projeto, desenvolvimento e construção do protótipo do primeiro membro da família de aeronaves vislumbrada por Henrique Lage. Inicialmente com a designação HL-65 em face do motor Continental A65 de 65 hp que o equipava, o protótipo fez seu primeiro voo em 18 de junho de 1940. Meses depois, já com a designação HL-1, aquele avião recebeu seu certificado de navegabilidade outorgado pelo Departamento de Aviação Civil e, em julho de 1941, o Serviço Técnico da Aeronáutica – precursor do atual Comando-Geral de Tecnologia Aeroespacial – emitiu o certificado de homologação do HL-1.

A produção do HL-1 começou com cadência bastante modesta. Excluindo o protótipo, oito exemplares foram construídos entre 1940 e o primeiro trimestre de 1941. Porém, a Campanha Nacional de Aviação promovida por Assis Chateaubriand e sua rede de jornais, com irrestrito apoio do recém-criado Ministério da Aeronáutica, ganhara considerável impulso. Quase paralelamente, a proposta do Aeroclube do Brasil, datada de agosto de 1940, e que propunha a aquisição de cem exemplares do HL-1, foi bem recebida pelas autoridades do governo. Autorizada pelo Presidente Getúlio Vargas através de decreto de 31 de dezembro de 1940, em 15 de fevereiro de 1941, foram assinados os contratos entre a CNNA, o Aeroclube do Brasil e o Banco do Brasil e foi liberado o crédito de US$ 92 mil para a aquisição de material importado.

Contudo, a indústria aeronáutica dos Estados Unidos já se encontrava consideravelmente empenhada com a guerra na Europa. Isso acarretou toda sorte de atrasos em atender as necessidades da CNNA para construir os HL-1B, como passaram a ser denominadas as cem unidades encomendadas, que difeririam dos primeiros HL-1, principalmente por terem tanques de combustível menores e cilindros do motor Continental descobertos.

As dificuldades em trazer o material só foram superadas no início de 1942, quando chegaram, em fevereiro, ao Brasil, os motores Continental A65 e a instrumentação de voo destinados aos HL-1B. Para suavizar a insatisfação do Ministério da Aeronáutica com os atrasos registrados, a CNNA alterou o esquema de fabricação dos HL-1B, a fim de acelerar a produção, recorrendo ainda a marceneiros náuticos pertencentes aos estaleiros de propriedade de Henrique Lage para apressar a fabricação de componentes de madeira. Esses recursos levaram ao desejado efeito: entre 1º de maio e 25 de agosto de 1942, a CNNA construiu e entregou os cem aviões HL-1B.

A produção dos HL-1A e HL-1B foi encerrada depois da fabricação de 123 dessas aeronaves. A vasta maioria – tal como previsto – foi distribuída entre o Aeroclube do Brasil e outros aeroclubes espalhados pelo país. Alguns exemplares foram exportados para a Argentina, o Chile e o Uruguai.

O CNNA HL-1B na Força Aérea Brasileira

Porém, as autoridades do Ministério da Aeronáutica acharam por bem destinar três aparelhos à Força Aérea Brasileira. Caso sejam verdadeiras algumas indicações, possivelmente a intenção original da fábrica era a de entregar seis aviões HL-1B. No entanto, em fevereiro de 1943, foi dada ordem para distribuir três HL-1B ao 1º Regimento de Aviação (1º RAv). Recolhidos por pessoal do II Grupo do 1º RAv no Aeroporto Santos Dumont (RJ), os três HL-1B ficaram, transitoriamente, sob a guarda do II Grupo.

Posteriormente alocados à Esquadrilha de Adestramento da Base Aérea de Santa Cruz, os três HL-1B passaram a desempenhar trabalhos de ligação em proveito das unidades abrigadas ali. Por outro lado, não existem evidências de que essas aeronaves foram empregadas em trabalho de observação, mesmo porque não dispunham do equipamento necessário para tal, como, por exemplo, equipamento rádio.

Em outubro de 1946, a Diretoria de Material da Aeronáutica (DIRMA) determinou à Base Aérea de Santa Cruz a transferência de um dos HL-1B para o Departamento de Aviação Civil (DAC), informando que seria doado ao Aeroclube de Cruz Alta (RS). Curiosamente, naquele mesmo mês, quando foi lavrado o termo de arrolamento de todo o material aéreo e bélico que se encontrava na Base Aérea de Santa Cruz, só constava a presença de dois HL-1B – um dos quais deveria ser entregue ao DAC –, sem deixar claro o destino da terceira célula.

Assim, a partir do ano seguinte, o 1º RAv passou a dispor de somente um HL-1B – o L-HL1 3051 – que, insistentemente, seguiu operando como avião de ligação. Esse quadro se manteve essencialmente inalterado até 11 de março de 1953, quando aquela aeronave sofreu um acidente grave. Hoje se desconhecem as particularidades desse episódio, mas, aparentemente, os danos sofridos foram de tal envergadura que foi recomendada sua exclusão da carga da Aeronáutica, o que ocorreu em 1954 e marcou o fim da vida operacional dos HL-1B da FAB.

No entanto, a ambígua situação desses três aviões foi suficiente para gerar um inquérito policial militar para apurar o desaparecimento de um dos HL-1B pertencente à carga da Base Aérea de Santa Cruz. Inicialmente, pensava-se que a aeronave desaparecida fora indevidamente apropriada por dois sargentos daquela base aérea. Mas trabalhos de investigação verificaram que tal aeronave havia aparentemente se acidentado e os destroços foram recolhidos ao Parque de Aeronáutica dos Afonsos para serem alienados no início de 1949, tudo sem que a DIRMA fosse informada. Combinando material novo com o que podia ser aproveitado dos destroços, os dois sargentos lograram reconstruir um HL-1B.

E quando ocorreu o acidente registrado com o L-HL1 3051, trataram de igualmente recuperar aquela célula assim que foi descarregada.

CNNA HL-1B	
Período de Utilização	De 1943 até 1953
Fabricante	Companhia Nacional de Navegação Aérea, Ilha do Viana (RJ)
Emprego	Ligação
Características Técnicas	
Motor	Continental A65C de 65 hp
Envergadura	10,70 m
Comprimento	6,70 m
Altura	2,70 m
Área Alar	16 m²
Peso Vazio	340 kg
Peso Máximo	580 kg
Armamento	Não dispunha de armamento
Desempenho	
Velocidade Máxima	150 km/h
Teto Operacional	4.000 m
Alcance	350 km
Comentários	
Total Adquirido	3 exemplares
Unidades Aéreas	1º Regimento de Aviação Base Aérea de Santa Cruz
Designações	L-HL1
Matrículas	01 a 03; em julho de 1945 foram rematriculados 3050 a 3052

Douglas B-18 e B-18A

Em junho de 1934, o United States Army Air Corps (USAAC – Corpo de Aviação do Exército dos Estados Unidos) recebeu o primeiro exemplar de pré-produção do Martin B-10, o primeiro bombardeiro inteiramente metálico daquela arma de aviação. Entretanto, consciente das limitações da aeronave, no mês anterior ao seu recebimento, o USAAC lançou uma nova concorrência, visando um bombardeiro multimotor capaz de portar o dobro da carga útil e com alcance duas vezes maior do que o daquela aeronave. Assim, o USAAC solicitou a diversas empresas que apresentassem propostas para um bombardeiro que possuísse como requisitos mínimos a capacidade de carregar 907 kg em bombas, tendo alcance igual ou superior a 1.640 km e velocidade igual ou superior a 322 km/h.

Para atender àquela solicitação, a Douglas Aircraft Company apresentou proposta que contemplava o desenvolvimento de um bombardeiro bimotor essencialmente projetado com base nas asas do avião de transporte comercial DC-2, precursor do mundialmente conhecido DC-3. Projetando nova fuselagem capaz de acomodar até quatro bombas de 227 kg, o protótipo do Douglas Bomber One (DB-1) ficou pronto em abril de 1935 e voou pela primeira vez naquele

Dois B-18 Bolo operaram na FAB; entre eles o da foto acima, visto ainda com a matrícula USAAF 36. Foto Museu Aeroespacial do Campo dos Afonsos.

mesmo mês. Em agosto, já sob a designação militar B-18, o protótipo do DB-1 foi levado para Wright Field para ser exaustivamente ensaiado pelo pessoal do USAAC. Esse trabalho foi realizado em paralelo com os ensaios do Boeing 299 – antecessor do bombardeiro B-17 – e do Martin 146, que nada mais era do que uma versão melhorada do B-10. Apesar de o Boeing 299 ser nitidamente superior aos outros dois concorrentes, a aeronave escolhida foi o B-18. Em parte isso se deveu ao acidente registrado com o Boeing 299, que decolou com as travas dos profundores acionadas, causando a morte dos seus dois pilotos e a perda total do material. Mas os motivos principais foram financeiros, pois o B-18 custava 59% do valor unitário do Boeing 299, assim como o quase total desconhecimento das autoridades políticas do país sobre quase tudo o que dizia respeito à aviação militar e seus avanços.

À luz do resultado daquela concorrência, em janeiro de 1936, a Douglas foi contratada para fornecer 133 aviões B-18, os primeiros de um total de 370 produzidos. Inicialmente equiparam unidades de bombardeio do USAAC, mas a chegada da Segunda Guerra Mundial mostrou o quão obsoletos eram aqueles bombardeiros, especialmente diante de qualquer espécie de oposição aérea. Entretanto, os B-18 e B-18A encontraram um nicho em que suas características poderiam ser mais bem aproveitadas: a aviação de patrulha. Com as forças aéreas dos Estados Unidos quase que completamente desprovidas de aviões que pudessem realizar a defesa do extenso litoral do país, 122 aviões B-18A foram rapidamente adaptados com equipamento para guerra antissubmarino e receberam um radar de vigilância marítima SCR-517-T-4 e um detector de anomalias magnéticas Mk IV. Redesignadas B-18B, tais aeronaves desempenharam esse papel até 1943, quando foram gradativamente substituídas por outras mais adequadas à tarefa de patrulha marítima, mas não antes de afundarem um submarino alemão, o U-512 na costa de Caiena, Guiana Francesa. Por sua vez, a Royal Canadian Air Force recebeu duas dezenas de aviões B-18A, batizando-os como Digby Mk I, um dos quais igualmente responsável pelo afundamento de outro submarino alemão, o U-520.

A partir de 1943, os B-18 ainda em operação na USAAF eram empregados principalmente como avião de instrução multimotor ou de transporte. Encerrada a guerra, alguns exemplares foram adquiridos e operados no mercado civil – dois fizeram parte, inclusive, da frota da empresa brasileira Transportes Aéreos Sul-Americanos (TASA), de vida efêmera.

Os Douglas B-18 e B-18A na Força Aérea Brasileira

Com a guerra na Europa se avizinhando cada vez mais das Américas, no final de 1941, foram assinados distintos acordos entre os governos do Brasil e dos Estados Unidos. De amplo espectro, eles contemplavam a ampliação das instalações aeroportuárias no Norte e no Nordeste do Brasil, o acesso a matérias-primas estratégicas e a modernização do material bélico à disposição das Forças Armadas brasileiras, incluindo o fornecimento de aviões de combate significativamente mais modernos do que aqueles pertencentes à dotação da jovem Força Aérea Brasileira (FAB).

O ataque aéreo japonês à base naval norte-americana em Pearl Harbor (Havaí – EUA) acelerou a concretização de muitos itens compreendidos por esses acordos, incluindo a entrega de aeronaves de combate. No que dizia respeito ao Brasil e ao Teatro de Operações do Atlântico Sul, a maior e mais iminente ameaça se apresentava na forma de submarinos alemães e italianos que interditavam as linhas de comunicações marítimas entre o Brasil e a América do Norte. Quaisquer resquícios

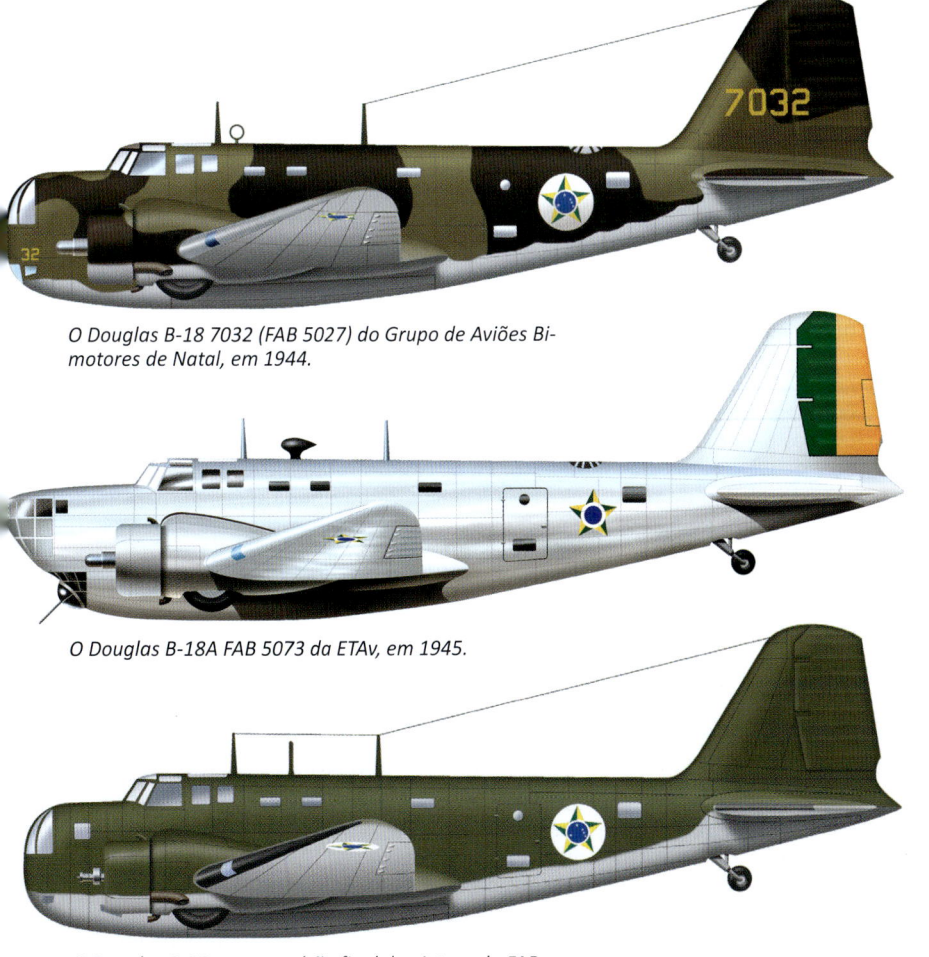

O Douglas B-18 7032 (FAB 5027) do Grupo de Aviões Bimotores de Natal, em 1944.

O Douglas B-18A FAB 5073 da ETAv, em 1945.

O Douglas B-18 com o padrão final de pintura da FAB.

Foto do único Douglas B-18A, matriculado FAB 5073, que foi empregado apenas na instrução de solo. Foto Museu Aeroespacial do Campo dos Afonsos.

de dúvida de que o Brasil poderia se manter neutro rapidamente se evaporaram nos primeiros dois meses de 1942, quando foram afundados três navios mercantes de bandeira brasileira. Ademais, já fazia alguns meses que mercantes de outras nacionalidades vinham sendo atacados e afundados ao largo do litoral brasileiro.

Assim, em março de 1942, começaram a chegar à Base Aérea de Fortaleza os primeiros aviões de combate liberados pelos Estados Unidos para a FAB e, no mês seguinte, foi a vez de dois Douglas B-18 aterrissarem naquela base aérea. De pronto, os dois aviões foram distribuídos ao Agrupamento de Aviões de Adaptação, uma unidade aérea criada em 4 de fevereiro de 1942. Sob a tutela de instrutores do USAAC, foram ministrados cursos de voo e de manutenção nessa aeronave, não somente para preparar os aviadores brasileiros para operar e manter esses aviões, mas atualizar seus conhecimentos técnicos e dar a eles mais informações sobre procedimentos e táticas de emprego típicos da aviação de patrulha.

Durante as semanas iniciais de operação dos dois Douglas B-18, o foco dos norte-americanos era dar instrução aos aviadores brasileiros com menos experiência em aviões multimotores. Contudo, em julho, os B-18 já estavam sendo escalados para missões de patrulha, e as primeiras surtidas ocorreram nos dias 21 e 22 daquele mês. Essas surtidas foram típicas das missões executadas por esses aviões ao longo de sua carreira operacional e se davam da seguinte maneira: o B-18 decolava de Fortaleza e acompanhava o litoral até Recife para lá pernoitar; no dia seguinte, o avião decolava de Recife e percorria o mesmo trajeto de volta. É interessante notar que eles geralmente portavam cargas de profundidade Mk 17 Mod 1 de 147 kg cada, cedidas pelas unidades aéreas da United States Navy, já sediadas na Base Aérea de Recife, um fenômeno que perdurou até que o paiol da Base Aérea de Fortaleza estivesse pronto para acomodar aquela e outras armas.

No entanto, a permanência em Fortaleza dos dois B-18 foi bastante efêmera, posto que, ao ser dissolvido o Agrupamento de Aviões de Adaptação no final de 1942, as aeronaves foram transferidas para novos lares – uma seguiu para a Base Aérea de Recife e a outra, para a Base Aérea de Natal. E lá continuaram com seus trabalhos de patrulha. Distribuídos ao Grupo de Aviões Bimotores existente em cada uma dessas bases aéreas, coube ao B-18 sediado em Natal registrar o primeiro e provavelmente único ataque de um B-18 da FAB contra um submarino inimigo. O episódio ocorreu no início da tarde de 8 de maio de 1943, contra o submarino alemão U-154, quase sete horas depois de ele realizar sem sucesso um ataque contra o navio-tanque Motorcarline. Apesar de terem sido lançadas duas bombas de profundidade, bem como uma bomba de treinamento, o ataque daquele B-18 não causou danos ao U-154, que foi novamente atacado no final da tarde por um PBY-5A Catalina, da United States Navy, igualmente sem sucesso.

A crescente frota de modernos aviões de patrulha Lockheed A-28A Hudson, Lockheed PV-1 Ventura e Consolidated PBY-5/5A, reforçados pela maciça presença de aviões de patrulha da United States Navy em diversos pontos do Norte e do Nordeste brasileiro, fez com que os B-18 gradativamente deixassem de realizar missões de patrulha com a mesma frequência registrada em 1942 e 1943. Em novembro de 1944, foi dada a ordem para que o B-18 à disposição da Base Aérea de Natal fosse transferido para a Base Aérea de Recife. Assim, até o final da guerra, os dois B-18 foram ali mantidos, situação que não se alterou até o final do conflito. A ressalva dizia respeito a um dos B-18, que, em algum momento de 1945, foi despachado para o Parque de Aeronáutica dos Afonsos.

Em 18 de outubro de 1946, a Diretoria de Material Aeronáutico determinou que os dois B-18 da Força Aérea Brasileira fossem transferidos para o Parque de Aeronáutica de São Paulo, para serem empregados em serviços de suprimento realizados por aquela unidade. Entretanto, verificou-se que aquelas aeronaves estavam longe de se encontrarem em condições de uso para aquele ou qualquer outro trabalho que exigisse voo, pelo uso intensivo dado a elas durante a guerra. De fato, um dos B-18 sequer deixou Recife e lá foi posteriormente alienado como sucata. Já o segundo logrou chegar ao Parque de Aeronáutica de São Paulo, sendo descarregado em fevereiro de 1947. Antes de ser iniciado o processo de alienação, optou-se por dar novo destino àquele avião, que foi entregue à Escola Técnica de Aviação (ETAv), com sede na cidade de São Paulo (SP). Naquele estabelecimento de ensino aeronáutico, o B-18 foi usado como ferramenta de instrução em proveito dos alunos matriculados na ETAv.

De fato, a ETAv não contou com somente um B-18 para instrução no solo. Outro avião foi recebido em San Antonio (Texas – EUA) no início de agosto de 1944 e, apesar de se encontrar em condições e voo, tratava-se de um B-18A que a USAAF enquadrara na condição de War Weary (cansado de guerra). Isto é, uma aeronave que estava apta para voo, mas já sem condições de ser usada em missões de combate como consequência de intenso uso. Ao chegar ao Rio de Janeiro, em meados de agosto, foi então encaminhado para o 1º Grupo Misto de Instrução da ETAv a fim de ser utilizado como célula de instrução no solo.

Um quarto B-18 foi efetivamente recebido em fevereiro de 1945, para ser usado como avião de instrução no solo. Contudo, durante o voo de traslado até

No dia 8 de maio de 1943, um B-18 do Grupo de Aviões Bimotores de Natal atacou o submarino alemão U-154 na costa brasileira, sem efetividade, sendo o único embate real dos B-18 brasileiros durante a Segunda Guerra Mundial. Foto Museu Aeroespacial do Campo dos Afonsos.

o Brasil, aquela aeronave sofreu uma pane que obrigou a tripulação a realizar um pouso de emergência em uma praia a poucos quilômetros ao sul de San Jose (Guatemala). Com poucas avarias como consequência do pouso, a chegada da maré cheia, no entanto, tratou de danificar a aeronave além de qualquer possibilidade de recuperação.

Assim, as instalações da ETAv no Hipódromo da Mooca passaram a contar com dois aviões B-18 para a formação técnica de diversas turmas de alunos daquela escola. Em 1949, um desses B-18 foi desmontado e, posteriormente, sucateado pelo pessoal do Parque de Aeronáutica de São Paulo. Quando da fusão dos recursos materiais e de pessoal da ETAv com a Escola de Especialistas de Aeronáutica (EEAer), o derradeiro B-18 foi deslocado para as novas instalações da EEAer, em Guaratinguetá (SP). Mas, anos depois, provavelmente como resultado da chegada de diversas células de recém-desativados Douglas A-20K, o último B-18 da FAB foi finalmente reduzido a sucata.

Douglas B-18 e B-18A

Período de Utilização	De 1942 até 1956
Fabricante	Douglas Aircraft Company, Santa Monica (Califórnia – EUA)
Emprego	Patrulha
Características Técnicas	
Motor	2 Wright R-1820-45 de 850 hp cada um
Envergadura	27,28 m
Comprimento	17,62 m
Altura	4,62 m
Área Alar	89,10 m^2
Peso Vazio	7.403 kg
Peso Máximo	12.552 kg
Armamento	3 mtr Colt-Browning M2 calibre .30 pol (1 no nariz, 1 na parte ventral e uma na parte dorsal) Carga ofensiva de até 3.000 kg acomodada dentro de um bomb bay
Desempenho	
Velocidade Máxima	348 km/h
Razão de Subida	333 m/min
Teto Operacional	7.285 m
Alcance	1.450 km
Comentários	
Total Adquirido	4 exemplares
Unidades Aéreas	Agrupamento de Aviões de Adaptação
Grupo de Aviões Bimotores/Base Aérea de Natal
Grupo de Aviões Bimotores/Base Aérea de Recife
Base Aérea de Recife
Escola Técnica de Aviação
Escola de Especialistas de Aeronáutica
Designações	B-18, B-18A e IS-B18A
Matrículas	Inicialmente, as primeiras duas células empregaram seus respectivos números de USAAC (6300 e 7032); posteriormente, foram rematriculadas B-18 5026 e 5027; a terceira célula recebeu a matrícula B-18 5073, mais tarde alterada para IS-B18A 5073; a quarta célula, ao não ser incluída em carga, não recebeu matrícula

Fairchild PT-19A e PT-19B

Considerando que os Stearman empregados na instrução primária dos seus cadetes aviadores, em 1939, não exigiam maiores habilidades de pilotagem e, consequentemente, não os preparavam adequadamente para manusear modernos caças com os quais operariam, o USAAC abriu uma concorrência para o desenvolvimento de um monomotor monoplano que aliasse o aumento na habilidade de pilotagem aos baixos custos de manutenção e operação.

Isso levou a uma avaliação do M-62 desenvolvido pela Fairchild que havia sido concebido como um monomotor de asa baixa, cabine aberta com dois lugares em tandem e trem de pouso fixo, cuja estrutura era formada por tubos metálicos soldados, com cobertura de lona na fuselagem e asas e contraplacado de madeira na cabine de pilotagem e havia realizado seu primeiro voo em maio de 1939.

Aprovado na avaliação, o US Army emitiu um pedido para 270 unidades do agora denominado PT-19 que era equipado com um motor em linha invertido Ranger L-440 com 175 hp de potência e dotado com seis cilindros invertidos.

A demanda por mais aeronaves forçou a pulverização da produção entre a Fairchild, a Aeronca Middletown e a St. Louis Aircraft Corporation e, em 1941, a linha de produção do PT-19 já incorporava alguns melhoramentos e o motor Ranger L-440-3 de 200 hp, que deu origem ao PT-19A. No total, foram produzidos 3.703 PT-19A pelas três fábricas.

Com a necessidade de treinar os pilotos para voo por instrumentos, seis modelos de PT-19A foram modificados na parte instrumental e introduzida uma cobertura do tipo capota, de lona, que podia ser puxada sobre a cabine da frente, permitindo que o cadete realizasse o voo completamente às cegas e somente por instrumentos. Essa nova versão passou a ser denominada PT-19B e chegou a 917 unidades produzidas pela Fairchild e pela Aeronca.

Alguns historiadores confundem os PT-19B para treinamento de voo por instrumentos com o PT-26, uma versão exclusiva para o Canadá que, por possuir a cabine coberta, proporcionava mais conforto aos tripulantes.

O PT-19 foi um marco na história da aviação, pois foi a aeronave de transição entre os lentos e frágeis biplanos e os modernos monoplanos de melhor

O PT-19B FAB 0310 é visto no Campo dos Afonsos, no Rio de Janeiro. Esta foi a segunda aeronave, com maior número de aviões usados pela FAB em toda a sua história, com 405 exemplares ao todo. Foto Museu Aeroespacial do Campo dos Afonsos.

T-19 FAB 0436 da Base Aérea de Natal.

PT-3FG FAB 0552 da Escola de Aeronáutica do Campo dos Afonsos.

e maior desempenho. O resultado da introdução dessa aeronave na formação dos pilotos foi maior rendimento dos alunos.

No total, foram fabricados 7.742 PT-19, de várias versões e em vários países.

Os Fairchild PT-19A e PT-19B na Força Aérea Brasileira

Ao ser criada, em 1941, a Força Aérea Brasileira possuía uma variedade enorme de aeronaves, das procedências mais diversas, que mal serviam para atender ao Correio Aéreo Nacional por causa de problemas logísticos. As tripulações, do mesmo modo, haviam sido formadas por doutrinas francesa, inglesa e americana, demonstrando uma completa despadronização em equipamento e pessoal.

Para sanar a grave deficiência na qualidade das equipagens, bem como elevar o nível operacional dos pilotos brasileiros durante a Segunda Guerra Mundial, o Ministério da Aeronáutica, se valendo do Land-Lease Act, adquiriu uma grande quantidade de modernas aeronaves nos EUA, entre elas 170 aviões PT-19A e PT-19B para a instrução de seus cadetes.

Por causa de dificuldades para o seu transporte por via marítima, os PT-19 foram trasladados em voo de sua fábrica em Hagerstown, Maryland, até o Brasil. Inicialmente a rota escolhida para o deslocamento foi a costa do Pacífico, porém, em razão da excessiva distância, foi mudada para a costa do Atlântico, que apresentava inúmeras desvantagens no quesito infraestrutura. Levando em conta a falta de instalações aeroportuárias, a fragilidade das aeronaves e a pouca experiência dos pilotos, o fato de ter ocorrido apenas um acidente fatal e a perda de mais duas aeronaves em travessia foi motivo de muito júbilo.

Com a entrada do Brasil na guerra, a influência alemã no país teve um ponto final. As instalações da Fábrica do Galeão, antes sob o controle da Focke-Wulf, foram passadas ao Ministério da Aeronáutica que, em comum acordo com o governo norte-americano, passou a produzir ali o PT-19, aqui designado 3-FG. As

Responsável por formar centenas de pilotos, o PT-19 foi fabricado também sob licença na Fábrica do Galeão sob a designação 3-FG. Foto Arquivo Action Editora Ltda.

20 primeiras aeronaves foram montadas com partes trazidas dos EUA, mas, aos poucos, os componentes foram nacionalizados, com exceção do motor. No total, 234 PT-3FG foram construídos até 1947 e foram usados como formadores de pilotos por vários anos na Força Aérea Brasileira.

Essas aeronaves, juntamente com as demais, foram responsáveis pela formação de centenas de aviadores brasileiros. Voaram na FAB até o ano de 1963, quando as últimas unidades em condições de voo foram repassadas para os aeroclubes brasileiros, onde alguns ainda voam até hoje.

Já redesignado T-19, o PT-19A da Escola de Aeronáutica FAB 0207 é visto com uma capota sobre a cabine, um recurso criado no Brasil. Foto Arquivo Jackson Flores Jr. / Action Editora Ltda.

Fairchild PT-19A e PT-19B	
Período de Utilização	De 1942 até 1963
Fabricante	Fairchild Engine and Airplane Corporation, Hagerstown (Maryland – EUA)
Emprego	Treinamento básico (instrução primária)
Características Técnicas	
Motor	Ranger L-440-1 de 175 hp
Envergadura	10,97 m
Comprimento	8,53 m
Altura	3,20 m
Área Alar	18,58 m²
Peso Vazio	836 kg
Peso Máximo	1.154 kg
Armamento	Não dispunha de armamento
Desempenho	
Velocidade Máxima	212 km/h
Razão de Subida	174 m/min
Teto Operacional	4.663 m
Alcance	643 km
Comentários	
Total Adquirido	404 exemplares
Unidades Aéreas	Escola de Aeronáutica e diversos CPOR Aer existentes na FAB
Designações	PT-19 e T-19
Matrículas	FAB 01 a 198, posteriormente PT-19A 0151 a 0274, PT-19B 0275 a 0320, PT-3FG 0321 a 0357, 0359 a 0385 e 0387 a 0556

Curtiss P-40E

Enumerado como um dos mais conhecidos caças usados durante a Segunda Guerra Mundial – fama em boa parte devida ao seu emprego na China com o American Volunteer Group (AVG – Grupo Voluntário Americano), mais popularmente conhecido como os Flying Tigers (Tigres Voadores) –, o Curtiss P-40 foi um dos principais caças norte-americanos na fase inicial daquele conflito.

A gênese do P-40 remonta à tentativa da Curtiss de dar um sopro de vida ao caça P-36, que já havia atingido o limite de seu desenvolvimento. Primeiro, a empresa se dedicou ao casamento entre a célula básica do P-36 com uma sofisticada versão do motor refrigerado a líquido V-1710. Com a designação militar XP-37, 13 exemplares de pré-produção foram fabricados, mas acabaram sendo atingidos por toda sorte de problemas vinculados ao grupo motopropulsor e seus acessórios. Assim, a empresa optou por uma linha mais conservadora, em que descartou o motor radial do P-36 e enxertou em seu lugar o motor V-1710-19 de 1.150 hp, em V.

Recebendo do Corpo de Aviação do Exército dos Estados Unidos a designação XP-40, o protótipo voou pela primeira em 14 de outubro de 1938. Entretanto, para desespero de seu projetista Donovan Berlin e de sua equipe de engenheiros, o desempenho da aeronave deixou muito a desejar, o que levou à introdução de uma série de alterações para que o XP-40 atingisse um desempenho aceitável. Mesmo assim, a aeronave era nitidamente inferior – em termos de desempenho e manobrabilidade – quando comparada com seus pares da indústria aeronáutica europeia.

Mesmo contemplando caças que poderiam proporcionar melhor performance, o USAAC se viu premido pela urgente necessidade de se reaparelhar. Diante do baixo custo do XP-40 e do fato de que poderia ser colocado em produção seriada muito antes que qualquer outra aeronave então sob exame, o USAAC assinou, em 26 de abril de 1939, uma imensa encomenda que compreendia 524 exemplares da versão de produção do XP-40. O primeiro P-40 foi entregue ao Corpo de Aviação do Exército dos Estados Unidos em abril do ano seguinte – o primeiro de 13.739 aviões P-40 das mais variadas versões produzidas até o final da Segunda Guerra Mundial.

Em razão dos ensinamentos colhidos durante os meses iniciais da guerra na Europa e das exigências apresentadas por clientes de exportação, o P-40 evoluiu rapidamente. Desconsiderando as distintas variantes de exportação baseadas no P-40B e P-40C, o P-40E foi a sexta versão desse caça e refletia muitas mudanças ditadas pelo conflito europeu. Inicialmente encomendado em fevereiro de 1941, o P-40E contava com armamento mais pesado, blindagem e outras melhorias. Nada menos do que 1.500 exemplares dessa versão foram produzidos, alguns distribuídos para unidades norte-americanas, mas a maioria entregue à Grã-Bretanha, à Austrália, ao Canadá e à Nova Zelândia.

O Curtiss P-40E na Força Aérea Brasileira

Como parte dos acordos assinados entre o Brasil e os Estados Unidos durante os derradeiros meses de 1941, aquele país deu início a sucessivas injeções de material bélico mais moderno do que aquele que se encontrava à disposição das Forças Armadas brasileiras na época. Entre as medidas mais urgentes se encontrava o reequipamento da recém-criada Força Aérea Brasileira, qualitativa e quantitativamente carente em quase todas as áreas, em especial na aviação de combate.

O primeiro P-40E-1-CU brasileiro matriculado FAB 01 é visto em voo ainda com a pintura da RAF. Seis dessas aeronaves voaram no Brasil, com matrícula FAB 4020 a 4025.
Foto Arquivo João Eduardo Magalhães Motta.

O P-40E FAB 01 (4020) do Grupo Monoposto-Momotor (Natal), em 1942, com a camuflagem inglesa (RAF) com que chegou ao Brasil.

Após atenderem à incipiente Aviação de Patrulha da FAB, no segundo trimestre de 1942, as autoridades militares norte-americanas providenciaram a transferência de um lote de aviões de caça Curtiss P-36A para o Brasil, que foi seguido por seis caças Curtiss P-40E-1-CU, que originalmente faziam parte de uma encomenda de 480 aviões destinados à Royal Air Force. Liberados para seguir para o Brasil no final de abril de 1942, os P-40E-1-CU transferidos para a FAB aparentemente chegaram ao país em julho daquele ano, com um esquema de pintura que obedecia ao característico padrão da RFA. Curiosamente, algumas fontes norte-americanas indicam que o número de aviões P-40E transferidos à FAB totalizou sete exemplares.

No entanto, somente seis efetivamente chegaram à Base Aérea de Fortaleza, onde após uma curta estada foram incorporados ao Agrupamento de Aeronaves de Adaptação. No mesmo ano foram enviados a Natal para equipar o Agrupamento de Aviões P-40, onde voariam ao lado dos P-40K. No final de 1942, o Agrupamento de Aviões P-40 foi extinto e, no mês seguinte, surgiu em seu lugar o Grupo Monoposto-Monomotor, também sediado em Natal, onde seriam empregados ao lado dos P-40K/M. O Grupo Monoposto-Monomotor dispunha de quatro esquadrilhas, sendo os P-40E concentrados na 1ª Esquadrilha. Apesar de essa nova organização ter levado à unidade maior latitude administrativa, ela não alterou as operações dos P-40E.

Um P-40E é visto em Natal durante a Segunda Guerra Mundial. Os P-40E ficaram famosos por introduzir na FAB a Boca de Tubarão, imortalizada pelos P-40 do American Volunteer Group (AVG), na China, entre 1941 e 1942. Foto Museu Aeroespacial do Campo dos Afonsos.

Além de terem sido empregados em Natal, os P-40E também operaram de Santa Cruz, Canoas e Recife, porém, sempre ficaram à sombra dos P-40K/M/N, sendo inclusive preteridos pelos pilotos em favor daqueles. Foto Museu Aeroespacial do Campo dos Afonsos.

Mesmo não dispondo de armamento adequado contra submarinos – uma ameaça que perdurou até o fim da guerra –, a presença dos P-40E já era suficiente para inibir as atividades daquelas embarcações, já que elas não possuíam meios para diferenciar distintos tipos de aeronaves a grandes distâncias.

No final de agosto de 1942, tal era a urgência de colocar os P-40E voando nessas missões que, poucos dias após serem declarados habilitados naquela aeronave, os pilotos da primeira turma de aviadores já estavam realizando missões de patrulha com ela. No entanto, a principal atribuição dessas aeronaves não foi esquecida e seus pilotos, periodicamente, exercitavam suas habilidades de tiro ar-terra no estande adjacente ao campo de pouso de Jardim de Angicos (RN). Em 1943, o P-40E também foi empregado pelo II Grupo Monoposto-Monomotor, sediado em Recife, juntamente com o P-40K/M.

Em 17 de agosto de 1944 foi extinto o GMM e, em seu lugar, criado o 2º Grupo de Caça (2º GpCa) que passou a concentrar todos os P-40 sediados em Natal. O 2º GpCa foi a primeira unidade a receber os P-40N em setembro daquele ano. A permanência do 2º GpCa foi efêmera em Natal, pois em 5 de outubro de 1944 ele foi transferido para Santa Cruz, no Rio de Janeiro. Em seu lugar foi criado o 1º Grupo Misto de Aviação (1º GMA) com esquadrilhas de caça (P-40E/K/M/N) e bombardeio (B-25), que passou a empregar todos os P-40E existentes na FAB. No entanto, até mesmo essa reorganização seria breve, uma vez que 10 meses mais tarde, em agosto de 1945, aquela unidade seria extinta, sendo criado em seu lugar o 5º Grupo de Bombardeio Médio (5º GBM). Quando o Estado-Maior da Aeronáutica estabeleceu que a Base Aérea de Natal abrigasse somente uma unidade de bombardeio médio, foi providenciada, em setembro de 1945, a transferência de todos os aviões P-40 para a Base Aérea de Santa Cruz (RJ).

Na prática, no que dizia respeito aos P-40E, essa transferência não ocorreu exatamente dessa forma, já que os cinco aviões remanescentes foram recolhidos ao Parque de Aeronáutica de São Paulo para serem recuperados e passar por uma revisão geral. Muito desgastadas após a intensa utilização à qual foram submetidos durante sua estadia em Natal, quatro dessas células foram condenadas para voo. Porém, uma pôde ser recuperada, sendo dada como pronta em março de 1950.

Já que todos os Curtiss P-40 do acervo da FAB se encontravam distribuídos ao 1º/14º Grupo de Aviação (1º/14º GAV), na Base Aérea de Canoas (RS), foi para lá que o derradeiro P-40E foi levado. Desprovido da camuflagem RAF que lhe acompanhara durante toda a sua vida operacional em Natal, aquele P-40E foi incorporado à Esquadrilha Branca do 1º/14º GAV. Apesar das dificuldades materiais existentes naquela unidade no ano de sua chegada, o último P-40E se manteve em atividade até agosto de 1953, auxiliando diretamente nos trabalhos da unidade. Depois de parar por dois meses – possivelmente para manutenção de segundo nível –, a aeronave voltou a voar em novembro, mantendo-se ativa até abril de 1954. Em face das dificuldades observadas com os demais caças P-40, o que levou à definitiva suspensão do voo desses aviões em maio, as evidências apontam para o fim da carreira daquela aeronave ainda em abril. Recolhido ao Núcleo do Parque de Aeronáutica de Porto Alegre (RS), em outubro de 1954, o avião foi desmontado e suas peças, reaproveitadas. Finalmente, em 4 de janeiro de 1958, o F-40 4021 – o último de sua espécie no Brasil – foi excluído da carga da Aeronáutica.

Curtiss P-40E

Período de Utilização	De 1942 até 1954
Fabricante	Curtiss-Wright Corporation, Airplane Division, Buffalo (Nova York – EUA)
Emprego	Caça
Características Técnicas	
Motor	Allison V-1710-39 de 1.1.50 hp
Envergadura	11,27 m
Comprimento	9,65 m
Altura	3,75 m
Área Alar	21,92 m²
Peso Vazio	2.707 kg
Peso Máximo	3.804 kg
Armamento	6 metralhadoras Browning M2, calibre .50 Até 485 kg de cargas externas
Desempenho	
Velocidade Máxima	569 km/h
Razão de Subida	624 m/min
Teto Operacional	8.839 m
Alcance	1.126 km
Comentários	
Total Adquirido	6 exemplares
Unidades Aéreas	Agrupamento de Aeronaves de Adaptação Agrupamento de Aviões P-40 1ª Esquadrilha/Grupo Monoposto-Monomotor 2º Grupo de Caça 1º Grupo Misto de Aviação 1º/14º Grupo de Aviação
Designações	P-40E, posteriormente alterado para F-40E
Matrículas	Inicialmente os P-40E ostentavam as matrículas 01 a 06. A partir de julho de 1945 foram atribuídas as matrículas 4020 a 4025

North American AT-6B, AT-6C, AT-6D e AT-6G

Falar de aviões clássicos sem mencionar o North American T-6 é desprezar a mais famosa e melhor aeronave produzida para o treinamento de pilotos em todos os tempos. Não é à toa que o seu nome entre os norte-americanos é "fazedor de pilotos", uma vez que por ele passaram mais de 70% dos pilotos que participaram da Segunda Guerra Mundial.

Para responder a uma concorrência do governo norte-americano para uma aeronave de treinamento básico de combate, lançada em 1934, a North American apresentou o seu modelo NA-16, cujo protótipo realizou seu primeiro voo em 1º de abril de 1935. Quando aceito, viria a ser designado BT-9 pelo USAAC.

A aeronave possuía uma estrutura tubular soldada e recoberta com tela, utilizava um motor radial Wright R-975-ET de 400 hp, era dotada de trem de pouso fixo, naceles em tandem com cobertura deslizante para os pilotos e armada com duas metralhadoras .30 pol, sendo uma sobre a carenagem do motor e outra na asa direita.

Das diversas variáveis produzidas pela North American para o USAAC, o modelo BT-9C foi designado como NA-46 e incorporou várias mudanças em relação aos modelos anteriores. Os BT-9, nas suas diversas versões, foram utilizados pelo USAAC, pela US Navy e por diversos outros países.

A evolução do NA-16 levou a um novo modelo para atender às especificações do US Army, que possuía a estrutura mais reforçada e um motor mais potente, além de trem de pouso retrátil. Essa versão recebeu a designação de fábrica de NA-26 e militar de BC-1.

O USAAC empregou 272 exemplares dos modelos BC-1, BC-1A e BC-2, enquanto a Royal Air Force adquiriu 400 unidades que receberam a denominação Harvard I. O NA-16 também equipou a US Navy com 77 exemplares designados SNJ-1 e SNJ-2, conforme o tipo de motor utilizado.

O aperfeiçoamento subsequente, o uso de motores Pratt & Whitney Wasp R-1340-49 mais potentes que os anteriores e o refinamento aerodinâmico levaram a diversos modelos, culminando no NA-84, também conhecido como AT-6 Texan, dos quais 1.549 foram fornecidos ao USAAC para treinamento de pilotos e 270 mandados à US Navy, designados SNJ-3. A adoção da designação militar AT-6 foi por causa da mudança do tipo de missão da aeronave para Treinamento Avançado (Advanced Training), na qual eram treinadas todas as modalidades de emprego de armamento, e os últimos BC-1 já receberam a designação AT-6.

Um dos primeiros T-6 da FAB ainda com matrícula americana na deriva. Grande parte dessas aeronaves veio dos EUA enquanto outra foi fabricada sob licença pela Construções Aeronáuticas S/A, de Lagoa Santa (MG). Foto Arquivo Action Editora Ltda.

T-6G 1687 da Academia da Força Aérea – Pirassununga (SP).

T-6D nº1 da Esquadrilha da Fumaça – Campo dos Afonsos (RJ).

T-6D FAB 1605 da Esquadrilha de Reconhecimento e Ataque 32 – Barbacena (MG).

T-6D 1616 da Esquadrilha de Reconhecimento e Ataque 41 – Cumbica (SP).

Apesar de não se equiparar a um caça de primeira linha, o T-6 possibilitava o treinamento de qualquer manobra de combate, era dotado de instrumentos para voo cego e era uma aeronave com manutenção barata.

Para realizar um treinamento mais realista dos pilotos de caça que seguiriam para os teatros de operação, principalmente no uso de armamento de cano no tiro aéreo e tiro terrestre, a North American desenvolveu a versão AT-6B, armado com duas metralhadoras, sendo uma fixa, que atirava no sentido do eixo longitudinal da aeronave, e outra móvel, posicionada atrás do assento traseiro da aeronave, manuseada por um artilheiro voltado para a retaguarda. Ambas eram de calibre .30 pol.

Com a entrada dos Estados Unidos na Segunda Guerra Mundial, a necessidade por mais aeronaves de treinamento levou a North American a produzir uma nova versão mais atualizada, da qual o USAAC adquiriu 2.970 aeronaves, denominadas T-6C, a US Navy comprou 2.400 exemplares, chamados de SNJ-4, e as 726 unidades enviadas para os britânicos foram designadas Harvard II.

Uma particularidade do modelo C foi que a urgência por aeronaves e a carência de alumínio, material essencial para a produção de aeronaves de combate, levaram ao emprego de madeira em algumas partes da estrutura, que, apesar de diminuir o peso básico, não modificava o seu desempenho original. Com o desenrolar da guerra, a disponibilidade de material permitiu que todos os demais T-6 fossem metálicos, com as superfícies de comando envoltas em tela.

O T-6D, apesar de ser todo metálico, nos demais itens de projeto, não incorporou nenhuma novidade técnica em relação ao modelo C. A diferença básica entre eles residia no uso de sistema elétrico de 24 volts em substituição ao anterior, de 12 volts. O USAAC adquiriu 3.713 T-6D, a US Navy, 1.921 SNJ-5 e os ingleses receberam 351 exemplares denominados Harvard III.

Com o fim do conflito mundial, a produção dos T-6 foi encerrada, porém, ainda havia muito da sua história a ser contada. Com o aparecimento de novos recursos em instrumentos para navegação, rádios mais modernos e a disponibilidade de milhares de células praticamente novas, os EUA iniciaram um programa de modernização dos T-6 disponíveis. Entre 1949 e 1953, milhares de células de T-6B/C/D foram submetidas a modificações internas para a instalação de equipamento; seus tanques foram substituídos para maior capacidade de combustível; o sistema de direcionamento da bequilha do P-51 Mustang foi adaptado nas aeronaves e seu motor foi trocado por um R-1340-NA-1 de 600 hp. Essas transformações deram origem a 2.068 aeronaves da versão T-6G, na USAAF, e SNJ-7 e 7B, na US Navy, que, por incorporarem tantas modificações, acabaram recebendo números de série diferenciados, como se fossem novas aeronaves.

O T-6D FAB 1545 do 3º/1º GAVCA de Santa Cruz. Essa unidade fazia a seleção dos futuros pilotos de caça empregando o T-6 no Curso de Seleção de Piloto de Caça entre 1949 e 1953. Foto Arquivo Lauro Ney Menezes.

Um T-6 visto no táxi em Santa Cruz. Até hoje o Texan é a aeronave com maior número de células incorporadas em toda a história da FAB: 427 unidades. Foto Arquivo Lauro Ney Menezes.

Apesar de não terem sido desenvolvidas para o combate, após a Segunda Guerra Mundial, inúmeras aeronaves estiveram em ação nas linhas de frente em diversos conflitos. Excetuando os AT-6B, que foram desenvolvidos com armamento, o emprego dos T-6G exigiu a instalação de casulos com metralhadoras nas asas, pilones para o transporte de bombas e pontos fixos para a instalação de lançadores de foguetes.

Entre os inúmeros países a fazerem uso do AT-6 em combate, podemos citar a França, que os usou na Guerra da Argélia, onde foram empregados bombas, foguetes e metralhadoras; os portugueses fizeram uso de centenas de aeronaves T-6G em suas três colônias ultramarinas, realizando os mesmos tipos de operação que os franceses na Argélia; a RAF os utilizou no Quênia contra os Mau Mau; o Paquistão realizou algumas missões contra a Índia, em 1948; os EUA os convocou para as guerras da Coreia e do Vietnã, para o controle aéreo avançado e o Brasil o adotou em missões de contraguerrilha.

Os T-6 foram produzidos sob licença no Canadá, que exportou um lote para os EUA como T-6J, na Austrália e no Brasil. Os T-6 brasileiros foram construídos pela Companhia Aeronáutica Paulista, em Lagoa Santa, Minas Gerais, como parte de um acordo entre o governo do Brasil e a North American para a produção de 81 exemplares.

Um total de 15.495 T-6 de todas as versões foi construído nos EUA e em outros países aliados.

Os North American AT-6B, AT-6C, AT-6D e AT-6G na Força Aérea Brasileira

Indiscutivelmente a família de aeronaves de treinamento da North American, além de ser a mais famosa, foi a que operou em maior número na Força

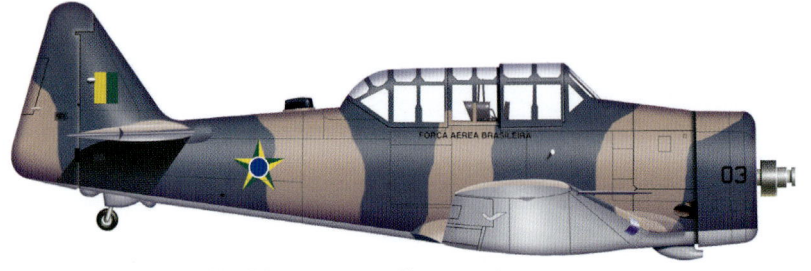

Um T-6D com a camuflagem padrão usada pelos Esquadrões Mistos de Reconhecimento e Ataque (EMRA), a partir de 1972.

Aérea Brasileira. Desde 1941, quando da criação da FAB, até a desativação definitiva do último T-6, em 1976, 427 aeronaves de três versões voaram no Brasil, formando milhares os pilotos brasileiros e de nações amigas.

Com o rompimento das relações diplomáticas do Brasil com os países do Eixo, a partir de 1942, o país começou a receber armamento proveniente dos Estados Unidos, tendo como garantia a recente lei de empréstimo e arrendamento (Lend-Lease Act). Ainda em 1942, foram recebidas 10 aeronaves AT-6B, que foram distribuídas entre as bases de Fortaleza, Natal e Recife, de onde passaram a realizar patrulhamento antissubmarino na costa nordestina.

Em fevereiro de 1943 começaram a chegar ao Brasil os primeiros dos 71 T-6C que foram empregados na fase de treinamento avançado dos pilotos na Escola de Aeronáutica, localizada no Campo dos Afonsos. Porém, com o aumento das ações dos submarinos inimigos na costa brasileira, parte dessas aeronaves foi deslocada para as bases localizadas no Nordeste, onde passaram a realizar patrulhamento, em complemento aos T-6B, até a chegada de aeronaves específicas para a missão de patrulha. Naquela fase da guerra, tudo o que voasse, armado ou não, era usado para inibir a ação dos submarinos do Eixo que espreitavam as águas brasileiras.

Muitas dessas aeronaves foram empregadas para o treinamento e a transição dos pilotos, que passariam a operar caças Curtiss P-40, cuja função seria a defesa das bases do Nordeste de um eventual ataque nazista.

As aeronaves da versão D empregadas pela FAB tiveram três origens distintas: aeronaves recebidas dos EUA, aeronaves transformadas de modelos B e C e aeronaves novas produzidas pela empresa Construções Aeronáuticas S. A., com sede na cidade de Lagoa Santa, Minas Gerais.

Os T-6D recebidos dos EUA chegaram ao Brasil em três levas distintas, trasladadas em voo. Em 1943, foram recebidos 43 aparelhos; em 1947, chegou um lote de 100 aeronaves; e, em 1954, recebemos as últimas 50 unidades do modelo D. Considerando que a FAB operou um total de 248 T-6D e que recebeu 193 aeronaves desse modelo, concluímos que os outros 55 exemplares eram modelos B e C transformados para a versão D.

A urgência brasileira em formar pilotos durante a guerra fez o governo brasileiro negociar com a North American a licença para a produção de aeronaves T-6D pela Fábrica de Aviões de Lagoa Santa, em 1939. As dificuldades logísticas

Bela formação de aviões NA T-6C da Esquadrilha da Fumaça, que empregou o monomotor americano de 1952 até sua desativação, em 1976, totalizando 1.270 demonstrações. Foto Arquivo Action Editora Ltda.

Durante a Segunda Guerra Mundial, os T-6 operaram no Agrupamento de Aviões de Adaptação (AAA), em Fortaleza, onde serviram de base para converter pilotos para outros vetores, como o P-36 e o P-40, além de efetuar missões de emprego.
Foto Arquivo Action Editora Ltda.

para a colocação das peças em Lagoa Santa, aliadas às prioridades da North American em atender à demanda da guerra, causaram um grande atraso no início da produção das aeronaves, que só ocorreu em 1946, já após o fim das hostilidades.

O contrato era para a produção de 81 aeronaves, com a montagem de 61 exemplares com peças enviadas dos EUA, sendo as 20 restantes com nacionalização da maior parte da aeronave, excetuando motor, instrumentos e armamento.

Em 1946 começou a entrega dos 81 aviões produzidos em Lagoa Santa, que receberam a designação AT-6D-1LS, sendo o último exemplar entregue em 1951.

Após 1953, 28 exemplares em melhores condições estruturais, independentemente do modelo, passaram por uma modernização nos moldes da realizada nos EUA e foram designados T-6G. Em 1958, outros 50 T-6G foram recebidos e incorporados à FAB, totalizando 78 exemplares do modelo mais bem equipado. O recebimento de aeronaves desse modelo findou-se em 1960, com a chegada de 20 aparelhos SNJ-5C, uma versão para emprego em navios aeródromos, estando, portanto, equipados com gancho de parada.

O T-6G FAB 1340 da Escola de Aeronáutica dos Afonsos sobrevoa a cidade de Belém. O T-meia foi responsável por formar inúmeros pilotos da FAB, não só na antiga Escola de Aeronáutica, como já na Academia da Força Aérea, onde voou até os anos 1960.
Foto Arquivo Action Editora Ltda.

A Esquadrilha da Fumaça no mergulho. O T-6 tornou-se uma aeronave lendária nessa unidade de demonstração aérea. Foto Arquivo Action Editora Ltda.

Durante os anos do pós-guerra, os diversos modelos de T-6 da FAB executaram uma variada gama de missões, que iam de serviços de aeronaves administrativas até o emprego armado no combate à guerrilha instalada no interior do país.

Para o cumprimento das missões de adestramento do seu pessoal orgânico, cada base aérea possuía uma esquadrilha de adestramento equipada com aeronaves T-6. Essas aeronaves eram empregadas para as viagens de treinamento dos pilotos que trabalhavam na burocracia e para os voos administrativos das bases, realizando as ligações com os comandos aéreos regionais aos quais eram subordinadas.

Após a revolução militar de 1964, alguns grupos de esquerda decidiram pela implantação de alguns núcleos guerrilheiros no interior do país, em particular em Xambioá (TO), Marabá (PA) e Registro (SP), de onde pudesse ser desencadeada uma oposição armada ao governo militar, para viabilizar a implantação de um regime comunista no Brasil. Para combater esses grupos armados, foram criadas experimentalmente três Esquadrilhas de Reconhecimento e Ataque, as ERA-10, 20 e 30, que tinham como base as aeronaves T-6B/C/D/G e o pessoal das Esquadrilhas de Adestramento das Bases de Santa Cruz, São Paulo e Canoas.

Comprovada a viabilidade de seu emprego e diante da disponibilidade de fartos meios aéreos, essas três esquadrilhas experimentais foram extintas, sendo criadas em seus lugares outras esquadrilhas, subordinadas diretamente aos respectivos Comandos Aéreos Regionais. Surgiram, então, em 1965, a ERA-21, subordinada ao II COMAR e baseada em Recife; a ERA-31, baseada na Base Aérea de Santa Cruz, e a ERA-32, baseada na Base Aérea do Galeão, depois transferida para operar da pista de Barbacena, e subordinadas ao III COMAR; as ERA-41 e 42, baseadas na Base Aérea de São Paulo e na Base Aérea de Campo Grande, respectivamente, e subordinadas ao IV COMAR; a ERA-51, baseada em Canoas e subordinada ao V COMAR; e, finalmente, a ERA-61, baseada na Base Aérea de Brasília e subordinada ao VI COMAR.

A partir de 1970, o Comando Aerotático (COMAT) passou a coordenar as ações antiguerrilha, ou COIN (Contrainsurgência), através da 1ª Força Aerotática (1ª FAT), e,

O T-6D FAB 1646 do Parque de Aeronáutica de Lagoa Santa (PALS) empregando Tanques de Ponta de Asa (TPA). Ao que se sabe, este foi o único T-6 da FAB a possuir TPAs, sendo um experimento do então PALS, que gerenciava o projeto de manutenção desta aeronave na FAB. Foto Arquivo Osires Silva.

para centralizar o emprego dos recursos aéreos, foram criados três Esquadrões de Reconhecimento e Ataque (ERA) em 1970, todos equipados com aeronaves T-6 de vários modelos. O 1º ERA, com sede na Base Aérea de Canoas, englobava as antigas Esquadrilhas 42 e 51; o 2º ERA, com sede em São Paulo, reunia as antigas Esquadrilhas 32, 41 e 61; e o 3º ERA, com sede em Santa Cruz, reunia as Esquadrilhas 21 e 31.

Em novembro de 1972, com a aquisição de aeronaves de asas rotativas UH-1D/H, os três esquadrões foram desativados e, em seu lugar, foram criados cinco novas unidades aéreas, os 1º, 2º, 3º, 4º e 5º Esquadrões Mistos de Reconhecimento e Ataque, os EMRA, com sede nas Bases de Belém, Recife, Santa Cruz, São Paulo e Santa Maria, respectivamente, equipados com helicópteros e aeronaves de asa fixa, em sua maioria T-6.

Uma formatura de aeronaves AT-6. A versão armada desse monomotor foi usada nos ERA, EMRA e na 2ª ELO, participando de várias ações contra insurgentes nos anos 1960 e 1970. Foto Arquivo Diego Tichetti.

O T-6G FAB 1262. Essa aeronave conhecida como "Celacanto" foi empregada durante anos na Divisão de Ensaios em Voo do CTA. Nos anos 1980, foi recuperada e hoje está no MUSAL, em condições de voo. Foto Museu Aeroespacial do Campo dos Afonsos.

Toda essa miscelânea de unidades aéreas, criadas em um período conturbado da política nacional, foi voltada para o combate às ações da guerrilha, e o emprego ostensivo de aeronaves T-6 exigiu que as aeronaves fossem dotadas de armamento de cano, em casulos posicionados sob as asas, bem como bombas e foguetes.

Outra missão interessante atribuída ao T-6 era a seleção dos aspirantes a oficial que realizariam o curso de pilotos de P-47. Havia uma unidade aérea, o 3º/1º GAVCA, equipado com essas aeronaves, que recebia os futuros caçadores, realizava a seleção daqueles com perfil para aquele tipo de emprego e o treinamento inicial para a transição operacional. Como a diferença entre as aeronaves era muito grande, nem todos conseguiam solar o P-47.

Para as missões de apoio à Marinha, a FAB manteve a 2ª ELO, que, por um bom período de tempo, foi equipada com chamativos SNJ-5C de cor amarela. Essas aeronaves foram substituídas pelos T-25 de fabricação nacional.

De todas as missões realizadas pelos T-6 brasileiros, há que se destacar a atuação da Esquadrilha da Fumaça, criada por instrutores da Escola de Aeronáutica e que riscou os céus do Brasil e de inúmeros países latino-americanos como embaixadores alados brasileiros. Nas asas dos T-6, a Fumaça realizou 1.270 apresentações durante 23 anos de atividade e marcou uma geração de pilotos que escolheu suas brilhantes carreiras ao som da sinfonia de seis motores radiais.

North American AT-6B, AT-6C, AT-6D e AT-6G

Período de Utilização	De 1942 até 1976
Fabricante	North American Aviation Inc Fábrica de Aviões de Lagoa Santa
Emprego	Treinamento, patrulha, COIN e demonstração
Características Técnicas	T-6D
Motor	Pratt & Whitney Wasp S1H1 R-1340-AN1 de 600 hp
Envergadura	12,80 m
Comprimento	8,83 m
Altura	3,56 m
Área Alar	23,59 m^2
Peso Vazio	1.886 kg
Peso Máximo	2.404 kg

Continua

Armamento	B: 3 metralhadoras .30 fixas (1 na asa direita e outra sincronizada no capô); 1 metralhadora móvel .30 na nacele traseira e até 4 bombas de 34 kg C, D e G: 2 metralhadoras fixas sob as asas; 2 bombas de 250 kg sob as asas; dois casulos de foguetes 70 mm
Desempenho	
Velocidade Máxima	337 km/h
Razão de Subida	365 m/min
Teto Operacional	6.553 m
Alcance	1.006 km
Comentários	
Total Adquirido	10 exemplares (T-6B) 71 exemplares (T-6C) 248 exemplares (T-6D) 78 exemplares (T-6G) 20 exemplares (SNJ-5C)
Unidades Aéreas	Escola de Aeronáutica Academia da Força Aérea Escola Preparatória de Cadetes do Ar Escola de Especialista de Aeronáutica Agrupamento de Aviões de Adaptação BABE BAFZ BANT BARF BASV BASC BAGL BASP BACO BACG BABR ERA 10, 20, 30, 21, 31, 32, 41, 42, 61, 51 1º, 2º e 3º ERA 1º, 2º, 3º, 4º e 5º EMRA 2ª ELO 3º/1º GAVCA 1º/4º GAV 2º/5º GAV Divisão de Ensaio em Voo
Designações	T-6B, T-6C, T-6D e T-6G
Matrículas	T-6B: 1223 a 1232 T-6C: 1233 a 1302 e 1508 T-6D: 1303 a 1305, 1307 a 1310, 1312 a 1319, 1321 a 1338, 1341, 1343 a 1347, 1376, 1377, 1379 a 1381, 1383 a 1388, 1390, 1392, a 1394, 1396, 1397, 1399 a 1409, 1411, 1413 a 1419, 1421 a 1423, 1425 a 1435, 1447 a 1470, 1472 a 1483, 1485 a 1488, 1490 a 1495, 1497 a 1502, 1504, 1505, 1531 a 1552, 1554, 1555, 1558 a 1572, 1574, 1575, 1577 a 1592, 1600 a 1634, 1636 a 1639 e 1641 a 1649 T-6G: 1306, 1311, 1320, 1339, 1340, 1342, 1378, 1382, 1389, 1391, 1398, 1410, 1412, 1420, 1424, 1471, 1484, 1489, 1496, 1503, 1506, 1553, 1556, 1557, 1573, 1576, 1635, 1640 e 1650 a 1699

Obs.: os T-6 de 1306 até 1640 eram modelos D convertidos para modelos G

Grumman J4F-2 Widgeon

Nascido na cidade de Huntington (Nova York – EUA) em 1895 e formado em engenharia mecânica pela Cornell University, Leroy "Roy" R. Grumman tinha seus olhos na recém-nascida área de aviação desde os anos da escola secundária. Ao ir trabalhar na New York Telephone Company, Grumman se alistou na United States Naval Reserve assim que os Estados Unidos entraram na Primeira Guerra Mundial. Foi enviado para a Universidade de Columbia a fim de se especializar em motores náuticos, e a tentativa de receber treinamento como aviador naval foi inicialmente impedida pelo fato de haver sido incorretamente diagnosticado com os pés chatos. Porém, ante um lapso burocrático, ele foi despachado para a Naval Air Station Miami para receber instrução de voo. Formado aviador naval, Grumman primeiro exerceu as funções de instrutor de voo e, depois, de piloto de bombardeiro.

Posteriormente enviado ao Massachusetts Institute of Technology para cursar engenharia aeronáutica, Grumman passou a exercer as atividades de piloto de recebimento e de ensaios em voo. Depois de pedir baixa da United States Navy, ele foi trabalhar com a Loening Aeronautical Engineering Corporation, na qual desempenhava o papel de piloto de ensaios em voo das aeronaves anfíbias que aquela empresa produzia, além de participar da elaboração dos projetos em si.

A Depressão de 1929 trouxe o fechamento da Loening, mas não arrefeceu a vontade de Leroy Grumman de projetar e construir aviões. Com a hipoteca de sua casa e algum dinheiro emprestado pela mãe de seu sócio, fundou, no final de 1929, a Grumman Aircraft Engineering Corporation. As atividades iniciais da empresa limitavam-se ao trabalho de revisão geral e reparo de aviões Loening pertencentes a US Navy. Mas em 1931, a empresa fez voar o caça biposto FF-1, que apresentava desempenho verdadeiramente superlativo e avançadas características técnicas. A US Navy se entusiasmou com o caça e, no ano seguinte, firmou um contrato de encomenda. Em pouquíssimo tempo, a Grumman se tornaria a principal fornecedora de aviões de combate da US Navy, uma condição que perduraria por quase 50 anos.

Apesar da importância dos contratos da US Navy, Grumman não deixou de dar atenção ao mercado civil. Entre outros projetos de construção de avião que surgiram durante os anos 1930, provavelmente o mais importante foi o anfíbio Grumman G-21 Goose. Desenvolvido para atender à solicitação de abastados residentes da cidade de Nova York que buscavam uma aeronave que pudesse fazer

O J4F-2 Widgeon foi a primeira aeronave anfíbia recebida pela FAB. Das 14 aeronaves empregadas, 13 foram perdidas em acidentes. Foto Museu Aeroespacial do Campo dos Afonsos.

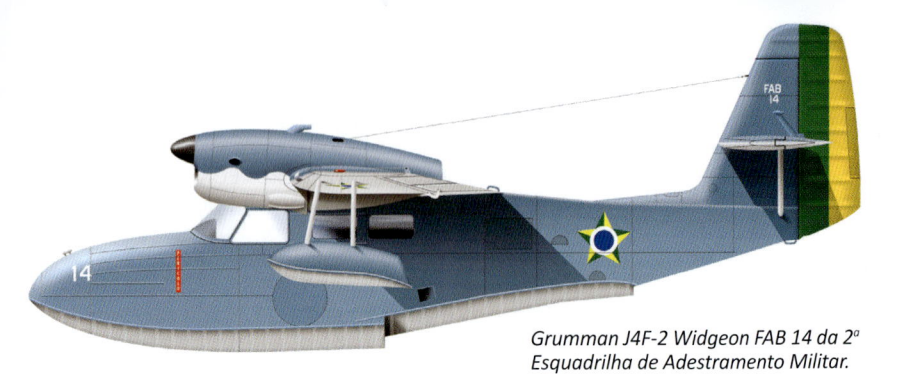

Grumman J4F-2 Widgeon FAB 14 da 2ª Esquadrilha de Adestramento Militar.

a ponte entre aquela cidade e suas casas de veraneio em Long Island, em pouco tempo, o Goose se tornou um sucesso de mercado.

À luz da excelente aceitação do Goose e em atenção a diversos pedidos, em 1939, a Grumman dedicou-se ao desenvolvimento de uma versão menor e mais barata daquele anfíbio. O resultado desse trabalho foi o Grumman G-44 Widgeon, que fez seu primeiro voo em 22 de julho de 1940. Com produção em série iniciada naquele ano, a United States Coast Guard (USCG – Guarda Costeira dos Estados Unidos) encomendou oito exemplares para o trabalho de busca e salvamento, seguidos por outros 17 exemplares do J4F-1, como passou a ser designada a aeronave pela USN/USCG.

Por necessitar de uma aeronave com as características do Widgeon, a USN também fez encomendas do G-44. Designados J4F-2, os Widgeon da USN se distinguiam de seus pares da USCG pela ausência de uma escotilha na seção dianteira da fuselagem.

Porém, foi um dos J4F-1 da USCG que conquistou notoriedade para o Widgeon, ao ser creditado com o afundamento do submarino alemão U-166. Contudo, em 2001 – quando o U-166 foi encontrado – ficou provado que ele havia sido afundado por uma embarcação de superfície da Marinha e que o Widgeon da USCG havia atacado o U-177, que, no entanto, escapou sem danos.

O Widgeon continuou sendo produzido pela Grumman no pós-guerra, bem como pela empresa francesa Societe de Construction Aero-Navale, que igualmente fabricava sob licença algumas dezenas daqueles aviões anfíbios. Muitas fontes divergem quanto à quantidade exata de aeronaves Grumman Widgeon que foi produzida nos Estados Unidos e na França – o número oscila entre 317 e 345 exemplares. No entanto, muitos continuam em atividade até os dias de hoje, a maioria nos Estados Unidos.

O Grumman J4F-2 Widgeon na Força Aérea Brasileira

Em decorrência dos acertos entre os governos do Brasil e dos Estados Unidos relativos à implantação de bases norte-americanas no Brasil, cujas negociações foram iniciadas em 1941, a recém-criada Força Aérea Brasileira foi objeto de injeção de equipamento sem paralelo na América do Sul. Em quatro anos, os Estados Unidos entregaram ao Brasil quase 1.300 aviões de diversos tipos, cada qual visando atender específicas carências materiais da FAB.

Na época em que a Força Aérea foi criada, não existia nenhum vetor dedicado às missões de busca e salvamento. A nova força tampouco dispunha de aeronaves anfíbias de qualquer espécie que fossem capazes de operar em mar aberto. Possivelmente esses dois fatores, combinados com a necessidade de equipar urgentemente a FAB com aeronaves que pudessem realizar missões de patrulha ao longo do litoral brasileiro, fizeram com que as autoridades militares norte-americanas transferissem para o Brasil alguns aviões anfíbios Grumman

J4F-2 Widgeon. Estes pertenciam a um contrato de encomenda assinado pela USN e se encontravam praticamente prontos para entrega.

Assim, a partir do segundo semestre de 1942, foram trasladados dos Estados Unidos, por tripulações norte-americanas, 14 Grumman J4F-2 Widgeon. Aparentemente levados em pares, os últimos exemplares chegaram ao Brasil no fim de fevereiro do ano seguinte.

Ao chegarem, as aeronaves foram recebidas no Aeroporto Santos Dumont por integrantes da 2ª Esquadrilha de Adestramento Militar (2ª EAM), uma unidade aérea sediada na Base Aérea do Galeão e resquício da Aviação Naval que, brevemente, desapareceria. De fato, a 2ª EAM se transformaria no 2º Grupo da Unidade Volante da Base Aérea do Galeão, e sua quarta esquadrilha seria composta por quatro dessas novas aeronaves. Os demais Grumman Widgeon foram inicialmente distribuídos entre as Bases Aéreas de Belém, Florianópolis e Santa Cruz e a Seção de Aviões do Comando.

Conquanto esses aviões anfíbios teriam sido recebidos com cabides subalares para transportar duas bombas de profundidade, foram poucas as ocasiões em que efetivamente realizaram missões de patrulha, configuradas ou não com tal armamento. As evidências apontam para a preponderante utilização dos Widgeon como aeronave de transporte e ligação.

No Brasil o avião recebeu a designação UC-4F2 e matrícula na série 2000, que indicaria sua missão como aeronave de transporte. O ano de 1945 não foi bom para a frota de Widgeon pertencente à Base Aérea de Belém. Em maio, um deles – por esquecimento do piloto – pousou sem trem na pista do Núcleo do Parque de Aeronáutica de Belém, tornando aquele anfíbio imprestável para o voo. Já em novembro, aquela base aérea perdeu outro avião durante a realização de uma viagem, fruto de acidente com perda total nas vizinhanças de Vigia de Nazaré (PA).

De fato, antes do fim daquela década, a frota de aeronaves Grumman Widgeon sofreria nada menos do que sete perdas por causa de acidentes – aparentemente, a maior parte atribuída à operação deficiente da aeronave. Posto que o Widgeon apresentava elevada arfagem quando da corrida de amerrissagem, associada ao fato de que algumas perdas se deram justamente nesse segmento de voo, é lícito supor que alguns desses acidentes tenham ocorrido em decorrência dessa característica do Widgeon.

O último trimestre de 1947 assistiu a algumas mudanças quanto à disposição dos Grumman Widgeon na FAB. Os exemplares que originalmente se encontravam na Base Aérea do Galeão haviam sido transferidos para o 1º Grupo

Destinados a missões de patrulha e transporte, os Widgeon foram designados na FAB UC-4F2, CA-4F2 e, finalmente, ZCA-4F2. Foto Museu Aeroespacial do Campo dos Afonsos.

de Transporte logo depois da criação daquela unidade. Mas naquele ano ficou decidido que a maior parte dessas aeronaves deveria ser transferida para a Base Aérea de Belém. Essa decisão muito provavelmente se deveu à urgente necessidade de reforçar a Esquadrilha de Treinamento daquela base com aviões anfíbios e assim facilitar a execução das missões do CAN na Bacia Amazônica.

Em agosto de 1951, a Diretoria de Material da Aeronáutica emitiu uma instrução na qual declarou os Grumman Widgeon totalmente obsoletos. De certa forma, essa medida não foi surpreendente, já que a frota dessas aeronaves havia sido reduzida para três quando foi publicada aquela instrução e novamente reduzida para dois em abril do ano seguinte, quando um J4F-2 submergiu como consequência de uma amerrissagem placada na Baía da Guanabara (RJ). Depois da perda no aeródromo de Bauru (SP) de outro Widgeon pertencente à Esquadrilha de Adestramento da Base Aérea de Santa Cruz, o derradeiro Grumman J4F-2 foi recolhido ao Parque de Aeronáutica dos Afonsos e, posteriormente, alienado. Adquirido por particulares, o último Widgeon recebeu matrícula civil e operou brevemente até ser suspenso do voo. Curiosamente, aquele avião anfíbio voltou para o controle da FAB e foi entregue ao Museu Aeroespacial para ser restaurado e colocado em exposição.

Grumman J4F-2 Widgeon

Período de Utilização	De 1942 até 1958
Fabricante	Grumman Aircraft Engineering Corporation, Bethpage (Nova York – EUA)
Emprego	Patrulha e transporte
Características Técnicas	
Motor	2 Fairchild Ranger L-440-5 de 200 hp cada um
Envergadura	12,19 m
Comprimento	9,47 m
Altura	3,47 m
Área Alar	22,76 m²
Peso Vazio	1.469 kg
Peso Máximo	2.052 kg
Armamento	2 bombas de profundidade Mk17 Mod 1/2 de 325 lb cada uma
Desempenho	
Velocidade Máxima	246 km/h
Razão de Subida	304 m/min
Teto Operacional	5.334 m
Alcance	1.286 km
Comentários	
Total Adquirido	14 exemplares
Unidades Aéreas	2ª Esquadrilha de Adestramento Militar Base Aérea do Galeão Base Aérea de Belém Base Aérea de Florianópolis Base Aérea de Santa Cruz 1º Grupo de Transporte Seção de Aviões do Comando
Designações	UCA-4F2, posteriormente CA-4F2 e, finalmente, ZCA-4F2
Matrículas	01 a 14; em 1945, rematriculados UCA-4F2 2667 a 2680

Lockheed A-28A Hudson

Mal começara o ano de 1938 e já ficara evidente para muitos governos europeus o fato de que uma guerra no continente seria só questão de tempo. Para fazer frente aos vastos programas de rearmamento iniciados pela Alemanha e pela Itália, a França e o Reino Unido e, de forma bem mais tímida, a Bélgica e a Holanda começaram tardiamente a modernizar e ampliar suas forças armadas. Porém, as indústrias da área de defesa daqueles países simplesmente não estavam prontas para atender às necessidades de suas respectivas forças armadas dentro do espaço de tempo existente. Em consequência, esses e outros países europeus não alinhados com a Alemanha e com a Itália optaram por buscar material de defesa – aviões, em especial – produzido no Novo Mundo.

As cabeças pensantes da Lockheed prontamente identificaram esse fenômeno, que, entre outras providências, gerou um estudo preliminar para transformar em avião de reconhecimento e em bombardeiro a aeronave de transporte aéreo Lockheed Model 14 Super Electra. Concluído aquele estudo em fevereiro de 1938, a empresa decidiu desenvolver por conta própria o que ela passou a denominar Lockheed Model B14. Os trabalhos de pesquisa e construção de um mock-up de madeira estavam bem adiantados quando a empresa soube que a Comissão Britânica de Compras pretendia realizar uma visita aos Estados Unidos para examinar o que aquele país poderia oferecer em termos de avião de combate. Trabalhando contra o relógio, em cinco dias e noites, a equipe de engenheiros da Lockheed conseguiu terminar os trabalhos e, poucos dias mais tarde, apresentou uma proposta à comissão.

Favoravelmente impressionada com aquilo que lhe foi apresentado, a comissão convidou diretores da Lockheed a irem para a Inglaterra para melhor desenvolverem a proposta. Apesar de a fuselagem do Super Electra ter sofrido consideráveis modificações para receber um compartimento de bombas e duas torres de metralhadora, a Royal Air Force solicitou algumas alterações. A mais visível foi remover o navegador de sua estação, na seção traseira da fuselagem, e colocá-lo no nariz, que foi devidamente modificado para abrigar aquele tripulante.

Aprovadas as modificações e assinado o contrato de encomenda, em junho de 1938, por 200 aviões Lockheed Model B14L – ou Hudson Mk 1 como foram batizadas essas aeronaves –, o primeiro exemplar fez seu voo inaugural em 10 de dezembro de 1938. A partir de fevereiro de 1939, começaram as primeiras entregas do Hudson Mk 1 à RAF, os primeiros de 2.941 desses aviões fabricados até maio de 1943, o que não inclui os 300 AT-18/AT-18A destinados à USAAF.

A frota de A-28A Hudson chegou a 28 aeronaves recebidas a partir de dezembro de 1942. Todas eram parte de um lote de 350 originalmente encomendadas pela RAF. Foto Arquivo João Eduardo Magalhães Motta.

Durante os primeiros anos da Segunda Guerra Mundial, os Hudson atuaram, com destaque, em diversos teatros de operações – em especial em ataques contra submarinos e navios de superfície. Além de ser o primeiro avião desenhado e produzido nos Estados Unidos a derrubar uma aeronave inimiga, o Hudson foi o primeiro avião da RAF a capturar um submarino alemão e o primeiro avião daquela força aérea a afundar um submarino com foguetes. Por sua vez, um dos Hudson da USAAF foi a primeira aeronave daquela arma aérea a afundar um submarino inimigo. Finalmente, os primeiros dois submarinos alemães a serem afundados por aviões de bandeira norte-americana o foram por aeronaves Lockheed PBO-1 – a versão do Hudson operada pela United States Navy.

O Lockheed A-28A Hudson na Força Aérea Brasileira

Na esteira dos torpedeamentos de navios de bandeira nacional ao largo do litoral brasileiro – que indicavam claramente a crescente atividade de submarinos

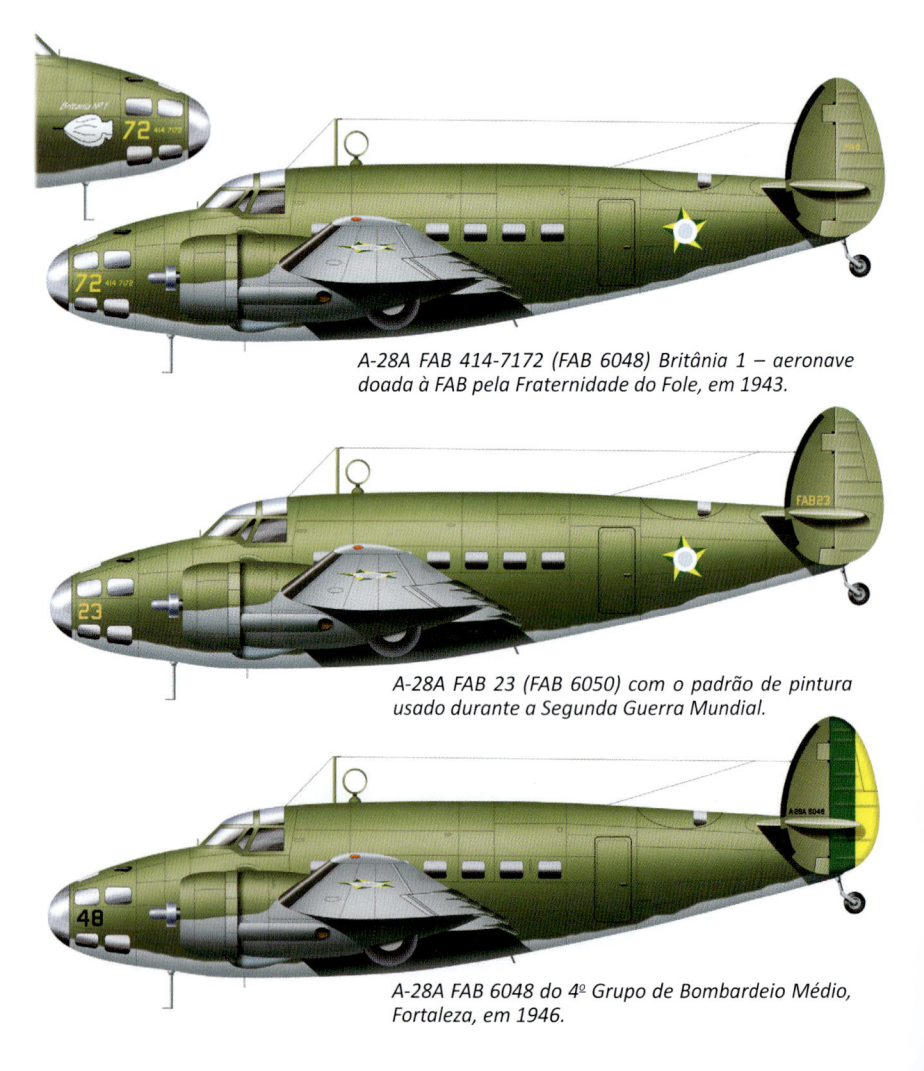

A-28A FAB 414-7172 (FAB 6048) Britânia 1 – aeronave doada à FAB pela Fraternidade do Fole, em 1943.

A-28A FAB 23 (FAB 6050) com o padrão de pintura usado durante a Segunda Guerra Mundial.

A-28A FAB 6048 do 4º Grupo de Bombardeio Médio, Fortaleza, em 1946.

alemães e italianos no Atlântico Sul –, ficou evidente a necessidade de dotar a Marinha e a recém-criada Força Aérea Brasileira com os meios materiais necessários para combatê-los. No que dizia respeito à FAB, a acanhada injeção de aviões oriundos dos Estados Unidos, iniciada em março de 1942, transformou-se numa enxurrada a partir do terceiro trimestre daquele ano. Entre os mais de 1.200 aviões recebidos dos Estados Unidos até o final da guerra, uma expressiva parcela compreendia aeronaves destinadas à execução de missões típicas da aviação de patrulha.

Entre os aviões de patrulha fornecidos pelo programa Lend-Lease estava um lote de 28 aviões Lockheed A-28A-LO Hudson pertencente a um contrato de 350 dessas aeronaves destinadas à Royal Air Force. Mas em face das exigências da guerra, alguns exemplares foram encaminhados a outros operadores, caso dos 28 aviões, entregues à Força Aérea Brasileira. Algumas fontes indicam que os primeiros dois A-28A foram liberados para entrega em agosto de 1942, seguidos de outros quatro, em novembro daquele ano. Seja como for, a Unidade Volante da Base Aérea de Natal passou a contar com três aviões de patrulha Lockheed Hudson a partir de dezembro de 1942. Antes que aquele ano chegasse ao fim, outros cinco A-28A chegaram ao Brasil, sendo seguidos por mais sete em janeiro de 1943 e 12 exemplares no mês seguinte. Curiosamente, o derradeiro Lockheed Hudson entregue às autoridades da FAB nos Estados Unidos permaneceu naquele país, prestando apoio às atividades dos brasileiros que se encontravam destacados no San Antonio Air Depot (SAAD). Localizado no Texas (EUA), o SAAD era o maior centro de manutenção e de logística da USAAF e habitual ponto de partida dos aviões que estavam sendo trasladados ao Brasil. Por motivos desconhecidos, as autoridades da FAB optaram por não trazer aquela aeronave ao Brasil.

Aparentemente, a intenção do Alto-Comando da FAB era repartir os primeiros Hudson entre as Unidades Volantes das Bases Aéreas de Fortaleza, Galeão, Natal, Porto Alegre, Salvador e Recife, de tal forma que cada uma contasse com três deles. E de fato assim foi, mas somou-se o Escalão Volante da Base Aérea de Santa Cruz, que também recebeu três A-28A. Ao passo que mais aviões Lockheed Hudson chegavam ao Brasil, iam reforçando aquelas unidades consideradas críticas para o patrulhamento do litoral brasileiro.

Assim que chegaram, os primeiros Hudson foram imediatamente postos em serviço, para realizar as missões que caracterizariam sua vida operacional durante os anos da guerra. Ante a vital importância de manter abertas as linhas marítimas de comunicação entre o Brasil e a América do Norte, bem como a integridade dos comboios que faziam a ligação entre os dois países, logo no começo de sua vida em serviço, os Hudson passaram a realizar surtidas de escolta e cobertura desses comboios. Chegando a dezenas de navios mercantes, os comboios eram alvo de alta prioridade para os submarinos alemães e italianos que operavam ao largo do litoral brasileiro. Ao executar elaborados padrões de varredura em torno dos grandes comboios e acompanhar seu deslocamento, os Hudson tratavam de garantir a segurança dos navios sob sua guarda até eles abandonarem a área de cobertura de sua responsabilidade.

Foi justamente durante uma dessas missões de cobertura que ocorreu o batismo de fogo dos Hudson da FAB. Na manhã de 5 de abril de 1943, um A-28A pertencente ao Escalão Volante da Base Aérea de Salvador detectou a presença de um submarino a 20 km de um comboio que saíra dias antes do Rio de Janeiro. Girando e enquadrando o alvo a baixíssima altitude, o Hudson lançou bombas de profundidade contra o submarino. Conquanto não existam provas que confirmem o seu afundamento, as evidências indicam que ele foi danificado. O envolvimento do Hudson da FAB certamente poupou aquele comboio de um ataque.

Na FAB, os A-28A Hudson cumpriram missões de patrulha, bombardeio e transporte até 1955, quando foram desativados. Foto Arquivo José de Alvarenga.

Em 3 de julho, foi a vez de um A-28A pertencente ao Escalão Volante da Base Aérea de Santa Cruz. Ao decolar de manhã daquela base, a missão do Hudson era dar cobertura a um comboio que havia saído do Porto de Santos. Avistando o submarino U-199, a tripulação do A-28A iniciou um ataque, apesar de aquela embarcação já haver iniciado mergulho de emergência. Por azar, um curto-circuito no sistema de lançamento de bombas de profundidade fez com que o ataque fosse abortivo. No entanto, o Hudson convocou outros meios aéreos, um dos quais – um Martin PBM-3S Mariner, da Marinha Americana – perseguiu o U-199 durante toda aquela noite.

No próximo embate entre um A-28A da FAB e um submarino, o U-199 foi novamente um dos protagonistas. Na manhã de 31 de julho de 1943, um PBM-3S Mariner do esquadrão VP-74 da United States Navy, sediado na Base Aérea do Galeão, avistou e atacou o U-199 ao largo do Rio de Janeiro. Depois de danificá-lo, o PBM convocou outros vetores para dar seguimento ao ataque que iniciara. O primeiro avião a chegar lá foi um A-28A da 1ª Esquadrilha do 1º Grupo da Base Aérea do Galeão (BAGL), e, assim que chegou à área assinalada pelo PBM – que permaneceu no local –, o Hudson imediatamente iniciou seu ataque: lançou duas bombas de profundidade Mk 17 de 325 lb, tipicamente usadas nesses aviões, que caíram antes do submarino aparentemente sem danificá-lo. No entanto, foi o suficiente para manter o U-199 na superfície o tempo necessário para a chegada de um PBY-5 Catalina da 2ª Esquadrilha do 1º Grupo da BAGL, que em dois ataques deu o golpe de misericórdia, afundando o submarino.

Por serem aviões originalmente destinados à Royal Air Force, os A-28A Hudson recebidos pela FAB apresentavam algumas peculiaridades que os distinguiam das demais aeronaves destinadas à USAAF. Um exemplo era o sistema de frenagem do trem principal, que, ao contrário do sistema norte-americano, em que a aplicação de intensidade e o diferencial de frenagem concentravam-se nos pedais, exigia o emprego conjugado dos pedais e de uma espécie de freio de mão.

Mesmo sendo aviões pertencentes ao mesmo lote de 350 células, os primeiros A-28A que chegaram ao Brasil dispunham de uma torre dorsal Boulton Paul, enquanto os demais contavam com um simples mas volumoso defletor avante da metralhadora dorsal. Essa última característica resultava na pouca autoridade dos lemes de direção quando a aeronave encontrava-se com velocidade

O C-28A FAB 2900 foi um dos três A-28A convertidos em aeronave de transporte.

reduzida – o que era especialmente evidente durante o pouso e a decolagem. Possivelmente essa faceta, aliada ou não a outras particularidades do Hudson, levou à perda total de dois A-28A pertencentes à Base Aérea de Salvador, entre junho e novembro de 1943, bem como um terceiro, da Base Aérea do Galeão, cujos danos foram tão extensos que era mais conveniente entregar aquela célula à Escola de Especialistas de Aeronáutica do que gastar consideráveis recursos para recuperá-la. Um quarto A-28A foi dado como perdido em acidente ocorrido em Canavieiras (BA), em maio de 1943, porém, o Parque de Aeronáutica dos Afonsos aceitou o desafio de recuperar aquele avião, entregando-o pronto e em perfeitas condições de voo no ano seguinte.

Após julho de 1943, caíram gradativamente as atividades dos submarinos alemães no Atlântico Sul. Mas, mesmo assim, ainda representavam uma séria ameaça aos comboios e à navegação marítima em geral, ao transitar ao largo do litoral brasileiro. Consequentemente, para os A-28A, as missões de escolta e cobertura de comboios continuaram, regularmente pontilhadas por surtidas de esclarecimento quando estações em terra captavam transmissões oriundas de submarinos inimigos.

No início de agosto de 1944, os seis Lockheed Hudson que se encontravam nas Bases Aéreas de Porto Alegre e Santa Cruz foram transferidos para a Base Aérea do Galeão para integrar a 1ª Esquadrilha do 1º Grupo. Mas essa movimentação foi meramente prenúncio para a reorganização da Força Aérea Brasileira no dia 17 daquele mês, que resultou na criação do 1º, 2º e 3º Grupos de Bombardeio Médio (GBM), respectivamente sediados nas Bases Aéreas de Recife, Salvador e Galeão. Sete semanas mais tarde, em 5 de outubro, houve a criação do 4º Grupo de Bombardeio Médio. Como resultado, os Lockheed A-28A que se encontravam naquelas quatro bases aéreas passaram a fazer parte dos GBM nelas sediadas.

Posicionados ao longo do litoral, em bases como Fortaleza, Natal, Recife, Salvador, Galeão e Porto Alegre, os Hudson foram fundamentais para patrulhar o litoral e proteger os comboios de navios mercantes de ataques de submarinos durante a Segunda Guerra Mundial. Foto Arquivo Action Editora Ltda.

O Hudson participou, em 1943, de três ações diretas de ataque a submarinos alemães, entre elas a que resultou no afundamento do U-199, em 31 de julho no litoral do Rio de Janeiro. Foto Arquivo José de Alvarenga.

Entretanto, ao longo de 1943, a FAB recebeu considerável reforço na forma de aviões Consolidated PBY-5A Catalina, North American B-25J, Lockheed PV-1 Ventura e Lockheed PV-2 Harpoon, todos aptos à realização de missões de patrulha. Esse fator, aliado à inconveniência logística e operacional de se manterem aviões do mesmo tipo distribuídos entre quatro unidades aéreas, determinou outra mudança, que teve caráter permanente quanto à sede desses aviões.

Em 20 de dezembro de 1945, um Boletim Reservado da DIRMA determinou que todos os Lockheed A-28A existentes nas Bases Aéreas do Galeão, de Natal, de Recife e de Salvador fossem transferidos para o 4º GBM, com sede na Base Aérea de Fortaleza. A transferência dos A-28A para Fortaleza não ocorreu de imediato e só foi concluída no terceiro trimestre de 1945, com a chegada dos últimos Hudson que, até aquele momento, pertenciam ao 2º GBM. Algumas fontes sugerem que foi nesse período que a torre dorsal dos Hudson foi suprimida, melhorando, assim, a qualidade de voo daquela aeronave.

Encerrada a guerra, iniciou-se um novo período para os A-28A do 4º GBM, bem como para os homens daquela unidade – uma unidade aérea de emprego em tempos de paz. Nos dois anos seguintes, o 4º GBM e seus Hudson dedicaram-se a manter o nível de operacionalidade conquistado durante os anos da guerra, porém com pouca interação com outras unidades aéreas da FAB.

No início de 1947, começou a implementação dos planos que o Estado-Maior da Aeronáutica elaborara para dar nova organização à FAB. O ponto culminante ocorreu em 24 de março de 1947, quando um decreto extinguiu todos os grupos de bombardeio leve, médio e picado, grupos de caça, grupos de patrulha e os regimentos de aviação. Em substituição, na mesma data, foram criados os 16 Grupos de Aviação (GAV), cada qual com sede em distintos pontos do território nacional.

No que tange aos A-28A Hudson, esse evento trouxe a extinção do 4º GBM, que foi substituído pelo 4º Grupo de Aviação. Meses mais tarde, em 29 de julho de 1947, um aviso reservado organizou o 1º/4º Grupo de Aviação (1º/4º GAV) e estabeleceu outras providências. Conquanto essas mudanças fossem mais na forma de identidade, no final daquele ano, outro aviso reservado pretendia alterar significativamente os meios aéreos em Fortaleza e a vida operacional dos A-28A Hudson.

Através do Aviso R-039, de 16 de dezembro de 1947, a Base Aérea de Fortaleza não somente contaria com o 1º/4º GAV, mas com o 2º/4º GAV. Aquele mesmo aviso reservado estabeleceu que esses dois esquadrões passariam a ser dotados de aviões North American B-25J e que o 1º/4º GAV deveria ceder seus Hudson ao 2º/6º Grupo de Aviação, com sede na Base Aérea de Recife, e organizado pelo mesmo aviso que organizou o 2º/4º GAV.

Proporcionada pela considerável quantidade de aviões B-25J adquiridos durante 1947, essa iniciativa provavelmente visava reunir os Lockheed Hudson na organização que dava apoio a essas aeronaves: o Núcleo do Parque de Aeronáutica de Recife. Assim, no início de 1948, foi iniciado o traslado dos 17 aviões A-28A que se encontravam em carga junto ao 1º/4º GAV, a fim de cumprir a ordem de transferência determinada. Paralelamente, o 1º/4º e o 2º/4º GAV receberam seus primeiros 10 aviões B-25J durante o primeiro trimestre de 1948.

Porém, por motivos que hoje não estão claros, o Estado-Maior da Aeronáutica (EMAer) mudou sua decisão, primeiro emitindo um aviso reservado, em março, que tornava sem efeito a organização do 2º/4º GAV. Meses depois, em outubro de 1948, outro aviso reservado estabeleceu que os B-25J do 1º/4º GAV deveriam ser transferidos para o 1º/6º GAV. Aquele mesmo aviso ordenou a restituição ao 1º/4º GAV de todos os Lockheed A-28A que haviam sido entregues ao 2º/6º GAV, cuja organização foi tornada sem efeito.

Em meio a tudo isso, o 1º/4º GAV ainda cumpriu seu programa de instrução como unidade de emprego, bem como deslocou aviões para Cumbica (SP), a fim de participar das manobras organizadas pelo Curso de Tática Aérea (CTA), em 1948 e 1949.

Em face da intensa movimentação de aeronaves no transcorrer de 1948, desfeita no final daquele ano, é interessante notar que o 1º/4º GAV recebeu nada menos do que 25 aviões B-25J até fevereiro de 1949. Essa mudança de posição quanto à dotação de material aéreo no 1º/4º GAV possivelmente se deveu ao EMAer constatar que, como vetor operacional, restava pouca vida aos Lockheed A-28A.

Além das perdas sofridas durante os anos da guerra, a frota de aviões Hudson foi perceptivelmente reduzida como resultado de acidentes registrados nos anos pós-guerra. Agravada pela dificuldade em dispor de uma confiável fonte de peças de reposição, pois o Hudson deixara de ser produzido em 1943, a carreira dos A-28A da FAB estava chegando ao fim. A confirmação veio através de uma instrução da DIRMA, datada de 23 de novembro de 1949, que declarava

Após a guerra, o A-28A continuou sendo empregado pelo 4º GBM, onde encerrou sua carreira. Foto Arquivo José de Alvarenga.

que os A-28A – bem como os motores Pratt & Whitney R-1830-67 – eram considerados semiobsoletos. Em consequência, não seriam mais atendidos pedidos de aquisição de material para a manutenção ou recuperação dessas aeronaves e seus motores, de modo que o 1º/4º GAV deveria contar exclusivamente com aquilo que se encontrava em estoque na própria unidade ou então no Núcleo de Parque de Aeronáutica de Recife (NPqAerRF).

Mesmo assim, os poucos A-28A ainda disponíveis continuaram voando teimosamente, graças aos esforços do pessoal técnico do 1º/4º GAV e do NPqAerRF. O ano de 1950 trouxe uma novidade para os Hudson que continuavam dividindo o pátio de estacionamento com os B-25J. Naquele ano, o 1º/4º GAV passou a ser uma unidade de instrução, que formaria pilotos de avião bimotor de combate, uma tarefa dividida entre os B-25J e os A-28A e que perdurou até 1954.

A outra novidade ocorreu por conta do NPqAerRF, que escolheu três células de A-28A que se encontravam encostadas naquela unidade, transformando-as em aviões de transporte. Aparentemente esse trabalho foi iniciado no final de 1951 ou no primeiro trimestre de 1952 e exigiu a remoção de todos os sistemas de missão presentes no A-28A. Em outubro de 1952, assim que ficaram prontos e em deferência à nova missão que passariam a realizar, esses três aviões passaram a ser designados C-28.

Previsivelmente, foram justamente os C-28 que fecharam a carreira operacional dos Hudson na FAB. Um exemplar foi distribuído para o 1º/4º GAV para atender aos constantes deslocamentos para outros aeródromos dentro da 2ª Zona Aérea. Por sua vez, dois C-28 Hudson permaneceram com o NPqAerRF, que os empregou como avião de transporte logístico. Em 19 de janeiro de 1955, nas vizinhanças da Fazenda Cupipe (BA), o C-28 pertencente ao 1º/4º GAV acidentou-se com perda total, assim encerrando a história dos Hudson na FAB.

Lockheed A-28A Hudson

Período de Utilização	De 1942 até 1955
Fabricante	Lockheed Aircraft Corporation, Burbank (Califórnia – EUA)
Emprego	Patrulha, bombardeio médio e transporte
Características Técnicas	
Motor	2 Pratt & Whitney R-1830-67 de 1.200 hp cada um
Envergadura	19,96 m
Comprimento	13,51 m
Altura	3,61 m
Área Alar	51,19 m^2
Peso Vazio	5.985 kg
Peso Máximo	10.142 kg
Armamento	2 metralhadoras Browning M2 calibre .30 fixas no nariz 1 metralhadora Browning M2 calibre .50 móvel dorsal 1 metralhadora Browning M2 calibre .30 móvel ventral Até 341 kg de carga ofensiva
Desempenho	
Velocidade Máxima	397 km/h
Razão de Subida	658 m/min
Teto Operacional	8.230 m
Alcance	3.475 km

continua

Comentários	
Total Adquirido	28 exemplares
Unidades Aéreas	Base Aérea de Fortaleza Base Aérea de Galeão Base Aérea de Natal Base Aérea de Porto Alegre Base Aérea de Recife Base Aérea de Salvador Base Aérea de Santa Cruz 1º Grupo de Bombardeio Médio 2º Grupo de Bombardeio Médio 3º Grupo de Bombardeio Médio 4º Grupo de Bombardeio Médio 1º/4º Grupo de Aviação 2º/6º Grupo de Aviação Núcleo do Parque de Aeronáutica de Recife
Designações	A-28A, posteriormente três foram redesignados C-28
Matrículas	Durante os anos da guerra, empregaram os últimos dois dígitos do número de construção; em 1945, foram rematriculados FAB 01 a 28, incluindo aqueles perdidos em acidentes; finalmente, em julho de 1945, foram rematriculados A-28A 6028 a 6055; os três A-28A modificados para transporte foram rematriculados C-28 2900 a 2902

Beechcraft AT-7 e AT-7C

Desenvolvido com base no Beechcraft C-45 – que, por sua vez, nada mais era do que a versão militar do bimotor D-18S –, o AT-7 inicialmente destinava-se à formação de navegadores para o United States Army Air Corps (USAAC – Corpo de Aviação do Exército dos Estados Unidos). Com acomodação para três alunos, o AT-7 era facilmente identificado pela presença de um astrodome no dorso da seção dianteira da fuselagem.

Em sua versão inicial, AT-7-BH, 577 exemplares foram produzidos nas instalações da Beechcraft, em Wichita (Kansas – EUA). Em seguida, foram desenvolvidos o AT-7A-BH e o AT-7B-BH – o primeiro foi equipado com flutuadores e

Bela foto do Beechcraft AT-7 1445 ainda na fábrica antes de sua entrega para a FAB. Repare que o prefixo da aeronave vinha acompanhado da designação AT-7.
Foto Arquivo Action Editora Ltda.

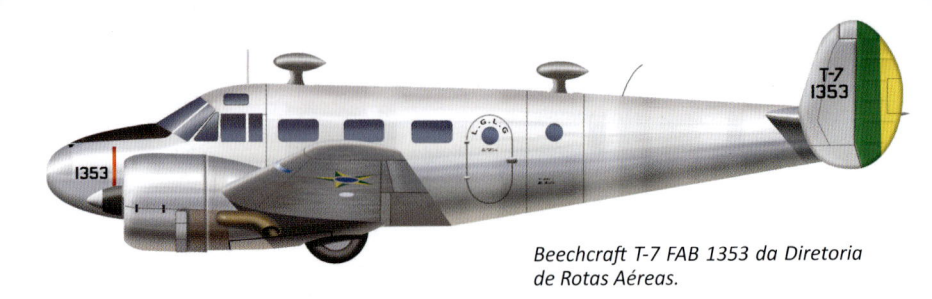

Beechcraft T-7 FAB 1353 da Diretoria de Rotas Aéreas.

o outro recebeu modificações que permitiam sua operação em ambientes de baixas temperaturas –, mas somente 16 unidades desses dois modelos foram produzidas. A derradeira versão desse bimotor foi o AT-7C-BH, que dispunha de uma suíte de aviônica mais avançada, peso vazio significativamente maior do que as versões anteriores e um modelo mais moderno do motor Pratt & Whitney R-985. Dessa última versão do avião, que passou a ser conhecido como Navigator, foram fabricadas 549 unidades, elevando, assim, para 1.142 a quantidade de AT-7 produzidos pela Beechcraft.

Além da USAAC (posteriormente redenominada USAAF, em 1942), a United States Navy (USN – Marinha dos Estados Unidos) fez extenso uso desse avião de treinamento, utilizando-o ainda para tarefas utilitárias, como transporte de pessoal e instrução de guerra eletrônica. As forças aéreas de vários países empregaram distintas versões do AT-7, entre eles a Colômbia, a Holanda, o Peru e a Venezuela. Salvo a Holanda, que usou seus AT-7 em missão de instrução, os demais países usaram suas aeronaves como avião de transporte ou na realização de diversos outros trabalhos.

Os Beechcraft AT-7 e AT-7C na Força Aérea Brasileira

Em atenção aos acordos assinados entre os governos do Brasil e dos Estados Unidos, as autoridades da USAAC delinearam um programa que visava não somente elevar a capacidade de combate da recém-nascida Força Aérea Brasileira, mas dar-lhe os meios materiais necessários para formar seu pessoal aeronavegante.

Em consequência, foi acertado o envio, para o Brasil, de um lote inicial de seis aviões Beechcraft AT-7-BH, que partiram de San Antonio Army Air Field (Texas – EUA), em setembro e novembro de 1942, com tripulação brasileira. Nos primeiros três meses de 1943, outros quatro exemplares foram recebidos e transportados até o Aeroporto Santos Dumont também por pilotos da FAB.

Entretanto, ao contrário da expectativa original, essas aeronaves não foram imediatamente colocadas em operação na Escola de Aeronáutica, e sim na Diretoria de Rotas Aéreas, organização militar da FAB responsável pelo funcionamento do Correio Aéreo Nacional (CAN). Essa decisão presumivelmente estava associada ao fato de que os AT-7 eram aeronaves que facilmente executavam o trabalho realizado pelo CAN, que, naquele momento, dependia preponderantemente de um variado leque de aviões biplanos herdados do Exército. Além de antiquados, eles apresentavam limitada carga útil, seja em termos de passageiros, malotes postais ou outros tipos de carga.

Assim, os AT-7 passaram a cumprir as linhas de maior extensão do CAN ou aquelas em que era conveniente usar uma aeronave com maior capacidade de carga. Ao cumprir uma missão do CAN, um dos primeiros AT-7 desapareceu com sua tripulação em janeiro de 1943, quando voava entre o Rio de Janeiro (RJ) e Vitória (ES). Meses mais tarde, outro AT-7 também foi perdido no mar nas vizinhanças de Barra Velha (BA).

Em fevereiro de 1945, foram dados como recebidos outros cinco AT-7-BH (os três últimos saíram de San Antonio Army Air Field logo depois do réveillon de 1944). Ao contrário dos demais AT-7 recebidos até aquele momento, esses cinco aviões foram prontamente enviados à Escola de Aeronáutica (EAer), com sede no Campo dos Afonsos (RJ). Lá passaram a realizar o trabalho para o qual foram originalmente desenvolvidos: instruir os cadetes na arte da navegação aérea. Essencialmente, isso se traduzia em 10 a 12 surtidas distribuídas ao longo da fase de instrução avançada, em que o cadete aplicava os conhecimentos teóricos de navegação aérea colhidos na sala de aula.

Com o fim da Segunda Guerra Mundial e a aquisição de alguns aviões de transporte, a maior parte dos AT-7 existentes na FAB foi redirecionada para a tarefa de instrução. No entanto, além dos dois exemplares perdidos em 1943, a frota desses aviões sofreu mais baixas – um se acidentou, com perda total, em janeiro de 1945, seguido de outras duas perdas nos meses de maio e novembro de 1946. Diante dos planos da FAB para a ampliação das distintas áreas de formação de pessoal aeronavegante, isso militou a favor da aquisição de mais unidades do AT-7. Porém, em vez de serem obtidos através do sistema Lend-Lease (Empréstimo-Arrendamento), como acontecera com os primeiros 15 exemplares, a FAB optou pela assinatura de um contrato de encomenda diretamente com o fabricante. A rigor, as aeronaves compradas não eram o AT-7-BH, e sim o modelo civil Beechcraft D-18S, uma evolução do modelo C-18S, de onde derivou o AT-7. Porém, em atenção ao contrato brasileiro, as 10 células adquiridas incorporavam muitas características conhecidas do AT-7.

Assim, em janeiro de 1947, foram recebidos os 10 novos aviões AT-7 nas instalações da Beechcraft, em Wichita, as aeronaves sendo então trasladadas em voo até o Aeroporto Santos Dumont (RJ) por pessoal brasileiro. Assim que esses aviões chegaram ao Brasil, metade foi encaminhada ao 2º Grupo de Transporte e metade para a Escola de Aeronáutica.

Naquele mesmo ano, outro avião foi incorporado ao acervo da FAB, cuja origem é nebulosa. Aparentemente, se tratava de um Beech AT-7 que chegou às mãos do Exército Brasileiro e este prontamente o colocou à disposição do Serviço Geográfico do Exército (SGE). Porém, diante do estabelecido no Decreto 2.961, de 20 de janeiro de 1941, que criou o Ministério da Aeronáutica, aquela aeronave foi

Dois AT-7 voando em formação sobre o Rio de Janeiro. Cumprindo missões de transporte, de treinamento e do CAN, essas aeronaves serviram por 34 anos na FAB.
Foto Arquivo Action Editora Ltda.

O Beechcraft AT-7 era basicamente uma aeronave de treinamento avançado multimotor (AT de Advanced Trainer sua designação em inglês). Nele foi formada toda uma geração de pilotos de transporte da Força Aérea Brasileira. Foto Arquivo Action Editora Ltda.

transferida para a FAB, porém permaneceu à disposição do SGE. Mas esse avião teve vida efêmera, pois se acidentou, com perda total, em dezembro de 1947, ao chocar-se contra uma elevação na Serra da Mantiqueira (MG).

Mesmo com o reforço dos novos aviões encomendados diretamente do fabricante, estava claro que seria necessário obter mais exemplares do AT-7. Como consequência de acertos entre os governos dos Estados Unidos e do Brasil, surgiu a oportunidade de adquirir mais aviões Beechcraft AT-7 pertencentes à United States Air Force (USAF), considerados excedentes para as necessidades daquela arma. Transferidas para o governo brasileiro por um valor simbólico, as aeronaves necessitavam, no entanto, de completa revisão geral, despesa que correria por conta da FAB.

Os nove AT-7-BH e um solitário AT-7C-BH escolhidos foram transportados até Dallas (Texas – EUA) para serem submetidos à revisão geral pela empresa norte-americana Texas Engineering & Manufacturing (TEMCO). Esse trabalho foi executado de forma eficiente e rápida e, no último trimestre de 1947, praticamente todos foram dados como prontos e levados a San Antonio Air Force Base (Texas – EUA). Em fins de novembro, os primeiros dois foram trasladados para o Brasil, enquanto os últimos dois deixaram os Estados Unidos em fevereiro de 1948.

Depois de chegarem aqui, esses 10 aviões foram distribuídos para diversas bases aéreas, assim como para a Escola de Especialistas de Aeronáutica. No caso dos aviões distribuídos às bases aéreas, estes foram colocados à disposição de suas respectivas esquadrilhas de adestramento para cumprir trabalhos utilitários, bem como realizar missões regionais em benefício do CAN.

Aproximadamente 18 meses mais tarde, o Ministério da Aeronáutica concluiu a aquisição de mais seis aviões – todos da versão AT-7C. Aparentemente, o pronunciado crescimento do Correio Aéreo Nacional registrado nos derradeiros anos da década anterior, que prometia continuar no mesmo ritmo ao longo dos anos 1950, instigou a FAB a comprar mais exemplares usados do AT-7 que estavam sendo oferecidos pela USAF. Entregues nos Estados Unidos às autoridades da FAB, esses seis aviões foram submetidos a uma completa revisão feita por uma empresa especializada sediada em Glendale (Califórnia – EUA). No início de agosto de 1950, as seis aeronaves voaram até o Brasil, chegando ao Aeroporto Santos Dumont no final daquele mês. E tal como ocorrera com os dois lotes recebidos em 1947 e 1948, esses aviões AT-7C foram distribuídos para os destacamentos de base aérea e bases aéreas da FAB.

Depois de cumprir toda sorte de trabalhos utilitários, assim como voar missões em proveito do CAN, durante a década de 1950, alguns poucos continuaram desenvolvendo trabalhos de instrução na Escola de Aeronáutica e na Escola de Oficiais Especialistas e de Infantaria de Guarda (EOEIG), essa última sediada em Curitiba (PR). Destinada a dar formação aos futuros oficiais especialistas da FAB, os AT-7 da EOEIG eram empregados como ferramenta de ensino em proveito da formação de determinados quadros de especialistas, como mecânicos e fotógrafos.

No entanto, a vida dessas aeronaves como plataforma de instrução foi sendo colocada de lado, de modo que as unidades detentoras de aviões AT-7 passaram a usar esses modelos como aeronave de transporte. De fato, ao reconhecer que esses aviões eram mais úteis nas missões de transporte do que nas de instrução, as autoridades da FAB decidiram que, aos poucos, as células de AT-7 deveriam ser modificadas para a versão C-45, isto é, todo o equipamento específico da missão de instrução deveria ser removido e a aeronave deveria ser configurada com sete assentos no lugar dos três da versão AT-7. Esse trabalho de alteração foi realizado no Parque de Aeronáutica dos Afonsos, no fim dos anos 1950, e executado quando a aeronave era recolhida para ser submetida à revisão geral programada. No caso, somente 13 células foram assim modificadas e, em deferência às alterações aplicadas a elas, foi descartada a designação T-7, que já ostentavam desde 1952, sendo os aviões redesignados como C-45.

Não deixa de ser interessante observar ainda que alguns poucos AT-7 foram modificados temporariamente para a versão VT-7, que nada mais era do que a célula do AT-7 devidamente mudada para o transporte de autoridades. Não se sabe ao certo que alterações foram aplicadas ao interior da aeronave, mas algumas fontes sugerem a instalação de quatro assentos significativamente mais confortáveis do que os habituais três assentos encontrados nos AT-7. Uma das unidades operadoras do VT-7 foi a Base Aérea de Belém, que operava um desses aviões em benefício do Quartel-General da 1ª Zona Aérea.

Nos anos seguintes, os AT-7 continuaram desenvolvendo trabalhos como avião de transporte, geralmente no Correio Aéreo Nacional. Mas a passagem do tempo tratou de reduzir a frota, quer por natural desgaste material ou acidentes que resultaram na perda total da aeronave, quer por eventos nos quais a dimensão dos danos contraindicava quaisquer esforços para a recuperação da célula. Mas na primeira metade dos anos 1970, já estava definido o fim da carreira dos AT-7 da FAB ainda em operação. Como a maioria das células existentes

O AT-7 FAB 1349 é visto com o padrão de pintura final usado na FAB nos anos 1970, inclusive já redesignado C-45. Em 1950, 13 destas aeronaves passaram a ser usadas como transporte, contando com sete assentos na cabine de passageiros. Foto Mario Roberto Vaz Carneiro.

apresentava 25 anos ou mais de ininterrupta operação, tornava-se cada vez mais difícil e onerosa a operação e manutenção desses aviões. Mas o ponto final veio na forma do Embraer C-95 Bandeirante, que entrara em serviço em 1973. Muito superior em termos de capacidade e de custos de operação, no início de 1975, já havia exemplares suficientes do C-95 para encerrar todas as operações com os AT-7, os derradeiros exemplares sendo desativados em 1976.

Beechcraft AT-7 e AT-7C

Período de Utilização	De 1942 até 1976
Fabricante	Beechcraft
Emprego	Transporte e treinamento
Características Técnicas	
Motor	2 Pratt & Whitney R-985-AN-1 ou AN-3 de 450 hp cada um
Envergadura	14,52 m
Comprimento	10,43 m
Altura	3,04 m
Área Alar	32,42 m²
Peso Vazio	2.692 kg
Peso Máximo	3.560 kg
Armamento	Não dispunha de armamento
Desempenho	
Velocidade Máxima	360 km/h
Razão de Subida	334 m/min
Teto Operacional	5.608 m
Alcance	940 km
Comentários	
Total Adquirido	42 exemplares
Unidades Aéreas	Diretoria de Rotas Aéreas Escola de Aeronáutica Base Aérea de Belém Base Aérea de Canoas Base Aérea de Fortaleza Base Aérea do Galeão Base Aérea de Natal Base Aérea de Recife Base Aérea de Santa Cruz Base Aérea de Salvador Base Aérea de São Paulo Destacamento de Base Aérea de Campo Grande Destacamento de Base Aérea de Belo Horizonte Curso de Oficiais Especialistas Escola de Oficiais Especialistas e de Infantaria de Guarda Escola de Especialistas de Aeronáutica Escola Preparatória de Cadetes do Ar Instituto de Tecnologia da Aeronáutica Serviço Geográfico do Exército 2º Grupo de Transporte
Designações	AT-7, T-7, VT-7 e C-45
Matrículas	1 a 15 os primeiros exemplares, rematriculados em 1945 AT-7 1348 a 1362; 1437 a 1446; 1507; 1510 a 1519 e 1593 a 1598

North American B-25B

Sob a designação NA-40, a North American Aviation Inc. (NAA) desenvolveu um bombardeiro de ataque em atenção à concorrência que o United States Army Air Corps (USAAC) lançara no mês de março de 1938. Competindo contra projetos apresentados pela Bell, Boeing-Stearman, Douglas e Martin, a proposta da NAA compreendia um avião bimotor com trem triciclo, caracterizado por uma cauda com duas empenagens verticais. No entanto, a concorrência CPN 38-385 do USAAC pareceu estar acompanhada de enorme má sorte desde o começo, visto que cada um dos protótipos que foram apresentados sofreram toda sorte de percalços. No caso do NA-40, após o voo do primeiro protótipo, no dia 29 de janeiro de 1939, aquela aeronave sofreu um acidente grave no mês de abril seguinte, em Wright Field (Ohio – EUA). Quando outro concorrente registrou a perda de um protótipo como consequência de um acidente fatal e os demais projetos apresentaram vários óbices técnicos, o USAAC achou por bem cancelar o CPN 38-385 e recomeçar do zero, sob a égide da proposta ACP 39-640, emitida no mês de março de 1939.

Com a necessidade em dispor de aeronaves de bombardeio de médio porte com a maior urgência possível em vista da franca degeneração do quadro europeu, o USAAC optou por um caminho bastante arriscado – examinar propostas e escolher um concorrente sem que houvesse um avião protótipo. Quatro empresas ingressaram na concorrência, mas somente duas galgaram a etapa de estudos preliminares por parte do USAAC: a Martin com o Model 179 e a North American Aviation com o NA-62. Este nitidamente mostrava características herdadas do NA-40, porém, descartava a disposição em tandem

O B-25B FAB 5033 visto ainda com a matrícula americana 40-2310. O B-25B foi a primeira aeronave da FAB a entrar em combate, em 22 de maio de 1942 num ataque contra um submarino alemão. Foto Arquivo Action Editora Ltda.

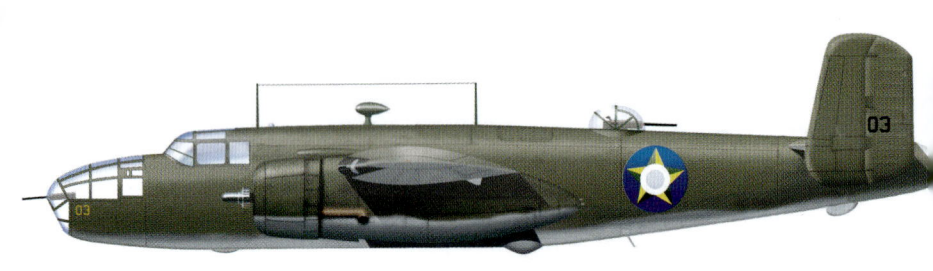

B-25B FAB 03 (5030) do 1º Grupo Misto de Aviação de Natal, em 1944.

dos pilotos por uma configuração mais convencional. Após detalhado exame do NA-62 e do Model 179, o USAAC decidiu por ambos no mês de setembro de 1939, ocasião em que foram encomendados 184 exemplares do B-25 e 201 aviões B-26, como foram respectivamente designados por aquela arma os aviões concorrentes apresentados pela North American Aviation e pela Martin.

O desenvolvimento do novo bombardeiro ficou a cargo do projetista-chefe e vice-presidente da NAA, o engenheiro Lee Atwood. Apesar das muitas semelhanças com o NA-40, o B-25 era uma aeronave fisicamente maior e significativamente mais pesada – de fato, quase quatro toneladas a mais. Apesar de prever o uso de motores radiais Pratt & Whitney R-2800 de 2.000 hp, com vistas a reduzir possíveis problemas, o USAAC determinou o emprego dos já bem desenvolvidos motores Wright R-2600 de 1.700 hp. Depois de refinar o projeto original e introduzir alterações solicitadas pelo USAAC, a construção do primeiro B-25 foi concluída em agosto de 1940 e a aeronave realizou seu voo inaugural no dia 19 daquele mês.

Encerrada a campanha de ensaios e aberta a linha de produção, o primeiro de 24 bombardeiros B-25 foi entregue no mês de fevereiro de 1941, seguido de 40 exemplares do B-25A. Mas os relatos de combates na Europa geraram mudanças no projeto do NA-62, resultando na versão seguinte, o B-25B. Um total de 120 exemplares do B-25B foram produzidos, o primeiro sendo entregue no mês de dezembro de 1941. Distinguindo-se pela introdução de uma torre de metralhadoras dorsal, o B-25B ganhou notoriedade no mês de abril de 1942, quando 16 desses aviões decolaram do porta-aviões USS Hornet para executar o primeiro ataque aéreo contra o Japão.

O North American B-25B na Força Aérea Brasileira

O crescente temor de que a guerra na Europa chegasse às Américas de forma definitiva fez com que o Brasil e os Estados Unidos assinassem um acordo de defesa no mês de outubro de 1941. Como resultado, esse último país deu início a uma ampla gama de providências, que incluiu a construção de aeródromos, o deslocamento de unidades militares para o Brasil e a transferência de material bélico para as Forças Armadas brasileiras. Com vistas a reforçar a capacidade brasileira de executar missões de patrulha marítima e de guerra antissubmarino, no mês de dezembro de 1941, foi aprovada a transferência para a Força Aérea Brasileira de seis bombardeiros NAA B-25B. Estes, junto com outros aviões, integrariam a dotação do Agrupamento de Aviões de Adaptação, uma unidade criada no mês de fevereiro de 1942, com sede em Fortaleza (CE).

Visando à atualização e ao preparo de um núcleo de oficiais e graduados da FAB no que diz respeito a material aeronáutico e táticas de emprego, o primeiro B-25B chegou a Fortaleza no dia 4 de abril de 1942, enquanto os demais exemplares chegaram no transcorrer do mês seguinte. Voando com tripulações mistas, compostas de oficiais e graduados da USAAF e oficiais da FAB, essas aeronaves foram imediatamente colocadas em serviço, executando surtidas de instrução, que também eram missões de patrulha. Durante uma dessas surtidas, um dos B-25B do agrupamento localizou e atacou o submarino italiano Barbarigo, no dia 22 de maio de 1942, entre o Atol das Rocas e Fernando de Noronha. Lançando oito bombas de 100 lb (45,4 kg), que caíram muito próximas ao submarino, o ataque não resultou no afundamento daquela embarcação, mas assinalou o batismo de fogo da FAB e o primeiro ataque contra submarinos realizado pela recém-criada arma. Escassos cinco dias mais tarde, outros dois ataques foram realizados contra submarinos italianos, dessa vez nas proximidades de Fortaleza.

A rotina das missões de patrulha com os B-25B, que se iniciara em Fortaleza, continuaria em Recife (PE) e Natal (RN), local para onde foram transferidas essas aeronaves no transcurso do conflito. Reduzido para cinco exemplares após a perda de um desses aviões na Base Aérea de Recife, os três B-25B que se encontravam em Recife foram enviados para a Base Aérea de Natal a fim de reforçar a 1ª, a 2ª e a 3ª esquadrilhas do 5º Grupo de Bombardeio Médio (5º GBM), unidade sucessora do 1º Grupo Misto. Pouco antes do fim da guerra, ao menos dois desses aviões permaneceram brevemente destacados na Base Aérea de São Paulo (SP), regressando para Natal em julho de 1945.

Novamente concentrados em Natal, a permanência dos B-25B no Nordeste brasileiro seguiria até julho de 1947, ocasião em que cederam lugar aos primeiros B-25J que chegaram ao Rio Grande do Norte para reequipar o 5º Grupo de Aviação, unidade aérea sediada na Base Aérea de Natal e criada

O B-25B FAB 5028 visto em voo, operado pelo 5º Grupo de Bombardeio Médio (5º GBM) de Natal. Foto Arquivo José de Alvarenga.

Novamente o B-25B FAB 40-2310, que teve o nome de batismo Lero-Lero durante a Segunda Guerra Mundial, no que foi uma das primeiras nose art brasileiras. Foto Arquivo Action Editora Ltda.

em março daquele ano. Como resultado, os cinco B-25B foram recolhidos ao Parque de Aeronáutica de São Paulo (PqAerSP) para aguardar a redistribuição de acordo com a conveniência da força.

Um sétimo B-25B chegou ao Brasil em data indeterminada, mas antes do término da guerra. No entanto, esse exemplar nada mais era do que um avião war weary (cansado de guerra) que se destinava à instrução de mecânicos sob formação do 1º Grupo Misto de Instrução. Repassado para a Escola de Especialistas de Aeronáutica quando foi levado para Guaratinguetá (SP), e foi determinado o recolhimento desse B-25B no mês de dezembro de 1954 – já designado como IS-B-25B – ao PqAerSP. Após a sua chegada ao PqAerSP, uma comissão examinou o estado em que se encontrava aquela aeronave, julgando-a imprestável para trabalho de instrução no solo. Consequentemente, o B-25B foi excluído da carga da Aeronáutica no mês de outubro de 1956 e alienado como sucata.

Dos cinco B-25B do lote original que ora se encontravam estocados no PqAerSP, três foram excluídos da carga da Aeronáutica no mês de março de 1949, visto que os trabalhos de recuperação e revisão geral foram considerados antieconômicos. Os outros dois aviões foram submetidos a trabalhos de revisão geral, que consistiram na remoção de todos os sistemas de armas de que originalmente dispunham, na troca dos motores R-2600-9 por motores R-2600-13 e nas modificações necessárias para adequá-los à missão de transporte. Quando o primeiro avião ficou pronto, foi distribuído, no mês de maio de 1948, à Esquadrilha Mista de Instrução do Curso de Tática Aérea (EMICTA), com sede na

Base Aérea de São Paulo. Por sua vez, no ano seguinte, o segundo B-25B foi entregue ao Núcleo do Parque de Aeronáutica de Recife (NPqAerRF). Porém, a permanência desses aviões no EMICTA e no NPqAerRF foi relativamente curta e ambos voltaram para o PqAerSP para encerrar sua carreira na FAB. Finalmente, no dia 21 de novembro de 1957, foi excluído da carga da Aeronáutica o último B-25B existente na FAB.

North American B-25B

Período de Utilização	De 1942 até 1957
Fabricante	North American Aviation, Inc., Inglewood (Califórnia – EUA)
Emprego	Bombardeiro e patrulha
Características Técnicas	
Motor	2 Wright R-2600-9 de 1700 hp cada um Posteriormente, duas aeronaves receberam motores R-2600-13 de igual potência
Envergadura	20,59 m
Comprimento	16,15 m
Altura	4,80 m
Área Alar	56,56 m^2
Peso Vazio	9.090 kg
Peso Máximo	12.936 kg
Armamento	1 metralhadora móvel Browning M2 calibre .30 no nariz 1 torre ventral com duas metralhadoras Browning M2 calibre .50 1 torre dorsal com duas metralhadoras Browning M2 calibre .50 Até 1.363 kg de carga ofensiva acomodada no bomb bay
Desempenho	
Velocidade Máxima	482 km/h
Razão de Subida	335 m/min
Teto Operacional	7.162 m
Alcance	2.091 km
Comentários	
Total Adquirido	7 exemplares
Unidades Aéreas	Agrupamento de Aviões de Adaptação Unidade Volante da Base Aérea de Recife Unidade Volante da Base Aérea de Natal 1º Grupo Misto 1º Grupo Misto de Instrução 5º Grupo de Bombardeio Médio 5º Grupo de Aviação Escola de Especialistas de Aeronáutica Parque de Aeronáutica de São Paulo Esquadrilha Mista de Instrução do Curso de Tática Aérea Núcleo do Parque de Aeronáutica de Recife Base Aérea de São Paulo
Designações	B-25B, posteriormente B-25 IS-B-25B para a célula de instrução no solo
Matrículas	Inicialmente os seis primeiros empregaram as matrículas da USAAC (40-2245, 40-2255, 40-2263, 40-2306, 40-2309 e 40-2310); em seguida, receberam as matrículas FAB 01 a 06; finalmente, foram rematriculados B-25B 5028 a 5033 A célula de instrução recebeu a matrícula IS-B-25B 5144

Vultee BT-15

No início da Segunda Guerra Mundial, o United States Army Air Corps (USAAC) empregava, para a fase primária de instrução de voo para seus cadetes, os PT-17 Stearman; na fase seguinte, os PT-19 e, na avançada, os North American T-6 e os Cessna T-50 AT-17. Os PT-19, porém, não preenchiam plenamente os critérios estipulados para a formação do quadro de aviadores americanos, o que levou o USAAC a emitir as especificações para uma aeronave substituta.

Em 1938, Richard Palmer, chefe dos engenheiros da Vultee, estava trabalhando no projeto de um novo caça e adaptou sua aeronave para concorrer como treinador. Designado V-51, o protótipo fez seu primeiro voo em 24 de março de 1939.

Porque considerou a aeronave muito cara e complexa para o tipo de treinamento pretendido, uma vez que era dotada de trem de pouso e flaps operados hidraulicamente e um motor de 600 hp, o US Army optou por outro concorrente. Apesar de não ter sido o projeto escolhido, a Vultee, com recursos próprios, continuou a desenvolver a aeronave, limpando-a dos sistemas considerados superficiais.

Designada Modelo 74 pela Vultee, a nova aeronave agora possuía trem de pouso fixo, motor Pratt & Whitney R-985-25 de 450 hp e flaps acionados através de comandos mecânicos. Mantinha, porém, a fuselagem metálica com a superfície dos comandos entelada, naceles cobertas em tandem com comandos duplicados, equipamento rádio e equipamentos para voo noturno e por instrumentos.

Esse modelo final agradou e, em 1939, recebeu uma encomenda inicial para 300 modelos, que foi designado BT-13 pelo USAAC.

A encomenda seguinte foi para 6.407 aeronaves, que seriam equipadas com o motor Pratt & Whitney R-985-25 de 450 hp e designadas BT-13A.

Nessa nova fase de produção, foi introduzida uma modificação no sistema elétrico, que aumentou a tensão de 12 para 24 volts, e a denominação foi mudada para BT-13B. Foram produzidos 1.125 BT-13B.

Desse total, a US Navy recebeu 1.150 aeronaves BT-13, que foram designadas SNV-1, e 650 modelos BT-13A, designados SNV-2.

O BT-15 FAB 1082 visto em voo. Essa aeronave foi a única modificada para receber o motor F.N.M. R-975-11 de 450 hp, desenvolvido no Brasil pela Fábrica Nacional de Motores. Foto Arquivo Jackson Flores Jr. / Action Editora Ltda.

BT-15 da FAB ainda com a matrícula americana pertencente à Escola de Aeronáutica do Campo dos Afonsos, em 1948.

BT-15 FAB 1072 no padrão de pintura da FAB usado até a sua desativação.

A partir de 1941, como a Pratt & Whitney não conseguiu atender a demanda por tantos motores, a solução foi equipar as aeronaves seguintes na linha de produção com o motor Wright R-975-11 de 450 hp. Essas aeronaves foram denominadas BT-15 tendo sido produzidos ao todo 1.263 exemplares.

Eram aeronaves avançadas para a época, e a produção dos dois modelos atingiu um total de 11.537 unidades, sendo o último fabricado em 1944. Após o encerramento da guerra, todas as aeronaves da USAAF e da US Navy foram retiradas de serviço.

O Vultee BT-15 na Força Aérea Brasileira

Como ao ingressar na Segunda Guerra Mundial a Força Aérea Brasileira tinha menos de um ano de existência, a miscelânea de aeronaves obsoletas à disposição para a execução de missão constitucional e a "ginástica" necessária para formar o pessoal aeronavegante eram extremamente desgastantes e dependentes do apoio norte-americano.

Amparada pelo Lend-Lease Act norte-americano, assinado em 11 de março de 1941, a Força Aérea Brasileira recebeu um total de 1.288 aviões de treinamento e operacionais de vários modelos, a partir de 1942. Entre esse material aéreo, a grande maioria era de instrução e, destes, 122 eram do modelo Vultee BT-15, para a instrução básica e de voo por instrumentos.

Todas as 120 unidades adquiridas foram trasladadas em voo dos EUA, o que foi considerado um feito notável para a época, principalmente porque os pilotos eram jovens brasileiros recém-formados nos EUA e carentes de experiência de voo.

Como os Vultee BT-15 eram para instrução, no início da sua carreira na FAB, entre 1942 e 1946, foram utilizados pela Escola de Aeronáutica na formação dos

Com grande quantidade de células disponíveis, o BT-15 serviu em diversas bases como aeronave unitária, além de formar pilotos nos CPOR Aer.
Foto Arquivo Jackson Flores Jr. / Action Editora Ltda.

pilotos entre os PT-19, treinador primário, e o AT-6, treinador avançado. Após 1946, os Vulteezinho – ou Vultee Perna Dura, como eram conhecidos os BT-15 entre os pilotos da época, para diferenciá-los do seu "irmão mais velho", o Vultee V-11 GB2, ou Vulteezão – foram distribuídos para as diversas bases aéreas onde equipavam as Esquadrilhas de Adestramento e cumpriam as sempre presentes missões administrativas.

Um desses BT-15, de matrícula 1082, foi a aeronave escolhida para os testes em voo com o motor F.N.M. R-975-11 de 450 hp, desenvolvido no Brasil pela Fábrica Nacional de Motores, com pleno sucesso. Além dos 120 exemplares importados, dois outros foram montados no PAMA-SP, com sobras de suprimento, perfazendo um total de 122 unidades operacionais na FAB.

Os BT-15 estiveram relacionados no acervo da FAB de 1942 até o final dos anos 1950 quando, inclusive, foram utilizados no Correio Aéreo Nacional. Após sua desativação da Força Aérea, foram enviados aos diversos aeroclubes de todo o país, onde muito contribuíram para a formação de pilotos civis.

Após servirem à FAB, muitos BT-15 foram repassados a aeroclubes. Alguns também foram enviados à EVAER (Escola Varig de Aeronáutica).
Foto Arquivo Jackson Flores Jr. / Action Editora Ltda.

Vultee BT-15

Período de Utilização	De 1942 até 1956
Fabricante	Vultee Aircraft Incorporated, Downey (Califórnia – EUA)
Emprego	Treinamento
Características Técnicas	
Motor	Wright Ciclone R-975-11 de 450 hp
Envergadura	12,80 m
Comprimento	8,80 m
Altura	3,50 m
Área Alar	22,20 m²
Peso Vazio	1.531 kg
Peso Máximo	2.040 kg
Armamento	Não dispunha de armamento
Desempenho	
Velocidade Máxima	293 km/h
Razão de Subida	337 m/min
Teto Operacional	6.600 m
Alcance	1.165 km
Comentários	
Total Adquirido	122 exemplares
Unidades Aéreas	Escola de Aeronáutica Centro de Preparação de Oficiais da Reserva Esquadrão Misto de Instrução Bases Aéreas
Designações	BT-15 e T-15
Matrículas	01 a 122, BT-15 1048 a 1166, 1373 a 1375

Vultee A-31 e A-35B Vengeance

De todas as aeronaves aliadas fabricadas em grande escala durante a Segunda Guerra Mundial, possivelmente, nenhuma apresentou desenvolvimento e entrada em serviço tão conturbados quanto os bombardeiros de ataque picado conhecidos como Vultee Vengeance. Mesmo quando superados os problemas técnicos que os acossaram, aqueles aviões foram julgados obsoletos, apesar de anotarem brilhantes serviços na missão para a qual foram projetados.

Nos primeiros meses da guerra, a espetacular atuação dos Junkers Ju-87 – popularmente conhecidos como Stuka – despertou a atenção e preocupação das autoridades aeronáuticas dos Estados Unidos, da França e do Reino Unido. Nos últimos dois países, as autoridades aeronáuticas militares se deram conta de que não dispunham de aeronave similar em suas respectivas forças aéreas. Por sua vez, apesar de haver formulado o conceito do avião de bombardeio picado, que foi abraçado sem restrições pelos alemães, na segunda metade dos anos 1930, os Estados Unidos praticamente perderam interesse nesse tipo de avião.

Com as indústrias aeronáuticas da França e do Reino Unido incapazes de atender às necessidades de curto prazo de suas respectivas forças aéreas, a partir de 1938, aqueles dois países buscaram ajuda nos Estados Unidos. Ambos examinaram o que aquele país podia oferecer de imediato ou desenvolver dentro de um curto

Camuflagem britânica e estrela da FAB em Santa Cruz. Os A-31 Vengeance vieram de um lote originalmente destinado à RAF. Foto Arquivo Jackson Flores Jr. / Action Editora Ltda.

espaço de tempo. Na virada de 1939 para 1940, os franceses abordaram a empresa Vultee Aircraft Incorporated para o desenvolvimento de um avião de bombardeio picado. O resultado foi o Model V-72, cuja proposta foi apresentada aos oficiais do Armée de l'Air, agradando-os de imediato. Ao delinear uma encomenda de 300 unidades, a primeira das quais deveria ser entregue em outubro de 1940, o contrato só não foi assinado porque a França se rendeu em junho de 1940.

Mas o vácuo deixado pelos franceses foi imediatamente preenchido pelos britânicos, que não dispunham de uma aeronave dedicada às missões de bombardeio picado. Assim, em 3 de julho de 1940, o governo de sua majestade assinou uma encomenda inicial de 200 aviões Vultee Model 72, um contrato de grandes proporções para uma empresa que registrava somente seis anos de existência.

Bem-vindo, o contrato acarretou também toda sorte de problemas. Quando de sua assinatura, o projeto do Model V-72 já havia ingressado em sua etapa de definição. Não obstante, os ingleses exigiram a introdução de centenas de modificações, que resultaram em consideráveis atrasos. Esse quadro foi bastante agravado em dezembro de 1941, quando os Estados Unidos entraram na guerra e se viram diante da necessidade de lançar mão de uma parcela dos aviões encomendados pela RAF. Em pouco tempo foram somadas outras dificuldades de toda ordem – desde questões logísticas até a confiabilidade do material empregado.

Para melhor atender aos requisitos da USAAF, ainda insatisfeita com o A-31 – como o Model V-72 passou a ser designado naquela força aérea –, a Vultee desenvolveu o A-35. Externamente idêntico ao A-31 Vengeance, nominalmente o A-35 Vengeance retificava muitas falhas encontradas em seu predecessor. Porém, o estigma que acompanhara o A-31 durante seu primeiro ano de operação, associado ao distanciamento da USAAF no que tange ao emprego de dedicados aviões de bombardeiro picado, bem como problemas com o grupo motopropulsor, determinou que os A-35 fossem relegados ao trabalho utilitário, como o reboque de alvos aéreos e à missão de ligação.

Apesar das muitas dificuldades materiais vividas pelas unidades que operaram os Vengeance, aquela aeronave se destacou em distintos teatros de operações, em especial o teatro China-Burma-Índia. Notabilizando-se por sua precisão como plataforma de ataque e extrema robustez, as Forças Aéreas da Austrália e da Índia e a RAF fizeram com que o Vengeance amealhasse uma impressionante folha corrida contra as forças japonesas.

Os Vultee A-31 e A-35B Vengeance na Força Aérea Brasileira

Como parte do programa de reequipamento da recém-organizada Força Aérea Brasileira, em julho de 1942, as autoridades militares norte-americanas decidiram destinar àquela arma 28 aviões de bombardeio picado Vultee Vengeance, a serem entregues entre agosto e dezembro daquele ano. Além disso, a FAB receberia 50 aviões Vultee A-35B no transcurso de 1943. Contudo, para evitar a heterogeneidade presente nos primeiros lotes de aviões Vengeance produzidos pela Vultee em suas instalações em Nashville (Tennessee – EUA), a USAAF optou por atrasar a entrega em alguns meses.

Em consequência, a USAAF separou 28 células pertencentes ao segundo lote do primeiro contrato de aviões Vultee Vengeance II, originalmente destinados à RAF. Para atender conveniências burocráticas, a USAAF designou essas aeronaves como A-31, mas eram rigorosamente iguais aos Vengeance II operados pela RAF, salvo a aplicação de insígnias nacionais típicas das aeronaves da USAAF.

Prontos em Nashville desde o final de outubro de 1942 e obedecendo ao planejamento estabelecido pela USAAF, pilotos do 4th Ferry Group deram início ao traslado desses aviões até o Brasil, em novembro de 1942. No entanto, esse trabalho não ficou livre de percalços, com nada menos do que três aviões vítimas de acidentes no México, um quarto que se acidentou no Brasil e um que teve que realizar pouso sem trem em San José (Guatemala), com perda total.

Recebidos e processados no Aeroporto Santos Dumont, os 27 Vultee Vengeance foram enviados para a Base Aérea de Santa Cruz (BASC) para serem incorporados ao II Grupo do 1º Regimento de Aviação. Com os novos aviões apresentando dóceis características e qualidades de voo, a conversão dos integrantes do quadro de pilotos daquela unidade transcorreu fluidamente.

Ao compartilhar o pátio de estacionamento com os V11-GB2 do I Grupo – igualmente fabricado pela Vultee e precursor do Vengeance –, os A-31 prontamente passaram a realizar missões de patrulha e acompanhamento de comboios ao largo dos litorais fluminense e paulista. Para tal, além das metralhadoras, os A-31 eram configurados com uma carga de profundidade Mk 17 Mod 1 de 325 lb, acomodada no compartimento de bombas, e duas bombas de

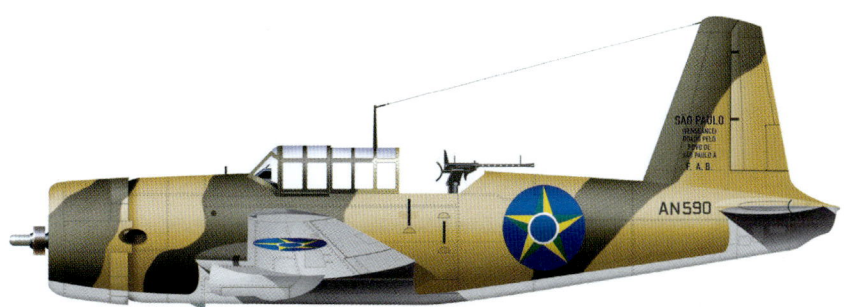

O Vultee A-31 FAB 10 visto com padrão de pintura e matrícula AN590 da RAF.

emprego geral – geralmente a AN/M43 de 500 lb, mas ocasionalmente a AN/M30 de 100 lb – nos cabides subalares.

Uma particularidade do II Grupo e seus A-31 ocorreu a partir de dezembro de 1943, quando seis oficiais e suboficiais da Fuerza Aérea Paraguaya foram recebidos e integrados ao quadro de pilotos da unidade. Egressos da Turma de 1943 da Escola de Aeronáutica, os seis pilotos paraguaios foram submetidos à conversão para habilitá-los a voar o Vultee Vengeance. No final de janeiro de 1944, aquele pessoal passou a realizar as várias modalidades de patrulha executadas pelos A-31 e, até o final de 1944, o sexteto de paraguaios havia anotado centenas de missões de patrulha e acompanhamento de comboios.

No entanto, as dificuldades que fustigaram os demais operadores do Vengeance perseguiram também os A-31 da FAB. Um dos pontos focais dessas dificuldades dizia respeito ao grupo motopropulsor que equipava os aviões. Conquanto a versão básica do motor Wright R-2600 era de comprovada eficiência e confiabilidade, a versão GR-2600-A5B5 não apresentava essas qualidades. Uma anomalia era o consumo extraordinariamente alto de óleo, atribuível a deficiências no ajuste dos anéis dos pistões dos motores. Como consequência, em voos mais longos existia o risco de o motor simplesmente "engripar" por falta de óleo. Outro problema dizia respeito a muitas bombas elétricas de combustível, que, periodicamente, apresentavam pane. Complicando esse quadro existia ainda o deficiente sistema logístico específico dos Vultee Vengeance.

Combinados, esses efeitos e outros problemas materiais não tardaram a surgir: e dos Vengeance lotados no II Grupo, somente 11 encontravam-se em condições de voo. É possível que esses fatos tenham atuado na primeira perda de um Vultee Vengeance da FAB no Brasil, ocorrida em 12 de outubro de 1943, na vizinhança da Base Aérea de Santa Cruz, e que vitimou seus dois ocupantes.

Os A-31/A-35B tiveram uma vida efêmera na FAB, operando por cerca de cinco anos. Muito desse pouco tempo de FAB se deve aos constantes problemas de manutenção ocasionados pelo motor GR-2600-A5B5. Foto Museu Aeroespacial do Campo dos Afonsos.

Os Vengeance serviram somente em Santa Cruz. Primeiramente no II Grupo do 1º RAv, que, em 1947, passou a ser designado 1º Grupo de Bombardeio Picado (1º GBP).
Foto Arquivo João Eduardo Magalhães Motta.

Apesar de serem pouquíssimos os registros referentes à operação dos Vengeance na FAB, distintos relatos dão conta de que o motor GR-2600-A5B5 proporcionava constantes dores de cabeça.

Através do Decreto-lei 6.796, de 17 de agosto de 1944, foi criado o 1º Grupo de Bombardeio Picado (1º GBP), com sede na Base Aérea de Santa Cruz. Como consequência, os Vultee Vengeance do II Grupo, bem como os Vultee V11-GB2 do I Grupo, foram absorvidos por aquela unidade, que contava com quatro esquadrilhas.

O mesmo decreto criou também o 2º Grupo de Bombardeio Picado (2º GBP), com sede na Base Aérea de São Paulo. O planejamento existente naquele momento era que o 2º GBP recebesse aviões Vultee A-35B Vengeance, o sucessor do A-31. De fato, as autoridades da USAAF haviam delineado um novo plano, que contemplava a entrega de 41 desses aviões entre julho e outubro de 1943, à razão de cinco aeronaves por mês, seguidos de 10 unidades em novembro e 11 em dezembro. Entretanto, os problemas logísticos que atingiam os A-31 também perseguiram os A-35B. E apesar dos esforços de diferentes setores da USAAF, a versão militar do Wright GR-2600-A5B5 – o R-2600-13 – também apresentava problemas, acrescido pelo agravante de que lotes inteiros foram contaminados por ferrugem.

Em meados de 1944, foi novamente convocado o 4th Ferry Group para iniciar o traslado dos A-35B-VN destinados à FAB. Porém, a história dos A-31 se repetiria com os A-35B, mas de forma bem mais incisiva, quando não impressionante. Diferentes fontes indicam que, no início do segundo semestre de 1944, houve o traslado dos A-35B. Mas, logo de saída, em 16 de julho, uma das aeronaves sofreu pane de motor e fez aterrissagem forçada no Amapá, seguida, dias depois, por outra, que se acidentou no pouso em Vitória (ES). Depois de aparentemente suspender o traslado por um breve período, este foi reiniciado em agosto, quando cinco aviões chegaram ao Aeroporto Santos Dumont no final do mês.

Em outubro, dois A-35B colidiram durante o táxi em Guantanamo (Cuba) e foram dados como perdidos. O mês seguinte foi ainda menos auspicioso,

Um dos Vengeance da FAB visto em voo. Durante as missões de patrulha na Segunda Guerra Mundial, os A-31 voavam armados com metralhadoras M43 e bombas Mk.17. Foto Museu Aeroespacial do Campo dos Afonsos.

porque dois A-35B colidiram em voo nas vizinhanças da Ilha de Santa Lúcia e seis chegaram à Base Aérea de Fortaleza, onde os voos foram suspensos até que fossem trocados os motores. Contudo, o pessoal do 4th Ferry Group persistiu e perdeu naquele mês mais dois aviões, resultado de pane no motor. Um em Itapemirim (ES) e outro em Caravelas (BA). Essa impressionante cadeia de eventos foi arrematada em 1º de dezembro de 1944, quando um A-35B – já transferido para a FAB – sofreu pane de motor na final para o pouso na Base Aérea de Santa Cruz, vindo a submergir nas águas da Baía de Sepetiba (RJ).

Consta que uma ordem emitida pela USAAF determinou que todos os A-35B em traslado para o Brasil simplesmente parassem de voar, permanecendo onde quer que se encontrassem. Em consequência, durante muitos anos, de acordo com relatos verbais, diversos A-35B podiam ser vistos estacionados no Campo de Caravelas, apodrecendo aos poucos pela ação do tempo.

Quanto aos A-31 e A-35B da FAB, estava claro que dificilmente seria possível sanar suas deficiências materiais. E diante das medidas aplicadas pela própria USAAF quanto aos A-35B de sua dotação, seria praticamente impossível manter aberta uma linha logística entre aquele país e o Brasil e assim garantir a disponibilidade desses aviões.

Em consequência, os A-35B que haviam sido distribuídos ao 2º GBP – que nunca chegou a ser ativado e foi dado como extinto em dezembro de 1945 – foram transferidos para o 1º GBP. Meses antes, em agosto, ficou estabelecido que o 5º Regimento de Aviação (5º RAv) abrigaria o 1º GBP. Assim, em maio de 1946, a Diretoria de Material da Aeronáutica determinou que os Vultee V11-GB2, A-31 Vengeance e A-35B fossem transferidos para a Base Aérea de Curitiba, sede do 5º RAv.

Contudo, no que tange aos A-31 e A-35B, essa medida não chegou a concretizar-se. No transcorrer de 1947, todos os A-31 – 19 células – foram recolhidos ao Parque de Aeronáutica de São Paulo. Lá essas aeronaves foram desmontadas e seus componentes em bom estado foram utilizados como matéria-prima aproveitável, antes de suas células serem alienadas como sucata. Por sua vez, os A-35B foram reclassificados como avião de instrução no solo e destinados ao acervo da Escola Técnica de Aviação (ETAv), com sede em São Paulo. Estes se juntaram a um solitário RA-35B-VN, que chegara no terceiro trimestre de 1944 e que fora entregue a ETAv para ser empregado como aeronave de instrução no solo.

Vultee A-31 e A-35B Vengeance

Período de Utilização	De 1942 até 1947	
Fabricante	Vultee Aircraft Incorporated, Downey (Califórnia – EUA)	
Emprego	Bombardeio picado e patrulha	
Características Técnicas	Vultee A-31 Vengeance	Vultee A-35B
Motor	Wright GR-2600-A5B5 de 1.700 hp	Wright R-2600-13 de 1.700 hp
Envergadura	14,63 m	14,63 m
Comprimento	12,11 m	12,11 m
Altura	4,67 m	4,67 m
Área Alar	30,84 m^2	30,84 m^2
Peso Vazio	4.672 kg	4.672 kg
Peso Máximo	7.439 kg	7.439 kg
Armamento	3 metralhadoras Browning M2 .30 em cada asa 2 metralhadoras móveis Browning M2 .30 na nacele traseira Até 909 kg de carga ofensiva em cabides subalares e no compartimento de bombas	2 metralhadoras Browning M2 .50 em cada asa 1 metralhadora móvel Browning M2 .50 na nacele traseira Até 1.136 kg de carga ofensiva em cabides subalares e no compartimento de bombas
Desempenho		
Velocidade Máxima	449 km/h	449 km/h
Razão de Subida	413 m/min	413 m/min
Teto Operacional	6.797 m	6.797 m
Alcance	3.698 km	3.698 km
Comentários		
Total Adquirido	28 exemplares (Vultee Vengeance II) 6 exemplares (Vultee A-35B)	
Unidades Aéreas	II Grupo do 1º Regimento de Aviação (A-31) 1º Grupo de Bombardeio Picado (A-31 e A-35B)	
Designações	Vultee Vengeance II: A-31 Vultee A-35B Vengeance: A-35, posteriormente alterado para IS-A-35 para aquelas células reclassificadas para instrução no solo	
Matrículas	A-31: inicialmente, foram atribuídas as matrículas 01 a 18, porém, empregando aquelas atribuídas pela RAF (AN581 a AN608); em 1945, foram rematriculados 6000 a 6027 A-35B: inicialmente, foram atribuídas as matrículas 01 a 05; em março de 1945, foram rematriculados 6056 a 6060; a sexta célula, destinada à instrução no solo, não recebeu matrícula	

Curtiss P-40K

Ao ingressar na Segunda Guerra Mundial, os Estados Unidos se viram não somente despreparados em termos de pessoal, mas também com seus meios materiais, que, em muitos casos, se encontravam obsoletos. Isso era especialmente verdade entre os recursos aéreos à disposição da Força Aérea do Exército dos Estados Unidos (USAAF) e da arma de aviação de sua Marinha (USN).

Em dezembro de 1941, a USAAF contava somente com o Bell P-39 e o Curtiss P-40 como seus principais vetores de caça, ambos nitidamente inferiores em desempenho quando comparados aos caças adversários. Soluções mais modernas, adequadas e em número suficiente para fazer alguma diferença só se fariam presentes no final de 1942 ou início do ano seguinte. Assim, a USAAF teve que solicitar à Bell e à Curtiss que continuassem a desenvolver novas versões de seus respectivos aviões de forma que pudessem atender mais adequadamente às necessidades do momento.

No que tange à Curtiss, até aquele momento, haviam sido desenvolvidos e postos em produção o P-40D e o P-40E. Logo em seguida veio o P-40F, que casou a célula do P-40 com o motor Rolls-Royce Merlin. Todos esses modelos surgiram antes de os Estados Unidos entrarem no conflito e se beneficiaram das solicitações apresentadas pelos clientes de exportação do país, em especial o Reino Unido.

Às vésperas do ataque a Pearl Harbor, a Curtiss recebeu um contrato para produzir 600 exemplares do P-40K, uma versão destinada à China. Os dois lotes iniciais de produção eram muito semelhantes aos derradeiros lotes do P-40E, mas contavam com um motor Allison V-1710, que gerava muito mais potência do que os de modelos anteriores. Tal incremento de potência compeliu a Curtiss a alongar a fuselagem da aeronave para remediar a acentuada tendência de derivar na decolagem, modificação introduzida com base no P-40K-10-CU. Paralelamente, foram realizadas modificações no equipamento e nos acessórios da aeronave. Em face da experiência dos ingleses e de outros operadores frequentemente obrigados a operar em pistas mal preparadas e arenosas, ficou decidido aumentar a "pegada" (footprint) das rodas do trem de pouso para melhorar as características de táxi, decolagem e pouso em pistas daquele tipo.

Dois P-40K do II Grupo Monoposto-Monomotor (II GMM), de Recife, vistos em voo ostentando o famoso Zé Louro na tomada do radiador. Durante a Segunda Guerra Mundial, as unidades americanas introduziram o costume do nose art no Brasil, pratica que foi abraçada com entusiasmo pelos jovens pilotos da FAB. Foto Arquivo Action Editora Ltda.

O Curtiss P-40K-10 02 pertencente ao II GMM da Base Aérea de Recife (PE).

Apesar da intenção da Curtiss e da USAAF de cessar a produção do P-40 assim que fosse concluída a fabricação dos 600 P-40K originalmente destinados à China – mas que foram redistribuídos para as Forças Aéreas do Reino Unido, do Canadá, da Austrália e da Nova Zelândia –, as contingências do momento fizeram com que o número final de P-40K produzidos fosse elevado para 1.300 exemplares.

O Curtiss P-40K na Força Aérea Brasileira

Para prosseguir ao reforço que os Estados Unidos estavam dando à capacidade de defesa aérea das regiões Norte e Nordeste do Brasil, já no terceiro trimestre de 1942, foi iniciada a entrega de aviões Curtiss P-40K à Força Aérea Brasileira. No intervalo entre a chegada dos primeiros e dos últimos aviões, a FAB recebeu exemplares do Curtiss P-40K-10-CU e P-40K-15-CU, que pouquíssimas diferenças apresentavam entre si. Em outubro de 1944 a FAB recebeu dois P-40K-1-CU matriculados 4101 e 4102, como aviões war weary (cansado de guerra), para serem empregados como material de instrução no solo.

Trasladados por pilotos da USAAF – quase todos pertencentes ao 5th Ferry Group (5º Grupo de Traslado) –, esses aviões foram chegando aos poucos até meados de março de 1943. Aquela viagem, no entanto, não foi livre de percalços. Ao descer, em etapas, pela América Central e atravessar as Guianas, alguns P-40K foram perdidos após a execução de pousos forçados. Assim ocorreu com dois aviões que fizeram pousos fora do campo, em 27 de janeiro de 1943, o primeiro quando estava perto de Caiena (Guiana Francesa) e outro já próximo a Paramaribo (Suriname). Dois dias depois, outros dois P-40K ficaram sem combustível e realizaram a aterrissagem fora do campo e com trem recolhido na região norte da Ilha de Marajó (PA), nas vizinhanças de Arapixi. Um desses aviões foi recolhido por uma equipe de resgate da FAB que, após enfrentar imensas dificuldades, o levou até Belém (PA), posteriormente encaminhando a aeronave para o Parque de Aeronáutica de São Paulo.

Ao chegarem, os primeiros P-40K começaram a ser designados às unidades operadoras – a 2ª Esquadrilha do Grupo Monoposto-Monomotor da Base Aérea de Natal (RN) e o II Grupo Monoposto-Monomotor da Base Aérea de Recife. Encerradas as entregas e excluídos os quatro aviões recebidos para instrução no solo ou resgatados após se acidentarem durante o traslado ao Brasil, a FAB havia incorporado 25 caças Curtiss P-40K-10-CU e P-40K-15-CU. A distribuição inicial fez com que 15 fossem enviados para a Base Aérea de Recife e 10 para a Base Aérea de Natal.

Assim como os P-40E de Natal, a atribuição dos recém-chegados P-40K era defender o Norte e o Nordeste do Brasil de possíveis intervenções aéreas inimigas. Porém, o próprio desenrolar da guerra fez com que essa possibilidade ficasse cada vez mais distante. E tal como já estava ocorrendo com os P-40E, os P-40K passaram a guerra desempenhando missões de patrulha e acompanhamento de comboios. Mesmo sendo diferente da finalidade para a qual foram incorporados na FAB, o uso dado aos P-40K nas missões de patrulha foi bastante intenso. Naquela época, realizaram uma tarefa que passou para a história. Após a seleção dos voluntários que iriam integrar o 1º Grupo de Aviação de Caça, alguns escolhidos foram levados para Natal, onde receberam cerca de 20 horas de instrução no P-40K.

Essa rotina era ocasionalmente aliviada por exercícios, como tiro ar-terra, adestramento de unidades de artilharia antiaérea do Exército Brasileiro e prática de interceptação de aeronaves em condições noturnas com o uso de holofotes em terra. No entanto, toda essa atividade cobrou seu preço num breve espaço de tempo: em 17 semanas, nada menos do que oito aviões P-40K de Natal e de Recife se acidentaram, com perda total, quatro deles no transcorrer de um mês. De fato, um oficial aviador logrou a dúbia distinção de ter abandonado duas vezes, no intervalo de 28 dias, um P-40K que apresentara problemas mecânicos, saltando de paraquedas em ambas as ocasiões.

A criação do 2º Grupo de Caça, em 17 de agosto de 1944, veio substituir o Grupo Monoposto-Monomotor de Natal. Quase concomitantemente, os P-40K que se encontravam na Base Aérea de Recife foram transferidos para Natal. No entanto, 49 dias mais tarde, um Decreto-lei criava, na Base Aérea de Natal, o 1º Grupo Misto de Aviação e determinava que o 2º GpCa fosse transferido para a Base Aérea de Santa Cruz (RJ). Em consequência, ao longo das semanas seguintes, os P-40K iniciaram viagem para o Sul, exceto alguns aviões, que já haviam sido recolhidos ao Parque de Aeronáutica de São Paulo (PqAerSP) para serem submetidos à revisão geral.

Mas a passagem desses aviões pela Base Aérea de Santa Cruz foi razoavelmente breve, já que alguns foram encaminhados logo em seguida para o PqAerSP, enquanto outros empreenderiam uma viagem ainda mais para o sul, no final de 1945, dessa vez para Gravataí (RS), onde se juntaram aos Curtiss P-40N pertencentes ao 3º Grupo de Caça.

Essa providência veio na esteira de diversas medidas que visavam dar uma nova organização à FAB, algumas claramente objetivando a concentração de todos os meios materiais de determinado tipo em uma só sede. Como consequência, os Curtiss P-40 – independentemente da versão – foram reunidos no Rio Grande do Sul para fazer parte dos acervos do 3º e 4º Grupos de Caça.

Os K foram os primeiros P-40 recebidos em grande quantidade pela FAB e se tornaram responsáveis por criar uma capacidade de defesa aérea e de patrulha mais eficiente a partir de 1943. Foto Arquivo João Eduardo Magalhães Motta.

Piloto da FAB diante da famosa Shark Mouth (boca de tubarão) dos P-40. Esta pertence a um dos P-40K do GMM em Natal. Foto Arquivo João Eduardo Magalhães Motta.

Quanto aos P-40K que já se encontravam no PqAerSP ou que para lá foram recolhidos após uma breve estadia na Base Aérea de Santa Cruz, esses tiveram sorte bastante variada. Após sofrerem demorada revisão e recuperação, 10 células foram enviadas para a Base Aérea de Canoas (RS) em 1946. Por sua vez, outras sete aeronaves foram dadas como de recuperação antieconômica e excluídas da carga da FAB.

Em parte, as dificuldades enfrentadas pelo Parque de Aeronáutica de São Paulo para recompor a frota de caças P-40K se deveram ao enorme desgaste sofrido por esses aviões durante sua permanência nas bases do Nordeste. Por outro lado, existiam obstáculos logísticos a serem galgados, já que o P-40K não era mais produzido nos Estados Unidos, e a própria USAAF tratou de consignar à sucata os exemplares que ainda existiam em seu acervo após o fim da guerra. Porém, o PqAerSP logrou colocar em condições de voo um dos P-40K war weary distribuídos ao 1º Grupo Misto de Instrução da ETAv para o treinamento de mecânicos, de modo que aquela aeronave chegou a Canoas em julho de 1952.

Por maior que tenha sido o esmero do Parque de Aeronáutica de São Paulo em recuperar e revisar os P-40K, eles gradativamente cederam ao cansaço material. Primeiro foram as células que não tinham passado pelo PqAerSP, mas que foram recolhidas ao recém-criado Núcleo do Parque de Aeronáutica de Porto Alegre (NPqAerPA) no final de 1949 e de lá nunca mais saíram. Em seguida, foi a vez das muitas que foram entregues pelo PqAerSP em 1947 e 1948. Finalmente, em 1951, só restavam dois caças P-40K em atividade. Mas estes, possivelmente contrariando as expectativas de muitos, permaneceram em franca atividade até o final de maio de 1954, acrescidos por outro P-40K-1, que se submetera a trabalho de recuperação realizado pelo pessoal técnico do NPqAerPA, e um quarto, que antes servira como célula de instrução no solo.

Inicialmente encarregado da formação de novas gerações de pilotos de caça, o 1º/14º GAV deixou de realizar essa tarefa em 1949, passando a desempenhar, então, o papel de unidade aérea de emprego operacional. Apesar de ser uma mudança bem-vinda, em outubro daquele ano, os eventos levariam à suspensão do voo

Um dos P-40K do II GMM acidentado. O P-40K foi o pivô do fim da operação do P-40 na FAB, pois foi o P-40K 4035 que gerou o acidente de 9 de maio de 1954, em Canoas, que vitimou o Capitão Flávio Argolo culminando com a desativação do tipo devido á problemas de fadiga. Foto Museu Aeroespacial do Campo dos Afonsos.

de todos os aviões P-40 – independentemente da versão – como resultado de um acidente ocorrido com um P-40N. Excetuando algumas poucas surtidas locais de ensaio e voo de traslado até o PqAerSP para serem submetidos a inspeções e medidas retificadoras do sistema de acionamento do trem de pouso e da longarina, os poucos P-40K existentes na unidade praticamente deixaram de voar. Essa situação perdurou até dezembro de 1950, quando os P-40K gradativamente voltaram à ativa após se submeterem aos já mencionados trabalhos.

Os anos de 1951 e 1952 foram bastante intensos, pois os P-40K do 1º/14º GAV participaram ativamente dos diversos eventos que fazem parte do ano de instrução de uma unidade operacional. Em 1953, essa atividade ganhou vulto por causa do retorno da instrução dos novos caçadores, consequência da aquisição de caças a jato Gloster Meteor TMk.7 e FMk.8 pela FAB e que levou o 2º Esquadrão do 1º Grupo de Aviação de Caça a transferir essa missão para o 1º/14º GAV. Já naquela ocasião, as autoridades já haviam definido que os P-40 seriam substituídos por esses jatos a partir de 1955.

Assim, 1954 seria, para todos os efeitos, o "canto do cisne" dos P-40, incluindo os P-40K. A intenção era que esse caça encerrasse a sua carreira operacional com classe ao formar caçadores os aspirantes que chegariam a Canoas naquele ano. No entanto, o fim foi abrupto e trágico.

Em meados de abril de 1954, a inspeção de um P-40 revelou nervuras de asa partidas e rachadas, o que determinou a imediata suspensão do voo desses caças, fenômeno que se repetiria em praticamente todos os outros aviões da unidade. O PqAerSP prontamente respondeu à emergência, iniciando um intenso programa de substituição das nervuras comprometidas e inclusão de reforços estruturais. Trabalhando em ritmo febril, os técnicos do parque deram como pronta a primeira aeronave no início de maio de 1954. O P-40K 4039 decolou no dia 9 de maio para um voo de ensaio, ao iniciar uma suave picada sobre a Base Aérea de Canoas a asa direita se partiu, fechando-se sobre a nacele do piloto, que morreu como resultado do acidente.

Foi somente muitos meses mais tarde que veio à tona a resposta para aquele acidente. Como consequência da adoção de rodas de maior diâmetro, uma modificação encontrada em todas as versões daquele caça a partir do P-40F, foi necessário reduzir as dimensões da longarina para acomodar o alojamento do trem principal, o que comprometeu a sua vida útil. A USAAF havia emitido, durante a guerra, uma ordem técnica urgente que determinava o reforço daquela peça. No entanto, a cópia da ordem enviada ao Brasil nunca chegou a ser cumprida.

Ao menos dois voos de ensaio com outro P-40K chegaram a ser realizados na primeira metade de junho de 1954. No entanto, o destino dos P-40K e demais caças P-40 estava selado, e os aviões foram recolhidos ao Núcleo do Parque de Aeronáutica de Porto Alegre. Lá as células existentes do P-40K foram gradualmente "canibalizadas" e, em 1958, transformadas em sucata. Um P-40K-1, FAB 4102, ficou alocado à ETAv de 1946 a 1950, quando foi transferido para a EEAer. Esta aeronave serviu como classe 26 até ser descarregada em setembro de 1967.

Curtiss P-40K

Período de Utilização	De 1942 até 1967
Fabricante	Curtiss-Wright Corporation, Airplane Division, Buffalo (Nova York – EUA)
Emprego	Caça
Características Técnicas	
Motor	Allison V-1710-73 de 1.325 hp
Envergadura	11,37 m
Comprimento	10,15 m (P-40K-10 e 15) 9,66 m (P-40K-1)
Altura	3,24 m
Área Alar	21,92 m²
Peso Vazio	2.903 kg
Peso Máximo	4.536 kg
Armamento	6 metralhadoras Browning M2, calibre .50 Até 454 kg em cargas externas
Desempenho	
Velocidade Máxima	582 km/h
Razão de Subida	609 m/min
Teto Operacional	8.534 m
Alcance	1.126 km
Comentários	
Total Adquirido	29 exemplares
Unidades Aéreas	2ª Esquadrilha/Grupo Monoposto-Monomotor Escalão Volante da Base Aérea de Recife 2º Grupo de Caça ETAv e EEAer 1º Grupo Misto de Aviação 3º Grupo de Caça 4º Grupo de Caça 1º/14º Grupo de Aviação
Designações	P-40K, posteriormente alterado para F-40K
Matrículas	Os P-40K foram incorporados com matrículas americanas e, em seguida, receberam matrículas de dois dígitos 06 a 25, 27 a 31 e 83 a 86. Após julho de 1945, foram rematriculados 4026 a 4050, 4101, 4102, 4148 e 4149

Curtiss P-40M

Para dar continuidade à evolução do caça que originalmente desenvolvera em 1938, a Curtiss deu forma a uma versão do P-40 que visava atender às necessidades de forças aéreas aliadas. Usando como ponto de partida o P-40K-20-CU, a nova versão apresentava como principal diferença o uso do motor Allison V-1710-81, que gerava menos potência que os V-1710-73 que equipavam os P-40K. Apesar disso, o P-40M — como foi designada pela United States Army Air Force (USAAF) essa nova versão do P-40 – apresentava melhor desempenho em alguns segmentos do envelope de voo. Isso se deveu a diversas medidas para reduzir o peso vazio da aeronave em 430 kg.

O contrato de produção do P-40M foi assinado em agosto de 1942 e, em novembro daquele ano, o primeiro daqueles caças ficou pronto. Exatos 600 aviões foram produzidos pela Curtiss e, desses, aproximadamente 475 foram entregues à Royal Air Force (RAF), à Royal Australian Air Force (RAAF), à Royal New Zealand Air Force (RNZAF) e à South African Air Force (SAAF), todos sob a designação inglesa Kittyhawk III. Tal como as outras versões do P-40 empregadas pela RAF e pela RAAF, o P-40M se destacou no teatro de operações da África do Norte como vetor de ataque e como avião de caça. Com essas duas forças aéreas, além da RNZAF, o P-40M participou ativamente também de diversas campanhas realizadas no sudoeste do Pacífico.

O Curtiss P-40M na Força Aérea Brasileira

A Força Aérea do Exército dos Estados Unidos transferiu para a Força Aérea Brasileira caças P-40E e P-40K em 1942. Em 1943, chegaram mais lotes desses caças, porém, da versão P-40M-5-CU.

Muito semelhantes aos P-40K que já se encontravam em serviço nas Bases Aéreas de Natal e Recife, os P-40M ofereciam melhor desempenho, especialmente a grande altitude, graças ao melhor rendimento do motor e ao menor peso da célula.

Como acontecera com os demais caças P-40 recebidos pelo Brasil, os P-40M foram trazidos ao país por pilotos da USAAF e, à semelhança do que ocorreu com

Linha de P-40 do 3º GpCa na chamada "fazendinha" da então Base Aérea de Porto Alegre. Em primeiro plano, o 4057, um dos nove P-40M que fizeram parte do inventário da FAB. Foto Arquivo Action Editora Ltda.

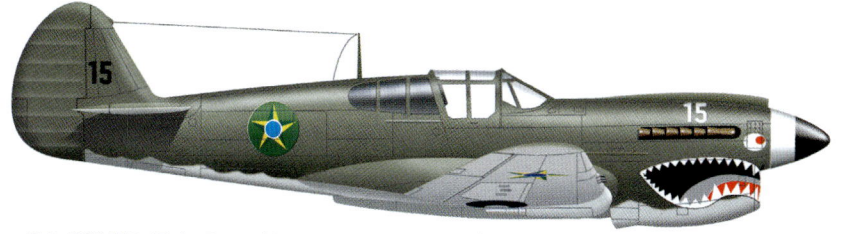

O P-40M FAB 15 do Grupo Monoposto-Monomotor (GMM) baseado em Natal.

muitos P-40K, por pessoal pertencente ao 5th Ferry Group (5º Grupo de Traslado). De acordo com as poucas referências existentes, os 10 aviões P-40M que foram transferidos para a FAB iniciaram sua viagem para o Brasil no final de fevereiro. Transportados em pares que tiveram que realizar diversas escalas, os caças desceram a América Central e cruzaram as Guianas até chegar ao território brasileiro, numa viagem que demorou alguns dias. Encerrado o deslocamento na primeira metade de março – e tal como ocorrera com os P-40K –, houve um acidente, com perda total, de um M, em 6 de março, em Rio Hato (Panamá).

Os nove aviões remanescentes chegaram a Natal (RN) e quatro foram incorporados ao Grupo Monoposto-Monomotor. Dos cinco restantes, dois foram enviados para a Base Aérea de Recife, a fim de reforçar a dotação de caças do II GMM daquela base, enquanto os outros três seguiram para a Base Aérea de Salvador (BA) para compor uma esquadrilha de caça.

Durante a Segunda Guerra Mundial, os P-40M desenvolveram principalmente missões de patrulha, realizando ainda o acompanhamento dos muitos comboios que transitavam ao largo do litoral, indo e vindo entre o Brasil e os Estados Unidos. A finalidade para a qual foram entregues à FAB – defender o litoral do Nordeste de possíveis ataques aéreos inimigos – jamais foi alcançada, diante da forma como evoluiu a guerra.

Em 17 de agosto de 1944, foi criado, na Base Aérea de Natal, o 2º Grupo de Caça (2º GpCa), que veio absorver todo o acervo material e de pessoal do Grupo Monoposto-Monomotor. Paralelamente, os P-40M distribuídos às Unidades Volantes da Base Aérea de Recife (PE) e da Base Aérea de Salvador foram reunidos em Natal e integrados ao acervo do 2º GpCa. Sete semanas mais tarde, foi determinada a mudança de sede do 2º Grupo de Caça, que assim deixava Natal. Antes do final do ano, todos os Curtiss P-40, incluindo os P-40M, haviam seguido para sua nova sede, na Base Aérea de Santa Cruz (RJ). Dos nove aviões P-40M que a FAB recebeu, somente sete realizaram essa viagem, já que dois foram perdidos em acidentes ocorridos em junho e setembro de 1944, respectivamente, quando realizavam voo de adestramento nas vizinhanças de Barra das Jangadas (PE) e Macau (RN).

No entanto, o período de mudanças não estava encerrado e a passagem dos P-40M pela Base Aérea de Santa Cruz foi relativamente breve. O fim da Segunda Guerra Mundial trouxe de volta ao Brasil o 1º Grupo de Aviação de Caça e, com ele, caças P-47D em número suficiente para dotar dois esquadrões. Assim, no final de 1945, os P-40M deveriam empreender uma viagem para o Sul como resultado de sua transferência para o 3º Grupo de Caça, com sede na Base Aérea de Canoas (RS). Entretanto, as informações disponíveis sugerem que somente um P-40M seguiu para Canoas. Os seis aviões restantes foram recolhidos ao Parque de Aeronáutica de São Paulo (PqAerSP) para serem submetidos à revisão geral e recuperação.

A intensidade das operações no Nordeste brasileiro havia cobrado um preço alto, e o processo de revisão e recuperação das aeronaves exigiu considerável esforço por parte do PqAerSP. Das células recolhidas, a recuperação de duas foi julgada antieconômica e as aeronaves foram prontamente canibalizadas, enquanto as quatro restantes foram encaminhadas para a Base Aérea de Canoas, em setembro de 1947.

A extinção dos 3º e 4º Grupos de Caça, em março de 1947, e a concomitante criação do 14º Grupo de Aviação não alteraram significativamente as atividades dos P-40M. Incorporados ao acervo do recém-ativado 1º/14º Grupo de Aviação (1º/14º), esses caças participaram no desenvolvimento da principal atribuição daquele esquadrão, que era formar novas gerações de pilotos de caça. Mesmo sem que essa responsabilidade continuasse com o 1º/14º GAV, a partir de 1949, o ritmo de utilização dos P-40M permaneceu inalterado, só que agora executando missões em cumprimento do ano de instrução de uma unidade aérea de emprego operacional.

Reassumindo em 1953 o papel de unidade destinada à formação de pilotos de caça, o 1º/14º GAV e os seus P-40M – agora reduzidos a três exemplares distribuídos entre as Esquadrilhas Branca e Preta do Esquadrão – voltaram à tarefa de instrução. Apesar de já serem poucos, os P-40M levaram uma vida razoavelmente ativa durante o transcorrer de 1953, salvo um, que foi submetido a trabalho de revisão geral no Núcleo do Parque de Aeronáutica de Porto Alegre (RS) que durou oito meses.

O início de 1954 prometia ser o último ano de atividade dos P-40M e das demais versões de P-40 que se encontravam em operação no 1º/14º GAV, já que, em breve, cederiam lugar aos jatos Gloster Meteor. Assim foi, porém, de forma completamente inesperada. Depois de serem detectadas, em abril daquele ano, deficiências estruturais nas asas da maioria dos caças P-40 da FAB, os P-40M foram suspensos do voo a fim de serem submetidos a trabalhos de inspeção e reparos. No entanto, a queda, em maio, de um P-40K que havia concluído esses trabalhos levou à suspensão definitiva do voo de todos os P-40, incluindo os P-40M. Recolhidos ao Núcleo do Parque de Aeronáutica de Porto Alegre, aqueles aviões foram posteriormente desmontados, as peças e os componentes úteis, reaproveitadas e as carcaças, sucateadas naquele núcleo de parque.

Curtiss P-40M

Período de Utilização	De 1942 até 1954
Fabricante	Curtiss-Wright Corporation, Airplane Division, Buffalo (Nova York – EUA)
Emprego	Caça
Características Técnicas	
Motor	Allison V-1710-81 de 1.200 hp
Envergadura	11,37 m
Comprimento	10,15 m
Altura	3,75 m
Área Alar	21,92 m²
Peso Vazio	2.473 kg
Peso Máximo	4.037 kg
Armamento	6 metralhadoras Browning M2, calibre .50 Até 454 kg em cargas externas
Desempenho	
Velocidade Máxima	579 km/h
Razão de Subida	624 m/min
Teto Operacional	9.144 m
Alcance	1.126 km

Continua

Comentários	
Total Adquirido	9 exemplares
Unidades Aéreas	Grupo Monoposto-Monomotor de Natal II GMM Escalão Volante da Base Aérea de Salvador 2º Grupo de Caça 1º Grupo Misto de Aviação 3º Grupo de Caça 1º/14º Grupo de Aviação
Designações	P-40M, posteriormente alterado para F-40M
Matrículas	Durante a guerra, os P-40M ostentavam matrículas de dois dígitos (26, 32 a 39). A partir de julho de 1945 foram atribuídas as matrículas 4051 a 4059

Consolidated PBY-5 Catalina, PBY-5A e PBY-6A

Na década de 1930, a US Navy considerava que um conflito no Pacífico seria um problema, pois demandaria aeronaves com um grande raio de ação, uma vez que as áreas terrestres próximas ao litoral naquela região contavam com pouca disponibilidade de pistas e seus monomotores biplanos Consolidated P2Y e Martin P3M não atendiam às necessidades americanas naquela região. Com essa visão estratégica e o poderio japonês no sudoeste do Pacífico em crescente evolução, foram emitidas as especificações para a construção de um barco voador, a ser empregado como bombardeiro de patrulha capaz de ser empregado contra as linhas de suprimento do potencial futuro inimigo.

Após várias propostas apresentadas pela Martin, Douglas e Consolidated, a US Navy optou pelo projeto da última por ser mais simples e de menor custo. O projeto, de autoria do engenheiro Isaac MacLaddon, era para um bimotor com

O primeiro Catalina brasileiro foi o FAB 01, um modelo PBY-5. Os sete primeiros Catalina da Força Aérea eram hidroaviões e haviam pertencido à USN. Na FAB foram empregados em missões de patrulha a partir de Belém, Rio de Janeiro e Florianópolis. Foto Arquivo João Eduardo Magalhães Motta.

Bela imagem do FAB 16 (FAB 6515) na curta final do Galeão. A primeira fase da vida operacional dessas aeronaves foi como avião de patrulha marítima. Foto Arquivo Ricardo Bonalume Neto.

asas para-sol, quatro montantes de fixação e flutuadores retráteis nas pontas das asas que permitiam melhor controle da aeronave quando na água e menor arrasto aerodinâmico quando em voo.

O protótipo, que realizou o seu primeiro voo em 28 de março de 1935, era equipado com dois motores Pratt & Whitney R-1830-1854 Wasp de 850 hp, montados bem próximo à fuselagem; como armamento, podia transportar 907 kg de bombas sob as asas e possuía quatro metralhadoras .30 para sua autodefesa.

Denominado pela US Navy XPBY-1 (X de experimental, BP de Bomber Patrol e o Y designava a fábrica Consolidated), a aeronave foi submetida à intensa avaliação, que resultou em uma mudança para motores de 900 hp e modificações aerodinâmicas que facilitaram a decolagem, sendo entregue para a primeira unidade operacional em 1936.

Conforme ocorre com toda aeronave, à medida que os problemas foram surgindo durante o uso, as correções iam sendo implantadas e as variantes, aparecendo. Assim, de setembro de 1936 a setembro de 1940, quando começou a produção do PBY-5, a quantidade de aeronaves que deixou a fábrica era pequena.

O Modelo 28-5, ou PBY-5, incorporou motores Pratt & Whitney R-1830-82 de 1.200 hp, hélices hidráulicas, tanques de combustível extra com proteção autosselante e as características bolhas, de onde eram operadas as metralhadoras de 12,7 mm e realizada a observação aérea. A tripulação era constituída por dois pilotos, um operador de rádio, um navegador, dois artilheiros/observadores e um mecânico/artilheiro. Essa versão foi denominada Catalina em outubro de 1941, como referência ao Golfo de Santa Catalina, em San Diego (Califórnia), e foram produzidas 978 unidades.

A necessidade de operar a partir de pistas de pouso fez surgir o Modelo 28-5A, ou PBY-5A, que era a versão anfíbia do PBY-5. O trem de pouso triciclo era acionado hidraulicamente e as rodas principais recolhiam para a lateral da fuselagem através de um sistema de engrenagem. Foram construídos 782 PBY-5A.

A Naval Aircraft Factory, oficina da US Navy, realizou importantes modificações no projeto original: aumentou a capacidade do tanque de combustível e, consequentemente, o seu alcance; reforçou as asas, o que elevou seu peso máximo

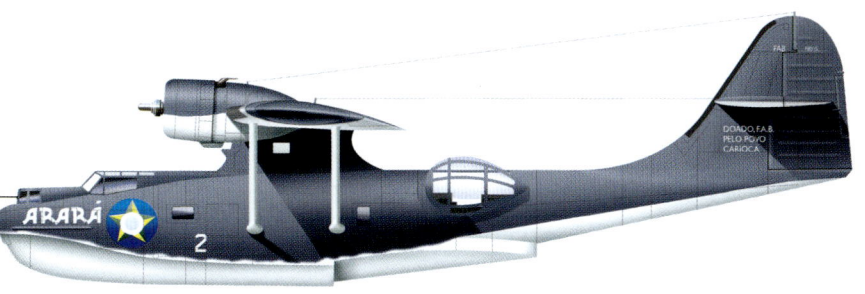

O PBY-5 Catalina FAB PA-02 Arará da Unidade Volante do Galeão, em 1943.

PBY-5A Catalina FAB 10 do 2º Grupo de Patrulha (BAGL) com o padrão de cores da USN.

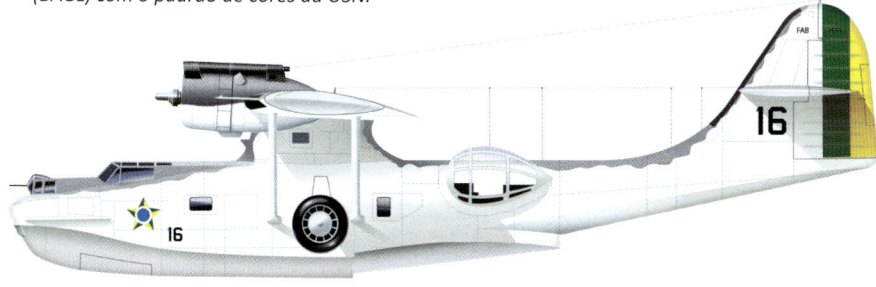

PBY-5A Catalina FAB 16 (FAB 6515) do 2º Grupo de Patrulha (BAGL) com o padrão de pintura Operações no Atlântico.

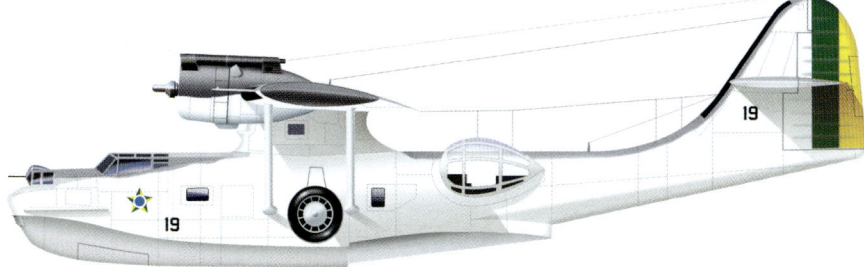

PBY-5A Catalina FAB 19 (FAB 6518) do 2º Grupo de Patrulha (BAGL), com o "scheme II ASW" (Operações no Atlântico).

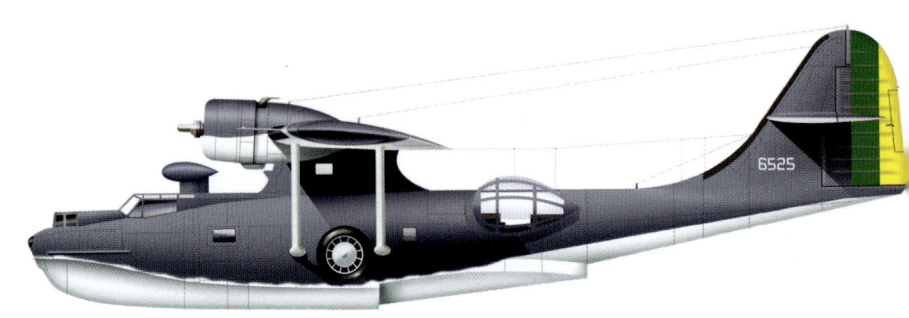

PBY-5A Catalina PA-10 FAB 6525 do 1º Grupo de Patrulha (BABE), em 1946.

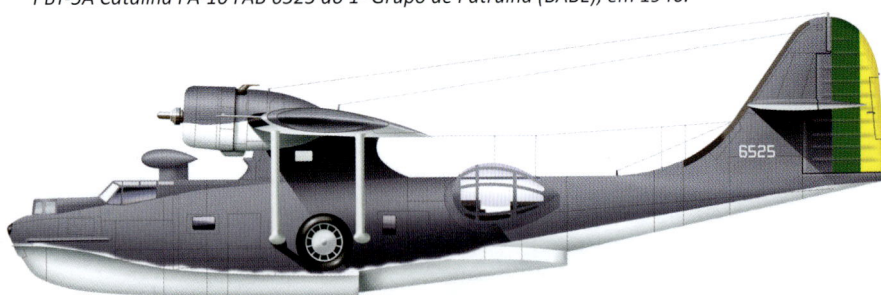

PBY-5A Catalina PA-10 FAB 6525 do 1º/2º GAV (BABE), em 1949.

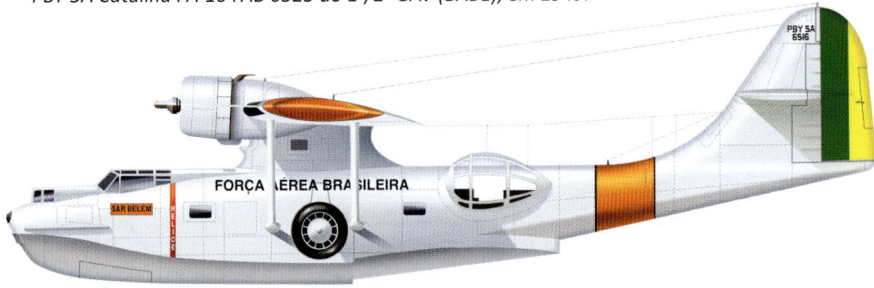

PBY-5A Catalina FAB 6516 SAR-Belém do 1º ETA (BABE).

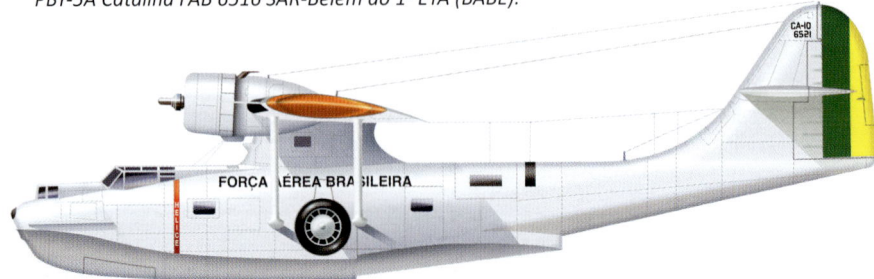

PBY-5A Catalina CA-10 FAB 6521 do 1º/2º GAV (BABE).

de decolagem para 908 kg; introduziu um armamento modernizado; aumentou a cauda e modificou o nariz, diminuindo o atrito quando o hidroavião estava na água.

Após incorporar algumas dessas melhorias na linha de produção, a Consolidated passou a produzir a versão PBY-6A, que contou ainda com um radar cujo radome foi posicionado sobre a cabine de pilotagem.

Apesar do objetivo inicial, o PBY-5 rapidamente foi superado pelo desenvolvimento aeronáutico e por outros modelos mais rápidos e mais operacionais, porém, participou de toda a Segunda Guerra Mundial desempenhando outros tipos de missão também importantes: missões antissubmarino, de esclarecimento marítimo, de busca e salvamento e de transporte. Foram os Catalina os responsáveis pela descoberta da frota japonesa que se aproximava da Ilha de Midway e que resultou na batalha que reverteu a guerra no Pacífico para os norte-americanos e foi, também, um Catalina que localizou o encouraçado alemão Bismarck durante as buscas que culminaram com seu afundamento, entre outras importantes missões.

Alguns Catalina foram produzidos sob licença pela Canadian Vickers (PBV-1A) e pela Boeing Canadá (PB2B-1, PB2B-2 e 2A) com o nome de Canso e outros pela União Soviética, como Amtorg GST. Estima-se um total de 3.426 Catalina, Canso e GST de todas as versões produzidos entre junho de 1937 e maio de 1945.

Os Consolidated PBY-5 Catalina, PBY-5A e PBY-6A na Força Aérea Brasileira

Desde antes da entrada do Brasil na Segunda Guerra Mundial que os submarinos do Eixo faziam suas vítimas na costa brasileira. Desde a entrada do Brasil na guerra que a US Navy operava esquadrões antissubmarino de bases brasileiras.

Com a criação da Força Aérea Brasileira, em 1941, a doutrina ultrapassada e o material aéreo obsoleto impediram a sua imediata participação em qualquer tipo de combate. Aos brasileiros cabiam apenas os voos de presença, ao longo do litoral, e a concessão das bases aéreas para a operação dos esquadrões americanos. Mas não estavam parados, e nem queriam: pois treinavam e aprendiam.

Com a lei Lend-Lease, material moderno começou a chegar para a FAB e foi dado início ao treinamento de equipagens de diversas especialidades. Em 1943,

O Catalina Arará da FAB acompanha o submarino U-199 na costa brasileira durante a guerra. Coube a ele o mérito daquele afundamento em 31 de julho de 1943.
Foto Arquivo Ricardo Bonalume Neto.

Tripulação à frente do FAB 14 (FAB 6513) logo após a guerra. O Catalina voou na FAB por quase quatro décadas. Primeiro como aeronave de patrulha e, depois, como aeronave SAR e de transporte. Foto Arquivo Ricardo Bonalume Neto.

com vistas a assumir parte do trabalho de patrulhamento, a FAB recebeu sete hidroaviões PBY-5 procedentes das unidades norte-americanas que aqui operavam, entregues na cidade do Rio de Janeiro, de onde passaram ao treinamento das tripulações que iriam realizar a tarefa de patrulhamento do litoral brasileiro. Após o treinamento, foram distribuídas três aeronaves para o 7º Regimento de Aviação, na Base Aérea de Belém; três permaneceram no Rio de Janeiro, na Unidade Volante do Galeão; e a sétima foi enviada para o 14º Corpo de Base Aérea de Florianópolis, em Santa Catarina.

Ainda em 1943, os frutos já começavam a ser colhidos. Quando o PBY-5 PA-02 realizava uma patrulha na região de Cabo Frio, em apoio à saída do comboio JT-3 com destino aos Estados Unidos, o submarino alemão U-199 foi detectado por um PBM-3 Mariner da US Navy, que o atacou com cargas de profundidade sem obter sucesso. Surgiu em cena, então, um A-28 Hudson brasileiro, que também o atacou com bombas, mas não conseguiu atingi-lo. Como o PBM-3 já o havia avariado e como o Hudson não se afastava, fustigando os artilheiros do convés com constantes rajadas de metralhadora, o submarino estava impossibilitado de submergir, e a tripulação alemã não percebeu a furtiva aproximação do PA-02, que chegou lançando três cargas de profundidade, enquadrando completamente o alvo. A quarta carga foi lançada apenas para confirmar o afundamento, pois a tripulação do U-199 já abandonara o barco, agora completamente parado na superfície.

Após o afundamento da belonave, o PA-02 sobrevoou os sobreviventes e lançou um bote salva-vidas inflável. A missão já havia sido cumprida, não havia porque abandoná-los à própria sorte (já era o prenúncio das missões que ainda estavam por vir na vida operacional dos Catalina brasileiros). Os náufragos seriam resgatados por um navio norte-americano pouco tempo depois.

Posteriormente, o PA-02 recebeu o nome Arará, em homenagem a um dos navios brasileiros afundados pelos submarinos do Eixo no litoral brasileiro. Nesse período, as matrículas das aeronaves eram PA-01 a PA-06 e P-4 e, não muito tempo depois, passaram a FAB 01 a FAB 07.

Mas muitas missões de patrulhamento ainda seriam realizadas e outros enfrentamentos ainda ocorreriam antes que a mudança de missão viesse a acontecer. Em 30 de outubro de 1943, um PBY-5 avistou outro submarino próximo a Cabo Frio e

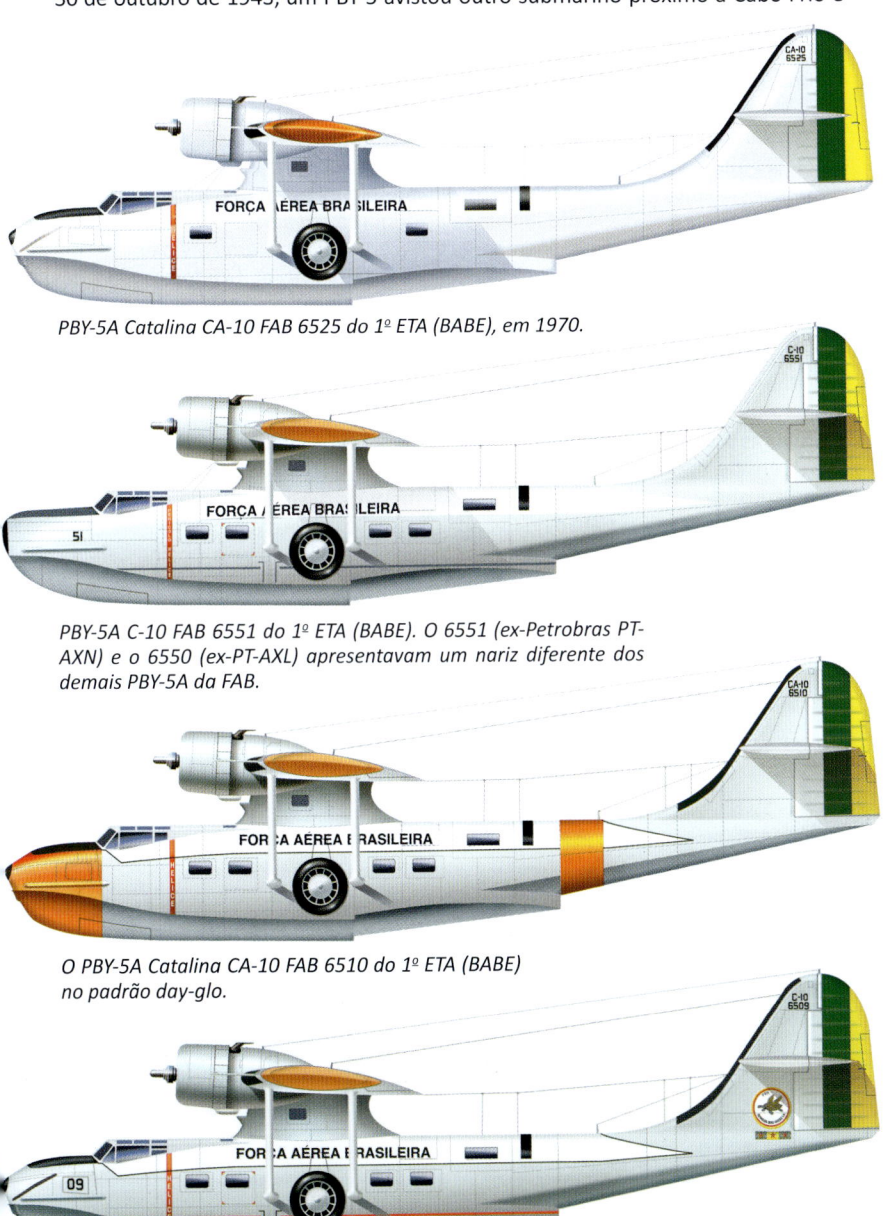

PBY-5A Catalina CA-10 FAB 6525 do 1º ETA (BABE), em 1970.

PBY-5A C-10 FAB 6551 do 1º ETA (BABE). O 6551 (ex-Petrobras PT-AXN) e o 6550 (ex-PT-AXL) apresentavam um nariz diferente dos demais PBY-5A da FAB.

O PBY-5A Catalina CA-10 FAB 6510 do 1º ETA (BABE) no padrão day-glo.

PB2B-5 Catalina C-10 FAB 6509 do 1º ETA (BABE), em 1979.

o atacou com bombas de profundidade. Dessa vez, o submarino levou a melhor, causando extensas avarias na aeronave, que teve o motor direito, a fuselagem e a cauda atingidos pelo fogo antiaéreo, além de dois tripulantes com vários ferimentos.

Em 17 de agosto de 1944, o Decreto nº 6.796 criou o 1º Grupo de Patrulha, com base em Belém, e transformou a Unidade Volante do Galeão (UVG) no 2º Grupo de Patrulha. Um fato interessante sobre a UVG é que, apesar de ficar baseada no Galeão, suas operações partiam do Aeroporto do Calabouço, futuro Santos Dumont.

Ainda em dezembro de 1944, a FAB recebeu as 15 aeronaves PBY-5A que pertenciam ao VP-94 baseado na Base Aérea do Galeão. Com isso, os seis hidros restantes foram concentrados em Belém, enquanto os anfíbios passaram a operar do Galeão, abandonando o Calabouço. Um anfíbio foi enviado para Florianópolis para substituir o PBY-5 P-4, que havia se acidentado em abril de 1944.

Com essa distribuição das aeronaves PBY-5 e 5A, a FAB operou até o fim do conflito. A partir de julho de 1945, as matrículas das aeronaves da FAB foram mudadas para o sistema de quatro dígitos, e os Catalina passaram à designação PA (Patrulha Anfíbio) 6500 a 6521, com a designação militar P-10 (PBY-5) e PA-10 (PBY-5A).

Em março de 1947, uma nova reformulação na FAB extinguiu o 2º Grupo de Patrulha, até então baseado no Galeão, e transformou o 1º Grupo no 1º Esquadrão do 2º Grupo de Aviação, com sede em Belém, com a missão de ministrar instrução de patrulha às tripulações brasileiras. Com isso, todos os PBY foram baseados em Belém.

Considerando as dificuldades em manter e operar os PBY-5 hidros, bem como substituir as perdas em acidentes, em 1948, o Ministério da Aeronáutica adquiriu seis aparelhos Canso no Canadá. Desses, cinco eram modelos PBV-1A fabricados pela Vickers e um era do modelo PB2B-2 fabricado pela Boeing Canadá. Essas aeronaves receberam as designações de FAB 6522 a 6527.

A partir da década de 1950, considerando as dificuldades de acesso ao interior da Amazônia, os PBY começaram a realizar missões de transporte em aproveitamento das linhas CAN, paralelo às missões e instrução de patrulha. Ainda em 1947, um acidente com um PA-10 da unidade mostrou a necessidade da criação de um serviço

Linha de voo de "Patas-chocas", como eram carinhosamente chamados os Catalina na FAB, em Belém do Pará. Foto Museu Aeroespacial do Campo dos Afonsos.

Formação de CA-10 sobre a selva amazônica. O Catalina foi, junto com o C-47, um desbravador daquela distante região. Ele literalmente ia aonde os outros aviões sequer podiam chegar. Foto Arquivo Action Editora Ltda.

de busca e salvamento em Belém e, para isso, foi designado o Catalina 6516. Esse episódio foi o embrião do futuro Centro de Busca e Salvamento de Belém, criado em 1950. O 6516 cumpriu missões SAR em toda a Região Amazônica até 1954, quando se acidentou, com perda total do equipamento e de dois tripulantes.

Com o aumento das missões em proveito do CAN, os PBY mostraram claramente que eram o único meio capaz de prover o rápido apoio aos longínquos postos de fronteira e à população ribeirinha do interior amazônico. Assim, em 1958, o Estado-Maior da Aeronáutica determinou que a missão de instrução de patrulha passasse para o 1º/7º GAV, em Salvador, ficando o 1º/2º GAV com a missão de transporte.

Apesar de ter conquistado sua fama durante a Segunda Guerra Mundial, o Catalina acabou sendo um avião símbolo de missões SAR e de assistência à Região Norte do país. Foto Arquivo Action Editora Ltda.

Voo do 6525. Depois de terem sido convertidos em cargueiros, os PBY-5A perderam a janela em forma de bolha na parte traseira, que deu lugar a uma porta de carga.
Foto Arquivo Action Editora Ltda.

Para o atendimento exclusivo a esse tipo de missão, sete PA-10 foram enviados para a cidade de New Orleans, nos Estados Unidos, onde foram convertidos em aeronaves de transporte. Durante a conversão, os suportes de armamento foram removidos e o interior das aeronaves foi transformado com a colocação de banco laterais e a instalação de equipamentos de navegação mais modernos. Depois disso, os PBY passaram a ser designados CA-10 e CA-10A, mais tarde alterado para C-10.

Outras seis aeronaves passaram por transformação idêntica nas oficinas do Parque Aeronáutico de Belém, em 1961. Em 1968, trabalho idêntico foi realizado em duas aeronaves PBY-5A, recebidas da Petrobras e incorporadas com as matrículas 6550 e 6551 (essas aeronaves eram configuradas para carga e tinham um nariz diferente dos demais PBY-5A). Desse modo, a unidade passou a contar com 15 CA-10/C-10 em apoio direto ao CAN.

Outra reorganização no Ministério da Aeronáutica, em 1969, desativou o 1º/2º GAV e passou todo o seu efetivo e acervo para o recém-criado 1º Esquadrão de Transporte Aéreo, ou 1º ETA, subordinado ao 1º Comando Aéreo Regional.

Em 1970, o 1º ETA recebeu três aeronaves PBY-6A provenientes da massa falida da Panair do Brasil S.A., das quais apenas uma entrou em operação como CA-10 6552 e foi o único PBY da FAB com cauda alta. As outras duas aeronaves, apesar de receberem as matrículas 6553 e 6554, não voaram e serviram apenas como suprimento para as demais aeronaves.

No total, a FAB possuiu 33 Catalina de diversas procedências: sete PBY-5 recebidos da US Navy, em 1943, e 15 PBY-5A, em 1944; seis PBY-5A da Royal Canadian Air Force, em 1949; dois como doação da Petrobras, em 1968; e três PBY-6A da Panair, em 1970, dos quais apenas um voou.

O CA-10A FAB 6514 desliza sobre as águas na Amazônia. Durante três décadas, as "Patas-chocas" foram a esperança de muitas populações ribeirinhas. Pelos ribeirinhos a quem traziam alento, eles eram chamados de Anjo do Espaço. Foto Museu Aeroespacial do Campo dos Afonsos.

Ao longo dos seus 39 anos de serviço à FAB, o Catalina foi fundamental para a integração nacional brasileira. O seu último voo oficial foi realizado pelo CA-10 FAB 6525, em 12 de junho de 1983, durante as comemorações do aniversário do Correio Aéreo Nacional (CAN), no Campo dos Afonsos.

Na história do Catalina na FAB, 14 foram perdidos em acidentes, sendo quatro PBY-5 e 10 PBY-5A. O exemplar da foto foi entregue ao MUSAL em 18 de outubro de 1980, onde se encontra preservado. Foto Centro de Comunicação Social da Aeronáutica.

Consolidated PBY-5 Catalina, PBY-5A e PBY-6A

Período de Utilização	De 1943 até 1982	
Fabricante	Consolidated Aircraft Corporation	
Emprego	Guerra antissubmarino, patrulha e transporte	
Características Técnicas	PBY-5	PBY-5A e 6A
Motor	2 Pratt & Whitney R-1830-92 Twin Wasp de 1.200 hp cada um	2 Pratt & Whitney R-1830-92 Twin Wasp de 1.200 hp cada um
Envergadura	31,96 m	31,96 m
Comprimento	20,44 m	19,45 m
Altura	5,63 m	6,14 m
Área Alar	131,45 m²	130 m²
Peso Vazio	7.949 kg	9.484 kg
Peso Máximo	15.422 kg	16.066 kg
Armamento	4 mtr 7,62 mm ou 12,7 mm 4 bombas de profundidade (907 kg no total)	4 mtr 7,62 mm ou 12,7 mm 4 bombas de profundidade (907 kg no total)
Desempenho		
Velocidade Máxima	304 km/h	281 km/h
Razão de Subida	210 m/min	188 m/min
Teto Operacional	5.516 m	3.962 m
Alcance	4.807 km	3.778 km
Comentários		
Total Adquirido	7 exemplares (PBY-5) 23 exemplares (PBY-5A) 3 exemplares (PBY-6A)	
Unidades Aéreas	7º Regimento de Aviação (BABE) Unidade Volante do Galeão 14º Corpo de Base Aérea de Florianópolis 1º Grupo de Patrulha 2º Grupo de Patrulha 1º/2º Grupo de Patrulha 1º Esquadrão de Transporte Aéreo	
Designações	PA-10, CA-10, CA-10A e C-10	
Matrículas	PBY-5: PA-01 a PA-06 e P-4, posteriormente de FAB 01 a 07 PBY-5A: PA-10 6507 a 6527, 6550 e 6551 PBY-5A: CA-10 6507 a 6527, 6550 e 6551 PBY-6A: CA-10 6552	

Cessna UC-78

"**B**ombardeiro de bambu (Bamboo Bomber)!" Esse nome irreverente foi o melhor encontrado pelos pilotos militares americanos para identificar o AT-17, a versão militar do Cessna T-50, adquirido pelo USAAC (United States Army Air Corps – Corpo de Aviação do Exército dos Estados Unidos), na década de 1940, para realizar a transição entre os treinadores monomotores e as aeronaves de combate bimotor.

Em 1939, a Cessna produziu o T-50 Bobcat para atender ao mercado civil com uma aeronave de transporte leve para cinco passageiros. Como os Estados

Unidos estavam saindo da maior crise econômica da sua existência, a intensão era colocar no mercado uma aeronave barata para aquela fatia de mercado cujo poder aquisitivo estava aquém dos valores das aeronaves oferecidas à época. Seu primeiro voo ocorreu em 26 de março de 1939.

O Bobcat era uma aeronave monoplano asa baixa cantilever, dotada de dois motores radiais Jacobs L-4MB com 220 hp cada um, de estrutura mista recoberta de tela de aviação, que usava madeira compensada nas asas e na cauda e treliça de molibdênio. Um requinte incorporado, e bem aceito pelos compradores, eram o trem de pouso retrátil e os flaps, ambos acionados eletricamente.

Durante a Segunda Guerra Mundial, a lacuna de experiência entre o piloto formado em monomotores e o piloto necessário para a operação dos bombardeiros e de transporte do USAAC levou à aquisição de uma versão própria designada AT-8 para o treinamento multimotor. As lições obtidas nos primeiros meses de operação do AT-8 levaram ao desenvolvimento do AT-17, que incorporava diversas mudanças, como um novo motor e hélices metálicas. Após serem produzidos 2.003 exemplares das distintas versões do AT-17, bem como os 33 aviões AT-8 e 640 unidades do Crane I – esses últimos destinados à Real Força Aérea do Canadá (RCAF) –, em janeiro de 1943, a Cessna passou a entregar para a United States Army Air Force o UC-78. Esse nada mais era que a versão utilitária do AT-17, porém otimizada para as missões de transporte. Capaz de levar quatro passageiros, o UC-78 foi distribuído para toda sorte de unidades, mas, tal como seu antecessor, foi também empregado no treinamento avançado dos futuros pilotos dos aviões de bombardeio e transporte.

Além da USAAC/USAAF, da United States Navy (como o Cessna JRC) e do Canadá, durante a Segunda Guerra Mundial, a família de bimotores AT-8/AT-17/UC-78 foi ainda utilizada pela França. Encerrado o conflito – e concluída a fabricação dessas aeronaves –, desde 1940 a Cessna produzira mais de 5.400 unidades para clientes civis e militares. Muitos ganharam considerável sobrevida após a guerra, pois foram prontamente absorvidos pelo mercado civil e empregados por pequenas empresas de transporte aéreo que prontamente brotaram após o fim do conflito.

Um dos UC-78 da Escola de Aeronáutica. Essas aeronaves foram empregadas em treinamento avançado multimotor na EAer. Foto Arquivo Action Editora Ltda.

O Cessna UC-78 FAB 25 (FAB 2709) no padrão de pintura original, com o qual foi recebido.

Um Cessna UC-78 da FAB no padrão todo metálico usado no pós-guerra.

O Cessna UC-78 na Força Aérea Brasileira

No início da Segunda Guerra Mundial, os acordos assinados entre o Brasil e os Estados Unidos possibilitaram a obtenção de aeronaves através do Lend-Lease Act, facilitando, assim, a incorporação de diversos aviões pelo Ministério da Aeronáutica (MAer). Recém-criado e carente por equipamentos para a formação dos quadros de pilotos e técnicos, o novo ministério surgiu em plena guerra, e o emprego de equipagens nacionais no esforço de combate só seria possível com um maciço treinamento das técnicas e doutrinas modernas, e isso demandava quantidade e qualidade de material só existente nos Estados Unidos.

Assim, abraçando – em linhas gerais – a fórmula então empregada pela USAAF na formação de seus pilotos militares, a Força Aérea Brasileira começou a receber variado leque de aviões de treinamento primário, básico e avançado para justamente ampliar seu quadro de pilotos. Entre as aeronaves recebidas naquela época, estavam os bimotores Cessna UC-78, cujos 19 primeiros exemplares foram recebidos em San Antonio Field (Texas – EUA) em meados de dezembro de 1943 e trasladados em voo por pessoal brasileiro. Até março do ano seguinte, já eram 30 exemplares recebidos e trasladados até o Brasil. De imediato, 20 unidades foram distribuídas à Escola de Aeronáutica, no Campo dos Afonsos (RJ). Por sua vez, os quartéis-generais da 2ª e 4ª Zonas Aéreas receberam dois UC-78 cada um, enquanto o QG da 3ª Zona Aérea recebeu um. As demais aeronaves foram entregues à Diretoria de Rotas Aéreas (DRA).

No que tange aos UC-78 destinados à Escola de Aeronáutica (EAer), estes passaram a desenvolver trabalho de treinamento avançado, apresentando os cadetes às particularidades do voo multimotor. Já os aviões distribuídos à DRA e aos quartéis-generais anteriormente citados foram usados para transporte. No caso dos exemplares da DRA, serviram em benefício do Correio Aéreo Nacional (CAN), enquanto os UC-78 das três zonas aéreas cumpriram trabalhos utilitários e ocasionalmente eram empregados em missões do CAN.

Mas essa distribuição inicial não perdurou por muito tempo. Com a frota sendo acrescida de mais nove aviões – os últimos quatro chegaram ao Brasil em agosto de 1945 –, ficou estabelecido que todos os UC-78 seriam concentrados no Campo dos Afonsos para cumprirem trabalhos de instrução na EAer. As ressalvas ficaram por conta de um exemplar trazido isoladamente e destinado à Escola Técnica de Aviação e dois UC-78 distribuídos ao 1º Grupo de Transporte e colocados à disposição da comissão encarregada da implantação da Fábrica Nacional de Motores. Por fim, transitoriamente, os demais UC-78 permaneceram em poder da Seção de Aviões do Comando, embora alguns tenham sido colocados à disposição da Diretoria de Aviação Civil.

O UC-78 teve uma passagem discreta pela Força Aérea Brasileira, apesar da quantidade de aeronaves. Encerrada a Segunda Guerra Mundial, os aviões que se encontravam na EAer foram gradativamente transferidos daquela escola e destinados a novos lares. Desempenhando funções utilitárias em proveito das unidades que os detinham, os anos seguintes assistiram à rápida erosão da frota, nem sempre como consequência de algum acidente aeronáutico, e sim graças à fragilidade material do UC-78. Por mais que fosse robusto, o extenso uso da madeira em sua estrutura fez com que ele estivesse particularmente vulnerável às condições ambientais existentes em diversas regiões do Brasil. Assim, em outubro de 1952, quando as células existentes foram redesignadas T-17, só existiam 19 desses bimotores da Cessna. Praticamente todos os demais haviam sido condenados para voo, como consequência do apodrecimento do madeirame das asas e da fuselagem.

Em abril de 1957, os últimos 13 aviões T-17 foram repassados ao Departamento de Aviação Civil para posterior distribuição a diversos aeroclubes, assim encerrando a carreira dessa aeronave na FAB.

Designado UC-78 e, depois, T-17, essa aeronave teve um papel discreto e itinerante na FAB, servindo em inúmeras unidades da Força Aérea ao longo de 14 anos. Seu maior destaque foi na Escola de Aeronáutica, onde foi usado em treinamento.
Foto Arquivo José de Alvarenga.

Cessna UC-78

Período de Utilização	De 1943 até 1957
Fabricante	Cessna Aircraft Company, Wichita (Kansas – EUA)
Emprego	Treinamento, transporte, ligação e instrução de solo
Características Técnicas	
Motor	2 Jacobs R-775-9 de 245 hp cada um
Envergadura	12,78 m
Comprimento	9,98m
Altura	3,02 m
Área Alar	27,40 m²
Peso Vazio	1.588 kg
Peso Máximo	2.268 kg
Armamento	Não dispunha de armamento
Desempenho	
Velocidade Máxima	314 km/h
Razão de Subida	464 m/min
Teto Operacional	6.700 m
Alcance	1.600 km
Comentários	
Total Adquirido	39 exemplares
Unidades Aéreas	Escola de Aeronáutica Quartel-General da 2ª Zona Aérea Quartel-General da 3ª Zona Aérea Quartel-General da 4ª Zona Aérea Seção de Aviões de Comando 1º Grupo Misto de Instrução Base Aérea do Galeão Base Aérea de Natal Base Aérea de Porto Alegre Base Aérea de Salvador Base Aérea de Santa Cruz Base Aérea de São Paulo Destacamento de Base Aérea de Santos Destacamento de Base Aérea de Florianópolis 1º Grupo de Transporte Escola de Oficiais Especialistas e Infantaria de Guarda Escola de Especialistas de Aeronáutica Parque de Aeronáutica de São Paulo Núcleo do Parque de Aeronáutica de Porto Alegre
Designações	UC-78 e T-17
Matrículas	FAB 01 a 30, posteriormente alterado para UC-78 2704 a 2735 e UC-78 2812 a 2818; em 1952, alterado para T-17 1800 a 1818

Beechcraft AT-11 Kansan

Às vésperas do ingresso dos Estados Unidos na Segunda Guerra Mundial, as autoridades do United States Army Air Corps (USAAC – Corpo de Aviação do Exército dos Estados Unidos) reconheceram a necessidade de dispor de uma plataforma para treinar seus futuros bombardeadores.

Até meados de 1940, esse trabalho era realizado em aviões Martin B-12 e Douglas B-18, adequados para aquela tarefa, mas insuficientes em número para atender as prováveis necessidades da USAAC caso os Estados Unidos entrassem no conflito. De fato, assim que o país entrou na guerra, a quase totalidade dos aviões B-18 foi redirecionada para a missão de patrulha e a guerra antissubmarino.

No entanto, já antevendo dificuldades para dispor do número de plataformas destinadas à formação de suas futuras tripulações de bombardeiros, o USAAC buscou uma solução entre os fabricantes norte-americanos de aeronaves. E ela se deu por meio da Beechcraft, que apresentou como proposta um avião derivado do Beech AT-7, bem como da experiência colhida no desenvolvimento do avião M-18R, uma aeronave leve de bombardeio desenvolvida e fornecida à China Nacionalista.

Com o uso da célula básica do AT-7, a Beech esvaziou a cabine imediatamente atrás do cockpit, removendo todo o equipamento específico para a missão de treinamento de navegação. Em seu lugar, foram instalados dois pares de trilhos nas laterais do interior e diretamente à ré da longarina, de modo que cada um permitisse a suspensão de até cinco bombas de treinamento de 45 quilos cada uma. No entanto, a característica que verdadeiramente distinguia a nova aeronave dos demais membros dessa prolífica família de bimotores foi a instalação, na fuselagem, de um novo nariz. Com um espaçoso compartimento de bagagem, aquela seção foi descartada e, em seu lugar, foi colocada outra com painéis de plexiglas. Esse novo nariz permitia a instalação do moderníssimo visor de bombardeio Norden M-3 e versões posteriores – os mesmos usados em bombardeiros Boeing B-17 e Boeing B-29 –, bem como o espaço para um aluno bombardeador.

Designados AT-11-BH, os primeiros exemplares foram entregues ao USAAC em março de 1941, e quando sua produção foi suspensa, antes do fim da Segunda Guerra Mundial, um total de 1.606 unidades haviam sido produzidas. Entre elas havia alguns exemplares equipados com uma torre elétrica dotada de uma ou duas metralhadoras calibre .30 pol para o treinamento de artilheiros.

Encerrada a guerra, aproximadamente 90% dos bombardeadores formados pelo USAAC/USAAF haviam recebido instrução no AT-11. Ademais, durante

Um AT-11 da FAB com um padrão de pintura em alumínio voa sobre o litoral fluminense. Com seu característico nariz de vidro, os AT-11 muitas vezes foram chamados para realizar reconhecimento fotográfico, tendo inclusive algumas células sido designadas RT-11. Foto Arquivo Action Editora Ltda.

Um Beechcraft AT-11 da Escola de Aeronáutica lança uma bomba de exercício M38A2. Estes bimotores da Beech foram muito empregados no treinamento de bombardeio dos cadetes da EAer. Foto Arquivo Action Editora Ltda.

o conflito, países como Canadá, México e Holanda também receberam aquele avião que empregaram para a mesma tarefa.

Porém, o AT-11 se mostrou particularmente longevo em face de suas características. Equipado com um "nariz de vidro", ele mostrou ser a plataforma ideal para as muitas dezenas de empresas de aerofotogrametria que brotaram nos Estados Unidos, na Europa, na América do Sul, na África e na Ásia no período pós-guerra. Além disso, diversas forças aéreas de países como Argentina, Colômbia, Guatemala, Peru, Portugal, Suécia e Venezuela adquiriram o AT-11, quer para empregá-lo como avião de instrução, quer para o trabalho de aerofotogrametria.

O Beechcraft AT-11 na Força Aérea Brasileira

Como consequência dos acordos assinados entre os governos do Brasil e dos Estados Unidos em fins de 1941, foi deslanchada, em benefício da Força Aérea Brasileira, uma modesta infusão de material aeronáutico oriundo daquele país em abril de 1942. Compreendendo principalmente caças e aviões de patrulha, aquela injeção de aeronaves modernas transformou-se em uma enxurrada imediatamente após a entrada do Brasil na Segunda Guerra Mundial, em agosto daquele mesmo ano. De fato, quase 1.300 aeronaves foram transferidas dos Estados Unidos para a FAB, desde aviões de transporte até bombardeiros e aeronaves de ataque.

No entanto, considerável atenção foi dispensada à formação de aviadores militares e variadas classes de pessoal aeronavegante. Esse foi um passo lógico diante do quase explosivo processo de crescimento da FAB como consequência da guerra. Diante das circunstâncias, foi igualmente lógico a Escola de Aeronáutica adotar – com algumas diferenças – o currículo de instrução ministrado pela

United States Army Air Force (USAAF – Força Aérea do Exército dos Estados Unidos) na formação de suas tripulações.

Assim, em meados de 1942, a FAB começou a receber variada gama de aeronaves de treinamento. E entre elas estavam alguns aviões Beechcraft AT-11-BH, que totalizavam 10 unidades. Todos foram recebidos em San Antonio Field, no Texas, e a primeira esquadrilha partiu para o Brasil em 15 de dezembro de 1943; a segunda deixou San Antonio no dia seguinte; a terceira e última esquadrilha partiu rumo ao Brasil em janeiro de 1944. Guarnecidas por tripulações brasileiras, as 10 aeronaves percorreram uma rota que as fez passar pelo México e praticamente todos os países centro-americanos antes de chegar ao território brasileiro.

Recebidos no Aeroporto Santos Dumont (RJ), os dez Beechcraft AT-11 foram então despachados para o Campo dos Afonsos (RJ) para serem incorporados ao acervo da Escola de Aeronáutica (EAer). Assim que foi qualificada uma massa crítica mínima de instrutores, os novos aviões foram inseridos no currículo de instrução da EAer. No entanto, ao contrário de seus pares da USAAF, o uso dos AT-11 estava mais voltado para o treinamento de bombardeio dos cadetes da EAer do que para a formação de bombardeadores. Ademais, os AT-11 eram aproveitados para realizar instrução de navegação. No caso das surtidas de instrução de bombardeio, os AT-11 eram armados com bombas de treinamento M38A2 de 45,4 quilos cada uma. Elas eram ocas, de modo que podiam ser carregadas com areia, serragem ou cinzas, para que pudessem chegar a um peso completo de 45,4 kg. Dotado de carga localizadora na cauda para facilitar a visualização do ponto de impacto, a M38A2 simulava com muita fidelidade as bombas de emprego geral, como a AN-M43 e a AN-M64A1, de 227 quilos.

Existem ainda indicações de que os AT-11 da Escola de Aeronáutica eram periodicamente utilizados em surtidas de instrução de fotografia aérea, um dos cursos ministrados para os cadetes daquele estabelecimento de ensino aeronáutico. O AT-11 servia para esse trabalho porque seu "nariz de vidro" permitia a coleta de imagens oblíquas. Além disso, ao dispor de um painel de plexiglas oticamente plano no ventre do nariz, podia também colher imagens verticais.

Beechcraft AT-11 FAB 1364 da Escola de Aeronáutica.

Beechcraft T-11 FAB 1524 com o padrão de pintura usado na versão de transporte.

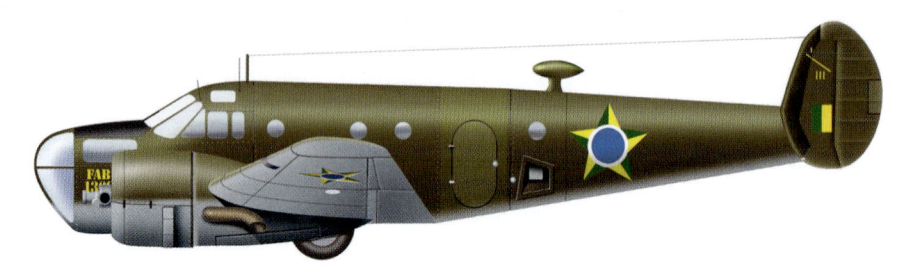

O Beechcraft RT-11 FAB 1366 do 1º/10º GAV (Base Aérea de São Paulo – Cumbica), em 1958.

Com pouquíssimas mudanças, essa foi a rotina daqueles aviões até fins de 1947. Porém, naquele momento, a FAB estava sendo submetida não somente à extensa reorganização de suas unidades aéreas, mas preparava-se para um período de significativo crescimento, especialmente no que tange a seus estabelecimentos de ensino. Assim, o EMAer julgou conveniente adquirir outro lote de aviões Beechcraft AT-11, aproveitando o fato de que muitos haviam sido disponibilizados pela USAF. Depois de desembolsar um valor simbólico por cada um dos 10 aviões AT-11-BH, caberia à FAB o ônus de executar uma completa revisão geral das suas células e motores, trabalho realizado pela Texas Engineering & Manufacturing (TEMCO). Dados como prontos nas derradeiras semanas de 1947, os primeiros exemplares desse segundo lote de aviões AT-11 partiram da San Antonio Air Force Base em 24 de dezembro de 1947; o último exemplar deixou os Estados Unidos em 9 de fevereiro do ano seguinte.

Diferentemente da primeira dezena de aviões do tipo entregues à FAB durante o conflito, assim que os novos AT-11 chegaram ao Brasil, somente um foi distribuído à Escola da Aeronáutica. Os demais foram encaminhados para diferentes bases aéreas e organizações militares, onde foram designados para servir nas esquadrilhas de adestramento. Hoje não está claro por que distribuir uma aeronave tão especializada para servir unicamente como plataforma de adestramento para oficiais aviadores que desempenhavam funções administrativas nas bases aéreas que receberam esses aviões. As exceções foram as aeronaves destinadas à Base Aérea de São Paulo, que por mais que tenham sido designadas à esquadrilha de adestramento daquela base, foram colocadas à disposição da Esquadrilha Mista de Instrução do Curso de Tática Aérea para cumprir serviços de aerofotogrametria.

Bem mais lógico foi o encaminhamento de dois daqueles AT-11 à Escola de Especialistas de Aeronáutica (EEAer). Lá as duas aeronaves passaram a desempenhar papel importante na formação dos futuros graduados especialistas nos quadros de armamento e de fotografia. Equipados com o visor Norden M-9 ou M-9B, aqueles aviões ajudaram a formar diversas turmas de sargentos bombardeadores; as mesmas aeronaves – equipadas com câmeras oblíquas e verticais – ajudaram também a diplomar os futuros sargentos fotógrafos da FAB.

A chegada dos anos 1950 trouxe algumas mudanças na disposição da frota de aviões AT-11. Uma unidade de ensino inicialmente chamada de Curso de Oficiais Especialistas, em 1953, se transformou na Escola de Oficiais Especialistas e de Infantaria de Guarda (EOEIG), sediada no Campo de Bacacheri, em Curitiba, e que absorveu alguns AT-11. Nela os AT-11 da EOEIG auxiliavam a formação dos futuros oficiais de armamento e de fotografia aérea. Por sua vez, em meados de 1951, o Parque de Aeronáutica dos Afonsos (PqAerAF) recebeu um AT-11 para operar em benefício do Serviço Geográfico do Exército, uma relação que perduraria além do fim daquela década.

Porém, na segunda metade daquela década e na esteira da desativação dos aviões Douglas A-20K do 1º/10º Grupo de Aviação (1º/10º GAV), o Estado-Maior da

Aeronáutica (EMAer) tomou uma decisão que abriu outra área para os AT-11 da FAB. Diante do reduzido número de aviões North American RB-25 para a execução das missões de fotorreconhecimento e aerofotogrametria, o EMAer determinou – a fim de reforçar a dotação daquela unidade – que três aviões AT-11 fossem distribuídos ao 1º/10º GAV. Assim, em janeiro de 1957, o 1º/10º GAV começou a receber aquelas aeronaves, chegando a dispor de quatro aviões AT-11 em meados dos anos 1960. Diferentemente dos demais exemplares da FAB, os AT-11 do 1º/10º GAV ganharam uma característica pintura camuflada enquanto permaneceram em atividade naquele esquadrão, que deixou de utilizar esses aviões no começo dos anos 1970.

Paralelamente, dois aviões também foram destinados ao 2º/6º Grupo de Aviação para reforçar a dotação de aviões Boeing RB-17, o que aconteceu no transcorrer de 1958. Mas diferente do 1º/10º GAV, a vida operacional dos AT-11 no 2º/6º GAV foi bem mais breve, já que deixaram aquela unidade em 1963.

Salvo as regulares idas ao Parque de Aeronáutica dos Afonsos para serem submetidos aos programados serviços de revisão geral ou então sofrer reparos após algum acidente, a vida dos AT-11 da FAB transcorreu sem maiores alterações durante as décadas de 1950 e 1960. As duas ressalvas dizem respeito à incorporação de três células – a primeira em 1953 e as demais em 1963. A primeira, cuja história é bastante nebulosa, compreendeu uma aeronave Beechcraft D-18S aparentemente com as características do AT-11 e que fora adquirida pelo Ministério da Agricultura. Por motivos hoje desconhecidos, essa aeronave passou a fazer parte do acervo da FAB em junho de 1953 e foi excluída em outubro de 1954. Mas em janeiro de 1956, ela participou novamente da dotação da FAB, porém identificada como um avião Beechcraft C-45 e distribuída ao Esquadrão de Transporte Especial (ETE). Novamente, aquela aeronave não permaneceu no ETE ou na FAB por muito tempo, posto que, em junho de 1956, foi definitivamente excluída da carga da força e presumivelmente devolvida ao Ministério da Agricultura. A segunda ressalva se relaciona a dois aviões AT-11 originalmente pertencentes à Maryland Aviation Research Corporation e que foram vendidos para um particular brasileiro. São escassos os detalhes, mas, aparentemente, as duas aeronaves foram arrestadas como consequência de

Dois AT-11 Kasan realizam um voo de treinamento de navegação. No total, 23 destas aeronaves foram utilizadas pela FAB por mais de três décadas. Foto Arquivo Action Editora Ltda.

Um AT-11 deita a asa sobre o mar. Essas aeronaves foram empregadas em missões de treinamento de bombardeio, fotografia aérea e navegação e como plataforma de aerofotogrametria. Foto Arquivo Action Editora Ltda.

atividades ilícitas. Apesar de manter o característico "nariz de vidro", esses dois AT-11 haviam sido transformados em aviões de transporte. Entregues à FAB em junho de 1963, encontravam-se sem motor e em péssimas condições, de modo que foram encaminhados ao Parque de Aeronáutica dos Afonsos para recuperação e revisão geral. Mas somente uma das células foi efetivamente restaurada, sendo distribuída à Escola de Oficiais Especialistas e de Infantaria de Guarda.

A chegada dos anos 1970 assinalou o fim da vida operacional dos AT-11 da FAB, que então contava com uma frota reduzida a oito aviões. Aos poucos, as células que se encontravam disponíveis para o voo foram sendo recolhidas ao Parque de Material Aeronáutico dos Afonsos para serem desativadas. Lá esses derradeiros AT-11 foram excluídos da carga da FAB e alienados em concorrência pública e alguns exemplares foram, posteriormente, utilizados por operadores civis. Entretanto, um exemplar foi separado e preservado no Museu Aeroespacial.

Beechcraft AT-11 Kansan	
Período de Utilização	De 1943 até 1975
Fabricante	Beechcraft
Emprego	Treinamento de bombardeio, fotografia aérea e plataforma de aerofotogrametria
Características Técnicas	
Motor	2 motores Pratt & Whitney R-985-AN-1 de 450 hp cada um
Envergadura	14,52 m
Comprimento	10,41 m
Altura	2,94 m

Continua

Área Alar	36,50 m²
Peso Vazio	2.800 kg
Peso Máximo	3.958 kg
Armamento	Até 10 bombas M38A2 de 45,4 kg cada uma
Desempenho	
Velocidade Máxima	346 km/h
Razão de Subida	304 m/min
Teto Operacional	6.096 m
Alcance	1.366 km
Comentários	
Total Adquirido	23 exemplares
Unidades Aéreas	Escola de Aeronáutica Base Aérea de Belém Base Aérea de Fortaleza Base Aérea de Natal Base Aérea de Porto Alegre Base Aérea de Recife Base Aérea de Salvador Base Aérea de São Paulo Curso de Oficiais Especialistas Escola de Oficiais Especialistas e de Infantaria de Guarda Escola de Especialistas de Aeronáutica Escola Técnica de Aviação Esquadrão de Transporte Especial Esquadrilha Mista do Curso de Tática Aérea Parque de Aeronáutica dos Afonsos 1º/10º Grupo de Aviação 2º/6º Grupo Aviação
Designações	AT-11, T-11 e RT-11
Matrículas	1 a 10 os primeiros exemplares; rematriculados em 1945 como AT-11 1363 a 1372; AT-11 1520 a 1529; T-11 1599; e T-11 1819 e 1820

Piper L-4

A família de aviões de ligação e observação, conhecidos como L-4 Cub, descende diretamente do Model E-2. Esse modelo foi desenvolvido e produzido no ano de 1931 pela Taylor Brothers Aircraft Co., Pensilvânia (EUA). A ausência de vendas do E-2 levou aquela empresa à falência. Um grupo de investidores, entre eles William T. Piper, assumiu o controle da empresa, mantendo seu nome e o engenheiro chefe Gilbert Taylor. Dando início ao desenvolvimento do novo E-2, dessa vez com um motor de maior potência, este se tornou um sucesso de vendas. No ano de 1936, desenvolveu-se uma nova versão do E-2, que foi batizada de J-2 Cub. Um incêndio ocorrido em 1937 destruiu completamente as instalações da fábrica e a empresa foi transferida para a cidade de Lock Haven (Pensilvânia), onde mudou seu nome para Piper Aircraft Corporation.

Os anos seguintes assistiram ao progressivo desenvolvimento do Piper Cub, cada modelo contando com motor de maior potência e/ou inclusão de itens como freios, bequilha e painel de instrumentos padronizados. Porém, o início da guerra na Europa fez com que o US Army estudasse o papel que uma aeronave leve poderia desempenhar sobre o campo de batalha, o que levou os principais fabricantes de avião leve daquele país a entregarem exemplares dos seus produtos para serem avaliados entre 1939 e 1941. Isso levou à compra de quatro aviões Piper J3C-65, que foram designados pelo USAAC como YO-59. Em novembro de 1941, foi assinada outra encomenda para 40 aviões Piper O-59, que passaram a ser designados L-4-PI, em 1942. Esses aviões incorporavam uma série de modificações que os adaptavam às tarefas militares, como painéis transparentes na seção central da asa e equipamento rádio.

O ingresso dos Estados Unidos na Segunda Guerra Mundial fez com que a produção do L-4 disparasse e distintas versões fossem entregues ao USAAC (posteriormente USAAF), à USN e ao USMC. Durante a guerra, 6.153 desses aviões derivados do J3C-65 foram produzidos, e dezenas dessas aeronaves foram compradas por proprietários particulares. Esses aviões apresentaram um destacado desempenho em todos os teatros de operação onde se encontravam as tropas norte-americanas, realizando missões de observação, regulagem de tiro de artilharia e ligação.

O Piper L-4 na Força Aérea Brasileira

O primeiro Piper L-4 a ser empregado no Brasil era, na realidade, nada mais que o segundo protótipo do Piper YO-59, basicamente uma célula do Piper J3C-65 encomendada pelo USAAC em setembro de 1941 e posteriormente redesignada O-59 e logo depois L-4-PI. Essa aeronave chegou ao Brasil em 1943 a fim de ser empregada como aeronave de instrução no solo na Escola Técnica de Aviação (ETAv).

Os primeiros L-4 que se destinavam ao uso operacional foram recebidos pela FAB como resultado da criação da 1ª Esquadrilha de Ligação e Observação (1ª ELO), no dia 20 de junho de 1944. Após a conclusão do seu período de instrução aérea no Brasil e ao chegar ao Teatro de Operações do Mediterrâneo, a 1ª ELO deslocou-se para o hipódromo de San Rossore (Itália) e lá recebeu 10 aviões Piper L-4H-PI. Depois de desencaixotar e montar as aeronaves, o pessoal da 1ª ELO dedicou-se à realização dos necessários ensaios de voo e conversão naquelas

Um dos L-4 da 1ª ELO decolando de San Rossore, na Itália, para mais uma missão de observação durante a Segunda Guerra Mundial. Foto Arquivo Ricardo Bonalume Neto.

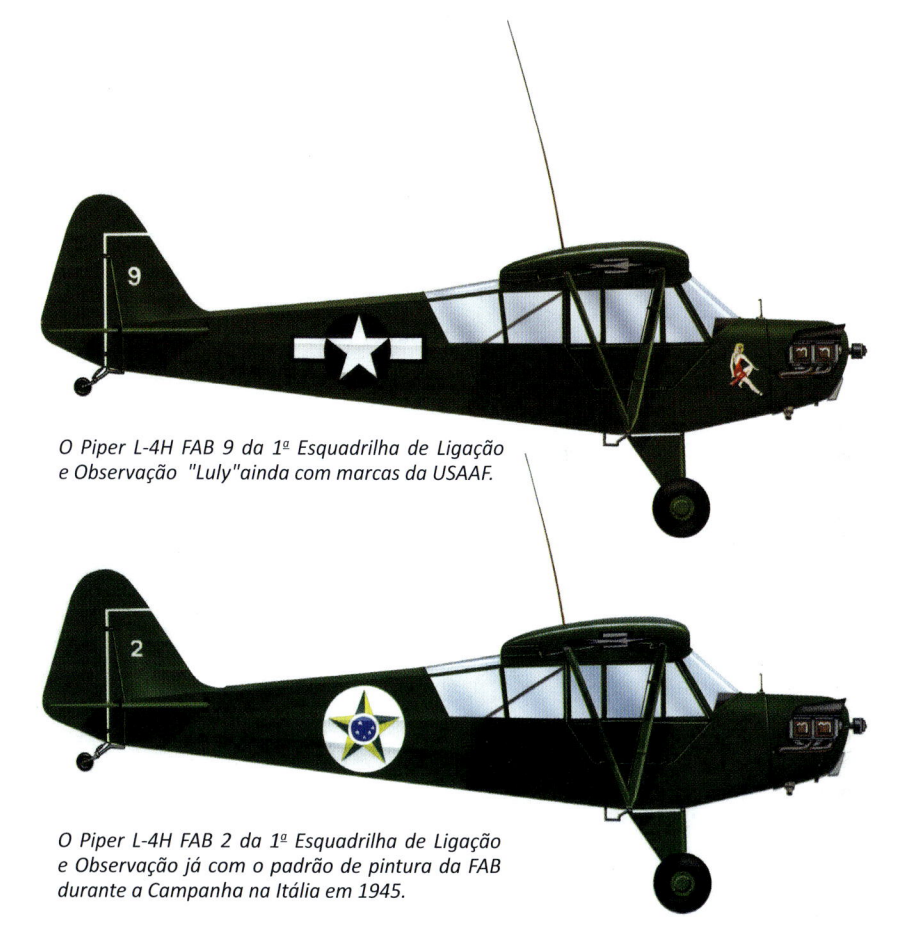

O Piper L-4H FAB 9 da 1ª Esquadrilha de Ligação e Observação "Luly" ainda com marcas da USAAF.

O Piper L-4H FAB 2 da 1ª Esquadrilha de Ligação e Observação já com o padrão de pintura da FAB durante a Campanha na Itália em 1945.

aeronaves de observação e ligação. Encerrada aquela etapa, a 1ª ELO deslocou-se novamente, desta vez para o aeródromo de San Giorgio, vizinho à cidade de Pistoia, no dia 13 de novembro de 1944. Quatro dias depois, a ela dava início às suas missões de observação em proveito da Força Expedicionária Brasileira (FEB).

Periodicamente se deslocando de um campo de pouso para outro, conforme o avanço das forças aliadas, os L-4H da 1ª ELO quase sempre voavam com observadores aéreos do Exército Brasileiro, que ocasionalmente cediam seu lugar para seus pares ingleses pertencentes à Royal Artillery. Durante os 165 dias de operações aéreas em condições de combate, os L-4H executaram 684 missões, voando 1.282,5 horas. Ao se encerrarem as hostilidades, os L-4H continuaram voando, porém na realização de surtidas de ligação em benefício da FEB.

A unidade aérea equipada com os L-4H estava subordinada à Artilharia Divisionária da FEB. Uma ordem emitida no dia 14 de junho de 1945 extinguiu a 1ª ELO, quando esta se encontrava em Bergamo. Como resultado, o seu pessoal reuniu-se aos oficiais e graduados do 1º Grupo de Aviação de Caça a fim de embarcarem no navio de transporte USS Meigs (AP-116), que saiu do Porto de Nápoles no dia 6 de julho rumo ao Brasil. Quanto aos 10 aviões, esses foram desmontados e encaixotados para serem levados a Nápoles e também embarcados no USS Meigs. Aparentemente, como os L-4H haviam sido entregues diretamente ao Exército Brasileiro, ao chegarem ao Brasil, foram recolhidos a um depósito daquela força e lá permaneceram durante muitos anos.

Por sua vez, o L-4-PI que já se encontrava no Brasil foi transferido para a Escola de Especialistas de Aeronáutica (EEAer), quando da extinção da ETAv. Apesar de destinar-se à instrução dos alunos, existem evidências de que aquela aeronave foi mantida em condições de voo e seu motor original foi substituído por um Continental C85-8E de maior potência. No entanto, desconhecem-se registros de voo com aquela aeronave durante sua permanência na ETAv ou na EEAer.

Já na década de 1950, os L-4H que haviam pertencido à 1ª ELO foram "descobertos", e o Exército Brasileiro comunicou a disponibilidade das aeronaves à FAB. Em algum momento entre 1954 e 1955, com ou sem a participação do pessoal da FAB, os L-4H foram montados e receberam matrículas do Exército Brasileiro antes de serem definitivamente transferidos para a FAB. Encaminhados ao Parque de Aeronáutica dos Afonsos (PqAerAF), todos aqueles aviões foram submetidos à revisão geral.

A volta da 1ª ELO, no dia 12 de dezembro de 1955, determinou a distribuição dos L-4H àquela unidade, além dos Cessna L-19A, que fariam parte de sua dotação. Assim, como já ocupava pequenas instalações no Campo dos Afonsos (RJ), durante o transcorrer de 1956, a 1ª ELO foi recebendo mais aviões Piper L-4H. Inicialmente operava-os com as matrículas outorgadas pelo Exército Brasileiro; com o tempo, a unidade tratou de dar adestramento ao pessoal lotado na 1ª ELO. Intensamente utilizados até que fossem recebidos todos os L-19A, a dotação de aviões L-4H da 1ª ELO foi reforçada em abril de 1957 com a chegada do L-4 que pertencia à EEAer.

Durante o ano de 1957, o PqAerAF entregou outros dois L-4H à 1ª ELO. No entanto, ao contar com aeronaves mais modernas e mais aptas às suas missões, a utilização daquelas aeronaves foi rapidamente reduzida. Considerados obsoletos para as tarefas de observação e ligação, os L-4H ainda presentes na unidade foram recolhidos ao PqAerAF durante 1958. Excluídos da carga do MAer em 1959, ao menos nove daqueles aviões foram recebidos pelo Departamento de Aviação Civil e distribuídos para distintos aeroclubes.

Clássica foto de um L-4 da FAB em ação no TO europeu, entre 1944 e 1945. Notar que, na asa, aparece a insígnia americana, ao passo que, na fuselagem, está pintada a brasileira. Foto Arquivo Action Editora Ltda.

A foto mostra um briefing durante a guerra. Pilotos da 1ª ELO recebem instruções dos alvos a serem observados para que, posteriormente, esses dados sejam repassados às tropas em solo ou à Artilharia Divisionária. Foto Arquivo Ricardo Bonalume Neto.

Piper L-4

Período de Utilização	De 1943 até 1959
Fabricante	Piper Aircraft Corp., Lock Haven, Pensilvânia (EUA)
Emprego	Observação e ligação
Características Técnicas	
Motor	Continental O-170-3 de 65 hp
Envergadura	10,74 m
Comprimento	6,70 m
Altura	2,03 m
Área Alar	16,62 m²
Peso Vazio	331 kg
Peso Máximo	553 kg
Armamento	Não dispunha de armamento
Desempenho	
Velocidade Máxima	136 km/h
Razão de Subida	108 m/min
Teto Operacional	2.834 m
Autonomia	305 km
Comentários	
Total Adquirido	11 exemplares (1 pela ETAv e 10 pela 1ª ELO)
Unidades Aéreas	1ª Esquadrilha de Observação e Ligação Escola Técnica de Aviação
Designações	L-4 e IS-L4
Matrículas	FAB 1 a 10 (empregadas pela 1ª ELO). Mais tarde, em 1945, os 11 L-4 do inventário da FAB foram rematriculados 3057 e 3070 a 3079

Companhia Aeronáutica Paulista CAP-4A e CAP-4B Paulistinha

Em termos de unidades produzidas, passaram-se quase seis décadas até que uma aeronave de projeto e fabricação nacional alcançasse a marca estabelecida pelo avião de turismo, recreio e desporto CAP-4 Paulistinha. Caracterizada por sua construção simples, típica das aeronaves de sua categoria, o Paulistinha serviu como um dos esteios à bem-sucedida evolução da Campanha Nacional de Aviação.

Apesar de o Paulistinha ser prontamente associado à Companhia Aeronáutica Paulista – que foi inicialmente organizada em 1942 como uma seção de aviação da empresa Laminação Nacional de Metais, do Grupo Pignatari –, ele nasceu nas pranchetas da Empreza Aeronáutica Ypiranga sob a denominação EAY-201. Fundada em 1931 pelo norte-americano Orton Hoover, o alemão Fritz Roesler e Henrique Santos Dumont – sobrinho de Alberto Santos Dumont –, em 1935, a EAY focalizou seus esforços no desenvolvimento de um avião monoplano de turismo após projetar e construir dois modelos de planador.

O EAY-201 Ypiranga realizou o seu voo inaugural no último trimestre de 1935, com uma configuração nitidamente inspirada no avião Taylor E2/F2 Cub, que estabelecera um desenho clássico para aeronaves de recreio e desporto. Matriculado PP-TBF no ano seguinte, o primeiro protótipo foi seguido de outros quatro exemplares construídos até o início de 1942.

Naquele mesmo ano, a seção de aviação da Laminação Nacional de Metais havia evoluído para além da mera operação e construção de planadores, transformando-se, em agosto, na Companhia Aeronáutica Paulista. Uma das primeiras providências foi acertar com a EAY a aquisição dos direitos de fabricação do EAY-201, o que foi feito ainda em 1942. Em seguida, foram preparadas as instalações da Companhia Aeronáutica Paulista em Utinga (SP) para iniciar a produção em série daquele avião, que recebeu a designação CAP-4 e foi rebatizado com o nome Paulistinha. Durante

Um dos dois CAP-4 Paulistinha utilizados pela FAB. Um deles, um CAP-4B, era uma aeronave ambulância doada pelo Rotary Club do Rio de Janeiro, sendo matriculado L-CAP4 3054. Foto Museu Aeroespacial do Campo dos Afonsos.

O CAP-4B Paulistinha, FAB L-CAP4 3054 Anna Nery (Base Aérea do Galeão), em 1944.

aquele período inicial, para simplificar sua produção e introduzir melhorias ao projeto, foram aplicadas algumas modificações à célula, bem como a instalação de um motor de maior potência do que o Salmson 9AD de 40 hp encontrado no EAY-201.

Em abril de 1943 foi iniciada a fabricação em série da primeira e mais numerosa versão do Paulistinha, o CAP-4A. Com o índice de produção rapidamente crescendo para mais de uma dezena de unidades por mês, a Companhia Aeronáutica Paulista desenvolveu outras duas versões: o CAP-4B e o CAP-4C. O primeiro era um avião dedicado à evacuação aeromédica e, para tal, a fuselagem foi adaptada para receber uma maca. Somente dois protótipos foram construídos, um dos quais foi entregue à Secretaria de Saúde do Governo do Estado de São Paulo. Já o CAP-4C, conhecido como Paulistinha-Rádio ou Paulistinha-Observação, era um avião desenvolvido para desempenhar missões de observação e regulagem de tiro de artilharia. Somente um exemplar dessa versão foi construído. Ao contrário dos anteriores, dispunha de equipamento rádio, distinguindo-se ainda pelo rebaixamento da fuselagem traseira e pela instalação de diversos painéis de acrílico transparente que proporcionavam melhor campo de visão para o observador.

Quando foi encerrada a produção do CAP-4 Paulistinha, em 1948, nada menos do que 777 desses aviões haviam sido fabricados em Utinga – um marco que só seria superado pelo Embraer EMB-201/202 Ipanema mais de meio século mais tarde. A vasta maioria foi distribuída entre dezenas de aeroclubes espalhados pelo território nacional e alguns exemplares foram exportados para a Argentina, o Chile, os Estados Unidos, Portugal e Paraguai. Apesar desses importantes marcos, foi como avião de instrução de aeroclube que o Paulistinha fez história. Em julho de 1965, quando ainda existiam algumas centenas de exemplares em atividade no Brasil, a frota de aviões CAP-4 havia registrado 1,1 milhão de horas de voo, o suficiente para formar aproximadamente 20 mil pilotos privados.

O CAP-4A e o CAP-4B na Força Aérea Brasileira

No início de 1942, ao contar com o apoio de diversas entidades, entre as quais diversos órgãos de imprensa e rádio, foram organizadas campanhas que visavam à doação de aviões à Força Aérea Brasileira. Assim, em outubro de 1943, o Rotary Club do Rio de Janeiro doou à Força Aérea Brasileira um avião ambulância CAP-4B. Apropriadamente, aquela aeronave foi batizada com o nome Anna Nery e, em março de 1944, foi distribuída à Base Aérea do Galeão para prestar serviços em benefício da Seção de Pronto Socorro. Nada se sabe dos trabalhos prestados pelo CAP-4B durante sua permanência na Base Aérea do Galeão, mas é lícito supor que, apesar de sua configuração como avião ambulância, tenha sido usado em tarefas mais corriqueiras, como as de ligação.

Em maio de 1945, a Subdiretoria Técnica da Aeronáutica (SDTAer) recebeu um CAP-4A Paulistinha que, meses mais tarde, foi matriculado L-CAP4 3055 e distribuído àquela unidade. Em face das atribuições para a SDTAer – que na época ainda era conhecida por sua antiga denominação Serviço Técnico da Aeronáutica –, é possível que aquele avião destinava-se à execução dos trabalhos de homologação do Paulistinha. Seja como for, a SDTAer fez considerável uso de seu CAP-4A, geralmente empregando-o em missões utilitárias como ligação e transporte.

Quando foram considerados excedentes às necessidades da FAB, a vida operacional dos dois CAP-4 chegou ao fim. Primeiro foi o CAP-4B, que, em atenção a uma determinação do ministro da Aeronáutica, foi excluído da carga da Aeronáutica em julho de 1947 para então ser entregue à Fundação Brasil Central. Por sua vez, o CAP-4A – que passara para a Diretoria de Material da Aeronáutica após a extinção da SDTAer – foi transferido para o Departamento de Aviação Civil, em novembro de 1948, e repassado para o Aeroclube de Garça (SP).

Companhia Aeronáutica Paulista CAP-4A e CAP-4B Paulistinha	
Período de Utilização	De 1943 até 1948
Fabricante	Companhia Aeronáutica Paulista, Utinga (SP)
Emprego	Avião ambulância, transporte e ligação
Características Técnicas	
Motor	Franklin 4AC-176B2 de 65 HP
Envergadura	10,67 m
Comprimento	6,70 m
Altura	2,10 m
Área Alar	17 m²
Peso Vazio	320 kg
Peso Máximo	540 kg
Armamento	Não dispunha de armamento
Desempenho	
Velocidade Máxima	160 km/h
Razão de Subida	240 m/min
Teto Operacional	3.800 m
Alcance	500 km
Comentários	
Total Adquirido	2 exemplares (1 CAP-4A e 1 CAP-4B)
Unidades Aéreas	Base Aérea do Galeão Subdiretoria Técnica da Aeronáutica Diretoria de Material da Aeronáutica
Designações	L-CAP4
Matrículas	3054 e 3055

Lockheed PV-1 Ventura e B-34A Lexington

Visivelmente satisfeito com o trabalho que a Lockheed Aircraft Corporation realizara no desenvolvimento do Hudson, foi com bons olhos que o Ministério do Ar da Grã-Bretanha recebeu, em setembro de 1939, outra proposta apresentada por aquela empresa. Tal como havia feito com o Hudson, cujo projeto evoluiu com base no Model 14 Super Electra, a Lockheed apre-

O PV-1 Ventura B-34 FAB 10 visto em voo nos tempos da Segunda Guerra Mundial. Quatorze aeronaves novas de fábrica foram recebidas pela Força Aérea a partir de 1944. Foto Museu Aeroespacial do Campo dos Afonsos.

sentou uma proposta que compreendia uma versão militar do Model 18 Lodestar. Ela delineava características que definiam claramente a nova aeronave como sucessora do Lockheed Hudson nas missões de reconhecimento ou como avião de bombardeio de leve/médio porte como substituto do Bristol Blenheim.

Visto que a prioridade maior residia na substituição do Blenheim, a Lockheed tratou de adequar o projeto contido na proposta. Em fevereiro de 1940 foi assinado um contrato de encomenda que compreendia 25 desses aviões com a designação Model 32. No entanto, estudos e reuniões entre autoridades aeronáuticas britânicas e a Lockheed resultaram em modificações que potencialmente melhorariam o desempenho da aeronave. O novo avião, designado Model 37, foi um sucesso. As estimativas de performance incentivaram os ingleses a encomendar outros 275 exemplares do avião, que eles batizaram de Ventura. Antes de 1940 chegar ao fim, os britânicos aumentaram seu pedido, que passou para 675 unidades. Isso antes mesmo de o primeiro Ventura alçar voo, o que só ocorreu em 31 de julho de 1941.

Os primeiros aviões Ventura destinados à RAF foram entregues em setembro de 1941. Mas, com a evolução da guerra – e em especial com a entrada dos Estados Unidos no conflito –, as encomendas britânicas foram repassadas para outras armas. Alguns exemplares foram transferidos para o Canadá e para a África do Sul, mas uma considerável quantidade de células foi absorvida pela USAAF e lá recebeu as designações B-34A e B-34B Lexington. De fato, em agosto de 1941, a USAAF encomendou 200 aviões B-34 para atender necessidades próprias e do programa Lend-Lease. Esse contrato foi ampliado posteriormente com a encomenda de aviões B-37, uma versão do B-34 equipado com motores de maior potência.

Pouco depois que os Estados Unidos ingressaram na guerra, a USAAF passou para a aviação da United States Navy (USN) toda a responsabilidade pela execução da missão de guerra antissubmarino ao longo do litoral americano. Como

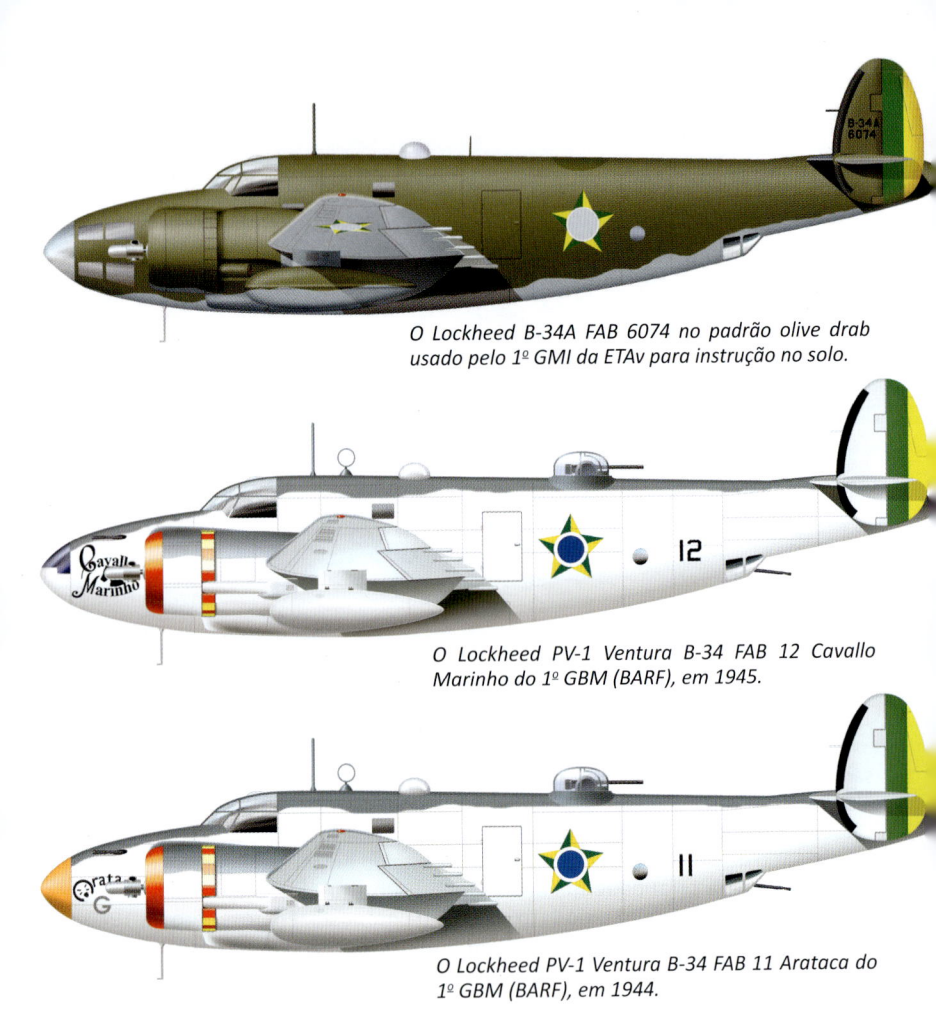

O Lockheed B-34A FAB 6074 no padrão olive drab usado pelo 1º GMI da ETAv para instrução no solo.

O Lockheed PV-1 Ventura B-34 FAB 12 Cavallo Marinho do 1º GBM (BARF), em 1945.

O Lockheed PV-1 Ventura B-34 FAB 11 Arataca do 1º GBM (BARF), em 1944.

resultado, a USN tratou de incrementar seus meios aéreos de patrulha, e isso determinou a transferência dos contratos de B-34 e B-37 originalmente destinados à USAAF. Porém, para melhor atender aos requisitos técnicos da missão de patrulha, as células a serem produzidas incorporaram um variado leque de modificações, como radar de busca, maior capacidade de combustível e ampliação do armamento transportado.

Com a designação PV-1 e o nome Ventura, o primeiro exemplar dessa nova versão realizou seu voo inaugural em 3 de novembro de 1942. No mês seguinte, cerca de 1.600 aviões PV-1 foram destinados à USN, à RAF e às Forças Aéreas da África do Sul, Austrália e Nova Zelândia com as entregas se estendendo até o final da guerra. Foi com a USN e a RAF que os PV-1 ganharam considerável destaque – eficientes quer como aviões de patrulha, quer como caças noturnos. Porém, foi um exemplar da Royal New Zealand Air Force que deu notoriedade ao PV-1. Ao realizar a cobertura durante uma missão de resgate, um PV-1 daquela força aérea foi atacado por alguns caças japoneses Mitsubishi Zero, num combate em que três aviões inimigos acabaram derrubados e outros dois foram danificados antes que o avião neozelandês regressasse a salvo para a sua base.

Os Lockheed PV-1 Ventura e B-34A Lexington na Força Aérea Brasileira

A presença inicial no Brasil do Lockheed PV-1 Ventura se deu através da USN quando ela começou a despachar esquadrões de patrulha para combater os submarinos alemães e italianos que ameaçavam interditar as linhas marítimas de comunicação entre o Brasil e os Estados Unidos. Entre os vários esquadrões da Marinha Norte-americana despachados para o Brasil, nove eram equipados com aviões Lockheed PV-1 Ventura. O primeiro deles, o VPB-127, chegou à Base Aérea de Natal em 14 de maio de 1943. Dias mais tarde, outro esquadrão, o VPB-129, chegou também àquela base aérea e ambos entraram imediatamente na rotina diária de patrulhar e esclarecer o litoral brasileiro, bem como dar cobertura aos comboios que transitavam entre o Brasil e os Estados Unidos.

Apesar de sediados em Natal, os esquadrões VPB-127 e VPB-129 mantinham destacamentos de duas ou três aeronaves em diversos aeródromos do Norte e Nordeste brasileiro, uma prática seguida pelas demais unidades de PV-1 da USN. Curiosamente, esses dois esquadrões registraram seu batismo de guerra no mesmo dia. Em 30 de julho de 1943, um Ventura do VPB-127 afundou o submarino alemão U-591 e outro do VPB-129 causou graves danos ao U-604, tão graves, na verdade, que aquela embarcação foi posta a pique pela sua própria tripulação em 11 de agosto.

Em setembro de 1943 foi organizado, na Base Aérea de Natal, o United States Brazilian Training Unit Course (USBATU), que fez uso dos recursos materiais e de pessoal de três esquadrões de aviões PV-1: VB-129, VB-134 e VB-145. A finalidade do USBATU era dar formação ao pessoal aeronavegante e da área técnica da FAB, que constituiria um futuro esquadrão brasileiro a ser equipado com aviões Lockheed PV-1 Ventura. O USBATU não se limitava exclusivamente à conversão de pilotos à nova aeronave. O programa de instrução contemplava, entre outros

Linha de voo de PV-1 em Recife. Dos 14 PV-1 da FAB, seis foram perdidos em acidentes: os FAB 4034, 5036, 5030, 5042, 5044 e 5047. Foto Arquivo Jackson Flores Jr. / Action Editora Ltda.

Boa parte da carreira operacional dos PV-1 foi ligada à Base Aérea do Recife, primeiramente no 1º GBM, que, em 1947, transformou-se no 1º/6º GAV. Apenas no apagar das luzes é que operou no 1º/7º GAV. Foto Arquivo Jackson Flores Jr. / Action Editora Ltda.

itens, novas técnicas de guerra antissubmarino, emprego de foguetes HVAR de 5 polegadas e introdução ao radar ASD-1 que equipava os Ventura, um dos primeiros aviões da FAB a dispor desse material.

De acordo com algumas fontes, enquanto estava em curso a instrução da terceira turma do USBATU, foi iniciado o traslado ao Brasil dos 14 aviões PV-1 destinados à FAB. Novos de fábrica, foram recolhidos por pessoal do VB-134 na NAS Quonset Point (Rhode Island – EUA) e transportados até a Base Aérea de Recife em três levas distintas – a última delas chegou ao Brasil no final de março de 1944. No dia 30 daquele mês, os 14 aviões foram formalmente transferidos para a Força Aérea Brasileira.

Distribuídos à Base Aérea de Recife, os 14 aviões Lockheed PV-1 foram absorvidos pelo Escalão Volante daquela base aérea e imediatamente colocados em operação. Tal como seus pares da USN, os Ventura da FAB passaram a realizar missões de patrulha, escolta de comboios e esclarecimento marítimo dentro de sua área de responsabilidade, que era limitada pelo paralelo que cortava João Pessoa (PB) e a foz do Rio São Francisco.

Em 17 de agosto de 1944, como resultado da nova organização que estava sendo dada à FAB, foi criado o 1º Grupo de Bombardeio Médio (1º GBM), com sede na Base Aérea de Recife. Essa unidade aérea passaria a operar os recém-chegados Lockheed PV-1 Ventura, o que aconteceu em 20 de dezembro daquele ano. De cunho administrativo, esse evento não alterou perceptivelmente as atividades dos Ventura da FAB, que seguiram voando, dia e noite, as suas missões de patrulha.

Igualmente de caráter administrativo, no primeiro semestre de 1945, a Diretoria de Material da Aeronáutica (DIRMA) emitiu instruções que visavam padronizar a numeração das aeronaves em operação com a FAB, outorgando-lhes uma designação e uma matrícula de quatro dígitos. Espelhando o sistema então empregado pela USAAF, foram atribuídas designação B-34 e matrículas na faixa 5000, indicando, assim, a missão de bombardeio desses aviões. Errônea, o uso da designação atribuída aos PV-1 limitou-se à esfera administrativa, pois até serem desativadas, essas aeronaves continuaram sendo conhecidas por pilotos e técnicos simplesmente como Ventura.

No final daquele ano também foi regularizada a situação de uma aeronave recebida em 1944, um Lockheed B-34 Lexington. Considerado excedente às necessidades da USAAF e classificado como war weary (cansado de guerra), a entrega dessa aeronave à FAB objetivava incrementar os meios materiais de treinamento do 1º Grupo Misto de Instrução (1º GMI). Com sede administrativa na Base Aérea de São Paulo (BASP) e precursor da futura Escola de Especialistas de Aeronáutica (EEAer), o 1º GMI tinha como missão primária dar apoio às atividades de instrução da Escola Técnica de Aviação, sediada na cidade de São Paulo. Consequentemente, pouco após sua chegada ao Brasil, aquele Lockheed B-34 foi levado à BASP e desmontado para ser transportado até o Hipódromo da Mooca, onde se encontravam as demais aeronaves de instrução do 1º GMI. Com a extinção da Escola Técnica de Aviação em 1950 e a implantação da EEAer em Guaratinguetá (SP), boa parte do acervo material da Escola de Especialistas seguiu para aquela cidade paulista. Entretanto, distintas fontes dão conta de que o B-34 Lexington foi recolhido ao Parque de Aeronáutica de São Paulo (PqAerSP) onde foi alienado em 1955.

O fim da guerra conduziu o 1º GBM e seus Ventura para um período típico de um esquadrão em tempos de paz. Como unidade aérea de emprego, o 1º GBM tratou de manter o nível de operacionalidade conquistado durante a guerra. Para tanto, foi elaborado um programa de instrução para manter a proficiência das tripulações já existentes na unidade, bem como dar adaptação aos novos pilotos que anualmente chegavam ao 1º GBM. Naturalmente, o programa de instrução compreendia o adestramento das tripulações quanto às múltiplas atividades relativas ao voo. Porém o ponto culminante do programa de instrução era a fase de emprego, quando eram geradas surtidas das várias modalidades de tiro terrestre e de lançamento de bombas e foguetes, em que frequentemente se usava a ilha de Santo Aleixo (PE) como estande de tiro e bombardeio.

Em 1947 foi implementada nova organização à FAB. Em 24 de março um decreto tornou extintos todos os grupos de bombardeio leve, médio e picado, grupos de caça, grupos de patrulha e regimentos de aviação. No lugar dessas unidades, na mesma data, foram criados 16 grupos de aviação (GAV) em várias localidades do território nacional. No que dizia respeito aos Ventura, esse decreto trouxe a extinção do 1º GBM, bem como do comando ao qual estava subordinado, o 6º Regimento de Aviação. De acordo com o planejamento do Estado-Maior da Aeronáutica (EMAer), os Ventura passariam a integrar o 6º Grupo de Aviação, com sede na Base Aérea de Recife.

Semanas mais tarde, através do Aviso Reservado no 5, datado de 1º de abril, foi organizado o 1º/6º Grupo de Aviação (1º/6º GAV), que absorveu os Lockheed PV-1 do extinto 1º GBM, bem como os Lockheed PV-2 Harpoon antes pertencentes ao 2º Grupo de Bombardeio Médio. Reunir os PV-1 e PV-2 numa única unidade aérea foi uma medida lógica, posto que as diferenças entre os dois tipos não eram tão pronunciadas a ponto de exigir procedimentos específicos para sua operação e manutenção.

No entanto, a partir de 1948, os Ventura gradativamente passaram a apresentar problemas cada vez maiores de manutenção, um fenômeno que não era inesperado. Com a suspensão da produção dos PV-1, em maio de 1944, pela Lockheed e a pressa da USN em transformar – assim que terminou a guerra – em sucata os Ventura de que dispunha, era previsível a rápida escassez de peças

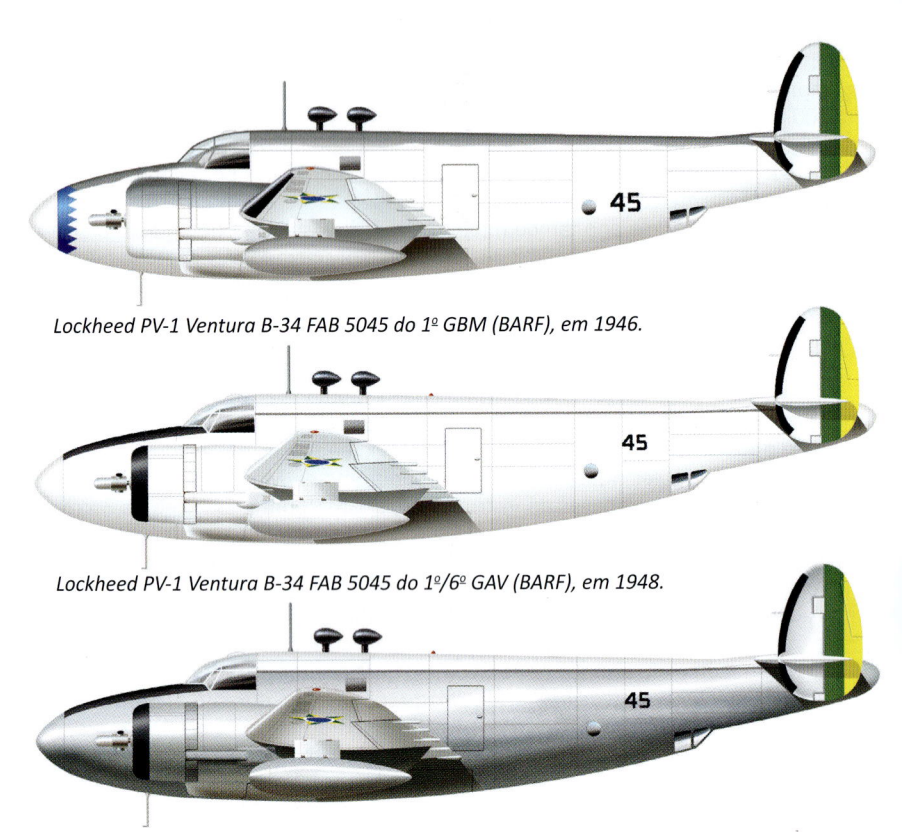

Lockheed PV-1 Ventura B-34 FAB 5045 do 1º GBM (BARF), em 1946.

Lockheed PV-1 Ventura B-34 FAB 5045 do 1º/6º GAV (BARF), em 1948.

Lockheed PV-1 Ventura CB-34 FAB 5045. Dois PV-1 (FAB 5043 e 45) foram convertidos em aeronaves de transporte em 1958.

de reposição para aquelas aeronaves. Isso era especialmente verdade no caso dos motores Pratt & Whitney R-2800-31, bem como para os itens de consumo específicos do PV-1 ou então dos sistemas de missão daquela aeronave, como o radar ASD-1. Já que eram poucas as células de PV-1 recebidas pela FAB – algumas das quais se acidentaram, com perda total, ao longo da segunda metade dos anos 1940 –, recorrer à canibalização era um recurso muito mais limitado do que seria com uma frota mais numerosa.

Como resultado dessa dificuldade, a DIRMA emitiu, em novembro de 1949, uma instrução reservada que classificava os PV-1 Ventura, bem como seus motores, como material semi-obsoleto. Como consequência dessa instrução não seriam mais atendidas as solicitações de compra de material para esses aviões, de forma que a frota deveria depender exclusivamente do que se encontrava em estoque no próprio esquadrão ou no parque que lhe prestava apoio. No caso, o Núcleo de Parque de Aeronáutica de Recife (NPqAerRF).

Logicamente os índices de disponibilidade dos Ventura, que já não eram bons no final daquela década, sofreram uma significativa queda. Isso levou o EMAer a ordenar a distribuição ao 1º/6º GAV de um punhado dos recém-chegados aviões North American B-25J e assim garantir a operacionalidade daquele esquadrão.

Nos primeiros anos da nova década, os Ventura seguiam teimosamente voando, apesar de muitos não poderem contar com a sua suíte de armas plenamente operacional e sem que nenhum dispusesse de um radar ASD-1 em funcionamento. Em vista do potencial que esses aviões ainda apresentavam, diversas tentativas foram postas em marcha para sanar as dificuldades materiais. A última delas ocorreu em agosto de 1953, quando o ministro da Aeronáutica determinou à DIRMA que providenciasse a recuperação do equipamento de tiro e bombardeio dos PV-1, bem como do seu equipamento radar. As evidências sugerem que essa determinação foi parcialmente atendida com o auxílio do Parque de Aeronáutica de São Paulo: cinco aviões Ventura voltaram a contar com sistemas de armas plenamente operacionais. Contudo, os problemas que afligiam os radares não puderam ser adequadamente equacionados e as aeronaves deixaram de contar com esse importante equipamento.

Mal começara o ano de 1953, quando o EMAer estabeleceu que o 1º/6º GAV passaria a operar os Boeing SB-17G recebidos em 1951 e que se encontravam na Base Aérea de Recife desde meados de 1952. Com novos aviões e nova atribuição operacional, foi determinado ao 1º/6º GAV repassar seus PV-1 para o 1º/7º Grupo de Aviação, com sede na Base Aérea de Salvador. A transferência dos três Lockheed Ventura que se encontravam no 1º/6º GAV foi oficializada em dezembro de 1953, e esses aviões seguiram para sua última moradia na FAB.

Dividindo o pátio de estacionamento da Base Aérea de Salvador com os B-25J que já se encontravam no 1º/7º GAV, além dos últimos Lockheed PV-2 da FAB, o fim da carreira dos PV-1 foi longe de ser brilhante. Apesar dos consideráveis esforços do pessoal técnico do esquadrão e de distintos parques, a disponibilidade dos Ventura permaneceu baixa. Como plataforma de emprego, esses aviões encontravam-se severamente limitados e eram mais aptos a dar adestramento de voo bimotor do que desempenhar algum papel como vetor de patrulha.

Depois de enfrentar várias dificuldades, o 1º/7º GAV chegou ao fim de 1956, contando com quatro aviões PV-1 em sua dotação. Outros se encontravam recolhidos ao PqAerRF aguardando a revisão geral. Porém, com a FAB munida da certeza de que brevemente receberia aviões Lockheed P2V-5 Neptune, em 1957, foi iniciado o processo de desativação dos Ventura, começando com os exemplares que estavam no PqAerRF.

Tal como ocorrera no final da carreira dos A-28A Hudson, dois PV-1, FAB 5053 e 5045, foram modificados para servir como avião de transporte, sendo esse trabalho executado pelo Parque de Aeronáutica de Recife (PqAerRF), iniciado na última metade de 1957 e finalizado no início do ano seguinte. Com a designação CB-34, esses dois aviões Ventura passaram a integrar a carga do PqAerRF, ambos à disposição do Quartel-General da 2ª Zona Aérea para a realização de serviços de transporte em proveito daquele comando e de unidades subordinadas. Com efeito, esses foram os últimos aviões PV-1 Ventura em operação na FAB, ambos excluídos da carga da Aeronáutica em 1962. Curiosamente, depois de serem alienados, os dois continuaram voando durante algum tempo, porém em poder de uma empresa privada.

Lockheed PV-1 Ventura e B-34A Lexington

Período de Utilização	De 1944 até 1962
Fabricante	Lockheed Aircraft Corporation, Burbank (Califórnia – EUA)
Emprego	Patrulha, bombardeio médio e transporte
Características Técnicas	
Motor	2 Pratt & Whitney R-2800-31 de 2.000 hp cada um
Envergadura	19,96 m
Comprimento	15,77 m
Altura	3,63 m
Área Alar	20,19 m^2

Continua

Peso Vazio	9.161 kg
Peso Máximo	15.422 kg
Armamento	2 metralhadoras fixas Browning .50 pol M2 no nariz 2 metralhadoras móveis Browning .50 pol M2 na torre dorsal 2 metralhadoras móveis Browning .30 pol no túnel ventral Até oito foguetes HVAR de 5" em estações subalares Carga ofensiva de até 1.300 kg na forma de seis bombas de profundidade Mk 17 ou um torpedo Mk 13 Mod 1/2
Desempenho	
Velocidade Máxima	518 km/h
Razão de Subida	680 m/min
Teto Operacional	8.015 m
Alcance	2.670 km
Comentários	
Total Adquirido	14 exemplares (PV-1 Ventura) 1 exemplar (B-34 Lexington)
Unidades Aéreas	Base Aérea de Recife 1º Grupo de Bombardeio Médio 1º/6º Grupo de Aviação 1º/7º Grupo de Aviação ETAv Parque de Aeronáutica de Recife
Designações	B-34, B-34A e CB-34 (para as duas aeronaves convertidas para missões de transporte)
Matrículas	PV-1 Ventura: inicialmente de 1 a 14, alterado em 1945 para 5034 a 5047; os aviões modificados para as missões de transporte receberam as matrículas CB-34 5043 e 5045 B-34 Lexington: 5074, posteriormente alterado para IS-B-34 5074

Bell P-39D

Fundada em junho de 1935 por Lawrence Dale "Larry" Bell, juntamente com Robert Woods e Irene Bernhardt, todos funcionários da Consolidated Aircraft Company, a Bell Aircraft Corporation dedicou-se inicialmente à produção de peças e componentes destinados às aeronaves produzidas pela Consolidated. Já no ano seguinte, a Bell lançou-se no desenvolvimento e na produção de um caça de escolta de longo alcance, o XFM-1 Airacuda, um caça bimotor pesado. No entanto, o protótipo e as versões de pré-produção do novo tipo sofreram toda sorte de problemas, que determinaram a construção de somente 13 células.

Quase simultaneamente, Robert Woods e Harland M. Poyer dedicaram-se ao desenvolvimento de uma aeronave que atendesse às especificações contidas no programa nº X-609, do Exército Americano (USAAC), que pedia um moderno caça monoposto e monomotor. Já que o armamento era um item crítico desse programa, Woods e Poyer optaram por desenvolver um caça que tinha como ponto de partida o canhão T9 de 37 mm produzido pela American Armament Corporation. Considerações técnicas determinaram o deslocamento do motor para uma posição que praticamente coincidia com o centro de gravidade da aeronave, o que, teoricamente, conferiria grande manobrabilidade ao caça.

Em outubro de 1937, com base em informações fornecidas pelo USAAC, a Bell firmou um contrato para a construção de um protótipo dessa nova aeronave, que recebeu a designação XP-39. Ao voar pela primeira vez em 6 de abril de 1938 e sem armamento, o XP-39 impressionou as autoridades do USAAC pelo seu desempenho, acarretando a encomenda de um lote inicial de 13 aviões para ensaio operacional. Porém, as boas características encontradas no XP-39 foram perdidas quando uma série de modificações, como a eliminação do supercharger e a instalação de outro motor de menor potência, foram incorporadas à aeronave por ordem do próprio USAAC. Essas e outras alterações fizeram com que a aeronave resultante oferecesse um desempenho fraco a altitudes superiores a 1.640 m.

No entanto, em face de seu considerável armamento, o P-39 Airacobra mostrou ser um eficiente avião de ataque ao solo, especialmente quando usado por pilotos russos. Um total de 9.589 desses caças foi construído, com as 17 versões do P-39 sendo empregadas pelo Exército Americano, pela Austrália, pela França, por Portugal, pela RAF e pela Rússia (V-VS), essa última recebeu nada menos que 4.924 exemplares do Airacobra.

O Bell P-39D na Força Aérea Brasileira

São poucas as informações concretas sobre o único Bell P-39 Airacobra entregue ao Brasil. Sabe-se somente que essa célula era o Bell P-39D-1-BE 41-6914, que serviu em diversas unidades de caça pertencentes à 6ª Força Aérea da USAAF. Nessa Força, o avião passou por distintos esquadrões do 36º Grupo de Caça (36th FG) sediado em Arecibo Army Air Field (Porto Rico). Informações existentes sugerem que aquela aeronave tenha sido destacada em diversas ocasiões para locais como

A FAB teve apenas um exemplar desse clássico caça da Segunda Guerra Mundial: o Bell P-39D-1-BE Airacobra. Com a matrícula USAAF 41-6914, essa aeronave serviu apenas para instrução no solo aos alunos da ETAv. Foto Arquivo Jackson Flores Jr. / Action Editora Ltda.

Aruba, Curaçao e Zandery. Terminando sua carreira operacional no 32º Esquadrão de Caça do 36th FG, sediado em Hato Field (Curaçao), o P-39D foi declarado war weary (cansado de guerra) e designado a servir como célula de instrução.

De acordo com fontes da USAAF, a transferência para a Força Aérea Brasileira do P-39D 41-6914 foi feita em 22 de janeiro de 1944. No entanto, desconhece-se a data exata em que chegou ao país e tampouco se sabe se foi trasladado em voo. Seja como for, essa aeronave foi entregue à Escola Técnica de Aviação (ETAv). Com sede em São Paulo (SP), essa organização civil de instrução de especialistas e mecânicos aeronáuticos fora montada nos moldes do centro de ensino aeronáutico norte-americano Embry-Riddle School of Aviation.

Na ETAv, o P-39D serviu como ferramenta para a formação técnica de diversas turmas de alunos, permanecendo nas instalações daquela escola no Hipódromo da Mooca.

Quando da fusão dos recursos materiais e de pessoal da ETAv e da Escola de Especialistas de Aeronáutica (EEAer), o destino do Bell P-39D, da FAB, tornou-se um mistério. Algumas fontes dão conta de que chegou a ser transportado para a cidade paulista de Guaratinguetá, nova sede da EEAer. Por sua vez, outras fontes indicam que ele foi alienado e sucateado em São Paulo antes do acervo da ETAv seguir para Guaratinguetá. Apesar das incógnitas que cercam o fim desse P-39D, restou somente o motor Allison V-1710, que equipava aquele caça e que hoje se encontra em exposição no Museu Aeroespacial, no Rio de Janeiro (RJ).

Bell P-39D

Período de Utilização	De 1944 até 1947
Fabricante	Bell Aircraft Corporation, Buffalo (Nova York – EUA)
Emprego	Instrução no solo
Características Técnicas	
Motor	Allison V-1710-35
Envergadura	10,36 m
Comprimento	9,21 m
Altura	3,60 m
Área Alar	19,80 m^2
Peso Vazio	2.853 kg
Peso Máximo	4.010 kg
Armamento	1 canhão T9 de 37 mm que disparava através do cubo da hélice 2 metralhadoras fixas calibre .30 em cada asa 2 metralhadoras fixas Browning M2 na fuselagem 1 bomba de 250 lb, 325 lb ou 500 lb na estação ventral
Desempenho	
Velocidade Máxima	539 km/h
Razão de Subida	12,9 m/Seg
Teto Operacional	9.726 m
Alcance	1.770 km
Comentários	
Total Adquirido	1 exemplar
Unidades Aéreas	Escola Técnica de Aviação Escola de Especialistas de Aeronáutica
Designações	Não recebeu designação
Matrículas	Não recebeu matrícula

Beechcraft C-18S e D-18S

Em meados da década de 1930, o mercado para aeronaves de transporte era tão promissor que as fábricas desenvolviam projetos com recursos próprios. Nesse período, a Beech Aircraft Corporation, criada por Walter H. Beech, em 1932, e tendo como seu projetista chefe Ted Wells, após ter lançado no mercado o monomotor executivo Beech Model 17, decidiu bancar o desenvolvimento de um modelo maior, o Beech Model 18, cujo primeiro voo ocorreu em 15 de janeiro de 1937 com uma produção que atingiu a casa das 6.326 aeronaves, de diversas versões.

O Beech 18 era um bimotor monoplano de asa baixa, metálico, com trem de pouso convencional, capacidade para seis passageiros e dois tripulantes e podia ser equipado com qualquer dos motores Wright, Jacobs ou Pratt & Whitney disponíveis à época, que, porém, realizou seu voo inaugural com dois motores Wright R-760-E2 de 320 hp cada um. Uma característica bem marcante na série de aeronaves Modelo 18 era sua deriva dupla que seria mantida inalterada durante todo o período de produção de suas diversas versões.

As qualidades da nova aeronave, cujo desenvolvimento visava o mercado civil, rapidamente despertaram o interesse do governo filipino, que foi o primeiro a fazer uma encomenda para seu emprego militar, sendo seu interesse por uma versão para aerofotogrametria, que recebeu a designação C-18 pela Beech e foi militarmente designado T-7, começando a ser produzido em 1937. O cliente seguinte foi o governo chinês, que, em 1939, solicitou o desenvolvimento

A FAB teve em seu inventário quase 100 aeronaves Beech Bi, como era conhecido o Beechcraft C/D-18S na Força Aérea. Ele foi empregado em missões de treinamento, navegação e transporte entre 1942 e 1976. Foto Arquivo Action Editora Ltda.

Beechcraft D-18S (UC-45F) FAB 2856 da BAFZ.

Beechcraft D-18S (C-45) FAB 2856 da BAGL.

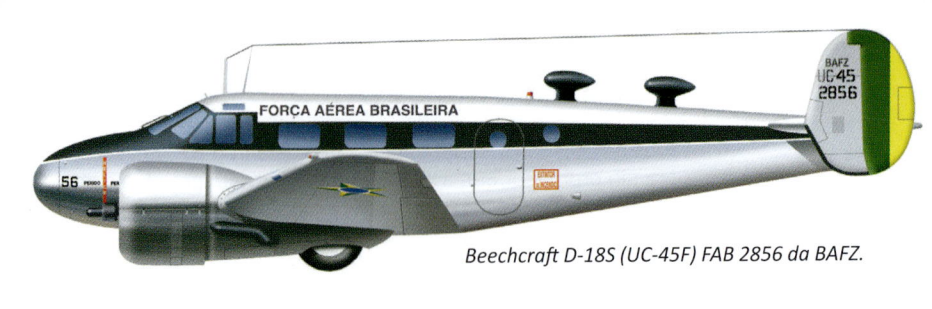

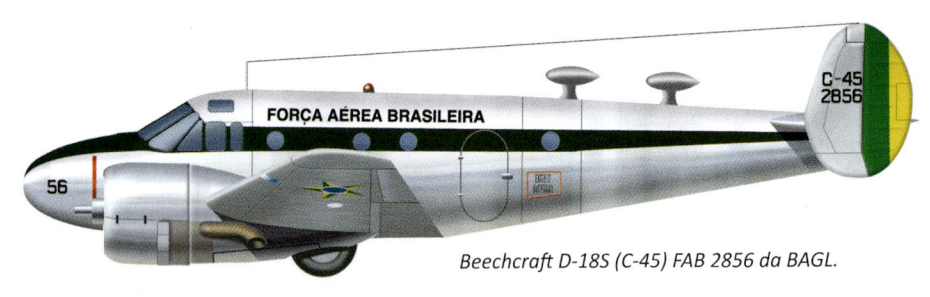

Beechcraft D-18S (C-45) FAB 2855 empregado no CAN.

de uma versão para treinamento de bombardeio, o AT-7, que agradou tanto aos militares americanos que, imediatamente, foram encomendadas algumas centenas de unidades das diversas versões.

Além dessas duas versões para missões específicas, durante a Segunda Guerra Mundial, a grande produção para atender à demanda do USAAC foi de aproximadamente 1.500 unidades de aeronaves para transporte leve de pessoal e pequenas cargas, que foram equipadas com dois motores radiais Pratt & Whiteny R-985 de 450 hp e receberam a designação Beech C-18S e militar de UC-45F. A experiência adquirida com seu largo emprego durante a guerra levou ao aperfeiçoamento dos modelos ao longo das décadas de produção e à introdução de inúmeras melhorias na aerodinâmica das aeronaves.

Dois meses após o término do conflito, a Beech retomou sua atividade de produção para o mercado civil e lançou o Beech D-18S, uma versão executiva luxuosa para até oito passageiros. O novo modelo permitiu um incremento de 20% no peso de decolagem e um significativo aumento do alcance e carga paga.

Após o término do conflito, milhares de aeronaves excedentes de guerra puderam ser remodeladas e repotencializadas, sendo revendidas ao mercado civil, onde foram muito bem empregadas. O período de produção dos modelos 18 teve início em 1937 e terminou no ano de 1957.

Os Beechcraft C-18S e D-18S na Força Aérea Brasileira

Beech Bi ou Mata Sete, assim eram conhecidas as variantes de C-18S e D-18S pertencentes à FAB. A primeira designação era empregada para diferenciá-los dos D-17, os Beech Mono, enquanto a segunda era apenas uma fama infundada que perseguiu essas aeronaves durante sua operação na FAB.

Os primeiros Beech Bi a chegarem ao Brasil foram adquiridos através do Lend-Lease Act e vieram trasladados em voo dos Estados Unidos em 1942. Ao todo foram 42 aviões designados T-7 e, após, AT-7. Foram empregados em missões do Correio Aéreo Nacional (CAN) e para treinamento de pilotos e navegadores, nos moldes do que era feito no United States Army Air Corps (USAAC). Posteriormente, já no final da carreira, 13 T-7 foram convertidos em C-45. Em 1944 também chegaram 22 C-18S e, após a guerra, em 1946, outros 28 D-18S adquiridos novos da Beech que, a despeito de serem aeronaves diferentes, recebiam sempre as mesmas designações, C-45, UC-45F e U-45, e eram usados em transporte leve e ligação de comando. Nesse período, como já existiam os Douglas C-47 com maior capacidade e autonomia na execução das linhas do CAN, os C-45 foram distribuídos pelas bases aéreas e zonas aéreas, de onde realizavam as missões de transporte regional.

Os C-18S e D-18S das diversas versões voaram várias décadas nas fileiras da Força Aérea Brasileira, para a qual prestaram inestimáveis serviços. Houve, ainda, um exemplar de D-18S de propriedade da Marinha do Brasil (MB) adquirido em 1946, para a execução dos serviços de confecção de cartas náuticas, cuja missão era basicamente a fotografia aérea. Como a legislação brasileira da época não previa que a tripulação da Marinha operasse aeronaves, nem a matrícula de aviões navais, surgiu um grande obstáculo para o registro da aeronave, que só foi contornado após várias negociações entre as duas forças. A solução encontrada foi matricular a aeronave como se fosse da FAB, e, tripulada por militares da Aeronáutica, realizava missões exclusivamente em proveito da Marinha.

Assim, o Beech UC-45F recebeu a matrícula FAB 2830 e voou de 1946 a 1952, sempre cumprindo as missões de fotografia para a confecção das cartas

O FAB 2855 taxia na Base Aérea de Santa Cruz. O 55 foi um dos 28 Beechcraft D-18S empregados pela FAB. Foto Mario Roberto Vaz Carneiro.

náuticas da Marinha do Brasil. Essa aeronave realizou levantamentos da Baía de Guanabara, litoral norte e sul do estado do Rio de Janeiro, e, em 1952, fez a cobertura fotográfica da foz do Rio Amazonas, tendo como base o aeroporto de Macapá. Em 4 de novembro de 1952, no retorno de uma dessas missões, a aeronave veio a se acidentar próximo ao Rio de Janeiro, com perda total das vidas e do equipamento.

Beechcraft C-18S e D-18S

Período de Utilização	De 1944 até 1976	De 1946 até 1976
Fabricante	Beechcraft Aviation Corporation	
Emprego	Treinamento	Transporte
Características Técnicas	C-18S	D-18S
Motor	2 Pratt & Whitney Wasp Junior R-985-AN-1 de 450 hp cada um	2 Pratt & Whitney Wasp Junior R-985-AN14B de 450 hp cada um
Envergadura	14,52 m	14,52 m
Comprimento	10,43 m	10,36 m
Altura	2,94 m	2,79 m
Área Alar	30,60 m²	32,42 m²
Peso Vazio	2.671 kg	2.544 kg
Peso Máximo	3.560 kg	3.855 kg
Armamento	Não dispunha de armamento	Não dispunha de armamento
Desempenho		
Velocidade Máxima	346 km/h	370 km/h
Razão de Subida	376 m/min	381 m/min
Teto Operacional	6.096 m	6.705 m
Alcance	1.125 km	1.929 km
Comentários		
Total Adquirido	22 exemplares	28 exemplares (D-18S) 1 exemplar (recebido da MB)
Unidades Aéreas	EPCAR BABE BAGL DPEAer BASP DBAST NuPALS CATNAV QG da 1ª Zona Aérea QG da 3ª Zona Aérea QG da 4ª Zona Aérea 1º GT 2º GT SAC	EEAer BAGL BABE 1º GT 2º GT
Designações	UC-45F, C-45 e U-45	UC-45F, C-45 e U-45
Matrículas	C-45, UC-45F, U-45: 2787 a 2794, 2862 a 2865, 2867 a 2875	2820 a 2822, 2824 a 2830, 2833 a 2842, 2848 a 2851, 2853 a 2856

Douglas A-20K

Durante a Segunda Guerra Mundial, as aeronaves foram se tornando mais especializadas, precisas e velozes, porém, no início do conflito, com exceção dos alemães, que possuíam uma força aérea bem planejada e preparada, as demais nações ainda tateavam na busca pelas aeronaves ideais e sequer haviam definido o tipo de missão a ser atribuída a uma força aérea. A doutrina mais comumente aceita era que a aviação existia unicamente para apoiar o exército.

Dentre os bombardeiros usados durante a guerra, havia aeronaves para missões de bombardeios pesados, médios, leves e picados, cuja designação se baseava na sua capacidade de transporte de bombas e no tipo de emprego que se desejava para eles. Para a destruição de um grande parque industrial se empregava grande número de bombardeiros pesados; para um entroncamento ferroviário, eram empregados tanto os bombardeiros médios quanto os leves, dependendo do caso.

Foi durante essa confusão inicial que o bombardeiro leve passou a ser denominado aeronave de ataque, principalmente por causa de sua grande velocidade e boa manobrabilidade, que permitia a incursão a baixos níveis de voo para fustigar as forças terrestres inimigas e atacar suas linhas de suprimento, interditando sua capacidade de combate no campo de batalha.

Outra atividade comum nesse período de incertezas era o desenvolvimento de projetos de aeronaves por iniciativa das empresas aeronáuticas, tomando como base as experiências observadas em combate e seu oferecimento aos potenciais operadores.

Um A-20K da FAB, ainda com uma matrícula americana na cauda, próximo ao pouso. Essas aeronaves foram empregadas na chamada "fazendinha", instalação construída pela francesa Aeropostale nos anos 1930, que foi sede do 1º GBL entre 1944/45. Ela ficava situada no Aeródromo Militar do Gravataí, em Canoas (RS). Foto Arquivo João Eduardo Magalhães Motta.

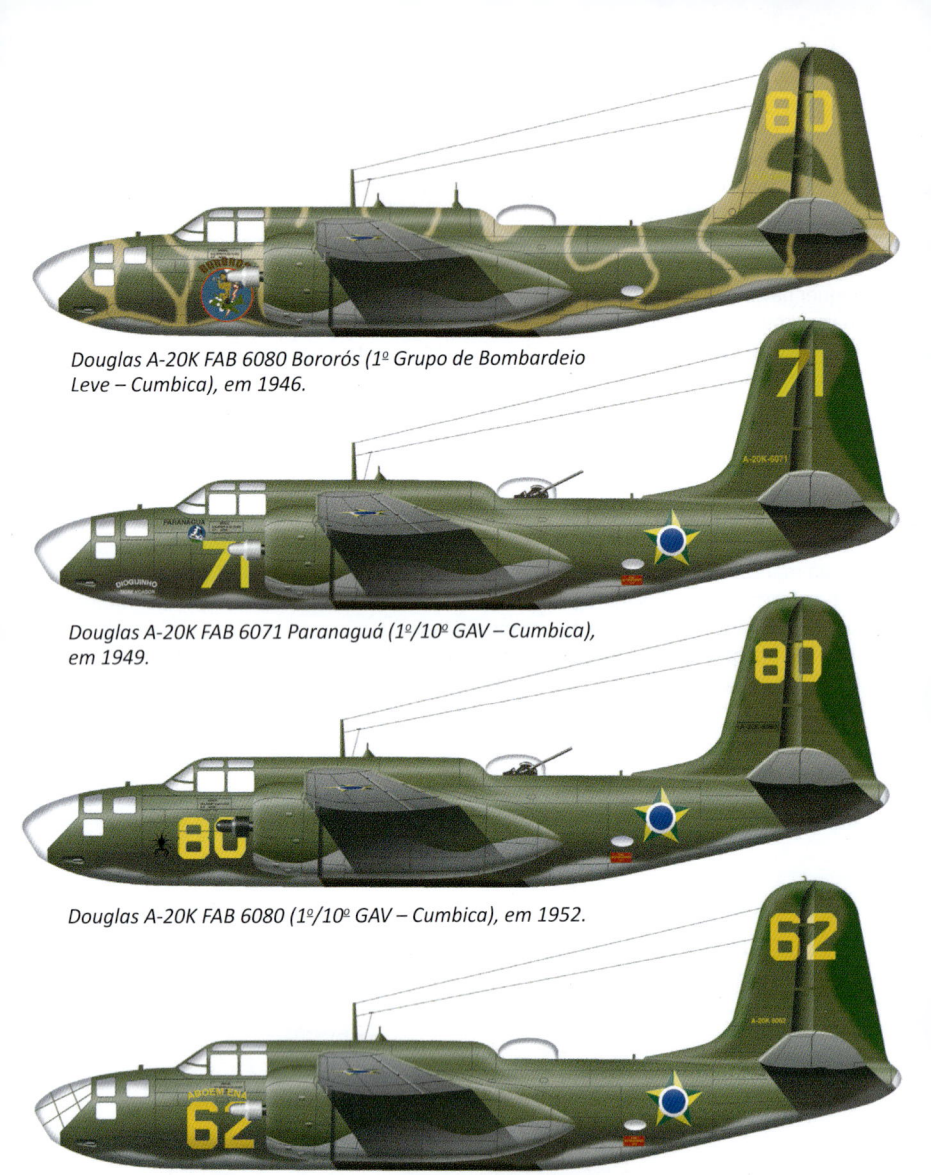

Douglas A-20K FAB 6080 Bororós (1º Grupo de Bombardeio Leve – Cumbica), em 1946.

Douglas A-20K FAB 6071 Paranaguá (1º/10º GAV – Cumbica), em 1949.

Douglas A-20K FAB 6080 (1º/10º GAV – Cumbica), em 1952.

Douglas R-20 FAB 6062 Aboem-Ena (1º/10º GAV – Cumbica), em 1953.

Foi assim que nasceu aquele que viria a ser o bombardeiro de ataque mais produzido durante a Segunda Guerra Mundial, com um total de 7.477 aeronaves em inúmeras versões, o DB-7 (Douglas Bomber-7) ou A-20.

Em 1937, a equipe de engenheiros da Douglas Aircraft Company, composta por Donald Douglas, Jack Northrop e Ed Heinemann, apresentou a proposta de uma aeronave de bombardeiro leve, equipada com dois motores radiais Pratt & Whitney R-985 Wasp de 450 hp, com capacidade estimada para transporte de 1.000 lb (454 kg) de bombas, a 250 mph (400 km/h). Era o Modelo 7 que foi posteriormente cancelado por causa de seu baixo desempenho.

Para atender uma concorrência do United States Army Air Corps (USAAC), em 1938, a equipe da Douglas, agora chefiada por Heinemann, apresentou o projeto anterior melhorado, equipado com motores de 1.100 hp com alcance de 2.000 milhas e capacidade para até 2.000 lb (908 kg) de bombas. O protótipo realizou seu primeiro voo em 26 de outubro de 1938 e foi designado Modelo 7B, que, apesar da significativa melhora de desempenho, não foi adquirido pelo US Army, uma vez que o governo americano ainda se mantinha em situação neutra no conflito prestes a se iniciar.

O DB-7 que foi projetado para quatro tripulantes – um piloto, um bombardeador e dois artilheiros – era dotado de trem de pouso triciclo, que facilitava as operações de pouso e decolagem, e apresentava uma fuselagem cilíndrica que recebia as asas cantilever em altura média. Equipado com dois motores sob as asas que acionavam as hélices tripá, possuía um nariz transparente com a empenagem tradicional, com apenas um estabilizador vertical e estabilizadores horizontais com diedro positivo.

Durante uma viagem aos EUA na busca por armamentos para enfrentar a crise que se descortinava, uma comissão francesa soube do projeto do DB-7 e, secretamente, tomou parte de um voo de demonstração que, infelizmente, terminou em um acidente fatal quando da realização da operação monomotora da aeronave.

Apesar do revés, o governo francês emitiu um pedido para 100 aeronaves, que, posteriormente, foi aumentado para 270 exemplares do DB-7. Dessa encomenda, apenas 115 aeronaves foram entregues antes da capitulação francesa, sendo as demais encaminhadas para a RAF, que as designou Boston MK I. As 95 aeronaves francesas sobreviventes lutaram a partir do norte da África sob o controle do governo colaboracionista de Vichy.

Após o recebimento das aeronaves francesas, a Inglaterra recebeu inúmeras outras, de diversas versões, equipando um total de 24 esquadrões, que as operou em missões de ataque, caça noturna e patrulha, entre outras.

Os Estados Unidos não foram um grande utilizador do A-20, apesar de serem os seus construtores. Porém, partiu do USAAC a solicitação para o uso de motores mais potentes e a adaptação de armamento de cano em um nariz sólido da aeronave, designada Havoc. Quando os americanos entraram na Segunda Guerra Mundial, a primeira missão de sua Força Aérea no conflito, um ataque contra aeródromos alemães localizados nos Países Baixos, foi realizado com bombardeiros A-20 Boston emprestados pela RAF.

A maior contribuição americana para o A-20 foi, sem dúvida alguma, sua distribuição em grandes quantidades aos países aliados, nas horas mais críticas da guerra. Por causa disso, o A-20 foi usado em todas as frentes de combate daquele conflito, voando no deserto do norte da África, no sudoeste do Pacífico e no leste Europeu.

Ao todo, os diversos modelos de A-20 foram empregados pelos EUA, pelo Reino Unido, pela União Soviética, pela Holanda, pela França, pela Austrália, pelo Canadá, pela Nova Zelândia, pela África do Sul e pelo Brasil. De longe, a maior operadora dos A-20 foi a União Soviética, com 3.414 aeronaves recebidas.

Apesar de não ser o mais rápido dos aviões de ataque, sua capacidade de manobra e resistência a danos em combate fizeram dele uma aeronave muito apreciada por seus pilotos.

O Douglas A-20K na Força Aérea Brasileira

A Força Aérea Brasileira, criada durante o período crítico da Segunda Guerra Mundial, da fusão entre as Aviações Naval e Militar, herdara uma organização ultrapassada, com reflexo da influência francesa, que priorizava Unidades Aéreas Volantes (UAV) para emprego no Correio Aéreo e apoio administrativo. Seu uso em combate, nos voos de patrulhamento do litoral, foi iniciado com pessoal despreparado e equipamento aéreo disponível à época, que era mais para a dissuasão do que para o confronto propriamente dito.

A convivência operacional com as unidades americanas e o treinamento oferecido pelos EUA possibilitaram a transição do amadorismo para o profissionalismo da FAB, e, em 1944, foi iniciado um sério trabalho para a reorganização operacional nos moldes do trabalho realizado por aquele país aliado.

Assim, os Decretos-lei 6.796, de agosto de 1944, e 6.926, de outubro de 1944, reestruturaram a organização da FAB, criando grupos de aviação especializados dentro, ainda, dos antigos regimentos aéreos. Entre outras unidades, surgiram o 1º Grupo de Bombardeio Leve (1º GBL), subordinado ao 3º Regimento de Aviação, com sede em Canoas (RS), e o 2º Grupo de Bombardeio Leve (2º GBL), subordinado ao 2º Regimento de Aviação, com sede em Cumbica (SP).

O material aéreo escolhido para equipar as novas unidades criadas foram os A-20K, último modelo a ser produzido pela Douglas que incorporava todas as modificações ditadas pela experiência em combate com os modelos anteriores e que seriam requisitados através do Lend-Lease Act, conforme ocorria rotineiramente com os demais aliados. No total foram recebidas 30 aeronaves A-20K e um A-20C war weary (cansado de guerra), que foi utilizado pela Escola Técnica de Aviação de São Paulo, para a formação de sargentos mecânicos.

O A-20C, que era um Boston III destinado à RAF, foi o único dos modelos transladado dos EUA para o Brasil por tripulação brasileira, em agosto de 1944, e seguiu diretamente para o Campo de Marte (SP). A aeronave que nunca voou e serviu apenas para treinamento dos futuros sargentos mecânicos da FAB, inicialmente na ETAv e, posteriormente, na Escola de Especialistas de Aeronáutica, em Guaratinguetá (SP), foi excluída do acervo de aeronaves em 1955 e vendida como sucata.

Os demais A-20K foram trasladados por tripulações americanas. Inicialmente voavam da fábrica, em Santa Mônica, na Califórnia, até San Antonio, no Texas, onde eram recebidos oficialmente pela equipe brasileira encarregada da compra. Depois da burocracia de conferência das aeronaves e documental, o voo de traslado era reiniciado com uma rota pelas Antilhas. O percurso abrangia San Antonio, Nova Orleans, West Palm Beach, Porto Rico, Trinidad, Georgetown, Belém, Natal, Salvador e Santa Cruz, onde eram entregues oficialmente à FAB.

Na primeira esquadrilha, vieram 13 aeronaves que chegaram em julho de 1944. Na segunda leva, vieram oito A-20, que chegaram em agosto de 1944. No terceiro e último traslado, vieram as nove últimas aeronaves, que chegaram a Santa Cruz em setembro de 1944. O interessante é que as aeronaves chegaram antes da criação das unidades, que só foram oficializadas em agosto de 1944.

Como as 30 aeronaves estavam congestionando o pátio de estacionamento da Base Aérea de Santa Cruz, foi decidido o deslocamento das 15 aeronaves gaúchas para Gravataí. Ainda em julho, teve início a instrução do primeiro piloto encarregado do traslado das aeronaves.

Nesse ponto é importante um destaque. Como o A-20K era uma aeronave monoplace, ou seja, para apenas um piloto, e não existia aeronave específica para a instrução de duplo comando, o escolhido para ser "solado" realizava três missões deitado em uma saliência existente atrás do piloto, literalmente, como se dizia na época: "fungando em seu cangote", de onde observava os procedimentos executados. Essa posição acabou recebendo o nome de jacaré e se tornou uma constante nas aeronaves da FAB, onde voavam os mecânicos de voo. Após as missões de jacaré, o piloto recebia a aeronave, as bênçãos do instrutor e partia para sua vida operacional na aeronave. Apesar de alguns percalços iniciais, a experiência dos pilotos brasileiros se sobressaiu e tudo deu certo.

Originalmente empregados como bombardeiros, os A-20K no final da carreira foram convertidos em aeronaves de reconhecimento. Ao todo, 10 aviões foram modificados, entre eles o FAB 6062 da foto. Foto Museu Aeroespacial do Campo dos Afonsos.

Em setembro, todos os 15 A-20K já se encontravam em Gravataí, e o 1º GBL, criado pelo Decreto-lei 6.796, de agosto de 1944, recebia o pessoal efetivo. Até setembro de 1945, as aeronaves voaram com a numeração de série americana na fuselagem, mas, por causa da Instrução DM 1.450814, da Diretoria de Material da Aeronáutica, de agosto de 1945, as matrículas dos A-20K passaram a ser de 6061 a 6090. O A-20C recebeu a matrícula de 6091.

Considerando que existe bastante diferença entre voar uma aeronave e a empregar operacionalmente, foi criada uma Missão Americana para dar instrução operacional aos pilotos brasileiros, que iniciou suas atividades no 1º GBL, em outubro de 1944. A instrução constava de voos de duplo comando em um B-25 antes do solo nos A-20K, voos de formatura, lançamento de bombas e tiros de metralhadora. Essa missão ficou em Canoas até dezembro de 1944, ministrando instrução de voo, inclusive para alguns pilotos do 2º GBL.

Em dezembro de 1945, o 1º GBL foi transferido para Cumbica, em uma medida que visava reunir todos os A-20K em uma única base aérea, o que, porém, só se concretizou em junho de 1946 com a chegada da última aeronave àquela base. Desse modo, o 1º GBL e o 2º GBL passariam a atuar sob o comando do 2º Regimento de Aviação.

O 2º GBL, criado pelo Decreto-lei 6.926, de outubro de 1944, foi alocado na Base Aérea de São Paulo, também conhecida como Base Aérea de Cumbica. A unidade recebeu seu primeiro A-20K em 18 de outubro de 1944 e teve que conviver com inúmeros problemas de infraestrutura durante grande parte do tempo. A pista era curta, não havia pista de táxi pavimentada, o pátio era pequeno e o único hangar existente não comportava o porte dos A-20K. E isso cobrou seu preço, com diversos acidentes e a baixa disponibilidade de aeronaves.

Para a instrução do pessoal do 2º GBL, veio uma nova equipe americana que começou a instrução de voo em março de 1945, ficando a atividade aérea dividida entre Cumbica e Santa Cruz. Nos moldes do que ocorreu em Gravataí, a instrução abrangia desde o pré-solo até os voos de formação e emprego armado. O arrojo implantado nos pilotos por essa equipe que havia operado A-20 no velho continente acabou por cobrar um preço elevado em vidas ao longo das atividades das aeronaves em missões de ataque. A equipe retornou aos EUA em outubro de 1945.

As duas unidades de bombardeio leve conviveram em harmonia na Base Aérea de São Paulo até a edição do Decreto nº 22.802, de 24 de março de 1947, que as extinguiu e criou o 1º/10º Grupo de Aviação com a mesma missão e o mesmo pessoal.

Sob a nova unidade e com material aéreo e pessoal centralizados, a disponibilidade aumentou, possibilitando o deslocamento de 16 aeronaves até Recife. Mas o tempo, as dificuldades para a obtenção de suprimento técnico e a fadiga no plexiglass do nariz de algumas aeronaves começavam a diminuir a disponibilidade da aeronave, e a década de 1950 encontrou a frota em franco declínio.

As últimas bombas lançadas e os últimos tiros disparados pelo A-20K na FAB, e provavelmente no planeta, ocorreram em 16 de novembro de 1951, durante uma manobra do Curso de Tática Aérea. O ano de 1952 já encontrou o 1º/10º GAV se preparando para a missão de reconhecimento aéreo.

A primeira ação nesse sentido foi a retirada do armamento e da blindagem e a instalação de uma câmera fotográfica vertical. No local onde ficavam as metralhadoras superiores, foram instalados o posto do operador de rádio e seu equipamento de trabalho. Com isso a tripulação passou a ser de cinco militares, sendo um piloto, um rádio-operador, dois fotógrafos e um mecânico.

Em outubro de 1952, o Estado-Maior da Aeronáutica alterou a denominação da aeronave para R-20. Foi ainda em novembro de 1952 que o 1º/10º GAV começou as missões de levantamento fotográfico (aerofotogrametria). Como a disponibilidade de material aéreo diminuía a olhos vistos, os R-20 começaram a compartilhar seu espaço operacional com alguns B-25J. O fim estava próximo.

Em 1954, a unidade aérea contava com apenas quatro aeronaves R-20. A última missão de cobertura fotográfica ocorreu em 11 de fevereiro de 1955, com o R-20

Linha de voo de aviões Douglas A-20K na Base Aérea de São Paulo, em Cumbica, que foi, a partir de 1946, a sede de todos os Havoc da FAB. Primeiramente no 1º e no 2º GBL e, mais tarde, no 1º/10º GAV. Foto Arquivo Action Editora Ltda.

6085. Com o acidente do 6062 em 5 de setembro de 1955 foram suspensas todas as operações com os R-20 da FAB. No dia 10 de outubro de 1955, o mesmo 6085 realizou o último pouso de um R-20 no Brasil, ao ser recolhido ao Parque de Material de São Paulo. Era tripulado pelo oficial e pelo sargento que voaram o A/R-20K por mais tempo na história da FAB. Algumas aeronaves desativadas foram enviadas à EEAer (6068/85) e ao CTA (6086), todas descarregadas em 1968.

Douglas A-20K	
Período de Utilização	De 1944 até 1968
Fabricante	Douglas Aircraft Company
Emprego	Ataque, bombardeio leve e fotorreconhecimento
Características Técnicas	
Motor	2 Wright Cyclone R-2600-29 de 1.850 hp cada um
Envergadura	18,69 m
Comprimento	14,73 m
Altura	5,36 m
Área Alar	43,10 m²
Peso Vazio	7.831 kg
Peso Máximo	12.247 kg
Armamento	4 mtr .50 fixas nas laterais da cabine 2 mtr .50 na torre dorsal Até 2 mtr .30 na torre ventral Até 1.179 kg de bombas internamente
Desempenho	
Velocidade Máxima	536 km/h
Razão de Subida	499 m/min
Teto Operacional	7.650 m
Alcance	1.334 km
Comentários	
Total Adquirido	31 exemplares
Unidades Aéreas	1º Grupo de Bombardeio Leve 2º Grupo de Bombardeio Leve 1º/10º GAV EEAer CTA PASP
Designações	A-20K, A-20C e R-20
Matrículas	Inicialmente, os quatro últimos dígitos da matrícula americana. Em 1945 foram matriculados A-20K 6061 a 6090, e A-20C 6091. Em 1952 10 A-20K foram convertidos para R-20: 6062, 6066, 6068, 6071, 6072, 6074, 6080, 6085, 6086 e 6090

North American B-25J

A intenção do US Army, de substituir o bombardeiro Douglas B-18 Bolo por um mais moderno, de porte médio, desencadeou uma sequência de projetos e experiências entre os engenheiros da North American que, ao fim de inúmeros contratempos, inclusive acidentes, resultou no NA-62, que realizou seu primeiro voo no dia 19 de agosto de 1940.

A nova aeronave era um monoplano triciclo de deriva dupla, asa média e nacele dos motores sob as asas, mas que, durante seu o processo de desenvolvimento, teve que passar por uma reavaliação do projeto, uma vez que apresentava um crônico problema de vibração estrutural. Sanado o problema, surgiu o modelo definitivo, que, ao longo de seu período de emprego operacional, foi sendo aperfeiçoado e melhorado, resultando em novas e diferentes versões, conforme a necessidade.

O USAAC designou o novo bombardeiro como B-25 e colocou-lhe o nome de Mitchell, em homenagem ao general criador de sua Arma Aérea. Essa foi a única aeronave militar norte-americana a receber o nome de um de seus generais.

Inúmeras versões do B-25 voaram no USAAC, no USMC e na US Navy e em diversos países aliados, em todos os teatros de operação da Segunda Guerra Mundial. No total foram produzidas 9.884 unidades dos diversos modelos de B-25, e a versão de maior número foi o modelo J, com 4.390 unidades. No B-25J, o copiloto voltou a fazer parte da tripulação, uma vez que havia sido retirado nas versões G e H. Com isso, a tripulação básica do modelo J passou a ser de seis militares.

Quando a North American começou a produzir o B-25J, que realizou seu primeiro voo em dezembro de 1943, já podia contar com a experiência adquirida em combate, o que suprimia os erros e destacava os acertos. Nessa versão, a torre superior já havia sido transferida para a parte frontal da aeronave, de onde podia operar nos 360°, inclusive fazendo conjunto com as demais armas fixas no eixo longitudinal do avião. O nariz envidraçado de bombardeiro, que alojava um bombardeador/artilheiro, poderia ser intercambiado com um nariz sólido, em que ficavam alojadas oito metralhadoras Browning M2 .50 pol fixas. Além dessas,

Um Mitchell J da FAB em missão de patrulha. O B-25J foi o bombardeiro empregado em maior quantidade pela Força Aérea e também o que foi usado por mais unidades. Foto Arquivo Action Editora Ltda.

O B-25J agregou grande capacidade de ataque e de bombardeio à FAB. Durante muitos anos, o Mitchell formou a espinha dorsal das unidades de bombardeio da Força Aérea. Foto Arquivo Mario Roberto Vaz Carneiro.

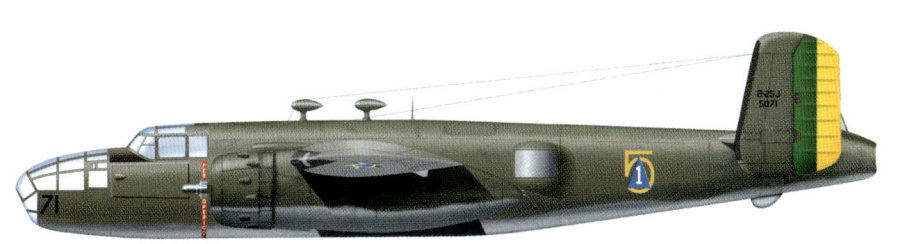

North American B 25J FAB 5071 do 1º/5º GAV (Base Aérea de Natal).

North American B-25J FAB 5072 do 1º/10º GAV (Base Aérea de São Paulo).

North American B-25J FAB 5068 do 1º/4º GAV (Base Aérea de Fortaleza).

ainda havia mais quatro .50 pol nas laterais, abaixo da cabine, que eram empregadas independentemente do tipo de nariz utilizado.

Além das 14 metralhadoras que atiravam do eixo longitudinal da aeronave, o B-25J também podia levar duas outras nas laterais traseiras e mais duas operadas pelo artilheiro de cauda, totalizando 18 metralhadoras Browning .50 pol que, somadas aos oito foguetes HVAR de 130 mm em suporte sob as asas, faziam do B-25J uma das aeronaves mais bem armadas da Segunda Guerra Mundial.

O North American B-25J na Força Aérea Brasileira

O ano de 1944 foi um marco histórico importante na história da Força Aérea Brasileira por causa do número de aeronaves modernas recebidas dos Estados Unidos, através do Lend-Lease Act. O envio dessas aeronaves visava dotar a jovem Força Aérea dos meios e das técnicas modernas necessárias ao combate às forças do Eixo, principalmente no patrulhamento do Atlântico Sul.

Entre tais aeronaves, chegaram 21 exemplares do B-25J, sendo 11 B-25J-15 e 10 B-25J-20 com nariz transparente, entregues entre agosto e novembro de 1944, com os serial numbers 44-29007 a 44-29011, 44-29015 a 44-29020 e 44-29493 a 44-29502, para emprego no patrulhamento do mar territorial e litoral brasileiros, além das sempre presentes escoltas aos comboios que saíam e chegavam ao Brasil. Enquanto a FAB não recebia aeronaves específicas para a missão de patrulhamento, com tripulação treinada nas táticas então empregadas, coube aos B-25 a tarefa de manter os submarinos inimigos com a "cabeça embaixo d`água".

Para cumprir essa tarefa, foram criadas diversas unidades ao longo do litoral, sendo a primeira o Agrupamento de Aviões de Adaptação de Fortaleza, a primeira força militar brasileira a atacar o inimigo quando um dos seus B-25B bombardeou o submarino italiano Barbarigo, próximo ao Atol das Rocas.

Com a extinção do AAA, em 1942, foi criado o Grupo Misto de Aviação na Base Aérea de Natal, composto por aeronaves de caça e de bombardeio. Inicial-

Um North American B-25J em voo. Além de cumprir missões de bombardeio e transporte, os B-25J também realizaram reconhecimento fotográfico entre 1955 e 1969. Foto Arquivo Action Editora Ltda.

A baixíssima altura, o FAB 5054 realiza um voo NBA. Durante a Segunda Guerra Mundial, os B-25J foram responsáveis por manter os submarinos nazistas com a "cabeça debaixo d'água". Foto Arquivo Mario Roberto Vaz Carneiro.

mente, esse grupo foi equipado com B-25B e, mais tarde, recebeu oito aeronaves B-25J. Em 1945, a unidade foi transformada no 5º Grupo de Bombardeiro Médio e, em 1947, teve a denominação mudada para 5º Grupo de Aviação.

O FAB 5064 foi um dos CB-25 empregados pela Força Aérea. A versão CB surgiu com a conversão de bombardeiros B-25B/C/D e J em aeronave de transporte. Foto Arquivo Action Editora Ltda.

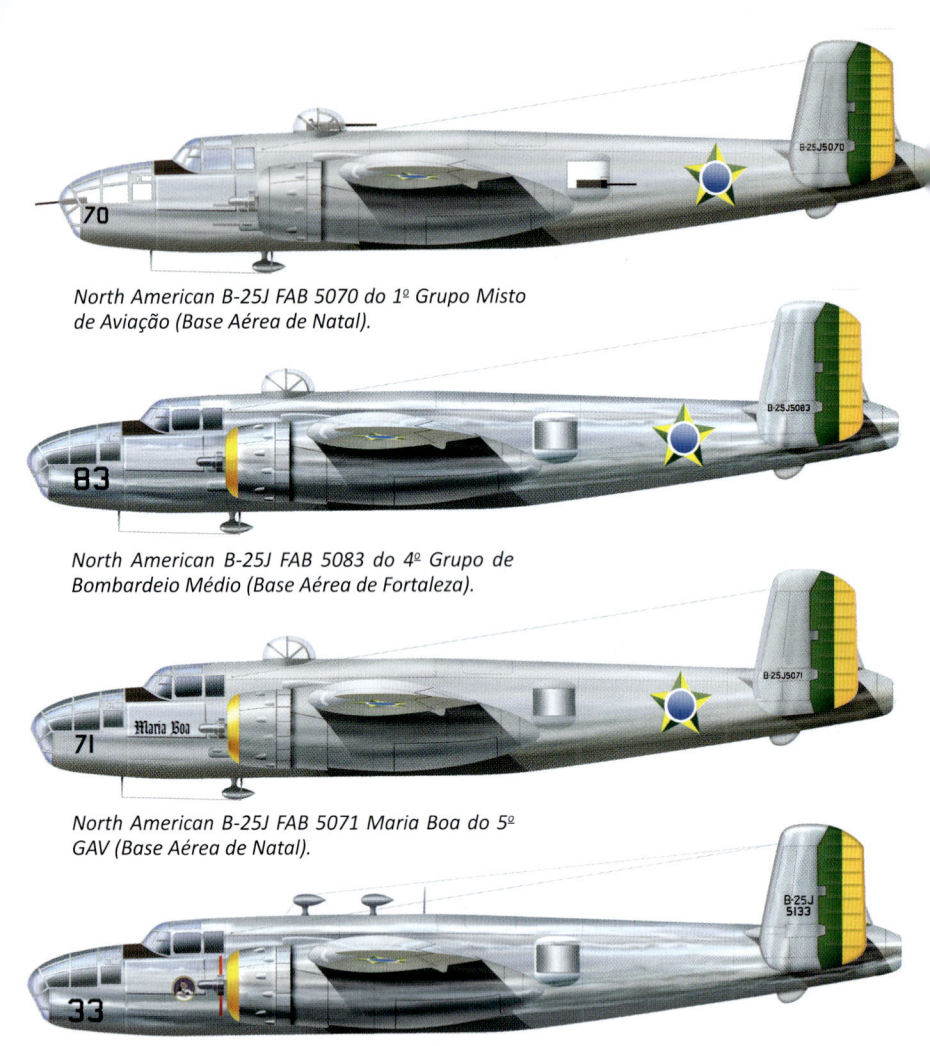

North American B-25J FAB 5070 do 1º Grupo Misto de Aviação (Base Aérea de Natal).

North American B-25J FAB 5083 do 4º Grupo de Bombardeio Médio (Base Aérea de Fortaleza).

North American B-25J FAB 5071 Maria Boa do 5º GAV (Base Aérea de Natal).

North American B-25J FAB 5033 do 1º/5º GAV (Base Aérea de Natal).

O 1º Grupo de Bombardeiro Médio, subordinado ao 6º Regimento de Aviação e sediado na Base Aérea de Recife, no Campo do Ibura, também voou o B-25J até ser desativado, em 1947.

O 2º Grupo de Bombardeiro Médio, criado em 1942, na Base Aérea de Salvador, recebeu os B-25J em 1943 e os operou até sua transformação em 1º/7º GAV, em 1947. O B-25J voou até 1951.

A Unidade Volante do Galeão foi criada em 1943 na Base Aérea do Galeão com alguns B-25J. Teve sua designação mudada para 3º Grupo de Bombardeiro Médio em 1944 e foi desativada em 1947.

Com a saída do AAA de Fortaleza, em 1944, foi criado o 4º Grupo de Bombardeiro Médio naquela base aérea, equipado com B-25J e outras aeronaves. Em 1948, foi transformado no 1º/4º GAV, equipado apenas com os B-25J, com os quais voou até 1956.

A Base Aérea de São Paulo recebeu, em 1945, o 2º Grupo de Bombardeiro Leve, equipado com o A-20 e que usou os B-25J como aeronave de transição. Em 1947, o 2º GBL foi transformado no 1º/10º GAV, que, no fim da carreira do R-20K, entre 1955 e 1969, empregou o RB-25J adaptado com câmeras para a aerofotogrametria.

Durante a preparação das tripulações para o recebimento dos Grumman P-16, o 1º Grupo de Aviação Embarcada empregou algumas aeronaves B-25J emprestadas entre 1957 e 1958.

Após o fim da Segunda Guerra Mundial, entre julho de 1946 e outubro de 1947, a FAB recebeu outros 64 B-25J dos estoques excedentes de guerra e os distribuiu entre as unidades existentes e as bases aéreas onde eram empregados pelas esquadrilhas de adestramento.

Com o fim das hostilidades, as aeronaves não necessitavam de armamento e blindagem, que foram retiradas e estocadas, exceto nas unidades operacionais. Com a grande disponibilidade de B-25J modernos, os exemplares mais antigos, entre os quais três B-25B, um B-25C, um B-25D e inúmeros B-25J do primeiro lote, foram transformados em cargueiros, com a designação CB-25.

Para seu emprego em transporte, os suportes de bomba foram retirados e o bomb bay foi preparado para acondicionar carga e assentos individuais adicionados no interior da fuselagem. Mas, infelizmente, não se conseguiu eliminar o ensurdecedor barulho dos motores.

Conta-se à boca pequena que um B-25, ao transportar uma tonelada de arroz ensacado de uma base do Nordeste para outra, durante a decolagem, ao ser comandado o recolhimento do trem de pouso, o copiloto desavisadamente acionou a alavanca do bomb bay e alijou toda a carga na pista. O aeroporto ficou interditado por várias horas. Mas isso são estórias do tempo do B-25.

O último B-25J da FAB foi desativado em 1974, mas existe um exemplar preservado no Museu Aeroespacial.

North American B-25J

Período de Utilização	De 1944 até 1974
Fabricante	North American Aviation Inc.
Emprego	Bombardeiro, reconhecimento fotográfico e transporte
Características Técnicas	
Motor	2 Wright Cyclone R-2600-13 de 1.500 hp cada um
Envergadura	20,59 m
Comprimento	16,12 m
Altura	4,97 m
Área Alar	56,66 m²
Peso Vazio	9.570 kg
Peso Máximo	15.876 kg
Armamento	13 metralhadoras Browning m-2 .50 pol Até 1.360 kg de bombas
Desempenho	
Velocidade Máxima	437 km/h
Razão de Subida	338 m/min
Teto Operacional	7.376 m
Alcance	2.170 km
Comentários	
Total Adquirido	87 exemplares

Continua

Unidades Aéreas	Unidade Volante do Galeão 1º/6º Grupo de Aviação CTA Base Aérea de Salvador Base Aérea de Recife Base Aérea de Natal Base Aérea de Fortaleza Base Aérea de Campo Grande 1º Grupo Misto de Aviação 2º Grupo de Bombardeio Leve 1º, 2º, 3º, 4º e 5º Grupos de Bombardeio Médio 1º/7º Grupo de Aviação 1º/10º Grupo de Aviação 1º/5º Grupo de Aviação 1º/4º Grupo de Aviação 1º Grupo de Aviação Embarcada Parque de Aeronáutica de São Paulo Parque de Aeronáutica de Recife Parque de Aeronáutica dos Afonsos Escola de Especialistas de Aeronáutica
Designações	B-25J, RB-25J, B-25 e CB-25
Matrículas	5052 a 5072, 5077, 5079 a 5143

Noorduyn UC-64A Norseman

Após trabalhar na produção de aeronaves para a Fokker e Bellanca, Robert B. C. Noorduyn decidiu que já tinha capacidade suficiente para tocar o seu próprio negócio na área de aviação. Em 1933, criou a empresa Noorduyn Aircraft Limited e, em 1934, partiu para o projeto de uma aeronave para atender às rotas das isoladas regiões árticas do norte canadense.

Como tais áreas ficavam sob neve durante grande parte do ano e completamente desprovidas de infraestrutura adequada ao transporte aéreo, as suas robustas aeronaves foram planejadas para usar rodas ou esquis para a neve ou para a água. Surgia um monomotor utilitário, com excelente capacidade para o transporte de carga e pessoal. Um avião canadense para emprego no Canadá.

Um Noorduyn UC-64A Norseman em voo. Designado UC-64 na Força Aérea, 17 desses monomotores, matriculados entre 2795 e 2811, serviram entre 1944 e 1960, no Brasil Foto Arquivo Action Editora Ltda..

O Noorduyn C-64A 2802 Norseman com o padrão de cores usado pela FAB.

A aeronave era um monoplano de asa alta, para facilitar o embarque e desembarque de passageiros e cargas, com a capacidade de intercambiar o trem de pouso convencional fixo com esquis ou flutuadores, conforme a necessidade, e tracionado por um motor radial Wright R-975-E3 Whirlwind. A estrutura da fuselagem era em tubos de aço soldados, enquanto a asa era estruturada em madeira, sendo toda a aeronave recoberta com tela. Seu primeiro voo ocorreu em 14 de novembro de 1935.

Como o motor adotado não apresentou o rendimento esperado, outros modelos foram testados, e o modelo definitivo passou a ser um Pratt & Whitney R-1340-NA-1 Wasp, de 550 hp.

Durante a Segunda Guerra Mundial, o modelo despertou o interesse tanto da Real Força Aérea Canadense, que recebeu 69 exemplares, quanto do United States Army Air Corps (USAAC), que empregou 762 aeronaves como transporte leve com a designação inicial de C-64A e, mais tarde, UC-64A. Como aeronave militar, foi empregada na Europa e no Pacífico.

Usado no serviço militar por pelo menos 10 países durante sua vida, o Norseman permaneceu em produção por quase 25 anos, com quase 900 unidades produzidas.

Foi em um Noorduyn que o famoso músico Glenn Miller desapareceu entre a Inglaterra e a França, em 15 de dezembro de 1944.

O Noorduyn UC-64A Norseman na Força Aérea Brasileira

A partir de 1944, de acordo com a Lei Lend-Lease, a Força Aérea Brasileira recebeu um total de 17 aeronaves Noorduyn Norseman, que foram empregadas no transporte de pequenas cargas e pessoal para diversas localidades e organizações da FAB.

Ficaram subordinadas à Diretoria de Rotas Aéreas (DRA) e seu emprego principal foi o de atender às missões do CAN nos aeródromos de pequena infraestrutura do interior do país, principalmente na Amazônia. Normalmente essas aeronaves eram deslocadas para alguma base posicionada estrategicamente, por onde deveria passar a linha principal do Correio Aéreo Nacional. Dali cabia aos robustos UC-64 a distribuição das malas postais pelo interior circunvizinho, cumprindo as linhas secundárias do Correio Aéreo e ajudando a fechar a malha aeronáutica da região.

Quando não cumpriam as tradicionais missões do CAN, as aeronaves eram uma ferramenta fundamental na execução das famosas missões utilitárias e administrativas.

Voaram até 1960 e tiveram uma significativa participação na integração do país e na formação das equipagens brasileiras do pós-guerra.

Noorduyn UC-64A Norseman	
Período de Utilização	De 1944 até 1960
Fabricante	Noorduyn Aviation Ltda.
Emprego	Transporte

Continua

Características Técnicas	
Motor	Pratt & Whitney Wasp R-1340 NA-1 de 600 hp
Envergadura	15,75 m
Comprimento	9,68 m
Altura	3,07 m
Área Alar	30,20 m²
Peso Vazio	1.704 kg
Peso Máximo	3.357 kg
Armamento	Não dispunha de armamento
Desempenho	
Velocidade Máxima	237 km/h
Razão de Subida	243 m/min
Teto Operacional	6.705 m
Alcance	1.840 km
Comentários	
Total Adquirido	17 exemplares
Unidades Aéreas	Diretoria de Rotas Aéreas Base Aérea de Campo Grande Base Aérea de Recife Base Aérea de Natal
Designações	UC-64 e C-64A
Matrículas	01 a 17. Mais tarde rematriculados 2795 a 2811

Curtiss P-40N

Em meados de 1943, já havia ficado claro tanto para a Curtiss-Wright Corporation quanto para a Força Aérea do Exército dos Estados Unidos (USAAF) que o desempenho do caça P-40 deixava muito a desejar. Inferior quando comparado aos caças P-38 Lightning e P-47 Thunderbolt que haviam entrado em serviço no ano anterior, as deficiências eram ainda mais gritantes quando o P-40 era comparado ao P-51 Mustang. No entanto, graças ao seu nada desprezível poder de fogo e sua capacidade de carga externa, o P-40 continuava a se mostrar um caça eminentemente útil na execução de missões de cunho tático. Além disso, interromper a linha de produção dos P-40 – que no seu auge fabricava 60 unidades por dia – e introduzir uma aeronave inteiramente nova implicava em sérios inconvenientes. Consequentemente, e com a aprovação do comando da aviação do exército norte-americano, a Curtiss deu início ao desenvolvimento do que efetivamente foi a última versão do P-40 a atingir a produção seriada – o P-40N.

A proposta da Curtiss era, entre outras medidas, a de substituir o motor Allison V-1710 pelo Rolls-Royce Merlin, tal como fizera com o P-40F e P-40L. Mas a enorme demanda por motores ingleses – mesmo aqueles fabricados sob licença nos Estados Unidos – impossibilitou essa alternativa, a Curtiss então recorrendo ao V-1710-81 que equipava o P-40M. Paralelamente, os engenheiros da empresa decidiram reduzir o peso vazio da aeronave mesmo após aumentar a quantidade interna de combustível, introduzir novos sistemas de rádio e navegação e instalar cabides subalares de maior capacidade. Externamente, a diferença mais visível se encontrava na mudança do conjunto

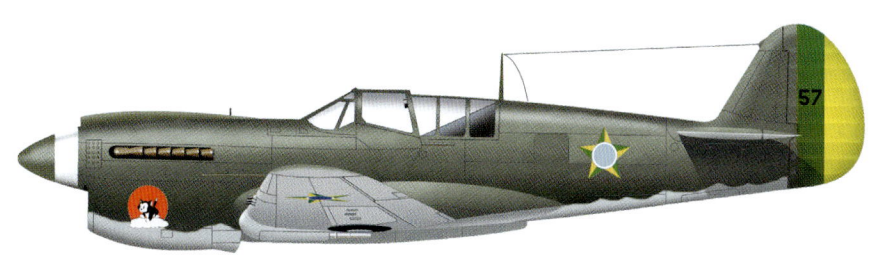

P-40N FAB 57 do 3º GpCa (Base Aérea de Porto Alegre), em 1945.

P-40N FAB 42 (FAB 4060) do 3º GpCa (Base Aérea de Porto Alegre), em 1946.

P-40N FAB 4079 do 3º GpCa (Base Aérea de Porto Alegre), em 1949.

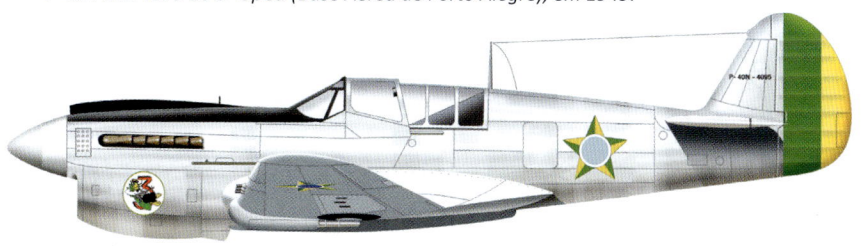

P-40N FAB 4095 do 3º GpCa (Base Aérea de Porto Alegre), em 1950.

do canopi, com um recorte da fuselagem diretamente atrás do assento do piloto e que se tornou uma característica dessa versão do P-40.

Nove variantes do P-40N foram fabricados entre março de 1943 e o final da guerra, a produção totalizando 5.220 exemplares. Desse total, estima-se que aproximadamente 1.150 células seguiram para a Rússia, enquanto outros 1.261 caças P-40N foram repassados para as Forças Aéreas da Austrália, do Canadá, da Nova Zelândia e do Reino Unido. Com essas Forças Aéreas, os P-40N se destacaram em diversas campanhas na Europa e no Pacífico. Por sua vez, os aviões desse tipo que permaneceram com a USAAF foram basicamente empregados como aviões de instrução de caça, assim liberando aviões como o P-47 e P-51 para as frentes de combate.

Um dos primeiros P-40N da FAB ainda em olive drab e visto em Santa Cruz. Essas aeronaves tiveram vida curta ao lado do hangar do Zeppelin, pois operaram no 2º GpCa por mais de dois anos. Foto Arquivo Jackson Flores Jr. / Action Editora Ltda.

O Curtiss P-40N na Força Aérea Brasileira

A maciça infusão de material aeronáutico da USAAF destinado à Força Aérea Brasileira incluiu, em setembro de 1944, o início das entregas de 41 caças P-40N. Esses estavam repartidos entre as variantes P-40N-35-CU e P-40N-40-CU, das quais chegaram ao Brasil 20 e 21 exemplares respectivamente. O P-40N-35-CU incorporava diversas mudanças em relação às variantes anteriores tal como o motor Allison V-1710-99, modificações no sistema de lubrificação e no sistema elétrico, equipamento rádio e ADF de nova geração e modernização do painel de instrumentos. Por sua vez, os P-40N-40-CU traziam consigo um variado leque de melhoramentos que o tornavam a melhor versão entre todas do P-40. Equipado com motor V-1710-115 de 1.360 hp – muito mais possante que qualquer outra versão dessa família de motores da Allison –, o P-40N-40-CU contava com ailerons revestidos com lâminas de alumínio em vez de serem entelados, controle automático da hélice e rádio de última geração. Ademais, no lugar de tanques metálicos de combustível com espuma vedante, essa derradeira versão do P-40N contava com células de combustível de borracha autovedante, bem como escapamento com supressor de chamas. Ao contrário de todos os outros caças P-40 que chegaram ao país, os últimos 11 aviões P-40N-40-CU eram completamente desprovidos de pintura camuflada – uma medida que visava reduzir ainda mais o peso vazio da aeronave e diminuir o arrasto.

Curiosamente, antes mesmo de os primeiros P-40N chegarem ao Brasil, já fazia meses que pilotos e técnicos da FAB travavam íntimo contato com aquela aeronave. Em janeiro de 1944, um pequeno grupo de oficiais aviadores escolhidos para compor posições-chave no 1º Grupo de Aviação de Caça (1º GAVCA), desembarcaram na Flórida (EUA) para cursar o Army Air Force School of Applied Tactics (AAFSAT – Escola de Aplicação de Táticas da Força Aérea do Exército). Em Alachua Army Air Field, perto de Gainesville, receberam cerca de 60 horas de instrução de voo nos P-40N pertencentes ao 1166th School Squadron (1166º Esquadrão Escola). Semanas mais tarde, dessa vez no Panamá, aqueles e os demais oficiais aviadores escolhidos para ir à Guerra com o 1º GAVCA realizaram seu curso de caça junto ao 30th Fighter Squadron

(3º Esquadrão de Caça), na época dotado de aviões RP-40B, RP-40C, RP-40E – e o P-40N.

Assim que os primeiros P-40N chegaram ao Brasil, a FAB tratou de lhes dar destino. Seis seguiram para a Base Aérea de Natal (RN) onde se juntaram ao 2º Grupo de Caça (2º GpCa), que fora criado em 17 de agosto de 1944. Aquele sexteto reforçou a grande dotação de caças P-40E, P-40K e P-40M operados pelo 2º GpCa, muitos dos quais já sentindo o desgaste decorrente da excessiva utilização.

Na mesma data em que foi criado o 2º GpCa em Natal, foi também organizado o 3º Grupo de Caça (3º GpCa), com sede na Base Aérea de Canoas (RS). Consequentemente, em dezembro de 1944, dois lotes de caças P-40N foram trasladados para aquela base aérea a fim de prover a dotação inicial da recém-criada unidade. Semanas mais tarde, outros sete aviões P-40N foram encaminhados a Canoas para ampliar ainda mais a dotação do 3º GpCa.

Em 5 de outubro de 1944, um decreto-lei determinou que o 2º GpCa fosse transferido para sua nova sede na Base Aérea de Santa Cruz (RJ) e lá fosse equipado com aviões P-40N que estavam aos poucos chegando dos Estados Unidos. Aquele instrumento criava ainda o 1º Grupo Misto de Aviação (1º GMA), com sede na Base Aérea de Natal, que herdou os meios aéreos que antes haviam pertencido ao 2º GpCa, inclusive os seis P-40N que lá se encontravam. Os P-40N permaneceriam junto ao 1º GMA até o 3º trimestre de 1945, quando foi emitida ordem para que eles fossem transferidos para o 2º Grupo de Caça.

Já instalado em sua nova sede, o 2º Grupo de Caça tratou de desenvolver as atividades típicas de uma unidade de caça em tempos de guerra, trabalhos esses acrescidos pela responsabilidade de receber os derradeiros P-40N-40-CU que estavam sendo trasladados dos Estados Unidos para o Brasil. No entanto, o 2º trimestre de 1945 assistiria a um considerável aumento de atividades na Base Aérea de Santa Cruz com o início dos trabalhos do USBATU P-40 (United States - Brazil Air Training Unit – Unidade de Instrução Aérea Estados Unidos - Brasil). A unidade realizaria um programa de instrução idêntico àquele ministrado aos RTU (Replacement Training Unit – Unidade de Instrução para Recompletamento) da

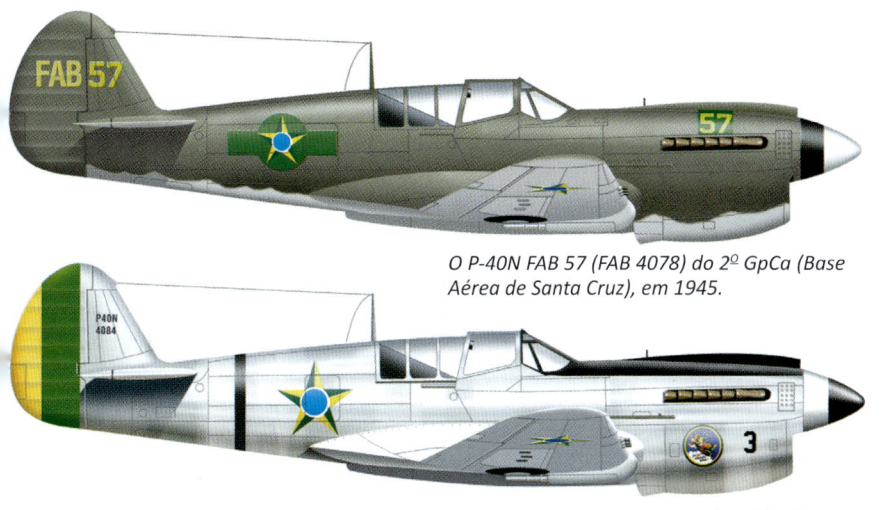

O P-40N FAB 57 (FAB 4078) do 2º GpCa (Base Aérea de Santa Cruz), em 1945.

O P-40N FAB 4084 Preto 3 do 1º/14º GAV (Base Aérea de Porto Alegre), em 1953.

Belíssima imagem de um P-40N do 1º/14º GAV. Um dos fatos mais marcantes na carreira do P-40N na FAB foram os embates com os P-47 de Santa Cruz (RJ), especialmente os ocorridos durante as operações do Curso de Tática Aérea (CTA), realizadas em Cumbica (SP). Foto Arquivo Action Editora Ltda.

Força Aérea do Exército dos Estados Unidos.

A finalidade do curso era preparar 31 pilotos e dois oficiais especialistas para recompletarem o efetivo do 1º Grupo de Aviação de Caça que então estava operando na Itália. Por motivos que hoje são desconhecidos, houve substancial atraso no início dos trabalhos do USBATU P-40, demora essa agravada pela quantidade de aviões P-40N disponíveis em Santa Cruz, cujo número não permitia manter a dotação de uma unidade operacional e ainda executar todo o currículo de instrução previsto para uma RTU de caça. Os P-40K e P-40M que se encontravam no Nordeste tampouco poderiam ser disponibilizados para essa tarefa, já que necessitavam de urgente revisão geral no Parque de Aeronáutica de São Paulo (SP). Assim, a solução veio com o empréstimo de sete caças P-40N pertencentes ao efetivo do 3º GpCa e outros nove temporariamente cedidos pelo 2º GpCa. Pouco após o início do USBATU P-40, a guerra na Europa chegou ao fim. Foi então ventilada a possibilidade de enviar esses oficiais para o Teatro de Operações do Pacífico, o que acabou lhes rendendo o apelido de "Os 33 do Pacífico". Infelizmente para os instrutores norte-americanos e seus alunos, o curso só foi concluído em meados de agosto – escassos seis dias após a rendição das tropas japonesas na Ásia.

Encerrado o conflito, o 1º Grupo de Aviação de Caça retornou ao Brasil trazendo consigo 43 caças P-47D Thunderbolt até a Base Aérea de Santa Cruz, quantidade suficiente para equipar dois esquadrões completos. Assim, aquela base aérea passou literalmente a ser a "cidade da caça", povoada por quase 80 aviões P-40 e P-47. Mas isso só duraria alguns poucos meses, porque a FAB decidiu concentrar na Base Aérea de Santa Cruz todos os P-47D, despachando para a Base Aérea de Canoas todos os P-40 disponíveis – independente da versão – a partir de dezembro de 1945.

A concentração de aviões P-40 em Canoas visava não somente a completar a dotação do 3º Grupo de Caça, mas a equipar ainda o 4º Grupo de Caça (4º GpCa), esse último criado em 10 de dezembro de 1945. Apesar de existir no papel e de contar com instrumentos legais que nomeavam seu comandante, designava oficiais e praças para preencher a tabela de lotação de pessoal e que ainda distribuía-lhe aviões, o 4º GpCa nunca alcançou o status de unidade aérea – ao menos não na acepção largamente aceita. Em muito isso se deveu à falta de instalações e recursos materiais em Canoas para apoiar um segundo esquadrão, fosse ele de caça ou não. As circunstâncias daquele momento fizeram com que na prática houvesse uma fusão de todos os meios existentes em Canoas, assim garantindo o desempenho de todas as atribuições designadas ao 3º GpCa.

Nos anos seguintes, os P-40N do 3º GpCa se dedicaram ao desenvolvimento da principal atribuição daquela unidade: servir de instrumentos para transformar jovens oficiais aviadores em pilotos de caça. O primeiro ano não foi dos mais portentosos, já que três P-40N foram perdidos em acidentes – dois em uma colisão ocorrida em julho de 1946, e o terceiro durante um voo de navegação rasante no início de dezembro daquele mesmo ano.

O ano seguinte assistiu à extinção dos 3º e 4º Grupos de Caça pelo Decreto-Lei 22.802 de 24 de março de 1947. Por meio daquele mesmo instrumento foi criado o 14º Grupo de Aviação e, para dar-lhe vida, foram absorvidos os meios materiais e de pessoal que antes haviam pertencido ao 3º GpCa e ao 4º GpCa. Essas mudanças em nada alteraram a rotina dos P-40N e de seus irmãos, que deram continuidade à formação operacional dos aspirantes-a-oficial aviador. Ao contrário do ano anterior, durante 1947 foi possível incluir na instrução o emprego com bombas de exercício M38A2 de 100 lb (45 kg). Foi durante uma dessas surtidas, em 18 de agosto que um P-40N e seu piloto foram perdidos em acidente ocorrido no estande de tiro de Osório (RS) como resultado de uma provável pane do grupo motopropulsor. Antes do fim daquele ano, perdeu-se ainda outro P-40N e seu piloto, dessa vez em dezembro, durante uma missão de treinamento de defesa aérea. Como ocorrera no acidente de agosto, uma falha material do grupo motopropulsor determinou a queda do avião nas vizinhanças de São Francisco de Paula (RS).

O novo ano trouxe outra mudança nas atribuições do 1º/14º Grupo de Aviação (1º/14º GAV), que abria mão de seu papel de unidade de instrução

Um dos P-40N do 3º GpCa pousa na Base Aérea de Porto Alegre. Os N foram recebidos a partir de 1944 e, depois de uma breve passagem pelo GMA e pelo 2º GpCa, foram todos concentrados no Sul, mais precisamente no 3º e no 4º GpCa. A partir de 1947, essas unidades se tornariam a base do 1º/14º GAV. Foto Arquivo Action Editora Ltda.

para se tornar um esquadrão de emprego operacional. Esse novo encargo marcou o início de um período que seria o zênite da carreira operacional dos P-40N na FAB. A troca de tarefas não foi efetivada de forma imediata, pois mais uma turma de estagiários ainda receberia instrução em 1948. No entanto, naquele ano, o 1º/14º GAV e seus P-40N passaram a desenvolver as missões típicas de uma unidade operacional de caça, as habilidades das tripulações, dos mecânicos e das aeronaves sendo postas à prova nas manobras do Curso de Tática Aérea (CTA) em setembro.

Deslocando cerca de duas dezenas de caças P-40N até a Base Aérea de Cumbica (SP), o 1º/14º GAV realizou missões de ataque, bombardeio, defesa aérea e escolta durante os diversos eventos daquele exercício. Dentro das limitações tecnológicas da época, as manobras do CTA eram caracterizadas pelo acentuado grau de realismo com que eram executadas. Num ambiente de guerra simulada, com um país adversário lançando um variado leque de missões contra seu oponente, os P-40N frequentemente eram empregados em missões de escolta ou de defesa aérea – essas últimas realizadas com o apoio do Centro de Controle Aerotático, que fornecia vetoração radar.

O brilhante desempenho do 1º/14º GAV na primeira versão do CTA, garantiu sua participação em outras edições dessas manobras, cada uma proporcionando importantes ensinamentos aos participantes e gerando episódios que hoje fazem parte do folclore da Aviação de Caça Brasileira. Entre eles destaca-se o que hoje é conhecido como o "Combate dos 36", quando 16 aviões P-40N do 1º/14º GAV engajaram em renhido combate contra 20 caças P-47D pertencentes ao 1º Grupo de Aviação de Caça sobre a cidade de São Paulo.

Quase como prelúdio dos problemas que o 1º/14º GAV e seus P-40 enfrentariam anos mais tarde, em 26 de outubro de 1949 um dos P-40N sofreu um acidente com perda total. Armado com duas bombas de exercício M38A2 e duas bombas de emprego geral M57A1 de 113 kg, a aeronave estava realizando uma passagem de bombardeio picado no estande de tiro da Base

O FAB 4081 do 1º/14º GAV. Os P-40 tiveram dois parques apoiadores na FAB: o Parque de Aeronáutica de São Paulo e o NuPACO (Núcleo do Parque de Aeronáutica de Canoas). Foto Museu Aeroespacial do Campo dos Afonsos.

Aérea de Canoas quando, após o lançamento de uma bomba e posterior recuperação, o caça "perdeu" a asa esquerda, precipitando-se rumo ao solo, e causando a morte do piloto. Surpreendente ao extremo, esse episódio determinou a imediata suspensão do voo de todos os P-40N e das demais versões do P-40. Uma equipe técnica do Parque de Aeronáutica de São Paulo (PqAerSP) foi imediatamente enviada a Canoas para investigar as causas daquele acidente. Ela verificou que anomalias no sistema hidráulico que acionava o trem principal, resultantes de repetidos pousos bruscos, ou o recolhimento forçado do trem provocavam atrito entre a longarina e um dos componentes do sistema, assim causando o gradual enfraquecimento de uma área da longarina.

Identificada a origem do problema, o pessoal do PqAerSP estabeleceu que era possível implementar um programa para retificar o defeito. Mas sua aplicação exigiria o progressivo recolhimento de todos os P-40 ao Campo de Marte (SP), sede do PqAerSP, para subsequente inspeção e revisão geral, uma medida que efetivamente deixou o 1º/14º GAV sem aviões P-40 por mais de um ano, salvo alguns poucos que voaram intermitentemente.

Retificado o problema que levara à suspensão do voo de todos os P-40 em 1949, eles retornaram a Canoas a partir de dezembro de 1950. Gradativamente, os P-40N voltaram à rotina operacional no 1º/14º GAV. Com o ano de instrução já iniciado, o Esquadrão Pampa – ampliou a gama de missões de treinamento na área de emprego, incorporando a modalidade de tiro aéreo – uma carência que já havia sido identificada pelo pessoal daquela unidade. Com pequenas modificações, alguns P-40 foram habilitados a rebocar a biruta de tiro aéreo. Dessa forma, o esquadrão passou a dispor de capacidade para adestrar seus pilotos não somente para as missões ar-solo, mas também para as tarefas ar-ar.

As missões de adestramento do Esquadrão Pampa eram ocasionalmente interrompidas para que seus caças participassem de algum exercício de pequena envergadura. No entanto, no 3º trimestre de 1952, os P-40N voltaram a encontrar em céus catarinenses os seus arquirrivais, os P-47D do 1º Grupo de Aviação de Caça. Desempenhando o papel de adversários aéreos dentro de um exercício organizado pelo Alto-Comando da 2ª Região Militar, os P-40N realizaram ataques contra forças terrestres e travaram acirrados combates aéreos no treinamento contra os caças da Base Aérea de Santa Cruz.

A chegada de 1953 trouxe a volta da tarefa de instrução tal como era realizada antes de 1949. Com as aeronaves do Esquadrão registrando elevados índices de disponibilidade, o Esquadrão Pampa pôde, dentro do prazo e sem acidentes graves, ser empregado na formação operacional dos tenentes e aspirantes que constituíam mais uma geração de pilotos de caça da FAB.

No ano seguinte, os P-40N do 1º/14º GAV continuaram apoiando a formação de mais uma turma de alunos. De fato, esse deveria ser o derradeiro ano em que aqueles caças voariam com a unidade, já que havia a previsão de que cederiam seu lugar aos jatos Gloster Meteor a partir de 1955. Recebidos os 23 alunos do curso de caça no final do primeiro trimestre de 1954, o Esquadrão se preparava para dar início a mais um ciclo de instrução quando, no começo de abril, foram detectados problemas nas nervuras em praticamente todos os P-40N, bem como nas demais versões do P-40 operadas pelo Esquadrão Pampa, salvo o solitário P-40E da unidade. Imediatamente suspensos do voo, os P-40N permaneceram no solo até a chegada de uma equipe técnica do PqAerSP, que elaborou e coordenou um programa de substituição das nervuras nas aeronaves afetadas. Apesar do esforço, o primeiro voo de ensaio do primeiro P-40 submetido àqueles trabalhos terminou em tragédia, quando a aeronave perdeu a asa em voo, levando à morte o piloto.

De forma inesperada e indesejada, chegava ao fim a carreira dos P-40N da FAB. Em maio e em junho daquele ano, alguns voos locais de ensaio chegaram a ser registrados, possivelmente para verificar se era ou não possível trasladar em voo alguns aviões até São Paulo. Entretanto, com exceção da célula FAB 4079 que seguiu para o Centro Técnico da Aeronáutica, em São José dos Campos (SP), para ser utilizada pela Divisão de Ensaio em Voo até 1959, os demais P-40N foram recolhidos ao Núcleo do Parque de Aeronáutica de Porto Alegre (RS). Lá, esses aviões foram submetidos ao lento processo de desmontagem e aproveitamento da matéria-prima, uma faina que foi encerrada em 1958. O que sobrou foi transformado em sucata e alienado.

Porém, graças à iniciativa de um comandante da Base Aérea de Canoas, em 1959, um P-40N foi poupado e transformado em monumento naquela base. Anos mais tarde, em 1975, a célula remanescente foi levada para o Museu Aeroespacial e completamente restaurada depois de quase dois anos de intensos trabalhos. Hoje, esse P-40N – o derradeiro de sua espécie no Brasil – é um dos destaque da coleção daquele órgão de preservação da memória aeronáutica.

Curtiss P-40N

Período de Utilização	De 1944 até 1954
Fabricante	Curtiss-Wright Corporation, Airplane Division, Buffalo (Nova York – EUA)
Emprego	Caça
Características Técnicas	
Motor	Allison V-1710-99 de 1.200 hp
Envergadura	11,37 m
Comprimento	10,15 m
Altura	3,75 m
Área Alar	21,92 m²
Peso Vazio	2.812 kg
Peso Máximo	4.014 kg
Armamento	6 metralhadoras Browning M2, calibre .50 Até 680 kg em cargas externas
Desempenho	
Velocidade Máxima	563 km/h
Razão de Subida	646 m/min
Teto Operacional	9.449 m
Alcance	1.206 km
Comentários	
Total Adquirido	41 exemplares
Unidades Aéreas	2º Grupo de Caça 1º Grupo Misto de Aviação 3º Grupo de Caça 1º/14º Grupo de Aviação CTA
Designações	P-40N, posteriormente alterado para F-40N
Matrículas	Inicialmente atribuídas as matrículas 42 a 82. Em julho de 1945 foram rematriculados 4060 a 4100

Douglas C-47A e C-47B

A competição entre as companhias aéreas norte-americanas United Airlines e TWA para apresentar o melhor serviço para médio curso com maior conforto e rapidez aos seus passageiros levou ao desenvolvimento daquela que seria considerada a aeronave comercial de maior sucesso da história da aviação.

Como a TWA estava em desvantagem com a aquisição do Boeing 247 pela concorrência, não lhe restou alternativa a não ser solicitar à Douglas o desenvolvimento de uma aeronave para transporte de até 12 passageiros, com velocidade de cruzeiro de 235 km/h e alcance de 1.600 km. Um dos critérios de segurança estipulados previa que a aeronave fosse dotada de três motores, porém, a Douglas conseguiu convencer aquela companhia que com apenas dois motores o seu projeto corresponderia ao especificado.

A nova aeronave apresentada pelos engenheiros James K. Berger e Arthur Raymond era um bimotor equipado com dois motores Wright Cyclone R-1820, metálica, com trem de pouso convencional e superfícies de comando enteladas. Inicialmente designado DC-1, o primeiro voo do novo avião ocorreu em julho de 1933 e, após a assinatura do contrato de produção, sua designação foi mudada para DC-2, e assim ele entrou em serviço em 1934.

Tomando como base a experiência com o DC-2, em dezembro de 1935, a Douglas fazia voar o protótipo do mais popular avião de transporte da década de 1930 e que ficaria conhecido em todo o mundo pelo nome de Dakota. Nascia o Douglas Comercial Three ou DC-3.

O projeto visava melhorar a capacidade do DC-2 e produzir uma aeronave com capacidade para voo noturno, transporte de maior quantidade de carga e que proporcionasse maior conforto aos seus 21 passageiros. O sucesso foi imediato e, antes do início da Segunda Guerra Mundial, quase 800 DC-3 já haviam sido entregues às companhias aéreas norte-americanas.

O C-47 FAB 2024 de metal polido decola de algum rincão do Brasil em mais uma missão. O C-47 foi o primeiro avião de transporte multimissão da Força Aérea.
Foto Arquivo Action Editora Ltda.

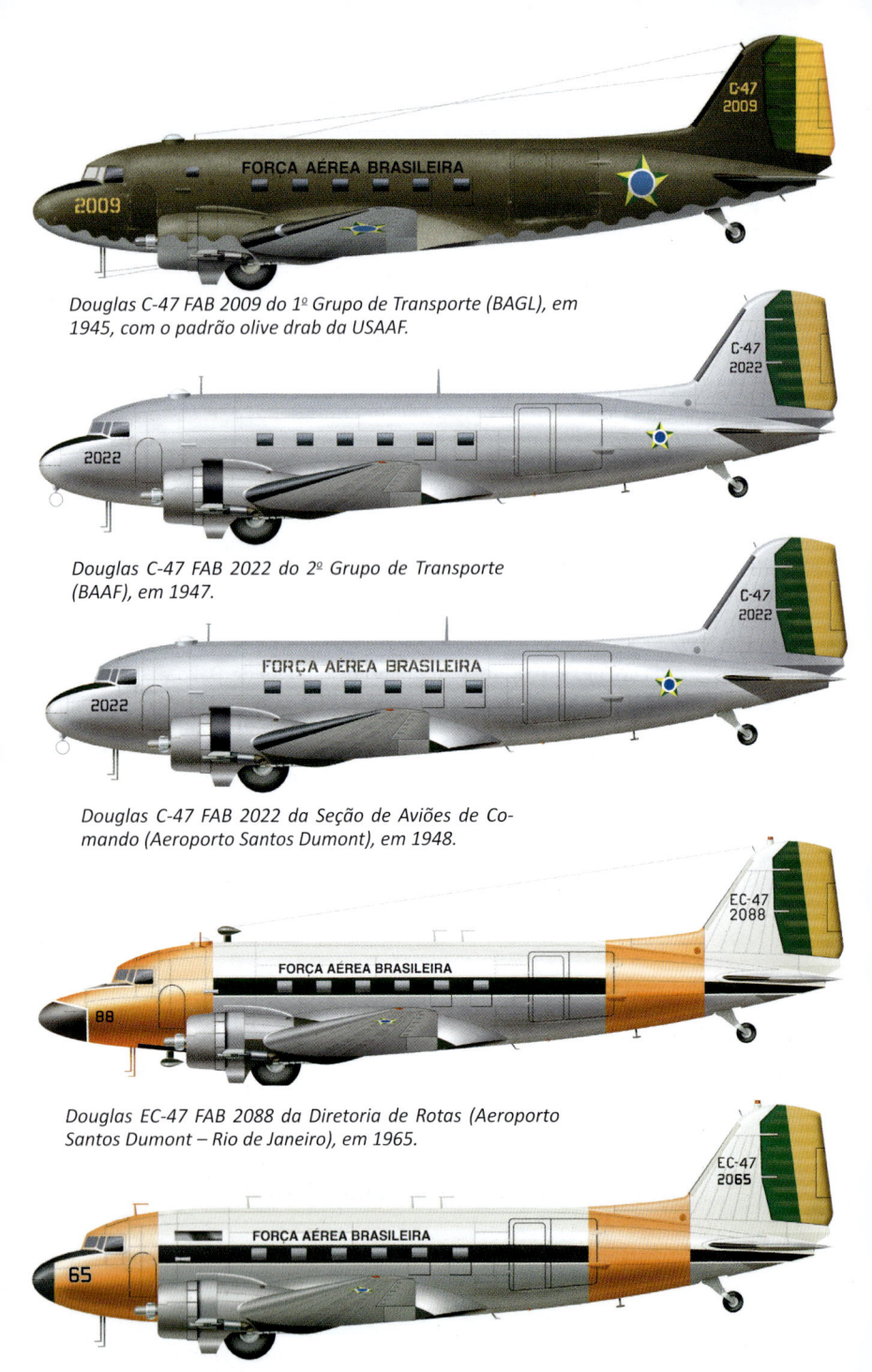

Douglas C-47 FAB 2009 do 1º Grupo de Transporte (BAGL), em 1945, com o padrão olive drab da USAAF.

Douglas C-47 FAB 2022 do 2º Grupo de Transporte (BAAF), em 1947.

Douglas C-47 FAB 2022 da Seção de Aviões de Comando (Aeroporto Santos Dumont), em 1948.

Douglas EC-47 FAB 2088 da Diretoria de Rotas (Aeroporto Santos Dumont – Rio de Janeiro), em 1965.

Douglas EC-47 FAB 2065 do Grupo Especial de Inspeção em Voo (GEIV), em 1970.

Paralelamente, os Estados Unidos se preparavam para entrar na guerra e estudavam as melhores opções de transporte para apoio logístico aos diversos teatros de operação que se descortinavam. Considerando que logística é entregar o material necessário no local certo, na quantidade certa e na hora adequada, em uma situação de beligerância, nada melhor que ter à disposição uma grande frota de aeronaves confiáveis e com boa capacidade de carga para o serviço.

Entre as opções disponíveis para o USAAC, a aeronave que melhor se encaixava nessa descrição era o DC-3, o maior sucesso na aviação comercial. Enquanto a Douglas fazia as adaptações necessárias na aeronave, como reforço estrutural do piso, colocação de porta de carga mais larga e troca dos motores por novos Pratt & Whitney R-1.830 com 1.200 hp de potência, milhares deles foram "uniformizados", passando a ocupar lugar de destaque entre todos os tipos de equipamento bélico daquele conflito, quando receberam a designação militar C-47 Skytrain no USAAC e R4D na US Navy.

Os primeiros C-47 foram construídos nas fábricas da Douglas, em Santa Monica e em Long Beach, Califórnia, mas a demanda por outros modelos foi tanta que uma terceira fábrica foi erguida em Tulsa, Oklahoma. A versão C-47A foi a mais produzida e diferia do modelo anterior apenas no sistema elétrico modificado de 12 para 24 volts.

Como transporte de carga, o C-47 podia carregar até 6 mil kg de diversos tipos de carga; como transporte de tropas, levava até 28 soldados completamente equipados para o combate; como transporte médico, acomodava 14 macas e três enfermeiros ou médicos. Podia, ainda, rebocar um planador com um gancho instalado no cone de cauda e foi a aeronave mais empregada para o lançamento das divisões paraquedistas no transcurso da Guerra.

Em fins de 1944, para suprir as tropas aliadas que enfrentavam os japoneses na Birmânia e na China, os americanos montaram um grande sistema de abastecimento aéreo que partia da Índia e voava por sobre o Himalaia. Essa operação foi denominada Força-tarefa de Carga de Combate, mas passou à história como

A experiência em operar aeronaves C-47 permitiu que tripulações da FAB voassem no Congo entre 1960 e 1964, quando participaram de uma missão de paz das Nações Unidas naquele país. Foto Arquivo Action Editora Ltda.

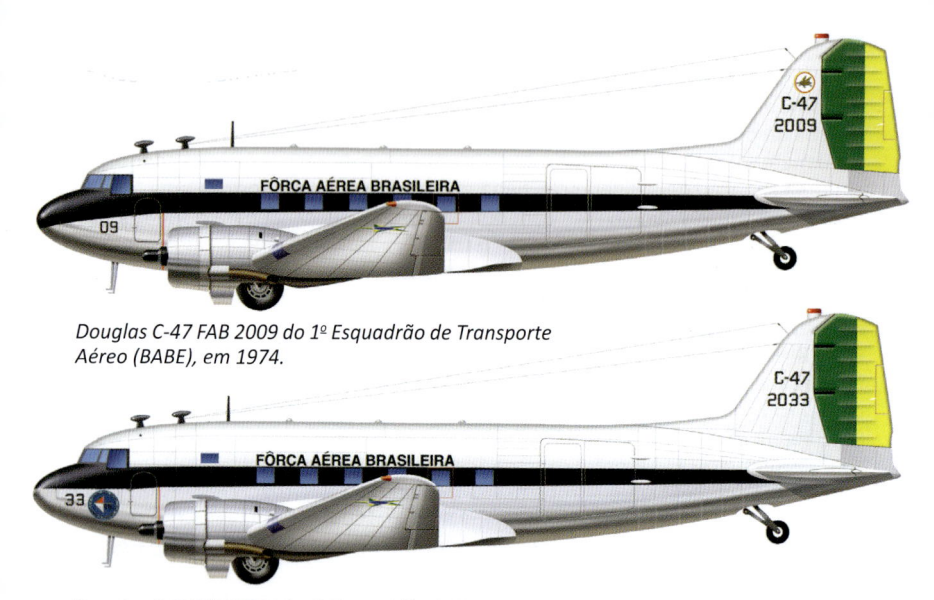

Douglas C-47 FAB 2009 do 1º Esquadrão de Transporte Aéreo (BABE), em 1974.

Douglas C-47 FAB 2033 do 4º Esquadrão de Transporte Aéreo (BASP), em 1978.

a ponte aérea Índia-Birmânia-China, quando forneceu à China 650 mil toneladas de suprimento. Para sobrevoar as altas montanhas da Cordilheira do Himalaia, os C-47, designados C-47B, foram equipados com turbocompressores e suprimento auxiliar de oxigênio para a tripulação. Após o encerramento da operação, que levou muito tempo, os turbos foram retirados e os C-47 voltaram a voar em níveis mais baixos, agora como C-47D.

    Os C-47 Skytrain foram usados por praticamente todas as nações aliadas durante a Segunda Guerra Mundial e, após a guerra, os Douglas C-47 foram empregados em inúmeros conflitos ao redor do planeta, sendo de fundamental importância durante a ponte aérea aliada para suprir os habitantes de Berlim Ocidental com alimentos, remédios e carvão, durante o bloqueio da ex-capital alemã pelos comunistas, no início da Guerra Fria.

    Durante a Guerra da Coreia, que ocorreu na década de 1950, apesar de ultrapassados e já substituídos pelo C-54 e C-119 no transporte de pessoal e carga, os C-47 foram largamente usados no lançamento de suprimento para o VIII Exército e o X Corpo do Exército Americano, quando da retirada das forças da ONU em direção ao sul da península coreana, após a entrada da China no conflito. Durante aquela fase crítica da guerra, os C-47 realizavam pousos em pistas improvisadas onde recolhiam os feridos, que eram transportados para os hospitais montados na retaguarda e, após o atendimento inicial, eram enviados para o Japão nas mesmas aeronaves, onde recebiam tratamento mais especializado.

    Os C-47 operaram tanto com os franceses como com os norte-americanos também no conflito do Vietnã, que ocorreu em uma época na qual o C-47 já nem era mais considerado primeira linha para apoio tático ou estratégico, pois, naquela ocasião, já se encontravam em operação aeronaves mais rápidas e com maior capacidade de carga que o antigo produto da Douglas. Porém, o Capitão Ronald W. Terry, da USAF, conseguiu transformar o cansado C-47 em uma excelente plataforma de armas de guerra. Terry colocou seis metralhadoras Gatling de 7,62 mm nas janelas do lado esquerdo de um C-47 para, ao realizar grandes e altas órbitas sobre o campo de batalha, fornecer concentrado apoio de fogo a qualquer tropa que se encontrasse em situação desvantajosa no terreno.

Desse modo, o "velho" C-47, em seus derradeiros dias de combate, passou a ser uma das armas mais mortíferas nas mãos dos americanos. Essa versão da aeronave recebeu a designação AC-47 Spooky e foi apelidada de Puff the Magic Dragon, tendo lutado até o final da guerra, em 1975. Hoje, uma versão igualmente armada, mas dotada de motores turboélice executa a mesma missão com a Força Aérea da Colômbia em sua guerra contra a guerrilha das FARC.

Para atender à demanda da logística e do lançamento de tropas em posição estratégica, um total de 10.654 exemplares do C-47 foram fabricados durante a Segunda Guerra Mundial. Tendo lutado em todas as frentes de combate, foi designado C-47 Skytrain para a versão de transporte de carga, C-53 Skytrooper para o lançamento de paraquedistas e Dakota pelos britânicos, porém, para o simples soldado, era apenas o Gooney Bird.

Versões do C-47 foram construídas sob licença na União Soviética e no Japão e diversos C-47 ainda podem ser encontrados em condições de voo, principalmente na América Latina e na África. Por ter sido o transporte mais empregado na guerra e aquele que viabilizou a logística aliada, foi, segundo o General Dwight D. Eisenhower, o equipamento mais importante do esforço de guerra dos aliados, junto com o jipe, a bazuca e a bomba atômica.

Os Douglas C-47A e C-47B na Força Aérea Brasileira

Até fevereiro de 1945, a Força Aérea Brasileira apenas observava as centenas de C-47 e C-53 que transitavam pela Base Aérea de Natal com destino ao teatro de operações da África do outro lado do Oceano Atlântico. Considerando a imensa demanda, por aeronaves de transporte no teatro de operações europeu e, ainda, ao término da sensação de ameaça de ataque alemão ao continente americano através do Saliente Nordestino, não se justificava antes de 1944, o

Belíssima imagem de três C-47 da FAB em voo de formatura. Com a criação do COMTA, os Skytrain passaram a cumprir função tática importante, o que, no futuro, serviria de base de doutrina para as missões de lançamento de cargas e paraquedistas.
Foto Arquivo Action Editora Ltda.

O FAB 2052 do Esquadrão de Transporte Especial (ETE) configurado para transporte VIP. Criado em 1954, o ETE seria convertido em Grupo de Transporte Especial (GTE) em 1958. Foto Arquivo Jackson Flores Jr. / Action Editora Ltda.

envio de nenhuma unidade de C-47 ao Brasil. Por causa disso, os 10 primeiros C-47 destinados à FAB para emprego nas linhas do Correio Aéreo Nacional (CAN) só começaram a chegar a partir de setembro de 1944, tendo sido trasladados em voo por pilotos brasileiros após um treinamento completo nos Estados Unidos.

Apesar de chegarem tarde para prestar qualquer serviço relevante de transporte durante a fase crítica da guerra, após o conflito, os C-47 brasileiros prestaram um serviço inestimável à integração nacional, pois, ao aliar sua extraordinária robustez com a grande capacidade de carga e elevada autonomia e a capacidade de superar com segurança as piores condições meteorológicas possíveis, em razão de sua capacidade de efetuar voo por instrumento, tornaram possível a modernização da frota de transporte da FAB e o contato dos pilotos militares brasileiros com equipamentos de navegação de última geração. Aquelas aeronaves, portanto, marcaram o momento de transição entre o que se chamava de aviação heróica do passado e a aviação técnica dos dias atuais.

Os primeiros C-47 brasileiros foram 10 aeronaves recebidas através do Lend-Lease Act entregues a partir de setembro de 1944. Em outubro daquele mesmo ano, foram criadas duas unidades de transporte: o 1º Grupo de Transporte, baseado no Aeroporto Santos Dummont e subordinado ao Gabinete do Ministro da Aeronáutica para a realização das missões de transporte de autoridades governamentais, e o 2º Grupo de Transporte, baseado na Base Aérea dos Afonsos e subordinado à Diretoria de Rotas Aéreas, encarregado de realizar as linhas do Correio Aéreo Nacional. Dessa primeira leva, nove aeronaves passaram a integrar o acervo do 2º GT e uma aeronave foi alocada ao 1º GT, onde esporadicamente voava missões VIP em complemento aos Lodestar que transportavam os integrantes do alto escalão do governo. Essas primeiras aeronaves vieram pintados com a cor verde-oliva do Exército Norte-Americano e assim permaneceram até a padronização da frota, em 1945.

Fuzileiros Navais brasileiros embarcam em aeronaves C-47 da FAB a caminho da República Dominicana aonde foram responsaveis pela manutenção da Paz após uma guerra civil ocorrida em 1965. Foto Arquivo Action Editora Ltda.

Com a entrada dos C-47 em serviço, as linhas do CAN nacional foram ampliadas e outras foram criadas para o atendimento ao CAN internacional, em apoio às embaixadas brasileiras em alguns países da América do Sul. Desse modo, foram atendidas as cidades de La Paz, Assunção, Lima, Santiago e Quito.

Com o fim da guerra, houve, nos EUA, uma grande concentração de material excedente de guerra, denominada Surplus, que passou a ser oferecida aos países aliados por valores abaixo do seu custo de produção. A FAB, se valendo dessa oportunidade para a construção de uma frota de transporte com equipamentos modernos e confiáveis, em 1946, adquiriu outros 23 C-47, que foram distribuídos entre as duas unidades de transporte existentes e, em 1947, mais 12 aeronaves foram recebidas. Cada uma dessas aeronaves custou aos cofres públicos o equivalente a US$ 32.500, mais US$ 30.000 para uma revisão geral.

O FAB EDL, um dos três C-47 apreendidos pela Polícia Federal por estarem envolvidos com contrabando, foi repassado à FAB. Ao todo, a Força Aérea empregou 84 aviões C-47. Foto Arquivo Mario Roberto Vaz Carneiro.

Clássica foto do FAB 2009 do 1º ETA. O C-47 foi, sem dúvida, um dos ícones do CAN junto com o Catalina. Ambos desbravaram por via aérea a Região Norte, colocando no mapa muitas localidades isoladas. Foto Arquivo Action Editora Ltda.

Com 45 aeronaves C-47 em operação, o Ministério da Aeronáutica resolveu alocar dois exemplares à Seção de Aeronaves de Comando, futuro Grupo de Transporte Especial (GTE), de onde passaram a operar no transporte do presidente da República, de ministros de estado, autoridades do Legislativo e Judiciário e do Alto-Comando da Aeronáutica. Entre 1948 e 1950, foram adquiridas mais seis aeronaves dos EUA para repor perdas operacionais e mais duas foram repassadas por órgãos governamentais. Com essas já eram 53 C-47 com as cores da FAB.

Em 1949, a Diretoria de Rotas Aéreas, sentindo a necessidade de padronizar a operação dos C-47 pelas unidades detentoras da aeronave, realizou um curso para a elevação do nível operacional dos tripulantes que possibilitou a emissão de cartões de voo por instrumentos a todos os pilotos cursados e aprovados. Isso não só aumentou a segurança de voo durante as operações dos C-47 como possibilitou a abertura da primeira rota noturna para o interior do país, unindo o Rio de Janeiro a Belém, no Pará.

Outro grande avanço no emprego dos C-47 ocorreu com a criação do Comando de Transporte Aéreo (COMTA), em 1951, que possibilitou a otimização do uso das aeronaves de transporte na FAB e sua centralização sob um comando único na Base Aérea do Galeão. Desse modo, foram centralizados naquela base os 1º e 2º Grupos de Transporte, ambos equipados com o C-47, o CAN e o COMTA, ficando de fora desse controle apenas os Douglas da Seção de Aeronaves de Comando, subordinados diretamente ao Gabinete do Ministro. No ano seguinte, a SAC receberia outras aeronaves C-47 provenientes do COMTA, o que daria origem ao Esquadrão de Transporte Especial (ETE), precursor do futuro Grupo de Transporte Especial.

Em 1954, em complemento às missões do CAN, o 2º GT passou a realizar as missões de lançamento de paraquedistas para o Exército Brasileiro e, consequentemente, retornou à sua base de origem, no Campo dos Afonsos. Operou os C-47 nessa nova missão até fins de 1955, quando recebeu os Fairchild C-82 Packet em complemento aos Douglas. Os veteranos C-47 só deixaram definitivamente o Campo dos Afonsos em janeiro de 1958, quando o 2º GT foi transformado no 1º Grupo de Transporte de Tropas, que passou a operar apenas os C-82.

No 1º GT, os C-47 foram usados com exclusividade até a chegada dos C-130E Hercules, em 1965. Para operar as duas aeronaves, o 1º GT foi dividido em duas unidades distintas, o 1º/1º GT, com o C-130, e o 2º/1º GT, que operou os C-47 remanescentes, até sua transformação em 3º Esquadrão de Transporte Aéreo, em 1970.

A outra fonte de aeronaves C-47 para a FAB foram algumas companhias aéreas comerciais brasileiras, que não conseguiram dar prosseguimento às suas atividades e cujas aeronaves foram incorporadas ao acervo militar. Desse modo, 28 aeronaves DC-3/C-47 foram adquiridas e receberam matrículas militares. Além delas, outras três aeronaves foram recebidas da Justiça por terem sido apreendidas com contrabando e não chegaram a receber matrícula militar, tendo voado nas cores da FAB com as matrículas civis FAB-EDL, PT-BQX e PT-FBR.

Até 1954, os C-47 operavam na região amazônica apenas no cumprimento das linhas do CAN, porém, sempre partiam do Rio de Janeiro. Naquele ano, com a criação do Transporte Militar do Alto Amazonas, o 1º/2º Grupo de Aviação, antiga unidade de patrulha que operava os CA-10 Catalina desde a guerra e que realizava o CAN da Amazônia como missão secundária, passou a ser uma unidade aérea de transporte, mantendo como lar a Base Aérea de Belém. Para atender a essa nova missão, o 1º/2º GAV começou a receber aeronaves C-47 a partir de dezembro de 1954, dividindo suas missões com os veneráveis Consolidated PBY-5 Catalina, as "Patas-chocas" no apoio às unidades do Exército nas longínquas fronteiras amazônicas.

Naquela época, a crescente demanda por aeronaves para as inúmeras linhas do CAN já exigia a participação de aviões de maior porte, velocidade e autonomia, porém, ainda existiam localidades com infraestrutura que suportava apenas a operação de modelos como o C-47. Depois de estudar o problema, o Ministério da Aeronáutica resolveu criar os Esquadrões de Transporte Aéreo (ETA) nas sedes dos Comandos Aéreos Regionais, alocando a eles os C-47 disponíveis. Assim, as grandes aeronaves de transporte fariam as linhas de grande raio e as linhas internacionais, enquanto os ETA atenderiam às necessidades regionais.

Baseado naquela decisão, em 12 de maio de 1969, foram criados seis esquadrões de transporte equipados com aeronaves C-47, com as seguintes sedes: 1º ETA, criado a partir do 1º/2º GAV, em Belém; 2º ETA, criado do 2º/6º GAV, com

EC-47 FAB 2065, um dos C-47 laboratório do Grupo Especial de Inspeção em Voo (GEIV). Essas aeronaves foram responsáveis por calibrar inúmeros auxílios à navegação, como NBDs e VORs. Foto Arquivo Vito Cedrini.

Visão comum nos anos 1940, 1950, 1960 e 1970. Em algum ponto do Brasil, um C-47 da FAB opera numa pista não preparada, levando suprimentos, passageiros e médicos a essas localidades. Com o C-47 foi possível deslanchar o Projeto Rondon, que transportou inúmeros estudantes voluntários para prestar assistência em áreas isoladas do país. Foto Museu Aeroespacial do Campo dos Afonsos.

sede em Recife; 3º ETA, antigo 2º/1º GT, com sede no Galeão; 4º ETA, fundado da Seção de Adestramento da BASP, com sede em Guarulhos; 5º ETA, da Seção de Adestramento da BACO, com sede em Canoas; e o 6º ETA, da Seção de Adestramento da BABR, com sede em Brasília.

Além das aeronaves para transporte, a FAB possuía três C-47 como aeronaves laboratório subordinadas ao Departamento de Controle do Espaço Aéreo (DECEA). Tendo como responsabilidade a calibração dos auxílios rádio de apoio ao tráfego aéreo, os EC-47 foram incorporados a partir de 1958 e só deixaram sua missão em 1975, com a chegada dos EC-95 ao Grupo Especial de Inspeção de Voo (GEIV).

Para manter as aeronaves em perfeitas condições de voo, o parque escolhido para a revisão geral dos motores Pratt & Whitney R-1380 e das células de C-47 foi o Parque de Aeronáutica dos Afonsos, que realizou essa missão até agosto de 1950, quando o diretor-geral de material da Aeronáutica transferiu essa responsabilidade para o Parque de Aeronáutica de São Paulo. As revisões intermediárias das aeronaves do 1º ETA eram realizadas no Parque de Aeronáutica de Belém.

Ao longo de 34 anos de excelentes serviços prestados à FAB, o C-47 realizou missões dos mais variados tipos, desde a calibragem de auxílios à navegação aérea, com o GEIV, até o apoio à população residente nos mais longínquos rincões da floresta amazônica. Transportaram alimentos, medicamentos, pessoas, equipamentos, gado (vivo), correspondência e outras cargas. Foi, por muitos anos, o único elo entre os grandes centros e as vilas mais distantes do país. Faz parte da sua história, ainda o transporte de tijolo e cimento para a construção de Brasília.

O C-47 não foi apenas mais uma aeronave nas fileiras da FAB, mas provavelmente o principal avião de toda a História da FAB. Com ele a Força Aérea cresceu, adquirindo experiência e maturidade. A FAB possuiu um total de 89 aeronaves C-47, tendo seu último voo sido realizado no dia 14 de julho de 1982, quando do translado do FAB 2024 de Belém para o Parque dos Afonsos.

Douglas C-47A e C-47B	
Período de Utilização	De 1944 até 1982
Fabricante	Douglas Aircraft Company
Emprego	Transporte e para calibração de auxílios-rádio
Características Técnicas	
Motor	2 Pratt & Whitney R-1830-92 de 1.200 hp cada um
Envergadura	29,11 m
Comprimento	19,43 m
Altura	5,18 m
Área Alar	91,69 m^2
Peso Vazio	8.103 kg
Peso Máximo	14.061 kg
Armamento	Não dispunha de armamento
Desempenho	
Velocidade Máxima	370 km/h
Razão de Subida	335 m/min
Teto Operacional	7.315 m
Alcance	6.115 km
Comentários	
Total Adquirido	89 exemplares
Unidades Aéreas	1º Grupo de Transporte 2º Grupo de Transporte 1º/2º Grupo de Transporte 2º/1º Grupo de Transporte 1º Esquadrão de Transporte Aéreo 2º Esquadrão de Transporte Aéreo 3º Esquadrão de Transporte Aéreo 4º Esquadrão de Transporte Aéreo 5º Esquadrão de Transporte Aéreo 6º Esquadrão de Transporte Aéreo Grupo Especial de Inspeção em Voo Diretoria de Rotas Esquadrão de Transporte Especial Grupo de Transporte Especial AFA EEAer EPCAR Parque de Aeronáutica de São Paulo Parque de Aeronáutica dos Afonsos Parque de Aeronáutica de Belém
Designações	C-47, C-47A, EC-47, VC-47
Matrículas	FAB 01 a 10. Posteriormente, em 1945, foram rematriculados 2009 a 2053, 2055, 2056 e 2059 a 2092 FAB-EDL, PT-BQX e PT-FBR EC-47 2088, 2089 e 2065

Republic P-47B e P-47D

Desde 1939 que um conflito de grandes proporções, a Segunda Guerra Mundial, mantinha a Europa em completo caos e sob o risco do domínio das forças nazistas, que avançavam sem oposição pelo velho continente até a fracassada tentativa de invadir as Ilhas Britânicas.

Em 1940, a América que a tudo assistia, pois ainda não se envolvera diretamente no conflito, mas sabia que isso era apenas uma questão de tempo, estudava as táticas e os equipamentos empregados, para projetar material de guerra baseado nos ensinamentos dos campos de batalha europeu.

Sendo assim, em 1940, tomando como base os antigos modelos Seversky P-35 e Republic P-43 Lancer, a equipe do engenheiro Alexander Kartveli, da Repúblic Aircraft Corporation, começou a projetar aquele que viria a ser o mais pesado, o mais produzido e o primeiro caça a atingir 500 km/h durante a Segunda Guerra Mundial, o P-47 Thunderbolt.

A primeira proposta apresentada era para uma aeronave tracionada com um motor Allison V-1710-39, de 1.150 hp, armado com apenas duas metralhadoras calibre .50 polegadas. O XP-47A já nasceu morto por causa de sua baixa performance quando comparado com os caças em operação na Europa, e o USAAC emitiu novos requisitos que incluíam velocidade de 400 mph acima de 25 mil pés, seis metralhadoras calibre .50 pol, blindagem de proteção para o piloto, tanques autovedantes e capacidade para 315 litros de combustível.

De posse dos novos requisitos, Kartveli rasgou seu projeto anterior e partiu para o desenvolvimento de uma aeronave completamente nova, designada XP-47B. A nova proposta incluía o emprego do maior motor radial disponível, o Pratt & Whitney R-2800-21 de 18 cilindros, armamento de oito metralhadoras, blindagem para o piloto e um sofisticado e intrincado sistema de turbocompressor que possibilitaria o uso do novo caça em elevadas altitudes.

Construído ao redor do motor de 18 cilindros e do turbocompressor, o P-47B era o maior avião monomotor de caça jamais fabricado, pesando, vazio, 4.490 kg, o dobro dos demais caças em atividade na guerra. Possuía uma estrutura totalmente metálica, à exceção das superfícies de comando da cauda, era dotado de hélice tripá, cobertura da cabine articulada, asas elípticas e turbocompressor posicionado atrás da cabine de pilotagem. Seu primeiro voo ocorreu em 6 de maio de 1941 sob o comando de Lowry P. Brabham.

Rara foto do único P-47B, que foi empregado pela FAB como classe 26, isto é, instrução de solo pelos mecânicos da ETAv e, depois, pela EEAer. Foto Arquivo Action Editora Ltda.

Caça Republic P-47B-RE Thunderbolt P-47B FAB 4103, da ETAv, em 1944, ainda com a matrícula original USAAF 41-6037.

Republic P-47D-25-RE Thunderbolt P-47D FAB 4104 (USAAF 42-26450), do 1º GAVCA 1 (Itália), em 1945: aeronave usada pelo comandante da unidade, o então Ten Cel Av Nero Moura.

O Republic P-47D-25-RE Thunderbolt P-47D FAB 4114 (USAAF 42-26786), do 1º GAVCA D4 (Itália), em 1945. Aeronave utilizada pelo Tenente Aviador Rui Moreira Lima

O Republic P-47B-RE Thunderbolt P-47B FAB 4103, da ETAv, em 1948, com o padrão de pintura final usado pela FAB na ETAv e na EEAer.

  Durante os voos de avaliação, a aeronave demonstrou excelente capacidade de manobra nas altas altitudes e um giro de asas extremamente rapido. Ultrapassou facilmente a velocidade esperada, alcançando 663 km/h a 7.864 m, e mais de 800 km/h no mergulho, porém, alguns problemas foram detectados, sendo o mais grave o superaquecimento do motor, que acabou resultando na perda do protótipo. As mudanças no projeto foram rapidamente implementadas, gerando um melhor sistema de arrefecimento do motor; a capota articulada foi substituída por outra, deslizante; as superfícies de comando enteladas passaram a ser metálicas;

Os P-47D da FAB começaram sua vida operacional fora do Brasil, atuando no Teatro de Operações Europeu, mais precisamente na Itália, durante a Segunda Guerra Mundial. Na foto, o A4 do 1º GAVCA retorna à sua base em Pisa após uma missão de ataque. Foto Arquivo Action Editora Ltda.

e a hélice foi trocada por uma de quatro pás, para o melhor aproveitamento da potência do motor. Esse último item ocasionou uma mudança, agora no trem de pouso. Como a hélice nova possuía 3,66 m de diâmetro, muito maior que a anterior, para evitar colisão com o solo, as pernas do trem de pouso principal foram estendidas em alguns centímetros e, durante seu recolhimento, um sistema hidráulico telescópico encolhia a perna de força em 23 cm, permitindo seu perfeito encaixe nas cavidades localizadas nas asas. Isso por si só não foi o suficiente para permitir uma decolagem normal ao P-47 e sua corrida de decolagem era sempre feita com a bequilha no solo e o pouso em três pontos, para evitar o toque da hélice no chão.

Quanto ao armamento, o P-47B era dotado de oito metralhadoras .50 pol, posicionadas de forma escalonada na posição horizontal, para a colocação das quatro fitas de 350 projéteis em caixas paralelas.

Em agosto de 1942, o USAAC assinou o contrato para a construção de 171 P-47B. Com o nome Thunderbolt, o P-47B entrou em serviço em novembro de 1942 e se tornou aeronave operacional em abril de 1943. Sua base inicial foi a Inglaterra, ficando subordinado à 8ª Força Aérea para a escolta dos bombardeiros em incursões sobre a Alemanha e demais países ocupados. O P-47B ainda não tinha a autonomia ideal para escoltar os bombardeiros em missões muito longas, até porque seus 18 cilindros possuíam uma sede incontrolável.

Com seu emprego em combate, outros fatores negativos ficaram conhecidos, como o fato de que a médias e baixas altitudes ele não manobrava tão bem como os caças alemães e sua taxa de subida era baixa. Porém, quando empregava sua capacidade de manobra em grandes altitudes e sua velocidade de mergulho, era imbatível. Essas deficiências fizeram surgir a tática predileta dos pilotos de Thunderbolt: voar alto e mergulhar sobre suas presas, utilizando a velocidade de quase 800 km/h para subir novamente e fazer novo mergulho sobre outra vítima. Manobras em combate, a famosa "dogfight" só em grandes altitudes.

O modelo C foi desenvolvido para maior alcance operacional e melhorias aerodinâmicas; foi elaborado para ter maior manobrabilidade, dessa forma, 602 exemplares foram adquiridos.

Os primeiros P-47C diferiam pouco dos modelos B, mas, após a produção dos primeiros 57 exemplares, algumas mudanças na instalação do motor, para facilitar a manutenção, exigiu o aumento em 33 cm no comprimento da aeronave, com o propósito de corrigir o centro de gravidade. Essa nova versão recebeu a designação P-47C-1, das quais foram produzidas 55 aeronaves.

O problema da autonomia foi parcialmente solucionado no P-47C-2, ao ser adicionado um ponto duro sob a fuselagem, onde podia ser instalado um tanque auxiliar externo com capacidade de 758 litros de combustível ou uma bomba de 227 kg. O P-47C-5 introduziu a capacidade de injeção de água e metanol, para emprego como combustível gerador de potência de emergência, quando eram disponibilizados mais 300 hp durante alguns minutos.

A versão mais produzida do P-47 foi a D, que em nada diferia do P-47C, mas que mudava de designação conforme o seu local de fabricação. Como a fábrica da Republic de Farmingdale, Long Island, não atendia a demanda por mais aeronaves, novas instalações foram erguidas em Evansville, Indiana. Os Thunderbolt construídos em Evansville receberam a designação P-47D-RA e os produzidos em Farmingdale foram designados P-47D-RE.

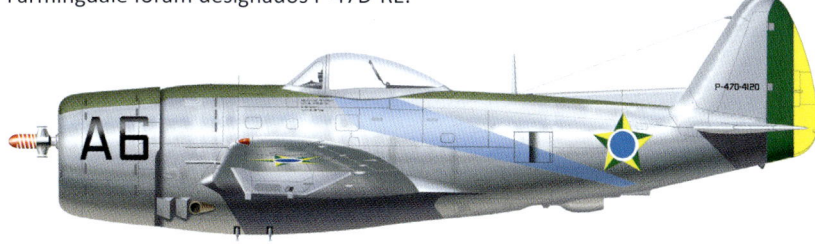

Republic P-47D-28-RE Thunderbolt P-47D FAB 4120 A6,
do 2º/9º GAV (BASC), em 1948.

Republic P-47D-27-RE Thunderbolt P-47D FAB 4113 C3,
do 2º/9º GAV (BASC), em 1948.

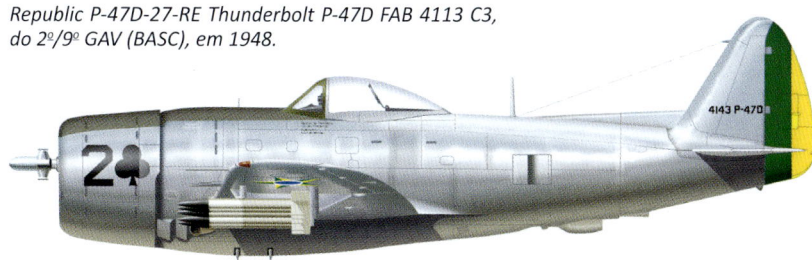

Republic P-47D-40-RA Thunderbolt P-47D FAB 4143 Dois de Paus,
do 1º GAVCA (BASC), em 1951.

Republic P-47D-40-RA Thunderbolt FAB 4184 Quatro de Ouro,
do 1º/4º GAV (BAFZ), em 1957.

Linha de voo de caças P-47D na sua base em Tarquínia, na Itália, em 1944, onde podemos ver em primeiro plano o P-47D-25-RE 42-26756. As instalações em Tarquínia eram literalmente espartanas! Foto Arquivo Action Editora Ltda.

Os P-47D-1 a D-6, D-10 e D-11 tiveram pequenas alterações nos sistemas de combustível e hidráulico, aumento na blindagem protetora do piloto e aletas extras para melhor arrefecimento no motor. A versão P-47D-15 teve um incremento na capacidade interna de combustível (1.421 litros) e a colocação de dutos de combustível nos dois pontos duros da asa. Assim, a aeronave podia transportar até três tanques externos, sendo um na barriga e dois sob as asas, para missões de escolta mais longas. Normalmente esses tanques descartáveis eram confeccionados de material plástico ou papelão resinado.

As versões P-47D-16, D-20, D-22 e D-23 eram semelhantes ao D-15, porém com para-brisa à prova de balas. Do D-22 em diante, a hélice Curtiss padrão foi

Famosa foto do P-47D 44-19663 A6 sem 1,28 cm da asa direita, resultado de uma colisão ocorrida com uma chaminé, em 27 de janeiro de 1945, durante a recuperação a um ataque. Foto Arquivo Action Editora Ltda.

substituída por hélices de diâmetros maiores, o que complicou mais ainda as manobras de pouso e decolagem da aeronave. Os P-47D-22-RA receberam hélices Curtiss de 3,96 m de diâmetro e os P-47D-22-RE receberam as hélices Hamilton de 4,01 m de diâmetro. Isso diminuiu a distância do solo para 15,2 cm.

Uma das maiores deficiências encontradas nas aeronaves de caça de todos os países em conflito era a visibilidade restrita para a retaguarda, por causa da fuselagem alta atrás do piloto. Os engenheiros ingleses melhoraram esse problema com a criação da capota do tipo Malcolm empregada no Spitfire. Como o P-47 padecia do mesmo problema, sendo, inclusive, denominado Razorback, alguns exemplares receberam esse tipo de capota, que melhorou muito a visibilidade traseira durante os combates. Porém, o problema só foi definitivamente resolvido com a introdução da capota do tipo bolha (bubbletop).

Esse novo padrão de canopí foi introduzido a partir do P-47D-25 e permitiu a redução do diâmetro da fuselagem traseira, proporcionando ao piloto uma visão limpa de 180°. Porém, essa redução na área da fuselagem traseira criou uma área de instabilidade na aeronave quando em situação de comandos cruzados. Esse problema levou a inúmeros acidentes, resultando na colocação de uma barbatana dorsal à frente do estabilizador vertical. A partir do P-47D-40, essa barbatana foi aplicada na fábrica, porém, nas versões anteriores, a aplicação ocorreu no campo de operação na forma de kit.

Após o modelo D foram produzidos os modelos G, M e N. Os G eram versões de P-47C produzidos pela Curtiss em Buffalo, Nova York, para atender à forte demanda durante a guerra. Os M, equipados com um motor de 2.800 hp, foram produzidos como uma tentativa de desenvolver um caça que pudesse fazer frente aos jatos Me-262. E os N eram versões de longo alcance desenvolvidas para escoltar os B-29 durante os ataques às ilhas japonesas. Essa versão possuía as pontas das asas quadradas, o que lhe aumentava a capacidade de rolamento.

Além de atuar como caça, o P-47 foi largamente empregado como caça-bombardeiro. Esse novo tipo de emprego foi por causa de sua capacidade de transportar armamento e absorver danos em combate. As oito metralhadoras .50 pol, associadas às bombas de 227 kg e/ou aos foguetes de 110 mm, faziam do P-47 uma aeronave temível.

Decolagem de um elemento de P-47D do Campo de Tarquínia, em 1944. Dali os Jambocks iniciaram as primeiras missões de guerra em 31 de outubro. Seis meses mais tarde, em 30 de abril, eles alcançariam 2.546 surtidas de combate. Foto Arquivo Action Editora Ltda.

Tendo sua produção se iniciado no ano de 1942, foi produzido um total de 15.686 aeronaves de diversos modelos até 1945. Estas realizaram aproximadamente 746 mil surtidas, derrubaram 3.752 aeronaves inimigas. Ao todo, 3.500 foram perdidas por diversas causas.

Além do USAAC, Inglaterra, França, União Soviética, México e Brasil também empregaram os P-47 em combate.

Os Republic P-47B e P-47D na Força Aérea Brasileira

Entre as aeronaves de caça da FAB, o P-47 ocupa, sem sombra de dúvidas, o lugar de maior destaque. Essa honraria cabe-lhe, principalmente, por seu desempenho, sob o comando dos Jambock do Primeiro Grupo de Aviação de Caça (1º GAVCA) brasileiro, nos céus europeus, cobrindo de glórias não só aquele grupo de jovens pilotos, mas também, e principalmente, a Força Aérea Brasileira.

Inicialmente o 1º GAVCA recebeu 31 aeronaves em sua base em Tarquínia, que, com o transcorrer das missões e as perdas em combate e acidentes, chegaram a um total de 48 P-47 usados na Itália.

Porém o primeiro P-47 a chegar ao Brasil não foi um dos modernos P-47D, mas um velho e desgastado RP-47B-RE Razorback, de número 41-6037, transladado em voo dos Estados Unidos em outubro de 1944 pelo Segundo-tenente Aviador Moacyr Domingues. Essa aeronave foi cedida à Força Aérea Brasileira através do Lend-Lease Act como aeronave "cansada de guerra" para emprego na instrução terrestre dos futuros sargentos especialistas da Aeronáutica, na Escola Técnica de Aviação, em São Paulo. Para essa missão, ele ficou na Base Aérea de São Paulo, subordinado ao Grupo Misto de Instrução.

Antes, porém, que fosse usado em sua função principal, alguns oficiais do Campo dos Afonsos e da Base Aérea de São Paulo puderam tirar uma "casquinha" e realizar alguns voos para conhecer a qualidade do famoso e badalado P-47, afinal, apesar da "velhice", ele era o caça mais moderno em território brasileiro naquela época.

O P-47D Arlete do 1º GAVCA visto em Tarquínia, em outubro de 1944. O nome dado à aeronave do Ten Av José Carlos de Miranda Corrêa homenageava a sua esposa. No entanto, a arte não agradou ao comandante da unidade e ela foi removida pouco depois. Foto Arquivo Action Editora Ltda.

O P-47D-25RE 42-26756 em voo sobre o norte da Itália durante a Segunda Guerra Mundial. Essa aeronave era operada pelo Ten Av Alberto Martins Torres e sobreviveu incólume à guerra, sendo mais tarde enviada ao Brasil, onde foi rematriculada FAB 4106. O 4106 foi perdido em um acidente ocorrido em 21 de maio de 1946. Foto Arquivo Action Editora Ltda.

O interessante sobre essa aeronave é que foi o primeiro e o último P-47 brasileiro, uma vez que só foi desativado em 14 de setembro de 1967.

Em janeiro de 1942, o Brasil rompeu relações diplomáticas com os países do Eixo em uma formal demonstração de oposição às ações submarinas na costa do continente americano, em especial dos Estados Unidos. No mês seguinte, navios brasileiros navegando em águas internacionais passaram a ser alvo dos torpedos nazistas, quando seis foram perdidos em três meses e meio. Em agosto de 1942, finalmente, a guerra chegou ao nosso litoral, causando a perda de centenas de vidas e de cinco navios.

Ainda em 22 de agosto de 1942, por causa das agressões submarinas, o Brasil declarou guerra à Alemanha e à Itália. As primeiras ações da novíssima Força Aérea Brasileira foram em defesa do litoral brasileiro contra as ações dos submarinos do Eixo, mas, em fins de 1943, o governo brasileiro decidiu enviar uma força militar para atuar junto com os países aliados na Europa. Essa força seria constituída por uma divisão de exército, uma esquadrilha de ligação e observação e um grupo de aviação de caça.

Tomada a decisão, em 18 de dezembro de 1943, foi criado o 1º Grupo de Aviação de Caça, sob o comando do então Major Aviador Nero Moura. Já a partir de janeiro de 1944, o pessoal do grupo foi enviado aos EUA e ao Panamá para instrução de caça e, em junho de 1944, teve seu primeiro contato com o P-47 Thunderbolt na Base de Suffolk, em Long Island, Nova York.

Em seis de outubro de 1944, o 1º Grupo de Aviação de Caça brasileiro desembarcou no teatro de operações, seguindo imediatamente para Tarquínia, sua primeira base operacional, onde foi incorporado ao efetivo do 350º Fighter Group norte-americano, que já possuía outros três esquadrões e operava como força aerotática no TO do Mediterrâneo. Naquela base receberam suas novas aeronaves P-47D e começaram as atividades aéreas em combate no dia 31 de outubro de 1944, inicialmente como parte das esquadrilhas americanas. A partir de 11 de novembro, o Grupo de Caça que, na realidade, correspondia a um esquadrão americano, passou a realizar suas missões em esquadrilhas compostas apenas por pessoal brasileiro.

Uma equipe de manutenção do 1º Grupo de Caça inspeciona, a céu aberto, um de seus Thunderbolt II na Itália. Ao todo a FAB empregou 48 aviões P-47 durante a campanha na Itália. Foto Arquivo Action Editora Ltda.

Em 4 de dezembro de 1944, a unidade foi deslocada para sua nova base, em Pisa, de onde operou até o fim da campanha, em 30 de abril de 1945. Nesse período de seis meses de combate, os P-47 brasileiros realizaram 2.546 surtidas ofensivas e quatro defensivas, com um total de 5.465 horas de voo de combate, quando destruíram 1.304 viaturas motorizadas, 13 locomotivas, 250 vagões, oito carros blindados, 25 pontes de estrada de ferro e rodagem, 31 depósitos de munição, duas aeronaves no solo e 85 posições de artilharia. Durante sua atuação na Itália, os Thunderbolt operados por brasileiros não enfrentaram nenhuma aeronave inimiga em combate aéreo, uma vez que a superioridade aérea dos aliados já era absoluta. Foram utilizados principalmente no ataque ao solo, tendo, inclusive, apoiado o Exército Brasileiro na conquista do Monte Castelo.

Entre os 48 pilotos do Grupo, ocorreram 22 baixas: cinco foram abatidos pela antiaérea; oito saltaram de paraquedas sobre o território inimigo e só retornaram ao convívio da unidade após o fim das hostilidades; seis foram afastados do voo por prescrição médica e três faleceram em acidentes de aviação.

Para suas atividades em combate, o Grupo de Caça brasileiro recebeu 31 aeronaves P-47D novas de várias versões, que incluíam P-47D-25-RE, D-27-RE, D-28-RA, D-28-RE e D-30-RE, e 37 ficaram em reserva no depósito americano de Nápoles para repor perdas operacionais. Do total de 68 aeronaves, 24 foram perdidas pela ação do inimigo e acidente aéreo, restando 25 com o Grupo e 19 ainda no depósito.

As 25 aeronaves que voaram em combate foram desmontadas e enviadas ao Brasil por via marítima, chegando ao Rio de Janeiro em fins de 1945. Depois de serem montadas na Fábrica do Galeão, foram trasladadas para a Base Aérea de Santa Cruz. Quanto às 19 restantes, um acordo entre governos permitiu que os pilotos brasileiros retirassem as aeronaves nos Estados Unidos e as trasladassem em voo para o Brasil. Eram todas do modelo P-47D-40-RA, equipadas com o que havia de mais moderno em matéria de equipamento. O deslocamento teve início em 4 de julho de 1945, em Kelly Field, Texas, e chegou ao Rio de Janeiro em 16 de julho de 1945.

Após a chegada ao Brasil, as aeronaves novas ficaram na Base Aérea de Santa Cruz para compor o acervo aéreo do 1º GAVCA, subordinado ao 1º Regimento de Aviação. Após o recebimento das aeronaves transportadas pelo mar, o 2º GpCa, que estava equipado com caças P-40, entregou suas aeronaves aos gaúchos do 3º e do 4º GpCa e foi equipado com os caças veteranos.

Coube aos pilotos veteranos, equipados com os P-47, a implantação de uma moderna doutrina de emprego da aviação de caça na Força Aérea Brasileira e a formação de um grupo de pilotos voltados exclusivamente para o emprego da aeronave como plataforma de armas. Enquanto o 1º GAVCA, código de chamada Jambock, se mantinha como o esquadrão operacional, cabia ao 2º GpCa, código de chamada Pif Paf, a formação dos novos pilotos caçadores.

Em 1947, a FAB passaria por uma reestruturação, em que criaria grupos de aviação em lugar dos antigos regimentos de aviação e esquadrões como unidade aérea. A nova denominação começaria por Manaus, com o 1º GAV, e terminaria no Rio Grande do Sul, com o 14º GAV. Assim, o 1º RAv passou a ser o 9º GAV, com o veterano 1º GAVCA recebendo a designação 1º/9º GAV e o 2º GAVCA, 2º/9º GAV. Após intensos protestos dos veteranos da Itália, em 14 de outubro de 1949, o 9º GAV voltava a ser o 1º GAVCA, equipado com dois esquadrões, o 1º/1º GAVCA e o 2º/1º GAVCA. Futuramente, em 1952, seria criado o 3º/1º GAVCA, código de chamada Pacau, responsável pela seleção do pessoal que realizaria o curso de caça. Mas sua existência seria efêmera, pois seria desativado em fevereiro de 1954.

Ainda em 1947, a FAB receberia outros 25 P-47D-40-RA através de um programa de ajuda norte-americano. As aeronaves, apesar de serem de segunda mão, se encontravam em muito boas condições de uso e com poucas horas de voo e foram recondicionadas pela Texas Engineering and Manufacturing Company (TEMCO). Foram também transladadas em voo por pilotos brasileiros e uma das aeronaves foi perdida no Mar do Caribe após vazamento de óleo.

Em 13 de outubro de 1952, os P-47 da FAB foram redesignados como F-47. Finalmente, em 1953, foi adquirido um último lote de F-47. Eram 25 aeronaves que, repassadas pela USAF, vieram a recompor a dotação que se encontrava muito baixa por causa de atrito operacional. Foram revisadas pela TEMCO e padronizadas como F-47D-40, sendo transladadas em voo por pilotos norte-americanos. Com a chegada dos F-8 em 1953, alguns F-47 foram passados para o 3º/1º GAVCA e a maioria foi

Um das poucas fotos a cores do 1º GAVCA na Itália. Feita no aeródromo de San Giusto, em Pisa, momentos antes de o Jambock Azul iniciar o táxi para mais uma missão de combate. Foto Arquivo Action Editora Ltda.

Um P-47D do 2º/9º GAV prestes a decolar de Santa Cruz, em 1948, durante uma das manobras do Curso de Tática Aérea (CTA). Os P-47 protagonizaram o famoso combate dos 36 contra os P-40 lotados no sul do país durante o CTA de 1949. Foto Arquivo Action Editora Ltda.

remetida para os Parques dos Afonsos e de São Paulo, para revisão, antes de ser deslocada para o 2º/5º GAV, que passaria a formar os caçadores da FAB nos Thunderbolt.

O 2º/5º GAV, que manteve o código de chamada Pacau do 3º/1º GAVCA, começaria a receber seus 12 F-47 em novembro de 1953, realizando a instrução dos aspirantes a oficial nos mesmos moldes empregados pelo Pif Paf, ou seja, seleção e treinamento inicial nos T-6 para só então passar aos F-47. Como essa transição sempre foi difícil, inúmeros acidentes ocorreram e, em apenas quatro anos de atividade, a unidade perdeu 10 F-47. Esse elevado coeficiente de atrito, somado aos problemas logísticos e de manutenção, já prenunciava que o fim do valoroso Thunderbolt estava próximo.

Em outubro de 1956, os F-47 foram enviados para o 1º/4º GAV em Fortaleza, onde iniciaram a instrução em janeiro de 1957. Durante o ano de instrução, ocorreram três paradas por problemas de rachadura nos dutos de escapamento do turbocompressor e cinco acidentes, com perda total do equipamento e de algumas vidas. Em novembro de 1957, por causa de problemas técnicos apresentados pelas aeronaves, a era do Thunderbolt na FAB findou-se.

Durante 13 anos de atividade, um total de 117 aeronaves P/F-47D de diversos lotes foi operado pela FAB.

Republic P-47B e P-47D

Período de Utilização	De 1944 até 1967	De 1944 até 1958
Fabricante	Republic Aviation Corporation	Republic Aviation Corporation
Emprego	Treinamento de solo	Caça
Características Técnicas	P-47B	P-47D
Motor	Pratt & Whitney R-2.800-21 de 2.000 hp	Pratt & Whitney R-2.800-59 de 2.400 hp
Envergadura	12,42 m	12,42 m
Comprimento	10,74 m	11,00 m
Altura	3,81 m	4,31 m
Área Alar	27,87 m²	27,87 m²
Peso Vazio	4.239 kg	4.536 kg
Peso Máximo	6.060 kg	8.799 kg

Continua

Armamento	8 mtr de 12,7 mm nas asas	8 mtr de 12,7 mm nas asas Foguetes de 127 mm Até 680 kg de bombas
Desempenho		
Velocidade Máxima	690 km/h	689 km/h
Razão de subida	762 m/min	677 m/min
Teto Operacional	12.801 m	12.801 m
Alcance	884 km	763 km
Comentários		
Total Adquirido	1 exemplar	94 exemplares
Unidades Aéreas	Escola Técnica de Aviação 1º Grupo Misto de Instrução Escola de Especialistas de Aeronáutica	1º/1º GAVCA 2º/1º GAVCA 3º/1º GAVCA 1º/9º GAV 2º/9º GAV 2º/5º GAV 1º/4º GAV
Designações	P-47B	P-47 e F-47
Matrículas	4103	4104 a 4147 e 4150 a 4199 23 aeronaves com matrículas americanas foram perdidas na Itália: 42-26753, 42-26759, 42-26761, 42-26763, 42-26764, 42-26766, 42-26768,42-26773, 42-26774, 42-26776, 42-26782, 42-26783, 42-26784, 42-26788, 44-19659, 44-19661, 44-19665, 44-19666, 44-19667, 44-20338, 44-20339 e 44-21022

CNNA HL-6B Cauré

No fim de 1939, assim que assumiu a presidência de sua empresa, a Companhia Nacional de Navegação Aérea (CNNA), o armador Henrique Lage imprimiu considerável urgência sobre as atividades que ela realizava. Em consequência, em um razoavelmente breve lapso de tempo, a pequena equipe de engenheiros da companhia elaborou diversos estudos, alguns dos quais evoluíram, mas somente dois chegaram a ser produzidos em série.

O primeiro foi o avião HL-1, derivado de um programa desenvolvido com grande rapidez e que já se encontrava em produção quando Henrique Lage faleceu, em 2 de julho de 1941. Apesar da sua morte, a CNNA seguiu com suas atividades, desenvolvendo e construindo dois protótipos – o monomotor HL-3 e o hidroavião HL-5.

Porém, foi o elegante HL-6 que permitiu a CNNA iniciar a produção de outra aeronave além do HL-1. Monoplano e biplace em tandem, o HL-6 destinava-se à instrução de voo nos aeroclubes. Com o protótipo do HL-6 dado como pronto no final do terceiro trimestre de 1942, seu voo inaugural ocorreu em outubro daquele ano e, logo em seguida, submeteu-se a uma bateria de ensaios que visavam a sua homologação por parte do Serviço Técnico de Aeronáutica (STAe).

A FAB teve, em seu inventário, apenas um exemplar do Cauré, designado HL-6B e matriculado FAB 3053. Na foto um HL-6 ainda na fábrica. Foto Museu Aeroespacial do Campo dos Afonsos.

Ao identificar a falta de potência do motor Lycoming que equipava o protótipo, a CNNA descartou aquele grupo motopropulsor e instalou uma versão do motor Franklin 6AC-298. A nova versão foi designada HL-6A, e somente cinco dessas aeronaves foram construídas durante 1943, de modo que a CNNA optou por se concentrar na produção do HL-6B, que se distinguia principalmente pela adoção do motor Lycoming O-290C de 125 hp, pela empenagem vertical de menor corda e por outras mudanças de menor envergadura.

Entre 1945 e 1947, um total de 39 exemplares do HL-6B foram produzidos nas instalações da CNNA. No entanto, existem evidências que sugerem que outros doze ou quinze foram efetivamente construídos. Independentemente disso, a carreira dos HL-6A e HL-6B foi bem-sucedida, e alguns exemplares permaneceram em atividade até o fim dos anos 1950.

O CNNA HL-6B Cauré na Força Aérea Brasileira

Inicialmente visando somente à realização dos trabalhos de homologação do HL-6B, a Força Aérea Brasileira recebeu, em 1944, um exemplar do avião. Dado como recebido em agosto de 1945, ele já se encontrava no STAe para executar os desejados ensaios de homologação. Redenominada Subdiretoria Técnica da Aeronáutica (SDTAer), esse órgão permaneceu com aquele avião, designado L-HL6 como resultado do sistema de identificação e de matrícula de aeronaves da FAB implementado em 1945, até ser extinto e seu acervo, absorvido pela Diretoria de Material da Aeronáutica (DIRMA), em agosto de 1947.

Distintas fontes indicam que, na época em que foi transferido para a DIRMA, o único HL-6B da FAB não se encontrava em condições de voo. Consequentemente, em setembro de 1948, aquele avião foi recolhido à Fábrica do Galeão. Lá foi inspecionado

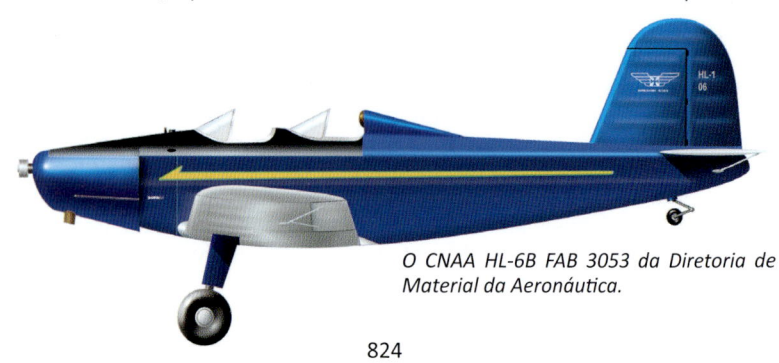

O CNAA HL-6B FAB 3053 da Diretoria de Material da Aeronáutica.

para determinar se era conveniente ou não a sua recuperação. Aparentemente, depois dos necessários exames, foi julgada antieconômica a recuperação daquele HL-6B.

Assim, em 22 de fevereiro de 1949, o único HL-6B da FAB foi descarregado e a célula foi doada ao Aeroclube do Brasil para que se realizasse o aproveitamento de sua matéria-prima na recuperação ou manutenção dos HL-6A/B pertencentes a seu acervo ou então de outras aeronaves de propriedade daquele aeroclube.

CNNA HL-6B Cauré	
Período de Utilização	De 1944 até 1946
Fabricante	Companhia Nacional de Navegação Aérea, Ilha do Viana (RJ)
Emprego	Homologação de tipo e ligação
Características Técnicas	
Motor	Lycoming O-290C de 125 hp
Envergadura	9,80 m
Comprimento	7,20 m
Altura	2 m
Área Alar	15 m^2
Peso Vazio	545 kg
Peso Máximo	800 kg
Armamento	Não dispunha de armamento
Desempenho	
Velocidade Máxima	200 km/h
Razão de Subida	270 m/min
Teto Operacional	5.200 m
Autonomia	3 h 15 m
Comentários	
Total Adquirido	1 exemplar
Unidades Aéreas	Serviço Técnico de Aeronáutica Subdiretoria Técnica da Aeronáutica Diretoria de Material da Aeronáutica
Designações	L-HL6
Matrículas	Atribuída a matrícula FAB-04 e depois alterada para L-HL6 3053, em julho de 1945

North American B-25C

Os ensinamentos colhidos das operações aéreas realizadas nos distintos teatros de operação da Segunda Guerra Mundial mostraram que o North American B-25B (q.v.) necessitava de melhorias que lhe brindassem melhor desempenho em condições de combate. Assim, os engenheiros da North American Aviation, Inc. aplicaram uma ampla série de modificações que iam desde a introdução de sistemas de degelo das asas e aumento no volume de combustível até o incremento de sua capacidade ofensiva. Essas alterações foram progressivamente aplicadas nos sete lotes de produção dessa versão do B-25.

Os 1.625 aviões dessa versão entregues entre dezembro de 1941 e maio de 1943 foram empregados em praticamente todos os teatros de operação da Guerra, sendo utilizados não somente pela United States Army Air Force (USAAF),

A FAB empregou dois B-25C. Um deles, o USAAF 41-12872, teve muita história, pois acompanhou o 1º GAVCA durante sua campanha no Teatro de Operações europeu. Foto Arquivo John Buyers.

mas pela Royal Australian Air Force (RAAF), pela Royal Air Force (RAF), pela Royal Canadian Air Force (RCAF), pela Marinha Holandesa e pela Força Aérea Holandesa nas Antilhas Orientais.

O North American B-25C na Força Aérea Brasileira

No início do segundo semestre de 1944, chegou ao Brasil um exemplar de B-25C a ser utilizado pela Força Aérea Brasileira. De acordo com registros norte-americanos, essa aeronave foi entregue às autoridades brasileiras no dia 10 de julho daquele ano (a Diretoria de Material da Aeronáutica acusou seu recebimento no mês de setembro seguinte). Aquele avião era mais outro war weary (cansado de guerra) destinado à instrução dos alunos da Escola Técnica de Aviação, em São Paulo (SP). Com a formação do 1º Grupo Misto de Instrução, o B-25C passou a fazer parte do acervo daquela unidade-escola no ano de 1946.

Um segundo B-25C foi empregado pela FAB, porém não no Brasil. Recebido e utilizado na Itália pelo 1º Grupo de Aviação de Caça (1º GAVCA) logo após a chegada daquela unidade a San Giusto Army Air Field, em Pisa (Itália), um B-25C

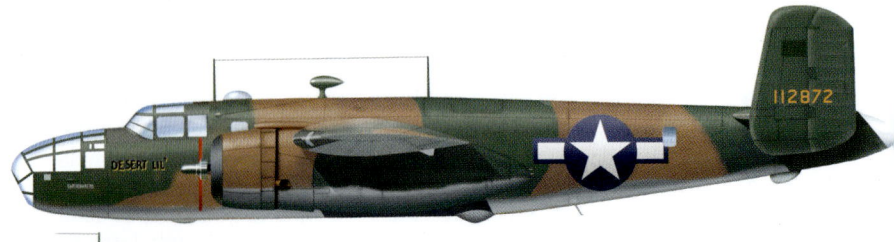

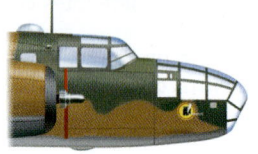

O B-25C Mitchell USAAF 41-12872 Desert Lil do 1º GAVCA. Note no detalhe que a aeronave ostentava a bolacha de sua antiga unidade na USAAF: o 81st Bomber Squadron do 12th Bomber Group.

O B-25C USAAF 41-12872 se acidentou em Atenas, na Grécia, sendo sucateado. Essa aeronave realizava missões de transporte logístico e de pessoal.
Foto Museu Aeroespacial do Campo dos Afonsos.

foi usado exclusivamente em missões de transporte de pessoal e logístico. Ao se acidentar em Atenas (Grécia) em maio de 1945, no entanto, aquele B-25C foi condenado para o voo e sucateado.

Após a regularização de sua situação em maio de 1947, quando foi classificado como aeronave pertencente à Classe 26, isto é, destinada à instrução no solo, veio à tona o fato de que o B-25C do 1º GMI encontrava-se em condições de voo. Removido da Classe 26 no mês seguinte, a aeronave aparentemente ficou no 1º GMI da ETAv e na Escola de Especialistas de Aeronáutica (EEAer) como avião de transporte até o início de 1955, ocasião em que foi recolhido ao Parque de Aeronáutica de São Paulo (PqAerSP) para revisão geral. Lá permaneceu até o fim da década como avião de apoio logístico daquele parque ou então como aeronave de transporte à disposição do Estado-Maior da Aeronáutica.

Ao chegar o ano de 1959, dessa vez foi definitivamente classificada como aeronave de instrução no solo e distribuída à EEAer onde ficou até agosto de 1972, quando, já descarregada da unidade, foi alienada e vendida para uma empresa de compra e venda de metais.

North American B-25C	
Período de Utilização	De 1944 até 1972
Fabricante	North American Aviation, Inc., Inglewood (Califórnia – EUA)
Emprego	Instrução no solo e transporte
Características Técnicas	
Motor	2 Wright R-2600-13 de 1.700 hp cada um
Envergadura	20,59 m
Comprimento	16,15 m
Altura	4,80 m
Área Alar	56,56 m^2
Peso Vazio	9.227 kg
Peso Máximo	15.454 kg

Continua

Armamento	1 metralhadora móvel Browning M2 calibre .30 no nariz 1 torre ventral com duas metralhadoras Browning M2 calibre .50 1 torre dorsal com duas metralhadoras Browning M2 calibre .50 Até 1.363kg de carga ofensiva acomodada no bomb bay
Desempenho	
Velocidade Máxima	456 km/h
Razão de Subida	335 m/s
Teto Operacional	7.162 m
Alcance	2.413 km
Comentários	
Total Adquirido	2 exemplares
Unidades Aéreas	Escola Técnica de Aviação 1º Grupo Misto de Instrução 1º Grupo de Aviação de Caça Escola de Especialistas de Aeronáutica Parque de Aeronáutica de São Paulo Base Aérea de São Paulo
Designações	B-25C e IS-B-25C
Matrículas	5075, após IS-B-25C 5075 e 41-12872 (B-25C do 1º GAVCA na Itália)

Lockheed PV-2 Harpoon

Em julho de 1942, a USAAF transferiu para a United States Navy (USN) a responsabilidade pelo patrulhamento do litoral dos Estados Unidos. Entre outras consequências, os contratos de produção dos Lockheed B-34/B-37, originalmente destinados à USAAF, migraram para a USN. Após a aplicação de algumas mudanças, essas aeronaves modificadas receberam a designação PV-1. No entanto, a USN convocou a Lockheed para discutir melhorias no PV-1, para melhor adequar o projeto básico às missões de patrulha, uma empreitada que, a princípio, seria perceptivelmente mais ampla que as realizadas quando das modificações iniciais que resultaram no Lockheed PV-1.

No entanto, no desenrolar desses trabalhos, as modificações aplicadas à célula do PV-1 Ventura ganharam tal vulto que foram justificados uma nova designação e um novo nome: PV-2 Harpoon. Visualmente semelhante ao PV-1, o PV-2 Harpoon passou a dispor de uma asa com quase três metros a mais de envergadura, consequentemente com um aumento da área alar. De igual forma, as empenagens verticais foram redesenhadas e ganharam mais área. Além das alterações dimensionais aplicadas à asa, o PV-2 contava com tanques integrais de combustível no lugar das células originalmente encontradas no PV-1 Ventura, o que elevou, em até 230%, a quantidade de combustível que poderia ser transportada pelo Harpoon. Em termos de armamento fixo, o PV-2 manteve a configuração encontrada no Ventura. Entretanto, foram incluídas uma "bandeja" ventral com três metralhadoras Browning M2 de .50 pol e alterações no compartimento de bombas, que elevou para 1.814 kg a carga ofensiva que poderia ser transportada internamente.

Satisfeita com o que a Lockheed apresentou, em junho de 1943, a USN encomendou 500 exemplares do PV-2 Harpoon, o primeiro dos quais realizou seu voo inaugural em 3 de dezembro de 1943. Até o fim da guerra, 535 exemplares do Harpoon – em suas versões PV-2, PV-2C e PV-2D – foram construídos.

Com a produção em série iniciada no primeiro trimestre de 1944, o tempo necessário gasto para preparar as primeiras unidades equipadas com o Lockheed PV-2 e problemas de ordem material determinaram a tardia entrada em combate dos Harpoon. Mesmo assim, os poucos PV-2 Harpoon que lograram chegar aos teatros de operações antes do fim da guerra prestaram relevantes serviços, entre eles inclusive, os ensaios em combate com a bomba guiada Pelican.

O Lockheed PV-2 Harpoon na Força Aérea Brasileira

Seguindo a política de equipar a Força Aérea Brasileira com modernos vetores de patrulha, o governo norte-americano, através do sistema Lend-Lease, decidiu transferir para o Brasil uma pequena quantidade de aviões Lockheed PV-2 Harpoon. De fato, excluindo a Nova Zelândia, o Brasil seria o único país estrangeiro a receber essas aeronaves durante a Segunda Guerra Mundial.

Trasladados em voo por tripulações norte-americanas, quatro PV-2 Harpoon chegaram isoladamente ao país ao longo do primeiro semestre de 1945. Recebidos em Recife, esses aviões foram prontamente distribuídos ao 2º Grupo de Bombardeio Médio (2º GBM) ao passo que iam chegando. Sediado na Base Aérea de Salvador, o 2º GBM fora criado em 17 de agosto do ano anterior e, na época, contava com um punhado de aviões Lockheed A-28A Hudson herdados do Escalão Volante da Base Aérea de Salvador.

Para dar reforço aos Hudson da Base Aérea de Salvador, havia dois esquadrões da USN – um estava equipado com o Martin PBM-3S Mariner e operava da Base Naval de Aratu e o esquadrão VPB-129. Esse último, equipado com aviões PV-1 Ventura, retornou aos Estados Unidos em fevereiro de 1944, e a intenção era que os recém-chegados PV-2 Harpoon dessem ao 2º GBM o reforço necessário para que ele pudesse realizar os trabalhos que já vinha executando e que preenchesse a lacuna deixada pelo VPB-129. Para dar o necessário preparo às tripulações do 2º GBM no que dizia respeito ao PV-2 Harpoon, o 1º Grupo de Bombardeio Médio temporariamente cedeu alguns oficiais aviadores para auxiliar na instrução.

Belíssima foto do FAB 1156 acionado. Curiosamente, essa aeronave nunca operou na FAB. Ela foi pintada pela Lockheed para fins de propaganda, sendo depois entregue à USN, em 11 de novembro de 1945. Foto Arquivo Jackson Flores Jr. / Action Editora Ltda.

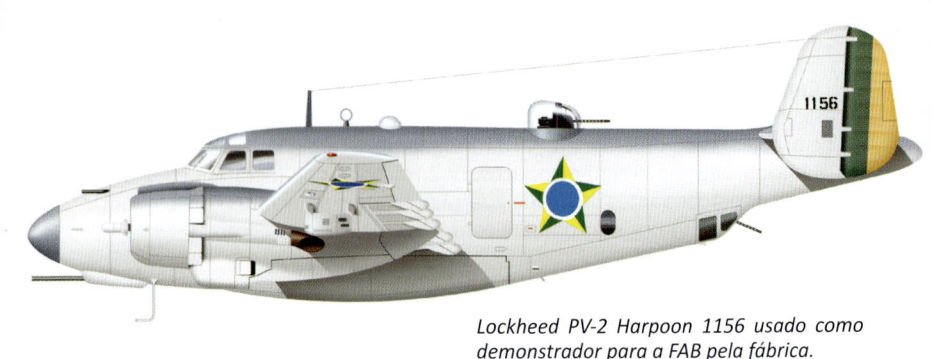

Lockheed PV-2 Harpoon 1156 usado como demonstrador para a FAB pela fábrica.

Durante o período em que esses aviões chegaram ao Brasil, a FAB implementou um novo sistema de designação e identificação das aeronaves pertencentes a seu acervo. Lançando mão do sistema de designação empregado pela USAAF, os Harpoon receberam a designação B-34A, para distingui-los dos seus PV-1 Ventura, que haviam sido designados B-34.

Curiosamente, um quinto PV-2 Harpoon foi entregue à FAB com considerável atraso. Na verdade, tratava-se de uma oferta de última hora, de modo que a aeronave deveria ser recolhida antes do vencimento do programa Lend-Lease assinado entre o Brasil e os Estados Unidos. Assim, em setembro de 1945, e ao contrário dos demais Harpoon, esse PV-2 foi trasladado ao Brasil por uma tripulação da Força Aérea Brasileira. Esse retardatário só veio a ser incluído na carga da Aeronáutica no final de novembro de 1946 e distribuído ao 1º GMI.

A permanência dos PV-2 Harpoon no 2º GBM e na Base Aérea de Salvador foi razoavelmente breve, pois, em 24 de março de 1947, a FAB foi totalmente reorganizada. No decreto que oficializava essa nova organização, foram extintos todos os regimentos de aviação, bem como os grupos de bombardeio leve, médio e picado, os grupos de caça e os grupos de patrulha. Em seus lugares, o mesmo decreto criou 16 Grupos de Aviação (GAV) em vários pontos do território nacional, cabendo à Base Aérea de Salvador abrigar o 7º Grupo de Aviação. No entanto, o Estado-Maior da Aeronáutica (EMAer) concluiu que seria mais aconselhável reunir todos os aviões PV-1 e PV-2, quando menos por questões de ordem logística.

Em consequência, ficou determinado que os Harpoon deveriam ser transferidos para a Base Aérea de Recife, onde seriam incorporados ao acervo do 1º/6º Grupo de Aviação (1º/6º GAV), que fora organizado em 1º de abril de 1947 com a previsão de operar os Ventura e os Harpoon. No que tange aos PV-2, a transferência dos cinco aviões foi oficializada em 7 de outubro daquele ano, com os últimos três exemplares chegando em Recife em dezembro de 1947.

Compartilhando o pátio de estacionamento do 1º/6º GAV com os PV-1 Ventura e, posteriormente, com os B-25J, os Harpoon não conquistaram a preferência das tripulações daquele esquadrão. Apesar de ser mais moderno, dispor de maior alcance e portar mais armamento que os Ventura, os PV-2 não apresentavam as mesmas qualidades de voo que os PV-1. Com peso vazio de 1.700 kg acima daquele registrado pelos Ventura, os Harpoon empregavam o mesmo motor de 2.000 hp – o Pratt & Whitney R-2800-31. O Ventura era um avião até bastante ágil e veloz para seu porte; já o PV-2 era considerado "pesadão", com desempenho nitidamente inferior, especialmente em termos de velocidade e razão de subida.

Para agravar esse quadro, entraram em cena problemas logísticos decorrentes das dificuldades de dispor de itens sobressalentes para os PV-2 Harpoon, em especial aqueles de reduzida vida útil. Os motores R-2800-31 e os radares Sperry AN/APS-3 que equipavam esses aviões eram especialmente suscetíveis às dificuldades logísticas, o que gerava toda sorte de entraves na área de manutenção. Provavelmente prevendo que essas dificuldades só iriam piorar, a Diretoria de Material da Aeronáutica (DIRMA) emitiu, em 23 de novembro de 1949, uma instrução que classificou os Harpoon e os Ventura – esse último igualmente afetado pelo deficiente apoio logístico – como aviões semiobsoletos. A partir daquela data, o 1º/6º GAV teria que contar exclusivamente com os recursos materiais disponíveis na Seção de Material daquele esquadrão ou o que se encontrava em estoque no Núcleo do Parque de Aeronáutica de Recife (NPqAerRF) ou no de São Paulo (PqAerSP).

Apesar da reduzida média de disponibilidade, os PV-2 continuaram operando, graças aos consideráveis esforços do pessoal de manutenção do 1º/6º GAV e aos parques que apoiavam o PV-2. Entretanto, em 1953, delineou-se outra mudança de lar para os Harpoon. No início daquele ano, o EMAer definiu que o 1º/6º GAV passaria a operar os Boeing SB-17G recebidos em 1951 e que, desde o ano anterior, já se encontravam na Base Aérea de Recife. Em face do novo material, bem como da nova missão dada àquele esquadrão, determinou-se que os Ventura e os Harpoon de sua dotação seriam transferidos para a Base Aérea de Salvador para serem integrados ao 1º/7º Grupo de Aviação. Em consequência, os dois PV-2 que naquele momento se encontravam no 1º/6º GAV foram enviados para Salvador, em dezembro de 1953.

Mais uma vez, os PV-2 regressaram a seu antigo lar. Os derradeiros anos dos PV-2 Harpoon na FAB foram caracterizados pelas crescentes dificuldades de simplesmente manter os últimos quatro aviões em condições de voo. Mesmo recolhidos ao Núcleo do Parque de Aeronáutica de Recife – e, no caso de um exemplar, ao Parque de Aeronáutica de São Paulo –, a fim de sofrerem extensos trabalhos de revisão geral, os aviões estavam cada vez mais próximos do fim de suas vidas úteis. A iminente chegada dos Lockheed P2V-5 Neptune e sua adoção pelo 1º/7º GAV acelerou o processo de desativação, com dois aviões sendo descarregados em dezembro de 1957 e um terceiro seguindo o mesmo destino, em janeiro de 1958.

A foto mostra o último B-34A recebido pela Força Aérea. O FAB 5076 é visto com resquícios de sua matrícula USN 446 no nariz (37446), tendo sido recebido em setembro de 1945 como um "cansado de guerra" para instrução de solo no 1º GMI.
Foto Arquivo João Eduardo Magalhães Motta.

Restou somente o B-34A 5076 que, segundo alguns relatos, foi transferido para a EEAer em 1950, seguindo como aeronave de instrução no solo. Foi excluído da carga da Aeronáutica em março de 1962.

Lockheed PV-2 Harpoon	
Período de Utilização	De 1945 até 1962
Fabricante	Lockheed Aircraft Corporation, Burbank (Califórnia – EUA)
Emprego	Patrulha, bombardeio médio e transporte
Características Técnicas	
Motor	2 Pratt & Whitney R-2800-31 de 2.000 hp cada um
Envergadura	22,86 m
Comprimento	15,87 m
Altura	4,04 m
Área Alar	63,73 m²
Peso Vazio	10.886 kg
Peso Máximo	18.144 kg
Armamento	5 metralhadoras fixas Browning .50 pol M2 no nariz 2 metralhadoras móveis Browning .50 pol M2 na torre dorsal 2 metralhadoras móveis Browning .30 pol no torre ventral Até oito foguetes HVAR de 5 pol em estações subalares Carga ofensiva de até 1.814 kg na forma de quatro bombas de AN-M65A1 de 1.000 libras cada uma
Desempenho	
Velocidade Máxima	454 km/h
Razão de Subida	497 m/min
Teto Operacional	7.285 m
Alcance	4.715 km
Comentários	
Total Adquirido	5 exemplares
Unidades Aéreas	2º Grupo de Bombardeio Médio 1º/6º Grupo de Aviação 1º/7º Grupo de Aviação
Designações	B-34A
Matrículas	Inicialmente, 15 a 18 para os primeiros quatro PV-2; em 1945, alterado para 5048 a 5051 e 5076

Companhia Aeronáutica Paulista CAP-3 Planalto

O CAP-3 Planalto nasceu nas pranchetas do Instituto de Pesquisas Tecnológicas de São Paulo (IPT) com a designação IPT-4, um projeto desenvolvido sob a batuta do engenheiro Clay Presgrave do Amaral. Foi projetado como avião de treinamento que apresentasse dóceis qualidades de voo, mas com uma estrutura robusta que fizesse largo emprego de material de origem nacional.

Dado como pronto em junho de 1942, o protótipo do IPT-4 fez seu voo inaugural logo depois, tendo como piloto o próprio Amaral. Como qualquer nova aeronave, os voos de ensaio seguintes mostraram que o IPT-4 apresentava algumas deficiências, como uma estabilidade lateral insuficiente e o posicionamento inadequado do motor, item que prejudicava o centro de gravidade da aeronave.

O CAP-3 Planalto L-CAP3 do Serviço Técnico de Aeronáutica (STAe), em 1945.

Paulatinamente, os engenheiros do IPT eliminaram essas e outras deficiências, de modo que o IPT-4 ganhou as desejadas características.

Interessando-se pelo projeto desenvolvido pelo IPT, a Companhia Aeronáutica Paulista adquiriu os direitos de fabricação do IPT-4 no segundo semestre de 1942. Porém, antes mesmo de colocar em produção o CAP-1 – como o IPT-4 fora redesignado –, a empresa optou por aplicar outras alterações à célula da aeronave. Algumas visavam simplificar o esforço necessário à produção da aeronave, enquanto outras mudanças pretendiam atender às exigências do Serviço Técnico de Aeronáutica quanto a requisitos estruturais de aviões que pretendiam se enquadrar à categoria semiacrobática.

No entanto, essas modificações ilustraram bem a expressão "a emenda saiu pior que o soneto", posto que o avião adquiriu indesejadas características de desempenho e qualidade de voo. Somente 10 exemplares do CAP-1 foram produzidos e tiveram vida bastante efêmera, a maioria serviu a aeroclubes, nos quais

A foto mostra um dos cinco CAP-3 produzidos no mundo. Ele era uma evolução natural dos projetos anteriores, em especial do CAP-1. Foto Arquivo José de Alvarenga.

Apenas um exemplar dos três CAP-3 fabricados serviu à FAB; porém, por muito pouco tempo. Foto Arquivo Euro Campos Duncan.

muitos se acidentaram, com perda total. Um dos CAP-1 permaneceu com o fabricante, que o transformou no CAP-1A depois de realizar algumas modificações.

Ao erradicar as muitas deficiências que o CAP-1 apresentava, a Companhia Aeronáutica Paulista partiu para o desenvolvimento do CAP-3. Se algumas deficiências foram equacionadas, outras permaneceram, e a produção dessa versão do Planalto limitou-se a cinco unidades.

Sem se deixar desmotivar com as dificuldades que teimavam em acompanhar o Planalto, a Companhia Aeronáutica Paulista desenvolveu o CAP-3A. Como principal diferença em relação às versões anteriores, esse avião dispunha de uma asa com maior área alar e diferente perfil aerodinâmico. Mas somente três exemplares dessa última versão do Planalto foram construídos, o último ficando pronto em 1945.

O CAP-3 Planauto na Força Aérea Brasileira

Em 30 de agosto de 1945, com a designação L-CAP3, foi distribuído ao Serviço Técnico de Aeronáutica (STAe) o segundo exemplar do CAP-3. Sua incorporação ao acervo da FAB deveu-se exclusivamente à realização da campanha de ensaios que tinha como finalidade a homologação do CAP-3. Fora o fato de que esse avião já se encontrava com a Subdiretoria Técnica da Aeronáutica – sucessora do STAe –, desde maio de 1945, praticamente nada se sabe das atividades desenvolvidas por esse avião.

Algumas fontes indicam que o único CAP-3 da FAB deixou de voar em algum momento de 1946, tendo sido transferido para o controle da Diretoria de Material da Aeronáutica em setembro de 1947, logo depois da extinção da Subdiretoria Técnica da Aeronáutica. Finalmente, em setembro de 1948 e por se encontrar condenado para voo em decorrência dos ensaios de homologação, aquele único CAP-3 Planalto foi excluído da carga da FAB.

Companhia Aeronáutica Paulista CAP-3 Planalto	
Período de Utilização	De 1945 até 1948
Fabricante	Companhia Aeronáutica Paulista, Utinga (SP)
Emprego	Utilizado para ensaios de homologação

Continua

Características Técnicas	
Motor	Franklin 6AC-199F2 de 130 hp
Envergadura	8,60 m
Comprimento	6,67 m
Altura	2 m
Área Alar	12,11 m²
Peso Vazio	680 kg
Peso Máximo	800 kg
Armamento	Não dispunha de armamento
Desempenho	
Velocidade Máxima	220 km/h
Teto Operacional	3.000 m
Alcance	700 km
Comentários	
Total Adquirido	1 exemplar
Unidades Aéreas	Serviço Técnico de Aeronáutica Subdiretoria Técnica da Aeronáutica Diretoria de Material da Aeronáutica
Designações	L-CAP3
Matrículas	3056

Consolidated C-87 Liberator Express

O desenvolvimento do C-87 Liberator Express se deu de forma bastante casual. O primeiro protótipo nada mais foi do que um bombardeiro B-24D que sofrera extensos danos após uma aterrissagem de emergência. Removeu-se todo o armamento e equipamento específico para as tarefas de bombardeio; o nariz de plexiglass foi substituído por outro produzido com chapas de alumínio, enquanto um assoalho foi instalado no compartimento de bombas e na seção traseira da fuselagem, permitindo a colocação de assentos para 25 passageiros. Essas e muitas outras modificações foram apresentadas às autoridades da USAAF, que devidamente impressionadas determinaram a produção dessa nova versão do B-24D. Os primeiros 73 exemplares eram somente a conversão das células de B-24D existentes; já os demais 214 aviões Consolidated C-87-CF eram inteiramente novos.

Designados para operar pelo Air Transport Command (ATC – Comando Aéreo de Transporte) da USAAF, esses aviões foram usados nos mais diversos teatros de operações da Segunda Guerra Mundial. Curiosamente, um grande número deles foi operado por empresas norte-americanas de transporte aéreo comercial contratadas pelo governo daquele país para executar linhas fixas entre áreas dentro do teatro de operações do Atlântico Norte, do Atlântico Sul e do Pacífico, entre outros. Apesar de essas aeronaves ostentarem insígnias e matrículas militares, a sua operação ficava a cargo de pilotos civis.

Terminado o conflito, os C-87 foram desativados nos locais em que se encontravam e alguns foram vendidos às novas empresas de transporte aéreo que começaram a surgir no pós-guerra. No entanto, a grande maioria dos C-87 terminou seus dias como sucata.

O C-87 44-52985 visto ainda com as cores da USAAF logo após o fim da guerra. Essa aeronave, como tantas outras, foi considerada sobra de guerra e adquirida pela FAB para instrução de solo na Escola Técnica de Aeronáutica, onde serviu vinculada ao 1º Grupo Misto de Instrução (1º GMI). Foto Museu Aeroespacial do Campo dos Afonsos.

O C-87 Liberator Express na Força Aérea Brasileira

Em face da sua localização estratégica, o Nordeste brasileiro foi foco de intensa atividade aérea militar norte-americana, quer como ponto de passagem de aeronaves trasladadas dos Estados Unidos para diversos teatros de operações, quer pelas diárias missões de patrulha que partiam dos muitos aeródromos de maior porte daquela região.

Em vista desses e outros fatores, tornava-se necessário manter linhas regulares entre a América do Sul, os Estados Unidos e a África. Consequentemente, a Pan American Airways Inc. (PAA), a American Airlines (AA), a Eastern Air Lines (EAL), a Transcontinental & Western Air (TWA) e a American Export Airlines foram contratadas para estabelecer e executar linhas entre destinos nos Estados Unidos e a África, tendo como escala a Base Aérea de Natal (RN). As primeiras quatro empresas fizeram extenso uso do C-87, que tipicamente realizava voos entre Natal e destinos norte-africanos, como Accra e Dacar, além de ligar a cidade brasileira a Miami e a Nova York. Somente na segunda metade de 1943, os C-87 executaram 656 voos entre Natal e os Estados Unidos. Nos primeiros cinco meses de 1944, somente os C-87 da American Airlines fizeram 184 voos de transporte de passageiros, principalmente para Accra.

Consolidated C-87 44-52985 (FAB 2054), classe 26, do 1º GMI da ETAv, em 1946.

O fim da guerra serviu de prenúncio para o capítulo final do C-87, e algumas fontes indicavam que um punhado daqueles aviões ainda se encontrava na Base Aérea de Natal (RN) poucos meses após o término do conflito. A ausência de interesse da USAAF nesses e em muitos outros tipos de avião fez com que fossem vendidos pelo Foreign Liquidation Commissioner (FLC – Comissário de Liquidação de Bens no Exterior) por somas verdadeiramente irrisórias.

Um dos C-87 então em Natal recebeu atenção das autoridades da Força Aérea Brasileira, interessadas em dotar o 1º Grupo Misto de Instrução (1º GMI), uma unidade destinada à formação de pessoal técnico da FAB, com uma daquelas aeronaves. Transportada em voo para São Paulo (SP), o avião foi incluído na carga do Ministério da Aeronáutica no dia 18 de outubro de 1946, recebendo a matrícula C-87 2823.

Conquanto tenha chegado ao 1º GMI em condições de voo, o C-87 não estava destinado a qualquer outra tarefa que não familiarizar os alunos daquele estabelecimento de ensino aeronáutico com as características estruturais e os sistemas típicos de um avião quadrimotor. Assim, não existem indicações de que ele tenha voado após a sua entrega ao 1º GMI, apesar de testemunhas garantirem que o grupo motopropulsor do C-87 foi mantido em perfeitas condições de funcionamento.

Em maio de 1947, o Liberator Express foi categorizado como avião pertencente à Classe 26, ou seja, uma aeronave destinada exclusivamente às tarefas de instrução no solo, o que fez com que recebesse a matrícula IS-C-87 2054. Anos mais tarde, em julho de 1955, o Ministério da Aeronáutica determinou a sua descarga, possivelmente como resultado das dificuldades de transportar um avião de grande porte até as instalações da Escola de Especialistas de Aeronáutica, o novo estabelecimento de ensino de técnicos da Aeronáutica, cuja sede passava a ser em Guaratinguetá (SP).

Mais uma imagem do único C-87 da FAB, uma versão de transporte de carga e de passageiros do clássico bombardeiro quadrimotor B-24D Liberator, muito usado pelos aliados na Segunda Guerra Mundial. Foto Museu Aeroespacial do Campo dos Afonsos.

Consolidated C-87 Liberator Express	
Período de Utilização	De 1945 até 1955
Fabricante	Douglas Aircraft Company, Inc.
Emprego	Instrução no solo
Características Técnicas	
Motor	4 Pratt & Whitney R-1830-43 de 1.200 hp cada um
Envergadura	33,52 m
Comprimento	20,21 m
Altura	5,48 m
Área Alar	97,35 m²
Peso Vazio	14.485 kg
Peso Máximo	25.401 kg
Armamento	Não dispunha de armamento
Desempenho	
Velocidade Máxima	492 km/h
Razão de Subida	302 m/min
Teto Operacional	9.448 m
Alcance	4.663 km
Comentários	
Total Adquirido	1 exemplar
Unidades Aéreas	ETAv
Designações	C-87 e IS-C-87
Matrículas	2823; posteriormente IS-C-87 2054

I.Ae.22 DL

Pródiga na elaboração de projetos aeronáuticos, a Argentina desenvolveu, durante a década de 1940, uma constelação de aeronaves dos mais distintos tipos. Entre elas encontrava-se o primeiro avião projetado pelo Instituto Aerotécnico, criado em 20 de outubro de 1943. Com a denominação I.Ae.22 DL, era um avião de treinamento avançado, que voou pela primeira vez no dia 17 de maio de 1944, na cidade de Córdoba. Fazendo uso do primeiro motor aeronáutico produzido em série naquele país – o I.Ae 16 El Gaucho –, o Comando de Aviación Militar assinou uma encomenda que compreendia dois lotes de 100 unidades cada um. No entanto, o número total desses aviões, localmente conhecidos como Dele-Dele, chegou a 205 unidades.

A maior parte dessas aeronaves, que faziam extenso uso de madeira laminada em sua estrutura, foi distribuída à Escuela de Aviación Militar, sendo empregada na instrução avançada dos alunos matriculados naquela organização de ensino aeronáutico militar. Posteriormente, uma significativa quantidade desses aviões foi reequipada com motores Armstrong Siddeley Cheetah XXV, que oferecia maior potência que o motor El Gaucho. Os aviões remotorizados receberam a designação I.Ae.22C.

O I.Ae.22 DL na Força Aérea Brasileira

Com vistas a promover o intercâmbio na área de conhecimento aeronáutico e tentar despertar uma possível encomenda por parte das autoridades aeronáuticas brasileiras, o governo argentino fez a doação de um exemplar do I.Ae.22 DL ao

Foto do único AT-DL22 da FAB. Essa aeronave de fabricação argentina tinha linhas que lembravam o design do NA T-6. No entanto, o seu baixo desempenho e alto custo operacional não a recomendaram para uso na Força Aérea, sendo descarregado em 1947. Foto Arquivo Alberto Bins.

Brasil em meados de 1946. Aparentemente se tratava do demonstrador daquele tipo de avião, e o Estado-Maior da Aeronáutica (EMAer) determinou, no dia 20 de agosto de 1946, que aquela aeronave fosse encaminhada ao Serviço Técnico da Aeronáutica (STAe), precursor direto do atual Centro Técnico Aeroespacial.

Na época com sede administrativa no Centro do Rio de Janeiro (RJ), o STAe deveria fazer um estudo referente à construção e às características técnicas e de desempenho daquele avião. Com a matrícula AT-DL22 1436, recebida no mês de outubro de 1946, o I.Ae.22 DL foi dado como entregue pelo STAe no mês seguinte. Aparentemente todos os ensaios e estudos foram realizados no Parque de Aeronáutica dos Afonsos (RJ), a unidade mais próxima ao STAe, com os recursos necessários para executar a solicitação do EMAer.

Finalizada a etapa de ensaios e estudos e em face da inaproveitabilidade daquele avião para fins de instrução de voo e das muitas dificuldades que adviriam com sua manutenção, foi lavrado um parecer que aconselhava a descarga do AT-DL22 1436. A Diretoria de Material da Aeronáutica acolheu essa recomendação e o descarregou no dia 7 de julho de 1947, determinando que fosse desmontado e sua matéria-prima, aproveitada.

O I.Ae.22 DL AT-DL22 FAB 1436 com o padrão de pintura com o qual operou no STAe, em 1946.

I.Ae.22 DL	
Período de Utilização	De 1946 até 1947
Fabricante	Instituto Aerotécnico de Córdoba, Córdoba (Argentina)
Emprego	Ensaios
Características Técnicas	
Motor	I.Ae.16 El Gaucho de 450 hp
Envergadura	12,60 m
Comprimento	9,20 m
Altura	2,82 m
Área Alar	23,29 m²
Peso Vazio	1.520 kg
Peso Máximo	2.220 kg
Armamento	2 metralhadoras fixas de 7,65 mm 3 bombas de 50 kg
Desempenho	
Velocidade Máxima	290 km/h
Teto Operacional	5.200 m
Alcance	1.100 km
Comentários	
Total Adquirido	1 exemplar
Unidades Aéreas	Serviço Técnico da Aeronáutica
Designações	AT-DL22
Matrículas	1436

North American B-25D

Praticamente igual ao North American Aviation B-25C (q.v.), com os melhoramentos que foram paulatinamente introduzidos nesse avião de bombardeio de médio porte, o B-25D apresentava uma larga gama de alterações que não eram visíveis a olho nu. No entanto, essas mudanças melhoravam sensivelmente seu desempenho como plataforma de combate, proporcionando-lhe maior capacidade ofensiva e realçando suas características de sobrevivência em condições de combate. Entre outras mudanças introduzidas ao longo dos nove lotes de produção, podem ser citadas a troca da metralhadora flexível calibre .30 por uma de calibre .50, cabides subalares para bombas, capacidade para lançar torpedos, tanques de combustível autovedantes e mais blindagem para a tripulação.

Entre fevereiro de 1942 e março de 1944, um total de 2.290 desses aviões foi produzido nas instalações da North American Aviation, na cidade de Kansas City. A vasta maioria dos B-25D foi distribuída às unidades da USAAF, mas algumas centenas foram recebidas pela então União Soviética. Operando em teatros tão distantes como o norte da África e a China, o B-25D ganhou especial notoriedade quando foi empregado como aeronave de interdição naval no sudoeste do Pacífico, onde atacou navios de transporte japoneses.

O North American B-25D na Força Aérea Brasileira

Os céus brasileiros assistiram ao primeiro uso do B-25D – em sua versão de foto-reconhecimento, o F-10, no mês de março de 1943. Dotando o 3rd

O único B-25D da FAB é visto acionado, provavelmente durante uma instrução na ETAv. Quando da ativação da EEAer, em Guaratinguetá, o FAB 5078 foi incorporado ao seu acervo. Foto Arquivo Action Editora Ltda.

Photo Reconnaissance Squadron da USAAF, os 12 aviões F-10 realizaram extensos trabalhos de fotomapeamento de toda a área litorânea do Norte e do Nordeste brasileiro, imprescindível para a bem-sucedida tarefa de trasladar milhares de aeronaves de combate norte-americanas que se destinavam aos teatros de operação na África, Europa e Ásia.

Por sua vez, a Força Aérea Brasileira veio a receber um B-25D-5-NC, que originalmente fora adquirido para a Escola Técnica de Aviação. Essa aeronave fora comprada do escritório do Foreign Liquidation Commission, aparentemente no início de 1946. Recebido pelo 1º Grupo Misto de Instrução no ano de 1947, época em que foi classificada como aeronave da Classe 26, isto é, para fins de instrução no solo, esse B-25D foi posteriormente incorporado ao acervo da Escola de Especialistas de Aeronáutica. Lá permaneceu até setembro de 1967, ocasião em que foi excluído da carga da Aeronáutica após duas décadas servindo como bancada de instrução para os futuros graduados especialistas da FAB.

North American B-25D

Período de Utilização	De 1946 até 1967
Fabricante	North American Aviation, Inc., Inglewood (Califórnia – EUA)
Emprego	Instrução no solo
Características Técnicas	
Motor	2 Wright R-2600-13 de 1.700 hp cada um
Envergadura	20,59 m
Comprimento	16,15 m
Altura	4,80 m
Área Alar	56,56 m^2
Peso Vazio	9.090 kg
Peso Máximo	16.590 kg

Continua

Armamento	1 metralhadora móvel Browning M2 calibre .30 no nariz 1 torre ventral com duas metralhadoras Browning M2 calibre .50 1 torre dorsal com duas metralhadoras Browning M2 calibre .50 Até 1.363kg de carga ofensiva acomodada no bomb bay
Desempenho	
Velocidade Máxima	456 km/h
Razão de Subida	335 m/s
Teto Operacional	6.461 m
Autonomia	2.413 km
Comentários	
Total Adquirido	1 exemplar
Unidades Aéreas	Escola Técnica de Aviação Escola de Especialistas de Aeronáutica
Designações	IS-B-25D
Matrículas	5078

ERCO 415C Ercoupe

O surgimento do Erco 415 se deu como resultado de uma competição lançada e patrocinada pelo United States Bureau of Air Commerce na primeira metade da década de 1930, a qual buscava uma aeronave que fosse fácil de ser pilotada e caracterizada por excepcional segurança. Funcionário da NACA (National Advisory Committee for Aeronautics), precursora da NASA, o engenheiro aeronáutico Fred Weick decidiu projetar uma aeronave que preenchesse os requisitos daquela competição. Com a colaboração de outros engenheiros da NACA, Weick desenvolveu, no ano de 1934, o W-1 e o W-1A, que nada mais eram que células de ensaio destinadas a comprovar os conceitos que elaborara.

Como o protótipo demonstrava ser à prova de parafuso e apresentava qualidades de voo extremamente dóceis, Weick saiu da NACA para se juntar

Uma das raras fotos do único ERCO 415 da FAB, que foi designado L-ERC FAB 3058. Essa aeronave foi repassada ao DAC, sendo perdida em acidente em 1949.
Foto Arquivo Aparecido Camazano Alamino.

O ERCO 415C L-ERC FAB 3058 do Departamento de Aviação Civil (DAC), em 1948.

à Engineering and Research Corp. (ERCO), uma empresa fundada em Riverdale (Maryland – EUA) por Henry A. Berliner. Tendo Weick como engenheiro-chefe, a ERCO pretendia transformar o W-1/W-1A em uma aeronave capaz de ser produzida em série. Sob a designação ERCO 415 Ercoupe, o primeiro de um total de 112 aviões fabricados antes de os Estados Unidos ingressarem na Segunda Guerra Mundial foi dado como pronto em outubro de 1939.

Revolucionário na época por ser uma aeronave caracterizada por seu trem triciclo, leme duplo e ausência de pedais para comandá-los, o ERCO 415 Ercoupe teve a produção suspensa durante a guerra, mas, após o fim daquele conflito, ela foi retomada. Desconhece-se com exatidão o número de células construídas pela ERCO e outras empresas nos anos do pós-guerra. No entanto, a produção dessa pequena aeronave excedeu a faixa dos 6 mil exemplares – o último dos quais foi fabricado em 1970, já apresentando significativas mudanças em relação à versão original.

O Ercoupe na Força Aérea Brasileira

Pouco após o término da Segunda Guerra Mundial, o Brasil viveu uma grande infusão de aeronaves de pequeno porte destinadas a satisfazer a crescente demanda do segmento civil. Entre as muitas aeronaves novas e usadas importadas para o país, encontravam-se os ERCO 415C Ercoupe, cujo representante no Brasil era a Studebaker Distribuidora de Automóveis Ltda.

Desconhece-se como se processou a aquisição do único ERCO 415C da FAB, mas, em face da necessidade de se dotarem diversas organizações do Ministério da Aeronáutica (MAer) com aviões de ligação (possivelmente aliado às características pouco convencionais do Ercoupe), na primeira metade de 1947, foi adquirido um exemplar daquela aeronave.

Dada como recebida no dia 23 de julho daquele ano, a aeronave foi distribuída ao Departamento de Aviação Civil para servir como avião de transporte dos inspetores daquela organização. No entanto, a vida útil desse Ercoupe foi bastante efêmera, visto que se acidentou, com perda total, no dia 17 de janeiro de 1949 no Aeroporto de São João dos Navegantes, em Porto Alegre (RS).

ERCO 415C Ercoupe	
Período de Utilização	De 1947 até 1949
Fabricante	ERCO – Engineering and Research Corp., Riverdale (Maryland – EUA)
Emprego	Ligação e transporte
Características Técnicas	
Motor	Continental C75-12F de 75 hp
Envergadura	9,14 m
Comprimento	6,32 m
Altura	1,80 m

Continua

Área Alar	13,24 m²
Peso Vazio	313 kg
Peso Máximo	610 kg
Armamento	Não dispunha de armamento
Desempenho	
Velocidade Máxima	177 km/h
Razão de Subida	182 m/min
Teto Operacional	3.962 m
Alcance	482 km
Comentários	
Total Adquirido	1 exemplar
Unidades Aéreas	Departamento de Aviação Civil
Designações	L-ERC
Matrículas	3058

Stinson 108-3 Voyager

Apesar de terem passado a trabalhar para a Consolidated-Vultee, que adquiriu a Stinson, transformando-a numa nova divisão da empresa, os engenheiros aeronáuticos daquela empresa não deixaram de produzir aviões destinados ao mercado, que, anos mais tarde, passaria a ser conhecido como de aviação geral, um nicho no qual a Stinson foi particularmente bem-sucedida.

Para capitalizar em cima do sucesso colhido com o Stinson Model 10A, foi desenvolvida uma versão de três lugares daquela aeronave. Duas células foram construídas em fevereiro de 1941, com um novo grupo motopropulsor, e serviram como protótipo para uma aeronave significativamente maior e mais sofisticada, o Stinson 108 Voyager.

Os primeiros ensaios da aeronave, batizada como Voyager 125, mostraram que o projeto era muito promissor. No entanto, o ataque a Pearl Harbor e

O Stinson 108-3 FAB UC-SV 2843 da DIRMA em um dia ruim. Em 15 de março de 1950 ele acabou sofrendo um acidente no Campo dos Afonsos (RJ), tornando-se irrecuperável. Foto Arquivo José de Alvarenga.

Aeronave Stinson 108-3 da DIRMA no padrão de cores usado em toda sua carreira na FAB.

o consequente ingresso dos Estados Unidos na Segunda Guerra Mundial fizeram com que o programa recebesse temporariamente baixíssima prioridade como resultado do esforço de guerra. Mesmo assim, aos poucos, o projeto do Voyager 125 foi sendo refinado, transformando-se no Voyager 150, ou Model 108 Voyager. Homologado em 1944, o Stinson 108 foi preparado para entrar em produção assim que terminasse a guerra. O motivo para tanto empenho, mesmo com a guerra impondo múltiplas exigências à Consolidated-Vultee e às suas subsidiárias, era bastante simples. A exemplo de outras empresas norte-americanas de construção aeronáutica, a Stinson acreditava que haveria um explosivo crescimento no mercado de aviação geral tão logo terminasse o conflito, e que cada lar de classe média disporia de uma aeronave na garagem. Muito otimista, essa previsão jamais se concretizou. No entanto, em face das suas excelentes características de voo, robustez e versatilidade, o Stinson 108 foi um sucesso. Excluindo-se os dois protótipos, nada menos do que 5.260 exemplares daquele avião foram construídos até o final dos anos 1940, quando a Stinson Aircraft Division foi vendida para a Piper Aircraft Corporation. Desse total, a versão mais numerosa foi do utilitário Stinson 108-3, popularmente conhecido como Flying Station Wagon (Perua voadora) e que teve 1.759 exemplares produzidos, incluindo 125 unidades completadas pela Piper.

O Stinson 108-3 Voyager na Força Aérea Brasileira

Terminada a Segunda Guerra Mundial, diversos fatores impulsionaram o crescimento da aviação geral no Brasil, que, por sua vez, incentivou a importação de um variado leque de aeronaves que atendessem nichos que não eram satisfeitos pela indústria aeronáutica local. Entre os modelos importados pelo Brasil na última metade da década de 1940, quer novos ou usados, encontravam-se as muitas versões do Stinson 108 Voyager. Representado no país pela Aviação Moura Andrade, Lutz & Cia., uma empresa sediada em São Paulo (SP), o Voyager adaptou-se bem às necessidades locais e várias dezenas foram trazidas ao país.

Não se sabe ao certo se a empresa paulista propôs o fornecimento de um lote da versão mais moderna do Stinson 108 ou se a Força Aérea Brasileira – carente de um avião de ligação e transporte de pessoal de porte menor que os aviões mono e bimotores de que dispunha – tomou a iniciativa de encomendar meia dúzia de aviões Stinson Voyager. Independentemente da forma que se processou essa aquisição, os primeiros três Stinson 108-3 foram entregues à FAB durante o primeiro trimestre de 1948, seguidos por outros três exemplares recebidos até agosto daquele ano.

Incluídos em carga, os primeiros três exemplares foram entregues à Diretoria de Material da Aeronáutica (DIRMA) e um à Base Aérea do Galeão (RJ), esse último à disposição do diretor da Diretoria de Rotas Aéreas (DRA). Por sua vez, dos dois Voyager restantes, um foi para a DIRMA para ficar à disposição da Comissão de

Organização do Centro Técnico de Aeronáutica (COCTA), enquanto o outro foi entregue ao 1º Grupo de Transporte, na Base Aérea do Galeão, onde ficou à disposição do gabinete do ministro da Aeronáutica.

Com essas unidades, o sexteto de aviões Stinson Voyager servia de veículo de transporte de pessoal. No caso dos aviões pertencentes à DIRMA, eles frequentemente faziam a ligação entre o Aeroporto Santos Dumont – sede daquela unidade – e os parques de aeronáutica existentes no Campo dos Afonsos e no Galeão, quando transportavam inspetores daquela diretoria. Foi, presumivelmente, durante um desses voos de ligação ao Campo dos Afonsos que um dos Voyager acidentou-se de forma irrecuperável no dia 15 de março de 1950, quando colidiu com obstáculos então existentes diante do atual Cassino dos Oficiais da Universidade da Força Aérea (RJ).

Semelhante trabalho era realizado pelos dois Stinson 108-3 Voyager sediados na Base Aérea do Galeão, porém, essas tarefas eram em proveito das necessidades da DRA e do gabinete do ministro. No terceiro trimestre de 1951, essas duas aeronaves passaram a ser usadas pelo Serviço de Proteção ao Voo (SPV) sem, no entanto, deixar de estar sediadas no Galeão.

Contudo, o ano de 1952 reservaria significativas mudanças para os cinco Stinson Voyager. Depois do recolhimento de dois desses aviões à Fábrica do Galeão para revisão geral, todos foram transferidos para a Seção de Aviões de Comando, entre 29 de abril e o dia 30 do mês seguinte.

Esse seria o último lar operacional dos Stinson Voyager, que, durante os 28 meses que se seguiram, desempenhariam toda sorte de missões de ligação. Por geralmente cumprir surtidas de transporte de pessoal, os Voyager partiam do Aeroporto Santos Dumont para as diversas unidades na área do Rio de Janeiro e, ocasionalmente, São Paulo. Mas essa mudança para a Seção de Aviões de Comando – que passaria a ser denominada Esquadrão de Transporte Especial (ETE), em 1954 – não garantiu a longevidade desses pequenos aviões de asa alta. Possivelmente por serem pequenos, podendo acomodar no máximo três passageiros.

Essa limitação, agravada ainda pelas dificuldades logísticas associadas à manutenção de uma frota tão reduzida de aviões, acabou fazendo com que a FAB decidisse encerrar a carreira dos seus Voyager. Com exceção de um exemplar, todos foram recolhidos ao Parque de Aeronáutica dos Afonsos (PqAerAF), em setembro de 1954, para revisão geral. O Voyager restante permaneceu no ETE até maio de 1955, quando foi igualmente recolhido ao PqAerAF. Desconhece-se se nos meses seguintes algum desses aviões voou em proveito do parque, mas sabe-se que foi dada partida ao processo de alienação dessas aeronaves no início de 1956, quando foram excluídas da carga da Aeronáutica em dezembro.

Stinson 108-3 Voyager

Período de Utilização	De 1948 até 1956
Fabricante	Stinson Aircraft Division - Consolidated-Vultee, Wayne (Michigan – EUA)
Emprego	Ligação
Características Técnicas	
Motor	Franklin 6A4-165-B3 de 150 hp
Envergadura	10,36 m
Comprimento	7,46 m
Altura	2,08 m
Área Alar	14,40 m^2
Peso Vazio	547 kg

Continua

Peso Máximo	975 kg
Armamento	Não dispunha de armamento
Desempenho	
Velocidade Máxima	209 km/h
Razão de Subida	213 m/min
Teto Operacional	4.206 m
Alcance	643 km
Comentários	
Total Adquirido	6 exemplares
Unidades Aéreas	Diretoria de Material da Aeronáutica Base Aérea do Galeão 1º Grupo de Transporte Seção de Aviões do Comando
Designações	UC-SV
Matrículas	2843 a 2847 e 2852

Curtiss C-46A Commando

Sob a hábil tutela do engenheiro aeronáutico George W. Page, uma equipe de engenheiros da Curtiss Wright Corporation deu início ao projeto de uma aeronave destinada ao transporte comercial de passageiros que seria maior e mais eficiente do que o Douglas DC-3, recém-apresentado ao mercado. A primeira etapa do desenvolvimento da nova aeronave, designada CW-20, foi iniciada em 1936. A aeronave possuía uma interessante característica que visava aumentar o volume útil da fuselagem e possibilitar a pressurização da cabine de passageiros e da nacele dos pilotos – uma seção em forma de 8 que hoje é conhecida como double-bubble. Nos anos seguintes, a configuração aerodinâmica da aeronave foi sendo refinada e sua designação, alterada para CW-20T.

Finalmente, no dia 26 de março de 1940, o primeiro protótipo do CW-20T realizou seu voo inaugural das instalações da Curtiss, em St. Louis (Missouri – EUA). Semanas mais tarde, a Curtiss iniciou a campanha de divulgação do seu mais novo avião de transporte comercial, enquanto a campanha de ensaios continuava. Durante esse período, uma das mais notáveis modificações aplicadas à aeronave foi a mudança do conjunto da cauda e a substituição da configuração composta de duas empenagens verticais por outra mais convencional, na forma de uma única.

Conquanto diversas empresas norte-americanas de transporte aéreo demonstrassem considerável interesse pelo CW-20A, como o avião passara a ser designado, a USAAF também se interessava pelo mais novo produto da Curtiss. Com as nuvens da guerra cada vez mais próximas, o Exército Norte-Americano rapidamente transformou esse interesse em encomenda firme no mês de setembro de 1940, quando contratou 200 aviões CW-20B, os quais receberam a designação militar C-46-CU. O primeiro foi entregue à USAAF no mês de julho de 1942, apesar de o protótipo do CW-20 ter sido alistado em outubro de 1941 sob a designação C-55.

Durante a Segunda Guerra Mundial, nada menos que 3.140 exemplares do C-46 foram produzidos – 160 seguiram para unidades de transporte do USMC e da USN; os demais foram inicialmente distribuídos à USAAF. Utilizado em praticamente todos os teatros de operação, o C-46 ganhou destaque no Pacífico e no teatro China-Burma-Índia. Nesse último, o Commando – como foi batizado o C-46 na USAAF – foi peça fundamental no ressuprimento de tropas aliadas na China, em face da sua capacidade de carga substancialmente maior que a do C-47. Além disso, o C-46 apresentava características de desempenho a grande altitude superiores às do C-47, fato fundamental, uma vez que todos os voos de ressuprimento exigiam o sobrevoo do Himalaia. Já no Pacífico, seu considerável alcance tornava-o ideal para missões de transporte logístico entre as muitas e distantes ilhas daquele teatro de operação.

O Curtiss C-46A na Força Aérea Brasileira

Encerrada a guerra, uma grande quantidade de aviões Curtiss C-46A foi alienada pelo governo norte-americano. Muitas células eram praticamente novas e com pouco uso, o que inviabilizou qualquer possibilidade de produzir uma versão civil da aeronave. Foram oferecidos por valores baixíssimos, que oscilavam entre US$ 40 e 50 mil, no período de 1946 a 1948, e diversos empresários vislumbraram a oportunidade de realizar grandes negócios no Brasil, revendendo esses aviões ou simplesmente criando empresas de transporte aéreo.

Entre eles encontrava-se Vinícius Valadares Vasconcellos, um empresário que se dedicou à importação de aeronaves usadas dos Estados Unidos, participando ainda da formação de algumas empresas domésticas de transporte aéreo. Ele trouxe para o Brasil diversos modelos do Curtiss C-46, uma aeronave que ganhava cada vez mais espaço no mercado brasileiro, por causa da sua capacidade de carga útil quando comparada ao lendário DC-3/C-47. Em 1948, Vasconcellos enfrentou dificuldades financeiras e se viu na contingência de se desfazer de dois C-46A recém-chegados ao Brasil. Em pouco tempo e a preço convidativo, logrou negociar, naquele ano, a venda dessas duas aeronaves, já matriculadas como PP-XBR e PP-XBS para o Ministério da Aeronáutica (MAer). Assim, oficialmente recebidos pelo 2º Grupo de Transporte (2º GT), com sede na Base Aérea do Galeão (RJ), no dia 15 de outubro de 1948, os dois C-46A fo-

Foto rara do FAB 2058 em seus primeiros anos de Força Aérea. Somente dois C-46 foram adquiridos pela FAB. Com o precoce acidente do 2057, na prática, apenas um exemplar desse clássico voou na Força até 1968. Foto Arquivo José de Alvarenga.

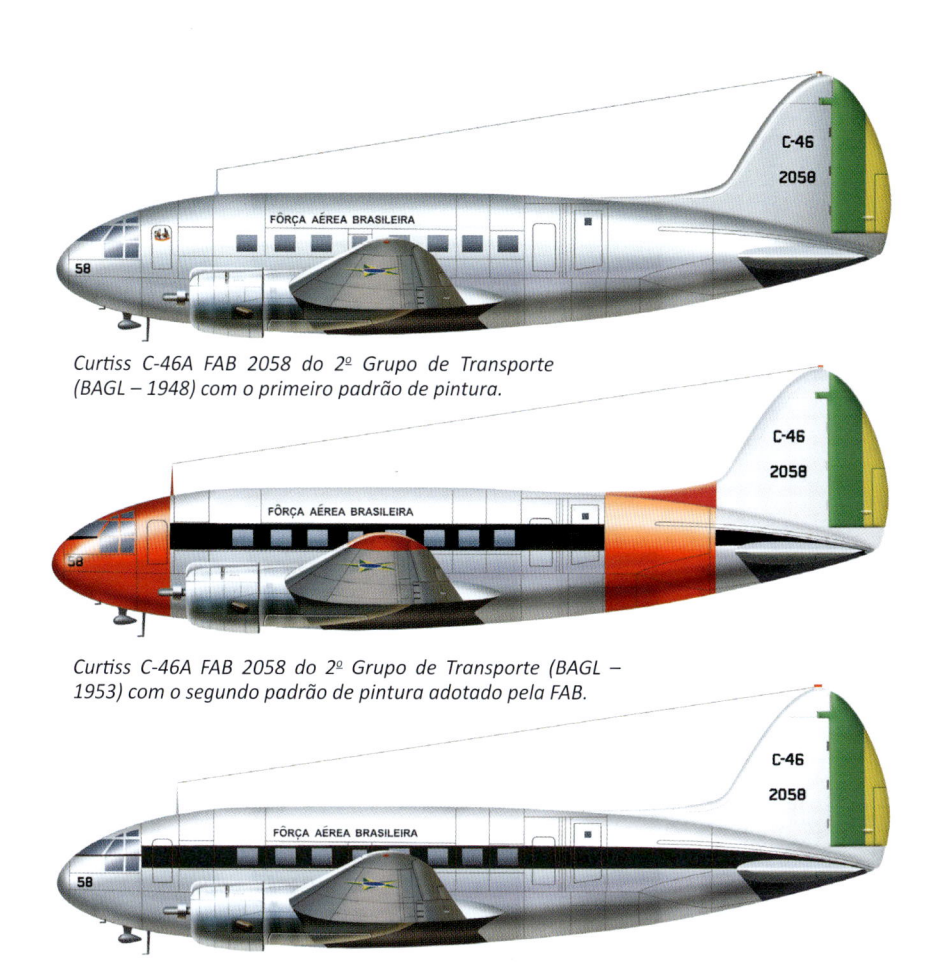

Curtiss C-46A FAB 2058 do 2º Grupo de Transporte (BAGL – 1948) com o primeiro padrão de pintura.

Curtiss C-46A FAB 2058 do 2º Grupo de Transporte (BAGL – 1953) com o segundo padrão de pintura adotado pela FAB.

Curtiss C-46A FAB 2058 (Parque de Aeronáutica de São Paulo – 1958) com o padrão de pintura final na FAB.

ram incluídos na carga no mês seguinte e matriculados C-46 2057 e C-46 2058. Lá, esses aviões passaram a realizar missões de transporte de passageiros e de carga em benefício da FAB e do governo federal, em especial o segundo, tendo em vista a sua volumosa cabine principal.

    Da mesma forma que outros aviões trazidos para o Brasil que antes serviam às Forças Armadas dos Estados Unidos, esses dois C-46A já possuíam uma história anterior à sua chegada ao país. O C-46 2057 teve uma vida relativamente abreviada na USAAF e aparentemente não chegou a sair dos Estados Unidos. Por sua vez, o C-46 2058 apresentava uma história bem mais interessante. Entregue à USAAF como o C-46A-55-CK 43-47084 no dia 15 de dezembro de 1944, em março do ano seguinte, foi transferido para o United States Marine Corps (USMC) já como R5C-1 BuAer 50711. Distribuído ao esquadrão VMR-252, na época sediado na Ilha Kwajalein, o futuro C-46 2058 desempenhou missões de transporte em benefício direto das operações que redundaram na invasão da Ilha de Okinawa, provavelmente sendo empregado em missões de apoio logístico e de evacuação aeromédica.

O Curtiss Commando C-46 FAB 2058 com o padrão final de cores adotado pela FAB. Atualmente o FAB 2058 está preservado no MUSAL. Foto Museu Aeroespacial do Campo dos Afonsos. Foto Mario Roberto Vaz Carneiro.

Tendo passado pouco menos de um ano desde o seu recebimento pelo 2º GT, o C-46 2057 acidentou-se na cidade boliviana de Oruro, no dia 13 de outubro de 1949, com perda total. Restando somente o C-46 2058, este prosseguiu no desempenho das missões atribuídas ao 2º GT, cuja dotação naquela época era composta quase que exclusivamente de aviões Douglas C-47A/B. Como consequência de um acerto administrativo, o único Curtiss C-46A da FAB passou a fazer parte do acervo do 2º/2º GT no mês de novembro de 1952, cuja dotação constava ainda de 12 aviões C-47A/B.

Após rápida passagem pelo Parque de Aeronáutica de São Paulo (SP), durante o ano de 1953, para fins de revisão, o C-46 2058 voltou ao 2º GT e lá permaneceu até janeiro de 1957, época em que foi transferido para o Parque de Aeronáutica dos Afonsos (PqAerAF). Essa transferência marcou uma nova e última etapa para o único Curtiss Commando da FAB, que agora passaria a desempenhar missões de transporte logístico em benefício daquela unidade. Transportando material até as unidades aéreas cujos aviões eram apoiados pelo PqAerAF, o C-46 2058 incluía ainda em sua nova tarefa o transporte de pessoal da unidade, onde e quando se fizesse necessário o auxílio dos técnicos daquele parque.

Porém, as dificuldades para obter peças de reposição para uma aeronave que não era mais produzida fizeram com que o Ministério da Aeronáutica decidisse pela desativação do único Curtiss C-46 da FAB. Finalmente, através do Boletim Reservado da Diretoria de Material da Aeronáutica do dia 17 de abril de 1968, foi excluído da carga do MAer o C-46 2058.

Posto no pátio junto com muitas outras aeronaves que estavam sendo desativadas na época, o C-46 2058 passou a aguardar uma decisão das autoridades da FAB responsáveis pela alienação de material aeronáutico.

A criação, em 1973, do Museu Aeroespacial pareceu proporcionar um destino mais digno a essa aeronave que escreveu diversas páginas na história da aeronáutica brasileira e mundial. Assim, o C-46 2058 foi transferido para aquele estabelecimento de preservação histórica. No entanto, no transcorrer de 1979, a administração do Museu Aeroespacial optou por abrir mão daquela aeronave, devolvendo-a ao Parque de Material Aeronáutico dos Afonsos, que, por sua vez, iniciou o processo de alienação em benefício de um grupo de particulares que recuperariam a aeronave com a finalidade de revendê-la à Bolívia.

Levado ao Aeroporto Santos Dumont em 1980 e já ostentando as marcas civis PT-LBP, o antigo C-46 2058 permaneceu naquele aeroporto até o final da década, época em que foi vendido à empresa Táxi Aéreo Royal. Após sofrer nova revisão geral, o PT-LBP foi levado para Belém (PA) pelo seu novo proprietário, que o empregou ativamente até meados de 1996.

Ao tomar ciência do estado de abandono em que se encontrava o antigo C-46 2058 e reconhecendo seu valor histórico, a nova administração do Museu Aeroespacial deu início às negociações para reaver a aeronave. Concluídas com sucesso, o ex-C-46 2058 foi trasladado de Belém até o Aeroporto Internacional Tom Jobim (RJ), a fim de ser submetido a extensos trabalhos de recuperação e revisão geral pelo Centro de Manutenção da Varig. Luzindo novamente as suas antigas marcas e a pintura da época em que se encontrava distribuído ao PqAerAF como avião orgânico, o C-46 2058 realizou, no trecho Galeão-Campo dos Afonsos, seu último voo, no dia 3 de julho de 1998. Incorporado ao acervo do Museu Aeroespacial, o C-46 2058 está agora preservado para futuras gerações.

Curtiss C-46A

Período de Utilização	De 1948 até 1968
Fabricante	Curtiss Wright Corporation, St. Louis (Missouri – EUA)
Emprego	Transporte
Características Técnicas	
Motor	2 Pratt & Whitney R-2800-51, de 2.000 hp cada um
Envergadura	32,91 m
Comprimento	23,26 m
Altura	6,62 m
Área Alar	126,34 m^2
Peso Vazio	13.608 kg
Peso Máximo	20.412 kg
Armamento	Não dispunha de armamento
Desempenho	
Velocidade Máxima	434 km/h
Razão de Subida	178 m/min
Teto Operacional	7.468 m
Alcance	5.069 km
Comentários	
Total Adquirido	2 exemplares
Unidades Aéreas	2º Grupo de Transporte Parque de Aeronáutica dos Afonsos
Designações	C-46
Matrículas	2057 e 2058

Cessna 170A

Clyde Vernon Cessna nasceu em Iowa, em 1879, e cresceu em uma fazenda do Kansas. Entusiasta da aviação, adquiriu uma aeronave Blériot XI na qual passou a voar pelos Estados Unidos e com a qual desenvolveu interesse pelos projetos de outros modelos leves.

Em 1924, a parceria de Cessna com Lloyd C., Stearman e Walter H. Beech, grandes nomes da aviação norte-americana, resultou na criação da Travel Air Manufacturing Company para a fabricação de biplanos em Whichita-Kansas. Clyde, porém, não gostava de biplanos e resolveu criar a própria empresa, a Cessna Aircraft Company, na qual passou a construir os famosos monoplanos leves Cessna.

Durante a Segunda Guerra Mundial, produziu o T-50 Bobcat para as forças armadas aliadas e, com o término do conflito, a Cessna projetou dois modelos monomotores, monoplanos de asa alta para dois tripulantes, de grande sucesso de vendas, os Modelos 120 e 140.

Com o sucesso alcançado, em 1948, o 140 foi esticado e alargado, dando lugar ao Cessna 170, dotado de quatro assentos e trem de pouso convencional, que veio a se tornar o avião leve mais produzido na história da aviação. O 170 foi criado para transportar quatro tripulantes, possuía uma fuselagem metálica com as asas e a cauda em estrutura de madeira recoberta com tecido. A fixação das asas necessitava da inclusão de um montante em forma de V, por causa de seu posicionamento alto em relação à fuselagem. Para melhorar a autonomia, foram incluídos três tanques de maior capacidade e um motor Continental C-145-2 de 145 hp. A versão 170A era toda metálica e substituía o montante em V por uma estrutura única.

Em 1964, a USAF adotou o Cessna 170 triciclo como aeronave padrão para a formação básica de seus pilotos militares, sob a designação T-41A. Posteriormente, outra leva de aeronaves foi adquirida e, como eram dotadas de motores mais potentes, foram designadas T-41C. Seguindo o exemplo da Força Aérea, o US Army também escolheu o modelo da Cessna, que designou T-41B Mescalero.

O sucesso de vendas foi tal que o Cessna 170 e seus sucessores formaram a série de aeronaves leves de maior sucesso em toda a história da aviação, alcançando a ordem de aproximadamente 60 mil unidades produzidas, em versões civis e militares. A produção da família de aeronaves leves da Cessna terminou em 1987.

O Cessna 170A FAB 2866 no táxi. Essa é mais uma daquelas raras aeronaves na história da FAB, em que somente um exemplar foi utilizado. Foto Museu Aeroespacial do Campo dos Afonsos.

Cessna 170A FAB UC-CE 2866 do Parque de Aeronáutica de São Paulo, entre 1950 e 1956.

O Cessna 170A na Força Aérea Brasileira

Existiu apenas um exemplar do Cessna 170 na FAB, operado de 1950 a 1956. Em 1950, essa aeronave se encontrava no Parque de Aeronáutica de São Paulo e não há registro de sua procedência. Em 30 de junho de 1950, recebeu a designação UC-CE e a matrícula 2866, sendo atribuída ao parque a responsabilidade por seu empego e manutenção.

Como era uma aeronave de pequeno porte e não há nenhum registro sobre seu tipo de emprego, é possível que o 2866, durante o seu período na FAB, tenha servido como aeronave de ligação e transporte leve em proveito do pessoal daquele parque.

Em 28 de dezembro de 1956, a Diretoria de Material da Aeronáutica decidiu transferir a aeronave para a Diretoria de Aviação Civil, que a destinou a algum aeroclube que nos é desconhecido.

É possível que a decisão por sua desativação tenha sido por problemas logísticos para a manutenção em condições de voo de apenas um modelo de aeronave.

Cessna 170A	
Período de Utilização	De 1950 até 1956
Fabricante	Cessna Aircraft Company
Emprego	Transporte e ligação
Características Técnicas	
Motor	Continental C-145D de 145 hp
Envergadura	10,97 m
Comprimento	7,62 m
Altura	2 m
Área Alar	16,23 m^2
Peso Vazio	546 kg
Peso Máximo	997 kg
Armamento	Não dispunha de armamento
Desempenho	
Velocidade Máxima	225 km/h
Razão de Subida	210 m/min
Teto Operacional	4.724 m
Alcance	804 km
Comentários	
Total Adquirido	1 exemplar
Unidades Aéreas	Parque de Aeronáutica de São Paulo
Designações	UC-CE
Matrículas	2866

Beechcraft A35 Bonanza

Nos derradeiros meses da Segunda Guerra Mundial, a indústria aeronáutica norte-americana se preparava para fazer a transição para o período pós-guerra que rapidamente se aproximava. Alguns fabricantes já concentravam seus esforços no desenvolvimento de aviões destinados ao transporte aéreo comercial, enquanto outros direcionaram seus recursos para o segmento de aviação geral. A crença era que aquele nicho iria crescer de forma espetacular. Afinal, no transcurso da Segunda Guerra Mundial, somente a United States Army Air Force (USAAF) havia formado 250 mil pilotos entre 1941 e 1945, e a esmagadora maioria deles voltaria à vida civil. Com a percepção de que centenas de milhares desses pilotos iriam comprar aviões como meio de transporte ou para fins recreativos, essa crença foi respaldada pelos avanços tecnológicos na área de produção, tornando barata a fabricação de aviões de pequeno porte, ao menos em relação aos anos imediatamente anteriores à Segunda Guerra Mundial. Movidos pela frase "um avião em cada garagem", que se tornou popular na época, diversos construtores aeronáuticos se lançaram de cabeça na empreitada e muitos fracassaram, como foi o caso da Aeronca, Luscombe e Waco, que foram à falência.

Entretanto, sob a batuta de seu fundador e presidente, Walter H. Beech, a Beech Aircraft Corporation deu forma a uma aeronave verdadeiramente inovadora: o Beech 35 Bonanza. Destinado ao setor de aviação geral – e contrariando a fórmula de muitos fabricantes –, o Bonanza apresentava uma configuração de asa baixa e cauda em V que passou a ser sua marca registrada. Com trem retrátil, aerodinâmica limpa, desempenho e qualidades de voo que se assemelhavam a muitos caças da recém-encerrada guerra, o Bonanza prontamente despertou a atenção do mercado civil. O primeiro protótipo voou pela primeira vez em 22 de dezembro de 1945 e, em março de 1947, ele já havia conquistado a homologação de tipo, o que liberou a sua fabricação. Foram vendidas 500 unidades do novo avião antes

O C-35 FAB 2857 do Esquadrão de Transporte Especial. O C-35 serviu em várias unidades, entre elas o ETE. Foto Arquivo Carlos Eugenio Dufriche.

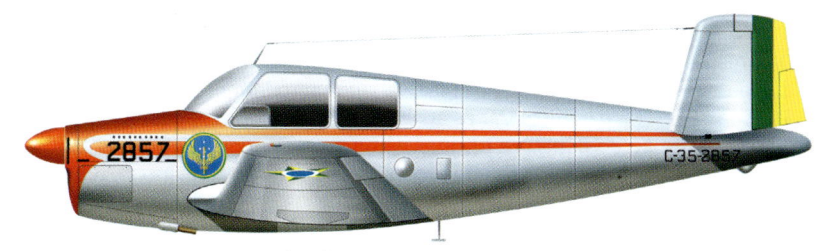

Beechcraft A35 Bonanza FAB C-35 2857, do Esquadrão de Transporte Especial (Aeroporto Santos Dumont), em 1954.

mesmo de ser iniciada a sua produção, em 1947, e os anos seguintes assistiram ao lançamento de versões cada vez mais aperfeiçoadas. A fabricação do Bonanza só foi encerrada em novembro de 1982 após a entrega de 10.403 exemplares.

Apesar de suas excepcionais características, foram poucos os usuários militares que operaram o Beech 35 Bonanza. Além do Brasil, sabe-se que Argentina, Israel e Nicarágua empregaram o Bonanza como aeronave utilitária. No entanto, muitos operadores militares fizeram extenso uso do Beech 33, uma versão do Beech 35 Bonanza com cauda convencional, tendo a Espanha, o México e o Irã, entre outros, sido seus principais usuários. Até hoje o Beech 33 continua sendo usado para instrução de voo em diversas localidades do planeta.

O Beechcraft A35 Bonanza na Força Aérea Brasileira

O expressivo crescimento da Força Aérea Brasileira nos anos posteriores ao fim da Segunda Guerra Mundial, levando à criação de diversas unidades aéreas, estabelecimentos de ensino e grandes comandos, gerou a necessidade de equipar aquela força com aeronaves utilitárias de pequeno porte para cumprir missões de ligação e transporte em proveito de suas novas organizações militares.

No final dos anos 1940, a empresa paulista Companhia Carnasciali, representante de vendas da norte-americana Beech Aircraft Corporation, importara para o Brasil diversos exemplares do Beech 35 e do A35 Bonanza, vendendo-os para particulares e empresas de táxi aéreo. Não tardou para que a Companhia Carnasciali oferecesse o Bonanza à Força Aérea Brasileira, um passo lógico para aquela empresa diante da clara necessidade da FAB de dispor de mais aviões utilitários. Assim, provavelmente nos últimos meses de 1949, a FAB assinou um contrato de encomenda que compreendia cinco exemplares do Beech A35, a versão mais moderna do Bonanza então existente no mercado. Até hoje não está claro se as células encomendadas foram produzidas especificamente em atenção ao contrato da FAB ou se já haviam sido solicitadas pela Carnasciali e redirecionadas para aquela força. Seja como for, transportados por via marítima, os cinco aviões chegaram ao Porto do Rio de Janeiro no final do primeiro trimestre de 1950.

Os caixotes com os aviões foram encaminhados ao Parque de Aeronáutica dos Afonsos para serem montados. Contudo, sob circunstâncias hoje desconhecidas, um dos aviões foi seriamente avariado quando estava sendo desembalado. De fato, os danos foram tão graves que, em maio de 1951, foi dada a baixa daquela aeronave, posto que sua recuperação seria antieconômica.

Quanto aos demais A35 Bonanza, no final de abril de 1950, todos foram dados como prontos e distribuídos no início do mês seguinte para a então Diretoria de Aeronáutica Civil (DAC) e para a Diretoria de Material da Aeronáutica (DIRMA), à disposição do Serviço de Vistoria daquele órgão.

Com a designação UC-BB, os quatro aviões Bonanza passaram a ser usados nas missões para as quais foram adquiridos. Os dois aviões entregues ao

DAC realizavam o transporte do diretor-geral daquele órgão ou de seus inspetores, que precisavam se deslocar até os mais variados aeródromos – principalmente no Sul e no Sudeste – para fiscalizar as atividades de aeroclubes, pequenas empresas de transporte aéreo público e oficinas. Já no caso dos dois UC-BB distribuídos à DIRMA, não há informação disponível quanto às atividades que faziam, tendo sido certamente empregados no transporte de pessoal da DIRMA para os distintos parques de aeronáutica então existentes na FAB, assim como em viagens para diversas bases aéreas. Infelizmente, em novembro de 1950, um dos Bonanza da DIRMA sofreu um grave acidente em Lages (SC), o que determinou sua baixa.

A segunda metade de 1951 tampouco foi particularmente boa para os Beech Bonanza da FAB, pois, dos três aviões em operação, dois foram recolhidos à Fábrica do Galeão para recuperação como consequência de acidentes. O terceiro UC-BB, um exemplar operado pelo DAC, foi transferido para a Seção de Aviões do Comando em 29 de abril de 1952.

Em outubro daquele ano, a Diretoria de Material da Aeronáutica baixou a Instrução Reservada 2A4-521013, em que dava nova designação aos Bonanza, que passaram a ser identificados como C-35. Essa medida pouco influenciou a operação dos Bonanza, pois, naquele momento, a frota encontrava-se reduzida a somente um exemplar que voava com o DAC.

Na última metade de 1953, o Parque de Aeronáutica dos Afonsos recuperou o Beech Bonanza que havia sido danificado imediatamente após a sua chegada, e esse foi distribuído à Seção de Aviões do Comando, sendo colocado à disposição do adido aeronáutico da FAB, em Assunção (Paraguai). O Parque de Aeronáutica dos Afonsos (PqAerAF) repetiria o feito com o Bonanza que se acidentara em Santa Catarina e que, na ocasião, fora declarado inutilizado por perda total. Talvez como prêmio aos seus esforços, aquele avião foi distribuído para o próprio PqAerAF em 1956 para ser empregado como avião de ligação.

Em 4 de junho de 1954, a Portaria nº 6/GM2 estabeleceu a dotação do Esquadrão de Transporte Especial, unidade que veio suceder a Seção de Aviões do Comando. Prevendo que uma das três esquadrilhas daquela unidade teria três aviões C-35, desde abril de 1952, a unidade já contava com um exemplar oriundo da Diretoria de Aeronáutica Civil e recebeu reforço de outro que tivera concluídos os serviços de manutenção de parque na Fábrica do Galeão. O terceiro Bonanza foi justamente aquele colocado à disposição do adido aeronáutico da FAB, em Assunção.

Mas essa distribuição não durou muito tempo, posto que o avião do adido aeronáutico se acidentou, com perda total, em agosto de 1956, e o outro Bonanza foi excluído de carga pouco depois. Com a frota nominalmente reduzida a um avião, em julho de 1956, já se encontrava em testes o Beech C-35, que se acidentara em Lages. Distribuído ao PqAerAF, lá permaneceu por quase 10 meses, quando foi transferido para o 2º Grupo de Transporte, em maio de 1957. Aquela aeronave passou a ser a derradeira de sua espécie na FAB, posto que o outro Bonanza foi descarregado no transcorrer de 1957.

Ao realizar voos de ligação em proveito do 2º Grupo de Transporte, o C-35 2861 permaneceu no Campo dos Afonsos aproximadamente 10 meses, sendo transferido para o Centro Tecnológico da Aeronáutica (CTA) em março de 1958.

Mas já estava claro para as autoridades da FAB que era inconveniente manter uma frota composta de somente um avião. Em consequência, em 30 de dezembro de 1959, foi assinada a Portaria Reservada nº 78/GM4, que determinava a baixa do último Beech A35 Bonanza da FAB. Em 21 de julho do ano seguinte, o ministro da Aeronáutica determinou que aquele Bonanza fosse doado à Fundação Brasil Central, onde continuou voando com a matrícula PP-FBL.

Beechcraft A35 Bonanza	
Período de Utilização	De 1950 até 1960
Fabricante	Beech Aircraft Corporation, Wichita (Kansas – EUA)
Emprego	Transporte e ligação
Características Técnicas	
Motor	Continental E-185-8 de 185 hp
Envergadura	10 m
Comprimento	7,67 m
Altura	2 m
Área Alar	16,50 m²
Peso Vazio	716 kg
Peso Máximo	1.202 kg
Armamento	Não dispunha de armamento
Desempenho	
Velocidade Máxima	296 km/h
Razão de Subida	271 m/min
Teto Operacional	5.212 m
Alcance	1.045 km
Comentários	
Total Adquirido	5 exemplares
Unidades Aéreas	Diretoria de Aeronáutica Civil Diretoria de Material da Aeronáutica Seção de Aviões do Comando Esquadrão de Transporte Especial Adido Aeronáutico da FAB em Assunção Parque de Aeronáutica dos Afonsos 2º Grupo de Transporte Centro Tecnológico da Aeronáutica
Designações	UC-BB, C-35 e VC-35
Matrículas	2857 a 2861; posteriormente, C-35 2857 a 2861. Somente o 2860 ostentou a designação VC-35

Boeing B-17G

O protótipo do Modelo 299 da Boeing, que se transformaria no B-17, a Fortaleza Voadora, realizou seu primeiro voo em julho de 1935 e teve seu desenvolvimento voltado para dotar o USAAC com um bombardeiro de longo raio de ação, em substituição aos Martin B-10, tomando como base o modelo civil 247, que já se encontrava em plena atividade.

O B-17B foi o primeiro da série a ser equipado com um turbocompressor, o que aumentou consideravelmente a sua velocidade e sua altitude operacional. Teoricamente, seu maior trunfo em combate seria a capacidade de realizar missões a grandes altitudes, num espaço de céu em que estaria relativamente a salvo dos caças inimigos da época. Isso, porém, não se concretizou, e a aviação de caça alemã acabaria cobrando um preço elevado em aeronaves e vidas quando o enfrentou em combate sobre a Europa durante a Segunda Guerra Mundial.

A primeira versão da aeronave a entrar em combate, o B-17C, voou com as cores da RAF e apresentou algumas deficiências que foram corrigidas nos modelos subsequentes.

Já o B-17E, o primeiro a equipar a 8ª Força Aérea Americana e que pouco diferia do B-17G, que se tornaria o modelo padrão, realizou seu primeiro voo em 1941 e operou na Europa até o fim do conflito. Com ele, os americanos realizaram missões de bombardeio diurnas e de longo raio de ação sobre a Alemanha.

Ao término do conflito, os B-17 já haviam sido superados como bombardeiros estratégicos, porém, milhares de aeronaves ainda se encontravam disponíveis, até porque sua produção foi de 12.731 exemplares.

Após a guerra, algumas aeronaves B-17G foram empregadas para fotorreconhecimento pela USAF e pela US Navy, em patrulhas antissubmarino e SAR (Search And Rescue). Para essa missão, eram equipadas com um bote salva-vidas acoplado sob a barriga, e que era lançado de paraquedas na área a ser realizado o resgate. No interior desse bote salva-vidas, havia água e alimentos em quantidade suficiente para que um grupo de sobreviventes aguardasse a chegada de um navio de resgate.

Com isso, a vida operacional de alguns B-17 foi estendida até 1969, quando passou a salvar vidas como SB-17G.

O Boeing B-17G na Força Aérea Brasileira

Em 1944, os países participantes da Convenção de Chicago decidiram pela criação da Organização de Aviação Civil Internacional (OACI ou ICAO), encarregada de traçar as regras e as responsabilidades pela condução da aviação civil em todo o planeta após a guerra e que iniciou suas atividades em 1947. Naquela oportunidade, o Brasil ficou responsável pela prestação de serviço SAR aos aviões comerciais que utilizassem as rotas internacionais sobre o Atlântico Sul e o território nacional.

O problema inicial foi que a FAB, que contava com apenas três anos de existência, não possuía a doutrina para esse tipo de missão e muito menos aeronaves

Belíssima imagem a cores de um SB-17 da FAB no táxi. Com um visual chamativo, graças às faixas amarelas, os SB-17G de Recife foram, durante anos, sinônimo de missão SAR. Foto Arquivo José de Alvarenga.

Além da missão SAR, os SB-17 também apoiaram as tropas brasileiras no Canal de Suez (Faixa de Gaza) em missão da ONU nos anos 1960. Foto Arquivo José de Alvarenga.

com capacidade e autonomia para atender aos requisitos da OACI. Outro problema enfrentado na época era a inexistência de cartas aeronáuticas atualizadas do interior brasileiro, em especial da região amazônica, por onde as modernas aeronaves comerciais realizavam suas rotas em direção ao norte e ao sul do continente americano.

Diante da impossibilidade de cumprir o compromisso internacional assumido, em 1950 a FAB solicitou à USAF a cessão de algumas unidades de aeronaves com capacidade de apoio SAR e autonomia suficiente para a eficaz cobertura do Atlântico Sul e do território brasileiro. Dentro do pacote solicitado, foi inserido o pedido para o treinamento do pessoal a ser alocado a esse tipo de missão, tanto nas novas aeronaves quanto na doutrina SAR vigente.

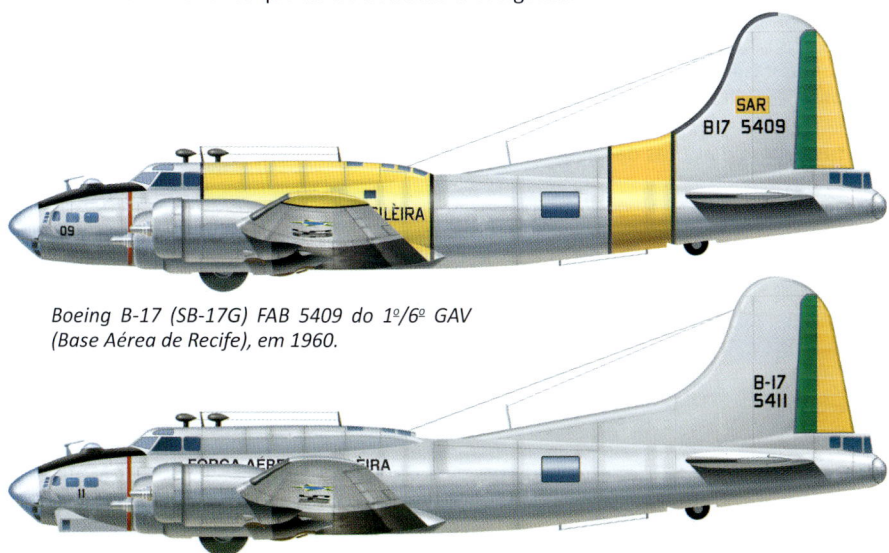

Boeing B-17 (SB-17G) FAB 5409 do 1º/6º GAV (Base Aérea de Recife), em 1960.

O Boeing B-17 (RB-17G) FAB 5411 do 2º/6º GAV (Base Aérea de Recife), em 1960.

Assim, em 1951 foram cedidos seis SB-17G da USAF, sendo cinco aeronaves na configuração de Busca e Salvamento e uma na de aerofotogrametria, que passaram a operar no Centro de Treinamento de Quadrimotores (CTQ), criado em 24 de janeiro de 1951, onde eram ministradas aulas teóricas e práticas para os pilotos brasileiros, por pessoal norte-americano. Inicialmente o CTQ ficou instalado na Base Aérea do Galeão e, posteriormente, em junho de 1951, após o treinamento inicial do pessoal brasileiro, foi transferido para a Base Aérea de Recife, de onde os B-17 passaram a cumprir as missões de busca e salvamento, aerofotogrametria e transporte.

Logo após a transferência para o Recife, ocorreu um grave acidente com um SB-17G, que foi perdido após uma colisão aérea. No dia 23 de julho de 1952 estava sendo ministrada a instrução de lançamento do bote pelo instrutor norte-americano, quando o T-6 FAB 1555 que voava próximo, para filmar o evento, colidiu com o SB-17G que ainda estava com a matrícula americana 44-85579, e que nem chegou a entrar em carga na Força Aérea Brasileira. No acidente faleceram todos os tripulantes de ambas as aeronaves, que caíram no mar.

No dia 1º de setembro de 1953, um SB-17 do CTQ realizou a primeira travessia do Atlântico por aeronave brasileira, saindo do Recife com destino a Dakar, no Senegal. Ainda em 1953, o CTQ foi desativado e transformado no 1º Esquadrão do 6º Grupo de Aviação, responsável por todas as missões anteriormente atribuídas ao CTQ. Em 1954, chegaram ao País mais seis B-17, perfazendo um total de 12 aeronaves.

A ativação do 6º Grupo de Aviação, em 20 de novembro de 1957, permitiu a criação de dois esquadrões com missões distintas, o 1º Esquadrão responsável pelas missões SAR e o 2º Esquadrão encarregado das missões de aerofotogrametria. Essa disposição permaneceu até meados de 1967, quando os dois esquadrões se fundiram em apenas um, o 1º/6º GAV.

Além das missões básicas, as aeronaves R/SB-17G do 6º GAV realizavam diversas missões em proveito do Correio Aéreo Nacional e, fizeram ainda, um total de 24 viagens ao Oriente Médio em apoio ao Exército Brasileiro, que fazia parte da Força de Paz da ONU na Faixa de Gaza.

A FAB possuiu ao todo 12 aeronaves B-17, que voaram de 1951 a 1969 nas cores brasileiras e não possuíam armamento. Destas, seis eram equipadas para missões SAR e as seis restantes, para fotografia aérea.

As SB-17G eram facilmente reconhecidas pela cor amarela no corpo da fuselagem e pontas das asas e pelo bote salva-vidas preso à barriga, no bomb

Linha de voo do 2º/6º GAV em Recife. Facilmente identificáveis pela pintura "sem as faixas amarelas" e pelo nariz diferente, que abrigava câmeras fotográficas, os RB-17G se tornaram as primeiras plataformas de reconhecimento do 2º/6º GAV. Foto Arquivo Action Editora Ltda.

O FAB 5406 voa a baixa altura em seus primeiros dias de Força Aérea. Foram perdidos em acidentes o FAB 5404 (Belém, em 1959); 5405 (Recife, em 1962) e 5410 (Recife, em 1965). Foto Arquivo Action Editora Ltda.

bay. Havia ainda um radar de busca posicionado em um radome sob o nariz da aeronave. As RB-17G eram todas na cor alumínio e, no lugar do radar, possuíam potentes câmeras fotográficas.

Portanto, apesar de serem originariamente bombardeiros, os B-17 brasileiros nunca lançaram uma bomba sequer e operaram com as designações militares SB-17G, RB-17G e B-17. Dos B-17 brasileiros, apenas três sobreviveram. Um encontra-se na entrada da Base Aérea de Recife, outro está na oficina do MUSAL para recuperação e um terceiro foi doado em condições de voo ao Museu da Base Aérea da USAF em Hill, Utah.

Boeing B-17G

Período de Utilização	De 1951 até 1969
Fabricante	Boeing Aircraft Company
Emprego	SAR, aerofotogrametria e transporte
Características Técnicas	
Motor	4 Wright R-1820-97 de 1.200 hp cada um
Envergadura	31,62 m
Comprimento	22,65 m
Altura	5,81 m
Área Alar	130 m^2
Peso Vazio	16.345 kg
Peso Máximo	25.129 kg
Armamento	Não dispunha de armamento
Desempenho	
Velocidade Máxima	500 km/h
Razão de Subida	217,71 m/min
Teto Operacional	10.668 m
Alcance	4.020 km
Comentários	
Total Adquirido	12 exemplares
Unidades Aéreas	CTQ, 1º/6º GAV 2º/6º GAV
Designações	B-17
Matrículas	5400 a 5411

Supermarine Spitfire FR Mk 14

Possivelmente nenhuma outra aeronave de caça da Segunda Guerra Mundial é tão conhecida como o Supermarine Spitfire. Produto da genialidade do engenheiro aeronáutico inglês Reginald Mitchell, nada menos que 27 versões desse caça extremamente eficaz foram produzidas entre 1936 e 1948, totalizando 22.500 células. Ao se tornar célebre pelo papel que desempenhou durante a Batalha da Inglaterra, o Spitfire mostrou-se ameno às muitas modificações que foram incorporadas à célula original. Além de cumprir as tarefas típicas de uma aeronave de caça, o Spitfire desempenhou com igual eficiência as missões de caça-bombardeiro, aeronave de reconhecimento e caça embarcado.

O Supermarine Spitfire FR Mk 14 na Força Aérea Brasileira

Para atender as necessidades do programa Convertiplano, que estava sendo desenvolvido no Centro Tecnológico da Aeronáutica (CTA) desde 1951, o Ministério da Aeronáutica providenciou a aquisição de uma célula de Supermarine Spitfire. Através da Comissão Aeronáutica Brasileira em Londres, foi adquirido, da Royal Air Force (RAF), um Supermarine Spitfire FR Mk 14, que foi transferido para aquela comissão no dia 19 de dezembro de 1952. A célula, uma versão de reconhecimento tático do Spitfire, foi construída no final de setembro de 1944 e distribuída em dezembro daquele ano para o nº 430 Squadron, um esquadrão canadense subordinado à RAF. Nesse esquadrão, que operou na França e na Alemanha, esse Spitfire foi usado em combate. Posteriormente, foi transferido para outro esquadrão canadense, o nº 409 Squadron, e, ao terminar a guerra, foi recolhido a fim de ser estocado, situação na qual permaneceu até 1952.

Ao chegar ao Brasil, esse Spitfire FR Mk 14 foi desmontado e suas asas, trem de pouso e empenagem vertical foram aproveitados para a construção do Convertiplano.

Supermarine Spitfire FR Mk 14	
Período de Utilização	De 1952 até 1956
Fabricante	Supermarine Ltd.
Emprego	Experimental
Características Técnicas	
Motor	Rolls-Royce Griffon 61 de 2.050 hp
Envergadura	11,23 m
Comprimento	9,96 m
Altura	3,48 m
Peso Vazio	3.040 kg
Peso Máximo	4.663 kg
Armamento	2 canhões de 20 mm nas asas 2 metralhadoras .303 nas asas Câmera F24
Desempenho	
Velocidade Máxima	721 km/h
Razão de Subida	1.250 m/min
Teto Operacional	13.563 m
Alcance	740 km

Continua

Comentários	
Total Adquirido	1 exemplar
Unidades Aéreas	Centro Tecnológico da Aeronáutica
Designações	Não recebeu designação
Matrículas	Não recebeu matrícula

Bell 47D1 e G2

O Bell 47 começou a tomar forma em 1941, quando o projetista Arthur M. Young procurou a Bell Aircraft Corporation, em Buffalo, Nova York, com um projeto para o desenvolvimento de um helicóptero de pequeno porte, com o objetivo de atender o segmento civil do mercado americano de aeronaves de asas rotativas.

Considerando que Young não era um engenheiro formado e que sua experiência anterior na construção de helicópteros se resumia a alguns modelos em escala e, ainda, que toda a indústria aeronáutica americana estava voltada para o atendimento ao esforço de guerra, o desenvolvimento de novos projetos, mesmo que revolucionários, não era a prioridade da Bell. Assim, Young e sua equipe foram enviados para o subúrbio da cidade de Buffalo, onde puderam desenvolver um protótipo para a demonstração de conceitos, sem atrapalhar a produção das máquinas necessárias à condução da guerra.

O Bell modelo 30 foi o primeiro protótipo do grupo e realizou seu primeiro voo livre, ou seja, completamente controlado e sem estar preso ao solo, no dia 26 de junho de 1943. Era carenado, porém com o cockpit totalmente aberto.

Partindo desse primeiro modelo, que acabou se acidentando, outros dois protótipos foram construídos com as diversas inovações e modificações ditadas pela experiência. O resultado foi uma aeronave com rotor de duas pás de madeira,

O FAB 8502, um dos três Bell 47D1 da FAB, visto no Aeroporto Santos Dumont, no Rio de Janeiro. A aeronave pertencia à Seção de Aeronaves de Comando (SAC) do QG da III Zona Aérea. O Bell 47D1, ou simplesmente H-13D, foi o primeiro helicóptero da FAB. Foto Arquivo Action Editora Ltda.

Bell 47D1 Sioux H-13D FAB 8500 da Seção de Aeronaves de Comando do QG III Zona Aérea.

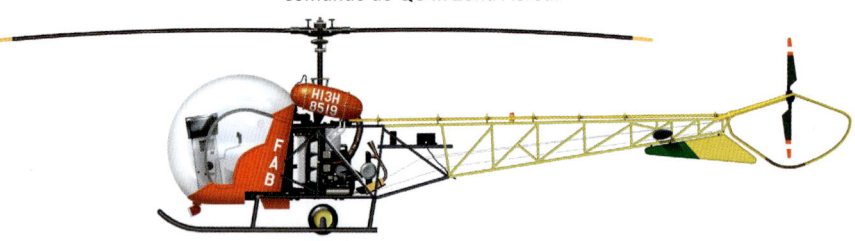

Bell 47G2 Sioux H-13H FAB 8519 do 2º/10º GAV (Base Aérea de Campo Grande), em 1958.

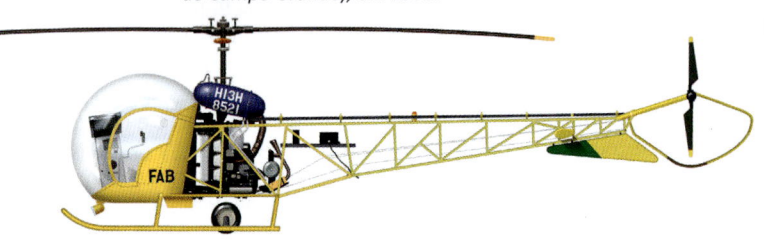

Bell 47G2 Sioux H-13H FAB 8521 do 2º/10º GAV (Base Aérea de Campo Grande), em 1962.

Bell 47G2 Sioux H-13H FAB 8525 do Centro de Instrução e Emprego de Helicóptero (Base Aérea de Santos), em 1970.

motor convencional, uma seção tubular de aço soldado desprovida de carenagem e com o cockpit coberto com uma bolha de plexiglas, cuja seção superior podia ser removida transformando a aeronave em um helicóptero conversível. Com o tempo, essa bolha passou a ser inteiriça e acabou por se tornar a marca registrada do modelo.

A concepção final com cabine de ampla visibilidade, uma pequena coluna de instrumentos no centro e a capacidade para transporte de um piloto e mais dois passageiros tornaram a aeronave um sucesso comercial imediato. Recebeu seu certificado H-1, em 8 de março de 1946, se tornando o primeiro helicóptero comercial do mundo.

A nova aeronave imediatamente atraiu o interesse dos militares, que solicitaram algumas mudanças no projeto, dando origem ao Bell 47A, que era equipado com um motor Franklin de 178 hp, cone de cauda coberto com tecido e trem de pouso de quatro rodas, que entrou em serviço militar nos EUA no final de 1946 com o nome de H-13 Sioux.

Com a evolução do modelo, em 1951, surgiu o Bell 47D1, dotado de um motor Franklin O 335-3, de 200 hp, capaz de transportar duas pessoas ou 225 kg de carga útil e com trem de pouso do tipo esqui, tão comum na família Bell, e sem a cobertura da fuselagem. As hastes horizontais de suporte dos esquis eram retas, formando ângulos retos entre as hastes verticais e os esquis, o que permitia a colocação de uma maca em cada lado da aeronave para o transporte de feridos.

Durante a Guerra da Coreia (entre 1950 e 1953), os H-13 Sioux foram largamente empregados no transporte de feridos da linha de frente diretamente para os hospitais de campanha na missão que ganhou o acrônimo MEDEVAC (Medical Evacuation – Evacuação Aeromédica). Essa nova missão fez aumentar o número de pedidos por aeronaves H-13, que acabaram realizando 80% das mais de 25 mil evacuações por meio de helicópteros naquele conflito.

O interesse do US Army por uma aeronave mais potente resultou no modelo G, uma versão mais moderna do D1, dotado de um motor Franklin 6V 350-B de 235 hp e com a capacidade de combustível aumentada. Outras melhorias introduzidas foram a substituição do antigo tanque por dois outros, maiores e posicionados nas laterais da aeronave atrás da cabine, a inclusão de um sistema hidráulico para os comandos de voo e a instalação de um estabilizador horizontal acoplado ao cíclico, proporcionando melhor controle à aeronave. Foram mantidos, porém, o trem de pouso de tubos em cruz e as pás do rotor de madeira.

O modelo G acabou sendo a versão mais numerosa dos Bell 47, sendo produzido de 1950 a 1956, e foi o primeiro projeto de helicóptero feito sob licença na Itália, no Japão e na Inglaterra.

Um H-13D, provavelmente da 2ª ELO, flutua ao lado do Cruzador Tamandaré (C-12). Dois desses helicópteros foram convertidos em H-13H e voaram na FAB até 1982. Foto Museu Aeroespacial do Campo dos Afonsos.

Conhecido na FAB também como "bolha", por causa do característico formato de sua cabine, o Bell 47 angariou a fama de ter levado o Papai Noel a inúmeros eventos natalinos ao longo dos anos. Foto Arquivo Jackson Flores Jr. / Action Editora Ltda.

No US Army, o modelo G foi designado H-13G e equipado com um motor Lycoming VO-435-23 de 250 hp. Foram produzidas 264 unidades e, em 1962, passaram a ser designados OH-13G.

O modelo seguinte do Bell 47 foi a versão G2, equipada com um motor Lycoming VO-435A de 250 hp, com pás do rotor metálicas, starter elétrico no console da aeronave e designado H-13H. No total, 466 H-13H foram produzidos entre 1956 e 1962, passando à designação OH-13H em 1962.

A produção seriada das inúmeras versões da pequena aeronave ocorreu ao longo de três décadas, sendo comum encontrar alguns exemplares em plena atividade ainda hoje.

Os Bell 47D1 e G2 na Força Aérea Brasileira

A Força Aérea Brasileira sempre foi uma grande usuária das aeronaves produzidas pela Bell, tanto que, na década de 1950, com o objetivo de prestar apoio aéreo aos mais altos escalões do governo federal, foram adquiridos, daquela fábrica norte-americana, os primeiros helicópteros militares empregados no Brasil. A aeronave escolhida para a missão foi o Bell 47D1, designado H-13D na FAB, do qual foram recebidas três unidades em dezembro de 1952 e que começaram as suas atividades no ano seguinte.

No início eram quatro aeronaves, mas, durante o transporte para o Brasil, um exemplar foi danificado e, quando de sua montagem nas oficinas da Fábrica do Galeão, chegou-se à conclusão que sua recuperação era inviável. Essa aeronave não chegou a ser montada, e suas peças foram usadas como suprimento para as demais.

Os H-13D iniciaram as suas operações a partir do Aeroporto Santos Dumont, onde ficavam baseadas as aeronaves pertencentes à Seção de Aeronaves de Comando (SAC), subordinada ao QG da III Zona Aérea, criada para uso exclusivo no transporte das autoridades do governo brasileiro. Futuramente a SAC viria a se transformar no 2º Esquadrão do Grupo de Transporte Especial (GTE), mantendo o mesmo tipo de missão.

A partir de 1958, com a entrada em serviço no GTE dos H-13J, mais adequados a esse tipo de missão, os H-13D foram transferidos para a 2ª ELO, na Base Aérea do Galeão, de onde passaram a realizar atividades em proveito do SALVAERO, além de missões de ligação e apoio, à Marinha do Brasil.

Com a criação do 2º/10º GAV, em 1957, tendo como sede a Base Aérea de Cumbica (SP), a missão de formação dos pilotos de asas rotativas da FAB ficou sob responsabilidade dessa nova unidade. Considerando que seu material aéreo não era o mais adequado para esse tipo de emprego, ainda em 1958, os três H-13D foram transferidos para o 2º/10º GAV para treinamento dos futuros pilotos de helicóptero da FAB.

Em 1962, as duas aeronaves D1 remanescentes foram transformadas no modelo H-13H e continuaram a voar na formação de pilotos até 1982, quando foram definitivamente descarregadas.

Com a crescente demanda por mais aeronaves para treinamento de pilotos e para as missões em apoio ao Exército Brasileiro e à Marinha do Brasil, o Ministério da Aeronáutica adquiriu 13 aeronaves H-13G2 diretamente da Bell, em 1959, que foram distribuídas no ano seguinte.

Inicialmente algumas unidades da FAB receberam o Bell 47, entre elas o 2º/10º GAV, que mantinha a responsabilidade pela formação de pilotos e pelo Serviço de Busca e Salvamento; o 1º GAE, que treinava seu pessoal para receber o SH-34J; as 1ª e 3ª ELO, que apoiavam o Exército; e a 2ª ELO, que apoiava a Marinha. Um fato interessante é que os Bell 47G2, na FAB, receberam a designação H-13H.

Com a chegada dos SH-34J, em 1961, os H-13H do 1º GAE foram enviados ao 2º/10º GAV, que passou a concentrar todos os demais em 1967. Nesse ano, ainda, foi criado o Centro de Instrução e Emprego de Helicóptero (CIEH) na Base Aérea de Santos, para onde foram transferidos todos os H-13H da FAB, para emprego na instrução dos futuros pilotos de helicóptero.

Outro lote de 36 H-13H de segunda mão foi adquirido em 1971. As aeronaves faziam parte do acervo do US Army e se encontravam baseadas na Alemanha, de onde foram transladadas para o Brasil nos C-130 da FAB, em 1972.

Com o aumento da oferta de aeronaves a partir de 1972, organizações militares que careciam permanentemente de aeronaves para apoio SAR puderam

O H-13J FAB 8524 visto no Campo dos Afonsos, no Rio de Janeiro. De fácil pilotagem, o H-13 foi muito popular na FAB, estando presente em quase todas as principais bases da Força Aérea entre os anos 1960 e 1980. Foto Museu Aeroespacial do Campo dos Afonsos.

Por ter sido o primeiro helicóptero da FAB, o H-13 também foi o primeiro a ser usado na instrução e na formação de pilotos. Ele foi responsável por formar toda uma geração de pilotos, inclusive os primeiros pilotos do Exército. Foto Arquivo José de Alvarenga.

receber duas unidades do H-13H, com os quais passaram a cumprir a missão de apoio com pessoal do próprio efetivo. Naquela oportunidade, receberam H-13H o Centro de Formação de Pilotos Militares (CFPM), em Natal (RN); a Academia da Força Aérea (AFA), em Pirassununga (SP); a Base Aérea de Canoas (BACO); a Base Aérea de Fortaleza (BAFZ); e a 1ª Ala de Defesa Aérea (1ª ALADA), em Anápolis (GO).

Normalmente estas organizações militares apoiavam as unidades de caça ou de instrução aérea de jato e não dispunham de unidades de helicópteros nas proximidades que pudessem prestar o apoio necessário em caso de acidente aéreo. Os H-13H que realizavam esse tipo de missão, normalmente, tinham os comandos do lado do copiloto removidos para evitar a instrução aérea fora da unidade designada para tal. Além das missões SAR, também prestavam o apoio de emprego geral e utilitário.

Como o voo em helicóptero requer instrução especializada, a FAB decidiu atribuir essa formação às unidades que usavam a aeronave de asas rotativas. Como já relatado anteriormente, a instrução de voo de helicópteros era ministrada no 1º GAE, na Base Aérea de Santa Cruz, e no 2º/10º GAV, na Base Aérea de Cumbica. As duas unidades, porém, eram de emprego operacional e não dispunham de pessoal e material para a instrução, manter as aeronaves e, ainda, cumprir as missões principais.

Assim, em 8 de setembro de 1967, o Ministério da Aeronáutica criou o Centro de Instrução e Emprego de Helicóptero (CIEH), na Base Aérea de Santos, com a missão específica de formar o pessoal que guarneceria as unidades de helicópteros da FAB. O CIEH teve sua denominação mudada para Centro de Instrução de Helicóptero (CIH), em 20 de setembro de 1970, e para ALA-435, em 30 de abril de 1973, e, finalmente, 1º Esquadrão do 11º Grupo de Aviação (1º/11º GAV), em 4 de junho de 1979.

Com a introdução dos UH-50 Esquilo em 1986 como aeronave orgânica das bases no apoio às missões SAR, todos os H-13H foram concentrados no 1º/11º GAV, onde foram empregados na formação básica dos pilotos. Voaram nessa missão até 12 de setembro de 1990, quando foram oficialmente desativados na FAB.

Além das OM citadas, o H-13H também voou nos Cursos de Pilotos de Ensaios de Helicópteros, no CTA, em São José dos Campos (SP).

Durante o período de operação na FAB, os Bell 47 tiveram diversas combinação de missões, designação e cores. Operaram em missões VIP, utilitárias, de emprego geral, busca e salvamento e instrução, com suas cores variando desde o vermelho ao verde, passando pelo amarelo, com o qual terminou seus dias. Foram designados H-13D, H-13H e OH-13H.

Voaram na FAB por longos 39 anos.

Bell 47D1 e G2

Período de Utilização	De 1953 até 1962	De 1959 até 1990
Fabricante	Bell Aircraft Corporation	Bell Helicopter Company
Emprego	Transporte VIP, instrução, SAR e utilitário	Transporte, instrução, SAR e utilitário
Características Técnicas	47D1	47G2
Motor	Franklin O-335-5 de 178 hp	Lycoming VO-435-A1A/B/D de 200 hp
Diâmetro do Rotor Principal	10,7 m	10,72 m
Comprimento	8,33 m	9,59 m
Altura	2,79 m	2,83 m
Peso Vazio	526 kg	709 kg
Peso Máximo	1.067 kg	1.111 kg
Armamento	Não dispunha de armamento	Não dispunha de armamento
Desempenho		
Velocidade Máxima	157 km/h	161 km/h
Razão de Subida	281 m/min	245 m/min
Teto Operacional	3.355 m	5.577 m
Alcance	272 km	383 km
Comentários		
Total Adquirido	3 exemplares (2 convertidos em H-13J)	49 exemplares (incluídos os 2 H-13D convertidos)
Unidades Aéreas	Seção de Aeronaves de Comando 2ª ELO 2º/10º GAV	1ª ELO 2ª ELO 3ª ELO 2º/10º GAV 1º/11º GAV AFA CFPM CIEH CIH BACO BAFZ 1ª ALADA/BAAN CATRE ALA 435 CTA
Designações	H-13D	H-13H e OH-13H
Matrículas	8500 a 8502	H-13G: 8501 e 8502, 8514 a 8524 OH-13H: 8600 a 8635

Gloster Meteor TMk.7 e FMk.8

Durante a Segunda Guerra Mundial, mais precisamente em 1944, os aliados foram completamente surpreendidos com o aparecimento dos caças a jato Me-262 nos céus europeus. Não fosse a teimosia de Hitler em empregá-los como caças-bombardeiros, teriam virado o rumo do combate em favor das forças do Eixo.

As pesquisas com motores com propulsão a jato não era, porém, uma exclusividade alemã, pois, desde 1940, que o grupo de engenheiros aeronáuticos ingleses chefiados por W. George Carter, da fábrica Gloster Aircraft Company, pesquisavam o mesmo sistema para equipar uma aeronave britânica de interceptação.

Após receber uma encomenda para os protótipos em fevereiro de 1941, a Gloster foi capaz de realizar o primeiro voo do modelo em 15 de maio do mesmo ano, por causa do estágio avançado em que estavam as suas pesquisas. Inicialmente a aeronave era para ser um monomotor, porém, graças ao baixo desempenho dos motores da época, houve a opção por dotá-la de dois motores, a exemplo do Me-262 alemão.

A concepção do projeto previa uma aeronave totalmente metálica, com trem de pouso triciclo, asas retas, com os motores de Havilland H-1 embutidos, armada com quatro canhões de 20 mm no nariz e cabine para um piloto com cobertura do tipo bolha. Inicialmente, a aeronave seria chamada Thunderbolt, porém, teve o nome mudado para Meteor, para evitar confusão com o P-47 norte-americano.

O primeiro voo do Meteor aconteceu no dia 5 de maio de 1943, mas a primeira aeronave de produção seriada, o Meteor Mk.1, só foi entregue à RAF em junho de 1944 em razão de diversos problemas com os motores, que não atingiam o desempenho desejado. A demora no seu desenvolvimento fez com que chegasse tarde para o emprego em larga escala na guerra e, consequentemente, não chegou a enfrentar os jatos Me 262, alemães.

Equipados com motores Rolls-Royce Whittle W.2B/23C, 20 unidades do Meteor Mk.1 foram alocados ao Esquadrão 616, que passou a empregá-lo contra

Clássica imagem dos primeiros caças Gloster brasileiros ainda na Inglaterra. Os primeiros pilotos da FAB foram treinados na fábrica e formaram o núcleo de instrutores que implantaria a aviação a jato no Brasil. Foto Arquivo Action Editora Ltda.

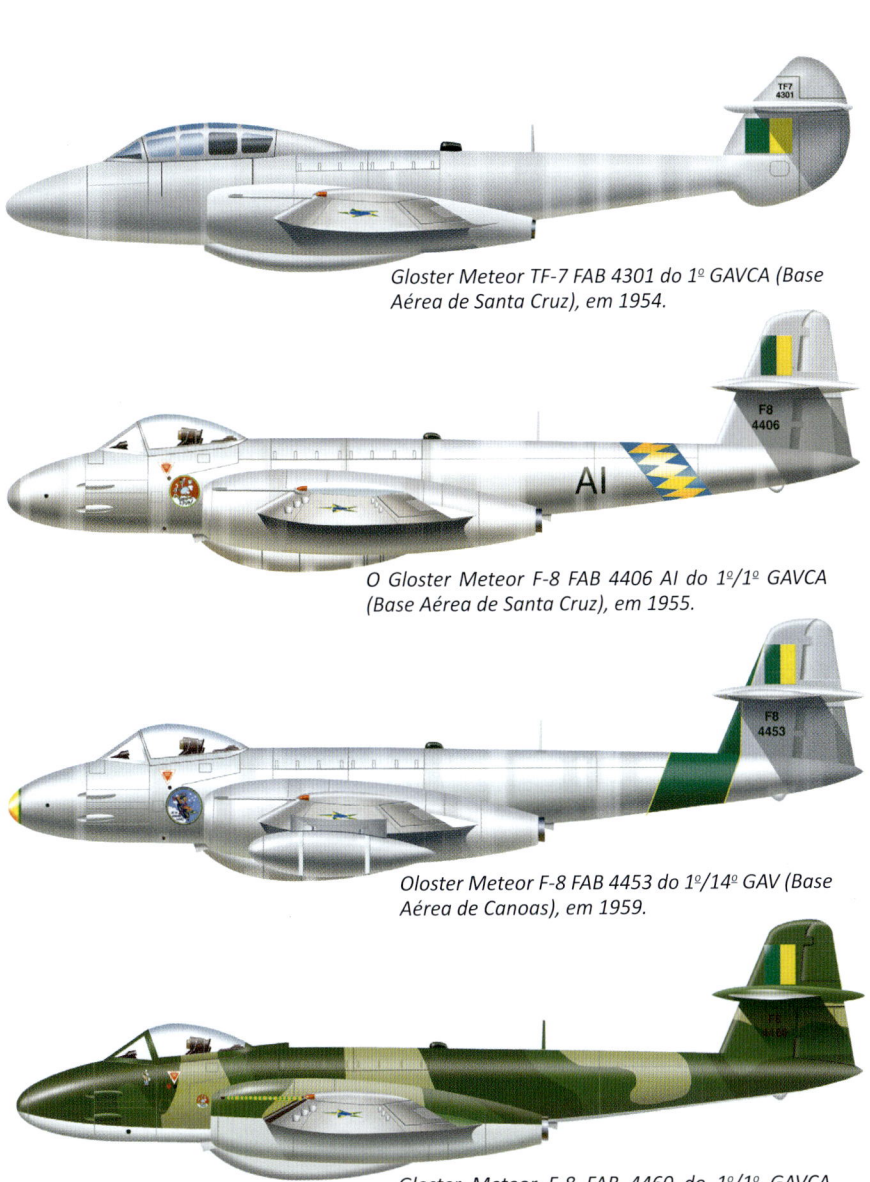

Gloster Meteor TF-7 FAB 4301 do 1º GAVCA (Base Aérea de Santa Cruz), em 1954.

O Gloster Meteor F-8 FAB 4406 AI do 1º/1º GAVCA (Base Aérea de Santa Cruz), em 1955.

Oloster Meteor F-8 FAB 4453 do 1º/14º GAV (Base Aérea de Canoas), em 1959.

Gloster Meteor F-8 FAB 4460 do 1º/1º GAVCA (Base Aérea de Santa Cruz), em 1973. Este avião foi o único a receber esta pintura.

as bombas voadoras V1 que naquela etapa da Guerra estavam sendo lançadas de localidades na França, e na Holanda contra a Inglaterra, tendo abatido 14 em pouco tempo de operação. Uma nova versão, o Meteor Mk.3, substituiu os anteriores no mesmo esquadrão que foi enviado para lutar da Bélgica, na intenção de interceptar jatos Me-262 operando a partir do aeroporto de Bruxelas, Melsbroek, porém, como esse encontro não se concretizava, foram usados em missões de ataque ao solo. Durante o restante da guerra, diversas foram as tentativas de colocar os dois jatos frente a frente, mas isso jamais ocorreu. No final do conflito, os Meteor tinham em seu crédito um total de 45 aeronaves destruídas, todas no solo. Foram os únicos jatos aliados a entrar em operação durante a Segunda Guerra Mundial.

Considerando que o avião da Gloster era o melhor caça disponível na Inglaterra e ao verificar o desempenho surpreendente dos Me-262 no conflito, os britânicos continuaram a investir em seu desenvolvimento para que se tornasse o caça padrão da RAF no pós-guerra. Desse modo, o Meteor Mk.4 entrou em serviço em 1946 com diversas inovações, como os motores Rolls-Royce Derwent 5, cabine pressurizada e fuselagem reforçada. Foi para essa versão que se verificou a necessidade de uma versão de duplo comando em tandem, para treinamento, que foi denominada T-7 e que entrou em serviço em 1949. O emprego dessa versão em tandem facilitava muito a adaptação dos novos pilotos ao alto desempenho do jato, justificando plenamente a construção desse tipo de aeronave. Esse conceito é mantido até os dias atuais nas aeronaves modernas de caça.

O Mk.4 foi um grande sucesso, tendo sido exportado para diversos países, porém, o último e definitivo modelo a ser produzido foi o Meteor FMk.8, que, apresentado em 1948, possuía dois motores Rolls-Royce Derwent 8, cauda com novo padrão aerodinâmico e pela primeira vez incorporava assentos ejetáveis Martin Baker para o piloto.

Na década de 1950, os Meteor FMk.8 foram retirados da primeira linha da RAF e mantidos em atividade para operações secundárias. Até 1954, um total de 3.950 Meteor em várias versões foram construídos, sendo empregados pelas Forças Aéreas da Argentina, do Brasil, da Bélgica, da Holanda, da Dinamarca, da França, do Egito, do Equador, de Israel, da Síria, da Suécia, da Austrália e da Inglaterra. Além da Guerra da Coreia, foram usados em combate pelos israelenses contra os egípcios e pelos argentinos contra os próprios argentinos durante um golpe de estado contra o Presidente Juan Domingo Perón, em setembro de 1955, quando além de derrubar um T-6 do governo, bombardearam a Casa Rosada e metralharam o Aeroporto de Ezeiza.

Com a cauda ainda toda em verde e amarelo, dois TF-7 voam sobre o Rio de Janeiro, em 3 de julho de 1953, num dos primeiros voos a jato no Brasil. Esse ensaio fotográfico foi uma sensação e foi publicado na revista brasileira O Cruzeiro, de grande circulação na época. O avião da foto era pilotado pelo Capitão Aviador Josino Maia de Assis, veterano da Segunda Guerra Mundial. Foto Arquivo Josino Maia de Assis.

Bela imagem do F-8 4406 do 1º GAVCA na Base de Santa Cruz. Além de serem os primeiros aviões a jato do país, os Meteor mantiveram a posição de únicos jatos do Brasil até 1959, quando a Varig incorporou o seu primeiro Caravelle IIIC. Foto Arquivo Action Editora Ltda.

Os Gloster Meteor TMk.7 e FMk.8 na Força Aérea Brasileira

No dia 22 de maio de 1953, tendo como segundo piloto o Ministro da Aeronáutica, Brigadeiro Nero Moura, um Gloster Meteor sobrevoou a Base Aérea do Galeão. Tratava-se, para os militares de então, uma grande novidade. Além de contemplarem uma novidade tecnológica para os padrões brasileiros, os espectadores daquele voo testemunhavam o nascimento da era do jato puro na FAB e no Brasil. O jato, um TF-7, era a primeira aeronave à reação brasileira.

O Ministro Nero Moura, para elevar a Força Aérea Brasileira ao nível das Forças Armadas dos países mais desenvolvidos da época, em 1952, empenhou-se em efetivar a compra de 10 Gloster Meteor Mk.7, designados TF-7 na FAB, e 60 Gloster Meteor FMk.8, que ficaram conhecidos como F-8. Fato interessante na transação foi o uso de 15 mil toneladas de algodão como moeda de troca no pagamento das aeronaves aos ingleses. Na verdade, o que determinou a compra foi o fato de que os P-47 da FAB não conseguiam mais sequer acompanhar em voo os modernos jatos comerciais da época, como o de Havilland Comet britânico e outros.

Os Meteor FMk.8 da FAB eram aeronaves novas que haviam sido construídas para atender a um pedido do Egito e da própria RAF mas que, com o interesse brasileiro, foram redirecionadas para o Brasil e entregues em 1953. Todas chegaram ao Rio de Janeiro desmontadas, a bordo de navios cargueiros, e foram montadas por técnicos ingleses nas instalações da antiga Fábrica do Galeão, atual Parque de Material Aeronáutico do Galeão (PAMA-GL).

Após a montagem, avaliação e entrega de todas as aeronaves à FAB, em outubro de 1953, as primeiras unidades do jato começaram a substituir os P-47 Thunderbolt na Base Aérea de Santa Cruz e, no ano seguinte, os Curtiss P-40 da Base Aérea de Porto Alegre, atual Base Aérea de Canoas.

Porém, para a plena atividade dos Meteor no Brasil, muitas dificuldades tiveram que ser superadas; uma delas deveu-se ao fato de que as aeronaves vieram desprovidas de equipamentos de radionavegação, uma vez que na RAF seriam empregadas em interceptação e sempre vetoradas por radar, inclusive para pouso. Essa deficiência exigiu a criatividade brasileira para a instalação dos rádios e de suas respectivas antenas, o que não foi de todo eficaz, pois era comum a desorientação espacial quando em voo noturno e em formação meteorológica adversa, inclusive com perda de sinal de rádio quando da entrada da aeronave em nuvens carregadas de chuva.

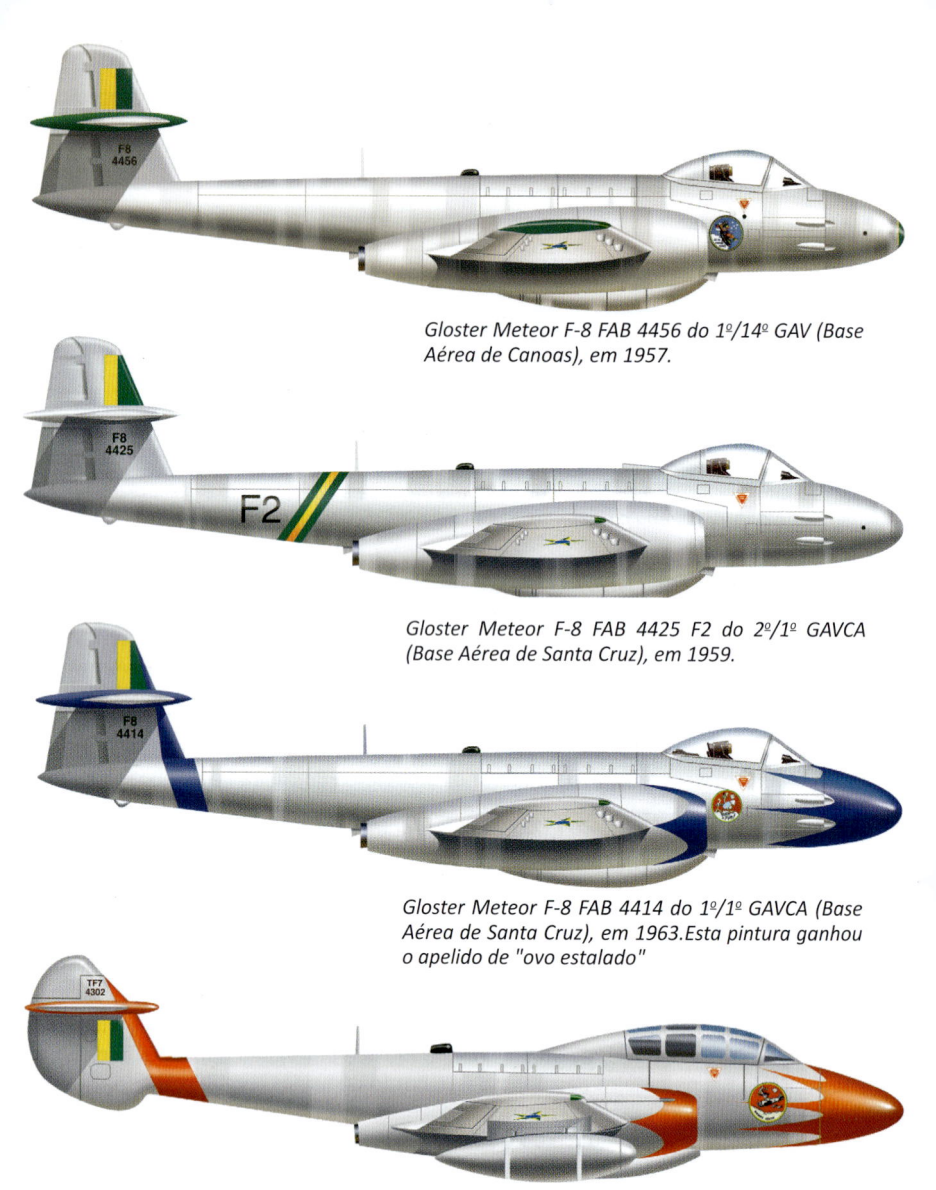

Gloster Meteor F-8 FAB 4456 do 1º/14º GAV (Base Aérea de Canoas), em 1957.

Gloster Meteor F-8 FAB 4425 F2 do 2º/1º GAVCA (Base Aérea de Santa Cruz), em 1959.

Gloster Meteor F-8 FAB 4414 do 1º/1º GAVCA (Base Aérea de Santa Cruz), em 1963. Esta pintura ganhou o apelido de "ovo estalado".

Gloster Meteor TF-7 FAB 4302 do 1º/1º GAVCA (Base Aérea de Santa Cruz), em 1964.

    Outro problema enfrentado pelos F-8 no Brasil foi a desintegração explosiva do canopi. O plexiglass empregado nos canopis abrangia apenas dois terços da bolha, sendo o terço traseiro de alumínio. Essa mistura de material, com diferentes coeficientes de dilatação, quando no clima frio europeu, não causava nenhum problema, mas no clima tropical brasileiro, em que as aeronaves saíam de um calor de aproximadamente 40º C e rapidamente atingiam temperaturas abaixo de zero, causava um grande diferencial de expansão, gerando a fadiga do material mais fraco, no caso o plexiglass, que, ao ser submetido à variação de pressão, se estilhaçava.

Apesar de estarem voando uma aeronave a jato na década de 1950, os pilotos de Meteor ainda usavam o tradicional gorro de couro da Segunda Guerra Mundial. Em 1956, quando da desintegração de um canopi durante um voo, fragmentos desse material atingiram a cabeça do piloto, causando-lhe um grande ferimento, que quase resultou na perda da aeronave e do piloto. Esse fato levou o Ministério da Aeronáutica a adquirir um lote de capacetes de fibra nos EUA, que acabou salvando outro piloto no ano seguinte, quando ocorreu um incidente semelhante. Somente após a ocorrência desses dois casos os ingleses substituíram os canopis dos F-8 por um tipo com plexiglass inteiriço, acabando com os problemas de desintegração explosiva.

Com a entrada em serviço dessas aeronaves, a FAB passou a contar com três esquadrões, o 1º/1º GAVCA, o 2º/1º GAVCA e o 1º/14º GAV, equipados e adestrados com aviões puramente de caça, o que colocava a Força Aérea num nível bastante elevado no contexto latino-americano. Ocorre que os F-8 eram aeronaves projetadas para a interceptação e, na época, a FAB não dispunha de nenhum radar que viabilizasse o cumprimento desse tipo de missão, assim, os esquadrões passaram a usar as aeronaves como caça-bombardeiro, que era o tipo de missão que mais conheciam.

Infelizmente as missões de ataque ao solo, tipo de ação na qual o F-8 foi empregado em grande parte do seu tempo na FAB, cobrou um elevado preço das aeronaves. O esforço a que eram submetidas na recuperação dos mergulhos de ataque provocaram rachaduras nas longarinas principais, resultando em parada para reforço estrutural. Durante a execução dos serviços de reforço, foram constatados alguns danos além do limite aceitável, resultando na aposentadoria prematura de inúmeras aeronaves.

Assim e para manter a operacionalidade da Força, em 1966, os F-8 do 1º/14º GAV foram transferidos para o 1º Grupo de Aviação de Caça, que concentrava as aeronaves em apenas um local, aonde um número reduzido de aeronaves ainda voaram até 1968.

Considerando que os F-8 voaram na FAB apenas 15 anos, pois operaram no 1º GAVCA de 1953 a 1968, quando equiparam o 1º/1º GAVCA e o 2º/1º GAVCA e no 1º/14º GAV, de 1954 a 1966, podemos concluir que a aposentadoria inesperada e precoce foi um grande golpe na capacidade operacional da aviação de caça brasileira.

Um fato interessante sobre essa aeronave e que deve ser ressaltado é que foi montado um 61º F-8, após sua desativação oficial. Há controvérsias se a montagem

Dois F-8 de Santa Cruz, em seus primeiros dias de Brasil, são visto ainda com o canopi original. Problemas de rachaduras e estouros em voo fizeram a FAB trocar o canopi, em 1957, por outro modelo. Foto Arquivo Action Editora Ltda.

O TF-7, além de ter sido a primeira aeronave a jato a voar na FAB, foi também o primeiro caça biplace destinado à instrução e à formação operacional, inaugurando assim uma nova era na Força Aérea. Até então, os caças P-36, P-40 e P-47, empregados pela FAB, não tinham versões de instrução. Foto Mario Roberto Vaz Carneiro.

ocorreu com peças sobressalentes estocadas no PAMA-SP, fato que demonstraria a qualidade do suporte do suprimento para os Meteor, ou se existia realmente uma 61ª aeronave ainda encaixotada, como atestam alguns militares que trabalharam naquele parque. Hoje a referida aeronave encontra-se exposta no Museu Aeroespacial (MUSAL), para onde foi trasladada com grande pompa, após prestar inestimável serviço ao rebocar alvos para tiro aéreo das aeronaves mais modernas.

Demonstração de ataque com caças F-8 do 1º GAVCA no estande da BASC. Com a chegada do F-8, a FAB passou a ter uma aviação de caça de primeiro nível, tornando-se uma das Forças Aéreas mais capacitadas da América Latina. Foto Arquivo Action Editora Ltda.

O 61º F-8 brasileiro, o FAB 4460, originalmente foi matriculado 4399. Visto aqui, em 1971, na BASC, ainda metálico, essa aeronave acabou recebendo um padrão de pintura camuflado em 1972, no padrão usado pelo AT-26. Foto Museu Aeroespacial do Campo dos Afonsos.

Gloster Meteor TMk.7 e FMk.8

Período de Utilização	De 1953 até 1971	De 1953 até 1971 De 1970 até 1974 (4460)
Fabricante	Gloster Aircraft Corporation	
Emprego	Instrução de Caça	Caça
Características Técnicas	TMk.7	FMk.8
Motor	2 Rolls-Royce Derwent 8 de 3.600 lb cada um	2 Rolls-Royce Derwent 8 de 3.600 lb cada um
Envergadura	11,32 m	11,32 m
Comprimento	13,25 m	13,58 m
Altura	4,16 m	4,21 m
Peso Vazio	4.780 kg	4.819 kg
Peso Máximo	7.983 kg	8.633 kg
Armamento		4 canhões de 20 mm no nariz Foguetes e bombas sob as asas
Desempenho		
Velocidade Máxima	941 km/h	949 km/h
Teto Operacional	10.668 m	13.411 m
Alcance	1.206 km	1.575 km
Comentários		
Total Adquirido	10 exemplares	61 exemplares
Unidades Aéreas	1º/1º GAVCA 2º/1º GAVCA 1º/14º GAV	1º/1º GAVCA 2º/1º GAVCA 1º/14º GAV
Designações	TF-7	F-8
Matrículas	4300 a 4309	4400 a 4460

Stinson L-5 Sentinel

Seguramente um dos menos conhecidos aviões de ligação e observação empregados durante a Segunda Guerra Mundial, o Stinson L-5 Sentinel foi largamente utilizado em quase todos os teatros de operação daquele conflito. Oficialmente batizado de Sentinel (Sentinela), o L-5 passou a ser conhecido como Flying Jeep, um apelido que refletia fielmente a robustez e a versatilidade dessa aeronave. Em face dessas qualidades, o L-5 foi "pau para toda obra" ao desempenhar com sucesso papéis tão díspares como avião-ambulância e avião de transporte logístico, que operava de locais inacessíveis para outros aviões.

As origens do L-5 remontam ao Model HW-80, uma aeronave de recreio e desporto desenvolvida pela Stinson Aircraft Corporation lançada em 1939 e popularmente conhecida como Stinson Model 10. Tendo em vista o desenrolar dos eventos na Europa após o início da Segunda Guerra Mundial – e consideravelmente impressionadas pelo desempenho do avião alemão de ligação e observação Fieseler Fi-156 Storch, que fora demonstrado nos Estados Unidos em 1938 –, as autoridades da Aviação do Exército Norte-Americano, o United States Army Air Corps (USAAC), decidiram encontrar uma solução doméstica. Em 1940, aquela arma solicitou a diversos construtores aeronáuticos que apresentassem projetos baseados em aeronaves já em produção. Em distintos momentos, a Stinson apresentou projetos muito promissores, mas foi uma versão consideravelmente modificada do Model 10 Voyager que mais impressionou as autoridades do Exército. Denominado Model V75, essa aeronave ainda sofreu alguns aprimoramentos, transformando-se em Model V76, com a designação militar L-5.

O Stinson L-5 possuía excelente capacidade de decolagem e pouso curto (STOL) além de grande rusticidade. Eram extensamente operados em missões de inserção ou exfiltração de agentes especiais e para enviar sinais predeterminados às equipes de recepção no solo eram dotados de luzes IFF – identificação amigo ou inimigo – na parte ventral da fuselagem. Bolsas de carga acopladas sob as asas eram usadas para carregar armas, munição, suprimentos médicos e outros equipamentos que eram lançados em passagens baixas ou entregues após o pouso para tropas operando atrás das linhas inimigas.

São raros os registros fotográficos do L-5 na FAB. Aqui, o FAB 3059 já aparece rematriculado PP-GQT após sua transferência para o DAC, em dezembro de 1956. Em 1979, o GQT foi perdido em um acidente quando voava com o Aeroclube de Palmeira das Missões. Foto Arquivo José de Alvarenga.

Stinson L-5 FAB 3059 do Parque de Aeronáutica do Afonsos, em 1955.

No final da Segunda Guerra Mundial, o Capitão James H. Brodie, da USAAF Transportation Corps, desenvolveu um sistema que permitia que uma aeronave leve pousasse e decolasse sem a necessidade de uma pista de pouso. O avião, dotado de um gancho afixado sobre a superfície dorsal da fuselagem se acoplava a uma espécie de forca de cabos pendurada entre dois postes de alumínio. Batizado de Brodie System, brecava uma aeronave em meros 15 metros após o início de sua desaceleração. Para decolar, o procedimento exigia que a aeronave fosse elevada nos cabos e com motor a pleno fosse livrada na hora correta. Com vento frontal, um L-5 era capaz de decolar com meros 70 metros de cabo. O sistema foi muito utilizado em selvas, pântanos, terreno pedregoso, arenoso e até a partir de navios de desembarque como ocorreu durante as campanhas de Saipan e Okinawa. Carregado por transportes Douglas C-47, o sistema Brodie e sua equipe de nove operadores eram lançados sobre a sua área de operação que em menos de 12 horas podia receber os primeiros L-5.

Não se sabe com exatidão o número total de aviões Stinson L-5 produzidos durante o conflito e nos meses imediatamente após o fim da Segunda Guerra Mundial. No entanto, informações existentes levam a crer que 3.650 células das muitas versões do L-5 foram fabricadas na cidade de Wayne, no estado de Michigan, as quais foram utilizadas principalmente pela Força Aérea Americana (USAF), pelo Corpo de Fuzileiros Navais (USMC) e pela Real Força Aérea Britânica (RAF).

O Stinson L-5 na Força Aérea Brasileira

A história inicial do único Stinson L-5 Sentinel empregado pela FAB encontra-se cercada de mistério, visto que não existem dados concretos sobre sua origem, nem como essa aeronave chegou à Força Aérea Brasileira. É possível que esse avião tenha sido trazido por uma das missões militares norte-americanas no Brasil, que dispunham de uma pequena quantidade de aeronaves para realizar seus serviços, ou então tenha sido importado de forma irregular e apreendido. De fato, sequer se sabe a exata versão desse L-5 e se originalmente pertenceu à USAAF ou ao USMC.

Seja como for, não se sabe com certeza se o Stinson L-5 chegou à Fábrica do Galeão (RJ) na primeira metade de 1954 ou antes, mas, assim que chegou, o avião foi inteiramente recuperado pelos técnicos daquele estabelecimento. Uma vez pronta, aquela aeronave foi enviada ao Parque de Aeronáutica dos Afonsos (PqAerAF), onde, em 2 de junho de 1954, recebeu a designação e a matrícula L-5 3059. O Stinson permaneceu naquele centro de manutenção da FAB, presumivelmente para realizar trabalhos de ligação em seu benefício. Em abril de 1956, foi dada ordem para que o L-5 3059 permanecesse no PqAerAF, porém à disposição da Diretoria de Material da Aeronáutica (DIRMA). Nessa época, a DIRMA contava com um variado leque de aviões que se encontrava em poder de alguma unidade, mas prontos para realizar seus voos administrativos.

Entretanto, as dificuldades associadas à logística e à manutenção de um tipo de avião do qual existia somente um exemplar quase que certamente incentivaram a FAB a se desfazer desse solitário Sentinel. Em dezembro de 1956, foi determinado que o L-5 3059 fosse transferido para o acervo do Departamento de Aviação Civil, que, por sua vez, o entregaria a um dos muitos aeroclubes que apoiava. Dotado de motor Ranger 6-440C-4, o L-5 da FAB retirou a farda e recebeu as marcas PP-GQT, quando passou a servir diversos aeroclubes até encerrar sua carreira, no Aeroclube de Palmeira das Missões.

Em março de 1979, o avião acidentou-se após sofrer uma pane de motor quando decolava da pista daquele aeroclube e sua recuperação acabou sendo considerada antieconômica.

Stinson L-5 Sentinel

Período de Utilização	De 1954 até 1956
Fabricante	Stinson Aircraft Division, Consolidated-Vultee, Wayne (Michigan – EUA)
Emprego	Ligação
Características Técnicas	
Motor	Os Stinson L-5 eram dotados de distintas versões do motor Lycoming O-435 de 185 hp e os dados técnicos desta tabela se referem à aeronave com esse grupo motopropulsor; contudo, sabe-se que o L-5 3059 encontrava-se equipado com um motor Ranger 6-440C-4 de 175 hp quando de sua transferência para o DAC, havendo a possibilidade de que fosse esse o motor empregado durante toda sua carreira na FAB; portanto, certamente haverá algumas diferenças nos dados de desempenho e em algumas características técnicas quando essa aeronave encontrava-se equipada com o último citado motor
Envergadura	10,36 m
Comprimento	7,34 m
Altura	2,41 m
Área Alar	14,40 m^2
Peso Vazio	703 kg
Peso Máximo	916 kg
Armamento	Não dispunha de armamento
Desempenho	
Velocidade Máxima	209 km/h
Razão de Subida	297 m/min
Teto Operacional	4.815 m
Alcance	675 km
Comentários	
Total Adquirido	1 exemplar
Unidades Aéreas	Parque de Aeronáutica dos Afonsos Diretoria de Material da Aeronáutica
Designações	L-5
Matrículas	3059

Taylorcraft 15

Clarence Gilbert Taylor e seu irmão Gordon fundaram, em 1929, a Taylor Brothers Aircraft Corporation, com o objetivo de produzir aeronaves leves e baratas para se tornarem tão comuns quanto os automóveis. Seu projeto era um monoplano de asa alta para dois lugares que, infelizmente, não teve boa aceitação.

Em 1928, após a morte do irmão em um acidente aéreo, C. G. Taylor se mudou com a fábrica para a Pensilvânia onde, em sociedade com William T. Piper, projetou o Taylor E-2 Cub, uma aeronave leve, de dois lugares em tandem, com um cockpit aberto, estrutura da asa de madeira e da fuselagem de tubos de aço soldados recobertos com tecido, que fez seu primeiro voo em 12 de setembro de 1930. Em 1936, Taylor perdeu o controle da Empresa para William T. Piper, que a transformou na Piper Aircraft Company.

Fora da Aircraft Taylor, em 1935, C. G. Taylor fundou uma nova empresa, a Taylor Aircraft Company, mais tarde rebatizada de Taylorcraft Aviation Corporation, e criou um novo modelo parecido com o Cub, porém com assentos lado a lado. Esse novo avião recebeu a denominação BC-12 Taylorcraft e foi o primeiro de uma série.

Apesar de ser engenheiro autodidata, C. G. Taylor tinha uma boa percepção para a aerodinâmica e conseguiu produzir uma aeronave com uma fuselagem de baixo arrasto. Com o mesmo motor que o de um J-3 Cub, o BC-12 conseguia uma velocidade de 20 mph a mais que o seu rival. Parte dessa velocidade extra se devia ao fato de o BC-12 possuir baixa área frontal na cabine.

Durante a Segunda Guerra Mundial, mais de 2 mil unidades do BC-12 foram produzidas como aeronave de ligação e observação com a designação L-2, equipando diversas unidades de observação aérea da Inglaterra e do Canadá. Após a guerra, foi elaborada uma versão mais potente do motor, designado BC-12D.

O ex-FAB L-2 3060 visto em 1972, já rematriculado PP-GQO. O L-2 é outra aeronave de passagem breve pela Força Aérea. O FAB 3061 foi rematriculado PP-GQU pelo DAC. Foto Arquivo José de Alvarenga.

A empresa entrou em falência em 1946, mas C. G. Taylor voltou a criar outra em 1949, quando produziu o Modelo 15 para quatro lugares, cujo projeto já existia desde antes da falência da empresa e era conhecido como "quarteto". Posteriormente, houve modificação na aeronave, que foi dotada de motor Franklin de 150 hp e passou a ser designada Taylorcraft 15A Turista, dos quais apenas 31 foram produzidos.

O Taylorcraft 15 na Força Aérea Brasileira

Os Taylorcraft 15 tiveram uma passagem bastante discreta pela Força Aérea Brasileira, pois existiram apenas dois exemplares que voaram entre 1955 e 1956. De origem desconhecida, essas duas aeronaves chegaram desmontadas ao Parque Aeronáutico dos Afonsos, restando grande dúvida se foram doadas ou mesmo apreendidas em contrabando.

O certo é que as aeronaves foram montadas pelo pessoal do parque e colocadas em condições de voo em outubro de 1955, quando receberam a designação militar L-2 e matrículas 3060 e 3061.

Como eram aeronaves leves, com baixa capacidade para transporte de passageiros, foram empregadas apenas em missões de ligação de comando, sendo o 3060 designado para a Base Aérea do Galeão e o 3061 para a Base Aérea de Porto Alegre, onde ficou à disposição do QG da V Zona Aérea.

Voaram na FAB apenas por dois anos e, na sua desativação, em dezembro de 1956, foram repassados ao DAC para emprego na formação de pilotos civis em aeroclubes brasileiros.

Considerando que existiram apenas esses dois exemplares no acervo da FAB, é possível que sua desativação tenha se dado por causa de problemas logísticos.

Taylorcraft 15

Período de Utilização	De 1955 até 1956
Fabricante	Taylorcraft Aviation Corporation
Emprego	Ligação e transporte leve
Características Técnicas	
Motor	Franklin 6A-150-B3 de 150 hp
Envergadura	11,04 m
Comprimento	7,31 m
Altura	2,15 m
Área Alar	17,27 m^2
Peso Vazio	578 kg
Peso Máximo	997 kg
Armamento	Não dispunha de armamento
Desempenho	
Velocidade Máxima	201 km/h
Razão de Subida	228 m/min
Teto Operacional	4.876 m
Alcance	723 km
Comentários	
Total Adquirido	2 exemplares
Unidades Aéreas	Base Aérea do Galeão Base Aérea de Porto Alegre
Designações	L-2
Matrículas	3060 e 3061

Fairchild C-82A Packet

À s vésperas da entrada dos Estados Unidos na Segunda Guerra Mundial, os chefes do United States Army Air Corps (USAAC) identificaram a necessidade de dispor de um avião de transporte capaz de transportar não somente tropas, mas os mais variados tipos de equipamento bélico, desde pequenos veículos até canhões e obuses. Porém, em face da possível falta de alumínio na época, o USAAC inicialmente estabeleceu que tal aeronave deveria ser inteiramente de madeira. Em novembro de 1941, a Fairchild Engine & Airplane Corporation, incentivada pelo USAAC, deu partida no avião que denominou Model 78, mas que, no final daquele mês, o USAAC designou como C-82.

Após quase um ano dedicando-se à definição das características técnicas do projeto, o USAAC – já redenominado USAAF – solicitou que o C-82 passasse a ser uma aeronave inteiramente de alumínio. Em consequência, o cronograma de desenvolvimento do programa foi substancialmente dilatado, fazendo com que o primeiro protótipo só fizesse seu voo inaugural em setembro de 1944. Os resultados da campanha de ensaios em voo foram suficientemente promissores para levar à assinatura de um contrato de encomenda de 100 aviões C-82, seguidos por outras 100 aeronaves e um terceiro contrato para 782 aviões C-82N a serem fabricados pela North American Aviation. Mas o fim da guerra determinou o cancelamento ou cortes em praticamente todos os contratos de aviões militares produzidos nos Estados Unidos, incluindo o Fairchild C-82. De fato, somente 224 exemplares foram produzidos, incluindo o protótipo.

Entrando em operação com a USAAF em maio de 1945, os C-82 dotaram principalmente unidades de transporte de tropa nos Estados Unidos e na Europa. No entanto, ante suas características, os C-82 foram também usados como plataforma de busca e salvamento. Mas foi na Europa, entre junho de 1948 e setembro de 1949, que os C-82 ganharam destaque ao participar da ponte aérea de Berlim, quando levaram à população daquela cidade sitiada pelos soviéticos não somente alimentos, carvão e agasalhos, mas toda sorte de equipamentos e

Um Vagão Voador da FAB, pertencente ao 1º/2º GT, no táxi. Essas aeronaves revolucionaram o transporte de carga e o emprego tático com tropas na FAB, que até então tinha como maior referência o C-47. Foto Arquivo Mario Roberto Vaz Carneiro.

Fairchild C-82A Packet FAB C-82 2200 do 1º/2º GT (BAGL), em 1956.

Fairchild C-82A Packet FAB C-82 2207 do 1º/1º GTT (BAAF), em 1960.

máquinas destinados à ampliação da própria ponte aérea. De fato, os C-82 participaram de diversas operações humanitárias nos Estados Unidos, na Europa, na África e nas Américas, além das tradicionais missões de transporte de tropas, transporte logístico e operações aerotransportadas.

A partir de 1951, o sucessor do C-82, o C-119, já estava chegando às muitas unidades de transporte da USAF, determinando o fim da carreira militar do C-82 nos Estados Unidos. Finalmente, em 1953, os últimos C-82 deixaram o serviço ativo, mas muitos continuariam voando por muitos anos, como avião de transporte de carga de diversas empresas norte-americanas e estrangeiras. Entre elas estava a brasileira Cruzeiro do Sul, que adquiriu nove desses aviões para transportar carga.

O Fairchild C-82A Packet na Força Aérea Brasileira

A chegada ao Brasil, em 1944, dos primeiros Douglas C-47 deu à recém-criada Força Aérea Brasileira (FAB) uma sólida base com a qual formar sua aviação de transporte. Superior a qualquer outra plataforma à disposição até aquele momento, quer em termos de capacidade de carga, quer em termos de desempenho, o C-47 ampliou a latitude das operações do Correio Aéreo Nacional (CAN). Mas, mais importante, possibilitou a eficiente execução de trabalhos de transporte logístico e de transporte de pessoal, missões que realizava muito além da capacidade de execução de aviões como o Lockheed Lodestar e o Lockheed Electra Junior.

Entretanto, assim como outros operadores do C-47, a FAB percebeu que aquela aeronave apresentava limitações quanto aos tipos de carga que podiam ser acomodados em seu interior. E por mais que o ele prestasse bons serviços como plataforma de lançamento de paraquedistas, a porta lateral impedia o lançamento de cargas maiores do que fardos ou os cilíndricos paratainers comumente utilizados naquelas operações. Mas sem perspectivas de recursos para a compra de um avião de transporte de maior porte, a FAB não só continuou com o C-47, mas adquiriu mais exemplares sempre que as circunstâncias permitiam.

Não se sabe ao certo a sequência dos eventos e quem os iniciou, mas entre o final de 1954 e os primeiros meses de 1955, surgiu a possibilidade de a FAB obter um lote de aviões Fairchild C-82 Packet através do Military Assistance Program (MAP). Muito provavelmente, diante da recente desativação dessas aeronaves nas unidades de transporte de tropa da USAF, o Department of Defense (DoD – Ministério da Defesa dos Estados Unidos) apresentou à FAB uma proposta de fornecimento em atenção às necessidades de transporte de carga que o Brasil identificara.

Independentemente de como se processou o assunto, o fato é que os acertos finais já estavam bem encaminhados no segundo semestre de 1955. Em outubro de 1955, já estavam sendo nomeadas as primeiras tripulações brasileiras para realizar o traslado dos aviões até o Brasil. E em atenção à proposta apresentada pelo Chefe do Estado-Maior da Aeronáutica, em agosto de 1955, o Ministro da Aeronáutica, Brigadeiro Eduardo Gomes, assinou, no final de dezembro daquele ano, um aviso reservado que determinava que os 12 aviões Fairchild C-82 adquiridos fossem distribuídos ao 2º Grupo de Transporte (2º GT). Com sede no Campo dos Afonsos, até aquele momento, o 2º GT contava com dois esquadrões equipados com aviões C-47A/B, e um desses passaria a ter os novos aviões, repassando seu acervo de aviões C-47 para o 1º Grupo de Transporte.

No mesmo mês em que Eduardo Gomes assinava o aviso reservado que definia a distribuição dos C-82, estes já estavam prontos para serem trasladados ao Brasil. Curiosamente, os primeiros dois aviões receberam – erroneamente – as matrículas 2065 e 2066, seguindo, assim, a sequência de matrículas até então outorgadas aos C-47. Porém, a Diretoria de Material da Aeronáutica (DIRMA) prontamente retificou esse equívoco, atribuindo aos novos aviões as matrículas 2200 a 2211.

A primeira esquadrilha de três aviões aterrissou no Campo dos Afonsos (RJ) em janeiro de 1956, seguida de outras três que chegaram nos meses de fevereiro e março do mesmo ano. Os 12 aviões recebidos eram do tipo C-82A-FA e, com exceção de um, todos pertenciam ao último lote de Packets fabricados pela Fairchild. Ao passo que iam chegando ao país, eram entregues ao 1º/2º GT.

Uma rara foto de um C-82 em seus primeiros dias na FAB, ainda com um padrão de marcas cuja matrícula era pintada ao lado da cabine. Mais tarde essas aeronaves adotaram a pintura dos três dígitos finais no nariz, marca registrada dos C-82.
Foto Museu Aeroespacial do Campo dos Afonsos.

O FAB C-82 2204 do 1º/1º GTT com o padrão de marcas e cores mais conhecido dos Packet na FAB. Na foto ele aparece ao lado de um P-16 e retrata bem a aviação da FAB nos anos 1960. Foto Museu Aeroespacial do Campo dos Afonsos. Foto Mario Roberto Vaz Carneiro.

Assim que os aviões chegaram, as atividades do 1º/2º GT tomaram um rumo distinto daquele observado na época em que voavam os C-47. Antes carregando passageiros e carga – frequentemente em benefício do CAN –, a unidade passou a operar exclusivamente como unidade de transporte logístico e de tropas. E quase de imediato, os C-82 começaram a desempenhar toda sorte de atividades no Núcleo da Divisão Aeroterrestre do Exército Brasileiro. Não somente adestrava e instruía paraquedistas, mas dava início ao lançamento de cargas de grande volume e peso, uma novidade na época. Para tal, tornava-se necessário remover as duas portas do tipo concha existentes na seção traseira da fuselagem, o que permitia o livre e desimpedido lançamento de veículos, canhões e outras cargas de grande porte.

Mas ao mesmo tempo em que essa estreita atividade entre o 1º/2º GT e o Núcleo da Divisão Aeroterrestre estava em franco desenvolvimento, aquela unidade aérea passou a ser convocada com regularidade para dar apoio direto à construção de Brasília. A volumosa cabine de carga servia para acomodar toda sorte de veículos, material e equipamento que, de outra forma, teriam que ser transportados por via terrestre, uma viagem que poderia demorar vários dias. Mas ocasionalmente os C-82A eram submetidos a verdadeiros desafios, como no caso de um tanque de combustível de 20 mil litros cujas dimensões eram praticamente as mesmas que as da cabine de carga. Partindo vazios de Brasília, os C-82A frequentemente passavam por Goiânia para carregar arroz e carne destinados aos ranchos das unidades da FAB no Rio de Janeiro, tal medida se devia à pronunciada diferença de preços desses produtos naquelas duas cidades.

A fim de melhor atender às necessidades do Exército Brasileiro, em janeiro de 1958, foi criado o 1º Grupo de Transporte de Tropas (1º GTT). Com sede na recém-criada Base Aérea dos Afonsos, no mês seguinte, foi ativado o 1º/1º GTT, esquadrão que passaria a operar os C-82A da FAB. Conquanto tal mudança pudesse ser considerada mero exercício de cosmética para alguns, já que as aeronaves e a dotação de pessoal permaneceram essencialmente inalteradas, o fato é que os C-82A passaram a trabalhar mais estreitamente com distintos elementos do Exército Brasileiro. Não somente com o Núcleo da Divisão Aeroterrestre, mas com outras unidades, invariavelmente em exercícios de porte.

A chegada dos Fairchild C-119G, em 1962, para equipar o 2º/1º GTT não resultou em queda nas atividades do C-82A, apesar de esse último ser perceptivelmente menor. Pelo contrário, os Vagões Voadores, como eram frequentemente chamados os C-82 – mesmo que incorretamente – por tripulações e mecânicos, continuaram voando tanto quanto antes. Em parte, esse fenômeno se deveu às peculiaridades do grupo motopropulsor do C-119G, cuja manutenção era extremamente complexa e com frequência resultava em baixos índices de disponibilidade.

A partir de 1964, os C-82A passaram a participar de exercícios organizados entre o Exército e a FAB, em geral focalizando na realização de operações aerotransportadas. Como extensão das rotineiras missões em apoio aos parques de aeronáutica da FAB, os C-82A também prestavam trabalhos de transporte logístico para unidades aéreas da FAB destacadas fora da sede. Mas em novembro de 1965, foi iniciada a Operação FAIBRAS, que exigiu o transporte de homens e materiais pertencentes a um batalhão reforçado do Exército até a República Dominicana. Esse batalhão passou a compor a Força Interamericana de Paz criada pela Organização dos Estados Americanos para intervir na crise política que eclodira naquele país. No transcorrer dessa operação, os C-82A realizaram 15 surtidas de transporte de material e pessoal.

Mesmo mantendo elevados índices de disponibilidade durante os anos de 1966 e 1967, as autoridades da DIRMA e do Parque de Aeronáutica do Afonsos, que prestavam apoio de manutenção de maior porte aos C-82A, concluíram que a vida útil dessas aeronaves já estava próxima do fim. Por um lado, a DIRMA já identificara as crescentes dificuldades em obter peças de reposição para aquela aeronave, um problema que só iria ficar mais grave. Por outro, a própria obsolescência desses aviões militava a favor da compra de novos aviões de transporte tático. Em consequência, assim que foi definido que o de Havilland DHC-5 Buffalo seria o substituto do C-82A, a DIRMA tratou de implementar o plano de desativação desses já veteranos aviões de transporte.

Assim, em abril de 1968, registraram-se os últimos voos com os C-82A da FAB, que foram recolhidos ao Parque de Aeronáutica do Afonsos para serem alienados. Porém, para dois dos 12 aviões C-82A da FAB haveria sobrevida, pois foram alienados em concorrência pública e adquiridos por uma pequena empresa de transporte de carga que os operou com alguma regularidade até 1970.

Os C-82 tiveram papel importante no estabelecimento da doutrina aeroterrestre do Exército. Transferidos para o Campo dos Afonsos (RJ) em 1958, os C-82 deram o impulso necessário à formação da Brigada de Infantaria Paraquedista do Exército Brasileiro. Foto Museu Aeroespacial do Campo dos Afonsos.

Fairchild C-82A Packet	
Período de Utilização	De 1956 até 1968
Fabricante	Fairchild Engine & Airplane Corporation, Hagerstown (Maryland – EUA)
Emprego	Transporte
Características Técnicas	
Motor	2 Pratt & Whitney R-2800-85 de 2.100 hp cada um
Envergadura	32,44 m
Comprimento	23,50 m
Altura	8 m
Área Alar	130 m²
Peso Vazio	14.742 kg
Peso Máximo	24.494 kg
Armamento	Não dispunha de armamento
Desempenho	
Velocidade Máxima	399 km/h
Razão de Subida	289 m/min
Teto Operacional	6.461 m
Alcance	6.231 km
Comentários	
Total Adquirido	12 exemplares
Unidades Aéreas	1º/2º Grupo de Transporte 1º/1º Grupo de Transporte de Tropas
Designações	C-82
Matrículas	2065 e 2066 (as duas primeiras unidades); posteriormente, rematriculados 2200 e 2201. As subsequêntes foram de 2202 a 2211

Lockheed T-33A e AT-33A

Quando do desenvolvimento do Lockheed P-80 – o primeiro caça a jato operacional dos Estados Unidos –, foi considerada a construção de uma versão biplace. Mas foi somente em 1947 que essa possibilidade passou a ser seriamente estudada, e não sem motivo. Assim que os primeiros P-80A chegaram aos esquadrões operacionais da USAAF, essas unidades passaram a registrar índices assustadores de acidente. De fato, entre meados de 1945 e setembro de 1946, nada menos do que 61 acidentes foram registrados entre a ainda reduzida frota de jatos P-80A.

Antes mesmo de a USAAF oficialmente se pronunciar a favor de uma versão biplace do P-80 ou solicitá-la, a Lockheed deu início aos trabalhos de desenvolvimento dessa versão. Fazendo uso de uma célula de P-80C cedida pela USAAF para esse fim, os engenheiros da Lockheed trataram de colocar um segundo cockpit esticando a fuselagem em 128 cm. Como medida para economizar peso, as seis metralhadoras calibre .50 foram reduzidas para duas. E em face da redução da quantidade de combustível ao colocar uma segunda nacele, os tanques autovedáveis de combustível instalados nas asas foram substituídos por células de náilon.

O novo avião voou pela primeira vez em 22 de março de 1948, e a campanha de ensaios em voo demonstrou que o biplace TP-80C apresentava praticamente todas as qualidades de voo encontradas no monoplace P-80C. Com a USAF assinando um tímido contrato de encomenda para 20 dessas aeronaves, em pouquíssimo tempo ficou claro que o TP-80C – redesignado T-33A em maio de 1949 – era um avião surpreendentemente flexível. Tanto que a demanda da USAF, bem como de outras forças aéreas, determinou a produção de 5.691 aviões T-33A e da versão naval TO-2/TV-2 e este número não inclui 866 unidades produzidas sob licença pela Kawasaki, no Japão e pela Canadair no Canadá.

Excluindo as armas aéreas dos Estados Unidos, nada menos do que 38 países operaram ou ainda usam o T-33A, o que demonstra claramente a longevidade e a popularidade desse jato.

A USAF desativou os últimos 150 exemplares em 1987 por determinação do Congresso, período em que Cingapura adquiria seus primeiros T-33A e a Bolívia tratava de comprar mais exemplares. Entre as forças aéreas europeias, bem como dos Estados Unidos, o T-33A desempenhou a função de plataforma de treinamento, inicialmente introduzindo os neófitos no voo com aeronaves a reação. No entanto, esse avião se mostrou ideal para a instrução de voo por instrumentos, como plataforma de reboque de alvos aéreos, avião de ligação e aeronave de adestramento para aviadores que desempenhavam funções administrativas. Algumas forças aéreas também operaram durante anos a versão RT-33A, que nada mais era do que o T-33A modificado para missões de reconhecimento.

E mesmo quando for desativado o último T-33A militar, essa aeronave ainda será vista com frequência nos Estados Unidos e na Europa, em face da sua popularidade entre os colecionadores.

Os Lockheed T-33A e AT-33A na Força Aérea Brasileira

O começo de 1956 encontrou a Aviação de Caça da Força Aérea Brasileira dotada de três esquadrões operacionais equipados com jatos Gloster Meteor FMk.8 e TMk.7, os últimos dos quais haviam chegado ao país no início de 1954. Para formar novos pilotos de caça, a FAB dependia dos caças Republic P-47D, muitos dos quais veteranos da Segunda Guerra Mundial.

Estes aviões eram operados pelo 2º/5º Grupo de Aviação (2º/5º GAV), com sede na Base Aérea de Natal, e o intenso uso dado aos P-47D – quer como aeronave de caça de primeira linha, quer como plataforma de instrução – cobrara seu preço, e aquelas aeronaves demonstravam claros sinais de desgaste, agravado pelas crescentes dificuldades em se obter peças de reposição. Em vista desse

O AT-33A FAB 4331 do 1º/14º GAV em voo no final de carreira. Em novembro de 1975, todos os T-33 da FAB foram desativados, sendo grande parte trasladada de Canoas para Recife (PAMA-RF), aonde foram sucateados. Foto José Leandro Poerschke Casella / Action Editora Ltda.

Lockheed T-33 FAB 4315 do 1º/4º GAV (BAFZ), em 1962.

Lockheed T-33A FAB 4311 do 2º/1º GAVCA (BASC), em 1970.

Lockheed AT-33A FAB 4331 do 1º/14º GAV (BACO), em 1973.

quadro que só iria piorar, o Estado-Maior da Aeronáutica (EMAer) tratou de esboçar planos para encontrar um substituto para os P-47D.

Paralelamente, o Department of Defense (DoD – Departamento de Defesa dos Estados Unidos) escolheu o Lockheed F-80C como a plataforma que substituiria os Republic P-47 uma vez que ele já se encontrava em operação com várias forças aéreas beneficiadas pelo Military Assistance Program (MAP – Programa de Assistência Militar). Na América do Sul isso viria a compreender o Chile, o Equador, o Peru e o Brasil, este um dos primeiros a receber proposta de fornecimento de caças F-80C. Depois de prontamente aceitar a oferta, foi aberto o programa de fornecimento à FAB de jatos F-80C, e, como consequência, o fornecimento de alguns jatos de treinamento Lockheed T-33A que serviriam para a conversão dos futuros pilotos de F-80 da FAB.

Nesse ínterim, o EMAer julgou conveniente transferir a instrução de caça para o 1º/4º Grupo de Aviação (1º/4º GAV), que até aquele momento formava pilotos de combate de aviões bimotores. Em consequência, o acervo material e quase todo o pessoal do 2º/5º GAV foram transferidos da Base Aérea de Natal para a Base Aérea de Fortaleza (BAFZ) para compor a nova dotação do 1º/4º GAV. Por sua vez, os B-25J e o pessoal que compunha o quadro de aeronavegantes e o escalão terrestre do 1º/4º GAV foram absorvidos pelo 5º Grupo de Aviação na Base Aérea de Natal. Essa transferência bilateral de acervos e atribuições ganhou o selo oficial através de uma nota confidencial do gabinete do ministro datada de 8 de novembro de 1956.

Esse processo já estava em curso meses antes da assinatura da Nota Confidencial no S-174/GM2, o que posteriormente possibilitou a fluida movimentação de aeronaves, material e pessoal entre as Bases Aéreas de Fortaleza e Natal. Porém, para os instrutores de caça que levaram os P-47D para Fortaleza, outubro de 1956 trouxe o início da instrução técnica referente ao Lockheed T-33A, programa que incluiu o pessoal de manutenção.

Cumprindo o planejamento que fora elaborado, em 10 de dezembro de 1956, chegaram à Base Aérea de Fortaleza quatro jatos Lockheed T-33A, todos trasladados para o Brasil por oficiais da USAF. Com essas aeronaves foram ministradas as etapas de conversão dos instrutores de voo do 1º/4º GAV, para em seguida realizar o desejado curso de padronização de instrutores naquela nova aeronave.

Esse trabalho prolongou-se até junho de 1957, principalmente em função dos diversos atrasos registrados no andamento da instrução dos alunos, em face das dificuldades materiais havidas com os P-47D. Porém, em junho, foi iniciada outra fase de treinamento para os instrutores. Ministrada pelo 102nd Mobile Training Unit (102nd MTU – 102ª Unidade Móvel de Treinamento), da USAF, essa focalizava o uso do T-33A como plataforma para a conversão ao F-80C, bem como as várias modalidades de instrução que se pretendia dar aos alunos tendo o T-33A como instrumento.

Ao fechar 1957, os quatro T-33A registraram pouco mais de 227 horas no cumprimento das distintas etapas de conversão, treinamento e padronização dos instrutores de voo do 1º/4º GAV. Isso deixou aquele esquadrão pronto para receber os F-80C bem como dar início à formação da primeira turma de estagiários a serem instruídos em aviões a jato.

Assim que chegaram os F-80C, esses e os T-33A passaram a marcar uma rotina que perduraria por muitos anos. Anualmente, turmas de estagiários eram recebidas pelo Esquadrão Pacau – como é também conhecido o 1º/4º GAV – para receberem pouco mais de seis meses de instrução de caça. A primeira fase constava de 10 a 12 surtidas no T-33A antes de solarem aquela aeronave para então prosseguir no F-80C. Mesmo evoluindo para o F-80C, durante o curso, os estagiários não deixavam de manter contato com o T-33A, realizando naquele avião muitos dos segmentos das etapas de tiro aéreo e formatura. Ao concluir o curso de caça, o recém-formado piloto de caça teria anotado aproximadamente 125 a 130 horas de voo, quase a metade no T-33A.

A fim de dar mais flexibilidade ao curso de caça ministrado pelo 1º/4º GAV, em dezembro de 1959, o EMAer acertou a aquisição de mais quatro aviões T-33A via MAP. Tal como ocorreu com os primeiros quatro aviões, estes também foram trasladados desde os Estados Unidos até a Base Aérea de Fortaleza por oficiais da USAF, lá chegando no início de abril de 1960. Porém, em face da perda de algumas células de F-80C nos anos anteriores, no início de 1962, foi acertada a aquisição de mais dois T-33A, os quais chegaram à Fortaleza em outubro daquele ano.

No entanto, eventos nas unidades equipadas com os aviões Gloster Meteor FMk.8 e TMk.7 determinariam uma considerável mudança na frota de aviões T-33A.

Em 1962, a empresa Gloster emitiu uma sucinta recomendação referente ao perfil de voo que os aviões Meteor deveriam adotar, para não gerar fadiga material da célula. Apesar de os esquadrões da FAB equipados com essas aeronaves acatarem essa recomendação, a partir de 1964, surgiram diversos Meteor com pequenas rachaduras nas longarinas. Inicialmente detectadas entre algumas células recolhidas ao Parque de Aeronáutica de São Paulo (PqAerSP) para revisão geral, uma inspeção pormenorizada em todos os Meteor FMk.8 e TMk.7 mostrou que a maioria desses aviões estava com as longarinas comprometidas em maior ou menor grau. Durante o restante de 1964 e os meses iniciais de 1965, diversas alternativas foram examinadas perante a Hawker Aviation, sucessora da Gloster Aircraft

Um dos T-33 originais recebidos, nos anos 1950, com as cores do 2º/1º GAVCA, em Santa Cruz. Os T/AT-33 operaram por pouco tempo no 1º GAVCA, entre 1968 e 1972, quando foram substituídos pelos AT-26. Foto Arquivo Mario Roberto Vaz Carneiro.

Company. Mas em pouco tempo ficou claro que a era do Meteor no Brasil estava chegando ao fim e a FAB deveria buscar um substituto para esses caças.

Para dar solução à questão dos Gloster Meteor, durante 1965, as autoridades do Ministério da Aeronáutica acertaram a compra de caças supersônicos Northrop F-5A e F-5B para equipar o 2º/1º Grupo de Aviação de Caça. Porém, os recursos financeiros destinados à compra desse que deveria ser o primeiro lote de caças F-5A/B foram cancelados e o restante, redistribuído para atender outras prioridades.

Paralelamente, os F-80C do 1º/4º GAV já vinham demonstrando crescentes problemas na sua manutenção, consequência da intensa atividade que essas aeronaves registraram desde que saíram da linha de produção, inclusive muitas horas de combate real durante a Guerra da Coreia. Com a iminente desativação dos F-80C sendo uma realidade, no final de 1964, foi acertado com o governo norte-americano o fornecimento de cinco aviões T-33A posteriormente acrescidos por outros oito.

Contrário aos primeiros T-33A recebidos entre 1956 e 1962, determinou-se que os novos aviões não só sofreriam extensos trabalhos de revisão de célula e motor, bem como modificações que os transformariam na versão AT-33A-20-LO daquele jato de treinamento. Apesar de essas aeronaves terem sido colocadas à disposição da FAB por conta do MAP, as despesas dos serviços de revisão e modificação foram pagas pelo Ministério da Aeronáutica. Para executar esses trabalhos, foi contratada a empresa ASD Fairchild, sediada na Flórida, que recebeu o primeiro T-33A em abril de 1965. Nos quatro meses seguintes, aquela aeronave foi submetida à revisão geral da célula em paralelo às modificações que caracterizam o AT-33A-20-LO. Entre as principais estavam a instalação de dois cabides subalares MA4 para o lançamento de bombas de até 227 kg e quatro cabides subalares MA2A para o lançamento de foguetes. Ademais, o programa de modificação contemplou a atualização dos painéis de instrumento das naceles dianteira e traseira. Curiosamente, de acordo com documentação da USAF, cada uma das cinco células pertencentes ao contrato nº 04 (606) 13049 recebeu dois lançadores de chaff, se bem que não existem registros que essas aeronaves tenham chegado ao Brasil com esse equipamento.

Seja como for, os primeiros dois AT-33A da FAB – ou TF-33 como aqui foram designados – ficaram prontos e foram examinados em St. Augustine (Flórida – EUA) em agosto de 1965, antes de serem trasladados diretamente para a Base Aérea de Fortaleza por pessoal da USAF. A última das 13 células foi dada como pronta em novembro de 1966 e, tal como as demais, foi levada em voo até a BAFZ por pilotos de distintas unidades da USAF.

Porém, em 1966, ficou claro que a situação dos Gloster Meteor da FAB era mais grave do que originalmente se pensava. Inviabilizada a aquisição dos Northrop F-5A/B, contando com poucos recursos financeiros e premido pela urgência em encontrar um substituto para o Meteor, o EMAer optou por simplesmente adquirir mais exemplares do T-33A, mas em sua versão AT-33A.

Consequentemente, em meados de 1966, foi acertado, mais uma vez, o fornecimento de 35 exemplares do T-33A através do MAP. Novamente recorrendo à ASD Fairchild para a transformação desses aviões para o padrão AT-33A, em julho de 1966, foi iniciado o trabalho de revisão e modificação nos primeiros 12 aviões, sob a égide do contrato nº AF04 (606) 67-C-0427. Com a primeira aeronave desse lote pronta em dezembro daquele ano, e, em fevereiro de 1967, o último exemplar teve seus serviços de reparo programados concluídos. Pronta, essas aeronaves foram levadas ao Brasil em esquadrilhas por pilotos da FAB.

Aparentemente a qualidade dos serviços prestados pela ASD Fairchild deixava a desejar, e a FAB buscou a Aero Corporation, igualmente sediada na Flórida (EUA), para realizar o trabalho de revisão e modificação nos 23 aviões seguintes. Mas esse foi um caso em que a "emenda saiu pior do que o soneto", pois a maioria dos aviões apresentava toda sorte de deficiências materiais ou com distintos sistemas em pane. Isso fez com que muitos fossem recolhidos para o Parque de Aeronáutica de Recife (PqAerRF) assim que chegaram ao Brasil para serem submetidos a trabalhos que retificassem as deficiências observadas.

Nesse ínterim, a crise dos Gloster Meteor exigiu remanejamento dos meios aéreos da Aviação de Caça da FAB então disponíveis. Com a frota de aviões Meteor reduzida a uma fração do que era em 1965, as autoridades da

O AT-33A-20-LO era uma versão armada do T-33A. Na FAB ele foi considerado um caça tampão que veio para substituir o Gloster Meteor, em 1967. A Força Aérea pretendia adquirir o F-5A/B, mas, com a negativa dos EUA, teve que se contentar com 48 T-bird ex-USAF. Foto Arquivo José de Alvarenga.

Os mecânicos do 1º/14º GAV trabalham na substituição do motor Allison J-33-A-35, de 5.200 lb, do TF-33 FAB 4334, no hangar da unidade em Canoas. Foto Arquivo Euro Campos Duncan.

Força Aérea determinaram que o 1º/14º Grupo de Aviação (1º/14º GAV) deixaria de operar aquela aeronave a partir do final de 1966 e, assim, receberia os TF-33. Seguindo à risca o programa de trabalho para a FAB em 1967, em fevereiro, chegaram à Base Aérea de Canoas quatro aviões TF-33 cedidos pelo 1º/4º GAV. Com eles foi executado o programa de conversão dos pilotos do 1º/14º GAV e, posteriormente, o curso de padronização de instrutores para aquela unidade aérea. Essa cessão de aviões TF-33 perdurou até março de 1967, quando chegaram dos Estados Unidos, via o PqAerRF, os primeiros AT-33A destinados ao 1º/14º GAV.

Por sua vez, o 1º Grupo de Aviação de Caça (1º GAVCA) igualmente passaria por tal transformação. Caberia ao 2º/1º Grupo de Aviação de Caça (2º/1º GAVCA) entregar ao 1º/1º Grupo de Aviação de Caça (1º/1º GAVCA) todos os Meteor TMk.7 e FMk.8 em condições de voo. Ao passo que fossem chegando dos Estados Unidos mais aviões TF-33, esses esquadrões iriam se reequipar – primeiro o 2º/1º GAVCA e, em seguida, o 1º/1º GAVCA. Na prática, ambos os esquadrões passaram a contar com 10 a 12 jatos TF-33, enquanto que o 1º/1º GAVCA teimosamente continuou voando os últimos Meteor.

Em meio a essa movimentação, o 1º/4º GAV seguiu com sua tarefa de formar novas gerações de caçadores, mas sem abrir mão da sua segunda atribuição como unidade aérea de emprego. Apesar de empenhados em ceder instrutores e aviões ao 1º/14º GAV, os instrutores do Esquadrão Pacau realizaram, em fevereiro de 1967, a Operação Amizade, que consistiu no envio de duas esquadrilhas de jatos TF-33 ao Panamá.

Por sua vez, mesmo que em franco processo de conversão para o TF-33, o 1º/14º GAV e o 2º/1º trataram de alcançar determinado nível de preparo para participar da Operação Xavante, que ocorreu entre o final de novembro e as primeiras semanas de dezembro. Mas foi em 18 de julho de 1967 que o TF-33 ganhou certa notoriedade como resultado de um acidente. Ao regressar de uma missão de instrução, uma esquadrilha desses aviões já se encontrava no tráfego quando um Piper PA-23 Aztec do governo do estado do Ceará inadvertidamente cruzou sua trajetória. O líder do segundo elemento colidiu com aquela aeronave civil, resultando na morte do ex-Presidente da República Humberto de Alencar Castelo Branco e outros quatro ocupantes.

Até o fim da década de 1960, os TF-33 galhardamente desempenharam, mesmo com restrições impostas pelo seu desempenho em voo e modesta capacidade bélica, as tarefas que lhe foram atribuídas. Em momento algum esses aviões eram vistos como solução definitiva das necessidades da aviação de caça. Mas certamente dispunham das qualidades necessárias para formar novas gerações de caçadores e manter determinado nível de operacionalidade dos pilotos das unidades de caça da FAB.

Nesse espírito, a partir de 1969, o EMAer já buscava soluções definitivas, examinando e avaliando várias possibilidades como o McDonnell-Douglas A-4E, Fiat G-91Y e SEPECAT Jaguar, entre outros. Mas foi naquele ano que começou a se definir o substituto do TF-33 no 1º/4º GAV, quando foram iniciados os primeiros passos que levariam à produção sob licença nas instalações da Embraer do jato de treinamento avançado Aermacchi MB-326G. De fato, esse jato italiano não somente substituiria os TF-33 do 1º/4º GAV, mas dos dois esquadrões do 1º GAVCA, o que ocorreria em 1973.

A partir de 1973, salvo as células que se encontravam no Parque de Material Aeronáutico de Recife (PAMA-RF) para fins de revisão geral, os TF-33 só podiam ser encontrados no 1º/14º GAV. E apesar de suas limitações, os TF-33 daquele esquadrão continuavam participando de um variado leque de operações de pequeno e grande portes organizadas pela FAB. Mas estava claro para todos que o fim da carreira operacional dessas aeronaves estava rapidamente se aproximando. Definido que o sucessor do TF-33 seria o Northrop F-5E, em 1º de agosto de 1974, foi assinada a Portaria Confidencial C-001/GM4, que efetivamente assinalava o fim da vida operacional desses já cansados jatos. A desativação dos últimos TF-33 foi feita por etapas, com alguns aviões sendo recolhidos ao PAMA-RF naquele mesmo ano. Mas não sem um último grito de guerra, que veio na maciça participação dos TF-33 na Operação Madeira, realizada em Rio Branco (AC). Finalmente, em 1975, eram desativados os derradeiros TF-33 após 19 anos de valiosos serviços à FAB.

Linha de caças T-bird do Esquadrão Pampa. O 1º/14º GAV tornou-se o último reduto de aeronaves T/AT-33A da FAB, sendo a última unidade a desativar esse treinador armado, em novembro de 1975. Foto Arquivo José de Alvarenga.

Lockheed T-33A e AT-33A

Período de Utilização	De 1956 até 1975
Fabricante	Lockheed Aircraft Corp.
Emprego	Treinamento avançado e caça
Características Técnicas	
Motor	Allison J-33-A-35 de 5.200 lb
Envergadura	11,85 m
Comprimento	11,48 m
Altura	3,55 m
Área Alar	21,81 m²
Peso Vazio	3.794 kg
Peso Máximo	6.831 kg
Armamento	2 metralhadoras fixas Browning M3, calibre .50 10 foguetes de 2,75 polegadas Até 907 kg de carga ofensiva
Desempenho	
Velocidade Máxima	965 km/h
Razão de Subida	1.484 m/min
Teto Operacional	14.630 m
Alcance	2.050 km
Comentários	
Total Adquirido	58 exemplares
Unidades Aéreas	1º/4º Grupo de Aviação 1º/14º Grupo de Aviação 1º/1º Grupo de Aviação de Caça 2º/1º Grupo de Aviação de Caça
Designações	T-33, T-33A, TF-33, TF-33A e AT-33A
Matrículas	T-33A-1-LO: 4310 a 4319 AT-33A-20-LO: 4320 a 4367

Fokker S.11-4

Ao longo da história da aviação, foram poucos os projetistas aeronáuticos que ganharam fama além das fronteiras em que atuavam. Entre eles está Anthony Fokker, filho de um cafeicultor holandês que nasceu em abril de 1890 nas Índias Orientais Holandesas, atual Indonésia. Quando completou 11 anos, seu pai decidiu levar a família à Holanda a fim de que seu casal de filhos recebesse uma adequada educação holandesa.

Fokker não demonstrou grande afinidade com os estudos e sequer completou o segundo grau. No entanto, mostrou enorme aptidão com tudo associado às coisas mecânicas e, em 1910, ao completar 20 anos, seu pai o despachou para a Alemanha a fim de cursar uma escola de mecânicos. Porém, inspirado pelas demonstrações aéreas na França do aviador e inventor norte-americano Wilbur Wright durante o verão e o outono de 1908, Fokker permaneceu pouquíssimo tempo na escola de mecânicos e se transferiu para uma escola de aviação. Lá ele não só desenvolveu e construiu a própria aeronave, mas obteve sua licença de piloto naquela mesma aeronave, o Fokker Spin.

Transformando-se em celebridade no seu país graças às demonstrações aéreas que realizou, ele fundou a empresa Fokker Aeroplanbau, em Johannisthal, em 1912, posteriormente mudando a sede da companhia para Schwerin. Dando à empresa a denominação Fokker Flugzeugwerke GmbH, Fokker desenvolveu e produziu diversos modelos de avião.

A eclosão da Primeira Guerra Mundial trouxe profundas mudanças a Fokker e à sua empresa. O governo alemão tomou posse da empresa, mas manteve-o como diretor e projetista-chefe. Sob sua batuta foi desenvolvido um variado leque de aviões, quase todos caças. Em pouquíssimo tempo, o nome Fokker passou a ser sinônimo de avião de caça perante o público, e não sem motivo. A excelência de projetos como o Fokker Eindecker e o triplano DR.1 foram os instrumentos que transformaram em ases diversos pilotos alemães, entre eles Manfred von Richtofen, o Barão Vermelho, Max Immelmann, Werner Voss, Oswald Boelcke e Ernst Udet.

Entre outras consequências do Tratado de Versailles, assinado pouco após o fim do conflito, ficou estabelecido que a Alemanha ficaria proibida de fabricar aviões e motores de aviação. Como resultado, Anthony Fokker voltou ao seu país e fundou a Nederlandse Vliegtuigenfabriek, e essa eventualmente se transformou na N. J. Konklijke Nederlandshe Vliegtuigen Fabriek Fokker.

Com sua morte por meningite, em 1939, após radicar-se nos Estados Unidos e organizar a Atlantic Aircraft Corporation, a empresa-mãe de Anthony Fokker caiu no controle dos alemães durante a Segunda Guerra Mundial, quando produziu os aviões Bucker Bu-181 Bestman e peças para o Junkers Ju-52/3m.

No período do pós-guerra a empresa Fokker lentamente se reergueu, desenvolvendo um avião de treinamento primário simples e robusto que recebeu a designação S.11 Instructor. Voou pela primeira vez em 18 de dezembro de 1947 e, no início do ano seguinte, alguns ajustes foram aplicados ao protótipo, que iniciou uma campanha de demonstração para potenciais compradores. Em face da necessidade urgente de se substituírem os vetustos de Havilland DH-82 Tiger Moth na missão de treinamento primário, a Real Força Aérea Holandesa encomendou 39 dessas aeronaves. Pouco depois, foi a vez de Israel, que adquiriu 41

O Fokker T-21 foi fabricado sob licença no Brasil pela Fokker Indústria Aeronáutica S/A. Das 100 aeronaves adquiridas, cinco foram fabricadas na Holanda e 95 no Brasil, nas instalações da Fábrica do Galeão. Foto Museu Aeroespacial do Campo dos Afonsos.

exemplares do Fokker S.11 Instructor. Também porque necessitava de aviões de instrução primária, a Aeronautica Militare Italiana comprou 28 unidades e obteve da fábrica a sua licença de produção, cabendo à Macchi construir nada menos do que 150 desses aviões. Somados os exemplares produzidos sob licença no Brasil foram 358 aviões Fokker S.11 produzidos até 1958.

O Fokker S.11 na Força Aérea Brasileira

Os anos 1940 já chegavam ao fim quando o Estado-Maior da Aeronáutica (EMAer) identificou a necessidade de substituir uma parcela dos aviões de treinamento empregada na Escola de Aeronáutica (EAer), sediada no Campo dos Afonsos (RJ). Naquele momento, a EAer fazia uso de aviões Fairchild PT-19A/B – muitos dos quais produzidos na Fábrica do Galeão (RJ) – como plataforma de instrução primária. Apesar dos excelentes serviços que prestara até aquele momento, o PT-19 era uma aeronave que dispunha de um motor de pouca potência e exíguas qualidades acrobáticas. A necessidade em si não era urgente, mas o EMAer reconheceu a conveniência de dotar a EAer com novos aviões a partir de meados da década seguinte.

Quase que em paralelo, em 1950, um grupo de empresários brasileiros iniciou contatos com a Fokker com o objetivo de trazer ao país aquela empresa holandesa. Mas para tal, tornava-se necessário o apoio do governo federal, uma empreitada dificultada pela endêmica falta de recursos financeiros que acompanhava o Ministério da Aeronáutica (MAer). Para agravar esse quadro, havia ainda a considerável relutância do governo federal e do próprio Ministério da Aeronáutica em proporcionar o desejado apoio como resultado dos insatisfatórios resultados obtidos no passado com projetos semelhantes. Porém, posto que naquele momento não houvesse sequer um fabricante brasileiro de aviões em atividade e diante da ausência de alternativas, o MAer se propôs a examinar detidamente a proposta holandesa e brasileira.

As negociações entre os empresários brasileiros e a direção da Fokker progrediram de forma fluida e rápida. Já o mesmo não pôde ser dito das conversas da fábrica com o MAer, que se arrastaram por mais de dois anos em busca de uma fórmula que atendesse às necessidades das duas partes. Finalmente, em maio de 1952, o assunto havia evoluído de tal forma que a FAB enviou para a Holanda uma pequena equipe de oficiais aviadores para melhor avaliar as aeronaves contidas na proposta.

O que estava inicialmente sendo oferecido era a produção, sob licença nas instalações da Fábrica do Galeão (RJ), de quatro aeronaves de instrução: o Fokker S.11; o Fokker S.12, um monomotor de treinamento primário/básico; o Fokker S.13, um bimotor de instrução; e o jato de treinamento avançado Fokker S.14. Essas quatro aeronaves foram exaustivamente avaliadas, descartando-se

Fokker T-21 FAB 0789 da Escola de Aeronáutica (Campo dos Afonsos), em 1965.

O FAB T-21 0726 da EAer. O T-21, chamado na FAB de Canela Dura, era muito superior ao PT-19 e aumentou a qualidade da formação dos cadetes.
Foto Museu Aeroespacial do Campo dos Afonsos.

de imediato o Fokker S.13, pois apresentava desempenho inferior às várias versões do Beech C-45 então operados pela FAB.

Acertando que o foco de interesse da FAB limitava-se ao Fokker S.11, ao Fokker S.12 e ao Fokker S.14, tiveram início discussões entre as distintas partes para que a proposta fosse concretizada. Por um lado, os empresários brasileiros e a Fokker organizaram a Fokker Indústria Aeronáutica S/A. Por outro, o Ministério da Aeronáutica concordou em ceder, sob arrendamento, as instalações da Fábrica do Galeão, cabendo à Fokker Indústria Aeronáutica S/A realizar os necessários trabalhos de modernização, bem como a aquisição e instalação das máquinas destinadas à produção das três aeronaves.

Finalmente, em 7 de agosto de 1953, foi assinado o primeiro contrato entre o Ministério da Aeronáutica e a Fokker Indústria Aeronáutica S/A. Esse contrato, a ser cumprido em cinco anos após sua assinatura, estabeleceu que a nova empresa forneceria cinco exemplares do avião S.11-4, os quais seriam produzidos na Holanda e montados no Galeão. Esses seriam seguidos por 95 outras unidades do mesmo avião, fabricados no Brasil, com exceção apenas do motor. Concluída a entrega desses 100 aviões, a Fokker Indústria Aeronáutica S/A produziria para a FAB 50 exemplares do avião Fokker S.12, que nada mais era do que um Fokker S.11, porém dotado de trem de pouso triciclo. Finalmente, o contrato previa a entrega de cinco jatos S.14 com componentes fornecidos pela Fokker holandesa, seguido por 45 unidades do S.14 inteiramente produzidas no Brasil, salvo o motor.

Porém, com a Fokker do Brasil já em franco processo de modernização dos prédios e das instalação de gabaritos, máquinas e bancadas nas dependências da Fábrica do Galeão, o país foi sacudido pelo suicídio do Presidente Getúlio Dornelles Vargas. Em sua esteira, eventos políticos passaram a determinar o curso de desenvolvimento dos trabalhos da Fokker do Brasil. Onde antes havia – mesmo que relutante – apoio do Ministério da Aeronáutica, a saída do Ministro Nero Moura e a entrada do Ten Brig Eduardo Gomes resultou em complicações, que atrasaram a evolução da empreitada entre o Brasil e a Holanda. Para agravar esse quadro, diversas dificuldades começaram a surgir entre os sócios brasileiros da Fokker do Brasil e a própria Fokker. Os obstáculos que apareceram nesse período levaram ao cancelamento da produção dos jatos Fokker S.14, bem como do recebimento dos cinco exemplares construídos na Holanda.

Em consequência, os primeiros cinco aviões Fokker S.11-4 – todos fabricados na Holanda e montados no Brasil – só ficaram prontos no último trimestre de 1956. Entregues ao MAer com mais de dois anos de atraso, foram distribuídos à Escola de Aeronáutica e incorporados ao estágio básico. Por sua vez, os primeiros 14 exemplares construídos no Brasil chegaram à EAer entre janeiro e fevereiro de 1957. Quase que mensalmente, um ou dois exemplares do Fokker S.11-4 chegavam à Escola de Aeronáutica para serem incorporados ao acervo daquela organização militar. Finalmente, em abril de 1959, chegaram à EAer os últimos quatro aviões Fokker S.11-4, que fechavam a encomenda inicial de 100 aviões.

Com a designação T-21, foram imediatamente colocados em serviço na EAer assim que recebidos. Mas antes mesmo de serem incluídos no ciclo de instrução dos cadetes matriculados na Escola de Aeronáutica, foi necessário formar e padronizar um núcleo de instrutores de voo qualificados no T-21, uma etapa realizada de forma rápida e sem percalços.

Como eram poucos os T-21 entregues à EAer até o final de 1957, a maioria dos cadetes começou a receber instrução de voo, em novembro daquele ano, ainda no Fairchild PT-19. Mas, gradativamente, o T-21 foi sendo inserido no ciclo de instrução de voo primário, em que, em geral, os cadetes registravam entre 90 e 95 horas de voo antes de passar para o veterano AT-6C/D.

Ao contrário do PT-19, no T-21, a disposição dos assentos lado a lado facilitava tremendamente o trabalho do instrutor de voo, que podia identificar as deficiências do aluno. Com qualidades de voo muito boas, os únicos óbices contra o T-21 eram a pouca potência do motor Lycoming O-435A – que impunha algumas restrições quanto à execução de acrobacias – e a modestíssima autonomia de voo.

A partir dos derradeiros meses de 1959, a fase primária de instrução de voo passou a ser realizada predominantemente pelo T-21. Porém, a poucos dias do Natal, um dos T-21 da EAer protagonizou um dos piores acidentes aeronáuticos daquela época. No dia 22 de dezembro, um cadete realizava uma surtida de instrução com o T-21 0742 sobre o bairro de Ramos (RJ), fora da área de instrução. Quando da execução de uma manobra acrobática, o seu T-21 colidiu com o Vickers Viscount PP-SRG da Vasp que realizava aproximação para o Aeroporto do Galeão. Conquanto o cadete logrou saltar de paraquedas e salvar-se, os 32 ocupantes do avião e outras 10 pessoas no solo morreram em decorrência da colisão. Como o espaço aéreo do Rio de Janeiro estava lentamente sendo saturado, esse evento acelerou a transferência das atividades de instrução de voo da FAB para a futura Academia da Força Aérea, então denominada Destacamento Precursor da Escola da Aeronáutica, com sede em Pirassununga (SP). O episódio determinou ainda a extinção do Campo de Manguinhos, um pequeno aeródromo que abrigava o Aeroclube do Brasil e diversas pequenas empresas e oficinas de aviação.

Apesar desse episódio, a rotina de atividades dos T-21 foi pouco alterada, e nos primeiros anos da década de 1960 podiam ser vistos não só sobre o Campo dos Afonsos, mas, com bastante regularidade, nos aeródromos de Jacarepaguá e Nova Iguaçu, ambos distantes poucos quilômetros dos Afonsos. Ao dividir o pátio de estacionamento com os North American AT-6, o Fokker T-22 e demais aeronaves pertencentes à Escola de Aeronáutica, em pouco tempo, os Fokker T-21 passaram a ser a aeronave predominante daquela unidade, posto que, com exceção do ciclo primário, a instrução de voo dos cadetes passou a ser realizada inteiramente em Pirassununga (SP).

Quando chegou a segunda metade daquela década, já estava claro que o fim da vida útil dos Fokker T-21 despontava no horizonte. O reino do T-21 como aeronave de instrução primária em breve chegaria ao fim, com a entrada em serviço do avião Aerotec T-23 Uirapuru, uma aeronave inteiramente metálica que apresentava melhor desempenho e era notadamente mais moderna que o T-21. Esse foi também um período de acentuadas, mesmo que temporárias, mudanças nos métodos empregados para formar os futuros oficiais aviadores da FAB. E dentro das muitas fórmulas que estavam sendo testadas, pouco espaço havia para o T-21.

Assim, como consequência desses e de outros eventos, a carreira militar do T-21 foi lentamente chegando ao fim. O primeiro passo visível desse processo ocorreu quando, após sofrerem revisão geral completa no Parque de Aeronáutica dos Afonsos (PqAerAF), 16 exemplares do T-21 foram preparados em 1969 para serem transferidos à Força Aérea Boliviana e à Força Aérea Paraguaia, cada uma recebendo oito aviões.

No ano seguinte, deu-se partida às primeiras providências que visavam à desativação do Fokker T-21. A mais importante foi separar diversas células e fazer com que passassem por revisão geral no PqAerAF antes de serem entregues ao Departamento de Aviação Civil, que, por sua vez, as distribuiu entre alguns aeroclubes, em especial o Aeroclube do Brasil e o Aeroclube do Rio Grande do Sul. Finalmente, em 1973, foram excluídos da carga da FAB os últimos exemplares do T-21, um dos quais foi remetido para o Museu Aeroespacial a fim de ser preservado.

O FAB 0725 da EAer é visto em voo. Infelizmente em 22 de dezembro de 1959, um T-21 da EAer protagonizou uma colisão aérea com o Vickers Viscount PP-SRG da Vasp, na qual faleceram 42 pessoas. Foto Museu Aeroespacial do Campo dos Afonsos.

Fokker S.11-4

Período de Utilização	De 1956 até 1973
Fabricante	Fokker Indústria Aeronáutica S/A, Ilha do Governador (RJ) N. J. Konklijke Nederlandshe Vliegtuigen Fabriek Fokker – Amsterdam (Holanda)
Emprego	Treinamento primário
Características Técnicas	
Motor	Lycoming O-435A de 190 hp
Envergadura	11 m
Comprimento	8,18 m
Altura	2,22 m
Área Alar	18,50 m²
Peso Vazio	810 kg
Peso Máximo	1.100 kg
Armamento	Não dispunha de armamento
Desempenho	
Velocidade Máxima	209 km/h
Razão de Subida	163 m/min
Teto Operacional	4.450 m
Autonomia	3 h
Comentários	
Total Adquirido	100 exemplares
Unidades Aéreas	Escola de Aeronáutica
Designações	T-21
Matrículas	0700 a 0799

Beechcraft E-18S

Na década de 1930, o mercado para aeronaves de transporte era tão promissor que as fábricas desenvolviam projetos com recursos próprios. O primeiro voo do modelo 18 da Beechcraft ocorreu em 15 de janeiro de 1937 e sua produção beirou a casa das 5.200 aeronaves de diversas versões.

O aperfeiçoamento dos modelos ao longo do período de produção levou à introdução de inúmeras melhorias na aerodinâmica e no conforto das aeronaves, e foi esse o caso do E-18S, ou apenas Super 18, produzido como um transporte executivo entre 1953 e 1959.

As melhorias introduzidas em relação ao E-18H incluíram o aumento da altura da cabine em seis polegadas (150 mm), novas portas, janelas maiores na cabine, novas pontas de asas, novo sistema de escape do motor, reforço estrutural e substituição das hélices de duas pás por uma Hartzel de três pás. Seu peso bruto aumentou para 9.700 kg. O painel de instrumentos apresentava as informações de voo em ambos os lados e os dados do motor no centro, o que facilitava o controle do voo por seus dois pilotos, principalmente em condições de voo por instrumentos.

A qualidade da nova aeronave, cujo desenvolvimento visava o mercado civil, rapidamente despertou o interesse militar, e foram produzidas inúmeras aeronaves para transporte leve com a designação D-18S, operadas como transporte tanto para pessoal quanto para pequenas cargas, por várias Forças Aéreas.

O Beechcraft E-18S na Força Aérea Brasileira

A partir de 1957, a FAB recebeu sete exemplares que ganharam as matrículas 2876 a 2880, 2882 e 2883.

As aeronaves foram enviadas ao 2º Esquadrão do Grupo de Transporte Especial (GTE), criado naquele ano e com sede no Quartel-General da 3ª Zona Aérea, sediada na cidade do Rio de Janeiro, e designados VC-45. A sua missão consistia no transporte de autoridades do governo federal e do Legislativo.

Com a transferência do GTE para Brasília, em 1960, os VC-45 do 2º Esquadrão permaneceram no Rio até 1967, quando foram então enviados para a nova capital federal. Durante esse período de permanência no Rio, mantiveram a missão VIP realizando o transporte das autoridades entre o Rio de Janeiro e o Distrito Federal.

Em 1968, o GTE começou a receber seus primeiros jatos que substituiriam os VC-47 e VC-45.

Após a saída do GTE, os E-18S receberam a designação U-45 e foram distribuídos a outras organizações do Ministério da Aeronáutica, para prestar serviço de transporte até 1976, quando foram definitivamente retirados de serviço e vendidos a terceiros.

O E-18S FAB 2879 nos tempos do GTE, quando servia no 2º Esquadrão, sendo responsável por transportar diversas autoridades. Originalmente esses aviões operaram do Aeroporto Santos Dumont, no Rio de Janeiro. Foto Mario Roberto Vaz Carneiro.

Beechecraft E-18S U-45 FAB 2876 com o padrão de cores usado na FAB na década de 1970.

Já no final de carreira e operando como aeronave orgânica em alguma unidade da FAB, o ex-E-18S, agora U-45 FAB 2876. Foto Arquivo Mario Roberto Vaz Carneiro.

Beechcraft E-18S

Período de Utilização	De 1957 até 1976
Fabricante	Beechcraft Aviation Corporation
Emprego	Transporte VIP e transporte logístico
Características Técnicas	
Motor	2 Pratt & Whitney Wasp Júnior R-985-AN de 450 hp cada um
Envergadura	15,13 m
Comprimento	10,74 m
Altura	2,89 m
Área Alar	33,53 m²
Peso Vazio	2.700 kg
Peso Máximo	4.218 kg
Armamento	Não dispunha de armamento
Desempenho	
Velocidade Máxima	376 km/h
Razão de Subida	335 m/min
Teto Operacional	5.943 m
Alcance	2.412 km
Comentários	
Total Adquirido	7 exemplares
Unidades Aéreas	Grupo de Transporte Especial
Designações	E-18S, C-45, VC-45 e U-45
Matrículas	2876 a 2880, 2882 e 2883

Cessna 305A e 305E

Em agosto de 1949, a United States Air Force e o United States Army propuseram à indústria aeronáutica do país a construção de uma nova aeronave. Em essência, o que estava sendo solicitado era um avião leve de observação. O desafio maior era que as empresas candidatas deveriam apresentar um protótipo pronto para ensaio operacional em março de 1950.

Em meio aos muitos requisitos técnicos, a USAF e o US Army pediam que a aeronave solicitada fosse de construção inteiramente metálica e capaz de operar a partir de pistas rústicas. Ademais, a fim de obter maior flexibilidade de emprego, a aeronave deveria ser capaz de, com o mínimo de trabalho, receber esquis ou flutuadores em lugar do trem de pouso convencional. Quanto aos trabalhos que se pretendia cumprir com o novo avião – além de observação e reconhecimento visual –, ele deveria ser capaz de realizar missões de resgate, reconhecimento fotográfico, controle de artilharia, evacuação aeromédica, controle aéreo avançado e ressuprimento aéreo.

Entre as empresas que apresentaram propostas estava a Cessna Aircraft Company que, diante do prazo bastante restrito, lançou mão das asas do Cessna 170 e da cauda do Cessna 195 para acelerar o desenvolvimento da aeronave que batizou como Model 305. Em paralelo aos trabalhos de projetar uma nova fuselagem, engenheiros da Cessna realizaram pesquisas nas unidades de aviação do US Army, verificando a grande importância em fazer com que o Model 305 fosse simples de manter, além de contar com um variado leque de rádios.

Voando pela primeira vez em dezembro de 1949, o protótipo foi levado ao centro de ensaios em voo em Wright Field (Ohio). Após seis semanas de testes e ensaios contra os protótipos concorrentes apresentados pela Piper, Taylorcraft e Temco, a Cessna foi sagrada vencedora, em maio de 1950. Com a designação L-19A, o avião da Cessna recebeu um contrato de encomenda de 418 desses aviões – os primeiros de 3.431 unidades produzidas até 1959.

O L-19A 3069 da 1ª ELO, a primeira unidade a empregar o Cessna Model 305A na Força Aérea Brasileira. Nesse padrão inicial, os L-19A tinham faixas day-glo na fuselagem. Foto Arquivo Mario Roberto Vaz Carneiro.

Cessna 305E Bird Dog L-19E FAB 3154 do 1º EMRA (BABE), em 1979.

Mal fora escolhida e iniciada a sua produção quando estourou a Guerra da Coreia, em junho de 1950, fazendo com que a USAF e o US Army dessem grande urgência à fabricação das aeronaves encomendadas, bem como ao aumento do número de encomendas. Naquele conflito, os L-19A brilharam na execução de missões de controle aéreo avançado, regulagem de artilharia e reconhecimento.

Apesar da aparência frágil típica dos aviões de pequeno porte, o L-19 era um avião excepcionalmente robusto, o que ficou comprovado não só na Coreia, mas, mais tarde, na Guerra do Vietnã. Frequentemente operavam de pistas que eram pouco mais do que áreas descampadas de terra batida, e não foram raras as ocasiões em que esses aviões voltavam de suas missões com danos provocados por armas de pequeno calibre.

Além dos Estados Unidos, a Áustria, o Canadá, o Chile, a Espanha, as Filipinas, a França e a Itália fizeram extenso uso do L-19, ou O-1, como passou a ser designado a partir de 1962. Nesse último país, a Siai-Marchetti chegou a desenvolver e produzir uma versão dotada de um motor turboélice.

Os Cessna 305A e 305E na Força Aérea Brasileira

Em 12 de dezembro de 1955 foi recriada a 1ª Esquadrilha de Ligação e Observação (1ª ELO) da Força Aérea Brasileira. Extinta imediatamente após o fim da Segunda Guerra Mundial, sua ressurreição foi em atenção à crescente necessidade de se formar uma unidade aérea dedicada ao apoio direto ao Exército Brasileiro, através da prestação de trabalhos como regulagem de tiro de artilharia e reconhecimento visual. Inicialmente dotada com os mesmos aviões Piper L-4H empregados pela FAB em proveito do Exército Brasileiro na Itália durante a Segunda Guerra Mundial, a 1ª ELO recebeu oito aviões Cessna 305A (L-19A) fornecidos ao Brasil por meio do tratado do Programa de Assistência e Defesa Mútua (PADM), assinado com os Estados Unidos. Ao chegarem ao Campo dos Afonsos (RJ) em dezembro de 1955, os Cessna L-19A foram imediatamente entregues à 1ª ELO, na época subordinada à Escola de Aeronáutica (EAer), instituição que poderia dar o apoio necessário à nova unidade.

Os primeiros dois anos de atividade dos L-19A foram essencialmente destinados a formação e adestramento do pessoal aeronavegante, instrução com sistema "apanha-mensagem", treinamento nas várias modalidades de reconhecimento, instrução de regulagem de tiro de artilharia e treinamento dos observadores aéreos do Exército. Ademais, posto que esses aviões dispunham de quatro cabides subalares, foi igualmente treinado o lançamento de fardos e, de acordo com indicações existentes, o lançamento de foguetes FASC de 2,25 polegadas.

Esse período foi caracterizado por intensa atividade aérea e nele registraram-se duas perdas – uma em outubro de 1957 e outra em julho de 1959. De fato, ante as exigências que cercavam as operações com os L-19A, bem como os L-19E que chegariam em 1963, a taxa de atrito dessas aeronaves foi bastante alta.

A partir de 1959, a 1ª ELO e seus L-19A passaram a participar cada vez mais dos exercícios organizados pelo Exército Brasileiro. Em geral, aquela unidade despachava dois aviões L-19A para cumprirem um variado leque de trabalho. Conforme os pilotos da 1ª ELO iam ganhando mais experiência com seus aviões e o Exército readquirindo conhecimento quanto ao valor de uma aeronave de observação, aumentava a frequência com que os L-19A eram deslocados para as suas periódicas manobras e exercícios.

Em novembro de 1961, chegou ao Parque de Aeronáutica dos Afonsos (PqAerAF) – unidade que prestava apoio de manutenção de quarto nível aos L-19 da FAB – um Cessna L-19A que se encontrava desmontado em um depósito do Exército em Deodoro (RJ) (a história dessa célula é nebulosa quanto à forma e ao período em que chegou às mãos do Exército Brasileiro). Após ser examinado, foi necessário ao PqAerAF executar não somente a revisão geral do avião, mas a produção de algumas peças e componentes. As dificuldades de se preparar essa aeronave eram compensadas pelo fato de, naquele momento, serem somente cinco os L-19A em operação, já que os demais haviam se acidentado com perda total. No entanto, o Exército reservaria outra surpresa, posto que, no início de 1963, o Depósito Central de Armamento remeteu um Cessna 305E (L-19E) diretamente à 1ª ELO. Além de ser o primeiro L-19E a ser recebido e operado pela FAB, essa célula não apresentou os mesmos problemas do L-19A enviado pelo Exército pouco mais de um ano antes.

Embora o Programa de Assistência Militar Brasil-Estados Unidos tivesse facultado o fornecimento de mais aviões Cessna L-19, o Estado-Maior da Aeronáutica (EMAer) apresentou solicitação por mais aviões desse tipo. O resultado foi

O L-19E FAB 3156, do 3º EMRA, com o gancho do sistema "apanha-mensagem" estendido, se prepara para "pescar" uma mensagem. Esse dispositivo era usado para recolher malotes e pequenos pacotes vindos da tropa ou de unidades às quais o L-19 prestava apoio. Foto Arquivo Mario Roberto Vaz Carneiro.

a transferência de 10 exemplares do L-19E pertencentes à USAF que se encontravam estocados. Os caixotes com os 10 aviões chegaram ao país entre outubro e novembro de 1963 e seguiram imediatamente para o PqAerAF a fim de serem montados. Encerrada essa etapa, seis exemplares foram distribuídos para a 3ª Esquadrilha de Ligação e Observação (3ª ELO), com sede na Base Aérea de Canoas. As quatro células restantes se juntaram aos cinco L-19A e um L-19E que então se encontravam em operação com a 1ª ELO.

Externamente, os L-19E eram praticamente idênticos aos L-19A, e era necessário olho clínico para distinguir a diferença entre as duas versões desse avião de ligação e observação. Como o L-19E dispunha de uma suíte de comunicações significativamente mais elaborada e moderna que a do seu antecessor, a forma mais fácil de diferenciar uma versão da outra eram as antenas do sistema FM AN/ARC-44 no bordo de ataque de cada estabilizador horizontal.

Nem sempre os L-19A/E das duas Esquadrilhas de Ligação e Observação eram convocados para participar desta ou daquela operação do Exército. De fato, em diversas ocasiões, esses aviões eram chamados – em virtude de suas características como plataformas de observação – para participar de missões de busca e salvamento. No caso dos aviões da 1ª ELO, não foram poucas as missões que levavam um ou mais aviões para distantes pontos do território nacional. Um exemplo, registrado em janeiro de 1965, foi o deslocamento para Cuiabá (MT) de um dos L-19 da 1ª ELO, a fim de cooperar nas buscas de um avião civil que desapareceu entre Cuiabá e Vilhena (RO). Missões como essas, com idas a locais como Belém (PA), Caravelas (BA) ou Itapeva (SP), eram regularmente executadas até a dissolução da 1ª ELO, em 1972.

Porém, a partir de 1966, os L-19A/E passaram a realizar surtidas de reconhecimento visual em proveito dos trabalhos realizados por unidades do Exército Brasileiro que estavam engajadas em missões antiguerrilha. Isso era especialmente verdade para os aviões pertencentes à 1ª ELO, que eram convocados a executar missões de reconhecimento e vigilância em distintas regiões do território nacional. De fato, em abril de 1967, na Serra do Caparaó (MG), um L-19E

O L-19E 3159 da 3ª ELO, Esquadrilha Coruja, da BACO visto em voo carregando uma bandeira do Brasil. Os L-19E foram empregados em diversas missões de apoio ao Exército. Foto Arquivo Jackson Flores Jr. / Action Editora Ltda.

A FAB empregou 20 L-19A/E. O monomotor da Cessna é uma aeronave dócil e fácil de pilotar e possuí visibilidade excelente. Alguns exemplares, ex-FAB, são empregados até hoje por aeroclubes como o ARGS. Foto Arquivo Mario Roberto Vaz Carneiro.

acidentou-se, com perda total, durante um "pente fino", como eram denominadas essas operações do Exército que buscavam focos guerrilheiros.

Até o fim da década, os L-19A/E pertencentes à 1ª e à 3ª ELO deram continuidade aos trabalhos que realizavam desde que chegaram a essas unidades, acrescidos ainda pelos periódicos deslocamentos em apoio ao Exército Brasileiro, quer participando nas primeiras manobras conjuntas de grande envergadura, quer em apoio às operações antiguerrilha.

Mas na virada da década já estavam em andamento algumas mudanças no que tange à organização da Força Aérea Brasileira. Para dar maior flexibilidade e funcionalidade aos meios da FAB empenhados em missões de contrainsurgência, em março de 1970, foram criados os Esquadrões Mistos de Reconhecimento e Ataque, os quais efetivamente tomariam o lugar das Esquadrilhas de Ligação e Observação, bem como dos Esquadrões de Reconhecimento e Ataque.

Em atenção a essas mudanças, entre maio de 1970 e dezembro de 1971, gradativamente, os L-19A/E pertencentes à 3ª ELO deixaram aquela unidade, sendo transferidos para a 1ª ELO. Em consequência e salvo duas aeronaves que estavam recolhidas ao PqAerAF para sofrer reparos e revisão geral, em janeiro de 1972, a 1ª ELO contava com 11 aviões L-19A/E. Essas aeronaves permaneceriam com a unidade até agosto daquele ano, quando foi dada a ordem para que todas fossem transferidas para a Base Aérea de Santa Cruz para serem integradas ao 3º Esquadrão Misto de Reconhecimento e Ataque (3º EMRA). Ativado em novembro daquele ano, a associação entre o 3º EMRA e os L-19A/E foi extremamente breve, pois nova ordem determinou que todos esses aviões fossem transferidos para o 1º Esquadrão Misto de Reconhecimento e Ataque (1º EMRA), que fora ativado na Base Aérea de Belém, em novembro de 1972.

Assim, a Base Aérea de Belém passou a ser a última moradia dos Cessna L-19A/E da FAB, o que marcou uma nova etapa na vida operacional dessas aeronaves. Tendo como principais atribuições a execução de missões de ligação e observação, o reconhecimento fotográfico e visual, as operações especiais e a realização de operações antiguerrilha, coube ainda ao 1º EMRA dar apoio a um vasto leque de programas em andamento na Região Amazônica, os mais conhecidos sendo os Projetos DINCART (Dinamização da Cartografia) e RADAM.

No entanto, as ações antiguerrilha do Exército Brasileiro caminhavam para um desfecho final ao ser iniciada a Campanha do Araguaia, em 1972. Em distintas fases da campanha, que foi encerrada em Xambioá, os L-19A/E do 1º EMRA figuraram, a partir de 1973, como um dos principais elementos da ofensiva contra a guerrilha ao executar surtidas de reconhecimento visual e fotográfico. São desconhecidos quantos desses aviões efetivamente participaram das operações no Araguaia, mas evidências fotográficas mostram que as aeronaves destacadas para a região foram descaracterizadas quanto a sua origem militar através da remoção de insígnias e emblemas – os L-19A/E receberam matrículas falsas na faixa PP-Dxx.

Operar na Região Amazônica cobrou um alto preço à reduzida frota de aviões L-19A/E da FAB. Diversos pequenos acidentes registrados em 1974 serviram de prenúncio para a perda de três aviões entre março e setembro de 1975, episódios nos quais as condições do campo de pouso estavam longe de ser adequadas, o que contribuiu para o acidente. Outros quatro foram perdidos em acidentes registrados em 1977 e 1978 e, ao iniciar o ano de 1979, a frota de aviões L-19A/E estava reduzida a quatro exemplares. Essas aeronaves continuaram operando de forma contínua até a extinção do 1º EMRA, em setembro de 1980, e a criação do 1º/8º Grupo de Aviação (1º/8º GAV), que nominalmente herdou todo o acervo material do 1º EMRA.

Não se sabe ao certo se o 1º/8º GAV fez uso dos últimos L-19A/E da FAB, apesar de que existem claras indicações de que ao menos uma célula continuou em atividade naquele esquadrão até o final de 1980, quando foi recolhido ao Parque de Material Aeronáutico de Belém. Das quatro aeronaves existentes, três foram entregues ao Departamento de Aviação Civil a fim de serem distribuídas para clubes de planadores apoiados por aquela organização, enquanto uma foi encaminhada ao Museu Aeroespacial do Campo dos Afonsos, onde se encontra em exposição.

Cessna 305A e 305E	
Período de Utilização	De 1957 até 1980
Fabricante	Cessna Aircraft Company, Wichita (Kansas – EUA)
Emprego	Ligação e observação
Características Técnicas	305A (L-19A) e 305E (L-19E)
Motor	Continental O-470-1 de 213 hp
Envergadura	10,97 m
Comprimento	7,89 m
Altura	2,22 m
Área Alar	16,16 m^2
Peso Vazio	732 kg
Peso Máximo	1.103 kg
Armamento	Até quatro foguetes sinalizadores FASC de 2,25 polegadas
Desempenho	
Velocidade Máxima	243 km/h
Razão de Subida	350 m/min
Teto Operacional	5.640 m
Alcance	848 km
Comentários	
Total Adquirido	9 exemplares (L-19A) 11 exemplares (L-19E)

Continua

Unidades Aéreas	1ª Esquadrilha de Ligação e Observação
	3ª Esquadrilha de Ligação e Observação
	1º Esquadrão Misto de Reconhecimento e Ataque
	3º Esquadrão Misto de Reconhecimento e Ataque
	1º/8º Grupo de Aviação
Designações	L-19, L-19A, L-19E, O-19A e O-19E
Matrículas	L-19A: 3062 a 3069 e 3200
	L-19E: 3150 a 3159 e 3201

Douglas B-26B e B-26C

Em julho de 1942, os combates na Segunda Guerra Mundial já ocorriam por todo o planeta, exigindo total esforço dos países envolvidos, tanto em homens quanto em equipamentos. As experiências adquiridas na guerra alimentavam a indústria com o máximo de informações, contribuindo para o lançamento de novos e mais eficazes armamentos, em todas as arenas de luta.

Foi nesse frenético período de trabalho que os engenheiros da Douglas Aircraft Company, Edward Heinemann, Robert Donovan e Ted R. Smith, fizeram voar pela primeira vez, em El Segundo, Califórnia, o protótipo denominado XA-26 Invader, dando origem ao bombardeiro leve que seria empregado em todas as guerras americanas até o Vietnã.

O A-26 foi projetado tendo como base seu irmão mais velho, Douglas A-20 Havoc, que vinha sendo usado desde o início da guerra. A concepção era a mesma, mas as aeronaves eram completamente diferentes entre si. Para o A-26, Smith incorporou o conceito de asas de fluxo laminar, na qual a parte mais grossa da asa ficava mais para trás, tornando-o o mais veloz bombardeiro médio da Segunda Guerra Mundial.

Os primeiros voos demonstraram problemas de superaquecimento nos motores, resultando em um novo desenho para suas carenagens e um crônico

Voando na ala. Dois B-26 do 5º GAV seguem para mais uma missão de treinamento de bombardeio. Ao todo a FAB empregou 32 B-26B/C. Foto Base Aérea de Fortaleza.

problema de quebra da bequilha. No mais, a aeronave respondia muito bem aos comandos de voo, tanto a médias como a baixas altitudes.

Inicialmente havia um planejamento para seu emprego como caça noturno, bombardeiro médio e aeronave de ataque, porém, a versão de caça acabou sendo descartada, ficando apenas o A-26B para ataque e o A-26C para bombardeio.

O A-26B vinha equipado com um nariz sólido, no qual eram colocadas seis metralhadoras .50 pol fixas. Mais tarde, as metralhadoras foram aumentadas para oito no nariz e mais seis em dois suportes fixos nas asas. Assim, o A-26B

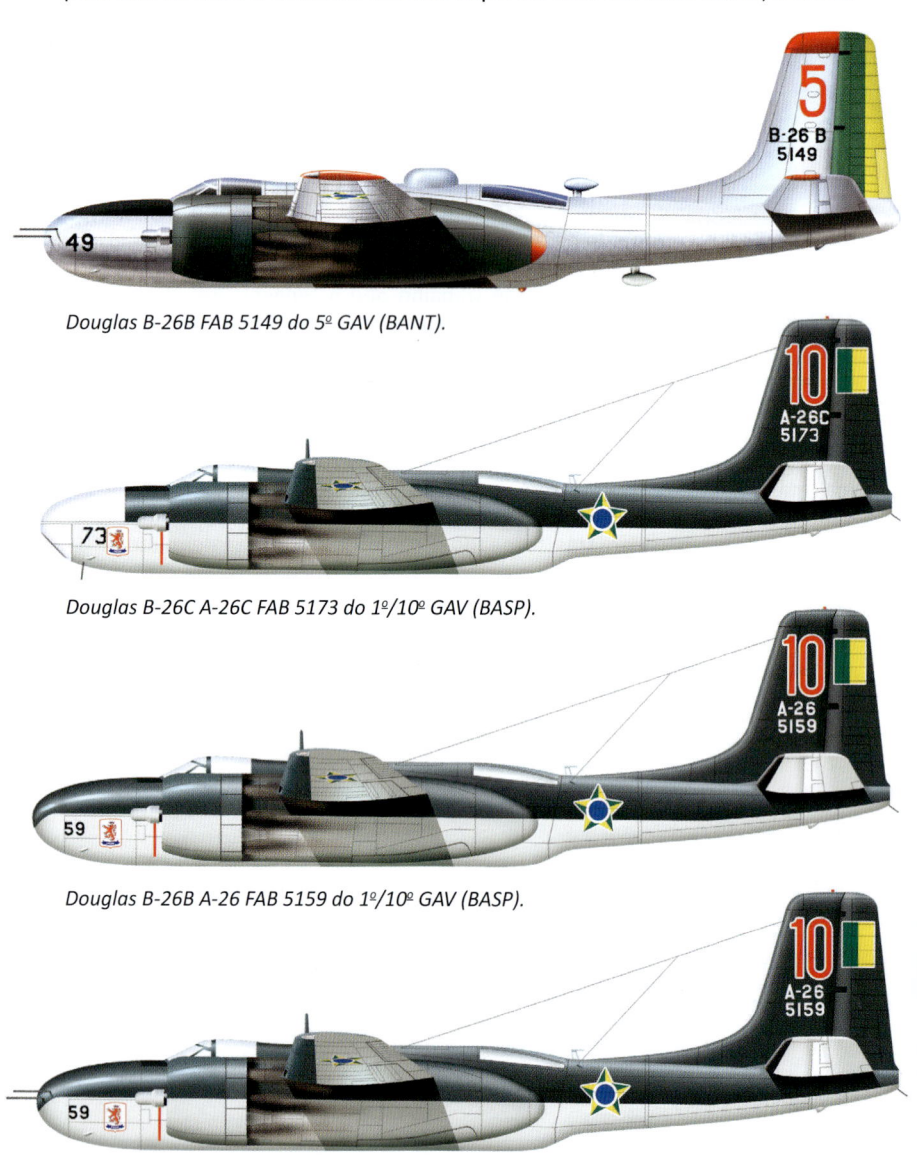

Douglas B-26B FAB 5149 do 5º GAV (BANT).

Douglas B-26C A-26C FAB 5173 do 1º/10º GAV (BASP).

Douglas B-26B A-26 FAB 5159 do 1º/10º GAV (BASP).

Douglas B-26B A-26 FAB 5159 do 1º/10º GAV (BASP).

No tempo do padrão alumínio. Bimotores B-26B do 5º GAV taxiam em Natal, nos seus primeiros dias de FAB. Essas aeronaves foram empregadas em missões de bombardeio e ataque. Foto Arquivo Jackson Flores Jr. / Action Editora Ltda.

podia alinhar 14 metralhadoras .50 pol, que atiravam simultaneamente no sentido do seu deslocamento. Há que se considerar que era um poder de fogo respeitável para apenas uma aeronave.

Já o A-26C desempenhava o papel clássico de bombardeiro e vinha com nariz de vidro de onde era operada uma mira Norden. Nas primeiras versões do A-26C, nesse nariz ainda havia uma metralhadora operada pelo bombardeador que foi retirada quando da instalação das seis armas nas asas. Uma novidade no projeto da aeronave era que o nariz dos A-26 podia ser trocado com pouco tempo de trabalho, conforme a necessidade operacional, o que a tornava uma aeronave extremamente polivalente.

A tripulação dos A-26 era composta por apenas três homens, incluindo o piloto, o artilheiro de cauda que operava, por controle remoto, as metralhadoras dorsais e ventrais, e o bombardeador que também era navegador e, eventualmente, artilheiro frontal.

Por causa de problemas logísticos durante sua construção, que causaram significativo atraso na entrega do primeiro lote de A-26B, as novas aeronaves entraram em ação pela primeira vez somente em junho de 1944, quando a 5ª Força Aérea, operando no teatro de operações do Pacífico, as empregou contra os japoneses. A primeira impressão, porém, não foi muito boa, pois os pilotos criticaram muito a pouca visibilidade exterior para seu emprego a baixa altura e as aeronaves foram descartadas em troca de um número maior de A-20 Havoc. Em setembro de 1944, outro grupo de A-26 realizava as primeiras missões no teatro de operações europeu, com a 9ª Força Aérea, onde, diferentemente das unidades do Pacífico, foram muito bem recebidos e apreciados pelos pilotos. No total, realizaram 11.567 missões na Europa em contraste com apenas algumas dezenas no Pacífico.

Quando os EUA entraram na Guerra da Coreia, em 1950, os B-26 Invader baseados no Japão foram as primeiras aeronaves americanas a atacar os norte-coreanos. No total realizaram mais de 15 mil surtidas, sendo a maioria noturna. Coube aos Invader também a última missão de bombardeio 24 minutos antes do cessar-fogo três anos mais tarde.

Bela foto em cores de um B-26B do Esquadrão Poker, na Base Aérea do Galeão. Quando retornaram da modernização, eles passaram a ostentar o padrão de pintura em verde e cinza. Foto Arquivo Mario Roberto Vaz Carneiro.

    O terceiro conflito dos americanos que assistiu ao emprego do B-26 foi a Guerra do Vietnã. Em 1960, a CIA já operava inúmeros B-26B e C no Laos e, quando eclodiu a guerra com o vizinho Vietnã, aquelas aeronaves foram as primeiras a terem participação ativa. Em 1964, foram retiradas de serviço por causa de problemas na longarina das asas, que resultaram em dois acidentes fatais nos EUA. Considerando, porém, que os B-26 eram excepcionais para uso na contra insurgência, a USAF selecionou 40 aeronaves e contratou a On Mark Engineering, na

O B-26B FAB 5158, do 1º/5º GAV, acionado em Santa Cruz (RJ). Após ser modernizado nos EUA, os B-26B/C voltaram a voar no 5º GAV, até a unidade ser desativada em 1973. Foto Mario Roberto Vaz Carneiro.

O B-26C do 1º/10º GAV visto em Santa Cruz com o típico nariz de vidro. O 1º/10º GAV passou a empregar o A-26 em 1971 e foi a última unidade a utilizar essa aeronave, que foi desativada em 1975. Foto Arquivo Mario Roberto Vaz Carneiro.

Califórnia, para uma modernização que incluía troca da longarina problemática, inclusão de tanques de pontas de asas, troca de hélices, remotorização e outras modificações. A aeronave passou a ser designada B-26K, e foram enviadas para a Tailândia, de onde operavam contra alvos na trilha Ho Chi Minh.

Os B-26 foram, ainda, empregados pela França na Indochina e na Argélia; pela CIA na Indonésia, na Baía dos Porcos (Cuba); e no Congo contra os rebeldes Simba; pelos portugueses em Angola e na guerra civil nigeriana voando com as forças de Biafra.

Com a desativação do B-26 Marauder, no fim da Segunda Guerra Mundial, os A-26 Invader passaram a ser denominados B-26 Invader, o que vem causando muita confusão entre os historiadores menos avisados. Com o fim da Segunda Guerra Mundial, o B-25 passou a ser usado para treinamento, enquanto o A-26 assumia o exclusivo papel de bombardeiro médio da USAF.

No total, foram produzidas 2.452 unidades do A-26B/C Invader.

Os Douglas B-26B e B-26C na Força Aérea Brasileira

Com a frota de aeronaves B-25 em franco declínio em razão do envelhecimento e da pouca oferta de material de suprimento, a missão de ataque e bombardeio encontrava-se na iminência de acabar por falta de uma aeronave que a executasse em meados dos anos 1950. A busca por um substituto encontrou eco na oferta norte-americana e o Ministério da Aeronáutica adquiriu um lote de 28 unidades, composto por 14 B-26B, de nariz sólido e utilizados para ataque ao solo, e 14 B-26C, com nariz de plexiglass transparente, o famoso "nariz de vidro", para emprego em missões de bombardeio. Todas as aeronaves passaram por uma grande revisão nas instalações da Fairchild antes de serem enviadas ao Brasil.

As quatro primeiras aeronaves B-26 chegaram a Natal (RN) em 1957, exatamente no Dia da Pátria, e foram incorporadas ao 5º Grupo de Aviação, de onde passaram a atuar na formação dos pilotos de ataque em aeronaves bimotores.

Inicialmente o 5º Grupo era composto por dois esquadrões, sendo o 1º Esquadrão o de emprego operacional, enquanto o 2º Esquadrão ficava incumbido da formação do pessoal tripulante. Com a dificuldade em disponibilizar aeronaves para os dois esquadrões, o ministério adquiriu outro tipo de aeronave para instrução, para que todos os B-26 ficassem alocados ao 1º Esquadrão, atendendo apenas à necessidade operacional.

Por causa de seu intenso emprego em missões de ataque e considerando que as aeronaves já eram de segunda mão, na década de 1960, começaram a surgir graves fadigas estruturais, inclusive com acidentes fatais, obrigando a FAB a contratar uma revitalização geral para a frota, que foi realizada nos EUA, em 1968. Para tal, foram selecionadas 16 aeronaves, sendo 10 do modelo B e seis do modelo C, que foram enviadas à Hamilton Aircraft, onde passaram por uma completa revisão na parte estrutural, nos aviônicos e no armamento. Durante a revitalização, foram removidas as torretas dorsais de todas as aeronaves, incluídos novos aviônicos e modernos equipamentos de comunicação.

Dos 16 B-26, três foram condenados e, como consequência, outras três unidades foram adquiridas nos EUA e passaram pelo mesmo processo de revitalização antes de seguirem para o Brasil.

Quando os B-26 chegaram ao Brasil, em 1957, apresentavam a cor de alumínio natural, com as coberturas dos motores e a parte superior no nariz em preto fosco. No leme vertical, as tradicionais faixas em verde e amarelo. Após a revitalização, as aeronaves voltaram com a parte superior em verde brilhante e a barriga em cinza neutro, com o verde e amarelo em um retângulo na cauda.

Em 1968 as aeronaves voltaram para o 1º/5º GAV, que no mesmo ano foi transferido para Recife. Em 1970, a designação mudou para A-26B e C e, em 1971, as aeronaves foram transferidas para o 1º/10º GAV, baseado em Cumbica (SP), onde substituíram seu "irmão mais velho", o A-20. Em 1973 o 1º/5º GAV foi desativado e os A-26 remanescentes foram enviados para Cumbica.

No 1º/10º GAV os A-26 cumpriram missões de bombardeio, ataque e reconhecimento fotográfico e meteorológico. Quando, no dia 3 de dezembro de 1975, durante uma singela solenidade militar na Base Aérea de Cumbica, pousava o A-26 5159, findava-se a era do bombardeiro na FAB.

Houve, ainda, um A-26, que foi apreendido por fazer contrabando no nosso território e que foi incorporado à FAB, em 1970. Essa aeronave, porém, foi usada apenas como transporte e recebeu a matrícula C-26B 5176.

A FAB, portanto, teve em seu inventário um total de 32 A-26B/C que, durante 28 anos de atividade, operaram no 1º/5º e 2º/5º GAV, em Natal, e no 1º/10º GAV, em Cumbica, onde encerraram suas atividades cumprindo a missão de aerofotogrametria.

Douglas B-26B e B-26C		
Período de Utilização	De 1957 até 1975	
Fabricante	Douglas Aircraft Company	
Emprego	Ataque ao solo, bombardeio, aerofotogrametria	
Características Técnicas	B-26B	B-26C
Motor	2 Pratt & Whitney R-2.800-27 de 2.000 hp cada um	
Envergadura	21,34 m	21,34 m
Comprimento	15,44 m	15,62 m
Altura	5,64 m	5,64 m
Área Alar	50,16 m²	50,16 m²
Peso Vazio	10.143 kg	10.365 kg
Peso Máximo	18.960 kg	15.876 kg

Continua

Armamento	6 mtr Browning .50 M2 no nariz 4 ou 8 mtr .50 M2 em casulos sob as asas 6 foguetes HVAR de 127 mm sob as asas Até 3.629 kg de bombas	6 mtr .50 M2 em casulos sob as asas 12 foguetes HVAR de 127 mm sob as asas Até 3.629 kg de bombas
Desempenho		
Velocidade Máxima	518 km/h	539 km/h
Razão de Subida	326 m/min	381m/min
Teto Operacional	7.470 m	6.735 m
Alcance	4.690 km	5.150 km
Comentários		
Total Adquirido	14 exemplares	18 exemplares
Unidades Aéreas	1º/5º Grupo de Aviação 2º/5º Grupo de Aviação 1º/10º Grupo de Aviação	
Designações	B-26B* e A-26B	B-26C, A-26C e CB-26
Matrículas	B-26B: 5145 a 5158	B-26C: 5159 a 5175 e CB-26: 5176

Pelo menos um B-26 da FAB, após ser modernizado, ostentou as designações B-26B e B-26C, pois teve o seu nariz trocado.

Vickers-Armstrongs V.742D e V.789D Viscount

Em 23 de dezembro de 1942, quando a Segunda Guerra Mundial ainda estava longe de ser definida, o governo britânico organizou um comitê para, entre outras atribuições, investigar e traçar linhas mestras para a evolução do transporte aéreo comercial no Reino Unido e na Comunidade Britânica de Nações. Popularmente conhecido como Brabazon Committee, em homenagem ao seu líder, Lorde John Moore-Brabazon, primeiro Barão Brabazon de Tara, ex-ministro dos Transportes e da Produção de Aeronaves, o comitê começou a se reunir periodicamente em fevereiro do ano seguinte. Em poucas semanas, emitiu o seu parecer, identificando inicialmente quatro categorias, posteriormente ampliadas para cinco, de aeronaves para atender o transporte aéreo comercial que certamente cresceria no período pós-guerra.

Uma das categorias definia uma aeronave de transporte aéreo regional, e foi justamente esse segmento que mais interessou a Vickers-Armstrongs. Fundada em 1828 como fabricante de sinos de igreja, no final daquele século, a Vickers expandiu seus negócios para diversas outras áreas, notabilizando-se como construtora naval e fabricante de armas pesadas, como peças de artilharia. Em 1909, a Vickers iniciou a construção de dirigíveis e, dois anos depois, inaugurou uma divisão dedicada à fabricação de aviões. Em 1927, fundiu-se com a empresa W. G. Armstrong Whitworth & Co. Ltd., o que fez surgir a Vickers-Armstrongs Ltd. Ao longo dos anos seguintes, a Vickers foi responsável pelo desenvolvimento de dezenas de aeronaves de bombardeio, caça e transporte. Isso lhe deu suficiente embasamento para pedir à Brabazon Committee que a recém-definida categoria de transporte aéreo regional fosse desdobrada em duas subcategorias: uma que previsse o desenvolvimento de um avião com motores convencionais e outra que construísse uma aeronave equipada com motores turboélice.

Apelidado na FAB de "O Cafona" por causa de uma novela televisiva popular na época, os VC-90 foram adquiridos no governo do Presidente Juscelino Kubitschek para substituir os VC-47. Foi a primeira aeronave VIP presidencial adquirida especificamente para aquela missão. Foto Museu Aeroespacial do Campo dos Afonsos.

    Naquele momento, o motor a reação encontrava-se em sua infância, e ainda mais incipientes eram os do tipo turboélice. Mesmo assim, a Vickers-Armstrongs já considerava os motores convencionais obsoletos para aeronaves de transporte aéreo comercial. Apesar da relutância da Brabazon Committee em apoiar o desenvolvimento de um avião de transporte equipado com motores turboélice, o sinal verde foi dado à Vickers-Armstrongs para iniciar os estudos preliminares para a elaboração de um avião que, naquele momento, foi denominado Brabazon IIB. Finalmente, em março de 1946, o Ministério de Abastecimento do Reino Unido contratou dois protótipos à Vickers-Armstrongs, o primeiro dos quais realizou seu voo inaugural em 16 de julho de 1948.

    A prolongada gestação do avião, batizado de Viscount, em 1947, serviu para aprimorar o projeto básico, que, desde seu primeiro voo, mostrou ser uma aeronave de excepcionais qualidades, mas que necessitava de algumas modificações para se adaptar aos trabalhos de transporte aéreo comercial. Assim, em agosto

Vickers-Armstrongs V.789D VC-90 FAB 2101 do Grupo de Transporte Especial (Aeroporto Santos Dumont), em 1958.

de 1952, a British European Airways Corporation foi a primeira empresa cliente a operar o Viscount, de exatos 80 operadores civis. Excluindo os dois protótipos, ambos pertencentes a Series 600, a Vickers-Armstrongs produziu 443 exemplares divididos entre os da Series 700 e os da Series 800. Além das empresas de transporte aéreo, 10 forças aéreas, entre as quais as da Austrália, da Índia e do Reino Unido, operaram o Viscount.

Os Vickers-Armstrongs V.742D e V.789D Viscount na Força Aérea Brasileira

No início dos anos 1950, a Força Aérea Brasileira realizava o transporte de autoridades do governo federal com reduzido número de aviões Douglas C-47A/B com a configuração interna devidamente modificada para atender as especificidades daquela missão, assim como com alguns Lockheed C-60/C-66 Lodestar e Beech C-45. Pertencentes à dotação do Esquadrão de Transporte Especial (ETE), os dois aviões Douglas C-47A modificados pela empresa norte-americana Grand Central, receberam interior executivo com mesas, divã e poltronas, para executarem a missão de transporte presidencial.

Contudo, por melhores que fossem suas qualidades como avião, persistia o fato de que aqueles dois C-47A não eram aviões modernos, pois careciam do alcance e da velocidade necessários para a missão de transporte presidencial. Ademais, apesar das muitas modificações aplicadas às duas aeronaves, ambas ofereciam pouco conforto em viagens mais longas.

Definida, em 1955, a mudança da capital federal para o Planalto Central, a distância daquela cidade para as demais capitais só enfatizou a necessidade de se equipar o ETE com um moderno avião de transporte presidencial. Assim, o Estado-Maior da Aeronáutica (EMAer) deu início aos estudos que visavam à escolha de uma nova aeronave para cumprir aquela importante missão.

O VC-90 2100 teve uma carreira curta na FAB. Uma década depois de ser incorporado, no dia 8 de dezembro de 1967, num voo presidencial entre Brasília e o Rio de Janeiro, ele fez um pouso brusco no Santos Dumont com o Presidente Arthur da Costa e Silva a bordo. Não passou de um susto e a única vítima do incidente foi o 2100, que teve perda total. Foto Museu Aeroespacial do Campo dos Afonsos.

O FAB 2101 foi empregado por três décadas. Seu último voo pelo GTE ocorreu no aniversário do Ministério da Aeronáutica, no dia 20 de janeiro de 1987, quando realizou a rota Brasília–Campo dos Afonsos para ser preservado no MUSAL.
Foto Museu Aeroespacial do Campo dos Afonsos.

Não se sabe ao certo quais tipos foram examinados ou cogitados pela comissão encarregada da avaliação e da escolha da nova aeronave. Contudo, é bem possível que a escolha final tenha contado com a colaboração de circunstâncias favoráveis. O que se sabe é que na primeira semana de outubro de 1956 o Ministério da Aeronáutica assinou um contrato de compra e venda com a Vickers-Armstrongs, que compreendeu o fornecimento de um avião V.742D Viscount. Era nada mais nada menos que um exemplar inicialmente destinado à empresa sueca Braathens-S.A.F.E. Airtransport A/S, que, pouco após o primeiro voo da aeronave, em 24 de julho daquele ano, desistiu da compra, posto que não conseguiu obter as desejadas licenças para operar as linhas destinadas aos Viscount que pretendia comprar.

Nos primeiros dias de novembro e já ostentando insígnias e marcas da FAB, o novo avião deixou as instalações da Vickers-Armstrongs em Hurn (Dorset – Reino Unido) e voou até Tollerton (Nottinghamshire – Reino Unido), onde foi recebido pela empresa Field Aircraft Services. O primeiro Viscount da FAB permaneceu naquele local por dois meses para sofrer modificações na configuração da cabine de passageiros. Descritas como Luxury VIP Interior, as modificações incluíram a instalação de um quarto com cama e toalete autônomo, assim como a colocação de mesas, poltronas, divãs e forração acústica para reduzir o ruído na cabine principal. Ademais, foi instalado um compartimento exclusivo para o radiotelegrafista.

Depois de regressar para as instalações da Vickers-Armstrongs, em meados de janeiro de 1957, o primeiro Vickers Viscount da FAB foi submetido a outros exames, além de registrar os diversos voos que antecedem o recebimento oficial de qualquer aeronave. A etapa foi concluída em 1º de fevereiro, e o avião foi oficialmente recebido pelos representantes da FAB, partindo para o Brasil logo em seguida.

Assim que chegou ao Rio de Janeiro, o primeiro Viscount foi imediatamente incorporado ao acervo do Grupo de Transporte Especial (GTE), uma unidade aérea criada em 27 de dezembro de 1956 e ativada cinco dias depois, sucedendo o Esquadrão de Transporte Especial. Meses depois, em julho de 1957, foi incluído em carga com a designação VC-90.

No entanto, partindo do princípio de que dispor de somente um avião é o mesmo que não ter nenhum, o EMAer julgou conveniente adquirir um segundo exemplar do Viscount – a decisão foi concretizada no primeiro trimestre de 1957. Ao contrário do primeiro avião, o segundo foi especificamente produzido para a Força Aérea Brasileira – a sua montagem foi iniciada nas instalações da Vickers-Armstrongs em junho de 1957. Mais moderno do que o primeiro Viscount e com diversas melhorias destinadas aos Viscount Series 800, o segundo VC-90 possuía a capacidade de receber slipper tanks, que nada mais eram do que tanques auxiliares externos de combustível instalados nas asas, que aumentavam consideravelmente o alcance do avião.

Dado como pronto em 1º de dezembro de 1957, o segundo Viscount da FAB realizou seu voo inaugural em Hurn. À semelhança do que ocorrera com o primeiro avião, dias antes do Natal, o segundo VC-90 foi levado para as instalações da Field Aircraft Services para que seu interior recebesse a configuração Luxury VIP Interior. Aparentemente o trabalho foi bem mais longo do que aquele realizado no primeiro Viscount, pois foi somente nos derradeiros dias de setembro de 1958 que o avião regressou a Hurn para ser submetido aos ensaios finais de recebimento. Finalmente, em 6 de outubro, o segundo VC-90 foi oficialmente recebido pelas autoridades da FAB e iniciou logo em seguida o seu voo de traslado até o Brasil.

Inicialmente operando do Aeroporto Santos Dumont, os dois VC-90 do GTE foram quase que imediatamente colocados em serviço: levaram o presidente da República, Juscelino Kubitschek, em suas viagens semanais à Brasília, para acompanhar o andamento das obras da nova capital, assim como em viagens para diversas capitais estaduais. De fato, na noite de 2 de maio de 1957, foi com um Viscount que foi realizada a inauguração oficial do Aeroporto de Brasília. No entanto, os trabalhos dos turboélices britânicos não se limitavam às missões presidenciais, pois, com frequência, eram empregados no transporte de comitivas e delegações do governo. De fato, um dos Viscount realizou, em maio de 1961, uma viagem à Europa com representantes de distintos ministérios acompanhados de importantes empresários brasileiros.

A mudança de sede do GTE para a Base Aérea de Brasília em pouco mudou a rotina dos dois Viscount, que continuaram desenvolvendo suas tarefas de forma ininterrupta. Porém, em 8 de dezembro de 1967, após partir de Brasília com destino ao Rio de Janeiro (RJ) levando o Presidente Arthur da Costa e Silva a bordo, o mais antigo dos Viscount sofreu um acidente durante o procedimento de pouso no Aeroporto Santos Dumont. Fora o susto, nenhum dos ocupantes se machucou, mas a extensão dos danos sofridos por aquele Viscount tornou a sua recuperação economicamente inviável e o avião foi transformado em sucata depois da remoção de todo o material aproveitável.

Com a frota reduzida a um único exemplar, foi acelerado um processo que já estava pronto para ser deslanchado: substituir os Viscount por aeronaves mais modernas, dotadas com motores a reação. Como resultado da incorporação de dois jatos BAC 1-11 – o primeiro dos quais chegou no final de 1968 –, aquela decisão não significou o fim da carreira do Viscount na FAB, muito pelo contrário. O VC-90 remanescente se manteve particularmente ativo, sendo transferido para o 1º/2º Grupo de Transporte (1º/2º GT) em maio de 1969. Sediado na Base Aérea do Galeão, o 1º/2º GT, Esquadrão Condor, empregou o Viscount nas diversas linhas do Correio Aéreo Nacional que estavam sob sua jurisdição, assim como em eventuais missões de transporte de autoridades que realizava em apoio ao GTE.

Suspenso do voo por quase dois anos a fim de ser submetido a extensos trabalhos de revisão geral, o derradeiro Viscount da FAB foi transferido de volta para o Grupo de Transporte Especial no final de 1971.

Essa segunda passagem do Viscount pelo GTE foi diferente da anterior, pois, em raríssimas ocasiões, era usado em missões presidenciais. A principal atribuição daquele avião passou a ser a de transportar comitivas ministeriais para distintos pontos do território nacional e para as capitais de diversos países sul-americanos. Ocasionalmente, o Viscount era cedido a delegações estrangeiras em visita ao país. E foi nesse período que o Viscount sobrevivente ganhou um apelido. Dividindo o pátio de estacionamento da Base Aérea de Brasília com modernos jatos HS.125 e BAC 1-11, assim como as aerovias povoadas por modernos jatos comerciais, o VC-90 parecia estar particularmente ultrapassado e fora de seu ambiente. Possivelmente inspirado em uma popular telenovela da época, o derradeiro Viscount foi prontamente apelidado de O Cafona.

A nova rotina foi mantida até o final de sua carreira, quando o Viscount foi desativado assim que concluiu seu último voo entre Brasília e o Campo dos Afonsos (RJ), em 20 de janeiro de 1987. Ali ele foi finalmente incorporado ao acervo do Museu Aeroespacial, onde ocupa posição de destaque entre as aeronaves que se encontram em exposição.

Vickers-Armstrongs V.742D e V.789D Viscount

Período de Utilização	De 1957 até 1987
Fabricante	Vickers-Armstrongs, Hurn (Dorset, Reino Unido)
Emprego	Transporte e laboratório
Características Técnicas	
Motor	4 Rolls-Royce RDa3 Dart Mk 506 de 1.740 shp cada um
Envergadura	28,56 m
Comprimento	24,73 m
Altura	8,15 m
Área Alar	89,46 m^2
Peso Vazio	17.199 kg
Peso Máximo	29.257 kg
Armamento	Não dispunha de armamento
Desempenho	
Velocidade Máxima	537 km/h
Razão de Subida	366 m/min
Teto Operacional	8.320 m
Alcance	2.363 km
Comentários	
Total Adquirido	2 exemplares
Unidades Aéreas	Grupo de Transporte Especial 1º/2º Grupo de Transporte
Designações	VC-90 e C-90
Matrículas	2100 e 2101

Sikorsky S-55

Projetado, construído e voado pela primeira vez 27 semanas a contar da data de solicitação da USAF, um novo helicóptero desenvolvido pela Sikorsky deixou o chão pela primeira vez em 21 de novembro de 1949. Com a designação S-55, essa aeronave visava atender a um requisito da USAF, que pedia um helicóptero de transporte capaz de acomodar 10 passageiros ou soldados, além de dois pilotos. Para satisfazer esses requisitos, a Sikorsky Aircraft optou por inovar quando iniciou o desenvolvimento do S-55. Onde outros buscaram como solução um helicóptero com dois rotores principais em tandem, com todas as suas penalidades em termos de peso e complexidade, a Sikorsky desenvolveu um helicóptero extremamente compacto para aquela época, em que instalou o grupo motopropulsor no nariz, dando à nova aeronave uma volumosa cabine de carga/passageiros posicionada diretamente abaixo do rotor principal. Desse modo, elaborou um helicóptero capaz de transportar uma variada composição de cargas sem afetar de forma adversa o seu centro de gravidade.

Vertendo considerável esforço para fazer com que o S-55 fosse um helicóptero de fácil manutenção e operação, a campanha de ensaios da Sikorsky rapidamente mostrou que essa aeronave apresentava desempenho e capacidade muito superiores a qualquer outro modelo de asas rotativas então existente no mercado militar ou civil.

Com a designação básica H-19, a USAF recebeu os primeiros cinco protótipos no início de 1950. Com o reconhecimento das inerentes qualidades daquele helicóptero, em rápida sucessão, a United States Navy (USN), o United States Marine Corps (USMC), o United States Army (US Army) e a United States Coast Guard (USCG) assinaram contratos de encomenda, bem como empresas norte-americanas e estrangeiras. Durante os 10 anos em que foi fabricado, um total de 1.067 exemplares do S-55 foi produzido nas distintas versões militares ou civis. Ademais, outras 547 unidades foram construídas sob licença no Reino Unido (Westland), no Japão (Mitsubishi) e na França (Sud Aviation).

Apesar de haver nascido em resposta a um requisito da USAF e da maior parte da produção dos S-55 militares se destinar àquela arma, ao US Army e à USN (sob

Os H-19D foram os primeiros helicópteros da FAB dedicados à missão de busca e salvamento (SAR). Durante 10 anos, eles cumpriram a missão SAR junto ao 2º/10º GAV. Foto Arquivo Action Editora Ltda.

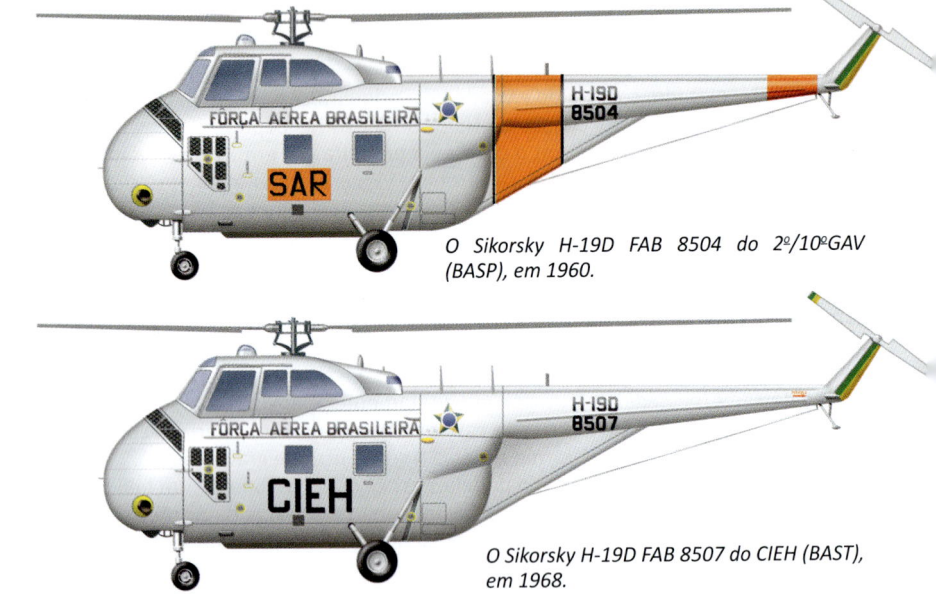

O Sikorsky H-19D FAB 8504 do 2º/10ºGAV (BASP), em 1960.

O Sikorsky H-19D FAB 8507 do CIEH (BAST), em 1968.

a designação HO4S), foi com o USMC que esse helicóptero escreveu uma página na história da aviação militar mundial. Durante a Guerra da Coreia, enquanto os H-19A/B da USAF realizavam missões de transporte, busca e salvamento, os Sikorsky HRS – como eram designados os S-55 do USMC – efetuaram a primeira operação de helidesembarque do mundo, quando 12 desses helicópteros transportaram 224 fuzileiros até o cume da colina 884 em 20 de setembro de 1951.

O Sikorsky S-55 na Força Aérea Brasileira

Apesar de a Força Aérea Brasileira (FAB) contar com helicópteros desde a primeira metade da década de 1950, tardou para que reconhecesse o potencial presente em aeronaves de asas rotativas. À luz da experiência norte-americana na Guerra da Coreia e de outros operadores em diversas regiões do mundo, inclusive no Brasil, gradualmente, a liderança da FAB percebeu que helicópteros eram bem mais do que uma curiosidade aeronáutica. Essa mudança foi acelerada com a decisão de se formar uma unidade aérea exclusivamente dedicada às missões de busca e salvamento.

Os primeiros passos oficiais ocorreram em setembro de 1957 com a formação de um grupo de trabalho encarregado dos estudos relativos à ativação e à instalação de um esquadrão de busca e salvamento. Usando como referência organizações que realizavam o mesmo tipo de trabalho em outros países, a FAB lançou mão do Mutual Defence and Assistance Program (MDAP – Programa de Assistência e Defesa Mútua) para equipar o novo esquadrão que estava para ser ativado na Base Aérea de São Paulo (SP). Entre as aeronaves que o governo norte-americano poderia oferecer pelo MDAP, encontrava-se um lote de helicópteros Sikorsky H-19D que poderia ser fornecido na configuração específica para as missões de busca e salvamento. Aparentemente uma decisão sobre o assunto foi acertada ainda no último trimestre de 1957, pois, em dezembro, a Diretoria de Material da Aeronáutica (DIRMA) foi instruída a colocar em marcha as providências necessárias ao recebimento dos helicópteros H-19D.

Em fevereiro de 1958, chegaram ao Brasil quatro helicópteros Sikorsky H-19D destinados a dotar o 2º/10º Grupo de Aviação (2º/10º GAV), com sede na Base Aérea de São Paulo (BASP). Foram desembarcados na Base Aérea do Galeão (BAGL), e dois oficiais aviadores supervisionaram a montagem das quatro aeronaves de asas rotativas, trabalho realizado por 11 sargentos mecânicos do 2º/10º GAV.

Porém, mal ficara pronto e ensaiado o primeiro desses H-19D quando o novo Esquadrão foi convocado para sua primeira missão de busca e salvamento (SAR). Durante oito dias a contar de 21 de março de 1958, o H-19D 8506 realizou missões de busca aos sobreviventes de uma lancha que explodira entre a Ilha de São Sebastião (SP) e Santos (SP). Encerrada a missão e com aquele helicóptero tendo sido já recebido na BASP, o 2º/10º GAV trouxe à sede da unidade os demais helicópteros à medida que iam ficando prontos na BAGL, uma tarefa que foi finalmente concluída em meados de abril.

Após o início da instrução dos integrantes do quadro de tripulantes que não estavam qualificados no novo helicóptero, as circunstâncias fizeram com que o 2º/10º GAV ingressasse em um período de grande atividade, mesmo contando somente com um punhado de helicópteros e sem que suas equipagens estivessem completamente prontas. Primeiro foi a busca e salvamento da tripulação e de passageiros de um Curtiss C-46A que realizara um pouso de emergência em uma das praias do litoral paulista. Em seguida, veio o resgate dos passageiros de um Douglas DC-6 da Aerolineas Argentinas que havia se acidentado nas vizinhanças da Ilha Grande (RJ). Não bastassem essas e outras missões SAR, um dos H-19D do 2º/10º GAV foi ainda chamado para realizar uma missão de transporte presidencial até a futura capital federal em Brasília (DF), tudo isso antes de setembro de 1958.

Curiosamente, os H-19D só foram incluídos em carga em janeiro de 1960, mais de 22 meses após chegarem ao país. Mas isso não impediu que executassem seu trabalho, ora em missões de misericórdia e de apoio aos Grumman

Alto, com boa visibilidade e grande capacidade de transporte, o H-19 era um bom vetor SAR. Ele despertou na FAB a visão de emprego do helicóptero, que foi ampliada anos depois com a chegada de outros helicópteros, como o UH-1D, que o sucedeu na missão SAR. Foto Arquivo Action Editora Ltda.

Após cumprirem a missão SAR, os três SH-19 remanescentes foram enviados para Santos para ministrar instrução aos novos pilotos de helicópteros. Porém sua vida como aeronave de formação durou pouco menos de dois anos. Foto Museu Aeroespacial do Campo dos Afonsos.

SA-16A, que igualmente pertenciam ao 2º/10º GAV, ora em surtidas de busca e salvamento. Ademais, porque o 2º/10º GAV reuniu um considerável número de helicópteros de grande porte, aquela unidade era regularmente acionada para prestar serviços às mais variadas organizações extra-FAB. Foi justamente durante uma missão dessas, em 25 de outubro de 1960, e em apoio à Comissão Nacional de Energia Nuclear, que foi registrada a única perda entre os H-19D da FAB. Com engenheiros daquela comissão a bordo, o H-19D 8504 realizava a inspeção aérea das instalações da usina auxiliar da Light na região de Barra do Piraí (RJ) quando uma corrente descendente fez com que a aeronave colidisse com o solo, provocando a morte do piloto e de um mecânico.

Em tardio reconhecimento aos trabalhos de busca e salvamento que esses helicópteros realizavam com acentuada frequência, em junho de 1967, a DIRMA determinou que os H-19D da FAB fossem redesignados SH-19. No entanto, no mês de agosto seguinte, uma portaria reservada selava o destino desses helicópteros – ao menos no que tange ao seu uso no 2º/10º GAV –, acertando definitivamente a distribuição dos seis helicópteros Bell UH-1D que a FAB recém-adquirira: colocou todos junto naquela unidade. Como resultado, em 26 de outubro de 1967, ficou determinado que os três SH-19 fossem transferidos para o Destacamento de Base Aérea de Santos (SP) para serem utilizados em tarefas de instrução pelo Centro de Instrução e Emprego de Helicópteros (CIEH).

Entretanto, essa transferência não postergou muito o inevitável. A FAB encontrava-se em pleno processo de renovação dos seus meios de asas rotativas, tendo encomendado helicópteros Bell 206 e UH-1D aos Estados Unidos. Por sua vez, os SH-19 faziam extenso uso de material de difícil aquisição. Isso era especialmente verdadeiro para o Wright Cyclone R-1300-3, que equipava esses helicópteros – um motor que deixara de ser produzido há alguns anos. Assim, em abril de 1969, os três SH-19 da FAB foram preparados para alienação e excluídos da carga da Força Aérea Brasileira, em 6 de junho. Transformados em sucata pouco tempo depois, os SH-19 realizaram, durante sua carreira, diversos tipos de trabalho cuja quantidade foi inversamente proporcional ao reduzido número desses helicópteros existentes na FAB. Porém – e mais importante –, os SH-19 desempenharam o importante papel de implantar a doutrina de emprego de aeronaves de asas rotativas na tarefa de busca e salvamento.

Sikorsky S-55	
Período de Utilização	De 1958 até 1969
Fabricante	Sikorsky Aircraft Division, United Aircraft Corporation, Hartford (Connecticut – EUA)
Emprego	Busca e salvamento, e instrução
Características Técnicas	
Motor	Wright Cyclone R-1300-3 de 700 hp
Diâmetro do Rotor Principal	16,15 m
Comprimento	12,87 m
Altura	4,06 m
Largura da Fuselagem	3,95 m
Peso Vazio	2.381 kg
Peso Máximo	3.102 kg
Armamento	Não dispunha de armamento
Desempenho	
Velocidade Máxima	169 km/h
Razão de Subida	310 m/min
Teto Operacional	3.932 m
Alcance	708 m
Comentários	
Total Adquirido	4 exemplares
Unidades Aéreas	2º/10º Grupo de Aviação Centro de Instrução e Emprego de Helicópteros
Designações	H-19D e SH-19
Matrículas	8504 a 8507

Grumman SA-16A Albatross

A experiência positiva com os anfíbios Grumman Goose e Consolidated Catalina nas missões de resgate durante a Segunda Guerra Mundial levou a Grumman Aircraft Engineering Corporation ao desenvolvimento de uma aeronave maior, com melhor capacidade de transporte, para operação em alto-mar e com maior alcance operacional. O projeto do modelo G-64 teve início em 1944 e o protótipo XJR2F-1 realizou seu primeiro voo em 24 de outubro de 1947.

A aeronave era um anfíbio bimotor equipado com dois radiais Wright Cyclone R-1820-76A/76B de 1.425 hp cada, dotado de dois flutuadores fixos sob as asas normalmente utilizados como tanque auxiliar, trem de pouso triciclo retrátil, capacidade para quatro tripulantes, 10 passageiros ou várias macas. Seu casco mais profundo em forma de V lhe proporcionava maior calado, facilitando a operação em mar aberto e com ondas de até 1,5 m. Após 1950, foi introduzido um radar de busca AN/APS-31 em seu nariz para melhorar sua capacidade em operações de busca.

O Albratross foi um dos vetores dedicados à missão SAR mais importantes da história da FAB e, também, com uma capacidade fundamental: a de operar tanto em terra como na água. Foto Arquivo José de Alvarenga.

Imediatamente a USAF e a US Navy realizaram encomendas de um grande número de aeronaves para o emprego no Serviço de Busca e Salvamento (SAR) e no resgate de combate. As aeronaves foram designadas SA-16 Albatross pela USAF, UF-1 pela US Navy e UF-1G quando introduzidas na US Coast Guard. A partir de 1962, todos os Albatross passaram a ser designados HU-16A.

Embora tenha chegado tarde para participar da Segunda Guerra Mundial, os HU-16A, principalmente os da USAF, que foi seu maior operador nas Forças Armadas dos Estados Unidos, tiveram uma participação ativa no serviço de resgate de combate durante a Guerra da Coreia, de 1950 a 1953, efetuando busca, localização e resgate dos pilotos ejetados sobre o mar.

Posteriormente, em 1956, para aumento de desempenho, o modelo teve a superfície da asa e do estabilizador horizontal e as superfícies de comandos aumentados, resultando no HU-16B, que foi empregado na Guerra do Vietnã, entre 1960 e 1970, cumprindo a mesma missão de sempre. Em 1961, a US Navy também se interessou pelo desenvolvimento de uma versão antissubmarino e a Grumman desenvolveu o HU-16B/ASW, dotado de Detector de Anomalias Magnéticas (MAD), radar de busca mais potente AN/APS-88, farol de busca e armamento como cargas de profundidade, torpedos e sonoboias.

Além dos EUA, diversos outros países operaram o Albatross, inclusive na versão antissubmarino, e era a aeronave ideal para o emprego em missões de Busca e Salvamento, o tipo de serviço que o tornou mundialmente famoso.

No total foram produzidos 466 exemplares do Albatross.

O Grumman SA-16A Albatross na Força Aérea Brasileira

A criação da Organização de Aviação Civil Internacional (OACI ou ICAO), em 1944, obrigou os países participantes da Convenção de Chicago a se adaptarem às novas regras e responsabilidades pela condução da aviação civil em todo o planeta. Naquela oportunidade, o Brasil ficou encarregado pela prestação de serviço

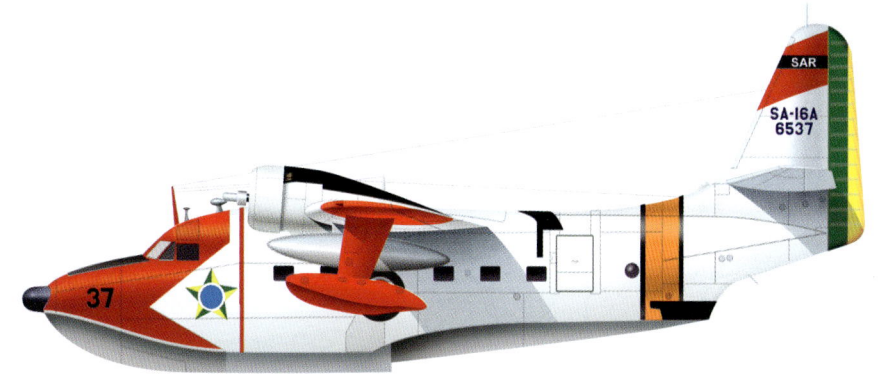

O Grumman SA-16A Albatross SA-16A FAB 6537 do 2º/10º GAV (BASP), em 1958.

SAR aos aviões comerciais que utilizassem as rotas internacionais sobre o Atlântico Sul e sobre o território nacional.

Apesar do compromisso internacional, o Serviço de Busca e Salvamento da FAB só foi realmente efetivado na década de 1950 com a disponibilização de uma aeronave PBY Catalina de Belém para a realização das eventuais missões de busca sobre a área de nossa responsabilidade.

O 2º/10º GAV, denominado Esquadrão Pelicano, unidade exclusiva de Busca e Salvamento da FAB, foi criado em 6 de dezembro de 1957, era subordinado operacionalmente ao Comando Costeiro (COMCOS) e tinha como base de operação a Base Aérea de São Paulo. Inicialmente dotada de helicópteros H-19D a unidade somente recebeu oficialmente suas aeronaves de asa fixa em outubro de 1958, quando passou a dispor de 14 SA-16A Albatross para o emprego em suas missões SAR. Cada aeronave foi adquirida diretamente da USAF pelo valor de CR$ 31.274.352.

Os SA-16A começaram a chegar a Cumbica a partir de 8 de agosto de 1958 por esquadrilhas, e os últimos chegaram em 11 de março de 1959. Apenas quatro

O SA-16A FAB 6541, do 2º/10º GAV, visto em voo. Elegante, o Grumman SA-16 foi, junto com o Cataliana e o Grumman G-44, o único bimotor hidroavião operado pela FAB. Foto Arquivo José de Alvarenga.

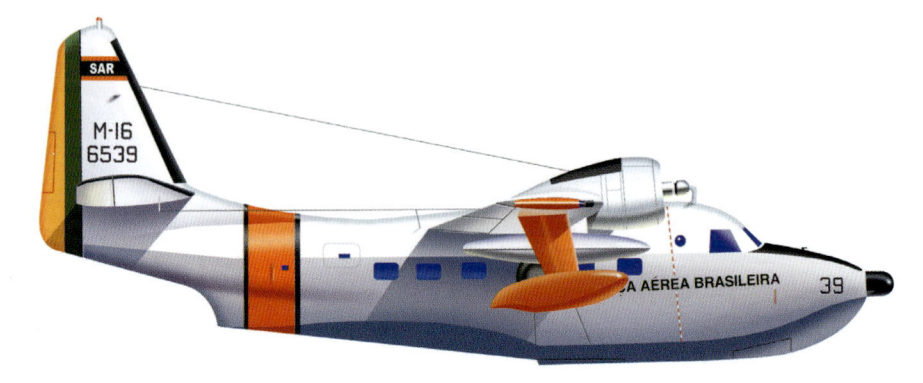

Grumman SA-16A Albatross M-16A FAB 6539 do 2º/10º GAV (BASP), em 1963.

meses após a chegada da primeira esquadrilha, foi realizada a primeira busca por uma aeronave acidentada no interior do estado de Mato Grosso.

Para proporcionar cobertura a todo o território nacional, os pelicanos do 2º/10º GAV passaram a deslocar frações de seu efetivo para pontos estratégicos do território nacional. Assim surgiram as missões de Alerta-SAR nas cidades de Campo Grande, Manaus e Belém.

Em Belém, foi criado mais do que um alerta. Em 8 de outubro de 1959, através da Portaria nº 769-GM3, foi criada a Seção de Busca e Salvamento de Belém (SBS-1), na qual eram mantidas três equipagens completas de pelicanos ao longo de um período de um ano, após o qual era efetuada a troca de pessoal. Essa sistemática foi mantida até 1964, quando a escassez de suprimento para o equipamento aéreo obrigou o cancelamento das atividades da seção, que foi extinta somente em fins do ano de 1970.

Com a desativação dos P-15, em 1976, os S-16 cumpriram o papel de aeronave de patrulha junto com uns C-95 até a incorporação dos P-95, em abril de 1978.
Foto Arquivo Mario Roberto Vaz Carneiro.

O Albatross, em toda a sua vida na FAB, operou apenas no 2º/10º GAV. Foram 22 anos de Esquadrão Pelicano, primeiro em Guarulhos e, depois, a partir de 1972, em Florianópolis. Foto Arquivo José de Alvarenga.

Desse modo, apesar de os SA-16A operarem a partir da Base Aérea de São Paulo, localizada na cidade de Guarulhos, a sua área de atuação abrangia desde o mar territorial até a grande floresta amazônica, onde, além de missões SAR, também prestavam apoio aos residentes ribeirinhos, cumprindo missões assistenciais e de transporte. Em 1972, o 2º/10º GAV foi transferido para a Base Aérea de Florianópolis, de onde continuou cumprindo o mesmo tipo de missão.

Dos 14 SA-16, quatro foram perdidos em acidentes. O FAB 6536 em Porto Alegre (1959); o FAB 6539 em Itacajá (MA), em 1979; o FAB 6540 em Florianópolis (1979) e o FAB 6541 em Manaus (1977). Foto Arquivo Mario Roberto Vaz Carneiro.

Por causa do corte no Programa de Assistência Militar dos EUA em 1977, o suprimento para as aeronaves operadas pela FAB foi suspenso e não houve mais como manter o Albatross em atividade. Sua desativação do serviço ativo ocorreu na Base Aérea de Florianópolis, no dia 28 de agosto de 1980, quando foi realizado o seu voo de despedida.

Ao longo dos 23 anos de serviços prestados à FAB, inúmeras foram as vidas salvas graças à ação dos SA-16A Albatross, tanto no Brasil quanto no exterior, uma vez que, entre suas missões, podemos incluir várias operações realizadas em países vizinhos, o que muito contribuiu para o bom relacionamento entre o Brasil e seus pares sul-americanos. Ao todo, os SA-16A voaram um total aproximado de 53 mil horas pela FAB.

Grumman SA-16A Albatross	
Período de Utilização	De 1958 até 1980
Fabricante	Grumman Aircraft Engineering Corporation
Emprego	Busca e salvamento (SAR)
Características Técnicas	
Motor	2 Wright Cyclone R-1820-76A/76B de 1.425 hp cada um
Envergadura	24,45 m
Comprimento	18,50 m
Altura	7,37 m
Área Alar	77,50 m^2
Peso Vazio	9.125 kg
Peso Máximo	12.270 kg
Armamento	Não dispunha de armamento
Desempenho	
Velocidade Máxima	423 km/h
Razão de Subida	427 m/min
Teto Operacional	6.705 m
Alcance	4.320 km
Comentários	
Total Adquirido	14 exemplares
Unidades Aéreas	2º/10º Grupo de Aviação
Designações	U-16, M-16, SA-16 e SA-16A
Matrículas	6528 a 6541

Bell 47J

O primeiro voo do modelo 47 da Bell foi realizado no dia 8 de dezembro de 1945 e a produção seriada das inúmeras versões da pequena aeronave se prolongou por três décadas, atingindo a incrível casa das 5.600 unidades construídas, sendo comum encontrar alguns exemplares em plena atividade ainda nos nossos dias.

A aeronave equipada com um motor vertical posicionado atrás da cabine também tinha um rotor de duas pás. Porém, as características mais marcantes na família dos Bell 47 eram sua estrutura tubular em treliça triangular e a cabine em forma de bolha, onde se acomodavam o piloto e um passageiro.

Apenas cinco Bell 47J, designados H-13J, foram usados na FAB, principalmente pelo Grupo de Transporte Especial (GTE). Foto Arquivo Jackson Flores Jr. / Action Editora Ltda.

O modelo G que, entre os diversos tipos produzidos foi o mais fabricado, possuía uma cabine pequena, com capacidade para apenas dois tripulantes. Como pretendia aumentar a capacidade da aeronave para três tripulantes, a Bell desenvolveu o modelo H, com cabine mais larga, carenado e com banco único, porém, ela ainda ficou pequena e bastante desconfortável.

Desse modo, só restou mudar a configuração interna da aeronave posicionando o piloto à frente e no meio da cabine e atrás um banco único com capacidade para três passageiros. A porta larga da aeronave permitia que, para os casos de transporte de enfermo, o banco traseiro fosse facilmente retirado, para facilitar a acomodação de duas macas.

Dotado com um motor mais potente, de 240 hp, e sendo completamente carenado, à época, o modelo J foi uma boa opção para o transporte de passageiros, tanto que, em março de 1957, dois modelos J foram os primeiros helicópteros empregados em missões de transporte presidencial, sendo seu mais famoso usuário o presidente dos Estados Unidos, Dwight D. Eisenhower.

Os Bell 47J foram produzidos sob licença na Itália pela Agusta, com 152 aeronaves construídas.

O Bell 47J na Força Aérea Brasileira

As primeiras aeronaves de asas rotativas a servir no transporte de autoridades no Brasil foram três Bell 47D1, que dotaram a Seção de Aviões de Comando (SAC) da III Zona Aérea, no Rio de Janeiro, de 1953 a 1958, que foi criada para uso exclusivo no transporte das autoridades do governo brasileiro.

Como a capacidade de transporte desses helicópteros era restrita a apenas um passageiro e considerando a existência no mercado do Bell modelo J, com capacidade para até três passageiros, em 1958, o Ministério da Aeronáutica adquiriu cinco dessas aeronaves, que foram denominadas H-13J.

Bell 47J (H-13J na FAB) do 2º Esquadrão do GTE (BABR), em 1963.

Os helicópteros, que começaram a chegar em 28 de outubro de 1958, equiparam inicialmente o 2º Esquadrão do Grupo de Transporte Especial (GTE), que ficou com duas aeronaves operando do Aeroporto Santos Dummont até 1961, quando foram deslocadas para Brasília, mantendo a missão anterior.

Ao mesmo tempo, o 2º Esquadrão do 1º Grupo de Aviação Embarcada (2º/1º GAE), situado na Base Aérea de Santa Cruz, se preparava para receber os H-34J antissubmarino e necessitavam de um helicóptero para o treinamento de seus pilotos. A solução encontrada foi colocar três novos H-13J naquela unidade que, além de treinamento e manutenção operacional dos pilotos, também cumpriam missões de transporte VIP na área do Rio de Janeiro, em complemento às aeronaves do GTE.

Em 1961, com a saída do GTE do Rio de Janeiro, todos os H-13J foram concentrados em Brasília apenas para o cumprimento da missão de transporte de autoridades. Transportaram o Presidente Juscelino Kubitschek e o Presidente Artur da Costa e Silva, quando foram substituídos pelos VH-4 JetRanger, em 1968.

Os H-13J eram completamente brancos, com uma faixa azul da porta da cabine até o cone de cauda. No seu estabilizador vertical foram pintadas as tradicionais cores verde e amarela e receberam as matrículas de 8508 a 8512, pintadas em preto sobre as portas.

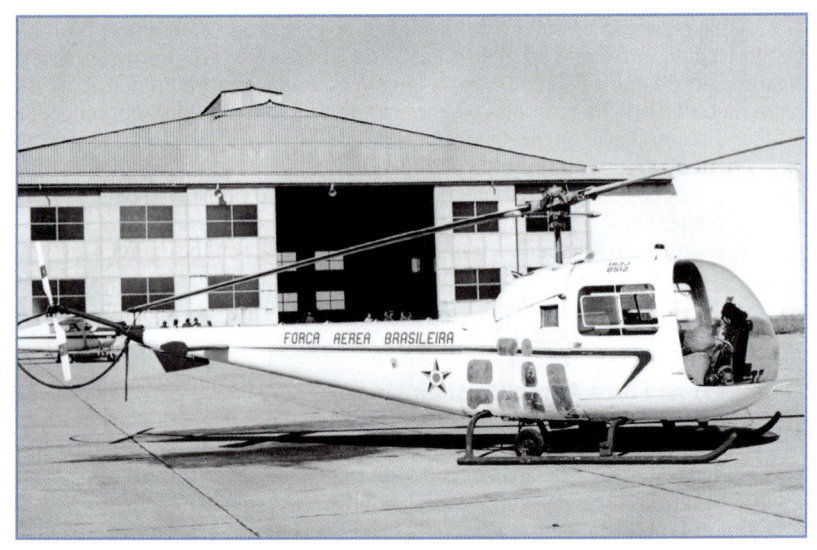

Foto do H-13J FAB 8512 em Brasília. Em 1961 essas aeronaves foram transferidas do Rio de Janeiro para Brasília, onde serviram aos Presidentes Juscelino Kubitschek e Humberto de Alencar Castelo Branco. Foto Arquivo Jackson Flores Jr. / Action Editora Ltda.

Após deixar o GTE, o foco da missão dos H-13J passou a ser a SAR, pois foram enviados para a AFA, onde tiravam alerta SAR para os voos de instrução, além de fazer voos de ligação. Foto Arquivo Jackson Flores Jr. / Action Editora Ltda.

As últimas aeronaves disponíveis foram transferidas para a Academia da Força Aérea ainda em 1968, aonde passaram a cumprir missões SAR em apoio à instrução aérea aos cadetes da Aeronáutica. O último H-13J foi desativado somente em 1974 e entregue ao Museu Aeroespacial no ano seguinte.

Bell 47J	
Período de Utilização	De 1958 até 1974
Fabricante	Bell Helicopter Company
Emprego	Transporte VIP, treinamento e SAR
Características Técnicas	
Motor	Lycoming VO-435 de 240 hp
Diâmetro do Rotor Principal	11,33 m
Comprimento	9,83 m
Altura	2,84 m
Peso Vazio	734 kg
Peso Máximo	1.270 kg
Armamento	Não dispunha de armamento
Desempenho	
Velocidade Máxima	169 km/h
Razão de Subida	245 m/min
Teto Operacional	5.340 m
Alcance	420 km
Comentários	
Total Adquirido	5 exemplares
Unidades Aéreas	2º Esquadrão do Grupo de Transporte Especial 2º/1º Grupo de Aviação Embarcada Academia da Força Aérea
Designações	H-13J
Matrículas	8508 a 8512

Neiva P-56B e P-56D

Nascido em 1924, desde cedo, o carioca José Carlos de Barros Neiva foi exposto à aviação, já que o pai era piloto e proprietário de avião. Assim, trilhar um caminho no meio aeronáutico era mera consequência, que começou a se concretizar quando construiu dois planadores de desenho alemão durante a Segunda Guerra Mundial. Logo em seguida, já aos 21 anos, Neiva partiu para a construção do planador Monitor, um projeto que ele mesmo elaborara.

Assim que o Monitor foi homologado pelo Ministério da Aeronáutica (MAer), o engenheiro carioca partiu para a construção de uma pequena série desses planadores em resposta a uma encomenda daquele ministério. Fazendo uso de uma garagem localizada dentro do aeroporto de Manguinhos (RJ), construiu os primeiros exemplares de um total de 20 planadores, bem como realizou a revisão geral e os reparos de diversos outros de tipo diferente pertencentes a aeroclubes apoiados pelo MAer.

Mas a principal meta de José Carlos de Barros Neiva era a construção de aviões. E distintos eventos conspiraram a favor de sua ambição. O primeiro foi o encerramento das atividades da Companhia Aeronáutica Paulista, em 1948, e com ele o fechamento da linha de produção dos aviões CAP-4 Paulistinha. Pouco antes, a Companhia Nacional de Navegação Aérea também fechara sua linha de produção, e deixava de existir no Brasil uma empresa sequer de construção aeronáutica, exceção feita à Fábrica do Galeão (FG) que por não ser civil não visava lucro.

Em vista daquele quadro e com os aeroclubes apoiados pelo Departamento de Aviação Civil (DAC) clamando por aviões de recreio e turismo, o Ministério da Aeronáutica passou a adquirir nos Estados Unidos grandes quantidades de aviões para atender àquela necessidade. Paralelamente, a Fábrica do Galeão foi encarregada, em meados de 1952, do desenvolvimento e da produção do monomotor de asa alta Niess 1-80, um avião que se mostrou decepcionante em termos de desempenho e características de voo, apesar das excepcionais qualidades do protótipo.

Enquanto isso, o MAer seguiu com a aquisição de várias dezenas de aviões Aeronca 7DC, Aeronca 15AC e Piper PA-18. A partir de 1952, o MAer adquiriu ainda grande quantidade de aeronaves Piper PA-20-135 Pacer.

O L-6 FAB 3080 com as cores do Instituto de Pesquisa e Desenvolvimento (IPED) do CTA. Ele foi o protótipo do Paulistinha P-56, que voou originalmente como PT-AVZ. Foto Arquivo Jackson Flores Jr. / Action Editora Ltda.

Neiva P56B Paulistinha L-6 FAB 3107 007 operado pelo 1º GAVCA (Base Aérea de Santa Cruz).

A evolução desses eventos não passou despercebida por José Carlos de Barros Neiva. Em outubro de 1954 ele formou, no Rio de Janeiro (RJ), a empresa Sociedade Construtora Aeronáutica Neiva e, quase em paralelo, iniciou contato com Francisco Pignatari, o industrial que fundara a Companhia Aeronáutica Paulista e detinha os direitos de produção do CAP-4 Paulistinha.

Em 1955, após a apresentação de um relatório e de diversas rodadas de negociações, Pignatari cedeu à Neiva a licença de fabricação do Paulistinha, bem como alguns gabaritos e todas as plantas necessárias para a sua produção. Nesse ínterim, José Carlos de Barros Neiva levou a sua empresa para Botucatu (SP), onde permanece até hoje, mas como subsidiária da Embraer.

A intenção do engenheiro Neiva não era meramente ressuscitar o CAP-4 Paulistinha, mas aplicar-lhe também algumas modificações que realçariam seu desempenho. Assim, entre 1955 e 1956, com o auxílio do então Centro Tecnológico da Aeronáutica (CTA), o projeto básico do CAP-4 passou a contar com um grupo motopropulsor de maior potência, modificações nas portas e janelas e um conjunto de instrumentos de voo mais elaborado do que aquele encontrado na versão original de produção.

O fim dos trabalhos se deu em 1956, e a nova aeronave recebeu a designação P-56. No ano seguinte foi iniciada a campanha de homologação. E os resultados preliminares mostraram que o novo Paulistinha mantinha todas as excelentes qualidades de seu antecessor, o que incentivou o MAer a assinar naquele ano um contrato de encomenda que abrangia 20 exemplares do Neiva P-56. Nos anos seguintes, outros seis contratos foram firmados entre a Neiva e o MAer, bem como algumas poucas vendas para particulares. Quando foi encerrada a produção do Neiva P-56 Paulistinha, em 1966, entre 260 e 270 exemplares desse versátil avião haviam deixado a linha de produção.

Os Neiva P-56B e P-56D na Força Aérea Brasileira

Visando não somente dar incentivo à renascente indústria aeronáutica do País, mas reforçar a dotação da Força Aérea Brasileira (FAB) quanto a aeronaves de ligação e observação, em meados de 1957, o MAer assinou com a Sociedade Construtora Aeronáutica Neiva um contrato de encomenda de 20 exemplares do Neiva P-56B Paulistinha.

Compondo o primeiro lote de produção do Neiva Paulistinha, essa encomenda de aviões incluía o protótipo do Neiva P-56. Com a matrícula PT-AVZ, essa aeronave foi entregue às autoridades da FAB assim que foi encerrada a sua campanha de homologação, sendo incluída em carga em janeiro de 1958 e distribuída ao CTA, onde permaneceu por quase nove anos. As 12 aeronaves seguintes, incluídas em carga entre junho de 1959 e janeiro de 1960, foram todas entregues à 3ª Esquadrilha de Ligação e Observação (3ª ELO), uma unidade criada em 8 de novembro do ano anterior, com sede na Base Aérea de Canoas. Das aeronaves restantes do contrato, todas incluídas em carga entre outubro de 1959 e junho de 1960, uma foi recebida pela 3ª ELO, enquanto seis foram distribuídas para a 1ª Esquadrilha de Ligação e Observação (1ª ELO). Naquela última unidade, sediada no Campo dos Afonsos (RJ), os L-6 (como esses aviões foram designados pela FAB) passaram a reforçar a dotação de aviões Cessna L-19A/E daquela esquadrilha. Por força dessa distribuição inicial, a 3ª ELO passou a ser a maior operadora de aviões L-6 da FAB, chegando a contar com 13 deles durante breve período.

Curiosamente, em abril de 1960, cinco aviões Neiva P-56B pertencentes ao segundo contrato de encomenda foram incluídos em carga e receberam matrículas da FAB, aparentemente indicando a intenção original de que fossem distribuídos entre as unidades da força. No entanto, por motivos hoje desconhecidos, essas cinco aeronaves seguiram diretamente para o DAC e jamais foram empregadas pela FAB.

A partir de junho de 1960, muitos L-6 foram gradativamente transferidos para novos lares em atenção às necessidades de algumas unidades de dispor de um avião de ligação. A primeira dessas organizações foi a Escola de Aeronáutica (EAer), no Campo dos Afonsos (RJ). De fato, entre os anos de 1968 e 1970, a EAer chegou a dispor de sete a oito desses aviões para a prestação de voos de ligação entre o Campo dos Afonsos e o Aeroporto Santos Dumont, que abrigava o Quartel-General da 3ª Zona Aérea, a escassos 500 metros do prédio do Ministério da Aeronáutica. Em seguida foram as Bases Aéreas de Canoas (BACO), Fortaleza (BAFZ) e Santa Cruz (BASC), bem como o Destacamento de Base Aérea de Campo Grande, que receberam um ou dois aviões L-6 oriundos da 3ª ELO.

Nos anos iniciais de operação do L-6, o seu foco de atividade estava dividido entre a 1ª e a 3ª ELO. Diante da falta de equipamentos especializados, especialmente rádios e lançadores de foguetes, o trabalho dos L-6 nessas duas esquadrilhas ficou essencialmente restrito à realização de missões de ligação. Mas a ausência desse material não impediu que os L-6 pertencentes às Esquadrilhas de Ligação e Observação participassem de operações organizadas pelo Estado-Maior da Aeronáutica (EMAer) ou de exercícios entre a FAB e o Exército Brasileiro. Ademais, os L-6 da 1ª ELO eram ainda utilizados na formação dos observadores aéreos do Exército, enquanto os seus pares da 3ª ELO eram periodicamente convocados a realizar missões em benefício do 1º/14º Grupo de Aviação,

Muitos dos aviões do inventário da FAB foram repassados ao DAC, que os distribuiu a aeroclubes espalhados pelo país. Alguns voam até hoje, ministrando instrução para pilotos privados. Foto Arquivo Mario Roberto Vaz Carneiro.

Operados principalmente pela 1ª e 3ª ELO, os L-6 também serviram em unidades de caça sediadas em Canoas, Fortaleza e Santa Cruz, como aeronave de ligação e apoio a campanhas de tiro terrestre. Foto Arquivo Mario Roberto Vaz Carneiro.

que eram predominantemente voos de ligação entre a Base Aérea de Canoas e o estande de tiro de São Jerônimo nos quais transportavam controladores aéreos avançados, essenciais às campanhas de tiro, lançamento de foguetes e bombardeio regularmente realizadas por aquela unidade de caça.

Em setembro e outubro de 1963, a FAB recebeu mais dois aviões Neiva P-56B, ambos entregues ao Grupo de Transporte Especial (GTE), com sede na Base Aérea de Brasília. Mas a permanência desses aviões no GTE foi breve: um foi transferido para a Base Aérea de Brasília em março de 1965 e o outro foi entregue ao DAC em outubro daquele ano.

A partir de 1963, foi iniciado o processo de esvaziamento da 1ª e da 3ª ELO no que tange as suas respectivas dotações de aeronaves L-6. Em abril, a 1ª ELO deixou de operar aquele tipo de avião, repassando seus L-6 para a 3ª ELO ou para a BACO.

Por sua vez, o fim de 1963 assistiu aos L-6 da 3ª ELO serem transferidos principalmente para a BACO, BAFZ e BASC ou recolhidos ao Parque de Aeronáutica dos Afonsos. Aqueles que foram transferidos para essas bases aéreas foram distribuídos às esquadrilhas de adestramento para realizarem principalmente trabalhos de ligação em proveito das unidades de caça sediadas nas bases aéreas. Com o tempo e em face da frequência com que eram usados nas missões de ligação, os L-6 pertencentes à BACO, à BAFZ e à BASC passaram a ser mantidos e operados por pessoal do 1º/14º GAV, 1º/4º Grupo de Aviação e 1º Grupo de Aviação de Caça. Uma consequência pitoresca desse remanejamento foi que, a partir de 1970, essas aeronaves ganharam esquemas de pintura que beiravam o espalhafatoso – o melhor exemplo foi o L-6 3095, hoje preservado no Museu Aeroespacial.

Em dezembro de 1965, o CTA recebeu um exemplar do Neiva P-56D, que foi prontamente designado na FAB como YL-6A. Idêntico ao P-56B Paulistinha usado pela FAB, o YL-6A era equipado com um motor Lycoming O-320-A1A de 150 hp no lugar do motor Lycoming O-235-2 de 100 hp, o que proporcionava melhor desempenho em diversos segmentos do seu envelope de voo. Até ser desativado, em meados da década de 1970, essa aeronave serviu somente ao CTA.

Em contrapartida, em 1966, o Parque de Aeronáutica dos Afonsos fez a revisão geral e preparou quatro células de L-6 para posterior entrega à Fuerza Aérea Paraguaya. Essa decisão atendia à política da FAB de prestar auxílio às forças aéreas amigas do continente. Segundo algumas fontes, pouco depois de serem recebidos no Paraguai, esses quatro aviões Paulistinha foram repassados ao Exército daquele país.

Com a chegada dos anos 1970, já era claro que a vida útil dos Paulistinha da FAB estava próximo ao fim. Desde 1965, a Força Aérea Brasileira vinha recebendo dezenas de aviões de ligação Neiva 591 Regente, que eram mais modernos do que os L-6 que estavam substituindo. Assim, em 1971, os L-6 ainda existentes na FAB encontravam-se concentrados nas Esquadrilhas de Adestramento da BACO, BAFZ e BASC. No entanto, a partir de 1973, foi iniciado o processo de desativação dos L-6, e o último foi excluído de carga em março de 1974. Mas se por um lado estava encerrada a carreira militar dos L-6 da FAB, começava a vida civil dessas aeronaves, uma vez que os derradeiros exemplares foram transferidos para o DAC em outubro de 1974.

Neiva P-56B e P-56D

Período de utilização	De 1958 até 1974	
Fabricante	Sociedade Construtora Aeronáutica Neiva, Botucatu (SP)	
Emprego	Ligação e observação	
Características Técnicas	P-56B	P-56D
Motor	Lycoming O-235-2 de 100 hp	Lycoming O-320-A1A de 100 hp
Envergadura	10,10 m	10,76 m
Comprimento	6,65 m	6,76 m
Área Alar	17 m^2	18,10 m^2
Peso Vazio	390 kg	400 kg
Peso Máximo	600 kg	600 kg
Armamento	Não dispunha de armamento	Não dispunha de armamento
Desempenho		
Velocidade Máxima	175 km/h	160 km/h
Razão de Subida	240 m/min	240 m/min
Teto Operacional	4.500 m	6.000 m
Alcance	500 km	900 km
Comentários		
Total Adquirido	22 exemplares	1 exemplar
Unidades Aéreas	Centro Tecnológico da Aeronáutica 3ª Esquadrilha de Ligação e Observação 1ª Esquadrilha de Ligação e Observação Escola de Aeronáutica Quartel-General da 1ª Zona Aérea Destacamento Precursor da Escola de Aeronáutica Base Aérea de Canoas Grupo de Transporte Especial Destacamento de Base Aérea de Campo Grande Base Aérea de Santa Cruz Base Aérea de Fortaleza Base Aérea de Brasília Base Aérea de São Paulo Quartel-General da 6ª Zona Aérea	
Designações	L-6, posteriormente O-6	YL-6A
Matrículas	3080 a 3099, 3107 e 3108	3109

Lockheed F-80C

Produto da genialidade do engenheiro aeronáutico norte-americano Clarence L. "Kelly" Johnson, as origens do Lockheed P-80 Shooting Star remontam a 1939, quando Johnson e o engenheiro aeronáutico Hall L. Hibbard, ambos da Lockheed Aircraft Company, desenvolveram estudos preliminares para uma aeronave com propulsão a jato. No entanto, a USAAF naquela época não se interessou por esse projeto até que fossem disponibilizados os primeiros relatórios referentes aos ensaios ingleses com aeronaves a jato e, mais importante, os relatos sobre os esforços alemães e italianos naquela área.

Apesar do trabalho pioneiro realizado pela empresa norte-americana Bell Aircraft Corporation e o seu XP-59A Airacomet, a primeira aeronave a reação projetada e construída naquele país, a USAAF achou por bem transferir os trabalhos para desenvolver uma aeronave de combate a reação para a Lockheed. Em parte, isso se deveu aos estudos que a Lockheed já havia elaborado e também a muitos compromissos já assumidos pela Bell que impediam aquela empresa de dedicar-se a mais essa empreitada.

Com um motor Halford H.1B Goblin, produzido sob licença pela Allis-Chalmers e com a designação J36, a Lockheed lançou-se no desenvolvimento de um projeto de caça designado L-140. Após receber a aprovação da USAAF, no dia 24 de junho de 1943, a Lockheed foi contratada para desenvolver aquele projeto. Sob a designação XP-80, a Lockheed dispunha de somente 180 dias para fazer voar o primeiro protótipo. Conquanto a produção do protótipo tenha transcorrido fluidamente, o mesmo não pode ser dito do motor, o que levou à adoção do motor General Electric I-40 (posteriormente designado J33) para as aeronaves de produção.

Tendo Milo Burcham como piloto de prova, o voo inaugural do XP-80 ocorreu no dia 8 de janeiro de 1944, e, vencidas as primeiras dificuldades técnicas, foi dado início à fabricação dos exemplares de pré-produção, e quatro desses foram

Um F-80C do 1º/4º GAV é visto em voo. O F-80 foi o terceiro jato a operar na FAB e também no Brasil a partir de maio de 1958. Foto Arquivo Action Editora Ltda.

O F-80C era bem mais complicado de voar se comparado ao T-33. Mais pesado, menos ágil e ruim de ejetar. Foto Arquivo Action Editora Ltda.

enviados à Europa para avaliação, sob condições reais em operações de guerra. De fato, algumas surtidas de combate foram realizadas por esse quarteto desde a Inglaterra e o teatro de operação do Mediterrâneo, mas sem que fosse registrado qualquer encontro com aeronaves inimigas.

Por ser a primeira aeronave de combate a reação à disposição dos Estados Unidos, foi dada autorização para a imediata produção do P-80A, a primeira versão de série dessa aeronave. No entanto, até agosto de 1945, nada menos do que oito aviões YP-80A e P-80A foram perdidos em acidentes – um dos quais resultou na morte do Major Richard I Bong, o maior ás norte-americano da Segunda Guerra Mundial.

Apesar das várias tentativas de dar solução aos problemas que acossavam o P-80A, nada menos que 61 desses caças foram perdidos até setembro de 1946. Muitos acidentes foram atribuídos à deficiente operação da aeronave, mas outros fatores eram de ordem material, principalmente no que dizia respeito às primeiras versões do motor J33. Algumas deficiências materiais foram sanadas com a entrada em serviço das versões seguintes de produção do Shooting Star, o P-80B e o P-80C.

O Lockheed F-80C FAB 4201 do 1º/4º Grupo de Aviação (Base Aérea de Fortaleza).

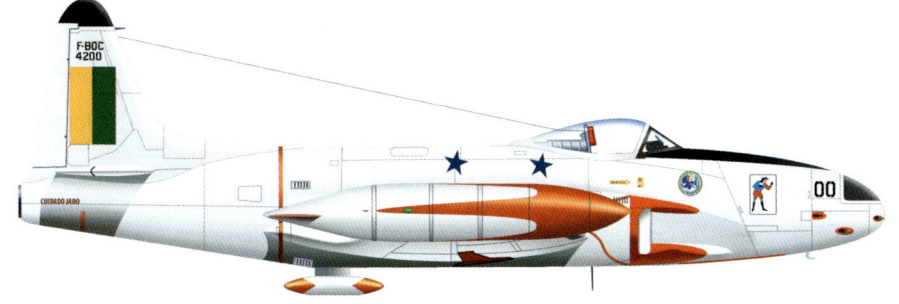

O F-80C FAB 4200 do 1º/4º GAV (BAFZ). Bela pintura da aeronave do Comandante do Esquadrão Pacau.

Equipando algumas das principais unidades de caça da USAAF, e, após sua criação, em 1947, as da USAF, o Shooting Star finalmente receberia seu batismo de fogo no ano de 1950. Já designado F-80, esse caça a reação destacou-se durante a Guerra da Coreia, primeiro como caça de superioridade aérea e, posteriormente, como caça-bombardeiro. De fato, no primeiro ano daquela guerra, deu-se o primeiro combate aéreo entre jatos adversários, quando um F-80C derrubou um MiG-15 no dia 7 de novembro. Mas o Shooting Star não era páreo para esse jato russo e rapidamente passaram a cumprir missões de ataque ao solo e de reconhecimento.

Conquanto a Guerra da Coreia tenha assinalado o batismo de fogo do F-80, a introdução de jatos mais modernos na USAF fez com que estes fossem, progressivamente, desativados ou então distribuídos para unidades de caça da National Air Guard. Finalmente, em 1958, foram desativados os últimos exemplares de um total de 1.617 desses jatos produzidos entre 1944 e 1951.

O F-80C na Força Aérea Brasileira

O primeiro contato brasileiro com o Lockheed F-80 deu-se nos Estados Unidos durante o ano de 1947, quando quatro oficiais aviadores do 1º GAVCA fizeram o curso de P-80 ministrado pela USAF em Williams Field, Arizona. No entanto, esse evento não estava relacionado à possibilidade de fornecimento desse caça a reação para a FAB, mas sim à familiarização de alguns de seus oficiais aviadores com uma forma de propulsão totalmente desconhecida no país.

Anos mais tarde, em meados da década de 1950 e quando esse jato já se encontrava em franco processo de desativação, o Department of Defense escolheu o Lockheed F-80C como a aeronave que substituiria os Republic P-47 distribuídos para diversas forças aéreas latino-americanas sob a égide do Military Defense and Assistance Program (MDAP – Programa de Assistência de Defesa Militar). Entre os primeiros países da América do Sul a receberem a proposta de substituição estava o Brasil, que prontamente aceitou a oferta.

O planejamento da Força Aérea Brasileira previa a distribuição dos 29 F-80C para o 1º/4º Grupo de Aviação (1º/4º GAV), com sede na Base Aérea de Fortaleza (BAFZ). Tendo como missão principal a formação de pilotos de caça, o 1º/4º GAV receberia esses jatos para substituir os Republic P-47D Thunderbolt então usados naquele esquadrão. Porém, antes mesmo de os F-80C serem enviados ao Brasil, foi acertada a entrega de um lote inicial de aviões Lockheed T-33A (versão biposto do F-80) com vistas a formar um núcleo de instrutores no 1º/4º GAV, o que ocorreu no mês de dezembro de 1956.

Sob a tutela do 102nd Mobile Training Detachment, os instrutores do 1º/4º GAV dedicaram-se à conversão para o T-33A durante todo o ano de 1957, período em que também foi dado início à formulação do novo currículo de instrução a ser ministrado aos estagiários que chegariam à unidade no ano seguinte.

Finalmente, no dia 13 de maio de 1958, deu-se a chegada do primeiro lote de caças Lockheed F-80C na Base Aérea de Fortaleza (CE). Traslados em voo por oficiais da USAF, esses 13 aviões F-80C, bem como os outros 16 que chegariam no trimestre seguinte, eram aviões oriundos de diversas unidades da National Air Guard. De fato, algumas células eram veteranas da Guerra da Coreia, onde haviam realizado missões de combate junto às distintas unidades da USAF que atuaram naquele conflito, em especial o 49th Fighter Bomber Wing.

Mal havia chegado a Fortaleza, a turma de oficiais estagiários de 1958 e os F-80C foram logo empregados na instrução desses futuros pilotos de caça da FAB. Mesmo assim, naquele ano, aqueles caças foram convocados a realizar sua primeira missão de destaque – representar o governo brasileiro nas comemorações da Semana da Pátria do Paraguai. Acompanhados por um B-25J, seis aviões F-80C realizaram essa missão, chamada Operação Guarani, no mês de agosto de 1958, realizando demonstrações aéreas que até hoje ainda são vivamente recordadas por paraguaios que assistiram ao evento.

Com duração aproximada de 32 semanas, o curso de formação de piloto de caça ministrado pelo 1º/4º GAV naquela época fazia com que os oficiais estagiários cumprissem um currículo aéreo que compreendia 105 horas de voo no espaço de 24 semanas. Nesse período, o oficial estagiário acompanhava um exigente programa de instrução que culminava com instrução de combate aéreo e emprego de armamento, este realizado no estande de tiro da Praia de Aquiraz, no que dizia respeito a tiro terrestre e bombardeio. Já para as surtidas de tiro aéreo, empregava-se um B-25J devidamente modificado para o reboque de uma biruta de tiro aéreo, apesar de, em 1962, ter sido ensaiada uma modificação que permitia ao F-80C realizar a tarefa de aeronave reboque.

Por ser um jato de primeira geração, as características de voo e idiossincrasias do F-80C cobravam de seu piloto o máximo de suas habilidades para que fosse operado com eficiência. Da mesma forma, os trabalhos de manutenção eram

A foto do FAB 4202 mostra uma característica do Esquadrão Pacau. Os naipes de carta aplicados nas aeronaves para indicar a qual esquadrilha a aeronave pertence. Foto Arquivo Action Editora Ltda.

Três Pacaus são vistos em voo escalonado. A FAB teve 33 F-80C, que foram empregados de 1958 até 1973, sempre no 1º/4º GAV. Foto Arquivo Action Editora Ltda.

exigentes. Aliado ao fato de que quase todas as células já estavam bem usadas quando chegaram ao Brasil, a consequente média de disponibilidade diária da frota de caças F-80C não era exatamente impressionante – no ano de 1963, o índice ficou em 31,7%. Para agravar esse quadro, houve ainda a perda de três células antes de 1960. Isso levou à aquisição de mais quatro caças F-80C para repor essas perdas, os quais chegaram à BAFZ no dia 7 de abril de 1960.

Apesar desses problemas, os F-80C do 1º/4º GAV não somente conferiram a necessária modernização do material aeronáutico daquela unidade, mas proporcionaram ainda um benefício adicional. Quando da execução do período de instrução dos futuros instrutores de F-80C da FAB, muitos dos ensinamentos que a USAF colheu durante a Guerra da Coreia foram repassados àqueles oficiais instrutores, que, por sua vez, os transmitiram aos seus alunos. Isso acabou por filtrar informação para as demais unidades de caça da FAB.

Recebendo anualmente oficiais estagiários cujo número oscilava entre 14 e 30 tenentes aviadores, o ritmo das operações do 1º/4º GAV continuou a cobrar seu preço entre os F-80C. A perda de células adicionais em 1961 – uma das quais marcou o primeiro abandono de aeronave com assento ejetável, ocorrido no dia 19 de julho daquele ano – resultou na incorporação de mais aviões T-33A no ano seguinte.

Ao chegar o ano de 1965, era claro que os F-80C já não apresentavam condições para serem utilizados no exigente ambiente de uma unidade de instrução que ainda mantinha como tarefa secundária a execução de missões típicas de uma unidade de caça operacional. Assim, o programa de trabalho da FAB para o ano seguinte já previa considerável reforço da dotação de material aeronáutico do 1º/4º GAV, que ficara reduzido a 12 aviões F-80C ao terminar o ano de 1964. Esse reforço viria na forma de exemplares adicionais do T-33A em sua versão AT-33A-20-LO (essa aeronave posteriormente substituiria por completo os Shooting Star da FAB).

A partir do primeiro semestre de 1966, deu-se a progressiva desativação dos F-80C da FAB, um trabalho que foi concluído naquele mesmo ano, quando foi dado por encerrado o recolhimento desses aviões ao Parque de Aeronáutica de Recife (PE), a unidade que prestou apoio de quarto escalão durante toda a vida operacional desse caça. No entanto, permaneceu em atividade justamente o primeiro desses aviões recebidos pela FAB, o F-80C 4200. Com uma atípica pintura, essa célula continuou voando no 1º/4º GAV até 1973, quando foi determinado

O Pacau Zero-Uno F-80C FAB 4200. Essa aeronave deveria estar hoje preservada no MUSAL. Quis o destino que ela fosse perdida no dia do seu traslado para o Campo dos Afonsos. Foto Arquivo Mario Roberto Vaz Carneiro.

que fosse recolhido ao Museu Aeroespacial, a fim de compor o acervo daquele estabelecimento de preservação aeronáutica. Lamentavelmente, no dia 16 de agosto daquele ano, durante o voo de traslado até o Campo dos Afonsos, aquela aeronave acidentou-se com perda total.

Lockheed F-80C	
Período de Utilização	De 1958 até 1973
Fabricante	Lockheed Aircraft Corp.
Emprego	Instrução de caça e caça tático
Características Técnicas	
Motor	Allison J-33-A-23
Envergadura	11,81 m
Comprimento	10,49 m
Altura	3,43 m
Área Alar	22,07 m²
Peso Vazio	3.819 kg
Peso Máximo	7.646 kg
Armamento	6 metralhadoras fixas Browning, calibre .50 pol 12 foguetes HVAR de 5 polegadas Até 907 kg de carga ofensiva
Desempenho	
Velocidade Máxima	956 km/h
Razão de Subida	2.094 m/min
Teto Operacional	14.265 m
Alcance	2.220 km
Comentários	
Total Adquirido	33 exemplares
Unidades Aéreas	1º/4º Grupo de Aviação
Designações	F-80C
Matrículas	4200 a 4232

Cessna 180B

Quando o Modelo 170 começou a perder terreno no mercado de vendas para seus concorrentes, em 1951, a Cessna rapidamente partiu para o desenvolvimento de uma nova versão, que foi denominada Modelo 180. Com características mais robustas, maior velocidade de cruzeiro, teto de serviço mais alto e melhor desempenho em pousos e decolagem, o 180 realizou seu primeiro voo em 26 de maio de 1952, com lançamento no mercado no ano de 1953.

Inicialmente, o Modelo 180 foi desenvolvido como um 170 com asas de L-19 Bird Dog com motor Continental O-470-A de 225 ou 230 hp, que lhe permitia alcançar uma velocidade máxima de 165 mph com quatro pessoas a bordo. Porém, ao longo de sua produção seriada, foi passando por inúmeros aperfeiçoamentos, que chegou a possibilitar seu voo com até sete pessoas.

Desenvolvido para operar com trem de pouso convencional, esquis para neve ou flutuadores, rapidamente a nova aeronave ganhou a simpatia de operadores das áreas mais remotas do país, principalmente do Alaska, por causa de suas excelentes características para operar "no mato".

O novo motor Continental de seis cilindros, com 55% a mais de potência que o 170, exigiu um leme direcional maior para que a aeronave pudesse ser mais bem controlada no sentido longitudinal. Para evitar a excessiva instabilidade vertical, também foi necessário aumento no estabilizador horizontal para melhorar sua efetividade durante o pouso.

O Modelo 180 incorporou, ainda, instrumentos de navegação e de voo, rádio de comunicação mais moderno, e isso diminuiu um pouco a visibilidade frontal, pois aumentou o tamanho do painel de instrumentos da aeronave. No 180A a saída de escapamento foi reposicionada para evitar mancha do escapamento

O único Cessna 180 Skywagon empregado pela FAB foi o ex-PT-BDU, que foi incorporado pela Aeronáutica após ter sido apreendido pela polícia com contrabando. Foto Arquivo José de Alvarenga.

O Cessna 180B Skywagon L-19A FAB 3100 com faixas em day-glo no padrão usado na FAB. A aeronave, no entanto, passou boa parte de sua vida voando a serviço do Exército.

sob a aeronave; foi introduzido um selo em torno das janelas para diminuir o ruído do vento e do motor; um novo painel de instrumentos, um tanque extra de 18 litros de combustível, opcional, e fechadura no bagageiro foram incluídos.

O Modelo 180B recebeu novos modelos de portas, um novo painel de instrumentos, saídas de ar para os passageiros nos bancos traseiros e bancos para os pilotos com três posições de inclinação. No mais, era idêntico ao 180 básico.

No total, foram construídas 6.207 aeronaves Modelo 180, entre 1953 e 1981.

O Cessna 180B na Força Aérea Brasileira

O único exemplar do Cessna 180 empregado na Força Aérea Brasileira foi um Modelo 180B Skywagon, matrícula civil PT-BDU, apreendido com contrabando em 1959 e que voou entre 1959 e 1972, cumprindo missões utilitárias de transporte de pessoal, ligação e observação. Durante sua permanência na Força Aérea empregou a designação de L-19 e a matrícula 3100. Essa aeronave foi usada em proveito de obras da Engenharia do Exército Brasileiro (EB) na Paraíba na década de 1960.

Após a saída da FAB, passou a voar com a matrícula civil PT-IJZ.

Cessna 180B	
Período de Utilização	De 1959 até 1972
Fabricante	Cessna Aircraft Company
Emprego	Utilitário, transporte, ligação e observação
Características Técnicas	
Motor	Continental O-470-A de 225 hp
Envergadura	10,9 m
Comprimento	7,90 m
Altura	2,28 m
Área Alar	16,20 m^2
Peso Vazio	705 kg
Peso Máximo	1.202 kg
Armamento	Não dispunha de armamento
Desempenho	
Velocidade Máxima	274 km/h
Razão de Subida	336 m/min
Teto Operacional	6.550 m
Alcance	1.360 km
Comentários	
Total Adquirido	1 exemplar
Designações	L-19
Matrículas	3100

Lockheed P2V-5 Neptune

Desenvolvido pela Lockheed, em 1944, para a US Navy, o P2V-1 era um bimotor de longo alcance e que viria revolucionar a Guerra Antissubmarino (ASW).

Durante a Segunda Guerra Mundial, com exceção do ultrapassado Consolidated PBY-5 Catalina e do moderno Vega PV-2 Harpoon, todas as aeronaves de patrulha eram adaptações de modelos já existentes, inclusive provenientes do meio civil. Naqueles tempos de conflito a ordem era utilizar o que existisse, adaptado na medida do possível, pois não havia tempo para o desenvolvimento de novas aeronaves. Assim, para o patrulhamento do mar a grandes distâncias, foram empregados bombardeiros Boeing B-17 e Consolidated B-24, enquanto o patrulhamento mais curto era realizado pelos Lockheed A-28 Hudson, PV-1 Ventura e PV-2 Harpoon.

A Lockheed, porém, não estava parada, pois previa que a ameaça submarina exigiria futuras aeronaves de grande raio de ação e altamente especializadas para a caça aos seus furtivos adversários. Assim, em 1941, sob a direção do engenheiro John B. Wassall e sua equipe, a empresa iniciou um projeto particular para o desenvolvimento de uma aeronave com essas características, que, no entanto, por causa do maior envolvimento da fábrica com outros programas em andamento, caminhava a passos lentos.

Como a ameaça submarina já havia diminuído em 1944, a US Navy emitiu um requesito para um novo patrulheiro, e a Lockheed, que já havia se adiantado a seus concorrentes, apresentou seu projeto e, em tempo recorde, recebeu a encomenda de dois protótipos, com o primeiro voo ocorrendo em 17 de maio de 1945, seguindo-se as primeiras encomendas do patrulheiro baseado em terra de maior sucesso da história, com uma produção de 1.051 aeronaves de várias versões.

A sua concepção era a de um bimotor triciclo de grande raio de ação, para operação em qualquer tempo, equipado com dois motores radiais e maior capacidade de armamento que seus antecessores. Era previsto transportar torpedos e cargas de profundidade internamente e foguetes sob as asas, e, como armamento defensivo, foram instalados canhões e/ou metralhadoras em uma torreta dorsal na parte central da fuselagem, na cauda e no nariz da aeronave.

Patrulheiros! Um P-15 da FAB, com o seu primeiro padrão de pintura azul-marinho, divide a linha de voo com aeronaves P-16. Note o símbolo da UNITAS VII na fuselagem do 7011 Giant Petrel. Foto Arquivo Mario Roberto Vaz Carneiro.

O Lockheed P2V-5 Netuno P-15 FAB 7011 do 1º/7º GAV (BASV), com o primeiro padrão de pintura usado na FAB (de 1958 a 1967).

O Lockheed P2V-5 Netuno P-15 FAB 7006 do 1º/7º GAV (BASV) com o último padrão de pintura usado na FAB. Notar o símbolo estilizado da BASV e o Cruzeiro do Sul no TPA.

O Netuno foi projetado para ser uma aeronave de baixo custo de operação, para incorporar inovações que exigissem o menor tempo de manutenção possível. Tanto é que uma troca de motor poderia ser realizada em 30 minutos de serviço; uma troca de hélice, em 22 minutos, e a substituição de parte da asa, em apenas 79 minutos.

À medida em que a experiência aumentava, novas versões surgiam. Foi no modelo P2V-4 que foram instaladas as melhorias mais significativas para operação ASW, com a aplicação de radar AN/APS-20 de busca sob a fuselagem, sonoboias com operador exclusivo, tanques de ponta das asas, holofote na ponta de um dos tanques e motores de 3.250 hp.

No modelo P2V-5, a versão mais produzida, depois de algum tempo, foi instalado um nariz envidraçado para o observador com a remoção do armamento; foram removidas a torreta da cauda para a instalação do equipamento de Detecção de Anomalias Magnéticas (MAD) e a torreta dorsal; houve o aumento da capacidade dos tanques de ponta de asa e a colocação de um radar AN/APS-8 na ponta de um daqueles tanques. Dessa versão foram construídas 424 aeronaves, das quais o Comando Costeiro da RAF operou 52 unidades entre 1952 e 1957.

Em combate, os Netuno realizaram missões nas guerras da Coreia e do Vietnã, mas, acima de tudo, foram importantíssimos no monitoramento dos submarinos soviéticos e nas missões ELINT, durante o longo período da Guerra Fria, quando vários foram abatidos pelos soviéticos e pelos chineses. Alguns exemplares chegaram a ser utilizados pela Argentina na Guerra das Malvinas/Falklands, em 1982, onde operaram como esclarecedores em apoio aos Super Étendard no episódio do afundamento do Contratorpedeiro HMS Sheffield e em outras missões.

Por suas qualidades, o Netuno foi produzido sob licença no Japão, onde, depois de passar por inúmeras modernizações – quando foi equipado com motores turboélices GE e jatos auxiliares de decolagem do tipo J-34, além de incorporar modernos equipamentos eletrônicos de bordo, voou até 1984. Serviu também na Argentina, na Austrália, no Brasil, na Grã-Bretanha, na Holanda e em Portugal.

O Lockheed P2V-5 Neptune na Força Aérea Brasileira

Após a Segunda Guerra Mundial, a Força Aérea Brasileira continuou operando uma aviação de patrulha relativamente moderna, mas que rapidamente perdeu a capacidade operativa por causa da obsolescência de suas aeronaves e dos equipamentos embarcados e, ainda, pela falta de investimento no treinamento de pessoal.

De moderno só existiam as cinco aeronaves PV-2 Harpoon recebidas em 1945, enquanto as demais eram antigas e desatualizadas, como os PBY-5A, os PV-1 Ventura e os A-28 Hudson. Em 1956, com a desativação do PV-2 e a transformação dos PBY-5A em avião de transporte, só restaram os PV-1 Ventura do 1º/7º GAV para o patrulhamento do mar territorial brasileiro.

Para solucionar o problema, em 1957, o Ministério da Aeronáutica negociou, com os Estados Unidos, através do Programa de Assistência Militar (PAM), a venda de 14 P2V-5 que haviam sido devolvidos pela RAF após o seu emprego por um período de apenas cinco anos. Antes de virem para o Brasil, as aeronaves passaram por uma revitalização nos EUA, na Grand Central Aircraft Corporation, da Califórnia, e as equipagens passaram por um curso intensivo na US Navy, com vistas ao emprego da aeronave e seus novos equipamentos na moderna guerra ASW.

Já ostentando a designação P-15, as cinco primeiras aeronaves foram trasladadas por equipagens brasileiras, a partir de dezembro de 1958, com destino à Base Aérea de Salvador, onde todas as aeronaves ficaram baseadas subordinadas ao 1º/7º GAV.

Inicialmente os deslocamentos ocorreram em esquadrilhas, mas houve casos de traslados isolados e, em um deles, ocorreu um fato que, inclusive, resultou em problemas diplomáticos. O P-15 7003, que voava sobre o mar internacional do Caribe, foi interceptado por dois caças P-51D Mustang e por um de Havilland Vampire da República Dominicana, que o intimaram a pousar. Ignorando as ordens, uma vez que se encontrava em uma aerovia internacional, o P-15 seguiu adiante quando uma rajada de metralhadora deixou bem claro que era melhor atender a ordem dos interceptadores, e o pouso foi realizado na Base de San Izidro, em Santo Domingo. Feita a identificação da aeronave e desfeito o mal-entendido, o P-15 foi liberado seguindo viagem para o Brasil.

Os P-15 sempre fizeram missões de patrulha marítima de longo curso. Entre essas, talvez a mais importante tenha sido a interceptação do navio soviético de espionagem Yuri Gagarin, detectado em águas brasileiras perto do Atol das Rocas, quando foi obrigado a deixar a área. Foto Museu Aeroespacial do Campo dos Afonsos.

Na FAB, os P-15 eram encarregados do patrulhamento da faixa de 200 milhas do mar territorial, para identificar todas as embarcações nessa área e compará-las com os dados emitidos pelo Distrito Naval da região. Normalmente eram duas as áreas de patrulhamento, uma ao norte e outra ao sul de Salvador, abrangendo um total de 2.780.000 km². As aeronaves adentravam o mar e seguiam para sua área de patrulha, realizando o esclarecimento desde a costa baiana, e, ao chegarem a 100 milhas da costa, passavam a voar paralelamente ao litoral, fazendo a varredura radar para ambos os lados. Caso detectassem alguma embarcação não autorizada, seu acompanhamento era feito até a chegada de um navio da Marinha do Brasil para as ações de praxe.

Foi em uma dessas missões de patrulhamento, em 1972, que um navio da União Soviética foi detectado na área do Atol das Rocas, em águas territoriais brasileiras, monitorando as atividades aeroespaciais em curso na Barreira do Inferno, em Natal (RN). Após algumas passagens baixas sobre a embarcação, os soviéticos decidiram abandonar a área.

Os pousos de apoio para reabastecimento e pernoite dependiam da área a ser patrulhada, mas era comum o pernoite em Canoas ou Santa Cruz, quando a área era no sul, e Belém ou Natal, quando a área era no norte. Em duas dessas missões foi batido o recorde de permanência em voo de aeronave militar brasileira. A primeira ocorreu entre os dias 8 e 9 de dezembro de 1961, em uma missão de Porto Alegre para Belém, quando o P-15 7013 voou 24h35m, e a segunda, quando o P-15 7011, nos dias 22 e 23 de julho de 1967, realizou um voo de 25h15m de duração, cumprindo missão de patrulha entre Porto Alegre e o Rio de Janeiro.

Durante os 18 anos de operação no 1º/7º GAV, os Netuno da FAB tiveram três padrões de pintura. O primeiro era totalmente na cor azul-escuro brilhante, com um grande número 7 vermelho na cauda, que identificava o 7º Grupo, o símbolo da unidade no nariz, a identificação alfanumérica em branco e as faixas

Ao longo de sua operação na FAB, três P-15 foram perdidos em acidentes. Entre eles o FAB 7001, no interior de Alagoas (1962); o 7007, em Salvador (1959) e o 7008, em Salvador (1963). Foto Arquivo Aparecido Camazano Alamino.

O FAB 7000 voa ao largo do litoral próximo a Salvador. Os Netuno sempre operaram na BASV vinculados ao 1º/7º GAV (Esquadrão Orungan). Foto Arquivo Aparecido Camazano Alamino.

verde-amarelas no leme direcional. A segunda pintura mantinha o mesmo padrão de azul, porém, a parte superior da fuselagem e o "ferrão" do MAD eram na cor branca, o que, inclusive, amenizava o efeito do calor no interior da aeronave. A última pintura substituiu o azul pelo cinza e a identificação alfanumérica se tornou preta, com o teto ainda em branco.

Não restam dúvidas que, com a chegada dos P-15 Netuno, a Aviação de Patrulha da FAB ganhou muito em tecnologia e operacionalidade, pois, essa aviação, que tem como missões vigilância das áreas marítimas, detecção, localização,

O Lockheed P2V-5 Netuno P-15 FAB 7012 do 1º/7º GAV (BASV) com o segundo padrão de pintura adotado pela FAB (de 1967 a 1970).

O Lockheed P2V-5 Netuno P-15 FAB 7004 do 1º/7º GAV (BASV) com o derradeiro padrão de pintura usado pela FAB (de 1970 a 1976). Notar o forol de busca na ponta da asa direita.

O Netuno 7013 em voo de patrulha em águas brasileiras. A última missão com um P-15 da FAB foi realizada em 3 de setembro de 1976 pelo FAB 7009 durante o seu voo de despedida do 1º/7º GAV. Foto Arquivo Aparecido Camazano Alamino.

identificação e neutralização de ameaças navais inimigas, passou a contar com uma aeronave não só dotada de equipamento moderno, como com uma excelente autonomia, o que permitia o patrulhamento do mar territorial de 200 milhas. Até a entrada em cena dos P-16, em 1961, foi a única aeronave da FAB com capacidade de detectar e atacar submarinos sob a superfície do mar.

Como ocorre com qualquer aeronave cujo fluxo logístico não seja bem realizado, a dependência do suprimento externo para a manutenção dos P-15 em condições de voo e a inexistência de uma indústria nacional capaz de proporcionar parte desse suprimento obrigaram a FAB à parada de alguns aviões para a manutenção dos demais. Paralelamente, quatro acidentes, com a perda total, dos equipamentos diminuíram mais ainda a disponibilidade das máquinas, levando à decisão de retirar o P-15 de operação.

Apesar de ceder seu lugar ao P-95 Bandeirante Patrulha, o P-15 jamais teve um substituto à altura, até a entrada em serviço do P-3, em 2011. O último voo de um P-15 brasileiro foi realizado em setembro de 1976, em uma emocionante cerimônia de despedida na Base Aérea de Salvador, onde serviu brilhantemente por 18 anos.

Lockheed P2V-5 Neptune

Período de Utilização	De 1959 até 1976
Fabricante	Lockheed Aircraft Corpoation
Emprego	Patrulha e antissubmarino
Características Técnicas	
Motor	2 Wright R-3350-30W de 3.500 hp cada um
Envergadura	31,7 m
Comprimento	23,85 m
Altura	8,81 m
Área Alar	92,9 m^2
Peso Vazio	18.098 kg
Peso Máximo	35.312 kg

Continua

Armamento	3.630 kg de bombas internas 910 kg de bombas sob as asas 16 foguetes HVAR de 127 mm
Desempenho	
Velocidade Máxima	570 km/h
Razão de Subida	799 m/min
Teto Operacional	7.925 m
Alcance	6.250 km
Comentários	
Total Adquirido	14 exemplares
Unidades Aéreas	1º/7º Grupo de Aviação
Designações	P-15
Matrículas	7000 a 7013

Morane Saulnier MS-760 Paris

No começo da década de 1950, na França, as autoridades aeronáuticas da aviação militar francesa se depararam com um problema que pedia solução urgente. O salto tecnológico existente entre as aeronaves de instrução que dotavam a Ecole de l'Air e as aeronaves a reação que equipavam uma crescente quantidade de esquadrões do Armée de l'Air – quer de caça ou de ataque – causava toda sorte de dificuldades de adaptação. Assim, foi iniciada a busca por um avião de treinamento avançado dotado de propulsão a jato que atenuasse esse salto, que deveria satisfazer às necessidades do Armée de l'Air e da aviação naval francesa, a Aeronavale.

Dando preferência a uma solução nacional, os principais concorrentes eram a Morane Saulnier e a Avions Potez, que, respectivamente, apresentaram o MS-755 Fleuret e o CM-170 Fouga Magister. Equipados com motores Turbomeca Marboré e com características bastante avançadas para aeronaves de sua classe, o Fouga Magister acabou sendo escolhido tanto pela Aeronavale quanto pelo Armée de l'Air.

Apesar de parecer meio desengonçado, o Paris, ou Parizinho, como era chamado na FAB, foi o primeiro jato executivo a ser empregado pelo GTE. Foto Arquivo Mario Roberto Vaz Carneiro.

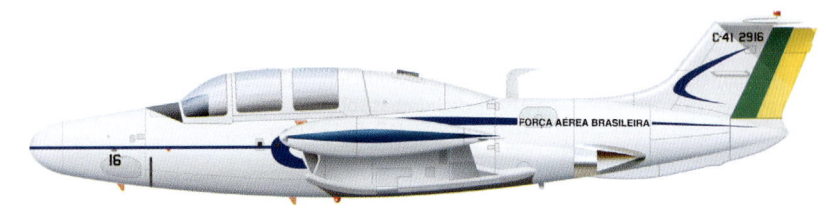

O MS-760 Paris C-41 FAB 2916 do Grupo de Transporte Especial (Aeroporto Santos Dumont), em 1960.

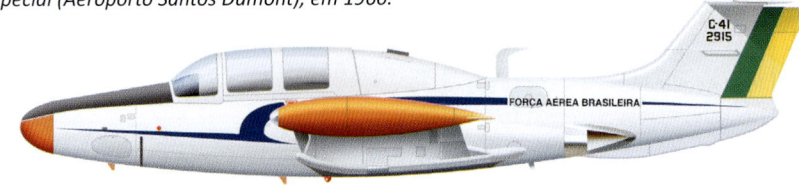

O MS-760 Paris C-41 FAB 2915 do QG da 3ª Zona Aérea (Aeroporto Santos Dumont), em 1963.

O MS-760 Paris C-41 FAB 2932 do COMGAR (Aeroporto Santos Dumont), em 1970.

O MS-760 Paris C-41 FAB 2922 da Esquadrilha da Fumaça (Aeroporto Santos Dumont), em 1970.

Apesar desse contratempo, as características básicas do MS-755 Fleuret eram suficientemente promissoras para incentivar a Morane-Saulnier a dar seguimento a seu desenvolvimento. Sob a batuta do engenheiro René Gauthier, o MS-755 foi transformado no MS-760 Paris, através de distintas modificações que o tornavam apto para missões de ligação e transporte ligeiro. As principais foram a adoção de uma nova seção dianteira da fuselagem e de uma nacele totalmente redesenhada e a substituição de um cockpit com dois assentos lado a lado por outro que abrigava quatro assentos em duas fileiras.

O protótipo registrou seu voo inaugural em 26 de junho de 1954, e o governo francês assinou um contrato de encomenda em julho do ano seguinte. Este compreendia 50 exemplares, destinados ao Armée de l'Air e à Aeronavale. Essas duas armas de aviação pretendiam utilizá-los em missão de instrução de voo por instrumentos e ligação. Os primeiros exemplares de produção ficaram prontos em fevereiro de 1958 e logo foi efetuada a entrega dos primeiros jatos Paris à Aeronavale. Paralelamente, a Morane Saulnier identificou o potencial de exportação do Paris, quer como aeronave destinada ao emergente mercado de aviões executivos, quer como aeronave de instrução para o mercado civil ou militar.

Entretanto, diversos fatores conspiraram contra o sucesso do Paris no mercado civil e as exportações militares limitaram-se à Argentina e ao Brasil. Mesmo dando continuidade ao desenvolvimento do MS-760, com versões que contavam com motores de maior potência, maior alcance e até com uma nacele ampliada para acomodar seis assentos, a produção do Paris foi extremamente modesta, sendo encerrada após a fabricação de 165 exemplares.

O Morane Saulnier MS-760 Paris na Força Aérea Brasileira

No final da década de 1950, as autoridades da Força Aérea Brasileira identificaram a necessidade de dispor de uma aeronave que atendesse melhor à execução dos serviços de ligação entre as sedes das distintas zonas aéreas e seus comandos, bem como entre essas e a futura capital do país, Brasília. Além disso, o Grupo de Transporte Especial sentia falta de uma aeronave veloz e de pequeno porte para cumprir um dos segmentos de sua atribuição, que era transportar autoridades do governo. Não satisfeita com o uso do Beech C-45 para essas tarefas, a FAB deu início à busca de uma aeronave que proporcionasse maior conforto, eficiência e velocidade.

No início de 1959, o primeiro protótipo do Morane Saulnier MS-760 – já elevado para a versão Paris I – realizou uma série de demonstrações na América do Sul, incluindo o Brasil. Devidamente impressionada com a qualidade e o desempenho daquele birreator, a FAB não tardou a assinar um contrato de encomenda que compreendia 30 exemplares do jato francês.

Os primeiros exemplares chegaram ao Brasil no final de 1959, a uma razão de quase duas células por mês. Com a designação C-41, os 30 aviões foram montados nas instalações do atual Parque de Material Aeronáutico do Galeão (RJ), um trabalho que só foi encerrado no primeiro trimestre de 1961. Os primeiros oito Parizinhos – como rapidamente passaram a ser conhecidos na FAB os MS-760 – foram entregues ao Grupo de Transporte Especial (GTE). E as aeronaves seguintes foram distribuídas para a Escola de Aeronáutica (EAer), o Quartel-General da 3ª Zona Aérea (QG 3ª ZA), a Base Aérea de Belém (BABE), a Base Aérea de Canoas (BACO), a Base Aérea de Recife (BARF) e o Parque de Aeronáutica de São Paulo (PqAerSP), além de exemplares adicionais para o GTE. No que dizia respeito aos aviões entregues às bases aéreas e ao PqAerSP, eles efetivamente foram colocados à disposição dos quartéis-generais da zona aérea em que se encontravam sediados. Finalmente, na distribuição inicialmente dada aos C-41, alguns aviões foram colocados à disposição de grandes comandos e diretorias da FAB, como a Diretoria de Material Aeronáutico, o Comando Aerotático Naval e o Comando Aerotático Terrestre.

Um dos jatos Paris que voaram no GTE. Sua missão inicial na FAB foi o transporte de ministros, autoridades e oficiais generais, especialmente na rota Rio–Brasília, entre 1960 e 1961, época do início da transferência da capital federal para o Planalto Central. Foto Museu Aeroespacial do Campo dos Afonsos.

Ao todo 30 MS-760 foram incorporados pela FAB. A maior concentração deles, porém, ocorreu no Aeroporto Santos Dumont, onde se destacaram no GTE, na Esquadrilha da Fumaça e no QG da 3ª Zona Aérea. Foto Mario Roberto Vaz Carneiro.

No entanto, essa primeira distribuição dos C-41 foi relativamente efêmera. No final de 1961 e em atenção a um estudo elaborado pelo Estado-Maior da Aeronáutica (EMAer), ficou determinado que os Parizinhos seriam concentrados na Escola de Aeronáutica, na Base Aérea de Natal e no Quartel-General da 3ª Zona Aérea. Fora considerações operacionais, essa decisão se deveu às pronunciadas necessidades de manutenção do MS-760, que exigia uma ágil linha logística entre seu parque de apoio – responsabilidade atribuída ao Parque de Aeronáutica dos Afonsos (PqAerAF) – e as unidades operadoras.

No caso dos C-41 que se destinavam à Base Aérea de Natal, sua ida para o 5º Grupo de Aviação (5º GAV) visava atender uma transitória falta de aviões Douglas B-26B/C naquela unidade, para colaborar com a instrução dos aspirantes a aviador. Ademais, a medida objetivava habilitar para o voo de aeronaves à reação os pilotos mais antigos daquela unidade. Por sua vez, os Paris lotados na EAer desempenhariam o papel de plataforma de adestramento para os oficiais instrutores daquela escola que já dispunham de experiência em aeronaves a jato, bem como dar formação àqueles que não estavam habilitados ao voo em aeronave com aquele tipo de propulsão. Finalmente, a exemplo dos C-41 que serviam junto ao Quartel-General da 3ª Zona Aérea, muitos dos MS-760 se encontravam à disposição de distintos grandes comandos e diretorias que na época se encontravam sediados no Rio de Janeiro.

Conquanto o MS-760 cumpria satisfatoriamente muitos segmentos do currículo de instrução ministrado aos aspirantes a aviador lotados no 5º GAV, havia alguns aspectos que faziam dele uma plataforma pouco adequada para o cumprimento da missão daquela unidade. Entre eles a falta de qualquer tipo de armamento para essa aeronave, o que prejudicava a instrução daquele segmento de emprego, parte fundamental na formação dos aspirantes. Em resposta a essa deficiência, o pessoal da BANT instalou no avião um cabide subalar configurado para o lançamento de bombas de instrução M38A2 de 100 lb (45 kg) ou similar. A adaptação dos cabides era possível visto que o MS-760 dispunha dessa capacidade, mas o equipamento necessário para armar os aviões não havia sido incluído na assinatura do contrato de encomenda dos MS-760. No final de 1961, foram realizados os ensaios necessários, que atingiram resultados satisfatórios. Entretanto, essa adaptação não encontrou respaldo por parte do EMAer, que não considerava o Parizinho uma aeronave apta para missão de emprego. Como resultado, por essa e por outras razões, assim que os Douglas B-26B/C do 5º GAV retornaram à instrução, os C-41 do 5º GAV foram progressivamente transferidos para outras unidades ou então recolhidos ao PqAerAF.

No que tange aos Paris entregues ao GTE, estes permaneceram naquela unidade por um período bastante breve. Por um lado, a experiência prática demonstrou que a baixa autonomia e o alcance do MS-760 eram menores do que os ideais para a almejada tarefa de transporte de autoridades entre Brasília e as distintas capitais da República – especialmente o Rio de Janeiro e São Paulo. As peculiaridades no gerenciamento do sistema de navegação da aeronave determinaram o guarnecimento da aeronave com piloto e copiloto, em vez de somente um piloto, o que efetivamente reduzia o número de passageiros para dois.

Porém, o golpe de misericórdia – no que dizia respeito à missão de transporte de autoridades – ocorreu de forma bastante visível, quando um C-41 que transportava o deputado Gilberto de Menezes Cortes caiu nas vizinhanças de Nova Lima (MG), em 30 de outubro de 1962, durante um voo entre o Rio de Janeiro e Brasília, resultando na morte daquele deputado e de dois tripulantes.

Um dos principais fatores que determinaram a queda da aeronave foi o apagamento dos dois motores. De fato, os MS-760 não dispunham de um sistema antigelo ao longo do bordo de ataque das asas e da entrada de ar dos motores. Em consequência, ao ingressar em zonas propícias à formação de gelo, uma ou ambas as entradas de ar do motor ganhava espessas camadas de gelo, que, em seguida, eram ingeridas e invariavelmente resultavam no flame-out do motor Marboré IIC. Para agravar o quadro, o próprio sistema elétrico da aeronave tornava difícil o reacendimento do grupo motopropulsor, visto que somente o motor direito dispunha de gerador.

Como resultado, já a partir de 1963, os C-41 passaram a ficar concentrados na Escola de Aeronáutica e no QG da 3ª Zona Aérea, respectivamente sediados no Campo dos Afonsos e no Aeroporto Santos Dumont. Muitos MS-760 pertencentes a essas duas unidades foram colocados à disposição de diversos grandes comandos e diretorias; alguns exemplares pertencentes à EAer continuavam a servir como plataforma de adestramento para os instrutores daquele estabelecimento de ensino aeronáutico. A partir de 1964, o Destacamento Precursor da Escola de Aeronáutica – sede da futura Academia da Força Aérea – também passou a contar com reduzido número de aviões C-41.

Em julho de 1969, a Esquadrilha da Fumaça passou a dispor de um jato Paris para apoiar seus deslocamentos. De fato, aquela unidade aérea seria a última operadora da FAB a empregar esse pequeno jato – o segundo exemplar

A partir de 1969, a Esquadrilha da Fumaça passou a contar com um C-41 para realizar missões de apoio e precursoras. Com a mesma pintura dos T-24, o C-41 operou naquela unidade de demonstração até meados de 1974. Foto Arquivo Mario Roberto Vaz Carneiro.

ganhou um chamativo esquema de pintura à semelhança dos Fouga Magister, que eram usados naquela ocasião.

Desde 1968 a FAB tratava de recolher ao Parque de Aeronáutica dos Afonsos os C-41 que ainda se encontravam em carga na FAB. Com contadas exceções, essas aeronaves foram vendidas à empresa francesa Sud Aviation, que, por sua vez, os revendeu ao Armée de l'Air. Os 25 aviões MS-760 Paris antes pertencentes à FAB continuaram voando naquela força aérea até serem desativados em 1997. Alienados em concorrências públicas, muitos Parizinhos operados pela FAB hoje voam nas mãos de particulares, especialmente nos Estados Unidos.

Morane Saulnier MS-760 Paris

Período de Utilização	De 1959 até 1974
Fabricante	Aeroplanes Morane-Saulnier, (França)
Emprego	Adestramento, ligação e transporte
Características Técnicas	
Motor	2 Turbomeca Marboré IIC de 880 lb cada um
Envergadura	10,05 m
Comprimento	10,24 m
Altura	2,60 m
Área Alar	18 m²
Peso Vazio	1.945 kg
Peso Máximo	3.740 kg
Armamento	Não dispunha de armamento
Desempenho	
Velocidade Máxima	650 km/h
Razão de Subida	650 m/min
Teto Operacional	10.000 m
Alcance	1.500 km
Comentários	
Total Adquirido	30 exemplares
Unidades Aéreas	Grupo de Transporte Especial Escola de Aeronáutica Quartel-General da 3ª Zona Aérea Quartel-General da 3ª Zona Aérea (Estado-Maior da Aeronáutica) Quartel-General da 3ª Zona Aérea (Diretoria de Material da Aeronáutica) Quartel-General da 3ª Zona Aérea (Comando Aerotático Naval) Quartel-General da 3ª Zona Aérea (Diretoria de Rotas Aéreas) Quartel-General da 3ª Zona Aérea Quartel-General da 3ª Zona Aérea (Esquadrilha da Fumaça) Comando Aerotático Terrestre Parque de Aeronáutica de São Paulo (QG da 4ª Zona Aérea) Quartel-General da 2ª Zona Aérea Base Aérea de Natal (5º Grupo de Aviação) Base Aérea de Canoas (QG da 5ª Zona Aérea) Base Aérea de Recife (QG da 2ª Zona Aérea) Base Aérea de Belém (QG da 1ª Zona Aérea) Destacamento Precursor da Escola de Aeronáutica
Designações	C-41
Matrículas	2910 a 2939

North American SNJ-5C e SNJ-6C

Premida pelas mesmas necessidades operacionais identificadas pelo United States Army Air Corps (USAAC) quanto à modernização do material aeronáutico de instrução, em meados da década de 1930, a United States Navy (USN) lançou-se na aquisição de uma versão específica do North American Aviation BT-9. Designada como NJ-1, essa aeronave apresentava muitas características físicas e de desempenho encontradas na variada e complexa linhagem de aviões de instrução desenvolvidos pela empresa norte-americana North American Aviation Corp. Um total de 40 aviões NJ-1 foi adquirido pela USN, dando início a uma linha evolutiva de aviões de treinamento avançado destinados àquela arma de aviação das forças armadas dos Estados Unidos.

Com as designações SNJ-1, SNJ-2, SNJ-3 e SNJ-4, as sucessivas versões desse avião de treinamento avançado da USN incorporaram as muitas modificações introduzidas em seus pares de exportação e aqueles adquiridos pelo USAAC e pela United States Army Air Force (USAAF). De fato, o SNJ-3 e o SNJ-4 eram externamente indistinguíveis dos seus semelhantes da USAAF, o AT-6A e o AT-6C, salvo a presença de um gancho de parada em um punhado de células, que se destinavam à instrução de pouso a bordo de navios-aeródromo.

Em face das encomendas conjuntas contratadas pela USAAF e pela USN durante a Segunda Guerra Mundial, a versão seguinte do SNJ a entrar em produção nada mais era que o North American AT-6D destinado à USAAF, porém, entregue diretamente à USN. Com a designação SNJ-5, a USN recebeu 1.987 dessas aeronaves de instrução avançada. Desse total, uma quantidade indeterminada desses aviões foi modificada para a versão SNJ-5C após a entrega para a United States Navy. Com gancho de parada, conjunto de bequilha blindada e reforço estrutural no cone de cauda, tais modificações visavam introduzir os rudimentos de pouso a bordo de navios-aeródromo aos futuros aviadores navais da USN.

A última versão dessa família de aviões de treinamento a ser produzida durante a Segunda Guerra Mundial foi o AT-6F e o seu par naval, o SNJ-6. Estes se distinguiam das versões imediatamente anteriores pela eliminação do equipamento necessário para a instalação de uma metralhadora móvel na nacele traseira e de pontos duros subalares. Em contrapartida, os AT-6F e SNJ-6 receberam

Além da Esquadrilha da Fumaça e da 2ª ELO, os SNJ operaram em diversas outras unidades aéreas, como a ERA 32, que empregou o SNJ-5C FAB 1708. Foto Arquivo Mario Roberto Vaz Carneiro.

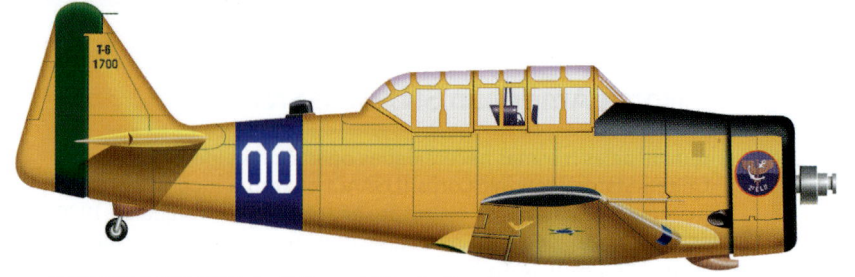

O T-6-SNJ-5 FAB 1700 da 2ª Esquadrilha de Ligação e Observação (São Pedro da Aldeia – RJ), em 1970.

Um T-6-SNJ-5C da Esquadrilha da Fumaça (Aeroporto Santos Dumont), em 1972.

reforço nos painéis externos das asas e ainda dispunham da capacidade para receber um tanque de combustível de 20 galões (75,7 litros). Um total de 622 SNJ-6 foi produzido, e como ocorrera com o SNJ-5, um número indeterminado daquelas células recebeu gancho de parada e reforço estrutural para permitir a operação a bordo de porta-aviões.

Os North American SNJ-5C e SNJ-6 na Força Aérea Brasileira

Com a iminente entrada em serviço do navio-aeródromo Minas Gerais adquirido pela Marinha do Brasil no ano de 1956, a Força Aérea Brasileira deu início às providências necessárias para ter aeronaves destinadas à instrução de pouso a bordo desse tipo de embarcação. Para tal, foi comprado do governo norte-americano um lote de aviões SNJ-5C e SNJ-6C. Esses não só eram iguais aos AT-6B/C/D/G que então se encontravam em serviço com a Força Aérea Brasileira, mas encontravam-se dotados de gancho de parada e reforço do cone de cauda. Assim, a incorporação dessas aeronaves permitiria o treinamento de pouso a bordo em proveito dos oficiais aviadores da FAB.

Muito pouco se sabe quanto à forma com que se processou a aquisição dessas aeronaves, nem a data em que chegaram ao Brasil. Sabe-se que os primeiros quatro exemplares foram incluídos em carga no dia 12 de outubro de 1960 e foram distribuídos à 2ª Esquadrilha de Ligação e Observação (2ª ELO), na época sediada na Base Aérea do Galeão (RJ). Apesar de esse lote ser composto de aviões SNJ-5C e SNJ-6C, o mesmo ocorrendo com as demais aeronaves recebidas e incluídas em carga no dia 19 de janeiro de 1961, a FAB optou por não fazer distinção entre essas duas versões, designando-os como T6-SNJ-5C. Curiosamente, dos 16 T6-SNJ-5C incluídos em carga no mês de janeiro de 1961, nada menos do que 11 exemplares foram recolhidos ao Núcleo do Parque de Aeronáutica de Lagoa Santa (NPqAerLS), presumivelmente para serem submetidos a trabalhos de revisão e/ou modificação. De fato, alguns dos 11 aviões receberam radio compasso antes de serem distribuídos naquele mesmo ano.

Com uma dotação nominal de nove aviões SNJ-5C e SNJ-6C no início de 1961, a 2ª ELO operou essas aeronaves em benefício próprio. Além de executar missões de ligação e observação para a Marinha do Brasil, a 2ª ELO utilizou os T6-SNJ-5C para formação e treinamento dos Observadores Aéreos da Marinha, que, no transcurso de 1961, viram sua dotação gradativamente reforçada com mais aviões SNJ-5C e SNJ-6C, além de ter sido a única operadora dessas aeronaves até meados de 1966, que, durante esse período, realizou vários deslocamentos para os mais diversos pontos do território nacional, quer para participar em exercícios e operações da FAB, quer em eventos semelhantes realizados em conjunto com a Marinha.

Em vista das divergências entre a Marinha do Brasil e a FAB quanto à operação de aeronaves de asa fixa e rotativas em missões navais, a finalidade principal dos SNJ-5C e SNJ-6C nunca chegou a ser cumprida. Apesar de ser uma unidade aérea destinada a prestar apoio à Marinha do Brasil, não existe registro de que esses aviões tenham executado pouso a bordo do NAeL Minas Gerais. Assim, a partir do segundo trimestre de 1966, alguns poucos T6-SNJ-5C que haviam concluído programados trabalhos de revisão geral no NPqAerLS foram distribuídos a outras unidades aéreas da FAB, iniciando um novo período na carreira dessas aeronaves. Ademais, a infusão de material aeronáutico na 2ª ELO – oriundo da Marinha do Brasil por força do Decreto nº 55.627, de 26 de janeiro de 1965 – acelerou a saída dos SNJ-5C e SNJ-6C daquela unidade.

No dia 18 de junho de 1965, uma portaria sigilosa organizou cinco Esquadrilhas de Reconhecimento e Ataque. Determinando inicialmente que as sedes dessas esquadrilhas seriam as Bases Aéreas de Recife (PE), Santa Cruz (RJ), São Paulo (SP), Canoas (RS) e Brasília (DF), essas unidades inicialmente fariam uso do material aeronáutico existente nas Esquadrilhas de Adestramento daquelas bases aéreas. No que tange aos SNJ-5C e SNJ-6C, três dessas esquadrilhas receberam algumas dessas aeronaves nos cinco anos seguintes: ERA 32 (Galeão/RJ, posteriormente Barbacena/MG), ERA 31 (Santa Cruz) e ERA 41 (São Paulo). Possivelmente, para reforçar a dotação de aviões do tipo T-6 capazes de realizar voo por instrumentos, o ERA 32 recebeu um SNJ-5C equipado com radio compasso no mês de maio de 1966, seguido de outros dois naquele mesmo ano. Presumivelmente pelo mesmo motivo, o Destacamento Precursor da Escola de Aeronáutica em Pirassununga (DPEAer YS), a Esquadrilha da Fumaça e o Destacamento de Base Aérea de Santos (SP) igualmente receberam exemplares dotados de radio compasso.

O FAB SNJ-6C 1714 da 2ª ELO. Ao todo, oito SNJ-5C e 12 SNJ-6C serviram à FAB. Apesar de modelos diferentes, a Força Aérea designou todos como T-6-SJN-5C. Porém, em diversas vezes, na cauda só aparecia T-6. Foto Arquivo José de Alvarenga.

A Esquadrilha da Fumaça sobrevoa o Rio de Janeiro. Vários dos SNJ-5C e SNJ-6C foram empregados por aquela unidade. Foto Arquivo Action Editora Ltda.

Ao chegar a década de 1970, a quantidade de aviões SNJ-5C e SNJ-6C havia sido reduzida para 15 exemplares, já que os demais foram perdidos, se acidentaram ou foram condenados para voo como consequência dos danos provocados por corrosão, herança de sua passagem pelas unidades de instrução da USN. A nova década viu esses aviões – todos já sem o característico gancho de parada – concentrados principalmente na Esquadrilha da Fumaça e nos Esquadrões de Reconhecimento e Ataque 1, 2 e 3, sucessores das Esquadrilhas de Reconhecimento e Ataque criadas em 1965.

Apesar de um solitário exemplar servir em rápida sucessão ao 3º, 4º e 5º Esquadrões Mistos de Reconhecimento e Ataque entre os anos de 1973 e 1975, a carreira dos SNJ-5C e SNJ-6C da FAB se aproximava do fim. A Portaria Reservada R-015/GM4, do dia 22 de agosto de 1973, dava como em processo de desativação todas as aeronaves T-6D e T-6G então existentes na FAB, incluindo os SNJ-5C e SNJ-6C. Apesar de aquela portaria indicar que o processo se encerraria no final

Talvez a unidade mais identificada com os SNJ, por sua proximidade com a Marinha do Brasil, tenha sido a 2ª ELO, que mantinha suas aeronaves num vistoso padrão de cores em amarelo. Foto Arquivo José de Alvarenga.

de 1975, os focos de corrosão localizados nesses aviões fizeram com que a vasta maioria da frota remanescente fosse recolhida ao Parque de Material Aeronáutico de Lagoa Santa (MG), para serem desativados e posteriormente alienados.

Finalmente, no dia 15 de setembro de 1976, foi excluído da carga do Ministério da Aeronáutica o último SNJ-6C da FAB, já designado T-6D. No entanto, essa mesma célula foi alienada e vendida a um particular, bem como, no mínimo, outros dois aviões. Matriculados no Registro Aeronáutico Brasileiro, eles continuaram voando no Brasil durante algum tempo, até serem exportados ou perdidos em acidentes. Dos 20 aviões SNJ-5C e SNJ-6C que a FAB recebeu, permaneceu somente o T6-SNJ-5C 1718, hoje preservado na Academia da Força Aérea.

North American SNJ-5C e SNJ-6C

Período de Utilização	De 1960 até 1976
Fabricante	North American Aviation Corp., Inglewood (Califórnia – EUA)
Emprego	Instrução, ligação, observação e ataque
Características Técnicas	
Motor	Pratt & Whitney R-1340-AN-1 de 600 hp
Envergadura	12,80 m
Comprimento	8,83 m
Altura	3,56 m
Área Alar	23,59 m^2
Peso Vazio	1.886 kg
Peso Máximo	2.404 kg
Armamento	2 metralhadoras fixas Browning M2 cal .30
Desempenho	
Velocidade Máxima	337 km/h
Razão de Subida	365 m/min
Teto Operacional	6.553 m
Alcance	1.006 km
Comentários	
Total Adquirido	8 exemplares (SNJ-5C) 12 exemplares (SNJ-6C)
Unidades Aéreas	2ª Esquadrilha de Ligação e Observação Esquadrilha da Fumaça Destacamento Precursor da Escola de Aeronáutica Destacamento de Base Aérea de Santos Esquadrilha de Reconhecimento e Ataque 31 Esquadrilha de Reconhecimento e Ataque 32 Esquadrilha de Reconhecimento e Ataque 41 Esquadrão de Reconhecimento e Ataque 1 Esquadrão de Reconhecimento e Ataque 2 Esquadrão de Reconhecimento e Ataque 3 1º Esquadrão Misto de Reconhecimento e Ataque 3º Esquadrão Misto de Reconhecimento e Ataque 4º Esquadrão Misto de Reconhecimento e Ataque 5º Esquadrão Misto de Reconhecimento e Ataque Base Aérea de Fortaleza Base Aérea de Santa Cruz Base Aérea de São Paulo
Designações	T6-SNJ-5C
Matrículas	1700 a 1719

CTA Beija-Flor

Para implementar o desenvolvimento do setor aeronáutico brasileiro, desde 1952 que o CTA vinha buscando experts aeronáuticos no exterior para a chefia de projetos científicos que pudessem ser desenvolvidos no país. Foi assim que o Professor Dr. Heinrich Focke, engenheiro alemão qualificado no projeto de aeronaves de asas rotativas e construtor de inúmeros exemplares de helicópteros durante a Segunda Guerra Mundial, foi convidado para trabalhar no projeto desse tipo de aeronave no Brasil.

Fruto do trabalho do Prof. Focke, em 1953, uma comissão de professores do Instituto Tecnológico da Aeronáutica (ITA), de olho nas possibilidades do emprego no Brasil dos recursos humanos formados no ITA, emitiu um parecer favorável à criação de um instituto que fosse capaz de promover a pesquisa e o desenvolvimento tecnológico aeronáutico no país, viabilizando a implantação de uma indústria aeronáutica nacional. Assim, surgiu o segundo instituto do CTA,

O Beija-Flor desenvolvido no CTA (então Centro Tecnológico da Aeronáutica) foi o primeiro programa destinado a desenvolver um helicóptero no país. Foto Arquivo José de Alvarenga.

Protótipo do helicóptero Beija-Flor do IPD do Centro Técnico Aeroespacial.

Futurista e inovador, o BF-1 Beija-Flor nasceu da genialidade do Professor Dr. Heinrich Focke nas dependências do IPD do CTA. Foto Arquivo José de Alvarenga.

que foi o Instituto de Pesquisas e Desenvolvimento (IPD) que visava otimizar as atividades aeronáuticas nacionais e era encarregado de ensaiar e homologar os novos tipos de aeronave que viessem a ser desenvolvidos ou mesmo modificados no país. Assim, a pesquisa básica cabia ao ITA, enquanto a pesquisa aplicada era responsabilidade do Instituto de Pesquisas e Desenvolvimento.

Paralelo ao projeto do futurista convertiplano, uma aeronave para decolagens e pousos verticais como um helicóptero e voo horizontal como uma aeronave convencional, a equipe de projetistas chefiada pelo Dr. Focke no IPD e composta de técnicos brasileiros, alemães e húngaros do Departamento de Aeronaves (PAR) trabalhou no desenvolvimento do projeto de um helicóptero cujo protótipo foi

O BF-1 fez o seu primeiro voo em fevereiro de 1960, em São José dos Campos. Matriculado FAB 8800, o BF-1 não passou do protótipo, sendo o projeto abandonado por falta de recursos. Foto Arquivo José de Alvarenga.

designado como BF-1 Beija-Flor. O BF-1 era um helicóptero para duas pessoas, com trem de pouso fixo e sobre rodas, rotor rígido de três pás de madeira, dotado de um motor radial posicionado no nariz da aeronave com o eixo de acionamento passando sob a cabine de comando e subindo à esquerda do piloto, que aliava a simplicidade da construção à facilidade da pilotagem.

O primeiro voo do protótipo do BF-1 foi realizado em 18 de dezembro de 1958 e foi também o primeiro voo de ensaio que ocorreu no Brasil e o primeiro voo da primeira aeronave de asas rotativas projetada e construída no Brasil. Apesar do relativo sucesso do BF-1, a aeronave jamais entrou em produção seriada, tendo sido construído apenas um protótipo, que realizou inúmeros voos de ensaio antes de o projeto ser abandonado por causa de corte de verbas do governo federal.

CTA Beija-Flor

Período de Utilização	1960
Fabricante	Instituto de Pesquisa e Desenvolvimento do CTA
Emprego	Ensaio em voo
Características Técnicas	
Motor	Continental E225 de 225 hp
Comprimento	8,75 m
Altura	3,15 m
Peso Vazio	700 kg
Peso Máximo	950 kg
Desempenho	
Velocidade Máxima	160 km/h
Teto Operacional	3.500 m
Alcance	270 km
Comentários	
Total Adquirido	1 exemplar
Unidades Aéreas	IPD
Designação	HX-10
Matrícula	8800

Douglas C-54G Skymaster

Capitalizando o sucesso alcançado com a família de aviões de transporte de passageiros DC-1/DC-2/DC-3 e suas distintas versões, a Douglas Aircraft Company. Inc. voltou sua atenção para o desenvolvimento de um avião quadrimotor que oferecesse o dobro da capacidade do DC-3. À luz desses parâmetros, iniciou, no ano de 1936, o desenvolvimento de um avião capaz de transportar 42 passageiros, batizando-o de DC-4E.

A construção do protótipo foi concluída dois anos mais tarde, época em que também realizou seu voo inaugural. Sob muitos aspectos, o DC-4E era uma aeronave que apresentava uma ampla gama de inovações técnicas para uma aeronave de seu tamanho e peso. Entretanto, a complexidade dos seus sistemas e um desempenho aquém do esperado fizeram com que o desenvolvimento do DC-4E fosse cancelado, limitando-se à produção a um único protótipo.

Porém, o interesse por uma aeronave com aquelas características permaneceu viva entre as principais empresas norte-americanas de transporte aéreo.

Assim, a American Airlines, a Eastern Airlines e a United Air Lines incentivaram a Douglas a desenvolver tal avião, contanto que fosse mais leve e substancialmente menos complexo que o DC-4E. Sob a liderança de A. E. Raymond e E. F. Burton, no final de 1939, a equipe de engenheiros aeronáuticos da Douglas recomeçou do zero, projetando uma aeronave quadrimotora que era 25% mais leve que o DC-4E. Curiosamente, essa nova aeronave também recebeu a designação DC-4, assim firmando a tradição de usar o prefixo somente nas aeronaves de transporte comercial da Douglas que entrassem em produção.

Apesar do entusiasmo demonstrado pelas três empresas com o projeto apresentado pela Douglas, a guerra na Europa colocou em risco a produção do DC-4. Como os Estados Unidos já tinham dado início aos preparativos para um conflito que cada vez mais se avizinhava, o War Department (Ministério da Guerra) solicitou à empresa que concentrasse seus esforços na produção de mais aeronaves para as forças armadas norte-americanas, além de atender as solicitações britânicas e francesas. Foi necessária a intervenção direta do presidente da empresa, Donald W. Douglas, para garantir o desenvolvimento daquela aeronave, assegurando que a produção do DC-4 não iria atrapalhar outros compromissos da empresa.

É interessante observar que não existiu um protótipo do DC-4. A primeira célula a ficar pronta, e que foi entregue no mês de fevereiro de 1942, tornou-se a primeira aeronave de produção. Em face da entrada dos Estados Unidos na Segunda Guerra Mundial, aquela célula e outras que já se encontravam na linha de produção foram incorporadas diretamente à USAAF sob a designação C-54-DO.

O período de ensaios transcorreu rápida e praticamente livre de problemas, proporcionando, assim, à USAAF, quase que de imediato, uma aeronave de transporte logístico capaz de satisfazer as necessidades de escala global de suas operações. Em pouco tempo, as muitas versões do C-54, que foram desenvolvidas e produzidas durante a guerra, tornaram-se peças-chave da rede logístico-militar norte-americana.

O término do conflito não determinou o fim da vida útil do C-54, que continuou desempenhando tarefas de transporte logístico junto à USAF e à USN até os primeiros anos da década de 1960. Ademais, o fim da guerra assistiu ao início da produção seriada do DC-4, que não alcançou o almejado sucesso de vendas

O Skymaster foi o primeiro avião de transporte de grande porte da FAB e deu a ela mobilidade verdadeiramente internacional. Com os C-54, a Força Aérea passou a operar regularmente no exterior. Foto Arquivo Mario Roberto Vaz Carneiro.

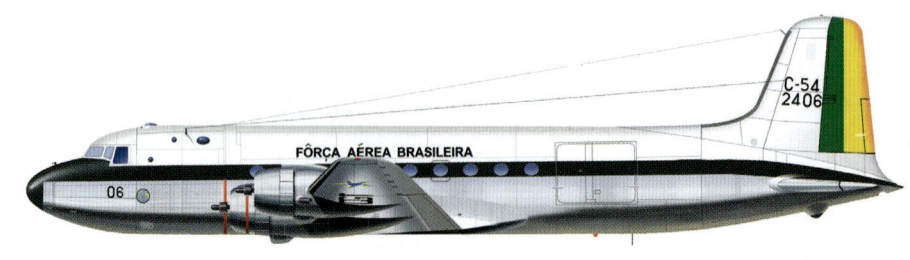

O Douglas C-54 FAB 2406 do 1º/2º GT (Base Aérea do Galeão), em 1965.

em face da periódica alienação de grandes quantidades do C-54 e do R5D, este último a versão naval do quadrimotor da Douglas. Ao ser encerrada a produção dessa aeronave, no mês de agosto de 1947, a Douglas havia construído um total de 1.244 células do C-54 e do DC-4, além de outras 71 fabricadas sob licença.

O C-54G Skymaster na Força Aérea Brasileira

Com a necessidade de contar com aviões de transporte com alcance e carga útil significativamente maiores do que as dos Douglas C-47A/B, a FAB buscou uma solução através do Programa de Assistência e Defesa Mútua (PADM) assinado com os Estados Unidos. As informações existentes indicam que esse processo atingiu um desenlace positivo em meados de 1959, ocasião em que ficou estabelecida a transferência para o Brasil de 12 exemplares do Douglas C-54G pertencentes aos estoques da USAF.

Na esteira desses eventos, a FAB se preparou para receber seu primeiro avião de transporte quadrimotor. No dia 21 de setembro de 1959, em atenção a uma proposta do Estado-Maior, o então Ministro da Aeronáutica, Maj Brig do Ar Francisco de Assis Corrêa de Mello, assinou uma portaria reservada que ativava o 1º/2º Grupo de Transporte (1º/2º GT) na Base Aérea do Galeão (RJ). Estabelecendo que a ativação seria a partir de 1º de outubro daquele ano, o documento especificava que a dotação do novo esquadrão seria de 12 aeronaves Douglas C-54. Esse acontecimento foi precedido pela nomeação, no dia 10 de agosto, de quatro oficiais aviadores que estariam encarregados de organizar o 1º/2º GT e preparar o caminho para o recebimento das aeronaves.

Em instalações e hangares que haviam pertencido ao 2º Grupo de Transporte, que fora desativado no mês de fevereiro daquele ano, os oficiais aviadores deixaram prontos um hangar que se destinaria ao Mobile Training Detachment (MTD) 608S/C54.5, um destacamento móvel de instrução da USAF que visava dar treinamento aos futuros pilotos de C-54G da FAB. Chegando à Base Aérea do Galeão no dia 8 de janeiro de 1960, o pessoal do MTD 608S/C54.5 iniciou suas atividades cinco dias mais tarde, ao começar o treinamento de 17 oficiais aviadores e de um grupo de graduados pertencente ao quadro de aeronavegantes do esquadrão. Transcorridos 20 dias, o 1º/2º GT designou seis oficiais aviadores, que haviam concluído o primeiro curso do MTD 608S/C54.5, para realizar um estágio de voo no Loide Aéreo Nacional S.A., que na época também utilizava aviões C-54. Paralelamente, foi iniciado outro curso do MTD 608S/C54.5 para oficiais e graduados, enquanto, no final do mês de janeiro, foram designadas as duas tripulações que iriam receber os dois primeiros C-54G da FAB.

No dia 21 de fevereiro, os quatro oficiais e os quatro graduados escolhidos para receber os primeiros dois C-54G e executar o traslado daqueles aviões deixaram o Brasil com destino aos Estados Unidos. Como ocorreria mais tarde, quando do recebimento das demais aeronaves, esses homens receberam os dois

Douglas C-54G no Aeroporto de Van Nuys (Califórnia). Antes de serem entregues à FAB, os 12 C-54G foram submetidos a uma revisão geral de célula, motores e sistemas. Apesar de serem oriundos da USAF, que os empregou em distintas unidades do Military Air Transport Service, um deles havia registrado breve passagem pela empresa norte-americana de transporte de carga Flying Tiger Lines, justamente o primeiro a ser recebido pela FAB.

Concluído o recebimento, os dois primeiros aviões foram trasladados para o Brasil no dia 2 de abril de 1960, chegando à Base Aérea do Galeão às 15h30m do dia 13. A chegada dos C-54 2400 e 2401 ocorreu quase 20 dias após a conclusão do terceiro e último curso do MTD 608S/C54.5, o que fez com que o 1º/2º GT contasse com um bem adestrado quadro de tripulantes assim que chegassem as primeiras aeronaves.

Nove dias depois de chegarem ao Brasil, os dois primeiros C-54G realizaram surtidas operacionais de transporte. Porém, se já estava previsto que essas aeronaves fariam diversos tipos de missão de transporte, uma das principais expectativas era que esses quadrimotores assumissem o papel de apoiar o Batalhão Suez. Tratava-se de uma unidade do Exército Brasileiro que se encontrava destacada na Faixa de Gaza, no Oriente Médio, e era apoiada por aviões SB-17 pertencentes ao 1º/6º Grupo de Aviação, as únicas aeronaves da FAB com alcance suficiente para realizar a travessia do Atlântico Sul, mas inadequadas para a tarefa de transporte. Assim, no dia 28 de julho de 1960, um C-54G realizou a linha CAN Suez, o primeiro de 85 voos que seriam realizados até maio de 1967.

No final de 1960 e já completada sua dotação de 12 aeronaves, o 1º/2º GT dedicou-se a tirar o máximo proveito das características de longo alcance e grande carga útil de seus aviões. Assim, o esquadrão criou e operou diversas linhas domésticas do Correio Aéreo Nacional (CAN) de longo alcance, em especial para o Nordeste e o noroeste brasileiro. Essas mesmas características permitiram uma melhor e mais eficiente ligação com diversas capitais sul-americanas, como La Paz, Lima, Quito e Santiago, além de possibilitar um realce da linha logística entre o Brasil e os Estados Unidos.

Além do padrão de pintura aqui apresentado, os C-54 também operaram com esse mesmo padrão acrescido de faixas day-glo no nariz e na seção traseira da fuselagem. Foto Museu Aeroespacial do Campo dos Afonsos.

Alguns acidentes foram registrados com os C-54 do 1º/2º GT. O mais trágico ocorreu em 11 de dezembro de 1960, quando o 2401 caiu durante a fase final do pouso no Aeroporto de Lisboa, incendiando-se e deixando nove feridos. Foto Arquivo Mario Roberto Vaz Carneiro.

Além dessas linhas internacionais do CAN e do apoio ao Batalhão Suez, os C-54G foram convocados para prestar apoio aos militares que faziam parte do contingente da Organização dos Estados Americanos destacado na República Dominicana. Sob a denominação Operação Faibras, essa atividade de apoio aéreo prestado pela FAB assistiu à periódica execução de voos de ligação e transporte dos C-54G, juntamente com os de outras aeronaves. Nos anos de 1965 e 1966, 25 voos foram realizados por esses quadrimotores entre a Base Aérea do Galeão e a capital da República Dominicana.

Já no crepúsculo de sua vida útil, os C-54G do 1º/2º GT tomaram para si mais uma missão de transporte em apoio à Operação Rondon. Iniciada em 1968, quando já havia sido decretada a desativação desses aviões, essa operação visava ao transporte de estudantes universitários de diversas disciplinas para longínquos pontos do território nacional, onde os seus recém-adquiridos ensinamentos poderiam ser utilizados em proveito de comunidades carentes.

Através do Memorando Reservado R003/GM4, de 22 de janeiro de 1968, foi determinada a desativação dos nove aviões C-54G que ainda se encontravam em serviço na FAB. No entanto, dois meses mais tarde, outro memorando reservado, datado de 28 de março, permitiu que seis desses aviões continuassem voando, a fim de apoiar a Operação Rondon e, quando necessário, realizar outras tarefas de transporte.

No dia 12 de março, o C-54 2406 concluiu a última viagem de transporte daquele tipo de aeronave na FAB, regressando de Fernando de Noronha, onde cumprira a linha extra até aquele território. Dois dias mais tarde, na Base Aérea do Galeão, cinco C-54G realizaram um voo de formatura que marcou o encerramento do serviço operacional desse quadrimotor na Força Aérea Brasileira, após 70.523,3 horas de voo distribuídas ao longo de nove anos de ininterrupta operação.

Contudo, alguns Douglas C-54G da FAB continuariam voando, porém envergando os cocares da Fuerza Aérea Colombiana (FAC). Após a sua desativação, as autoridades colombianas negociaram a aquisição das quatro melhores células, as quais lhes foram entregues no dia 30 de outubro de 1969.

Douglas C-54G Skymaster	
Período de Utilização	De 1960 até 1968
Fabricante	Douglas Aircraft Company, Inc.
Emprego	Transporte
Características Técnicas	
Motor	4 Pratt & Whitney R-2000-9 de 1.450 hp cada um
Envergadura	35,81 m
Comprimento	28,60 m
Altura	8,38 m
Área Alar	135,63 m^2
Peso Vazio	17.659 kg
Peso Máximo	33.113 kg
Armamento	Não dispunha de armamento
Desempenho	
Velocidade Máxima	442 km/h
Teto Operacional	6.765 m
Alcance	6.435 km
Comentários	
Total Adquirido	12 exemplares
Unidades Aéreas	1º/2º Grupo de Transporte
Designações	C-54
Matrículas	2400 a 2411

Fokker S.12 e 8FG Guanabara

Em fins de 1947, com o trabalho de desenvolvimento do avião de treinamento primário S.11 ingressando na etapa final, os engenheiros da empresa holandesa N. J. Konklijke Nederlandshe Vliegtuigen Fabriek Fokker passaram a flertar com a ideia de transformar aquele avião em uma aeronave triciclo, agregando-lhe uma bequilha. Inicialmente, essa proposta não conquistou de imediato a desejada prioridade, já que o foco da empresa estava voltada para o S.11 e o seu potencial no mercado de aviões de treinamento primário.

Porém, em 1949, foi dada a luz verde para o desenvolvimento do que seria o S.12 – um avião rigorosamente idêntico ao S.11, distinguindo-se unicamente pela incorporação de uma bequilha e pelo deslocamento à ré dos trens principais. Pronto o primeiro protótipo no início de 1950, o famoso piloto de ensaios em voo da Fokker, Gerben Sondermann executou o voo inaugural do primeiro S.12 em meados daquele ano.

Entretanto, a esperada encomenda por parte da Koninlijke Luchmacht (KLu – Real Força Aérea Holandesa) não se concretizou, pois aquela arma se deu por satisfeita com o Fokker S.11 para o trabalho de instrução primária.

Os Fokker S.12 e 8FG Guanabara na Força Aérea Brasileira

Em 1950, um grupo de empresários brasileiros viajou até a Holanda para iniciar as negociações com a Fokker, em busca de uma parceria que visava à implantação de uma fábrica de aviões no Brasil. Conquanto fluíram rápidas as conversas entre empresários brasileiros e os representantes da Fokker, o mesmo não pôde ser dito do governo brasileiro, que demonstrou dúvidas quanto a conveniência do projeto holando-brasileiro.

O T-22 foi empregado por diversas unidades da FAB, entre elas o Instituto de Pesquisa e Ensaio em Voo do CTA, onde foi usado em voos de ensaio.
Foto Museu Aeroespacial do Campo dos Afonsos.

Entretanto, em maio de 1952, as conversas entre as três partes haviam atingido estágio suficientemente avançado a ponto de motivar o Ministério da Aeronáutica a organizar e enviar uma pequena comissão para avaliar as aeronaves que figuravam no projeto. A proposta previa a produção sob licença nas instalações da Fábrica do Galeão – então essencialmente ociosa – de quatro aviões de treinamento: os monomotores de treinamento primário/básico Fokker S.11 e Fokker S.12; o Fokker S.13, um bimotor de instrução, e o jato de treinamento avançado Fokker S.14. Essas quatro aeronaves foram exaustivamente avaliadas, descartando-se o Fokker S.13 em face do inferior desempenho quando comparado às várias versões do Beech C-45 então operados pela FAB.

Em 7 de agosto foi lavrado o primeiro contrato entre o Ministério da Aeronáutica e a Fokker Indústria Aeronáutica S/A, a subsidiária brasileira da N. J. Konklijke Nederlandshe Vliegtuigen Fabriek Fokker. Nele ficaram acertadas a produção, no Brasil, de 95 exemplares do Fokker S.11, assim como a entrega de cinco aviões S.11-4 fabricados na Holanda e montados nas instalações da Fábrica do Galeão. Concluída a entrega dessas 100 aeronaves, a Fokker produziria, para a Força Aérea Brasileira, 50 unidades do Fokker S.12. Por fim, esse contrato – a ser cumprido em cinco anos – contemplava o fornecimento de cinco jatos de treinamento S.14 e a produção no Brasil de 45 exemplares desse jato.

Porém, desde o início, essa empreitada encontrou toda sorte de problemas: financeiros, políticos e até mesmo entre a subsidiária e a matriz. Como resultado, houve uma sucessão de atrasos, e os primeiros Fokker S.11 só foram entregues pouco mais de dois anos além do previsto. Isso, por sua vez, levou ao atraso na entrega dos Fokker S.12: o primeiro foi recebido em maio de 1960, quase quatro anos além do que fora estabelecido no cronograma original.

Designados pela Força Aérea Brasileira como T-22, os primeiros Fokker S.12 foram incorporados ao acervo da Escola de Aeronáutica (EAer), sediada no Campo dos Afonsos (RJ). De fato, ao longo de 1960, aquela escola recebeu 24 exemplares do T-22, que foram destinados ao Estágio Primário. A intenção era que os cadetes da EAer dessem seus primeiros passos no T-21 e encerrassem a instrução primária no T-22 antes de seguirem para o North American AT-6D.

Entretanto, já em 1961, foi observado que em determinados segmentos do envelope de voo, o T-22 apresentava indesejadas características em termos de qualidade de voo, consequência das modificações aplicadas no trem de pouso fixo quando da transformação do S.11 para S.12, que alterou significativamente o centro de gravidade da aeronave. Por mais que fossem perfeitamente

O Fokker T-22 FAB 0800 da Escola de Aeronáutica (Campo dos Afonsos).

O YT-22 FAB 0849 Guanabara, versão executiva do T-22 para quatro lugares que ficou restrita a um protótipo.

toleráveis para um piloto com mais experiência, essas características poderiam apresentar algum risco para um neófito. Há indicações de que estudos foram elaborados para tornar o T-22 mais dócil, mas, aparentemente, nenhum trabalho nesse sentido chegou a ser implementado.

Assim, no transcurso de 1962, as autoridades da FAB julgaram por bem retirar o T-22 da instrução de voo, transferindo a maioria dos T-22 existentes na

Mecânicos trabalham na manutenção de um motor Lycoming O-435A de 190 hp. O T-22 foi fabricado no Brasil pela Fokker Indústria Aeronáutica S/A, a subsidiária brasileira da N. J. Konklijke Nederlandshe Vliegtuigen Fabriek Fokker. Foto Museu Aeroespacial do Campo dos Afonsos.

Único exemplar do Guanabara, uma versão executiva equipada com um novo motor e wing tip tanks. Foi produzido a partir do 50º T-22 e voou em 1964, sem nunca ter entrado em serviço. Foto Arquivo Mario Roberto Vaz Carneiro.

EAer para outras unidades aéreas. Paralelamente, as demais células que ficaram prontas em 1962 foram distribuídas diretamente para distintas organizações militares da FAB como bases aéreas e parques. Lá os T-22 passaram a desenvolver principalmente o trabalho de ligação. Um bom exemplo foi o caso da Base Aérea de Santa Cruz (BASC), que recebeu quatro desses aviões, incorporando-os à Esquadrilha de Treinamento. Enquanto permaneceu na BASC, esse quarteto de T-22 realizava trabalhos em benefício do comando daquela base ou em proveito das unidades aéreas lá sediadas, transportando pessoal e/ou material.

Mas com quase 11 anos de uso e com poucas qualidades que militassem a favor de sua permanência em atividade, em meados de 1972, foi determinada a baixa de todos os T-22 pertencentes ao acervo da FAB. Algumas poucas células sofreram revisão geral antecipada e foram entregues ao Departamento de Aviação Civil para então serem repassadas para alguns aeroclubes. Finalmente, em 1973, foi desativado o derradeiro T-22 da FAB.

É interessante observar que a 50ª célula de S.12 nunca chegou a ser utilizada operacionalmente. Ela foi objeto de extensas modificações que visavam transformar o S.12 em um avião de transporte executivo de quatro lugares. Depois de adaptar o motor Lycoming O-540-A1A de 250 hp, o trem retrátil e o tip tanks para aumentar a autonomia, essa aeronave foi batizada 8FG Guanabara. Construído em 1964 e incluído na carga da FAB com a designação e matrícula YT-22 0849, o Guanabara voou pela primeira vez no final daquele ano. Mas o esforço dos engenheiros e técnicos de pouco valeu, pois ela registrou desempenho decepcionante, fazendo então com que o programa morresse em silêncio pouco depois.

Fokker S.12 e 8FG Guanabara

Período de Utilização	De 1960 a 1973
Fabricante	Fokker Indústria Aeronáutica S/A, Ilha do Governador (RJ) N. J. Konklijke Nederlandshe Vliegtuigen Fabriek Fokker, Amsterdã (Holanda)
Emprego	Treinamento primário
Características Técnicas	
Motor	Lycoming O-435A de 190 hp
Envergadura	11 m

Continua

Comprimento	8,18 m
Altura	2,22 m
Área Alar	18,50 m²
Peso Vazio	810 kg
Peso Máximo	1.100 kg
Armamento	Não dispunha de armamento
Desempenho	
Velocidade Máxima	209 km/h
Razão de Subida	153 m/min
Teto Operacional	4.450 m
Autonomia	3 h
Comentários	
Total Adquirido	49 exemplares (T-22) 1 exemplar (YT-22)
Unidades Aéreas	Escola de Aeronáutica Parque de Aeronáutica de São Paulo Parque de Aeronáutica de Recife Base Aérea dos Afonsos Base Aérea de Canoas Base Aérea de Fortaleza Base Aérea do Galeão Base Aérea de Recife Base Aérea de Salvador Base Aérea de Santa Cruz Base Aérea de São Paulo IPEV
Designações	T-22 e YT-22
Matrículas	T-22: 0800 a 0848 e YT-22: 0849

Bensen B8MVN Gyrocopter

O Bensen Gyrocopter foi desenvolvido pela americana Bensen Aicraft Corp. nos anos 1950 e apresentava versões monoposto ou biposto. A sua versão original, a B7, não era motorizada, tendo evoluído para a B8M (M de motorizado) que voou pela primeira vez em 6 de dezembro de 1955. Com uma estrutura de alumínio tubular, ele era equipado com um motor convencional McCulloch, que acionava um propulsor traseiro (hélice de madeira) que lhe imprimia deslocamento horizontal. Com esse deslocamento, o fluxo de ar que passava por seu rotor principal (R/P), cujas pás também eram de madeira, proporcionava a rotação do R/P e a ascensão da aeronave.

Várias versões do girocóptero da Bensen foram produzidas ao longo dos anos, entre elas a B8MVN, equipada com um motor Volkswagen de 1,3 ou 1,6 litros refrigerado a ar. Ao todo mais de 10 versões foram fabricadas até 1987, quando a sua produção foi encerrada. A versão B8MVN foi trazida para o Brasil pelo piloto Wladimir Romera, que começou a importar kits da Bensen que eram montados por ele e vendidos no país. Foi a primeira aeronave do tipo a ser empregada em escala no Brasil.

Com a crescente dificuldade de importar kits de B8MVN e respectivas peças de reposição, fruto da legislação vigente, Romera passou a substituir as partes do B8 americano por similares nacionais. Com o tempo, surgiu uma versão nacional designada WR11, que tinha diversas melhorias em relação ao B8MVN.

Concepção artística do B8MVN empregado pela FAB na EPCAR, no CTA e na EEAer.

O Bensen B8MVN Gyrocopter na Força Aérea Brasileira

Girocópteros modelo Bensen B8MVN, nas versões biplace e monoplace, foram adquiridos nos anos 1960 pela FAB e destinados à Escola Preparatória de Cadetes do Ar (EPCAR), com sede em Barbacena (MG), sendo, à época, encaminhados ao Pavilhão de Tecnologia (PAVITEC), cujo principal objetivo era incentivar o gosto pela atividade aérea. Não foi possível precisar, mas ao menos 10 aeronaves foram adquiridas. Elas não receberam designação militar e foram empregadas ostentando matrículas civis.

Posteriormente, essas aeronaves foram repassadas à Escola de Especialistas de Aeronáutica (EEAer), localizada em Guaratinguetá (SP), para onde foram transportados a bordo de aeronaves Douglas C-47 da FAB. Lá passaram a ser utilizadas na instrução de solo dos alunos. Vale lembrar que os girocópteros eram novidade na década de 1960 e, por isto, era interessante aos alunos travar contato com esta tecnologia. Na EEAer teriam realizado apenas dois ou três voos de testes, sendo que em um deles teria ocorrido um acidente, suspendendo as operações.

Nos anos 1970 esses girocópteros foram encaminhados para o então Centro Técnico Aeroespacial (CTA), em São José dos Campos (SP), onde foram estocados em um dos laboratórios de ensaio. Segundo informações, houve no início dos anos 1970, logo após sua chegada, tentativas de realizar voos de ensaio e de avaliação, feitas por professores e alunos do CTA e do ITA (Instituto Tecnológico de Aeronáutica), mas devido a problemas técnicos e incidentes na decolagem o seu uso foi abandonado. Em 1978 ainda se encontravam estocados no CTA. Parte de sua história se perdeu no tempo e, segundo consta, todos foram descarregados nos anos 1980, provavelmente sendo vendidos como sucata.

Bensen B8MVN Gyrocopter

Período de Utilização	Adquiridos na década de 1960
Fabricante	Bensen Aircraft Corp., (EUA)
Emprego	Voo de lazer e treinamento
Características Técnicas	
Motor	McCulloch 4318AX de 72 hp
Largura	2,15 m
Comprimento	3,45 m
Altura	1,90 m
Peso Vazio	112 kg

Continua

Peso Máximo	227 kg
Área do Rotor	29,17 m²
Desempenho	
Velocidade Máxima	130 km/h
Teto Operacional	2.000 m
Alcance	160 km (1 h 30 m)
Comentários	
Total Adquirido	10 exemplares
Designação	Não recebeu designação
Unidades Aéreas	EPCAR, EEAer e CTA
Matrículas	Matrículas civis

Sikorsky SH-34J

Contratada em junho de 1952 pela United States Navy (USN) para desenvolver e produzir um novo helicóptero de guerra antissubmarino (ASW), a Sikorsky deu forma a uma aeronave que batizou com a designação S-58. Com desempenho e eficiência superiores à aeronave de asas rotativas que a USN até então empregava nas missões ASW, o S-58 recebeu daquela arma a designação HSS-1.

Com a produção sendo iniciada em 1954, as múltiplas qualidades do S-58 atraíram ainda o interesse do United States Army (US Army) e do United States Marine Corps (USMC), que buscavam um helicóptero de transporte de tropas. Essas duas armas não tardaram a assinar contratos de encomenda: o USMC

O H-34 FAB 8553 voa sobre a Zona Sul do Rio de Janeiro. Os SH-34J foram os primeiros e únicos helicópteros antissubmarino empregados pela FAB. Foto Arquivo Action Editora Ltda.

O Sikorsky SH-34J FAB 8555 do 2º/1º GAE (Base Aérea de Santa Cruz), em 1961.

adquiriu 515 exemplares sob a designação HUS, enquanto o US Army encomendou 437 desses helicópteros, que receberam a designação H-34A. Por fim, a USAF recebeu pequenos lotes que totalizaram 23 helicópteros HH-34D e UH-34D que se destinaram à exportação para países amigos.

De todos os operadores militares do S-58, coube ao USMC o batismo de fogo desse helicóptero, empregando-o extensamente nos anos iniciais do envolvimento norte-americano na Guerra do Vietnã. Ao terminar a década de 1950, coube ainda ao USMC operar oito helicópteros HUS-1Z destinados ao transporte do Presidente dos Estados Unidos, o primeiro chefe de Estado a empregar regularmente o helicóptero como meio de transporte.

As excelentes características do S-58 fizeram com que atingisse invejável sucesso no mercado civil, especialmente após a instalação de kits que o dotavam do grupo motopropulsor Pratt & Whitney PT6T-3 Turbo-Pac.

Ao ser encerrada a produção do S-58 nos Estados Unidos, a Sikorsky havia construído 1.821 unidades desse robusto helicóptero, sem contar com os exemplares fabricados no Reino Unido e na França.

A foto registra o recebimento do último SH-34J, o H-34 8555, da FAB sendo descarregado de um C-124 da USAF em abril de 1961. Foto Arquivo Action Editora Ltda.

Carga externa. Apesar de ter capacidade antissubmarino, os H-34 foram pouco empregados nessa missão na FAB, sendo mais utilizados como aeronave de emprego geral.
Foto Arquivo Action Editora Ltda.

O Sikorsky SH-34J na Força Aérea Brasileira

A aquisição, em 1956, de um navio-aeródromo para a Marinha do Brasil desencadeou, na Força Aérea Brasileira, as primeiras providências para ativar e dotar uma unidade aérea especificamente destinada a compor o grupo aéreo daquela embarcação. Denominado 1º Grupo de Aviação Embarcada (1º GAE), a nova unidade foi criada em 6 de fevereiro de 1957, e passou a contar com uma dotação inicial de aviões B-25J e helicópteros H-13J. Posteriormente, ficou acertada com o governo norte-americano a transferência de um lote de aviões de guerra antissubmarino Grumman S2F-1 e alguns helicópteros ASW Sikorsky HSS-1 sob a égide do Mutual Defence and Assistance Program (MDAP – Programa de Assistência e Defesa Mútua).

Concluídos todos os preparativos para o recebimento do novo material, em fevereiro de 1961, a FAB recebeu seus primeiros dois helicópteros de guerra antissubmarino. Esses, como os demais que chegariam ao país nos meses seguintes, eram helicópteros Sikorsky HSS-1 recém-fabricados para a USN. Porém, foram transferidos para a USAF em atenção ao projeto do MDAP, que previa o fornecimento de aeronaves ASW de asa fixa e asas rotativas à FAB.

Até os dias de hoje persistem incertezas quanto à exata versão dos helicópteros entregues à FAB – algumas fontes indicam que eram da versão HSS-1 (posteriormente redesignados SH-34G) e outras sugerem que eram helicópteros HSS-1N (posteriormente redesignados SH-34J). No entanto, em face da existência de equipamento sonar AN/ASQ-5 e radar altímetro AN/APN-117 nos seis helicópteros recebidos pela FAB, equipamentos típicos do HSS-1N (SH-34J), e não do HSS-1 (SH-34G), as evidências apontam para o fato de que as aeronaves recebidas pela FAB eram do tipo mais moderno.

Em março e abril, os quatro helicópteros restantes foram recebidos pela FAB totalizando seis aeronaves, que foram entregues ao 2º/1º Grupo de Aviação Embarcada (2º/1º GAE). Já contando com um núcleo de pessoal treinado pela USN para operar o SH-34J, foi possível dar início ao ano de instrução e, em paralelo, formar a

Esquadrilha de H-34 sobre o Rio de Janeiro. Durante sua operação no GAE, os H-34 voaram no 2º Esquadrão, ao lado dos Grumman P-16 do 1º Esquadrão. Foto Arquivo Action Editora Ltda.

doutrina de emprego na FAB no que dizia respeito a helicópteros de guerra antissubmarino. Entretanto, esses trabalhos foram prejudicados pelo impasse criado entre a Força Aérea Brasileira e a Marinha do Brasil quanto à jurisdição sobre as aeronaves a serem operadas a partir do convés de voo do Navio-Aeródromo Ligeiro Minas Gerais (A-11), bem como o surgimento de uma Aviação Naval, o que contrariava o estabelecido no Decreto-lei de 20 de janeiro 1941, que criava o Ministério da Aeronáutica. Como resultado, o 2º/1º GAE ficou impedido de operar no NAeL Minas Gerais, sendo obrigado a realizar o treinamento de guerra antissubmarino e outras missões de cunho aeronaval de bases em terra.

Com a designação H-34, os seis SH-34J foram incluídos na carga da FAB em 18 de setembro de 1962. Essa etapa burocrática foi precedida, naquele mês, pelo que possivelmente foi o único pouso e decolagem de um H-34 da FAB a bordo do NAeL Minas Gerais, um evento que ganhou certa repercussão em meio à controvérsia então existente entre a Força Aérea Brasileira e a Marinha do Brasil. Apesar das dificuldades engendradas por aquela situação, os SH-34J e suas tripulações desen-

O H-34 8551 com o padrão de pintura prateado usado no 2º/1º GAE. Essas aeronaves tiveram uma vida operacional curta na FAB, sendo transferidas, em 1965, para a Marinha e rematriculadas de N-3001 a N-3006. Foto Arquivo Action Editora Ltda.

volveram outros trabalhos, fazendo bom uso das características e do desempenho daquele helicóptero. Na época, o SH-34J era a maior aeronave de asas rotativas em operação no Brasil e apresentava uma nada desprezível capacidade de transporte, especialmente em termos de carga externa. Como consequência, os H-34 do 2º/1º GAE passaram a dedicar mais tempo às atividades de transporte e emprego geral, missões originalmente previstas para o 2º/1º GAE mas de caráter secundário.

Um dos pontos altos da carreira dos SH-34J na FAB aconteceu no início de setembro de 1963, quando o 2º/1º GAE e seus helicópteros foram convocados a dar apoio às entidades que estavam combatendo o incêndio que consumiria mais de 960 mil hectares de florestas paranaenses. Deslocando-se até Curitiba (PR), os H-34 do 2º/1º GAE operaram durante nove dias a partir das instalações da Escola de Oficiais Especialistas e de Infantaria de Guarda da Aeronáutica, realizando surtidas de resgate de pessoal e em apoio direto às equipes terrestres que combatiam os focos de incêndio.

Entretanto, a crescente divergência entre a Marinha e a FAB quanto à operação de aeronaves em tarefas aeronavais exigiu a intervenção presidencial. Como resultado, foi assinado o Decreto 55.627, de 26 de janeiro de 1965, que estabelecia, entre outras medidas, a transferência de todos os helicópteros H-34 para a Marinha do Brasil. Assim, encerrava-se oficialmente a associação desses helicópteros com a FAB que, entretanto, perduraria por alguns anos através do Parque de Aeronáutica de São Paulo (PqAerSP). Prestando apoio de nível parque aos H-34 quando operavam com a FAB, o PqAerSP continuou executando esse serviço em benefício dos novos proprietários daqueles helicópteros.

Sikorsky SH-34J

Período de Utilização	De 1961 a 1965
Fabricante	Sikorsky Aircraft Division, United Aircraft Corporation, Hartford (Connecticut – EUA)
Emprego	Transporte, emprego geral e guerra antissubmarino
Características Técnicas	
Motor	Wright R-1820-84D de 1.525 hp
Diâmetro do Rotor Principal	17,07 m
Comprimento	13,46 m
Altura	4,37 m
Largura	3,89 m
Peso Vazio	3.583 kg
Peso Máximo	5.897 kg
Armamento	2 bombas de profundidade 2 cargas de profundidade
Desempenho	
Velocidade Máxima	196 km/h
Razão de Subida	335 m/min
Teto Operacional	2.896 m
Alcance	398 km
Comentários	
Total Adquirido	6 exemplares
Unidades Aéreas	2º/1º Grupo de Aviação Embarcada
Designações	H-34
Matrículas	8550 a 8555

Grumman S2F-1 (S-2A) e S2F-3S (S-2E) Tracker

Em 1949, a Grumman começou a dar forma a um avião bimotor capaz de executar missões de patrulha naval e guerra antissubmarino (ASW). Com a designação G-89, o projeto foi apresentado em junho de 1950 à United States Navy (USN), que encomendou dois protótipos. Designado XS2F-1 e posteriormente batizado com o nome Tracker, o primeiro protótipo fez seu voo inaugural em 4 de dezembro de 1952. O Tracker entrou em serviço em julho de 1953 na USN.

A Grumman produziu 1.185 exemplares do Tracker em inúmeras versões, além de outros 99 fabricados no Canadá pela de Havilland Canada sob licença. Além da USN, 14 operadores – Argentina, Austrália, Brasil, Canadá, Coreia do Sul, Holanda, Itália, Japão, Peru, Tailândia, Taiwan, Turquia, Uruguai e Venezuela – fizeram extenso uso do Tracker. A USN, inclusive, empregou essas aeronaves em ambiente de combate, com diversos esquadrões operando embarcados durante a Guerra do Vietnã, período em que realizavam missões de controle do tráfego marítimo ao longo do litoral vietnamita. Desativados pela USN em 1976, mais de uma centena de aviões Grumman Tracker ganharam considerável sobrevida como avião de combate a incêndios florestais. Até hoje, aeronaves modernizadas com motores turboélice continuam desempenhando essa tarefa no Canadá, nos Estados Unidos e na França. Na América do Sul, a Armada Argentina usa S-2 modernizados com motores turboélices PW PT-6 em missão ASW e ASuW.

Os Grumman S2F-1 (S-2A) e S2F-3S (S-2E) Tracker na Força Aérea Brasileira

Em 6 de fevereiro de 1957, nasceu o 1º Grupo de Aviação Embarcada (1º GAE) cuja tarefa era guarnecer navios aeródromos da Marinha do Brasil. No ano seguinte, a FAB iniciou as tratativas para a aquisição de 13 aviões Grumman S2F-1 Tracker, vetor destinado a equipar a nova unidade.

Linha de P-16A Tracker do 1º GAE, com o tradicional pod de ECM pintado de vermelho, algo característico dos Alfa nos primeiros anos de operação.
Foto Arquivo Disraeli Joaquim de Amorim Saback.

Treinamento de pouso a bordo realizado na pista da BASC. O pessoal do GAE, antes de operar a bordo do A-11, se adestrava em terra, usando o mesmo sistema de aproximação utilizado no porta-aviões. Foto Arquivo 1º Grupo de Aviação Embarcada.

Em setembro de 1960 o 1º GAE literalmente se mudaria para os EUA para receber o treinamento no Tracker. Essa foi a segunda vez na história da FAB que uma de suas unidades foi transferida in totum para o exterior. Os pilotos brasileiros treinaram na VS-30 da USN, se qualificando a bordo do USS Antietam (CV-36). Após cumprir as várias etapas da instrução, inclusive de ASW, em 25 de fevereiro de 1961, na NAS Key West, o 1º GAE recebeu seu primeiro Tracker com as cores da FAB. Nas semanas seguintes, os outros 12 aviões chegaram àquela base após serem transladados das instalações da Grumman, em St. Augustine (Flórida – EUA).

A primeira esquadrilha de P-16 (FAB 7014 a 7019) deixou a NAS Key West rumo ao Brasil em 21 de junho de 1961, voando na rota: Porto Príncipe (Haiti), NAS Roosevelt Roads (Porto Rico), Waller Field (Trinidad & Tobago), Georgetown (Guiana), Caiena (Guiana Francesa), Belém (PA), São Luís (MA), Fortaleza (CE), Salvador (BA), Vitória (ES) e Rio de Janeiro (Aeroporto Santos Dumont), onde chegaram em 3 de julho. Gradualmente as demais aeronaves foram chegando ao Brasil: FAB 7020 a 7023 em 8 de julho e 7024 e 7025 em 12 de agosto. Designadas como P-16, as 13 aeronaves foram matriculadas de FAB 7014 a 7026 e concentradas na Base Aérea de Santa Cruz (BASC) no 1º/1º GAE.

Em 23 de fevereiro de 1963, os P-16 do 1º/1º GAE foram acionados para participar da Operação Lagosta: sete aeronaves foram para a Base Aérea de Recife (PE), para realizar missão de busca e localização de embarcações lagosteiras francesas que pescavam ilegalmente em mar territorial brasileiro. Esse episódio entrou na história como a Guerra da Lagosta, e a ida dos Tracker para o Nordeste só ocorreu depois que o governo francês enviou ao litoral brasileiro um contratorpedeiro e uma fragata para acompanhar os pesqueiros franceses. Após quase três semanas de operação, com a execução de surtidas diurnas e noturnas, os Tracker regressaram à BASC.

*Flagrante do pouso do P-16A FAB 7021 no NAeL Minas Gerais. Esse catrapo foi o primeiro realizado por um P-16 a bordo do A-11, ocorrido em 22 de junho de 1965.
Foto Museu Aeroespacial do Campo dos Afonsos.*

Em 26 de janeiro de 1965, finalmente o impasse existente entre a FAB e a Marinha do Brasil quanto às atribuições da Aviação Naval e os meios aéreos da FAB na realização de missões aeronavais foi resolvido. Assim, foi possível iniciar as operações no NAeL (Navio Aeródromo Ligeiro) A-11 Minas Gerais. O 1º pouso ocorreu em 22 de junho de 1965 pelo P-16 7021, que permitiu a requalificação de oito pilotos ao longo de 63 pousos enganchados e 123 toques e arremetidas.

O FAB 7023 visto em voo. Até a chegada do P-16E, o P-16A era o principal vetor de guerra antissubmarino da unidade. Foto Arquivo Mario Roberto Vaz Carneiro.

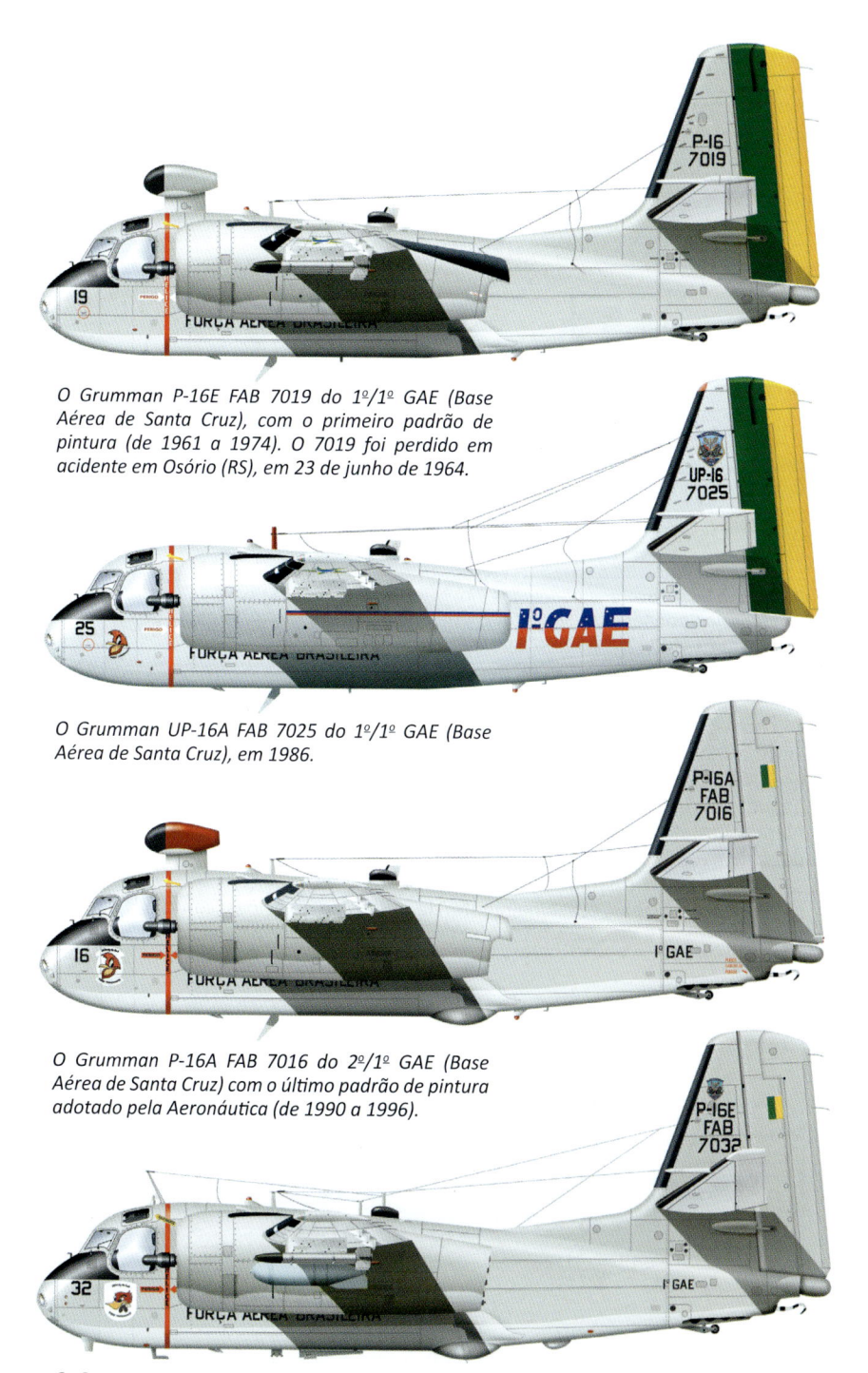

O Grumman P-16E FAB 7019 do 1º/1º GAE (Base Aérea de Santa Cruz), com o primeiro padrão de pintura (de 1961 a 1974). O 7019 foi perdido em acidente em Osório (RS), em 23 de junho de 1964.

O Grumman UP-16A FAB 7025 do 1º/1º GAE (Base Aérea de Santa Cruz), em 1986.

O Grumman P-16A FAB 7016 do 2º/1º GAE (Base Aérea de Santa Cruz) com o último padrão de pintura adotado pela Aeronáutica (de 1990 a 1996).

O Grumman P-16E FAB 7032 do 1º/1º GAE (Base Aérea de Santa Cruz) com o último padrão de pintura adotado pela FAB (de 1990 a 1996).

Quando não estavam embarcados no NAeL Minas Gerais, os P-16 permaneciam sediados na Base Aérea de Santa Cruz, ocupando parte do lendário hangar do Zeppelin. Foto Arquivo Mario Roberto Vaz Carneiro.

A partir daí as operações tornaram-se regulares. Em outubro, o 1º GAE embarcou no A-11 para participar da Operação UNITAS VI, um exercício anual que ocorre entre a Marinha dos Estados Unidos e Marinhas de diversos países sul-americanos. Além das surtidas realizadas desde o A-11, o P-16 fez história ao transportar, daquele porta-aviões até o continente, o Presidente da República Humberto de Alencar Castelo Branco, que muito provavelmente foi o primeiro chefe de estado a deixar um navio-aeródromo a bordo de uma aeronave de asa fixa.

Os P-16 participariam de praticamente todas as operações UNITAS, atuando não só no A-11, mas, ocasionalmente, de outros porta-aviões, como o USS Ran-

Cinco Cardeais taxiam no Aeroporto Santos Dumont logo após a sua chegada ao Brasil, no dia 3 de julho de 1961. A FAB passava a contar com uma aeronave ímpar em sua história, o Grumman Tracker, que foi o único avião da Força Aérea a operar regularmente embarcado. Foto Arquivo 1º Grupo de Aviação Embarcada.

Acima o FAB 7021 a bordo do A-11. Essa aeronave foi convertida para UP-16 em 1981, porém manteve a designação P-16. Foto Arquivo Mario Roberto Vaz Carneiro.

dolph (CVS-15), USS America (CV-66) ou USS Nimitz (CVN-68). Além da UNITAS, outras operações embarcadas ocorriam, em média, duas ou mais vezes por ano, normalmente para qualificar e requalificar as tripulações (Operação Catrapo) ou para operar em conjunto com a Marinha do Brasil. Mas as missões de patrulha e de guerra antissubmarino não eram as únicas dos P-16. A partir de 1970, eles passaram também a exercer o papel de plataforma de ataque e bombardeio.

Para repor perdas operacionais e suprir a defasagem da eletrônica embarcada, em junho de 1974, foi iniciado o trâmite para a compra de oito células de Grumman S-2E ex-USN. Adquiridos em 1974 ao custo de US$ 7,49 milhões, os oito S-2E foram designados na FAB P-16E e matriculados de FAB 7030 a 7037. As aeronaves foram revisadas e modernizadas na Jacksonville Naval Rework Facility, localizada em Jacksonville (Flórida – EUA). Curiosamente, duas delas eram aeronaves veteranas da Guerra do Vietnã, onde haviam desempenhado principalmente trabalho de esclarecimento marítimo e regulagem de tiro para os encouraçados, cruzadores e destróieres americanos operando no Mar do Sul da China e no Golfo de Tonquim. Os primeiros quatro P-16E (7030/31/32/33) chegaram à BASC em 22 de dezembro de 1975, após 128 horas de voo desde Jacksonville. Os demais quatro P-16 (7034/35/36/37) chegaram à BASC em 22 de abril de 1976, também vindo de Jacksonville.

Em reconhecimento às diferenças existentes entre os dois tipos de Tracker operados pela FAB, os S-2A foram redesignados, em 1976, de P-16 para P-16A. Com o aumento da frota, em 1975, o P-16A FAB 7024 foi convertido em aeronave de transporte, com a retirada de todo o seu equipamento ASW.

Designado UP-16 e capaz de acomodar até cinco passageiros, ele foi o primeiro de um total de seis células de Alfas convertidas para essa tarefa conhecida como COD (Carrier Onboard Delivery). As demais células foram convertidas gradualmente em 1977 (7025), 1980 (7017), 1981 (7021) e 1987 (7015/7023). A chegada dos P-16E trouxe também uma mudança na organização do 1º GAE, pois esses aviões passaram a compor o 1º/1º GAE e os P-16A/UP-16 o 2º/1º GAE, reativando assim o 2º esquadrão desativado desde 1965.

Apesar da chegada das novas aeronaves, estava cada vez mais difícil conseguir suprimento para P-16A/E. Como medida paliativa foi providenciada a aquisição de duas células de S-2E que serviriam de fonte de peças de reposição. Trazidas por via marítima na última metade de 1976, elas foram encaminhadas para o Parque de Material Aeronáutico de São Paulo (PAMA-SP). Em dezembro de 1980, mais três aviões S-2E, complementados por uma sexta célula em 1988, foram adquiridos para servir ao mesmo fim.

Os Tracker da FAB operaram durante muitos anos a bordo do Minas Gerais e participaram de diversos exercícios organizados pela FAB, pela Marinha ou nas operações UNITAS. Porém, a passagem do tempo mostrava que o fim da carreira dos P-16 estava próximo, se não houvesse uma modernização. Ciente disso, a FAB começou, em junho de 1987, estudos para substituir os problemáticos motores Wright R-1820-82 por motores turboélice, bem como modernizar a eletrônica embarcada. O projeto de modernizar 12 aeronaves gerou uma licitação internacional, vencida pela empresa canadense IMP Group, sediada em Halifax. Em fevereiro de 1989, o P-16E 7036 foi levado a Halifax para tornar-se o protótipo do P-16H (designação FAB do modelo remotorizado), cuja principal mudança seria sua remotorização com dois Pratt & Whitney Canada PT6A-67CF. O P-16E Tracker modificado realizou seu voo inaugural em 14 de julho de 1990. Os ensaios preliminares foram muito promissores, com a aeronave apresentando um considerável ganho de desempenho.

O 7036 chegou à BASC na véspera de Natal de 1989. Se os ensaios em terra haviam sido positivos, os testes realizados no A-11 foram insatisfatórios. De fato, no transcurso dos toques e arremetidas, pousos enganchados, catapultagens e decolagens livres, os berços dos motores PT6A-67CF mostraram um elevado grau de fragilidade, bem como outros problemas de ordem técnica. A inexperiência da empresa canadense em executar esse tipo de conversão, bem como o gerenciamento deficiente do programa, fez com que ele sofresse uma morte súbita.

Sem alternativas, o 1º GAE continuou voando com seus derradeiros P-16A/E (os Alfas foram desativados em 1995), que foram reforçados por um punhado de aviões Embraer P-95A Bandeirulha a partir de junho de 1992. Finalmente, após registrar 1.382 dias de mar a bordo do Minas Gerais e realizar 16.746 pousos enganchados, em 14 de agosto de 1996, o P-16 Tracker

Um P-16E alça voo após decolar do NAeL Minas Gerais. A partir de 1965, os P-16 passaram a operar regularmente no A-11 até sua desativação, em 1996. A última missão ocorreu em agosto de 1996. Foto Carlos Lorch / Action Editora Ltda.

Um P-16E próximo de enganchar a bordo. A chegada dos S-2E deram uma nova dimensão operacional ao GAE. Foto Carlos Lorch / Action Editora Ltda.

se despediu operacionalmente daquele navio-aeródromo. A última decolagem ocorreu em 9 de outubro de 1996, pelo FAB 7034, que, após ficar retido desde agosto no A-11 por uma pane de motor, regressou à BASC.

Em 30 de dezembro daquele ano ocorreu o último voo efetivado pelo P-16E FAB 7037, na rota Santa Cruz (BASC)/Campo dos Afonsos (BAAF), onde foi preservado no Museu Aeroespacial (MUSAL). Além do 7037, o 7016 também foi preservado no MUSAL, chegando da BASC em 23 de agosto de 1995. Foram voadas 93.399 horas e 50 minutos em 35 anos de operação com o 1º GAE. Dos 21 P-16A/E operacionais, dez foram perdidos em acidentes (7014/17/18/19/20/22/26/30/31/33). Dos remanescentes, alguns foram preservados (7016/21/32/34/37), outros vendidos ou sucateados.

Em 1987 a FAB iniciou um projeto de modernização do P-16. Uma única célula, o FAB 7036, foi modificada no Canadá. Diversos problemas encontrados acabaram por cancelar o desenvolvimento do P-16H, em 1994. Foto Carlos Lorch / Action Editora Ltda.

Grumman S2F-1 (S-2A) e S2F-3S (S-2E) Tracker		
Período de Utilização	De 1961 até 1996	
Fabricante	Grumman Corp. (hoje Northrop Grumman Corp.)	
Emprego	Guerra antissubmarino e patrulha	
Características Técnicas	S-2A	S-2E
Motor	2 Wright R-1820-82A de 360 hp cada um	2 Wright R-1820-82C de 360 hp cada um
Envergadura	21,23 m	22,13 m
Comprimento	12,88 m	13,25 m
Altura	4,96 m	5,06 m
Área Alar	45,10 m²	46,35 m²
Peso Vazio	7.873 kg	8.633 kg
Peso Máximo	11.929 kg	12.186 kg
Armamento	4 bombas de profundidade Mk 54 Mod 2 ou 1 torpedo Mk 44 ou Mk 46 Até quatro bombas de 227kg em estações subalares ou 6 foguetes HVAR de 5 polegadas ou 8 foguetes SBAT-70	4 bombas de profundidade Mk 54 Mod 2 ou 2 torpedos Mk 44 ou Mk 46 Até seis bombas de 227 kg em estações subalares ou 6 foguetes HVAR de 5 polegadas ou 8 foguetes SBAT-70
Desempenho		
Velocidade Máxima	462 km/h	426 km/h
Razão de Subida	505 m/min	548 m/min
Teto Operacional	7.010 m	6.705 m
Alcance	1.448 km	1.850 km
Comentários		
Total Adquirido	13 exemplares (S-2A) 14 exemplares (S-2E)	
Unidades Aéreas	1º/1º Grupo de Aviação Embarcada (P-16A/P-16E) 2º/1º Grupo de Aviação Embarcada (P-16A/UP-16)	
Designações	P-16, P-16A, P-16E, UP-16A e P-16H	
Matrículas	P-16: 7014 a 7026 P-16E: 7030 a 7037 P-16H: 7036 (versão modernizada do P-16E: 7036) P-16E: 7038 e 7039 (células logísticas) Algumas fontes indicam que as demais células logísticas receberam as matrículas P-16E: 7040 a 7043	

Fairchild C-119G Flying Boxcar

Descendente direto do Fairchild C-82 Packet, o C-119 praticamente repetiu o marcante desempenho daquela aeronave, corrigindo somente algumas limitações encontradas naquela aeronave. De fato, o protótipo do C-119 nada mais era do que uma considerável modificação da única célula do XC-82B, que, por sua vez, era um C-82A de produção que incorporou diversas alterações que visavam realçar as características operacionais e de desempenho do Packet.

Mantendo a cauda dupla do C-82, a fuselagem da nova aeronave sofreu alterações que fizeram com que a cabine dos pilotos fosse deslocada para a frente, conferindo, assim, mais espaço para a cabine de carga. A fuselagem foi também alargada e reforçada, a fim de permitir a acomodação de maior leque de equipamentos que na época encontravam-se em uso no US Army e na USAF. Ademais, descartaram-se os motores Pratt & Whitney R-2800-85, dotando o novo avião com um grupo motopropulsor de maior potência. Finalmente, foram refinadas algumas características aerodinâmicas da célula, especialmente na região da cauda.

Ao realizar seu voo inaugural no mês de novembro de 1947 e já redesignado XC-119A, a Fairchild Aviation Corporation e a USAF passaram os próximos 18 meses ensaiando e modificando aquela aeronave. Finalmente, em dezembro de 1949, foi feita a entrega da primeira célula de produção à USAF, um C-119B. No ano seguinte, a Guerra da Coreia fez com que os poucos exemplares do C-119B e do C-119C que se encontravam distribuídos entre as unidades de transporte de tropas da USAF fossem convocados para missões de transporte tático, como ressuprimento aéreo e lançamento de paraquedistas. Voando desde o Japão, os C-119 desempenharam um papel fundamental em diversas operações no transcorrer do conflito. A Guerra da Coreia fez com que fosse aberta uma segunda linha de produção dessa aeronave, que também foi fabricada pela Kaiser Manufacturing Company, um conhecido fabricante de automóveis.

Após o conflito, as muitas versões do C-119 que se encontravam em serviço na USAF realizaram os mais diversos tipos de trabalho de transporte. Entre eles pode ser destacado o decisivo apoio à construção do DEW (Distant Early Warning – Alarme Antecipado a Distância), uma linha de radares construída próximo ao Círculo Polar Ártico. Porém, seria durante o conflito no Vietnã que esse avião ganharia destaque, mas executando um papel bem diferente daquele previsto por seus projetistas.

Exatas 26 células do C-119G, a versão mais produzida, foram modificadas para missões de ataque, primeiro como AC-119G e, posteriormente, como AC-119K, que dispunham de sensores e metralhadoras de calibre 7,62 mm e canhões de 20 mm.

Ao ser encerrada a produção do C-119 no ano de 1955, um total de 1.191 células haviam sido produzidas pela Fairchild e pela Kaiser. Muitas foram exportadas para países como Bélgica, China Nacionalista, Etiópia, Índia e Itália. Nos Estados Unidos, os últimos exemplares foram desativados em 1975, enquanto Taiwan manteve algumas unidades em atividade até o final da década de 1980.

Bela foto de um Vagão Voador da FAB no padrão inicial de pintura com faixas day-glo. Até a chegada dos C-130, os C-119G foram o principal avião de transporte logístico da FAB. Foto Museu Aeroespacial do Campo dos Afonsos.

O Fairchild C-119 FAB 2301 do 2º/1º GTT (Base Aérea dos Afonsos) com o primeiro padrão de pintura adotado pela FAB.

O Fairchild C-119 FAB 2304 do 2º/1º GTT (Base Aérea dos Afonsos) com o segundo padrão de pintura.

O Fairchild C-119G Flying Boxcar na Força Aérea Brasileira

A passagem do tempo fez com que não se conheça com exatidão a forma com que se processou a vinda ao Brasil desses aviões. Presumivelmente, através do Programa de Assistência de Defesa Mútua, a Força Aérea Brasileira negociou a vinda de um lote de aviões C-119 para incrementar sua aviação de transporte, que, no final dos anos 1950, era preponderantemente equipada com aviões C-47A/B. Salvo 12 Fairchild C-82A recebidos na última metade da década de 1950, a FAB praticamente não contava com aviões dedicados às missões de transporte tático que fossem ainda capazes de transportar cargas volumosas. Assim, foi acertada a transferência de 12 aviões C-119G oriundos dos estoques da USAF. Como resultado, foi separada uma dúzia de células de C-119G-1-FA, todas dotadas com motores Wright R-3350-89A.

O traslado desses aviões para o Brasil deu-se com tripulações da USAF, e o primeiro C-119G chegou ao Campo dos Afonsos (RJ) no dia 1º de fevereiro de 1962. Nos meses seguintes, as demais aeronaves chegaram ao Brasil e foram distribuídas ao 2º/1º Grupo de Transporte de Tropas (2º/1º GTT), com sede na Base Aérea dos Afonsos (RJ). Enquanto a dotação daquele esquadrão não era completada, foi iniciado o ciclo de instrução dos oficiais aviadores e dos demais aeronavegantes, além do pessoal de manutenção. Essa fase contou com o auxílio de pessoal da USAF, que ministrou cursos específicos para cada uma das especialidades, desde instrução de voo até manutenção do complexo motor R-3350-89A. Foi justamente nesse período que o 2º/1º GTT registrou o primeiro acidente com o C-119, quando o 2302 acidentou-se com perda total perto da localidade de Contendas, município de São Francisco de Paula (RS), quando realizava um voo de treinamento com tripulação mista FAB/USAF.

Apesar desse contratempo, a etapa de conversão do 2º/1º GTT deu-se sem maiores problemas, e, no mesmo ano da chegada dos C-119G, o esquadrão já realizava suas primeiras missões operacionais em benefício da FAB e das demais forças armadas. Entre as atribuições rotineiras destinadas aos C-119G do 2º/1º

GTT, encontrava-se o voo de transporte logístico feito entre o Brasil e os Estados Unidos. Um exemplo dessa tarefa ocorreu no próprio ano de chegada dos C-119, quando, no mês de outubro, um C-119G trouxe três motores Allison J33A-35 destinados aos F-80C/T-33A que equipavam o 1º/4º Grupo de Aviação.

Missões como essa passaram a ser feitas por esses aviões com muita regularidade. Essas aeronaves também foram usadas em apoio aos voos de traslado realizados durante a década de 1960 (como foi o caso da aquisição dos novos jatos de instrução Cessna T-37C).

No entanto, o principal trabalho do Vagão Voador, como era aqui chamado o C-119G, era realizar missões de transporte de tropa, quer como peça-chave de operações aerotransportadas, quer como plataforma para transportar frações de tropas entre dois pontos. Isso incluía ainda o transporte de material e, quando necessário, o lançamento de itens que iam desde fardos com munição e víveres até veículos e peças de artilharia. O adestramento dessas capacidades passou a marcar as atividades do dia a dia dos C-119G e do 2º/1º GTT, que se exercitava periodicamente durante as operações de maior ou menor envergadura. As operações de grande vulto passaram a ser feitas com mais frequência a partir de 1964, com os Vagões Voadores participando de até duas dessas operações por ano. Algumas, como a Operação Caverá, realizada no ano de 1966, assistiu à participação de oito aviões C-119G dos 11 existentes no esquadrão. Ao longo das 330h40m voadas durante aquela operação, foram transportados 1.139 soldados, lançados 459 paraquedistas e aproximadamente dez toneladas de carga, além de serem transportadas pouco mais de 57 toneladas de material, tudo ao longo das 78 surtidas realizadas durante a operação.

Frequentemente, os C-119G eram escalados para participar de exercícios que demandavam a realização de operações aerotransportadas e, nesses casos, o papel desempenhado pelos C-119G era o de apoiar as unidades aéreas participantes. A desativação dos Fairchild C-82 pertencentes ao 1º/1º Grupo de Transporte de Tropa, no mês de abril de 1968, fez com que o 2º/1º GTT e seus C-119G assumissem as missões da unidade aérea irmã, fazendo com que ambos participassem de um número maior de operações até que os de Havilland-Canada C-115 Buffalo chegassem ao Brasil a fim de substituir o C-82.

Campo dos Afonsos nos tempos do C-119G! Concentrados na BAAF, os C-119 formavam, junto com os C-82 (ao fundo na foto), os dois esquadrões do 1º GTT e a maior ala de transporte do país. Foto Museu Aeroespacial do Campo dos Afonsos.

Um dos C-119 do 2º/1º GTT prestes a lançar tropas durante um treinamento. Após alguns acidentes e a dificuldade encontrada para manter essas aeronaves, a FAB as substituiu, em 1975, pelo C-130H. Foto Museu Aeroespacial do Campo dos Afonsos.

Apesar do considerável empenho do pessoal da manutenção do 2º/1º GTT, manter em condições de voo os C-119G daquele esquadrão era um trabalho extremamente exigente, especialmente no que dizia respeito aos motores. Complexos e de difícil manutenção, os Wright R-3350-89A apresentavam toda sorte de problemas, que eram agravados pela crescente dificuldade em obter as necessárias peças de reposição. Mesmo após receber, na última metade de 1967, um C-119G-84-KM fabricado pela Kaiser, periodicamente, o 2º/1º GTT apresentava índices de disponibilidade diária abaixo do desejado. Em vista dessas dificuldades, que só ficariam mais graves com o passar do tempo, a FAB dedicou-se a buscar um substituto à altura.

Certamente foi dada urgência ao assunto depois da perda de um C-119G na Fazenda Santo Antônio, nas vizinhanças de Luziânia (GO), no mês de dezembro de 1972, seguido por outro acidente (com perda total de material e pessoal) ocorrido no Campo dos Afonsos no mês de junho de 1974. Nos dois casos, a falha material do grupo motopropulsor foi o fator principal que contribuiu para os acidentes. Desse modo, os índices de disponibilidade diária, que haviam despencado no início da década de 1970, só serviram para acelerar o processo de desativação do C-119G. Basta comparar o número de horas voadas pelo 2º/1º GTT com o C-119G entre 1973 e 1974: 1.773h20m e 432h15m, respectivamente.

A reação das autoridades da FAB não demorou. No dia 1º de agosto de 1974, foi assinada a Portaria C-001/GM4, que determinava a desativação dos C-119G em três distintas fases: a primeira iniciada na data de assinatura daquela portaria e a última concluída no dia 28 de fevereiro de 1975, momento em que seria desativada a última célula.

No início do segundo trimestre de 1975, como não havia mais C-119G em condições de voo, um exemplar seguiu para o Museu Aeroespacial, a fim de ser preservado, e outro foi enviado ao 26º Batalhão de Paraquedistas, a unidade do Exército Brasileiro que conviveu intimamente com o Vagão Voador.

Fairchild C-119G Flying Boxcar

Período de Utilização	De 1962 a 1975
Fabricante	Fairchild Engine and Airplane Corporation, Hagerstown (Maryland – EUA)
Emprego	Transporte de tropas e transporte logístico
Características Técnicas	

Continua

Motor	2 Wright R-3350-85A de 3.500 hp cada um
Envergadura	33,32 m
Comprimento	26,38 m
Altura	8 m
Área Alar	134,40 m²
Peso Vazio	18.152 kg
Peso Máximo	33.778 kg
Armamento	Não dispunha de armamento
Desempenho	
Velocidade Máxima	391 km/h
Razão de Subida	230 m/min
Teto Operacional	7.315 m
Alcance	3.648 km
Comentários	
Total Adquirido	13 exemplares
Unidades Aéreas	2º/1º Grupo de Transporte de Tropas
Designações	C-119G
Matrículas	2300 a 2312

Avibras A-80 Falcão

Em virtude da disponibilidade de recurso humano formado pelo Instituto Tecnológico de Aeronáutica (ITA), São José dos Campos é o berço de inúmeras indústrias aeroespaciais brasileiras, entre as quais podemos apontar a Avibras.

Trabalhando no segmento aeroespacial, a Avibras começou suas atividades na década de 1950 com projetos na área da aviação. Seu primeiro projeto foi o ultraleve A-70, com um único assento e motor Volkswagen. Em seguida, em 1959, veio o A-80 Falcão, projetado pelo engenheiro José Carlos de Sousa Reis.

O A-80 era um monoplano de asa baixa, com estrutura de madeira recoberta por chapas de madeira contraplacado, tratada com produto epóxi, trem de pouso, triciclo fixo, de dois lugares com assentos lado a lado e duplo comando, equipado com um motor Continental C65-8F de 65 hp.

O A-80 Falcão da Avibras. Projetado para ser um treinador básico para a FAB, o Falcão não passou da fase de protótipo. Mesmo assim foi designado YU-48 FAB 2399. Foto Roberto Pereira de Andrade.

O protótipo do A-80 Falcão PP-ZTL que voou pela primeira vez em 23 de outubro de 1962.

Com base no A-80, a Avibras projetou o A-90 Alvorada, cujo protótipo PP-ZTF é visto na foto. Foto Roberto Pereira de Andrade.

A intenção da Avibras era produzir o A-80 Falcão para que a Força Aérea Brasileira o empregasse no treinamento básico dos cadetes, na Academia da Força Aérea. Seu primeiro voo foi realizado em 23 de outubro de 1962 e, como a aeronave foi produzida com material composto, um único exemplar foi adquirido em dezembro de 1962 pelo Ministério da Aeronáutica, para análise do CTA.

Em 1967, a Avibras abandonou o setor de aviação após tentar produzir o A-90A, um transporte leve para quatro lugares, o A-90B, um treinador de dois assentos, e o A-100, um bimotor de asa baixa.

Avibras A-80 Falcão	
Período de Utilização	1962
Fabricante	Avibras Indústria Aeroespacial S.A.
Emprego	Treinamento
Características Técnicas	
Motor	Continental C65-8F de 65 hp
Envergadura	8,35 m
Comprimento	7,04 m
Área Alar	10 m²
Peso Vazio	379 kg
Peso Máximo	584 kg
Desempenho	
Velocidade Máxima	210 km/h

Continua

Comentários	
Total Adquirido	1 exemplar
Unidades Aéreas	CTA
Designação	YU-48
Matrícula	2399

Avro 748 Srs 2-204 e Srs 2A-281

No início dos anos 1950, diversas empresas de construção aeronáutica, tanto europeias como norte-americanas, já estavam dando considerável atenção ao desenvolvimento de uma aeronave que servisse como sucessora do lendário Douglas DC-3/C-47. Foram muitos os projetos que saíram das pranchetas deste ou daquele fabricante, alguns com razoável sucesso. No entanto, a entrada no mercado dos primeiros motores turboélice possibilitava equacionar muitos dos obstáculos de se projetar um avião moderno, com as excelentes características do DC-3/C-47.

Após muitos anos longe do segmento de aviões de transporte aéreo comercial, a Avro – que desde 1936 passara a ser parte do Grupo Hawker Siddeley – lançou-se no desenvolvimento de uma aeronave destinada àquele mercado. Inicialmente considerou um avião turboélice para 20 passageiros, mas pesquisas com diversas empresas de transporte aéreo indicaram a conveniência de se desenvolver uma aeronave de maior porte e com capacidade para acomodar 44 passageiros. Em janeiro de 1959 foi dado o sinal verde para prosseguir com o desenvolvimento do avião que recebeu a designação Avro 748.

O primeiro de quatro protótipos – dois dos quais se destinavam a ensaios estáticos – realizou seu voo inaugural em 24 de junho de 1960. Durante aqueles ensaios, ficou claro que o Avro 748 era um avião excepcionalmente robusto. Por sua vez, os testes em voo demonstraram que a aeronave oferecia não somente excelentes características de envelope, mas desempenho excepcional em diversas condições ambientais, em grande parte por causa do motor escolhido para equipá-la: o Rolls-Royce R.Da.7 Dart.

Sobre Brasília com o GTE. Os primeiros seis C-91 recebidos pela FAB foram originalmente alocados ao GTE, porém, foi no 1º/2º GT que essa aeronave fez história. Nos seus 44 anos de FAB, os C-91 voaram praticamente 38 anos no 1º/2º GT. Foto Museu Aeroespacial do Campo dos Afonsos.

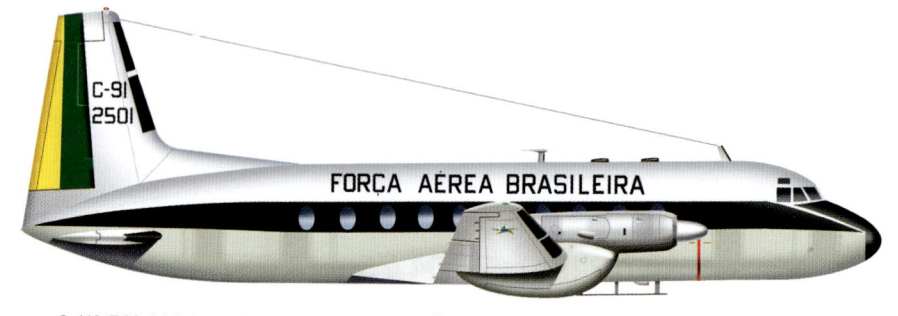

O HS-748-204 Avro C-91 FAB 2501 do 1º/2º GT (Base Aérea do Galeão), em 1990.

Mal o primeiro protótipo havia realizado seu primeiro voo e a Avro já contava não somente com encomendas para empresas inglesas de transporte aéreo, mas o governo indiano negociou os direitos de produção do Avro, cabendo à Hindustan Aeronautics Ltd. produzir 89 exemplares em suas instalações em Bangalore. Por sua vez, 292 unidades das muitas versões do Avro 748 foram produzidas nas instalações da empresa em Woodford (Reino Unido).

Além dos exemplares vendidos para diversas empresas de transporte aéreo, nada menos do que 18 forças aéreas empregaram – ou ainda empregam – o 748, como Austrália, Colômbia, Coreia do Sul, Equador, Índia, Venezuela e a própria RAF. Previsivelmente, os 748 foram utilizados em diversos tipos de missão de transporte. Alguns – como aqueles pertencentes à Nova Zelândia – realizaram importantes serviços em benefício de diversas missões de paz organizadas pela ONU.

Os Avro 748 Srs 2-204 e Srs 2A-281 na Força Aérea Brasileira

A mudança da capital do país, do Rio de Janeiro para Brasília, proporcionou novos desafios à Força Aérea Brasileira. E um deles dizia respeito ao transporte de autoridades de Brasília até o Rio de Janeiro e aos mais variados pontos do território nacional. Até o início dos anos 1960, esse trabalho era realizado por aviões Douglas C-47A/B devidamente modificados e conhecidos como VC-47, que dispunham de poltronas, sofás e pequenas mesas.

Mas apesar da enorme confiabilidade dos C-47, desde os derradeiros meses da década anterior, as autoridades aeronáuticas da FAB passaram a examinar possíveis substitutos ao C-47 como avião de transporte de autoridades. A variedade de tipos então em produção na América do Norte e na Europa oferecia uma riqueza de alternativas. No entanto, de pronto, o Estado-Maior da Aeronáutica (EMAer) estabeleceu que só seriam contempladas aeronaves dotadas de motor turboélice. Por si só, essa exigência reduziu para três o número de candidatos: o Avro 748, o Fokker F27 e o Handley Page Herald/NAMC YS-11. Relativamente semelhantes entre si no que tange ao desempenho e à carga útil, a preferência foi inicialmente dada ao Fokker F27 à luz de uma proposta do fabricante de produzir sob licença aquela aeronave nas instalações da subsidiária brasileira da N.J. Konklijke Nederlandshe Vliegtuigen Fabriek Fokker, a Fokker Indústria Aeronáutica S/A, com sede na Ilha do Governador (RJ). Mas exames mais apurados e as próprias dificuldades vividas pela Fokker Indústria Aeronáutica S/A fizeram com que essa opção fosse descartada. Por motivos hoje desconhecidos, o Handley Page Herald/NAMC YS-11 foi igualmente desconsiderado e a escolha recaiu sobre o Avro 748.

As negociações que definiriam o contrato de encomenda foram concluídas nas primeiras semanas de 1962, e o contrato em si foi assinado em 12 de fevereiro.

Compreendendo seis aeronaves Avro 748 Series 2, todas equipadas com motores Rolls-Royce Dart 7 Mk 531, o contrato previa que o valor unitário de cada aeronave fosse de £ 316.475 configuradas com 40 assentos, mas uma das células foi preparada na linha de produção para receber uma disposição interna compatível com as missões de transporte presidencial, contando com poltronas, sofás e mesas.

Fortuitamente, três aviões Avro 748 encomendados em maio de 1960 pela Aden Airways foram liberados quando aquela empresa britânica cancelou o seu contrato de encomenda em maio de 1962. Consequentemente, aquelas células – que já estavam na linha de produção – foram repassadas para a Força Aérea Brasileira, o que a permitiu receber a primeira metade de sua encomenda bem antes do prazo normal. Assim, em agosto de 1962, voou o primeiro dos seis Avro 748 destinados à FAB. E mal voara, aquela aeronave foi convocada, com permissão das autoridades da FAB, a participar da feira aeronáutica organizada pela Society of British Aircraft Constructors, a mundialmente conhecida feira de Farnborough.

Bem antes de o primeiro Avro 748 Series 2 ser oficialmente recebido pelas autoridades da FAB, uma pequena equipe de pilotos e técnicos se submeteu ao currículo de instrução que os prepararia como tripulantes e mecânicos qualificados na nova aeronave. Para os pilotos e demais aeronavegantes, isso compreendeu um curso teórico sobre a aeronave e seus distintos sistemas, seguido de voos de instrução realizados a partir de Woodford (Reino Unido).

Aquela etapa foi concluída sem percalços de qualquer espécie e, na primeira semana de novembro, quando já ostentava a designação C-91 outorgada pela Diretoria de Material da Aeronáutica (DIRMA), o primeiro Avro 748 da FAB foi oficialmente dado como recebido em Woodford. Dias depois, foi iniciada a fase seguinte, que era transportar a aeronave até o Brasil. Partindo de Woodford, o C-91 2500 percorreu um trajeto de aproximadamente 17 mil km, fazendo paradas na Islândia, na Groenlândia, no Canadá, nos Estados Unidos, em Trinidad e Tobago e no Suriname antes de chegar ao Brasil em 29 de novembro de 1962. Com quase nenhuma variação, esse itinerário seria repetido pelos demais aviões Avro 748 adquiridos pela FAB.

Assim que chegou ao Brasil, o primeiro avião do tipo foi incorporado ao acervo do 1º/1º Grupo de Transporte Especial (1º/1º GTE) e imediatamente colocado em

Um dos Avro da FAB pousa em sua sede no Galeão (RJ). Além de transporte, os Avro Srs 2A-281 tinham capacidade de lançar cargas e cumprir missão de ressuprimento graças à porta de carga na lateral traseira esquerda. Foto Carlos Lorch / Action Editora Ltda.

O HS-748-284 Avro C-91 FAB 2507 do 1º/2º GT (Base Aérea do Galeão), em 2000.

O HS-748-284 Avro C-91 FAB 2508 do 1º/2º GT (Base Aérea do Galeão), em 2004.

operação em proveito da Presidência da República. De fato, dias antes do Natal de 1962, aquele Avro 748 foi convocado a prestar apoio à Presidência, transportando pessoal até a Fazenda Rancho Grande (RS), de propriedade do Presidente João "Jango" Goulart, um trabalho antes atribuído aos C-47 do GTE. Porém, ao tocar o solo, a grama molhada da pista de pouso tornou impossível a parada da aeronave dentro dos seus limites, razão pela qual varou a pista e atropelou uma cerca de arame farpado. O episódio só não teve maiores consequências graças à extrema robustez do Avro 748, que seria comprovada em diversas ocasiões ao longo da carreira dessa aeronave na FAB.

Em outubro de 1963 chegou ao Brasil o último dos C-91, completando, assim, a dotação de seis aviões Avro 748 com o 1º/1º GTE. Durante os seis anos seguintes, os C-91 cumpriram toda sorte de missão de transporte, levando eficientemente autoridades aos mais diversos pontos do território nacional. Ademais, esses aviões cumpriam voos quase diários de ligação entre Brasília e o Rio de Janeiro, com ministros e altos funcionários do governo federal a bordo.

Porém, em meados de 1968, distintos episódios iriam determinar considerável mudança na vida dos C-91 da FAB. Se, por um lado, a iminente chegada de dois jatos BAC-111 Srs 423ET ao Grupo de Transporte Especial e de cinco jatos Hawker Siddeley HS.125 àquela unidade aérea aparentemente tornou redundante a presença dos C-91, por outro, o governo já podia prescindir da ponte aérea que fora formada entre Brasília e Rio de Janeiro porque os motivos que determinaram sua criação já haviam deixado de existir. Ademais o setor de transporte aéreo comercial passou a proporcionar satisfatória e eficiente ligação entre essas duas cidades. Enfim, a desativação dos Douglas C-54G pertencentes ao 1º/2º Grupo de Transporte deixaria aquele esquadrão sem dotação de meios aéreos. Consequentemente, em setembro de 1968, o EMAer determinou que os seis C-91 então pertencentes ao Grupo de Transporte Especial fossem transferidos para o 1º/2º Grupo de Transporte (1º/2º GT).

Em vista da decisão do EMAer, já no final de 1968, foram deslanchadas as primeiras providências para assegurar a fluida transferência dessas aeronaves ao seu novo lar, na Base Aérea do Galeão. O primeiro passo foi ministrar instrução aos pilotos e pessoal técnico do 1º/2º GT, habilitando-os a operar e manter o C-91. Em seguida foi realizada a transferência de todo o material necessário à operação dos Avro 748, desde as bancadas de ensaio e o ferramental, até o suprimento e as publicações específicas daquela aeronave. Essas etapas foram realizadas de tal forma que, assim que chegassem à Base Aérea do Galeão, os C-91 do 1º/2º GT poderiam imediatamente entrar em operação.

Em 31 de março de 1969 chegaram ao Galeão os seis Avro C-91 e, já no dia seguinte, o 1º/2º GT começou a executar suas primeiras missões. Curiosamente, boa parte de 1969 foi dedicada à realização de missão de transporte ministerial ou transporte de autoridades, em vez de voos preponderantemente em proveito do Correio Aéreo Nacional (CAN).

Porém, esse foi meramente um período de ajuste, e em pouco tempo os C-91 passaram a cumprir as linhas tronco do CAN que antes eram realizadas pelos C-54G. Como voavam semanalmente para o Norte e o Nordeste, os C-91 passaram a ser frequentadores assíduos de aeródromos tão distantes como Belém, Fernando de Noronha e Manaus. Ademais e repetindo o papel antes desempenhado pelos Douglas C-54G, os C-91 passaram a voar regularmente para países limítrofes. De fato, durante uma expressiva porção de sua carreira no 1º/2º GT, os Avro 748 realizaram as linhas internacionais do CAN até Assunção (Paraguai) e Santiago (Chile).

Usando o ano de 1976 como ponto de referência – que em nada foi excepcional –, os C-91 voaram 3.804:05 horas, uma marca que foi superada por larga margem em outros anos. Naquele ano, os Avro 748 realizaram 773 missões, das quais 168 foram em proveito da Presidência da República, e outras 50 em benefício dos ministérios do Exército e da Marinha. E fechando aquele ano com uma disponibilidade média de 83%, uma marca até modesta quando comparada a outros anos, ficava clara a confiabilidade que os C-91 ofereciam.

No entanto, os C-91 não se limitavam exclusivamente a realizar trabalhos para o CAN ou para a Presidência da República. Em diversas ocasiões, outros ministérios e órgãos federais fizeram uso daquele avião, que já era conhecido

Bela imagem de um Avrão ao lado do Cristo Redentor. Apesar de a FAB ter criado a designação C-91 para os HS-748-204 e C-91A para os HS-748-284, ela de fato jamais foi aplicada às aeronaves, sendo eles conhecidos na FAB mais como Avrinho e Avrão, respectivamente. Foto Alexandre Durão / Action Editora Ltda.

entre suas tripulações e usuários simplesmente como Avro ou Álvaro. Diante da já relevante folha de serviços prestados, nada era mais natural do que adquirir mais exemplares daqueles aviões quando chegou a hora de desativar os Douglas C-118 do 2º/2º Grupo de Transporte (2º/2º GT), igualmente sediado na Base Aérea do Galeão.

A ideia de encomendar mais aviões Avro 748 foi formulada no final de 1972, quando as autoridades da FAB definiram a necessidade de adquirir mais seis exemplares, quantidade suficiente para equipar um esquadrão. Posto que a frota de aviões Douglas C-118 do 2º/2º GT já estava em fase final de carreira, equipar aquela unidade com os novos aviões era a medida lógica.

No entanto, desde que a FAB recebera o primeiro lote de aviões Avro 748, a empresa A.V. Roe and Company deixara de existir ao ser incorporada pelo Hawker Siddeley Group. Reconhecendo as qualidades do projeto básico do Avro 748, aquele fabricante tratou de refinar o projeto, aplicando-lhe melhorias e introduzindo opções que ampliavam o leque de possibilidades de emprego da aeronave. Entre outros desenvolvimentos encontrava-se a versão 748 Series 2A, que incorporava piso reforçado e porta de carga na lateral esquerda da seção traseira da fuselagem. Por oferecer muito mais flexibilidade do que o mero transporte de passageiros, as autoridades da FAB prontamente escolheram essa versão, assinando um contrato de encomenda em 5 de outubro de 1973. O acordo englobava a compra de seis aeronaves ao custo unitário de £857.645, todas equipadas com motores Rolls-Royce RDa 7 Mk 532-2S, que ofereciam potência ligeiramente maior do que os Mk 531 encontrados nos C-91 do primeiro lote; o primeiro avião ficou pronto em novembro de 1974.

À luz dessa aquisição, coube ao 1º/2º GT dar instrução e formar tripulações do 2º/2º GT, um trabalho iniciado em março de 1974 e que os preparou para executar os voos de traslado das novas aeronaves.

Com a designação C-91A para distingui-lo dos aviões do primeiro lote, o primeiro Hawker Siddeley 748 Series 2A foi oficialmente recebido em 23 de janeiro de 1975 e entregue à tripulação de traslado no dia seguinte. Percorrendo praticamente o mesmo caminho que os aviões do primeiro lote, o primeiro C-91A chegou à Base Aérea do Galeão em 4 de fevereiro. Em 26 de dezembro de 1975, chegou o sexto e último C-91A, completando, assim, a dotação do 2º/2º GT.

Dividindo o pátio de estacionamento com os C-91 Avrinho – como prontamente passaram a ser conhecidos os Avro 748 do primeiro lote –, os C-91A do 2º/2º GT, que receberam o inevitável apelido de Avrão, imediatamente passaram a desenvolver seus trabalhos. Já que as novas aeronaves possibilitavam o lançamento de paraquedistas e carga, em meados de 1976, foram iniciados os estudos necessários à concretização dessa alternativa. Com as aeronaves no Parque de Material Aeronáutico do Galeão – o parque de apoio dos C-91 da FAB –, todos os C-91A foram devidamente modificados, e o primeiro lançamento de paraquedistas foi realizado em setembro de 1976. Isso possibilitou o uso desses aviões na Manobra Real 76 (MR 76), executada no mês seguinte, operação na qual os C-91A realizaram missões de lançamento de carga, paraquedistas, transporte de tropas e evacuação aeromédica.

Contudo, em fevereiro do ano seguinte e durante um voo de instrução de transporte de tropa, quando seriam lançados paraquedistas sobre a zona de lançamento da Base Aérea dos Afonsos, um dos soldados atingiu o estabilizador horizontal esquerdo assim que abandonou a aeronave. Apesar de ter registrado centenas de saltos de paraquedistas desde a MR 76, a investigação concluiu que as margens de segurança para o lançamento eram por demais estreitas. Isso foi o suficiente para que fossem suspensos quaisquer lançamentos de pessoal, ou seja, o C-91A passaria a se limitar ao lançamento de fardos por diversos anos.

A presença dos C-91A no 2º/2º GT foi bastante efêmera, posto que, em abril de 1978, as seis aeronaves foram transferidas para o 1º/2º GT. Essa transferência veio em decorrência da decisão do EMAer de distribuir ao 2º/2º GT os primeiros Embraer C-95B Bandeirante, um avião preparado para as missões de transporte de tropa e lançamento de pessoal e de carga.

Agora com 12 aviões Avro, os trabalhos do 1º/2º GT foram ampliados consideravelmente. Graças às particularidades dos C-91A em configuração de cargueiro, o 1º/2º GT passou a executar voos logísticos com crescente regularidade e em proveito de diversas organizações da FAB e do próprio Ministério da Aeronáutica. Podendo transportar pouco mais de 5 mil kg de carga, os C-91A passaram a carregar toda sorte de material, desde motores de aviação e itens de suprimento destinados às unidades aéreas até geradores e gêneros alimentícios para os batalhões de fronteira. Isso sem deixar de lado as linhas do CAN.

Por dispor do dobro de aviões, é lícito presumir que, anualmente, o 1º/2º GT passaria a registrar o dobro do número de horas de voo que registrava antes de 1978. E assim foi nos primeiros dois anos. No entanto, a flexibilidade e a confiabilidade dos C-91 e C-91A eram tal que a FAB lançou mão desses aviões com cada vez mais frequência e isso pôde ser observado a partir da década de 1980. A partir de 1982 e até o final daquela década, o 1º/2º GT quase que invariavelmente registrava mais de nove mil horas de voo por ano, com a unidade anotando 10.063 horas em 1988.

Porém, a virada da década trouxe a convergência de diversos fatores que fizeram com que a utilização dessas aeronaves caísse estrepitosamente. Por um lado e apesar dos melhores esforços de diversos órgãos da FAB, era cada vez mais difícil a aquisição de peças sobressalentes para esses aviões. Esse quadro foi consideravelmente agravado pelo longo período de contenção de despesas imposta à FAB durante os anos 1990. Como consequência, houve anos em que o 1º/2º GT mal conseguiu superar a marca das 3.600 horas de voo, com 1994 marcando o nadir no uso dessas aeronaves – parcas 1.311 horas de voo, apesar de contar com as 12 aeronaves de sua dotação.

O Avro sempre foi um dos principais aviões que atendia às missões do CAN na FAB, operando nos mais remotos pontos do país. Ao longo de sua carreira, apenas uma aeronave foi perdida em acidente: o FAB 2509, em Navegantes (SC), no dia 9 de fevereiro de 1998, sem vítimas. Foto Alexandre Durão / Action Editora Ltda.

A virada do milênio trouxe novidades para o 1º/2º GT e seus aviões Avro 748. Uma foi a decisão em desativar todos os C-91 do primeiro lote, que já contavam com quase 39 anos de ininterrupta atividade. Assim, em outubro de 2001 e durante as festividades associadas ao 42º aniversário do 1º/2º GT, foram desativados os seis Avrinho da FAB, e uma dessas aeronaves foi encaminhada ao Museu Aeroespacial para ser preservada por ter escrito uma importante página da história da FAB.

A outra novidade dizia respeito ao programa de modernização dos C-91A, a fim de prolongar a vida útil desses aviões. Em anos anteriores, os Avro 748 da FAB foram objeto de vários programas de modernização, como no caso da substituição dos motores Rolls-Royce Dart 7 Mk 531 e Mk 532-2S originalmente instalados nessas aeronaves pelos da versão Mk 536-2, mais modernos, eficientes e com potência significativamente maior. Ou então a atualização e modificação dos interiores dos Avrinho, um trabalho realizado nas instalações da Varig no transcorrer de 1982 e que resultou na instalação de novas poltronas, novos painéis laterais, tapetes e modificações à galley e ao lavatório.

No caso, o programa de modernização dos C-91A focalizou a atualização da suíte de aviônica da aeronave: cinco das quais receberam novos sistemas de navegação, comunicações, radar e piloto automático. Realizados no Parque de Material Aeronáutico dos Afonsos (PAMA-AF), no Rio de Janeiro (RJ), esses trabalhos trouxeram ainda a aplicação de um esquema de pintura camuflada em cinza claro que era mais condizente com seu papel de avião de transporte tático.

Apesar desse novo sopro de vida dado aos Avro do último lote, o Estado-Maior da Aeronáutica julgou conveniente desativá-los em vista das persistentes dificuldades de adquirir peças de reposição para um avião, que deixara de ser fabricado em 1987. Isso era especialmente verdade com relação àqueles itens considerados de consumo. Posto que esse quadro só iria se agravar com a passagem do tempo, em 2004, os C-91A foram gradativamente desativados, cedendo seu lugar para os Embraer C-99A adquiridos para substituir os derradeiros Álvaros.

No entanto, quatro dos C-91A desativados continuariam voando, só que em rincões distantes do território nacional. Em junho de 2006, as quatro aeronaves foram entregues às autoridades da Fuerza Aérea Ecuatoriana, que passou a utilizá-las na missão de transporte tático no Escuadrón de Transporte 1112, com sede na Base Aérea de Mariscal Sucre, em Quito (Equador).

Avro 748 Srs 2-204 e Srs 2A-281

Período de Utilização	De 1962 até 2001	De 1975 até 2006
Fabricante	A.V. Roe and Company, Woodford (Reino Unido) Hawker Siddeley Aviation Ltd. Woodford (Reino Unido)	
Emprego	Transporte logístico, transporte de autoridades e transporte tático	
Características Técnicas	Avro 748 Srs 2 Mod 204	HS 748 Srs 2A Mod 281
Motor *	2 Rolls-Royce R.Da. 7 Dart Mk 531 de 1.910 shp cada um	2 Rolls-Royce R.Da.7 Dart Mk 532-2S de 2.075 shp cada um
Envergadura	30,02 m	30,02 m
Comprimento	20,42 m	20,42 m
Altura	7,57 m	7,57 m
Área Alar	75,35 m^2	75,35 m^2
Peso Vazio	11.043 kg	11.545 kg
Peso Máximo	19.772 kg	23.133 kg
Armamento	Não dispunha de armamento	Não dispunha de armamento

Continua

Desempenho		
Velocidade de Cruzeiro	452 km/h	452 km/h
Razão de Subida	433 m/min	433 m/min
Teto Operacional	7.620 m	7.620 m
Alcance	2.895 km	2.613 km
Comentários		
Total Adquirido	6 exemplares	6 exemplares
Unidades Aéreas	1º/1º Grupo de Transporte Especial (C-91) 1º/2º Grupo de Transporte (C-91 e C-91A) 2º/2º Grupo de Transporte (C-91A)	
Designações	C-91	C-91A
Matrículas	2500 a 2505	2506 a 2511

A adoção do motor Rolls-Royce R.Da. 7 Mk 536-2, de 2.280 shp, implicou perceptíveis mudanças no desempenho da aeronave, em especial razão de subida e alcance

Neiva XL-10 Campeiro

As empresas de construção aeronáutica no Brasil sempre sofreram para se firmar no mercado e, principalmente, para projetar aeronaves com um desempenho tal que viabilizasse a competição com os produtos importados, sobretudo dos Estados Unidos. Assim, grande parte dessas empresas só conseguiu subsistir enquanto projetaram e produziram aeronaves de pequeno porte para a Força Aérea Brasileira.

Em meados da década de 1950, José Carlos Neiva se associou a um engenheiro austríaco de nome Willibald Weber para fundar a Sociedade Aeronáutica Neiva, com sede em Botucatu, no interior de São Paulo, onde passaram a produzir uma versão do Paulistinha, designado Paulistinha 56, que era um monomotor leve, com dois lugares em tandem, asa alta, trem fixo e motor Continental C90 de 90 hp.

Interessado em desenvolver outras versões melhoradas do Paulistinha, Neiva passou o empregar motores mais potentes e chegou ao Paulistinha 56B, equipado com um motor Avco Lycoming O-320-A1A, do qual a Força Aérea Brasileira adquiriu 20 unidades, designadas L-6.

O XL-10 Campeiro foi uma tentativa da Neiva de produzir uma aeronave leve para as missões de ligação e observação realizadas pela FAB. Baseado no Neiva Paulistinha 56, o XL-10 era um monoplano de asa alta mais encorpado, com trem de pouso convencional fixo, motor Avco Lycoming O-320-A de 150 hp, ampla visibilidade da cabine, equipado com rádio para contato com as tropas do Exército e configurado para dois tripulantes em tandem.

Após a construção do protótipo, o Campeiro foi submetido aos ensaios em voo necessários à homologação na recém-criada Seção de Operações em Voo do IPV, no CTA, sendo a segunda aeronave ensaiada naquela seção, com a designação IPD 5802. Decorrentes dos voos de avaliação, inúmeros problemas foram detectados e corrigidos.

Como no mesmo período, em 1959, a Neiva estava oferecendo à FAB uma aeronave totalmente metálica com capacidade para quatro passageiros, para a execução de missões de transporte leve e ligação de comando, o U-42 Regente, e diante da possibilidade de adquirir uma aeronave de concepção antiga totalmente entelada ou uma mais moderna totalmente metálica, o Estado-Maior decidiu solicitar o

O protótipo do Campeiro já matriculado XL-10 3110. No entanto, essa aeronave realizou o seu primeiro voo como PP-ZTT, tendo na deriva a inscrição IPD 5802.
Foto Arquivo Jackson Flores Jr. / Action Editora Ltda.

O protótipo do XL-10 Campeiro FAB 3110 do IPD (CTA).

desenvolvimento de uma nova aeronave para as missões de ligação e observação, tomando como base esse novo produto. Isso foi o ponto decisivo que inviabilizou a aquisição do Campeiro, do qual foi produzida apenas a primeira unidade.

Neiva XL-10 Campeiro	
Período de Utilização	1963
Fabricante	Sociedade Construtora Aeronáutica Neiva
Emprego	Ligação e observação
Características Técnicas	
Motor	Avco Lycoming O-320-A com 150 hp de potência
Armamento	Não dispunha de armamento
Comentários	
Total Adquirido	1 exemplar
Unidades Aéreas	IPD
Designações	XL-10
Matrículas	3110

Beechcraft H-18S

Com o passar do tempo, o Modelo 18 da Beechcraft, desenvolvido em janeiro de 1937, começou a ganhar fama, e as melhoras introduzidas na aeronave – como motores mais potentes, inovações mecânicas e aerodinâmicas – deram origem a 32 versões diferentes do Twin Beech, inclusive para o emprego militar.

Ao longo da década de 1930, a USAAF adquiriu o AT-7 Navigator para treinamento de navegação, o AT-11 Kansan para bombardeio e tiro, o C-45 Expeditor para transporte leve e o F-2 para fotografia aérea. O que resultou no fato de que mais de 90% dos navegadores e bombardeadores da USAAF foram treinados em aeronaves da Beechcraft. Um detalhe importante é que o AT-11 Kansan foi desenvolvido para atender a um pedido da China e somente chamou a atenção das autoridades aeronáuticas norte-americanas durante uma visita de uma de suas comitivas à fábrica da Beechcraft.

Com o fim da guerra, a Beechcraft voltou à produção da aeronave, para o mercado civil. Para tanto, realizou inúmeras modificações estruturais: novos trens de pouso, freios mais modernos, hélices de passo constantes e motores mais potentes, que aumentaram o peso máximo de decolagem e acabaram por chamar a atenção do mercado executivo.

A última versão do Modelo 18 foi o Super 18, que fez seu voo inaugural em 10 de dezembro de 1953. Era equipado com trem de pouso triciclo opcional, hélice tripá, flaps elétricos, injeção de combustível automática, piloto automático, radar meteorológico e motores Pratt & Whitney R-985AN, de 450 hp, podendo transportar até nove passageiros, além dos pilotos. As aeronaves com trem triciclo apresentavam um nariz mais pontudo para acomodar o trem de pouso da frente, quando recolhido.

O último modelo da Beechcraft saiu da fábrica em novembro de 1969, depois de mais de 7 mil modelos produzidos.

Ao todo a FAB empregou 16 Beechcraft H-18S. Derivado dos demais modelos 18 da Beechcraft, o H-18 se diferenciava dos demais pelo trem de pouso triciclo.
Foto Arquivo Jackson Flores Jr. / Action Editora Ltda.

O Beechcraft TC-45T FAB 2895 com o padrão de faixas day-glo usado pela FAB.

O Beechcraft TC-45T FAB 2893 com o padrão de pintura final adotado pela FAB.

O Beechcraft H-18S na Força Aérea Brasileira

Beech Bi ou Mata Sete. Assim eram conhecidas as variantes de D-18 pertencentes à Força Aérea Brasileira. A primeira designação era empregada para diferenciá-los dos D-17, os Beech Mono, enquanto a segunda era apenas uma fama infundada que perseguiu essas aeronaves durante sua operação na FAB. Os B-18 mais modernos a serem empregados na FAB foram 16 H-18S, designados TC-45T e apelidados de Muriçoca, pois diferiam dos demais Beech Bi por possuírem trem de pouso triciclo o que lhes dava uma aparência bastante distinta.

Na década de 1960, o 5º Grupo de Aviação, baseado em Natal (RN), possuía dois esquadrões com missões distintas, mas que compartilhavam o equipamento aéreo. Eram o 1º Esquadrão do 5º Grupo de Aviação (1º/5º GAV), unidade operacional de ataque e bombardeio, e o 2º Esquadrão do 5º Grupo de Aviação (2º/5º

Inicialmente os TC-45T foram usados em Natal, no 5º GAV, a partir de 1964. Posteriormente, a partir de 1971, os TC-45 foram redistribuídos por diversas outras unidades, que geralmente passaram a ter uma ou duas unidades de Beech 18S. Foto Arquivo Mario Roberto Vaz Carneiro.

O TC-45T FAB 2893 do 5º ETA de Canoas (RS) foi uma das várias unidades aéreas a voar o Muriçoca na FAB. Foto Arquivo Mario Roberto Vaz Carneiro.

GAV), unidade de instrução, encarregada da formação dos pilotos que iriam operar as aeronaves multimotores da FAB. Nesse período as duas unidades voavam os B-26B e B-26C que eram os bombardeiros mais modernos existentes na força.

Porém, por maiores que fossem a dedicação e o esforço da manutenção, na época, os B-26 apresentavam baixa disponibilidade diária, alinhando poucas aeronaves no pátio de estacionamento, o que dificultava tanto a instrução quanto as missões operacionais. Outro fato importante era que não se concebia o emprego de aeronaves operacionais na instrução de pilotos novatos, pois eles acabavam por desgastar excessivamente o equipamento existente, causando acidentes ou incidentes que tornavam ainda mais difícil a vida do pessoal da manutenção.

Diante desse problema, em 1964, o Ministério da Aeronáutica decidiu substituir as aeronaves de instrução por equipamentos menos complexos e de manutenção mais barata, razão pela qual adquiriu 12 TC-45T exclusivamente para a instrução de multimotores em Natal, no 2º/5º GAV. Posteriormente foram obtidas outras quatro unidades, das quais duas também voaram em Natal, enquanto as outras duas operaram no Grupo de Transporte Especial (GTE).

Após a desativação temporária do 2º/5º GAV, os TC-45T foram distribuídos para outras organizações militares e passaram a ser usados, como os demais Beechcraft da FAB, no transporte de pessoal e no Correio Aéreo Nacional.

Beechcraft H-18S	
Período de Utilização	De 1964 até 1977
Fabricante	Beechcraft Aviation Corporation
Emprego	Transporte e instrução
Características Técnicas	
Motor	2 Pratt & Whitney Wasp Junior R-985-AN de 450 hp cada um
Envergadura	15,14 m
Comprimento	10,70 m
Altura	2,84 m
Área Alar	33,54 m^2
Peso Vazio	2.576 kg
Peso Máximo	4.490 kg
Desempenho	
Velocidade Máxima	380 km/h

Continua

Razão de Subida	427 m/min
Teto Operacional	6.520 m
Alcance	2.460 km
Comentários	
Total Adquirido	16 exemplares
Unidades Aéreas	2º/5º Grupo de Aviação Grupo de Transporte Especial ETA (2, 3, 4, 5 e 6) Esquadrilha da Fumaça (EDA) Base Aérea de Recife Base Aérea do Galeão Base Aérea de Canoas Base Aérea de Santa Cruz Base Aérea de Manaus
Designações	TC-45T, U-45T, C-45T e VC-45T
Matrículas	TC-45T: 2885 a 2887 e 2889 a 2897 C-45T/VC-45T: 2898, 2899, 2908 e 2909

Neiva U-42

A demanda por pequenas aeronaves utilitárias e de ligação sempre existirá em qualquer Força Aérea do mundo, até porque não há como utilizar uma aeronave de grande porte para fazer pequenos trabalhos administrativos.

Na década de 1950, quase não existiam aeronaves específicas para esse tipo de serviço na Força Aérea Brasileira. Entre a miscelânea de modelos existentes empregados naquelas missões havia: HL-1, Grumman G-44 WidgeOn, Stinson, Cessna T-50 Bob Cat, Neiva L-6 e até os Beech C-18S e D-18S.

Nessa mesma época, em 1954, surgiu, em Botucatu, interior de São Paulo, a Sociedade Construtora Aeronáutica Neiva, justamente com o propósito de construir planadores e aeronaves de pequeno porte. De olho na possibilidade de incentivar a indústria aeronáutica e dotar suas bases aéreas e demais organizações de pequenas aeronaves para até quatro tripulantes, o Ministério da Aeronáutica contratou a Neiva para desenvolver esse tipo de aeronave.

Em 1959, o projeto denominado Modelo 591 foi apresentado, e foi contratada a construção de um protótipo para voos de ensaio. A proposta era para uma aeronave completamente metálica, triciclo, com quatro lugares, asa alta e equipada com um motor Continental O-300 de quatro cilindros e 145 hp de potência. Seu primeiro voo ocorreu em 7 de setembro de 1961 e a sua certificação, saiu em 1963.

Durante os testes com o protótipo, ficou claro que a potência disponível era pouca, e a Força Aérea solicitou a troca do motor por um Lycoming O-360-A1D de 180 hp, também de quatro cilindros, o que resultou em uma aeronave mais veloz e com melhores características de subida.

O contrato foi firmado para 80 aeronaves designadas U-42 Regente, e a entrega para a FAB começou em fevereiro de 1964.

O Neiva U-42 na Força Aérea Brasileira

Com a entrega dos primeiros exemplares, os U-42 foram imediatamente distribuídos para diversas organizações da Aeronáutica, substituindo as aeronaves mais antigas que começavam a ser aposentadas.

O Regente talvez tenha sido a aeronave unitária usada em maior quantidade até hoje na FAB. No total, 80 exemplares serviram por 47 anos. Foto Museu Aeroespacial do Campo dos Afonsos.

A princípio, as aeronaves foram designadas para as bases aéreas, de onde operavam, para realizar missões administrativas do seu pessoal orgânico bem como o das unidades aéreas residentes. Eventualmente, outra missão em proveito dos Comandos Aéreos Regionais, ou mesmo de outro órgão governamental, federal, estadual ou municipal, poderia ser realizada pelas sempre presentes U-42.

Durante os 47 anos de operação do U-42 na FAB, o Parque Aeronáutico de Lagoa Santa, posteriormente Parque de Material Aeronáutico de Lagoa Santa (PAMA-LS), foi o responsável pela execução de seu IRAN (Inspection And Repair As Necessary), cabendo aos Esquadrões de Suprimento e Manutenção (ESM) das bases aéreas a manutenção orgânica das aeronaves sob sua responsabilidade.

Como estiveram presentes em 70% das bases da FAB, excetuando aquelas localizadas na região amazônica, e passaram por algumas modernizações, como,

O Neiva U-42 Regente FAB 2964 com o padrão de cores usado pela FAB em toda sua careira.

por exemplo, a instalação de rádios mais modernos, os U-42 eram uma visão constante nos aeroportos brasileiros. Mais especificamente, realizavam missões administrativas, de transporte de pequenas quantidades de suprimento, principalmente itens de manutenção, missões de transporte de pessoal, apoio direto aos comandantes das bases e eventuais lançamentos de paraquedistas para a manutenção operacional do pessoal.

Os U-42 sempre foram pintados de branco com faixas pretas nas laterais e as tradicionais faixas verde-amarelas no leme direcional.

As últimas aeronaves disponíveis e em condições de voo na FAB foram retiradas do serviço ativo em 2011 e leiloadas para emprego no meio civil em 2012.

Neiva U-42	
Período de Utilização	De 1964 até 2011
Fabricante	Sociedade Construtora Aeronáutica Neiva Ltda.
Emprego	Transporte logístico e utilitário
Características Técnicas	
Motor	Lycoming O-360 A1D de 180 hp
Envergadura	9,18 m
Comprimento	7,03 m
Altura	2,93 m
Área Alar	13,50 m^2
Peso Vazio	640 kg
Peso Máximo	1.040 kg
Armamento	Não dispunha de armamento
Desempenho	
Velocidade Máxima	280 km/h
Razão de Subida	280 m/min
Teto Operacional	4.820 m
Alcance	950 km
Comentários	
Total Adquirido	80 exemplares
Unidades Aéreas	Base Aérea dos Afonsos Base Aérea de Brasília Base Aérea de Campo Grande Base Aérea de Canoas Base Aérea de Florianópolis Base Aérea do Galeão Base Aérea de Salvador Base Aérea de Natal Base Aérea de Fortaleza Base Aérea de Santa Maria Base Aérea de Recife Base Aérea de Santos Escola de Especialista de Aeronáutica (EEAer) Escola Preparatória de Cadetes do Ar (EPCAR) Academia da Força Aérea (AFA) Centro de Aplicações Táticas e Recompletamento de Equipagens (CATRE) CINDACTA II
Designações	C-42 e, posteriormente, U-42
Matrículas	2220 a 2239 e 2940 a 2999

Lockheed C-130E/H/M e KC-130H/M Hercules

Sinônimo de transporte aéreo militar. Assim podemos definir o Lockheed Martin C-130 Hercules que, em 2014, completou 60 anos de seu primeiro voo, com fôlego para voar mais duas décadas ao menos. Seu desenvolvimento tem muito do aprendizado advindo da Ponte Aérea de Berlim (1948) e da Guerra da Coreia (1950-1953), quando ficou evidente a necessidade de se ter uma aeronave com grande volume de carga capaz de ser rapidamente carregada/descarregada e com vocação para cumprir várias missões.

Partindo desses conceitos, os projetistas da Lockheed criaram uma aeronave quadrimotora, de asa alta, com trens de pouso dotados de pneus de baixa pressão capazes de operar em pistas não preparadas e com rampa de carga traseira, tudo aliado a uma fuselagem com grande volume interno. Designado L-382 Hercules, o projeto da Lockheed sagrou-se vencedor do General Operating Requirement (GOR) da USAF, lançado em fevereiro de 1951, que superou propostas da Boeing, Douglas, Fairchild, Martin, North American, Northrop e Airlifts Inc.

O primeiro protótipo, designado militarmente YC-130A, voou em 23 de agosto de 1954 em Burbank, CA, equipado com quatro motores Allison T-56-A. Sua entrada em serviço ocorreu em dezembro de 1957, dando início a uma revolução na aviação de transporte. A partir das versões básicas de transporte C-130B/E/H/K, surgiram mais de 70 variantes dedicadas às mais diversas missões: Busca e Salvamento (SAR), Evacuação Aeromédica (EVAM), Inteligência Eletrônica (ELINT), Reabastecimento em Voo (REVO), Reconhecimento Meteorológico, operações especiais, combate a incêndios, drone, ataque (Gunship), Alerta Aéreo Antecipado (AWACS), cargueiro e transporte de passageiros entre outras. O C-130 se tornou a aeronave de transporte padrão do mundo, se espalhando pelos quatro cantos do planeta e atingindo a expressiva marca de mais de 85 operadores militares, sem contar os operadores civis, em mais de 70 países.

Além da versão básica, a Lockheed (hoje Lockheed Martin) também desenvolveu duas versões com a fuselagem alongada em 2,5 m e 4,6 m, designadas

O FAB 2450 em seus primeiros anos de Força Aérea. O C-130 tornou-se a mais importante aeronave de transporte da FAB, outorgando-lhe uma mobilidade nunca antes experimentada. Foto Arquivo 1º Grupo de Transporte.

Rara foto do L-382C c/n 4570. O C-130H FAB 2463 ainda na fábrica da Lockheed, em Marieta (Geórgia – EUA), na linha final de montagem no final de 1974. O 2463 foi o primeiro C-130H recebido pela FAB. Foto Museu Aeroespacial do Campo dos Afonsos.

L-100-20 e L-100-30, respectivamente, na versão civil, e C-130-20 e C-130-30 na versão militar. Em 1996 surgiu o C-130J, chamado de Super Hercules. A aeronave é uma versão atualizada, com nova aviônica digital e um novo conjunto de motores Rolls-Royce AE 2100D3 que emprega hélices hexapás em vez das clássicas quadripás. O J, que entrou em serviço em 1999, é a atual versão de produção do Hercules, sendo fabricado tanto na versão C-130J como C-130J-30 (alongado).

Hoje mais de 245 Super Hercules operam em 17 Forças Aéreas. Se somadas todas as suas versões, o Hercules passa de 2.400 unidades fabricadas em quase 60 anos de história. O C-130 esteve em praticamente todas as ações militares dos anos 1960 para cá, atuando não só no apoio logístico, mas em ações diretas, como REVO e emprego tático.

Os Lockheed C-130E/H/M e KC-130H/M Hercules na Força Aérea Brasileira

A história do C-130 no Brasil começa no início dos anos 1960, quando a FAB, ao avaliar sua aviação de transporte, então calçada no Douglas C-47 e no Fairchild C-82 e nos recém-chegados Fairchild C-119, percebeu que precisava de um avião

O Lockheed C-130E FAB 2450 do 1º/1º GT (Base Aérea do Galeão) com o primeiro padrão de cores adotado pela Força Aérea (de 1964 a 1967).

O Lockheed C-130H FAB 2465 do 1º/1º GT (Base Aérea do Galeão) com o terceiro padrão de pintura (de 1971 a 1979).

O Lockheed C-130H FAB 2466 do 1º/1º GT (Base Aérea do Galeão) com o padrão camuflado adotado pela FAB entre 1979 e 2005.

O Lockheed C-130H FAB 2470 do 1º/1º GT (Base Aérea do Galeão), ex-AMI 61990, com o padrão de pintura cinza adotado pela OTAN.

O Lockheed C-130H FAB 2477 foi parte de um lote de aeronaves Hercules anteriormente pertencente à Força Aérea Italiana. Este exemplar do 1º/1º GT manteve a camuflagem com a qual chegou ao Brasil.

O Lockheed C-130M FAB 2474 do 1º/1º GT (Base Aérea do Galeão) com o atual padrão de pintura, adotado em 2005.

O Lockheed SC-130E FAB 2460 do 1º/6º GAV (Base Aérea de Recife) com o padrão de pintura SAR final adotado pela Força entre 1985 e 1988.

mais moderno e que desse uma capacidade mais global à Força. Ao examinar o mercado, a FAB não teve dúvida: a aeronave ideal era o Lockheed C-130 Hercules. Cinco unidades do C-130E, que haviam entrado em serviço em abril de 1962, foram adquiridas em 1963. Foram designados C-130 e matriculados de FAB 2450 a 2454; as duas primeiras aeronaves chegaram ao Brasil em agosto de 1964, seguidas de uma terceira, em dezembro do mesmo ano. Os dois últimos chegaram em dezembro de 1965. O C-130E foi alocado ao 1º/1º GT da Base Aérea do Galeão, a partir de 18 de fevereiro de 1965.

Em 1966 outros três C-130E, matriculados de 2455 a 2457, foram encomendados à Lockheed. As aeronaves foram entregues em maio de 1967 (2455) e dezembro de 1968 (2456 e 2457) ao 1º/1º GT. Junto com os C-130E, a FAB também adquiriu três SC-130E, versão SAR do Hercules. Designados

Dois C-130E do 1º/1º GT são vistos embarcando tropas. O Hercules colocou a Aviação de Transporte em outro patamar quanto ao emprego tático. Podemos dividir a história da FAB, nesse quesito, em antes e depois do C-130. Foto Arquivo Action Editora Ltda.

Um C-130 do 1º/1º GT decola com o auxílio do sistema RATO (Rocket-Assisted Take-Off), que permite ao Hercules decolar de locais onde a potência dos quatro T-56 não seria suficiente em função de seu peso máximo de decolagem. O RATO foi usado no início da operação do C-130 na FAB. Foto Arquivo 1º Grupo de Transporte.

C-130 FAB 2458, 2459 e 2460, essas aeronaves permitiram a ativação do segundo esquadrão de Hercules na FAB: o 1º/6º GAV. Sediada em Recife, a unidade recebeu seus SC-130 em janeiro de 1969 para substituir os RB-17 nas missões de busca e salvamento, aerofotogrametria e reconhecimento fotográfico. A principal diferença dos SC-130 em relação às demais aeronaves era que eles possuíam janelas para os observadores SAR na fuselagem frontal e um compartimento no piso de carga para inserção do equipamento fotográfico.

Para repor perdas operacionais e ampliar sua frota, em 1974, a FAB encomendou mais cinco unidades, sendo três C-130H, matriculados de FAB 2463 a 2465, e dois KC-130H, versão de Reabastecimento em Voo (REVO) do Hercules, matriculados FAB 2461 e 2462. O C-130H externamente é idêntico ao C-130E, porém traz alguns requintes em termos de aviônicos, o acréscimo de um APU, além de ser equipado com quatro Allison T-56-A-15 (4.910 shp), mais possantes e econômicos que os T-56-A-7 do C-130E (4.050 shp). Já o KC-130H é a versão do C-130H dedicada a missões de REVO. Sua principal diferença interna é a presença de dois cilindros com capacidade para 10 mil litros de combustível cada um, presentes no compartimento de carga, e os dois pods de reabastecimento dispostos sob o terço final de cada asa, que, usando um sistema probe and drogue, faz a conexão com as aeronaves receptoras.

As novas aeronaves começaram a chegar a partir de abril de 1975 e permitiram que fosse ativado o terceiro esquadrão de C-130 da FAB, o 2º/1º GTT, sediado na Base Aérea dos Afonsos (BAAF), no Rio de Janeiro. Com a chegada do FAB 2461, em 30 de outubro de 1975, à BAAF, o 2º/1º GTT entrou para a história ao receber a primeira aeronave REVO da FAB, que seria complementada pelo segundo exemplar, o FAB 2462, que pousaria no dia 18 de dezembro de 1975 também nos Afonsos. O primeiro REVO ocorreu no dia 4 de maio de 1976 sobre o VOR de Araxá, próximo a Uberaba (MG), entre o FAB 2461 e os F-5 4828/54 (1º GAVCA). A partir daí, o REVO entrou no cotidiano da unidade até março de 1986, quando a missão

Linha de voo no Galeão dos anos 1970, em que em primeiro plano aparece um SC-130 do 1º/6º GAV dedicado a missões SAR e de aerofotogrametria. O Esquadrão Carcará operou o Hercules de 1967 até 1988. Foto Arquivo Mario Roberto Vaz Carneiro.

foi transferida para o 1º/1º GT. A última missão de REVO do 2º/1º GTT foi realizada ao largo da costa fluminense, em 16 de março, quando o FAB 2462 realizou diversos reabastecimentos com esquadrilhas de F-5E do 1º/1º GAVCA, 2º/1º GAVCA e

Sobre o imenso tapete verde. A frota de C-130 é presença constante na Amazônia, sendo hoje indispensável à região. Com 50 anos de serviço, o C-130 rivaliza com o F-5 em termos de aeronave com mais tempo de serviço na história da FAB. Foto Carlos Lorch / Action Editora Ltda.

O Hercules deu à FAB a capacidade global, que inclui operar literalmente em todos os continentes. Em agosto de 1983, o 2463 se tornou o primeiro C-130 brasileiro a pousar na Antártica. Desde então centenas de voos foram realizados até aquele continente pelos Hercules. Foto Luiz Eduardo Perez / Action Editora Ltda.

do 1º/14º GAV. A partir daí, a tarefa de Barão (código rádio do C-130 quando em missão REVO) passou a ser do 1º/1º GT, que a realiza até os dias atuais.

Todos os C-130E/H chegaram ostentando uma pintura vistosa, com a fuselagem branca nas superfícies superiores com marcações da FAB bem visíveis. Os primeiro cinco exemplares vieram em metal polido nas superfícies inferiores e com faixas em day-glo. Em 1971, o day-glo foi retirado e o metal polido deu lugar a um cinza claro. A partir de 1979, todos os C-130, exceto os SC-130E, passaram a ser camuflados no estilo Southeast Asia. O primeiro a ser camuflado foi o 2454, em maio de 1979. Com a transferência dos SC-130 do 1º/6º GAV, em 1988, para o 2º/1º GTT, aqueles também passaram a ostentar a pintura camuflada.

Mais três C-130H foram adquiridos em 1986, chegando ao Brasil a partir de janeiro de 1987, sendo matriculados 2466 a 2468. Nessa mesma época, a FAB resolveu separar a frota, deixando todos os E no 2º/1º GTT e os KC/C-130H no 1º/1º GT, um padrão mantido até meados de 2002, fruto da ampliação da frota.

Em maio de 2001, a FAB adquiriu dez C-130H da Lockheed Martin ao custo de US$ 66 milhões, elevando para 29 o total de transportes Hercules adquiridos. As aeronaves eram ex-AMI (Aeronáutica Militare Italiana) e foram dadas como parte do pagamento à Lockheed na compra de um lote de C-130J por aquela força aérea.

Matriculadas FAB 2470 a 2479, as aeronaves começaram a chegar ao Rio de Janeiro a partir de 31 de julho de 2001, quando os FAB 2470 e 2471 pousaram no Galeão. Os C-130 foram trasladados de Pisa, Itália, sede do 50º Gruppo di Volo da 46ª Brigata Aerea, unidade ao qual serviam na AMI. Inicialmente, essas aeronaves mantiveram na FAB as pinturas usadas na AMI, isto é, padrão todo em cinza claro (2470/71/73/78/79) e camuflagem OTAN (2472/74/75/76/77).

Com a chegada dos C-130 italianos e a retirada do C-115 do 1º/1º GTT, a partir de janeiro de 2003, o 1º GTT passou a ter seus dois esquadrões equipados com C-130, fazendo a FAB ter novamente três unidades de Hercules: 1º/1º GT, 1º/1º GTT e 2º/1º GTT.

O C-130 deu à FAB mobilidade global. Ela passou a operar nos quatro cantos do mundo, realizando missões nos mais diversos cenários, como no apoio a tropas brasileiras no Haiti, Líbano, Congo e Suez. Com ele a FAB fez trabalhos humanitários, logísticos e de ressuprimento no Brasil e nos mais diversos pontos do mundo.

Dois fatos merecem destaque: o primeiro foi a primeira volta ao mundo feita por uma aeronave da FAB, o C-130E 2450. O voo, realizado entre os dias 3 e 18 de setembro de 1966, durou 105 horas e percorreu 56 mil km na rota Rio de Janeiro/Lima/Panamá/Cidade do México/Los Angeles/Honolulu/Midway/Tóquio/Hong Kong/Saigon/Karachi/Beirute/El Arish/Roma/Lisboa/Ilha do Sal/Rio de Janeiro. Além de contornar o planeta, o voo teve o objetivo de levar doações do Brasil ao Vietnã e buscar equipamentos das tropas brasileiras envolvidas em missão de paz da ONU em Suez.

Outro marco importante foi o primeiro pouso de uma aeronave brasileira na Antártida, efetivado pelo C-130H 2463 do 1º/1º GT às 14h32m do dia 23 de agosto de 1983. O pouso ocorreu na pista da base chilena Tenente Rodolfo Marsh Martin. A partir daí, os C-130 passaram a operar regularmente na Antártida, para apoiar o programa antártico brasileiro, sempre pousando na pista chilena com escala em Punta Arenas, Chile.

Em 50 anos de operação a FAB perdeu, em acidentes, sete aeronaves. A primeira ocorreu em 25 de outubro de 1965, quando o FAB 2452 do 1º/1º GT saiu da pista, em Santa Maria (RS), durante uma tempestade, sem deixar vítimas. Quatro anos depois, em 21 de dezembro de 1969, o 2450 do 1º/1º GT caiu logo após decolar de Recife (PE), causando a morte dos sete tripulantes a bordo. O terceiro acidente ocorreu em 24 de junho de 1985, novamente em Santa Maria (RS), com o FAB 2457 do 1º/1º GT, que colidiu com um morro próximo à base durante uma tentativa de pouso com neblina, causando a morte dos seus sete tripulantes. Em 14 de dezembro de 1987, foi a vez de o 2468 do 1º/1º GT ser perdido no mar, próximo a Fernando de Noronha, por deslocamento da carga interna, causando

Dois C-130 sobrevoam a Barra da Tijuca, no Rio de Janeiro. Hoje a FAB possui três unidades que operam o C-130 (1º/1º GT, 1º/1º GTT e 2º/1º GTT) que, a partir de 2014, estarão sediadas na BAGL. Foto Alexandre Durão / Action Editora Ltda.

Em 2005 a FAB passou a empregar o C-130M. Da atual frota de 22 células, 18 foram modernizadas já recebendo o novo padrão de camuflagem da FAB em verde e cinza. Foto Carlos Lorch / Action Editora Ltda.

a morte de 26 pessoas. Outro acidente com o C-130 ocorreu em Formosa do Rio Preto (BA), em 14 de outubro de 1994, com o 2460 do 2º/1º GTT, que, por causa de uma explosão a bordo, teve a perda de controle em voo e consequente queda, matando 21 militares. O último acidente aconteceu em 27 de setembro de 2001, com o 2455 do 2º/1º GTT, que se chocou com a Pedra do Elefante, em Itacoatiara (RJ), deixando um saldo de nove mortos. No dia 27 de novembro de 2014 o FAB 2470 do 1º/1º GT acidentou-se durante o pouso na base chilena na Ilha de Rei George (Antártica). A aeronave ficou seriamente danificada, sendo o primeiro acidente com um C-130 da FAB em 31 anos de Operação Antártica.

Modernizações

Entre 1984 e 1986, toda a então frota de C-130E/H/SC/KC-130 (13 aeronaves) teve rádios e aviônica modernizados, bem como a redução de peso de 500 kg, no Centro de Manutenção da Varig, em Porto Alegre (RS).

Em setembro de 1998, a FAB assinou um contrato de US$ 50 milhões com a empresa americana Derco Aerospace para converter os FAB 2451, 2453, 2454, 2455 e 2456 para o padrão C-130H LOW, que eleva o C-130E para uma configuração similar ao C-130H. Foi realizado um retrofit de célula, motores e aviônica. Em 2001, todos os C-130E LOW já haviam sido entregues.

Porém, a maior atualização veio em 2003, com o início da modernização que elevaria as aeronaves ao padrão C-130M. Inicialmente seriam modernizadas apenas as dez células ex-AMI. No entanto, ela acabou se estendendo a 18 aeronaves. Feita pela Astronautics Corporation of America, em parceria com a brasileira Avionics Services, e com o apoio do Parque de Material Aeronáutico do Galeão (PAMA-GL), o padrão C-130M consistiu na instalação de uma nova aviônica digital, disposta em um glass cockpit, sistemas de autoproteção (chaff e flare) e novas cablagens, além de uma revisão estrutural, esta a cargo do PAMA-GL.

A primeira aeronave, FAB 2474, foi entregue em maio de 2005 e também foi a primeira a ostentar a nova camuflagem padrão FAB em tons de cinza e verde. Com a retirada de serviço do FAB 2454, que foi transformado em simulador, da atual frota de 22 aeronaves, 18 foram modernizadas pelo PAMA-GL. A FAB optou por não modernizar os 2451, 2456, 2458 e 2459 por não ser economicamente viável, visto estarem no fim de seus ciclos operacionais.

Lockheed C-130E/H/M e KC-130H/M Hercules

Período de Utilização	A partir de 1964 (C-130E) A partir de 1975 (C-130H) A partir de 2005 (C-130M)	
Fabricante	Lockheed Co. (atual Lockheed Martin)	
Emprego	Transporte, REVO, SAR e missão na Antártida	
Características Técnicas	C-130E	C-130H
Motor	4 Allison T-56-A-7 de 4.050 shp cada um	4 Allison T-56-A-15 de 4.508 shp cada um
Evergadura	40,41 m	40,41 m
Comprimento	29,81 m	29,81 m
Altura	11,08 m	11,68 m
Área Alar	162,12 m^2	162,12 m2
Peso Vazio	31.590 kg	34.827 kg
Peso Máximo	70.310 kg	79.379 kg
Tripulação	5 a 7	5 a 7
Desempenho		
Velocidade Máxima	621 km/h	621 km/h
Razão de Subida	579 m/min	762 m/min
Teto Operacional	10.060 m	13.075 m
Alcance (carga máxima)	9.070 km	8.785 km
Comentários		
Total Adquirido	29 exemplares (8 C-130E; 3 SC-130E; 16 C-130H e 2 KC-130H – 18 aeronaves convertidas em C-130M pelo PAMA-GL)	
Unidades Aéreas	1º/1º GT, 1º/1º GTT, 2º/1º GTT e 1º/6º GAV	
Designações	C-130, SC-130, C-130M, KC-130 e KC-130M	
Matrículas	C-130E: FAB 2450 a 2457 SC-130E: FAB 2458, 2459 e 2460 C-130H: FAB 2463 a 2468 e 2470 e 2479 KC-130H: FAB 2461 e 2462 C-130M: FAB 2453, 2463, 2464, 2465, 2466, 2467, 2470 a 2479 KC-130M: 2461 e 2462	

North American T-28R-1 e T-28A(S)

As crescentes divergências que acompanharam o ressurgimento da Aviação Naval levaram o Presidente Humberto de Alencar Castello Branco a assinar, em 26 de janeiro de 1965, o Decreto nº 55.627. Esse instrumento especificava normas para o uso de meios aéreos nas operações navais, bem como o emprego da aviação embarcada no Brasil. Entre outras medidas estabelecidas por aquele decreto, ficou determinado que as aeronaves de asa fixa pertencentes ao inventário da Marinha do Brasil fossem transferidas para a Força Aérea Brasileira (FAB) junto com seu ferramental e sobressalentes.

Entre os aviões da Marinha a serem transferidos para a FAB encontravam-se cinco aeronaves North American T-28R-1 e 12 exemplares do T-28A(S), esses dois tipos havendo chegado ao Brasil no primeiro trimestre de 1963. Daquele

O T-28 não foi uma escolha da FAB. Eles foram herdados da MB, em 1965, e somente cinco exemplares voaram na 2ª ELO por dois anos, sendo estocados no PALS. Em 1972 eles foram excluídos do inventário. Foto Mario Roberto Vaz Carneiro.

grupo de aeronaves, somente os cinco T-28R-1 encontravam-se prontos e disponíveis para o voo na Base Aérea Naval de São Pedro da Aldeia (BAeNSPA), já que os T-28A(S) ainda se encontravam desmontados e encaixotados.

Em 7 de março de 1965, o então Capitão Aviador Pinheiro, Comandante da 2ª Esquadrilha de Ligação e Observação (2ª ELO), chegou à BAeNSPA para receber os T-28R-1. Naquele mesmo mês e com o auxílio dos aviadores navais que antes haviam operado os aviões, os pilotos da 2ª ELO iniciaram o seu processo de adaptação ao T-28R-1. A etapa foi executada com bastante rapidez e os aviões foram incorporados à 2ª ELO, que transferira sua sede – da Base Aérea do Galeão para a BAeNSPA – em agosto de 1965.

Por sua vez, os T-28A(S), que se encontravam armazenados e sob a guarda da Marinha, foram recebidos por representantes da Diretoria de Material da Aeronáutica (DIRMA). Os caixotes contendo aqueles aviões foram então encaminhados para o Núcleo do Parque de Aeronáutica de Lagoa Santa (MG) mas nunca foram montados; suas células sendo posteriormente alienadas e transformadas em sucata.

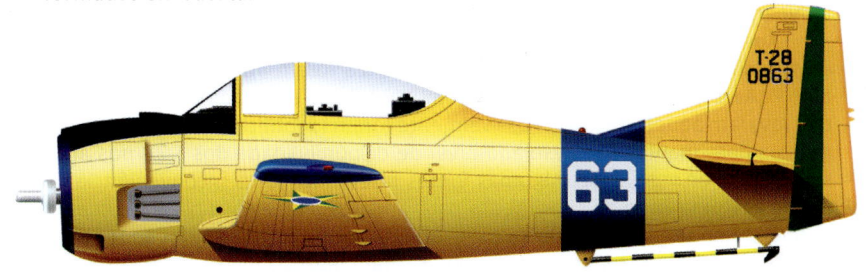

O T-28 FAB 0863 da 2ª Esquadrilha de Ligação e Observação (Base Aérea Naval de São Pedro da Aldeia – RJ).

A clássica e inconfundível pintura amarela da 2ª ELO também foi aplicada aos seis T-28 oriundos da Marinha do Brasil que serviram na FAB. Foto Arquivo Mario Roberto Vaz Carneiro.

Inicialmente contando com três aviões North American SNJ, mas nominalmente reforçada com os cinco T-28R-1 e cinco aviões Pilatus P-3, a 2ª ELO tratou de desenvolver as suas atribuições como unidade de cooperação com a Marinha. Descartando a pintura cinza que até aquele momento os caracterizara, os T-28R-1 ganharam um chamativo esquema amarelo, a exemplo dos SNJ, que já estavam em operação com a 2ª ELO.

Ao cumprirem o currículo de instrução operacional e frequentemente sendo convocados para realizar alguma missão de destaque, verificou-se que era necessário recolher ao Núcleo do Parque de Aeronáutica de Lagoa Santa (NPqAerLS) os T-28R-1 – ou T-28, como passaram a ser designados na FAB –, para que sofressem a revisão geral. Isso permitiria a participação da 2ª ELO no exercício pré-UNITAS VII, uma manobra que visava preparar as unidades aéreas escaladas para desempenhar um papel na Operação UNITAS VII com marinhas de países amigos. Recolhidos em julho de 1966, três daqueles aviões encontravam-se prontos para participar do pré-UNITAS VII no mês de novembro seguinte, voando missões de ataque durante aquela manobra.

Apesar de haverem sido incluídos na carga do Ministério da Aeronáutica em julho de 1967, dois meses antes, os T-28 foram novamente recolhidos ao NPqAerLS, dessa vez de forma definitiva. Não se sabe ao certo os motivos que levaram àquela decisão. Possivelmente foram identificadas dificuldades logísticas para manter um desejado nível de disponibilidade dos T-28 nos anos seguintes. Por outro lado, algumas fontes fazem menção à inconveniência de se manter uma linha de suprimento para uma frota de aviões numericamente pequena quando já existia outra (o AT-6/SNJ) que poderia executar as mesmas missões. Seja como for, os cinco T-28R-1 foram levados para Lagoa Santa e lá desativados. Junto com os T-28A(S), os T-28R-1 foram excluídos da carga do Ministério da Aeronáutica em maio de 1972. Todos foram alienados e vendidos como sucata, menos dois, um dos quais se encontra hoje preservado no Museu Aeroespacial, no Campo dos Afonsos (RJ).

North American T-28R-1 e T-28A(S)	
Período de utilização	De 1965 até 1972
Fabricante	North American Aviation Co., Inglewood (Califórnia – EUA)
Emprego	Ligação e observação
Características Técnicas*	
Motor	Wright R-1820-76A de 1425 hp
Envergadura	12,21 m
Comprimento	9,90 m
Altura	3,86 m
Área Alar	24,89 m²
Peso Vazio	2.914 kg
Peso Máximo	3.856 kg
Armamento	Não dispunha de armamento
Desempenho	
Velocidade Máxima	556 km/h
Razão de Subida	1.078 m/min
Teto Operacional	11.277 m
Alcance	1.705 km
Comentários	
Total Adquirido	5 exemplares (T-28R-1) 12 exemplares [T-28A(S)]
Unidades Aéreas	2ª Esquadrilha de Ligação e Observação
Designações	T-28
Matrículas	0861 a 0865 Os T-28A(S) não receberam matrículas

As características técnicas e de desempenho referem-se exclusivamente ao T-28R-1 equipado com motor Wright R-1820-76A

Pilatus P-3.04

Por força do Decreto 55.627, de 26 de janeiro de 1965, ficou determinado que a Marinha do Brasil faria a entrega dos seus Pilatus P-3.04 à Força Aérea Brasileira (FAB). Em consequência, no dia 3 de setembro de 1965, a Marinha do Brasil entregou oficialmente à FAB cinco Pilatus P-3.04, visto que um se acidentara, com perda total, durante um voo de instrução. Ao receber duas células desprovidas de motor e uma terceira que precisava de extensos trabalhos de recuperação por causa de um acidente grave, a FAB inicialmente manifestou-se contrária ao uso dessas aeronaves, apesar de alguns oficiais aviadores da 2ª Esquadrilha de Ligação e Observação já estarem realizando voos com dois P-3.04 desde março de 1965.

Administrativamente recolhidos ao Parque de Aeronáutica dos Afonsos, uma reavaliação do material recebido fez com que os Pilatus P-3.04 fossem incluídos em carga no mês de março de 1967 sob a designação L-3 e três desses aviões, distribuídos a 2ª Esquadrilha de Ligação e Observação. Apesar de oficialmente se encontrar sediada na Base Aérea do Galeão até agosto de 1965, a 2ª ELO

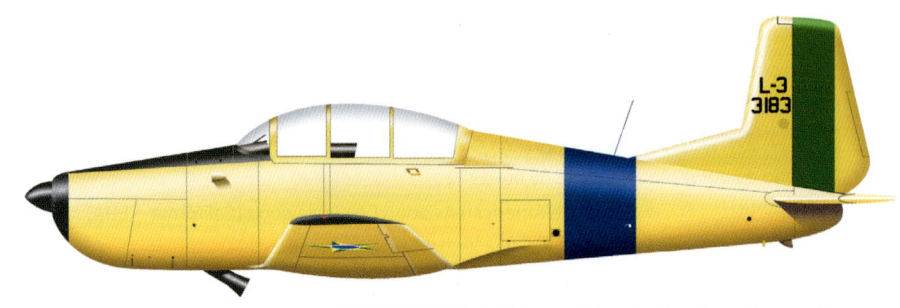

O L-3 FAB 3183 da 2ª Esquadrilha de Ligação e Observação (Base Aérea Naval de São Pedro da Aldeia – RJ).

recebeu e operou todos os seus L-3 da Base Aérea Naval de São Pedro da Aldeia, unidade que contava com uma dotação máxima de quatro aviões Pilatus P-3.04.

Utilizados exclusivamente em missão de ligação e observação em cooperação com a Marinha do Brasil ou no apoio a deslocamentos de distintas unidades aéreas da Aviação Naval, a vida operacional dos Pilatus P-3.04 foi regularmente pontuada por dificuldades de ordem material, mesmo contando com a imprescindível ajuda do Parque de Aeronáutica dos Afonsos.

A despeito dos periódicos problemas quanto à disponibilidade operacional, a 2ª ELO continuou operando os L-3 até 1972, quando a Portaria Reservada R-011/GM4, de 21 de março de 1972, selou o destino desses aviões. Determinando a desativação de todos os L-3 até 31 de março de 1972, os últimos dois aviões que se encontravam em condições de voo foram recolhidos ao Parque de Aeronáutica dos Afonsos e posteriormente entregues ao Museu Aeroespacial a fim de serem preservados, enquanto um terceiro foi entregue à Base Aérea Naval de São Pedro da Aldeia para ser preservado naquela unidade.

O L-3 FAB 3180 da 2ª ELO. Herdados da Marinha, ao contrário dos T-28, os L-3 voaram sem muitos percalços até 1972, tendo cumprido missões de ligação e observação. Foto Arquivo Mario Roberto Vaz Carneiro.

No final dos anos 1970, o L-3 passou a ser designado O-3 na FAB, porém, somente três exemplares que estavam em serviço receberam de fato essa designação.
Foto Museu Aeroespacial do Campo dos Afonsos.

Pilatus P-3.04	
Período de Utilização	De 1965 até 1972
Fabricante	Pilatus Flugzeugwerke AG, Stans (Suíça)
Emprego	Ligação e observação
Comentários	
Total Adquirido	5 exemplares
Unidades Aéreas	2ª Esquadrilha de Ligação e Observação
Designações	L-3 e O-3
Matrículas	3180 a 3184

Beechcraft 55 Baron

Na década de 1960, as características de robustez, muita potência e capacidade de operação em pistas curtas e não preparadas, capacidade de voo em qualquer tempo, manutenção barata e uma cabine confortável faziam com que uma aeronave tivesse a cotação aumentada entre seus potenciais compradores.

Decidida a entrar na fatia do mercado de bimotores leves para médias e curtas distâncias, a Beechcraft desenvolveu um projeto de aeronave com seis lugares, tomando como base a fuselagem do Bonanza e a estrutura de cauda do treinador militar T-34 Mentor, ao qual denominou Beech Travel Air. Mais à frente, substituiu a cauda do Travel Air pela do monomotor Beech Debonair, incorporou novos modelos de asa e novos motores e denominou a aeronave Modelo 55 Baron. Em fevereiro de 1960, a aeronave realizou seu primeiro voo e os primeiros exemplares começaram a ser entregues aos clientes em 1961.

O Beechcraft Baron C-55 FAB 2903 do 2º ETA (Base Aérea de Recife) a serviço do 1º GEC.

Concorrente direto do Piper Seneca, o Baron possuía fuselagem menos espaçosa, porém, tinha acabamento mais esmerado e dois motores mais potentes, resultando em velocidade de cruzeiro maior, que compensava com sobra a diferença de conforto.

Os modelos 55 básicos, o A55 e o B55, eram alimentados por dois motores de seis cilindros Continental IO-470-L, de 260 hp. Já os modelos C55, D55 e E55 foram equipados com o Continental IO-520 de 285 hp. Normalmente as versões mantinham a fuselagem e mudavam apenas a potência do motor.

O Baron 55 teve mais de 3.800 unidades produzidas nas diversas versões, sendo considerado o bimotor leve mais produzido de sua classe. Parou de ser produzido apenas em 1983.

O Beechcraft 55 Baron na Força Aérea Brasileira

A FAB empregou apenas uma aeronave Beechcraft 55 Baron, que foi utilizada para transporte e ligação de comando na área do II COMAR. Essa aeronave, apreendida pela Polícia Federal por estar transportando contrabando, era do modelo Beechcraft 95-C55 Baron e foi repassada à FAB pela Justiça Federal tendo sido colocada em carga por meio do boletim da DIRMA nº 37 de 7 de novembro de 1966 e recebido a matriculada C-55 FAB 2903. Ela ficou à disposição do QG do 1º Grupamento de Engenharia de Construção (1º GEC) do Exército Brasileiro, ao menos até o final de 1989, e era operada pelo 2º ETA. Após a sua desativação, o

Apreendido pela Polícia Federal por estar envolvido com contrabando, o Baron 55 foi repassado à FAB, onde operou até 1989 com a matrícula FAB 2903.
Foto Arquivo José de Alvarenga.

A operação do 2903 foi muito específica na FAB: atender às necessidades da Engenharia do Exército Brasileiro (EB). Ele acabou sendo repassado ao mercado de táxi aéreo, sendo perdido em acidente ocorrido em 18 de janeiro de 2007. Foto Arquivo José de Alvarenga.

2903 foi rematriculado PT-AFV, em 2005, e passou a ser utilizado pela Fretax Taxi Aéreo. Em 18 de janeiro de 2007 o PT-AFV foi perdido em um acidente ocorrido em Bocaiúva (MG), deixando duas vítimas.

Beechcraft 55 Baron

Período de Utilização	De 1966 até 1989
Fabricante	Beechcraft Aviation Corporation
Emprego	Utilitário
Características Técnicas	
Motor	2 Continental IO-470-L de 260 hp cada um
Envergadura	11,53 m
Comprimento	8,23 m
Altura	2,92 m
Área Alar	18,50 m²
Peso Vazio	1.372 kg
Peso Máximo	2.405 kg
Armamento	Não dispunha de armamento
Desempenho	
Velocidade Máxima	390 km/h
Razão de Subida	510 m/min
Teto Operacional	6.370 m
Alcance	1.840 km
Comentários	
Total Adquirido	1 exemplar
Unidades Aéreas	2º Esquadrão de Transporte Aéreo
Designações	C-55
Matrículas	2903

Piper PA 23-250 Aztec

Quando a Piper Aircraft Corporation adquiriu a Divisão Stinson da Consolidated Vultee Aircraft Corporation, em fins de 1948, herdou o projeto de uma aeronave leve para quatro lugares, com estrutura em tubos de aço soldados, recobertos de tela de aviação, equipada com dois motores Lycoming de 125 hp, asa baixa, trem de pouso triciclo fixo, monoplano com cauda dupla, ao qual deu a designação de PA-23 Apache e que voou pela primeira vez em 2 de março de 1953. O objetivo era colocar no mercado uma aeronave que atendesse à demanda da aviação geral por um avião executivo bimotor leve.

Os voos de teste mostraram que o motor era fraco, o que comprometia o desempenho da aeronave, razão pela qual, além da troca do motor, seriam necessárias algumas alterações aerodinâmicas no projeto original para eliminar problemas de vibração. Assim, o PA-23 Apache passou a ter uma fuselagem completamente metálica, dotada de um único estabilizador vertical e equipada com dois motores de 150 hp.

As mudanças foram se sucedendo e as designações para os diferentes tipos baseavam-se na potência dos motores. Desse modo surgiu o PA-23-150, com motores de 150 hp, o PA-23-235, com motores de 235 hp, e, em 1958, o PA-23 foi equipado com motores Lycoming O-540 de 250 hp, dando origem ao PA-23-250, para cinco lugares. Nessa fase, o Apache teve o seu nome mudado para Aztec, mantendo, no entanto, a designação de PA-23.

A Piper produziu mais de 4.800 aviões Aztec entre 1960 e 1982, e a US Navy empregou 20 PA-23 Aztec com as designações de UO-1 e U-11A.

O Piper PA-23-250 Aztec na Força Aérea Brasileira

Como consequência de uma das muitas operações que vinha realizando desde o início da década para inibir as atividades de contrabando executadas em distintos pontos do país, a Polícia Federal apreendeu um avião Piper PA-23-250 Aztec matriculado PT-FVT (c/n 27-3368). Após a sua apreensão essa aeronave foi carregada no inventário da FAB pelo boletim da DIRMA DM42 de 22 de dezembro de 1966, sendo designada FAB 2904.

Foto do único PA-23 da FAB, o U-36 2904. Basicamente, essa aeronave foi empregada em benefício das unidades do Exército na Região Amazônica. Foto Arquivo José de Alvarenga.

Assim como o C-55, o U-36 2904 era oriundo de uma apreensão realizada pela Polícia Federal, sendo repassado à FAB em 1966. Foto Arquivo Aparecido Camazano Alamino.

Seja como for e com resultado de deliberações entre as autoridades da FAB, do Exército Brasileiro e do Ministério da Justiça, aquele avião foi entregue à primeira na condição de fiel depositário. Por sua vez, ficou acertado entre a FAB e o Exército que esse Piper Aztec permaneceria à disposição do 5º Batalhão de Engenharia de Construção (5º BEC), sediado em Porto Velho. Isso ia de encontro à prioridade que era dar o necessário apoio às unidades do Exército Brasileiro espalhadas na região Norte do Brasil.

Posto que o Exército não dispunha de pessoal aeronavegante, foi também acertado que a FAB forneceria a tripulação para guarnecer o Aztec. Sempre que havia a necessidade de alguma missão, um pedido era encaminhado ao Quartel-General da 1ª Zona Aérea, em Belém, e uma tripulação era enviada para um período de voo, assim como pessoal técnico, para realizar a manutenção da aeronave. Concorriam à escala de tripulantes pessoal lotado na Base Aérea de Belém e no 1º/2º Grupo de Aviação. Posteriormente, após a criação do 1º Esquadrão Misto de Reconhecimento e Ataque, o pessoal aeronavegante daquela unidade também passou a concorrer à escala de apoio em proveito do U-36 2904.

A FAB empregou apenas uma aeronave PA-23 Aztec, apesar de haver tênues indicações de que houve um segundo exemplar igualmente operado pela FAB. Depois de voar missões de ligação e transporte em proveito do 5º BEC e de outras unidades do Exército na região, o fim da carreira do U-36 2904 se deu no final dos anos 1970, quando foi estocado no Campo de Marte. Em 17 de julho de 1980 já se encontrava desmontado, tendo sido descarregado do inventário em 1986 e vendido como sucata.

O Piper 23 Aztec U-36 FAB 2904 do 1º EMRA a serviço do 5º BEC (EB).

Piper PA 23-250 Aztec	
Período de Utilização	De 1966 até 1986
Fabricante	Piper Aircraft Corporation, Lockhaven (Pensilvânia – EUA)
Emprego	Transporte utilitário e ligação
Características Técnicas	
Motor	2 Lycoming IO-540-C4/B5 de 250 hp cada um
Envergadura	11,28 m
Comprimento	8,40 m
Altura	3,14 m
Área Alar	19,20 m²
Peso Vazio	1.260 kg
Peso Máximo	2.180 kg
Armamento	Não dispunha de armamento
Desempenho	
Velocidade Máxima	344 km/h
Razão de Subida	503 m/min
Teto Operacional	7.245 m
Alcance	1.920 km
Comentários	
Total Adquirido	1 exemplar
Unidades Aéreas	Quartel-General da 1ª Zona Aérea
Designações	U-36
Matrículas	2904

Cessna 185A

Desenvolvido inicialmente para o transporte de quatro passageiros, o modelo Cessna 180 passou por diversos aperfeiçoamentos ao longo de sua produção, terminando numa versão que possibilitava o voo com até sete pessoas. Por causa de sua capacidade de transportar considerável peso e sua característica de operar em pistas improvisadas, ficou famoso no Alasca e norte dos Estados Unidos como uma aeronave para operação "no mato".

Foram construídos aproximadamente 6.200 exemplares do 180, culminando no modelo 185, que foi um aperfeiçoamento do anterior através da incorporação de estrutura mais reforçada e motor mais potente. O novo projeto incluía um motor Continental IO-470-F que, com seus 260 hp, permitia um transporte de 6% a mais de carga.

Para as áreas mais remotas dos EUA, a versão utilitária de qualquer aeronave era a que mais interessava por causa da importância dada à capacidade de transportar carga. Para esse fim, os bagageiros do 185 foram aumentados em comprimento e os bancos dos passageiros traseiros foram construídos de tal forma que podiam ser removidos rapidamente. Com pequenos artifícios e o rearranjo do interior da aeronave, sem aumentar o tamanho dela, foi possível explorar sua capacidade de transporte para todo tipo de suprimento necessário ao homem das longínquas fronteiras.

Como o 185 visava atender áreas de difícil acesso, também podia ser dotado com flutuadores ou esquis para a neve, conforme fosse a necessidade. Houve, ainda, uma versão anfíbia, que vinha equipada com um trem de pouso retrátil nos flutuadores. Esse recurso, porém, causou inúmeros acidentes quando,

O Cessna 185 U-37 FAB 2905 com o padrão de pintura usado na FAB em toda a sua carreira.

desavisadamente, o piloto baixava o trem para pouso na água, o que fazia com que a capotagem fosse inevitável no momento do toque.

O 185 possui algumas características bem marcantes, que o tornavam inconfundível. Era equipado com uma hélice tripá, dotado de grande barbatana dorsal, a cabine tinha uma terceira janela e assentos para seis passageiros. Não aparentes, mas importantes, eram duas bombas de combustível elétricas e, ainda, a capacidade de reclinar os bancos dos pilotos.

O Cessna 185, embora pareça, não era maior do que o seu "irmão", o 180. Pelo contrário, era alguns centímetros menor, mas mantinha a mesma asa. Sua produção se encerrou em 1985.

O Cessna 185A na Força Aérea Brasileira

Apenas um exemplar do Cessna modelo 185A foi utilizado pela FAB entre 1966 e 1979, em missões utilitárias de transporte de pessoal e de ligação e observação, sob a designação U-37 e matrícula 2905. O 185A foi posto em carga pelo boletim da DIRMA DM 42, de 22 de dezembro de 1966, sendo empregado inicialmente pelo 1º/2º GAV e, mais tarde, pelo 1º EMRA, ambos sediados em Belém (PA). O ex-PT-BSD (c/n 0433) ficou a disposição do 5º Batalhão de Engenharia de Construção (5º BEC), sediado em Porto Velho (RO). Essa aeronave também ficou baseada em Manaus (AM) e chegou a ser empregada nas buscas da aeronave C-47 2068, cujo acidente ocorreu próximo a Tefé (AM), na década de 1960.

Após sua desativação em 1979, esse Cessna 185A foi vendido a um operador civil e passou a voar com a matrícula PP-KZN, que teve o seu certificado de aeronavegabilidade cancelado em novembro de 2008 no Registro Aeronáutico Brasileiro (RAB).

O Cessna 185 também foi incorporado à FAB por ter sido apreendido pela Polícia Federal. Foto Arquivo Aparecido Camazano Alamino.

Operando a partir de Manaus, essa aeronave realizou inúmeros voos para o Exército, especialmente para o 5º BEC. Foto Arquivo José de Alvarenga.

Cessna 185A	
Período de Utilização	De 1966 até 1979
Fabricante	Cessna Aircraft Company
Emprego	Utilitário, transporte e ligação
Características Técnicas	
Motor	Continental IO-470 F de 260 hp
Envergadura	11,02 m
Comprimento	7,77 m
Altura	2,31 m
Área Alar	16,26 m²
Peso Vazio	717 kg
Peso Máximo	1.452 kg
Armamento	Não dispunha de armamento
Desempenho	
Velocidade Máxima	283 km/h
Razão de Subida	305 m/min
Teto Operacional	5.275 m
Alcance	1.520 km
Comentários	
Total Adquirido	1 exemplar
Designações	U-37
Matrículas	2905

Bell 205D e Agusta/Bell 205

O uso ostensivo do helicóptero na Guerra da Coreia foi uma das maiores evoluções táticas no campo de batalha, desde o aparecimento dos carros de combate, na Primeira Guerra Mundial. Apesar de ter seu emprego mais voltado para o resgate de soldados feridos em combate e de tripulações abatidas atrás das linhas inimigas, sua presença maciça já foi o prenúncio das novas possibilidades que se descortinavam no quesito mobilidade aérea, para a tropa e para o ressuprimento aéreo.

Porém, o fim das hostilidades e a crescente preocupação com a ameaça nuclear impediram que as lições colhidas fossem implantadas, e os ensinamentos foram, em parte, esquecidos.

Os franceses, na Guerra de Independência da Argélia, ocorrida entre 1954 e 1962, puderam explorar melhor as características da nova arma, empregando-a em larga escala tanto no transporte quanto no ataque.

Quando os Estados Unidos se envolveram na Guerra do Vietnã, a necessidade de resgate ressurgiu, acrescida da possibilidade de transporte rápido de tropas para qualquer ponto do teatro de operações. Isso foi uma surpresa tática no campo de batalha, pois o inimigo era incapaz de descobrir onde e quando ocorreria um ataque, mas a surpresa durou pouco tempo, pois rapidamente surgiram táticas para combater os helicópteros e as perdas começaram a crescer.

No início das operações no Vietnã, em 1955, os helicópteros empregados eram os antigos modelos UH-34 Seahorse e outros de menor capacidade. Com o incremento das operações e o aumento das baixas em combate, a demanda por novos modelos aumentou. Ainda pensando no helicóptero como ambulância aérea, o US Army emitiu as especificações para uma aeronave de porte médio para evacuação de pessoal ferido (MEDEVAC).

Competindo contra o Modelo H43 da Kaman Aircraft, em 1955, a Bell Aircraft Corporation ganhou o contrato do US Army para a produção do seu Modelo 204, designado XH-40 pela USAF e XHU-1 pelo US Army, que era um helicóptero utilitário bipá, com rotor semirrígido, acionado por uma única turbina Lycoming T53-L1, de 700 shp. Inicialmente, três protótipos foram construídos. O primeiro voo ocorreu em 20 de outubro de 1956 e uma encomenda para 100 unidades foi oficializada.

Com a previsão de uma grande produção de aeronaves, em 1957, a Divisão de Helicópteros da Bell se desmembrou da empresa, se tornando a Bell Helicopter Corporation, e as primeiras unidades da nova aeronave foram entregues em setembro de 1958. Entrou em serviço com a 101ª Divisão Aerotransportada, a 82ª Divisão Aerotransportada e o 57º Destacamento Médico, chegando ao Vietnã em março de 1962.

O SH-1D FAB 8533 do 2º/10º GAV, à época baseado em São Paulo, com o primeiro padrão de cores usado pela FAB. Essa aeronave faz parte do lote original de seis recebidas em 1967, o único comprado direto do fabricante. Foto Arquivo 2º/10º Grupo de Aviação.

O Bell SH-1D do 2º/10º GAV (Base Aérea de São Paulo), com o padrão de pintura SAR.

O Bell H-1H FAB 8676 com o padrão de camuflagem da FAB adotado em 1975.

O Bell H-1H FAB 8699 do 5º/8º GAV (Base Aérea de Santa Maria) com um padrão de cores do US Army.

O US Army designou o Modelo 204 de HU-1 (HU – Helicopter Utility nº 1) Iroquois, seguindo a tradição de dar nomes de nações indígenas aos seus helicópteros. O nome oficial não pegou, mas o apelido Huey, baseado na designação alfanumérica, foi imediatamente adotado. Mesmo com a mudança de designação para UH-1, em 1962, o helicóptero jamais perdeu o apelido.

O emprego maciço dos Huey indicou a necessidade de melhorias, principalmente na potência do motor. Baseado no uso de um Lycoming T53-L5 de 960 shp, em 1961, entrou em operação o UH-1B, que possuía uma cabine maior, com capacidade para acomodar sete passageiros ou quatro macas e um médico.

Quando tentaram armar o UH-1B, observaram que o motor não era suficientemente forte para a quantidade de armamento que ele precisaria transportar. Isso levou à troca do motor por outro de 1.100 shp, que resultou no modelo UH-1C que, além daquela troca, também sofreu alguns refinamentos aerodinâmicos e recebeu um novo sistema de rotor. Posteriormente, todos os outros UH-1B tiveram seus motores substituídos para o novo padrão.

No geral, o modelo C apresentava maior autonomia, cauda mais longa e estabilizador vertical mais amplo e entrou em operação em 1966.

Dois UH-1D, com o FAB 8542 em primeiro plano, com um padrão de pintura todo em verde adotado nos seus primeiros dias de FAB, nos anos 1970. Foto Arquivo Mario Roberto Vaz Carneiro.

A necessidade de substituir os CH-34 no transporte de tropas para as Divisões Aerotransportadas levou a Bell a "esticar" a fuselagem dos Huey em mais 104 cm, possibilitando a acomodação de mais dois combatentes de cada lado da transmissão. Essa configuração possibilitava o transporte de até oito soldados equipados, além dos quatro tripulantes da aeronave. Para o transporte de feridos, era possível acomodar seis macas e um médico.

Esse novo helicóptero, que recebeu a designação Modelo 205 na Bell e UH-1D no US Army, foi equipado com rotor principal mais longo, cauda maior e motor Lycoming T53-L-9 de 1.100 shp e realizou seu primeiro voo em 16 de agosto de 1961.

Em 1966, surgiu o UH-1H, que foi a versão mais produzida do Bell 205. A principal diferença para o UH-1D residia no motor de 1.400 shp, sendo as demais mudanças baseadas na quantidade de combustível e tanques auto selantes, além do posicionamento do tubo de pitot no teto da aeronave.

Durante a Guerra do Vietnã os Huey voaram na USAF, na US Navy, nos Marines e no US Army, além da Força Aérea do Vietnã do Sul, realizando transporte de

Um dos Iroquois do 3º EMRA. O UH-1 era o equipamento padrão desses esquadrões mistos de reconhecimento e ataque e foi muito empregado em missões reais de COIN ao longo dos anos 1970. Foto Arquivo Mario Roberto Vaz Carneiro.

Um dos UH-1H do Esquadrão Pelicano em voo. A unidade é a mais antiga operadora desse helicóptero na FAB, operando-o desde a sua chegada ao Brasil, em 1967.
Foto Alexandre Durão / Action Editora Ltda.

tropa, apoio logístico, evacuação aeromédica, busca e salvamento, guerra eletrônica e apoio de fogo. No total, mais de 11 mil exemplares foram usados na guerra, com a perda de aproximadamente 3.300 aeronaves e 2.202 tripulantes.

De 1955 até 1976, foram construídos mais de 16 mil Huey, produção maior do que a de qualquer outra aeronave desde a Segunda Guerra Mundial. Os helicópteros 205 da Bell foram também construídos sob licença na Itália, no Japão, na Alemanha e em Taiwan.

Os Bell 205D e Agusta/Bell 205 na Força Aérea Brasileira

Para honrar os compromissos internacionais assumidos em 1944 durante a Convenção de Chicago, que criou a Organização de Aviação Civil Internacional (OACI), para proporcionar meios aéreos de Busca e Salvamento (SAR – Search and Rescue) nas áreas marítimas e continentais sob sua responsabilidade, a Força Aérea Brasileira contava apenas com o 6º Grupo de Aviação, equipado com aeronaves SB-17 que cumpriam apenas a missão de busca. Para realizar a missão completa, em 6 de dezembro de 1957, foi criado o 2º/10º GAV, uma unidade aérea exclusiva para SAR que recebeu, em 1958, através do Plano de Ajuda Mútua (PAM) norte-americano, aeronaves anfíbias SA-16 Albatross e helicópteros H-19.

Os H-19 eram apenas quatro unidades e foram o segundo tipo de helicóptero empregado pela FAB, que já voava os Bell 47 desde 1953. Considerando o tamanho da área a ser coberta com o serviço SAR, quatro aeronaves antigas era muito pouco para o perfeito atendimento ao treinamento e às missões reais, e os Bell 47 eram restritos operacionalmente para aquele tipo de missão. A situação ficou mais crítica quando o FAB 8504 foi perdido em um acidente no interior do Rio de Janeiro, em 1961.

Para solucionar o problema, em 1964, o Ministério da Aeronáutica negociou a aquisição de seis aeronave Bell 205D diretamente da Bell Helicopter Corporation, que chegaram ao Brasil em 1967 e foram alocados ao 2º/10º GAV, Esquadrão Pelicano, como o SH-1D.

Ainda em 1967, desaparecia na floresta amazônica, com 24 pessoas a bordo, o C-47, FAB 2068, cuja missão de busca foi considerada uma das mais extensas já realizadas no mundo. Descoberta a aeronave sinistrada após 10 dias de busca, foi empregada uma aeronave SH-1D, o FAB 8530, para o resgate dos sobreviventes

O Bell H-1H FAB 8530 do 2º/10º GAV (Base Aérea de Campo Grande) com uma pintura comemorativa alusiva aos 40 anos do UH-1 na FAB. Essa pintura histórica incorpora um pouco de cada uma das unidades que operou o Iroquois.

e mortos, marcando o início do modelo como aeronave operacional na FAB. O dia 27 de junho, data do resgate dos cinco sobreviventes, é considerado como o Dia da Busca e Salvamento na FAB. Com o SH-1D, a FAB passou a contar com um equipamento apto a operar em todo o território nacional e, com restrições, em grande parte do mar territorial.

Por outro lado, as operações no combate aos focos de guerrilha em Registro, no interior de São Paulo, e em Xambioá, norte de Tocantins, levou o Ministério da Aeronáutica a criar unidades de contra insurgência (COIN) e a comprar mais oito aeronaves UH-1D, para o apoio às operações do Exército. Essas aeronaves começaram a chegar em 1970, sendo distribuídas para o Centro de Instrução de Helicópteros (CIH), baseado em Santos, e o 5º EMRA, Esquadrão Pantera, em Santa Maria (RS).

Os Esquadrões Mistos de Reconhecimento e Ataque (EMRA) receberam esse nome exatamente por serem equipados com aeronaves de asa fixa e de asas rotativas, todas voltadas para o emprego armado em apoio ao Exército Brasileiro.

Para equipar os outros Esquadrões Mistos – o 1º EMRA, Esquadrão Falcão, baseado na Base Aérea de Belém; o 2º EMRA, Esquadrão Poti, na Base Aérea de Recife; o 3º EMRA, os Polivalentes, na Base Aérea de Santa Cruz; e o 4º EMRA, Esquadrão Dragão, na Base Aérea de São Paulo – foram adquiridas, em 1972, outras 24 unidades, mas, dessa vez, todas provenientes do US Army e do modelo UH-1H. Posteriormente, em 1976, outras duas foram incorporadas ao acervo da FAB para repor perdas operacionais.

O Bell Iroquois foi usado em todos os tipos de missão na FAB, entre elas as de emprego, sendo uma plataforma muito estável e capaz de utilizar armamento de cano e foguetes. Foto Arquivo Jackson Flores Jr. / Action Editora Ltda.

Voando sobre a imensidão da Amazônia, um H-1H do 1º/8º GAV cumpre mais uma missão de helitransporte. O H-1H foi fundamental para a integração daquela região. Foto Wagner Ziegelmeyer / Action Editora Ltda.

Apesar de serem aeronaves usadas, encontravam-se em excelente estado de conservação e, alguns exemplares, permaneceram operacionais até os anos 2000.

Em 1979, a FAB optou por padronizar toda a sua frota de Bell 205 e transformou todos os UH-1D ainda em operação no tipo UH-1H. Com essa ação eliminou um problema logístico criado pela necessidade de manutenção de dois tipos de motor, e as unidades aéreas passaram a dispor de uma aeronave com maior potência.

Em 9 de setembro de 1980, a Portaria nº 239/GM3 desativou todos os EMRA. No lugar do 1º, 2º e 5º EMRA foram criados, com seus efetivos e material, o 1º/8º GAV, 2º/8º GAV e 5º/8º GAV. O 3º EMRA foi desmembrado no 1º/13º GAV, que passou a atuar como se fosse uma ELO (Esquadrilha de Ligação e Observação), e o 3º/8º GAV, que passou a operar com os helicópteros na Base Aérea dos Afonsos, até a chegada do Puma, em 1981. O 4º EMRA foi desativado sem a

Um UH-1H do 5º/8º GAV operando em Cacequi (RS). Essa aeronave, ainda com a pintura típica do US Army, fazia parte do último lote adquirido dos EUA em 1997. Elas operavam no Exército Americano, na Alemanha, antes de virem para o Brasil. Foto Wagner Ziegelmeyer / Action Editora Ltda.

criação de nenhuma unidade em seu lugar, uma vez que já existia o 1º/11º GAV, Esquadrão Gavião, na Base de Santos, criado em substituição ao CIH.

Ainda em 1980, o 1º/8º GAV foi transferido para Manaus, onde operou até sua desativação, em 1987, cedendo seu lugar ao 7º/8º GAV, Esquadrão Harpia. Em novembro de 1992, o Esquadrão Falcão retornou para a sua primeira casa, a Base Aérea de Belém. Essa reestruturação na FAB permitiu a criação de unidades especializadas no emprego do helicóptero em todas as regiões críticas do país.

Ainda em 1980, a FAB adquiriu outro lote de helicópteros do mesmo modelo. A procedência dessa vez foi a Heyl Ha' Avir (Força Aérea de Israel), de onde foram adquiridas oito aeronaves do estoque daquele país. Cinco dessas aeronaves eram de procedência americana, do modelo UH-1D já modernizados para o modelo UH-1H, e três eram italianas, fabricadas sob licença pela Agusta. Todos os oito possuíam pitot no nariz e os Agusta tinham os rotores de cauda do lado esquerdo, sendo necessária a inversão da caixa de transmissão de 90º por motivo de padronização. Como essas aeronaves haviam voado em combate em Israel, foram encontrados inúmeros buracos de balas de pequeno calibre em suas estruturas, sendo algumas reparadas com o famoso "bacalhau". Após uma revisão completa nas oficinas do PAMA-AF, foram finalmente distribuídas para as suas unidades operacionais.

Finalmente, em 1997, chegaram ao Brasil 20 aeronaves procedentes da Alemanha, onde foram adquiridas de sobras do US Army. Foram essas aeronaves que possibilitaram a introdução e o desenvolvimento da doutrina de emprego do Night Vision Goggles (NVG – Óculos de Visão Noturna) na Aviação de Asas Rotativas da FAB, uma vez que vieram equipadas para tal, bastando apenas pequenas adaptações. O Esquadrão Pantera foi a unidade escolhida para a implantação dessa nova doutrina e disseminação para as demais unidades e hoje a FAB domina completamente o emprego noturno do helicóptero com NVG.

Em matéria de emprego operacional, todos os UH-1D/H cumpriam missões de transporte de tropas e SAR, porém, alguma unidades se especializaram em um tipo específico de emprego.

Em matéria de SAR, a unidade responsável pela missão é o Esquadrão Pelicano, que detém os recursos para busca e salvamento. Quando, porém, a área

Um dos UH-1H do 7º/8º GAV pousa em Manaus. Essa aeronave, mais tarde redenominada H-1H, foi o helicóptero mais popular e o mais usado na Força Aérea.
Foto Arquivo Jackson Flores Jr. / Action Editora Ltda.

do sinistro é próxima de outra unidade de helicóptero, ela presta o apoio para o resgate após a localização da aeronave acidentada.

Resumindo, o Sapão, como ficou conhecido entre os pilotos, ou simplesmente Hagazão, foi empregado em uma variada gama de missões, que ia desde o resgate até o ataque ao solo, operando desde a quente e úmida floresta amazônica até os frios e secos pampas gaúchos. Entre suas inúmeras missões, podemos listar as Operações DINCART (Dinamização Cartográfica), que atualizou as cartas de navegação do interior do país; a operação RADAM (Radar da Amazônia), responsável pelo levantamento das riquezas naturais na Amazônia; as operações de vacinação em apoio à Fundação Nacional da Saúde (FNS), para a vacinação dos índios do interior amazônico; a demarcação de fronteiras; apoio à população civil durante catástrofes naturais, inclusive no exterior; transporte de urnas eleitorais, entre outras.

Por mais de quatro décadas de operação, as células dos UH-1D/H foram revisadas pelo PAMA-AF e os motores, pelo PAMA-SP.

Em 2006, a FAB alterou a designação de seus helicópteros, e os Bell 205 passaram a ser designados com H-1H.

Não resta a menor dúvida de que o H-1D/H foi uma máquina extremamente importante para o país e que marcou uma época na aviação de asas rotativas impossível de ser superada. Durante a fase de desativação, em 25 de junho de 2012, quatro aeronaves foram doadas à Força Aérea Boliviana para o combate ao narcotráfico. Algumas unidades estão sendo doadas, também, à Secretaria de Segurança do Rio de Janeiro, que as usará no combate ao crime organizado.

No total, a FAB empregou 68 aeronaves H-1D/H, sendo os últimos esquadrões a tê-los em seus acervos o 1º/8º GAV e o 2º/10º GAV, unidades pioneiras em seu emprego, que as substituíram pelos H-36 Caracal.

Bell 205D e Agusta/Bell 205

Período de Utilização	De 1967 até 1979	A partir de 1972
Fabricante	Bell Helicopter Company	
Emprego	Ataque, transporte, SAR e emprego geral	
Características Técnicas	UH-1D	UH-1H
Motor	Lycoming T53-L-11 de 1.100 shp	Lycoming T53-L-13 de 1.400 shp
Diâmetro do Rotor Principal	14,63 m	14,63 m
Comprimento	12,77 m	12,77 m
Altura	4,42 m	4,42 m
Peso Vazio	2.240 kg	2.309 kg
Peso Máximo	4.309 kg	4.309 kg
Armamento	Foguetes 37 mm e 70 mm mtr 7,62 mm e mtr .50 pol	
Desempenho		
Velocidade Máxima	222 km/h	209 km/h
Razão de Subida	716 m/min	488 m/min
Teto Operacional	5.910 m	3.840 m
Alcance	507 km	575 km
Comentários		

Continua

Total Adquirido	14 exemplares	54 exemplares
Unidades Aéreas	Centro de Instrução de Helicópteros 5º EMRA 5º/8º Grupo de Aviação 2º/10º Grupo de Aviação	1º EMRA 1º/8º Grupo de Aviação 2º EMRA 2º/8º Grupo de Aviação 3º EMRA 3º/8º Grupo de Aviação 4º EMRA 5º EMRA 5º/8º Grupo de Aviação 7º/8º Grupo de Aviação Centro de Instrução de Helicópteros 1º/11º Grupo de Aviação 2º/10º Grupo de Aviação
Designações	SH-1D e UH-1D*	UH-1H e H-1H
Matrículas	SH-1D: 8530 a 8535 UH-1D: 8536 a 8543	UH-1H: 8650 a 8703

*Todos os SH/UH-1D remanecentes foram convertidos para UH-1H no final dos anos 1980.

Cessna T-37C

O acelerado desenvolvimento e a entrada em operação de modernas aeronaves de combate de alta performance expuseram a dificuldade para a transição dos pilotos formados em uma aeronave tracionada a hélice para um jato, cuja velocidade de operação ultrapassava a velocidade do som. Foi exatamente esse o problema que levou a USAF a lançar os requisitos para uma aeronave de treinamento a jato, no início da década de 1950, no qual pudessem treinar seus pilotos bem próximo da realidade a ser enfrentada nas unidades operacionais.

Voando sem os tip tanks, um elemento de T-37 do 1º Esquadrão de Instrução Aérea da AFA durante um voo de instrução a dois cadetes. O T-37 foi empregado tanto na AFA quando no CFPM, uma unidade destinada a selecionar caçadores. Foto Arquivo José de Alvarenga.

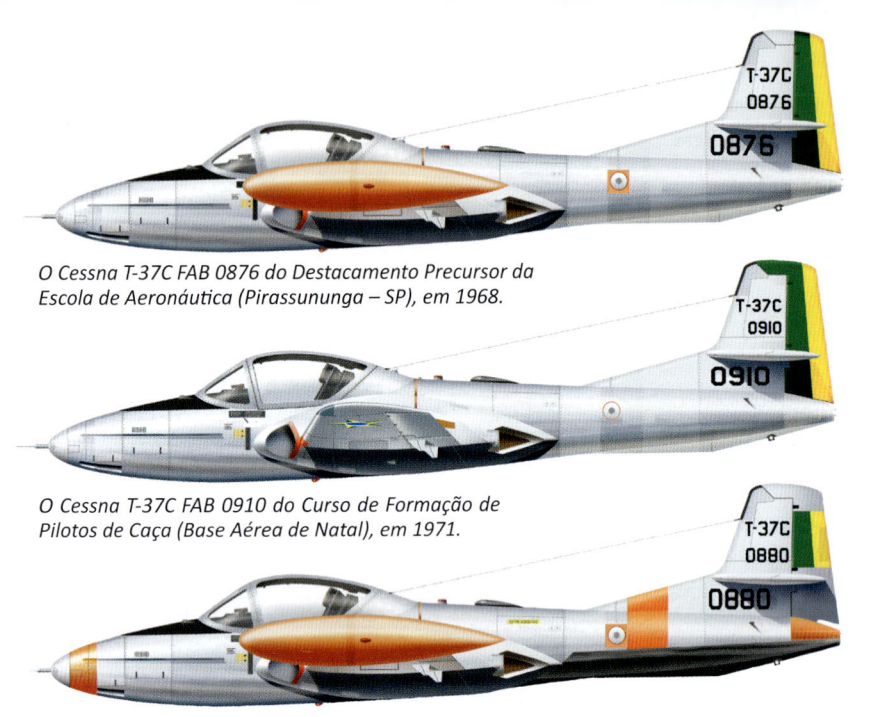

O Cessna T-37C FAB 0876 do Destacamento Precursor da Escola de Aeronáutica (Pirassununga – SP), em 1968.

O Cessna T-37C FAB 0910 do Curso de Formação de Pilotos de Caça (Base Aérea de Natal), em 1971.

O Cessna T-37C FAB 0880 do 1º EIA da Academia da Força Aérea (Pirassununga – SP), em 1974.

Entre as inúmeras propostas apresentadas, a Cessna Aircraft Company saiu vencedora com seu Modelo 318 e recebeu a encomenda de construção de três protótipos, sendo um para ensaios de solo e dois para os testes de voo. O XT-37 era um projeto inovador para a época, pois trazia uma proposta de colocação de aluno e instrutor posicionados lado a lado com os comandos duplicados, para facilitar a instrução, além de dotar a aeronave com dois motores e assentos ejetáveis, o que aumentava a segurança.

Quando o primeiro protótipo do XT-37 decolou, no dia 12 de outubro de 1954, nascia para o mundo a aeronave que entraria para a história como uma das mais bem-sucedidas em sua classe, que, não só desempenhou com eficácia sua função, como também extrapolou as expectativas.

Para os ensaios em voo, os dois protótipos foram duramente testados, até que, durante um parafuso, o piloto não conseguiu recuperar o voo normal, acabando por se ejetar, com a destruição do protótipo. Ensaios e pesquisas aerodinâmicas mostraram que o XT-37 apresentava uma tendência a não sair do parafuso caso algumas condições específicas não fossem observadas. Uma delas era a tensão correta nos cabos de comando que, em caso de pouca tensão, impedia a deflexão total das superfícies de comando, impedindo a saída da aeronave da manobra por causa de forças aerodinâmicas resultantes.

Outra condição observada era que a superfície de comando da cauda era menor que o necessário, o que exigiu a colocação de uma quilha na parte inferior daquela superfície traseira, além de aletas nas laterais do nariz e cabine da aeronave, alinhando o fluxo de ar e melhorando a aerodinâmica.

Apesar de todas essas mudanças, a saída de parafuso sempre foi um tormento para os pilotos de T-37, sendo necessário aguardar quase uma volta e meia de giro, após o comando para a saída.

Excluindo esse detalhe, o T-37 era uma aeronave excelente. Tinha velocidade, alcance, razão de subida e, com a adição de dois tanques de ponta de asas, o alcance aumentava muito.

O primeiro T-37A, designação dada pela USAF, foi oficialmente entregue em junho de 1956 equipado com dois motores Continental Teledyne J69 e, por causa do som agudo das suas turbinas, foi jocosamente apelidado de Tweety Bird.

A versão seguinte, o T-37B, apresentava um motor Continental Teledyne J69-T-25, cujo desempenho superava o anterior quanto à economia e ao tempo de operação. Como as dimensões de ambos os motores eram as mesmas, era possível fazer a transformação do T-37A no T-37B sem maiores problemas. Além dos motores mais potentes, o T-37B teve o painel de instrumentos modificado e os parabrisas reforçados contra colisão com pássaros.

Em 1961, a Cessna começou a desenvolver uma versão que permitisse o treinamento de emprego armado, dotando a aeronave de uma asa reforçada com quatro pontos para transporte de armamentos externos. Foi nessa versão que foram incluídos os tanques de ponta de asa. O T-37C foi uma aeronave produzida para países com menos recursos para adquirir aeronaves de maior performance, e a USAF jamais utilizou o modelo, preferindo exportá-lo.

No total foram produzidos 1.269 aeronaves T-37, sendo 444 do T-37A, 552 do T-37B e 273 do T-37C para exportação. Sua produção foi encerrada em 1975.

Seu aperfeiçoamento foi tão grande que a Cessna desenvolveu a partir dele o A-37, uma excelente aeronave de ataque ao solo. Consta nos anais da história aeronáutica que o A-37 voou no Vietnã mais de 10 mil horas em missão de combate sem perder sequer um aparelho por ação inimiga.

Muitas aeronaves, ao serem desativadas, não causaram nenhum tipo de emoção ou sequer deixaram saudades, não foi esse, porém, o caso do T-37. Sua concepção foi tão feliz que existiram jatos T-37 formando aviadores pelo mundo afora bem depois do ano 2000.

Além de serem empregados na instrução, os T-37 também equiparam a Esquadrilha Coringa destinada a realizar demonstrações aéreas com nove T-37 do 1º EIA da AFA. Ela estreou em 10 de julho de 1969 e encerrou suas atividades em dezembro de 1978. Foto Museu Aeroespacial do Campo dos Afonsos.

O Cessna T-37C na Força Aérea Brasileira

Em meados da década de 1960 e início da década de 1970, a formação dos oficiais aviadores brasileiros passou por inúmeras evoluções, demonstrando claramente a busca da Força Aérea por uma sistemática ideal. Infelizmente, esse tipo de atitude, além de dúvidas e incertezas, cria, também, muitos avanços e retrocessos no processo, que resultam em atrasos e confusão. De todas as atitudes tomadas, as mais objetivas e que renderam maiores dividendos foram a troca da sede da Escola de Aeronáutica do Campo dos Afonsos, no Rio de Janeiro, para Pirassununga (SP), no interior de São Paulo, em 1971, e a substituição dos velhos e cansados T-6, empregados na instrução aérea, por novos e modernos jatos T-37C, em 1967.

Os T-6 foram aeronaves muito boas para a formação de cadetes nas décadas de 1940 e 1950. A partir de 1960, em plena era do jato como plataforma de armas, não se concebia formar oficiais em uma aeronave tão obsoleta e de tão baixa performance, esperando que sua adaptação aos futuros caças se fizesse sem grandes atritos de pessoal e material.

Foi com esse pensamento que o Ministério da Aeronáutica resolveu substituir o T-6 por 40 aeronaves T-37C na formação de seus cadetes aviadores, com as primeiras esquadrilhas chegando ao Brasil em 1967, trasladadas por pilotos brasileiros. Naquele ano, a Escola de Aeronáutica ainda estava dividida em duas: parte atuava no Campo dos Afonsos, na instrução dos três primeiros anos, e o último ano voava em Pirassununga.

A partir de 13 de outubro de 1967, com a chegada da primeira esquadrilha de T-37 a Pirassununga, o Destacamento Precursor da Escola de Aeronáutica (DPRAer) passou a empregar a nova aeronave, inicialmente para a formação do grupo inicial de instrutores e, a partir de setembro de 1968, para a instrução de voo dos primeiros cadetes da FAB em aeronaves à reação.

Mas ainda viriam mais novidades. Em 1969, em plena fase de mudança de sede, a Escola de Aeronáutica mudou de nome para Academia da Força Aérea e, em 1971, passou a operar definitivamente em sua nova sede. Nesse meio tempo,

Foto histórica dos primeiros Cessna T-37C da FAB e suas tripulações nos EUA, mais precisamente em Wichita (Kansas), prestes a serem trasladados para o Brasil.
Foto Museu Aeroespacial do Campo dos Afonsos.

A FAB recebeu 65 T-37C, que foram concentrados na AFA a partir de 1973, sendo desativados em 1978. Os 49 restantes foram estocados no Campo de Marte, em 1980, e acabaram vendidos à Coreia do Sul em 1981. Foto Museu Aeroespacial do Campo dos Afonsos.

em 1970, foi criado o Centro de Formação de Pilotos Militares (CFPM), em Natal (RN), cujo regulamento de funcionamento, aprovado pelo Decreto nº 66.123, de 27 de janeiro de 1970, declara em seu artigo 1º: o CFPM, previsto no artigo 39 do Decreto nº 60.521, de 31 de março de 1967, é a unidade de aeronáutica incumbida da formação de pilotos militares para a Aeronáutica.

Com isso, o piloto militar brasileiro, da ativa e da reserva, passou a ser formado em apenas um ano no CFPM, voando o T-23 na formação primária e básica e o T-37C na formação avançada. Para atender a essa nova demanda, parte dos jatos foi deslocada para Natal e, ainda, foram adquiridas mais 25 unidades, resultando no total de 65 aeronaves.

A atividade no CFPM durou apenas três anos e, em 1973, todos os T-37C foram reunidos na AFA para instrução aérea dos cadetes, sendo extinto o curso de pilotos da reserva.

O emprego do T-37C na AFA e no CFPM permitiu que centenas de jovens pilotos brasileiros tivessem sua primeira experiência em aeronave à reação antes de atingirem as unidades operacionais de caça.

Sua retirada da instrução deu-se no ano de 1980 e, em 31 de março de 1981, o último T-37 foi retirado da AFA, deixando uma lacuna somente preenchida com a entrada em serviço do T-27 Tucano.

Durante todo o período de atuação dos T-37C na FAB, suas revisões foram realizadas no Parque de Material de São Paulo.

Depois de desativados, por causa de seu excepcional estado de conservação, 42 aeronaves foram vendidas à Coreia do Sul.

Cessna T-37C	
Período de Utilização	De 1967 até 1981
Fabricante	Cessna Aircraft Company
Emprego	Treinamento avançado
Características Técnicas	
Motor	2 Continental J69-T-25 de 1.025 lb cada um
Envergadura	10,30 m
Comprimento	8,92 m

Continua

Altura	2,80 m
Área Alar	17,09 m²
Peso Vazio	1.755 kg
Peso Máximo	3.402 kg
Armamento	Não dispunha de armamento
Desempenho	
Velocidade Máxima	647 km/h
Razão de Subida	728 m/min
Teto Operacional	9.115 m
Alcance	1.520 km
Comentários	
Total Adquirido	65 exemplares
Unidades Aéreas	Destacamento Precursor da Escola de Aeronáutica 1º Esquadrão de Instrução Aérea (AFA) Centro de Formação de Pilotos Militares
Designações	T-37C
Matrículas	0870 a 0934

Bell 206A JetRanger e 206B JetRanger II

Em 1960, o US Army lançou uma concorrência para a substituição de seus helicópteros leves Bell OH-13 e Hiller OH-23, equipamentos que executavam as missões de Helicóptero Leve de Observação (LOH), que consistia em realizar missões de observação, aquisição de alvos, controle, reconhecimento, escolta, transporte, evacuação aeromédica e ligação de comando.

Um dos OH-4 da FAB. Essas aeronaves tiveram uma breve carreira em unidades de emprego como a 1º ELO e os 2º e 5º EMRA, realizando, inclusive, missões COIN reais. Foto Arquivo Mario Roberto Vaz Carneiro.

Logo que chegaram à FAB os OH-4 foram distribuídos para o CIH, Esquadrão Dragão, onde foram empregados na instrução para os novos pilotos de helicóptero da FAB. Foto Arquivo Mario Roberto Vaz Carneiro.

Como especificações técnicas, a nova aeronave deveria ser capaz de transportar uma carga útil de 181 kg, ter velocidade de cruzeiro de 204 km/h, ser dotada de rotor único (bipá), transportar quatro passageiros mais o piloto, ter baixo custo de manutenção, com uma previsão de 1.200 h entre inspeções, e ser equipada com um motor Allison T-63 da série 250.

O Bell OH-4 FAB 8580 do CIH (Base Aérea de Santos), em 1968.

O Bell OH-4 FAB 8580 do 5º EMRA (Base Aérea de Santa Maria), em 1971.

Operando em Santa Maria (RS) pelo 5º Esquadrão Misto de Reconhecimento e Ataque (5º EMRA), o único OH-4 da unidade fez, por dois anos, dupla com os UH-1D. Foto Arquivo Mario Roberto Vaz Carneiro.

Para participar dessa concorrência, cuja expectativa de vendas girava em torno de quatro mil unidades, 12 empresas apresentaram propostas, sendo selecionadas três para o desenvolvimento de protótipos: a Hiller, a Hughes e a Bell. A Bell construiu o modelo D-250, mais tarde designado YOH-4, cujo protótipo realizou o seu primeiro voo em 8 de dezembro de 1962. Após os voos de avaliação, o OH-6 da Hughes foi escolhido pelo US Army em maio de 1965.

Apesar de derrotada, a Bell não desistiu de seu modelo e aumentou internamente a cabine de passageiros, melhorou a estética externa e construiu uma nova versão denominada modelo 206A JetRanger, cujo primeiro voo ocorreu em 10 de janeiro de 1966. O certificado da FAA foi emitido em 20 de outubro de 1966.

O novo design agradou tanto aos clientes civis que a procura pela nova aeronave foi além do esperado e a Bell começou a produzi-la em grandes quantidades. O interessante é que o JetRanger era o mesmo HO-4, só que com uma fuselagem mais atraente.

Em 1967, outra concorrência foi aberta pelo US Army para outro modelo de LOH e, dessa vez, o modelo 206A foi o vencedor. As únicas exigências do US Army foi que seu OH-58 Kiowa viesse com um rotor de diâmetro maior e fosse equipado com aviônicos militares, com o objetivo de padronizar os modelos operados.

Com a entrada dos Estados Unidos na Guerra do Vietnã, centenas de OH-58 foram enviados para o sudeste asiático, onde operaram com destaque, inclusive como aeronaves armadas, e os Bell 206A foram empregados também pela US Navy e pelo USMC.

Em 1971, a Bell apresentou um novo modelo denominado Modelo 206B, que nada mais era que um Bell 206A com um motor Allison 250-C20, além de algumas outras melhorias estéticas, como os esquis mais altos. Imediatamente o 206B, JetRanger II, substituiu o anterior nas linhas de montagem e a produção do novo modelo prosseguiu até 1977, quando foi substituído pelo JetRanger III, que foi equipado com um novo rotor de cauda e um motor mais potente. Assim como seu "irmão mais velho", o JetRanger II foi empregado em missões de treinamento e utilitárias voando com o Army, a Navy e os Marines. Foi, ainda, produzido na forma de kits pela Austrália, na Commonwealth Aircraft Corporation.

A missão principal de ambas as aeronaves tem sido o treinamento de pilotos, porém, existem versões bem mais mortais, equipadas com o que há de mais moderno em se tratando de armamento e equipamentos eletrônicos.

O sucesso militar e civil do JetRanger levou a empresa Agusta a produzi-lo sob licença na Itália.

Os Bell 206A JetRanger e 206B JetRanger II na Força Aérea Brasileira

Em meados da década de 1960, os Bell 47J, que faziam o transporte presidencial em Brasília, já eram modelos por demais ultrapassadas para arcar com tamanha responsabilidade, além de não oferecerem as condições ideais de segurança e conforto.

Para eliminar esse fator de risco no transporte presidencial, em 1967, o Ministério da Aeronáutica adquiriu três helicópteros Bell 206A designados VH-4 e matriculados FAB 8570 a 8572, recebidos em 15 de julho de 1968. Além dos VH-4 foram adquiridos outros quatro JetRanger por meio do contrato 07/67 da DIRMA, que foram pintados de verde escuto e configurados para realizar missões COIN (Contra Insurgência). Esses helicópteros foram designados OH-4 FAB 8580 a 8583. Pelo boletim de 21 de maio de 1969, os OH-4 foram destinados ao Centro de Instrução de Helicópteros (CIH) sediado em Santos (SP). Pouco

Um dos dois VH-4B da FAB que vieram da Marinha do Brasil e operaram basicamente no CLA, no Maranhão. Ao todo foram nove helicópteros JetRanger na FAB dos modelos A e B. Foto Alexandre Durão / Action Editora Ltda.

A foto mostra a chegada do primeiro VH-4, o FAB 8570, a Brasília, em 1968, para equipar o GTE, sendo desembarcado de um C-130 da FAB. Destinava-se a substituir os antigos H-13J. Foto Mario Roberto Vaz Carneiro.

tempo depois, em 27 de julho de 1971, os FAB 8582 e 8583 foram repassados à 1ª Esquadrilha de Ligação e Observação (1ª ELO), sediada no Campo dos Afonsos. Já os FAB 8580 e 8581 foram enviados para o 2º e o 5º EMRAs, sediados em Recife e Santa Maria, respectivamente, onde voaram por dois anos. Com o acidente do OH-4 8580 do 2º EMRA, ocorrido em 12 de março de 1974, todos os OH-4 foram transferidos para o PAMA-AF.

Outros dois acidentes mudariam o destino dos JetRanger. O primeiro foi com o FAB 8570, do GTE, ocorrido em Brasília em 4 de janeiro de 1977, seguido do FAB 8583, na Via Dutra, em 17 de abril de 1978. Isso levou a FAB a converter os dois OH-4 remanescentes em VH-4 e alocá-los, no final dos anos 1970, ao GTE. No GTE ainda houve a perda do 8582, em 1984, o que acarretou na ida dos demais VH-4 para o Centro Técnico Aeroespacial, em 1985, e outra transferência, em 1986, ao GTE. Com a chegada dos VH-55, em 2 de dezembro de 1988, ao GTE, os VH-4 voltaram para o PAMA-AF e foram preparados para dotar o Grupo de Implantação do Centro de Lançamento de Alcântara (GICLA), no Maranhão, e, em seguida, o próprio CLA. Foram pintados com faixas vermelhas e operaram de 1989 até 1995, quando o 8571 foi enviado à EEAer para instrução de solo e o 8581 leiloado, em 30 de novembro de 1995, tendo sido arrematado por um operador privado.

Posteriormente, em 1987, a FAB incorporou dois JetRanger II do Estado-Maior das Forças Armadas (EMFA) que, por sua vez, haviam sido recebidos, por meio de doação, em 1986, da Marinha do Brasil onde tinham matrículas N-5030 e N-5035. Esses dois helicópteros, designados UH-4B (após VH-4B), foram matriculados 8590 e 8591 na FAB, sendo distribuídos em 1988 ao GICLA e, em 1990, ao CLA. Eram operados por integrantes daquela organização

O Bell VH-4 FAB 8570 do GTE (Base Aérea de Brasília), em 1970.

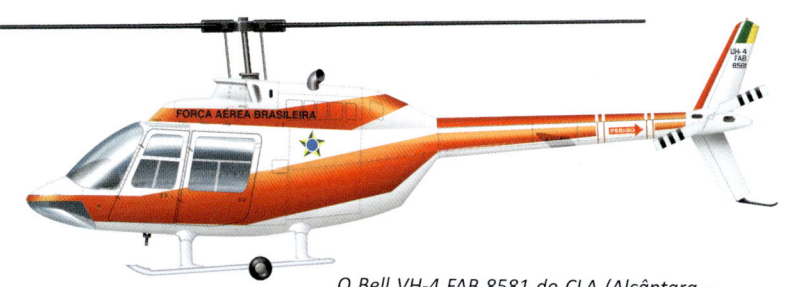

O Bell VH-4 FAB 8581 do CLA (Alcântara – Maranhão), em 1990.

militar fazendo o transporte de pessoal VIP, vigilância patrimonial da área do CLA e realizando missões SAR/misericórdia.

Após servirem à FAB por 18 anos, as duas aeronaves foram desativadas em 2007, sendo estocadas no PAMA-AF. Em 29 de abril de 2013, os FAB 8590 e 8591 foram repassado à Marinha, ou seja, retornaram ao seu proprietário de origem, onde servirão de fonte de peças para os demais JetRanger da frota da Aviação Naval.

Por muitos anos os JetRanger serviram no GTE e, por consequência, à Presidência da República. Sua saída em definitivo de Brasília ocorreu no final de 1988, quando da chegada dos Esquilo VH-55. Foto Arquivo Mario Roberto Vaz Carneiro.

As faixas vermelhas denotam que o VH-4 serve no CLA. Dos sete JetRanger recebidos pela FAB, apenas dois permaneceram na ativa até o fim de sua carreira.
Foto Arquivo Mario Roberto Vaz Carneiro.

Bell 206A JetRanger e 206B JetRanger II

Período de Utilização	De 1967 até o final da década de 1980	De 1987 até 2005
Fabricante	Bell Helicopter Company, Ft. Worth (Texas – EUA)	
Emprego	Transporte VIP, SAR e emprego geral	Transporte, SAR e emprego geral
Características Técnicas	206A JetRanger	206B JetRanger II
Motor	Allison 250-48A de 317 shp	Allison 250- C20 de 400 shp
Diâmetro do Rotor Principal	10,16 m	10,16 m
Comprimento	8,74 m	9,59 m
Altura	2,91 m	2,92 m
Peso Vazio	617 kg	680 kg
Peso Máximo	1.315 kg	1.451 kg
Armamento	Não dispunha de armamento	Não dispunha de armamento
Desempenho		
Velocidade Máxima	217 km	225 km/h
Razão de Subida	518 m/min	762 m/min
Teto Operacional	6.165 m	3.962 m
Alcance	623 km	524 km
Comentários		
Total Adquirido	7 exemplares	2 exemplares

Continua

Unidades Aéreas	CIH 2º/8º GAV 5º/8º GAV 2º EMRA 5º EMRA GTE 1ª ELO CTA PAMA-AF GICLA EEAer	GICLA CLA
Designações	VH-4 e OH-4	H-4
Matrículas	VH-4: 8570 a 8572 OH-4: 8580 a 8583	8590 e 8591

Douglas DC-6B

Durante a Segunda Guerra Mundial, a crescente demanda por material logístico mostrou que apenas os bimotores C-47 e os quadrimotores C-54 já não eram suficientes para atender a todos os teatros de operação. Forçados pelas circunstâncias, a USAAF foi obrigada a solicitar à Douglas Aircraft Company o desenvolvimento de uma aeronave com maior capacidade de carga, equipado com motores mais potentes e totalmente pressurizada, para permitir voos a maiores altitudes.

Para o desenvolvimento rápido da nova aeronave, a Douglas tomou como base seu já aprovado quadrimotor triciclo C-54 e, em 1944, o projeto denominado

A chegada dos C-118 possibilitou a ativação do 2º/2º GT na Base Aérea do Galeão a partir de 18 de janeiro de 1968. Com o DC-6B, o Esquadrão Corsário passou a voar para o exterior e a apoiar o Projeto Rondon. Foto Museu Aeroespacial do Campo dos Afonsos.

O Douglas C-118 FAB 2416 do 2º/2º GT (Base Aérea do Galeão) com o seu primeiro padrão de pintura.

XC-112 foi apresentado às autoridades do US Army. Antes, porém, que o voo inaugural do protótipo fosse realizado, a Segunda Guerra Mundial acabou e o pedido da USAAF foi cancelado.

Mas a Douglas não desistiu; afinal, havia uma aviação comercial em franco desenvolvimento, e ela almejava uma fatia desse mercado. Tomando o projeto inicial do cargueiro, seus engenheiros o transformaram em avião para o transporte de passageiros e o designaram XC-112A.

Já modificado para o transporte civil e designado DC-6, o protótipo realizou seu primeiro voo de ensaio em 15 de fevereiro de 1946. Após inúmeras modificações ditadas pelos testes, em março de 1947, foram entregues as primeiras aeronaves da série para a American Airlines e para a United Airlines, onde passaram a concorrer diretamente com os famosos e badalados Lockheed Super Constellation, no disputado mercado de transporte para longas distâncias.

Infelizmente inúmeros casos de incêndio em voo, inclusive com a queda de uma aeronave da United, obrigou a parada de toda a frota até a descoberta da causa do problema que estava num condutor de combustível que passava próximo da turbina que esfriava o ar proveniente do motor que era usado na pressurização da cabine. A pesquisa levou aproximadamente quatro meses e, com a falha identificada e corrigida, o DC-6 pôde finalmente voar para o sucesso.

Ao longo de sua produção foram desenvolvidas quatro versões do Douglas DC-6, para uso conforme a necessidade. Havia o DC-6 básico, que, para voos domésticos, dispunha de 68 lugares e, para voos transoceânicos, contava com 64 lugares por causa da tripulação dupla. Esse modelo era dotado de maior capacidade de combustível e vinha equipado com o motor Pratt & Whitney R-2800-CA15 de 2.400 hp.

A versão desenvolvida exclusivamente para o transporte de carga, que recebeu a designação DC-6A, possuía maior capacidade para combustível, teve o assoalho reforçado e a fuselagem alongada em aproximadamente 1,5 m para a instalação de duas portas de carga, sendo uma à frente das asas e a segunda na parte traseira da fuselagem, ambas do lado esquerdo.

Já a versão exclusiva para transporte de passageiros, designada DC-6B e com capacidade para até 89 passageiros, tinha um piso mais fino, janelas em toda a sua extensão, não possuía portas de carga, e a versão transoceânica tinha uma capacidade para mais 4.790 litros de combustível (total de 20.915 litros). Ambas as versões A e B eram equipadas com motores Pratt & Whitney R-2800-CB16 de 2.400 hp.

Houve, ainda, o DC-6C, que reunia as duas possibilidades na mesma aeronave, contando para isso com poltronas de passageiros removíveis.

Com o sucesso do DC-6A como aeronave de carga, a partir de 1957, a USAF e a US Navy passaram a empregar uma versão militar do modelo, que foram designadas como C-118 Liftmaster e R6D, respectivamente. As únicas diferenças exigidas pelos militares era que essas aeronaves viessem com motores Pratt & Whitney R-2800-CB17 de 2.500 hp e, no caso dos R6D, com hélices de passo reversível.

A diferença básica entre os motores CB16 e CB17 ficava por conta da octanagem da gasolina empregada. Para o CB16, a gasolina prevista era a 100/130 octanas e, para o CB17, era a 115/145 octanas. Essa diferença por si só já era suficiente para disponibilizar mais 100 hp de potência no CB17. O interessante era que o CB17 podia usar gasolina 100/130, ficando apenas restrito a 2.400 hp; já o CB16 não podia usar a gasolina de maior octanagem.

O C-118 Liftmaster foi, durante muito tempo, a aeronave mais importante da USAF e da US Navy, no que se refere a transporte de carga.

Na aviação comercial, o DC-6 foi uma das últimas aeronaves de transporte de passageiros a utilizar motores radiais e algumas ainda continuam em operação em remotas partes do mundo. A produção total do DC-6 foi de 704 aeronaves de todos os modelos, incluindo as militares.

O Douglas DC-6B na Força Aérea Brasileira

Em meados da década de 1960, os compromissos do Exército Brasileiro com as missões de paz da ONU, na Faixa de Gaza, e da OEA, na República Dominicana, obrigaram a Força Aérea Brasileira a ampliar as linhas do Correio Aéreo Nacional, tanto dentro do território nacional quanto em missões para o exterior.

Naquela época, para atender a toda essa demanda de voos de longo curso, as únicas aeronaves disponíveis e com capacidade para cruzar o Oceano Atlântico eram os antigos SB-17G, do 6º GAV de Recife, que já vinham cumprindo a missão de transporte em detrimento das suas missões principais, que eram a aerofotogrametria e o apoio SAR.

Isso levou o Ministério da Aeronáutica a adquirir, em 1968, cinco aeronaves DC-6B que vinham sendo empregas pela Varig no transporte transoceânico e, para o emprego dessas novas aeronaves, criar, em 1968, o 2º/2º GT com sede na Base Aérea do Galeão, de onde partiam as missões do Correio Aéreo Nacional. De acordo com o padrão norte-americano, a designação militar dos DC-6B passou a ser C-118.

Nas atividades do CAN, os C-118 percorreram todo o território nacional, e uma das missões mais marcantes realizada por aquelas aeronaves foi o apoio ao

O C-118 FAB 2416 visto em voo. Essas aeronaves foram originalmente encomendadas pela SAS, sendo mais tarde vendidas à Real, absorvida pela Varig em 1963, onde mantiveram as matrículas PP-YSI/J/L/M/N, que correspondem às dos FAB 2412/13/14/15/16, respectivamente. Foto Museu Aeroespacial do Campo dos Afonsos.

Um C-118 sendo revisado no Galeão. Retirados de serviço em 1975, dos quatro remanescentes, três foram voar na Força Aérea Paraguaia como T-87 (2415), T-89 (2416) e T-91 (2412). Foto Museu Aeroespacial do Campo dos Afonsos.

projeto Rondon, que levava universitários ao interior do país para a realização de trabalhos sociais em proveito da população carente e completamente isolada dos grandes centros. Além desse serviço, também foi possível a criação de linhas de transporte de passageiros, que ligavam o Rio de Janeiro a Manaus e Belém, resumindo, em poucas horas de voo, viagens que duravam praticamente todo um dia.

Numa dessas missões, ao retornar de Manaus, no dia 28 de abril de 1971, o C-118 2414 sofreu o único acidente registrado com um DC-6 da FAB. Após decolar da capital amazonense, e durante a subida, um dos motores do lado direito da aeronave apresentou forte vibração, obrigando seu retorno à Base Aérea de Manaus. Após o toque na pista, ainda durante a corrida de pouso da aeronave, ocorreu um incêndio de grandes proporções no motor avariado, que se alastrou para a fuselagem da aeronave. Apesar do pronto atendimento da equipe de contra incêndio, a aeronave foi completamente destruída, causando o óbito de 16 dos seus ocupantes.

Como o C-118 era uma aeronave complexa e já antiga, rapidamente começaram a surgir problemas logísticos para manter sua operação. Com o suprimento diminuindo rapidamente, ficou decidida a parada de uma das aeronaves, o 2413, que foi "canibalizada", servindo de spare parts para que os outros três aviões continuassem a voar.

A partir de 1970, os C-118 deixaram de voar, sendo substituídos, no 2º/2º GT, pelo C-91A Avro. A unidade que foi criada para voar os C-118, só voltaria a ter capacidade de atender linhas de longas distâncias com a entrada em serviço do Boeing 707 anos depois e, para manter essa capacidade, a FAB passou a contar apenas com os seus transportes C-130 Hercules.

Os três C-118 remanescentes foram estocados na Base Aérea do Galeão até serem vendidos para o Paraguai, em 1975, dando baixa definitiva do acervo da FAB.

Douglas DC-6B

Período de Utilização	De 1968 até 1975
Fabricante	Douglas Aircraft Company
Emprego	Transporte
Características Técnicas	
Motor	4 Pratt & Whitney R-2800-CB16 de 2.400 hp cada um
Envergadura	35,81 m
Comprimento	32,18 m
Altura	8,74 m
Área Alar	135,91 m²
Peso Vazio	25.110 kg
Peso Máximo	48.534 kg
Armamento	Não dispunha de armamento
Desempenho	
Velocidade Máxima	576 km/h
Razão de Subida	341 m/min
Teto Operacional	8.840 m
Alcance	7.595 km
Comentários	
Total Adquirido	5 exemplares
Unidades Aéreas	2º/2º Grupo de Transporte
Designações	C-118
Matrículas	2412 a 2416

Neiva L-42

Em 1954, foi criada, em Botucatu, interior de São Paulo, a Sociedade Construtora Aeronáutica Neiva para a fabricação de planadores e aeronaves de pequeno porte. Nesse período, o Ministério da Aeronáutica contratou o desenvolvimento do U-42, uma aeronave metálica para as missões utilitárias que acabou sendo distribuída para todas as bases aéreas e escolas da Força Aérea.

Bela foto de um L-42 do 1º/13º GAV, Esquadrão Paquera, unidade que mais empregou os Regentelo, como eram chamados os Neiva L-42 na FAB. Foto Arquivo Mario Roberto Vaz Carneiro.

O Neiva 592 Regente YL-42 FAB 3120, um protótipo da versão de ligação e observação do Regente.

Em 7 de setembro de 1963, o U-42 realizou seu primeiro voo e, por causa de suas características de asa alta e voos com baixa velocidade, preencheu perfeitamente as especificações de uma aeronave para o cumprimento de missões de observação aérea em proveito do Exército Brasileiro e da Marinha do Brasil.

Como a FAB usava diversos modelos Cessna L-19A e L-19E, além do Neiva L-6 Paulistinha, de concepção antiga e obsoleta, para a realização desse tipo de missão, essas aeronaves, que já contavam com muitos anos de atividade aérea, eram um constante problema logístico. Buscando, ainda, incentivar o crescimento da indústria aeronáutica nacional, o Ministério da Aeronáutica contratou à Neiva o desenvolvimento de um projeto, baseado no U-42, para dotar os esquadrões de ligação e observação de uma aeronave específica e moderna e que efetivasse o apoio às forças coirmãs de forma mais objetiva e barata.

Em apoio à Marinha do Brasil, as missões constavam de voos de observação nas áreas sob a responsabilidade dos distritos navais, além de missões de reconhecimento de pontos de desembarque anfíbio, reconhecimento de itinerário e Controle Aéreo Avançado (CAA), em proveito do Corpo de Fuzileiros Navais. Para o Exército, os voos abrangiam regulagem de tiro de artilharia, lançamento de fardos, CAA e reconhecimento de área.

Para esse tipo de missão, as características ideais da aeronave eram asa alta, baixa velocidade, alta autonomia e capacidade de operar em pistas não preparadas ou improvisadas.

O L-42 foi empregado por diversas unidades da FAB, no entanto, foi no 1º/13º GAV e no 5º/8º GAV que teve maior emprego, cumprindo missões de ligação e observação. Foto Arquivo Mario Roberto Vaz Carneiro.

O protótipo do Neiva 592, o YL-42 FAB 3120, que deu origem ao Regente ELO. Note que possui um spinner na hélice, algo que não foi adotado nas versões de série.
Foto Museu Aeroespacial do Campo dos Afonsos.

Surgiu daí o Modelo 592, com motor Continental IO-360D de seis cilindros, cabine com melhor visibilidade para três tripulantes, melhor aerodinâmica, fuselagem posterior rebaixada e pontos duros sob as asas para transporte de armamento e fardos em quatro pontos duros sob as asas. O primeiro voo do protótipo YL-42 ocorreu em janeiro de 1967, sendo contratada a produção das aeronaves.

A partir de 1968, um total de 40 unidades do L-42, mais conhecido como Regentelo (aglutinação das palavras Regente e ELO), passou a fazer parte do acervo da FAB, tendo sua incorporação viabilizado a continuação das missões de ligação e observação, até então realizadas pelos antigos L-19.

O L-42 podia ser equipado para lançar foguetes SBAT 37 com cabeça de fósforo branco, que normalmente eram empregados para marcação de alvos para ataques aéreos, durante a realização de missões de CAA, além de fardos com ração ou material médico, para pequenas frações de tropa no terreno. O SBAT 70 também poderia ser usado com a mesma finalidade de marcação de alvos, mas nunca foi utilizado.

Após a entrega das aeronaves, passaram a substituir os L-19 e L-6 nas suas unidades e voaram por 31 anos em apoio à Marinha, ao Exército e à própria FAB. De longe a missão desempenhada por essas aeronaves esteve vinculada mais diretamente à força terrestre, e só foi substituída com o advento da Aviação do Exército.

O Neiva L-42 FAB 3246 com o padrão de pintura camuflado adotado pela FAB. Além desse, outro em dois tons de verde também foi usado.

Formatura de L-42 do 1º/13º GAV, unidade sediada em Santa Cruz. Observe os pilones nas asas, que podiam portar pequenos fardos e também lançadores de foguetes de 37 mm. Foto Arquivo Mario Roberto Vaz Carneiro.

Todos os L-42 possuíam pintura camuflada em dois tons de verde e castanho, além da barriga cinza. O último exemplar foi desativado em 2001, quando foi transladado para o Museu Aeroespacial. Todos os demais ainda em condições de voo passaram a ser leiloados em 2000 e continuaram voando em mãos de particulares pelo Brasil afora.

Neiva L-42	
Período de Utilização	De 1968 até 2001
Fabricante	Sociedade Construtora Aeronáutica Neiva Ltda.
Emprego	Ligação e observação
Características Técnicas	
Motor	Continental IO-360D de 210 hp
Envergadura	9,13 m
Comprimento	7,21 m
Altura	2,93 m
Área Alar	13,5 m^2
Peso Vazio	730 kg
Peso Máximo	1.100 kg
Armamento	Foguetes de 37 mm com fumígenos para sinalização de alvos
Desempenho	
Velocidade Máxima	240 km/h
Razão de Subida	280 m/min
Teto Operacional	4.820 m
Alcance	925 km

Continua

Comentários	
Total Adquirido	41 exemplares
Unidades Aéreas	1ª Esquadrilha de Ligação e Observação 2ª Esquadrilha de Ligação e Observação 2º Esquadrão Misto de Reconhecimento e Ataque 3º Esquadrão Misto de Reconhecimento e Ataque 4º Esquadrão Misto de Reconhecimento e Ataque 5º Esquadrão Misto de Reconhecimento e Ataque 2º/8º Grupo de Aviação 3º/8º Grupo de Aviação 5º/8º Grupo de Aviação 1º/13º Grupo de Aviação
Designações	L-42
Matrículas	3120 e 3210 a 3249

de Havilland Canada DHC-5

Na década de 1950, o governo canadense emitiu uma especificação de uma aeronave de transporte médio, com capacidade para operar em pistas curtas e não preparadas. A aeronave resultante desse projeto foi o DHC-4 Caribou, com características STOL (Short Take-off and Landing) e com capacidade para o transporte de 5 toneladas de carga ou até 30 soldados completamente equipados para o combate, e que voou pela primeira vez em julho de 1958.

O Caribou despertou a atenção do US Army, levando à encomenda da nova aeronave que foi empregada em combate no Sudeste Asiático. A experiência advinda daquele emprego mostrou que a substituição dos motores radiais por novos motores turbinados disponíveis no mercado ampliaria a capacidade de transporte de carga e pessoal de um avião como aquele.

A foto mostra os dois primeiros padrões de cores usados pelos C-115 na FAB. Foi somente em 1985 que a frota passou a ter um padrão de camuflagem, idêntico ao dos C-130, F-5 e AT-26, por exemplo. Foto Arquivo Mario Roberto Vaz Carneiro.

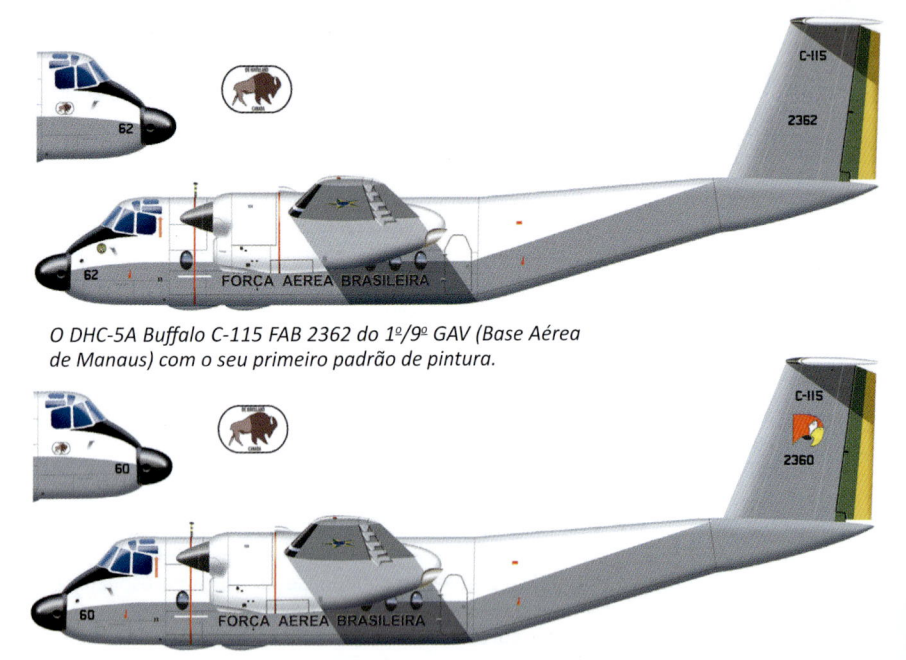

O DHC-5A Buffalo C-115 FAB 2362 do 1º/9º GAV (Base Aérea de Manaus) com o seu primeiro padrão de pintura.

O DHC-5A Buffalo C-115 FAB 2360 do 1º/9º GAV (Base Aérea de Manaus) com o terceiro padrão de pintura usado pela Força Aérea.

Com esse pensamento o US Army emitiu as especificações para o projeto de uma aeronave designada YAC-2 que tivesse a mesma capacidade de transporte de um helicóptero CH-47 Chinook, ou seja, um míssil balístico de médio alcance MGM-31 Pershing, uma viatura de três quartos de tonelada ou, ainda, um obuseiro de 105 mm. Um critério crítico é que a aeronave deveria manter ou melhorar a capacidade STOL do Caribou.

O desenvolvimento do projeto foi realizado através de uma parceria da qual faziam parte o US Army, o governo canadense e a de Havilland Canada e resultou na construção de quatro protótipos para voo de ensaio.

A nova aeronave realizou o seu primeiro voo em 9 de abril de 1964 e teve sua capacidade de transporte ampliada para até 41 soldados equipados ou diversos tipos de carga, inclusive pequenas e médias viaturas.

Além da aplicação dos motores General Electric CT 64-820-1 de 3.055 shp, as modificações introduzidas no DHC-4 foram tantas que o resultado foi um novo avião com capacidade de decolar em 369 m de pista, superando um obstáculo de 15 m de altura, com 18.597 kg (41.000 lb) de carga e uma aterragem de 299 m, após cruzar um obstáculo de 15 m, com 17.735 kg (39.100 lb) de carga.

Nessa fase do desenvolvimento começou uma forte oposição por parte da indústria aeronáutica norte-americana quanto à participação do US Army, com recursos do contribuinte americano, no desenvolvimento de uma aeronave de combate em país estrangeiro, em detrimento das empresas e dos produtos nacionais. Assim, só restou ao US Army se retirar da parceria, mantendo os quatro protótipos construídos, que designou C-8A.

Como a aeronave possuía características únicas e poderia interessar a outros clientes, a de Havilland denominou o projeto DHC-5A Buffalo e deu prosseguimento ao seu desenvolvimento. Por causa de seu envolvimento no projeto da aeronave, o governo canadense adquiriu um total de 15 aeronaves, e as forças armadas canadenses dividiram seu emprego entre transporte e patrulha marítima, denominando-as CC-115. Na década de 1970, três exemplares canadenses do CC-115 foram operados pela ONU no Oriente Médio e, no dia 9 de agosto de 1974, uma daquelas aeronaves foi abatida por três mísseis terra-ar sírios – um SA-2 e dois SA-6 – com a perda de nove vidas canadenses que estavam a bordo.

Após o emprego de dois exemplares em combate no Vietnã para testar seu desempenho, o US Army voltou a manifestar interesse na aquisição da aeronave, porém, os protestos da USAF com a argumentação de que a responsabilidade pelo emprego de grandes transportes era daquela força sepultaram definitivamente o uso do C-8A pelo Army.

Por causa de sua asa alta, seu trem de pouso reforçado e características de pouso e decolagem curtos, o DHC-5A passou a ser a aeronave ideal ao tipo de operação desenvolvida no interior do Brasil, especialmente na região amazônica, e despertou o interesse da FAB.

Além do Canadá, o DHC-5A operou com o US Army e a NASA, nos Estados Unidos, o Brasil e o Peru; a versão melhorada, DHC-5D, voou em Abu Dhabi, Camarões, Chile, Egito, Equador, Quênia, Mauritânia, México, Sudão, Tanzânia, Togo, Zaire e Zâmbia.

Ao todo foram produzidos um total de 126 Buffalo das duas versões pela de Haviland Canada.

O de Havilland Canada DHC-5 na Força Aérea Brasileira

A década de 1960 já estava pela metade e a Força Aérea Brasileira ainda voava os Fairchilld C-82 no 1º/1º GTT (Grupo de Transporte de Tropas), efetuando o transporte de tropa e logístico. Como o C-119 do 2º/1º GTT, um avião mais novo, não conseguia arcar com toda a missão das duas unidades, o Ministério da Aeronáutica resolveu substituir os C-82 por uma aeronave mais moderna.

Os estudos realizados para a definição da aeronave ideal apontou para o DHC-5A canadense, cujas características STOL interessavam muito pois se adaptavam ao tipo de emprego planejado pela FAB, que seria o lançamento de tropas paraquedistas ou mesmo o pouso de assalto em pistas rústicas ou campos sem a infraestrutura

O C-115 marcou uma época na Amazônia, pois operou em locais aonde nenhuma outra aeronave podia ir. Com o C-115, por exemplo, a COMARA conseguiu implementar diversas obras e pistas, literalmente desbravando a Amazônia. Foto Alexandre Durão / Action Editora Ltda.

adequada. Além desse tipo de emprego especificamente militar, a aeronave servia perfeitamente para o apoio às populações do interior da Amazônia e à Comara, unidade de engenharia de infraestrutura responsável pela implantação da malha de aeroportos naqueles longínquos rincões brasileiros. Sua característica de pouso e decolagem curtos e a potência de seus motores eram os maiores trunfos da aeronave.

Em 1966, foram adquiridas 24 aeronaves DHC-5A que começaram a chegar ao Campo dos Afonsos em 1968, substituindo imediatamente os C-82 no 1º/1º GTT. Por causa do número de aeronaves adquiridas, foi possível a ativação, em março de 1970, do 1º/9º GAV, com sede na Base Aérea de Manaus, e, em setembro de 1970, do 1º/15º GAV, sediado na Base Aérea de Campo Grande, ambas as unidades operando o novo C-115 Buffalo, cabendo ao 1º/1º GTT a instrução e formação operacional das equipagens das novas unidades aéreas.

No 1º/1º GTT, a operação do C-115 estava diretamente ligada à Brigada Paraquedista do Exército Brasileiro, que realizava missão de treinamento de salto no próprio Campo dos Afonsos ou em operações fora de sede. Eventualmente ocorriam missões no interior da Amazônia, em atendimento às necessidades do Correio Aéreo Nacional.

Nas outras duas unidades, apesar de ocorrer treinamento periódico para o lançamento de paraquedistas, as missões principais consistiam em apoiar os pelotões de fronteira do Exército Brasileiro, eventuais missões em proveito da Marinha do Brasil e entidades governamentais e dar assistência às cidades e vilas isoladas no interior da grande floresta, realizando a evacuação aeromédica e missões de misericórdia em proveito da população civil.

Inicialmente os C-115 do 1º GTT mantiveram a camuflagem verde e azul canadense. Já o C-115 do 1º/15º GAV e do 1º/9º GAV passaram a ostentar uma pintura cinza na parte inferior e branca na metade superior. Em 1985 os Buffalo

O DHC-5A Buffalo C-115 FAB 2370 do 1º/1º GTT (Base Aérea dos Afonsos) com o segundo padrão de pintura adotado para essa aeronave.

Um DHC-5A Buffalo C-115 do 1º/9º GAV (Base Aérea de Manaus) com o padrão final de pintura.

Belo esquema de cores de um Buffalo do 1º/1º GTT, Esquadrão Coral. O C-115 do Campo dos Afonsos teve sua vida operacional muito ligada à Brigada Paraquedista do Exército. Foto Arquivo Mario Roberto Vaz Carneiro.

começaram a ser pintados com um padrão de camuflado em dois tons de verde e um de castanho, e com a cor cinza nas superfícies inferiores.

Durante todo o período de emprego do C-115 pela FAB, seu parque apoiador foi o PAMA-SP que, inclusive, mantinha em sua dotação uma aeronave para missões de transporte logístico do próprio Parque. Apesar de terem passado por manutenção esmerada e modernização ditada pela necessidade operacional, os longos e intensos anos de uso e a escassez de suprimento passaram a causar constantes panes, dificultando sua manutenção e exigindo a sua redistribuição. Em 1981, os C-115 do 1º/15º GAV foram substituídos pelo C-95 Bandeirante, as aeronaves sendo então repartidas entre o 1º/1º GTT e 1º/9º GAV.

Em novembro de 2002, já com a disponibilidade bem baixa, os C-115 deixaram o 1º/1º GTT, sendo substituídos pelo C-130 Hercules, passando a operar concentrados no 1º/9º GAV, onde encerraram suas carreiras em 2007. Para deixar sua marca como aeronave insubstituível, antes de sua parada completa, o último C-115 em condições de voo em Manaus realizou uma missão digna de nota.

Por causa da necessidade de ampliação da pequena pista de pouso existente na reserva indígena Raposa Serra do Sol, em Roraima, em 2007 foi montada uma verdadeira operação de guerra, cujo personagem central foi um C-115 de Manaus. Para o serviço de terraplenagem, o único trator da Comara disponível estava na pista de Estirão do Equador, na fronteira entre o Brasil e o Peru, e necessitava passar por uma revisão geral antes de ser deslocado para o local do trabalho. Na época, a pista de Estirão do Equador, apesar de resistente, não permitia o pouso de um Hercules em razão do seu pequeno comprimento. Como a cabine de carga do recém chegado C-105 não tinha capacidade para o transporte do trator, mesmo desmontado, não restava outra aeronave para cumprir aquela missão: o Buffalo tinha que voar.

Naquela ocasião o C-115 já estava parado há algum tempo no pátio da base. Após passar por uma revisão rigorosa e ser colocado em condições de voo, foi deslocado para Estirão do Equador, de onde realizou três pernas para Boa Vista, levando o trator em partes. Após a revisão daquela máquina em Boa Vista, o C-115 efetuou mais três pernas de voo para a pequena pista de Raposa Serra do Sol com sua carga. Terminado o serviço, novamente três etapas de voo trouxeram as partes do trator até Boa Vista. Durante todo esse tempo, o C-115 não apresentou uma pane sequer. Pouco depois todos os C-115 da FAB haviam sido desativados.

Ao logo de sua história, a FAB perdeu nove aviões C-115 (FAB 2350/55/56/57/58/61/66/72 e 73). Além do operar no 1º GTT, no 1º/9º GAV e no 1º/15º GAV, o C-115 também esteve presente no PAMA-SP, unidade responsável pela manutenção e a última a operar o C-115 na FAB. Foto Arquivo Jackson Flores Jr. / Action Editora Ltda.

de Havilland Canada DHC-5

Período de Utilização	De 1968 até 2011
Fabricante	de Haviland Aircraft of Canada Ltda.
Emprego	Transporte de tropas e transporte logístico
Características Técnicas	
Motor	2 General Eletric CT 64-820-1 de 3.055 shp cada um
Envergadura	29,26 m
Comprimento	24,08 m
Altura	8,73 m
Área Alar	87,80 m²
Peso Vazio	10.505 kg
Peso Máximo	18.598 kg
Armamento	Não dispunha de armamento
Desempenho	
Velocidade Máxima	435 km/h
Razão de Subida	575 m/min
Teto Operacional	9.150 m
Alcance	3.490 km
Comentários	
Total Adquirido	24 exemplares
Unidades Aéreas	1º/1º Grupo de Transporte de Tropas 1º/9º Grupo de Aviação 1º/15º Grupo de Aviação PAMA-SP
Designações	C-115
Matrículas	2350 a 2373

Hawker Siddeley 125 e Raytheon Hawker 800

O exclusivo mercado para aeronaves executivas sempre foi um grande filão para as empresas de aeronáutica de grande e médio portes. Após a Segunda Guerra Mundial, diversas foram as ofertas nesse promissor ramo, que cresceu imensamente. Porém, até meados da década de 1950, as aeronaves disponíveis eram todas dotadas de motores a pistão e tracionadas a hélices. A primeira aeronave moderna para esse mercado foi o jato executivo Jetstar, da Lockheed, que voou em 1957, enquanto a outra opção disponível era o turboélice Grumman Gulfstream, de 1958.

Em 1960, a empresa de Havilland Aircraft Company apresentou o projeto de um jato para substituir o DH-104 Dove, o qual denominou DH-125 Dragon Jet em homenagem a uma das suas antigas aeronaves. Antes, porém, que o protótipo voasse pela primeira vez, o que ocorreu em 13 de agosto de 1962, a de Havilland foi incorporada pela Hawker-Siddeley, o que mudou a denominação da aeronave para HS-125 e aboliu seu nome, mas manteve o projeto com vistas a ganhar o mercado norte-americano.

Diferentemente de seus concorrentes, o projeto era para um pequeno jato executivo, pressurizado, bimotor, com capacidade para seis passageiros mais dois pilotos. As asas enflexadas eram baixas em relação à fuselagem; os estabilizadores horizontais foram colocados no meio do estabilizador vertical e dois turbojatos Bristol Siddeley Viper 20 foram inseridos nas laterais traseiras da fuselagem.

O primeiro modelo de produção era mais comprido e com maior envergadura do que a do protótipo; era uma aeronave robusta, veloz e confortável, ideal para o tipo de serviço para o qual foi projetada. Após a produção de apenas oito aeronaves da primeira série, os motores foram mudados para os mais potentes Bristol Siddeley Viper 521 ou 522, dando início às séries HS-125 1A e 1B, para exportação, e à série 2, desenvolvida para atender a um pedido da Royal Air Force (RAF) por uma aeronave para treinamento de navegação e transporte de autoridades com o nome de Dominie. As séries 3A, 3B, 3A/RA e 3B/RA já foram uma evolução no projeto, com maior peso de decolagem e maior capacidade de combustível.

As aeronaves da Série 4, mais tarde série 400, tinham capacidade para até sete passageiros, eram equipadas com o motor Viper 522 e escada embutida na fuselagem, o que muito facilitou sua operação em aeródromos desprovidos de equipamento de apoio de solo.

Foto de um dos HS-125-400B em seus primeiros dias de FAB. Ele foi o primeiro jato executivo da FAB e o primeiro a ser adquirido para o transporte de autoridades. Foto Arquivo Mario Roberto Vaz Carneiro.

Desde o início de sua produção, em 1962, as diversas versões da aeronave passaram por vários fabricantes diferentes, resultando em algumas mudanças nas designações. Até 1963, foi designado DH-125 e, quando a de Havilland se tornou uma divisão da Hawker-Siddeley, passou a ser conhecido como HS-125. Em 1977, quando a Hawker-Siddeley se transformou na British Aerospace, o nome mudou para BAe-125, permanecendo até 1993, quando a Raytheon adquiriu a

O HS-125-400B EU-93 FAB 2129 do GTE (Base Aérea de Brasília), em 1973.

O HS-125-400B EU-93 FAB 2119 do GEIV (Aeroporto Santos Dumont), em 1976.

O HS-125-400B XU-93 FAB 2117 do GEEV (CTA – São José dos Campos), em 1993.

O HS-125-400B VU-93 FAB 2118 do GTE (Base Aérea de Brasília), em 1995.

O HS-125-400B EU-93 FAB 2121 do GEIV (Aeroporto Santos Dumont), em 2001.

Clássica imagem de um VU-93 do GTE. Os jatinhos da FAB, como eram identificados os HS-125 por autoridades governamentais, transportaram diversas gerações de autoridades de Brasília Foto Wagner Ziegelmeyer / Action Editora Ltda.

Divisão de Jatos da BAe e sua designação passou a ser Raytheon Hawker.

Os Hawker 700 e 800 são as versões mais modernas daquela série de aeronaves, estando equipados com motores turbofan Garrett, mais econômicos e mais silenciosos do que os Viper. O Hawker 125-800 voou pela primeira vez em 26 de maio de 1983, incorporando inúmeras mudanças aerodinâmicas e maior capacidade para combustível.

Ao longo dos mais de 40 anos de fabricação, foram produzidas mais de mil unidades dos diversos modelos do HS-125. A última versão da série de aeronaves foi o Hawker 4.000, que realizou seu primeiro voo em 8 de novembro de 2005.

O Hawker Siddeley 125 e o Raytheon Hawker 800 na Força Aérea Brasileira

Desde a criação da Força Aérea Brasileira, em 1941, que os primeiro e segundo escalões do governo federal são transportados por aeronaves exclusivas,

Chamados de "aeronave laboratório", os aviões do GEIV são responsáveis por aferir e homologar auxílios à navegação. Durante 37 anos, os EU-93 percorreram o país de norte a sul para garantir a segurança da navegação aérea. Foto Carlos Lorch / Action Editora Ltda.

Um dos XU-93 da FAB que foram adaptados para a missão de ensaio em voo. Os XU-93 participaram ativamente dos ensaios de equipamentos do AMX e do Super Tucano. Foto Grupo Especial de Ensaio em Vôo.

equipadas com o que há de melhor em equipamentos de navegação, e com o maior conforto possível. Considerando as dimensões continentais do país e, ainda, a necessidade de viagens para outros países latino-americanos, um dos critérios mais interessantes nas aeronaves escolhidas sempre foi a autonomia.

Na década de 1960, as aeronaves empregadas na função de transporte VIP eram os antiquados VC-47, ainda movidos pelos problemáticos motores radiais. Para dotar o Grupo de Transporte Especial (GTE) de uma moderna e veloz aeronave executiva e o Grupo Especial de Inspeção em Voo (GEIV) de um vetor de alto desempenho para a calibração dos auxílios de navegação, no final da década, a FAB adquiriu, na Inglaterra, seis aeronaves HS-125-3B-RA (2120 a 2125), que começaram a ser trasladadas em voo para o Brasil em 1968, quando o primeiro cruzou o Atlântico Norte, com escala na Islândia, e desceu a costa leste dos Estados Unidos

O Hawker HS-125-800 EU-93A FAB 6050 GEIV (Aeroporto Santos Dumont), de 2000 a 2008.

O Hawker HS-125-800 IU-93A FAB 6050 GEIV (Aeroporto Santos Dumont), em 2008.

Pousando em casa! Um dos EU-93 do GEIV freia sobre a pista do Aeroporto Santos Dumont, no Rio de Janeiro. Os EU-93 sempre foram inconfundíveis graças às suas marcações em vermelho, que visam chamar a atenção durante os voos de inspeção. Foto Alexandre Durão / Action Editora Ltda.

cruzando em seguida o Caribe até chegar à América do Sul e finalmente o Brasil. Naquela oportunidade, uma aeronave ficou nos EUA (FAB 2125) para receber os equipamentos eletrônicos essenciais para seu emprego na calibração de auxílios à navegação aérea, chegando ao GEIV somente em 1970.

Posteriormente, para ampliar a capacidade de transporte de autoridades, bem como modernizar os meios aéreos para a calibração dos auxílios à navegação, outros cinco exemplares do HS-125 400B foram adquiridos em 1973, sendo quatro destinados ao GTE (FAB 2126 a 2129) e um ao GEIV (FAB 2119), e esse último teve que passar pela mesma adaptação que o anterior e só chegou a seu destino em

Os HS-125-400 e -800 estão entre as aeronaves mais importantes da FAB. Difícil imaginar a aviação de transporte executiva e, especialmente, a de inspeção em voo sem eles. Na foto um -800 sobre Fernando de Noronha. Foto Luiz Eduardo Perez / Action Editora Ltda.

1975. Os HS-125 VIP tinham capacidade para sete passageiros, além dos dois tripulantes, ao passo que a versão laboratório operava com quatro tripulantes apenas.

Até então, todos os exemplares haviam sido adquiridos na Inglaterra, porém, em 1984, outras três unidades do modelo HS-125-400B, de segunda mão, foram negociadas nos Estados Unidos e incorporadas ao GTE (FAB 2114, 2117 2118). Finalmente, em 1998, foi adquirido o último HS-125-400A para o GTE, também de segunda mão e de fabricação norte-americana, o FAB 2113.

Ao longo do seu período de atividade na FAB, dois HS-125 foram perdidos em acidentes aéreos, o FAB 2122 em Brasília (1979) e o FAB 2129 em Carajás, no Pará (1987), resultando na morte de um ministro de Estado e sua comitiva. Além disso, ocorreram alguns remanejamentos de equipamentos e, em 1988, o FAB 2121 foi convertido em EU-93 e transferido do GTE para o GEIV. Em 1990, outros dois HS-125-400 (2127 e 2125), um do GTE e um do GEIV, foram designados para o Centro Técnico da Aeronáutica (CTA), para realizar missões de ensaio em voo no Grupo Especial de Ensaios em Voo (GEEV), passando a voar como aeronaves-laboratório. Uma única aeronave do modelo continuou em uso no GEEV após a desativação das demais, trata-se do FAB 2123 vindo do GTE.

No GTE, foram desativados em 18 de janeiro de 2007, sendo substituídos pelos jatos ERJ 145, e no GEIV, em 2005, quando foram substituídos por um modelo mais moderno, o HS-125-800, que apresenta custo operacional bem menor.

Os quatro HS-125-800, que chegaram ao Brasil a partir de 2000, foram adquiridos por intermédio do SIVAM (Sistema de Vigilância da Amazônia), com o objetivo de aperfeiçoar os meios disponíveis para atender à segurança de voo, estando equipados com o que há de melhor em sistemas de bordo.

Na FAB, os HS-125 do GTE foram designados VC-93 e os do GEIV eram os EC-93. Posteriormente, em 1973, foram redesignados VU-93 e EU-93, respectivamente. Os dois exemplares do GEEV eram designados XU-93. Os HS-125-800 foram designados EU-93A e, em 2008, IU-93A.

Em 2007, um exemplar de HS-125 foi entregue ao Museu Aeroespacial (MUSAL) para preservação histórica. Outro exemplar, O FAB 2128, encontra-se no Museu da TAM.

Um dos Hawker 800 do GTE ainda com o seu primeiro padrão de pintura. Estes compõem a atual dotação do GEIV, mas deverão ser substituídos em breve pelos novos Legacy 500. Foto Alexandre Durão / Action Editora Ltda.

Hawker Siddeley 125 e Raytheon Hawker 800

Período de Utilização	De 1968 até 2010	A partir de 2000
Fabricante	Hawker Siddeley Aviation Limited	Rayteon Hawker
Emprego	Transporte VIP, ensaios em voo e aeronave-laboratório	Aeronave-laboratório
Características Técnicas	HS-125	Hawker 800
Motor	2 Rolls & Royce Viper 522 de 3.360 lb cada um	2 Honeywell TFE 731-5BR de 4.660 lb cada um
Envergadura	14,33 m	16,60 m
Comprimento	14,46 m	15,60 m
Altura	5,03 m	5,50 m
Área Alar	32,79 m²	
Peso Vazio	5.114 kg	7.110 kg
Peso Máximo	10.569 kg	12.700 kg
Armamento	Não dispunha de armamento	Não dispunha de armamento
Desempenho		
Velocidade Máxima	821 km/h	830 km/h
Razão de Subida	586 m/min	
Teto Operacional	12.500 m	12.500 m
Alcance	3.120 km	4.059 km
Comentários		
Total Adquirido	15 exemplares	4 exemplares
Unidades Aéreas	GTE GEIV GEEV	GEIV
Designações	VC-93, EC-93, VU-93, EU-93 e XU-93	EU-93A e IU-93A
Matrículas	VC-93: 2120 a 2124 VU-93: 2113, 2114, 2117, 2118, 2120 a 2124 e 2126 a 2129 EC-93: 2125 EU-93: 2119, 2121 e 2125 XU-93: 2117 e 2125	EU-93A: 6050 a 6053

British Aircraft Corporation 1-11

Em 1956, a Hunting Aircraft Corporation realizava o projeto de uma nova aeronave a jato para a RAF com capacidade para 45 passageiros, designada H-107, mas atrasos em seu desenvolvimento levaram à aquisição de outro modelo pela Força Aérea Britânica, o que acabou por decretar o abandono daquele programa. Quando a Hunting foi adquirida pela British Aircraft Corporation, em 1960, o projeto original foi modificado, o que resultou num avião com capacidade para 60 passageiros, em configuração de fileiras duplas e triplas.

Porém, a necessidade da aviação comercial mundial por uma aeronave para transporte regular de curto/médio alcance, com capacidade para até 80 passageiros, e que substituísse os Vickers Viscount da British European Airways (BEA), que

Primeiros jatos presidenciais, os dois One-Eleven serviram no GTE por quase oito anos, inaugurando um novo conceito em termos de FAB Zero-Uno.
Foto Museu Aeroespacial do Campo dos Afonsos.

transportavam apenas 60 passageiros, levou a BAC a refazer o projeto que culminou no BAC 1-11, ou One-Eleven, um monoplano de asa baixa cantilever, para dois tripulantes e até 89 passageiros, ou 9.647 kg de carga na cabine, e que atingia uma velocidade máxima de 870 km/h.

Durante os voos de teste, em 1962, um dos protótipos sofreu um acidente com perda total da aeronave, por causa de um fenômeno comum em aeronaves com cauda em T. Quando voam em elevados ângulos de ataque, principalmente durante a descida, as asas podem provocar uma sombra aerodinâmica com ar turbulhonado sobre os estabilizadores horizontais, fazendo com que percam completamente a sua efetividade. Se a aeronave entrar nessa situação a baixa altura, não há tempo nem altura suficientes para qualquer recuperação.

Com o atraso provocado por aquele acidente, a primeira aeronave de produção, conhecida como série 200, só saiu da linha de montagem em abril de 1965. Em seguida, vieram as séries 300 e 400, com maior capacidade de combustível e estrutura reforçada. A última versão, a série 500, possuía fuselagem maior e uma capacidade para até 94 passageiros.

O BAC 1-11 VC-92 FAB 2111 do Grupo de Transporte Especial (Base Aérea de Brasília), entre 1968 e 1976.

No total foram construídos 230 aparelhos das várias séries, variando conforme o número de passageiros e o tipo de emprego pretendido. Seu sucesso foi imediato e muitos foram empregados pela aviação comercial mundial.

Os BAC 1-11 possuíam os estabilizadores horizontais no topo da deriva, as asas enflechadas e trens de pouso baixos. O acesso dos passageiros era realizado através de uma escada localizada na parte posterior da aeronave.

O British Aircraft Corporation 1-11 na Força Aérea Brasileira

Em meados da década de 1960, as aeronaves empregadas para o transporte presidencial no Brasil eram dois quadrimotores Vickers Viscount, adquiridos em 1954, pelo Presidente Juscelino Kubitscheck.

Apesar de os Viscount ainda estarem em boas condições de operação, a disponibilidade de aeronaves a jato no mercado levou o Ministério da Aeronáutica a adquirir, em 19 de novembro de 1967, dois BAC 1-11 série 400 com o objetivo de equipar o Grupo de Transporte Especial (GTE) com equipamentos mais modernos para o transporte do Presidente Costa e Silva e seus ministros.

Os dois exemplares foram entregues ao GTE em outubro de 1968 e maio de 1969, quando receberam a matrícula VC-92 2111 e 2110, respectivamente, e foram muito usados nos trechos entre Brasília, Rio de Janeiro e São Paulo.

Antes de virem para o Brasil, os dois aviões passaram por uma reformulação interna, na qual foram equipados com duas cabines: a primeira em configuração executiva para o presidente e seus convidados e a segunda com 24 assentos, para o restante da comitiva.

O VC-92 foi o terceiro modelo de aeronave presidencial brasileira e o primeiro jato utilizado para essa missão no Brasil. Voou por oito anos, até dezembro de 1976, quando foi substituído pelo Boeing 737-200.

Os dois VC-92 foram adquiridos pela Fordair, uma subsidiária da Ford Motor Company europeia, aonde continuaram voando como aeronaves VIP para o presidente e a diretoria da empresa.

Os VC-92 foram substituídos pelos VC-96 em 1976. Ao deixarem o inventário da FAB, os BAC-1-11-423ET foram vendidos à Fordair, sendo matriculados G-BEJW (Ex-2110) e G-BEJM (ex-2111), respectivamente. Foto Museu Aeroespacial do Campo dos Afonsos.

British Aircraft Corporation 1-11	
Período de Utilização	De 1968 até 1976
Fabricante	British Aircraft Corporation, (Inglaterra)
Emprego	Transporte VIP
Características Técnicas	
Motor	2 Rolls-Royce Spey MK 511-14DW de 11.400 lb cada um
Envergadura	26,97 m
Comprimento	28,50 m
Altura	7,47 m
Área Alar	26,97 m²
Peso Vazio	32.206 kg
Peso Máximo	49.463 kg
Armamento	Não dispunha de armamento
Desempenho	
Velocidade Máxima	882 km/h
Razão de Subida	786 m/min
Teto Operacional	10.670 m
Alcance	3.620 km
Comentários	
Total Adquirido	2 exemplares
Unidades Aéreas	1º Esquadrão do Grupo de Transporte Especial
Designações	VC-92
Matrículas	2110 e 2111

Beechcraft 65-B80 Queen Air

No final da década de 1950, para atender à crescente demanda do mercado civil, que buscava aeronaves bimotoras talhadas para o segmento de transporte executivo, a empresa norte-americana Beech Aircraft Corporation pôs mãos à obra. Empregando o avião utilitário militar Beech L-23F, que, por sua vez, era uma versão do Twin Bonanza, porém com cabine capaz de acomodar até 10 ocupantes em vez dos sete possíveis nas últimas versões daquele avião, como ponto de partida, a Beech iniciou o desenvolvimento de uma nova aeronave nos derradeiros meses de 1957.

Com a designação Beech Model 65 posteriormente batizada de Queen Air, a nova aeronave foi projetada para operação diuturna, podendo ainda receber diversos tipos de radar meteorológico. O protótipo ficou pronto em meados de 1958 e voou pela primeira vez em 28 de agosto daquele mesmo ano. A campanha de homologação transcorreu de forma breve e fluida: o Queen Air recebeu a certificação de tipo em fevereiro de 1959 e liberou a produção em série desse novo avião da Beech. Entre fins de 1959 e 1977, a Beech produziu cinco versões básicas do Model 65, que totalizaram 1.165 unidades destinadas aos mercados civil e militar.

No que tange aos operadores militares, o Exército dos Estados Unidos (US Army) recebeu 79 unidades do U-8F Seminole, uma versão do Queen Air que incorporava diversas modificações para atender aos seus requisitos. Por mais de três décadas, esses aviões realizaram toda sorte de trabalho, desde a evacuação aeromédica até o SIGINT, ou Inteligência de Sinais na Guerra do Vietnã. Outros operadores militares foram a Argentina, a Colômbia, o Equador, Israel, o Japão, o Peru, a Tailândia, o Uruguai e a Venezuela, porém, todos esses países fizeram uso da versão civil do Queen Air.

O Beechcraft 65-B80 Queen Air na Força Aérea Brasileira

No final do primeiro semestre de 1969, os Ministérios da Aeronáutica e da Justiça assinaram um convênio no qual o último cedia ao primeiro dois aviões Beech 65-B80 Queen Air. Eles haviam sido adquiridos pelo Ministério da Justiça e entregues à Polícia Federal em 1968, para que aquela essencialmente as operasse em missões de transporte. De acordo com os termos do convênio, as duas aeronaves passavam para o controle da Força Aérea Brasileira, que os operaria em proveito do Ministério da Justiça e da Polícia Federal.

Em 15 de setembro de 1969, foi lavrado em Brasília o termo de recebimento dos dois aviões. No último dia daquele ano, ambos foram incluídos em carga, matriculados e distribuídos à Base Aérea de Brasília, ficando à disposição do 6º Esquadrão de Transporte Aéreo (6º ETA). No 6º ETA, pouco se sabe dos trabalhos realizados pelos dois Queen Air durante sua permanência naquele esquadrão, mas é possível que tenham cumprido o objeto do convênio, assim como missões de transporte em proveito da FAB.

Porém, a permanência dos Queen Air no 6º ETA foi relativamente breve. Encerrado o convênio entre os Ministérios da Aeronáutica e da Justiça, os C-8, como foram designados, deixaram o 6º ETA em 1973, ao serem recolhidos ao Parque de Aeronáutica dos Afonsos.

Mais do que mera revisão de suas células e motores, os Queen Air foram preparados para sua nova tarefa: servir como avião laboratório. Isso implicou extensas modificações na cabine de passageiros, onde foram adaptados consoles e painéis que abrigavam a instrumentação que mede, processa e

Com as tradicionais marcas em vermelho, o FAB 2013, um dos dois EU-8 que serviram ao GEIV. Eles foram substituídos, em 1978, pelo EC-95. Foto Arquivo Vito Cedrini.

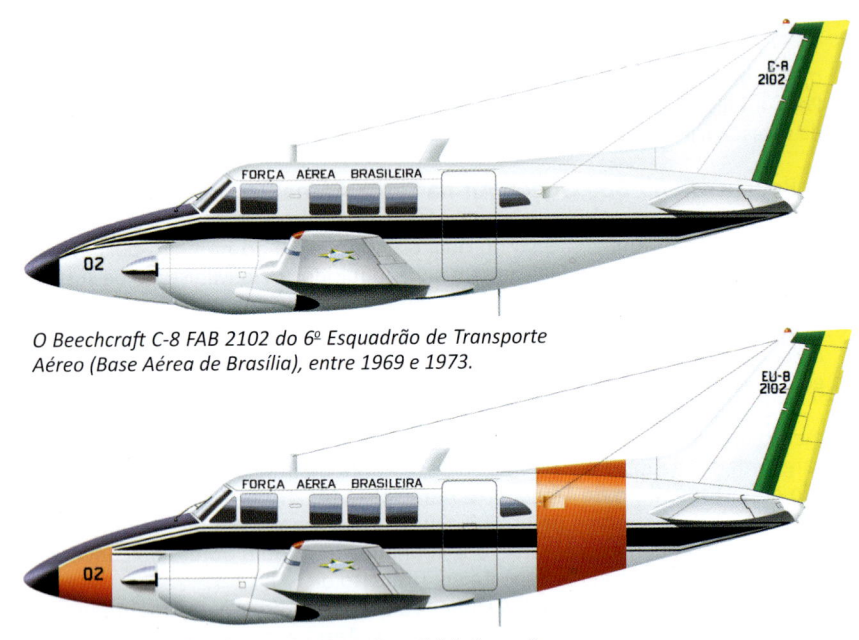

O Beechcraft C-8 FAB 2102 do 6º Esquadrão de Transporte Aéreo (Base Aérea de Brasília), entre 1969 e 1973.

O Beechcraft EU-8 FAB 2102 do Grupo Especial de Inspeção em Voo (Aeroporto Santos Dumont), de 1974 a 1977.

grava, para posterior análise, o desempenho de diversos sistemas de auxílio à navegação aérea. A decisão de transformar os Queen Air em avião laboratório aparentemente se fundamentou na iminente desativação de dois aviões Douglas EC-47 que desempenhavam essa função desde a década anterior.

As duas aeronaves foram dadas como prontas para a nova função nos derradeiros meses de 1973, consequentemente sendo distribuídas ao Grupo Especial de Inspeção em Voo (GEIV), com sede no Aeroporto Santos Dumont, no Rio de Janeiro (RJ). Praticamente de imediato os dois Queen Air, já com a designação EU-8 para melhor espelhar sua nova missão, passaram a frequentar assiduamente as aerovias e os aeródromos em diversos pontos do território nacional. Ao analisar e aferir os mais variados tipos de sistema de auxílio à navegação aérea, os EU-8 Queen Air prestaram importante mas silencioso trabalho.

Contudo, nos bastidores, já estava nas pranchetas de desenho da Embraer outro avião laboratório, que nada mais era do que uma versão do EMB-110 Bandeirante. A FAB encomendou quatro exemplares do novo avião – o EC-95 –, os primeiros dois sendo recebidos em abril e maio de 1976, seguidos dos dois restantes, que ficaram prontos em novembro daquele ano.

Redundantes às necessidades da FAB como consequência da entrada em serviço dos EC-95, manter os Queen Air era nitidamente desaconselhável sob o ponto de vista econômico e operacional. Assim, foi decidido que os dois EU-8 seriam alienados e leiloados. O Parque de Material Aeronáutico dos Afonsos tratou de reconfigurar os dois Queen Air para a sua condição original, removendo todos os consoles, painéis e sensores, instalando em seu lugar assentos para passageiros. Finalmente, em 1977, os Queen Air foram arrematados por particulares e, em seguida, inscritos no Registro Aeronáutico Brasileiro sob as marcas PT-KYG e PT-KYH.

Beechcraft 65-B80 Queen Air	
Período de Utilização	De 1969 até 1977
Fabricante	Beech Aircraft Corporation, Wichita (Kansas – EUA)
Emprego	Transporte e laboratório
Características Técnicas	
Motor	2 Lycoming IGSO-480-A1E6 de 360 hp cada um
Envergadura	13,98 m
Comprimento	10,82 m
Altura	4,34 m
Área Alar	25,73 m²
Peso Vazio	2.218 kg
Peso Máximo	3.493 kg
Armamento	Não dispunha de armamento
Desempenho	
Velocidade Máxima	385 km/h
Razão de Subida	396 m/min
Teto Operacional	9.540 m
Alcance	2.670 km
Comentários	
Total Adquirido	2 exemplares
Unidades Aéreas	6º Esquadrão de Transporte Aéreo Grupo Especial de Inspeção em Voo
Designações	C-8; posteriormente alterado para EU-8
Matrículas	2102 e 2103

Aerospatiale CM-170-2 Super Magister

Os últimos anos da década de 1940 assistiram à entrada em serviço de um número cada vez maior de caças dotados de motores a reação. Essa situação fez com que as cabeças pensantes de diversas Forças Aéreas reavaliassem o currículo e o material empregado na instrução ministrada aos seus futuros aviadores. Naquela época, muitas armas de aviação faziam uso do North American Aviation AT-6, um eficientíssimo avião de treinamento avançado, mas verificou-se que essa aeronave estava longe de ser a ideal para formar aviadores militares para o próximo passo.

Como resposta paliativa, foram desenvolvidas versões biplace de caças a jato que já estavam em produção, como o Lockheed TP-80 norte-americano (posteriormente redesignado como T-33), o Gloster Meteor TMk.7 inglês e o MiG-15uti soviético. Porém, essas e outras soluções não satisfaziam inteiramente às exigências presentes no currículo de instrução da vasta maioria das escolas militares de aviação, o que incentivou o desenvolvimento de aviões a jato especificamente projetados para a tarefa de instrução.

A empresa francesa Etablissements Fouga et Cie., de Toulouse, identificou essa carência e, em 1948, propôs ao Armée de l'Air o desenvolvimento de um avião birreator leve de treinamento. A resposta foi encorajadora e, assim, dois engenheiros aeronáuticos da Fouga et Cie., Robert Castello e Pierre Mauboussin, passaram a desenvolver a nova aeronave.

Inconfundível cauda em V do T-24 que foi operado na FAB exclusivamente para demonstrações aéreas. O T-24, ou Fouga Magister, foi o primeiro e único jato operado pela unidade. Foto Mario Roberto Vaz Carneiro.

Lançando mão de sua extensa experiência com projetos de planadores, Castello e Mauboussin deram forma ao CM-170, que descendia de dois projetos de motoplanadores. Obtiveram, em dezembro de 1950, um contrato para produzir três protótipos do CM-170, e o primeiro fez seu voo inaugural em 23 de julho de 1952. Numa concorrência aberta contra o Morane Saulnier MS-755 Fleuret, o pequeno CM-170 foi sagrado vencedor, o que lhe rendeu os primeiros contratos de encomenda por parte da Força Aérea Francesa. Além disso, a Aéronautique Navale – a Aviação Naval Francesa – encomendou 30 exemplares do CM-175 Zephyr, que nada mais era do que um Fouga adaptado para operações embarcadas.

Batizado de Magister, o Fouga CM-170 foi o primeiro avião de treinamento do mundo a ser projetado especificamente para essa finalidade e, como tal, gozou de enorme sucesso. Em veloz sucessão, foram assinados contratos de fornecimento com diversas forças aéreas, como a da Áustria, da Bélgica, do Líbano e da Líbia. As ótimas qualidades do Fouga Magister levaram ainda à sua produção sob licença na Alemanha, na Finlândia e em Israel. Quando foi encerrada a fabricação do CM-170, aproximadamente 916 desses aviões haviam sido produzidos, primeiro pela Etablissements Fouga et Cie. e, após as sucessivas reorganizações da indústria aeronáutica francesa, pela Potez Aeronautique e pela Sud Aviation.

Além de desempenhar o seu papel como avião de treinamento, o CM-170 Magister equipou diversas equipes militares de demonstração aérea, notoriamente a Patrouille de France, o esquadrão francês de demonstração aérea. O

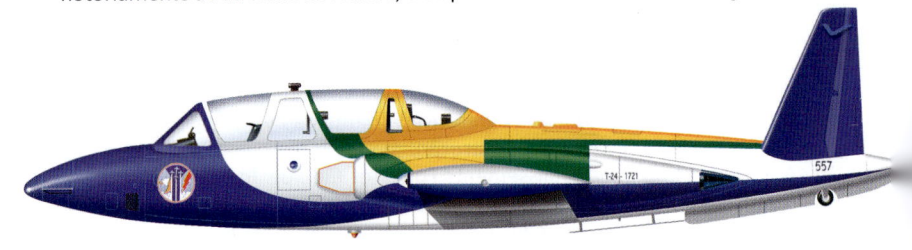

O CM-170-2 Super Magister T-24 FAB 1721 da Esquadrilha da Fumaça (Aeroporto Santos Dumont), entre 1969 e 1974.

Magister também se mostrou um eficiente vetor leve de ataque, como foi comprovado pela Força Aérea Israelense durante a Guerra dos Seis Dias (1967). Armados com metralhadoras leves, foguetes de pequeno calibre e bombas, esses minúsculos jatos lograram destruir mais de 50 tanques em território egípcio, um feito que Castello e Mauboussin jamais poderiam imaginar que seria alcançado por um produto saído de suas pranchetas de desenho.

O Super Magister na Força Aérea Brasileira

Em meados da década de 1960, com o fim da vida útil do North American AT-6 já despontando no horizonte, a Força Aérea Brasileira iniciou a busca de uma plataforma que pudesse cumprir o variado leque de missões desempenhado por aquele clássico avião de treinamento. No que diz respeito à tarefa de instrução avançada, a solução acabou sendo a aquisição de jatos Cessna T-37C.

Para reequipar a Esquadrilha da Fumaça, que também operava o AT-6, foram cogitados os novos T-37C. Apesar de reconhecer a conveniência em dotar aquela unidade com aviões a jato, considerações operacionais jogaram por terra essa possibilidade.

Conquanto a substituição dos AT-6 da Esquadrilha da Fumaça não pudesse ser atendida pelo T-37C, o desejo em reequipá-la com jatos não foi esquecida. A oportunidade para concretizar essa ambição se deu com a desativação e a venda para o governo francês dos Morane Saulnier MS-760 Paris. Com uma parcela do crédito obtido com a venda daqueles aviões, foi possível adquirir um lote de treinadores Aérospatiale CM-170-2 Super Magister, uma aeronave que, naquela época, já estava sendo empregada por diversas equipes militares de demonstração aérea. Além de apresentar notáveis qualidades de voo que a tornavam uma aeronave de pilotagem dócil e com acentuada manobrabilidade, o CM-170-2 Super Magister se constituía num avião de manutenção razoavelmente simples,

Os sete T-24 da Esquadrilha da Fumaça foram, na prática, empregados concomitante com os T-6 da unidade. Nesse período, a Fumaça literalmente operou dois modelos de aviões de demonstração aérea. Foto Arquivo Action Editora Ltda.

característica realçada pelo fato de que muitos dos seus sistemas eram iguais ou semelhantes aos do MS-760 Paris que a FAB acabara de desativar.

O contrato de compra foi assinado em 1968 e, ainda naquele ano, a FAB despachou para Salon de Provence (França) três oficiais aviadores. Lá, sob a supervisão do 312 Groupement Instruction, os aviadores brasileiros realizaram o curso de adaptação com pessoal pertencente à Patrouille de France, a equipe de demonstração aérea francesa que na época também operava o CM-170 Magister. Concluída com sucesso aquela etapa, restou aguardar a chegada das sete aeronaves encomendadas – cinco chegaram no primeiro trimestre de 1969 por via marítima e as duas restantes, no final daquele mesmo ano.

Apresentando um chamativo esquema de pintura em verde, amarelo, azul e branco, elaborado pelo publicitário uruguaio Eddie Moyna, os cinco aviões iniciais foram montados no Campo dos Afonsos com ajuda do pessoal do Parque de Aeronáutica localizado naquela base. Finalmente, no dia 21 de março de 1969, foi executado o primeiro voo de um CM-170-2 em céus brasileiros e, no dia 18 do mês seguinte, foi realizada a primeira apresentação pública com o novo jato. Cinco dias mais tarde, aqueles aviões foram incluídos na carga do Ministério da Aeronáutica e distribuídos ao Quartel-General da 3ª Zona Aérea, mas colocados à disposição da Esquadrilha da Fumaça.

Com a designação T-24, mas conhecido simplesmente como Fouga, o CM-170-2 Super Magister mostrou rapidamente que, apesar de suas virtudes como vetor de demonstração aérea, apresentava deficiências que não podiam ser ignoradas. A baixa autonomia – cerca de 80 minutos em perfil de demonstração aérea – impunha diversas restrições. E por se tratar de uma aeronave a reação, sua operação estava limitada às pistas pavimentadas, cuja quantidade era relativamente escassa fora dos grandes centros metropolitanos do território nacional. Combinados, esses dois fatores cercearam a realização de demonstrações aéreas

Apertando a curva sobre o Rio de Janeiro. Apesar de inovador e mais moderno, o T-24 não se adaptou às atividades da Fumaça e acabou sua carreira com apenas 46 demonstrações realizadas em cinco anos. Foto Arquivo Action Editora Ltda.

Belo esquema de cores em verde, amarelo, azul e branco do T-24 FAB 1726 Esquadrilha da Fumaça, visto em sua sede no Aeroporto Santos Dumont. Até hoje, o T-24 foi i único jato usado pela Fumaça que, em 1983, voltou às atividades como EDA. Foto Arquivo Mario Roberto Vaz Carneiro.

em áreas tradicionalmente cobertas pela Esquadrilha da Fumaça desde sua criação, como localidades no interior do Centro-Oeste, Sudeste e Sul brasileiro. Outra falha apontada nessa aeronave foi a ausência de assentos ejetáveis, uma deficiência grave em se tratando de uma aeronave a reação, agravada ainda pela sua empenagem em V, que tornava o seu abandono em voo por meios convencionais uma empreitada das mais perigosas. Contudo, no que dizia respeito aos pilotos, a confiabilidade do material desfez quaisquer possíveis óbices contra a falta de assentos ejetáveis.

Assim, acabaram sendo poucas as demonstrações aéreas realizadas pelos Fouga no Brasil. De fato, foram 46 apresentações, quase todas realizadas na região Sudeste. Mesmo sendo poucas as demonstrações públicas feitas por esses elegantes jatos, os CM-170 deixaram sua marca em face do sibilante som de seus motores e as ocasionais apresentações em que foi empregada fumaça nas cores verde, amarela e azul.

Com os polivalentes T-6 cobrindo a maior parcela das demonstrações aéreas registradas entre 1969 e 1973, ficou claro que não era mais conveniente manter em operação os CM-170 Super Magister. Consequentemente, a FAB tratou de desativá-los, vendendo-os de volta à Aérospatiale no início de 1974. Cinco dos sete aviões encontraram novo lar na África, após serem vendidos ao Armée de l'Air du Senegal. Desmontados no Campo dos Afonsos, acabaram sendo embarcados em avião de transporte Canadair CL-44D e levados para aquele país.

Aerospatiale CM-170-2 Super Magister	
Período de Utilização	De 1969 até 1974
Fabricante	Societé Nationale Industrielle Aérospatiale, (França)
Emprego	Demonstração aérea
Características Técnicas	
Motor	2 Turbomeca Marboré VI de 1.058 lb cada um
Envergadura	12,15 m
Comprimento	10,06 m
Altura	2,80 m

Continua

Área Alar	17,30 m²
Peso Vazio	2.310 kg
Peso Máximo	3.260 kg
Armamento	Não dispunha de armamento
Desempenho	
Velocidade Máxima	700 km/h
Razão de Subida	1.200 m/min
Teto Operacional	12.000 m
Alcance	1.400 km
Comentários	
Total Adquirido	7 exemplares
Unidades Aéreas	Esquadrilha da Fumaça
Designações	T-24
Matrículas	1720 a 1726

Aerotec A-122A Uirapuru

Em 1965, os já antiquados T-21 e T-22, empregados na instrução primária dos cadetes da Escola de Aeronáutica, caminhavam para o final de sua vida útil, obrigando a Força Aérea Brasileira a partir em busca de uma aeronave de instrução que os substituísse a contento.

Ciente dessa necessidade, a Indústria Aeronáutica Aerotec S. A. apresentou ao Ministério da Aeronáutica um projeto desenvolvido por Carlos Gonçalves e José Carlos Reis, para uma aeronave de treinamento básico com as características ideais de simplicidade, robustez e baixo custo de operação.

O T-23 FAB 0941 visto em voo. Simples de operar, confiável e com boa disponibilidade, o T-23 era uma aeronave ideal para instrução. No entanto, tinha uma razão de planeio ruim e a perda eventual de motor era um tanto crítica, pois sua velocidade vertical aumentava muito nessa condição, o que era complicado para pilotos inexperientes. Foto Museu Aeroespacial do Campo dos Afonsos.

Treinadores Zarapa na linha de voo da Academia da Força Aérea. Primeira aeronave para muitos pilotos, o T-23 fez parte de toda uma geração de aviadores da FAB.
Foto Museu Aeroespacial do Campo dos Afonsos.

Denominado A-122, realizou seu primeiro voo em 2 de junho de 1965 e era uma aeronave pequena, porém resistente, equipada com um motor de quatro cilindros horizontais, assentos lado a lado e trem de pouso fixo, projetada exatamente para suportar todo o desgaste proveniente da instrução dada aos inexperientes cadetes, o que fazia dela a aeronave ideal para as necessidades da FAB. O protótipo, porém, apresentou alguns problemas aerodinâmicos que dificultavam sua saída dos parafusos, o que acabou resultando em um acidente fatal com o piloto de testes. Após a inclusão de uma quilha na parte posterior da fuselagem, a viciosa tendência foi eliminada e a aeronave alcançou grande sucesso.

O contrato inicial foi para 30 aeronaves, que receberam a designação T-23 Uirapuru, sendo posteriormente aumentado para 76 unidades. Apesar de receber o nome de um pássaro brasileiro, o T-23 ficou mais conhecido entre os pilotos simplesmente como Zarapa.

O Uirapuru também foi vendido para as Forças Aéreas da Bolívia e do Paraguai.

O Aerotec A-122A Uirapuru na Força Aérea Brasileira

O T-23 entrou em serviço com a FAB em 1969 e foi utilizado na formação básica dos cadetes, na Academia da Força Aérea em Pirassununga (SP), e também na formação dos pilotos da reserva no Centro de Formação de Pilotos Militares (CFPM), em Natal (RN).

O Aerotec T-23 FAB 0948 do Centro de Formação de Pilotos Militares (Base Aérea de Natal), entre 1970 e 1973.

Ao longo dos seus anos de serviço, o modelo passou por várias modificações e aperfeiçoamentos que a mantiveram como uma aeronave altamente confiável. Sua transformação mais evidente foi a substituição da cobertura original da nacele de 45 aeronaves por uma mais aerodinâmica e, com isso, sua designação passou a T-23B.

Durante sua passagem pelas fileiras da FAB, os 76 Zarapa ajudaram a formar milhares de pilotos e, oficialmente, deixaram o serviço ativo em 1º de junho de 1984. Algumas aeronaves, porém, foram mantidas na Academia da Força Aérea por mais algum tempo, onde rebocaram planadores para a instrução dos cadetes no Clube de Voo a Vela. As demais unidades foram enviadas às dezenas de aeroclubes brasileiros, onde continuaram contribuindo por muitos anos para a formação de centenas de jovens pilotos civis.

Aerotec A-122A Uirapuru

Período de Utilização	De 1969 até 1984
Fabricante	Indústria Aeronáutica Aerotec S.A.
Emprego	Treinamento primário
Características Técnicas	
Motor	Lycoming IO-320 B2B de 160 hp
Envergadura	8,50 m
Comprimento	6,65 m
Altura	2,70 m
Área Alar	13,50 m²
Peso Vazio	540 kg
Peso Máximo	840 kg
Desempenho	
Velocidade Máxima	227 km/h
Razão de Subida	264 m/min
Teto Operacional	4.500 m
Alcance	800 km
Comentários	
Total Adquirido	76 exemplares
Unidades Aéreas	AFA CFPM
Designações	T-23
Matrículas	0940 a 0999 e 1730 a 1745

Neiva T-25A, T-25C e YT-25B

Nem sempre um orçamento curto é sinônimo de problemas insolúveis. Na década de 1960, os parcos recursos para a aquisição, no exterior, de uma aeronave substituta para os velhos North American T-6 empregados na instrução dos cadetes da Força Aérea levou o Ministério da Aeronáutica a procurar uma solução caseira. Como a Sociedade Construtora Aeronáutica Neiva possuía um contrato para a produção dos U-42 e L-42 Regente em Botucatu, no interior paulista, o Ministério da Aeronáutica os consultou sobre a possibilidade da execução de um projeto de uma aeronave monomotora para treinamento básico e avançado.

Protótipo do Neiva 621, o PP-ZTW é visto acionado. Foi a partir dele que a FAB pôde dispor de uma das aeronaves de treinamento mais marcantes de sua história. Foto Arquivo Roberto Pereira de Andrade.

A Neiva, que já vinha trabalhando num projeto de Joseph Kovacs, engenheiro aeronáutico húngaro radicado no Brasil, aproveitou a oportunidade e apresentou como proposta seu Modelo N-621 ao Ministério da Aeronáutica, que o aprovou de imediato. A aeronave apresentada era um biplace lado a lado, trem de pouso triciclo retrátil, asa baixa, acrobático, completamente metálico, equipado com um motor de seis cilindros opostos horizontalmente e hélice bipá com controle de passo e foi o primeiro monomotor de alto desempenho construído no Brasil. Possuía, ainda, a opção de uma terceira cadeira a ser colocada atrás dos assentos dos pilotos, mas que jamais foi usada.

Foto de uma linha de voo de aviões T-25 da FAB pouco antes da entrega. Operado em versões T-25/A/C, o Universal está entre as aeronaves que foram operadas em maior número com quase 170 exemplares. Foto Arquivo Roberto Pereira de Andrade.

O primeiro voo do N-621 ocorreu em 9 de abril de 1966 com a aeronave de prefixo civil PP-ZTW. Em dezembro de 1967, o Ministério da Aeronáutica assinou um contrato para a produção de 150 unidades da aeronave, que passaria a ser denominada T-25 Universal. Para a produção em série do Universal, foi criada uma linha de montagem em São José dos Campos, junto ao Centro Técnico Aeroespacial (CTA), e o primeiro exemplar de produção foi entregue à FAB em 1971.

Como exigência da FAB para a substituição dos T-6 também nos Esquadrões Mistos de Reconhecimento e Ataque (EMRA), um lote de 20 N-621 teve incluídos quatro pontos duros sob as asas para a colocação de armamento, nos quais podia transportar duas metralhadoras MAG 7,62 mm, dispostas em casulos individuais, bombas ou foguetes ar-solo SBAT 70 mm em casulos de sete unidades. Essa versão armada foi denominada T-25A.

Do contrato inicial a FAB recebeu apenas 140 unidades por causa de cortes no orçamento. Como já haviam sido construídas 150 aeronaves, do excesso de produção, 10 unidades foram vendidas ao Exército do Chile. Com a aposentadoria dessas aeronaves no Chile, as unidades remanescentes foram doadas ao Paraguai, às quais se juntaram outras doadas pela FAB. Posteriormente, a FAB adquiriu mais 28 unidades, totalizando 168 aeronaves T-25 produzidas e incorporadas.

Em 1978, com a possibilidade da aposentadoria precoce dos T-37C, que eram usados na instrução avançada de cadetes, para substituí-los, a Neiva desenvolveu, por conta e risco, o protótipo do N-622 Universal II, também designado YT-25B, que

O Neiva T-25B FAB 1831 com o padrão de pintura camuflado usado pelos EMRAs, 2º ELO e algumas bases aéreas.

O Neiva YT-25B FAB 1831 do PAMA-LS (Lagoa Santa – MG), em 2012.

O Neiva T-25C FAB 1910 do 1º EIA da AFA (Pirassununga), em 2014.

O T-25 Universal empregou vários esquemas de pintura, desde o clássico de treinamento passando pelo padrão em amarelo da 2ª ELO e alguns camuflados, como o visto acima, usado por diversas aeronaves da FAB. Há outros padrões, inclusive o atualmente usado, em verde e cinza. Foto Arquivo Jackson Flores Jr. / Action Editora Ltda.

era exatamente um T-25 comum equipado com um motor de oito cilindros Avco Lycoming com 400 hp de potência e hélice tripá. Seu primeiro voo ocorreu em 22 de outubro de 1978 e não apresentou nenhum tipo de evolução tecnológica ou técnica, desse modo, a proposta da Neiva foi derrotada pelo turboélice T-27 da Embraer.

Essa derrota foi o último suspiro da Neiva, que, em 1980, foi adquirida pela Embraer, passando a ser usada na produção do Ipanema e dos aviões leves da Piper.

Na década de 1980, o CTA, através de seu instituto de pesquisas, na busca por uma alternativa à gasolina como combustível de aviação, passou a pesquisar o emprego do etanol, que já vinha sendo usado em motores de automóveis e do qual o Brasil era um dos maiores produtores no planeta. Em 1985, um motor de seis cilindros de T-25 foi adaptado ao novo combustível e testado exaustivamente durante 520 horas em bancadas de testes, sendo plenamente aprovado para emprego em voo.

Em 1986, o motor foi instalado no T-25 1904 da FAB, que se tornou o primeiro avião brasileiro a realizar um voo com motor alimentado a álcool, porém, no ano seguinte, ocorreram as primeiras crises de desabastecimento e o programa foi suspenso. Prático, o sistema inspirou novamente o CTA, depois denominado Departamento de Ciência e Tecnologia Aeroespacial (DCTA), que em 2004 retomou o projeto e começou a desenvolver um motor aeronáutico flex para uso na Força Aérea Brasileira e na aviação agrícola e que é o único motor no mundo a empregar tanto a gasolina quanto o álcool como combustíveis de aviação.

Além da FAB, os T-25 da Neiva voaram no Exército do Chile e ainda na Força Aérea do Paraguai e na Força Aérea Boliviana.

Os Neiva T-25A, T-25C e YT-25B na Força Aérea Brasileira

Ao comparar o T-25 Universal com o T-27 Tucano, ambas as aeronaves empregadas na instrução aérea aos cadetes da FAB, alguns pilotos otimistas anunciaram que, apesar da idade, o T-25 estaria presente ao velório do T-27. À época isso pareceu bastante exagerado, mas o tempo se encarregou de mostrar que aquela profecia poderia se concretizar.

Os primeiros exemplares do T-25 começaram a ser entregues em 1971, sendo alocados na Academia da Força Aérea (AFA), em Pirassununga, e no Centro de Formação de Pilotos Militares (CFPM), na Base Aérea de Natal; e, em 1973, na 2ª Esquadrilha de Ligação e Observação (2ª ELO), responsável pelas missões em proveito da Marinha do Brasil, e nos 1º, 2º e 5º Esquadrões Mistos de Reconhecimento e Ataque (EMRA), baseados respectivamente em Belém, Recife e Santa Maria e responsáveis pelas missões de ataque leve, ligação e observação e apoio aéreo aproximado. As aeronaves da 2ª ELO eram pintadas na cor amarelo-ouro enquanto aquelas empregadas pelos EMRA receberam camuflagens no mesmo padrão utilizado pela USAF no Vietnã.

O T-25A foi empregado na FAB como aeronave de ataque leve contra alvos no solo, tanto na 2ª ELO, quanto nos EMRA, na década de 1970, armados com foguetes, metralhadoras em pods sob as asas e bombas em quatro cabides externos. Essa disponibilidade de equipamento aéreo novo e robusto possibilitou a retirada dos T-6D/G das unidades de ataque bem como sua aposentadoria definitiva. Porém, como o Universal é uma aeronave de fácil pilotagem, robusto e acrobático, contribuindo para uma instrução básica bastante simples, sua maior missão foi a de servir como treinador primário e avançado para milhares de cadetes na AFA e oficiais da reserva no CFPM, em Natal (RN).

Na AFA, com a aposentadoria precoce do T-37C, o T-25 tornou-se aeronave "tampão" sendo empregada na formação avançada dos cadetes até a entrada em serviço do T-27 Tucano, em 1983. Naquela ocasião, retornou à sua atividade no 1º EIA como treinador avançado e, após a chegada do T-27, foi transferido para o 2º EIA para ministrar instrução primária.

Com a desativação dos EMRA e a substituição dos T-25 pelos T-27 na 2ª ELO, as aeronaves daquelas unidades foram distribuídas para a AFA, algumas unidades aéreas do 8º Grupo, onde contribuíam para a manutenção da capacidade operacional dos pilotos em voo por instrumento, e algumas bases aéreas, onde, além de manter a operacionalidade dos oficiais da base, foram empregadas como aeronaves administrativas.

Na década de 1990, os T-25 disponíveis foram submetidos a uma modernização que incluiu melhorias nos sistemas de comunicação rádio, GPS para navegação e melhores equipamento de VOR/NDB. Essas aeronaves passaram a ser designadas T-25C.

Entre os anos de 1980 e 1983, os T-25 da AFA foram as aeronaves empregadas para o renascimento da Esquadrilha da Fumaça, desativada desde 1976. Denominado Cometa Branco, o embrião do futuro Esquadrão de Demonstração Aérea (EDA) realizou sua primeira demonstração oficial, autorizada pelo Coman-

O T-25 não possui assentos ejetáveis, o piloto porta o seu paraquedas individualmente. Na foto uma demonstração de abandono da aeronave feita no FAB 1849.
Foto Arquivo José de Alvarenga.

Um elemento de T-25C, ou Tangão, como é chamado no 2º Esquadrão de Instrução Aérea da AFA. Apesar de ter voado em muitas unidades, inclusive nas de emprego, o T-25 sempre estará associado à instrução aérea. Foto Wagner Ziegelmeyer / Action Editora Ltda.

dante da AFA, em 10 de julho de 1980, durante a cerimônia de entrega de espadins aos cadetes. Os T-25 do Cometa Branco abrilhantaram inúmeras solenidades na AFA até sua substituição pelos T-27, em 1983.

Neiva T-25A, T-25C e YT-25B

Período de Utilização	A partir de 1971
Fabricante	Sociedade Construtora Aeronáutica Neiva
Emprego	Treinamento, ataque leve, demonstração aérea
Características Técnicas	
Motor	Lycoming 10-540K 1D5 de 300 hp
Envergadura	11 m
Comprimento	8,60 m
Altura	3 m
Área Alar	17,20 m²
Peso Vazio	1.150 Kg
Peso Máximo	1.700 Kg
Armamento	2 casulos de metralhadoras 7,62 mm 2 bombas de 45 kg 2 casulos de foguetes 37 mm ou 70 mm
Desempenho	
Velocidade Máxima	275 Km/h
Razão de Subida	320 m/min
Teto Operacional	6.100 m
Alcance	1.150 km
Comentários	
Total Adquirido	168 exemplares

Continua

Unidades Aéreas	CFPM
	AFA
	EEAer
	EPCAR
	Bases Aéreas
	1º/8º GAV
	2º/8º GAV
	5º/8º GAV
	EDA (Cometa Branco)
	PAMA-LS
	1º EMRA
	2º EMRA
	5º EMRA
Designações	T-25, T-25A, T-25C, AT-25 e YT-25B
Matrículas	1830 a 1979*

*O FAB 1831 foi convertido em YT-25B.

Embraer EMB-326GB Xavante e Atlas Impala I e II

A complexidade das aeronaves de alta performance (supersônicas) que entravam em operação na década de 1950 não só mudou o modo de se fazer a guerra aérea como ainda passou a exigir melhor formação de seus futuros pilotos. A transição operacional que antes se dava sem muita dificuldade entre aeronaves tracionadas a hélice, agora ceifava vidas e inutilizava equipamentos de elevado valor e difícil reposição.

Ante esse problema e para diminuir esse dispendioso atrito, as forças aéreas modernas, em particular aquelas que faziam parte das forças da OTAN, passaram a desenvolver aeronaves a jato para a formação operacional de seus pilotos. Os Estados Unidos investiram no desenvolvimento do Cessna T-37 e a Inglaterra, no Jet Provost; a França, que não fazia parte da OTAN, colocou em operação o Fouga Magister, o que chamou a atenção dos italianos.

Na tentativa de abocanhar uma fatia desse novo mercado e atender à necessidade da Aeronautica Militare Italiane (AMI – Força Aérea Italiana), a empresa italiana

*Linha de voo de jatos AT-26 em Santa Cruz, em 1971. Os primeiros Xavante montados pela Embraer foram enviados ao 1º GAVCA para avaliação. Foi só em abril de 1973 que ele seria distribuído às demais unidades aéreas, começando pelo 1º/4º GAV.
Foto Arquivo Action Editora Ltda.*

O Embraer EMB-326GB I-FASE – Protótipo do AT-26 Xavante.

O Embraer AT-26 FAB 4556 do 3º Esquadrão de Instrução Aérea (CATRE), aeronave usada como agressora.

O Embraer AT-26 FAB 4570 do 3º EMRA Esquadrão Polivalente (BASC).

O Embraer AT-26 FAB 4554 do 4º EMRA Esquadrão Dragão (BASP).

O Embraer AT-26 FAB 4552 do 5º EMRA Esquadrão Pantera (BASM).

Aermacchi passou ao desenvolvimento de uma aeronave à reação de treinamento que conjugasse a simplicidade da manutenção com a facilidade do emprego, e a AMI, bastante interessada, listou algumas especificações que lhe interessavam.

O Embraer AT-26 FAB 4478 do 1º GAVCA Esquadrão Jambock (BASC).

O Embraer AT-26 FAB 4590 do 2º/5º GAV Esquadrão Joker (BANT).

O Embraer AT-26 FAB 4476 do 3º/10º GAV Esquadrão Centauro (BASM).

O Embraer AT-26 FAB 4583 do 1º/10º GAV Esquadrão Poker (BASM).

O Embraer AT-26 FAB 4610 6 do 2º/5º GAV Esquadrão Joker (BANT), jato da Esquadrilha de Demonstração Alouette.

    A aeronave deveria suportar uma carga máxima de 7 G, decolagem com carga máxima em 800 m de pista com obstáculo de 15 m, pouso em 450 m de pista, velocidade máxima de 700 km/h e taxa de subida de 15 m/s.

De posse das necessidades italianas, em 1953, o engenheiro da Aermacchi Ermanno Bazzocchi projetou um monomotor de asas baixas, com assentos ejetáveis em tandem cobertos por um único canopí em forma de bolha, com estrutura em metal leve, dotado de um motor Rolls-Royce Viper de 1.750 lb de empuxo e tanques de combustível na fuselagem e na ponta das asas. O protótipo, que foi designado MB-326, realizou seu primeiro voo em 10 de dezembro de 1957 e demonstrou ser uma aeronave versátil, ágil e manobrável, com capacidade de suportar 7,5 G positivos e 3 G negativos.

Os testes seguintes, porém, demonstraram a necessidade de modificação no projeto. O motor foi substituído por uma versão mais potente, com 2.500 lb de empuxo, algumas alterações aerodinâmicas foram introduzidas e seis pontos duros sob as asas foram acrescentados, permitindo seu emprego para ataques ao solo.

Apesar do sucesso do projeto, a aeronave não atraiu a atenção dos países mais avançados, que, na época, já desenvolviam os seus próprios modelos, mas suas características atendiam muito bem as Forças Aéreas dotadas de menos recursos financeiros e que precisavam de uma aeronave barata para o emprego armado.

Em 1960, a AMI fez um pedido de 125 MB-326 de treinamento, que foram empregados na formação de seus pilotos em substituição aos antigos North American T-6, e seis MB-326E armados. Em seguida, começaram os pedidos externos: a Tunísia adquiriu oito MB-326B para ataque leve; Gana recebeu nove MB-326F para ataque leve; a Armada Argentina comprou oito MB-326GB para ataque leve e treinamento e os empregou contra os ingleses na Guerra das Falklands/Malvinas; 17 MB-326 GB foram para o Zaire e 23 MB-326GB para a Zâmbia. Após a guerra, a FAB repassou 11 dos seus AT-26 para a Argentina para que aquele país pudesse repor as suas perdas no conflito.

Com o sucesso do projeto, principalmente quanto à capacidade de emprego como aeronave de ataque leve, a Aermacchi desenvolveu uma versão exclusiva para esse tipo de missão, o MB-326K, que voou pela primeira vez em 22 de agosto de 1970 e foi o último modelo da família.

A versão K era um monoplace equipado com um motor Viper MK 600 de 4.000 lb de empuxo, dois canhões de 30 mm acoplados à fuselagem da aeronave

Dois Jokers em voo sobre o litoral do Nordeste. Fabricado sobre licença pela Embraer, o EMB-326GB tornou-se mais que uma aeronave de instrução e ataque na FAB, passando a ser um vetor essencial à transição para a aviação de primeira linha.
Foto Wagner Ziegelmeyer / Action Editora Ltda.

Santa Maria foi a única base da FAB a ter duas unidades operacionais equipadas com jatos AT-26 ao mesmo tempo. Além do 3º/10º GAV, cujos caças em voo aparecem na foto, a BASM também abriga o 1º/10º GAV. Foto Wagner Ziegelmeyer / Action Editora Ltda.

e os mesmos pontos duros sob as asas, com capacidade para 1.814 kg de cargas bélicas. Essa versão foi exportada para Dubai, que comprou seis aeronaves; Tunísia e Zaire adquiriram oito; e Gana, nove.

Além das exportações já citadas, os modelos MB-326 foram produzidos sob licença na Austrália, na África do Sul e no Brasil.

Em 1965, o governo australiano comprou 97 aeronaves MB-326, sendo 12 construídas na Itália, 18 montadas na Austrália e 67 construídas localmente pela Commonwealth Aircraft Corporation. Dessas aeronaves, 10 foram usadas pela Marinha Real Australiana e as demais, pela Real Força Aérea Australiana (RAAF). A última destas aeronaves saiu de serviço em 2001.

Em 1964, a África do Sul já havia conseguido a licença para produzir o MB-326 após adquirir 40 aeronaves do modelo M, designadas Impala MK I, e sete do modelo K, designadas Impala MK II. A partir de 1966, a Atlas Aircraft Corporation assumiu a construção de 125 biplaces e, a partir de 1974, após montar 15 monoplaces através de kits, passou a produzir outros 78 exemplares do MK II.

Os Impala MK II eram equipados com RWR e chaff/flares para autodefesa e foram largamente empregados em combate contra os angolanos e cubanos na Guerra da Namíbia, em 1985, chegando, inclusive, a abater seis helicópteros MI-8 e MI-24, em apoio às forças guerrilheiras da Unita.

A acelerada obsolescência dos TF-33 como aeronave de treinamento e combate na Força Aérea Brasileira levou o Ministério da Aeronáutica brasileiro a procurar uma opção rápida e barata, que foi o MB-326GC, da Aermacchi. Como também interessava ao governo incentivar o desenvolvimento da indústria aeronáutica nacional, a solução encontrada foi a negociação de uma licença para a produção dos aviões pela Embraer.

Em 1970, dois protótipos italianos chegaram a São José dos Campos (SP), quando foi iniciada a produção de um total de 182 aeronaves, sendo 166 para a FAB, seis para o Togo e 10 para o Paraguai.

O MB-326 brasileiro, primeira aeronave à reação construída no Brasil, foi produzido como EMB-326 Xavante e realizou seu primeiro voo no Brasil em 6 de setembro de 1971.

Foi construído um total de 778 exemplares do MB-326, produzidos sob licença também em três países.

Os Embraer EMB-326GB Xavante e Atlas Impala I e II na Força Aérea Brasileira

No final da década de 1960, apesar de muito bem cuidados, os TF-33, empregados pela maior parte dos Esquadrões da Aviação de Caça brasileira, já estavam próximos de sua retirada do serviço ativo, isso para não dizer que já haviam passado da hora da aposentadoria.

O Embraer AT-26 FAB 4462 Pacau de Trunfos (Aeronave do Comandante) do 1º/4º GAV (BAFZ).

O Embraer AT-26 FAB 4463 do 2º/5º GAV Esquadrão Joker (BANT).

O Embraer AT-26A FAB 4635 Pacau d'Ouros do 1º/4º GAV Esquadrão Pacau (BANT).

O Embraer AT-26 FAB 4601 do 1º/4º GAV com pintura alusiva aos 58 anos do Esquadrão Pacau (BANT).

O FAB 4600 do 1º/10º GAV decola de Santa Maria. Apesar de designados RT-26, na prática, essa denominação nunca foi aplicada de fato às aeronaves. O 4600 possui também a particularidade de ter sido o único Xavante a receber a sonda de REVO na FAB.
Foto Arquivo Euro Campos Duncan.

Apesar de, naquele momento, estar se preparando para sua entrada na era do voo supersônico, a Força Aérea Brasileira buscava também uma aeronave que pudesse arcar com o trabalho de formação do seu pessoal caçador, além de dotar as demais unidades aéreas de caça com um material aéreo mais moderno e operacional.

Com esse objetivo, o Ministério da Aeronáutica saiu em busca da aeronave que melhor atenderia a suas necessidades, considerando, inclusive, que a opção escolhida deveria ser produzida no país, para alavancar a incipiente indústria aeroespacial brasileira.

As opções estudadas foram várias, mas, entre as ofertas disponíveis, a que mais chamou a atenção foi a da aeronave italiana MB-326G, trazida ao Brasil em

O Embraer AT-26 FAB 4560 do 1º GDA Esquadrão Jaguar (BAAN), empregado na transição do F-103 para o F-2000.

O Embraer AT-26 FAB 4509 do GEEV (São José dos Campos).

1969 para demonstração de suas qualidades operacionais. As autoridades aeronáuticas brasileiras se entusiasmaram com o que viram, pois o MB-326G não só permitiria o treinamento dos futuros caçadores com o emprego de armamento variado como poderia equipar unidades operacionais de caça e de ataque.

Visando abrir uma linha de montagem da aeronave no Brasil, foi estabelecido um acordo com a Aermacchi para que o MB-326G fosse produzido na Embraer.

Feito o contrato, em 1970 começou a produção da nova aeronave designada AT-26 Xavante. Com um ritmo acelerado, no ano seguinte, saíram da linha de montagem os primeiros exemplares, cujo primeiro voo ocorreu no dia 3 de setembro de 1971 e a entrega da primeira aeronave, no dia 8 do mesmo mês. A encomenda inicial do Ministério da Aeronáutica foi de 112 unidades, sendo complementada, posteriormente, por mais 54 exemplares em três lotes, perfazendo um total de 166 aeronaves AT-26.

Nesse meio tempo, o 1º Grupo de Aviação de Caça, localizado na Base Aérea de Santa Cruz, preparava seus pilotos para receberem a nova aeronave, que serviria de transição entre a saída dos Lockheed TF-33 e a chegada dos novos Northrop F-5E, recém-adquiridos. Assim, a partir de 1972, o 1º GAVCA começou a operar com o AT-26 Xavante e a desenvolver sua doutrina de emprego, que seria difundida pelas demais unidades com o passar dos anos. Foi, portanto, uma unidade de elite a primeira unidade de caça brasileira a operar o AT-26 Xavante.

Apesar de não ser um avião de caça puro e de não estar à altura para realizar as missões de interceptação, o Xavante voou no Senta a Pua e no Pif Paf até o final de 1974.

Enquanto isso, o 1º/4º GAV, que operava na Base Aérea de Fortaleza e tinha como missão a formação dos pilotos de caça da FAB, desde a baixa dos F-80C, em 1966, vinha operando os ultrapassados TF-33A naquela função. Por causa da importância de sua missão, foi escolhido como o segundo esquadrão a receber o AT-26, a partir de abril de 1973.

O Esquadrão Pacau operou os AT-26 até a desativação final da aeronave, em 3 de fevereiro de 2010, sendo a última unidade de emprego operacional

Dois Pacaus em Santa Cruz vistos do alto do hangar do Zeppelin. O 1º/4º GAV acabou sendo a última unidade operacional a voar o Xavante na FAB. Foto Carlos Lorch / Action Editora Ltda.

AT-26 do 3º EMRA, unidade sediada na Base Aérea de Santa Cruz. Três EMRAs empregaram o AT-26 na FAB nos anos 1970. O 5º EMRA teve apenas três aeronaves em seu inventário; já o 3º e o 4º tiveram uma dotação maior, realizando, inclusive, missões COIN. Foto Mario Roberto Vaz Carneiro.

a usar o Xavante em sua linha de voo. Nesse período, alternou sua missão de formação de piloto de caça com líderes de esquadrilha e também a Base Aérea de Fortaleza com a de Natal.

A terceira unidade a receber os novos jatos foi o Centro de Aplicações Táticas e Recompletamento de Equipagens (CATRE), baseado em Natal (RN). Na década de 1970, o CATRE possuía três esquadrões para a formação de pessoal e, desses, dois receberiam o AT-26 Xavante. O primeiro foi o 1º Esquadrão de Instrução Aérea (1º EIA), ou Esquadrão Joker, encarregado de formar os pilotos de ataque da FAB, que recebeu a nova aeronave em 1974, e o 3º Esquadrão de Instrução Aérea (3º EIA), ou Esquadrão Seta, que formou três turmas de caçadores em AT-26, a partir de 1975.

Com a desativação do Esquadrão Seta em 1977, o 1º EIA ficou encarregado pela formação dos pilotos básicos de AT-26, enquanto coube ao 1º/4º GAV a formação dos caçadores.

Em 1º de janeiro de 1981, o 2º/5º GAV foi reativado no CATRE e assumiu o efetivo e a missão antes atribuída ao 1º EIA, mantendo seu código de chamada. A partir de 1983, o Esquadrão Joker passou a formar os pilotos de caça e o 1º/4º GAV assumiu a responsabilidade pela formação dos líderes de esquadrilha.

Durante o período de 1981 a 1983, o CATRE manteve uma esquadrilha de demonstração composta por sete AT-26, denominada Alouette, que teve a oportunidade de se apresentar em diversas organizações da Aeronáutica. O 2º/5º GAV voou com o AT-26 Xavante até 2004, quando o substituiu pelo AT-29 Super Tucano.

A quarta e a quinta unidades a receberem o novo equipamento aéreo foram o 3º e o 4º Esquadrões Misto de Reconhecimento e Ataque (3º EMRA e 4º EMRA, respectivamente), com base em Santa Cruz e na Base Aérea de São Paulo, respectivamente, e que foram dotados com as novas aeronaves a partir do início de 1975.

O 3º EMRA, uma unidade polivalente e que, junto com os Xavante, voava o L-42 Regente e o helicóptero Bell UH-1D, foi desativado em fins de 1980, quando distribuiu suas aeronaves para o 3º/10º GAV; o 4º EMRA, que também empregava helicópteros UH-1D, encerrou suas atividades em janeiro de 1979 e repartiu suas aeronaves Xavante entre o 1º/4º GAV e 3º/10º GAV.

A passagem dos AT-26 pelo 5º EMRA, na Base Aérea de Santa Maria, foi mais breve ainda, pois a unidade recebeu três exemplares no início do ano de 1976 e, após a perda de duas aeronaves em uma colisão durante um voo de formatura, teve seu único exemplar recolhido ainda no final de 1976.

A próxima unidade que recebeu a aeronave foi o 1º/10º GAV, uma unidade encarregada do reconhecimento tático e meteorológico e que recebeu seus RT-26, em 1976, na Base Aérea de São Paulo, em Cumbica. Em janeiro de 1979 a unidade foi transferida para a Base Aérea de Santa Maria. Por causa do tipo de missão, os RT-26 receberam um pod de fotografia equipado com quatro câmeras Vinten, que podia ser usado no lugar de suas metralhadoras. O Esquadrão Poker voou o RT-26 até 11 de junho de 1999, quando ele foi substituído pelo caça A-1.

Um fato interessante foi que o 1º/10º GAV foi a única unidade operadora de AT-26 a operar um Xavante com capacidade de reabastecimento em voo. Em 1987, o CTA fez um estudo para dotar os Xavante da FAB de um sistema de reabastecimento em voo idêntico ao utilizado pelos F-5E, empregando para os ensaios de voo o AT-26 4566. Depois de realizados todos os ajustes, o AT-26 4600 do Esquadrão Poker recebeu o probe definitivo. Apesar do sucesso do serviço, a implantação do sistema foi descartada para as demais aeronaves, mas o probe foi mantido no 4600, permitindo que os pilotos do Poker efetuassem o treinamento de REVO periodicamente.

A penúltima unidade a operar o Xavante foi o 3º/10º GAV, também baseado em Santa Maria, que recebeu suas primeiras aeronaves em novembro de 1978 quando da desativação dos 3º e 4º EMRA. Esses caças foram aposentados em 1998, com a chegada dos seus novos A-1.

O que ninguém poderia imaginar é que na toca dos Jaguares do 1º GDA pudesse entrar algum Xavante, mas, nos anos de 2005 e 2006, isso ocorreu quando o Grupo de Defesa Aérea (GDA) empregou os AT-26 para a manutenção operacional de seus pilotos, enquanto aguardava a chegada dos Mirage 2000.

Usados tanto em unidades de treinamento como em unidades operacionais de caça e fotorreconhecimento, formaram a espinha dorsal da FAB e realizaram milhares de horas de voo, sendo os responsáveis pela formação da quase totalidade dos atuais caçadores brasileiros.

O AT-26 também foi empregado pelo CTA na Divisão de Ensaios em Voo, a partir de 1978. A unidade trocou de nome algumas vezes: PEV (Pesquisa e Ensaio em Voo); GEEV (Grupo de Ensaio em Voo). Atualmente é designada IPEV (Instituto de Pesquisa e Ensaio em Voo). De toda sorte, foi a última usuária do Xavante na Força Aérea, aposentando os FAB 4478 e 4516 em 2014. Foto Carlos Lorch / Action Editora Ltda.

Em 2003, o Comando da Aeronáutica, necessitando disponibilizar motores para os AT-26 ainda em condições de voo, adquiriu de uma empresa particular sul-africana nove células do Impala MK I e duas do MK II, 39 motores e mais de 60 mil itens aeronáuticos. De posse desse material, foi possível disponibilizar 18 motores brasileiros Viper 20 MK 540.

Estudos efetuados em 2005 para prolongar o emprego dos AT-26 até 2014 concluíram que a empreitada seria possível, desde que se adquirissem mais motores e suprimentos. Assim, nova aquisição foi feita, e agora diretamente da Força Aérea Sul-Africana (SAAF), em um total de 14 aeronaves completas MK II e 12 motores Viper 20 MK 540 da versão biplace.

Ao examinar as células dos MK II, o pessoal técnico do Parque de Material Aeronáutico de Recife (PAMA-RF) constatou que algumas dessas células estavam com cerca de 2.000 a 3.000 horas de voo apenas. Surgiu, então, a ideia de colocá-las em condições de voo.

Escolhidas as sete melhores aeronaves, o PAMA-RF realizou uma revisão geral, a retirada dos itens não compatíveis com o emprego no Brasil, como o Tacan, e a instalação de VOR/ILS, GPS, transponder e novos rádios. O primeiro MK II a ficar pronto foi inicialmente designado AT-30 e matriculado 4629, porém, algum tempo depois, foi redesignado AT-26A e matriculado 4630.

Das sete células, apenas quatro foram entregues ao 1º/4º GAV. Duas outras fizeram o voo de recebimento, mas não foram distribuídas, e a sétima foi apena montada, sendo enviada ao Museu Aeroespacial.

Os quatro AT-26A foram desativados após pouco tempo de uso, junto com os demais AT-26 da FAB. Das células de MK I, nenhuma chegou a ser montada.

Apesar da sua aposentadoria, em 2010, três AT-26 ainda continuaram voando em no Instituto de Pesquisa e Ensaio em Voo (IPEV), unidade que vinha usando o Xavante (designado internamente XA-26), desde 1978, para ensaios em voo. Ao longo de sua existência essa unidade trocou de nome para PEV (Pesquisa e Ensaio em Voo) e GEEV (Grupo Especial de Ensaio em Voo), mas sempre manteve o Xavante no seu inventário. Em 2014, os dois últimos AT-26 pertencentes ao IPEV foram definitivamente desativados, encerrando a história dessa aeronave na FAB.

Dois AT-26A do 1º/4º GAV. Essas aeronaves são modelos Aermacchi 326K ex-SAAF e foram adquiridas inicialmente para suprimento de peças. Alguns acabaram entrando em serviço, porém, os AT-26A voaram apenas 800 horas na FAB.
Foto Arquivo Aparecido Camazano Alamino.

Um Xavante do 1º Grupo de Defesa Aérea fecha a curva no Planalto Central. Por alguns meses, entre a saída do F-103 e a chegada do F-2000, a unidade empregou alguns AT-26 para manter sua operacionalidade. Foto André Durão / Action Editora Ltda.

Embraer EMB-326GB Xavante e Atlas Impala Mk.I e Mk.II

Período de Utilização	De 1971 até 2014	De 2005 até 2010
Fabricante	Embraer	Atlas Aircraft Corporation
Emprego	Treinamento, caça, ataque, fotorreconhecimento e ensaio em voo	Caça e ataque
Características Técnicas	AT-26	AT-26A
Motor	Rolls-Royce Viper 20 MK-540 de 3. 410 lb	Rolls-Royce Viper MK-540 de 3.410 lb
Envergadura	10,84 m	10,84 m
Comprimento	10,65 m	10,65 m
Altura	3,72 m	3,72 m
Área Alar	20,35 m²	20,35 m²
Peso Vazio	2.474 kg	3.123 kg
Peso Máximo	5.216 kg	5.897 kg
Armamento	2 mtr .50 nas asas 2 casulos de 8 ou 19 foguetes de 70 mm Até 1.814 kg de bombas	2 mtr .50 nas asas 2 canhões DEFA de 30 mm com 125 tiros cada Foguetes de 70 mm Até 1.814 kg de bombas
Desempenho		
Velocidade Máxima	870 km/h	871 km/h
Razão de Subida	1.737 m/min	1.844 m/min
Teto Operacional	14.325 m	14.325 m
Alcance	1.850 km	1.850 km
Comentários		

Continua

Total Adquirido	167 exemplares	9 exemplares (Mk.I)*
		14 exemplares (Mk.II)
Unidades Aéreas	CATRE (1º e 3º EIA)	1º/4º GAV
	3º EMRA	
	4º EMRA	
	5º EMRA	
	1º GAVCA	
	2º/5º GAV	
	1º/4º GAV	
	1º/10º GAV	
	3º/10º GAV	
	1º GDA	
	IPEV	
	PAMA-RF	
Designações	AT-26	A-30 e AT-26A
Matrículas	4462 a 4627	A-30: 4629, mas tarde rematriculado 4630
		AT-26A: 4630 a 4643**

*Foram comprados 9 Mk.I, no entanto não receberam matrícula nem designação.
**Apenas os FAB 4630 a 4632, 4634, 4635, 4637 e 4639 foram montados, sendo que os dois últimos não chegaram a ser enviados à unidade aérea.

Fournier RF-5

O Fournier RF-5 é um motoplanador desenhado pelo projetista francês René Fournier. Surgiu em 1968, como uma aeronave de asa baixa com dois assentos em tandem (em linha) e trem de pouso convencional, e derivava do RF-4, uma aeronave acrobática monoplace criada em 1966 por Fournier. O RF-5 possui uma capota em bolha o que garante uma excelente visibilidade. Ele é semiacrobático, o que permite algumas manobras como loopings, espirais, stall turns e o meio oito cubano. É uma aeronave construída em madeira, de baixo custo, fácil manutenção e simples de operar.

O Fournier RF-5 PT-DYY é visto no PAMA-SP após reparos no início dos anos 1980. Esse avião foi a primeira aeronave desportiva a entrar em carga no inventário da Força Aérea. Foto Arquivo Aparecido Camazano Alamino.

O RF-5 Tz-5 FAB 8003 da Academia da Força Aérea, entre 1972 e 1975.

O RF-5 serviu de base para diversos outros motoplanadores, inclusive o RF-10, a partir do qual foi criado o motoplanador brasileiro Aeromot AMT-100 Ximango, desenvolvido nos anos 1980. Ao todo, cerca de 200 RF-5 foram fabricados até meados de 1975 pela Sportavia-Pützer/Fournier, empresa licenciada para fabricar os projetos de Fournier. Muitos ainda estão em operação e no mercado são bastante valorizados pelo seu baixo custo de operação.

O Fournier RF-5 na Força Aérea Brasileira

A história do Fournier RF-5 na Força Aérea Brasileira (FAB) é no mínimo curiosa, pois, assim como ocorreu com outras aeronaves, ele sequer foi cogitado, quando mais adquirido, para equipar alguma unidade da FAB. Importado da Alemanha Ocidental no início de 1971 para uso civil pela Escola de Aeronáutica São Paulo, situada na capital do estado, a aeronave teve uma série de problemas de documentação, guias de importação e impostos que geraram problemas de registro com o então Departamento de Aviação Civil (DAC), sendo consequentemente embargado e confiscado. Com matrícula provisória PT-DVY, a aeronave era nova de fábrica, manufaturada pela Sportavia-Pützer, com número de construção 5101.

O impasse na legalização da aeronave acabou gerando a desistência do aeroclube paulista e o PT-DVY acabou sendo entregue à FAB, que o destinou a Esquadrilha de Adestramento da Academia da Força Aérea (AFA) em 1972. Vale lembrar que na época não havia ainda o Clube de Voo a Vela (CVV), criado só em novembro de 1976.

A aeronave foi trasladada para Pirassununga (SP), operando inicialmente com a matrícula civil até outubro de 1973, quando, pela portaria R.018/GM4, de 22 de outubro de 1973, finalmente entrou em carga na Força Aérea, recebendo a designação militar TZ-5 e a matrícula FAB 8003. O RF-5 também passou a ter um nome de batismo pintado no nariz: Espírito dos Afonsos. Na prática, ele foi a primeira aeronave desportiva da AFA. Um embrião para o CVV.

Em 1975, um forte temporal derrubou telhas do hangar sobre ele, danificando-o bastante, e deixando um saldo de asas e canopí quebrados e motor danificado. O FAB 8003 foi enviado para o Parque de Material de São Paulo (PAMA-SP) de carreta para reparos. Ficou cinco anos parado ali em reparos, inclusive, aguardando o motor Limbach 1700E regressar da Alemanha, onde foi reformado.

Com o término dos reparos, a aeronave foi dada como em condições de voo. No entanto ela não regressou à AFA. A FAB recolocou a matrícula original PT-DVY e, em 1981, acabou matriculado PT-PFX e entregue ao DAC, que o destinou ao Aeroclube de São José dos Campos (SP). Durante sua operação na AFA, entre 1972 e 1975, o RF-5 voou 248h30m.

Posteriormente, em 18 de maio de 1992, aquela aeronave foi destinada ao Clube de Voo à Vela do CTA (CVV-CTA). Por causa de um acidente em 13 de setembro de 1998, em São José dos Campos, que danificou a aeronave, obrigando-a a parar de voar, seu certificado de aeronavegabilidade foi suspenso em 30 de junho de 2003. Atualmente consta que o PT-PFX está estocado em São José dos Campos.

Fournier RF-5	
Período de Utilização	De 1972 até 1975
Fabricante	Fournier
Emprego	Treinamento
Características Técnicas	
Motor	Sportavia-Limbach SL1700E de 63 hp
Envergadura	13,74 m
Comprimento	7,8 m
Altura	1,96 m
Peso Vazio	512 kg
Peso Máximo	620 kg
Tripulação	2
Armamento	Não dispunha de armamento
Desempenho	
Velocidade Máxima	210 km/h
Teto Operacional	5.000 m
Alcance	760 km
Razão de Planeio	22:1
Comentários	
Total Adquirido	1 exemplar
Unidades Aéreas	Academia da Força Aérea
Designações	TZ-5
Matrículas	8003

Dassault Mirage III DBR e III EBR

Na década de 1950, a Guerra Fria levava o mundo a uma busca frenética por aeronaves interceptadoras que lhes proporcionassem o meio aéreo para a defesa de seus territórios.

O engenheiro francês Marcel Dassault, na busca pela autossuficiência tecnológica francesa, investiu no desenvolvimento de um modelo que utilizava apenas uma asa em delta e eliminava as superfícies horizontais da cauda. Em substituição aos tradicionais ailerons e profundores, a aeronave incorporava uma superfície única, denominada elevon, que reunia as duas funções para giros de asas, subidas e descidas de nariz. O seu modelo 550 era equipado com dois motores Rolls-Royce Viper, com 794 kg de empuxo cada, e realizou seu primeiro voo em 25 de junho de 1955.

Após os ensaios em voo, o MD-550 passou por inúmeras modificações aerodinâmicas e, com a designação Mirage I, superou a barreira sônica em fins de 1955.

Considerando que entre as principais características de um caça interceptador as mais importantes são a grande velocidade e a capacidade para transportar armamento, o Mirage I ainda deixava muito a desejar em ambos os quesitos, uma vez que transportava apenas um míssil e, apesar de dotado de dois motores, apresentava baixa velocidade em voo nivelado.

Primeiro supersônico da FAB, originalmente os 16 Mirage IIID/E foram alocados à 1ª Ala de Defesa Aérea (1ª ALADA), em Anápolis (GO), que, em 1979, foi transformada no 1º Grupo de Defesa Aérea (1º GDA). Foto Arquivo Mario Roberto Vaz Carneiro.

Foi, porém, um excelente demonstrador de conceito, a partir do qual refinamentos aerodinâmicos e a inclusão de novos motores levaram ao Mirage II, que, apesar de mais veloz, ainda dependia de jatos externos para atingir a velocidade adequada a um interceptador.

Somente com o desenvolvimento do motor Snecma ATAR 101G, equipado com pós-queimadores e 4.500 kg de empuxo, é que foi possível a evolução para um novo modelo. Com esse motor único, o Mirage III foi capaz de atingir 1,8 vez a velocidade do som em situação de voo nivelado.

Apesar do sucesso obtido e da evolução alcançada, a Dassault continuou investindo no desenvolvimento do projeto e bancou a fabricação de 10 aeronaves de pré-série, denominadas Mirage IIIA, empregadas para testes e implantação de modificações aerodinâmicas. O motor dessa série já foi o Snecma ATAR 9B de 6.000 kg de empuxo e já permitiu alcançar Mach 2 em voo nivelado.

O Dassault Mirage IIID F-103D FAB 4902 do 1º ALADA (Base Aérea de Anápolis), em 1974.

O Dassault Mirage IIIE F-103E FAB 4912 do 1º ALADA (Base Aérea de Anápolis), em 1974.

O Dassault Mirage IIIE F-103E FAB 4910 do 1º GDA (Base Aérea de Anápolis), em 1981.

O Dassault Mirage IIIE F-103E FAB 4922 do 1º GDA (Base Aérea de Anápolis), em 1983.

O Dassault Mirage IIIE F-103E FAB 4922 do 1º GDA (Base Aérea de Anápolis), em 1987.

O Dassault Mirage IIIE F-103E FAB 4927 do 1º GDA (Base Aérea de Anápolis), em 1989.

A nova versão desenvolvida foi a versão para treinamento denominada Mirage IIIB e que realizou seu primeiro voo em outubro de 1959. Durante seu desenvolvimento, para a acomodação do segundo piloto, foram sacrificados o radar e parte da sua capacidade de combustível e, mesmo assim, a aeronave ainda teve que ser estendida em aproximadamente 1 m. Esse modelo recebeu uma encomenda do Armée de l'Air para 63 aeronaves.

Apesar das encomendas, as aeronaves ainda continuavam evoluindo, e, quando surgiu o Mirage IIIC, que foi planejado para ser um interceptador para qualquer tempo e equipado com um radar Cyrano II, nele já havia refinamentos como a saída de gazes de escapamento móvel e dois canhões de 30 mm embutidos na fuselagem da aeronave. Esse modelo, além de adquirido pelo Armée de l'Air, também foi exportado para a Suíça, a África do Sul e Israel.

Seriam essas as aeronaves que este último empregaria maciçamente contra diversos países árabes, durante a Guerra dos Seis Dias, e que seriam cantadas em verso e prosa por todas as Forças Aéreas do planeta. A Força Aérea de Israel foi a primeira a obter vitórias em combate aéreo com o Mirage e, no final da guerra, contabilizava 48 aeronaves abatidas contra a perda de apenas um caça do tipo.

Já o Mirage IIIE, que voou em 1961 e era equipado com um motor com pós-combustão Snecma Atar 9C de 6.200 kgf de potência, apesar de manter a capacidade de defesa aérea, também incorporava recursos para realizar missões de ataque ao solo em qualquer condição de tempo. Diferia do modelo anterior por ter sua fuselagem alongada para comportar mais combustível e consequentemente aumentar a autonomia. Veio equipado com um radar Doppler para navegação, que lhe dava um pequeno queixo sob a cabine do piloto, e seu radar principal passou a ser o Thompson CSF Cyrano II, com capacidade ar/terra.

Como estava previsto, seu emprego ar-solo foi dotado de cinco pontos duros para o transporte de armamento, sendo quatro sob as asas e um sob a fuselagem. Mantinha, ainda, os dois canhões de 30 mm na fuselagem.

Foi dessa versão que se desenvolveu o biplace, modelo D, para treinamento e transição operacional. Para a inclusão de um segundo assento, a aeronave foi penalizada em sua capacidade de transporte de combustível e teve eliminados os radares de busca e navegação, mantendo, porém, a capacidade para o transporte de armamento.

Os Mirage III entraram em combate com as Forças Aéreas de Israel, da África do Sul, na Namíbia, do Paquistão, contra a Índia e da Argentina na Guerra das Falklands/Malvinas.

Os Dassault Mirage III DBR e III EBR na Força Aérea Brasileira

Com a implantação do Sistema de Defesa Aeroespacial Brasileiro, o SISDACTA, em 1967, que proporcionou a capacidade de controle do tráfego aéreo unificado com a Defesa Aérea do país, surgiu a capacidade de a aviação brasileira efetuar plenamente a defesa de parcela de seu território, em particular a área compreendida pela região Sudeste.

Clássica imagem do Mirage em metal natural da ALADA. Foi com essa pintura que os F-103 chegaram ao Brasil em 1972. A partir de 1981, eles adotaram um padrão cinza escuro, que foi mantido até o fim de sua operação, em dezembro de 2005. Foto Arquivo Vito Cedrini.

O Dassault Mirage IIID F-103D FAB 4906 do 1º GDA (Base Aérea de Anápolis), em 1991.

O Dassault Mirage IIID F-103D FAB 4901 do 1º GDA (Base Aérea de Anápolis), em 1995.

Para executar a nova missão, a aviação de caça existente não preenchia os requisitos de velocidade e armamento. Na década de 1960, a nata da caça brasileira era equipada com aeronaves F-8 Gloster Meteor, de procedência inglesa, e foram incorporados, em 1953, o Lockheed TF-33, americano, a partir de 1956, e os Lockheed F-80, também americano, em 1959.

Nenhuma das aeronaves existentes era capaz de compor o Sistema de Defesa Aeroespacial Brasileiro nos moldes planejados pelo Ministério da Aeronáutica. Os meios de detecção estavam em processo de implantação, mas não havia aeronave para a realização das missões de interceptação.

Jaguar Break! Talvez o mais afamado feito dos F-103 tenha sido a interceptação do Ilyushin IL-62 da Cubana de Aviación na noite de 9 de abril de 1982. A interceptação ocorreu numa noite chuvosa pelo FAB 4916. Foto Carlos Lorch / Action Editora Ltda.

No início da década de 1960, o governo brasileiro teve negado o acesso ao caça supersônico Northrop F-5A Freedom Fighter pelo governo americano, sob a alegação daquele país de não querer modificar o equilíbrio de forças no Cone Sul do continente americano. Buscando sair da esfera de influência norte-americana, o Ministério da Aeronáutica realizou um criterioso processo de seleção das opções existentes e pré-selecionou três delas: o britânico English Electric Lightning, o sueco Saab Draken e o francês Dassault-Breguet Mirage IIIE.

Inicialmente a decisão do governo brasileiro tendeu para o modelo inglês, principalmente devido a uma contrapartida ao financiamento que aquele país dera para a construção da Ponte Rio-Niterói. Mas com a troca de presidentes, e a contratação pela Marinha do Brasil de modernas fragatas da classe Niterói, de tecnologia britânica, a decisão passou a ser exclusivamente da FAB. Assim, foi escolhido um dos mais modernos aviões da época, o Marcel Dassault Mirage III. Em 12 de maio de 1970, a Força Aérea Brasileira assinou um contrato para a aquisição de modernos caças Mirage IIIE/D, na França.

Inicialmente, a intenção era adquirir três esquadrões, porém foram adquiridas apenas 12 aeronaves Mirage IIIEBR e quatro Mirage IIIDBR, biplaces, para o treinamento dos pilotos. O primeiro Mirage III com as cores brasileiras voou em Bordeaux, França, em 6 de março de 1972.

Paralelamente ao processo de compra, foi construída, na cidade de Anápolis (GO), uma base aérea para a operação do novo vetor e criada a 1ª Ala de Defesa Aérea (1ª ALADA). Localizada em uma área estratégica para a defesa da capital federal, a nova base, em complemento à Base Aérea de Santa Cruz, também colaborava para a defesa de parte do Sudeste brasileiro, onde ficavam localizados os centros econômico e industrial do país.

Para operar as novas aeronaves, foram selecionados oito pilotos entre os mais experientes da FAB, que seguiram para a Base de Dijon, na França, onde receberam toda a instrução no novo caça. Esses pilotos ficaram conhecidos na FAB como os Dijon Boys. Coube a eles a implantação da nova aeronave, da nova doutrina e a transmissão dos conhecimentos aos futuros pilotos de Mirage III do Brasil.

O Dassault Mirage IIIE F-103E FAB 4925 do 1º GDA (Base Aérea de Anápolis), em 2000.

O Dassault Mirage IIIE F-103E FAB 4913 do 1º GDA (Base Aérea de Anápolis), em 2001.

Um dos F-103 do GDA voa armado com mísseis Rafael Python 3. Integrados em 1997, o Python 3 foi o grande salto de qualidade que a FAB outorgou aos Mirage no terço final de sua vida operacional. Foto Carlos Lorch / Action Editora Ltda.

O primeiro Mirage III chegou ao Brasil a bordo de um C-130 da FAB, em 1º de outubro de 1972, e o último chegou em maio de 1973. Todas as aeronaves foram montadas nas oficinas do Esquadrão de Suprimento e Manutenção de Anápolis, por mecânicos da FAB e técnicos da Marcel Dassault-Breguet Aviation. A nova aeronave, que foi o primeiro jato supersônico da FAB, recebeu a designação F-103EBR, para o monoposto, e F-103DBR, para o biposto.

O primeiro voo de um F-103 em céus brasileiros ocorreu em 27 de março de 1973, com Pierre Varraut, piloto de testes da Marcel Dassault-Breguet Aviation, no comando.

A primeira aparição pública das novas aeronaves ocorreu alguns dias depois. Era o dia 6 de abril de 1973, próximo ao meio-dia, quando seis aeronaves F-103, quatro modelos E e dois modelos D, em um perfeito voo de grupo, surgiram nos céus de Brasília, inaugurando oficialmente a entrada do Brasil na era das aeronaves supersônicas.

Em 1979, ocorreram importantes mudanças na sistemática de operação dos F-103 na FAB. No dia 11 de abril de 1979, foi criado o 1º Grupo de Defesa Aérea (1º GDA) para a operação dos F-103 e oito dias depois foi extinta a ALADA e criada a Base Aérea de Anápolis.

Para melhorar seu desempenho e sua capacidade de emprego, em 1989, as aeronaves passaram por uma modernização no Parque de Material de São Paulo, que as dotou de canards, dando-lhes um novo visual e proporcionando a elevação de seu desempenho.

O Dassault Mirage IIIE F-103E FAB 4922 do 1º GDA com uma pintura alusiva aos 30 anos de F-103 na FAB (Base Aérea de Anápolis), em 2002.

Ao longo do seu período de operação na Força Aérea Brasileira, foram adquiridas outras 10 aeronaves do modelo E e seis do modelo D, todas provenientes da Força Aérea Francesa, assim distribuídas: quatro E em 1980; dois D em 1984; dois E em 1988; dois D e dois E em 1989 e, finalmente, dois D e dois E em 1999.

Todas as aeronaves que vieram repor perdas operacionais foram padronizadas com os modelos IIIDBR e IIIEBR, e receberam, inclusive, refinamentos aerodinâmicos provenientes da instalação do Canard.

Assim, a Força Aérea Brasileira possuiu um total de 22 Mirage IIIEBR e 10 Mirage IIIDBR que operaram com as suas cores.

Em 1991, o F-103 4929 recebeu um dispositivo de reabastecimento em voo e chegou a realizar diversas transferências de combustível de reabastecedores KC-137 e KC-130, mas, em 1993, a modificação das demais aeronaves foi cancelada e o probe, retirado.

Como armamento ar-ar, os F-103 brasileiros, inicialmente, foram dotados do míssil MATRA R 530, francês, e, posteriormente, do Python 3 israelense e do brasileiro Mectron MAA-1 Piranha, além dos dois canhões DEFA de 30 mm integrados à aeronave. Durante sua primeira fase operacional, os Mirage também foram empregados nas tarefas ar-solo, haja visto serem os caças com a maior capacidade de transporte de armamento da FAB à época.

Durante o seu período de operação no Brasil, os F-103 fizeram milhares de interceptações reais, porém, apenas duas em que poderiam agir como aeronave de defesa aérea. A primeira ocorreu durante a Guerra das Falklands/Malvinas quando, no dia 9 de abril de 1982, um Ilyushin Il-62 cubano, que se dirigia à capital argentina, Buenos Aires, tentou cruzar nosso país sem a devida autorização. Foi interceptado por dois F-103E e obrigado a pousar no Aeroporto Internacional de Brasília para averiguações. A segunda vez foi durante o sequestro de um Boeing 737-300 da Vasp, cujo sequestrador pretendia lançar a aeronave sobre o Palácio do Planalto. Nesse caso, a aeronave fez apenas o acompanhamento discreto do 737-300, que realizou um pouso em Goiânia, onde acabou o sequestro.

Para marcar os 30 anos de operação do Mirage na FAB, em 2002, foi efetivada uma pintura comemorativa no FAB 4922, idealizada pelo artista Reinor Fernandes. Foto Carlos Lorch / Action Editora Ltda.

O F-103D FAB 4906 visto em voo logo após ser modernizado na França. Esse caça faz parte de um lote de aeronaves usadas pela Força Aérea Francesa e foi a primeira com canards a voar na FAB. Foto Dassault Aviation.

Além dos enfrentamentos com os F-5E e AT-26 Xavante da FAB, os F-103 brasileiros também tiveram a oportunidade de participar de combates simulados contra caças Lockheed Martin F-16 Fighting Falcon, da USAF, e Dassault Mirage 2000C, do Armée de l'Air, durante as Operações Tigre II e Mistral 1 e 2, realizadas em Natal (RN).

No dia 14 de dezembro de 2005, após 33 anos de intensa atividade em defesa do território brasileiro, uma cerimônia militar na Base Aérea de Anápolis marcou a despedida oficial da primeira aeronave supersônica da Força Aérea Brasileira. Naquela oportunidade, com a presença dos primeiros brasileiros a voarem o F-103, quatro aeronaves Mirage III realizaram seu derradeiro voo em céus brasileiros. Findava-se uma era. Hoje, é possível admirar tanto o modelo monoplace quanto o biplace no Museu Aeroespacial do Campo dos Afonsos.

A modernização feita a partir de 1989 deu nova vida ao F-103D/E. Da frota de 10 F-103D, cinco foram modernizados. Dos 22 F-103E, 13 receberam mudanças que, além dos canards, incluiu nova aviônica e sistema elétrico, entre outras. Foto Carlos Lorch / Action Editora Ltda.

Dassault Mirage III DBR e III EBR		
Período de Utilização	De 1972 até 2005	De 1972 até 2005
Fabricante	Avions Marcel Dassault/Breguet Aviation	
Emprego	Treinamento de caça	Caça
Características Técnicas	F-103D	F-103E
Motor	Snecma ATAR-09C7/038 de 13.230 lb	
Envergadura	8,22 m	8,22 m
Comprimento	15,03 m	15,03 m
Altura	4,25 m	4,25 m
Área Alar	34,85 m^2	34,85 m^2
Peso Vazio	5.880 kg	7.050 kg
Peso Máximo	7.909 kg	13.500 kg
Armamento	2 canhões DEFA de 30 mm Foguetes de 70 mm Até 1.360 kg de bombas Mísseis ar-ar	2 canhões DEFA de 30 mm Foguetes de 70 mm Até 1.360 kg de bombas Mísseis ar-ar
Desempenho		
Velocidade Máxima	2.570 km/h	2.350 km/h
Razão de Subida	2.950 m/min	2.666 m/min
Teto Operacional	17.700 m	23.000 m
Alcance	1.900 km	1.610 km
Comentários		
Total Adquirido	10 exemplares	22 exemplares
Unidades Aéreas	1º Grupo de Defesa Aérea 1ª Ala de Defesa Aérea	1º Grupo de Defesa Aérea 1ª Ala de Defesa Aérea
Designações	F-103D	F-103E
Matrículas	4900 a 4909	4910 a 4931

Embraer EMB-110/110A Bandeirante

O Bandeirante nasceu em junho de 1965 no Instituto de Pesquisas e Desenvolvimento (IPD), órgão do então Centro Técnico Aeroespacial (CTA), que desenvolveu, sob a coordenação do engenheiro francês Max Holste, uma aeronave chamada IPD-6504 (quarto modelo projetado em 1965). O objetivo era criar uma aeronave regional, adaptada às necessidades brasileiras.

Batizado de Bandeirante, o IPD-6504 resultou em uma aeronave de asa baixa, metálica, com 12,74 m de comprimento, janelas em forma de bolha, equipado com dois motores Pratt & Whitney PT6A-20 (580 hp) e com capacidade para oito passageiros. Em 25 de junho de 1965, o desenvolvimento do projeto foi autorizado pelo governo.

O protótipo levou três anos e quatro meses, após a aprovação do projeto, para ficar pronto, uma vez que muitos painéis e peças foram feitos artesanalmente. Seu primeiro voo, realizado em São José dos Campos (SP), ocorreu em 22 de outubro de 1968. Quatro dias depois, em 26 de outubro, o YC-95 fez seu segundo voo, considerado seu voo oficial de demonstração, com a presença de 15 mil pessoas.

Com a saída de Max Holste do projeto e a necessidade de se criar uma empresa para produzir a aeronave em série, o governo autorizou a criação, em 19 de agosto de 1969, de uma estatal – a Empresa Brasileira de Aeronáutica, Embraer. Dois meses depois, em 19 de outubro, voava, ainda sob a coordenação do CTA, o segundo protótipo: o YC-95 2131.

Em 2 de janeiro de 1970, a Embraer começou a funcionar e assumiu a produção da aeronave designada EMB-100, cujo terceiro exemplar (PP-ZCN) voou em 29 de junho de 1970. Com os resultados dos ensaios dos primeiros protótipos, a Embraer introduziu melhorias na aeronave, resultando no EMB-110 Bandeirante. O EMB-110 teve a fuselagem alongada para 14,23 m, ampliando a capacidade de 8 para 12 passageiros. Ele também recebeu janelas retangulares, novos motores PT6A-27 (680 shp), estabilizador vertical e naceles dos motores redesenhados. A produção foi iniciada em 1971 e o primeiro voo da aeronave de pré-série, matriculada FAB 2133 (c/n 001), ocorreu em 9 de agosto de 1972. Em maio de 1970, a FAB já havia se tornado o primeiro cliente ao encomendar 80 C-95, que, na prática, se transformariam em 60. As entregas à FAB começaram em fevereiro de 1973.

A partir da versão básica EMB-110 (C-95), a Embraer desenvolveu outras variantes, como o EMB-110A (calibragem de auxílio à navegação), EMB-110B (aerofotogrametria), EMB-110C (versão comercial para 12 passageiros), EMB-110C(N) (versão do EMB-110C com capacidade antigelo), EMB-110E (executivo), EMB-110P (segunda versão comercial para 16 passageiros, equipada com motores PT-6A-27 ou -34) e EMB-110S1 (pesquisa geofísica).

A primeira entrega a uma empresa aérea ocorreria em 11 de abril de 1973, à Transbrasil (PT-TBA), primeira de muitas operadoras nacionais do Bandeirante. O EMB-110C foi o principal vetor de implantação da aviação regional no Brasil, sendo mola mestra do SITAR (Sistema de Transporte Aéreo Regional), criado em 1975 para integrar cada vez mais o interior do país às capitais. A primeira exportação da aeronave também ocorreu em 1975 para a Força Aérea Uruguaia.

Foto clássica dos dois protótipos do Bandeirante, o YC-95 FAB 2130 e o 2131, voando sobre a orla do Rio de Janeiro. Corria o ano de 1969 e a Embraer começava a trilhar sua longa história de sucesso no desenvolvimento de aeronaves. Foto Arquivo Action Editora Ltda.

O Embraer C-95 FAB 2191 do 1º/5º GAV (Base Aérea de Fortaleza).

O Embraer C-95 Bandeirante FAB 2151 do 2º ETA (Base Áerea de Recife).

O Embraer C-95 FAB 2175 do 1º/15º GAV (Base Aérea de Campo Grande) a serviço do Exército Brasileiro.

A partir da versão EMB-110 base, a Embraer desenvolveu o EMB-111 e outras seis versões para emprego militar, comercial e cargueiro de uma versão alongada em 0,87 m designada EMB-110K1/P1/P1(K)/SAR/P2/P2A. Ao todo, 499 aeronaves foram fabricadas até 1991, e, até o fechamento deste livro, mais de 300 Bandeirantes ainda estão em uso mundo afora. Destes, 143 células são da versão base EMB-110/A/B/C/E/P/S1, fabricada até 1978.

Os Embraer EMB-110/110A Bandeirante na Força Aérea Brasileira

Em maio de 1970 a FAB fez uma encomenda inicial de 80 unidades do EMB-110. As primeiras entregas começaram em fevereiro de 1973 e se estenderam até o final de 1976. Porém, apesar de ter encomendado 80 aviões, a FAB só receberia 60 unidades, sendo 55 C-95, matriculados FAB 2132 a 2175 e FAB 2179 a 2189, e outros cinco EC-95, como foi designado o modelo EMB-110A, destinado à calibração de auxílio à navegação. Os EC-95, também chamados na FAB de laboratório, foram matriculados FAB 2176, 2177, 2178, 2190 e 2191.

A cerimônia de entrega dos primeiros C-95 da Força Aérea ocorreu em São José dos Campos, em 9 de fevereiro de 1973, quando foram entregues os FAB 2132, 2133 e 2134 ao 3º ETA, e na ocasião o Presidente Emílio Garrastazu Médici realizou o voo em um dos C-95 para marcar a data. Em julho de 1973, foi a vez do 6º ETA receber o FAB 2135. Em meados de 1974, a Embraer passou a produzir quatro Bandeirantes por mês, o que fez com que ele se disseminasse rapidamente pela FAB.

O Carajá 78 ou, melhor, um C-95 do 4º ETA visto em voo. O C-95 acabou sendo a aeronave padrão de transporte executivo de todos os sete ETAs ao longo dos anos 1970 até o início dos anos 2000. Foto Carlos Lorch / Action Editora Ltda.

Na sequência, os C-95 foram sendo distribuídos aos demais Esquadrões de Transporte Aéreo (ETA) e ao Centro de Aplicações Táticas e Recompletamento de Equipagens (CATRE), unidade criada em janeiro de 1974 em Natal. Em 1978, as aeronaves do CATRE passaram a voar no 3º Esquadrão de Instrução Aérea (3º EIA), unidade criada para formar os pilotos de transporte da FAB. Em 1981, o 3º EIA foi extinto, passando a missão de instrução com o C-95 para o 1º/5º GAV, uma unidade de bombardeio criada em 1947 que havia sido extinta em 1973 e que voltava a ser ativada, agora vinculada ao CATRE. O Esquadrão Rumba passou a ser o responsável pela formação dos pilotos dos multimotores da FAB até 1993, quando foi convertido em esquadrão de ataque equipado com os treinadores AT-27 Tucano. Somente em 2001, a unidade retomaria a missão de formar pilotos de multimotores equipada novamente com os C-95, mas agora sediada em Fortaleza (CE).

Foi no 1º/5º GAV que em 1982 foi criada a Esquadrilha Deadalus, composta por cinco C-95, com o propósito de realizar demonstração aérea. O objetivo era realçar a qualidade da instrução e a potencialidade da aeronave C-95 Bandeirante. Sua primeira apresentação foi em Natal, no dia 10 de fevereiro de 1982, durante a solenidade de passagem do subcomando do CATRE. A primeira apresentação com fumaça ocorreu em São José dos Campos, em 18 de agosto de 1982, no 13º aniversário da Embraer. Criada oficialmente em 8 de outubro de 1982 pelo Boletim Interno do CATRE nº 193, acabou extinta em fins de 1983. Suas aeronaves eram numeradas de 1 a 5 no leme e possuíam faixas verde e amarelas nas asas. Entre os C-95 da Daedalus conhecidos estavam os C-95 FAB 2162/70/81/82/84/88.

Na FAB, o C-95 sempre cumpriu basicamente duas missões: o transporte de passageiros e a formação de pilotos em aeronaves multimotoras, que incluiu a formação de pilotos para aviação de transporte, patrulha, reconhecimento e busca e salvamento. A partir de janeiro de 1981, o C-95 estava basicamente distribuído no 1º/5º GAV, 1º/15º GAV e nos sete ETAs, além de operar como aeronave unitária de algumas bases aéreas e órgãos como escolas e o CTA. Em toda sua história na FAB, sempre manteve o padrão de pintura estilo VIP, isto é, fuselagem branca nas superfícies superiores e asas e partes inferiores em cinza com o leme em verde e amarelo.

Já os EC-95 começaram a ser entregues em abril e maio de 1976 ao Grupo Especial de Inspeção em Voo (GEIV). Os primeiros EC-95 entregues foram os FAB 2176 (abril) e os FAB 2177 e 2178 (maio), estes dois últimos, respectivamente, os EMB-110 números 99 e 100 construídos. Os FAB 2190 e 2191 chegaram em dezembro de 1976. A pintura era a mesma dos C-95, porém, com marcas em vermelho na fuselagem para destacar a aeronave nos voos de calibração. Em 1998 a pintura foi reformulada, passando para um design que mesclava faixas em cinza claro e vermelho. Os EC-95 operaram até o início dos anos 2000 no GEIV, quando foram substituídos pelos EC-95C, que começaram a ser entregues na unidade em 1998. Entre 2000 e 2001, os EC-95 foram convertidos no PAMA-AF para o padrão C-95, passando a voar no transporte de passageiros, marcando o fim de sua carreira na FAB como aeronave laboratório.

Dois fatos merecem destaque na história do C-95 na FAB. O primeiro ocorreu com os C-95 2187 e 2189, que, entre outubro de 1976 e maio de 1978, operaram no 1º/7º GAV na fase de transição entre a desativação do P-15 Netuno, ocorrida em setembro de 1976, e a chegada do P-95 em abril de 1978. O C-95 serviu para converter e adestrar as tripulações para o voo no Bandeirulha.

Outro fato importante ocorreu em 1995, quando a FAB travou um acordo com o Exército Brasileiro (EB), assinado em 12 de setembro, que alocou quatro C-95 e um C-95B para atender às necessidades de apoio aéreo daquela força. Os C-95 alocados foram os FAB 2150, 2171 e 2183 do 7º ETA e o 2175 do 1º/15º GAV, que tiveram a aplicação do brasão do EB no nariz para indicar que estavam emprestados à instituição. O mesmo ocorreu com o C-95B 2301 do 1º/15º GAV. Os voos em proveito do Exército foram iniciados em novembro de 1995, com tripulações da FAB, e cumpridos até fins de 1999 num total de 7.200 horas/voo alocadas exclusivamente para o EB.

A partir de 1988, a FAB começou uma gradual desativação dos C-95. As 13 células mais antigas foram retiradas de operação. Os FAB 2133/34/35/36/37/38/39/40/42 foram estocados no PAMA-AF e desmontados. Já os FAB 2132/44/45/47 acabaram

O FAB 2175 em voo. Essa aeronave tem história, ela foi empregada no 3º EIA; no 5º ETA, por anos, e também o 1º/15º GAV, sendo, inclusive, alocada para apoiar o Exército Brasileiro (EB), entre 1995 e 1998. Na oportunidade, quatro C-95 e um C-95B voaram 7,2 mil horas em benefício do EB. Foto Alexandre Durão / Action Editora Ltda.

leiloados no mesmo Campo dos Afonsos, em outubro de 1990, passando a voar com operadores civis em 1991. Em 20 de julho de 1994, outros 21 C-95 foram leiloados no Campo dos Afonsos. Os FAB 2147/48/49/52/53/54/58/59/60/61/63/67/73/74/79/80/81/84/86/88/89 foram vendidos e passaram a voar entre 1994/95 em diversas empresas aéreas, táxis aéreos e operadores privados espalhados pelo país.

Até o leilão de 1994, a FAB também já tinha perdido quatro aeronaves por acidente, dois somente em 1977. O 2169 caiu em Natal, em 23 de abril, o mesmo local do acidente do 2157, ocorrido em 3 de junho. Ambos pertenciam ao CATRE. O FAB 2169 do 3º ETA foi perdido no Rio de Janeiro, em 10 de março de 1981. Já o 2185 do 7º ETA se acidentou em Manaus (AM) em 16 de junho de 1987. Com menos 38 aeronaves no inventário, a frota de C-95 ficou restrita a 17 unidades, que, em 2001, foi ampliada para 21, graças à conversão dos EC-95.

Com 21 aeronaves, a FAB decidiu priorizar a instrução no 1º/5º GAV, concentrando quase que a maioria das aeronaves em Fortaleza já em 2001. Com isso, os ETAs e as demais unidades repassaram seus C-95 ao Esquadrão Rumba. Nos 10 anos seguintes, poucos C-95 operaram nas outras unidades da Força, sendo as exceções feitas por aeronaves unitárias de escolas, como a EEAer, o CIAAR ou nas diversas bases aéreas, como, por exemplo, a Base Aérea de Florianópolis - BAFL. Em 2010, os C-95 começaram a ser desativados no 1º/5º GAV, sendo substituídos definitivamente em 2011 pelos C-95A. Com isso, as aeronaves remanescentes foram sendo enviadas para o PAMA-AF para serem estocadas. Nesse processo de desativação, três foram preservadas até agora: o 2150 no MUSAL; o 2190 na Base Aérea de Recife (BARF) e o 2175 na Base Aérea de Fortaleza (BAFZ). Outros, como os FAB 2146 e 2170, foram doados ao governo do Mato Grosso do Sul onde continuaram voando. Já o FAB 2172 foi doado ao SENAI de Florianópolis (SC) para a instrução de alunos do curso de mecânica. O mesmo ocorreu com os 2136/41/62/64 enviados à EEAer para instrução dos alunos em solo. Outros oito C-95 já fora de serviço foram estocados no PAMA-AF ou na BAFZ. Em 2014, estimava-se que, no máximo, dois ou três C-95 ainda estivessem em condições de voo, mas que deveriam em pouco tempo ser desativados, dando números finais à operação do C-95 na FAB.

Embraer EMB-110/110A Bandeirante	
Período de Utilização	De 1973 até 2014
Fabricante	Embraer
Emprego	Transporte, instrução, ligação e calibração eletrônica
Características Técnicas	EMB-110/A
Motor	2 Pratt & Whitney PT6A-27 de 680 hp cada um
Envergadura	15,32 m
Comprimento	14,23 m
Área Alar	29 m²
Altura	4,73 m
Peso Vazio	3.402 kg
Peso Máximo	5.600 kg
Tripulação	3 (C-95) e 6 (EC-95)
Desempenho	
Velocidade Máxima	454 km/h
Teto Operacional	8.448 m
Alcance (carga máxima)	1.927 km

Continua

Comentários	
Total Adquirido	62 exemplares (2 YC-95, 55 C-95 e 5 EC-95)
Unidades Aéreas	C-95: ALA 435, CATRE, 3º EIA, 1º/5º GAV, 1º/7º GAV, 1º /15º GAV, 1º ETA, 2º ETA, 3º ETA, 4º ETA, 5º ETA, 6º ETA, 7º ETA, BAAN, BACG, BAFL, BAFZ, BANT, BASC, EEAer, AFA, CTA, CIAAR e EPCAR EC-95: GEIV
Designações	YC-95 (protótipo), C-95 (EMB-110) e C-95 (EMB-110A)
Matrículas	YC-95: 2130 e 2131 C-95: 2132 a 2175; 2179 a 2189* EC-95: 2176, 2177, 2178, 2190 e 2191

*Com a conversão dos EC-95 em C-95 o total de C-95 passou para 60.

Northrop F-5B/E/F/EM/FM

Em 1954, a Northrop projetou o N-156, um caça supersônico leve, bimotor, que acabou gerando o T-38 Talon e o F-5 Freedom Fighter, cujo primeiro voo foi realizado no dia 30 de julho de 1959. O Freedom Fighter, ou Caça da Liberdade, como ficou chamado, foi construído em três versões básicas: o F-5A, caça monoplace, equipado com dois canhões Colt Pontiac M-39A2 (20 mm) no nariz e mísseis AIM-9; o F-5B, biplace de treinamento desprovido de armamento; e o RF-5A, versão de reconhecimento desprovida de canhões, mas equipada com câmaras de cobertura oblíqua e vertical instaladas no seu nariz. O F-5 foi testado no Vietnã entre 1965/67 com uma versão modificada do F-5A, designada F-5C Skoshi Tiger. Ele operou em missões de ataque, apoio aéreo aproximado e escolta. Foi considerado inadequado para aquele conflito

Jambock revoando! Um dos grandes legados do F-5 foi a introdução do reabastecimento em voo na FAB em 1976. Com o binômio F-5/aeronave reabastecedora, a FAB ganhou uma capacidade tática nunca antes experimentada. Foto Carlos Lorch / Action Editora Ltda.

O Northrop F-5E FAB 4870 do 1º/14º GAV Aggressor Flogger (Base Aérea de Canoas), em 1993.

O Northrop F-5E FAB 4820 do 1º GAVCA (Base Aérea de Santa Cruz) em 1994.

O Northrop F-5E FAB 4857 do 1º/14º GAV Aggressor New Blue (Base Aérea de Canoas), em 1994.

por não possuir uma elevada carga bélica. Além das versões norte-americanas, o F-5A/B/RF-5 também foi construído sob licença, no Canadá (CF-5), na Holanda (NF-5) e na Espanha (SF-5). No total, 1.629 F-5A/B/RF-5 foram fabricados.

Em 1968, o governo norte-americano convidou oito companhias para apresentarem propostas para um caça a ser vendido a aliados, denominado Improved International Fighter Aircraft (IIFA). A Northrop venceu com o F-5-21A em 20 de novembro de 1970. Ele foi denominado F-5E Tiger II em janeiro de 1971, voando pela primeira vez em 11 de agosto de 1972. Os primeiros F-5E foram entregues em junho de 1973 ao 425th TFS da USAF, locado em Williams AFB. Na sequência, a Northrop apresentou o F-5F, biplace de treinamento, e o RF-5E Tigereye, versão de reconhecimento tático. Ao todo, 1.405 F-5E/F/RF-5E seriam fabricados.

Além de servir no Vietnã, o F-5 teve sua prova de fogo na Guerra de Ogaden, entre a Etiópia e a Somália, e entre o Irã e o Iraque, no que ficou conhecido como a Guerra do Golfo. Diversos programas de modernização foram conduzidos com sucesso na aeronave, dando nova vida ao Tigre. As modernizações foram realizadas por Brasil, Chile, Cingapura, Espanha, Estados Unidos, Irã, Tailândia e Turquia. O F-5 foi empregado por 38 países: Arábia Saudita, Áustria, Bahrein, Botsuana, Brasil, Canadá, Chile, Cingapura, Coreia do Sul, Espanha, EUA (USAF, USN, USMC e NASA), Etiópia, Filipinas, Grécia, Holanda, Honduras, Iêmen, Indonésia, Irã, Israel (IAI), Jordânia, Líbia, Malásia, México, Marrocos, Noruega, Paquistão, Quênia, Sudão, Suíça, Tailândia, Taiwan, Tunísia, Turquia, União Soviética, Venezuela, Vietnã do Sul e Vietnã.

Os Northrop F-5B/E/F/EM/FM na Força Aérea Brasileira

A FAB adquiriu 79 caças Northrop F-5 em três lotes. O primeiro, com 42 aeronaves (6 F-5B e 36 F-5E), foi adquirido através do contrato 03/CO-MAM/1973, de 30 de dezembro de 1973, avaliado em US$ 115 milhões. Os

F-5B foram matriculados FAB 4800 a 4805. Já os F-5E receberam matrículas FAB 4820 a 4855. Os F-5 do primeiro lote foram os primeiros vendidos pela Northrop a ter vários itens customizados, como assento ejetável, rádios e itens aviônicos, que foram escolhidos pela FAB.

As aeronaves foram trasladadas em 11 esquadrilhas na rota Palmdale–Williams AFB (pernoite)–Kelly AFB–Craig AFB (pernoite)–Homestead AFB–Roosevelt Roads/Porto Rico (pernoite)–Piarco/Trinidad Tobago–Zanderij/Suriname (pernoite)–Belém do Pará–Anápolis (pernoite)–Rio de Janeiro. Os F-5B chegaram em 12 de março e em 13 de maio de 1975. As chegadas dos F-5E ocorreram entre junho de 1975 e fevereiro de 1976.

No primeiro traslado dos F-5E houve dois incidentes. No primeiro, o 4823 ficou retido em Zanderij/Suriname com pane de motor. No segundo, o 4822 caiu na aproximação final para o Galeão, por causa de más condições meteorológicas. Os F-5B/E equiparam os dois esquadrões do 1º Grupo de Aviação de Caça, substituindo o AT-26 Xavante que operava naquela unidade de maneira transitória. Em fevereiro de 1976, começou a conversão operacional dos pilotos do 1º/14º GAV para a nova aeronave realizada na na Base Aérea de Santa Cruz. O F-5 substituiu o AT-33A-20-LO na unidade gaúcha. Concluída a conversão, em 26 de novembro de 1976, o 14 regressou para a Base Aérea de Canoas com 12 aeronaves F-5E.

Uma das mudanças introduzidas pelo F-5E na Força Aérea Brasileira foi a capacidade de realizar o Reabastecimento em Voo (REVO). O primeiro ocorreu no dia 4 de maio de 1976 sobre o VOR de Araxá, próximo a Uberaba (MG), entre o KC-130H FAB 2461 do 2º/1º GTT e os F-5 4828 e 4854 do 1º GAVCA. A partir daí, o REVO entrou no cotidiano da frota de F-5E da FAB. Em 2 de dezembro, teve início a parceria daquele jato com o Boeing KC-137, quando foi realizado o primeiro REVO entre o FAB 2403 e os F-5E 4836/42/46/48 na rota Brasília–Rio de Janeiro, na etapa final da chegada daquela aeronave tanque ao Brasil, após ser convertida na Boeing. Ao todo, foram 26 anos de REVO com o KC-137, até a sua desativação no ano de 2013.

Rara foto do F-5E 4831 equipado com um Rec Nose em Santa Cruz. Apesar de ter sido adquirido em 1975, esse sistema que permitia ao F-5 realizar missões de reconhecimento fotográfico só foi usado uma vez, em 1976, durante um curso. Foto Arquivo Mario Roberto Vaz Carneiro.

Reboque! Um F-5F do 14 equipado com um pod SECAPEM puxa um alvo aéreo em uma missão de tiro aéreo no litoral do Rio Grande do Sul. Em 1989, a Força Aérea adquiriu os primeiros F-5F de um total de sete aviões. Na compra do primeiro lote, em 1973, a FAB só não adquiriu o Fox, porque este ainda não estava disponível. Foto Alexandre Durão / Action Editora Ltda.

Um dos fatos marcantes da história do F-5 no Brasil, ocorreu em 3 de junho de 1982, quando dois F-5E (4832/45) do 1º GAVCA interceptaram um bombardeiro Vulcan B.2 da RAF (matrícula XM597) armado com um míssil antirradiação AGM-45 Shrike, quando regressava de uma operação denominada Black Buck 6 contra radares argentinos em Port Stanley, durante a Guerra das Malvinas/Falklands. Pode se dizer que o caça F-5 revolucionou a mentalidade operacional na FAB. Além do REVO, ele introduziu o emprego de mísseis ar-ar, a capacidade multiemprego e a guerra eletrônica. Entre 1987 e 1989, três F-5E

O F-5B FAB 4805 Ayrton Senna do 1º GAVCA visto na BASC! Com essa aeronave o piloto de F-1 Ayrton Senna realizou um voo em 1º de abril de 1987. Em uma homenagem póstuma, em 1994, a aeronave recebeu o seu nome. Foto Carlos Lorch / Action Editora Ltda.

do 1º/14º GAV receberam a cablagem para operar o casulo de guerra eletrônica Thomson-CSF CT-51F Caiman. Aquelas missões seriam interrompidas entre 1989/1992, quando os F-5 do 2º lote assumiriam a missão.

Em 22 de maio de 1996, os cinco F-5B remanescentes (o 4801 foi perdido em um acidente) foram oficialmente desativados na Base Aérea de Santa Cruz. Todos

O Northrop F-5E FAB 4856 do 1º/14º GAV (Base Aérea de Canoas), em 1994.

O Northrop F-5B FAB 4803 Ayrton Senna do 1º GAVCA (Base Aérea de Santa Cruz), em 1995.

O Northrop F-5F FAB 4806 do 1º/14º GAV (Base Aérea de Canoas), em 1996.

O Northrop F-5E FAB 4865 do 1º/14º GAV com uma pintura que marca os 53 anos da unidade (Base Aérea de Canoas), em 2000.

O Northrop F-5E FAB 4844 do 1º GAVCA (Base Aérea de Santa Cruz), em 2001.

O Northrop F-5E FAB 4841 do 1º GAVCA com uma pintura alusiva aos 60 anos de criação do 1º GAVCA (BASC), em 2003.

O Northrop F-5E FAB 4846 do 1º GAVCA com uma pintura para marcar os 30 anos de F-5 (BASC), em 2003.

O Northrop F-5E FAB 4858 do 1º/14º GAV 58 anos (Base Aérea de Canoas), em 2005.

O Northrop F-5EM FAB 4834 do 1º/14º GAV (Base Aérea de Canoas), em 2007.

O Northrop F-5FM FAB 4807 do 1º/14º GAV (Base Aérea de Canoas), em 2008.

foram estocados no Parque de Material Aeronáutico de São Paulo, ostentando um padrão de cinza escuro nas superfícies superiores com cinza claro nas superfícies inferiores. Foram rematriculados de 01 a 05, sendo em seguida postos à venda. O edital 01/DIRMA/1996, de 9 de dezembro de 1996, os vendeu por US$ 3.109.409 a um coronel da reserva da FAB, que os repassaria à empresa americana ASTI, sediada no Arizona, e que pretendia fazer voos de caça com civis a um valor de US$ 12 mil/voo. Mas em 1997 o leilão foi suspenso, sob alegação de não atender aos requisitos de end user da USAF. A discussão foi para a Justiça. A partir de 2005, as aeronaves acabaram, gradualmente, preservadas nas cores da FAB no MUSAL e em outras unidades da Força Aérea. A discussão, a partir de então de cunho apenas financeiro, seguiu na esfera judicial.

Para repor perdas a FAB adquiriu, em 1988, 22 F-5E e quatro F-5F Ex-USAF por US$ 13,1 milhões. Os F-5E foram matriculados FAB 4856 a 4877 e os F-5F, FAB 4806 a 4809. Os aviões daquele segundo lote eram do padrão USAF, sem sonda de REVO e com assento ejetável Northrop Improved, em vez do Martin-Baker Mk.BR-Q7A do lote original.

Os F-5F e 11 F-5E eram provenientes do 425th TFTS (Tactical Fighter Training Squadron) sediado em Williams AFB. Os demais 11 F-5E vieram de Nellis AFB, oriundos dos famosos 64th e 65th AS (Aggressor Squadron) da USAF vinculados ao 57th TTW (Tactical Training Wing). Se os F eram relativamente novos, fabricados entre 1982 e 1984, os F-5E estavam entre os primeiros lotes de F-5E fabricados. Dos 22, 16 estavam entre os 30 primeiros F-5E fabricados no mundo, dos quais os FAB 4856, 4857 e 4858 eram respectivamente o primeiro, segundo e quarto F-5E que deixaram a Northrop.

Os traslados foram feitos por pilotos de Canoas e Santa Cruz, com destino final sendo o Rio Grande do Sul. Os primeiros seis saíram de Nellis AFB, Nevada.

Um dos F-5 do segundo lote ex-USAF, que operou exclusivamente no 1º/14º GAV. Ao todo foram 79 F-5 dos modelos B/E/F operados pela FAB. Não é o caça em maior número já empregado pela Força Aérea, mas sem dúvida um dos mais importantes e o que permitiu a incorporação de um significativo legado operacional. Foto Alexandre Durão / Action Editora Ltda.

Já os demais decolaram de Homestead AFB, na Flórida. O traslado foi realizado sempre na ala de um KC-137 do 2º/2º GT, em função de as aeronaves não terem rádio VHF. Os F-5 do segundo lote chegaram a Canoas entre outubro de 1988 e setembro de 1989. Por serem de lotes distintos, a FAB resolveu concentrar o primeiro lote no 1º GAVCA e o 2º no 1º/14º GAV. Inicialmente as aeronaves do segundo lote receberam as marcas FAB sobre a pintura USAF. As aeronaves vieram com vários problemas estruturais, alguns sérios, e precisaram ser recuperadas no Parque de Material Aeronáutico de São Paulo (PAMA-SP). À medida que isso ia acontecendo, passaram a adotar uma pintura em cinza claro de defesa aérea, que as acompanhou até serem destinadas à modernização, anos mais tarde. Em 1992 foram retomadas as missões de guerra eletrônica, quando seis F-5E do segundo lote receberam a cablagem para operar com o casulo CT-51F. Foi o período mais ativo e operacional do Caiman na Força Aérea. Em 1995, após a perda do 4868 em missão de guerra eletrônica em Anápolis, as operações foram suspensas. Em 2001 o casulo CT-51F foi desativado.

Em 1997 os dois lotes começaram a receber a integração para operar com mísseis israelenses Rafael Python III, que foi ampliada para o uso do míssil MAA-1 Piranha de fabricação nacional em 2004. Entre 1990 a 2005, as aeronaves de Canoas operaram mais dedicadas às missões de defesa aérea e os F-5 de Santa Cruz, nas missões aeroestratégicas. Com o início da modernização daquelas aeronaves, os últimos F-5E do primeiro lote deixaram Santa Cruz em 2010 e os do segundo lote deixaram Canoas em 2008 rumo à Embraer.

Desde 2001 a FAB queria ampliar a sua frota de caças F-5. Chegou a negociar com a Força Aérea Suíça, sem resultados a compra de novas células. Em 2005 adquiriu por US$ 24 milhões um lote de seis F-5E e três F-5F da Royal Saudi Air Force (RSAF), através do contrato 20/CABW/2005. Porém, o estado das células e a não obtenção do end user por parte dos sauditas cancelaram a compra. Em 25 de setembro de 2007 o contrato 1082/CELOG/2007, de US$ 21 milhões, adquiriu

Em 2005 entrou em serviço na FAB o F-5M, a versão modernizada do F-5E/F. Desenvolvida pela Embraer e pela AEL Sistemas, essa modernização proporcionou ao F-5 empregar armamentos inteligentes, aviônica digital e capacidade de combater no cenário BVR. Foto Alexandre Durão / Action Editora Ltda.

Foram três lotes de caças F-5 recebidos em 1975, 1988 e 2009. Hoje todas as aeronaves remanescentes foram padronizadas nas versões F-5EM/FM, que deverão permanecer em serviço por mais alguns anos, equipando quatro esquadrões. Foto Carlos Lorch / Action Editora Ltda.

oito F-5E e três F-5F ex-Royal Jordanian Air Force (RJAF). Matriculados F-5E 4878 a 4885 e F-5F 4810 a 4812, foram trasladados da base Prince Hassan até a Base Aérea de São Paulo em cargueiros Antonov AN-124-100 da empresa Volga Dnepr (entre agosto e dezembro de 2008) e da International Cargo (maio de 2009). Não entraram em serviço, sendo destinados ao PAMA-SP para revisão e preparação para modernização.

Ao todo, ao longo da história operacional do F-5 no Brasil, foram perdidas 17 aeronaves: 1 F-5B (4801), 1 F-5F (4809) e 15 F-5E (4821/22/31/32/33/35/38/40/42/43/53/54/55/68/72).

Modernizado

A modernização dos F-5E/F da FAB vinha sendo discutida desde os anos 1980. Com a criação do Plano Fênix, em outubro de 1998, a modernização daqueles aviões se tornou realidade. Em 28 de dezembro de 2000, foi aprovado o financiamento para modernizar 43 F-5E e três F-5F, assinado em 5 de setembro de 2001 por US$ 285 milhões com a Embraer e a empresa israelense Elbit Systems.

As duas aeronaves protótipo foram entregues à Embraer em 21 de fevereiro de 2001 provenientes do 1º/14º GAV. O F-5FM 4808 fez seu primeiro voo em 4 de dezembro de 2003. Já o F-5EM 4874 voou em 16 de junho de 2004. A primeira aeronave de série foi o FAB 4856, entregue ao 1º/14º GAV em 21 de setembro de 2005.

Gradualmente os F-5 foram sendo modernizados, o que permitiu reequipar outras unidades. O 1º GAVCA recebeu seu primeiro F-5EM – o FAB 4826, em 19 de dezembro de 2006. Já o 1º/4º recebeu seis F-5EM iniciais em 13 de dezembro de 2010.

O último F-5EM do primeiro lote entregue modernizado foi o 4846, recebido em 8 de março de 2013 pelo 1º GAVCA. A partir daí, começou a modernização de onze F-5 jordanianos. O contrato com a Embraer foi assinado em 27 de dezembro de 2010, ao custo de US$ 107,5 milhões.

O F-5M é uma aeronave nova, que tem novo assento ejetável, um radar Fiar Grifo produzido na Itália, aviônica digital, HOTAS (Hands On Throttle-And-Stick), NVG (Night Vision Goggles), HMD (Helmet Mounted Display) e sistemas de autoproteção (chaff, flare e RWR), bem como a possibilidade do uso de armas inteligentes, mísseis off boresight e de alcance além do visual. Além disso, houve a padronização de todas as aeronaves da frota que passaram, por exemplo, a ter capacidade de REVO.

Com o F-5M, a FAB voltou a participar da Operação Red Flag, o maior exercício de combate promovido pela USAF. A FAB participou da Red Flag (de 3 a 8 de julho de 2008) com seis F-5EM pertencentes ao 1º/14º GAV e um KC-137 do 2º/2º GT, em Nellis AFB, Nevada.

Northrop F-5B/E/F/EM/FM

Período de Utilização	De 1975 até 1996 (F-5B) De 1975 até 2010 (F-5E) De 1989 até 2007 (F-5F) A partir de 2005 (F-5EM) A partir de 2007 (F-5FM)				
Fabricante	Northrop Corp. (atual Northrop Grumman Corporation)				
Emprego	Treinamento e formação operacional (F-5B/F/FM) Defesa aérea, ataque, interdição e guerra eletrônica (F-5E/EM)				
Características Técnicas	F-5B	F-5E	F-5F	F-5EM	F-5FM
Motor	F-5B: General Electric J85-GE-13 de 4.080 lb com PC F-5E/F/EM/FM: General Electric J85-GE-21 de 5.000 lb com PC				
Envergadura	7,7 m	8,13 m	8,13 m	8,13 m	8,13 m
Comprimento	14,4 m	14,68 m	15,72 m	14,45 m	15,27 m
Altura	4,02 m	4,06 m	4,06 m	4,08 m	4,02 m
Peso Vazio	3.972 kg	4.346 kg	4.793 kg	4.349 kg	4.627 kg
Peso Máximo	9.390 kg	11.193 kg	11.409 kg	11.193 kg	11.409 kg
Tripulação	Piloto (F-5E/EM); piloto e instrutor (F-5B/F/FM)				
Armamento	F-5B: nenhum; 3 tanques alijáveis; alvo aéreo Equipaer AV-CAA 7 pontos de fixação para até 3.200 kg (F-5E) e 2.900 kg (F-5F) F-5F: um Colt Pontiac M39A3 de 20 mm (280 projéteis) F-5E: dois Colt Pontiac M39A3 de 20 mm (280 projéteis cada); alvo rebocável TDU-10/B Dart; alvo acústico Secapem 90; alvos rebocáveis Equipaer AV-CAA; pod de exercício SUU 20A/A ou Equipaer EQ-BRD-20; Pod EW CT-51F Caiman; sinalizador (flare) LU-2B; bombas de exercício BEX-11 e PBB-24; bombas convencionais série Mk81/82/83/84 e BAFG 230/460/920; bombas incendiárias BINC-200 e BINC-300; foguetes 70 mm (SBAT 70, Skyfire, Mk4, Mk 40 e Mk 76); MAA IR AIM-9B SideWinder, MAA IR MAA-1 Piranha, MAA IR Rafael Python 3. 7 pontos de fixação para até 3.200 kg (F-5EM) e 2900 kg (F-5FM) F-5EM: um Colt Pontiac M39A3 de 20 mm (280 projéteis) F-5FM: Sem canhão (retirado na modernização); alvos rebocáveis Equipaer AV-CAA; pod de exercício SUU 20A/A ou Equipaer EQ-BRD-20; foguetes 70 mm (SBAT 70, Skyfire, Mk4, Mk 40 e Mk 76); bombas de exercício BEX-11 e PBB-24; bombas convencionais série Mk81/82/83/84 e BAFG 230/460/920; bombas incendiárias BINC-200 e BINC-300; bomba BGL Elbit Lizard; bomba GPS/INS AEQ SMKB-82; MAA IR AIM-9B SideWinder, MAA IR MAA-1 Piranha, MAA IR Rafael Python 3 e 4; MAA BVR Rafael Derby				

Continua

Sensores	F-5E: 1º lote: 4820 a 4855 – radar AN/APQ-153 2º lote: 4856 a 4877 – radar AN/APQ-153 [a partir 1990 - APQ-159 (V5)] 3º lote: 4878 a 4885 – radar AN/APQ-157 9 F-5E receberam a cablagem para emprego do pod francês Thomson CSF CT-51F Caiman (FAB 4830/28/39/57/62/68/72/73/75) F-5F: AN/APQ-159 (V4) [A partir de 1990 AN/APQ-159 (V5)] F-5EM/FM: radar Fiar Grifo F/BR, chaff, flare, HMD Elbit Dash 4, datalink, RWR e HOTAS		
Desempenho	F-5B	F-5E/EM	F-5F/FM
Velocidade Máxima	1.707 km/h (Mach 1.4)	1.960 km/h (Mach 1.6)	1.837 km/h (Mach 1.5)
Teto Operacional	15.500 m	15.800 m	
Alcance	2.2240 km (c/ tanques extras)	1.814 km (com CL tanque)	2.176 km (com CL tanque)
Comentários			
Total Adquirido	79 exemplares (6 F-5B; 7 F-5F e 66 F-5E) 57 aeronaves modernizadas (51 F-5EM e 6 F-5FM)		
Unidades Aéreas	1º GAVCA (1975); 1º/14º GAV (1976), 1º/4º GAV (2011) e 1º GDA (2014)		
Designações	F-5B, F-5F, F-5E, F-5EM e F-5FM		
Matrículas	F-5B: 4800 a 4805 F-5E: 4820 a 4885 F-5F: 4806 a 4812 F-5EM: 4820, 4823 a 4830; 4834, 4836, 4837, 4839, 4841, 4844 a 4852; 4856 a 4867; 4869 a 4871; 4873 a 4885 F-5FM: 4806 a 4808 e 4810 a 4812		

Let Blaník L-13 J

O L-13 Blaník é um planador biplace com asas de enflechamento negativo fabricado pela empresa Let Kunovice desde 1958. O Blaník combina design de construção metálica e perfis NACA com diversos conceitos de construção característicos da indústria soviética.

O L-13 foi desenvolvido como um planador para instrução de voo básico, treinamento acrobático e cross-country, modalidade em que o objetivo é manter-se o maior tempo possível no ar, percorrendo vários quilômetros em um voo de várias horas. Sua razão de planeio chega a 28:1.

Foi amplamente adotado no bloco soviético e exportado em grande número para a Europa e as Américas do Norte e do Sul. É um dos planadores mais utilizados no mundo, com mais de 3 mil unidades produzidas. Originalmente foi fabricado na Tchecoslováquia. Com a separação dos dois países, a Let está situada atualmente na República Tcheca.

No papel de planador cross-country, o L-13 Blaník possui vários recordes mundiais de distância e permanência no ar, especialmente nos anos 1960. Seu conceito inspirou planadores renomados como o Demant e o L-21 Spartak.

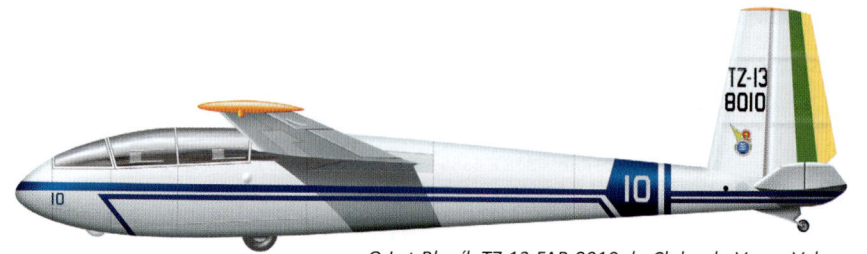

O Let Blaník TZ-13 FAB 8010 do Clube de Voo a Vela (CVV) da Academia da Força Aérea.

O Let Blaník L-13 J na Força Aérea Brasileira

A Academia da Força Aérea (AFA) foi transferida definitivamente no início de década de 1970 do Campo dos Afonsos, no Rio de Janeiro (RJ), para a cidade de Pirassununga, no interior de São Paulo. As novas instalações da AFA, bem como sua localização, permitiram que a instrução fosse mais adequada, pois estava fora de uma área com tráfego aéreo cada dia mais denso como o Rio de Janeiro, e que a FAB criasse pela primeira vez a prática do voo a vela como parte da formação dos cadetes.

Surgia, assim, em 11 de novembro de 1976, o Clube de Voo a Vela da Academia da Força Aérea (CVV-AFA), que tinha como objetivo propiciar aos cadetes aviadores, intendentes e infantes a prática do voo à vela. Como primeiro vetor do CVV-AFA a FAB adquiriu, em 27 de janeiro de 1975, 10 planadores Let Blanik L-13 J direto da fábrica. Designados como TZ-13 e matriculados FAB 8004 a 8013, as aeronaves entraram em serviço no final de 1976. O Blaník foi por muito tempo o primeiro contato com o voo de muitas gerações de pilotos da FAB.

O TZ-13 participou de muitas competições de volovelismo, tanto na AFA (competições internas) como em campeonatos abertos, disputando com aeroclubes e clubes de voo à vela do Brasil e de outros países.

Basicamente, os TZ-13 chegaram ostentando um padrão de alumínio, complementado por uma faixa azul-escura ao longo da fuselagem. Na parte traseira havia uma faixa azul circundando a fuselagem, na qual era aplicada a dezena da

Hangar do CVV da AFA em Pirassununga. O Blaník, ou TZ-13 na FAB, foi o primeiro planador adquirido pela AFA, que acabou inaugurando o Clube de Voo a Vela em 1976.
Foto Arquivo Aparecido Camazano Alamino.

O TZ-13 8013 sendo preparado para voo. Foram 32 anos de AFA, durante os quais os Blaník formaram diversas gerações de cadetes aviadores e não aviadores na arte do voo a vela. Foto Arquivo Aparecido Camazano Alamino.

matrícula, que era repetida no nariz do planador. Na cauda, o leme era verde e amarelo e estavam estampadas a matrícula e a designação da aeronave. Esse esquema de pintura, com poucas variações, se manteve ao longo de toda a sua vida operacional.

Seis aeronaves foram perdidas ou danificadas em acidentes, a última em 2004. Após 30 anos de serviço, em fins de 2006, as aeronaves remanescentes foram retiradas de operação no CVV-AFA, sendo descarregadas do inventário da FAB em 2008. Atualmente o FAB 8010 está preservado na AFA, com o nome de batismos Tenente Juventino e a inscrição 10 mil pousos no nariz.

Let Blaník L-13 J

Período de Utilização	De 1976 até 2006
Fabricante	Let Kunovice
Emprego	Planador para voo a vela e treinamento
Características Técnicas	
Envergadura	16,20 m
Comprimento	8,40 m
Altura	2,09 m
Peso Vazio	307 kg
Peso Máximo	500 kg
Tripulação	Aluno e instrutor
Desempenho	
Velocidade Máxima	145 km/h
Teto Operacional	3.650 m
Alcance	Variável
Razão de Planeio	28:1
Comentários	
Total Adquirido	10 exemplares
Unidades Aéreas	Clube de Voo a Vela da Academia da Força Aérea (CVV-AFA)
Designações	TZ-13
Matrículas	8004 a 8013

Embraer EMB-201R e EMB-202A Ipanema

Em meados da década de 1960, o Ministério da Agricultura brasileiro, que buscava uma aeronave de pulverização para o incremento da mecanização agrícola para o combate às pragas que inviabilizavam o crescimento na agricultura brasileira, consultou o CTA quanto à viabilidade de um projeto de uma aeronave nacional que eliminasse a dependência externa por aviões especializados nessa área e, após uma rápida negociação, resolveu financiar o investimento.

O projeto, que foi desenvolvido rapidamente, era para um avião monoplano totalmente metálico, asa baixa, cantilever, para um tripulante, trem de pouso convencional fixo e equipado com um motor Lycoming O-540-H2B5D de 200 hp. Era uma aeronave robusta, com excelente visibilidade e alto coeficiente de sustentação, o que a tornava excelente para o fim a que se destinava.

Após a aprovação do projeto, a Empresa Brasileira de Aeronáutica S.A. (Embraer) foi encarregada de sua produção e designou a aeronave como EMB-200 Ipanema, em homenagem à Fazenda Ipanema, próximo a Sorocaba, que sediava um centro de treinamento de aviação agrícola financiado pelo Ministério da Agricultura.

O nascimento da Embraer, em 1969, viabilizou a produção dos diversos projetos desenvolvidos pelos engenheiros do Centro Técnico da Aeronáutica (CTA). Assim, o CTA projetava e a Embraer produzia; e o Ipanema realizou seu primeiro voo em 31 de julho de 1970, sendo homologado em abril de 1970.

A partir de 1974, o Ipanema recebeu um motor mais potente, o Lycoming IO-540 de 300 hp, e incorporou um novo sistema de injeção de combustível, recebendo a designação EMB-201.

Em março de 1980, a Embraer adquiriu a Sociedade Construtora Aeronáutica Neiva e transferiu para sua subsidiária, localizada em Botucatu, interior de São Paulo, a responsabilidade pela construção do Ipanema.

O Ipanema 201R, ou U-19 na FAB, foi o primeiro rebocador usado para apoiar os voos a vela do CVV-AFA. Foto Arquivo Jackson Flores Jr. / Action Editora Ltda.

O Embraer U-19 FAB 0151 do Clube de Voo a Vela (Academia da Força Aérea).

O Embraer G-19A FAB 0156 do Clube de Voo a Vela (Academia da Força Aérea).

Com o passar dos anos, a experiência ditou algumas inovações no projeto e diferentes versões foram produzidas.

Em março de 2002, foi lançado um novo modelo, o EMB-202, que ficou conhecido como Ipanemão e apresentou melhorias aerodinâmicas, como winglets, motor Lycoming IO-540-K1J5 de 300 hp, hélice Hartzell tripá de passo constante e um compartimento maior para produtos químicos e dispositivos corta-fios nas pernas dos trens de pouso.

Com a procura por alternativas viáveis para o combustível fóssil no emprego na aviação, em 2004, a Neiva, subsidiária da Embraer, certificou uma versão do Ipanemão para uso do álcool combustível. Hoje, o EMB-202A é a única aeronave do mundo a voar com combustível derivado da cana-de-açúcar.

O Ipanema está em produção há mais de 30 anos e já foram entregues mais de mil unidades das suas sete versões.

Os Embraer EMB-201R e EMB-202A Ipanema na Força Aérea Brasileira

Por sua robustez e excelente disponibilidade de potência, em 1976, o Ministério da Aeronáutica adquiriu três aeronaves Ipanema, com o intuito de equipar o Clube de Voo à Vela (CVV), da AFA, com um rebocador de planadores eficaz.

Designados U-19, os Ipanema da FAB foram usados como rebocador para as aeronaves do CVV em operação durante os finais de semana e, quando em competições realizadas dentro ou fora da AFA, também rebocaram planadores civis. Nessas ocasiões, sempre foram as aeronaves mais disputadas para o reboque por causa de sua velocidade e razão de subida, que permitiam uma operação mais dinâmica. Outro emprego para os Ipanema era o reboque de alvos aéreos para o treinamento de tiro aéreo do helicóptero UH-1 da FAB. Normalmente essas missões eram realizadas na Base Aérea de Florianópolis.

Em razão do desgaste natural pelo tempo e de um acidente com uma das aeronaves U-19, o CVV da AFA ficou reduzido a apenas um Ipanema e

Pintados num tom de azul, os G-19A, como o FAB 0157, são atualmente os únicos rebocadores em serviço no CVV-AFA. Foto Arquivo Jackson Flores Jr. / Action Editora Ltda.

dois Aero Boero para rebocar seus planadores. Assim, em 2007, o Ministério da Aeronáutica contratou a construção de mais duas aeronaves pela Neiva, agora do novíssimo EMB-202A Ipanemão, para o emprego no mesmo tipo de missão.

As duas aeronaves foram entregues em dezembro de 2007, em Botucatu (SP), e imediatamente incorporadas ao acervo da AFA com a designação G-19A.

Os primeiros Ipanema G-19 vieram nas cores cinza na metade inferior e branco na área superior. Uma faixa azul circundava a ponta do nariz, as pontas das asas e o spinner, e outra faixa, em formato triangular posicionada horizontalmente, também na cor azul, com os dois grandes dígitos finais da matrícula em seu interior, circundava o cone posterior de sua fuselagem, à frente das empenagens verticais e horizontais. No leme, apareciam as tradicionais faixas verde e amarela, e no capô o negro antirreflexo.

Os dois G-19A vieram em cor azul, com as pontas das asas em amarelo, duas faixas nas cores amarelo e branco em diagonal nas asas e na cauda, faixas azul, amarelo e branco. O verde e amarelo foram colocados em um retângulo no leme vertical. Todos os números e letras de identificação foram aplicadas em branco. Na parte superior do capô, o negro antirreflexo.

Após a chegada dos novos modelos, o G-19 remanescente também foi pintado no mesmo padrão. No final de 2011, os G-19 foram retirados de serviço e o FAB 0151 foi preservado no MUSAL, em 6 de agosto de 2012, com o padrão de cores original com o qual foi recebido.

EMB-201R e EMB-202A Ipanema		
Período de Utilização	De 1976 até 2011	A partir de 2007
Fabricante	Embraer	Neiva
Emprego	Reboque de planadores	Reboque de planadores
Características Técnicas	G-19	G-19A
Motor	Lycoming IO-540-H2B5D de 260 hp	Lycoming IO-540-K1J5D de 300 hp
Envergadura	11,20 m	11,69 m
Comprimento	7,43 m	7,43 m

Continua

Altura	2,20 m	2,25 m
Área Alar	18 m²	
Peso Vazio	1.067 kg	1.067 kg
Peso Máximo	1.550 kg	1.800 kg
Armamento	Não dispunha de armamento	Não dispõe de armamento
Desempenho		
Velocidade Máxima	225 km/h	225 km/h
Razão de Subida	288 m/min	288 m/min
Teto Operacional	6.700 m	6.700 m
Alcance	770 km	941 km
Comentários		
Total Adquirido	3 exemplares	2 exemplares
Unidades Aéreas	AFA	AFA
Designações	U-19 G-19	G-19A
Matrículas	U-19 0151 a 0153	0156 e 0157

Boeing 737-2N3

A aeronave comercial à reação produzida em maior número na história da aviação, o Boeing 737, surgiu da necessidade de a empresa lançar um produto para curtas distâncias, para concorrer com os Douglas DC-9, os Sud-Aviation Caravelle e os BAC One Eleven.

O VC-96 2116 deita a asa sobre o Lago Paranoá, em Brasília. Esse foi o primeiro padrão de pintura usado pelo VC-96. Foto Carlos Lorch / Action Editora Ltda.

O Boeing 737-2N3 Adv VC-96 FAB 2115 do Grupo de Transporte Especial (Base Aérea de Brasília), em 2006.

Para diminuir o tempo de desenvolvimento do novo modelo, os projetistas utilizaram o máximo da tecnologia e a fuselagem central dos 707 e 727, equipada com asas especialmente desenhadas para ele. A primeira asa desenhada não alcançou o desempenho esperado, fraturando com 90% do esforço planejado. Isso levou a um novo projeto, que desenvolveu uma asa exclusiva para o 737, resultando em uma superfície de excelente desempenho.

O 737-100 foi o primeiro modelo de série e realizou seu primeiro voo em 9 de abril de 1967. Empregava como grupo motopropulsor dois turbojatos Pratt & Whitney JT8D integrados às asas. O primeiro operador do 737-100 foi a Lufthansa, que empregava a aeronave para operações regionais.

O modelo 737-200, em particular, que teve 1.114 unidades produzidas, fez o seu primeiro voo em 8 de agosto de 1967, sendo a entrega do último exemplar em agosto de 1988. Era uma versão mais alongada do "traço 100", que tinha ganhado 91 cm na frente e 102 cm atrás das asas, para atender ao mercado norte-americano. Inicialmente houve problemas com o reverso da aeronave, que tinha a tendência de jogá-la para fora da pista, porém, após receber um sistema de reversão do tipo concha, ocorreu uma melhora significativa em seu desempenho durante o pouso em pistas curtas.

O resultado do investimento nesse projeto foi a criação de uma aeronave compacta, robusta e de fácil operação e que teve mais de 6 mil unidades produzidas nas versões Originals, os 737-100 e 200, Classic, que eram os 737-300, 400 e 500, e Next Generation, que foram os 737-600, 700, 800 e 900.

Apesar de seu desenvolvimento ter como objetivo o transporte de passageiros, por causa de sua versatilidade, confiabilidade e disponibilidade, várias Forças Aéreas o encomendaram para o transporte VIP e para o treinamento de navegação.

O Boeing 737-2N3 na Força Aérea Brasileira

O BAC-111, VC-92, já operava no Grupo de Transporte Especial (GTE), no transporte do Presidente da República há oito anos, quando o Presidente Ernesto Geisel determinou ao Ministério da Aeronáutica sua troca. Inicialmente era por causa de sua autonomia restrita, mas também pesaram favoravelmente o tempo de uso da aeronave e o conforto apresentado pelas demais ofertas no mercado.

Assim, em 1975, foram adquiridas, para o GTE, duas aeronaves Boeing 737-2N3, designadas VC-96 e matriculadas 2115 e 2116. O código alfanumérico 2N3 é uma sistemática utilizada pela fábrica Boeing para identificar o tipo de aeronave e cliente. Assim, o 2 significa que a aeronave é do modelo 200 e o N3 diz que é para o governo brasileiro.

Com essa troca, agora o representante da nação poderia cumprir seus compromissos políticos na maior parte dos países da América do Sul, sem a necessidade de pousos intermediários para reabastecimento. Como a compra era para atender ao presidente da nação, a FAB solicitou inúmeras mudanças, que incluíam a colocação de escadas embutidas que eliminavam a dependência de apoio de solo.

O FAB 2115 realizou seu primeiro voo em 5 de março de 1976 e chegou ao Brasil em 19 de agosto de 1976. A demora foi para a realização da configuração interior da aeronave. Pelo mesmo motivo, o 2116 voou no dia 31 de março de 1976 e somente chegou ao Brasil no dia 8 de setembro de 1976.

As aeronaves possuíam três ambientes separados. Na parte da frente ficavam localizadas as instalações dos ajudantes de ordem e demais tripulantes, incluindo a galley. Depois ficava a sala de reunião e despacho, onde o presidente podia realizar reuniões durante a jornada aérea. Contígua a essa sala, estava localizada a suíte presidencial, com cama e banheiro exclusivos do presidente. A terceira divisão é a parte traseira da aeronave, com 36 poltronas, onde eram transportados os demais membros da comitiva presidencial.

Inicialmente os 737-200 voavam apenas no Brasil e na América Latina, mas, com o tempo, passaram a voar para outras partes do planeta, realizando quantos pousos técnicos fossem necessários. Era comum, nessas ocasiões, o deslocamento conjunto das duas aeronaves para apoio mútuo em caso de pane na aeronave principal. A missão mais longa do VC-96 foi para o Japão, em 2005.

Para manter as aeronaves em condições de atingir qualquer ponto do planeta, os dois aviões passaram por uma modernização, que lhes aplicou o que havia de mais moderno em termos de navegação: foram incorporados um Flight Management System (Sistema de Gerenciamento de Voo – FMS) e um Traffic Collision Avoidance System (Sistema de Prevenção de Colisão de Trafego – TCAS). Paralelo a isso, a aeronave também passou por um retrofit de seu interior.

Quando alguma comitiva presidencial visitava o Brasil e não dispunha de aeronave própria, era comum o governo brasileiro colocar uma das aeronaves à

Vista do interior do VC-96, com destaque para a área do gabinete de trabalho presidencial
Foto Wagner Ziegelmeyer / Action Editora Ltda.

Sucessores dos BAC 1-11, os Boeing 737-200 serviram ao GTE por 35 anos, sendo até hoje a aeronave presidencial mais empregada em toda a história da FAB.
Foto Wagner Ziegelmeyer / Action Editora Ltda.

disposição dos ilustres visitantes. Foi assim que, em julho de 1980, o VC-96 2116 transportou o Papa João Paulo II por 11 capitais brasileiras.

Infelizmente a irreverência brasileira lhe aplicou uma alcunha completamente infundada. Como existia um Boeing 707 que também prestava apoio ao presidente em viagens mais longas, que, por causa da idade e de alguns problemas técnicos apresentados com autoridades a bordo, recebeu o apelido de Sucatão; como o 737-200 era o "irmão mais novo", foi pejorativamente chamado de Sucatinha. Nada, porém, mais infundado, pois o VC-96 jamais apresentou nenhum tipo de problema ao transportar as autoridades e terminou seus dias de avião presidencial com a expressiva marca de 34 anos de operação, mais de 50 mil horas voadas e sete presidentes transportados.

No dia 16 de abril de 2010, os VC-96 foram substituídos no transporte presidencial pelo Embraer 190 VC-2 e fizeram um deslocamento para a Base Aérea de Anápolis, onde ficaram estocados.

Em busca da preservação da história dessa importante aeronave, no dia 4 de novembro de 2011, o VC-96 2115 realizou seu último voo em direção ao Museu Aeroespacial, no Campo dos Afonsos, sua base final.

Boeing 737-2N3	
Período de Utilização	De 1976 até 2010
Fabricante	Boeing Aircraft Company
Emprego	Transporte VIP
Características Técnicas	
Motor	2 Pratt & Whitney JT8D-17 de 14.000 lb cada um
Envergadura	28,35 m
Comprimento	30,48 m
Altura	11,28 m
Área Alar	91,05 m²
Peso Vazio	27.488 kg
Peso Máximo	52.390 kg
Armamento	Não dispunha de armamento

Continua

Desempenho	
Velocidade Máxima	747 km/h
Razão de Subida	1.280 m/min
Teto Operacional	10.688 m
Alcance	4.075 km
Comentários	
Total Adquirido	2 exemplares
Unidades Aéreas	1º Esquadrão do Grupo de Transporte Especial
Designações	VC-96
Matrículas	2115 e 2116

EMB-110K1, EMB-110P1(K), EMB-110P1(K) SAR, EMB-110P1(A) e EMB-110M

A partir de 1975 a Embraer passou a desenvolver um projeto para ampliar a capacidade do EMB-110 que resultou nas versões alongadas do Bandeirante. Com base no desenho do EMB-110P, a Embraer manteve as asas e a estrutura da fuselagem, que foi alongada em 0,87 cm, o que permitiu a instalação de uma porta de carga de 1,42 m de altura por 1,80 m de largura na seção traseira esquerda. Para aumentar a estabilidade, foi introduzida uma quilha na fuselagem traseira. Os motores Pratt & Whitney PT6A-27 com 680 shp foram substituídos pelos PT6A-34 de 750 shp. Além disso, uma série de pequenas mudanças de aviônica, trem de pouso, sistema de combustível e sistema elétrico foi introduzida.

O novo design criou a versão militar EMB-110K1, conhecida na FAB como C-95A, e duas versões civis: o EMB-110P1 e o P2. A versão EMB-110P1 pode

*Um C-95A lidera um C-95. Ambos são do 4º ETA de São Paulo. O Bandeirante é, sem dúvida, uma das aeronaves mais versáteis e importantes já usadas pela FAB.
Foto Carlos Lorch / Action Editora Ltda.*

O C-95B 2326 do 3º ETA, sediado no Galeão. As versões de transporte A/B/C do Bandeirante, desde os anos 1970, foram, por anos, o equipamento padrão dos sete Esquadrões de Transporte Aéreo. Foto Wagner Ziegelmeyer / Action Editora Ltda.

operar tanto como aeronave de passageiros como de carga. Como aeronave comercial, possui até 19 poltronas convencionais em fileiras 2 x 1. Para operar como cargueiro, tem a mesma porta de carga na parte traseira esquerda da fuselagem do K1. Já a versão P2 é exclusivamente para transporte comercial de até 21 passageiros. Em vez da porta de carga, existe uma porta de serviço idêntica à porta de embarque dianteira, com 1,42 x 0,63 m.

No fim dos anos 1970 surgiu a versão militar EMB-110P1(K), conhecida como C-95B, que, na prática, é um modelo aperfeiçoado do EMB-110K1. A partir do P1(K), a Embraer criou, em 1980, o EMB-110P1(K) SAR, versão dedicada a missões de busca e salvamento designada SC-95B na FAB. O grande diferencial dos C-95A/B/SC-95B em relação ao P1 é que a porta de carga tem uma porta de serviço de 1,42 x 0,63 m embutida que pode ser aberta em voo para lançamento de carga e paraquedistas. O C-95B/SC-95B também tem o diferencial de ter uma janela na porta dianteira de embarque.

As primeiras entregas do EMB-110K1 para a FAB ocorreram em outubro de 1977. Já para o mercado civil foi em janeiro de 1978 (EMB-110P1). Em 1983 surgiu o EMB-110P1(A), uma variante do modelo P1 que introduziu um melhor isolamento acústico, aviônica melhorada e estabilizadores horizontais com 10º

O EC-95B FAB 2334 do GEIV (Aeroporto Santos Dumont), em 1997.

de diedro positivo, que aumentaram a estabilidade e o desempenho. A versão militar foi designada C-95C na FAB. Ao todo, 499 aeronaves foram fabricadas até 1991, sendo 356 células do EMB-110 em versões alongadas.

Os EMB-110K1, EMB-110P1(K), EMB-110P1(K) SAR, EMB-110P1(A) e EMB-110M na Força Aérea Brasileira

Ao todo, a FAB adquiriu 68 unidades dos três modelos de transporte e emprego tático do Bandeirante, que acabaram gerando outras três versões: SAR, calibração eletrônica e ensaio em voo, além da C-95M, versão modernizada dos C-95B/C/SC-95B.

O primeiro modelo adquirido foi o EMB-110K1, do qual foram encomendados 20 exemplares em 1976, designados C-95A FAB 2280 a 2299. A primeira unidade a receber o C-95A foi o 5º Esquadrão de Transporte Aéreo (5º ETA), que recebeu o FAB 2280 em 6 de outubro de 1977 na Base Aérea de Canoas (BACO). As entregas dos Alfa se estenderam até setembro de 1978, equipando basicamente os demais cinco ETA existentes a época (o 7º ETA só seria criado em julho de 1983) e o 2º/2º GT, sediado na Base Aérea do Galeão.

Em 1979 a FAB fez uma nova encomenda, dessa vez do modelo EMB-110P1(K). Foram 31 unidades designadas C-95B FAB 2300 a 2330. As entregas se iniciaram em fevereiro de 1980 e se prolongaram até 24 de outubro de 1984, quando o FAB 2330 foi entregue em São José dos Campos (SP). Uma curiosidade é que os cinco primeiros C-95B (2300 a 2304) saíram da Embraer como C-95A com a designação de fábrica EMB-110K1. Todos foram redesignados C-95B até agosto de 1980, inclusive, sendo corrigida a designação de fábrica para EMB-110P1(K). A explicação é simples: foi só nessa época que a Embraer denominou a versão militar do EMB-110P1, que, na prática, tem pequenas diferenças se comparada ao EMB-110K1. A partir do FAB 2305, todos já saíram da fábrica com a designação C-95B. As primeiras unidades a receber o C-95B foram o 2º/2º GT e o 1º/15º GAV, que substituiu os seus C-115 Buffalo pelo novo avião. Gradualmente outras unidades receberam o Bravo, e criou-se uma divisão entre as unidades que voariam o Alfa e as que voariam o Bravo. O C-95A sempre foi o avião base do

Um dos EC-95B da FAB prestes a decolar para mais um voo de inspeção, ainda no seu primeiro padrão de pintura usado na FAB. Foto Alexandre Durão / Action Editora Ltda.

O C-95A FAB 2289 do 5º ETA (Base Aérea de Canoas).

O C-95B FAB 2319 do 1º ETA (Base Aérea de Belém).

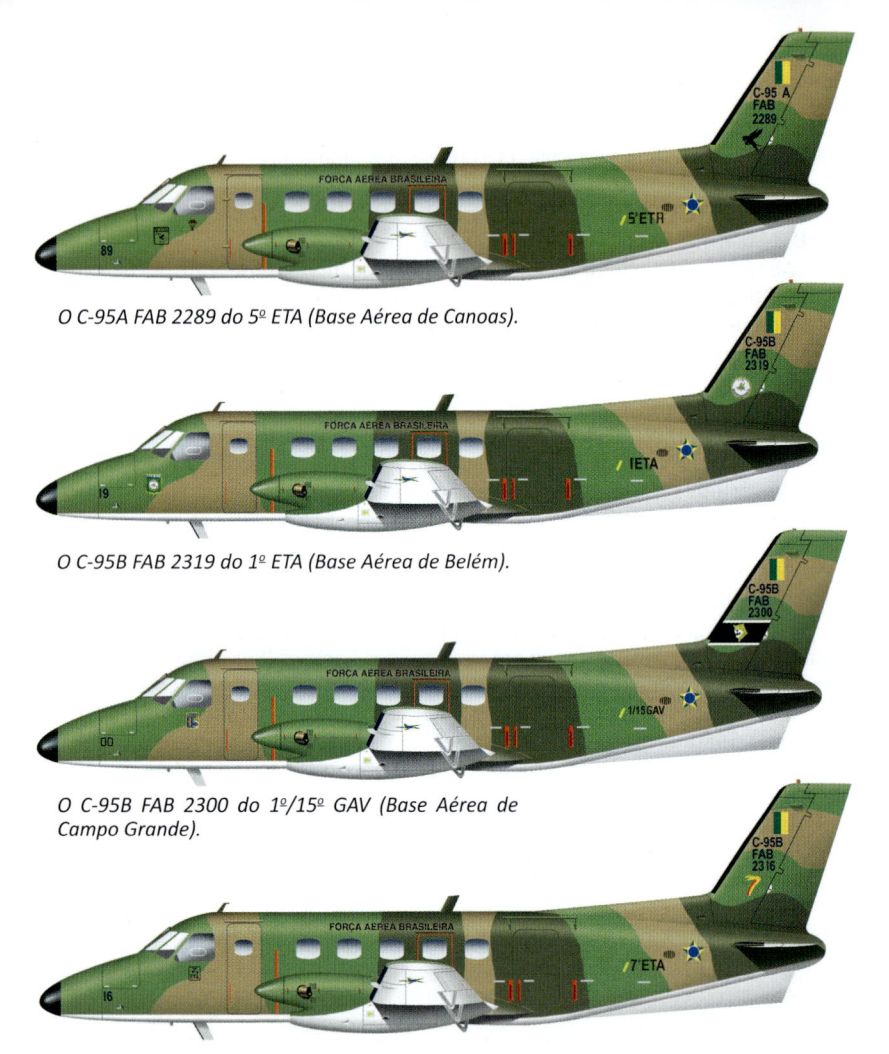

O C-95B FAB 2300 do 1º/15º GAV (Base Aérea de Campo Grande).

C-95B FAB 2316 do 7º ETA (Base Aérea de Manaus).

2º, 4º, e 5º ETA. Já o C-95B, do 1º, 3º, 6º e 7º ETA, além do 2º/2º GT e 1º/15º GAV.

Se os C-95A foram entregues no mesmo padrão de cores do C-95, os C-95B foram recebidos camuflados no padrão Southeast Asia, o que demonstra que as versões alongadas do C-95 tinham um claro papel militar. Em 1980 os C-95A também passaram a ser camuflados, caracterizando o papel de emprego tático dos C-95A/B.

Em 1987 a FAB encomendou mais 12 células, dessa vez do EMB-110P1A, uma versão do P1 que tem como principal característica profundores com 10º de diedro positivo. Recebidas em junho de 1988, foram designadas C-95C e matriculadas FAB 2331 a 2342, sendo destinadas ao 6º ETA. Tirando uma aeronave que serviu na Base Aérea de Anápolis, basicamente todos os C-95C serviram no 6º ETA, cujas entregas se prolongaram até agosto de 1990.

Em 1980, a FAB adquiriu cinco EMB-110P1(K) SAR, versão de busca e salvamento do C-95B, que foram designados SC-95B e matriculados FAB 6542 a 6546. Eles foram recebidos a partir de 1981 e concentrados no 2º/10º GAV. O primeiro

SC-95B, o FAB 6542, foi entregue oficialmente à FAB em 20 de outubro de 1981, no mesmo mês em que o 2º/10º GAV se instalava na Base Aérea de Campo Grande, vindo transferido da Base Aérea de Florianópolis. Até abril de 1982, todos os Bandeirante SAR já se encontravam em condições de voo. Durante toda a sua vida operacional, essas aeronaves voaram no Esquadrão Pelicano, mantendo o mesmo padrão de pintura, com as famosas faixas laranja na fuselagem e a inscrição SAR em preto. Ao longo de quase três décadas de operação, o SC-95B participou de inúmeras missões reais de busca, além de prestar apoio às vítimas de catástrofes naturais. Também foram empregados em missões de apoio social e de evacuação aeromédica. Algumas dessas missões ficaram marcadas na história da aviação brasileira, como a busca ao Boeing 737-241 PP-VMK da Varig, que, em 3 de setembro de 1989, caiu próximo a São José do Xingu (PA), quando realizava o voo VRG 254 entre Belém do Pará e Marabá (PA).

Com a chegada dos primeiros SC-105, em abril de 2009, os SC-95B começaram a ser desativados a partir de 2010, sendo convertidos em aeronaves de transporte. Os 6544 e 6545 foram entregues ao Parque de Material Aeronáutico dos Afonsos (PAMA-AF) para serem modernizados, e os 6542 e 6546 foram repassados ao IPEV (Instituto de Pesquisa e Ensaio em Voo) e ao 5º ETA, respectivamente. O último SC-95B a ser desativado foi o 6543, que, em setembro de 2010, foi entregue ao 4º ETA, encerrando uma história de quase 29 anos de missões SAR. Dos cinco SC-95B, três foram modernizados (6542/43/45), um segue no IPEV (6542) e o outro foi sucateado (6546).

Com a chegada dos KC-137, em 1986, o 2º/2º GT deixou de operar o C-95B. Em 1990 a distribuição da frota passou a ficar assim: 2º, 4º e 5º ETA com o C-95A; 1º, 3º, 7º e 1º/15º GAV com o C-95B e 6º ETA com o C-95C. Essa distribuição permaneceu com poucas variações até 2010, quando as células começaram a ser recolhidas para modernização. Além destes, os C-95A/B/C também operaram como aeronaves unitárias de bases aéreas, escolas e PAMAs, prestando apoio logístico e realizando voos de ligação.

Em 1991 o 5º ETA desenvolveu um Sistema de Lançamento Múltiplo (SLM) de cargas. Basicamente consiste em alocar um trilho no piso da aeronave C-95A, onde

Derivado do C-95B, o SC-95B foi a aeronave SAR padrão da FAB por 29 anos, sempre voando no 2º/10º GAV. Hoje, três dessas células foram convertidas para a versão de transporte sendo modernizadas no padrão C-95BM. Foto Alexandre Durão / Action Editora Ltda.

Cena típica do Bandeirante na FAB. Versátil, o bimotor da Embraer tem sido empregado em missões de transporte e apoio logístico nos quatro cantos do país. Foto Alexandre Durão / Action Editora Ltda.

o mecânico da aeronave literalmente empurra até 10 fardos de 90 kg, que saem em menos de 10 s. Esse sistema permitiu o ressuprimento de equipamentos, munição e víveres em apenas uma passagem, expondo o mínimo possível a aeronave ao fogo inimigo. O SLM desenvolvido em Canoas acabou sendo homologado pelo CTA em 1994 e, no ano de 1996, foi incorporado por todos os esquadrões de C-95A/B/C.

Nós últimos 20 anos, os Alfa, Bravo e Charlie passaram a ser importantes vetores táticos leves, capazes de realizar missões típicas da aviação de transporte, como o transporte de tropas, lançamento de cargas e paraquedistas, ressuprimento aé-

A partir da incorporação do C-95A/B, ocorreu um aperfeiçoamento da doutrina de emprego da Aviação de Transporte na FAB, inclusive com o estabelecimento de procedimentos específicos para lançamento múltiplo de carga. Foto Newman Homrich / Action Editora Ltda.

reo e apoio logístico. Em 2007, o C-95B deixou de operar no 7º ETA e, em 2008, começou a ser substituído no 1º/15º GAV pelo C-105A. Em 2010, com o início do processo de desativação dos C-95 no 1º/5º GAV, os C-95A passaram a ser concentrados nessa unidade para garantir a formação de pilotos em multimotores. Em 2013, eles gradualmente começaram a ser substituídos pelos C-95BM/CM, sendo desativados e estocados em Fortaleza e no PAMA-AF para fins de alienação. Os demais usuários (1º a 6º ETA) passaram a receber o C-95M (Modernizado) em 2012, que, em alguns casos, operaram em conjunto com versões B e C até a conversão operacional.

Assim como ocorreu com os C-95, os C-95B/C também houve aeronaves convertidas para o padrão EC-95. Ao todo, três unidades de cada modelo passaram a voar como laboratórios, cumprindo missões de calibragem de auxílio a navegação com o Grupo Especial de Inspeção em Voo (GEIV). Os C-95B FAB 2307, 2327 e 2328 foram convertidos para a versão EC-95B a partir de 1984, recebendo o mesmo padrão de pintura dos EC-95. Já em fevereiro de 1988, os C-95C FAB 2331, 2334 e 2338 começaram a ser convertidos em EC-95C. Os EC-95C já foram recebidos no padrão de pintura cinza e vermelho, que foi adotado por toda a frota de EC-95/B/C. Em 2008 a FAB redesignou os EC-95B/C como

O C-95A FAB 2286 do GEIV (Aeroporto Santos Dumont).

O C-95A FAB 2285 do 4º ETA (Base Aérea de São Paulo).

O C-95A FAB 2297 do 2º ETA (Base Aérea de Recife).

O C-95C FAB 2337 do 6º ETA (Base Aérea de Brasília).

O C-95B FAB 2304 do 3º ETA (Base Aérea do Galeão).

O SC-95B FAB 6546 do 2º/10º GAV (Base Aérea de Campo Grande).

IC-95B/C, por entender que o I, de Inspeção, seria mais condizente com suas atividades. Naquela mesma época, foi adotada uma pintura em cinza com detalhes em vermelho, utilizada pelos FAB 2327, 2334 e 2338. Os seis EC-95B/C do GEIV estão entre os selecionados para modernização, porém não há confirmação até agora se haverá um EC-95BM/CM.

Além do EC-95B/C, a FAB teve um único XC-95B. O FAB 2315 foi recebido em abril de 1984, sendo convertido em XC-95B em junho do mesmo ano. Alocado para pesquisa e ensaio em voo do Centro Técnico Aeroespacial (CTA) para missões de ensaio em voo, o 2315 foi perdido em acidente em 1996, durante um voo de ensaio.

Em 12 de setembro de 1995 a FAB fez um acordo, no qual alocou quatro C-95 e um C-95B para atender ao Exército Brasileiro (EB). Os C-95 alocados foram os FAB 2150/71/83 do 7º ETA, o 2175 do 1º/15º GAV e o C-95B 2301 do 1º/15º GAV. Os voos ocorreram de novembro a fins de 1999, com tripulações da FAB.

Ao longo da história dos C-95A/B/C na FAB houve dez perdas, sendo três de C-95A, seis C-95B e um C-95C. Os acidentes com o C-95A: FAB 2290 5º ETA em 26 de outubro de 1993, em Angra dos Reis; FAB 2295 2º ETA em 19 de maio de 1996, em Caravelas (BA); e FAB 2292 PAMA-AF em 26 de dezembro de 2002, em Curitiba (PR); C-95B: FAB 2302 2º/2º GT em 20 de outubro de 1985, no Rio de Janeiro (RJ); FAB 2324 3º ETA em 26 de março de 1987, no Rio de Janeiro (RJ); FAB 2315 CTA em 30 de agosto de 1996, em Queluz (SP); FAB 2310 1º/15º GAV em 23 de julho de 1997, em Delfim Moreira (MG); FAB 2321 1º/15º GAV em 23 de abril de 1997, em Resende (RJ); e FAB 2322 3º ETA em 8 de maio de 1998; no Rio de

Voando sobre o Pantanal, um C-95B do 1º/15º GAV, uma das unidades que mais empregaram o C-95 cargueiro na FAB. Foto Alexandre Durão / Action Editora Ltda.

Janeiro (RJ); C-95C: única perda foi o FAB 2333 do 6º ETA em 29 de novembro de 1991; em Guaratinguetá (SP). Todos os 38 C-95B/C/EC-95B/C foram convertidos para o padrão C-95M. Todos os C-95A foram desativados até o início de 2014.

O Bandeirante modernizado

Em 2008 a FAB definiu a modernização do Bandeirante, assinando um contrato no dia 30 de setembro no valor de R$ 84,4 milhões, que, após um aditamento em 2013, foi ampliado para R$ 89,9 milhões, para modernizar 50 aeronaves Bandeirante e Bandeirulha. Ao todo, 24 C-95B, 11 C-95C, três SC-95B e 12 P-95A/B seriam elevados aos padrões C-95M e P-95M. No caso do C-95M a aeronave recebeu uma aviônica digital, feita pela AEL Sistemas, ar-condicionado, novos sistemas de comunicação e novo radar meteorológico, entre outros.

Um dos três EC-95C da FAB com o padrão de pintura do GEIV. Essa aeronave ainda é um equipamento fundamental quando o assunto é inspeção de auxílios à navegação. Foto Alexandre Durão / Action Editora Ltda.

O futuro da frota de Bandeirante da FAB atende pelo nome C-95M. A versão modernizada dará uma sobrevida de mais 15 anos às aeronaves de modelos B e C.
Foto Wagner Ziegelmeyer / Action Editora Ltda.

A conversão foi feita no Parque de Material Aeronáutico dos Afonsos (PAMA-AF), no Rio de Janeiro (RJ), em três etapas e contou com a participação da AEL Sistemas e Avionics Services na parte de aviônica e integração (primeira etapa), além da Embraer, responsável por efetivar uma revitalização estrutural (segunda etapa) e o próprio PAMA-AF, que executou as melhorias internas e a pintura da aeronave (terceira etapa).

Os C-95B foram designados C-95BM e os C-95C, C-95CM. Os três SC-95B escolhidos para modernização foram designados C-95BM. Os FAB SC-95B 6542 e 6546 não foram separados para a modernização. O primeiro foi convertido em C-95B e foi destinado ao IPEV para voar como aeronave de apoio nas missões de pesquisa e ensaio em voo. Já o 6546 foi estocado em Canoas e desmontado.

A primeira entrega ocorreu no dia 8 de dezembro de 2011, quando o FAB 2332 foi alocado ao 3º ETA. Em 5 de março de 2012 foi a vez de o 5º ETA receber o 2305 em Canoas. Além destes, o C-95M passou a operar no 1º, 2º e 4º ETA. Cada ETA passou a ter, ao menos, dois C-95M. Em 2013 o 1º/15º GAV também passou a operar o C-95M, que se tornou o vetor padrão para a formação de pilotos em aviões multimotores. Em novembro de 2014, 30 aeronaves já estavam entregues e outras se encontravam em fase final de conversão. As entregas dos C-95M serão concluídas em 2015.

EMB-110K1, EMB-110P1(K), EMB-110P1(K) SAR, EMB-110P1(A) e EMB-110M

Período de Utilização	A partir de 1977
Fabricante	Embraer
Emprego	Transporte, emprego tático, ligação, ensaio em voo, instrução e formação de pilotos e calibração eletrônica

Continua

Características Técnicas	EMB-110K1/P1(K)/P1K SAR/P1(A)	EMB-110M
Motor	2 Pratt & Whitney PT6A-34 de 750 shp cada um	
Envergadura	15,32 m	15,32 m
Comprimento	15,10 m	15,10 m
Altura	5,04 m	5,04 m
Peso Vazio	3.515 kg	3.515 kg
Peso Máximo	5.670 kg	5.670 kg
Tripulação	3 (C-95A/B/C) 6 EC-95B/C	
Desempenho		
Velocidade Máxima	460 km/h	460 km/h
Teto Operacional	8.260 m	8.260 m
Alcance (carga máxima)	2.000 km	2.000 km
Comentários		
Total Adquirido	68 exemplares (C-95A/B/C, SC-95B)[1]	38 exemplares (29 C-95BM e 11 C-95CM)[2]
Unidades Aéreas	C-95A: 2º ETA, 4º ETA, 5º ETA, 6º ETA, BASM, AFA, CTA, EEAer, EPCAR, PAMA-AF, PAMA-LS, PAMA-RF, PAMA-SP, 2º/2º GT e GEIV C-95B: 1º/15º GAV, 2º/2º GT, 1º ETA, 3º ETA, 4º ETA, 6º ETA, 7º ETA, PAMA-AF, PAMA-SP, EPCAR, CATRE e IPEV C-95C: 6º ETA, BAAN EC-95B/C: GEIV SC-95B: 2º/10º GAV XC-95B: CTA/PEV (atual IPEV)	C-95BM/CM: 1º ETA, 2º ETA, 3º ETA, 4º ETA, 5º ETA, 6º ETA e 1º/5º GAV
Designações	C-95A, C-95B, C-95C, EC-95B, IC-95B, EC-95C, IC-95C, SC-95B e XC-95B	C-95BM e C-95CM
Matrículas	C-95A: 2280 a 2299 C-95B: 2300 a 2330 C-95C: 2331 a 2342 EC-95B/IC-95B: 2307, 2327 e 2328 EC-95C/IC-95B: 2331, 2334 e 2338 SC-95B: 6542 a 6546 XC-95B: 2315	C-95BM: 2300, 2301, 2303 a 2309; 2311 a 2314; 2316 a 2320, 2323, 2325 a 2330, 6543, 6544 e 6545[3] C-95CM: 2331, 2332, 2334, 2335, 2336, 2337, 2338, 2339, 2340, 2341 e 2342

[1] O XC-95B e os EC-95B/C foram convertidos a partir de aeronaves originalmente recebidas como C-95B/C.
[2] Os C-95M surgiram da modernização de células de C-95B e de C-95C, além de três células de EMB-SC-95B.
[3] Em 2015 os FAB 6543/44/45 foram rematriculados FAB 2343/44/45.

Embraer EMB-110B

O Bandeirante nasceu mais da empolgação de jovens engenheiros do Instituto de Pesquisa e Desenvolvimento (IPD) do Centro Técnico Aeroespacial (CTA) do que propriamente da necessidade da Força Aérea Brasileira.

Em 1964, o Ministério da Aeronáutica solicitou ao CTA um estudo sobre um bimotor utilitário rápido e confortável que substituísse os Beechcraft C-45

Versão especializada em reconhecimento e aerofotogrametria do Bandeirante, o R-95 sempre serviu no 1º/6º GAV, inicialmente ao lado dos SC-130 e, depois, com os R-35. Foto Newman Homrich / Action Editora Ltda.

e Douglas C-47 na FAB e atendesse ao promissor mercado aeronáutico civil. Imediatamente o projeto, que já fazia parte dos estudos levados a cabo pelos engenheiros do IPD chefiados pelo francês Max Holste, tomou vulto e, em 22 de outubro de 1968, o protótipo do IPD-6504 realizava seu primeiro voo de testes. O voo oficial, porém, ocorreu somente no dia 26 de outubro de 1968, perante as autoridades aeronáuticas brasileiras da época.

Nascia, assim, o primeiro, o mais famoso e o mais importante produto da indústria aeronáutica brasileira, que alavancou a criação da então empresa estatal Embraer e possibilitou a inserção do Brasil no mercado aeronáutico mundial. Recebeu o nome de Bandeirante como forma de destacar o pioneirismo e o trabalho desbravador que se iniciava.

O YC-95 Bandeirante era um avião da categoria leve, asa baixa, triciclo, com rodado simples, empenagem convencional e tracionado por dois motores turboélices Pratt & Whitney PT6A-20 de 550 shp cada. A evolução no desenvolvimento desse tipo de motor possibilitou que outras versões, com maior capacidade operacional, fossem desenvolvidas, resultando em dez versões distintas do EMB-110, para diversos tipos de missão.

O R-95 FAB 2240 do 1º/6º GAV (Base Aérea de Recife), em 2006.

A primeira versão adquirida pela FAB era equipada com motores PT6A-27 de 680 shp com capacidade para até 12 passageiros, tendo sido designada C-95 Bandeirante. Dessa primeira aeronave foi desenvolvida uma versão de aerofotogrametria, identificada EMB-110B pela Embraer e R-95 pela FAB.

O Embraer EMB-110B na Força Aérea Brasileira

Com a entrada do C-95 Bandeirante em serviço em 9 de fevereiro de 1973, o Estado-Maior da Aeronáutica vislumbrou a possibilidade de substituir o RC-130, em atividade no 1º/6º GAV, na Base Aérea de Recife, por uma aeronave menor, mais fácil de manter e de produção nacional, liberando os quadrimotores para o serviço de transporte cada vez mais carente de meios. Assim, foi solicitado à Embraer o desenvolvimento de uma versão do Bandeirante para aerofotogrametria militar, na qual fossem empregados os equipamentos fotográficos já existentes na unidade aérea, além de equipamento de navegação de precisão.

De posse dos requisitos, a Embraer desenvolveu o EMB-110B, que começou a ser entregue à FAB em 19 de agosto de 1977, quando foram destinados como material aéreo orgânico do 1º/6º GAV, onde permaneceram durante toda a sua vida operacional, voando como complemento às missões dos SC-130 até 1987. Guarnecido por cinco tripulantes, dois pilotos e três operadores, o R-95, como foi designada a nova aeronave, era dotado de duas aberturas no piso traseiro da fuselagem, onde ficavam instaladas as câmeras Zeiss ou Wild, e equipamento de navegação diferenciado, por causa da necessidade de precisão na realização das missões.

As câmeras eram instaladas na parte traseira do piso do R-95, cujas portas eram acionadas eletricamente, e, para fotografias obliquas, em uma janela lateral preparada especialmente para esse tipo de missão.

A partir de 2010, os R-95 foram usados no programa de ensaio que visava dotar a FAB de sensores aerotransportados Multispectral Scanner (MSS) e Hyperspectral Scanner System (HSS) do SIPAM2, que operam com um número maior de canais espectrais, permitindo a obtenção de dados detalhados do material existente em determinada área. A possibilidade de embarcar esses tipos de sensor em

Ao longo de sua história, dois R-95 foram perdidos em acidentes. O FAB 2243, em 23 de outubro de 1992, e o FAB 2242, em 12 de dezembro de 1995, ambos em Recife. Foto Newman Homrich / Action Editora Ltda.

aeronaves da FAB surge como alternativa ao uso de satélites comerciais, permitindo ao Brasil uma importante independência numa área sensível e de custos elevados.

Os quatro R-95 remanescentes na FAB, considerando que dois foram perdidos em acidentes, foram desativados em 2011, cedendo espaço para a implantação de aeronaves R-35 mais modernas.

Embraer EMB-110B	
Período de Utilização	De 1977 até 2011
Fabricante	Embraer
Emprego	Aerofotogrametria e reconhecimento aéreo
Características Técnicas	
Motor	2 Pratt & Whitney PT6A-28 de 680 shp cada um
Envergadura	15,32 m
Comprimento	14,23 m
Altura	4,73 m
Área Alar	29,10 m²
Peso Vazio	3.533 kg
Peso Máximo	5.600 kg
Armamento	Não dispunha de armamento
Desempenho	
Velocidade Máxima	441 km/h
Razão de Subida	441 m/min
Teto Operacional	7.710 m
Alcance	2.038 km
Comentários	
Total Adquirido	6 exemplares
Unidades Aéreas	1º/6º Grupo de Aviação
Designações	R-95
Matrículas	2240 a 2245

Embraer EMB-810 Seneca

A Piper Aircraft sempre foi conhecida pela qualidade dos seus produtos, que abrangiam a faixa do mercado de aeronaves de pequeno porte. Na década de 1970, a empresa resolveu produzir um bimotor executivo com capacidade para transportar dois pilotos e até cinco passageiros e, para isso, tomou como base o monomotor Cherokee 6.

O projeto, denominado PA-34, se baseou simplesmente na inclusão de uma seção central em cada asa, na qual foram instalados os motores e, no lugar do motor tradicional, o nariz foi modificado para a instalação de um bagageiro. A fuselagem não sofreu nenhuma modificação. Para eliminar o efeito do torque, considerando o pequeno comprimento da aeronave, foram instalados dois motores de seis cilindros Lycoming, contrarrotativos de 200 hp, o que facilitava o seu controle durante a decolagem e em caso de voo monomotor. No Seneca II havia a opção por um kit STOL (Short Take-off and Landing) para decolagens e pousos curtos.

Foram desenvolvidas diversas versões, e o modelo III, diferenciado dos demais por possuir um para-brisa único, foi equipado com um motor de 220

Por mais de três décadas, os Seneca, designados U-7 na FAB, foram uma das principais aeronaves de ligação da Força Aérea, servindo em inúmeras unidades como aeronave unitária. Foto Arquivo Mario Roberto Vaz Carneiro.

hp e hélice tripá, que lhe garantia uma maior velocidade de cruzeiro, além de um painel de instrumentos mais moderno. O seu teto de operação era de 25 mil pés, mas, para voar a essa altitude, deveria estar equipado com um kit de oxigênio individual, oferecido junto com a aeronave.

Em agosto de 1974, para competir no promissor mercado da aviação geral no Brasil, a Embraer firmou um acordo com a Piper para produzir uma gama de aparelhos que pudessem operar em aeródromos pequenos e de precária infraestrutura. Dentre as aeronaves escolhidas, encontrava-se o Seneca II (PA-34-200T) e, posteriormente, o Seneca III (PA-34-220T). A produção dessas duas aeronaves ficou sob a responsabilidade da Sociedade Aeronáutica Neiva, subsidiária da Embraer, localizada em Botucatu (SP). Elas receberam a designação EMB-810C (Seneca II) e EMB-810D (Seneca III).

Na sua classe, o Seneca foi o bimotor mais vendido no mundo, com mais de 5.700 aeronaves produzidas. Destas, 876 foram construídas no Brasil entre 1975 e 2000, quando foi fechada a sua linha de produção. Até fins de 2012, a Piper continuava produzindo o PA-34, só que na versão Seneca V.

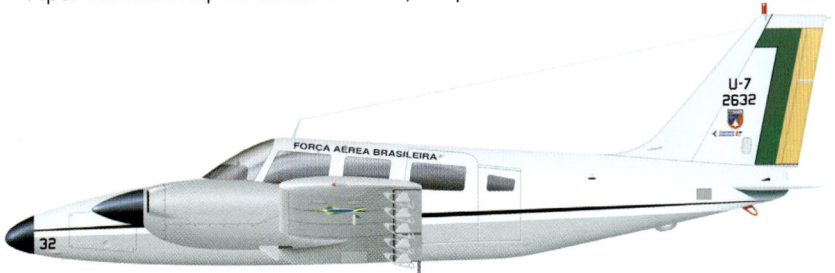

O Embraer 810 Seneca U-7 FAB 2632 da Base Aérea de Anápolis.

O Embraer EMB-810 Seneca na Força Aérea Brasileira

Para incentivar a produção das aeronaves fabricadas pela Embraer/Neiva, em 1977, o Ministério da Aeronáutica adquiriu um lote de 35 aeronaves EMB-810C e EMB-810D Seneca.

Ainda em dezembro de 1977, começaram as entregas das primeiras aeronaves ao Ministério da Aeronáutica, que foram designadas como U-7 e encarregadas de missões de ligação e observação aérea, assim como ligação de comando. À medida que iam sendo recebidas, eram distribuídas a diversas unidades aéreas e bases, passando a operar em todo o território nacional.

O Seneca não foi uma aeronave bem vista na FAB por causa da quantidade de incidentes, com quebra de bequilha, durante o pouso. Em voo, porém, não havia restrições, e as aeronaves eram muito bem equipadas para o voo por instrumentos, além de serem dotadas de um radar bastante confiável.

Das 35 aeronaves recebidas, havia apenas uma do modelo Seneca III (EMB-810D), que operou a partir de Brasília, enquanto as demais eram do modelo Seneca II. Ao longo dos anos iniciais de operação do Seneca, algumas aeronaves receberam o kit STOL Robertson para permitir o seu emprego em pistas não preparadas e de pequena extensão. Como esse equipamento exigia a instalação de um dispositivo nas pontas das asas, este trabalho foi executado pelo Parque de Material Aeronáutico de Lagoa Santa, e as células modificadas receberam a designação U-7A.

Todos os U-7 foram revendidos a operadores civis após a sua aposentadoria da FAB, sendo o último retirado da ativa em 2010. Considerando o seu pouco uso na FAB e a qualidade dos seus equipamentos embarcados, foi um bom negócio, e hoje muitos continuam voando com particulares e pequenas empresas de táxi aéreo.

O U-7 FAB 2626 do Esquadrão Paquera visto em voo. O 1º/13º GAV foi uma das poucas unidades aéreas a empregar o U-7 operacionalmente. Nas demais, ele serviu como aeronave unitária. Foto Arquivo Mario Roberto Vaz Carneiro.

Embraer EMB-810 Seneca	
Período de Utilização	De 1977 até 2010
Fabricante	Embraer/Sociedade Aeronáutica Neiva, Botucatu (SP)
Emprego	Ligação, observação e transporte
Características Técnicas	
Motor	1 Continental TSIO-360E e 1 Continental LTSIO-360E de 200 hp cada um
Envergadura	11,85 m
Comprimento	8,69 m
Altura	3,02 m
Área Alar	19,39 m²
Peso Vazio	1.280 kg
Peso Máximo	2.074 kg
Armamento	Não dispunha de armamento
Desempenho	
Velocidade Máxima	361 km/h
Razão de Subida	408 m/min
Teto Operacional	7.620 m
Alcance	1.635 km
Comentários	
Total Adquirido	35 exemplares
Unidades Aéreas	1º Esquadrão de Transporte Aéreo 2º Esquadrão de Transporte Aéreo 6º Esquadrão de Transporte Aéreo Base Aérea de Anápolis Base Aérea de Belém Base Aérea de Florianópolis Base Aérea de Santa Cruz Base Aérea de Salvador Escola Preparatória de Cadetes do Ar Parque de Material Aeronáutico de Lagoa Santa 1º/13º Grupo de Aviação 1º/8º Grupo de Aviação 2º/8º Grupo de Aviação 3º/8º Grupo de Aviação 5º/8º Grupo de Aviação 7º/8º Grupo de Aviação Academia da Força Aérea Escola de Especialistas de Aeronáutica
Designações	U-7, U-7A e U-7B
Matrículas	U-7/A: 2600 a 2633 U-7B: 2634

Embraer EMB-111 Bandeirulha

O Embraer EMB-111 é a versão de patrulha e esclarecimento marítimo do EMB-110 Bandeirante. Seu desenvolvimento começou em 1975, sendo apresentado em 1977. Partindo do EMB-110K1, a Embraer efetivou diversas modificações para dar forma à versão de patrulha da aeronave. Cada asa teve as longarinas reforçadas para receber um tanque de ponta de asa de 318 litros e dois pilones. O pilone interno da asa direita pode ser substituído por um farol de busca de 50 milhões de candelas, designado HIPAS (Hight Intensity Aircraft Searchlight), encaixado no bordo de ataque. O nariz da aeronave foi alongado para acomodar o radar de busca AN/APS-128 Super Searcher. Uma nova suíte de comunicações, sistema de navegação inercial Litton LN-33, piloto automático Bendix M4-C e sistema de contramedidas eletrônicas da Thomson-CSF também foram introduzidos.

Em termos de armamento, ele pode levar até quatro casulos para foguetes SBAT-70 ou até oito foguetes HVAR (127 mm) ou seu equivalente nacional, o SBAT-127. A aeronave também possuía um sistema de som de alto poder (1.400 watts), cujos alto-falantes estavam na lateral da porta traseira para transmitir mensagens e interrogar navios.

A missão do Bandeirante Patrulha, ou Bandeirulha, é executar a patrulha naval e o esclarecimento. Seu rollout foi em 30 de junho de 1977 e o primeiro voo, em 1º de agosto do mesmo ano, em São José dos Campos (SP). A FAB adquiriu 12 aeronaves do EMB-111A(A) designado militarmente P-95. Outras seis EMB-111A(N) foram adquiridas pela Armada do Chile. Além destes, a Força Aérea do Gabão adquiriu um EMB-111A(G).

Em 1986, a Embraer apresentou o EMB-111A(C), uma versão modernizada do EMB-111A(A). Externamente, a principal diferença são os profundores horizontais com 10° de diedro positivo, idênticos aos do C-95C, que aumentaram a estabilidade e o desempenho da aeronave. Internamente é uma nova aeronave, com novos sistemas eletrônicos como o MAGE (Medidas de Apoio à Guerra Eletrônica) Thomson-CSF DR 2000A Mk II/Dalia 1000A Mk II, piloto automático APS-65, sistema de navegação Omega Canadian Marconi CMA 771 Mk III e um FLIR no nariz da aeronave.

A capacidade de emprego de armamento foi mantida, mas foram retirados o sistema acústico e o farol da asa direita. A FAB adquiriu 10 unidades da nova versão ao qual denominou P-95B e, em 1989, decidiu introduzir a mesma aviônica nos seus 10 P-95, fazendo surgir a versão P-95A.

Operacionalmente, o Bandeirulha participou da crise do Canal de Beagle, disputa entre argentinos e chilenos pela soberania das ilhas Picton, Lennox e

Um P-95B do 1º/7º GAV de Salvador deita as asas exibindo os casulos de foguetes SBAT 70, um dos armamentos que os Bandeirulha podem portar para missões ar-superfície. Foto Alexandre Durão / Action Editora Ltda.

O P-95B FAB 7100 do 1º/7º GAV (Base Aérea de Salvador).

O P-95B FAB 7107 do 2º/7º GAV (Base Aérea de Florianópolis).

O P-95B FAB 7105 do 3º/7º GAV (Base Aérea de Belém).

O P-95A FAB 7060 do 4º/7º GAV (Base Aérea de Santa Cruz).

Nueva, situadas entre a entrada do Canal de Beagle e o Cabo Horn. Os três primeiros EMB-111 chilenos (Armada 261/262/263) foram entregues em 11 de novembro de 1978 e, dias depois, fizeram as primeiras missões de esclarecimento, visando determinar a posição dos navios argentinos. Diversas missões foram realizadas, especialmente em dezembro de 1978, no auge da crise que quase gerou uma guerra entre os dois países.

Além dos chilenos, a Armada Argentina empregou dois EMB-111A(A) durante a Guerra da Malvinas/Falklands, em 1982. Dois P-95 da FAB foram empestados àquele país, em maio de 1982, para realizar missões de patrulha e esclarecimento. As aeronaves fizeram diversas missões operacionais e foram devolvidas ao Brasil em julho de 1982, após o término do conflito com os ingleses. Ao todo, 29 EMB-111 foram produzidos pela Embraer entre 1977 e 1991.

O Embraer EMB-111 Bandeirulha na Força Aérea Brasileira

No início dos anos 1970, a Aviação de Patrulha da FAB estava calcada em dois vetores: os P-15 Netuno e o P-16 Tracker. Os P-15 estavam ingressando no final de sua vida operacional e, em poucos anos, seriam desativados. Ciente disso, a FAB buscou um substituto, definido em 1975 quando a Embraer apresentou seus planos para uma versão de patrulha naval do Bandeirante. Os Netuno foram desativados em setembro de 1976, na mesma época em que a FAB definiu a compra de 12 EMB-111A(A).

Designados P-95, eles foram originalmente matriculados de 2260 a 2271, seguindo o mesmo lote de matrículas empregadas pelo C-95 Bandeirante. Porém, apenas duas aeronaves receberam, de fato, essas matrículas na deriva, os FAB 2260 e 2261. Em fins de 1977, a FAB rematriculou os P-95 de 7050 a 7061. Com isso, o 2260 passou a ser o 7050, o 2261 o 7051 e assim por diante. Todas as aeronaves foram destinadas ao 1º/7º GAV na Base Aérea de Salvador.

O primeiro P-95, ainda matriculado 2260, foi recebido pela FAB em setembro de 1977 para testes de aceitação. A entrada em serviço ocorreu em 10 de abril de 1978, em Salvador, quando o Esquadrão Orungan recebeu seus três primeiros P-95 matriculados FAB 7053/54/55. Entre a desativação do P-15 e a chegada do P-95, o 1º/7º GAV empregou dois C-95 (2187/89) como aeronave de conversão operacional para o P-95. As aeronaves chegaram a Salvador em outubro de 1976 e operaram até maio de 1978. Na prática, o P-95 substituiu o C-95 no 1º/7º GAV.

Até dezembro de 1979 todos os P-95 já haviam sido entregues pela Embraer. Com a linha de voo cheia, foi possível emprestar três P-95 (7050/51/54/45/59) ao 2º/10º GAV entre o final de agosto de 1980 e novembro de 1981. Essas aeronaves cumpriram missões SAR no período que compreende a desativação dos S-16 Albatross, ocorrida em agosto de 1980, e a implantação dos SC-95B, a partir de abril de 1981. Além deles, a Embraer também "pegou emprestado" dois P-95. O primeiro foi o 7060, que, antes da entrega, em junho de 1979, foi rematriculado PP-ZDM, passando a ser o demonstrador do EMB-111 na Feira Internacional de Le Bourget de 1979. No ano seguinte, o FAB 7053, foi emprestado pela FAB à Embraer para a

Um P-95B do 2º/7º GAV de Florianópolis. Essa aeronave acabou perdida num acidente ocorrido em 2 setembro de 2014, em Santa Cruz (RJ). Foto Wagner Ziegelmeyer / Action Editora Ltda.

Um elemento de P-95B do Esquadrão Phoenix da FAB. Sucessor do P-15 Netuno, o P-95 Bandeirulha tornou-se a aeronave padrão de patrulha e esclarecimento marítimo da FAB, equipando quatro unidades aéreas. Foto Alexandre Durão / Action Editora Ltda.

Feira Internacional de Farnborough, realizada em setembro 1980. Ele manteve a pintura FAB sem as marcas de unidade, recebendo a matrícula PP-ZDT.

Em 11 de setembro de 1981 a Portaria Reservada nº 298/GM3 criou a segunda unidade de P-95. O 2º/7º GAV foi ativado em 15 de fevereiro de 1982, na Base Aérea de Florianópolis, e recebeu quatro Bandeirulha (FAB 7053/55/57/61), que chegaram em 31 de janeiro, vindos de Salvador. No mesmo ano, dois P-95 da FAB seriam transferidos ao Comando de Aviação Naval Argentino (CANA) por empréstimo para cumprir missões de esclarecimento marítimo durante a Guerra das Malvinas/Falklands. Os FAB 7058 (1º/7º GAV) e 7060 (2º/7º GAV) foram levados a São José dos Campos para serem configurados nas cores da Armada Argentina pela Embraer. Foram trasladados em 22 de maio de 1982 com as cores argentinas e matriculados 4-VM-1 e 4VM-2, respectivamente. Na Argentina foram rematriculados 2-P-201 (7058) e 2-P-202 (7060) e operaram na Escuadrilla Aeronaval de Exploración. Retornaram ao Brasil em 14 de julho de 1982 como PP-ZQT (7058) e PP-ZQV (7060) rumo à Embraer, que os reconfigurou e os devolveu às suas unidades de origem.

Dois acidentes ocorreram com o P-95. O primeiro com o FAB 7054, em 11 de julho de 1984, em Recife (PE), sem vítimas, e o segundo com o FAB 7053, em Mucuripe (CE), em 27 de junho de 1985, com quatro vítimas. Ambas caíram no mar, com perda total das aeronaves, que pertenciam ao 1º/7º GAV.

Para repor perdas operacionais e modernizar a frota, a FAB fechou, em dezembro de 1987, um novo contrato com a Embraer para adquirir 10 EMB-111A(C). Designados FAB P-95B e matriculados de 7100 a 7109, eles foram distribuídos às unidades de Salvador e Florianópolis. A primeira entrega ocorreu em 6 de novembro de 1989 na sede da Embraer, em São José dos Campos, quando o FAB 7101 foi recebido pelo 1º/7º GAV. O 2º/7º GAV recebeu o seu primeiro Bravo em janeiro de 1990. Até setembro de 1991, todos os P-95B já haviam sido entregues, tendo cada unidade recebido cinco exemplares.

Em paralelo à compra dos P-95B, a FAB fez o retrofit dos 10 P-95 a partir de 1989, elevando as aeronaves para o padrão P-95A. Aquelas entregues no

O próximo passo do Bandeirulha será a versão modernizada, designada P-95M. O programa de modernização prevê oito P-95B modificadas, agregando novo radar, aviônica e sistemas de missão. Foto Carlos Lorch / Action Editora Ltda.

início de 1990 permitiram a ativação do terceiro esquadrão de P-95: o 3º/7º GAV, sediado em Belém do Pará. Ativado em 27 de setembro de 1990, a unidade recebeu quatro P-95A.

Na sequência, em 1992, o 1º GAE tornou-se a quarta unidade a receber o Bandeirulha. Os primeiros P-95A chegaram a Santa Cruz em 15 de junho e 26 de junho, sendo incorporados ao 2º/1º GAE, que, em 1994, passou a ter quatro aeronaves com a chegada do 7060 e do 61. Com isso, a estrutura da aviação de patrulha ficou assim distribuída: os P-95A em Belém e no Rio de Janeiro e os P-96B em Salvador e Florianópolis.

Dois P-95B foram perdidos em acidentes. O FAB 7102 caiu no dia 17 de novembro de 1996, em São Caetano (PE), matando nove tripulantes. O 7102 voava em formatura com outros três P-95B do 2º/7º GAV de Salvador para Natal, quando o 7106 colidiu sua asa com a traseira do 7102, que teve sua cauda decepada, vindo a cair. Em 2 de setembro de 2014 o FAB 7107 do 2º/7º GAV saiu da pista na BASC, sem vítimas, ficando seriamente danificado e sendo considerado irrecuperável.

Com a desativação dos P-16 em dezembro de 1996, o 1º GAE passou a viver apenas dos P-95A, até que a portaria R-452/GM3, de 31 de julho de 1998, desativou o 1º GAE e ativou o 4º/7º GAV, unidade que herdou efetivo, equipagens e tradição do Esquadrão Cardeal. A unidade acabou extinta oficialmente em cerimônia realizada em 16 de dezembro de 2011. Suas quatro aeronaves foram desativadas ou distribuídas entre os demais operadores de P-95. A última missão operacional ocorreu no dia 30 de novembro de 2011, efetivada pelo FAB 7057. O ano de 2011 também viu o fim da vida operacional dos P-95B, em Salvador, com a desativação dos Bandeirulha no 1º/7º GAV, substituídos pelos P-3AM. Alguns P-95B do 1º/7º GAV foram recolhidos ao PAMA-AF para modernização e outros foram redistribuídos ao 3º/7º GAV.

Em 30 de maio de 2011 teve início a desativação dos P-95A, sendo o 7050 preservado no MUSAL em 2 de agosto de 2013 com as cores do 4º/7º GAV. O último P-95A, FAB 7057, foi desativado em dezembro de 2014, quando operava no 2º/7º GAV. Todos os P-95B serão modernizados.

A título de curiosidade, os P-95/A/B tiveram nomes de batismo de aves marinhas brasileiras. Herança dos P-15, os P-95 saíam da fábrica batizados. Os nomes foram usados até meados de 2005, quando a FAB retirou-os das aeronaves. Alguns nomes eram repetidos e nem sempre eram usados. Os nomes conhecidos são: 7050 - Gavião de Urua, depois Gaivota; 7051 - Ariramba, depois Pelicano; 7052 - Taiaçu; 7053 - Petrel; 7054 - Martin-pescador; 7055 - Talha-mar; 7056 - Albatroz; 7057 - Falcão Pescador, depois Martin-pescador; 7058 - Alca, depois Maguari; 7059 - Biguá; 7060 - Arapapá; 7061 - Alcatraz, depois Andorinha-do-mar; 7100 - Atobá; 7101 - Batuíra; 7102 - Cormorão; 7103 - Flamingo; 7104 - Fragata; 7105 - Guará; 7106 - Jaçanã; 7107 - Maguari, depois Alca; 7108 - Socó e 7109 - Tacha.

O P-95 Modernizado

Em 2008 a FAB definiu a modernização dos seus Bandeirante, assinando um contrato, no dia 30 de setembro, no valor de R$ 84,4 milhões, que, após um aditamento em 2013, ficou estabelecida a modernização de 51 aeronaves Bandeirante e Bandeirulha. Ao todo 24 C-95B, 11 C-95C, 3 SC-95B e 13 P-95A/B serão elevados ao padrão C-95M e P-95M. Em 2013 o COMAER desistiu de modernizar quatro P-95A, reduzindo para nove o número de P-95M que serão todos do modelo P-95B, isto é, os FAB 7100, 7101 e 7103 a 7109. Com o acidente do 7107, o número de aviões a serem modernizados caiu para oito. O P-95M possui uma aviônica digital, produzida pela AEL Sistemas, ar-condicionado, novos sistemas de comunicação, novo radar Seaspray 5000E, novo FLIR, uma nova suíte de guerra eletrônica e EMC.

O primeiro P-95M é o FAB 7108, que foi enviado ao Parque de Material Aeronáutico dos Afonsos (PAMA-AF), no Rio de Janeiro, em 2012. A conversão realizada no PAMA-AF foi feita em três etapas e contou com a AEL Sistemas e Avionics Services na parte de aviônicos e integração (primeira etapa), além da Embraer, responsável por efetivar uma revitalização estrutural (segunda etapa) e o próprio PAMA-AF, que executou as melhorias internas e a pintura da aeronave (terceira etapa). O primeiro voo ocorreu em 18 de dezembro de 2013. A aeronave iniciou o processo de certificação, previsto para ser concluído em outubro de 2014. As entregas estão programadas para 2015, com o 2º/7º GAV sendo a primeira unidade a empregar o P-95M. Na sequência será equipado o 3º/7º GAV.

Das quatro unidades de P-95 anteriormente existentes, hoje a FAB mantém duas, que serão as responsáveis por operar o P-95 modernizado. São elas o 2º/7º GAV e o 3º/7º GAV. Na foto, um dos P-95A do 3º/7º GAV, aeronave que dotou a unidade até 2014. Foto Wagner Ziegelmeyer / Action Editora Ltda.

Embraer EMB-111 Bandeirulha

Período de Utilização	De 1978 até 2014 (P-95 e P-95A) A partir de 1989 (P-95B) A partir de 2015 (previsão) (P-95M)
Fabricante	Embraer
Emprego	Patrulha e esclarecimento marítimo
Características Técnicas	
Motor	2 Pratt & Whitney Canada PT-6A-34 de 750 shp cada um
Envergadura	15,95
Comprimento	14,91 m
Altura	4,83 m
Peso Vazio	5.150 kg
Peso Máximo	7.000 kg
Tripulação	1P+2P + 3 observares/operadores de sistemas
Sensores	Radar APS-128 Super Searcher (P-95/A/B) Radar Sea Sprey 5000E (P-95M)
Armamento	4 lançadores para 7 SABAT 70 8 foguetes HAVAR 127 mm 8 SBAT-127 Bombas de exercício BEX-11
Desempenho	
Velocidade Máxima	460 km/h
Teto Operacional	8.260 m
Alcance	2.000 km
Tempo de Patrulha Máximo	8 h 36 m
Comentários	
Total Adquirido	12 exemplares [EMB-111A(A)] e 10 [EMB-111A(C)] 8 exemplares [EMB-111A(C)] modernizados para o padrão P-95M (previsão)
Unidades Aéreas	1º GAE 1º/7º GAV 2º/7º GAV 3º/7º GAV 4º/7º GAV
Designações	P-95, P-95A, P-95B e P-95M
Matrículas	P-95: 2260 a 2271; rematriculados P-95 7050 a 7061 e, após, em 1989, P-95A 7050 a 7061 P-95B: 7100 a 7109 P-95M: 7100, 7102, 7103 a 7106, 7108 e 7109

Embraer EMB-121A Xingu

O s altos custos alcançados pelo combustível na década de 1970 levaram a uma drástica queda na procura por jatos executivos em todo o planeta. Para buscar uma opção viável para atender a essa faixa do mercado e após o sucesso de vendas alcançado pelo EMB-110 Bandeirante em suas inúmeras versões, a Embraer iniciou o planejamento para a produção de uma família de aeronaves pressurizadas que seria constituída pelo EMB-121

Xingu, para até nove passageiros, pelo EMB-123 Tapajós, com capacidade para até 12 passageiros, e pelo EMB-120 Araguaia, para até 24 passageiros.

A ideia era produzir uma aeronave básica, com fuselagem em formato circular e pressurizada, que iria crescendo na medida do desenvolvimento dos demais projetos nas quais deveria ser empregado o máximo possível de componentes estruturais comuns. Para diminuir os custos iniciais de produção, a primeira aeronave deveria manter as mesmas asas, trens de pouso e motores empregados no EMB-110 Bandeirante, dois turboélices Pratt & Whitney PT-6A-28 de 680 hp, mas isso cobraria um preço elevado em aerodinâmica e consumo de combustível.

O Xingu foi desenvolvido para proporcionar o máximo de conforto aos passageiros. Para isso, além da pressurização que permitia o voo a 28.000 ft (aproximadamente 9.000 m), bem acima das camadas de tempestade, teve seu estabilizador horizontal posicionado no topo da deriva, na configuração conhecida como T, para evitar a turbulência provocada pelas asas e motores.

Apesar de uma aeronave dotada com estabilizador em T apresentar significativo risco de entrada em estol profundo (deep stall), no qual permanece até o solo por causa da ineficácia de seu profundor, uma aeronave com essa característica pode ser operada normalmente, desde que seja dentro dos parâmetros planejados.

O primeiro voo do EMB-121 deu-se em 10 de outubro de 1976 e as primeiras unidades entraram em operação em maio de 1977, sendo a Força Aérea Brasileira o primeiro usuário da nova aeronave.

Uma versão melhorada denominada Xingu II, dotada de motores PT-6A-34 de 750 hp de potência, voou em setembro de 1981. Com um motor mais potente, foi possível a incorporação de hélices quadripás, o que proporcionou melhor aproveitamento da potência disponível, além de melhor desempenho em voo de cruzeiro. Para aqueles que desejassem melhorar o desempenho de suas aeronaves Xingu mais antigas, a Embraer oferecia um kit de transformação para

Apesar de não ter tido grande sucesso comercial, o Xingu foi empregado pela FAB sempre na mesma unidade, o 6º ETA, em missões de transporte e transporte VIP.
Foto Wagner Ziegelmeyer / Action Editora Ltda.

O Embraer EMB-121A Xingu VU-9 FAB 2653 do 6º ETA (Base Aérea de Brasília).

o modelo Xingu II, que, inclusive, contava com a troca do trem de pouso dianteiro por uma unidade de duas rodas.

No total, foram produzidos apenas 106 EMB-121 Xingu das duas versões, sendo seu maior operador a França, que adquiriu 43 exemplares e os emprega na formação dos pilotos de aeronaves multimotoras do Armée de l'Air e da Aéronavale, com previsão de aposentadoria para apenas 2025.

O Embraer EMB-121A Xingu na Força Aérea Brasileira

Como forma de incentivar o desenvolvimento da indústria aeroespacial nacional, em 1978 a FAB adquiriu seis aeronaves EMB-121 Xingu que foram designadas VU-9 e destinadas ao transporte VIP de autoridades civis e militares no âmbito do território nacional.

Sendo aeronaves executivas, para o cumprimento de sua missão, os VU-9 foram incorporados ao 6º Esquadrão de Transporte Aéreo (6º ETA), o Esquadrão Guará, subordinado ao 6º Comando Aéreo Regional (COMAR VI), de onde cumpriam missões em proveito daquele comando e serviam como alternativa para as aeronaves do Grupo de Transporte Especial (GTE). Assim como aquela unidade especial, sua base de operação também era a Base Aérea de Brasília.

Em 1983, os Xingu do 6º ETA passaram por uma reforma completa, quando foram modificados para o modelo Xingu II e receberam aviônicos mais modernos.

Em seus 32 anos de serviço na Força Aérea, apenas um exemplar foi perdido, o FAB 2652, em Anápolis (GO), no dia 26 de maio de 1987. Foto Wagner Ziegelmeyer / Action Editora Ltda.

Durante todo o tempo de operação do VU-9 na FAB, seu parque de apoio foi o Parque de Material Aeronáutico dos Afonsos (PAMA-AF). Em maio de 1987, durante o traslado de duas aeronaves entre o parque e Brasília, uma forte linha de instabilidade impediu o pouso das aeronaves na capital federal e em Goiânia. Chegando a Anápolis com as condições climáticas completamente degradadas e com a autonomia no limite mínimo, as aeronaves foram recolhidas através do Radar de Aproximação de Precisão (Precision Approach Radar – PAR), mas a primeira delas colidiu com o solo antes da cabeceira da pista, sendo considerada perda total. Felizmente não houve vítimas.

Em 1987, ainda, a FAB receberia um sétimo exemplar, também incorporado ao 6º ETA e matriculado 2656.

Os VU-9 Xingu foram retirados do serviço ativo no final de 2010, e um exemplar, o FAB 2654, foi preservado em condições de voo no Museu Aeroespacial a partir de 4 de agosto de 2011.

Embraer EMB-121A Xingu	
Período de Utilização	De 1978 até 2010
Fabricante	Embraer
Emprego	Transporte VIP
Características Técnicas	
Motor	2 Pratt & Whitney PT-6A-34 de 750 shp cada um
Envergadura	14,46 m
Comprimento	12,30 m
Altura	4,75 m
Área Alar	27,5 m²
Peso Vazio	3.476 kg
Peso Máximo	5.670 kg
Armamento	Não dispunha de armamento
Desempenho	
Velocidade Máxima	480 km/h
Razão de Subida	549 m/min
Teto Operacional	8.660 m
Alcance	2.278 km
Comentários	
Total Adquirido	7 exemplares
Unidades Aéreas	6º Esquadrão de Transporte Aéreo
Designações	VU-9
Matrículas	2650 a 2656

Glasflügel Standard Libelle H201B

O H201 Libelle surgiu em 1967, sendo uma versão muito similar ao H301 Libelle, criado em 1964, que se tornou o primeiro planador de fibra de vidro a ser fabricado em série. Na verdade, o H201 é uma adaptação do H301, para cumprir, à época, as exigências das novas regras para a classe standard de voo a vela.

Fabricado pela empresa alemã Glasflügel, o protótipo do H201 fez seu primeiro voo em outubro de 1967. Feito de fibra de vidro, o H201 logo se tornou um

A foto mostra o único planador Libelle H-201B a constar do inventário da FAB, mais precisamente do CVV-AFA. Manobrável e extremamente leve, é um planador de alta performance.
Foto Arquivo Jackson Flores Jr. / Action Editora Ltda.

sucesso, dada sua performace. Em 1969 surgiu o H201B, que introduziu um trem de pouso retrátil e um sistema de água de lastro de 25 litros como opção. Outros melhoramentos do H201B são freios de mergulho e esbilizadores maiores, além de uma asa com núcleo de espuma de PVC em vez de balsa, que aumentou a precisão e a durabilidade do perfil.

O H201B Libelle (Libélula) é um dos projetos de planador mais populares e influentes do mundo. Manobrável e extremamente leve, é um planador de alta performance dedicado a voos de cross-country e espotivos. Foram fabricados cerca de 600 exemplares, sendo "figurinha fácil" em qualquer competição de volovelismo.

A Glasflügel surgiu em 1962, criado por Eugen Hänle. Nos anos 1970, passou a ter dificuldades financeiras, apesar de todo o sucesso de seus planadores. Com a morte do fundador, em 21 de setembro de 1979, em um acidente aéreo, a crise se agravou até o fechamento da empresa, em 1982.

O Glasflügel Standard Libelle H201B na Força Aérea Brasileira

O Glasflugel Standard Libelle 201B é outra aeronave com uma história curiosa na Força Aérea Brasileira. A aeronave foi trazida para o Brasil em 1978 por um cidadão de Angola que era fugitivo da guerra civil que ocorria naquele país na época (1975-2002). Ao ingressar no Brasil, ele não possuía nenhum comprovante que pudesse atestar que o planador era de sua propriedade. Sem condições de

O Glasflügel Standard Libelle Z-15 FAB 8100 do Clube de Voo a Vela (Academia da Força Aérea).

provar a propriedade e, com isso, realizar os trâmites para regularizar a aeronave no Brasil, o Ministério da Fazenda apreendeu o H201B e, depois dos trâmites burocráticos de praxe, doou o avião à FAB através da Cessão de Entrega 23/78, de 18 de dezembro de 1978.

Ele foi destinado ao Clube de Voo a Vela da Academia da Força Aérea (CVV-AFA), entrando em carga no dia 22 de agosto de 1979. Designado militarmente Z-15 e matriculado FAB 8100, o Libelle entrou em operação em 1979 e está em serviço até os dias de hoje. O Z-15 sempre foi pintado de branco, com marcas da FAB no leme e o prefixo 8100 aplicado na fuselagem traseira. No CVV é empregado basicamente em voo de treinamento e competição, tendo, ao longo desses 35 anos, representado a AFA em diversas competições.

Glasflügel Standard Libelle H201B	
Período de Utilização	A partir de 1979
Fabricante	Glasflugel Standard
Emprego	Voo a vela de competição
Características Técnicas	
Envergadura	15 m
Comprimento	6,19 m
Altura	1,25 m
Peso Vazio	185 kg
Peso Máximo	408 kg
Tripulação	1
Desempenho	
Velocidade Máxima	250 km/m
Teto Operacional	4.267 m
Alcance	variável
Razão de Planeio	38:1
Comentários	
Total Adquirido	1 exemplar
Unidades Aéreas	Clube de Voo a Vela da Academia da Força Aérea
Designações	Z-15
Matrículas	8100

IPE KW-1b2 Quero-Quero II

O planador IPE Quero-Quero é uma aeronave monoplace projetada e desenvolvida pelo engenheiro Kuno Widmaier de Novo Hamburgo (RS), que o batizou de KW-1b Quero-Quero. O protótipo PP-ZLN fez o primeiro voo em 18 de dezembro de 1969. Todo construído de madeira, ele possui asa alta do tipo Cantilever, sendo considerado um planador semiacrobático da classe de 15 metros. As qualidades do projeto fizeram com que fosse adquirido pelo Departamento de Aviação Civil (DAC) para ser produzido pela empresa IPE Aeronaves (Indústria Paranaense de Estruturas – Aeronaves) de Curitiba (PR). Os ensaios com o KW-1b permitiram que a IPE desenvolvesse o IPE KW-1b2, cujo protótipo matriculado PP-ZPR voou em 1º de outubro de 1972. Depois de homologado pelo Centro Técnico Aeroespacial (CTA), o KW-1b2 Quero-Quero II foi fabricado entre 1975 e 1981, atingindo um

O Z-16 8154 do CVV-AFA. Durante muito tempo o Quero-Quero foi um dos principais planadores para a prática desportiva na AFA. Foto Arquivo Aparecido Camazano Alamino.

total de 156 unidades, sendo amplamente usado por aeroclubes brasileiros e pela Força Aérea Brasileira.

Sua missão é instrução primária, normalmente sendo empregado como primeiro planador monoplace do aluno. Além da KW-1b2, também foi fabricado o IPE Quero-Quero GB, uma versão desenvolvida pelo engenheiro Francisco Leme Galvão, com aerodinâmica revisada, que proporcionou uma melhoria no perfil da asa. Ele é feito de madeira e fibra de vidro e foi concebido em 1982.

O IPE KW-1b2 Quero-Quero II na Força Aérea Brasileira

No final de 1980, a FAB adquiriu da empresa IPE Aeronaves 10 planadores KW-1b2 Quero-Quero II para serem empregados pelo Clube de Voo a Vela da Academia da Força Aérea (CVV-AFA). As aeronaves foram designadas militarmente Z-16 e matriculadas FAB 8150 a 8159. Os primeiros quatro Quero-Quero, FAB 8150/51/52/53, chegaram à AFA em novembro de 1980, sendo rebocados em voo de Curitiba até Pirassununga.

No CVV-AFA eles foram usados em voo de instrução, para lazer dos cadetes e também em competições internas e externas das quais o CVV-AFA participou. Além das 10 aeronaves Z-16, o CVV passou a empregar outras seis aeronaves com matrícula civil, das quais cinco delas eram os PT-PIE, PT-PIF, PT-PIG, PT-PJS,

O IPE KW-1b2 Quero-Quero Z-16 FAB 8156 do Clube de Voo a Vela (Academia da Força Aérea).

PT-PKR. No final de 1984, o CVV-AFA finalmente incorporou esses KW-1b2 ao seu inventário, que passaram a ser os FAB 8160 a 8165.

Na FAB os Z-16 sempre mantiveram uma pintura com fuselagem e asas toda branca, com marcas em vermelho no nariz e na ponta das asas. Na cauda era aplicada a matrícula, que era repetida na fuselagem traseira de maneira bem vistosa. Ao longo de sua carreira, os Z-16 tiveram alguns incidentes e acidentes, em que quatro aeronaves foram perdidas.

Em fins de 2001, na AFA, ocorreu um acidente com um Z-16, que, ao realizar uma espera para pouso, esboçou uma entrada em parafuso. O piloto conseguiu a recuperação, porém a altitude não foi suficiente para completá-la, resultando em queda. O piloto ficou ferido e a aeronave teve danos graves. A investigação recomendou que o Z-16 tinha desempenho incompatível com a experiência dos alunos e, por isso, o voo foi suspenso, com a recomendação de retirada de operação das aeronaves do CVV-AFA.

No início de 2003 os Z-16 remanescentes foram entregues ao DAC, que os redistribuiu a diversos aeroclubes.

IPE KW-1b2 Quero-Quero II	
Período de Utilização	De 1980 até 2001
Fabricante	IPE Aeronaves
Emprego	Planador para voo a vela e treinamento
Características Técnicas	
Envergadura	15 m
Comprimento	6,47 m
Altura	1,34 m
Peso Vazio	185 kg
Peso Máximo	280 kg
Tripulação	1
Desempenho	
Velocidade Máxima	159 km/h
Teto Operacional	3.048 m
Alcance	Variável
Razão de Planeio	28:1
Comentários	
Total Adquirido	16 exemplares
Unidades Aéreas	Clube de Voo a Vela da Academia da Força Aérea
Designações	Z-16
Matrículas	8150 a 8165

IPE 02b Nhapecan II

Derivado do KW-2 Biguá, o primeiro protótipo do IPE 02 Nhapecan I, matriculado PP-ZQL (c/n 001), voou pela primeira vez no dia 28 de maio de 1979, começando uma série de ensaios de qualificação para sua homologação. O PP-ZQL foi apresentado em 1979 na abertura do Campeonato Brasileiro de Voo a Vela em Bauru (SP) e na FENAERO (Feira Nacional de Aeronáutica) do Centro Técnico Aeroespacial (CTA), em São José dos Campos/SP, quando recebeu uma proposta para a venda de cem exemplares para a Índia.

A seguir, permaneceu por um ano em avaliação na Academia da Força Aérea da FAB, em Pirassununga (SP). Desde agosto de 2004, o ZQL permaneceu nas mãos de um operador privado de Tatuí (SP), estando com seu certificado de aeronavegabilidade ainda válido por diversos anos.

Dos ensaios com o PP-ZQL surgiu uma série de modificações que resultaram no modelo de série IPE 02b Nhapecan II, que voou pela primeira vez em 16 de agosto de 1983. Ele diferia do Nhapecan I por possuir um perfil de asa mais eficiente e com menor envergadura, além de alguns ajustes aerodinâmicos.

Fabricado pela empresa Indústria Paranaense de Estruturas – Aeronaves (IPE Aeronaves), o Nhapecan II era um planador biplace para instrução primária e treinamento de voo a vela. Seu desempenho muito próximo ao do IPE KW-1b2 Quero-Quero fazia do Nhepecan a aeronave ideal para a transição do planador biplace para o monoplace.

Ao todo foram produzidos 79 Nhapecan II, que já acumularam mais de 100 mil horas voadas.

O IPE 02b Nhapecan II na Força Aérea Brasileira

Em 1980 o Clube de Voo a Vela da Academia da Força Aérea (CVV-AFA) recebeu para testes o planador PP-ZQL, protótipo do IPE 02 Nhapecan I. A aeronave ficou em voo de experiência por um período significativo, que ajudou a desenvolver a versão IPE 02b, que em 1984 seria adquirida pela FAB para equipar o CVV-AFA. O IPE 02b foi adquirido para complementar e posteriormente substituir os TZ-13 Blanik, algo que não ocorreu.

A encomenda da FAB foi de 15 unidades, que receberam a designação militar TZ-14 FAB 8023 a 8037. As primeiras unidades começaram a chegar à AFA em abril de 1985. Basicamente esses planadores cumpriram a função de treinamento e formação de pilotos, especialmente para voos solo nos planadores Z-16 Quero-Quero II. Por isso, os TZ-14 foram pouco usados em competições, cumprindo mais o papel de formar pilotos de planadores e gerar uma doutrina operacional ao CVV.

O TZ-14 FAB 8033 visto à frente do hangar do CVV, em Pirassununga. Biplace e em tandem, o Nhapecan é um bom exemplo da capacidade nacional de produzir bons planadores. Foto Arquivo Aparecido Camazano Alamino.

Basicamente, a função do TZ-14 era a formação de pilotos desportivos. Quinze exemplares voaram no CVV, de 1980 a 2001. Foto Arquivo Aparecido Camazano Alamino.

O IPE 02b Nhapecan II TZ-14 FAB 8033 do Clube de Voo a Vela (Academia da Força Aérea).

Na AFA eles mantiveram basicamente um padrão de pintura todo em branco, com marcações diminutas. Posteriormente, receberam marcas em vermelho no nariz e nas pontas das asas, bem como a matrícula aplicada na parte traseira da fuselagem, um padrão adotado pelo CVV-AFA. Eles operaram até 1993, quando foram entregues ao Departamento de Aviação Civil (DAC) para serem redistribuídos aos aeroclubes do país.

IPE 02b Nhapecan II	
Período de Utilização	De 1980 até 2001
Fabricante	IPE Aeronaves
Emprego	Planador para voo a vela e treinamento primário
Características Técnicas	
Envergadura	17,20 m
Comprimento	8,40 m
Altura	1,90 m
Peso Vazio	370 kg
Peso Máximo	570 kg
Tripulação	2

Continua

Desempenho	
Velocidade Máxima	200 km/h
Teto Operacional	3.048 m
Alcance	Variável
Razão de Planeio	32:1
Comentários	
Total Adquirido	15 exemplares
Unidades Aéreas	Clube de Voo a Vela da Academia da Força Aérea
Designações	TZ-14
Matrículas	8023 a 8037

Aérospatiale SA330 L Puma

Em meados de 1962, o Exército Francês revelou sua necessidade de equipar a Aviation Légère de l'Armée de Terre (ALAT – Aviação do Exército Francês) com um helicóptero capaz de realizar missões de transporte logístico e tático. Coincidentemente, a empresa estatal francesa Sud-Aviation estava concluindo a modificação de dois helicópteros Sikorsky H-34, adaptando-os com o motor turboeixo Turbomeca Bi-Bastan.

Apesar de contar com considerável experiência no desenvolvimento e na produção de helicópteros equipados com motores turboeixo graças aos programas Alouette II e Alouette III, o conhecimento da Sud-Aviation com helicópteros de maior porte limitava-se essencialmente aos 130 Sikorsky S-58 (ou H-34) montados em suas instalações em Toulouse para as três armas de aviação francesas.

Diante desse quadro, nada era mais natural do que a ALAT e a Sud-Aviation iniciarem discussões visando ao desenvolvimento de um biturboeixo dotado do equipamento necessário para operações diurnas/noturnas e sob quaisquer condições meteorológicas. Recebendo a designação SA330 e temporariamente batizado como Alouette IV, o novo helicóptero contaria, a princípio, com dois motores Bastan VII e a capacidade para transportar até 12 soldados. Mas em junho de 1963, quando foi dado o sinal verde para a construção de dois protótipos e cinco células de pré-produção, o projeto havia evoluído consideravelmente graças à disponibilidade do novo motor Turbomeca Turmo, que oferecia mais potência que o Bastan VII.

Em 15 de abril de 1965, um dos protótipos do SA330 realizou o seu voo inaugural, dando início à campanha de ensaios daquela aeronave. Transcorrendo sem maiores percalços, a campanha de ensaios demonstrou a excelência do projeto básico e prontamente impressionou autoridades militares inglesas que igualmente buscavam um helicóptero biturboeixo de médio porte para equipar a Royal Air Force. Como consequência, o SA330 foi incluído no acordo anglo-francês assinado em janeiro de 1967, que previa a produção e o fornecimento de distintos tipos de helicóptero para as forças armadas dos dois países.

Rebatizado como Puma, o primeiro exemplar de produção foi dado como pronto em setembro de 1968 e entregue à ALAT no ano seguinte. Aquele foi o primeiro de 686 helicópteros SA330 de produção que foram construídos até 1981, quando o fabricante já era a Aérospatiale como consequência da fusão entre a Sud-Aviation e a Nord Aviation, em 1970. Ademais, a Romênia produziu aproximadamente 170 helicópteros Puma para suas forças armadas, exportando ainda alguns exemplares para países como a Costa do Marfim, os Emirados Árabes Unidos e o Sudão.

Nada menos do que 40 operadores militares receberam mais de 700 helicópteros SA330 e IAR-330 (a versão romena do Puma). Uma expressiva fatia deles empregou seus Puma em operações de combate, como no caso da França e do Reino Unido durante a Guerra do Golfo, em 1991, da Argentina durante a Guerra das Falklands/Malvinas, em 1982, e de Portugal, nos conflitos coloniais em Angola e Moçambique, entre 1971 e 1976. Em anos recentes, o Puma vem sendo ativamente empregado em missões de paz da Organização das Nações Unidas, como no Haiti (Minustah) e no Sudão (Unamid), entre outros.

O Aerospatiale SA330 L Puma na Força Aérea Brasileira

No fim dos anos 1970, a Força Aérea Brasileira encontrava-se predominantemente equipada com helicópteros Bell UH-1D e UH-1H, que eram também suas maiores aeronaves de asas rotativas. Entre outros trabalhos atribuídos à Aviação de Asas Rotativas da FAB estava o apoio ao Exército Brasileiro em missões como transporte de tropas e operação de helidesembarque.

O fim da década de 1970 mostrou que fazia falta à FAB um helicóptero de maior porte, pois, apesar dos excelentes serviços prestados até aquele momento pelo UH-1D/H, ele se mostrava de tamanho limitado. Era capaz de acomodar até 11 combatentes equipados, mas uma operação de assalto com o UH-1D/H transportando uma companhia de infantes poderia exigir expressiva quantidade de surtidas e/ou de helicópteros. Isso ficou claro durante diversas operações conjuntas realizadas entre a FAB e o Exército nos derradeiros anos da década de 1970.

Consequentemente e para garantir à sua Aviação de Asas Rotativas maior capacidade de transporte, no início de 1980, a Força Aérea Brasileira já estava em busca de um helicóptero de médio porte que preenchesse vários requisitos técnicos e operacionais que havia identificado. Não se sabe quais outros helicópteros foram examinados, mas a escolha recaiu sobre uma das últimas versões do Aérospatiale Puma: o SA330 L. É possível ainda que a escolha tenha sido influenciada pela recente chegada ao Brasil dos primeiros exemplares do SA330 J, que haviam sido arrendados pela empresa Cruzeiro do Sul Táxi Aéreo, que chegou a operar nove aeronaves do tipo.

Um dos CH-33 Puma, ou Puminha, como era chamado na Força Aérea, no pátio da BAAF nos anos 1980. O CH-33 trouxe novos conceitos para a aviação de asas rotativas da FAB, abrindo as portas para novos equipamentos. Foto Arquivo Jackson Flores Jr. / Action Editora Ltda.

Seja como for, naquele mesmo ano, a Força Aérea Brasileira encomendou seis helicópteros SA330 L Puma ao custo unitário de Cr$ 335.849.646. O contrato de encomenda previa ainda o treinamento de pessoal aeronavegante e técnico, um lote de peças de reposição e apoio logístico e de manutenção. Além das células de SA330 L da FAB estarem entre os últimos Puma fabricados por aquela empresa francesa, eles se distinguiam principalmente pela instalação no nariz de um radar meteorológico Bendix RDR-1400, o primeiro a utilizar uma tela em cores empregada em uma aeronave militar brasileira.

É interessante observar que, ao longo da década de 1980, o Ministério da Aeronáutica flertou com a possibilidade de adquirir outras 54 unidades do SA330 L, que substituiriam os UH-1D/H e assim atenderiam plenamente às necessidades operacionais do Exército Brasileiro, bem como da própria FAB. No entanto, aqueles anos foram marcados pelo início de um período de enorme contenção de despesas em todos os órgãos do governo federal, fazendo com que aquela pretensão sofresse uma morte rápida.

Prevendo o recebimento dos seis helicópteros SA330 L na última metade de 1981, o Alto-Comando da FAB tratou de dar início às providências necessárias para a sua chegada. Determinando a designação CH-33 aos SA330 L, ficou estabelecido que o 3º/8º Grupo de Aviação (3º/8º GAV) – unidade criada em setembro de 1980 com parte do pessoal e material antes pertencente ao 3º Esquadrão Misto de Reconhecimento e Ataque – seria o esquadrão designado a operar os novos helicópteros.

Sediado na Base Aérea dos Afonsos e equipado com helicópteros Bell UH-1H, o 3º/8º GAV despachou, em março de 1981, a primeira turma de oficiais aviadores para Marignane, onde ficava a fábrica da Aérospatiale. Naquela cidade do sul da França, a equipe foi recebida nas instalações da Aérospatiale a fim de realizar os cursos teóricos e de voo do SA330 L Puma. No mês seguinte, outra turma foi enviada à Marignane para fazer o curso de SA330 L. A etapa de instrução foi concluída sem percalços, e em setembro daquele ano todos os pilotos que foram à França já haviam regressado ao esquadrão.

Finalmente, em 17 de outubro, chegou ao Parque de Material Aeronáutico dos Afonsos (PAMA-AF) o primeiro dos seis SA330 L, trazido a bordo de um C-130H do 1º/1º Grupo de Transporte (1º/1º GT). Sob a supervisão de representantes da Aérospatiale, o helicóptero foi prontamente montado por pessoal daquele parque e fez seu primeiro voo no Brasil no dia 20 daquele mesmo mês. Nas semanas seguintes, quer em aviões Hercules do 1º/1º GT ou do 2º/1º Grupo de Transporte de Tropas, foram chegando ao Brasil os demais CH-33.

Assim que foi entregue o primeiro CH-33, os pilotos que haviam feito o curso de SA330 L na França passaram a instrução que receberam para os demais oficiais aviadores do 3º/8º GAV. Tal como ocorreu nas instalações da Aérospatiale,

Um SA330 L Puma CH-33 do 3º/8º GAV (Base Aérea dos Afonsos).

Voando sobre a costa do Rio de Janeiro, os CH-33 acabaram sendo entregues como parte do pagamento para a aquisição de um lote de helicópteros Super Puma e Esquilo mono e bimotor. Foto Arquivo Jackson Flores Jr. / Action Editora Ltda.

essa fase foi executada de forma fluida e rápida, o que permitiu ao esquadrão dar início à etapa de treinamento e adestramento operacional. Já que o 3º/8º GAV e seus CH-33 seriam empregados não somente em missões de transporte de tropa, mas na execução de missões de busca e salvamento, infiltração/exfiltração de forças especiais, transporte aéreo logístico e transporte de cargas externas, entre outros trabalhos, os helicópteros e o pessoal do 3º/8º GAV trabalharam nos meses seguintes completamente engajados no esforço de transformar aquele esquadrão em uma unidade plenamente operacional no CH-33. Porém, antes mesmo de aquela etapa ser concluída, escassas 20 semanas após a chegada do primeiro CH-33, o 3º/8º GAV já estava sendo convocado para realizar missões de Busca e Salvamento (SAR), bem como para executar sua primeira surtida de transporte presidencial.

De fato, ao longo da vida operacional dos Puma, como aqueles helicópteros eram também conhecidos entre os pilotos e mecânicos brasileiros, os CH-33 realizaram incontáveis missões SAR. Isso foi uma consequência natural não somente de seu enorme potencial como vetor de busca e salvamento, mas do fato de o Esquadrão Aeroterrestre de Salvamento (PARA-SAR) ser praticamente "vizinho de porta" do 3º/8º GAV. E esse binômio foi repetidamente empregado com sucesso nas mais variadas missões SAR, bem como em missões humanitárias como as realizadas em 1983 e 1984 durante enchentes que varreram o estado de Santa Catarina.

A despeito das dificuldades logísticas que assolaram os CH-33 durante toda a sua carreira na FAB e que determinaram modestíssimos índices de disponibilidade, aqueles helicópteros proporcionaram uma nova dimensão à aviação de asas rotativas da FAB. Para melhor aproveitar todo o potencial que podiam proporcionar, em 1982, foi realizada por oficiais da Força Aérea Portuguesa uma série de palestras sobre o emprego de seus SA330 em Angola durante o conflito colonial no qual eles haviam se envolvido na década anterior.

Em função desse aprendizado, bem como da visível necessidade de ampliar a capacidade de operações especiais da FAB, os CH-33 do 3º/8º GAV dedicaram considerável esforço ao adestramento de missões de infiltração/exfiltração de pessoal de operações especiais do Exército, bem como do PARA-SAR. Esse segmento das atribuições do esquadrão resultou em diversos estudos, um dos quais visava à adaptação aos CH-33 de uma lança de reabastecimento em voo para ampliar o seu alcance operacional.

Examinado em cooperação com o pessoal do 2º/1º Grupo de Transporte de Tropas e ensaiado em voo com os KC-130 daquela unidade para estabelecer a viabilidade da modificação – que seria inédita entre operadores do Puma –, ela só não foi levada adiante por falta de recursos orçamentários e pelo fato de que, em 1985, já se desenhava no horizonte o fim da carreira operacional dos CH-33 na FAB.

Naquele ano a Força Aérea Brasileira já havia iniciado entendimentos para adquirir um lote de helicópteros Aérospatiale AS332 M Super Puma, o sucessor, maior e mais moderno do SA330 Puma. As negociações levaram à alienação dos CH-33, que foram vendidos de volta à Aérospatiale como parte do pagamento dos Super Puma recebidos a partir de 1986. No final de 1984, a FAB optou por devolver à Aérospatiale os SA330 L Puma, que entrariam como parte do pagamento de 15 helicópteros AS332 L Super Puma, que originalmente dotariam o 3º/8º GAV e o 7º/8º GAV. Com a troca de governo, em 1985, esse planejamento foi ajustado, se mantendo o mesmo valor proposto, de US$ 92.000.000, porém convertido na aquisição de 10 aparelhos AS332 M Super Puma, sendo adicionados 10 helicópteros AS355 F2 Esquilo Bi e 30 AS350 Esquilo, estes últimos montados na Helibras. A devolução dos seis CH-33 ocorreu na cadência de um por mês, em 1986, levados para a França por aeronaves C-130 da FAB. No entanto, apenas cinco foram devolvidos, pois o FAB 8701 acabou perdido no pátio do III COMAR, no aeroporto Santos Dumont, em fevereiro de 1986, sem causar vítimas.

Os helicópteros Puma encerraram sua carreira na FAB, em 1986, depois de terem voado 11.116 horas e 25 minutos e serem substituídos pelos CH-34 Super Puma.

Aérospatiale SA330 L Puma	
Período de Utilização	De 1981 até 1986
Fabricante	Société Nationale Industrielle Aérospatiale, Marignane (França)
Emprego	Apoio tático e transporte
Características Técnicas	
Motor	2 Turbomeca Turmo IVC de 1.580 shp cada um
Diâmetro do Rotor Principal	15,08 m
Comprimento	14,82 m
Altura	5.14 m
Largura da Fuselagem	3 m
Peso Vazio	3.590 kg
Peso Máximo	7.400 kg
Armamento	2 metralhadoras FN MAG 7,62 mm de tiro lateral
Desempenho	
Velocidade Máxima	310 km/h
Razão de Subida	672 m/min
Teto Operacional	6.000 m
Alcance	580 km
Comentários	

Continua

Total Adquirido	6 exemplares
Unidades Aéreas	3º/8º Grupo de Aviação
Designações	CH-33
Matrículas	8700 a 8705

Aerotec Tangará

Com a proximidade do fim da vida útil do treinador básico e primário T-23 Uirapuru, em 1978, o Ministério da Aeronáutica emitiu os requisitos técnicos para o desenvolvimento de uma aeronave que viesse atender aquela demanda na instrução dos futuros oficiais aviadores da Força Aérea Brasileira. Para tanto, a futura aeronave deveria ser robusta, para aguentar a instrução inicial aos inexperientes cadetes, biplace lado a lado, para facilitar a transmissão da instrução, com boa visibilidade externa, trem de pouso fixo e, se possível, acrobático.

Em 1979, a empresa Sociedade Aerotec, que já havia projetado e construído o T-23 da FAB, apresentou um projeto baseado no Uirapuru e foi contratada para a construção de dois protótipos, sendo um para o ensaio em voo e outro para os ensaios estáticos. O projeto, apesar de tomar como base o T-23, apresentava uma aeronave que, de seu antecessor, só utilizava o motor Lycoming O-320-B2B de 140 hp. No mais, o modelo era um projeto completamente novo.

Sua fuselagem apresentava uma seção quadrada, em contraste com as comuns seções circulares ou ovais; as asas já apresentavam inovações aerodinâmicas e os flaps eram do tipo slot ou fenda. Como uma opção mais atraente, o Tangará podia ser equipado com um motor mais potente de 200 hp.

Denominado A-132 pela Aerotec e YT-17 Tangará pela FAB, o protótipo voou em 28 de março de 1981 e passou a ser avaliado pelos pilotos de ensaio do CTA, que encerraram todas as fases de ensaios em meados de 1982.

Infelizmente, a década de 1980 não foi das melhores para a economia brasileira, e a FAB foi extremamente penalizada com cortes orçamentários que acabaram por inviabilizar a produção em série do Tangará, que acabou sendo substituído pelo T-25 Universal na instrução básica e primária dos cadetes.

O projeto nacional Aerotec Tangará visava substituir o treinador T-23 da AFA. Porém, não passou da fase de protótipo, sendo usado para testes e ensaios em voo no CTA. Foto Arquivo Mario Roberto Vaz Carneiro.

O Aerotec YT-17 FAB 1000 da Divisão de Ensaios em Voo (Centro Técnico Aeroespacial).

O Aerotec Tangará na Força Aérea Brasileira

Com a suspenção da produção da nova aeronave, o protótipo do YT-17 Tangará financiado pelo Ministério da Aeronáutica foi mantido no CTA, mais precisamente na Divisão de Ensaios em Voo, até o início dos anos 1990, quando foi sucateado.

Aerotec Tangará	
Período de Utilização	De 1981 até 1990
Fabricante	Sociedade Aerotec
Emprego	Treinamento básico e primário
Características Técnicas	
Motor	Lycoming O-320-B2B de 140 hp
Envergadura	9 m
Comprimento	7,08 m
Altura	2,70 m
Área Alar	13,77 m²
Peso Vazio	560 kg
Peso Máximo	860 kg
Armamento	Não dispunha de armamento
Desempenho	
Velocidade Máxima	238 km/h
Razão de Subida	276 m/min
Teto Operacional	4.500 m
Alcance	860 km
Comentários	
Total Adquirido	1 exemplar
Unidades Aéreas	Divisão de ensaio em Voo do CTA (atual IPEV)
Designações	YT-17
Matrículas	1000

Schleicher ASW-20

Desenhado por Gerhard Waibel e fabricado na Alemanha pela Alexander Schleicher GmbH & Co., o planador ASW-20 voou pela primeira vez em janeiro de 1977, sendo um sucesso instantâneo. Construído em fibra de vidro, é um planador da classe 15 metros e deriva de uma série de planadores alemães de grande qualidade.

O FAB 8120, o único ASW-20 da FAB. Considerado um dos planadores de melhor performance do mundo, o ASW-20 é um típico planador de competição. Foto Ricardo Hermüller.

Sua fuselagem é idêntica à do ASW-19, porém possui uma envergadura de 15 m, o que lhe conferiu uma capacidade superior de voo, sendo um dos primeiros planadores a superar a razão de planeio de 40:1.

O ASW-20 é um planador esportivo de alto desempenho, dedicado a participar de competições de voo a vela, em especial o cross-country, modalidade em que o objetivo é manter-se o maior tempo possível no ar, percorrendo vários quilômetros em um voo de várias horas. Sua performance garantiu a conquista de diversos campeonatos pelo mundo e, principalmente, a chancela de ser vencedor de campeonatos mundiais de voo a vela.

Sua linha de produção foi mantida até 1990, quando foi substituído pelo ASW27. Mais de mil unidades foram produzidas dos diversos modelos de ASW-20 pela Schleicher e também sob licença pela Centrair na França (ASW-20F). Algumas versões do ASW-20 elevaram sua envergadura para até 18 m. O ASW-20 bateu o recorde mundial de distância, na Nova Zelândia, com um voo com mais de 2.049 km de distância no dia 5 de novembro de 1994. Essa marca só foi superada em 4 de dezembro de 2003 na Argentina por um ASH-25i, outro planador da Schleicher GmbH & Co.

O Schleicher ASW-20 na Força Aérea Brasileira

O Schleicher ASW-20 foi adquirido pela FAB, em 1981, comprado na Inglaterra de segunda mão mas praticamente sem uso. Designado na FAB como Z-20, o único exemplar adquirido até hoje foi matriculado FAB 8120 e tem o número

O Schleicher ASW-20 Z-20 FAB 8120 do Clube de Voo a Vela (Academia da Força Aérea).

de construção no 20457. A aeronave foi entregue ao Clube de Voo a Vela da Academia da Força Aérea (CVV-AFA), em Pirassununga (SP).

Ele chegou à AFA em outubro de 1981, entrando em carga no CVV-AFA em 17 de novembro daquele ano. Desde então, vem sendo usado pelos cadetes e instrutores especialmente nos voo de competição (cross-country) e também em voos acrobáticos.

Desde que chegou, mantém uma pintura básica branca com matrícula na deriva junto ao emblema do CVV. Na fuselagem, a matrícula é repetida na parte traseira, com os dizeres Força Aérea Brasileira aplicados no nariz. Poucas foram as variações. A mais significativa foi a aplicação da dezena final da matrícula 20 no leme da aeronave.

Schleicher ASW-20

Período de Utilização	A partir de 1981
Fabricante	Schleicher GmbH & Co.
Emprego	Planador de alta performance
Características Técnicas	
Envergadura	15 m
Comprimento	5,82 m
Altura	1,45 m
Peso Vazio	260 kg
Peso Máximo	525 kg
Tripulação	1
Desempenho	
Velocidade Máxima	270 km/h
Teto Operacional	4.572 m
Alcance	Variável
Razão de Planeio	43:1
Comentários	
Total Adquirido	1 exemplar
Unidades Aéreas	Clube de Voo a Vela da Academia da Força Aérea
Designações	Z-20
Matrículas	8120

Embraer EMB-312 Tucano

O Embraer EMB-312 Tucano é um dos melhores treinadores militares do mundo, sendo um sucesso de vendas, com 637 exemplares produzidos. Desenvolvido pela Embraer a pedido da FAB, ele começou a tomar forma a partir de janeiro de 1978, sob a coordenação dos projetistas Guido Fontegalante Pessotti e Joseph Kovacs. O primeiro protótipo do EMB-312, matriculado YT-27 FAB 1300, fez seu primeiro voo em 19 de agosto de 1980, em São José dos Campos (SP). Já o YT-27 FAB 1301 fez o seu primeiro voo em 10 de dezembro de 1980. Outro protótipo (PT-ZDK), com as modificações de pré-série, voou em 16 de agosto de 1982. Mais tarde, essa aeronave seria rematriculada YT-27 FAB 1302 e incorporada à Força Aérea Brasileira.

O Tucano é um monomotor turboélice, de asa baixa, acrobático (+6 G e -3 G), em que o aluno e o instrutor estão dispostos em uma cabine em tandem,

O T-27 FAB 1360 do 1º EIA com o primeiro padrão de cores usado pela FAB. O Tucano se tornou o treinador avançado padrão da Força Aérea nas últimas três décadas.
Foto Carlos Lorch / Action Editora Ltda.

sentados sobre assentos ejetáveis Martin-Baker Mk.BR8LC. Seu papel é ministrar a instrução básica e avançada, porém, possui a capacidade secundária de cumprir missões de ataque e de apoio aéreo aproximado. Para isso pode ser armado com até uma tonelada de armamentos.

Ele entrou em serviço em setembro de 1983 na FAB. Foi exportado para Angola, Argentina, Colômbia, Egito, França, Honduras, Irã, Iraque, Paraguai, Peru e Venezuela. Posteriormente, a Mauritânia adquiriu um lote de aeronaves da França. Foram 489 T-27 produzidos pela Embraer, incluindo aí os fabricados sob licença pela egípcia AOI, em Helwan, destinados às Forças Aéreas do Egito e do Iraque.

O T-27 FAB 1304 do 1ºEIA da AFA, com o nº 41 na fuselagem, referente à inscrição para a demonstração aérea durante o Paris Air Show de Le Bourget, em 1983.

O T-27 FAB 1329 do Esquadrão de Demonstração Aérea (EDA) da AFA com o primeiro padrão de pintura adotado para esse equipamento (de 1983 a 2000).

Também foi fabricado sob licença no Reino Unido pela Short Brothers, em Belfast, Irlanda do Norte. Designado S312 Tucano T.1, voou em 14 de fevereiro de 1989, entrando em serviço na RAF no final de 1989. O T.1 difere do T-27 por ter um motor mais potente (Garrett TPE-331-12B - 1.100 shp) com hélice quadripá, cobertura da cabine com divisória central (reforço) e freio ventral. O Tucano inglês foi exportado para o Quênia e o Kuwait. No total, 148 Tucano T.1 foram produzidos.

A Embraer e a CIAC (Colômbia) desenvolveram um upgrade que incluiu uma nova aviônica e reforço estrutural das asas e do trem de pouso, que estendeu a vida útil de 14 T-27 da Força Aérea da Colômbia por mais 15 anos. O T-27 já foi empregado em missões de combate por Angola, Colômbia e Peru.

O Embraer EMB-312 Tucano na Força Aérea Brasileira

O T-27 nasceu não só para substituir o Cessna T-37 da Academia da Força Aérea (AFA), mas para impulsionar a indústria nacional. Inicialmente 118 foram encomendados pela FAB com a opção de outros 50. Em 1988 a FAB exerceu parte dessa opção, adquirindo 30 T-27, que totalizaram 151 aeronaves designadas T-27 e matriculadas na FAB 1300 a 1450.

No entanto, apesar de ter 151 matrículas alocadas, a FAB só recebeu 136 T-27, pois 15 deles foram repassados antes da sua entrega à Força Aérea Argentina (FAA). Essas aeronaves foram trocadas por um lote de aviões leves Aero Boero 115 e 180 que, em 1990, passaram a equipar os diversos aeroclubes do país e a FAB (AFA – rebocador de planadores). Na Força Aérea Brasileira o Tucano foi usado em missão de instrução aérea, demonstração aérea e ataque, além de cumprir voos administrativos, de manutenção operacional e formação de controlador de defesa aérea.

Os primeiros oito exemplares (1303 a 1310) foram entregues em 29 de setembro de 1983, em São José dos Campos (SP), ao 1º Esquadrão de Instrução

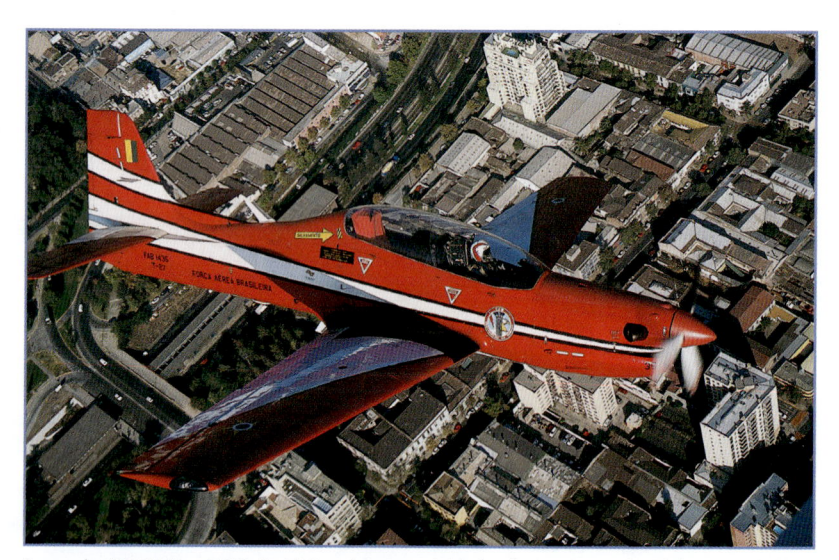

Rumo à FIDAE! Um T-27 do EDA sobrevoa a cidade de Santiago do Chile rumo à feira aeronáutica mais importante do continente sul-americano. Com o T-27, o EDA literalmente se tornou internacional. Foto Wagner Ziegelmeyer / Action Editora Ltda.

O T-27 FAB 1402 do 1º GAVCA (Base Aérea de Santa Cruz).

O T-27 FAB 1376 do 1º/3º GAV (Base Aérea de Boa Vista).

O AT-27 FAB 1339 do 2º/3º GAV (Base Aérea de Porto Velho).

O T-27 FAB 1389 do 1º Esquadrão de Instrução Aérea (AFA).

Aérea (1º EIA) da AFA e ao Esquadrão de Demonstração Aérea (EDA), marcando a reativação da Esquadrilha da Fumaça, desativada desde 1976.

Os Tucano do EDA saíram da fábrica ostentando a tradicional pintura vermelha com faixas brancas e negras. A primeira apresentação do T-27 com a "Fumaça" ocorreu no dia 8 de dezembro de 1983, na AFA, durante a formatura dos cadetes daquele ano. Com o EDA, o T-27 se apresentou não só no Brasil, mas em 21 países das Américas do Sul, Central e do Norte, além da Europa. Em 2001 o uniforme vermelho deu lugar a um novo padrão em azul, verde e amarelo. Após quase 30 anos de EDA, no dia 29 de março de 2013, sobre o Lago Paranoá, em Brasília (DF), os T-27 realizaram sua apresentação nº 2.363, a última de sua história com o EDA. O T-27 foi substituído pelo A-29A/B, entregue à Esquadrilha da Fumaça em 1º de outubro de 2012.

Das 118 aeronaves, 60 seriam destinadas à AFA até 1985. A instrução dos cadetes do quarto ano passou a ser feita com o T-27 já a partir de 1º de julho de 1984. Todos os T-27 destinados ao 1º EIA saíam de fábrica com uma pintura branca com faixas laranja e matrícula pintada na fuselagem. Em 2001, o T-27 do EIA passou a ostentar uma nova pintura, presente até hoje, em que, novamente, o padrão laranja e branco predominou.

A partir de 1990, as unidades de caça de primeira linha passaram a empregar um pequeno lote de três a quatro T-27 para cumprir missões de treinamento, patrulha de fronteira e formação de controladores de defesa aérea. Foto Arquivo Mario Roberto Vaz Carneiro.

Com o término da entrega à AFA, a FAB passou a ativar novas unidades, que voariam a versão armada chamada AT-27. Para isso, a partir do T-27 FAB 1383, todas as aeronaves começaram a sair da Embraer camufladas (com padrão de pintura idêntica a dos AT-26 e F-5). Essas aeronaves foram distribuídas entre a 2ª Esquadrilha de Ligação e Observação (2ª ELO), em 1986, e o 1º/5º GAV, em 1987. Os T-27 da 2ª ELO começaram servindo na Base Aérea Naval de São Pedro da Aldeia (RJ), sendo transferidos para a Base Aérea de Santa Cruz, em julho de 1995. A unidade apoiou o Exército em março de 1991 no episódio do Rio Traíra, quando guerrilheiros das FARC (Forças Armadas Revolucionárias da Colômbia) atacaram um pelotão de fronteira brasileiro. Ali ficou provado que o T-27 poderia operar em uma região como a Amazônia.

Com o 1º/5º GAV, os Tucano recriaram a aviação de ataque, fazendo com que todos os pilotos recém-formados da FAB tivessem alguma capacidade operacional empregando o AT-27. Esse conceito perdurou até 2000, quando o Tucano deixou o 1º/5º GAV, que foi reequipado com os C-95, voltando assim, a ministrar instrução e formação de pilotos de transporte.

Em 1990, as unidades de caça de primeira linha passaram a contar com um pequeno lote de AT-27. A primeira unidade a recebê-los foi o 1º/14º GAV, em abril de 1990, seguida pelo 1º GDA e, por fim, o 1º Grupo de Caça. Os Tucano eram empregados em missão administrativa, patrulha de fronteira, treinamento de combate, formação de controladores de defesa aérea e para incrementar as horas de voo dos pilotos. Operaram nessas unidades até 2009.

Em setembro de 1993 a FAB alocou quatro aeronaves na 1ª e mais quatro na 2ª Esquadrilha do 7º Esquadrão de Transporte Aéreo (1ª/7º e 2ª/7º ETA), sediadas em Boa Vista (RR) e Porto Velho (RO). Foram as primeiras unidades a receber aeronaves com a nova pintura em dois tons de cinza, que, gradualmente, virou o padrão dos T-27 operacionais. Em 5 de abril de 1995, as esquadrilhas do ETA foram extintas e seu efetivo, transferido para o Núcleo do 1º e 2º/3º GAV, que, em 28 de setembro do mesmo ano, passaram a ser o 1º/3º GAV (Boa Vista) e o 2º/3º GAV (Porto Velho). Em 2001 os esquadrões do 3º GAV passaram de unidades de

O T-27 FAB 1371 do Esquadrão de Demonstração Aérea (EDA) com o segundo padrão de pintura adotado pela Força (de 2001 a 2013).

ataque para unidades de caça. Com o surgimento do 3º/3º GAV (Campo Grande – MS), criado em fevereiro de 2004, a partir da extinção da 2ª ELO, o 3º GAV passou a ser a principal unidade de AT-27 da FAB.

Um acidente com o FAB 1320 do EDA ocorrido em Santos em 16 de novembro de 1996, quando a aeronave perdeu a asa em plena demonstração, acendeu um sinal de alerta que, somado a outros episódios estruturais, fez a Embraer constatar, em 1999, um problema de fadiga nos T-27. Era necessário um reforço estrutural nas asas de toda a frota. O problema cancelou a agenda do EDA por 21 meses e dificultou a operacionalidade das unidades, visto que só poderiam voar as aeronaves sem os problemas de fadiga. Somente em 2001 a frota retomaria sua capacidade operacional plena, quando a maioria das aeronaves já havia passado pela revisão estrutural na Embraer.

Em 2006, os T-27 começaram deixar os esquadrões do 3º GAV, substituídos pelo EMB-314 Super Tucano. Os últimos T-27 deixaram as unidades do 3º GAV em dezembro de 2008. Na sequência, em 2009, ele deixaria também as unidades de caça de primeira linha. Em 2011, o T-27 deixou de operar no IPEV (Instituto de Pesquisa e Ensaios em Voo), unidade anteriormente designada PEV (Pesquisa e Ensaio em Voo) e, depois, GEEV (Grupo Especial de Ensaio em Voo).

Versátil, o T-27 Tucano voou na FAB inúmeras missões, como treinamento, ensaios em voo, demonstração aérea e emprego. Nesta última, teve a oportunidade empregar diversos tipos de armas leves, como as metralhadoras 7,62 mm e foguetes, vistos nos pilones do T-27 FAB 1446 do 1º/3º GAV. Foto Wagner Ziegelmeyer / Action Editora Ltda.

Dois AT-27 do Esquadrão Escorpião em missão de patrulha. O emprego do Tucano na Amazônia sedimentou diversos conceitos que forjaram o projeto ALX, que mais tarde se materializaria no Super Tucano. Foto Wagner Ziegelmeyer / Action Editora Ltda.

Com a sobra de T-27, em 30 de julho de 2009, cinco foram emprestados à FAA para suprir a baixa disponibilidade de seus Tucano. O empréstimo à Escuela de Aviación Militar (EAM) de Córdoba visou permitir a conclusão da formação dos pilotos argentinos. As aeronaves foram devolvidas em 2010 e tiveram apenas a matrícula argentina aplicada sobre a pintura FAB. Os exemplares emprestados foram os FAB 1319 (E-131), 1344 (E-132), 1369 (E-133), 1380 (E-134) e 1448 (135).

Um dos T-27 do 1º EIA com o atual padrão de pintura, adotado em 2001. Atualmente o Esquadrão Cometa é o único usuário do T-27 Tucano na FAB.
Foto Alexandre Durão / Action Editora Ltda.

Turboélices Tucano da Esquadrilha da Fumaça taxiando ao estilo EDA, isto é, em perfeita sincronia. Com o T-27 Tucano, o EDA realizou 2.363 apresentações em quase três décadas de operação. Foto Alexandre Durão / Action Editora Ltda.

Em 2010, a FAB efetivou uma doação de três aeronaves T-27 à Fuerza Aérea Paraguaya (FAP). Entre os Tucano doados à FAP, estão os T-27 do mesmo lote emprestados à FAA. Os FAB 1319, 1344 e 1369 foram entregues no dia 20 de dezembro de 2010, matriculados FAP 1057, 1058 e 1059, respectivamente.

O Tucano usou basicamente a designação T-27 na FAB. Com a introdução das aeronaves camufladas, ele passou a ser chamado de AT-27, sem ela ter sido aplicada de fato nas aeronaves. O AT-27 passou a ser aplicado a partir de 2000 em alguns Tucano. O mesmo ocorreu com a designação A-27, vista a partir de 2002. Algumas aeronaves que serviram ao IPEV foram designadas XT-27.

Ao longo de sua operação, cerca de 30 aeronaves foram perdidas em acidentes. O EDA, por exemplo, teve 10 aeronaves acidentadas: FAB 1305/06/07/09/11/20/28/36/63/1433. Várias aeronaves já foram desativadas, estando estocadas no Parque de Material Aeronáutico de Lagoa Santa (PAMA-LS). Finalmente a frota de T-27 operacionais girou em torno de 35 aeronaves, todas lotadas no 1º EIA.

Embraer EMB-312 Tucano	
Período de Utilização	A partir de 1983
Fabricante	Embraer
Emprego	Treinamento, demonstração aérea, ensaios em voo e ataque
Características Técnicas	
Motor	Pratt & Whitney PT6A-25C de 750 shp
Evergadura	11,14 m
Comprimento	9,86 m
Altura	3,40 m
Peso Vazio	1.810 kg
Peso Máximo	3.175 kg

Continua

Armamento	4 pilones sob as asas capazes de levar até 1.000 kg 2 casulos RMP LC para uma ou duas FN M3P (7,62 mm) 4 bombas Mk-76 (BEX-11), Mk-81, 82 ou e 83 Foguetes 37 mm e 70 mm 2 tanques alijáveis (330 l cada) 4 ou 8 (cabides duplos) para SBAT 127 mm
Desempenho	
Velocidade Máxima	457 km/h
Teto Operacional	9.936 m
Alcance	2.112 km
Comentários	
Total Adquirido	151 exemplares encomendados e 136 recebidos (15 revendidos à FAA, mas tiveram matrícula FAB)
Unidades Aéreas	EDA 1º EIA 2ª ELO 1º/5º GAV PEV e GEEV (atual IPEV) 7º ETA 1º/3º GAV 2º/3º GAV 3º/3º GAV 1º GAVCA 1º/14º GAV 1º GDA
Designações	YT-27, T-27, AT-27, XT-27 e A-27
Matrículas	1300 a 1450 T-27 não entregues à FAB e revendidos à FAA em 1990: 1397 (E-112), 1399 (E-102), 1401 (E-104), 1403 (E-105), 1404 (E-106), 1406 (E-107), 1407 (E-108), 1408 (E-109), 1409 (E-110), 1410 (E-111), 1412 (E-113), 1413 (E-114), 1417 (E-101), 1419 (E-115) e 1420 (E-103) T-27 repassados à FAP em 2012: 1319 (FAP 1057), 1344 (FAP 1058) e 1369 (FAP 1059)

Quicksilver MX e MXL II

O Quicksilver MX e o MXL são consideradas aeronaves clássicas quando o assunto é: ultraleve esportivo. Seu desenvolvimento ocorreu nos anos 1970, aproveitando o avanço tecnológico do voo livre com asas-delta e o desejo de muitos pilotos que queriam permanecer mais tempo no ar, com mais autonomia de pilotagem.

Fundada por Dick Eipper, a Eipper Formance começou a fabricar os primeiros ultraleves no final de 1970. Surgiu aí o Quicksilver, que, além de assento, rodas e um pequeno motor por trás da asa, se diferenciava dos demais ultraleves por ter asa rígida e cauda com estabilizador horizontal e leme que remetiam às formas de uma aeronave.

O modelo inicial Quicksilver C era originalmente controlado por uma barra horizontal idêntica às asas em delta. Porém, a pedido dos pilotos, ele ganhou controles convencionais de uma aeronave (pedais e coluna de comando), passando a se chamar Quicksilver E, que foi seguido pelo modelo Quicksilver MX. Com a regulamentação do voo de ultraleves em 1980 nos EUA, sob os requisitos

Adquiridos para realizar voos desportivos, os ultraleves MX e MXL foram empregados pelo Clube de Ultraleves dos Cadetes (CUC) da AFA, nos anos 1980 e 1990. Foto Arquivo Mario Roberto Vaz Carneiro.

da FAR 103, o Quicksilver tornou-se um dos projetos de ultraleve mais populares do mundo, e a versão MX liderava as vendas.

Um modelo de dois lugares também foi desenvolvido, apesar de não ser legalmente considerado um ultraleve pela legislação americana em vigor na época. Designado Quicksilver MXL, foi outro sucesso imediato, sendo a versão

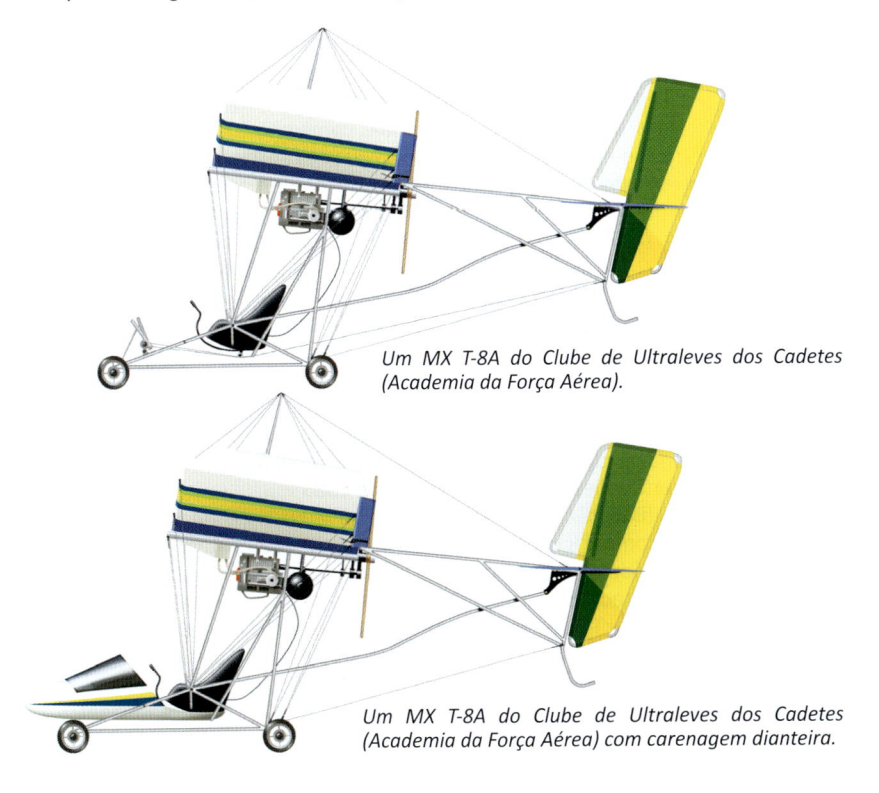

Um MX T-8A do Clube de Ultraleves dos Cadetes (Academia da Força Aérea).

Um MX T-8A do Clube de Ultraleves dos Cadetes (Academia da Força Aérea) com carenagem dianteira.

O MX é um ultraleve clássico, típico dos anos 1980, feito de estrutura tubular. Na FAB foi empregado para o lazer dos cadetes e também para incentivar a vocação para a atividade aérea. Foto Arquivo Jackson Flores Jr. / Action Editora Ltda.

ideal para a formação de novos pilotos e a popularização do voo esportivo com ultraleves, a ponto de reformular a legislação dos EUA.

Ambos, MX e MXL, são construídos com base em tubos de alumínio soldados e usam motores Rotax de dois tempos. As asas e a cauda são cobertas com envelopes de Dacron. O MX e MXL evoluíram muito ao longo dos anos, gerando algumas variantes importantes, que são produzidas até hoje, como o Quicksilver Sport 2S.

Eipper Formance mudou seu nome em 1980 para Aircraft Eipper e depois Aircraft Quicksilver. Hoje está baseada na cidade de Temecula, na Califórnia (EUA), e ainda se mantém em atividade, embora sua produção seja muito menor, se comparada com o auge da produção de ultraleves dos anos 1980.

Os Quicksilver MX e MXL II na Força Aérea Brasileira

Em 1984 a Academia da Força Aérea (AFA) criou o Clube de Ultraleves dos Cadetes (CUC), que foi oficialmente inaugurado em 26 de setembro daquele ano. O CUC sempre foi administrado e gerido totalmente pelos cadetes da Aeronáutica. Como primeiro vetor do CUC-AFA, a FAB adquiriu 20 ultraleves, dos quais seis eram bipostos do modelo Quicksilver MXL II e 14, monopostos Quicksilver MX. As primeiras aeronaves chegaram a Pirassununga/SP em 6 de setembro de 1984. Todas já estavam entregues no início de março de 1985

Os ultraleves tinham como principal objetivo o lazer de final de semana dos cadetes, bem como a criação de mais uma opção de contato com o voo, despertando mais ainda a vocação para a atividade aérea. O modelo monoplace MX foi designado T-8A, adotando matrículas ímpares a partir de 0101. Já os biplaces MXL II foram designados T-8B e receberam matrículas pares, começando em 0100.

As asas e o leme dos T-8A/B vieram em tons de azul e amarelo, com as marcações de matrícula aplicadas discretamente na deriva. As aeronaves operaram regularmente no CUC-AFA até 1996, quando foram desativadas e retiradas do inventário da FAB.

Quicksilver MX e MXL II

Período de Utilização	De 1984 até 1996	
Fabricante	QuickSilver Aircraft	
Emprego	Lazer e treinamento	
Características Técnicas	MX	MXL
Motor	Rotax 447 de 40 hp	Rotax 503 de 50 hp
Envergadura	8,53 m	8,53 m
Comprimento	5,51 m	5,51 m
Altura	2,69 m	2,69 m
Peso Vazio	113 kg	120 kg
Peso Máximo	238 kg	268 kg
Tripulação	1	2
Desempenho		
Velocidade Máxima	85 km/h	87 km/h
Teto Operacional	4.267 m	4.267 m
Alcance	135 km	130 km
Razão de Planeio	4,5:1	5:1
Comentários		
Total Adquirido	14 exemplares	6 exemplares
Unidades Aéreas	Clube de Ultraleves da Academia da Força Aérea	
Designações	T-8A	T-8B
Matrículas	0101, 0103, 0105, 0107, 0109, 0111, 0113, 0115, 0117, 0119, 0121, 0123, 0125 e 0127	0100, 0102, 0104, 0106, 0108 e 0110

Dassault 20C-5B Falcon

Já conhecida pelo desenvolvimento e produção de variada gama de aeronaves de combate, no início dos anos 1960, a empresa francesa Avions Marcel Dassault avaliou corretamente que o mercado de aeronaves executivas estava maduro o suficiente para decolar. Assim, em dezembro de 1961, o fundador da empresa deu sinal verde para o desenvolvimento de um jato executivo para oito passageiros que foi inicialmente batizado como Dassault-Breguet Mystère 20. O primeiro protótipo fez seu voo inaugural em maio de 1963, do aeródromo de Bordeaux-Merignac.

Instigado por seu consultor técnico, Charles A. Lindbergh, a empresa norte-americana Pan American Airways passou a demonstrar acentuado interesse nos trabalhos da Avions Marcel Dassault na área de jatos executivos, pois eles iam diretamente ao encontro dos objetivos da recém-estabelecida Pan American Business Jets Division. Esse interesse ganhou relevo em agosto de 1963, quando a Pan American encomendou 40 daqueles aviões. Entretanto, a Pan Am solicitou algumas modificações no projeto original, a principal sendo a troca dos dois motores Pratt & Whitney JT12A-8 por um par de motores turbofan General Electric CF700, que proporcionavam maior potência. Nessa nova configuração, o novo jato voou pela primeira vez em julho de 1964, e foi também nessa época que o nome Mystère 20 foi modificado, a pedido da Pan Am, para Fan Jet Falcon, e, logo em seguida, simplesmente para Falcon.

Esse foi o início de uma longa e variada linhagem de jatos executivos cuja produção continua até hoje, recentemente, ultrapassando a marca de 2 mil unidades

O Falcon 20 PP-FOH visto no pátio da BAGL. Essa aeronave foi doada à FAB pelo IBC e, por alguns meses, permaneceu no seu inventário até ser vendida a uma empresa americana em 1984. Foto Arquivo Mario Roberto Vaz Carneiro.

fabricadas. Utilizado em mais de 70 países por operadores civis e militares, o Falcon ganhou considerável visibilidade perante a United States Coast Guard (USCG – Guarda Costeira dos Estados Unidos), que recebeu 41 exemplares da versão 20G. Sob a designação e o nome HU-25 Guardian, esses jatos realizam toda sorte de missões que compõem a tarefa de vigilância marítima, assim como busca e salvamento, proteção ambiental e operações contra o narcotráfico.

O Dassault 20C-5B Falcon na Força Aérea Brasileira

No último trimestre de 1967, a Avions Marcel Dassault entregou à Pan Am um dos 160 exemplares do Falcon 20 que encomendara. Diferente de muitos Falcon 20 anteriormente recebidos pela empresa norte-americana, esse era da versão Falcon 20C-5B, equipada com motores Garrett TFE731. Meses mais tarde, em setembro de 1968, esse Falcon foi vendido ao Instituto Brasileiro do Café (IBC), chegando ao Rio de Janeiro em fevereiro de 1969.

Matriculada no Registro Aeronáutico Brasileiro, inicialmente com as marcas PP-FOH, durante os 15 anos seguintes, aquela aeronave desempenhou trabalho de transporte executivo em proveito do IBC. Foi o primeiro entre os muitos jatos executivos Dassault Falcon importados ao Brasil, e, na segunda metade de 1983, a direção do instituto decidiu se desfazer de seu Falcon 20C. Porém, em vez de simplesmente vendê-lo, o IBC optou por doá-lo à Força Aérea Brasileira.

Não se sabe ao certo quando essa aeronave foi efetivamente recebida pelas autoridades da FAB, mas há indicações que sugerem sua entrega em dezembro de 1983 ou janeiro de 1984. Tampouco se sabe se essa aeronave chegou a realizar algum voo com pessoal da FAB. Seja como for, por melhor que fosse o estado em que aquele jato executivo se encontrava, distribuí-lo ao Grupo de Transporte Especial era desaconselhável, tanto no âmbito logístico como do ponto de vista operacional. Afinal, seria o único de seu tipo no acervo da FAB, que já havia adotado o Hawker Siddeley HS.125 como jato executivo padrão.

Entretanto, após um levantamento preliminar, foi verificado que o valor de mercado do Falcon 20C permitiria a aquisição, no mercado norte-americano, de dois ou três jatos usados Hawker Siddeley HS.125. Essa solução pareceu ser o caminho mais indicado, posto que possibilitaria recompor a frota daqueles jatos executivos ingleses. Assim, em abril de 1984, foi concretizada a transação com a Owner to Owner Incorporated, uma empresa sediada em West Palm Beach (Flórida – EUA), que, por sua vez, tratou de fornecer três jatos Hawker Siddeley HS.125 à FAB em troca do jato francês.

Dassault 20C-5B Falcon	
Período de Utilização	1984
Fabricante	Avions Dassault-Breguet, St. Cloud (Paris – França)
Emprego	Transporte executivo
Características Técnicas	
Motor	2 Garrett TFE761-5AR-2C de 4.500 lb cada um
Envergadura	16,30 m
Comprimento	17,15 m
Altura	5,32 m
Área Alar	41 m²
Peso Vazio	7.530 kg
Peso Máximo	13.200 kg
Armamento	Não dispunha de armamento
Desempenho	
Velocidade Máxima	721 km/h
Teto Operacional	12.592 m
Alcance	3.300 km
Comentários	
Total Adquirido	1 exemplar
Unidades Aéreas	Nenhuma unidade da FAB operou essa aeronave
Designações	Não recebeu designação
Matrículas	Não recebeu matrícula na FAB; a aeronave permaneceu com as marcas PT-FOH até ser transportada para os Estados Unidos

Embraer EMB-120RT e EMB-120ER Brasília

Após o sucesso alcançado pelo turboélice regional Bandeirante e, em seguida, pelo executivo pressurizado Xingu, na década de 1980, a Embraer já havia reunido conhecimento suficiente para o desenvolvimento de uma aeronave de médio porte, turboélice, pressurizada, bimotor, com capacidade para 30 passageiros, e cujo desempenho preenchia os requisitos de uma fatia do mercado voltada para as empresas de transporte regional.

O EMB-120 Brasília fez seu primeiro voo em 27 de julho de 1983 e recebeu seu certificado de aeronavegabilidade em maio de 1985. Dotado da mesma empenagem em formato de T usada no Xingu, foi equipado com dois motores Pratt & Whitney PW118 com 1.800 shp cada, hélices Hamilton Standard com quatro pás de material composto e asas de perfil supercrítico, que podem atingir facilmente mais de 500 km/h de velocidade.

Como sua fuselagem tem diâmetro de 2,28 m, o arranjo de seus assentos ficou com um assento isolado no lado esquerdo e dois do lado direito da cabine de passageiros. A altura interna, porém, é de apenas 1,76 m, causando certo desconforto aos passageiros de estatura mais elevada.

Um Brasília do 3º ETA pousa no Aeroporto do Galeão, ainda com a pintura estilo GTE. Atualmente, a FAB está padronizando sua frota de C-97 com um padrão de cores cinza claro. Foto Wagner Ziegelmeyer / Action Editora Ltda.

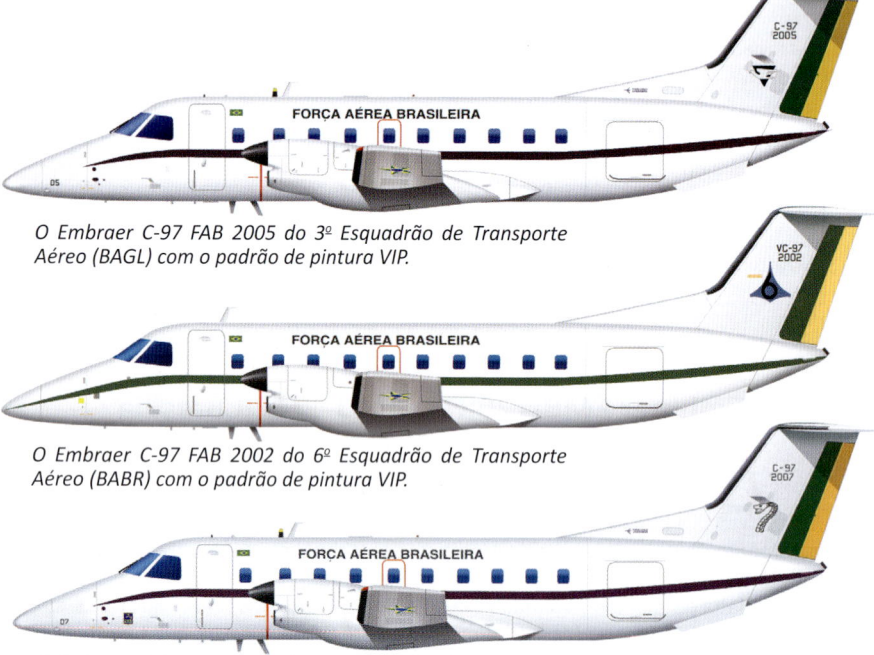

O Embraer C-97 FAB 2005 do 3º Esquadrão de Transporte Aéreo (BAGL) com o padrão de pintura VIP.

O Embraer C-97 FAB 2002 do 6º Esquadrão de Transporte Aéreo (BABR) com o padrão de pintura VIP.

O Embraer C-97 FAB 2007 do 7º Esquadrão de Transporte Aéreo (BAMN) com o padrão de pintura VIP.

Para facilitar sua operação em aeródromos desprovidos de apoio de terra, o EMB-120 pode ser dotado de um Auxiliary Power Unit (APU), que, além de fornecer energia para o acionamento dos motores, também possibilita a manutenção do ar-condicionado em funcionamento durante a permanência da aeronave no solo. E isso é um item de conforto sem igual quando se opera em regiões de temperaturas extremas.

Além da versão básica do EMB-120 para transporte de passageiros, foi desenvolvida, também, uma versão para longo alcance designada EMB-120ER (Extended Range) e a versão carga, designado EMB-120RT, dotado de porta de carga na parte posterior esquerda da fuselagem, cujo compartimento possui volume de 31 m³. Essa última versão permite conciliar os dois tipos de transporte simultaneamente.

O sucesso do Brasília foi tão grande que foi vendido a mais de 25 empresas em 14 países, estando em atividade até os dias atuais.

Os Embraer EMB-120RT e EMB-120ER Brasília na Força Aérea Brasileira

O lançamento do EMB-120 acabou influenciando a FAB, que buscava, nos anos 1980, um avião mais moderno para cumprir missões de transporte VIP e de passageiros. O interesse da FAB acabou resultando numa encomenda inicial, no final de 1986, de cinco EMB-120RT (Reduced Take-off), que começaram a ser entregues no ano seguinte. A Força Aérea foi a primeira operadora do Brasília no país. Somente em 1988, depois de três anos em serviço no exterior, é que uma companhia nacional, a Rio-Sul, com o PT-SLA, se tornaria operadora da aeronave. Como sua missão inicial era VIP (12 assentos apenas), as aeronaves foram designadas VC-97 e matriculadas 2001 a 2005, sendo inicialmente destinadas ao Grupo de Transporte Especial. O 2001 foi entregue em 3 de janeiro de 1987 e o 2002, em 27 de fevereiro do mesmo ano, inaugurando a era Brasília na FAB. Aqui há três pontos interessantes: o primeiro foi que a vida dos VC-97 no GTE foi curta, pois, em março de 1988, eles foram transferidos para o 6º ETA, que já havia recebido direto da Embraer os FAB 2003 e 2004. O segundo é que somente um avião foi transferido, o FAB 2002, pois o FAB 2001 acabou perdido em um acidente ocorrido em 8 de junho de 1987 durante o pouso, em São José dos Campos (SP), com perda total da tripulação, durante um voo de teste. O terceiro é que, da encomenda inicial, apenas quatro aeronaves foram recebidas. O FAB 2005 (120140) chegou a ser pintado na Embraer, mas a Força Aérea desistiu da compra e ele foi revendido à empresa

O único acidente com um C-97 ocorreu em 8 de junho de 1987, com o FAB 2001 do GTE, durante um voo de treinamento. A aeronave ostentava o mesmo padrão do FAB 2005 do 3º ETA visto na foto acima. Foto Wagner Ziegelmeyer / Action Editora Ltda.

Montagem fotográfica para estudo inicial da Embraer que resultou nas aeronaves de alerta aéreo avançado e controle da Força Aérea Brasileira. A chegada do ERJ 145 acabou provendo uma plataforma maior do que a do Brasília inicialmente imaginada. Foto Embraer.

angolana EMATEC. Os VC-97 sempre mantiveram o padrão de pintura VIP estabelecido pela FAB. Atualmente, a Força Aérea está padronizando sua frota de VC-97 com o padrão de pintura cinza e as aeronaves VC-97 começam a ser convertidas para a versão C-97, como é o caso dos FAB 2002 e 2004.

Para compensar o não recebimento do FAB 2005, um quinto Brasília, o terceiro protótipo do EMB-120, o PP-ZBB, foi incorporado à frota em julho de 1987 e designado YC-97 FAB 2000, sendo destinado ao CTA, onde seria usado em ensaios em voo, inicialmente com a pintura prateada (usada pelo protótipo) e, depois, com o padrão cinza. Em 2005 ele foi transferido para o Parque de Material Aeronáutico dos Afonsos, unidade apoiadora do Brasília. Em 2011, o FAB 2000 foi redesignado C-97.

A FAB ainda receberia mais dois lotes de aviões Brasília, a maioria deles com o padrão adotado para o C-97. Em julho de 1998, começaram a chegar 12 unidades, sendo três EMB-120RT e nove EMB-120ER (Extended Range), que foram matriculadas de FAB 2006 a 2008 (RT) e FAB 2005, 2009 a 2016 (ER). Todos os aviões foram designados C-97, exceto o 2010, designado VC-97. Todas essas aeronaves eram usadas e vinham, em grande parte, de companhias aéreas brasileiras, como a Rio-Sul e a Nordeste. Essas aeronaves foram distribuídas ao 1º, 3º, 6º e 7º ETAs e passaram a desenvolver diversas tarefas de transporte, entre elas apoiar ao projeto SIVAM.

O Embraer C-97 FAB 2011 do 3º Esquadrão de Transporte Aéreo (BAGL) com o padrão de pintura cinza.

O FAB 2018 do 5º ETA visto em voo sobre Porto Alegre. O C-97 Brasília se tornou uma das aeronaves padrão dos ETAs, estando presente em maior ou menor número em todos os sete ETAs. Foto José Leandro Poerschke Casella / Action Editora Ltda.

A principal missão dos C-97 é o transporte de passageiros e o transporte VIP. Hoje a FAB é a maior usuária do Brasília no país. Foto Wagner Ziegelmeyer / Action Editora Ltda.

Em 2009, a FAB adquiriu mais quatro aviões do modelo EMB-120ER, também usados, que foram matriculados de FAB 2017 a 2020, o que possibilitou equipar, com uma aeronave, ao menos o 2º, o 4º e 5º Esquadrões de Transporte Aéreo, com isso, todos os ETAs passaram a ter ao menos um C-97 em sua frota. No total, a FAB adquiriu 21 aeronaves Brasília, das quais 20 estão no inventário operando nos sete ETAs e no PAMA-AF.

Embraer EMB-120RT e EMB-120ER Brasília

Período de Utilização	A partir de 1986
Fabricante	Embraer
Emprego	Transporte de pessoal e transporte logístico
Características Técnicas*	
Motor	2 Pratt & Whitney PW118B de 1.800 shp cada um
Envergadura	19,78 m
Comprimento	20 m
Altura	6,35 m
Peso Vazio	7.100 kg
Peso Máximo	11.500 kg
Armamento	Não dispõe de armamento
Desempenho	
Velocidade Máxima	583 km/h
Teto Operacional	9.144 m
Alcance	1.020 km
Comentários	
Total Adquirido	21 exemplares
Unidades Aéreas	1º Esquadrão de Transporte Aéreo 2º Esquadrão de Transporte Aéreo 3º Esquadrão de Transporte Aéreo 4º Esquadrão de Transporte Aéreo 5º Esquadrão de Transporte Aéreo 6º Esquadrão de Transporte Aéreo 7º Esquadrão de Transporte Aéreo Grupo Especial de Ensaio em Voo 2º Esquadrão do Grupo de Transporte Especial Parque de Material Aeronáutico dos Afonsos
Designações	C-97, YC-97 e VC-97
Matrículas	YC-97: 2000 (em 2011 ele foi redesignado C-97 FAB 2000) VC-97: 2001 a 2004 e 2010 C-97: 2000, 2002, 2004, 2005 a 2009 e 2011 a 2020 (alguns VC-97 foram convertidos em C-97 como o 2002 e o 2004)

*Características para o EMB-120RT.

Aérospatiale AS332 M Super Puma e Eurocopter EC725 Caracal

Derivado do SA330 Puma, o AS332 Super Puma nasceu em 1974. Partindo de uma célula de SA330 Puma, a Aérospatiale realizou diversas modificações estruturais, instalando um novo motor e aviônica. O protótipo SA331-01 voou pela primeira vez em 13 de setembro de 1978. Com base nos resultados obtidos com o SA331, um ano mais tarde, voava o AS332-01 (F-WZAT), o primeiro protótipo do helicóptero que seria conhecido como Super Puma e que, no início dos anos 1980, entraria em serviço com duas versões: AS332 B (militar) e AS332 C (civil).

O Super Puma nasceu como vetor de transporte tático destinado a cumprir as missões de transporte de tropas, emprego geral e helitransporte. A partir da versão AS332 B, a Aérospatiale desenvolveu o AS332 M (sua versão civil

Um dos Super Puma do 3º/8º GAV num voo pairado sobre o mar. Sucessores do CH-33, os CH-34 deram uma nova dimensão à aviação de asas rotativas da FAB, sendo aeronaves ideais para missões táticas e SAR. Foto Alexandre Durão / Action Editora Ltda.

O AS332 M CH-34 FAB 8738 do 3º/8º GAV (Base Aérea dos Afonsos).

O AS332 M1 VH-34 FAB 8740 do GTE (Base Aérea de Brasília).

Um dos dois VH-34 empregados pela FAB. A versão VIP do AS332 Super Puma foi introduzida no transporte presidencial, em 1997, inicialmente voando no 3º/8º GAV e, depois, no GTE, seu atual operador. Foto Alexandre Durão / Action Editora Ltda.

é o AS332 L), um modelo alongado em 74 cm, o que permitiu o transporte de mais quatro soldados. O AS332 M tornou-se o modelo militar padrão, sendo gradualmente adaptado para outras tarefas, como missão de guerra antissubmarino/antissuperfície (AS332 F, F de Frégate), emprego naval (AS332 F1), SAR, Combate-SAR, operações especiais e assalto.

Em 1990, por força da convenção de Viena, que exigia designação e nome específicos para as versões militares de qualquer aeronave produzida para os mercados civil e militar, os Super Pumas fabricados a partir de então passaram a adotar a designação militar AS532 Cougar. Com isso, o AS332 M passou a ser designado AS532 UL, também conhecido como Cougar Mk1. Além desse, a Eurocopter desenvolveu outros modelos, como o AS532 UC (versão de fuselagem normal e desarmada); o AS532 AC (versão de fuselagem normal e armada); o AS532 AL (versão de fuselagem alongada e armada); o AS532 MC (SAR) e o AS532 SC (ASW/ASuW), além das versões AS532 U2/A2 Cougar Mk2 (SAR/C-SAR), que possuem a mesma fuselagem do EC725.

Assim como o SA330 gerou o AS332, a Eurocopter (atual Airbus Helicopters) passou a desenvolver um novo modelo baseado no AS532 a pedido da Força Aérea Francesa, que necessitava de um helicóptero especializado em Combate-SAR (C-SAR). Os franceses haviam tentado empregar o Cougar entre 1996 e 1999. Porém, a aeronave não se enquadrava nos requisitos do Armée de l'Air para a missão. A solução foi desenvolver uma aeronave da célula do Cougar Mk2 (AS532 U2/A2), que foi designada EC725.

Seu primeiro voo ocorreu em Marignane, em 27 de novembro de 2000. A nova variante possui uma fuselagem 50 cm maior que o AS532 UL Mk1, novo motor e aviônica. A França encomendou seis unidades, entregues em fevereiro de 2005, para testes. Aprovado, o EC725 passou a ser o vetor de C-SAR da Força Aérea, e foi encomendado também pelo Exército da França.

Denominado Caracal ou Super Cougar, o EC725 possui uma aviônica digital, emprega sistemas de FLIR, NVG de autoproteção, além de ser armado com metralhadoras e lançadores de foguetes. Ele pode transportar até 29 soldados ou 12 macas. Assim como o Super Puma/Cougar, o EC725 também gerou uma variante naval e outra civil, designada EC225.

Os Caracal franceses já estiveram em combate. Em junho de 2006, participaram da Operação Baliste, realizada no Líbano, para a evacuação de civis da União Europeia durante a Segunda Guerra do Líbano. A partir de 2007, iniciaram suas operações no Afeganistão, operando de Cabul em missões de suporte aéreo e C-SAR em proveito da coalizão. Atualmente, o EC725 está em serviço no Brasil, no Cazaquistão, na França, na Indonésia, na Malásia, no México e na Tailândia.

O Super Puma na Força Aérea Brasileira

Apesar de os SA330 L Puma, recebidos em 1981, cumprirem bem a sua missão no 3º/8º GAV, a FAB almejava empregar um helicóptero de médio porte com maior capacidade. Em 1985 a Força começou uma negociação com a Aérospatiale para substituir os seus Puma pelo Super Puma, que culminou com uma proposta de aquisição de 10 AS332 M Super Puma com os seis SA330 L sendo revertidos à Aérospatiale como parte do pagamento. Proposta aceita, em 1986, a FAB começou a receber os AS332 M, que foram alocados no 3º/8º GAV, sediado no Campo dos Afonsos (RJ), sendo designados CH-34 e matriculados FAB 8730 a 8739. Além do 3º/8º GAV parte do CH-34 foi enviada, em setembro de 1987, à Amazonia para ativar o 7º/8º GAV. Sua vida foi efêmera na Amazonia, pois em setembro de 1991 eles foram substituidos pelos UH-1H; com isso todos os CH-34 passaram a ficar concentrados no 3º/8º GAV. Em 2006, a FAB alterou as denominações de várias de suas aeronaves, entre elas os Super Puma, que passaram a ser designados H-34.

O EC725 H-36 FAB 8512 do 1º/8º GAV (Base Aérea de Belém).

O EC725 VH-36 FAB 8505 do GTE (Base Aérea de Brasília).

Com o Super Puma, a FAB teve um bom ganho operacional, se comparado à capacidade dos Puma. Sua missão na FAB incluiu o helitransporte, transporte de tropas, SAR e operações especiais. A vantagem foi que as aeronaves passaram a ter capacidade de empregar metralhadoras FN MAG 7,62 mm, operadas pelos mecânicos de voo.

Ao longo de sua operação, duas aeronaves sofreram acidentes. Os FAB 8731 e 8737 foram danificados em 1995. O primeiro em 12 de janeiro, no Morro do Alemão, no Rio de Janeiro, durante a Operação Rio (combate ao tráfico de drogas que envolvia 24 helicópteros), quando despencou de um elevado ao infiltrar 20 fuzileiros navais numa missão ao amanhecer. A aeronave sofreu danos graves. O 8737, em 21 de abril, teve uma perda de controle no solo, tombando e sofrendo avarias graves. Ambos foram enviados à Eurocopter, na França, e reconstruídos, voltando à ativa com a pintura alterada, isto é, com a camuflagem wrap around (que envolve toda a aeronave), que em 1999 passou a ser o padrão do H-34.

Em 20 de julho de 1997, foi adquirido mais um Super Puma, dessa vez um AS332 M1, uma aeronave configurada para a missão VIP ao custo de US$ 10,5 milhões. Essa aeronave foi designada VH-34 FAB 8740, sendo alocada ao 3º/8º GAV. Ao contrário dos H-34, que usaram sempre uma camuflagem do tipo sudeste asiático, o VH-34 veio ostentando uma pintura executiva, idêntica à usada no Grupo de Transporte Especial (GTE). Em 8 de julho de 2004, o 8740 foi transferido para o GTE, que, em 2005, recebeu um segundo VH-34, fruto da conversão do H-34 FAB 8735 em aeronave VIP (AS332 M1).

Ao lado do Dedo de Deus, no Rio de Janeiro. Designado H-34, ao todo, a FAB recebeu 10 AS332 M Super Puma. Foto Carlos Lorch / Action Editora Ltda.

Depois do CH-33 e do CH-34/H-34, é a vez do H-36, a nova versão do conhecido helicóptero francês constar do inventário da FAB. Ao todo, serão oito EC725 BR-B e oito EC725 BR-F Caracal, além de duas unidades VIP EC725 BR-V. Trata-se da primeira aeronave brasileira de asas rotativas dotada de probe para reabastecimento em voo.
Foto José Leandro Poerschke Casella / Action Editora Ltda.

Os Super Puma da FAB, tanto o VH-34 como os H-34, foram, nos anos 2000, a principal plataforma para o transporte de autoridades, como o papa e o presidente da República. Com a chegada dos H-36, os H-34 deverão ser desativados da FAB.

O Caracal na Força Aérea Brasileira

O EC725 é fruto do Programa H-XBR, que, em 2008, definiu a compra de 50 unidades, fazendo do modelo da Eurocopter o primeiro helicóptero adquirido ao mesmo tempo pelas três Forças Armadas. O contrato assinado em 23 de dezembro de 2008 no valor de € 1,87 bilhão teve 100% de offset e rezava que, a partir da 17ª aeronave, ele fosse fabricado pela Helibras, em Itajubá (MG). O pacote contemplava 18 helicópteros para a Força Aérea, 16 para a Aviação Naval e outros 16 para a Aviação do Exército.

Assim como a Marinha, a FAB adquiriu aeronaves de dois padrões: oito EC725 BR-B (Básico) e outros oito EC725 BR-F (FAB). Até o momento, a FAB não distinguiu as células em básica e operacional por matrículas. Por isso, inicialmente, todos foram designados H-36 e matriculados de forma contínua, isto é, de FAB 8510 a 8525. Além destes, a Força Aérea também passou a empregar dois EC725 BR-V (VIP), destinados ao transporte presidencial e de autoridades. A primeira aeronave, designada VH-36 e matriculada FAB 8505, foi recebida em 18 de julho de 2012 pelo Grupo de Transporte Especial (GTE). Um segundo VH-36 FAB 8506 foi incorporado em julho de 2013. Em novembro de 2013, foram certificados e liberados para operar no GTE.

O primeiro H-36 (FAB-8510) foi entregue em uma cerimônia oficial do Ministério da Defesa realizada em 20 de dezembro de 2010, na Base Aérea de Brasília (BABR), onde também foram entregues outros dois EC725 da versão básica destinados ao Exército (HM-4 5001) e à Marinha (UH-15 N-7001). A primeira unidade a receber o H-36 foi o 1º/8º GAV sediado em Belém, onde começou a substituir os H-1H que operavam com aquela unidade aérea. O cronograma previa que, além do 1º/8º GAV, o Caracal fosse entregue ao 2º/10º GAV, em Campo Grande, onde também substituiu helicópteros H-1H e, na sequência, ao 3º/8º GAV, onde gradualmente substituiu os H-34. As três unidades empregam um mix de aeronaves básicas e operacionais.

Na FAB os H-36 cumprem missões de helitransporte, transporte de tropas e SAR. A versão operacional (EC725 BR-F) tem como missão básica o C-SAR. Para cumprir a missão C-SAR, conta com sistema de Óculos de Visão Noturna (NVG), FLIR, sistemas de autoproteção como chaff, flare, RWR (Radar Warning Receiver), LWR (Laser Warning Receiver) e MAWS (Missile Approach Warning System), além de blindagem e capacidade de empregar duas metralhadoras FN Herstal MAG calibre 7,62 mm operadas pelos mecânicos, além de provisão para uso de foguetes de 70 mm.

Aérospatiale AS332 M Super Puma e Eurocopter EC725 Caracal

Período de Utilização	A partir de 1986 (AS332 M) A partir de 1997 (AS332 M1) A partir de 2012 (EC725 BR-B) A partir de 2012 (EC725 BR-V) A partir 2015 (EC725 BR-F) (previsão)			
Fabricante	Société Nationale Industrielle Aérospatiale (AS332 M/M1) Eurocopter/Helibras (EC725 BR-B, BR-V e BR-F)			
Emprego	Transporte VIP, SAR, transporte de tropas, operações especiais, emprego geral, helitransporte e C-SAR			
Características Técnicas	AS332 M (H/VH-34)	EC725 BR-B (H-36)	EC725 BR-F (H-36)	EC725 BR-V (VH-36)
Motor	2 Tubomeca Makila 1A1 de 1.877 shp cada um	2 Tubomeca Makila 2A1 de 2.382 shp cada um		
Diâmetro do Rotor Principal	15,60 m	16,20 m		
Comprimento	16,29 m	16,79 m		
Altura	4,92	4, 97 m		
Largura da Fuselagem	4,10 m	4,10 m		
Peso Vazio	4.660 kg	5.330 kg		
Peso Máximo	9.150 kg	11.200 kg		
Tripulação	1P+2P+2 Mecânicos de voo	1P+2P+2 Mecânicos de voo		
Armamento	Mtr 7,62 mm	Mtr 7,62 mm	Mtr 7,62 mm SBAT 70	Não dispõe de armamento
Desempenho				
Velocidade Máxima	262 km/h	324 km/h		
Razão de Subida	522 m/min	600 m/min		
Teto Operacional	5.180 m	6.095 m		
Alcance	851 km	857 km		

Continua

Comentários				
Total Adquirido	11 exemplares*	8 exemplares	8 exemplares	2 exemplares
Unidades Aéreas	3º/8º GAV (VH/H-34) 7º/8º GAV (H-34) GTE (VH-34)	1º/8º GAV, 2º/10º GAV 3º/8º GAV	1º/8º GAV, 2º/10º GAV 3º/8º GAV	GTE
Designações	CH-34 (até 2006) H-34 e VH-34	H-36		VH-36
Matrículas	H-34: 8730 a 8739 VH-34: 8735 e 8740	8510 a 8525		8505 e 8506

*A FAB adquiriu 10 AS332 M Super Puma. Em 1997, adquiriu um AS332 M1 VIP (VH-34 FAB 8740). Em 2005, o FAB 8735 também foi convertido para o padrão AS332 M1 VIP.

Helibras HB350 B

A grande família de helicópteros leves fabricados pela francesa Aérospatiale teve início com o AS350 Esquilo, um monoturbina com capacidade para transportar até cinco passageiros além do piloto. Desenvolvido na década de 1970 para ser o sucessor do Alouette II, o AS350 teve o seu projeto orientado para o máximo conforto interno, baixo nível de ruído, baixo índice de vibração e baixo custo de operação e manutenção.

Tendo realizado seu primeiro voo em 27 de junho de 1974, o sucesso da nova aeronave levou ao desenvolvimento de diversas versões que passaram a ser extensivamente empregadas no meio militar como aeronaves para treinamento, resgate, utilitário e, inclusive, como plataforma de armas.

O Esquilo foi criado para utilizar o máximo possível de material composto em sua estrutura da cabine e nos rotores. Essa particularidade fez dele uma aeronave leve e bastante manobrável, porém vulnerável para o emprego em ações militares e policiais, o que levou ao desenvolvimento de inúmeras opções de blindagem para aquele tipo de aeronave.

O UH-50 FAB 8768, aeronave unitária da Academia da Força Aérea, destinada a missões de ligação e, principalmente, de alerta SAR para as missões de instrução diárias. Foto Wagner Ziegelmeyer / Action Editora Ltda.

O UH-50 FAB 8765 do 2º/8º GAV (Base Aérea de Recife).

Em 1978, foi criada pelo governo brasileiro a Helicópteros do Brasil S. A. (Helibras), que visava à construção de helicópteros no país, eliminando a dependência brasileira nesse segmento do mercado. Com sede inicialmente em São José dos Campos (SP), antes de ser definitivamente transferida para Itajubá (MG), a empresa foi criada como subsidiária da Aérospatiale, que se tornou EADS/Eurocopter, atual Airbus Helicopters, parte do grupo Airbus. Ao iniciar suas atividades, a designação das aeronaves montadas no Brasil passou a ser com o prefixo HB, em substituição ao tradicional AS e, assim, o Esquilo brasileiro passou a ser designado HB350.

A versatilidade dos modelos Esquilo ficou bem comprovada em 2005, quando um AS350 B3 realizou um pouso no topo do monte Everest, a 8.848 metros de altura, e essa capacidade ficaria mais uma vez comprovada quando, em abril de 2010, outro AS350 B3, em três viagens consecutivas, resgataria três alpinistas a cerca de 8.100 metros no Annapurna, no Nepal.

O Helibras HB350 B na Força Aérea Brasileira

No final de 1985, a FAB optou por devolver à Aérospatiale os SA330 L Puma. Essas aeronaves, após algumas rodadas de negociação, foram fornecidas como parte do pagamento referente à aquisição de 10 AS332 M Super Puma, 10 HB355

Linha de voo de helicópteros H-50 do 2º/8º GAV armados com casulos de metralhadoras para tiro axial. O Esquadrão Poti foi a unidade que mais empregou a aeronave como plataforma de armas, inclusive em combates ar-ar e C-SAR. Foto Newman Homrich / Action Editora Ltda.

A FAB tem intenção de modernizar os 18 Esquilo remanescentes, outorgando a esse helicóptero mais alguns anos de serviço ativo na formação de novos pilotos de asas rotativas. Foto Newman Homrich / Action Editora Ltda.

F2 Esquilo Bi e 30 HB350 B Esquilo, estes últimos montados na Helibras em sua fábrica em Itajubá (MG). Designados UH-50, os Esquilo foram matriculados de FAB 8760 a 8789, e as primeiras unidades foram entregues, em 10 de outubro de 1986, ao 1º/11º GAV, Esquadrão Gavião, sediado na Base Aérea de Santos (BAST). Berço da aviação de asas rotativas, o 1º/11º GAV é a unidade responsável por formar os pilotos de helicóptero na FAB. O UH-50 operou até julho de 1987 conjuntamente com os H-13 e UH-1H na formação dos pilotos de helicóptero da FAB. A partir daquele momento, coube ao H-13 ser usado na instrução básica e o UH-50, na avançada. A partir do final de 1989, os Esquilo assumiram integralmente a formação desses pilotos, fato que se mantém até hoje. Os UH-50 do 1º/11º GAV foram os responsáveis por formar os primeiros pilotos do Exército Brasileiro em 1987 e, também, os do 2º/8º GAV, Esquadrão Poti, sediado na Base Aérea de Recife, a segunda unidade a receber o UH-50 na Força Aérea.

    O plano original do Estado-Maior da Aeronáutica (EMAer) era que duas unidades operacionais receberiam o UH-50 como equipamento base: o 1º/11º GAV e o 2º/8º GAV. Além dessas, as Bases Aéreas de Santa Cruz, Canoas e Anápolis e a Academia da Força Aérea incorporariam duas aeronaves cada uma para cumprir missões SAR em proveito de suas unidades de caça e de instrução aérea. Em 1987, o EMAer mudou de ideia em relação à distribuição das aeronaves às Bases de Santa Cruz e Canoas, que possuíam unidades de helicóptero próximas, mantendo, no entanto, os dois UH-50 em Anápolis e na AFA. Na prática apenas um helicóptero permaneceu operacional na BAAN e um na AFA. Atualmente, somente a AFA continua operando um Esquilo orgânico para apoiar as atividades de instrução dos dois EIA e do CVV.

    Em 2006, o UH-50 foi redenominado H-50, seguindo uma nova diretriz de designações da aviação de asas rotativas. Também em 2006, o 1º/11º GAV trocou de sede, deixando Santos para se estabelecer em Natal. A mudança se deveu a uma estratégia da FAB, que concentra todas as suas unidades de formação em uma única base, sob a égide da I Força Aérea, organização militar responsável por coordenar a formação operacional dos pilotos da FAB.

Além de atividades de instrução, o 1º/11º GAV também realiza missões operacionais e de emprego. No entanto, o 2º/8º GAV sempre foi o esquadrão no qual os H-50 tiveram uma vida mais operacional, voando missões desde SAR até de emprego armado. Uma das passagens mais interessantes do H-50 na FAB foi o desenvolvimento, por parte do 2º/8º GAV, da doutrina de combate aéreo ar-ar, em que os H-50 podiam ser empregados contra aeronaves de ataque leve como o T-27 ou similar. A tática fazia parte do emprego do helicóptero como aeronave de escolta em missões C-SAR (Combat SAR), que passou a ser uma das atribuições da unidade.

O Esquadrão Poti voou com os H-50 até 14 de dezembro de 2009, quando a unidade deu adeus aos H-50 após 55 mil horas voadas. Todos os seus Esquilo foram redistribuídos para o 1º/11º GAV.

Desde que chegaram à FAB, os HB350 mantiveram um padrão de camuflagem estilo Southeast Asia, isto é, uma camuflagem em dois tons de verde e um de castanho nas superfícies superiores, com um cinza claro na parte inferior. No final dos anos 1990, essa camuflagem passou a ser wrap around, ou seja, saiu o cinza e toda a camuflagem passou a envolver literalmente todo o helicóptero. Em 2014, uma nova alteração e os H-50 passaram a usar o atual padrão de pintura adotado pela FAB – a camuflagem em tons de cinza e de verde. A primeira aeronave a receber esse padrão foi o FAB 8783 do 1º/11º GAV, pintado em março daquele ano pelo PAMA-AF, parque apoiador da aeronave.

Ao longo dos anos ocorreram alguns acidentes que reduziram a frota de H-50 para 18 aeronaves, a saber: os FAB 8760, 8761, 8762, 8763, 8764, 8765, 8766, 8767, 8770, 8771, 8773, 8774, 8776, 8780, 8781, 8782, 8783 e 8786. Um desses acidentes, ocorrido em 6 de maio de 1999, em Santa Cruz das Palmeiras (SP), foi determinante para que o FAB 8772 se tornasse o primeiro Esquilo da FAB a ser preservado na forma de monumento, o que ocorreu na Base Aérea de Natal, em 2011. Em 2013, foi lançada, pela Força Aérea, uma concorrência para a revitalização das aeronaves remanescentes, que deverão ter sua modernização capitaneada pela Helibras, com o apoio de outras empresas nacionais.

Helibras HB350 B	
Período de Utilização	A partir de 1986
Fabricante	Helibras/Aérospatiale (atual Airbus Helicopters)
Emprego	Transporte, treinamento, ataque, SAR e emprego geral
Características Técnicas	
Motor	Turbomeca Arriel 1B de 650 shp
Diâmetro do Rotor Principal	10,69 m
Comprimento	10,93 m
Altura	3,34 m
Peso Vazio	1.220 kg
Peso Máximo	2.250 kg
Armamento	2 lançadores de foguetes LM 70/7 (2x7) 2 casulos de metralhadoras 7,62 mm FN (2x1.000 tiros) 2 casulos de metralhadoras 0.50 pol. FN (2x500 tiros) 1 MAG/FN 7,62 mm modelo 60-20 (250 tiros)

Continua

Desempenho	
Velocidade Máxima	232 km/h
Razão de Subida	472 m/min
Teto Operacional	6.100 m
Alcance	476 km
Comentários	
Total Adquirido	30 exemplares
Unidades Aéreas	2º/8º GAV 1º/11º GAV Academia da Força Aérea Base Aérea de Anápolis
Designações	UH-50 e H-50
Matrículas	8760 a 8789

Boeing KC-137E

O Boeing Model 707 surgiu por iniciativa da própria fábrica, que, com recursos próprios, autorizou, em 1952, a construção de um protótipo designado Boeing 367-80 ou Dash 80. A aeronave, matriculada N70700, era a 80ª versão criada a partir do desenho básico do Boeing 367 (KC-97). Seu primeiro voo ocorreu em 15 de julho de 1954, em Seattle, Washington. O Dash 80 provou ser viável, dando origem ao B707, civil e á sua versão militar, o B717 (KC-135 Stratotanker).

Apesar de a Boeing inicialmente querer utilizar a mesma fuselagem e asas para os dois modelos, na prática, aquilo não ocorreu. Para superar o seu principal concorrente, o Douglas DC-8, a Boeing aumentou a largura da fuselagem do 707 – dos 3,66 m (KC-135) originais, para 3,76 m – para, assim, dispor de seis assentos em duas fileiras.

Em 10 anos, entre 1956 e 1966, foram construídos 820 KC-135, que, nas últimas décadas, sofreram diversas modernizações e remotorizações. Apesar de

Corsário fluindo! Dois F-5E do 1º GAVCA "revoam" com um KC-137 do 2º/2º GT. Essa cena se tornou comum no dia a dia das unidades de caça, em especial dos esquadrões de F-5, unidades que mais tempo compartilharam dos serviços do KC-137.
Foto Alexandre Durão / Action Editora Ltda.

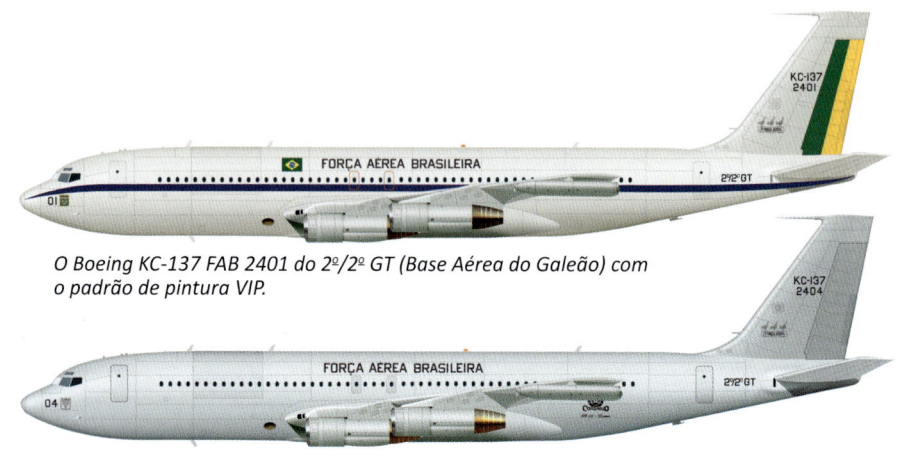

O Boeing KC-137 FAB 2401 do 2º/2º GT (Base Aérea do Galeão) com o padrão de pintura VIP.

O Boeing KC-137 FAB 2404 do 2º/2º GT Base Aérea do Galeão (BAGL) com o adesivo de "25 anos do KC-137 no Corsário".

sua missão básica ser a de reabastecimento aéreo e transporte, diversas outras variantes surgiram (EC/NKC/RC/VC/WC-135): de interferência eletrônica, para previsão meteorológica, de reconhecimento, transporte VIP e guerra eletrônica, entre outras. Hoje, cerca de 400 exemplares estão em serviço nos EUA, na França, na Turquia, em Cingapura e no Chile.

Já o B707 teve basicamente quatro versões: B707-100, B707-200, B707-300/B/C e B707-400 (versão equipada com motores Rolls-Royce Conway 508), além do B720, conhecido como a versão mais curta do 707. O primeiro 707 – um modelo 707-121 destinado à empresa PAN AM – entrou em serviço em 1958. A partir daí, ele voou com as principais empresas aéreas do mundo nos quatro cantos do planeta vindo a se tornar uma das aeronaves clássicas da História da aviação.

O 707-300 foi a principal versão de produção da série, com 580 unidades fabricadas. Ele possuía uma asa redesenhada e fuselagem maior do que a das versões 100/200/720, porém similar à do 707-400. Foram construídas as variantes -300, -300B e -300C, esta última a mais popular de todos os 707, com 367 unidades produzidas e cuja principal característica era uma porta de carga na parte dianteira esquerda da fuselagem, o que deu à aeronave a flexibilidade de operar como aeronave de passageiros, cargueira ou mista. O 707-300 serviu de base para versões militares, como o C-137 (transporte militar); o VC-137 (VIP); o E-3 Sentry (AWACS); o E-6 Mercury (Comando e Controle) e o E-8 J-STARS.

Com base no 707-300C surgiram as versões de reabastecimento em voo e transporte, como o CC-137, KC-137E, EB 707, KC-707 e KE-3A, entre outras, todas convertidas de células civis usadas pela Arábia Saudita, pela Austrália, pelo Canadá, pela Colômbia, pelo Irã, por Israel, pela Itália e pela Venezuela, entre outras Forças Aéreas. Ao todo, foram 762 Boeing 707 comerciais que, somados aos 154 B720 e às 94 unidades militares, perfazem 1.010 exemplares produzidos entre 1956 e 1991.

No Brasil, afora a FAB, o B707 foi usado nas versões 707-300B/C e B707-441, estes últimos encomendados exclusivamente pela Varig. Os -400 foram os primeiros 707 brasileiros, tendo sido o PP-VJA recebido em julho de 1960. Ao todo, 50 aeronaves 707 voaram com 11 companhias brasileiras, sendo a Varig a maior usuária, com 20 unidades. Além dela, Transbrasil, Vasp, Aerobrasil, Brasair, Beta, Fly, Phoenix, Sava, Skyjet e Skymaster também operaram o quadrimotor americano. A Varig e a Transbrasil voaram a aeronave na versão passageira e de carga. Já as demais, somente como cargueiro.

O Boeing KC-137E na Força Aérea Brasileira

Desde 1982, a FAB buscava ampliar sua frota de aeronaves reabastecedoras, então composta por dois Lockheed KC-130H Hercules. Um dos principais fatores que motivou a FAB comprar um novo vetor foi preencher a necessidade estratégica de uma aeronave que combinasse a capacidade de realizar missões de REVO (Reabastecimento em Voo) a grandes velocidades e altitudes com um vetor de transporte de cargas, passageiros e voo presidencial de longo curso.

Além dos F-5E então em uso, a FAB planejava adquirir, na época, 79 caças AMX e dotar a então frota de AT-26 Xavante e F-103 Mirage IIIEBR/DBR com sondas de reabastecimento em voo. A FAB instalou e testou sondas de REVO nos F-103 e nos AT-26. Mas, apesar de ter sido considerado funcional, o projeto não foi levado adiante.

A Força Aérea, então, acabou optando por adquirir, no segundo semestre de 1985, da Varig, quatro B707-300C, para serem convertidos pela Boeing Military Company na versão KC-137 ao custo total de U$ 36 milhões o que incluiu: quatro células revisadas, oito motores sobressalentes, treinamento, kit presidencial e a conversão para a versão KC nos Estados Unidos pela Boeing. Designados FAB KC-137 e matriculados de FAB 2401 a 2404, eles foram alocados ao 2º/2º GT, sediado na Base Aérea do Galeão, onde substituíram transportes C-95B Bandeirante.

Foram escolhidas as seguintes células: B707-320C PP-VJH, B707-379C PP-VJK, B707-345C PP-VJY e o B707-345C PP-VJX. Porém, às vésperas de ser retirado de serviço, o PP-VJK sofreu um acidente, em 3 de janeiro de 1986, em Point Alepe, na Costa do Marfim, quando fazia o voo entre Abidjan e o Rio de Janeiro, no qual pereceram as 51 pessoas a bordo. O VJK foi substituído pelo B707-324C PP-VLK para a entrega à FAB. Um fato curioso é que o PP-VJK estava programado para ser o FAB 2400, que serviria como aeronave titular nos voos presidenciais. Talvez por superstição, não se sabe, seu substituto (VJY) não ganhou a matrícula 2400, mas, sim, 2401.

A frota ficou assim composta: FAB 2401 (VJY), 2402 (VJX), 2403 (VJH) e 2404 (VLK). Todos foram fabricados em 1968 e não foram originalmente

O FAB 2401 na final para pouso. Além de cumprir missões de transporte e REVO, os KC-137, em especial o FAB 2401, realizaram inúmeros voos presidenciais entre 1986 e 1999. Após um intervalo, voltaram a voar como FAB 01 entre 2003 e 2004, quando o VC-1 assumiu a missão. Foto Andrés Contador.

encomendados pela Varig. Os três primeiros foram fabricados para a Seaboard World e o 2404, para a Continental Airlines, sendo somente adquiridos pela Varig em 1968 (2401/02), 1969 (2403) e 1972 (2404).

Ao serem retirados de operação na Varig, cada 707 era enviado ao Centro de Manutenção Porto Alegre (CEMAM/POA), onde era revisado e pintado nas cores da FAB. Três aeronaves receberam uma pintura cinza claro e a 2401 ganhou uma pintura VIP, ao estilo das aeronaves do GTE. O 2403 foi entregue à FAB em 13 de março de 1986, seguido do 2401, entregue em 4 de julho de 1986; o 2402 foi recebido em 2 de novembro de 1986 e o 2404, em 16 de março de 1987.

Após a entrega à FAB, cada B707 foi enviado ao Boeing Modification Center, situado em Wichita, Kansas, para ser convertido em KC-137E. Em média cada aeronave permanecia cinco meses na fábrica para que fosse realizada a conversão, recebendo um pacote de mudanças que incluía a instalação do sistema de reabastecimento do tipo probe and drogue (mangueira e cesta) modelo Beech 1080 (afixada sob a ponta de cada asa); um APU (Auxiliary Power Unit); acesso para a tripulação por meio da bequilha e outras modificações nas comunicações e nos sistemas de missão. O Beech 1080 podia transferir até 2.000 lb/s através de uma mangueira de 10,66 m.

Os KC-137E mantiveram a porta de carga dianteira direita, o que lhes permitiu ser operado na versão full cargo, full passenger, misto (combi) ou, ainda, com kit presidencial. Apesar de o 2401 ser a aeronave titular para os voos presidenciais, todos os KC-137 tinham a capacidade de receber o kit VIP. Instalado na parte dianteira da aeronave, o kit era basicamente composto por uma área de trabalho com mesa e poltronas e um quarto com cama de casal.

O primeiro KC-137 entregue pela Boeing foi o 2403. O voo de traslado ocorreu no dia 1 de dezembro, na rota Wichita – Washington (voo de aproveitamento de carga) – Porto Rico (Roosevelt Roads) – Brasília (pernoite) – Galeão. Na perna final do traslado, realizada no dia 2 de dezembro entre Brasília e o Galeão, ocorreu o primeiro REVO, quando o Corsário 03 (FAB 2403) reabasteceu em rota os F-5E 4836/42/46/48 do 1º GAVCA. A primeira operação de REVO foi feita entre 18 e 20 de maio de 1987 em Canoas, junto com os F-5E do 1º/14º GAV.

A partir daí as missões de REVO passaram a ser rotina para as unidades de F-5 de Canoas e Santa Cruz. Em fins de 1989, com a concentração dos F-5 do primeiro lote em Santa Cruz, o Grupo de Caça passou a ser a única unidade de F-5 a realizar o reabastecimento em voo com o KC-137. Os F-5 do segundo lote alocados a Canoas não possuíam sonda para o REVO. Isso perduraria até abril de 2006, quando os recém-chegados F-5M do 1º/14º GAV realizaram a primeira missão de reabastecimento em voo com o Boeing em Canoas. Gradualmente, os F-5M do 1º GAVCA (2007) e do 1º/4º GAV (2010) também passaram a fazer missões com o KC-137.

Em 20 de abril de 1992, o F-103E FAB 4929 do 1º GDA, protótipo do Mirage III equipado com uma sonda para o REVO, fez o seu único rendez-vous, ou encontro para reabastecimento, com um KC-137. O FAB 2401 realizou diversos contatos secos e molhados em 1h25m de voo sobre a Restinga da Marambaia, no Rio de Janeiro.

O primeiro REVO com o caça-bombardeiro A-1 aconteceu no dia 17 de julho de 1990, no trecho entre Belo Horizonte e a Base Aérea de Santa Cruz, e envolveu o KC-137 2401 e o A-1 5509 do 1º/16º GAV. A partir daí os encontros entre os KC-137 e os A-1 ocorreram sem restrições, até serem suspensos, em fins de 1993. O motivo é que a cesta, que era metálica, aliada à mangueira mais curta que a do KC-130, por vezes, "chicoteava" a aeronave, causando danos principalmente ao radome que cobria a antena do radar do caça. Isso acabou valendo o apelido de "Freddy Kruger" à cesta, dado pelo pessoal do 1º/16º GAV, em homenagem

A tripulação de um Corsário observa um elemento de A-1 abandonar a área de REVO. O KC-137 foi o primeiro e, até então, único vetor estratégico empregado pela FAB capaz de realizar missões de REVO de longo curso. Foto Alexandre Durão / Action Editora Ltda.

a um famoso personagem de filme de terror que costuma retalhar suas vítimas. A solução só veio em 2000, quando a cesta original foi substituída por uma soft drogue da Aero Union, aprovada em um voo de ensaio em 11 de agosto de 2000 com o FAB 2404. Em janeiro de 2001, os A-1 do 1º/16º e do 10º GAV passaram a realizar a missão de reabastecimento em voo sem problemas com os Corsários.

Em termos operacionais, o KC-137 participou de inúmeras missões de vulto na FAB. Destacam-se o apoio às tropas brasileiras nas missões das Nações Unidas no Timor Leste (1999/2003), Haiti (2004/2013), Líbano (2011/12) e em diversas missões humanitárias que o Brasil apoiou. Algumas missões de REVO merecem destaque, como o deslocamento de caças A-1/F5-E para a Operação Tiger I, em San Juan, Porto Rico (1994); o apoio à ida de seis A-1 do 1º/16º GAV a Base Aérea de Nellis, em Nevada nos Estados Unidos onde participariam da Operação Red Flag (1998); o traslado de seis F-5E do 1º GAVCA para a Operação Salitre em Antofagasta, no Chile (2003); o apoio ao deslocamento de seis F-5M do 1º/14º GAV para a Red Flag 08/3 em Nellis, nos Estados Unidos (2008). Nessa ocasião, o 2404 não só apoiou o traslado como operou no exercício, realizando missões com as aeronaves da FAB e com caças JAS 39C Gripen da Força Aérea da Suécia. Os KC-137 também voaram nas Operações Mistral I/II, Tiger II/III e Cruzex I a V, nas quais reabasteceram aeronaves de outros países como França (Mirage 2000/Rafale), Chile (F-5E), Equador (A-37), Uruguai (A-37) e Argentina (A-4AR).

Os primeiros voos presidenciais foram feitos com o FAB 2401 ainda sem que estivesse convertido para a versão KC, e, por isso, ele operou com a designação C-137 entre julho e outubro de 1986, quando foi enviado a Wichita para sofrer sua conversão e de onde retornou já como KC-137. A primeira viagem presidencial ocorreu em 7 de julho de 1986 entre Brasília e Roma levando como passageiro o então Presidente José Sarney.

O KC-137 serviu à Presidência até fins de 1999, quando o 2403 sofreu uma pane de motor no dia 14 de dezembro e teve que pousar em emergência em

Amsterdã, quando fazia uma viagem Brasília/Amsterdã/Pequim, com o então vice-presidente Marco Maciel a bordo. A repercussão foi grande na imprensa, que apelidou a aeronave pejorativamente de "Sucatão", fato que ajudou a causar a relutância da Presidência em voar nos KC-137. Entre 2000 e 2002, foram empregadas aeronaves da Varig e da TAM arrendadas para fazer os voos presidenciais. Entre janeiro de 2003 e dezembro de 2004, os KC-137 voltaram a fazer missões presidenciais, mas logo deram lugar ao Airbus ACJ, recebido em janeiro de 2005.

O fim da produção do 707 trouxe problemas de suprimento para a frota. Desde 1992, a FAB jamais teve os quatro KC-137 voando juntos. Para tentar minimizar os problemas, a Força Aérea adquiriu três células para servirem de fontes de peças. Foram elas o B707-387B CX-BNU, da Fly Linhas Aéreas (1996); o B707-351C N677R, da Omega Air (2002); e o B707-321B FAP 01, da Força Aérea Paraguaia (2010). Entre 2000 e 2004, a frota passou por uma revisão estrutural feita no Rio por técnicos do Parque de Material Aeronáutico do Galeão (PAMA-GL) e da Boeing.

Em 2011, ao completar 25 anos de serviço, a FAB oficializou que a aeronave seria substituída por um novo vetor. Sua desativação foi antecipada após um incidente ocorrido no dia 26 de maio de 2013, quando o FAB 2404 abortou uma decolagem, saindo da pista do aeroporto de Porto Príncipe, no Haiti, durante o retorno de militares brasileiros a serviço das Nações Unidas (MINUSTAH). As 143 pessoas a bordo não se feriram, mas a aeronave foi perdida. Aquele incidente resultou na paralisação da frota da FAB, que, naquele momento, tinha apenas o 2402 operando. Os outros estavam fora de serviço por falta de suprimento.

Em 26 de outubro, uma cerimônia oficial na Base Aérea do Galeão marcou a desativação dos KC-137 no 2º/2º GT. Em 17 de janeiro de 2014, o FAB 2401 e o 2403 foram leiloados no PAMA-GL para o mercado de reciclagem de metais. O FAB 2404 foi desmontado no Haiti e sucateado e o FAB 2402, foi destinado à preservação.

Oficialmente, o KC-137 operou pouco mais de 27 anos com a Força Aérea Brasileira, realizando 44.183 horas de voo, das quais 5.239 foram em missões presidenciais e 2.112 horas de REVO. Ao todo foram transportadas 29.384 toneladas de carga e 712.364 passageiros.

Boeing KC-137E	
Período de Utilização	De 1986 até 2013
Fabricante	Boeing Aircraft Company, Seattle (Washington – EUA)
Emprego	Transporte estratégico, REVO e transporte VIP
Características Técnicas	
Motor	4 Pratt & Whitney JT3D-6 de 19.000 lb cada um
Envergadura	44,16 m
Comprimento	46,33 m
Altura	12,88 m
Peso Vazio	66.406 kg
Peso Máximo	150.725 kg
Passageiros	52 (VIP 2401), 158 (2402/03) e 196 (2404)
Armamento	Não dispunha de armamento
Desempenho	
Velocidade Máxima	966 km/h
Teto Operacional	10.060 m
Alcance	12.485 km
Comentários	

Continua

Total Adquirido	4 exemplares operacionais e 3 para fornecer peças
Unidades Aéreas	2º/2º GT
Designações	C-137 e KC-137 Originalmente, o FAB 2401 foi designado C-137; em 1987, passou para para KC-137
Matrículas	2401 a 2404

Helibras HB355

Em seguida ao desenvolvimento das aeronaves monomotoras AS350 Ecureuil, surgiu a variante bimotor AS355 Ecureuil 2. Foram os dois primeiros modelos do que viria a ser a grande família de helicópteros ligeiros fabricados pela antiga Aérospatiale, que depois se tornou Eurocopter e em seguida Airbus Helicopters.

Desenvolvidos na década de 1970, os dois modelos tiveram seus projetos orientados para o baixo custo de operação e manutenção, baixo nível de ruído e baixo índice de vibração e, apesar da entrada em produção de outros modelos mais modernos, aquelas duas variantes da aeronave permanecem como um produto bastante procurado por muitos anos. O Ecureuil realizou seu primeiro voo em 27 de junho de 1974, enquanto que o Ecureuil 2 voou pela primeira vez em 3 de outubro de 1979.

O sucesso daquelas novas aeronaves possibilitou o desenvolvimento de diversas versões, inclusive para o emprego militar, e ambos os tipos foram montados no Brasil pela subsidiária da empresa no país, a Helibras (Helicópteros do Brasil S.A.), que foi criada exatamente com esse propósito tendo sua unidade industrial sediada na cidade de Itajubá (MG). Os modelos produzidos em Itajubá incluíam cerca de 45% de conteúdo fabricado no Brasil, e recebiam o prefixo HB de Helibras, em substituição aos conhecidos AS da Aérospatiale.

O desenvolvimento de uma versão com dois motores tinha como objetivo a operação de modelos com maior reserva de potência, além de aumentar a segurança de voo ao permitir-lhes um pouso mais seguro no caso da perda de um dos seus motores.

Um dos dois VH-55 que serviram no GTE entre 1988 e 2010. Eles fazem parte de um lote de 10 Esquilo bimotor fabricados na França, que começaram a ser entregues em 1987. Foto Carlos Lorch / Action Editora Ltda.

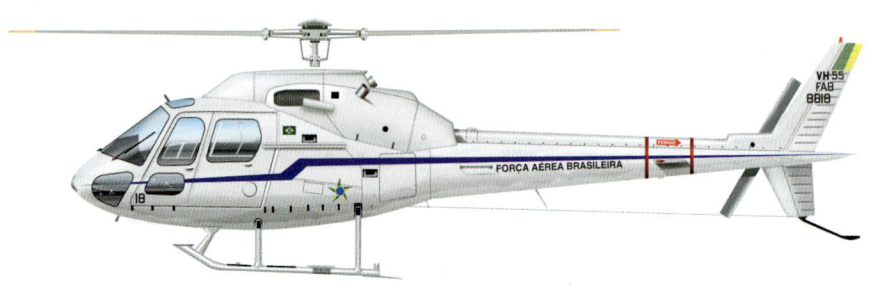

O HB555 VH-55 FAB 8818 do Grupo de Transporte Especial (Base Aérea de Brasília), de 1988 a 2010.

Alimentado com duas turbinas Allison C20F de 420 shp cada uma e com transmissão dimensionada para transportar mais peso, o Ecureuil 2 foi também homologado para a operação de voo por instrumento, o que fez dele uma aeronave bastante versátil.

O Helibras HB355 na Força Aérea Brasileira

As primeiras aeronaves da família Ecureuil operadas pela Força Aérea Brasileira foram 20 monorreatores HB350 B, com designação militar UH-50 e que foram denominados Esquilo, adquiridos após uma negociação direta entre o governo brasileiro e a empresa Aérospatiale, na década de 1980, e que foram montados pela Helibras, em Itajubá.

Os 10 birreatores HB355 F2, designados CH-55 e VH-55, foram distribuídos para duas unidades aéreas brasileiras com missões bem distintas. Oito CH-55 foram destinados ao 7º/8º GAV, sediado na Base Aérea de Manaus, de onde passaram a cumprir missões operacionais de emprego geral na região amazônica em complemento aos CH-34 Super Puma da mesma unidade. Eles começaram a ser entregues em maio de 1987. Por serem equipados com dois motores e com capacidade de operação IFR, eram aeronaves largamente empregadas nas missões de vacinação de índios, apoio aos Pelotões de Fronteira do Exército Brasileiro e nas missões SAR.

Com a necessidade de se realocar uma unidade de asas rotativas para o estado do Pará, os CH-55 foram deslocados para a Base Aérea de Belém na forma de uma esquadrilha do 7º/8º GAV. Posteriormente, foram as aeronaves empregadas para a reativação do 1º/8º GAV até sua substituição pelos modelos UH-1H, em 1997. Durante sua permanência no Esquadrão Falcão, participaram com destaque, entre outras operações, do resgate dos restos mortais da tripulação de um B-24 acidentado nas selvas do Amapá durante a Segunda Guerra Mundial.

Infelizmente, durante o período de operação na região amazônica, cinco aeronaves CH-55 foram perdidas em acidentes aéreos, inviabilizando sua permanência em uma unidade aérea operacional. Das três aeronaves restantes em 1997, os FAB 8811 e 8816 foram para o GEEV e o 8810, sem condições de voo, foi recolhido ao Parque de Material Aeronáutico dos Afonsos onde ficou estocado.

Além dos oito Esquilo biturbina enviados para a Amazônia, outras duas unidades em configuração VIP, FAB 8818 e 8819, foram alocadas ao 3º Esquadrão do Grupo de Transporte Especial, na Base Aérea de Brasília, de onde foram empregados nas tarefas de transporte do presidente da República em seus deslocamentos na Capital Federal, a partir de 12 de dezembro de 1988. Em 4 de março de 2009, com a entrada em operação dos dois helicópteros EC135 adquiridos exclusivamente para essa missão, os dois VH-55 foram transferidos para o 3º/8º GAV, onde operaram até 5 de fevereiro de 2010, quando foram enviados ao CTA para voar no IPEV. Em 2012 todos os quatro Esquilo-Bi foram recolhidos e estocados em condições de voo no Parque de Material Aeronáutico dos Afonsos. Em 8 de agosto de 2013, os FAB 8811/16/18/19, junto com dois H-1H 8688 e 8695 foram doados ao governo do Estado do Rio de Janeiro para emprego pela Secretaria de Segurança do Estado.

Helibras HB355

Período de Utilização	De 1987 até 2012
Fabricante	Sociètè Nationale Industrialle Aérospatiale (montados pela Helibras)
Emprego	Treinamento, transporte VIP, transporte de tropa, SAR e ensaio em voo
Características Técnicas	
Motor	2 Allison 250-C20F de 420 shp cada um
Diâmetro do Rotor Principal	10,69 m
Comprimento	10,93 m
Altura	3,14 m
Peso Vazio	1.500 kg
Peso Máximo	2.540 kg
Armamento	Não dispunha de armamento
Desempenho	
Velocidade Máxima	224 km/h
Razão de Subida	408 m/min
Teto Operacional	6.096 m
Alcance	575 km
Comentários	
Total Adquirido	10 exemplares
Unidades Aéreas	7º/8º Grupo de Aviação 1º/8º Grupo de Aviação 7º/8º Grupo de Aviação Grupo Especial de Ensaio em Voo 3º Esquadrão do Grupo de Transporte Especial Instituto de Pesquisas e Ensaios em Voo
Designações	CH-55, H-55 e VH-55
Matrículas	CH-55: 8810 a 8817 VH-55: 8818 e 8819

Gates Learjet 35A

A família de aeronaves executivas desenvolvida pela Gates Learjet Corporation entrou para a história como uma das linhas de aeronaves mais bem-sucedidas e econômicas que jamais existiu. Desde o início da década de 1960, quando surgiram os primeiros esboços do avião, até os dias atuais, o modelo teve evolução e produção surpreendentes.

Em 1952, foi dado início ao desenvolvimento de um caça de ataque terrestre para a Força Aérea Suíça designado P-16. O voo do protótipo ocorreu em 1955, porém, problemas técnicos inviabilizaram a sua produção, encerrando o programa. No entanto, as linhas esbeltas da aeronave chamaram a atenção dos projetistas da Gates Learjet, que vislumbraram a possibilidade de transformá-la em um jato executivo de pequeno porte.

Adquiridos em 1987, os Learjet 35A foram sinônimo de GTE durante quase 22 anos. Um dado curioso é que nenhum dos nove VU-35A jamais sofreu um acidente.
Foto Alexandre Durão / Action Editora Ltda.

Inicialmente partes da aeronave seriam produzidas por um conglomerado de empresas europeias e japonesas, enquanto a montagem final seria realizada nos EUA. Porém, problemas administrativos fizeram o grupo internacional se dissolver, sendo criada uma empresa em Wichita, Kansas, para a montagem das aeronaves com o material já produzido na Europa.

O primeiro voo da nova aeronave, designada Learjet 23, ocorreu em 7 de outubro de 1963 e, menos de dez meses depois, o primeiro exemplar de produção foi entregue a um cliente.

Em 1971, por causa de restrições mundiais impostas aos elevados níveis de ruído, o modelo 25 foi equipado com dois motores turbofan Garret TFE 731-2 e elevou sua capacidade de seis para oito passageiros, resultando no bem-sucedido Lear 35, que, além do aumento do conforto interno com o baixo nível

O Gates Learjet VU-35A FAB 2716 do GTE (Base Aérea de Brasília).

O Gates Learjet R-35A FAB 6000 do 1º/6º GAV (Base Aérea de Recife).

de ruído, somou a sensível economia no consumo de combustível. O primeiro voo da nova aeronave ocorreu em 22 de agosto de 1973 e seu certificado de aeronavegabilidade chegou em julho de 1974.

A versão 35A é a mesma aeronave dotada de motores TFE 731-2-2B, com um alcance de 2.789 milhas e capacidade para 3.524 litros de combustível. No total, foram produzidos 677 Learjet 35A e sua fabricação se encerrou em 1993.

Em 1977, foram apresentadas as propostas da empresa para novos modelos da aeronave, com maior capacidade de passageiros naquela que ficou conhecida como a série 50.

O Gates Learjet 35A na Força Aérea Brasileira

Em meados da década de 1980, o Ministério da Aeronáutica iniciou estudos para a aquisição de uma aeronave que pudesse substituir o grande e dispendioso RC-130 na realização das missões de aerofotogrametria estratégica, em complemento aos AT-26, que faziam o reconhecimento tático. Paralelo a isso, havia a necessidade de dotar o Grupo de Transporte Especial (GTE) com uma aeronave mais moderna, uma vez que os Hawker Siddeley HS-125 existentes não estavam conseguindo atender à demanda para o transporte das autoridades do governo brasileiro, além de estarem bastante ultrapassados nos quesitos conforto e atualização.

A melhor resposta a tal necessidade em oferta no mercado se materializou no Learjet 35A, que aliava rapidez, conforto e autonomia, para o atendimento VIP, e velocidade, estabilidade e capacidade de navegação, alto desempenho e baixo custo, para o atendimento às missões de foto-reconhecimento. Assim, 12 aeronaves foram adquiridas em 1987 e matriculadas R-35A para o 1º/6º GAV e VU-35 para o GTE.

Das 12 aeronaves estava previsto o emprego de seis no 2º Esquadrão do GTE, em Brasília, para o transporte VIP de ministros de estado, secretários da Presidência da República e autoridades dos Poderes Legislativo e Judiciário, bem como o Alto-Comando da Aeronáutica, enquanto as demais seriam operadas no 1º/6º GAV, em Recife, onde, dotadas de modernas câmeras verticais

O VU-35A FAB 2710 taxiando em Canoas (RS), em setembro de 2005. Sem reverso, os VU-35 tinham dificuldade de operar em pistas inferiores a 1.500 m de comprimento, o que limitava sua operação em algumas localidades. Foto Arquivo Vito Cedrini.

Compactos e bem mais econômicos que o quadrimotor SC-130, os R-35 tornaram-se o principal avião de reconhecimento da FAB, até a chegada dos R-99B.
Foto Carlos Lorch / Action Editora Ltda.

e laterais de alta resolução, passariam a realizar missões de aerofotogrametria por todo o território nacional. Por causa de decisões políticas, essa divisão não foi cumprida, uma vez que apenas três aeronaves foram para o 1º/6º GAV, enquanto o GTE recebia as nove restantes.

A partir de 2006, o GTE começou a empregar aeronaves de fabricação nacional em seu efetivo, substituindo gradativamente os VU-35 e os derradeiros HS-

O FAB 6000 deita as asas, exibindo o ventre característico dos R-35, onde está o pallet com as câmeras de fotorreconhecimento. Em 2010, ele foi atualizado com a incorporação de câmeras digitais. Foto Newman Homrich / Action Editora Ltda.

Carcarás em voo! Dois R-35 lideram um R-95 do 1º/6º GAV em uma cena não mais possível de ser vista, pois os R-95 foram desativados e os R-35A modernizados.
Foto Newman Homrich / Action Editora Ltda.

125 pelos ERJ 145, VC-99 e pelos ERJ 135 Legacy VC-99B e C, liberando os Learjet para outras missões e outras unidades.

Das nove aeronaves, três foram designadas para o 1º/6º GAV, uma para o Grupo Especial de Ensaios em Voo (GEEV), do Departamento de Ciência e Tecnologia Aeroespacial (DCTA), e cinco para o 6º ETA, de onde continuam a prestar apoio de transporte VIP, agora subordinados ao 6º Comando Aéreo Regional.

Os Learjet da FAB vieram desprovidos de mecanismo de reverso, que auxiliam na parada da aeronave e, consequentemente, os VU-35 possuíam restrições para operação em pistas com menos de 1.500 m. Essa restrição se aplica apenas às aeronaves VIP por uma questão de segurança redobrada, uma vez que transportam autoridades governamentais.

Por seu lado, as três aeronaves destinadas à realização das missões de reconhecimento fotográfico estratégico, designadas R-35, foram dotadas de um compartimento externo em forma de casulo, onde foram alojadas as câmeras de alta resolução.

Hoje o 1º/6º GAV possui seis aeronaves de reconhecimento, sendo três para foto-reconhecimento e três para o reconhecimento de sinais.

Durante esse processo, o Comando da Aeronáutica optou por destinar três células para o 1º/6º GAV (Esquadrão Carcará). Esses aviões passaram por um amplo processo de conversão, visando à constituição de plataformas especializadas em Guerra Eletrônica (ELINT) e reconhecimento, recebendo para isso radares Thales DR-3000 MK2B, sendo assim designados R-35AM. Outra célula foi destinada ao Departamento de Ciência e Tecnologia Aeroespacial (DTCA), sendo designada U-35A, e passou a apoiar as missões daquela unidade, inclusive servindo como plataforma de ensaio para o GEEV (Grupo Especial de Ensaios em Voo). Finalmente em abril de 2012, as cinco aeronaves restantes foram transferidas para o 6º ETA (Esquadrão de Transporte Aéreo), preenchendo, dessa maneira, a lacuna deixada naquela unidade com a desativação do VU-9 Xingu.

Gates Learjet 35A	
Período de Utilização	A partir de 1987
Fabricante	Gates Learjet Corporation
Emprego	Reconhecimento fotográfico e transporte executivo
Características Técnicas	
Motor	2 Garrett TFE 731-2-28 de 1.588 kg cada um
Envergadura	12,04 m
Comprimento	14,83 m
Altura	3,73 m
Área Alar	23,53 m²
Peso Vazio	4.590 kg
Peso Máximo	8.235 kg
Armamento	Não dispõe de armamento
Desempenho	
Velocidade Máxima	859 km/h
Teto Operacional	13.700 m
Alcance	3.690 km
Comentários	
Total Adquirido	12 exemplares
Unidades Aéreas	1º/6º Grupo de Aviação 2º Esquadrão do GTE 6º Esquadrão de Transporte Aéreo Grupo Especial de Ensaios em Voo
Designações	R-35A, VU-35, R-35AM e U-35A
Matrículas	R-35A: 6000 a 6002 R-35AM: 2710, 2711 e 2712 (convertidos de VU-35A); em 2014 foram rematriculados 6003/04/05, respectivamente VU-35A: 2710 a 2718 U-35A: 2715 e 2716 (célula convertida a partir de um VU-35A)

Cessna 208A Caravan I e 208B Grand Caravan

O Cessna Caravan é um dos projetos mais bem-sucedidos da história da aviação; tornou-se uma das aeronaves utilitárias mais usadas no mundo, atuando nos mercados de aviação civil, regional, cargueiro e militar. Desenvolvido pela Cessna no fim dos anos 1970, o modelo inicial de produção C-208A Caravan I realizou seu primeiro voo no dia 8 de dezembro de 1982, a partir da sede da empresa em Wichita, Kansas.

O Caravan I é uma aeronave de asa alta, monomotor, trem fixo, destinada para transportar até 10 passageiros, que emprega o confiável motor Pratt & Whitney PT6A-114. A partir da versão básica, a Cessna criou outras versões, entre elas o C-208A Cargomaster, versão cargueira do C-208A, que foi desenvolvido em conjunto com a Federal Express e criou um novo conceito nos anos 1980 de entregas expressas via aérea nos Estados Unidos.

Além das variantes baseadas no Caravan I, a Cessna lançou uma versão alongada em 1,24 m do C-208A designada C-208B Grand Caravan, que fez seu primeiro voo em 1990. O C-208B mantém as mesmas características do C-208A, inclusive as mesmas asas e configuração interna, porém com uma versão mais

O C-98 FAB 2702 do 1º ETA ainda com o padrão original de pintura usado na FAB. Uma aeronave similar a essa foi perdida a serviço da ONU, quando operava na MOMEP (Missão de Observadores Militares Equador-Peru). Foto Carlos Lorch / Action Editora Ltda.

O Cessna C-98 FAB 2702 do 1º ETA (Base Aérea de Belém).

O Cessna C-98A FAB 2723 do 2º/6º GAV (Base Aérea de Anápolis).

O Cessna C-98 FAB 2703 da Escola de Especialistas de Aeronáutica.

potente do PT6A, a -114A de 675 shp. O C-208B tornou-se um sucesso ainda maior, gerando outras cinco versões, inclusive uma anfíbia e o Super Cargomaster, versão cargueira do C-208B lançada em 1997. Em abril de 2008, a Cessna apresentou uma versão do Grand Caravan equipada com um glass cockpit que emprega aviônica do modelo G1000 da Garmin. Em maio de 2012, a Cessna anunciou uma linha de montagem na China. Os aviões sendo montados em Shijiazhuang pela CAIGA II (China Aviation Industry Corporation II).

Militarmente o Caravan C-208A e o C-208B foram empregados pelo Afeganistão, África do Sul, Bahamas, Bangladesh, Brasil, Chile, Colômbia, Djibuti, Emirados Árabes Unidos, Estados Unidos, Iraque, Jordânia, Líbano, Libéria e pelo Níger. Ao todo, mais de 1.400 unidades do C-208 já foram produzidas, a grande maioria para empresas regionais e privadas de aviação.

Os Cessna 208A Caravan I e 208B Grand Caravan na Força Aérea Brasileira

A FAB tornou-se um dos maiores usuários militares do Cessna 208. A compra do primeiro C-208A Caravan I ocorreu em função da necessidade de se ter uma aeronave que apoiasse as atividades do então Núcleo do Centro de Lançamento de Alcântara (NuCLA), que, em 30 de dezembro de 1992, seria transformado em CLA.

Era preciso uma aeronave robusta, de fácil manutenção e com grande disponibilidade para fazer a ligação entre a Ilha de Alcântara e o continente, percorrendo os cerca de 20 km sobre o mar que a separavam de São Luís, no Maranhão. Após estudar algumas aeronaves, a FAB optou pelo C-208A, do qual foi adquirido um único exemplar em 1987, designado C-98 FAB 2701 e recebido em 28 de agosto de 1987 pelo NuCLA, fazendo dele a primeira unidade a operar o Caravan.

A robustez do C-98 logo fez com que a FAB adquirisse mais dois exemplares em 1988, para equipar a recém-criada 1ª Esquadrilha do 7º ETA (1ª/7º ETA), sediada em Boa Vista (RR), e que passou a empregar os C-98 em missões de apoio ao Projeto Calha Norte, então em implantação. Essas aeronaves chegaram em 18 de agosto de 1988 ao Brasil. No início de 1989, foram adquiridas mais cinco aeronaves, que chegaram entre novembro de 1989 e janeiro de 1990. Duas delas foram distribuídas para o 7º ETA, sediado em Porto Velho (RO); outras duas para

O C-208A/B tornou-se um dos aviões mais populares da FAB, estando presente em todos os ETAs e em diversas bases e unidades aéreas. Foto Carlos Lorch / Action Editora Ltda.

Após a perda do C-98A 2735, em 2011, a FAB adquiriu, em julho de 2014, 11 equipamentos antigelo do tipo TKS, que vão equipar as aeronaves dotadas de painel digital, ou seja, os últimos C-98A recebidos pela Força. Foto Alexandre Durão / Action Editora Ltda.

o 1º ETA, sediado em Belém, e uma para o CINDACTA II, em Curitiba. Os C-98 das duas esquadrilhas do 7º ETA operaram até 1995, quando foram reequipadas com treinadores AT-27 e, posteriormente, redenominadas 1º e 2º/3º GAV. Os C-98 então passaram a ser aeronaves unitárias das Bases Aéreas de Porto Velho e de Boa Vista.

Uma das missões mais significativas dos C-98 da FAB ocorreu em apoio à MOMEP (Missão de Observadores Militares Equador–Peru), criada pela Organização das Nações Unidas (ONU) em 1995 na cidade de Patuca (Equador), para monitorar o término das hostilidades entre o Peru e o Equador no Vale do Cenepa, entre os dois países.

A MOMEP contava com militares de diversos países, entre os quais o seu coordenador geral, um general do Exército Brasileiro. Para apoiar os deslocamentos do coordenador, a FAB enviou um C-98 do 1º ETA que operaria enquanto durasse a participação brasileira na MOMEP. A missão teve início em 5 de agosto de 1995. O C-98 ficava baseado na cidade de Cuenca (Equador), tendo operado também nas cidades de Lima, Chiclayo, Piúra e Bágua (Peru) e Quito, Guayaquil, Patuca, Pastaza e Macas (Equador). O voo era realizado normalmente a grande altitude, e o nível de cruzeiro médio utilizado era de 18.000 pés. Como o C-98 não é pressurizado, exigiu que a aeronave tivesse um kit de oxigênio instalado para que os tripulantes e passageiros pudessem suportar o ar rarefeito da altitude. A partir de 1988, a missão passou a ser do 7º ETA. Em 18 de setembro de 1998, o FAB 2705 do 7º ETA sofreu um acidente durante um voo entre Patuca–Cuenca com cinco tripulantes a bordo. Os tripulantes com ferimentos leves foram resgatados no dia seguinte, porém, o 2705 tornou-se o primeiro C-98 perdido pela FAB.

Basicamente, o C-98 operou ao longo dos anos 1990 e início dos 2000 na Região Norte, inclusive com uma aeronave servindo ao PAMA-BE (Parque de Material Aeronáutico de Belém), unidade que era responsável pelas revisões e manutenções da frota.

Em 1998, a FAB ampliou a frota de Caravan, dessa vez adquirindo a versão C-208B Grand Caravan, que passou a ser designado C-98A. Foram cinco aeronaves novas. A primeira, matriculada 2709, chegou em outubro de 1998 e as demais, em 2001. Outros seis aviões C-98A foram recebidos entre 2001 e 2004. Todas são aeronaves usadas e, entre elas, estão quatro anteriormente pertencentes à TAM Express.

A chegada dos C-98A permitiu que o 1º e o 7º ETA ampliassem suas respectivas frotas, bem como o 2º/6º GAV também passasse a contar com o Grand Caravan.

Em 2008, um contrato firmado entre a CABW (Comissão Aeronáutica Brasileira em Washington) e a Cessna, no valor de US$ 18.991.185, efetivou a compra de mais nove aeronaves C-208B equipadas com painel digital (glass cockpit).

Àquele contrato seguiram-se outros dois, assinados em 2011 (três C-98A) e 2012 (dois C-98A), totalizando mais cinco aeronaves do mesmo modelo a um custo de US$ 6,8 milhões. Os 14 C-98A adquiridos começaram a ser entregues a partir de 2009, sendo trasladados ao Brasil por militares da FAB.

Aquela compra de novos C-98A permitiu que os 2º, 5º e 6º ETA, além do 1º/15º GAV, CINDACTA II e bases aéreas como Santa Cruz e Santa Maria, também passassem a empregar o Grand Caravan, além de ampliar a frota do 7º ETA e do 1º ETA.

Inicialmente, os primeiros C-98A receberam uma pintura em branco e cinza, com uma faixa em azul-marinho ao longo da fuselagem e as cores nacionais em verde e amarelo no leme. Porém, já a partir do FAB 2524, as aeronaves foram recebidas no atual padrão de camuflagem verde e cinza da FAB. Já os C-98 tiveram vários padrões. O primeiro C-98, o FAB 2701, chegou com uma pintura diferenciada, em branco com uma pequena faixa azul ao longo da fuselagem. Posteriormente, todos os C-98 adotaram o padrão em branco e cinza, com leme em verde e amarelo. Apenas um C-98, o FAB 2707, usou, por um período, a camuflagem em dois tons de verde e um de castanho, idêntica àquela usada no AT-26, porém, no estilo wrap around, isto é, envolvendo toda a aeronave sem o cinza claro nas superfícies inferiores. Essa aeronave foi danificada quando operava no PAMA-LS, não sendo recomendada sua recuperação, e foi descarregada em 16 de março de 2009.

Houve duas perdas operacionais de C-98A na Força Aérea Brasileira. A primeira ocorreu em 29 de outubro de 2009, quando o FAB 2725 do 7º ETA fez um pouso forçado no Igarapé Jacurapá, na margem direita do Rio Ituí (AM), quando voava de Cruzeiro do Sul (AC) para Tabatinga (AM). Dos 11 ocupantes, 10 sobreviveram. O segundo acidente ocorreu no dia 2 de agosto de 2011, quando o FAB 2735 do 5º ETA caiu em Bom Jardim da Serra (SC), vitimando todos os seus oito ocupantes. Atualmente a FAB possui uma frota de 32 C-98/A, das 35 aeronaves recebidas.

Cessna 208A Caravan I e 208B Grand Caravan

Período de Utilização	A partir de 1987 (C-98) A partir de 1998 (C-98B)	
Fabricante	Cessna Aircraft Company	
Emprego	Transporte de passageiros e ligação	
Características Técnicas	C-98	C-98B
Motor	PW PT6A-114 de 600 shp	PW PT6A-114A de 675 shp
Envergadura	15,88 m	15,88 m
Comprimento	11,46 m	12,70 m
Altura	4,32 m	4,70 m
Peso Vazio	1.748 kg	2.250 kg
Peso Máximo	3.310 kg	3.985 kg
Passageiros	1P + 2P + 8 passageiros	1P + 2P + 13 passageiros
Armamento	Não dispõe de armamento	Não dispõe de armamento
Desempenho		
Velocidade Máxima	340 km/h	337 km/h

Continua

Teto Operacional	9.145 m	9.000 m
Alcance	2.066 km	2.000 km
Comentários		
Total Adquirido	8 exemplares	26 exemplares
Unidades Aéreas	BAAN BASC BAFL BASM BANT BABV BAPV CINDACTA II PAMA-BE PAMA-LS NuCLA CLA EEAer 1º ETA 7º ETA	2º/6º GAV 1º/15º GAV CINDACTA II 1º ETA 2º ETA 5º ETA 6º ETA 7º ETA BABV BAPV BASC BASM BASV ECPAR CLA
Designações	C-98	C-98A
Matrículas	2701 a 2708	2709 e 2719 a 2743

Aeritalia/Aermacchi/Embraer AMX

No final da década de 1970 e início dos anos 1980, a busca da Força Aérea Brasileira por uma aeronave para substituir os obsoletos AT-26 Xavante coincidiu com o desenvolvimento, pelas empresas italianas Aeritalia e Aermacchi, de um caça leve para a Força Aérea Italiana (AMI), para substituir os seus caça-bombardeiros Fiat G-91 Gina e interceptadores Lockheed F-104 Starfighter.

Um A-1 despeja uma saraivada de flares durante um exercício. Fruto do projeto binacional AMX, o A-1 é uma aeronave de ataque feita para penetrar no território inimigo e destruir alvos estratégicos. Foto Alexandre Durão / Action Editora Ltda.

O Embraer YA-1 FAB 4201, um dos dois protótipos brasileiros do caça Aeritalia/Aermacchi/Embraer AMX.

O Embraer A-1 FAB 5509 do 1º/16º GAV (Base Aérea de Santa Cruz), em 1995.

O Embraer A-1B FAB 5551 do 1º/16º GAV (Base Aérea de Santa Cruz), em 1995, com uma pintura experimental.

O Embraer A-1 FAB 5533 do 3º/10º GAV (Base Aérea de Santa Maria), em 1999.

O Embraer A-1 FAB 5540 do 1º/10º GAV (Base Aérea de Santa Maria), em 1999.

A análise do projeto italiano, que era basicamente um caça com capacidade de operação em regime alto subsônico e cuja principal missão seria a de ataque ao solo, demonstrou que atendia perfeitamente às necessidades brasileiras. Assim, em julho de 1981, foi assinado um contrato entre os governos brasileiro e italiano, criando um consórcio binacional que seria responsável pela produção da aeronave denominada AMX, obedecendo aos seguintes termos: 46,7% da Aeritalia, 23,6% da Aermacchi e 29,7% da Embraer.

Foto histórica do primeiro protótipo do AMX, o FAB YA-1 4201, em um de seus voos de ensaio. A importância de A-1 para a indústria nacional é imensa e sedimentou a base para projetos como o ALX, os ERJ e E-Jets, por exemplo. O piloto de testes Luis Alberto Madureira participou da campanha de ensaios do 4201. Foto Carlos Lorch / Action Editora Ltda.

Considerando a desproporção territorial entre o Brasil e a Itália, a necessidade operacional da FAB era bastante diferente da italiana, exigindo que a versão brasileira fosse dotada de maior autonomia. Além disso, por causa de restrições norte-americanas, a versão brasileira teria que ser equipada com dois canhões DEFA de 30 mm, em substituição ao canhão rotativo tipo Gatling, Vulcan M61A1 de 20 mm. Como a existência desses critérios criava sérias dificuldades para o projeto, ficou acordado entre as empresas a construção de protótipos em ambos os países.

O primeiro voo do AMX ocorreu na Itália, em 15 de maio de 1984, porém, durante o quinto voo daquele protótipo, um apagamento da turbina na fase de

Um A-1 do Esquadrão Adelphi voa sobre a cidade do Rio de Janeiro. O 1º/16º GAV foi ativado exclusivamente para implantar os AMX na FAB. Foto Carlos Lorch / Action Editora Ltda.

O Embraer A-1B FAB 5559 do 1º/10º GAV (Base Aérea de Santa Maria), em 2003.

O Embraer A-1B FAB 5652 do 1º/16º GAV (Base Aérea de Santa Cruz), em 2004.

pouso provocou sua queda e a morte do piloto de testes. Aquele acidente causou um pequeno atraso nos voos de avaliação e o protótipo brasileiro somente realizou seu primeiro voo em 16 de outubro de 1985.

Em 1986 ficou patente a necessidade do desenvolvimento de uma aeronave de treinamento biplace para a fase de transição e adaptação dos pilotos, com assentos em tandem, mas em desnível, sendo mantida, porém, a mesma capacidade de emprego ar-solo do monoplace.

Assim nasceu o AMX que, na FAB, recebeu a designação A-1 para a versão monoplace e A-1B para a versão biplace. A aeronave contava com um excelente raio de ação e imensa carga bélica que, aliadas à possibilidade de reabastecimento em voo, permitiram à FAB uma capacidade de ataque estratégico nunca antes

Dois caças Poker rumo ao estande de tiro de Saicã, no interior do Rio Grande do Sul. O AMX outorgou à FAB precisão nas missões de ataque nunca vista antes, graças aos modos CCIP e CCRP. Foto Wagner Ziegelmeyer / Action Editora Ltda.

Foi com o minitornado, como os italianos definem o AMX, que a FAB compareceu pela primeira vez ao maior exercício de combate do mundo, o Red Flag. Em 1998, seis caças A-1 do 1º/16º GAV estiveram em Nellis (NV – EUA), para fazer a estreia da Força Aérea Brasileira em exercícios desse porte. Foto Wagner Ziegelmeyer / Action Editora Ltda.

existente. O A-1 era capaz de operar em alto regime subsônico à baixa altitude, inclusive à noite, com uma assinatura radar relativamente baixa, o que lhe proporcionava maior proteção durante a execução das suas missões.

Com a Força Aérea Italiana, aqueles caça-bombardeiros foram empregados em combate na Bósnia e em Kosovo, quando realizaram aproximadamente 250 missões de ataque contra alvos no solo sem uma perda sequer; voaram também no Afeganistão, cumprindo missões de reconhecimento aéreo.

O Aeritalia/Aermacchi/Embraer AMX na Força Aérea Brasileira

Para operar o seu novo vetor de ataque, uma nova unidade aérea foi criada na Base Aérea de Santa Cruz, no Rio de Janeiro, com a numeração 1º/16º GAV e que tinha como código de chamada a palavra Adelphi, como tributo aos veteranos do 1º Grupo de Aviação de Caça tombados em combate na Itália, durante a Segunda Guerra Mundial.

O primeiro A-1 da FAB foi entregue na Base Aérea de Santa Cruz no dia 13 de outubro de 1989 e as atividades aéreas com a nova aeronave começaram em julho do ano seguinte.

Em julho de 1991, o 1º/16º GAV foi declarado Esquadrão Operacional. O A-1 no Esquadrão Adelphi teve desde o início como missões primárias o ataque contra alvos de superfície, a interdição do campo de batalha e o apoio aéreo aproximado às forças de superfície. Como missão secundária, constava o ataque aeroestratégico.

O ano de 1998 foi um marco muito importante na história da nova aeronave, pois foi o ano em que a segunda unidade aérea, o 3º/10º GAV, passou a incorporar os A-1 em seu inventário e, também, porque foi a aeronave escolhida para representar a FAB na Operação Red Flag, realizada pela USAF, em Nellis AFB, Nevada, considerado o mais importante exercício de guerra aérea do mundo. Foi a primeira vez que a FAB participou daquela operação.

Em 15 de janeiro de 1998, o 3º/10º GAV, Esquadrão Centauro, recebeu suas duas primeiras aeronaves A-1 e, no ano 2000, a unidade foi declarada operacional. As missões do 3º/10º GAV são as mesmas de seu antecessor na operação com o A-1.

Um A-1B do 3º/10º GAV ostentando uma camuflagem experimental aplicada em 2003 pelo ESM-SM. O objetivo era desenvolver a futura camuflagem padrão da FAB. O 5654 serviu de base para o que é a atual camuflagem da Força Aérea. Foto Arquivo Carlos Alberto Vieira.

Foi dos A-1 do 3º/10º GAV a missão mais longa já realizada pela caça brasileira até hoje. Em 2003, aeronaves da unidade decolaram de Santa Maria e, com três reabastecimentos em voo apenas, sobrevoaram a Região Oeste, a fronteira norte e pousaram na Base Aérea de Natal no Nordeste do país. Percorreram mais de 6.500 km do Brasil da decolagem até o pouso.

O 1º/10º GAV, Esquadrão Poker, também baseado em Santa Maria, foi a terceira unidade a operar o A-1. Sua primeira aeronave chegou em março de 1999 e sua dotação foi completada em julho de 2004. A missão principal desempenhada pelo Esquadrão Poker era o reconhecimento tático e a missão secundária a supressão de defesas antiaéreas e o ataque ao solo.

No total, a FAB adquiriu 45 aeronaves A-1 e 11 modelos A-1B.

Como os A-1 da FAB foram produzidos e entregues em três lotes distintos e diversas mudanças foram inseridas no projeto durante a produção das aeronaves, o alto índice de obsolescência de componentes da aeronave, decorrente de um projeto concebido há mais de 20 anos, determinou a necessidade de se implantar um programa de atualização.

Os estudos e entendimentos efetuados pelo Comando da Aeronáutica resultaram na contratação da Embraer, em 2003, para a condução desse empreendimento de modernização da aeronave, agora designada A-1M.

O programa A-1M previa, inicialmente, a revitalização e a modernização de 43 aeronaves, incorporando o que havia de mais moderno em tecnologia aeronáutica para aviônicos, armamentos e sensores, elevando sua condição operacional para

O Embraer A-1B FAB 5654 do 3º/10º GAV (Base Aérea de Santa Maria) entre 2003 e 2005. Pintura experimental visando ao novo padrão de camuflagem da FAB.

O Embraer A-1 FAB 5504 do 1º/16º GAV (Base Aérea de Santa Cruz).

os níveis das mais avançadas aeronaves de combate disponíveis no mundo, e propiciando seu emprego no cenário de qualquer conflito atual.

Os avanços tecnológicos incorporados aos A-1M possibilitaram considerável aumento nos níveis de desempenho da aeronave, de forma a elevar, ainda mais, sua participação no preparo e emprego da Força Aérea Brasileira.

Dentro do pacote contratado constava a implantação de novas tecnologias, como o radar SCP-01, fabricado pela Mectron, de São José dos Campos; On Board Oxygen Generating System (OBOGS – Sistema Autônomo de Geração de Oxigênio), um visor montado em capacete (HMD); óculos de visão noturna (NVG); Multi Functional Display (MFD – Telas Multifunção); um novo Radar Warning Receiver (RWR) ou Sistema de Alerta Radar; lançadores de chaff/flares; o datalink, ou sistema de enlace de dados BR2 da Embraer; Head Up Display (HUD); Hands on Throttle and Sticks (HOTAS – Comandos do Tipo Mãos na Manete e no Manche); designador laser para bombas inteligentes; e, ainda, uma padronização de equipamentos entre o A-1M, o F-5M e o A-29 Super Tucano.

O radar SCP-01 Scipio possui capacitação total ar-superfície e parcial ar-ar, com possibilidade de mapeamento do terreno, indicador de alvos móveis terrestres, telemetria ar-solo, busca marítima e capacidade look down/look up (olhar

Bela imagem de um A-1A visto do alto do Hangar do Zeppelin, em Santa Cruz, na qual é possível ver detalhes do atual padrão de pintura do AMX da FAB.
Foto André Durão / Action Editora Ltda.

Um RA-1A do 1º/10º GAV visto em voo com um pod REC-TAT Gespi, produzido a partir dos sensores usados pelos RT-26. Além desses, os RA-1 também usaram os Pallet I e II e o pod Vicon 57 oriundo dos A-4 da Marinha do Brasil. Atualmente, os RA-1A empregam os modernos Rafael Litening III e o Reccelite. Foto Alexandre Durão / Action Editora Ltda.

para cima e para baixo). Sua capacidade marítima possibilita a identificação de um alvo de 100 m² a 50 milhas náuticas de distância da aeronave.

Além do combustível, outro item crítico para manter uma aeronave em voo por maior período de tempo é o suprimento de oxigênio para o piloto. Para o combustível existe o REVO, para o oxigênio, foi criado o OBOGS, ou sistema de geração de oxigênio, que elimina a necessidade de equipamentos de apoio de solo.

O visor montado no capacete (HMD) é do modelo DASH 4 israelense da Elbit com a capacidade de informar ao piloto todos os dados do voo, da navegação e do alvo, projetando aquelas informações na viseira do capacete. Isso aumenta a segurança, pois evita que o piloto mova a cabeça para o interior da cabine, para conferir as informações, durante a fase crítica do voo a baixa altura. Possibilita, ainda, o aumento da consciência situacional daquele, pois permite constante vigilância do espaço aéreo adjacente.

A partir de 2005, a FAB redesignou A-1A os A-1 monoplaces e A-1B os biplaces. Antes eram apenas A-1 e A-1B, respectivamente. Outro detalhe interessante é que, apesar de existir a designação RA-1, esta nunca foi aplicada às aeronaves. Os novos A-1M serão designados A-1AM e A-1BM. Foto Alexandre Durão / Action Editora Ltda.

Um dos A-1 modernizados. Assim como no F-5, o A-1 ganhou uma suíte moderna, radar, capacidade para emprego de armas inteligentes e sistemas de autoproteção. É uma nova aeronave que começou a ser entregue nas unidades de A-1 em 2013. Foto Embraer.

O A-1A empregava um ultrapassado sistema defensivo ELT-56X, que foi substituído por um RWR com capacidade de lançar chaff automaticamente.

Quanto aos aviônicos, incorporou um sistema para a integração das funções de rádio, IFF, VOR/ILS/Marker Beacon/DME com as informações datalink digital. Os rádios passaram a possuir contramedidas de salto de frequência, de acordo com um padrão predeterminado.

A realização da modernização daqueleas aeronaves no país proporcionou vantagens de toda ordem, minimizando, inclusive, a dependência de fornecedores externos, pois 90% dos equipamentos previstos para a modernização do A-1M poderiam ser produzidos no Brasil, pela Aeroeletrônica, de Porto Alegre (RS), empresa pertencente à israelense Elbit, que também participou da modernização do F-5M e da construção do A-29 Super Tucano.

No dia 19 de junho de 2012, foi realizado o primeiro voo de ensaio do protótipo do A-1M na Base Aérea de Santa Cruz. E, no dia 3 de setembro, nas instalações da Embraer Defesa e Segurança (EDS), em Gavião Peixoto (SP), foi realizada a entrega do primeiro Embraer A-1M, versão modernizada do A-1A à Força Aérea Brasileira.

Aeritalia/Aermacchi/Embraer AMX

Período de Utilização	A partir de 1989	
Fabricante	Embraer	
Emprego	Caça-bombardeiro, treinamento e reconhecimento tático	
Características Técnicas	A-1A/M	A-1B/BM
Motor	Rolls-Royce Spey RB.168 Mk.807 sem pós-combustão de 5.000 Kgf	Rolls-Royce Spey RB.168 Mk.807 sem pós-combustão de 5.000 Kgf
Envergadura	8,87 m	8,87 m
Comprimento	13,57 m	13,57 m
Altura	4,57 m	4,57 m
Área Alar	21 m^2	21 m^2
Peso Vazio	6.000 Kg	6.000 Kg
Peso Máximo	11.500 Kg	11.500 Kg

Continua

Armamento*	2 canhões Mk.164 de 30 mm (150 tiros cada) Bombas de emprego geral Mk.82, Mk.83 e Mk.84 Bombas de fragmentação BAFG-230, 460 e 920 Bombas incendiárias BINC-300 Bombas BLG-252 Bombas antipista BAPI Bombas inteligêntes Elbit Lizard Foguetes SBAT 70 mm (tubo com 19) Dispenser de treinamento SUU-20	2 canhões Mk.164 de 30 mm (150 tiros cada) Bombas de emprego geral Mk.82, Mk.83 e Mk.84 Bombas de fragmentação BAFG-230, 460 e 920 Bombas incendiárias BINC 300 bombas BLG-252 Bombas antipista BAPI Bombas inteligêntes Elbit Lizard Foguetes SBAT 70 mm (tubo com 19) Dispenser de treinamento SUU-20
Desempenho		
Velocidade Máxima	1.160 Km/h	1.160 Km/h
Razão de Subida	3.840 m/min	3.840 m/min
Teto Operacional	13.000 m	13.000 m
Alcance	3.150 km (com 2 tanques externos de 1.100 l)	
Comentários		
Total Adquirido	45	11
Unidades Aéreas	1º/16º GAV 1º/10º GAV 3º/10º GAV GEEV (atual IPEV)	1º/16º GAV 1º/10º GAV (previsão para o A-1M) 3º/10º GAV (previsão para o A-1M) GEEV (atual IPEV), A-1B
Designações	A-1, A-1A, RA-1, RA-1A, A-1M e A-1AM	A-1B, RA-1B e A-1BM
Matrículas	A-1: 5500 a 5544	A-1B: 5650 a 5660

*A versão A-1M poderá usar mísseis IR/BVR, além do míssil Mectron MAR-1.

Aero Boero

Na década de 1950, os irmãos César e Héctor Boero criaram a fábrica Aero Boero S. A., na Argentina, para a produção de uma aeronave leve de treinamento básico de pilotos, a qual foi denominada AB-95 e cujo protótipo realizou seu primeiro voo em 12 de março de 1959.

Por causa da falta de motores de 95 hp, resolveram aplicar um de 115 hp em uma das aeronaves e acabaram por produzir o modelo AB-115 que, além do motor mais potente, também incorporou inúmeras inovações aerodinâmicas e passou a ser o modelo mais produzido dos Boero.

O AB-115 é uma aeronave de asa alta totalmente metálica e com montantes em V, trem de pouso convencional, equipado com um motor Lycoming O-235-C2A de 115 hp, com a fuselagem estruturada em tubos de aço soldados e recobertos com tela, com capacidade para dois tripulantes em tandem. Realizou seu primeiro voo em 1967.

Com o tempo, as diversas versões se sucederam, resultando na versão mais potente de todos os modelos, o AB-180, que veio equipado com um motor de 180 hp para treinamento de pilotos, turismo, pulverização de lavouras e, ainda, reboque de planadores.

A produção dos Aero Boero terminou em 2000.

O AB-180 PP-FKE ainda com matrícula do DAC, mas já com o símbolo do CVV (AFA) na deriva. Foto Arquivo Euro Campos Duncan.

O Aero Boero na Força Aérea Brasileira

Na década de 1990, para equilibrar a balança comercial entre o Brasil e a Argentina, o governo brasileiro determinou ao Ministério da Aeronáutica que, através do DAC, adquirisse 366 aeronaves Aero Boero para equipar os aeroclubes brasileiros e contribuir na formação dos pilotos civis. Dentre os modelos adquiridos, se encontravam vários exemplares do AB-180, que seriam empregados no reboque de planadores naqueles aeroclubes que praticassem o voo a vela.

Como na Academia da Força Aérea existe o Clube de Voo a Vela (CVV) que, à época, contava com apenas um rebocador do modelo Ipanema, duas aeronave AB-180 foram adquiridas para a aplicação naquela atividade, em complemento à aeronave existente, recebendo a matrícula de G-180.

Durante seu período de atividade na AFA, era comum o deslocamento de um G-180 para a Base Aérea de Florianópolis (SC), onde realizava o reboque de alvos de tiro para o treinamento de tiro aéreo dos helicópteros da FAB. Como o helicóptero não é uma aeronave muito veloz, o G-180 era o reboque ideal para aquela missão.

Paralelamente, em 2004, o Centro Técnico Aeroespacial (CTA), em São José dos Campos (SP), retomou o desenvolvimento do projeto para um motor aeronáutico com capacidade flex e, para tanto, necessitava de uma aeronave equipada com motor de quatro cilindros para os testes de desempenho, encontrando no Clube de Voo a Vela da AFA o parceiro ideal.

Um dos G-180 foi deslocado para o DCTA, onde se encontra à disposição dos técnicos e engenheiros daquela instituição, sendo considerada a principal plataforma para testes de solo e em voo com a nova tecnologia.

O Aero Boero 180 G-180 FAB 0155 do Clube de Voo a Vela da AFA (Pirassununga).

O G-180 0155 voou até 2012, quando foi remetido ao Museu Aeroespacial, para ser preservado; outra aeronave do tipo continuou no DCTA.

Aero Boero

Período de Utilização	Década de 1990 até 2012
Fabricante	Aero Boero S. A.
Emprego	Reboque de planadores
Características Técnicas	
Motor	Lycoming O-360-A1 de 180 hp
Envergadura	10,78 m
Comprimento	7,23 m
Altura	2,5 m
Peso Vazio	557 kg
Peso Máximo	770 kg
Armamento	Não dispunha de armamento
Desempenho	
Velocidade Máxima	233 km/h
Alcance	965 km
Comentários	
Total Adquirido	2 exemplares
Unidades Aéreas	Academia da Força Aérea (CVV) e DCTA
Designações	G-180
Matrículas	0155 (desconhece-se a matrícula do segundo exemplar)

Boeing 727-247

Ao todo, 1.832 jatos Boeing Model 727 deixaram a linha de montagem do fabricante de Seattle entre fevereiro de 1963 e setembro de 1984, fazendo daquele trijato uma das aeronaves comerciais mais empregadas na História.

O B727 é a segunda aeronave da tradicional Família Boeing de jatos comerciais. Lançado em dezembro de 1960, um 727 traço 100 realizou seu primeiro voo em 9 de fevereiro de 1963, entrando em serviço com a United Airlines no dia 6 de fevereiro do ano seguinte.

O B727 possuía dois modelos básicos: o 727-100 e o 727-200, esta uma versão alongada em 6,1 m desenvolvida a partir do -100. Além dessas duas versões destinadas ao transporte de passageiros, a Boeing desenvolveu outras variantes, como o 727-100C e o 727-100QC, que possuíam porta de carga lateral frontal, o que permitia serem rapidamente convertidos em cargueiros; o 727-200 Adv (Advanced), com maior alcance e peso de decolagem, e o 727-200F (Freighter), versão cargo do 727-200, equipado com a mesma porta de carga frontal do 727-100.

O B727 também foi muito usado no Brasil desde 1970, quando o 727-41C PP-VLD entrou em serviço com a Varig. Além da Varig (727-100C), outras empresas como a Aerobrasil (727-100C), Air Brasil (727-200), Air Vias (727-200), ATA (727-200F), Digex (727-100C), Cruzeiro (727-100), Fly (727-200), Itapemirim (727-100C/727-200F), Platinum (727-200), TAF (727-200F), TABA (727-200), TNT-SAVA (727-100C), Tropical (727-200), Total (727-200F), Transbrasil (727-100/100QC), Vasp (727-200), VASPEX (727-200F), Varig Log (727-100C/727-200F), Via Brasil (727-200) e VICA (727-200) empregaram o clássico trijato no país.

Mais de 250 727-100/200, a maioria do modelo 200F, permaneceu em serviço pelo mundo. Militarmente ele foi empregado na USAF e pelas Forças Aérea do Mexico, Bolívia, Benin, Mongolia, Burkina Faso, Colômbia, Republica Democrática do Congo, Djibouti, Iraque e Equador. No Brasil ele ainda está em operação com a Total - Linhas Aéreas e a Rio - Linhas Aéreas, todos do modelo -200F

O Boeing 727-247 na Força Aérea Brasileira

A história do único B727-200 da FAB é no mínimo curiosa. Na prática ele nunca entrou em serviço, tampouco teve uma designação militar ou matrícula e, principalmente, nunca foi encomendado pela FAB, permanecendo menos de dois anos em carga. A aeronave em questão é o B 727-247 Adv (c/n 20580), que realizou seu primeiro voo em 6 de junho de 1972, sendo o 727 número 889 produzido. Saiu da fábrica em Renton, WA, em 13 de junho 1972 como N2808W nas cores da Western Air Lines.

Em maio de 1984, ele foi vendido à empresa de leasing Guiness Peat Aviation (GPA), sendo, no mesmo mês/ano, arrendado pela Northeastern International como EI-BRD. Em março do ano seguinte, ele foi devolvido à GPA, passando a voar novamente na Western Air Lines. Vendido em março de 1987 para a empresa de leasing Aviation Sales Comany, foi rematriculado N502AV, passando a voar em abril de 1987 na Delta Airlines. A partir daí, ele passou a peregrinar por diversas empresas. Voou pela Air Malta, Gulf Air, Trans Ocean Airways, sendo novamente vendido agora para a empresa de leasing International Air Lease (IAL), que continuou arrendado a aeronave para a Argosy International, Braniff International, Allegro Airlines, até que, em dezembro de 1994, foi arrendado pela brasileira Air Vias. Esse é o ponto de ligação com a FAB. O N502AV chegou ao Brasil no dia 7 de janeiro de 1995 para a Air Vias, onde deveria ser registrado como PP-AIU, o que não chegou a acontecer, e passou a voar operando por poucos meses com a matrícula americana e as cores da empresa de voos charter brasileira.

Retomado por falta de pagamento pela IAL, acabou arrendado em 26 de julho de 1995 para a recém-criada TCA (Tropical Airlines), empresa nacional

Foto do N580CR na Base Aérea do Galeão. Este 727-247 ficou em poder da FAB por alguns meses, antes de ser retomado pelos proprietários. Foto Arquivo Vito Cedrini.

pertencente ao então governador do Acre, Orleir Carmeli (cujo verdadeiro nome é Marmud Carmely). O Departamento de Aviação Civil (DAC) concedeu o certificado de aeronavegabilidade como N502AV, enquanto os trâmites para registrar a aeronave com o prefixo nacional PP-TLM eram realizados.

No dia 7 de agosto de 1995 o avião foi apreendido pela Polícia Federal no Aeroporto de Guarulhos, em São Paulo, após pousar procedente de Miami, EUA. Além de estar com a matrícula adulterada para N580CR, a bordo haviam 110 caixas de aparelhos eletrônicos (kit fly – equipamentos de navegação aérea), pneus e outros produtos sem as guias de importação e avaliados em mais de US$ 210 mil. A Polícia Federal também associou o B727 a diversas irregularidades, como lavagem de dinheiro, crimes fiscais e até tráfico de drogas, uma vez que um dos pilotos era acusado de ter envolvimento com o tráfico internacional.

Confiscado pela Justiça, o N580CR permaneceu em Guarulhos até que fosse determinado, pela Justiça Federal, o seu repasse para a FAB. Em outubro de 1995, o B727 foi trasladado de Guarulhos para o Galeão, sendo estocado no Parque de Material Aeronáutico do Galeão (PAMA-GL) a céu aberto, já todo branco, sem os títulos TCA, apenas com o nome Marmud Carmely no nariz.

A IAL logo após o incidente em São Paulo ingressou na Justiça para tentar recuperar o seu bem, iniciando uma disputa judicial. A FAB por sua vez não tinha nenhum interesse em operar a aeronave, alegando pelos jornais da época que a aeronave gerava R$ 990 por dia de custos e manutenção. No dia 21 de janeiro de 1997, o PAMA-GL publicou nos jornais o edital de concorrência 001/97 do PAMA-GL-97, calcado no processo nº 707/APC-96 para arrendar o B727-247 N580CR pelo período mínimo de um ano.

O edital não despertou interesse de nenhuma empresa, em face de ser um arrendamento, e não uma venda, e por ter um imbróglio jurídico por trás do negócio. Em abril de 1997 foi feito um acordo entre a FAB, a IAL e a Justiça Federal. A FAB abriria mão de uma aeronave avaliada em US$ 10 milhões em troca de um ressarcimento de R$ 210 mil pelos custos de guarda do B727. Já a Justiça Federal exigiu a retirada do processo movido pela IAL contra a Receita Federal por apropriação de bem indevido, bem como o pagamento de multas e custas processuais, para a devolução do trijato.

Assim, em abril de 1997 o único B727 da FAB retornou a sua proprietária, que, depois de realizar uma revisão no então CEMAN Rio da Varig, deixou o Galeão rumo a Miami, em 31 de outubro de 1997. Apesar do acordo com a IAL, o Ministério Público continuou o processo contra a TCA, seus proprietários e demais envolvidos.

A IAL continuou arrendando o N580CR, que operou em empresas como Grand Bahama Island e a Jatayu Airlines, onde recebeu a matrícula indonésia PK-JGT. Aquela companhia foi a sua última operadora. Retirado de serviço em 2004, o PK-JGT foi estocado no aeroporto de Soekarno-Hatta, em Jacarta, Indonésia, sendo posteriormente desmontado em julho de 2009.

Boeing 727-247	
Período de Utilização	De 1995 até 1997
Fabricante	Boeing Company
Emprego	Transporte de passageiros
Características Técnicas	
Motor	3 Pratt & Whitney JT8D-15
Envergadura	32,93 m
Comprimento	46,69 m
Altura	10,36 m

Continua

Peso Vazio	46.164 kg
Peso Máximo	83.820 kg
Passageiros	8 tripulantes e 172 passageiros classe única
Armamento	Não dispunha de armamento
Desempenho	
Velocidade Máxima	983 km/h
Teto Operacional	10.060m
Alcance	3.967 km
Comentários	
Total Adquirido	1 exemplar
Unidades Aéreas	Não entrou em serviço
Designações	Não recebeu designação
Matrículas	Não recebeu matrícula na FAB; manteve a civil N580CR

Gates Learjet 55C

Já foi mais que comprovado que a família de aeronaves executivas desenvolvida pela Gates Learjet Corporation entrou para a história como as de maior sucesso comercial na sua área, uma vez que, desde o início da década de 1960, quando surgiram os primeiros esboços do projeto, até os dias atuais, o modelo teve uma evolução e uma produção surpreendentes.

Após o sucesso alcançado pelos modelos Learjet 23, a introdução dos econômicos e silenciosos turbofans Garret alavancou a venda dos novos modelos Lear 35 e 35A, que foram produzidos até a década de 1990. Em 1977, durante o Paris Air Show, a Gates Learjet apresentou um novo e luxuoso modelo da aeronave, com cabine aumentada, maior capacidade de passageiros e maior autonomia naquela que ficou conhecida como a série 50, composta pelos Modelos 54, 55 e 56.

O primeiro protótipo do modelo 55, único dos três que foi construído, voou em 19 de abril de 1979 e a entrega das primeiras unidades ocorreu em março de 1981.

O VU-55C 6100 foi o único Learjet 55C empregado pela FAB. Recebido em 1998, ele pertenceu à massa falida do Banco Bamerindus, que encerrou suas atividades no final dos anos 1990. Em 2014, o 6100 foi retirado de serviço e posto à venda.
Foto Arquivo Vito Cedrini.

O Gates Learjet 55 VU-55C FAB 6100 do GTE (Base Aérea de Brasília), de 1998 até 2014.

O Learjet 55C possui capacidade para voos intercontinentais e foi equipado com refinamentos aerodinâmicos, inclusive winglets, que proporcionaram menor velocidade de aterragem e maior estabilidade direcional, além de tanques de combustível com maior capacidade. Dotado de dois motores turbofan Garret TFE 731 montados nas laterais traseiras da fuselagem, o nível de ruído no interior da aeronave é bem baixo se comparado com o de outras aeronaves do tipo.

No total foram construídas 126 jatos do modelo 55, oito da versão 55B com desempenho de decolagem melhorado e 13 da versão 55C com uma traseira redesenhada, incorporando duas barbatanas sob a fuselagem para melhorar a estabilidade longitudinal durante o voo e diminuir a velocidade de pouso.

O Lear 55C, conforme o interesse do cliente, tem capacidade para transportar de oito a 11 passageiros, sendo equipado com galley e toalete para os passageiros.

O Gates Learjet 55C na Força Aérea Brasileira

Adquirido na metade dos anos 1980 pelo Banco Bamerindus, o Learjet 55 PT-OCA (c/n 55-140), que voava na Araucária Táxi Aéreo, acabou sendo encampado pelo governo federal, após a declaração de falência do banco pelo Banco Central, como garantia de dívidas. A aeronave foi repassada à FAB por ordem da Justiça, sendo entregue ao Grupo de Transporte Especial (GTE) em 2 de junho de 1998, onde passou a voar no 2º Esquadrão. Antes de chegar a Brasília, esse Learjet 55 foi configurado e pintado no PAMA-RF, sendo designado VU-55 e matriculado FAB 6100. Algum tempo depois foi redesignado VU-55C.

Empregado em missões de transporte VIP de altas autoridades e de militares da FAB, o 6100, que possui capacidade para oito passageiros, ficou alocado no GTE até o início de 2014, quando foi retirado de serviço, sendo enviado para o PAMA-GL. Isso ocorreu em virtude da dificuldade de se obterem suprimentos para atender apenas a uma aeronave do tipo. Pela licitação nº 13/2014, publicada no Diário Oficial da União de 13 de agosto, ele foi colocado à venda.

Gates Learjet 55C	
Período de Utilização	De 1998 até 2014
Fabricante	Gates Learjet Corporation
Emprego	Transporte VIP
Características Técnicas	
Motor	2 Garrett TFE 731-3-2B de 1.678 kg cada um
Envergadura	13,35 m
Comprimento	16,80 m
Altura	4,48 m
Área Alar	24,57 m^2
Peso Vazio	5.832 kg

Continua

Peso Máximo	9.525 kg
Armamento	Não dispunha de armamento
Desempenho	
Velocidade Máxima	884 km/h
Razão de Subida	230 m/min
Teto Operacional	15.545 m
Alcance	5.295 km
Comentários	
Total Adquirido	1 exemplar
Unidades Aéreas	2º Esquadrão do Grupo de Transporte Especial
Designações	VU-55C
Matrículas	6100

Embraer EMB-145SA

Derivado do jato regional ERJ 145, o EMB-145 AEW&C surgiu como um dos frutos do projeto SIVAM (Sistema de Vigilância da Amazônia). Idealizado em 1990, o SIVAM começou a ser implantado em 1997 com o objetivo de criar uma rede de proteção e controle sobre a Amazônia Brasileira garantindo a defesa das riquezas naturais do País e a vigilância das fronteiras aérea, terrestre e fluvial da região Norte.

Para pôr o SIVAM no ar, o planejamento necessitava de uma série de providências, entre as quais a criação de uma rede de 25 sítios radares em solo, que resultaram em quase 100% de cobertura radar da região e também de vetores aéreos que pudessem prover superioridade aérea, sensoriamento remoto e alerta aéreo antecipado. Foi o passo inicial para criar as bases para o surgimento

Uma foto anterior à entrega do R-99A, na qual podemos vê-lo portando uma matrícula civil e uma militar. Sua entrada em serviço literalmente revolucionou a mentalidade operacional da Força Aérea. Foto Embraer.

Bela imagem de um dos cinco R-99A, hoje designados E-99, do 2º/6º GAV. Essas aeronaves são facilmente reconhecidas pela imponente antena do radar Ericson PS-890 Erieye disposta sobre a fuselagem. Foto Embraer.

de três vetores da Embraer que viraram sinônimo do SIVAM: o EMB-314 Super Tucano e os EMB-145RS e EMB-145SA.

Contatada pela FAB, a Embraer passou a desenvolver uma versão AEW&C (Airborne Early Warning and Control – Controle e Alerta em Voo) no início dos anos 1990, com base no EMB-120 Brasília, cuja versão AEW voou pela primeira vez em 1994. No entanto, a célula do EMB-120 se mostrou inadequada e, em agosto de 1995, o EMB-145, que estava prestes a ser entregue ao mercado regional, mostrou-se o sucessor ideal, passando a ser a plataforma base para o novo sistema, sendo designado como EMB-145SA (Surveillance Aircraft).

A principal característica do EMB-145SA é, sem dúvida, o seu radar Ericsson PS-890 Erieye, em forma retangular disposto sobre a fuselagem, e que possui uma varredura de quase 360° e cumpre missões de alerta aéreo antecipado (AEW), vigilância, controle de espaço aéreo e vigilância marítima, entre outras. O PS-890 é do tipo AESA (Active Electronically Scanned Array) com capacidade de monitorar alvos á distâncias superiores a 350 km. Para compensar o peso de seus 900 kg, o EMB-145 ganhou uma série de modificações aerodinâmicas que incluem winglets, barbatanas na fuselagem traseira e aletas direcionais nos estabilizadores horizontais. Internamente a aeronave possui toalete, galley, espaço para descanso da tripulação e consoles dedicados à missão AEW&C. A tripulação padrão é composta normalmente de piloto e copiloto, mecânico de voo e seis controladores aéreos.

O Embraer R-99A FAB 6703 do 2º/6º GAV (Base Aérea de Anápolis), entre 2002 e 2007.

O rollout da versão de alerta aéreo antecipado ocorreu em 9 de maio de 1999, em São José dos Campos (SP), junto com o primeiro EMB-145RS (PT-XRS). Com a matrícula de teste PT-XSA, o futuro FAB 6700 efetivou seu primeiro voo em 22 de maio de 1999. No mesmo ano, a Embraer ganhou a primeira encomenda estrangeira, com a compra de quatro unidades por parte da Força Aérea da Grécia. O primeiro EMB-145 AEW&C entrou em serviço em maio de 2002 na FAB.

Além do Brasil, o EMB-145SA também opera na Força Aérea da Grécia (HAF), que possui quatro EMB-145H; na Força Aérea do México (FAM), que opera um único EMB-145SA, e na Força Aérea da Índia (IAF), que possui quatro EMB-145I. As aeronaves indianas têm um radar AESA desenvolvido localmente pela CABS (Centre for Air Borne Systems), uma agência do governo indiano especializada em sistemas aerotransportados.

O Embraer EMB-145SA na Força Aérea Brasileira

O R-99A deu à FAB pela primeira vez uma capacidade real de Alerta e Controle em Voo. No dia 17 de março de 1997, foi assinado pelo governo federal um contrato com a Embraer no valor de US$ 1,3 bilhão, que englobou a aquisição de cinco aeronaves EMB-145SA (AEW&C) e três EMB-145RS.

Para operar as novas aeronaves, a FAB criou uma nova unidade, o 2º/6º GAV Esquadrão Guardião, sediado na Base Aérea de Anápolis (BAAN). O núcleo da unidade (Nu 2º/6º GAV) foi criado em 18 de janeiro de 1999, só passando à condição de unidade aérea três anos e meio mais tarde, em 24 de julho de 2002, isto é, cerca de um mês após a entrega da primeira aeronave, o FAB R-99A 6701, que chegou à unidade em 24 de maio. Até dezembro de 2003, todos os aparelhos encomendados estavam operacionais.

Os EMB-145SA (AEW&C) foram designados na FAB como R-99A, recebendo as matrículas de FAB 6700 a 6704 e um padrão de pintura em cinza claro com marcações diminutas, que incluem a bolacha do Esquadrão Guardião no nariz. Dentro da estrutura do 2º/6º GAV, eles foram alocados à 1ª Esquadrilha, dedicada a missões de vigilância e alerta aéreo antecipado e controle.

Na prática, os R-99A do 2º/6º GAV abriram as portas da FAB para novos conceitos, como aviônica digital, emprego de tecnologia embarcada de ponta, treinamento em simulador, uso de estações de planejamento e CLS. A doutrina

Baseado no jato regional ERJ 145, o E-99 tornou-se a primeira aeronave AWACS (Alerta Aéreo Antecipado e Controle) a operar na FAB. Foto Embraer.

adquirida com o uso do R-99A e, também, do R-99B beneficiou não só a FAB, mas as demais Forças Armadas brasileiras, bem como os diversos clientes do SIPAM (Sistema de Proteção da Amazônia), que incluem órgãos públicos como a Polícia Federal, o IBAMA, o IBGE e a FUNAI, entre outros.

O R-99A também trouxe um ganho importante para a aviação de caça, principalmente no gerenciamento de missões de interceptação e nas missões de combate BVR. Com a dupla R-99A e A-29, a FAB passou a ter também um vetor eficiente para coibir o voo de tráfegos ilícitos ou desconhecidos que antes operavam livremente nas fronteiras do país.

A primeira missão operacional do R-99A ocorreu em outubro de 2002, durante a Operaer, uma operação que envolveu uma fictícia guerra entre países, quando dois R-99A operaram deslocados em Canoas (RS) e Santa Maria (RS), vetorando e controlando as ações de combate em curso naquela operação de treinamento. Outra missão de destaque ocorreu em junho de 2003, quando um R-99A localizou em plena selva amazônica peruana um grupo de guerrilheiros do Sendero Luminoso que haviam feito 71 reféns no Campo de Tuccate, um dos postos petrolíferos do Projeto Camisea, que gera gás natural ao Peru. A pedido do governo do Peru, a FAB localizou o cativeiro, usando triangulações de celular e comunicações de rádio, menos de 31 horas depois de o sequestro ter sido confirmado. Sentindo que foram descobertos e que seriam engajados pelo Exército Peruano, os guerrilheiros liberaram os reféns, sem que fosse feito o pagamento de resgate.

Em 2008, a FAB redesignou os R-99A como E-99, por entender que o E, de Eletrônico, era mais condizente com suas atividades. Com isso, os R-99B passaram a ser designados R-99. Em janeiro de 2013, a FAB anunciou que seria feita uma modernização de meia vida nos E-99. O contrato assinado com a Embraer Defesa e Segurança avaliado em R$ 430 milhões contemplou a atualização dos sistemas de Guerra Eletrônica, Comando e Controle, EMC (Contramedidas Eletrônicas) e do radar PS-890 Erieye. Os cinco E-99 ingressaram então na linha de modernização entre os anos de 2014 e 2017.

Um E-99 do Esquadrão Guardião sobrevoa o Estádio do Maracanã. Os cinco E-99 estão passando por uma modernização que vai atualizar seus sistemas eletrônicos.
Foto Carlos Lorch / Action Editora Ltda.

Embraer EMB-145SA	
Período de Utilização	A partir de 2002
Fabricante	Embraer Defesa e Segurança
Emprego	Alerta aéreo antecipado e controle
Características Técnicas	
Motor	2 Rolls-Royce AE 3007-A1P de 8.338 lb cada um
Envergadura	21 m
Comprimento	29,87 m
Altura	6,75 m
Peso Máximo	24.000 kg
Armamento	Não dispõe de armamento
Sensores	Radar AESA Ericsson PS-890 Erieye; sistemas de EMC, EW, SATOCOM, datalink e comunicações seguras
Desempenho	
Velocidade Máxima	828 km/h
Teto Operacional	11.212 m
Comentários	
Total Adquirido	5 exemplares
Unidades Aéreas	2º/6º GAV
Designações	R-99A e E-99
Matrículas	6700 a 6704

Embraer EMB-145RS/AGS

Assim como o EMB-145SA (AWE&C), o EMB-145RS/AGS é uma versão militar desenvolvida com base no jato regional ERJ 145. Seu nascimento ocorreu em paralelo à versão AEW&C, visando atender as prerrogativas do Projeto SIVAM (Sistema de Vigilância da Amazônia).

O principal sensor do EMB-145RS/AGS (Remote Sensing/Air-to-Ground Surveillance) é um radar de abertura sintética (SAR) McDonald Dettwiler IRIS (Integrated Radar Imaging System), instalado em um enorme radome, localizado na parte inferior da fuselagem, pouco à frente da asa. Além do radar, a aeronave possui diversos outros sensores, como um imageador térmico do tipo FLIR Systems AAQ-22 StarSafire, um scanner multiespectral da Geophysical & Environmental Research (GER) modelo EPS-A 31T, sistemas de COMINT (Inteligência de Comunicações), ELINT (Inteligência Eletrônica) e SIGINT (Inteligência de Sinais), além de diversos outros requintes eletrônicos. Semelhante ao que ocorreu com a versão AEW&C, o RS/AGS também teve que receber modificações aerodinâmicas para compensar a instalação do exuberante radome do radar SAR, como uma barbatana dupla na parte traseira da fuselagem.

Internamente a aeronave possui toalete, galley, espaço para descanso da tripulação e consoles dedicados à missão de sensoriamento. A tripulação padrão é composta normalmente de piloto e copiloto, mecânico de voo e seis operadores de equipamento especial.

A primeira aeronave, matriculada PT-XRS (futuro FAB 6750), fez seu primeiro voo em 17 de dezembro de 1999. A versão EMB-145RS foi a base para que a Embraer desenvolvesse a versão EMB-145 MP/ASW dedicada a missões de patrulha

O R-99, que, desde 2008, era designado R-99B, é hoje uma das aeronaves mais importantes do inventário da Força Aérea. Sua capacidade de sensoriamento remoto colocou a FAB na era digital. Foto Arquivo Jackson Flores Jr. / Action Editora Ltda.

marítima e missões antissubmarino. As versões do EMB-145SA, RS/AGS e MP/ASW passaram a formar a família de aeronaves ISR (Intelligence, Surveillance and Reconnaissance) dedicadas a realizar missões de inteligência, reconhecimento e vigilância. Atualmente a Embraer designa o EMB-145RS/AGS como EMB-145 MultiIntel.

O Embraer EMB-145RS/AGS na Força Aérea Brasileira

Os três EMB-145RS adquiridos pela FAB fazem parte do contrato de aquisição dos EMB-145SA, ou seja, o que foi assinado no dia 17 de março de 1997 entre o governo federal e a Embraer, avaliado em US$ 1,3 bilhão, que contemplou oito variantes militares do ERJ 145.

Na FAB, os EMB-145RS/AGS foram designados R-99B, sendo alocados ao 2º/6º GAV, unidade sediada na Base Aérea de Anápolis (BAAN) especialmente criada para receber os R-99 das duas versões: A e B. A primeira aeronave chegou a BAAN em 18 de junho de 2002, já a segunda veio em 18 de junho de 2003. O último R-99B foi entregue, menos de um mês depois, em 11 de junho de 2003.

O treinamento inicial tanto para operar o R-99B, quanto o R-99A foi feito na Embraer (ground school/CTP) e na Rio-Sul (prática de voo), então a única operadora de jatos ERJ 145 no país. Já a parte operacional foi estabelecida com o apoio da Ericsson e GER, as fabricantes dos radares de AEW e SAR, e pela FAB, dento dos moldes do Projeto SIVAM e das necessidades operacionais da Força.

Assim como os R-99A, os R-99B receberam um padrão de pintura em cinza claro com marcações diminutas, que incluem a bolacha do Esquadrão Guardião

O Embraer R-99B FAB 6751 do 2º/6º GAV (Base Aérea de Anápolis), entre 2002 e 2008.

no nariz. Dentro da estrutura do 2º/6º GAV, eles foram alocados à 2ª Esquadrilha, dedicada a missões de sensoriamento remoto, inteligência e reconhecimento. Além do R-99B, a 2ª Esquadrilha também conta com um Cessna C-208B Grand Caravan, que opera em missões de apoio à frota de R-99.

Os R-99B estrearam em serviço na Operaer 2002, em outubro de 2002, ao lado dos R-99A, operando deslocados na Base Aérea de Canoas (BACO). Na oportunidade o 6750 realizou diversas missões de reconhecimento e sensoriamento, mostrando que a FAB havia definitivamente entrado em outro patamar operacional. A partir de então ficou impossível imaginar a FAB sem os R-99B. Nos seus primeiros 10 anos de serviço, a aeronave foi responsável por criar uma doutrina de sensoriamento remoto digital e de ações de inteligência nos mesmos moldes daquela usada nas mais importantes forças áreas do mundo. Além de criar uma nova realidade operacional no âmbito militar, os R-99B efetivaram diversas ações de monitoramento e coleta de dados em benefício da biodiversidade, acompanhando desmatamentos, áreas de queimadas e desastres naturais, bem como participando de diversas missões de policiamento, monitoramento e ações efetivas de combate ao tráfico, contrabando e ações ilícitas em apoio aos órgãos federais. Em 2008, com a redesignação dos R-99A para E-99, os R-99 passaram a ser conhecidos simplesmente como R-99.

Empregados a partir de 30 de setembro de 2006, dois R-99B do Esquadrão Guardião auxiliaram na localização e na delimitação da aérea total onde estavam espalhados os destroços do Boeing 737-8EH SFP (matrícula PR-GTD), da GOL Linhas Aéreas, que caiu no Sul do Pará, em 29 de setembro daquele ano, a 200 km a leste de Peixoto Azevedo (MT), após colidir em pleno voo com o Embraer Legacy 600 N600XL, quando fazia o voo G3 1907 entre Manaus e o Rio de Janeiro com 154 pessoas a bordo.

Em junho de 2009, um R-99B do 2º/6º GAV foi imprescindível para localizar os destroços do A330-203 F-GZCP da Air France que caiu no Oceano Atlântico, na noite de 1º de junho, a 565 km de Natal (RN), quando fazia o voo AF 447, que ligava o Rio de Janeiro a Paris.

Em junho de 2009, os R-99 foram imprescindíveis para localizar os destroços do A330-203, da Air France, que caiu no mar na noite de 1º de junho, a 565 km de Natal (RN). Foto Embraer.

O principal sensor da aeronave é o radar de abertura sintética (SAR) McDonald Dettwiler IRIS (Integrated Radar Imaging System) instalado na parte inferior da fuselagem. Foto Embraer.

Embraer EMB-145RS/AGS

Período de Utilização	A partir de 2002
Fabricante	Embraer
Emprego	Reconhecimento, sensoriamento remoto e inteligência
Características Técnicas	
Motor	2 Rolls-Royce AE 3007-A1P de 8.338 lb cada um
Envergadura	20,04 m
Comprimento	29,87 m
Altura	6,75 m
Peso Máximo	24.000 kg
Armamento	Não dispõe de armamento
Desempenho	
Velocidade Máxima	828 km/h
Teto Operacional	11.212 m
Comentários	
Total Adquirido	3 exemplares
Unidades Aéreas	2º/6º GAV
Designações	R-99B e R-99
Matrículas	6750 a 6752

Embraer EMB-314 (A-29A/B)

O sucesso mundial do EMB 312 T-27 Tucano, produzido pela Embraer para a Força Aérea Brasileira, encorajou a empresa a empreender novos passos na área das aeronaves de treinamento militar. Conhecedora do promissor mercado para uma aeronave turboélice de treinamento, a Embraer começou um trabalho de desenvolvimento baseado no T-27G1, ou Short Tucano, da Real Força Aérea britânica, e apresentou uma proposta para a produção do T-27H que seria um treinador muito mais adiantado que o T-27 original, o que, no entanto, não foi levado adiante.

No início dos anos 1990, o JPATS (Joint Primary Aircraft Training System), que foi um requerimento conjunto da Força Aérea (USAF) e da Marinha (US Navy) dos Estados Unidos para um treinador único, levou a Embraer a reativar a proposta do T-27H. No mesmo período, o programa da OTAN que buscava uma aeronave turboélice e uma a jato para a formação de seus novos pilotos no Canadá, mais conhecido como NFTC (NATO Flight Training in Canadá), também contou com a participação do modelo brasileiro que, no entanto, foi preterido em ambos os programas pelo modelo T-6 Texan II da Beechcraft, um desenvolvimento local baseado no Pilatus PC-9, uma vez que, à época, o protótipo do T-27H não passava de um demonstrador de conceitos.

Com o advento do programa do SIVAM no Brasil, a FAB emitiu os requisitos operacionais para uma aeronave de ataque leve que, além do treinamento dos pilotos de caça da Força, também fosse capaz de realizar missões de patrulhamento e eventuais ataques leves nas longínquas áreas amazônicas. Entre as características propostas para a nova aeronave, deveria ser possível sua operação diurna ou noturna a partir de aeródromos desprovidos de infraestrutura, deveria ser dotada de grande autonomia e moderna aviônica, com capacidade de operação conjunta com os R-99 através de datalink e possuir capacidade para transporte de armamento em cinco cabides externos e armamento de cano embutido na asa, entre outras. Haveria, ainda, duas versões da aeronave: uma monoposto, exclusivamente para ataque, e outra biposto, que além de manter a capacidade de ataque, poderia ser usada no treinamento de pilotos.

A aeronave resultante, denominada EMB-314 Super Tucano, e baseada no T-27H, foi dotada de motor turboélice Pratt & Whitney PT6A-68 de 1.600 shp de potência, controlado por um Full Authority Digital Engine Control (FADEC) que aciona uma hélice pentapá Hartzell, e realizou seu primeiro voo em 28 de junho de 1999. Com um envelope de voo de +7 G e -3,5 G, o Super Tucano possui, para a proteção do piloto, uma blindagem protetora da cabine de Kevlar, assento ejetável zero-zero, para-brisa resistente ao impacto de aves a até 300 kt e redundância dos sistemas mais críticos. Para sua navegação e emprego, foi dotado com Head

Foto do PT-ZTF, um dos protótipos do conceito ALX, a aeronave que deu origem ao EMB-314 Super Tucano. Foto Wagner Ziegelmeyer / Action Editora Ltda.

O Embraer EMB-314 YA-29 FAB 5700 (Protótipo do A-29A Super Tucano).

O Embraer EMB-314 A-29B FAB 5966 do Esquadrão de Demonstração Aérea (EDA).

Up Display (HUD), sistema Hands On Throttle and Stick (HOTAS), sistema Onboard Oxygen Generating Systems (OBOGS) e Night Vision Google (NVG).

Na FAB as variantes monoposto e biposto foram designadas A-29A e A-29B, respectivamente, e exportados para as Forças Aéreas de Angola, de Burkina Faso, do Chile, da Colômbia, do Equador, da Indonésia, da Mauritânea e da República Dominicana, além de uma unidade para o Tactical Air Defence Service dos EUA (Black Water).

Em 2012, o A-29 foi declarado vencedor da concorrência realizada pelo governo norte-americano para a aquisição de 20 aeronaves de ataque leve para o programa Light Air Suport (LAS), que visa equipar o Corpo Aéreo do Exército Nacional do Afeganistão com modernas aeronaves para o treinamento avançado em voo, vigilância, interdição aérea e apoio aéreo aproximado, objetivando o combate a grupos insurgentes do Talibã. A compra, avaliada em US$ 355 milhões,

O Tucano na ala de um Super Tucano. O protótipo do A-29B, então designado YAT-29 FAB 5900, em um dos seus voos de ensaio. Sob a asa podemos ver um tanque de combustível e um MAA-1 inerte. Foto Wagner Ziegelmeyer / Action Editora Ltda.

Um dos protótipos do A-29 em mais um voo de ensaio. Dessa vez, por ocasião do lançamento de um míssil ar-ar infravermelho MAA-1 Piranha. Foto Centro Técnico Aeroespacial.

que além das 20 aeronaves prevê o treinamento de pilotos e o fornecimento de peças de reposição, foi temporariamente suspensa devido à ação judicial impetrada pela Hawker Beechcraft, mas confirmada, em 2013, após nova licitação. A primeira aeronave foi oficialmente entregue à USAF, em 25 de setembro de 2014, nas instalações da Embraer em Jacksonville (FL – EUA). O USAF 13-2001 foi transferido para Moody AFB para iniciar o treinamento dos pilotos do Afeganistão.

O Embraer EMB-314 (A-29A/B) na Força Aérea Brasileira

Considerado uma plataforma de armas no estado da arte para emprego em missões antiguerrilha, principalmente pelas tecnologias embarcadas, em 2001, a FAB adquiriu 76 aeronaves em dois lotes, sendo 51 bipostos e 25 monopostos, para equipar suas unidades de treinamento de caça e de segunda linha, responsáveis pela guarda e vigilância das fronteiras e também pela formação dos pilotos líderes de esquadrilha e de esquadrão da Força.

Outra foto do protótipo do A-29B em voo totalmente armado, o que demonstra a verdadeira vocação do A-29: ataque! Foto Carlos Lorch / Action Editora Ltda.

O primeiro esquadrão a receber os A-29B foi o 2º/5º GAV, Esquadrão Joker, baseado na Base Aérea de Natal, que, em agosto de 2004, ficou responsável pela formação dos primeiros pilotos de A-29 e pelo desenvolvimento da doutrina de implantação da nova aeronave nas novas unidades do 3º Grupo, recém-criado. O objetivo por trás da colocação dos A-29 no Esquadrão Joker baseava-se na necessidade de substituir os AT-26 Xavante na formação dos futuros pilotos de caça brasileiros, por causa de seu desgaste e idade operacional avançada.

As demais aeronaves A-29 do primeiro lote foram destinadas às unidades aéreas baseadas próximo à fronteira norte e oeste do país. Em novembro de 2005, após a transição de seus pilotos no 2º/5º GAV, o 1º/3º GAV, Esquadrão Escorpião, baseado na Base Aérea de Boa Vista, e o 2º/3º GAV, Esquadrão Grifo, localizado na Base Aérea de Porto Velho, receberam suas primeiras aeronaves Super Tucano e começaram a preparação das equipagens para seu pleno emprego em cumprimento da sua missão constitucional.

O segundo lote, constituído por 23 aeronaves, sendo 15 bipostos e 8 monopostos, foi adquirido em dezembro de 2005, e as aeronaves foram distribuídas pelas unidades para a complementação da dotação até o fim do ano de 2012 e totalizaram 99 aeronaves, sendo 66 bipostos e 33 monopostos.

Em fevereiro de 2004, foi criado na Base Aérea de Campo Grande o último dos esquadrões pertencentes ao 3º Grupo, o 3º/3º GAV, Esquadrão Flecha, com missão idêntica à de seus irmãos do norte. Inicialmente operando com AT-27, em 12 de maio de 2006, receberam seus primeiros A-29B Super Tucano, com os quais passaram a formar os demais pilotos da unidade para a transição de aeronaves que se iniciava. Posteriormente recebeu os A-29A completando sua dotação com as aeronaves monoplace.

A última unidade a receber exemplares do A-29A/B foi o Esquadrão de Demonstração Aérea (EDA), baseado na Academia da Força Aérea (AFA), em Piras-

Voando na ala do Joker! Desde 2004, o A-29 Super Tucano é o responsável por formar os pilotos de caça da FAB, missão que herdou de outro produto da Embraer, o AT-26 Xavante. Foto Katsuhiko Tokunaga.

Armado com um dispensador de exercício SUU-20, dois A-29 rumam para o estande de tiro. A grande precisão e a capacidade de emprego do A-29 o tornaram um vetor ideal para missões de ataque e COIN. Foto Katsuhiko Tokunaga.

sununga (SP), que começou a receber o novo avião em 1º de outubro de 2012 para substituir os desgastados T-27 no mesmo ano. Infelizmente um acidente com o A-29B FAB 5964, em 12 de agosto de 2013, ceifou a vida de dois capitães e a Esquadrilha da Fumaça teve que realizar um intervalo em seu treinamento até a definição da causa do acidente.

A Esquadrilha da Fumaça vai operar com oito A-29A e quatro A-29B, que foram modificados especialmente para missão de demonstração aérea. Além das unidades citadas, em 2011, o Instituto de Pesquisa e Ensaio em Voo recebeu dois A-29B, os FAB 5923 e 5953, para desenvolver as atividades de ensaio em voo.

Decolagem de pistas não preparadas também está no leque de capacidades do Super Tucano. Foto Embraer.

Embraer EMB-314 (A-29A/B)		
Período de Utilização	A partir de 2004	A partir de 2005
Fabricante	Embraer	
Emprego	Ataque e demonstração aérea	Treinamento, ataque, ensaio em voo e demonstração aérea
Características Técnicas	A-29A	A-29B
Motor	Pratt & Whitney Canada PT6A-68C de 1.600 shp	Pratt & Whitney Canada PT6A-68C de 1.600 shp
Envergadura	11,14 m	11,14 m
Comprimento	11,38 m	11,38 m
Altura	3,97 m	3,97 m
Peso Vazio	3.020 kg	3.020 kg
Peso Máximo	5.200 kg	5.200 kg
Armamento	2 mtr FN Herstal M3P de 12,7 mm internas nas asas 4 casulos de lança-foguetes de 70 mm 2 AIM-9L MAA-1 Piranha 4 bombas Mk 81 ou Mk 82 (emprego geral) 4 BLG-252 (lança-granadas)	2 mtr FN Herstal M3P de 12,7 mm internas nas asas 4 casulos de lança-foguetes de 70 mm 2 AIM-9L MAA-1 Piranha 4 bombas Mk 81 ou Mk 82 (emprego geral) 4 BLG-252 (lança-granadas)
Desempenho		
Velocidade Máxima	593 km/h	593 km/h
Razão de Subida	1.440 m/min	1.440 m/min
Teto Operacional	10.670 m	10.670 m
Alcance	1.330 km	1.445 km
Comentários		
Total Adquirido	1 exemplar (YA-29) 33 exemplares (A-29A)	1 exemplar (YAT-29) 66 exemplares (A-29B)
Unidades Aéreas	2º/5º Grupo de Aviação 1º/3º Grupo de Aviação 2º/3º Grupo de Aviação 3º/3º Grupo de Aviação EDA	1º/3º Grupo de Aviação 2º/3º Grupo de Aviação 3º/3º Grupo de Aviação EDA IPEV
Designações	YA-29 e A-29A	YAT-29 e A-29B
Matrículas	YA-29: 5700 A-29A: 5701 a 5733	YAT-29: 5900 A-29B: 5901 até 5966

Embraer ERJ 135, ERJ 145 e Legacy 500

Os primeiros estudos que dariam origem ao EMB-145 foram iniciados no fim dos anos 1980 e tinham como base o EMB-120 Brasília. Em meados de 1991, a Embraer chegou à configuração final, e surgiu um jato regional asa baixa, cauda em T, dois motores Rolls-Royce AE 3007 na cauda e capacidade para 50 passageiros. Seu primeiro voo ocorreu no dia 11 de agosto de 1995 e sua entrada em serviço, em dezembro de 1996, com a Continental Express norte-americana.

O EMB-145, que em 1996 passaria a ser designado ERJ 145 (Embraer Regional Jet), inaugurou o conceito família da Embraer, pois dele derivam os ERJ 135 e ERJ 140, versões destinadas a transportar 37 e 44 passageiros. O ERJ 135 foi lançado em setembro de 1997 e voou pela primeira vez em 4 de julho de 1998, entrando em serviço em julho de 1999, também com a Continental Express. Já o ERJ 140 foi apresentado em setembro de 1999 com seu primeiro voo ocorrendo em 27 de julho de 2000. Sua entrada em serviço ocorreu em julho de 2001. Foi a partir do ERJ 135 que a Embraer lançou a versão executiva ERJ 135BJ Legacy 600.

Além da linha original da aeronave, em São José dos Campos (SP), desde 2004, o ERJ 145 também passou a ser fabricado na China, na planta da Harbin Embraer Aircraft Industry Co. Ltd. (HEAI), uma joint venture entre a Embraer e a China Aviation Industry Corporation II (AVIC II). Atualmente, a família ERJ 145 tem 1.200 aeronaves encomendadas, das quais mais de 1.150 já foram entregues a diversas companhias aéreas, forças aéreas e operadores privados. No âmbito militar, as aeronaves da Família 145 operam em Angola, no Brasil, na Bélgica, na Colômbia, na Grécia, na Índia, na Nigéria e na Tailândia em missões de transporte e transporte VIP.

Em 2007, a Embraer ampliou a sua família de jatos executivos ao lançar, em setembro, na National Business Aviation Association, suas novas aeronaves, inicialmente designadas Embraer MLJ (Mid-Light Jet) e MSJ (Mid-Size Jet). Em 8 de abril de 2008, durante a European Business Aircraft Conference and Exhibition, realizada em Genebra, na Suíça, a Embraer apresentou formalmente as novas aeronaves já denominadas Legacy 450 e Legacy 500, respectivamente, criando assim a família Legacy, hoje composta por quatro modelos: Legacy 450 e 500; e Legacy 600 e 650, estes dois últimos baseados na célula do ERJ 135.

Os Legacy 450 e 500, no entanto, são aeronaves novas destinadas ao mercado executivo, equipadas com dois motores Honeywell HTF 7000, aviônica digital Rockwell Collins Pro line Fuison e comandos fly-by-wire. As aeronaves são capazes de levar de 7 a 9 passageiros (Legacy 450) e de 8 a 12 (Legacy 500). O Legacy 450 voou pela primeira vez em 28 de dezembro de 2013. Já o 500 fez seu voo em 27 de novembro de 2012, tendo entrado em serviço em outubro de 2014.

Dois VC-99A voam em ala. Recebidas em 2004, essas aeronaves são todas ex-Rio-Sul e foram alocadas ao 1º/2º GT, onde substituíram os lendários C-91 Avro.
Foto Alexandre Durão / Action Editora Ltda.

Os C-99/VC-99 deram um choque de modernidade às unidades de transporte, introduzindo uma aviônica totalmente digital, composta de recursos como FMS, TCAS e FADEC. Foto Alexandre Durão / Action Editora Ltda.

Os Embraer ERJ 135, ERJ 145 e Legacy 500 na Força Aérea Brasileira

A história dos ERJ 145 na FAB começa em 23 de setembro de 2004, quando a primeira unidade foi entregue ao 1º/2º GT, o Esquadrão Condor. Designados na FAB inicialmente como C-99 (e, a partir de 2006, como C-99A), chegaram para substituir os HS-748 Avro (C-91) desativados em 30 de setembro de 2005, após 43 anos de excelentes serviços, dos quais 36 anos somente naquele esquadrão. Em 2008, o ERJ 145 também passaria a equipar uma segunda unidade da FAB: o GTE (Grupo de Transporte Especial). Já em 2012, uma aeronave do tipo seria transferida do 1º/2º GT para o IPEV (Instituto de Pesquisa e Ensaio em Voo), em São José dos Campos (SP).

A vinda dos C-99 tem ligação direta com a crise que culminou com o fim do Grupo Varig. A Rio-Sul, que havia sido a primeira operadora nacional do ERJ 145 a partir de agosto de 1997, quando arrendou 16 aeronaves matriculadas de PT-SPA a SPP, através de um leasing financiado pelo Banco Nacional de Desenvolvimento Econômico e Social (BNDES), chegava a 2003 sem condições de manter a frota, que, à época, também era compartilhada com a Nordeste - Linhas Aéreas. Isso forçou a rescisão do contrato

Afora os Legacy, o GTE conta com dois VC-99A, como o da foto. São aeronaves de maior porte que atendem às comitivas maiores. Foto Alexandre Durão / Action Editora Ltda.

O Embraer ERJ 145LR VC-99A FAB 2526 do GTE (Base Aérea de Brasília).

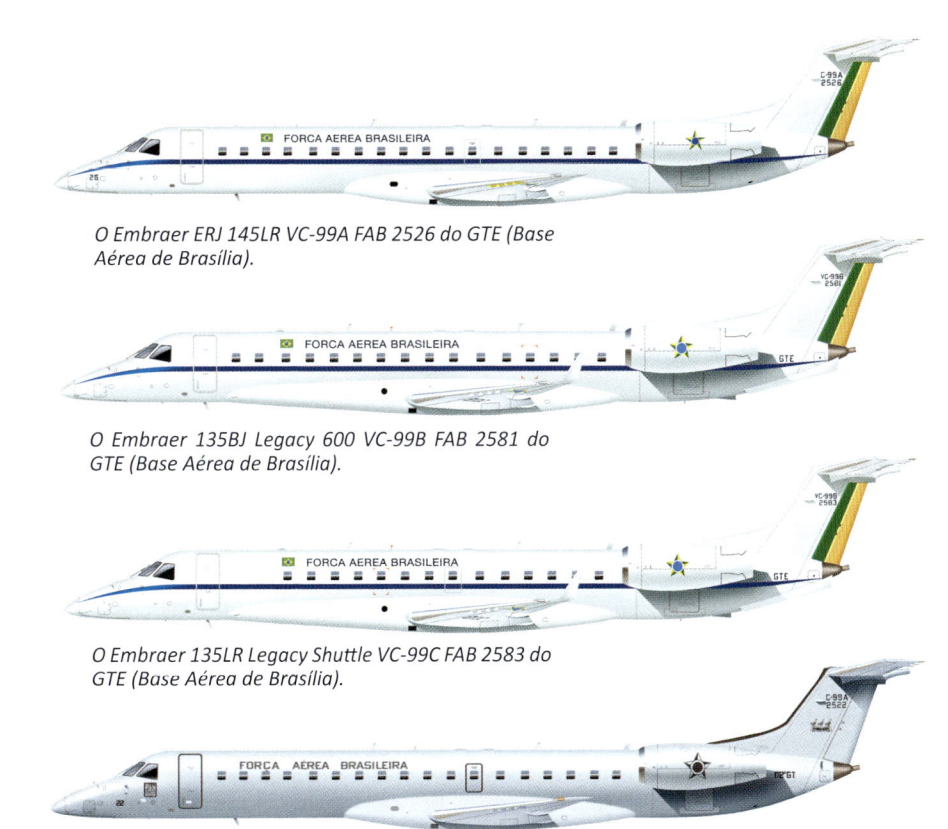

O Embraer 135BJ Legacy 600 VC-99B FAB 2581 do GTE (Base Aérea de Brasília).

O Embraer 135LR Legacy Shuttle VC-99C FAB 2583 do GTE (Base Aérea de Brasília).

O Embraer ERJ 145ER C-99A FAB 2522 do 1º/2º GT (Base Aérea do Galeão).

Vista do interior de um dos VC-99B da FAB. Essas aeronaves podem transportar até 12 pessoas na cabine de passageiros. Foto Alexandre Durão / Action Editora Ltda.

Elemento VIP em voo. Hoje a frota de jatos executivos da FAB está calcada nos VC-99, que operam lotados no 2º Esquadrão do GTE. Foto Alexandre Durão / Action Editora Ltda.

entre a Rio-Sul e a Embraer, e os 15 ERJ 145ER remanescentes (o PT-SPE foi perdido em acidente em 1998) foram gradualmente retirados da frota a partir de 2003, com a última aeronave sendo desativada em 2004. Todas foram estocadas em Porto Alegre à espera de um novo operador. Dos 15 ERJ 145ER, oito foram repassados à FAB, num acordo assinado em março de 2004 e que incluiu, além destes, outros sete EMB-120 Brasília também das empresas Rio-Sul/Nordeste.

Dos oito ERJ 145 destinados à FAB sete eram do modelo ER (Enhanced Range) configurados para 50 assentos. Todos mantiveram o padrão de configuração interna e a aviônica empregada na Rio-Sul. Dos sete C-99A, inicialmente, cinco receberam uma pintura toda em cinza claro e, os outros dois, os FAB 2524 e 2526, o mesmo padrão VIP usado pelo GTE. Em 2011 o FAB 2524 também foi pintado de cinza após revisão, padronizando assim a pintura dos C-99A do 1º/2º GT.

Além dos ERJ 145ER, a FAB também recebeu um modelo 145LR (Long Range) configurado para 36 assentos. Por ser diferente, acabou designado VC-99A FAB 2550 (ex-Rio-Sul PT-SPP), incorporando um padrão de pintura VIP. Essa aeronave foi operada inicialmente pelo 1º/2º GT, mas em 2008 foi repassada ao GTE, juntamente com o FAB 2526, o último ERJ 145 a ser entregue à FAB em agosto daquele ano, alocado diretamente à unidade sediada em Brasília.

Na FAB os C-99A passaram a cumprir as missões de transporte de passageiros, de apoio e as do Correio Aéreo Nacional (CAN). Já as aeronaves com padrão VIP distribuídas ao GTE passaram a realizar o voo de transporte de autoridades em conjunto com a frota de oito jatos Legacy daquela unidade aérea.

Já a história do ERJ 135 se iniciou em 15 de setembro de 2006, quando a FAB recebeu seu primeiro ERJ 135BJ Legacy 600 de um lote de seis aeronaves. Os ERJ 135/145 substituíram os HS-125-400A (VU-93) que, no dia 18 de janeiro de 2007, após 38 anos (1969/2007) e 150 mil horas de voo, foram aposentados no GTE. Designados VC-99B e matriculados de FAB 2580 a 2585, todos os Legacy 600 vieram com a mesma configuração interna, de 12 assentos na cabine de passageiros. Exceto o FAB 2585, adquirido direto da Embraer, os demais são aeronaves usadas vindas da empresa americana Flight Options e também da própria Embraer.

Além dos ERJ 135BJ, a FAB também adquiriu no mercado internacional dois Legacy Shuttle configurados para 14 passageiros. O Shuttle é uma aeronave convertida a partir do modelo comercial ERJ 135LR. Designados VC-99C e matriculados FAB 2560 e 2561, ambos vieram da Chautauqua Airlines e chegaram em

Todos os oito Legacy pertencem ao Grupo de Transporte Especial e destinam-se ao transporte de autoridades civis e militares, tanto brasileiras como estrangeiras, quando em visita oficial, no caso de necessitarem de apoio. Foto Wagner Ziegelmeyer / Action Editora Ltda.

setembro e outubro de 2008, respectivamente. Todos os VC-99B/C foram reunidos no 2º Esquadrão do GTE ostentando o padrão de pintura VIP da unidade. Sua principal missão era a de apoiar o deslocamento de autoridades, ministros e do Alto-Comando das Forças Armadas.

Ainda dentro da família Legacy, a FAB adquiriu em 30 de abril de 2014 seis aeronaves executivas Legacy 500 configuradas como aeronaves laboratório, ou seja, voltadas para cumprir missões de inspeção e aferição de auxílios à navegação. O contrato nº 08/2014 – UASG 1200006, assinado com a Embraer, está avaliado em R$ 662.261.166 e prevê a entrega da primeira aeronave em maio de 2016 e a última em novembro de 2017. Designados IU-50 e matriculados de

Cabine padrão dos ERJ da Embraer. A chegada dos jatos da Embraer colocou as tripulações da FAB em contado com uma aviônica moderna e digital. A mesma aviônica usada nas diversas companhias aéreas mundo afora. Foto Alexandre Durão / Action Editora Ltda.

FAB 3601 a 3606, os novos laboratórios serão empregados pelo Grupo Especial de Inspeção em Voo (GEIV), com sede no Aeroporto Santos Dumont (RJ), onde substituirão inicialmente os IC-95B/C Bandeirante.

Embraer ERJ 135, ERJ 145 e Legacy 500

Período de Utilização	A partir de 2004	A partir de 2006	A partir de maio de 2016 (previsão)
Fabricante	Embraer		
Emprego	Transporte de passageiros e transporte VIP (C-99/VC-99A/B/C) Aeronave Laboratório para Calibração de Auxílios a Navegação (IU-50)		
Características Técnicas	ERJ 145ER	ERJ 135BJ	Legacy 500
Motor	2 Rolls-Royce AE 3007-A1/3 de 7.613 lb cada um		2 Honeywell HTF 7000 de 7.036 lb cada um
Envergadura	20,04 m	20,04 m	20,25 m
Comprimento	29,87 m	26,33 m	20,74 m
Altura	6,76 m	6,76 m	6,44 m
Peso Vazio	11.667 kg	11.420 kg	21.020 kg
Peso Máximo	20.600 kg	20.000 kg	17.280 kg
Armamento	Não dispõe de armamento		
Desempenho			
Velocidade Máxima	828 km/h		863 km/h
Teto Operacional	11.212 m	11.212 m	13.716 m
Alcance	2.445 km	5.700 km	5.788 km
Comentários			
Total Adquirido	7 exemplares ERJ 145ER (C-99A) 1 exemplar ERJ 145LR (VC-99A)	6 exemplares ERJ 135BJ (VC-99C) 2 exemplares ERJ 135LR (VC-99B)	6 exemplares
Unidades Aéreas	1º/2º GT GTE IPEV	GTE	GEIV
Designações	C-99 (após C-99A) e VC-99A	VC-99B e VC-99C	IU-50
Matrículas	C-99A: 2520 a 2526 VC-99A: 2550	VC-99B: 2560 e 2561 VC-99C: 2580 a 2585	FAB 3601 a 3606

Embraer EMB 721D Sertanejo

Parceria da Embraer com a Piper Aircraft, o EMB 721 Sertanejo é a versão fabricada sob licença no Brasil do Piper PA-32 Cherokee. É um avião de asa baixa, com estrutura de alumínio, equipado com um motor Lycoming de 300 hp, capaz de levar de cinco a sete passageiros. Ele fez parte de uma leva de aeronaves Piper fabricadas sob licença na Embraer, parte de um acordo assinado em 1974.

Além do próprio EMB 721, a Embraer fabricou o EMB 820 Navajo (PA-31 Navajo), EMB 810 Seneca (PA-34 Seneca III), EMB 720 Minuano (PA-32

O ex-PT-REO com as cores da Esquadrilha da Fumaça. Usado como classe 26, isto é, na instrução de solo, ele é constantemente usado pelos alunos da seção de pintura da EEAer. Foto Carlos Lorch / Action Editora Ltda.

Cherokee Six), EMB 710 Carioca (Cherokee 235 Pathfinder), EMB 711 Corisco (PA-28R Arrow II), EMB 712 Tupi (PA-28-181 Archer II) e EMB 820C Carajá (PA-31P), sendo essa última aeronave uma versão atualizada do Navajo, totalizando oito aeronaves leves.

A produção de aeronaves leves superou as expectativas iniciais (que era de 300 unidades), pois, no total, 2.326 aeronaves Piper foram entregues entre 1975 e 2000.

No caso do Sertanejo, foram fabricadas 205 unidades de dois modelos. O EMB 721C (PA-32R-300 e PA-32RT-300) que teve 150 exemplares construídos e o EMB 721D (PA-32R-301) com 55 exemplares. Lançado em 1976, o Sertanejo foi produzido entre 1978 e 2000 no Brasil.

O Embraer EMB 721D Sertanejo na Força Aérea Brasileira

A história do Embraer 721 Sertanejo na FAB é curiosa. É outra aeronave que jamais teve sua aquisição cogitada, quanto mais encomendada pela Força. Na verdade ela foi herdada após questões judiciais terem cancelado seu certificado de aeronavegabilidade.

A aeronave em questão é o EMB 721D (c/n 721159) PT-REO, fabricada em 1999 e configurada numa disposição executiva para piloto e mais cinco passageiros. Ela foi repassada à FAB depois de ter sido apreendida pela Polícia Federal durante a reali-

O Embraer EMB-721D Sertanejo, Classe 26 (instrução de solo), da EEAer (Guaratinguetá).

Apreendido em 2003 pela Polícia Federal, o PT-REO é mais uma das aeronaves repassadas à Força Aérea após apreensões policiais. No entanto, ele jamais foi empregado operacionalmente, ficando, inclusive, sem matrícula e designação. Foto Escola de Especialistas de Aeronáutica.

zação de um voo irregular. Seu certificado de aeronavegabilidade foi cancelado em outubro de 2003, sendo entregue à Força Aérea Brasileira em fins de 2004.

O PT-REO foi enviado para a Escola de Especialistas de Aeronáutica (EEAer), em Guaratinguetá/SP, sendo destinado para instrução no solo dos alunos, mais especificamente, para a Seção de Pintura e de Mecânica de Aeronaves. Ele manteve a matrícula civil, isto é, não recebeu designação e matrícula militar. A aeronave foi entregue ostentando sua pintura original civil, em que basicamente a fuselagem é branca e cinza, com uma pequena faixa preta ao longo da fuselagem. Atualmente continua na EEAer, já bem modificado e com várias partes alteradas, fruto da intervenção dos alunos. O EMB 721 é usado junto com outras aeronaves, como um T-25 Universal, um C-95/A Bandeirante e um XU/EU-93 (HS-125) na instrução dos alunos.

Embraer EMB 721D Sertanejo	
Período de Utilização	A partir de 2004
Fabricante	Embraer S.A. sob licença da Piper Aircraft
Emprego	Aeronave para instrução no solo
Características Técnicas	
Motor	2 Lycoming IO-540-K1G5 de 300 hp cada um
Envergadura	10 m
Comprimento	8,44 m
Altura	2,74 m
Peso Vazio	912 kg
Peso Máximo	1.633 kg
Tripulação	Piloto + 5 passageiros
Armamento	Não dispõe de armamento
Desempenho	
Velocidade Máxima	306 km/h
Teto Operacional	4450 m
Alcance	1.876 km
Comentários	

Continua

Total Adquirido	1 exemplar
Unidades Aéreas	Escola de Especialistas de Aeronáutica
Designações	Não recebeu designação
Matrículas	PT-REO (não recebeu matrícula militar)

Let L-23 Super Blanik e L-33 Blanik Solo

Derivado do clássico L-13 Blanik, o L-23 Super Blanik é a evolução natural de um dos melhores e mais conhecidos planadores de treinamento do mundo. A versão L-23 surgiu em 1988 redesenhada, porém, mantendo as linhas clássicas do Blanik original. O L-23 passou a ter, ao contrário do L-13, cauda em T, asas redesenhadas, uma cabine mais espaçosa com novos instrumentos e um canopi em peça única que proporciona melhor visibilidade. É uma aeronave de asa alta, feita de alumínio e fibra de carbono. Possui duplo comando e capacidade semiacrobática e mantém a mesma característica marcante do L-13: o enflexamento negativo das asas.

O L-23 é uma aeronave ideal para a formação de pilotos de planadores, possuindo desempenho muito superior ao do L-13. É também um planador ideal

O Blanik Solo Z-33 FAB 8201 do CVV, um dos dois únicos exemplares do L-33 do inventário da FAB. Foto Tiago Sabino.

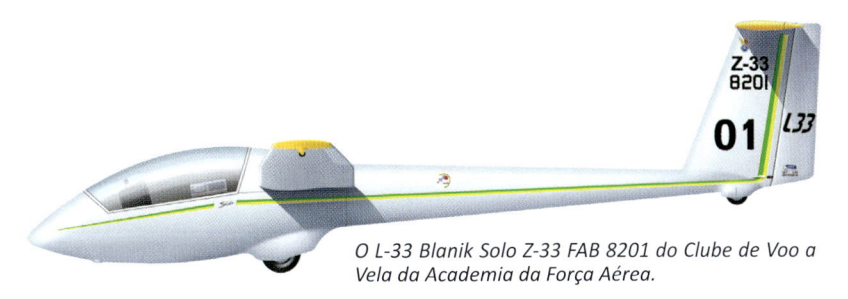

O L-33 Blanik Solo Z-33 FAB 8201 do Clube de Voo a Vela da Academia da Força Aérea.

Um dos quatro L-33 Super Blanik do CVV-AFA. Derivado do L-13, o L-33 segue boa parte do design do clássico planador que foi o precursor do voo a vela na AFA. Foto Arquivo Jackson Flores Jr. / Action Editora Ltda.

para o cross-country, modalidade em que o objetivo é se manter o maior tempo possível no ar, percorrendo vários quilômetros em um voo de horas. Sua razão de planeio chega a 28:1.

Em 1992, a Let apresentou o L-33 Blanik Solo, uma versão monoplace do L-23 Super Blanik. Projetado por Marian Meciar e Václav Zajic (os mesmos que projetaram o L-23), o L-33 é um planador menor, com uma envergadura de 14,2 m, fuselagem com quase 2 m a menos, porém, mantém o mesmo design do L-23. Ágil e semiacrobático, é uma aeronave destinada a voo de alta performance, cross-country e prática de voo à vela.

Militarmente os L-23 e L33 são usados pelas academia das forças aéreas do Brasil (AFA – Academia da Força Aérea) e dos EUA (USAFA – United States Air Force Academy). Apesar de o L-23 e o L-33 terem um desempenho superior ao do L-13, sua produção nem chega aos pés do Blanik, que teve mais de 3 mil unidades. Juntos, foram produzidos cerca de 200 exemplares do Super Blanik e Blanik Solo até 2012, quando a linha foi encerrada.

Os Let L-23 Super Blanik e L-33 Blanik Solo na Força Aérea Brasileira

Adquiridos em 2004 para substituir os planadores Z-16 Quero-Quero II desativados em 2001, os planadores Let Super Blanik e Blanik Solo começaram a chegar ao Clube de Voo a Vela da Academia da Força Aérea (CVV-AFA) no final de 2004. Ao todo, a FAB adquiriu quatro aeronaves L-23, que foram designadas militarmente TZ-23 e matriculadas FAB 8074 a 8077 e duas L-33, que receberam a designação Z-33 e as matrículas FAB 8200 e 8201.

O L-23 Super Blanik TZ-33 FAB 8077 do Clube de Voo a Vela da Academia da Força Aérea.

Os TZ-23 e Z-33 chegaram ostentando um padrão de pintura bela e bem interessante. A fuselagem é toda branca, com faixas em verde e amarelo ao longo dela. A matrícula e a designação de tipo de fábrica são aplicadas na empenagem (L-23 ou L-33).

No CVV-AFA eles são empregados para voo de instrução e formação de pilotos, bem como para voos de competição interna e em campeonatos externos, dos quais a AFA participa. Um dos Z-33, o FAB 8200, foi danificado em acidente em 2005 e está fora de serviço. Em 9 de outubro de 2010, o TZ-23 FAB 8074 foi perdido em um acidente fatal na área de instrução do CVV-AFA, nas proximidades de Pirassununga. Houve perda total do equipamento e da tripulação.

Let L-23 Super Blanik e L-33 Blanik Solo		
Período de Utilização	A partir de 2004	
Fabricante	Let Kunovice	
Emprego	Planador para voo a vela e treinamento	
Características Técnicas	L-23	L-33
Envergadura	16,2 m	14,2 m
Comprimento	8,50 m	6,62 m
Altura	1,87 m	1,43 m
Peso Vazio	310 kg	210 kg
Peso Máximo	510 kg	340 kg
Tripulação	2 (aluno e instrutor)	1
Desempenho		
Velocidade Máxima	250 km/h	
Teto Operacional	4.267 m	
Alcance	Variável	
Razão de Planeio	28:1	
Comentários		
Total Adquirido	4 exemplares	2 exemplares
Unidades Aéreas	Clube de Voo a Vela da Academia da Força Aérea	
Designações	TZ-23	Z-33
Matrículas	8074 a 8077	8200 a 8201

Aeromot AMT-100 Ximango e AMT-200 Super Ximango

O AMT-100 Ximango foi desenvolvido a partir do modelo francês RF-10 Fournier, criado pelo designer René Fournier. O RF-10 foi fabricado em série em pequena escala pela empresa Aeroestructure, sediada em Bordeaux (França), a partir de 1984, ano em que o Grupo Aeromot, com sede em Porto Alegre (RS), iniciou as tratativas para adquirir os direitos de fabricação do RF-10. O acordo, que incluiu total transferência de tecnologia com a participação de engenheiros franceses, acabou gerando diversas melhorias no projeto original, dando origem a uma nova aeronave chamada Aeromot AMT-100 Ximango. O primeiro protótipo, matriculado PT-ZAM, voou em 1985, com a produção em série se iniciando no ano seguinte. Feito em material composto e fibra de carbono, o AMT-100 é um motoplanador de cauda em T para duas pessoas em assentos lado a lado, equipado com um motor Limbach L2000 E01 de 80 hp.

Leve, fácil de pilotar e com a vantagem de poder decolar como aeronave motorizada e operar como planador, o Super Ximango dispensa a necessidade do uso do rebocador, tornando o voo a vela mais ágil e simples. Foto Alexandre Durão / Action Editora Ltda.

A partir da versão AMT-100 a Aeromot desenvolveu outras versões como o AMT-200 Super Ximango que voou pela primeira vez em 1993. O AMT-200 tem a fuselagem alguns centímetros maior (14 cm) que o AMT-100. Porém, a grande mudança está no motor. Em vez de usar o Limbach L2000, o Super Ximango emprega um motor Rotax 912A de 80 hp. O novo motor permitiu que a velocidade máxima da aeronave passasse de 190 km/h para 205 km/h. A partir do AMT-200 básico, foram desenvolvidos os AMT-200S, equipados com o Rotax 912S (100 hp) e o AMT-300 Turbo Ximango Shark, que emprega um motor Rotax 914 F3 Turbo (115 hp) e que incorpora sharklets nas pontas das asas para melhorar o seu desempenho.

Entre maio de 2002 e maio de 2003 a Aeromot entregou 14 AMT-200S à Academia da Força Aérea Americana (USAFA – United States Air Force Academy), sediada em Colorado Springs, Colorado, onde são designados TG-14A. As aeronaves foram trasladadas em voo de Porto Alegre até Colorado Springs.

Em 20 de junho de 2001, o piloto, engenheiro e aventureiro suíço Gérard Moss iniciou uma volta ao mundo usando o PT-ZAM, protótipo do AM-100 convertido em AMT-200S Super Ximango especialmente preparado para a circunavegação do Globo Terrestre numa viagem de 45 mil quilômetros que levou exatos 100 dias.

O Aeromot Z-180 FAB 8102 do Clube de Voo a Vela da Academia da Força Aérea.

Os Aeromot AMT-100 Ximango e AMT-200 Super Ximango na Força Aérea Brasileira

No final dos anos 1990, a Aeromot emprestou à FAB o AMT-100 Ximango PP-RAO para ser utilizado pelo Clube de Voo à Vela da Academia da Força Aérea (CVV-AFA). O intuito era demonstrar as características da aeronave para emprego no voo a vela, visando a uma possível aquisição de um lote de motoplanadores para o CVV. O PP-RAO operou em caráter experimental, não entrando em carga. A FAB devolveu a aeronave sem confirmar a aquisição do AMT-100. No entanto, a avaliação do Ximango serviu de base para a aquisição, em 2005, de três aeronaves AMT-200 Super Ximango para uso no CVV-AFA.

O motoplanador Super Ximango é empregado em voos a vela e foi comprado direto da Aeromot. Foram trasladados, em 2005, de Porto Alegre para Pirassununga (SP). Designados como Z-180, os dois AMT-200 chegaram ao CVV-AFA ostentando inicialmente as matrículas civis PP-KDG e PP-GGJ. Em outubro de 2005, foram rematriculados FAB Z-180 8101 e 8102, respectivamente. A terceira aeronave, matriculada FAB 8103, já chegou à AFA sem a matrícula civil.

A pintura dos Z-180 é basicamente branca, apenas com a designação Z-180 na deriva junto ao brasão do CVV-AFA. A matrícula está aplicada na fuselagem traseira e tem sua dezena final repetida no nariz da aeronave.

Sua missão no CVV-AFA é basicamente o voo a vela, proporcionando não só lazer de final de semana aos cadetes da aeronáutica, mas seu primeiro contato com o voo. Naturalmente por combinar o voo motorizado com o voo a vela, ele é considerado uma aeronave a ser empregada por quem está em um estágio mais avançado no voo a vela. Naturalmente voar o Z-180 significa também um ganho em termos de experiência para a instrução aérea com o T-25.

Recentemente, apenas o Z-180 FAB 8102 estava em condições de voo. Os FAB 8101 e 8103 estavam fora de serviço, estocados no hangar do CVV, devido a acidentes de perda de controle no solo sofridos em 2006 e 2010.

Após a experiência com o AMT-100, a FAB acabou por comprar três AMT-200 para incrementar a frota do CVV-AFA. Entre eles está o Z-180 8102, atualmente fora de serviço. Foto Arquivo Jackson Flores Jr. / Action Editora Ltda.

Rara foto do AMT-100 PP-RAO visto em Pirassununga, que operou emprestado ao CVV-AFA no final dos anos 1990. Foto Arquivo Action Editora Ltda.

Aeromot AMT-100 Ximango e AMT-200 Super Ximango

Período de Utilização	Anos 1990	A partir de 2005
Fabricante	Aeromot Indústria Mecânico-Metalúrgica Ltda.	Aeromot Indústria Mecânico-Metalúrgica Ltda.
Emprego	Voo a vela e treinamento	Voo a vela e treinamento
Características Técnicas	AMT-100	AMT-200
Motor	Limbach L2000 E01 de 80 hp	Rotax 912A de 80 hp
Envergadura	17,33 m	17,47 m
Comprimento	8,05 m	8,05 m
Altura	1.93 m	1.93 m
Peso Vazio	610 kg	604 kg
Peso Máximo	800 kg	850 kg
Desempenho		
Velocidade Máxima	190 km/h	205 km/h
Teto Operacional	6.000 m	6.000 m
Alcance	900 km	900 km
Comentários		
Total Adquirido	1 exemplar	3 exemplares
Unidades Aéreas	Clube de Voo a Vela da Academia da Força Aérea	Clube de Voo a Vela da Academia da Força Aérea
Designações	Não recebeu designação	Z-180
Matrículas	Matrícula Civil PT-ZAM	8101 a 8103

Airbus A319 ACJ

O Airbus A319 ACJ (Airbus Corporate Jet) é a versão executiva do A319, aeronave da família A320 que é composta basicamente por quatro modelos comerciais: A318, A319, A320 e A321. A família A320 nasceu no início dos anos 1980, quando a Airbus passou a desenvolver uma aeronave narrow-body para até 190 passageiros, que teria inicialmente três variantes designadas SA-1, SA-2 e SA-3, onde o SA significava Single-Aisle (corredor

Recebido em 2005, o VC-1 substituiu os KC-137 na tarefa de transporte presidencial. Inicialmente designado VC-1A, ele foi renomeado, em 2006, VC-1 e manteve a tradicional pintura do GTE até o início de 2013, quando esta foi alterada. Foto Carlos Lorch / Action Editora Ltda.

único). O conceito, criado nos anos 1970, previa uma única aeronave com diversos tamanhos de fuselagem, para atender o mercado de aviação comercial de curtas e médias distâncias. Mais tarde os SA 1, 2 e 3 foram redesignados A320, A321 e A319, respectivamente. Surgia assim o conceito de família de aeronaves, que transformaria o A320 em um dos mais bem-sucedidos projetos comerciais da história, passando a disputar palmo a palmo o mercado com o Boeing 737.

O primeiro membro da família, o A320, foi lançado oficialmente em março de 1984, tendo realizado seu primeiro voo no dia 22 de fevereiro de 1987, em Toulouse, França. Com uma fuselagem medindo 37,57 m de comprimento, é a aeronave base de onde partiram todas as outras variantes, lembrando que asas, cauda e profundores são os mesmos em todos os modelos.

Após lançar a versão A320-100 (que teve apenas 21 exemplares) e A320-200 – a principal de produção –, a família foi ampliada com os lançamentos do A321, em 1988, versão alongada em 6,94 m para 185 a 220 passageiros, e cuja primeira entrega ocorreu em 1994 (A321-200); o A319, uma versão 3,73 m menor, para 124 a 156 passageiros, lançado em maio de 1992 e que passou a operar em 1996

O Airbus ACJ VC-1A FAB 2101 do Grupo de Transporte Especial (Base Aérea de Brasília), em 2005.

(A318-100); e o A318, a menor de todas as versões, que possui 6,13 m a menos do que o A320. Ele foi lançado em 1999 para atender o mercado de 107 a 132 passageiros, entrando em serviço em 2003 (A318-100).

A família A320 foi a primeira aeronave comercial a usar controles fly-by-wire (elétricos), bem como a empregar comandos do tipo side-stick, em vez de um manche convencional. Todas as aeronaves possuem uma aviônica digital de última geração e estão homologadas para empregar motores equipados com FADEC (controle digital) fabricados pela CFM, Pratt & Whitney e IAE. Ter a opção de mais de uma motorização permitiu a Airbus atingir mercados antes fechados à fábrica, ampliando o leque de clientes do A320.

Em 2009 a Airbus anunciou o acréscimo de winglets à família A320, não só em aeronaves de série, como também na forma de retrofit. Um A320 equipado com sharklets voou pela primeira vez em novembro de 2011 e a integração daquelas superfícies visava dar a aeronave mais estabilidade e economia de combustível. A partir de 2012 esse recurso passou a estar disponível para toda a família A320, incluindo a linha ACJ, inaugurando a chamada família A320 Enhanced.

Além dos modelos comerciais, a Airbus oferece versões corporativas de suas aeronaves. O primeiro modelo corporativo lançado foi o A319 ACJ no final dos anos 1990, cuja primeira aeronave foi entregue ao Kuwait em 1999. O ACJ é baseado no A319, porém com diversas modificações na cabine de passageiros, porta de carga e autonomia. Externamente, asas, cabine de pilotagem e motores são iguais à aeronave de linha. O A319 ACJ possui uma cabine totalmente customizável que pode ter de 8 a 39 assentos. Ele incorpora tanques de combustível removíveis instalados no compartimento de carga que podem gerar uma autonomia de até 11.100 km. Seu teto de serviço é de 41 mil pés, superior ao do A319-100 (e de toda a linha A320), que é de 39 mil pés. Como aeronave corporativa ele é usado por muitos governos como aeronave presidencial. Sendo assim, pode receber, de acordo com as exigências do cliente, diversos requintes, como comunicações seguras, datalink, sistemas de autoproteção e de contramedidas.

A partir do A319 ACJ, a Airbus criou o A318 Elite e o A320 Private, também destinados ao mercado governamental e corporativo. Mais de 160 aeronaves corporativas dos três modelos já foram encomendadas. No mercado militar, o

O FAB Zero-Uno na curta final do Aeroporto Santos Dumont, no Rio de Janeiro. O VC-1 é visto com seu atual padrão de pintura, com a faixa verde e amarela idêntica à dos VC-2, que circunda a fuselagem. Foto Daniel Carneiro.

O Airbus ACJ VC-1 FAB 2101 do Grupo de Transporte Especial (Base Aérea de Brasília), em 2013.

A319 ACJ é operado como aeronave de transporte governamental na Alemanha, na Armênia, no Azerbaijão, no Brasil, na França, na Itália, no Kuwait, na Malásia, na República Tcheca, na Tailândia, na Turquia, na Ucrânia e na Venezuela.

A família A320 é produzida nas instalações da Airbus em Toulouse, no sudoeste da França, e em Finkenwerder, perto de Hamburgo, na Alemanha. Desde 2009, a Airbus passou a também produzir os A320 em sua nova planta de Tianjin, China, exclusivamente para atender ao mercado local. A partir de abril de 2013, também foi iniciada a produção da família A320 em Mobile, Alabama, nos EUA. Hoje, a família A320 está beirando as 10 mil aeronaves encomendadas.

O Airbus A319 ACJ na Força Aérea Brasileira

Em 2003 a FAB deu início ao Projeto VC-X. Em 14 de dezembro de 1999, quando o KC-137 FAB 2403 sofreu uma falha em um de seus motores e, na sequência, em outra ocasião, teve problemas para travar o trem de pouso durante a aproximação no aeroporto de Schiphol, em Amsterdã, Holanda, quando realizava um voo presidencial na rota Recife–Amsterdã–Beijin, com o então Vice-Presidente Marco Antônio Maciel a bordo, os KC-137 do 2º/2º GT deixaram de realizar as missões como FAB 01. Além de não mais realizarem o voo presidencial, que vinham cumprindo desde 1986, aquelas aeronaves passaram a sofrer muitas críticas públicas, que resultaram no pejorativo apelido de "sucatão", imputado pela imprensa.

Isso criou um problema prático, pois os Boeing 737-2N3 Adv (VC-96) do GTE não podiam fazer viagens internacionais de longa distância sem ter que realizar inúmeras escalas, o que, além de aumentar o custo delas, complicava a agenda do presidente. A opção foi arrendar aeronaves Airbus A330-203 da TAM já a partir de 2000, o que elevou o custo das viagens presidenciais. Diante dessa situação, a FAB optou por lançar, em 2003, o projeto VC-X, cujo objetivo era adquirir uma aeronave para uso exclusivo da Presidência da República. A principal justificativa era que dispor de uma aeronave própria resultaria em uma economia de até 50% nos voos presidenciais, além de gerar a autonomia necessária os deslocamentos do primeiro escalão do governo.

Conforme as especificações da RFI/RFP (Resquest For Information/Request for Proposal) da FAB, qualificaram-se para a fase final da concorrência a Airbus, com o A319 ACJ, e a Boeing, com seu modelo 737 BBJ (Boeing Business Jet), sagrando-se vencedor, em fevereiro de 2004, o primeiro modelo. O contrato foi assinado em abril de 2004 ao custo total de US$ 56,7 milhões, o equivalente à compra de um exemplar.

O novo FAB-01 foi construído ao longo de 2004 nas instalações de Finkenwerder da Airbus, situada em Hamburgo, Alemanha, sendo ele o A319-133X (CJ) c/n 2263 que recebeu a matrícula de teste D-AVWJ. Com essa matrícula realizou seu primeiro voo em 8 de julho de 2004. Já com a designação VC-1A FAB 2001 – Santos

Dumont –, foi entregue oficialmente em Toulouse, no dia 13 de janeiro de 2005. O traslado para o Brasil percorreu a rota Toulouse–Brasília, onde pousou dia 15 de janeiro, após 10h40m de voo.

O VC-1A 2101 repete a matrícula na FAB de outra aeronave presidencial, o Vickers-Armstrong V789D Viscount, que serviu à FAB de dezembro de 1959 a janeiro de 1987, estando hoje preservado no MUSAL. O A319 ACJ da FAB chegou ostentando pintura idêntica à de todas as aeronaves do GTE à época, isto é, fuselagem branca com a tradicional faixa azul-marinho abaixo da linha das janelas e com o leme em verde e amarelo. Porém, em vez dos dizeres Força Aérea Brasileira ao lado da Bandeira Nacional, ele ostentava o República Federativa do Brasil na fuselagem e o brasão da República aplicado na cauda.

O 2101 foi incorporado ao 1º Esquadrão do Grupo de Transporte Especial (GTE), sediado na Base Aérea de Brasília. Sua primeira missão presidencial ocorreu no dia 19 de janeiro de 2005 na rota Brasília–Tabatinga (AM). Já o primeiro voo internacional ocorreu no dia 28 de janeiro de 2005, na rota Brasília–Davos (Suíça). A partir de então, passou a realizar diversas missões presidenciais, sempre apoiado pelos VC-96, e, a partir de 2009, com a desativação dos B737, pelos Embraer VC-2.

A configuração interna da aeronave é composta por duas galleys, uma na parte da frente e outra na de trás da aeronave; um quarto presidencial com cama de casal e banheiro com chuveiro; uma área de estar para oito pessoas, com duas mesas para reunião, entretenimento e área de trabalho; área de call center, onde está o setor de comunicações utilizado pelo governo, que inclui um sistema de comunicação do tipo SATCOM (Satelite Communications); e uma área para descanso para dois tripulantes em voo de longa duração. A versão do ACJ da FAB possui a mesma aviônica de série do A319, apenas com o acréscimo de comunicações seguras. Além disso, foi instalado um tanque adicional no porão traseiro, que, junto com os tanques convencionais da aeronave, gera capacidade para armazenar 27 toneladas a mais de combustível.

Vista do interior do VC-1, com o gabinete de trabalho presidencial em primeiro plano. A aeronave é confortável e funcional, atendendo plenamente à missão de transporte VIP. Foto Wagner Ziegelmeyer / Action Editora Ltda.

Em paralelo à compra da aeronave, em 2005, foi firmado com o Centro Tecnológico (CT) da TAM, agente autorizado Airbus, um contrato de suporte logístico (CLS) para o VC-1. Esse centro passou a realizar todas as revisões previstas e não previstas na aeronave em sua unidade em São Carlos (SP). O Total Care da TAM foi efetivado ao custo de 15,5 milhões de reais, sendo renovado em março de 2011 por cinco anos, prorrogável por mais um ano, por um valor similar. Foi no CT da TAM que o VC-1 realizou, no segundo semestre de 2012, sua primeira revisão geral. Ele retornou ao GTE, no dia 14 de fevereiro de 2013, com sua pintura levemente alterada, pois recebeu a faixa transversal verde e amarela, idêntica àquela adotada pelos EMB-190PR (VC-2), o que padronizou a pintura das aeronaves do 1º Esquadrão do GTE. Em 2006, a FAB alterou a designação do A319 ACJ de VC-1A para VC-1.

Airbus A319 ACJ	
Período de Utilização	A partir de 2005
Fabricante	Airbus Company (atual Airbus Defence and Space)
Emprego	Transporte presidencial e VIP
Características Técnicas	
Motor	2 IAE V252M-A5 de 27.500 lb cada um
Envergadura	35,80 m
Comprimento	33,84 m
Altura	11,76 m
Peso Vazio	42.000 kg
Peso Máximo	76.500 kg
Armamento	Não dispõe de armamento
Desempenho	
Velocidade Máxima	Mach .82
Teto Operacional	12.500 m
Alcance	11.100 km
Comentários	
Total Adquirido	1 exemplar
Unidades Aéreas	GTE
Designações	VC-1A e VC-1
Matrículas	2101

Dassault Mirage 2000C/B

O cancelamento do projeto da Aeronave de Combate do Futuro (ACF) pelo governo francês, em 1975, por causa dos altos custos envolvidos no seu desenvolvimento, além da derrota do Mirage F-1 para o F-16 na concorrência para equipar as forças aéreas de alguns países europeus com aeronaves de caça modernas, levou a Marcel Dassault a imediatamente apresentar uma proposta mais barata para substituir o Mirage III, o Mirage F-1 e o Sepecat Jaguar em operação no Armée de l'Air.

As especificações operacionais para o novo modelo previam a capacidade de operação em pistas com 1.200 m, velocidade na ordem de mach 2,5, radar com capacidade de traquear e atacar alvos voando a baixa altitude e um sistema fly-by-wire, inéditos em aeronaves de combate na Europa.

Com o cancelamento do programa F-X e a aposentadoria do Mirage IIID/E, a FAB optou por adquirir um lote de caças Mirages 2000B/C (ex-Armée de l'Air) para reequipar o 1º GDA. Foto Carlos Lorch / Action Editora Ltda.

Designada Mirage 2000, à primeira vista, a nova aeronave era bastante parecida com seus antecessores de asa em delta, porém, na realidade, era um modelo completamente novo e incorporava inúmeros refinamentos tecnológicos da época.

O motor adotado para o protótipo era o Snecma M53-2 de 8.500 kg de empuxo, que havia sido construído para o ACF; posteriormente, com o desenvolvimento da aeronave, o propulsor foi substituído pelo SNECMA M53-5 de 9.698 kg de empuxo, mais potente e moderno. Para melhorar a capacidade de manobra da nova aeronave que, por causa da asa delta, sempre foi um grande

O Dassault Mirage F-2000C FAB 4940 do 1º Grupo de Defesa Aérea (Base Aérea de Anápolis).

O Dassault Mirage F-2000B FAB 4932 do 1º Grupo de Defesa Aérea (Base Aérea de Anápolis).

problema na família Mirage, seu Centro de Gravidade (CG) foi deslocado para a frente, aumentando sua instabilidade longitudinal.

O primeiro voo do Mirage 2000C, que foi a aeronave de série, ocorreu em 10 de março de 1978, e as primeiras unidades de produção começaram a ser entregues em 1982, ficando operacionais em 1984. Inicialmente foram equipados com um radar doppler multifunção Thomson-CSF RDM, porém depois foram substituídos pelos modelos RDI com maior capacidade de aquisição de alvos. Como armamento, eram equipados com os tradicionais dois canhões de 30 mm e uma miscelânea de mísseis, que incluíam dois Matra 530D ou 530F para interceptação e dois Matra 550 Magic para o combate aéreo aproximado.

Considerando que o Mirage 2000C era uma aeronave completamente nova, foi desenvolvida uma versão exclusiva para o treinamento, com dois assentos em tandem, denominada Mirage 2000B, que realizou seu primeiro voo em 11 de outubro de 1980 e da qual foram construídas 30 unidades.

Como os Mirage 2000C eram basicamente para a defesa aérea, duas versões de ataque foram desenvolvidas, os 2000D para o ataque convencional e o 2000N para o ataque nuclear. Para a elaboração de ambas as versões os parâmetros adotados foram os do Mirage 2000B.

Posteriormente outras versões foram desenvolvidas como o multimissão Mirage 2000-5, equipado com radar RDY, um doppler com capacidade para multialvos. O Mirage 2000F foi uma adaptação de algumas aeronaves antigas para a nova versão.

Os Mirage 2000 foram exportados para o Egito, a Índia, o Peru, Taiwan, Catar, os Emirados Árabes e a Grécia.

O Armée de l'Air empregou os Mirage 2000 na Guerra do Golfo, na Bósnia, no Kosovo e no Afeganistão.

O Dassault Mirage 2000C/B na Força Aérea Brasileira

Com a desativação do Mirage III, em dezembro de 2005, e o cancelamento do programa F-X, a FAB acabou optando pela compra de um lote de caças Mirage

Configuração pesada. Com três traques externos alijáveis, o FAB F-2000C 4940 é visto na França, horas antes de sua partida em voo direto para Anápolis (GO).
Foto Carlos Lorch / Action Editora Ltda.

2000B/C para suprir a capacidade de defesa aérea da Região Central do país. O contrato, avaliado em € 80 milhões e assinado em 15 de julho de 2005, em Paris, incluiu, além das aeronaves, equipamentos de solo, ferramental, apoio logístico, treinamento, tanques subalares e armamento, na forma de 10 mísseis Matra Super 530D e 220 Matra R550 Magic II reais e de treinamento. Em 6 de março de 2006, seis pilotos brasileiros foram para Dijon para iniciar o treinamento no Mirage 2000.

As aeronaves, dois Mirage 2000B RDI e 10 Mirage 2000C RDI, eram, em sua maioria, fabricadas entre 1982 e 1985 e saíram dos estoques do Armée de l'Air, sendo a maioria delas proveniente do Esquadrão EC 1/5. Outra particularidade é que todos constavam do inicial de produção do Mirage 2000 e, por isso, empregavam o motor Snecma M53-5, uma versão inferior ao M53-P2, que se tornou padrão a partir da 38ª aeronave de série. Além disso, empregavam o radar Thomson CSF RDI (Radar Doppler a Impulsions), capaz de usar o míssil BVR semiativo Matra Super R530D. Todas as aeronaves foram retiradas de serviço, passaram por uma revisão e foram padronizadas para a entrega à FAB, ocorrida em Orange. A pintura original francesa foi mantida apenas com a aplicação das marcas brasileiras.

Designados F-2000B (Mirage 2000B) e F-2000C (Mirage 2000C) eles seguiram o lote de matrículas do F-103, isto é, FAB 4932 e 4933 para os F-2000B e de 4940 a 4949 para os F-2000C. Todos foram alocados ao 1º Grupo de Defesa Aérea (1º GDA), com sede na Base de Anápolis (BAAN), onde substituíram os AT-26 Xavante, aeronave que provisoriamente havia sucedido o Mirage IIID/EBR até a chegada do novo caça da Dassault.

Após o curso teórico em Dijon, foi efetivada a parte prática em Orange, onde, em aeronaves dos EC 1/5 e do EC 2/5, os pilotos da FAB fizeram seus primeiros voos, tendo o primeiro ocorrido em 4 de abril de 2006.

Concluída a formação, foram iniciadas as entregas, que seguiram tal cronograma: quatro aeronaves a cada ano (2006, 2007 e 2008). Com o apoio de pilotos franceses e de um C-135FR, os dois primeiros F-2000 FAB 4932 e 4940

Empregado entre 2006 e 2013, o Mirage 2000 foi o terceiro vetor usado pelo 1º GDA em toda a sua história, tendo sucedido o F-103 e o AT-26. Foto Carlos Lorch / Action Editora Ltda.

Um F-2000 visto armado com mísseis Super 530D e Matra Magic de treinamento. O F-2000 ampliou a capacidade ar-ar da Força Aérea, especialmente no ambiente BVR. Foto Wagner Ziegelmeyer / Action Editora Ltda.

fizeram a rota Orange–Dakkar–Anápolis, percorrendo 5.600 mn. As aeronaves chegaram a tempo de participar do desfile de 7 de Setembro daquele ano, em Brasília, fazendo sua primeira aparição pública. Em outubro do mesmo ano, chegaram os FAB 4941 e 4942. Em setembro de 2007, a FAB recebeu os FAB 4933 e 4943 e, em outubro, os 4944 e 4945. No ano seguinte foi a vez dos FAB 4946 e 4947 e, por fim, os dois últimos, os FAB 4948 e 4949 foram recebidos em Anápolis em 27 de agosto de 2008.

A concepção modular das novas aeronaves veio diminuir o trabalho da manutenção e permitir maior disponibilidade na linha de voo. Antes, as inspeções preventivas no Mirage III ocorriam a cada 75 horas de voo, com o 2000 só aconteciam após 900 horas, ou três anos, o que viesse a ocorrer primeiro.

Com a chegada dos F-2000, o GDA passou a cumprir sua rotina, inclusive manter o caça de alerta H24 na BAAN pronto para atender a qualquer acionamento da Defesa Aérea. Na era F-2000, o Esquadrão Jaguar participou de diversos exercícios da FAB, como as Cruzex 2008, 2010 e 2013, além de efetivar campanha de lançamento com mísseis R530D e R550, realizada em Canoas (RS), em agosto de 2013. Outro marco foi a participação de duas aeronaves, os FAB 4940 e 4946, na Feira Internacional Del Aire y Espacio, a FIDAE 2012, em Santiago do Chile. Os dois caças Jaguar se deslocaram até a capital do Chile usando seus três tanques alijáveis, fazendo a rota Anápolis–Campo Grande–Santiago do Chile.

Um fato curioso é que os F-2000 mantiveram as marcações do Armée de l'Air, com inscrições (estênceis) em francês, com a estrela e marcas de unidade da FAB. Porém, em 2011, algumas aeronaves, como os FAB 4940/46/47, após a revisão, passaram a ostentar marcações em português, gerando duas variações de marcas até o fim de sua vida operacional na FAB.

Em 2012 foi decidido que os Mirage seriam desativados, pois seu custo operacional era alto demais e, com a iminência da decisão sobre o F-X2, não era interessante mantê-los em serviço. Em 20 de dezembro de 2013 foi realizada uma cerimônia oficial de desativação na BAAN. No entanto, as aeronaves permaneceram cumprindo o alerta e voando até o dia 31 de dezembro de 2013, quando foi de fato conduzido o último voo pelo FAB 4948, realizado entre Anápolis e o Campo dos Afonsos, onde ele se encontra preservado no MUSAL. A partir dessa data, os F-5M assumiram o alerta em Anápolis. Outras aeronaves estão sendo preservadas, como os FAB 4932 e 4949, que serão mantidas na capital federal. Porém, a maioria permanece estocada na BAAN aguardando seu destino. Os F-2000B/C voaram 10.462 horas na Força Aérea Brasileira.

Dassault Mirage 2000C/B

Período de Utilização	De 2006 até 2013	De 2006 até 2013
Fabricante	Avions Marcel Dassault/Breguet Aviation	Avions Marcel Dassault/Breguet Aviation
Emprego	Caça e interdição	Caça e interdição
Características Técnicas	F-2000B	F-2000C
Motor	M53-5 de 8.998 kg	M53-5 de 8.998 kg
Envergadura	9,13 m	9,13 m
Comprimento	14,56 m	14,36 m
Altura	5,20 m	5,20 m
Área Alar	41 m²	41 m²
Peso Vazio	7.500 kg	7.500 kg
Peso Máximo	16.500 kg	16.500 kg
Armamento	Mísseis Matra Super 530D e R550 Magic II	2 canhões DEFA 554 de 30 mm com 125 tiros cada MAA Matra Super 530D e R550 Magic II
Desempenho		
Velocidade máxima	2.340 km/h	2.340 km/h
Teto Operacional	18.000 m	18.000 m
Alcance	1.600 km (3.335 km com 3 tanques extras)	1.600 km (3.335 km com 3 tanques extras)
Comentários		
Total Adquirido	2 exemplares	10 exemplares
Unidades Aéreas	1º GDA	1º Grupo de Defesa Aérea
Designações	F-2000B	F-2000C
Matrículas	4932 e 4933	4640 a 4649

Airbus Military C295

O C295 é uma aeronave bimotor de médio porte destinada ao transporte militar fabricada pela Airbus Military (atual Airbus Defence and Space), em sua planta industrial localizada em Sevilha, no sul da Espanha. Originalmente projetado pela espanhola Construcciones Aeronáuticas S.A. (CASA) – por isso o prefixo C –, o C295 passou a integrar a lista de produtos da Airbus Military, empresa do Grupo EADS, que, em 2009, absorveu a tradicional fabricante espanhola. O C295 é derivado do modelo CN235 Nurtanio, um bimotor projetado em conjunto entre a CASA e a empresa indonésia IPTN nos anos 1980. Capaz de levar até 9,2 toneladas de carga útil, o C295 é uma versão maior do CN235 e visa atender o mercado de transporte militar, sendo capaz de operar em pistas curtas e não preparadas.

*Fruto do Projeto CL-X, o C295 ou C-105A Amazonas substituiu o lendário C-115. Ao todo, 15 unidades foram adquiridas até aqui, sendo que 12 estão em serviço.
Foto Wagner Ziegelmeyer / Action Editora Ltda.*

O C295 fez seu primeiro voo em 28 de novembro de 1997, entrando em serviço em 2001. Sua última versão é o C295M, que englobou uma aviônica digital (glass cockpit). A digitalização da cabine permitiu que a aeronave passasse a empregar sistemas como datalink, comunicações seguras e uma suíte de aviônicos modernos que incluem sistemas como o GPS (Global Positioning System), INS (Inertial Navigation System), ILS (Instrument Landing System), TCAS (Traffic Collision Avoidance System), EGPWS (Enhanced Ground Proximity Warning System)

O Airbus C295 C-105A FAB 2800 do 1º/9º GAV (Base Aérea de Manaus).

O Airbus C295 C-105 FAB 2811 do 2º/10º GAV (Base Aérea de Campo Grande) com um padrão de pintura alusivo à RIAT 2009.

*Uma das duas aeronaves C295, da FAB, empregadas como aeronave SAR. Hoje o Amazonas equipa três unidades da Força Aérea: o 1º/9º GAV, o 2º/10º GAV e o 1º/15º GAV.
Foto Alexandre Durão / Action Editora Ltda.*

apresentados em telas multifuncionais. O gerenciamento de todas as comunicações, navegação, vigilância e defesa é realizado por um sistema integrado HIAS (Highly Integrated Avionics System) destinado a otimizar os recursos disponíveis, aliviar a carga de trabalho da tripulação e aumentar os níveis de segurança em combate. Pressurizado, o C295M possui, além das portas laterais, uma rampa traseira para facilitar o processo de carga e descarga de tropas e suprimentos, bem como para o lançamento de cargas paletizadas, fardos e tropas.

Além da versão de transporte, o C295 possui uma variante dedicada a missões de patrulha marítima e ASW (Antissubmarino), designada C295MPA Persuader e configurações para executar missões de Busca e Salvamento (SAR). A Airbus também desenvolveu uma versão de Alerta Aéreo Antecipado (AEW&C), que emprega um radar AESA de 360° fabricado pela empesa israelense Elta.

O C295 está em uso em forças armadas de 16 países: Argélia, Brasil, Chile, Cazaquistão, Colômbia, Espanha, Egito, Finlândia, Gana, Indonésia, Jordânia, México, Omã, República Tcheca, Polônia e Portugal.

O Airbus Military C295 na Força Aérea Brasileira

Em decorrência do final da vida operacional das aeronaves C-115 Bufallo, o Comando da Aeronáutica (COMAER) desenvolveu estudos para a aquisição de uma aeronave de transporte leve que, posteriormente, convergiu para o Projeto CL-X. Escolhido como vencedor daquele programa em outubro de 2002, o C295M superou o Alenia C-27J Spartan e o Antonov AN-32. O contrato para a compra de 12 unidades, avaliado em € 238 milhões, foi assinado em 29 de abril de 2005. Designados como C-105A Amazonas e matriculados FAB 2800 a 2811, o primeiro C295M (FAB 2800) foi entregue na Base Aérea de Brasília (BABR) no dia 16 de outubro de 2006.

Antes de entrar em serviço, a FAB realizou, a partir de 23 de janeiro de 2007, com as aeronaves C-105A 2800 e 2801, uma Avaliação Operacional (OPEVAL), na qual o C295M foi testado sob todas as condições operacionais que ela empregaria. O objetivo foi ratificar ou retificar suas características, criando parâmetros operacionais, logísticos e de manutenção. Ao todo foram voadas 60 horas, sendo 20 horas na Região Sudeste e outras 40 na região Norte.

Após a OPEVAL, em 24 de março de 2007, os três primeiros C-105A FAB 2800/01/02 foram oficialmente incorporados ao 1º/9º GAV, durante os festejos de comemoração dos 37 anos da unidade, dando início à vida operacional da aeronave na FAB. Em 15 de outubro de 2007, o 1º/9º GAV recebeu o FAB 2807. No ano seguinte, em março de 2008, o C-115 foi retirado oficialmente de serviço no 1º/9º GAV, sendo definitivamente substituído pelo C-105.

A partir daí o COMAER passou a pôr em prática o reaparelhamento de novas unidades com o Amazonas. Em 27 de setembro de 2008, o 1º/15º GAV, sediado na Base Aérea de Campo Grande (BACG), recebeu seus dois primeiros C-105A, matriculados FAB 2808 e 2809. O C-105A substituiu o Embraer C-95B Bandeirante empregado desde 1981. A BACG também passaria a sediar a terceira unidade de Amazonas da FAB, o 2º/10º GAV, que, em 3 de abril e 10 de julho de 2009, incorporou, respectivamente, os SC-105 FAB 2810 e 2811.

O SC-105 é uma versão do C295M. A única diferença externa são duas janelas de observação em forma de bolha, presentes ao lado das portas traseiras. Internamente ele é idêntico à versão cargueira, inclusive tem a mesma aviônica, os sistemas de missão e configuração da cabine de pilotagem. A capacidade de cumprir missões SAR provém de um kit, que pode ser instalado em alguns minutos. Esse kit compreende o pallet SAR, uma plataforma instalada sobre o piso de carga, na qual estão as duas cadeiras dos observadores e um armário de equipamentos. O Amazonas substituiu o Embraer SC-95B Bandeirante nas missões de busca e salvamento, empregado desde outubro de 1980. A estreia dos SC-105 foi no auxílio às buscas de um Airbus A330-203 de matrícula F-GZCP da Air France, que caiu no mar ao fazer o

Vista do compartimento de carga do C295. Espaçoso e versátil, esse compartimento tem capacidade para levar até 7.200 kg de carga útil, quase o dobro que seu antecessor, o Buffalo. Foto Alexandre Durão / Action Editora Ltda.

Recentemente, a FAB adquiriu mais três Amazonas, que deverão ser designados S-105, porque são da versão SAR pura. Foto Wagner Ziegelmeyer / Action Editora Ltda.

voo AFF447 (Rio de Janeiro – Paris) na noite de 31 de maio de 2009.

Na FAB, além de SAR, o Amazonas é empregado em missões de transporte, ressuprimento aéreo, apoio aos pelotões de fronteira e ao SIVAM e em complemento aos C-130 Hercules, na Região Amazônica. Além disso, também estão aptos a voar Missões de Misericórdia (MMI) e Evacuação Aeromédica (EVAM), podendo levar duas Unidades de Tratamento Intensivo (UTI) a bordo além de 10 macas. O compartimento de carga do C-105A pode acomodar até 27 macas em EVAM. Com kit SAR e uma UTI instalados, esse número é reduzido para quatro macas.

No final de janeiro de 2013, um C-105A 2804 do 1º/15º GAV efetivou diversas pernas entre Santa Maria e Porto Alegre, trazendo feridos de um grande incêndio numa boate, ocorrido na madrugada de 27 de janeiro, no centro de Santa Maria. Na ocasião, em um dos voos, o Onça 2804 trouxe 21 feridos e toda a equipe médica de apoio, tendo sido a maior operação do gênero na FAB.

As aeronaves da FAB estão equipadas com equipamentos de suporte ao uso de óculos de visão noturna (NVG) e sistema de autoproteção (chaff/flares e RWR). Para o suporte de manutenção à frota há um contrato de CLS (Contractor Logistics Support – Suporte Logístico Contratado) com a EADS/Airbus Military. Para o treinamento dos tripulantes, foi instalado um simulador de última geração na Base Aérea de Manaus, que serve a todas as unidades que operam o C295M na FAB.

Segundo o extrato de dispensa de licitação nº 1/2014, publicado no Diário Oficial da União (DOU) de 5 de maio de 2014, a FAB fechou a compra de mais três aeronaves Airbus C295 configuradas para a missão de Busca e Salvamento (SAR) ao custo total de € 186.765.476. Diferentemente dos atuais SC-105, que possuem um kit SAR, os novos C295 virão configurados na versão SAR e serão designados S-105. Eles serão entregues a partir de 2015, sendo destinados ao 2º/10º GAV sendo.

Airbus Military C295	
Período de Utilização	A partir de 2006
Fabricante	Airbus Military (absorveu a CASA em 2009), atual Airbus Defence and Space

Continua

Emprego	Transporte de tropas e transporte logístico
Características Técnicas	
Motor	2 Pratt & Witney PW-127G de 2.645 shp cada um
Envergadura	25,81 m
Comprimento	24,45 m
Altura	8,66 m
Peso Vazio	18.500 kg
Peso Máximo	23.200 kg
Armamento	Não dispõe de armamento
Desempenho	
Velocidade Máxima	474 km/h
Teto Operacional	7.620 m
Alcance	1.455 km (carga máxima)
Comentários	
Total Adquirido	12 exemplares
Unidades Aéreas	1º/9º Grupo de Aviação 1º/15º Grupo de Aviação 2º/10º Grupo de Aviação
Designações	C-105A e SC-105
Matrículas	C-105A: 2800 a 2809 SC-105: 2810 a 2811

Sikorsky S-70 Black Hawk

Para substituir o longevo UH-1H nas suas unidades de helicópteros, o US Army lançou, em 1972, o programa UTTAS (Utility Tactical Transport Aircraft System – Sistema Utilitário de Transporte Aerotático), que teve como finalistas projetos das empresas Boeing e Sikorsky.

Os critérios estipulados pelo US Army previam que a aeronave pudesse ser transportada por um C-130, tivesse capacidade para levar até 11 soldados equipados e, como principal ponto de sobrevivência em combate, fosse capaz de resistir ao impacto de projéteis de até 23 mm nas lâminas do rotor principal, tivesse blindagem para os tripulantes, sistemas elétricos e hidráulico com redundância separadas e tanques autovedantes. Para atender ao critério de transporte em aeronave C-130, a Sikorsky planejou um helicóptero alongado e esguio que, ao final do desenvolvimento, foi capaz de transportar até 20 militares.

O projeto S-70 foi equipado com dois motores turboeixo General Electric T700-GE-700, o que lhe permitia transportar além dos 20 soldados equipados um obus de 105 mm em carga externa. Sua capacidade para carga possibilitava o transporte de 1.200 kg internamente e até 4.100 kg externamente. Considerando seu emprego em combate, longe das oficinas de manutenção e apoio, a aeronave foi concebida para requerer um quarto da manutenção especializada dispensada a outros modelos similares.

Assim, com essas e outras inúmeras vantagens perante seu concorrente, o projeto do S-70 foi o vencedor da disputa. Com a designação UH-60 e o nome Black Hawk, o protótipo realizou o primeiro voo em 17 de outubro de 1974, sua produção foi iniciada em 1976 e a entrega para o US Army começou em 1978. O sucesso do UH-60 foi tão grande que, além de voar no US Army, suas inúmeras

Sinônimo de helicóptero. Assim podemos definir o H-60L Black Hawk que, desde 2007, equipa a FAB. Atualmente são 18 helicópteros empregados em Manaus e em Santa Maria. Foto Luiz Eduardo Perez / Action Editora Ltda.

versões especializadas são também empregadas pela USAF, US Navy, US Marine Corps, US Coast Guard, além de inúmeros países ao redor do planeta.

A versatilidade do S-70 como aeronave possibilitou o desenvolvimento de inúmeras outras versões, incluindo o HH-60A Night Hawk da USAF, para emprego em Combate-SAR, equipado com lança para reabastecimento em voo, asas com quatro tanques extras de combustível, sensores infravermelhos, radar para acompanhamento do terreno e motores mais potentes T700-GE-701. Além dessa versão, a US Navy solicitou o desenvolvimento do SH-60B Seahawk para emprego na guerra antissubmarino, o que resultou numa aeronave completamente diferente das demais S-70.

O Sikorsky H-60L FAB 8902 do 7º/8º GAV (Base Aérea de Manaus) ainda com o padrão de pintura adotado pela US Army.

O Sikorsky H-60L FAB 8908 do 5º/8º GAV (Base Aérea de Santa Maria) com o atual esquema de pintura adotado pela FAB.

Em fins de 1980, foi introduzido o UH-60L, dotado com o motor T700-GE-701C mais potente, que passou a ser a aeronave padrão do US Army e, também, para a exportação. E foram essas aeronaves que o Brasil adquiriu para o Exército e para a Força Aérea. A Marinha do Brasil, por sua vez, incorporou a versão S-70B.

O Sikorsky S-70 Black Hawk na Força Aérea Brasileira

No final de 2005, a FAB anunciou a compra de seis helicópteros Sikorsky S-70A, tornando-se o segundo operador de Black Hawk no Brasil. As aeronaves faziam parte de um lote destinado à Arábia Saudita, que desistiu da compra quando as aeronaves estavam entrando em produção. Após uma autorização da Defense Security Cooperation Agency, dos EUA, aprovada pelo Congresso Americano, as aeronaves foram destinadas à FAB, sendo designadas H-60L e matriculadas de FAB 8901 a 8905. Destinadas a operar no cenário amazônico, os H-60L foram alocados ao 7º/8º GAV, sediado na Base Aérea de Manaus (BAMN). Um fato interessante é que os primeiros Black Hawk da FAB vieram com um pintura em verde-musgo (olive drab), idêntica à usada pelo US Army.

O primeiro helicóptero, o FAB 8901, foi incorporado pela unidade em 7 de agosto de 2007, quando se deu o início da substituição dos H-1H. Foi um traslado de 5.800 km e 32 horas de voo. Em 2007 chegaram também os FAB 8902 e 8903. Em 2008, os demais H-60L foram entregues em setembro (8904), novembro (8905) e dezembro (8906), sempre saindo de Huntsville, no Alabama (EUA), e trasladados por tripulações da FAB. No mesmo ano de 2008, o 7º/8º GAV se despediu do H-1H, ficando apenas com os seis Black Hawk. Além de pilotos que fizeram o curso do equipamento nos EUA, boa parte dos novos pilotos da unidade fez o curso e o ground school no 4º Batalhão de Aviação do Exército (4º BAvEx), de Manaus, a primeira unidade a operar o S-70 no país.

Com o H-60L a FAB passou a ter novamente um helicóptero de médio porte na Região Amazônica. Várias missões importantes foram feitas como eles, com

Um Black Hawk do 7º/8º GAV ainda com a característica pintura do US Army. Os seis primeiros H-60L da FAB vieram com esse padrão de cores e foram todos concentrados na unidade de Manaus. Foto Alexandre Durão / Action Editora Ltda.

destaque para o auxílio a busca e salvamento das vítimas do acidente com o A330-203, da Air France, em junho de 2009.

Em julho de 2009, a FAB obteve mais uma autorização da Defense Security Cooperation Agency para a compra de mais quatro H-60L, encomenda que foi ampliada para 10 unidades, com a confirmação de mais seis unidades no dia 3 de setembro do mesmo ano. Essa compra seria ainda complementada, no final de 2009, com a confirmação de outros dois H-60L, o que elevou o pedido para 12, perfazendo uma frota de 18 H-60L na FAB.

Matriculados de FAB 8907 a 8918, os novos Black Hawk foram os primeiros encomendados sob especificações brasileiras e que vieram com o atual padrão de pintura usada pela Força Aérea.

Os novos helicópteros foram destinados inicialmente para reequipar o 5º/8º GAV, sediado na Base Aérea de Santa Maria (BASM). Os dois primeiros H-60L, os FAB 8907/08, pousaram na BASM no dia 1º março de 2011, após um traslado que começou em 13 de fevereiro na fábrica da Sikorsky, em Elmira, (Nova York – EUA). A partir daí, gradualmente, as tripulações do 5º/8º GAV e do 7º/8º GAV trouxeram as demais aeronaves, até que, em abril de 2013, todos estavam no Brasil e entregues às duas unidades, cada qual operando hoje nove H-60L. A chegada do H-60L no 5º/8º GAV decretou o fim da vida operacional dos H-1H na unidade, que, em 11 de julho de 2011, se despediu oficialmente do H-Zão, após quatro décadas.

Na FAB, sua função primária é a realização de transporte de tropas, transporte VIP, EVAM, SAR, C-SAR, apoio logístico e operações especiais. O H-60L pode empregar sistema de visão noturna (NVG) e tem capacidade de usar metralhadoras laterais 7,62 mm, tipo minigun, modelo M-134, operadas pelos tripulantes. Nos últimos anos, os Black Hawk têm sido peça fundamental nas operações da FAB, participando de ações de resgate em enchentes ocorridas em Santa Catarina, em 2008, no Nordeste, em 2009 e 2010, e na Bolívia, em 2007, além de apoiar

Pairado de um H-60L de Manaus. Com uma significativa reserva de potência, o Black Hawk é um dos melhores helicópteros militares de sua categoria. Na Amazônia, ele desempenha papel fundamental para apoiar tropas e a população ribeirinha da região. Foto Alexandre Durão / Action Editora Ltda.

Um dos nove H-60L do Esquadrão Pantera de Santa Maria. O 5º/8º GAV é uma unidade mais voltada para o emprego operacional, cumprindo missões de Combat-SAR e as noturnas com o uso de NVG. Foto Alexandre Durão / Action Editora Ltda.

as vítimas do terremoto de 2010, no Chile. No final de janeiro de 2013, os H-60L do Esquadrão Pantera participaram ativamente do transporte de feridos do incêndio da boate Kiss, em Santa Maria (RS) para Porto Alegre.

Sikorsky S-70 Black Hawk

Período de Utilização	A partir de 2007
Fabricante	Sikorsky Aircraft Corporation
Emprego	Transporte de tropas, C-SAR e SAR
Características Técnicas	
Motor	2 General Eletric T-700-701C de 1.890 shp cada um
Diâmetro do Rotor	16,36 m
Comprimento	19,76 m
Altura	5,13 m
Peso Vazio	4.819 kg
Peso Máximo	9.980 kg
Armamento	2 minigun 7,62 mm, modelo M-134, nas laterais
Desempenho	
Velocidade Máxima	295 km/h
Razão de Subida	1.219 m/min
Teto Operacional	5.790 m
Alcance	590 km (2.200 km com tanques auxiliares)
Comentários	
Total Adquirido	18 exemplares
Unidades Aéreas	7º/8º Grupo de Aviação 5º/8º Grupo de Aviação
Designações	H-60L
Matrículas	8901 a 8918

Eurocopter EC135

A história do EC135 começou na década de 1980, quando a Alemanha, na busca por uma aeronave que substituísse o Messerschmitt-Bölkow-Blohm BO-105 no mercado de helicópteros de transporte leve, desenvolveu o BO-108, que voou pela primeira vez em 17 de outubro de 1988.

Em 1992, com a fusão das divisões de fabricação de helicópteros da empresa alemã Daimler Chrysler Aerospace (DASA) com a francesa Aérospatiale Matra, que criou a Eurocopter (atual Airbus Helicopters), o modelo BO-108 sofreu algumas modificações, que incluíram a troca do rotor de cauda de lâminas expostas pelo tipo fenestron de 10 lâminas embutidas, resultando no EC135, que realizou seu primeiro voo em 15 de fevereiro de 1994.

O EC135 foi projetado como um bimotor, equipado com um rotor de quatro pás, trem de pouso do tipo esqui e capacidade para até sete passageiros e voo por instrumento. Sua produção ficou a cargo da parte alemã da empresa Eurocopter, sendo construído na cidade de Donauwörth, na Baviera.

Como sua concepção visava reduzir custos de operação e manutenção, em sua estrutura foi empregado material composto e incorporada a melhor tecnologia disponível, tanto em aviônicos digitais quanto em aerodinâmica e motorização. Com qualquer dos motores disponíveis para uso, tanto o Pratt & Whitney PW 206B quanto o Turbomeca Arrius 2B, o EC135 tem capacidade de voar com apenas um motor, o que aumentou sensivelmente a segurança de sua operação. Possui, ainda, o sistema Full-authority Digital Engine (ou Electronics) Control (FADEC), que proporciona maior economia de combustível e perfeito desempenho dos motores.

Foi também incluído um sistema de isolamento antirressonância (ARIS), que proporcionou um excelente nível de conforto no interior da cabine para até seis passageiros.

Um dos VH-35 que dotam o GTE voando sobre a capital federal. Essas aeronaves substituíram os VH-55 na missão de transportar o presidente da República.
Foto Wagner Ziegelmeyer / Action Editora Ltda.

O Eurocapoter EC135 VH-35 FAB 8501 do GTE (Base Aérea de Brasília).

O Eurocopter EC135 na Força Aérea Brasileira

Como a aeronave de asas rotativas é um meio de transporte ágil e versátil, torna-se ferramenta de elevado valor no transporte em curtas distâncias. Quando se trata de transportar autoridades de primeiro escalão de qualquer nação, o objetivo principal passa a ser a menor exposição possível da autoridade a riscos de qualquer espécie, e para isso nada melhor do que o uso de helicópteros de última geração que aliam velocidade e segurança.

Foi para realizar o transporte do presidente na região de Brasília que a Força Aérea Brasileira adquiriu dois helicópteros modelo EC135 P2i da Eurocopter, por um custo de US$ 12 milhões, englobando as duas aeronaves e o treinamento do pessoal operador do Grupo de Transporte Especial.

Com relação ao motor da aeronave, a opção brasileira foi pelo uso das turbinas Arrius 2B2, de 634 shp, que proporcionam velocidade de cruzeiro de 260 km/h e alcance de aproximadamente 635 km.

Os dois EC135 P2i, que fazem parte da dotação do 3º Esquadrão do GTE, foram entregues em julho de 2008, em substituição aos antigos VH-55 Esquilo biturbina, que se despediram do GTE no início de 2009. Designadas VH-35 e matriculadas FAB 8500 (C/N 637) e 8501 (C/N 673), as aeronaves foram fabricadas na Alemanha, nas instalações da então Eurocopter (atual Airbus Helicopters), em Donauwörth, onde receberam as matrículas de teste D-HECL (8500) e D-HECK (8501). Após os voos de ensaio, foram desmontadas e enviadas a Itajubá (MG), onde foram remontadas e entregues à FAB. Ambas possuem configuração VIP, com acabamento de couro. Em 2010 receberam a instalação de um sistema anticolisão do tipo TCAS.

Eurocopter EC135	
Período de Utilização	A partir de 2008
Fabricante	Eurocopter Group (atual Airbus Helicopters)
Emprego	Transporte VIP
Características Técnicas	
Motor	2 Turbomeca Arrius 2B2 de 634 shp cada um
Diâmetro do Rotor Principal	10,20 m
Comprimento	12,16 m
Altura	3,51 m
Peso Vazio	1.455 kg
Peso Máximo	2.910 kg
Armamento	Não dispõe de armamento

Continua

Desempenho	
Velocidade Máxima	259 km/h
Razão de Subida	457 m/min
Teto Operacional	6.096 m
Alcance	635 km
Comentários	
Total Adquirido	2 exemplares
Unidades Aéreas	Grupo de Transporte Especial
Designações	VH-35
Matrículas	8500 e 8501

Shempp-Hirth Discus CS e Duo Discus XL

Fabricado pela empresa alemã Schempp-Hirth Flugzeugbau GmbH, o planador da classe standard Discus descende de uma linhagem tradicional de planadores que vem sendo fabricada desde 1984. Projetado por Klaus Holighaus, o Discus foi campeão mundial de volovelismo em 1985, 1987 e 1989.

A versão Discus CS é uma das mais populares de sua classe já produzidas até hoje, sendo uma aeronave ideal para voos de cross-country, modalidade em que o objetivo é manter-se o maior tempo possível no ar, percorrendo vários quilômetros em um voo de várias horas. Sua razão de planeio chega a 42,5:1, algo excepcional para um planador da classe standard, em que as asas têm 15 e 20 m de envergadura. É uma aeronave que combina maneabilidade com excelente desempenho. O Discus possui versões monoplace, como a 2a/b, 2T, 2C, 2CT e CS e biplace, entre elas o Duo Discus CS e o Duo Discus XL, este lançado em 2007. Recentemente a versão CS foi substituída pelo Discus 2.

Usados para o lazer dos cadetes de todos os cursos da AFA nos feriados e finais de semana, os Discus monoplace e biplace estimulam a vocação para o voo e são importantes na formação dos cadetes aviadores. Foto Arquivo Jackson Flores Jr. / Action Editora Ltda.

O voo livre na AFA não se resume a lazer, mas também a competições realizadas internamente e, também, fora da AFA, quando os planadores da Força Aérea disputam competições com aeroclubes civis. Foto Tiago Sabino.

Os Shempp-Hirth Discus CS e Duo Discus XL na Força Aérea Brasileira

A Força Aérea Brasileira adquiriu, em 2007, um lote de quatro planadores de alto desempenho Schempp-Hirth Discus CS e dois Duo Discus XL. Essas aeronaves vieram não só para ampliar a capacidade de prática do voo a vela na FAB, mas também para substituir aeronaves desativadas como os TZ-13 Blaník e TZ-14 Nhapecan.

O Discus CS foi designado na FAB Z-17. Já o Duo Discos CS foi designado TZ-17. Os seis planadores foram recebidos pela Academia da Força Aérea em 27 de junho de 2008, sendo alocados ao Clube de Voo a Vela da AFA (CVV-AFA). Desde então vêm participando ativamente das atividades da unidade, inclusive voos

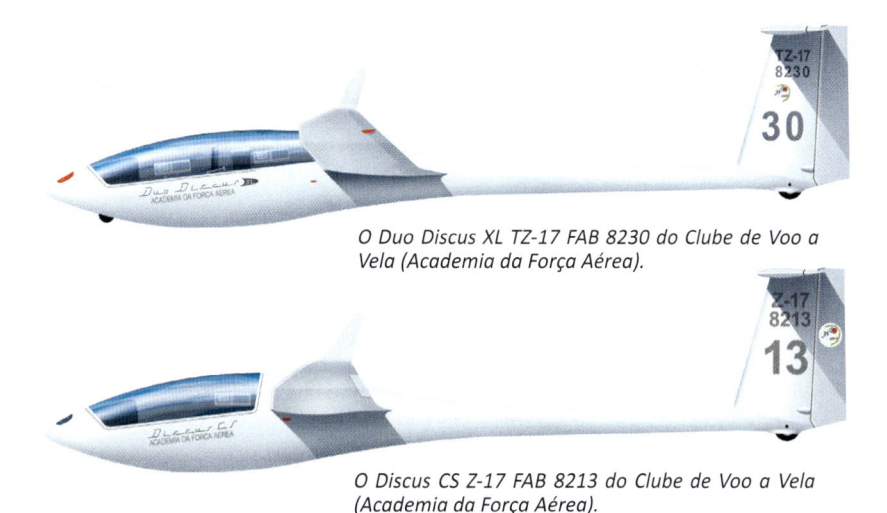

O Duo Discus XL TZ-17 FAB 8230 do Clube de Voo a Vela (Academia da Força Aérea).

O Discus CS Z-17 FAB 8213 do Clube de Voo a Vela (Academia da Força Aérea).

de competição. Os TZ-17 e Z-17 também são usados para estimular, aprimorar e aproximar os cadetes da prática do voo.

Desde que chegaram, as aeronaves mantêm uma pintura branca, com marcações simples. Tanto os Z-17 como os TZ-17 possuem a inscrição Academia da Força Aérea na parte frontal e a matrícula de designação militar na deriva, junto com a dezena final da matrícula aplicada em uma fonte de letra maior e destacada.

Shempp-Hirth Discus CS e Duo Discus XL		
Período de Utilização	A partir de 2008	
Fabricante	Schempp-Hirt	
Emprego	Planador de alto desempenho para voo a vela	
Características Técnicas	CS	Duo XL
Envergadura	15 m	20 m
Comprimento	6,58 m	8,73 m
Altura	0,81 m	1 m
Peso Vazio	230 kg	420 kg
Peso Máximo	525 kg	700 kg
Tripulação	1	2
Desempenho		
Velocidade Máxima	250 km/h	262 km/h
Teto Operacional	5.000 m	5.000 m
Alcance	Variável	
Razão de Planeio	42,5:1	43:1
Comentários		
Total Adquirido	4 exemplares	2 exemplares
Unidades Aéreas	Clube de Voo a Vela da Academia da Força Aérea	
Designações	Z-17	TZ-17
Matrículas	8210 a 8213	8230 a 8231

Embraer EMB-190PR

A Embraer percebeu, no final dos anos 1990, que havia uma demanda por aeronaves na faixa de 70 a 120 assentos. Em fevereiro de 1999, a empresa consultou seus clientes efetivos e potenciais visando ouvir suas opiniões sobre o futuro daquele nicho e quais características essenciais que uma aeronave teria que ter para ocupar aquela fatia do mercado. Os resultados da consultoria deram os subsídios necessários para que a Embraer forjasse o seu maior projeto até então: a linha de E-Jets (Embraer-Jets).

A nova família foi anunciada no dia 14 de junho de 1999, durante o 43º Salão Aeronáutico de Paris, França. Inicialmente, eles foram nomeados ERJ 170, ERJ 190-100 e ERJ 190-200. Posteriormente, durante o roll-out do primeiro ERJ 170 (PT-XJA), em 29 de outubro de 2001, a nomenclatura foi alterada para Embraer 170, 190 e 195. Dias depois, a família ganhou um novo membro, com a chegada do Embraer 175, que fechou assim o roll de aeronaves comerciais destinadas a cobrir a faixa de 70 a 120 assentos. O PT-XJA fez seu primeiro voo em 19 de fevereiro de 2002, em São José dos Campos (SP).

O desenvolvimento de toda a família 170/190 contou com a avançada tecnologia interativa de simulação e modelagem do Centro de Realidade Virtual

O Embraer 190PR é uma versão híbrida feita a partir do EMB-190AR e do Lineage 1000. Comercialmente, a Embraer o chama de EMB-190-100 IGW, porém, internamente e para a FAB, ele é conhecido como EMB-190PR (presidencial). Foto Alexandre Durão / Action Editora Ltda.

(CRV) da Embraer, que racionalizou o tempo e os custos do projeto. Outro fator importante foi o alto grau de comunalidade que se conseguiu entre os diversos modelos da família (90%), o que possibilitou uma grande redução nos custos de operação e de treinamento para os operadores.

O primeiro E-Jet entregue foi o EMB-170 SP-LDA para a polonesa LOT Airlines, que entrou em operação regular em 17 de março de 2004. Cinco anos após o roll-out do EMB-170, em maio de 2006, durante a EBACE (European Business Aviation Convention & Exhibition), realizada em Genebra, Suíça, a Embraer apresentou o Lineage 1000, uma versão executiva baseada na célula do EMB-190. Certificado como EMB-190BJ (Business Jet), o Lineage surgiu para atender a uma faixa específica do mercado de aviação executiva.

Em 17 de julho de 2013, também no Paris Air Show, a Embraer anunciou o lançamento da segunda geração de E-Jets, denominada E-Jets E2, composta pelos E175-E2, E190-E2 e E190-E2, que devem entrar em serviço a partir de 2018. As aeronaves terão novos motores, asas e aviônica, em classe única de 70 a 132 assentos.

O Embraer 190PR VC-2 FAB 2590 do Grupo de Transporte Especial (Base Aérea de Brasília).

Bela foto do VC-2 FAB 2590 em voo. O Embraer VC-1 tornou-se a primeira aeronave presidencial fabricada no Brasil. Foto Alexandre Durão / Action Editora Ltda.

Até o fim do segundo trimestre de 2013 a família de E-Jet possuía 2.162 aeronaves encomendadas, sendo 1.313 firmes e 849 em opção, sendo que 365 já são encomendas/opções da linha E-Jet E-2. Até aquela data, 950 aeronaves já haviam sido entregues a mais de 65 empresas aéreas de 47 países. Em 27 de maio de 2013, os E-Jet ultrapassaram a marca de 10 milhões de horas voadas.

Vista da cabine de passageiros (na versão comercial) do VC-2, que pode acomodar até 36 passageiros em classe única. Foto Alexandre Durão / Action Editora Ltda.

O Embraer EMB-190PR na Força Aérea Brasileira

Em 2 de junho de 2008, o COMAER (Comando da Aeronáutica) assinou um contrato no valor de R$ 211 milhões com a Embraer para a compra de dois EMB-190 presidenciais como resultado do Projeto VCLX (Aeronave VIP Leve). Apesar de o EMB-190 possuir uma versão executiva denominada Lineage 1000 a FAB optou por adquirir uma versão customizada do modelo comercial EMB-190AR (Advanced Range), equipada com tanques de combustível extras nos porões de carga e um interior executivo. Os tanques de combustível extra do VC-2, instalados nos porões localizados nas seções à frente e atrás das asas, eram menores e adaptados com base no modelo usado pelo Lineage, justamente para conciliar boa autonomia com um adequado volume de carga. A designação de homologação dos VC-2 é ERJ 190-100 IGW. Porém, comercialmente, sua designação é EMB-190AR e, internamente na Embraer, o modelo é conhecido como EMB-190PR (Presidencial).

A aeronave mantém o padrão de motores e aviônica, inclusive o HUD (Head Up Display), da linha EMB-190, com o acréscimo de comunicações seguras por satélite e provisão para uso de datalink. A configuração interna do VC-2 está dividida em área presidencial e área comercial. A comercial compreende a cabine de passageiros, situada no terço final da aeronave, composta por 36 poltronas executivas (2x2), num posicionamento idêntico ao de um EMB-190 comercial. Já a área presidencial está dividida em cinco ambientes distintos, distribuídos nesta ordem: crew rest para o descanso da tripulação; cabine VIP com quatro poltronas e mesa de reuniões; closet presidencial com toalete privativo; cabine de apoio dedicado ao ajudante de ordens e coordenador e, por fim, a central de comunicações dedicada às comunicações externas da presidência e de seu staff. O VC-2 pode levar até 46 passageiros, sendo 36 na cabine comercial e 10 na área VIP, além de oito tripulantes.

Designados VC-2 na FAB, os EMB-190PR substituíram os dois Boeing 737-2N3Adv VC-96. Os dois aviões foram incorporados à frota do Grupo de Transporte Especial (GTE) em duas cerimônias oficiais, realizadas na Base Aérea de Brasília (BABR). O VC-2 FAB 2590 (c/n 19000214) Bartolomeu de Gusmão foi

Os dois VC-2 substituíram os veteranos VC-96. Normalmente a aeronave da Embraer faz o papel de aeronave reserva, voando missões precursoras. Porém, ela está apta e já realizou às vezes de FAB 01, inclusive no exterior. Foto Alexandre Durão / Action Editora Ltda.

recebido em São José dos Campos em 22 de setembro e incorporado no dia 25 de setembro de 2009. Já o VC-2 FAB 2591 (c/n 19000277) Augusto Severo foi recebido em 15 de dezembro pela FAB e oficialmente incorporado ao GTE no dia 18 de dezembro de 2009.

Ostentando uma pintura VIP, mas com uma faixa verde e amarela disposta em diagonal na fuselagem e as marcações República Federativa do Brasil, as aeronaves foram alocadas ao 1º Esquadrão do GTE (GTE-1), unidade responsável pelo transporte presidencial, em que dividem a linha de voo com o VC-1. Os VC-2 cumprem um papel secundário nas missões presidenciais, atuando também no transporte dos ministros de estado e seu staff. Na prática, essas missões consistem não só do transporte do presidente, mas em um conjunto de missões de apoio, como a missão precursora, que leva o Escalão Avançado da Presidência (ESCAV), responsável por preparar uma visita presidencial e a missão de aeronave reserva do presidente.

A aeronave também está apta a fazer o papel de FAB 01, seja substituindo o VC-1 em situações de pane/manutenção ou então em missões em que seu perfil seja o mais indicado. A primeira missão com o FAB 01 do VC-2 ocorreu em 30 de setembro de 2009, quando o FAB 2590 assumiu os voos de transporte presidencial entre Lisboa (Portugal) e Copenhague (Dinamarca), conduzindo o presidente da República para a cerimônia de escolha do Rio de Janeiro (RJ), como a sede dos Jogos Olímpicos de 2016. De Copenhague, o FAB 2590 seguiu como 01 para Estocolmo (Suécia) e, em seguida, para Bruxelas (Bélgica), de onde o presidente retornou ao Brasil, no dia 6 de outubro, agora a bordo do VC-1 FAB 2101, a mesma aeronave que o trouxera a Lisboa.

Em 17 de fevereiro de 2011, a FAB incorporou um terceiro VC-2, o FAB 2592, arrendado da Embraer. Trata-se de um EMB-190BJ Lineage (c/n 1900177) que veio para suprir as necessidades do GTE enquanto a frota de VC-2 passava por revisões de rotina. Ele foi devolvido à Embraer em dezembro de 2013.

Embraer EMB-190PR	
Período de Utilização	A partir de 2009
Fabricante	Embraer
Emprego	Transporte presidencial e VIP
Características Técnicas	
Motor	2 General Electric GE CF34-10E de 20.000 lb cada um
Envergadura	28,72 m
Comprimento	38,65 m
Altura	10,28 m
Peso Vazio	28.080 kg
Peso Máximo	51.800 kg
Armamento	Não dispõe de armamento
Desempenho	
Velocidade Máxima	859 km/h
Teto Operacional	12.497 m
Alcance	5.301 km
Comentários	
Total Adquirido	3 exemplares
Unidades Aéreas	GTE
Designações	VC-2
Matrículas	2590 a 2592 (o 2592 foi arrendado da Embraer)

Elbit Hermes 450 e 900

Fabricado pela Silver Arrow, empresa do Grupo Elbit, a família Hermes de VANT (Veículo Aéreo Não Tripulado) possui três modelos, todos dedicados a missões ISTAR (Intelligence, Surveillance, Target Acquisition and Reconnaissance – Inteligência, Vigilância, Aquisição de Alvos e Reconhecimento). Os três modelos são o Hermes 180 e o 450, ambos de médio porte, e o Hermes 900, destinado a missões de longo curso, de até 36 horas e capacidade de levar mais de 300 kg de carga externa.

O principal modelo de produção é o Hermes 450. Desenvolvido ao longo dos anos 1980, entrou em serviço na Heyl Ha'Avir (Força Aérea de Israel) em 1988. O Hermes 450 é um VANT do tipo MALE (Medium Altitude Long Endurance – Média Altitude Grande Autonomia), equipado com uma suíte completa de sensores EO (Eletro-óticos), IR (Infravermelhos), um radar do tipo SAR (Abertura Sintética) e sistemas de ECM (Contramedidas Eletrônicas).

Capaz de realizar missões ISTAR com duração entre 16 e 20 horas a um raio de 200 a 300 km de sua base, ele está equipado com um motor UEL AR-80-1010 (52 hp) que impulsiona uma hélice bipá de empuxo traseiro, com baixos níveis de ruído. Uma de duas características marcantes é a cauda em V, ao estilo Beech Bonanza. A aeronave é controlada de uma estação denominada Universal Ground Control Station (UGCS), que pode ser instalada num veículo do tipo shelter modelo S-280 (mais comum) ou mesmo em uma sede predeterminada.

O Hermes 450 também foi o vencedor, em 2005, do UK Watchkeeper Tactical Unmanned Aerial Vehicle Program, um programa no valor £ 700 milhões destinados a equipar o Royal Army (Exército Britânico) com uma aeronave do tipo VANT. A aeronave é praticamente idêntica à versão israelense, inclusive com a mesma motorização. O que diferenciará o Ziq, como é chamado em

Recebido no final de 2009, o Hermes 450 inaugurou na FAB a era das Aeronaves Remotamente Pilotadas (ARPs), permitindo a criação da primeira unidade e, por consequência, de toda uma doutrina de emprego de ARPs. Foto Alexandre Durão / Action Editora Ltda.

O Elbit Hermes 450 RQ-450 FAB 7801 do 1º/12º GAV (Base Aérea de Santa Maria), ainda com a designação provisória XQ 780.

O Elbit Hermes 900 RQ-900 FAB 7810 do 1º/12º GAV (Base Aérea de Santa Maria).

Israel, do Watchkeeper britânico são os sistemas desenvolvidos pela Thales para atender especificações do Royal Army. Designado WK-450 Watchkeeper, entrou em serviço no Reino Unido em 2011.

Com a Heyl Ha'Avir, o Ziq já ultrapassou 50 mil horas de voo e participação efetiva em diversas missões reais em praticamente todas as campanhas militares implementadas pelas Forças de Defesa de Israel (IDF) desde 1998, com destaque para ações contra o terrorismo, com o monitoramento e a designação de alvos para ataques cirúrgicos e a participação efetiva na Guerra no Líbano, em julho de 2006, onde, por três semanas, Israel bombardeou por terra, mar e ar posições do Grupo Hizbollah.

O Hermes 450 também esteve em combate com o Exército Britânico no Iraque e no Afeganistão de 2007 até dezembro de 2011, quando foram substituídos pelos novos WK-450.

O Hermes 450 é empregado pelo Azerbaijão, por Botsuana, pelo Brasil, pelo Chipre, por Cingapura, pela Colômbia, pela Croácia, pelos Estados Unidos, pela Geórgia, pelo México, por Israel e pelo Reino Unido.

Já o Hermes 900 fez seu primeiro voo em 9 de dezembro de 2009 no deserto de Negev, em Israel. Assim como o 450, o Hermes 900 é um VANT do tipo MALE que possui grande autonomia e capacidade para realizar missões ISTAR. Com capacidade para transportar até 350 kg de carga, ele pode empregar uma suíte completa de equipamentos EO, IR e EMC. Ele possui ainda capacidade para empregar um radar de abertura sintética do tipo Gabianno T-200, que opera na banda X. Outro sensor importante é o Elbit SkEye, um sistema composto por 10 câmeras de alta resolução, apto a captar imagens diurnas e noturnas em HD. O SkEye é capaz de monitorar toda uma região, transmitindo em tempo real para a estação de controle ou para outro local, via datalink ou comunicação por satélite. Seu design é similar ao do Hermes 450, isto é, com cauda em V, asas retas e um motor a hélice posicionado a ré da aeronave. O 900 é cerca de um terço maior se comparado ao 450 e seu motor Rotax 914 é especialmente preparado para operar em altitudes acima de 20 mil pés. Uma das grandes vantagens para os operadores da família Hermes é que o Ground Control System (GCS) pode ser empregado tanto para controlar o Hermes 450, quanto o 900.

O Hermes 900 foi encomendado em 2010 pela IDF (Israel Defence Forces) entrando em serviço no final de 2012, bem como pelo Brasil, Chile, Colômbia e México.

Os Elbit Hermes 450 e 900 na Força Aérea Brasileira

O Hermes 450 tornou-se o primeiro VANT a entrar em serviço operacional na FAB e também em uma Força Armada do Brasil. Sua história começa em 2009, quando a Aeroeletrônica (em 2011 passaria a ser AEL Sistemas) fechou um acordo com a FAB para fornecer, sem custos, dois Elbit Hermes 450 para avaliação operacional por um ano.

Para avaliar o VANT, a Comissão Coordenadora do Programa Aeronave de Combate (COPAC), responsável pela aquisição do futuro VANT da FAB, instaurou o Grupo Victor, uma equipe que ficaria sediada na Base Aérea de Santa Maria (BASM) especificamente para a missão de avaliação do Hermes. O Grupo Victor acabaria sendo o embrião da futura unidade de VANT da FAB.

A primeira aeronave chegou ao Brasil no dia 9 de dezembro de 2009. Ao longo de janeiro de 2010, foram conduzidos em Santa Maria o treinamento e a preparação para as primeiras operações com apoio de especialistas israelenses. A aeronave foi apresentada oficialmente em 10 de maio de 2010 em uma cerimônia com a presença do Alto-Comando da FAB na BASM.

Na FAB o Hermes 450 foi designado RQ-450 e matriculado a partir de FAB 7801. Ao longo de um ano, a FAB efetivou diversos voos de avaliação, inicialmente com uma aeronave e, posteriormente, com dois RQ-450, que incluíram a participação efetiva em algumas operações aéreas que ela realizou em 2010.

Inicialmente, no período de testes, o primeiro Hermes 450 foi designado XQ7801, como aparece pintado na fuselagem. Quando da sua entrada em serviço, a FAB adotou a designação RQ-450. Foto Alexandre Durão / Action Editora Ltda.

A avaliação foi positiva e o contrato de aquisição com a empresa AEL Sistemas, subsidiária da israelense Elbit, foi assinado em 21 de dezembro de 2010, no valor de R$ 48.174.836, o que incluiu dois VANT Hermes 450, uma estação de solo, sensores e logística.

A compra dos RQ-450 resultou na ativação de uma nova unidade especificamente para operar as ARP (Aeronaves Remotamente Pilotadas) adquiridas pela FAB. Designado 1º/12º GAV, o Esquadrão Hórus foi ativado em 26 de abril de 2011, com sede na BASM e vinculado ao Comando da III FAE.

Em 2012, a FAB ampliou a frota de RQ-450 ao adquirir um segundo lote de duas aeronaves, ao custo total de R$ 48 milhões. As aeronaves matriculadas FAB 7803 e 7804 chegaram à BASM no dia 30 de janeiro de 2013 e foram montadas e testadas ao longo do mês de fevereiro. As novas ARP possuem comunicações, radar e câmeras (IR e CCD) melhorados, se comparados com os FAB 7801 e 7802. Após a chegada do segundo lote, os RQ-450 passaram a ostentar um padrão de pintura em dois tons de cinza, com marcas Força Aérea Brasileira ao longo da fuselagem e matrícula aplicada na cauda. Em 2012, o FAB 7801 sofreu uma perda de potência ao decolar da BASM, vindo a fazer um pouso forçado, razão pela qual sofreu diversas avarias, o que marcou o primeiro acidente com uma ARP na FAB. A aeronave, no entanto, foi recuperada.

Sua principal função na FAB é realizar missão de reconhecimento, sensoriamento remoto e patrulha, completando e apoiando as aeronaves RA-1, R-35 e R-99. De 2011 para cá, as ARP da FAB estiveram presentes em grande parte das operações da FAB, como nas Operações Ágata, Laçador e missões de proteção a fronteira, muitas das quais em apoio à Polícia Federal e a órgãos federais. Em diversos eventos importantes, como a Rio+20 (2012), a Copa das Confederações (2013) e a Jornada Mundial da Juventude (2013), as ARP estiveram presentes, monitorando e realizando ações de segurança. Inclusive, no jogo da final da Copa das Confederações, no dia 30 de junho de 2013, uma ARP do 1º/12º GAV gravou toda a jogada do primeiro gol do Brasil contra a Espanha, voando a mais de 5 mil pés, demonstrando a capacidade de seus sensores.

O FAB RQ-900 7810 durante as missões de segurança da Copa 2014. Recebido em 2014, o Hermes 900 era a maior ARP empregada pelas Forças Armadas brasileiras até aquele momento. Foto Sgt. Rezende / Agência Força Aérea.

Inicialmente foram quatro as células do Hermes 450 em serviço no 1º/12º GAV, Esquadrão Hórus, sediado na Base Aérea de Santa Maria. O pioneirismo da unidade certamente será sempre lembrado, uma vez que as ARPs se mostraram ferramentas indispensáveis à FAB. Foto Sgt. Rezende / Agência Força Aérea.

Em 14 de março de 2014 foi anunciada a compra de um único exemplar do Hermes 900 que foi designado RQ-900. A aeronave matriculada FAB 7810 foi recebida em maio de 2014 já com marcas da FAB, ampliando a capacidade de reconhecimento tático do 1º/12º GAV. A compra do Hermes 900 foi efetivada pelo Centro Logístico da Aeronáutica (CELOG) e contou com a participação da subsidiária da Elbit no Brasil a AEL Sistemas, que irá prover toda a assistência técnica à aeronave. O treinamento teve início em Santa Maria (RS) em março de 2014. As primeiras operações com o RQ-900 foram feitas a partir da Base Aérea de Santa Cruz (BASC), no final de maio, visando sua operação na Copa do Mundo FIFA 2014. Durante o evento, o RQ-900 realizou junto com os RQ-450 o monitoramento, reconhecimento e vigilância de áreas pré-estabelecidas, auxiliando em ações de segurança e inteligência.

Além de incorporar recursos já conhecidos no RQ-450, o RQ-900 tem como principal novidade o SkEye. O sistema possui um conjunto de 10 câmeras de alta resolução que permite não só vigiar uma determinada área como um todo, como também monitorar de forma independente vários alvos simultaneamente.

Elbit Hermes 450 e 900		
Período de Utilização	A partir de 2009	A partir de 2014
Fabricante	Silver Arrow (Elbit Systems)	Silver Arrow (Elbit Systems)
Emprego	VANT de Reconhecimento e sensoriamento remoto (ISTAR)	VANT Reconhecimento e sensoriamento remoto (ISTAR)
Características Técnicas	Hermes 450	Hermes 900
Motor	UEL AR-80-1010 de 52 hp	Rotax 914 de 115 hp
Envergadura	10,50 m	15 m
Comprimento	6,10 m	8,13 m
Altura	2,20m	2,40 m
Peso Vazio	300 kg	830 kg
Peso Máximo	450 kg	1.180 kg

Continua

Armamento	Não dispõe de armamento	Não dispõe de armamento
Sensores	Radar Northrop Grumman TESAR (Tactical Endurance Synthetic Aperture Radar), FLIR, Sistemas de EMC, datalink, sistemas ELINT	Sistema de Vigilância SkyEye, FLIR, datalink, SATCOM, Sistemas de EMC, Sistemas ELINT e o radar de abertura sintética SELEX Gabianno T-200 X-band SAR
Desempenho		
Velocidade Máxima	176 km/h	222 km/h
Teto Operacional	5.486 m	9.144 m
Autonomia	De 16 a 20 horas	36 horas
Comentários		
Total Adquirido	4 exemplares	1 exemplar
Unidades Aéreas	1º/12º GAV	1º/12º GAV
Designações	RQ-450	RQ-900
Matrículas	7801 a 7804	7810

Russian Helicopters Mi-35M

No que tange ao emprego do helicóptero em combate, a maior fonte de ensinamentos foi, sem sombra de dúvidas, a Guerra do Vietnã, nas décadas de 1960-70. Naquele conflito, as aeronaves de asas rotativas foram empregadas no transporte de tropas e no ataque ao solo, em apoio às operações de infantaria.

Ocorre que, à exceção do AH-1 Cobra, que foi desenvolvido exclusivamente para o emprego armado, as aeronaves utilizadas no conflito, e em particular os Huey UH-1B/D/H, necessitavam alternar a configuração para a realização de suas missões.

Designado na Força Aérea AH-2 Sabre, o Mil Mi-35M acabou se tornando o primeiro helicóptero de ataque usado na FAB e também no Brasil.
Foto Wagner Ziegelmeyer / Action Editora Ltda.

A chegada dos AH-2 Sabre trouxe grandes mudanças para o 2º/8º GAV, que havia recém-transferido sua sede de Recife para Porto Velho (RO).
Foto Wagner Ziegelmeyer / Action Editora Ltda.

Ao detectar esse problema, o engenheiro russo Mikhail Leont`yevich concebeu um helicóptero que fosse capaz de realizar missões de ataque em apoio à infantaria e, simultaneamente, transporte de pequena quantidade de tropa, e submeteu sua proposta às altas autoridades russas.

Após inúmeras especulações sobre a real capacidade da aeronave, seu desenvolvimento foi iniciado em maio de 1968, tomando como base o helicóptero de transporte Mi-8 Hip. O novo helicóptero, que era equipado com dois motores, rotor principal de cinco lâminas e rotor de cauda de três pás, realizou seu primeiro voo em 19 de setembro de 1969, com a entrega das primeiras unidades em 1972.

Inicialmente, a cabine de controle do helicóptero era única, com ambos os tripulantes ocupando assentos em tandem. A partir da versão D, apesar de mantida a configuração dos assentos em tandem, as naceles foram separadas com cabines independentes do tipo bolha, o que veio a se transformar na característica mais marcante daquela aeronave. Outro fator importante é que a família descendente do Mi-24, além de embarcar um poderoso arsenal como aeronave de ataque, pode, ainda, transportar oito soldados completamente equipados em um compartimento da fuselagem, caracterizando esse tipo de aeronave como helicóptero de assalto.

O Mi-35M é uma versão do tipo exportação do Mi-24 e incorpora o que há de mais moderno para navegação e controle de fogo de seu armamento. Foi dotado de trem de pouso retrátil, mas existem opções com trem fixo, que barateiam seu custo e manutenção. Sua cabine é pressurizada e blindada para

O Mil Mi-35M AH-2 FAB 8953 do 2º/8º GAV (Base Aérea de Porto Velho).

Sobre o tapete verde da floresta um AH-2 Sabre realiza mais uma missão. Ele é a primeira aeronave russa a ser empregada pela FAB em toda a sua história. Foto Wagner Ziegelmeyer / Action Editora Ltda.

suportar o impacto de projéteis de até 20 mm, sem danos à tripulação, e o para-brisa frontal resiste a projeteis de até 12,7 mm.

Ainda na questão de defesa da aeronave, existe um sistema dissipador de calor acoplado à descarga dos motores do Mi-35M, cujo objetivo é diminuir a assinatura infravermelha da aeronave e a exposição aos mísseis de guiamento térmico. Além disso, a aeronave veio equipada com lançadores de chaff/flares para confundir mísseis com guiamento radar e térmico.

Para eliminar uma tendência ao rolamento quando em alta velocidade, foram introduzidas duas pequenas asas, nas quais foram implantados os diversos tipos de armamento. A exceção é o canhão bitubo posicionado sob o nariz da aeronave.

O Russian Helicopters Mi-35 Sabre na Força Aérea Brasileira

De forma a dar continuidade ao reequipamento de sua aviação de asas rotativas, o Comando da Aeronáutica decidiu pela aquisição de uma plataforma de combate que viabilizasse uma pronta resposta às ameaças prevista para o cenário brasileiro.

Após analisar os helicópteros disponíveis no mercado, a FAB escolheu o Mi-35M da Russian Helicopters, que se tornaria o primeiro equipamento militar russo a ser empregado no Brasil. Foram adquiridas 12 unidades, em outubro de 2008, ao custo de US$ 363,9 milhões, que foram designadas AH-2 Sabre e matriculadas de FAB 8951 a 8962, sendo todas destinadas ao 2º/8º GAV. Esse esquadrão, para o emprego do novo vetor, teve a sua sede transferida de Recife para a Base Aérea de Porto Velho, em dezembro de 2009. Além das aeronaves, também foi adquirido um pacote de armamentos e suprimentos para operação por cinco anos e uma opção de compra de mais seis aeronaves.

Fabricadas nas instalações de Rostov, na Rússia, as aeronaves foram enviadas a Porto Velho semidesmontadas a bordo de cargueiros Antonov AN-124. O primeiro voo de um Mi-35 da FAB (8951) ocorreu em 22 de agosto de 2009, em Rostov.

Dos 12 Mi-35M previstos, os primeiros nove foram entregues obedecendo ao seguinte cronograma: em 16 de dezembro de 2009 chegaram os FAB 8950/51/52 a bordo do AN-124-100 RA-82078 da Volga-Dnepr. O segundo lote, composto pelos FAB 8954/55/56, também a bordo de um AN-124-100, pousou em Porto Velho em 22 de outubro de 2010. Por fim, vieram os FAB 8957/58/59, em 22 de agosto de 2012, igualmente transportados por um AN-124-100 da Volga-Dnepr. Houve atraso na entrega dos três últimos Mi-35, matriculados FAB 8960/61/62, que foram entregues em 26 novembro de 2014, na BAPV.

A apresentação e a incorporação oficial das aeronaves ocorreram no dia 17 de abril de 2010 em Porto Velho. A principal missão da aeronave é ataque, transporte de tropas e missões de assalto. Os Mi-35M da FAB vieram equipados com sensores para designação de alvos e navegação GOES-342 TV/FLIR, que possibilitam o uso das imagens captadas pelo seu imageador térmico ou por sua câmera de TV. Um telêmetro a laser completa o pacote multissensor de emprego de armamento. A aeronave é blindada para disparos de até 20 mm e possui capacidade de autoproteção com sistemas de chaff/flare.

Em termos de armamentos, o Mi-35M brasileiro possui um canhão duplo GSh-23L de 23 mm, com cadência de tiro de 3.600 disparos por minuto, e um tambor de munição com capacidade para 450 tiros. Nas semiasas podem ser instalados até quatro casulos de foguetes de 80 mm S-8, com 20 foguetes em cada um, 16 mísseis AT-6 Spiral ou At-9 Spiral 2, ambos com alcance de 6 km. Para a operação noturna, a aeronave emprega óculos de visão noturna (NVG). As primeiras missões de treinamento ocorreram em 2012 e, em maio de 2014, foi realizado o primeiro emprego noturno dos AH-2 usando NVG. Ambos ocorreram no Campo de Provas Brigadeiro Veloso.

A partir de sua entrada em serviço, os AH-2 passaram a cumprir uma série de missões, entre elas operações de patrulha de fronteira em apoio aos A-29 e de policiamento do espaço aéreo, participando de eventos importantes, como a Rio + 20 (2012), a Copas das Confederações (2013), a Jornada Mundial da Juventude (2013) e a Copa do Mundo FIFA (2014) entre outras.

Pilotos do Esquadrão Poti à frente de seus AH-2. Com grande poder de fogo, o Mi-35M é um vetor ideal para o policiamento do espaço aéreo na Região Amazônica.
Foto Wagner Ziegelmeyer / Action Editora Ltda.

Russian Helicopters Mi-35M	
Período de Utilização	A partir de 2010
Fabricante	Mil Moscow Helicopter Plant (Russian Helicopters)
Emprego	Ataque e transporte de tropas
Características Técnicas	
Motor	2 ISOTOV VK-2.500 de 2.700 shp cada um
Diâmetro do Rotor	17,20 m
Comprimento	17,51 m
Altura	6,50 m
Peso Vazio	8.354 kg
Peso Máximo	12.000 kg
Armamento	1 canhão bitubo de 23 mm Até 80 foguetes de 80 mm Até 16 mísseis ar-solo
Desempenho	
Velocidade Máxima	324 km/h
Teto Operacional	5.750 m
Alcance	450 km (1.085 km com tanques extras)
Comentários	
Total Adquirido	12 exemplares
Unidades Aéreas	2º/8º Grupo de Aviação
Designações	AH-2
Matrículas	8951 a 8962

Lockheed Martin P-3BR

O acelerado surgimento de inovações tecnológicas quanto aos equipamentos de detecção e ataque para o emprego na guerra antissubmarino levou a US Navy a um impasse operacional: ou adaptava suas aeronaves P-15 ainda em uso ou desenvolvia uma nova aeronave a ser equipada com o que havia de melhor à época.

Como o P-15, apesar de ser uma aeronave bastante útil, já vinha de uma longa jornada operacional, a opção adotada foi pelo desenvolvimento de um novo avião.

A Lockheed, tradicional fabricante de aeronaves de patrulha, ganhou a concorrência ao apresentar uma proposta para um avião patrulheiro turboélice baseado em terra e com elevada autonomia e longo raio de ação, tomando como base seu modelo comercial, de grande sucesso internacional, o L-188 Electra II.

O protótipo da nova aeronave, designada inicialmente YP3V, realizou seu primeiro voo em 19 de agosto de 1958 e o modelo entrou em serviço em agosto de 1962 como P-3A. O P-3 teve seu desenvolvimento voltado inicialmente para a patrulha marítima e guerra antissubmarino, porém, com a constante inclusão de equipamentos de busca eletrônica de novas gerações, passou a ser um valioso instrumento também no vasto campo da guerra eletrônica.

Além de ser dotado dos mais modernos equipamentos de detecção eletrônica, o P-3 também carregava uma variadíssima carga bélica que englobava desde bombas nucleares até foguetes não guiados, passando pelas minas, cargas de profundidade e bombas convencionais. O armamento mais comum, porém, eram o torpedo antissubmarino MK-46 e os mísseis ar-superfície AGM-84 Harpoon.

A entrada em serviço dos P-3 Orion permitiu a FAB retomar algo que havia sido perdido com as saída dos P-16: a capacidade de emprego ASW.
Foto Cabo Silva Lopes / Agência Força Aérea.

Inicialmente a tripulação média de um P-3 Orion era de 12 pessoas, mas a evolução dos recursos eletrônicos permitiu o corte de um tripulante, porém, conforme o tipo da missão, é possível que a aeronave opere com tripulação dobrada. Considerando a grande autonomia do P-3 e a técnica de cortar um ou dois motores durante as patrulhas, para economizar combustível, é possível manter um Orion em voo por mais de 20 horas. O recorde atual é de um voo de 21h50m do Esquadrão nº 5, da Força Aérea da Nova Zelândia, em 1972.

Como operações especiais do P-3 Orion, podemos citar a atividade de acompanhamento de frotas e submarinos soviéticos durante a Guerra Fria; a crise dos mísseis em Cuba; a Guerra do Vietnã; a libertação do cargueiro americano SS Mayaguez no Camboja; as operações Escudo de Deserto e Tempestade no Deserto durante a Guerra do Golfo no Iraque; a Guerra do Afeganistão e no Paquistão contra o Taliban e a Al-Qaeda, entre outras.

Desde o início de sua produção, em 1960, até a entrega da última aeronave, em 1995, 650 exemplares foram produzidas pela Lockheed e 107 sob licença pela Kawasaki, no Japão.

Com o tempo, várias versões foram desenvolvidas e seu sucesso operacional despertou o interesse de inúmeros países membros da OTAN, além de outras nações do restante do mundo.

O Lockheed P-3AM FAB 7203 do 1º/7º GAV (Base Aérea de Salvador).

O P-3 Orion está em serviço há mais de 50 anos, só perdendo em tempo de operação para as inúmeras versões do B-52 e do C-130 Hercules. Mais de 18 nações utilizam, ou utilizaram, alguma das diversas versões do famoso P-3 da Lockheed, dentre elas: Alemanha, Argentina, Austrália, Brasil, Canadá, Chile, Coreia do Sul, Espanha, Estados Unidos, Grécia, Irã, Japão, Noruega, Nova Zelândia, Paquistão, Portugal, Tailândia, Taiwan e Países Baixos.

O Lockheed Martin P-3AM na Força Aérea Brasileira

Com o fim das operações das aeronaves P-15, em 1976, e dos P-16, em 1996, a Força Aérea Brasileira perdeu completamente a sua capacidade de executar missões antissubmarino e de minagem aérea. A aviação de patrulha havia ficado restrita às aeronaves P-95 Bandeirulha. Para mudar essa realidade, a Força Aérea implementou o projeto P-3BR, cujo primeiro passo foi dado em março de 2000, quando a FAB adquiriu, por US$ 9,6 milhões (US$ 800 mil por aeronave), um lote de 12 aviões Lockheed P-3A Orion estocados no então Aerospace Maintenance And Reneneration Center (AMARC) – redenominado 309th Aerospace Maintenance and Regeneration Group (AMARG), em 2007 –, situado anexo à Base da USAF de Davis-Monthan, no Deserto de Tucson, no Arizona (EUA).

As 12 células foram escolhidas em outubro de 2002, entre um lote de 36 P-3A ofertado pelos americanos. A exceção de uma célula, entregue em 1964, todas as demais foram fornecidas à US Navy em 1965, sendo retiradas de serviço ao longo de 1990 e estocadas no AMARC. A escolha das células obedeceu aos critérios de inspeção visual e à análise da documentação de cada aeronave. As 12 aeronaves escolhidas foram matriculadas FAB 7200 a 7211. Três (7209/10/11) foram destinadas a canibalização (fornecimento de peças) e nove para fins operacionais, sendo oito para missões de patrulha (7200, 7202 a 7208) e uma (7201) exclusiva para treinamento e formação de pilotos.

Após a aquisição do lote, o passo seguinte foi escolher a empresa que faria a modernização das aeronaves de acordo com as especificações da FAB. A concorrência teve início em outubro de 2000, quando foi selecionada, em outubro de 2002, a EADS-CASA, atual Airbus Defence and Space, como vencedora do

Dos 12 P-3A adquiridos, nove entraram em serviço, sendo oito configurados para missões de patrulha e emprego ASW e um destinado ao cumprimento de missões de treinamento, transporte e apoio logístico. Foto Cabo Silva Lopes / Agência Força Aérea.

Vista do interior do P-3AM, no qual é possível ver os seis consoles do FITS (Fully Integrated Tactical System), que é, sem dúvida, o coração da aeronave quando o assunto são as missões ASW e ASuW. Foto Sgt. Batista / Agência Força Aérea.

programa P-X. Os contratos foram assinados em 29 de abril de 2005, contemplando a modernização de nove P-3A.

No contrato 003/DEPED-SDDP/2005, avaliado em US$ 470,9 milhões, constam, além da recuperação estrutural e da modernização das aeronaves P-3, o desenvolvimento e o fornecimento de um Centro de Suporte à Missão (MSC), um Treinador de Missão/Treinador Tático (MT/TAT), treinamento, apoio logístico e assistência técnica. Todo o processo de modernização ficou a cargo da Airbus, inclusive a subcontratação da americana Aero Union Corporation (AUC), empresa certificada pela Lockheed Martin que preparou as aeronaves para o voo dos EUA até Getafe (Espanha), onde ocorreria a modernização. O primeiro P-3 a ser colocado em condições de voo foi o FAB 7200, que decolou de Tucson para Chico em 20 de dezembro de 2005, mais de 15 anos após ser estocado no deserto do Arizona. Essa aeronave também foi a primeira a voar para Getafe, no dia 10 de janeiro de 2006. Até 2011, todas as aeronaves a serem modernizadas já estavam nas instalações de Getafe da Airbus Military ou na OGMA, em Alverca (Portugal), empresa que trabalhou como subcontratada no projeto. Além de atualizar sistemas, aviônica e armamento, foi feita uma completa revitalização estrutural e dos motores Allison T56-A-10 que foram elevados ao padrão A-14 com 4.591 shp.

Além das nove células operacionais, a AUC também preparou os P-3A FAB 7209/10/11 para serem enviados ao Parque de Material Aeronáutico do Galeão (PAMA-GL), onde seriam "canibalizados". Os FAB 7210 e 7211 chegaram voando ao Rio de Janeiro em 24 de março de 2008 e 12 de novembro de 2006, respectivamente. O FAB 7209, por não ter condições de voo, foi enviado desmontado ao Brasil em 2012.

Em paralelo à modernização, os pilotos da FAB fizeram treinamento na Força Aérea Espanhola, voando no Grupo Aéreo 22, unidade de Orion daquela força.

Após a modernização, as aeronaves foram designadas P-3AM. O primeiro voo de um P-3AM (7200) ocorreu em 29 de abril de 2009 em Getafe, dando início ao processo de certificação. Em 2011, quatro P-3 já haviam passado pela modernização. A primeira aeronave entregue foi o FAB 7203, em 3 de dezembro de 2010, na Espanha. Seu traslado para o Brasil ocorreu no dia 27 de julho de 2011, quando o FAB 7203 deixou Sevilha, chegando a Salvador no dia seguinte, após uma escala nas Ilhas Canárias (pernoite).

A cerimônia oficial de incorporação ao 1º/7º GAV do primeiro P-3AM Orion da FAB aconteceu no dia 30 de setembro de 2011, na Base Aérea de Salvador, onde substituiu os P-95B. A partir daí iniciou um processo gradual de entrega das demais oito células, com a última (7206) chegando a Salvador em 26 de julho de 2014.

O P-3AM possui uma aviônica totalmente digital, com quatro telas multifunção coloridas (MFCD) de LCD, que apresentam diversos recursos de comunicação e navegação. Diversos sensores foram implementados, como FLIR Safire II, radar de busca marítima Elta EL/M-2022 e Sistema Tático Totalmente Integrado (FITS – Fully Integrated Tactical System). Desenvolvido originalmente pela CASA, o FITS é voltado basicamente para operações ASW e ASuW. O FITS adotado pela FAB é similar ao empregado pelo Ejército del Aire, porém, em vez de cinco telas, possui seis, dispostas em sequência na cabine de voo. As estações são as seguintes: ACO-1 (Air Control Officer-1), ACO-2 (Air Control Officer-2), TACCO (Tactical Coordinator), NAVCOM (Naval Communications), ESM-MAD (Electronic Support Measures-Magnetic Anomaly Detection) e RAD/FLIR (Radar/Forward Looking Infra Red). Além das seis estações de sensoriamento, também há o painel de armamento, que é gerenciado por um operador de armas. O sistema possui um receptor de alerta radar (RWR) que está acoplado ao ESM do FITS.

Para as missões ofensivas, os P-3AM podem contar com cargas de profundidade e torpedos Mk.46/50 levados no bomb bay e mísseis ar-superfície AGM-84 Harpoon transportados nos pilones das asas.

Lockheed Martin P-3BR

Período de Utilização	A partir de 2010
Fabricante	Lockheed Aircraft Company
Emprego	Patrulha, antissubmarino, esclarecimento e guerra eletrônica
Características Técnicas	
Motor	4 Allison T56-A-14 de 4.591 shp cada um
Envergadura	30,37 m
Comprimento	35,57 m
Altura	10,27 m
Peso Vazio	27.890 kg
Peso Máximo	61.235 kg
Armamento	Torpedos MK 46/50 (no bomby bay) Cargas de profundidade AGM-84 Harpoon (nos pilones da asa)
Desempenho	
Velocidade Máxima	750 km/h
Teto Operacional	8.626 m
Alcance	7.673 km
Comentários	
Total Adquirido	12 exemplares
Unidades Aéreas	1º/7º Grupo de Aviação
Designações	P-3AM
Matrículas	7200 a 7211; sendo: 7200, 7202 a 7208 (operacionais); 7201 (aeronave de treinamento) e 7209 a 7211 (logísticos)

Embraer KC-390

O KC-390 é um transporte tático bimotor multimissão destinado a realizar missões de reabastecimento em voo (REVO), transporte logístico, transporte tático, busca e salvamento (SAR), combate a incêndios e Evacuação Aeromédica (EVAM).

O seu desenvolvimento teve início em 2005, quando a Embraer começou a esboçar as primeiras linhas de uma aeronave de transporte militar baseada na família de jatos regionais EMB 190. O objetivo era oferecer não só uma nova opção ao mercado de aeronaves de transporte militar, na faixa de 20 toneladas, mas também uma aeronave capaz de substituir o lendário C-130. O projeto, inicialmente designado CXX, passaria a ser o seu maior programa na área militar e também a maior aeronave de sua história, e, consequentemente, a maior já fabricada no país.

A nova aeronave, já rebatizada C-390, foi apresentada oficialmente em 2007, durante a LAAD 2007 (Latin America Aerospace and Defence), realizada em abril no Rio de Janeiro, gerando boas expectativas no mercado. O C-390 tinha como base o jato regional EMB 190. A principal diferença é que as asas sairiam do plano baixo com diedro positivo, para um padrão de asa alta com diedro negativo. A fuselagem e os trens de pouso eram totalmente novos, o que permitiu a inserção de uma rampa traseira de carga, capaz não só de garantir o fácil embarque de cargas e tropas, como a capacidade de lançá-las em voo. O C-390 tinha um peso máximo de decolagem (MTOW) estimado de 60 toneladas e uma carga útil de 19 toneladas. A configuração inicial outorgava ao C-390 capacidade de realizar missões de transporte de carga/tropa, lançamento em altitude de tropas/carga, EVAM e SAR. O REVO era opcional.

Ele foi apresentado à Força Aérea Brasileira em 2007, visando atender aos Requisitos Operacionais Preliminares (ROP) emitidos para o projeto KC-X lançado naquele ano. A partir daí, as discussões sobre o conceito ideal da nova aeronave se aprofundaram, com a FAB tendo um papel muito importante na concepção final da aeronave, especialmente, em 2008, quando ela emitiu os Requisitos Técnicos, Logísticos e Industriais (RTLI) do KC-X. A partir do RTLI o projeto amadureceu e sofreu diversas modificações e ajustes sendo redesignado KC-390.

Inicialmente a FAB irá operar 30 aviões KC-390, que deverão entrar em serviço em 2016 na Base Aérea do Galeão, junto ao 1º Grupo de Transporte (1º GT), em substituição aos C-130M. Foto Embraer.

Primeiro protótipo do Embraer KC-390 (PT-ZNF) já nas cores da Força Aérea Brasileira.

O design original foi modificado. A aeronave passou a ter comprimento (1,21 m) e envergadura (4,35 m) maiores que as do C-390. O KC-390 também é 0,95 m mais baixo que o C-390, o que deixou a rampa de carga mais próxima ao solo. A reengenharia permitiu, por exemplo, que a carga útil total saltasse de 19 para 23 toneladas. A mudança mais significativa foi a realocação dos profundores que saíram de uma posição convencional (na base da cauda), com diedro positivo, para o topo da deriva onde passaram a ter um diedro neutro. A adoção de uma cauda em T visa atender às recomendações emanadas pela FAB e pelo Exército, de modo a otimizar o lançamento de cargas, paraquedistas e a rápida e autônoma carga e descarga da aeronave.

Internamente o novo jato da Embraer ganhou um compartimento de carga de vão livre. O encaixe da junção asa/fuselagem não passa por dentro do compartimento, o que permite acomodar cargas com alturas uniformes de até 2,90 m. O volume total da cabine de carga é de 154 m^3. No caso de cargas paletizadas, o volume cai para 122,4 m^3, sendo possível levar até sete pallets de 68x108 pol.

O comprimento total do piso, incluindo a rampa de carga, é de 18,50 m. O piso do deck de carga suporta além dos pallets e de cargas avulsas, veículos militares, peças de artilharia, helicópteros e VANTs, que se enquadrem no volume e na tonelagem prevista no envelope operacional.

Além de cargas e equipamentos, é possível transportar 80 passageiros em quatro fileiras dispostas duas a duas frente a frente com um pitch de 20 polegadas (50 cm) ou 64 paraquedistas ou militares totalmente equipados. Em configuração EVAM, são 82 macas colocadas ao longo do piso e sobrepostas verticalmente, além de quatro atendentes.

O prefixo K deixou claro que "revoar" é uma das funções primárias da aeronave. Para isso a aeronave foi equipada com três sistemas de REVO, todos da empresa inglesa Cobham. O principal sistema é pod tipo Wing Aerial Refuelling Pod (WARP) modelo 912, especialmente desenhado para o KC-390, que emprega o clássico sistema probe and drogue disposto no terço final de cada asa.

Com uma mangueira de 33 m e autonomia de energia, gerada por uma RAT (Ram Air Turbine), uma hélice disposta no nariz do pod que converte energia eólica em hidráulica, o sistema, cuja taxa de fluxo pode chegar a 450 US Gal, pode reabastecer aviões e helicópteros dentro de um envelope de voo que vai de 180 a 300 kt (asa fixa) e de 120 a 140 kt (asas rotativas). Além de reabastecer, o KC-390 poderá ser reabastecido em voo através de um probe fixo instalado no topo da cabine de comando. O terceiro item do sistema de REVO são os dois tanques auxiliares da fuselagem (Auxiliary Fuselage Fuel Tanks) fabricados pela Sargent Fletcher, empresa americana vinculada ao grupo Cobham. Capazes de levar 2.350 US Gal, esses tanques extras são paletizados e foram projetados não só para otimizarem as missões de

REVO, ampliando a capacidade de transferência de combustível, como também para ampliar o tempo de voo em missões SAR e voos de traslado (ferry flight).

A aeronave é equipada com dois motores IAE V2500-E5 (31.300 lb cada um), fabricado pela International Aero Engines AG (IAE), um consórcio formado pelas empresas Pratt & Whitney, Rolls-Royce, Japanese Aero Engine Corporation e MTU Aero Engines. Sua cabine é glass cockpit com uma aviônica digital, apresentada em cinco telas de 15,1 polegadas, todas Multi-Function Color Display (MFCD). A aviônica, definida em maio de 2011, é a Pro Line Fusion da Rockwell Collins.

A aviônica da Rockwell Collins está integrada à aviônica de missão desenvolvida pela Embraer. A aeronave tem uma suíte completa de sistemas de missão e autoproteção (comunicações seguras, RWR, datalink, SATCOM e sistema de autoproteção, entre outros). Os sistemas de autoproteção são o AEL SPS (Self Protection System), dedicado ao lançamento de chaff e flares e o DIRCM (Direcional Infra-Red Contra Measures), um moderno e eficiente sistema de contramedidas para mísseis infravermelhos.

Outro sensor importante é o radar multimodo Selex Galileo Gabbiano T-20 que operara nos modos ar-mar, ar-terra, SAR (Abertura Sintética) e ISAR (Abertura Sintética Inversa). O avião possui dois HUD (Head-Up Display – Visor de Cabeça em Pé). O HUD está otimizado para aproximações EVS (Enhanced Vision System). Toda a cabine de comando de voo é compatível com a tecnologia de visão noturna (Night Vision Goggles – NVG), o que permitirá operações de lançamento e REVO noturno.

No início de 2011, o Projeto KC-390 passou a ser gerido pela Embraer Defesa e Segurança (EDS), empresa do grupo Embraer que passou a ser responsável por todos os projetos voltados para a área de defesa e aeroespacial. O primeiro protótipo começou a ser montado no final de abril de 2014 nas instalações de Gavião Peixoto (SP), local da linha final de montagem. O roll-out do protótipo 01, matriculado PT-ZNF, ocorreu no dia 21 de outubro em Gavião Peixoto. O protótipo 02 (PT-ZNG) deverá fazer seu roll-out até o início de 2015. No dia 5 de dezembro

O KC-390 é o maior avião já construído no Brasil e irá substituir os C-130 na FAB. A aeronave, vista aqui no dia do seu roll out, será montada na FAL da Embraer em Gavião Peixoto (SP), local de onde sairão todos os KC-390 fabricados. Foto Embraer.

Foto histórica mostra o voo inaugural do protótipo número 1 do Embraer KC-390, realizado no dia 3 de fevereiro de 2015, a partir das instalações industriais da Embraer em Gavião Peixoto (SP). O voo foi realizado pelos pilotos de teste Mozart Louzada e Marcos Salgado de Oliveira Lima e os engenheiros de ensaio em voo Raphael Lima e Roberto Becker. Foto Embraer.

de 2014 o PT-ZNF realizou os primeiros ensaios de táxi a baixa velocidade. O primeiro voo do PT-ZNF ocorreu no dia 3 de fevereiro de 2015, em Gavião Peixoto (SP), e durou cerca de 1h25m. A certificação está prevista para durar 16 meses.

O primeiro cliente e lançador do projeto foi a FAB, que formalizou a intenção de comprar o KC-390 em 2007, fruto do projeto KC-X. O contrato de desenvolvimento e industrialização entre a Embraer e a Força Aérea Brasileira foi assinado no dia 14 de abril de 2009. Pouco mais de um ano depois, em 21 de julho de 2010, a Embraer e a FAB assinaram um novo contrato, dessa vez de intenção de compra de 28 KC-390. O Comando da Aeronáutica investiu R$ 3,028 bilhões no Contrato de Desenvolvimento e Industrialização. Em 20 de maio de 2014 a FAB e a EDS formalizaram o contrato de compra das 28 unidades e todo o suporte logístico, em uma transação avaliada em R$ 7,2 bilhões, que prevê a primeira entrega para 2016 e a última em 2028.

Além do Brasil, Argentina (6), Chile (6), Colômbia (12), Portugal (6) e República Tcheca (2) possuem intenções de compra que totalizam 32 aeronaves, que somadas às 28 da FAB, perfazem 60 unidades, afora os dois protótipos.

O Embraer KC-390 na Força Aérea Brasileira

Lançadora do projeto KC-390 a FAB irá receber 30 unidades, sendo 28 aeronaves de produção e os dois protótipos, que ao final das entregas serão incorporados à Força Aérea. Assinado em 20 de maio de 2014 e publicado no dia seguinte no Diário Oficial da União, o contrato nº 9/2014 – UASG 120006 dos 28 KC-390 monta em R$ 7.255.869.086. O mesmo prevê que a FAB receba sua primeira aeronave no segundo semestre de 2016, sendo entregue a uma unidade sediada na Base Aérea do Galeão (BAGL), provavelmente, o 1º/1º Grupo de Transporte (1º/1º GT). A chegada dos primeiros exemplares marca o início da IOC (Initial Operational Capability), que deverá durar cerca de 18 meses.

O Embraer KC-390 irá substituir os C-130M/KC-130M Hercules da FAB até meados de 2028, quando está prevista a entrega da última unidade do primeiro lote pela EDS. O cronograma da Força Aérea estabelece que as unidades equipadas com o C-130 (1º GT e 1º GTT), hoje concentradas na BAGL, sejam reequipadas com o KC-390. Há a previsão para que outra unidade aérea, que hoje não opera o C-130, passe também a voar o novo avião da Embraer.

Na FAB ele será designado KC-390, porém ainda não se sabe qual o lote de matrículas reservado para ele. No entanto, já está definido, como visto no primeiro protótipo, que o padrão de cores e marcas dos KC-390 será o atualmente adotado para os C-130.

Embraer KC-390	
Período de Utilização	A partir de 2016 (previsão)
Fabricante	Embraer Defesa e Segurança
Emprego	Transporte, REVO, EVAM e SAR
Características Técnicas	
Motor	2 IAE V2.500-E5 de 31.300 lb cada um
Comprimento	35,20 m
Altura	12,15 m
Envergadura	35,05 m
Peso Vazio	34.000 kg
Peso Máximo	81.000 kg (máximo); 74.400 kg (normal) e 67.000 kg (tático)
Armamento	Não dispõe de armamento
Desempenho	
Velocidade Máxima	300 kt (Mach .8)
Teto Operacional	10.973 m
Alcance	Carga máxima (23.000 kg) 1.400 mn e Ferry Flight 3.370 mn
Comentários	
Total Adquirido	30 exemplares (28 + dois protótipos)
Unidades Aéreas	1º GT e 1º GTT
Designações	KC-390
Matrículas	Não definidas

Saab Gripen NG

O JAS39 Gripen tem suas origens em 1980, quando o governo da Suécia lançou o programa JAS (Jakt, Attack, Spaning – Caça, Ataque, Reconhecimento) visando substituir a aeronave JAS37 Viggen da Flygvapnet (Força Aérea da Suécia), que existia em três versões, por um avião multimissão que combinava todas as missões numa única célula. O novo caça deveria apresentar metade do peso e 60-65% do custo.

O desenvolvimento teve início em 6 de maio de 1982. O programa passou a ser conhecido pela abreviatura JAS39, que remete ao nome do projeto em sueco, seguido da sequência numérica oficial da Força Aérea daquele país. O Gripen foi a 39ª aeronave a entrar em serviço na Flygvapnet. Seu nome (Grifo, em português) foi escolhido por consulta popular em 1982 e refere-se a um ser mitológico alado, com corpo de leão e a cabeça e as asas de uma águia.

O protótipo do JAS39 (39-1) realizou o seu roll out em 26 de abril de 1987, dia do cinquentenário da Saab. No dia 9 de dezembro de 1988 decolou pela primeira vez de Linköping sob o comando do piloto de testes da empresa, Stig Holmström. Em 29 de setembro de 1995 ocorreu o roll out da versão biposto

JAS39B (39800), que realizou seu voo inaugural, também em Linköping, em 29 de abril de 1996. Em junho do mesmo ano o JAS-39A Gripen foi incorporado à Flygvapnet, durante a cerimônia de inauguração do Centro de Treinamento Gripen na Base de Skaraborg (F7), em Såtenäs. No ano seguinte, em 1º de novembro, a aeronave recebeu o status de operacional.

A evolução natural do projeto levou ao desenvolvimento do JAS39C (monoposto) e do JAS39D (biposto), que derivam dos modelos A e B, respectivamente. Sua entrada em serviço ocorreu a partir de 2002. Os modelos A/C e B/D possuem as mesmas dimensões, controles fly-by-wire e estão equipados com uma versão do motor General Electric F404-400, fabricado pela Volvo Aero e denominado RM12 (12.150 lb). Outros pontos em comum são o radar multimodo Ericsson PS-05A e os assentos ejetáveis Martin Baker MK10L. Porém os JAS39C/D incorporaram displays coloridos (CMFD), novos aviônicos, controle digital do motor (FADEC – Full Authority Digital Engine Control) introduzido na versão RM12UP, novo datalink, mira montada no capacete (HMD – Helmet Mounted Display), maior autonomia e capacidade de ser reabastecido em voo. Atualmente, as versões C/D têm a opção de upgrade do radar, podendo passar a contar com o modelo AESA PS-05/A Mk.4.

O Gripen acumula 238 unidades produzidas dos modelos JAS39A/B/C/D que estão em serviço nas Forças Aéreas da África do Sul (JAS39C/D), Hungria (JAS39C/D), República Tcheca (JAS39C/D), Suécia (JAS39A/B/C/D) e Tailândia (JAS39C/D), além da Empire Test Pilots School (ETPS) que opera um único Gripen, o JAS39B 39802, desde 1999 para treinamento avançado dos pilotos de teste ingleses.

Em 11 de março de 2011, o Parlamento Sueco autorizou a Força Aérea a realizar suporte aéreo sobre a área "no fly-zone" na Líbia, na chamada Operação Unified Protector (Protetor Unificado) das Nações Unidas. As missões se iniciaram em 2 de abril de 2011, com oito JAS39C e ficaram restritas à surtidas de reconhecimento. Até 11 de outubro de 2011 os Gripen envolvidos no conflito líbio voaram 650 missões, que consumiram duas mil horas de voo, gerando mais de dois mil relatórios de reconhecimento. As missões partiram da Naval Air Station Sigonella, na Sicília, Itália, e foram as primeiras operações de combate da história do Gripen.

A versão brasileira do Gripen NG terá algumas customizações, entre elas as de armamento e, principalmente, de painel que será o do tipo Wide Area Display (WAD) da AEL Sistemas, que possui um único display com tela de grande formato. Foto Katsuhiko Tokunaga.

O 1º Grupo de Defesa Aérea será a primeira unidade a empregar os futuros F-39E/F, que será o caça padrão das unidades de primeira linha que hoje operam F-5EM/FM.

A última versão do caça sueco é o Gripen NG (Next Generation). Apresentado em agosto de 2008, pela Saab, teve seu percurso definido sendo considerado uma bancada de testes que se transformaria no JAS39E (monoposto) e JAS39F (biposto). A previsão era a de que estes novos caças entrassem em serviço em 2019 nas Forças Aéreas da Suécia e do Brasil, países que já haviam encomendado 60 e 36 unidades, respectivamente. Externamente o JAS39E/F é praticamente idêntico às versões anteriores, exceto pelo novo trem de pouso, que recolhe para a frente, o que deixou a parte inferior da fuselagem mais arredondada. A nova posição do trem de pouso permitiu um novo tanque interno de combustível (1.200 litros), que ampliou em 40% a capacidade interna e a instalação de 10 estações para portar armamento/pods/tanques. Novos aviônicos digitais, comandos tipo HOTAS (Hands On Throttle And Stick), fly-by-wire triplo, datalink Link 16, um novo Visor de Cabeça em Pé (HUD) integrado ao visor do Integrated Helmet-Mounted Display (IHMD) e o radar Selex Galileo Raven ES-05, acoplado a um sensor de busca e rastreamento por infravermelho Selex Skyward-G (IRST – Infrared Search and Track), fazem do Gripen NG uma aeronave no estado da arte. A aeronave usa o motor GE F414G, derivado do General Electric F404-400 e fabricado sob licença pela Volvo Aero, que produz até 20% a mais de potência que o anterior, o que permite ao Gripen voar em modo supercruise (voo supersônico sem uso do pós-combustor) a Mach 1.2. Todo o seu desenvolvimento foi realizado tendo-se como base um JAS39D convertido para aeronave de demonstração. O primeiro protótipo de produção teve sua estreia marcada para 2016. Assim como foi feito com a nova aeronave (NG), também é possível converter os modelos anteriores em Gripen NG.

O Saab Gripen NG na Força Aérea Brasileira

O Gripen NG sagrou-se vencedor da longa disputa internacional para a escolha do novo caça da FAB. Um programa que teve início nos anos 1990, sendo lançado oficialmente em 2001 como Programa F-X. Após ser cancelado em 2005, aquele programa foi retomado em 2006 como Projeto F-X2. O Gripen NG foi anunciado vencedor do F-X2 no dia 18 de dezembro de 2013, com o contrato sendo assinado pouco mais de 10 meses mais tarde, em 27 de outubro de 2014.

Foram adquiridas 36 aeronaves, sendo 28 JAS39E (monoposto) e oito JAS39F (biposto), bem como um pacote de suporte logístico, treinamento e manutenção ao custo de US$ 5,4 bilhões. O contrato foi complementado em 24 de abril de 2015 com a assinatura, junto à Saab, de um outro destinado a fornecer o armamento da aeronave, avaliado em US$ 245 milhões.

Todo o processo de fabricação envolve diversas empresas brasileiras, em especial a Embraer, responsável pela montagem das aeronaves, e a

AEL Sistemas, provendo a aviônica e o painel da aeronave, que na versão brasileira apresenta o formato de tela única de grande dimensão designado WAD (Wide Area Display), bem como pelo HUD (Head-Up Display). À Embraer também foi confiado o desenvolvimento, junto com a Saab, da versão biposto JAS39F.

Designado inicialmente F-39E/F ficou decidido que o Gripen NG irá equipar o 1º Grupo de Defesa Aérea (1º GDA), com sede em Anápolis (GO), a partir de 2019, e em seguida outras unidades de primeira linha como o 1º Grupo de Aviação de Caça (Santa Cruz) e o 1º/14º GAV (Canoas), em substituição aos F-5EM/FM.

Saab Gripen NG

Período de Utilização	A partir de 2019 (previsão)	
Fabricante	Saab	
Emprego	Caça, superioridade aérea, ataque, instrução e guerra eletrônica	
Características Técnicas	JAS39E	JAS39F
Motor	GE F414G - 58 kN (13.000 lbs) sem pós combustão e 98 kN (22.000 lbs) com pós combustão	
Envergadura	8,6 m	8,6 m
Comprimento	15,2 m	15,9 m
Altura	4,5 m	4,5 m
Peso Vazio	8.000 kg	8.200 kg (preliminar)
Peso Máximo	16.500 kg	16.500 kg
Sensores	Radar AESA Selex Galileo ES-05 Raven Selex Skyward-G IRST (Sensor de Detecção e Rastreamento Infravermelho)	
Armamento	Canhão Mauser BK-27 (27 mm) com 1.700 tiros/min e tambor para 120 munições Estão previstos para as aeronaves da FAB: Mísseis A-Darter, Rafael Derby, Iris-T, MBDA Meteor, Rafael Python 4/5, Mectron MAR-1 e Mectron Piranha Bombas convencionais, de exercício e guiadas a laser/GPS, além de pods de reconhecimento/EMC/designadores e tanques externos de combustível.	
Desempenho		
Velocidade Máxima	1.400 km/h (nível do mar) Mach 2 (em altitude) Capacidade de supercruzeiro a Mach 1.2	1.400 km/h (nível do mar) Mach 2 (em altitude) Capacidade de supercruzeiro a Mach 1.2
Teto Operacional	16.000 m	16.000 m
Alcance	4.000 km	4.000 km
Raio de Combate	1.500 km sem REVO	1.500 km sem REVO
Comentários		
Total Adquirido	28 exemplares	8 exemplares
Unidades Aéreas	1º GDA (previsão)	1º GDA (previsão)
Designações	F-39E (previsão)	F-39F (previsão)
Matrículas	Não definidas	Não definidas

Índice

Aviação Naval

Curtiss F, mod 1914	28
Borel	31
Standard JH	34
F.B.A. Type B	36
Curtiss HS-2L	39
Curtiss F, mod 1916	44
Farman F.41	48
Curtiss N-9H	51
Ansaldo ISVA	55
Macchi M.9	57
Macchi M.7	62
Avro 504K	65
Aeromarine 40	70
Curtiss MF	73
Farman F.51	77
Ansaldo SVA-10	79
Sopwith 7F.1 Snipe	82
Curtiss F-5L	85
Curtiss JN-4D	90
Curtiss Oriole	93
Consolidated NY-2	94
Consolidated PT-3	98

Avro 504N/O	101
Vought VE-9	106
Martin PM-1B	107
Chance Vought O2U-2A	114
Savoia-Marchetti SM-55A	120
de Havilland DH-60T Moth Trainer	127
Boeing Model 256	132
Fairey Gordon	136
Vought V-66B Corsair	145
WACO CSO	152
de Havilland DH-82/DH-82A Tiger Moth	154
de Havilland DH-83 Fox Moth	160
WACO CJC	163
WACO CPF-5	166
Focke-Wulf Fw-44J Stieglitz	169
Focke-Wulf Fw-58B Weihe e Fw-58V-9	174
Luscombe Phantom I	179
WACO YOC	181
de Havilland DH-84 Dragon II	183
North American NA-46	185
Beechcraft D17A	189
Stinson 105	192
Westland WS-51/2 Widgeon	195
Bell 47J	200
Kawasaki-Bell 47G-3B	204
Grumman (General Motors) TBM-3E Avenger	208
Westland WS-55 Whirlwind Series 1	213
Bell HTL-5	218
Taylorcraft BC-12D	221
CAP-4 Paulistinha	223
Fairchild PT-26	225
North American T-28R-1 e T-28A(S)	227
Pilatus P-3.04	234
Hughes 269A, 269A-1 e 269B	237
Sikorsky S-55C	243
Sikorsky SH-34J	245
Westland Wasp Series 3	251

Westland WS-55 Whirlwind Series 3	259
Fairchild-Hiller FH-1100	265
Sikorsky S-61D-4 Sea King, Agusta-Sikorsky ASH-3D Sea King e Sikorsky SH-3D Sea King	269
Bell 206B JetRanger II	279
Westland Sea Lynx HAS Mk 21 e Westland Super Lynx HAS Mk 21A	285
Helibras HB350 B/BA Esquilo	295
Pioneer Dualstar DS e Flightstar MC	302
Aérospatiale AS355 F1 Esquilo-Bi	305
Bell 206B JetRanger III	311
Aérospatiale AS332 F1 Super Puma, Eurocopter AS532 SC Cougar e Eurocopter EC725 Super Cougar	315
McDonnell Douglas A-4KU e TA-4KU Skyhawk	321
Sikorsky S-70B Seahawk	328
Grumman C-1A Trader	332

Aviação Militar

Nieuport 82E2	336
Sopwith 1A2	338
Nieuport 83E2	341
Villela Aribú	345
Villela Alagoas	348
Morane-Saulnier Type P (MoS. 21)	350
Nieuport 24bis	352
Caproni Ca.45	354
Nieuport Ni.21E1	356
Bréguet 14A2 e 14B2	359
Royal Aircraft Factory S.E.5a	364
SPAD 13	366
Nieuport 80E2 e 81D2	369
Caudron G.4	372
Blériot-SPAD S.54 Herbemont	375
Morane-Saulnier MS.35Ep2	379
Morane-Saulnier MS.130ET2	383
Potez 25A2	387
Caudron C.59	391
Morane Saulnier M.S. 137	394
Breguet 19A2B2	396

Potez 33 e 32	401
Wibault 73C1	404
Caudron C.140	407
Morane-Saulnier MS.147Ep2 e MS.149Ep2	410
Schreck FBA-17 HMT-2	414
Bréguet 19A GR Bidón	420
Lioré et Olivier 25Bn4	423
Potez 25TOE	427
Muniz M-5	434
Amiot 122Bp3	437
Curtiss Model 51 Fledgling	442
Farman F-74	447
Nieuport-Delage 72C1	450
Curtiss Falcon	454
de Havilland DH-60T Moth Trainer	460
WACO CSO	464
Fleet Model 7	471
WACO RNF	474
Boeing Model 256 e 267	478
WACO CTO	485
Bellanca CH-300 Pacemaker Special	490
Vought V-65B Corsair	494
Fleet Model 11	500
WACO CJC	506
Curtiss-Wright CW-16	509
WACO CPF-5 e UMF-3	513
Muniz M-7	519
Avro 626	522
Stearman A76C3 e B76C3	527
Lockheed Model 12-A Electra Junior	530
WACO EGC-7	534
Savoia-Marchetti SM-79	538
Vultee V-11GB2	541
Muniz M-9	548
Bellanca 31-55 Skyrocket Senior	551
Focke-Wulf (FMA) Fw-44J Stieglitz	554
Stearman A75L3	555

Consolidated Model 16-1/2 Commodore	558
North American NA-72	561
Helibras HB350 L1 Esquilo e AS550 A2 Fennec	566
Eurocopter AS365 K e AS365 K2	571
Sikorsky S-70A Black Hawk	577
Eurocopter AS532 Cougar e EC725 Jaguar	582

Força Aérea Brasileira

Avro 626	590
Beechcraft D-17A, UC-43 e GB-2	591
Bellanca CH-300 Pacemaker Special	594
Bellanca 31-55 Skyrocket Senior	596
Boeing 256 e 267	597
Consolidated Model 16-1/2 Commodore	600
Curtiss Falcon	601
Curtiss Model 51 Fledgling	603
de Havilland DH-60T Moth Trainer e DH-82/82A Tiger Moth	604
de Havilland DH-83 Fox Moth	605
Fairey Gordon	606
Fleet Model 11	607
Focke-Wulf (OGAN) Fw-44J Stieglitz e (FMA) Fw-44J	609
Focke-Wulf Fw-58B-2, Fw-58V-9 e Fw-58Ki-2	611
Lockheed Model 12-A Electra Junior	616
Luscombe Phantom I	618
Muniz M-7 e Muniz M-9	619
Muniz M-11	622
North American NA-46	623
North American NA-72	625
Savoia-Marchetti SM-79	627
Stearman A76C3/B3 e A75 L3	629
Stinson 105	631
Vought V-65B e V-66B Corsair	632
Vultee V-11GB2	635
WACO CSO	638
WACO CJC	640
WACO CPF-5 e UMF-3	643
WACO EGC-7	645

Fairchild F-24W9 e F-24W41	648
Stinson SR-10E Reliant	652
Lockheed 18 Lodestar	654
Curtiss P-36A	659
CNNA HL-1B	663
Douglas B-18 e B-18A	667
Fairchild PT-19A e PT-19B	673
Curtiss P-40E	676
North American AT-6B, AT-6C, AT-6D e AT-6G	681
Grumman J4F-2 Widgeon	691
Lockheed A-28A Hudson	695
Beechcraft AT-7 e AT-7C	703
North American B-25B	709
Vultee BT-15	714
Vultee A-31 e A-35B Vengeance	717
Curtiss P-40K	724
Curtiss P-40M	730
Consolidated PBY-5 Catalina, PBY-5A e PBY-6A	733
Cessna UC-78	744
Beechcraft AT-11 Kansan	748
Piper L-4	755
Companhia Aeronáutica Paulista CAP-4A e CAP-4B Paulistinha	760
Lockheed PV-1 Ventura e B-34A Lexington	762
Bell P-39D	770
Beechcraft C-18S e D-18S	773
Douglas A-20K	777
North American B-25J	783
Noorduyn UC-64A Norseman	790
Curtiss P-40N	792
Douglas C-47A e C-47B	801
Republic P-47B e P-47D	812
CNNA HL-6B Cauré	823
North American B-25C	825
Lockheed PV-2 Harpoon	828
Companhia Aeronáutica Paulista CAP-3 Planalto	832
Consolidated C-87 Liberator Express	835
I.Ae.22 DL	838

North American B-25D	840
ERCO 415C Ercoupe	842
Stinson 108-3 Voyager	844
Curtiss C-46A Commando	847
Cessna 170A	852
Beechcraft A35 Bonanza	854
Boeing B-17G	857
Supermarine Spitfire FR Mk 14	862
Bell 47D1 e G2	863
Gloster Meteor TMk.7 e FMk.8	870
Stinson L-5 Sentinel	878
Taylorcraft 15	881
Fairchild C-82A Packet	883
Lockheed T-33A e AT-33A	888
Fokker S.11-4	896
Beechcraft E-18S	902
Cessna 305A e 305E	905
Douglas B-26B e B-26C	911
Vickers-Armstrongs V.742D e V.789D Viscount	917
Sikorsky S-55	923
Grumman SA-16A Albatross	927
Bell 47J	932
Neiva P-56B e P-56D	936
Lockheed F-80C	941
Cessna 180B	947
Lockheed P2V-5 Neptune	949
Morane Saulnier MS-760 Paris	955
North American SNJ-5C e SNJ-6C	961
CTA Beija-Flor	966
Douglas C-54G Skymaster	968
Fokker S.12 e 8FG Guanabara	973
Bensen B8MVN Gyrocopter	977
Sikorsky SH-34J	979
Grumman S2F-1 (S-2A) e S2F-3S (S-2E) Tracker	984
Fairchild C-119G Flying Boxcar	992
Avibras A-80 Falcão	997
Avro 748 Srs 2-204 e Srs 2A-281	999

Aeronave	Página
Neiva XL-10 Campeiro	1007
Beechcraft H-18S	1009
Neiva U-42	1012
Lockheed C-130E/H/M e KC-130H/M Hercules	1015
North American T-28R-1 e T-28A(S)	1024
Pilatus P-3.04	1027
Beechcraft 55 Baron	1029
Piper PA 23-250 Aztec	1032
Cessna 185A	1034
Bell 205D e Agusta/Bell 205	1036
Cessna T-37C	1045
Bell 206A JetRanger e 206B JetRanger II	1050
Douglas DC-6B	1057
Neiva L-42	1061
de Havilland Canada DHC-5	1065
Hawker Siddeley 125 e Raytheon Hawker 800	1071
British Aircraft Corporation 1-11	1077
Beechcraft 65-B80 Queen Air	1080
Aerospatiale CM-170-2 Super Magister	1083
Aerotec A-122A Uirapuru	1088
Neiva T-25A, T-25C e YT-25B	1090
Embraer EMB-326GB Xavante e Atlas Impala I e II	1096
Fournier RF-5	1108
Dassault Mirage III DBR e III EBR	1110
Embraer EMB-110/110A Bandeirante	1119
Northrop F-5B/E/F/EM/FM	1125
Let Blaník L-13 J	1135
Embraer EMB-201R e EMB-202A Ipanema	1138
Boeing 737-2N3	1141
EMB-110K1, EMB-110P1(K), EMB-110P1(K) SAR, EMB-110P1(A) e EMB-110M	1145
Embraer EMB-110B	1155
Embraer EMB-810 Seneca	1158
Embraer EMB-111 Bandeirulha	1161
Embraer EMB-121A Xingu	1168
Glasflügel Standard Libelle H201B	1171
IPE KW-1b2 Quero-Quero II	1173

IPE 02b Nhapecan II	1175
Aérospatiale SA330 L Puma	1178
Aerotec Tangará	1183
Schleicher ASW-20	1184
Embraer EMB-312 Tucano	1186
Quicksilver MX e MXL II	1194
Dassault 20C-5B Falcon	1197
Embraer EMB-120RT e EMB-120ER Brasília	1199
Aérospatiale AS332 M Super Puma e Eurocopter EC725 Caracal	1204
Helibras HB350 B	1211
Boeing KC-137E	1215
Helibras HB355	1221
Gates Learjet 35A	1223
Cessna 208A Caravan I e 208B Grand Caravan	1228
Aeritalia/Aermacchi/Embraer AMX	1233
Aero Boero	1242
Boeing 727-247	1244
Gates Learjet 55C	1247
Embraer EMB-145SA	1249
Embraer EMB-145RS/AGS	1253
Embraer EMB-314 (A-29A/B)	1256
Embraer ERJ 135, ERJ 145 e Legacy 500	1262
Embraer EMB 721D Sertanejo	1268
Let L-23 Super Blanik e L-33 Blanik Solo	1271
Aeromot AMT-100 Ximango e AMT-200 Super Ximango	1273
Airbus A319 ACJ	1276
Dassault Mirage 2000C/B	1281
Airbus Military C295	1286
Sikorsky S-70 Black Hawk	1291
Eurocopter EC135	1296
Shempp-Hirth Discus CS e Duo Discus XL	1298
Embraer EMB-190PR	1300
Elbit Hermes 450 e 900	1305
Russian Helicopters Mi-35M	1310
Lockheed Martin P-3BR	1314
Embraer KC-390	1319
Saab Gripen NG	1323

Autor
Jackson Flores Jr.
Autores Complementares
Gilberto Vieira e José Leandro P. Casella
Autor do Texto Uma Breve História
Carlos Lorch
Ilustrador
Pete West
Editor
Carlos Lorch
Paginação Eletrônica
Teófilo Luís do Nascimento
Revisão
Andrea Bivar e Mariflor Rocha
Revisão Técnica
Carlos E. Dufriche e Mário Roberto Vaz Carneiro

CIP-BRASIL. CATALOGAÇÃO-NA-FONTE
SINDICATO NACIONAL DOS EDITORES DE LIVROS, RJ

F657a

    Flores Jr, Jackson, 1959-2013
        Aeronaves militares brasileiras : 1916-2015 / Jackson Flores Jr ; organização Carlos Lorch ; ilustração Pete West. - 1. ed. - Rio de Janeiro : Action, 2015.
    1336 p. : il. ; 21 cm.

    Apêndice
    Inclui bibliografia e índice
    ISBN 978-85-85654-41-2

    1. Brasil. Força Aérea Brasileira. . 2. Aviação - Brasil - História. 3. Aviação militar - Brasil - História. I. Lorch, Carlos. II. West, Pete. III. Título.

15-21193   CDD: 358.430981
                                      CDU: 358.422(81)

23/03/2015   25/03/2015

Copyright ©2015 by
ACTION EDITORA Ltda.
Av. das Américas, 3.333 - sala 817 - Barra da Tijuca
Rio de Janeiro, RJ – CEP 22631-003
Tel./Fax: (21) 3325-7229
e-mail: action@editora.com.br

Reservados todos os direitos. Proibida toda e qualquer reprodução desta edição, no todo ou em parte, seja por meio eletrônico ou mecânico, sem a prévia autorização da editora. A utilização de qualquer parte desta obra na internet acarretará acionamento jurídico.